NEGÓCIOS PROCESSUAIS TRABALHISTAS

Maria Paulo Rebelo

NEGÓCIOS PROCESSUAIS TRABALHISTAS

2021

EDITORA JusPODIVM
www.editorajuspodivm.com.br

EDITORA *Jus*PODIVM
www.editorajuspodivm.com.br

Rua Canuto Saraiva, 131 – Mooca – CEP: 03113-010 – São Paulo – São Paulo
Tel: (11) 3582.5757
• Contato: https://www.editorajuspodivm.com.br/sac

Copyright: Edições *Jus*PODIVM

Diagramação: Equipe *Jus*PODIVM

Capa: Ana Caquetti

Diagramação: Lupe Comunicação e Design (*lupecomunicacao@gmail.com*)

R291n Rebelo, Maria Paulo

Negócios Processuais Trabalhistas / Maria Paulo Rebelo – São Paulo: Editora JusPodivm, 2021.
896 p. (Capa Branca)

Inclui bibliografia.
ISBN 978-65-5680-612-9

1. Direito Processual do Trabalho. 2. Negócios processuais. I. Rebelo, Maria Paulo. II. Título.

CDD 342.68

AGRADECIMENTOS

Em primeiro lugar, começo por apresentar os meus mais sinceros agradecimentos ao meu professor e orientador, o senhor Prof. Doutor Fredie Didier Jr. Desde logo por me ter aceito sob sua orientação, mas também pela paciência e disponibilidade com que sempre se dispôs a tirar as minhas dúvidas e dirigir a apresentação dos meus argumentos. Além do exemplo e inspiração acadêmica que representa, dele sempre recordarei a importância do domínio dos conceitos lógico-jurídicos fundamentais do processo necessários à construção de qualquer raciocínio ou tese. Apesar de nunca lho ter dito, por ele guardo o mais profundo respeito e gratidão acadêmicos, não só pela entrega e compromisso que dá à docência e à seriedade com que conduz e encara o ensino jurídico nos tempos contemporâneos, mas também por inspirar ao constante questionamento dos seus alunos e apoiá-los em tudo o que pode.

Em segundo lugar, agradeço também a todos aqueles que indiretamente colaboraram para me proporcionar todas as condições necessárias à redação desta tese. Assim, aos colegas e funcionários do Instituto de Direito Processual do Max Planck, e das bibliotecas do Tribunal Europeu de Justiça, do Tribunal Superior do Trabalho, do Superior Tribunal de Justiça, da Faculdade de Direito da Universidade de Lisboa e da Faculdade Baiana de Direito. Em particular, um especial agradecimento ao apoio incondicional e altruísta que tive a sorte de poder receber do Sr. Gilberto Filho, bibliotecário do TST.

Pelo apoio pessoal e estrutura familiar incansável, agradeço aos meus pais, José e Anabela Rebelo e ao meu irmão, Paulo Rebelo. Pelo amor, inesgotável paciência, pela ajuda com a revisão e incansável apoio, agradeço também ao meu amigo, Luís Cláudio Madeira. Ainda, pela presença constante nos momentos mais difíceis e pelos melhores conselhos motivacionais de sempre, um muito obrigada às amigas Letícia Melo, Rita Almeida, Sílvia Luís, Agata Cèvc e Vicktoria Jakimovska, assim como a todos os restantes colegas do Max Planck que fizeram as saudades de casa ficarem mais toleráveis.

SUMÁRIO

§ 7. CLÁUSULA GERAL DO ART. 190 (II PARTE)

LISTA DE SIGLAS E ABREVIATURAS

ABRAT	Associação Brasileira de Advogados Trabalhistas
ADCT	Ato das Disposições Constitucionais Transitórias
ADI/ADIn	Ação Direta de Inconstitucionalidade
ADPF	Arguição de Descumprimento de Preceito Fundamental
AgIn	Agravo de Instrumento
AIRR	Agravo de Instrumento em Recurso de Revista
al./ al.as	Alínea(s)
ANAMATRA	Associação Nacional dos Magistrados
CC	Código Civil Brasileiro (Lei n.º 10.406, de 10 de Janeiro de 2002)
c/c	combinado com
CCP	Comissões de Conciliação Prévia
CDC	Código de Defesa do Consumidor (Lei n.º 8.078, de 11 de Setembro de 1990)
CEAPRO	Centro de Estudos Avançados de Processo
CEDH	Convenção Europeia dos Direitos do Homem
Cejusc	Centros Judiciários de Métodos Consensuais de Solução de Disputas
Cf.	Confira
CF/CR	Constituição Federal / Constituição da República
Cfr.	Confronte
CIPA	Comissão Interna de Prevenção de Acidente
Cit.	Citação
CLT	Consolidação das Leis do Trabalho (Decreto-Lei N.º 5.452, de 1º de Maio de 1943)
CNI	Confederação Nacional das Indústrias
CNJ	Conselho Nacional de Justiça
CNMP	Conselho Nacional do Ministério Público
CNT	Confederação Nacional de Transportes

CONIMA Conselho Nacional das Instituições de Mediação
CP Código Penal
CPC Código de Processo Civil
CPP Código de Processo Penal
CPT Código de Processo do Trabalho
CRA Conselho Regional/Federal de Administração
CREA Conselho Regional de Engenharia, Arquitetura e Agronomia
CRM Conselho Federal/Regional de Medicina
CRP Constituição da República Portuguesa
CSE Carta dos Direitos Sociais
CSJT Conselho Superior da Justiça do Trabalho
CT Código do Trabalho português (Lei n.º 7/2009, de 12 de Fevereiro)
CTN Código Tributário Nacional (Lei n.º 5.172, de 25 de Outubro de 1966)
CTPS Carteira de Trabalho e Previdência Social
DC Dissídio Coletivo
DF Distrito Federal
DRT Delegacia Regional do Trabalho
DUDH Declaração Universal dos Direitos do Homem
EC Emenda Constitucional
ECA Estatuto da Criança Adolescente (Lei n.º 8.069, de 13 de Julho de 1990)
ed. Edição
EdI Estatuto do Idoso (Lei n.º 10.741, de 1º de outubro de 2003)
EdIn Estatuto do Índio (Lei n.º 6.001, de 19 de Dezembro de 1973)
ENFAM Escola Nacional de Formação e Aperfeiçoamento de Magistrados
EOAB Estatuto da Ordem dos Advogados do Brasil (Lei n.º 8.906, de 4 de Julho de 1994)
ERR Embargo em Recurso de Revista
ET Estatuto dos Trabalhadores (Espanha – Real Decreto Legislativo 1/1995, de 24 de Março)
et. al. e outros
FNPT Fórum Nacional de Processo do Trabalho
FPPC Fórum Permanente de Processualistas Civis
FPPT Fórum Permanente de Processualistas do Trabalho
Funai Fundação Nacional do Índio
g.n. Grifos nossos
IBGE Instituto Brasileiro de Geografia e Estatística

IN Instrução Normativa

inc./incs. Inciso/incisos

INSS Instituto Nacional de Seguridade Social

IRDR Incidente de Resolução de Demandas Repetitivas

LArb Lei da Arbitragem (Lei n.º 9.307, de 23 de Setembro de 1996)

LBPL Ley de Bases del Procedimiento Laboral de 1989 (Espanha – Lei 7/1989, de 12 de abril)

LC Lei Complementar

LEF Lei de Execução Fiscal (Lei n.º 6.830/80, de 22 de Setembro de 1980)

LINDB Lei de Introdução às Normas do Direito Brasileiro (Decreto-lei nº 4.657, de 4 de setembro de 1942, na redação dada pela Lei n.º 13.376/2010)

LOMPU Lei Orgânica do Ministério Público da União (Lei n.º 1.341, de 30 de Janeiro de 1951)

LPL Ley del Procedimiento Laboral de 1990 (Espanha – Real Decreto Legislativo 2/1995, de 7 de abril)

LMP Lei Maria da Penha (Lei n.º 11.340, de 7 de agosto de 2006)

LRJS Lei Reguladora de la Jurisdicción Social (Espanha – Lei 36/2011, de 10 de Outubro)

MP Ministério Público

MPT Ministério Público do Trabalho

NINTER Núcleos Intersindicais de Conciliação Trabalhista

OAB Ordem dos Advogados do Brasil

OJ Orientação Jurisprudencial

OIT Organização Internacional do Trabalho

pág.(s) página(s)

PDV Programa de Demissão Voluntária

PGR Procuradoria Geral da República

PIDCP Pacto Internacional de Direitos Civis e Políticos

PIDESC Pacto Internacional de Direitos Econômicos, Sociais e Culturais

PIS Programa de Inserção Social

PJe /PJe-JT Processo Judicial eletrônico / Processo Judicial eletrônico da Justiça do Trabalho

PNADC Pesquisa Nacional por Amostra de Domicílios Contínua

RE Recurso Extraordinário

REsp Recurso Especial

RGPS Regime Geral da Previdência Social

SBDI/ SDI Secção Especializada em Dissídios Individuais (TST)

SDC Secção de Dissídios Coletivos (TST)
SDI Sessão de Dissídios Individuais
SPI Serviço de Proteção aos Índios
SRT Superintendência Regional do Trabalho
ss. seguintes
STF Supremo Tribunal Federal
STJ Superior Tribunal de Justiça
STSJ Sentença do Tribunal Superior de Justicia (Espanha)
STJ/pt Supremo Tribunal de Justiça
SPC Serviço de Proteção do Crédito
TAC Termo de Ajustamento de Conduta
TCo Tribunal Constitucional de Espanha
TDA Tomada de Decisão Apoiada
TFUE Tratado de Funcionamento da União Europeia
TJ Tribunal de Justiça
TJUE Tribunal de Justiça da União Europeia
TRCT Termo de Rescisão de Contrato de Trabalho
TRL Tribunal da Relação de Lisboa
TRT Tribunal Regional do Trabalho
TST Tribunal Superior do Trabalho
V./v. *Vide/vide*
V.g./v.g. *Verba gracia/verba gracia*

§ 1

O PROBLEMA

Em 2015 foi publicado no Brasil um novo Código de Processo Civil. Entre outras tantas mudanças, o novo CPC consagrou um artigo inovador que permite às partes celebrarem negociações processuais atípicas. Esse dispositivo é o art. 190 do CPC.

Em 2016, por Instrução Normativa n.º 39/16, o Tribunal Superior do Trabalho entendeu que aquele art. 190 do CPC não poderia ser aplicado ao processo do trabalho.

Em 2017, o legislador decidiu alterar a Consolidação das Leis do Trabalho e publicou a polémica Lei nº 13.467, de 13 de Julho de 2017. A Reforma Trabalhista, porém, permanece silente quanto à possibilidade das partes no processo laboral poderem celebrar negócios processuais atípicos.

Apesar de estarmos em 2019, saber se o processo do trabalho admite ou não este tipo de negociação processual continua a ser questão deixada em aberto pelo ordenamento, pela jurisprudência e pela doutrina. Este é o problema que nos propomos a desafiar.

INTRODUÇÃO

A negociação processual é temática que desde 2015 tem despertado grande interesse académico e científico no mundo do Direito. O entusiasmo partiu em grande medida de um novo Código de Processo Civil que estimulou a negociação processual não apenas mediante a consagração de um extenso rol de negócios processuais típicos, como também através da criação de uma cláusula geral de negociação processual atípica, cristalizada no art. 190 do CPC. A sua importância é tanta que número considerável de juristas de renome sustenta já a existência de um novo princípio geral no processo civil: o do autorregramento da vontade das partes no processo.

Para efeitos deste trabalho, partimos de uma *conceção* de negócio jurídico processual como fato jurídico voluntário através do qual a parte, individual ou consensualmente, tem a faculdade de dispor de categoria jurídica ou situação jurídica processual[1].

Sem ignorar as *noções afins* de "acordo", "pacto" ou "convenção" processuais com as quais os "negócios" partilham traços comuns, uma vez que a sua diferenciação se encontra já solidamente estabelecida na doutrina, optámos por fazer uso de todas elas de forma alternativa e indiscriminada para designar o mesmo fenômeno jurídico[2].

Por outro lado, damos também por assente o regime jurídico de eficácia da negociação processual enquanto ato que produz *efeitos imediatos*[3]

---

1. Pedro Henrique Nogueira define negócio processual como o facto jurídico voluntário mediante o qual a parte enseja o poder de escolher categorias jurídicas ou, nos limites ordenamento jurídico, dispor de situações jurídico processuais (Nogueira, Pedro Henrique. Sobre os acordos de procedimento no Processo Civil Brasileiro. *In* Cabral, Antonio do Passo; Nogueira, Pedro Henrique (coord.). *Negócios Processuais.* 2ª ed. Salvador: Juspodivm, 2016, pág. 96). Também Mello define negócio processual como "(...) o facto jurídico cujo elemento nuclear do suporte fático consiste em manifestação ou declaração consciente de vontade, em relação à qual o sistema jurídico faculta às pessoas, dentro de limites predeterminados e de amplitude variada, o poder de escolha de categoria jurídica e de estruturação do conteúdo eficacial das relações jurídicas respectivas, quanto ao seu surgimento, permanência e intensidade no mundo jurídico" (Mello, Marcos Bernardes de. Teoria do fato jurídico. São Paulo: Saraiva, 2014, pág. 245). No direito comparado, Miguel Teixeira de Sousa (Estudos sobre o Novo Processo Civil. Lisboa: Lex, 1997, pág. 193 ss), apesar de não estudar o seu regime e, portanto, apenas admitindo genericamente a figura, conceptualiza negócio jurídico processual como aquele que produz efeitos processuais ou, por outras palavras, como atos processuais de natureza negocial que incidem (modificando, constituindo ou extinguindo) situações jurídicas processuais.
2. Distinguindo conceptualmente as figuras, Cabral, Antonio do Passo. Convenções Processuais. Salvador: Juspodivm, 2016, págs. 51-58. De qualquer forma, discordamos de Tucci, quando este entende serem os negócios de conteúdo processual resultantes do art. 190 verdadeiras *convenções processuais*, ao passo que os *negócios jurídico processuais* seriam remetidos para as negociações de natureza substancial, cujo objecto seria o próprio direito controvertido, resultantes de autocomposição da *lide* (Tucci, José Rogério Cruz. Natureza e objeto das convenções processuais. *In* Cabral, Antonio do Passo; Nogueira, Pedro Henrique (coord.). *Negócios Processuais*. 2ª ed. Salvador: Juspodivm, 2016, pág. 28.).
3. Discute-se na doutrina qual será o critério para considerar um negócio jurídico como sendo de natureza processual. Para o efeito, já se considerou que o critério seria o do *locus* (seria processual o negócio que fosse celebrado no processo), o dos *sujeitos* contraentes (seria processual o negócio celebrado entre sujeitos processuais), o do *objecto* (seria processual o negócio que decorresse de incidência de norma de natureza processual) e o dos *efeitos* (seria processual o negócio que produzisse efeitos diretos

na relação jurídica; efeitos esses que, tal como os dos negócios jurídicos materiais, *não carecem da mediação de qualquer ato judicial* senão quando assim exigido expressamente por lei (art. 200 do CPC)[4].

Embora não seja uma temática verdadeiramente nova, nem sempre a doutrina a acolheu da melhor forma. Antes do surgimento do CPC/15, vários juristas brasileiros como CÂNDIDO RANGEL DINAMARCO[5], ALEXAN-

---

sobre o processo; a tónica centrava-se, então, na *referibilidade* a um processo). Da nossa parte, entendemos que os dois primeiros critérios não podem valer sob pena de excluírem da categoria as convenções processuais celebradas antes da existência de um processo, como a cláusula de eleição de foro ou a convenção de arbitragem. Quanto ao critério do objeto, adotado, por exemplo, por ATAÍDE JÚNIOR (ATAÍDE JÚNIOR, Jaldemiro Rodrigues de. Negócios jurídicos materiais e processuais – existência, validade e eficácia – campo-invariável e campos-dependentes: sobre os limites do dos negócios jurídicos processuais. *In* CABRAL, Antonio do Passo; NOGUEIRA, Pedro Henrique (coord.). *Negócios Processuais*. 2ª ed. Salvador: Juspodivm, 2016, págs. 263-264). Também entendemos afastável a terceira opção por focar o critério no plano da interpretação da norma e não na natureza do acordo. Seguimos aqui, então, a linha de CABRAL (CABRAL, Antonio do Passo. CONVENÇÕES PROCESSUAIS. Salvador: Juspodivm, 2016, págs. 58-67), pelo que consideramos que o critério que faz *jus* à natureza do negócio se afere em função dos seus *efeitos*.

4. CABRAL, Antonio do Passo. CONVENÇÕES PROCESSUAIS. Salvador: Juspodivm, 2016, págs. 222 ss.; YARSHELL, Flávio Luiz. Convenção das partes em matéria processual: rumo a uma nova era?. *In* CABRAL, Antonio do Passo; NOGUEIRA, Pedro Henrique (coord.). *Negócios Processuais*. 2ª ed. Salvador: Juspodivm, 2016, pág. 79; CADIET, Loïc. La qualification juridique des accords processuels. *In* CABRAL, Antonio do Passo; NOGUEIRA, Pedro Henrique (coord.). *Negócios Processuais*. 2ª ed. Salvador: Juspodivm, 2016, pág. 110. Com algumas dúvidas a respeito da vinculação do juiz à negociação processual e consequentes sanções que lhe serão aplicáveis em caso de incumprimento, KERN, Christoph A. Procedural Contracts in Germany. *In* CABRAL, Antonio do Passo; NOGUEIRA, Pedro Henrique (coord.). *Negócios Processuais*. 2ª ed. Salvador: Juspodivm, 2016, pág. 203. Em caso de eventual mudança de juiz (seja por via de licença, afastamento, promoção, aposentadoria), costuma entender-se que o critério para determinar se o novo juiz se vincula ou não à convenção seria o carácter temporário, ou não, do afastamento. Assim, caso este seja apenas temporário, o juiz substituto deverá fazer cumprir a convenção nos moldes acordados; acaso seja definitivo, as partes deverão submeter-se a nova negociação (CABRAL, Trícia Navarro Xavier. Reflexos das convenções em matéria processual nos atos judiciais. *In* CABRAL, Antonio do Passo; NOGUEIRA, Pedro Henrique (coord.). *Negócios Processuais*. 2ª ed. Salvador: Juspodivm, 2016, pág. 323).
5. DINAMARCO, Cândido Rangel. INSTITUIÇÕES DE DIREITO PROCESSUAL CIVIL. 7ª ed. São Paulo: Malheiros, 2017, vol. II, pág. 551. O argumento para o autor afastar a admissibilidade e reconhecimento da figura da negociação jurídico-processual assentava na tradicional ideia de que como os efeitos processuais não decorriam, verdadeiramente, da vontade das partes mas da lei, não poderíamos dizer que estas verdadeiramente se

dre Câmara[6], Rodolfo hartmann[7], Vicente Greco Filho[8], Ernane Fidélis dos Santos[9], Daniel Mitidiero[10] ou mesmo Calmon de Passos[11] mostravam muita relutância à sua admissibilidade no processo.

---

autorregulavam. Em suma, sendo a lei aquela que, em última instância, afetava efeitos específicos a quaisquer atos praticados pelas partes, não havia verdadeira margem de liberdade e de vontade conferida àquelas.

6. Câmara, Alexandre Freitas. Lições de direito processual civil. 21ª ed. São Paulo: Atlas, 2011, vol. I, pág. 242. Também como principal argumento, o autor invocava que estatuição de efeitos jurídico-processuais decorrentes imperativamente da lei e não da vontade das partes impedia reconhecer a figura de negócios em processo. O autor exemplifica com a questão da transação, que produz apenas os efeitos previstos no respectivo artigo, com a extinção do processo de conhecimento com resolução de mérito da causa; produzindo-se esse efeito quer as partes queiram, quer não.
7. Hartmann, Rodolfo. *Curso completo de processo civil.* Niterói: Impetus, 2014, pág. 172.
8. Greco Filho, Vicente. Direito processual civil brasileiro. 18ª ed. São Paulo: Saraiva, 2007, vol. II, pág. 6. Para o autor, a negociação jurídico processual enquadrar-se-ia na categoria de meros fatos, já que, por apenas distinguir nas suas Lições entre factos e atos jurídicos processuais, exclui da última categoria os negócios jurídicos que, apesar de poderem vir a ter alguma repercussão no processo, não têm como principal finalidade a produção de efeitos processuais; no fundo, no seu entender, a vontade que subjaz a esses atos não visa diretamente atingir a relação processual mas sim a material e, por isso, os atos que apenas indiretamente repercutem no processo não podem ser considerados como pertencentes à categoria de atos jurídicos, tão-pouco de negociação processual.
9. Santos, Ernane Fidélis dos. Manual de direito processual civil. Processo de conhecimento. 13ª ed. São Paulo: Saraiva, 2009, vol. I, págs. 205-206. O autor, apesar de não apresentar fundamentação para sustentar a sua posição, rejeita implicitamente a admissibilidade de negociação processual quando apenas prevê que, no processo, só existem factos jurídico-processuais e atos jurídico-processuais.
10. Mitidiero, Daniel. *Comentários ao Código de Processo Civil.* São Paulo: Memória Jurídica, 2005, T. II, pág. 15. O autor invoca não apenas o facto de ser essencial à negociação a existência de uma bilateralidade volitiva, como também a existência de um espaço para autorregulação, o que não sucede com a relação jurídica processual. Para o autor, as partes processuais só têm domínio sobre a vontade ou não de praticar o acto e não já sobre os seus efeitos. Conclui sustentando que o facto de o acto produzir efeitos processuais não basta para que seja considerado como negocial.
11. Calmon de Passos, José Joaquim. *Esboço de uma teoria das nulidades aplicada às nulidades processuais.* Rio de Janeiro: Forense, 2002, págs. 69-70. Para o autor, o fundamento principal para excluir a admissibilidade de negociação em processo, prende-se com a exigência plasmada no pretérito art. 158, que impunha a intermediação do magistrado como condição de eficácia. No seu entendimento, convenções sobre a desistência do recurso ou sobre a suspensão do processo, apenas teoricamente poderiam ser tidos

Todavia, mesmo à data de velho art. 158 do CPC/73[12], já alguns autores admitiam a eficácia da negociação processual no processo civil[13], como era o caso de BARBOSA MOREIRA[14], LEONARDO GRECO[15], FREDIE DIDIER JR. e

---

como negócios jurídicos (pois não se nega que, aí, existe um forte papel da vontade das partes), já que a dependência da pronuncia integrativa do juiz para a produção de efeitos do negócio acabava por abalar a suficiência da vontade e declarações das partes na convenção. Para que aqueles actos pudessem ser considerados convenções, reclamavam o pronunciamento judicial "(...) que lhes emprestará o caráter de atos do processo. Sem esse dizer integrativo, consequências de natureza processual são indeduzíveis".

12. Dispunha-se neste artigo: "Os atos das partes, consistentes em declarações unilaterais ou bilaterais de vontade, produzem imediatamente a constituição, a modificação ou a extinção de direitos processuais". Parte da doutrina, do qual é exemplo CUNHA (CUNHA, Leonardo Carneiro da Negócios Jurídico Processuais no Processo Civil Brasileiro. *In* CABRAL, Antonio do Passo; NOGUEIRA, Pedro Henrique (coord.). *Negócios Processuais.* 2ª ed. Salvador: Juspodivm, 2016, pág. 57), entende que já mesmo deste dispositivo resultava o reconhecimento pelo legislador da admissibilidade da negociação processual atípica. Partilhando deste entendimento, e a par do já extenso rol de negócio típicos que se encontravam consagrados no CPC/73, não temos como concordar com a assertiva dada por GALINDO de que até ao surgimento do art. 190 "(...) as partes poderiam firmar acordo sobre o objeto litigioso, jamais sobre o processo em si" (GALINDO, Djalma Alexandre. *Novo Código de Processo Civil Anotado.* 2ª ed. Rio de Janeiro: Lumen Juris, 2016, pág. 157).

13. Pensamos, por exemplo, em MIRANDA (MIRANDA, Francisco Cavalcante Pontes de. *Tratado de Direito Privado.* São Paulo: RT, 1974, T. III, pág. 5.), que apesar de entender que os atos processuais não são, em regra, verdadeiros negócios (confunde a noção com declarações unilaterais de vontade), reconhece a figura, em especial para os casos da desistência da demanda ou de recurso, não utilização de procedimento especial etc. Ainda SANTOS Moarcyr Amaral. PRIMEIRAS LINHAS DE DIREITO PROCESSUAL CIVIL: PROCESSO DE CONHECIMENTO. 25ª ed. São Paulo: Saraiva, 2008, págs. 291-292, que admitia a existência de atos processuais dispositivos unilaterais, concordantes ou contratuais: para o autor, estaríamos diante dos primeiros, quando apenas existisse manifestação de vontade de uma parte; diante dos segundos, sempre que uma declaração de vontade única aderia e concordava com declaração de vontade de terceiro, mesmo quando omissa; e diante dos terceiros, quando perante declarações bilaterais expressas. LUIZ FUX, também já admitia a figura, deixando embora claro que estes assumiam feições excepcionais pelo facto de as normas processuais serem, em regra, normas cogentes (FUX, Luiz. *Curso de direito processual civil.* 2ª ed. Rio de Janeiro: Forense, 2001, págs. 390, 415, 650).

14. MOREIRA, José Carlos Barbosa. Convenções das partes sobre matéria processual. *Revista de Processo,* São Paulo, Vol. 9, n.º 33, jan-mar/1984.

15. Os atos de disposição processual – primeiras reflexões. *Revista Eletrônica de direito processual,* Rio de Janeiro, Vol. I, N.º 1, out-dez/2007.

Pedro Henrique Nogueira[16], Paula Sarno Braga[17] ou Bernardo Lima[18].

Desfazendo quaisquer dúvidas que o pretérito art. 158 do CPC/73 pudesse ter deixado, do novo art. 190 do CPC/15 decorre *expressamente* a possibilidade de as partes poderem convencionar sobre regras procedimentais e situações jurídicas processuais próprias (ônus, poderes, faculdades, deveres)[19], ou mesmo sanções para casos de inadimplência do pacto processual[20-21]. O legislador finalmente reconhece que não apenas no direito

---

16. Didier Jr., Fredie; Nogueira, Pedro Henrique. *Teoria dos fatos jurídicos processuais.* Salvador: Juspodivm, 2011, págs. 54-64.
17. Braga, Paula Sarno. Primeiras reflexões sobre uma teoria do fato jurídico processual: plano da existência. *Revista de Processo*, São Paulo, Vol. 32, N.º 148, jun/2007, pág. 309.
18. Lima, Bernardo Silva de. Sobre o negócio jurídico processual. *In* Didier Jr., Fredie, Ehrhardt Jr., Marcos (coord.). *Revisitando a teoria do fato jurídico: homenagem a Marcos Bernardes de Mello.* São Paulo: Saraiva, 2010, pág. 122.
19. Considerando que, na prática, acaba por não existir qualquer diferença entre convencionar sobre a situação jurídica processual e convencionar sobre o procedimento, Silva, Paula Costa e. Pactum de *non petendo*: Exclusão convencional do direito de acção e exclusão convencional da pretensão material. *In* Cabral, Antonio do Passo; Nogueira, Pedro Henrique (coord.). *Negócios Processuais.* 2ª ed. Salvador: Juspodivm, 2016, pág. 412. No entendimento da autora, "(...) modelar o procedimento é regular, indiretamente, a exercibilidade de situações processuais que, previstas para um procedimento padrão, na hipótese de procedimento gizado pelas partes sofrem desvios. Inversamente, regular a constituição ou exercibilidade de situações processuais terá imediata repercussão no próprio procedimento. Isto porque não nos parece possível autonomizar o procedimento, enquanto facto complexo, das situações jurídicas processuais".
20. Para Cadiet (Cadiet, Loïc. La qualification juridique des accords processuels. *In* Cabral, Antonio do Passo; Nogueira, Pedro Henrique (coord.). *Negócios Processuais.* 2ª ed. Salvador: Juspodivm, 2016, págs. 108-109), a classificação mais correta de negociação processual deveria centrar-se na distinção entre *actes processuels conventionnels de disposition* (do qual é exemplo a transação) e as *conventions d'administration processuelle.*
21. Particularmente interessante é a observação de Kern (Kern, Christoph A. Procedural Contracts in Germany. *In* Cabral, Antonio do Passo; Nogueira, Pedro Henrique (coord.). *Negócios Processuais.* 2ª ed. Salvador: Juspodivm, 2016, págs. 196-197) a respeito do efetivo teor de uma convenção processual. Como bem explica "*such contracts are not procedural contracts in a strict sense, but contracts with a procedural object: they create obligations with respect to proceedings, but they do not immediately modify the applicable procedural rules. This is nicely illustrated in the case of contracts not to use certain means of proof: even if one admits that the party who promised not to use certain means of proof is bound to this promise, it is no doubt that insofar as the court is allowed to take evidence ex officio (...), the contract does not hinder the court*

privado, mas também no âmbito do processo a vontade das partes não pode ser desconsiderada ou restrita à prática de atos postulatórios[22].

Esta abertura a instrumentos convencionais de regulação processual permite não apenas controlar o arbítrio do magistrado, como a divisão dos poderes no processo e ultrapassar certos limites impostos pelo formalismo processual contemporâneo[23]. Enquanto fenômeno que proporciona *adequa-*

---

to use the means of proof the parties have excluded". Entendendo que não faz sentido a distinção entre negócios processuais com eficácia dispositiva e negócios com eficácia obrigatória, por só existir um único tipo de contrato: aquele que tem eficácia dispositiva, directa e imediata sobre o processo, Penasa, Luca. Gli Accordi Processuali in Italia. *In* Cabral, Antonio do Passo; Nogueira, Pedro Henrique (coord.). *Negócios Processuais.* 2ª ed. Salvador: Juspodivm, 2016, pág. 231. O autor discorre ainda algumas páginas a discutir a admissibilidade da negociação processual atípica em Itália, que não conhece, ao contrário do ordenamento jurídico brasileiro, nenhuma norma como a em comento (*op cit.*, págs. 239-246), onde conclui pela sua admissibilidade, exceto quando o negócio dispor sobre matérias que contrariam normas imperativas, de ordem pública ou os bons costumes.

22. *Vide* Enunciado n.º 17º do Fórum Permanente de Processualistas Civis: "As partes podem, no negócio processual bilateral, estabelecer outros deveres e sanções para o caso do descumprimento da convenção". Como bem aponta Didier Jr., exemplo mais perfeito de negócio jurídico processual atípico é aquele em que se procede à escolha do procedimento que a acção irá seguir e que é efectuado logo aquando a petição inicial: aí, o autor opta, entre os diversos procedimentos colocados à sua disposição pelo ordenamento, entre procedimento ordinário, sumário, especial, mandado de segurança, etc. (Didier Jr., Fredie. *Curso de Direito Processual Civil.* 12ª ed. Salvador: Juspodivm, 2010, vol. I, pág. 262). Também Silva (Paula Costa e. Acto e Processo – o dogma da irrelevância da vontade na interpretação e nos vícios do acto postulativo. Coimbra: Coimbra, 2003, págs. 318 ss.), aproxima ato postulativo da parte com ato negocial, para concluir que a delimitação do objeto do processo pela manifestação da vontade da parte e do que esta pretende do tribunal, por vincular o tribunal, acaba por se aproximar muito a ideia de negócio processual. No mesmo sentido, ainda, Nogueira, Pedro Henrique. Sobre os acordos de procedimento no Processo Civil Brasileiro. *In* Cabral, Antonio do Passo; Nogueira, Pedro Henrique (coord.). *Negócios Processuais.* 2ª ed. Salvador: Juspodivm, 2016, pág. 98. O STJ também já teve oportunidade de se pronunciar a respeito, primando pelo entendimento de que a escolha pelas partes do processo ordinário em detrimento do sumário e especial não pode ser considerada causa de nulidade, dada a falta de prejuízo que aquela escolha implica para o recorrente, já que no âmbito daquele processo (ordinário) os prazos são inclusivamente mais amplos para apresentação de defesa (STJ, REsp 844357-SP, Relator Ministro Francisco Falcão, data de julgamento 09.11.2006).

23. Cabral, Antonio do Passo. Convenções Processuais. Salvador: Juspodivm, 2016, pág. 138.

ção, empresta *tempestividade* ao processo[24] e visa *otimizar* e *racionalizar* a actividade jurisdicional, ajustando o procedimento às especificidades dos casos concretos, a negociação processual vai ao encontro dos mais caros princípios que enformam o processo laboral brasileiro, razão pela qual merece ver a sua aplicação questionada neste ramo de direito.

Apesar de em 2016 o TST ter considerado que o art. 190 do CPC não é compatível com as regras, princípios e ritos do processo do trabalho, fê-lo sem tecer quaisquer fundamentações. Subjacente estão, porém, razões de ordem objetiva e subjetiva. Quanto aos primeiros, o receio de que a negociação processual possa pôr em causa a garantia e satisfatividade dos créditos laborais, tendencialmente considerados como tendo natureza indisponível. Quanto aos segundos, o estado de tendencial vulnerabilidade do trabalhador resultante da sua relação jurídica de emprego.

Não fosse isso suficiente, é preciso ter em conta que o alcance do *caput* do art. 190 do CPC é bem mais significativo do que dele aparenta resultar. Com ele o legislador admite que a negociação sobre o processo seja levada a cabo não apenas no curso deste, mas também antes do seu surgimento. Esta segunda situação em particular assume muita relevância no contexto laboral. No momento da assinatura do contrato de trabalho ou mesmo no curso da relação de emprego, o trabalhador não apenas se encontra sob especial fragilidade e dependência econômica, como também surge numa posição de intensa vulnerabilidade técnica já que normalmente se encontra desacompanhado de advogado.

Discutir a permeabilidade do ordenamento processual trabalhista ao autorregramento da vontade das partes e à negociação processual é questão atual e de enorme importância prática. A aceitação da migração do instituto traz repercussões relevantes no mundo do processo do trabalho brasileiro, pautado por forte pendor publicista e paternalista, a começar por recolocar o empregado numa posição onde nunca antes esteve. Mas mais do que isso. O levantamento deste problema traz à discussão questões que se prendem com a própria ideia do trabalhador como cidadão, seja por mitigarem a essência protecionista tradicional do próprio ordenamento laboral, seja por direcionarem o trabalhador a um empoderamento profissional e processual que nunca teve. Ela torna-se, portanto, mais do que uma questão jurídica, um problema social.

---

24. Oliveira, Paulo Mendes de. Negócios processuais e o duplo grau de jurisdição. *In* Cabral, Antonio do Passo; Nogueira, Pedro Henrique (coord.). *Negócios Processuais*. 2ª ed. Salvador: Juspodivm, 2016, pág. 563.

Perceber em que medida a orientação do TST se afigura ou não correta passa por compreender o sistema laboral como um todo: (i) como um sistema que se insere num ordenamento constitucional cuja evolução não pode ser esquecida; (ii) como um sistema que não se autonomiza completamente do sistema processual civil, do qual recebe forte influência hermenêutica e normativa; (iii) como um sistema que não desconhece a evolução dogmática que certos institutos – como a arbitragem – têm vindo a receber no ordenamento jurídico; (iv) como um sistema que não se pode isolar dos avanços recentes perpetrados pela teoria geral do direito (v.g. teoria das incapacidades do direito civil) e do processo (v.g. negociação processual), mas com eles se harmonizar.

Estes elementos orientam a nossa divisão dos capítulos inicial. A estrutura da tese passa por uma análise de *topos* que circulam o problema e fornem contributos *históricos, lógicos e sistemáticos* à defesa da tese. Assim, e respetivamente. No *Capítulo 2* tentaremos compreender como é que se deve processar o diálogo hermenêutico entre o processo civil e o processo do trabalho, premissa necessária para questionar como é que o art. 190 do CPC pode ser aplicado subsidiariamente ao segundo, claramente lacunoso em matéria negocial. No *Capítulo 3* procuramos analisar a evolução da valorização do autorregramento da vontade no direito e processo do trabalho de um ponto de vista histórico constitucional e infraconstitucional. Entre outras, essa análise dedica particular atenção ao impacto da Reforma Trabalhista no ordenamento Celetista. No *Capítulo 4* dirigimos o nosso estudo à evolução do tratamento dado doutrinária e jurisprudencialmente à arbitragem enquanto negócio processual e mecanismo extrajudicial de resolução de disputas. A existência de extensa tradição no debate da figura é premissa de que devemos partir e da qual vamos resgatar argumentos lógico-sistemáticos. Finalmente no *Capítulo 5* recuperamos a evolução processada em torno da teoria geral das incapacidades, objeto de importantes modificações em razão da recente entrada em vigor do Estatuto da Pessoa com Deficiência, para garantir uma harmonização semântica e dogmática a respeito da capacidade negocial processual.

Não nos ficamos por aqui. Traçadas as premissas e recolhidos os contributos necessários, o foco deste projeto passa a dirigir-se à análise o art. 190 do CPC à luz dos principais receios partilhados pela doutrina para excluir a migração do instituto no processo do trabalho. Para o efeito, o *Capítulo 6* dedica-se a analisar a recetividade do ordenamento processual trabalhista à negociação processual sob uma perspectiva principiológica. Não ignorando a importância estrutural que o princípio da proteção colhe no direito material do trabalho, procuramos delimitar as influências que dele resultam para o processo do trabalho, ao mesmo tempo em que também analisamos a existência de um verdadeiro conflito entre o princípio do autorregramento da vontade das partes no processo e os princípios especiais do processo do trabalho. No *Capítulo 7* dedicamo-nos à análise da cláusula geral de negociação processual atípica prevista no art. 190 do CPC sob duas perspectivas: (i) questionamos primeiramente o problema da *vulnerabilidade* do trabalhador, como ela é trabalhada quer no plano do direito material, quer no plano processual, bem como a forma como o legislador processual a procurou resguardar pelos limites impostos daquele dispositivo legal; (ii) para em seguida confrontarmos a relação existente entre a alegada indisponibilidade dos direitos trabalhistas e os requisitos pressupostos pelo art. 190 do CPC à negociação processual.

Por fim, no *Capítulo 8* apresentamos uma breve explanação do estado da arte oferecido pela doutrina e jurisprudência sobre a compatibilidade do processo trabalhista com a negociação processual; altura em que também nos colocamos perante esses os posicionamentos Adotada a tese, aventuramo-nos no último *Capítulo 9* com exemplos de negócios processuais admissível neste ordenamento: (i) negócios previstos pelo próprio legislador trabalhista, (ii) negócios típicos do processo civil compatíveis com o processo do trabalho, (iii) e negócios atípicos que nele podem penetrar pela aplicação conjugada do art. 15 com o art. 190 do CPC.

A metodologia levada a cabo para desenvolver este projeto ateve-se a uma pesquisa documental, distribuída entre a análise de estudos jurídicos académicos e decisões judiciais dos tribunais cíveis e trabalhistas brasileiros, portugueses, espanhóis e do tribunal europeu. Por outro lado, esta pesquisa oferece apenas conteúdos descritivos, circunscritos à descrição de vários aspetos do ordenamento jurídico civil, trabalhista e processual em vigor, propondo uma interpretação dogmática que discipline o problema deixado pela (in)compatibilidade do art° 190 do CPC com o processo do trabalho.

§ 2

QUESTÃO PREJUDICIAL: O DIÁLOGO HERMENÊUTICO ENTRE PROCESSO CIVIL E PROCESSO DO TRABALHO

2.1. INTRODUÇÃO: O LACUNOSO PROCESSO TRABALHISTA QUANTO À NEGOCIAÇÃO PROCESSUAL E O NECESSÁRIO DIÁLOGO DE SISTEMAS

Este ponto prende-se com a necessária compreensão que terá de ser feita sobre a interação que o processo do trabalho (*maxime* CLT) estabelece com o processo comum (*maxime* CPC). Compreender como é feito o diálogo entre estes dois centros de regulação processual afigura-se determinante para estabelecer um ponto de partida: o que nos diz o ordenamento processual sobre a possibilidade do processo civil *emprestar* algumas das suas normas sobre convenções processuais ao processo do trabalho; quais os requisitos positivos que se impõem para admitir a possibilidade; e quais os limites objetivos que lhe impedem?

São três os artigos que vêm disciplinar a matéria, encontrando-se um deles sistematicamente enquadrado no CPC e o outros dois na CLT[1]. Dis-

---

1. Naturalmente que existem outros dispositivos que fazem menções à aplicação supletiva ou subsidiária, nomeadamente no próprio CPC. Assim, por exemplo, o art. 196 da CLT disciplina "Compete ao Conselho Nacional de Justiça e, supletivamente, aos tribunais, regulamentar a prática e a comunicação oficial de atos processuais por meio eletrônico e velar pela compatibilidade dos sistemas, disciplinando a incorporação progressiva de novos avanços tecnológicos e editando, para esse fim, os atos que forem necessários, respeitadas as normas fundamentais deste Código." Da mesma forma, pode ler-se no art. 519 da CLT para a aplicação supletiva das regras de cumprimento de sentença e liquidação aos procedimentos diferenciados: "Aplicam-se as disposições relativas ao cumprimento da sentença, provisório ou definitivo, e à liquidação, no que couber, às decisões que concederem tutela provisória." Também no art. 318, parágrafo único do CPC se determina a aplicação subsidiária aos procedimentos especiais e de execução:

põe o primeiro, art. 15 do CPC, que "na ausência de normas que regulem processos eleitorais, trabalhistas ou administrativos, as disposições deste Código lhes serão aplicadas supletiva e subsidiariamente"[2]; dispõe o segundo, art. 769 da CLT, que "nos casos omissos, o direito processual comum será fonte subsidiária do direito processual do trabalho, exceto naquilo em que for incompatível com as normas deste Título"; dispõe o terceiro, art. 889 da CLT, que "aos trâmites e incidentes do processo da execução são aplicáveis, naquilo em que não contravierem ao presente Título, os preceitos que regem o processo dos executivos fiscais para a cobrança judicial da dívida ativa da Fazenda Pública Federal" – tendo em conta que o art. 1.º da Lei n.º 6.830/68 (Lei da execução fiscal – "LEF") faz idêntica menção à aplicação subsidiária do CPC, é assim que o processo do trabalho também lá acaba por parar em sede executiva. Em suma, enquanto que na fase de conhecimento o direito processual comum seria fonte subsidiária primária do processo do trabalho (art. 769 da CLT), em executiva seria fonte subsidiária secundária, já que a sua fonte primária seria a LEF, que por sua vez remete ao CPC.

"O procedimento comum aplica-se subsidiariamente aos demais procedimentos especiais e ao processo de execução." De forma semelhante, dispõe o art. 513 *caput* do CPC "O cumprimento da sentença será feito segundo as regras deste Título, observando-se, no que couber e conforme a natureza da obrigação, o disposto no Livro II da Parte Especial deste Código." Ainda no art. 771 *caput* do CPC podemos encontrar norma a fixar aplicação supletiva nos seguintes termos: "Este Livro regula o procedimento da execução fundada em título extrajudicial, e suas disposições aplicam-se, também, no que couber, aos procedimentos especiais de execução, aos atos executivos realizados no procedimento de cumprimento de sentença, bem como aos efeitos de atos ou fatos processuais a que a lei atribuir força executiva"; seguido do parágrafo único do mesmo artigo: "Aplicam-se subsidiariamente à execução as disposições do Livro I da Parte Especial". Ainda ditam a aplicação supletiva outros dois dispositivo do CPC: o art. 1046, §2º (Permanecem em vigor as disposições especiais dos procedimentos regulados em outras leis, aos quais se aplicará supletivamente este Código) e o art. 327, §2º ("Quando, para cada pedido, corresponder tipo diverso de procedimento, será admitida a cumulação se o autor empregar o procedimento comum, sem prejuízo do emprego das técnicas processuais diferenciadas previstas nos procedimentos especiais a que se sujeitam um ou mais pedidos cumulados, que não forem incompatíveis com as disposições sobre o procedimento comum").

2. Este dispositivo acabou por ficar com a redação que lhe foi dada pela Câmara, já que do Senado o enunciado aprovado dizia: "Art. 15. Na ausência de normas que regulem processos penais, eleitorais ou administrativos, as disposições deste Código lhes serão aplicadas supletivamente". Procedeu-se, então, à eliminação da referência a "processos penais", introduziu-se "processos (...) trabalhistas" e acrescentou-se a problemática expressão "supletiva e subsidiária".

O problema foi levantado de forma significativa pela doutrina juslaboralista à chegada do CPC/15, já que o anterior CPC/73 nada dispunha sobre a matéria. A querela desta compatibilização mantém-se, hoje, relevante, já que muitas normas continuam a ser questionadas acerca da sua compatibilidade com o sistema processual trabalhista. Uma delas é precisamente o art. 190 do CPC, que foi considerado pela Instrução Normativa 39/2016 como não sendo aplicável ao processo laboral, mesmo diante da clara lacuna na CLT sobre a temática da negociação processual atípica. É neste contexto que se torna necessário compreender (i) qual a relação entre o processo civil e o processo trabalhista, já que a plena autonomia do segundo em detrimento do primeiro importa restrições ao resgate interpretativo e subsidiário de normas do processo civil; (ii) como é que dialogam e interagem os arts. 15 do CPC e 769 da CLT; (iii) os requisitos e os limites para a "*importação*" de normas jurídicas de um subsistema para o outro; para que possamos compreender se aquele art. 190 respeita, ou não, essas balizas normativas.

2.2. O ALCANCE DA AUTONOMIA PROCESSUAL TRABALHISTA E A DEPENDÊNCIA NORMATIVA DO CPC

2.2.1. A comunicabilidade entre o sistema processual civil e o sistema processual trabalhista

O processo do trabalho, na qualidade de subsistema processual, nasceu e integra o tronco comum do sistema processual brasileiro. Esse tronco comum, que mais não equivale do que a um *sistema jurídico processual*[3], assegura que todos os seus ramos/subsistemas de direito processual partilhem e convivam de *princípios constitucionais comuns* (como o do acesso à justiça, do devido processo legal, do contraditório, da independência dos tribunais, da duração razoável do processo etc.), assim como de *noções fundamentais comuns* (como a de jurisdição, de ação, de defesa, de processo etc.) e ainda de uma *finalidade comum*, a de providenciar uma tutela

3. Dinamarco compreende o sistema como sendo um conjunto fechado, ainda que com elementos interligados e com finalidades externas comuns, um atuando sobre o outro, respetivamente, com interação funcional, havendo coerência entre eles. Conceitua o sistema processual como sendo um edifício equilibrado de órgãos, técnicas e diversos institutos jurídicos, sob a batuta de normas constitucionais, bem como infraconstitucionais, com capacidade própria para impulsionar a sua atuação com o fito de dirimir conflitos (Dinamarco, Cândido Rangel. *A instrumentalidade do processo.* 15ª ed. São Paulo: Malheiros, 2013, pág. 77).

jurisdicional adequada[4]. Essa, realmente, pode ser apontada como a sua essência: pôr termo a disputas e solucionar conflitos por meio da plataforma jurisdicional, salvaguardando o respeito e preservação da ordem jurídica.

A perceção desta partilha de traços, finalidades, noções, institutos, princípios comuns é matéria que pertence à *teoria geral do direito processual*[5]. E é precisamente esta partilha e unidade no que é comum, que permite um adequado funcionamento do sistema de integração de lacunas do processo comum pelos especiais; não fosse a existência de um o sistema processual comum, a interação entre os elementos normativos e sistemáticos não seria possível, tão-pouco a complementaridade mútua que é levada a cabo entre eles.

A autonomia destes ramos processuais especiais começa a sentir-se com a necessidade de introduzir diferenças particulares em cada um deles, em razão da instrumentalidade do processo a matérias distintas. Neste aspecto, não são raros os comentários que asseveram ser *função da legislação processual trabalhista* promover o acesso à justiça do trabalhador, incentivar e zelar pelo respeito e cumprimento da ordem normativa trabalhista e social, assim como solucionar e pacificar os litígios trabalhistas que lhe cheguem. Estas circunstâncias demandariam uma Justiça própria, subordinada a princípios próprios e diferenciados da Justiça comum.

É de conhecimento geral existirem duas correntes[6] sobre este problema da autonomia. É igualmente de entendimento maioritário a admissão de

---

4. Grinover, Ada Pellegrini. Processo trabalhista e processo comum. *Revista da Procuradoria Geral do Estado de São Paulo*, São Paulo, N.º 13/15, 1978, p. 437-449.

5. Segundo Dinamarco, "não passam despercebidas as diferenças que existem entre os diversos ramos do direito processual, que são independentes a partir do ponto de inserção no tronco comum. Mas a seiva que vem do tronco é uma só, o *poder*, a alimentar todos os ramos. Embora cada um deles tome a sua direção, nunca deixará de ser um ramo da árvore do processo, nem pode se afastar tanto que dê a impressão de se isolar do sistema", cf. Dinamarco, Cândido Rangel. *A instrumentalidade do processo*. 15ª ed. São Paulo: Malheiros, 2013, pág. 72.

6. Existe, portanto, quem entenda que o direito processual do trabalho tem autonomia diante do direito processual civil – teoria *dualista* –, quem entenda que não existe qualquer nível de autonomia entre aqueles dois, sendo o processo do trabalho um mero desdobramento do processo civil – *teoria monista* – e ainda há quem sustente existir uma *autonomia relativa* do processo do trabalho diante do processo civil, que preservando as suas especificidades e particularidades, não deixa de acolher os contributos civilistas de forma subsidiária. Entre os que advogam pela corrente monista, destaca-se Souto Maior, que fundamenta o seu entendimento dizendo que o processo laboral tem peculiaridades específicas, sendo emanadas, porém, pelas especificidades

uma certa independência do processo do trabalho, quer diante do direito material do trabalho – do qual, apesar de ser instrumento de efetivação dele se distingue –, quer do direito processual civil[7]. Pugna-se, portanto, pelo reconhecimento de uma *autonomia relativa* do processo do trabalho.

2.2.2. A autonomia do processo do trabalho

Tema quereloso nacional e internacionalmente[8], a autonomia do processo do trabalho tem sido sustentada com recurso a uma série de argumentos

---

oriundas do direito material que ele serve de instrumento. A teoria geral do processo civil é quem traz mais claras essas condições de instrumentalização, de especificação que são direcionadas à maior efetividade da aplicação prática da técnica processual, motivo pelo qual, no entender do autor, deve ser reconhecida a unidade processual (*Direito processual do trabalho: efetividade, acesso à justiça e procedimento oral.* São Paulo: LTr, 1998, pág. 25). Pugnando no sentido do terceiro posicionamento – *autonomia relativa* – destaca-se Wilson de Sousa Campos Batalha, para quem a autonomia do direito processual do trabalho é relativa, conforme leitura atenta ao artigo 769, da CLT, pois ainda que se possa falar em autonomia, não se pode negar a clara relação de interligação e sincronia com outros ramos processuais, nomeadamente o direito processual civil, e deste com diversos tópicos comuns a um e ao outro ramo. (Batalha, Wilson de Sousa Campos. *Tratado de Direito Processual do Trabalho.* 3ª ed. São Paulo: LTr, 1995, vol. I, pág. 26). Desenvolveremos este ponto abaixo.

7. Se é certo que o direito processual do trabalho adota muitos dos princípios do processo civil e com ele esteja muito próximo em termos de afinidade, não há como deixar de se lhe reconhecer princípios próprios, que lhe resguardam certa autonomia e o particularizam diante daquele. Em prol deste entendimento, contribui também o fato de existir um ramo especializado do judiciário para dirimir suas disputas e uma legislação própria. Mas nada disto implica que, enquanto ramo das ciências processuais, o processo do trabalho não deva caminhar juntamente com o processo comum, em razão de importantes postulados processuais que representam objetivos de todos, tais como a subsidiariedade, acesso à justiça ou duração razoável do processo, cf. Schiavi, Mauro. Aplicação do Código de Processo Civil ao Processo do Trabalho após um ano de vigência do Novo CPC. *Revista LTr*, São Paulo, Vol. 81, N.º 04, abr/2017, pág. 391.

8. Por exemplo no Uruguai, considerando que a Lei Ley nº 18572 (Ley de abreviacion de los juicios laborales) trouxe importante contributo para a autonomia do processo laboral, Rivas, Ana Gabriela. Proceso laboral autônomo como aplicación del principio protector. *Revista eletrônica do TRT 4ª Região*, Vol. 7, N.º 121, jul/2011, págs. 116-119). Em Portugal, Martinez posiciona-se a favor da sua autonomia "Tendo em conta que o processo do trabalho advém da existência de certas particularidades, pode questionar-se a sua autonomia com respeito ao direito processual civil, considerando que corresponde só a um conjunto de pequenas exceções. Qualquer solução parece defensável; porém, no Código de Processo do Trabalho inclui-se um conjunto de normas de direito adjetivo com algumas particularidades relativamente ao processo civil e ao processo penal tendo em vista o direito do trabalho na sua parte substantiva.

pela maioria da doutrina nacional. Fazendo aqui uso dos pontuados por Giglio e Corrêa, assim os elencamos (i) *autonomia didática*, uma vez que o direito processual do trabalho é ensinado como disciplina autônoma em universidades de direito; (ii) *autonomia jurisdicional*, uma vez que possui um poder judiciário próprio e com três graus de jurisdição[9]; (iii) *autonomia científica*, por possuir institutos (v.g., *ius postulandi*, sentença normativa, eliminação de recursos no rito sumário etc.) e princípios (princípio da proteção, da jurisdição normativa, da despersonalização do empregador, simplificação do procedimento etc.) específicos, que em princípio não encontram paralelo em outros ramos do processo[10]. Os autores reconhecem, porém, que não

---

Dito de outro modo, não obstante a aplicação subsidiária, em particular do direito processual civil, as normas do Código de Processo do Trabalho mantêm entre si uma certa inter-relação, constituindo um todo com alguma autonomia. A referida autonomia pode advir da existência de alguns princípios que, mesmo comuns ao processo civil ou penal, tenham um especial valor em sede de processo do trabalho. Como princípios pode indicar-se a hipervalorização do ato conciliatório, o baixo custo do processo, a não obrigatoriedade de assistência de advogado, a celeridade processual, a simplicidade de tramitação, a imediação, preconizando-se o contacto pessoal entre o juiz e as partes, e a possibilidade de condenação *ultra petita*, como reflexo processual da irrenunciabilidade dos direitos do trabalhador" (Martinez, Pedro Romano. *Direito do Trabalho.* 7ª ed. Coimbra: Almedina, 2015, págs. 1277-1278). No âmbito do direito espanhol, a tendência varia. Sustentando a autonomia processual em Espanha, por exemplo, "Parece que mientras se mantenga la peculiaridad del Derecho material del trabajo, y su desaparición no es pronosticable desde luego, un cierto tratamiento independiente del Derecho procesal del trabajo debe ser también recomendado. La autonomía del proceso del trabajo constituye en realidad un reflejo de la autonomía del proprio derecho laboral material", cf. Melgar, Alfredo Montoya; Navarro, Antonio Sempere, Moreno, Jesús Galiana; Salmerón, Bartolome Ríos. *El nuevo procedimiento laboral.* Madrid: Tecnos, 1990, págs. 59; posicionamento do Tribunal Constitucional español em julgado 3/83, quando sustenta que a finalidade do Direito do Trabalho (que entende como sendo mecanismo compensador e igualitário para corrigir desigualdades fundamentais) "no sólo las normas sustantivas sino también las procesales, porque superando tendencias que creían que el Derecho procesal era un conjunto de normas neutras y aisladas del Derecho sustenativo, resulta patente que ambas son realidades inescindibles, actuando aquél como un instrumento más, y de singular importancia, para el cumplimiento de los fines pretendidos por éste", *apud* Rivero, Gloria Pilar Rojas. *El Derecho del trabajador al ejercicio individual de las acciones derivadas del contrato de trabajo.* Madrid: Civitas, 1994, pág. 24.

9. Pedreira, Luiz de Pinho. A Justiça do Trabalho e sua autonomia. *Revista do Direito do Trabalho*, São Paulo, Vol. 85, mar/1994, págs. 69-75.

10. No mesmo sentido, Pinto, José Augusto Rodrigues. *Processo trabalhista de conhecimento.* São Paulo: LTr, 2005. Complementa ainda Lima que o princípio da igualdade das partes sofre diferente mutação, já que, por exemplo, o trabalhador não sofreria condenação em honorários advocatícios e seria dispensado das custas processuais e depósito de recorrer;

existe autonomia legislativa, já que a CLT se encontra lacunosa quanto a um elevado número de matérias, sendo constantemente necessário o recurso ao processo civil como fonte subsidiária. Neste contexto, apesar de se posicionarem a favor da autonomia dogmática e científica deste ramo processual, admitem que ainda falta maturidade suficiente para este se assumir como ramo verdadeiramente autônomo e isento de controvérsias[11]. Complementa SARAIVA com o argumento de que a própria CLT determina *apenas* a aplicação subsidiária das regras do processo civil em caso de lacuna[12], o que reforça a autonomia do processo do trabalho.

Mesmo que aceitássemos, também nós, essa autonomia dogmática, científica e sistemática do processo do trabalho, o problema que atualmente se coloca não seria tanto no seu reconhecimento, mas da sua amplitude. Com efeito, apesar de na primeira metade do século XX se começar a falar da autonomia do processo do trabalho ao se questionar os ideais liberais do processo civil, na segunda metade – e com a crise do positivismo jurídico diante do reforço da constitucionalização do processo – constatou-se uma significativa aproximação de ambos, em razão da progressiva preocupação também no processo civil com postulados de celeridade e efetividade. A diferenciação deixou tanto de se centrar em *objetivos* ou *princípios* – que eram cada vez mais comuns – para sobretudo se restringir a *procedimentais*; justificados pela assimetria da relação laboral[13].

---

além de que admitia figuras como a ação individual plúrima de vários empregados, representação processual pelo sindicato ou colega de profissão, substituição processual também pelo sindicato etc. (LIMA, Francisco Meton Marques de. *Manual de processo do trabalho.* 2ª ed. São Paulo: LTr, 2008, pág. 21). Na classificação de MARTINS, que também apela à autonomia do processo do trabalho, (i) desenvolvimento legal, (ii) doutrinário, (iii) didático, (iv) autonomia jurisdicional e (v) autonomia científica (MARTINS, Sérgio Pinto. *Direito Processual do Trabalho.* 40ª ed. São Paulo: Atlas, 2018, págs. 64-67). Também neste sentido COLNAGO, Lorena de Mello Rezende. A autonomia do direito processual do trabalho. *In* COLNAGO, Lorena Rezende, NAHAS, Thereza Christina (coord.). *Processo do Trabalho Atual. Aplicação dos enunciados do Fórum Nacional e da Instrução Normativa do TST.* São Paulo: RT, 2016, págs. 25-28.

11. GIGLIO, Wagner; CORRÊA, Claudia Giglio Veltri. *Direito Processual do Trabalho.* 16ª ed. São Paulo: Saraiva, 2007, págs. 94-95.28.

12. SARAIVA, Renato; MANFREDINI, Aryanna. *Curso de Direito Processual do Trabalho.* 12ª ed. Salvador: Juspodivm, 2015, pág. 29.

13. LAURINO, Salvador Franco de Lima. O art. 15 do novo código de processo civil e os limites da autonomia do processo do trabalho. *Revista LTr,* São Paulo, Vol. 79, N.º 08, ago/2015, pág. 949; GARCIA, Gustavo Filipe Barbosa. Constitucionalização do direito processual do trabalho e teoria geral do processo. *Revista dos Tribunais,* São Paulo, Vol. 101, 915, jan/2012, págs. 340-341.

Assim, independentemente de reconhecermos ou não uma certa dose de autonomia normativa, há inúmeras situações que convocam e exigem uma harmonização sistemática mais ampla e o recurso a regras previstas no direito processual civil. Não por outro motivo, não obstante a existência de princípios específicos do processo do trabalho, este acaba por seguir e adotar inúmeros princípios de direito processual civil[14]. Dada a quantidade de lacunas existentes no ordenamento processual trabalhista, importa que as soluções do intérprete sejam procuradas com recurso à *ciência processual* sem ter que se aguardar iniciativa legiferante para que a efetividade do sistema processual trabalhista seja incrementada e garantida. A interpretação e integração servem como as melhores armas ao seu dispor para transportar para o processo laboral esse veículo de normas tecnicamente mais evoluídas e efetivas e, bem assim, para materializar no caso concreto, e da melhor forma, os princípios constitucionais que devem reger toda a ciência processual, em particular o do acesso à justiça, do contraditório e da duração razoável do processo.

2.2.3. O processo do trabalho como um procedimento especial?

Sem prejuízo de outros posicionamentos a nível internacional[15] quem, na doutrina juslaboral nacional, mais se solidariza com o entendimento de que o processo do trabalho mais não é do que um procedimento especial da jurisdição cível – e no qual eu me enquadro – são CARRION[16],

---

14. Na listagem de BEZERRA LEITE: o princípio da demanda, do impulso oficial, da instrumentalidade, da impugnação específica, da estabilidade da lide, da eventualidade e preclusão, da economia processual, da perpetuação da jurisdição, do ônus da prova, da oralidade, da boa-fé processual, da cooperação, da vedação da decisão surpresa e da primazia da decisão de mérito (LEITE, Carlos Henrique Bezerra. *Curso de Direito Processual do Trabalho.* 14ª ed. São Paulo: Saraiva, 2016, págs. 83-97).

15. Veja-se, por exemplo, GIL, Luis Enrique de la Villa; BECEDAS, Gabriel Garcia; ESCARTIN, Ignacio Garcia-Perrote. *Instituciones de derecho del trabajo.* 2ª ed. Madrid: Ceula, 1991, pág. 709: "El proceso laboral, que respecto del civil ordinario no se presenta como un proceso autônomo sino como un proceso especial que goza de autonomía funcional propia (...). Interesa destacar que, precisamente por eso, los principios informadores del proceso laboral no pueden ser desligados completamente de los que configuran el proceso civil ordinario (...)".

16. CARRION, Valentin. *Comentários à Consolidação das Leis do Trabalho.* 40ª ed. São Paulo: Saraiva, 2015, anotação ao artigo 769, págs. 691-692: "O *direito processual* se subdivide em processual penal e processual civil (em sentido lato, ou não penal). As subespécies deste são o processo trabalhista, processual eleitoral etc. Todas as subespécies do direito processual civil se caracterizam por terem em comum a teoria geral do processo; separam-se dos respectivos direitos materiais (direito civil, direito do trabalho etc.) porque seus

NETO e CAVALCANTE[17], MAIOR[18], GARCIA[19], MAGANO[20], MALTA[45], CAIRO JR.[46],

---

princípios e institutos são diversos. São direitos instrumentais que, eles sim, possuem os mesmos princípios e estudam os mesmos institutos. Os princípios de todos os ramos do direito não penal são os mesmos (celeridade, oralidade, simplicidade, instrumentalidade, publicidade etc.), e os institutos também (relação jurídica processual, revelia, confissão, coisa julgada, execução definitiva etc.). Assim, do ponto de vista jurídico, a afinidade do direito processual do trabalho com o direito processual comum (civil, em sentido lato) é muito maior (de filho para pai) do que com o direito do trabalho (que é objeto de sua aplicação). Assim acontece com o cirurgião de estômago, cuja formação principal pertence à clínica cirúrgica, mais do que à clínica médica, que estuda o funcionamento e tratamento farmacológico daquele órgão. Isso leva à conclusão de que o direito processual do trabalho não é autônomo com referência ao processual civil e não surge do direito material laboral. O direito processual do trabalho não possui princípio próprio algum, pois todos os que o norteiam são do processo civil (oralidade, celeridade etc.); apenas deu (ou pretendeu dar) a alguns deles maior ênfase e relevo. O princípio de "em dúvida pelo mísero" não pode ser levado a sério, pois, se se tratar de dúvida na interpretação dos direitos materiais, será uma questão de direito do trabalho e não de direito processual. E, se se tratar deste, as dúvidas se resolvem por outros meios: ônus da prova, plausibilidade, fontes de experiência comum, pela observação do que ordinariamente acontece (CPC, art. 335) ou contra quem possuía maior facilidade de provar etc.".

17. JORGE NETO, Francisco Ferreira; CAVALCANTE, Jouberto de Quadros Pessoa. *Direito Processual do Trabalho*. 8ª ed. São Paulo: Atlas, 2019, pág. 29-31.

18. SOUTO MAIOR, Jorge Luiz. *Direito processual do trabalho: efetividade, acesso à justiça e procedimento oral.* São Paulo: LTr, 1998, págs. 25 ss.

19. Esta autonomia é pertinentemente analisada no estudo de GARCIA, Gustavo Filipe Barbosa. Considerações sobre a autonomia do processo do trabalho. *ADV advocacia dinâmica: Informativo Semanal*, N.º 5, jan/2014, págs. 48-52. O autor fundamenta o seu posicionamento a favor desta autonomia sobre o direito do trabalho e sobre o processo civil, com base, sobretudo, nas singularidades do processo do trabalho: oralidade, concentração de atos em audiência, tendência para defesa de direitos coletivos metaindividuais, ênfase conciliatório, ausência de efeito suspensivo recursal, peculiariedades probatórias, incremento dos poderes do magistrado, capacidade postulatória das partes, diferenciação dos títulos executivos admitidos, autonomia da atuação jurisprudencial no âmbito laboral, entre outras.

20. "A pertinência do processo à atividade jurisdicional, e a sua não pertinência ao direito material, mostra ser impossível sustentar-se a autonomia de um processo trabalhista pela simples circunstância de se estatuírem procedimentos especiais para a composição de lides do trabalho. Quanto aos princípios que estadeariam o seu particularismo, é preciso ter presente, em primeiro lugar, que surgiram quase todos a modo de contraponto aos princípios e peculiaridades do processo comum, quando este possuía feições marcadamente individualistas, o que não mais ocorre nos dias atuais. A conclusão no sentido de não passar o processo de um ramo ou divisão do processo civil, desprovido de autonomia, além de lastreada no magistério de renomados juristas, constitui, no Brasil, consectário da regra inserta no art. 8º, XVII, b, da Constituição vigente (art. 22,

Meireles e ainda Bernardes[23-24]. De resto, a Reforma Trabalhista terá representado mote para vários outros estudiosos reconhecerem haver cada vez mais argumentos para questionar a identidade do processo do trabalho[25].

I, CF/1988), que se refere a um único Direito Processual" (Magano, Otávio Bueno. *Manual de direito do trabalho – Parte Geral.* São Paulo: LTr, 1990, págs. 78-79).

21. Malta, Christóvão Piragibe Tostes. *Prática do processo trabalhista.* São Paulo: LTr, 2008, pág. 28-30.

22. Cairo Jr., José. *Curso de Direito Processual do Trabalho.* 12ª ed. Salvador: Juspodivm, 2018, págs. 51-54.

23. Deixamos a argumentação clara do Autor: "(...) o processo do trabalho não tem princípios diferentes daqueles que regem o processo civil, havendo apenas pequenas adaptações. Por exemplo, o princípio da oralidade (do qual decorre a concentração de atos em audiência e a irrecorribilidade imediata das interlocutórias) se aplica nos dois ramos, embora haja peculiaridades, pois o Processo Civil, neste caso, admite, ao contrário do Processo do Trabalho, as exceções contidas no art. 1.015 do CPC. Essa aproximação principiológica fica ainda mais patente diante da constitucionalização do Direito Processual (...). Ademais, o Processo do Trabalho não tem fundamentos próprios. Os institutos básicos do processo, como ação, coisa julgada, jurisdição etc. são os mesmos do Processo Civil. O fato de haver uma Justiça Especializada também não é suficiente para configurar autonomia do Processo do Trabalho: não se pode definir um fenômeno a partir de suas consequências (a existência de uma Especializada – consequência – estaria definindo a autonomia do processo do trabalho – causa). Trata-se apenas de uma questão de divisão de trabalho entre os diversos órgãos judiciários, os quais podem aplicar as normas oriundas de qualquer ramo do Direito. Como exemplos, veja-se que a própria Justiça do Trabalho pode aplicar o Direito Civil, sem que se desnature a sua competência. De outro lado, Juiz estadual investido da jurisdição trabalhista aplica o processo do trabalho (...). Quanto ao objeto de estudo, há uma grande superposição entre os temas do Processo do Trabalho e do Processo Civil (...). Finalmente, o fato de haver vasta produção bibliográfica sobre determinada disciplina não basta para conferir-lhe autonomia. Pense-se, figurativamente, na temática da responsabilidade civil, que é tratada por grande quantidade de trabalhos doutrinários. Esse fato não a transforma em autônoma em relação ao Direito Civil. Em suma, apesar de haver peculiaridades procedimentais e principiológicas no Processo do Trabalho, não se trata de ciência autônoma" (Bernardes, Filipe. *Manual de Processo do Trabalho.* Salvador: Juspodivm, 2018, pág. 75).

24. Inconclusivo, Teixeira Filho, Manoel Antônio. *Curso de direito processual do trabalho: processo de conhecimento.* São Paulo: LTr, 2009, Vol. I, pág. 107. O autor entende que de um ponto de vista *sistemático* o processo trabalhista é autônomo, já que conta com princípios e disposições legais específicas; ao passo que de um ponto de vista *pragmático* já não o seria, uma vez que que a subsidiariedade relativamente às normas civilistas é enorme e o número de articulados legais a reger o processo do trabalho é insuficiente. Não conclui com posição definitiva.

25. Damos o exemplo de Silva, que considera que "A inauguração dos honorários de sucumbência no processo do trabalho é um divisor de águas, uma quebra de paradigma,

Partindo de uma compreensão do procedimento especial – como aquele que foge ao rito geral instituído pelo CPC para, mediante regras especiais, o adequar, recorrendo ao procedimento comum apenas para integração subsidiária ou complementação normativa – MEIRELES incluiu nesta categoria de *rito especial*, além do mandado de segurança, da ação rescisória, ação cautelar, ação de execução, ação judicial na justiça eleitoral e das ações dos juizados especiais, as ações trabalhistas[26]; afinal, nela se deveriam incluir não apenas os procedimentos tipificados no CPC mas todos os que se encontram em legislação extravagante de natureza civil que remete ao procedimento comum como fonte supletiva e subsidiária. Para estes partidários, o processo do trabalho tem menos a ver com Direito do Trabalho do que tem com o Processo Civil[27-28].

---

um momento decisivo em sua história – e, para muitos, o início do processo do trabalho como um ramo autônomo, que procurava sua afirmação dogmática. (...) aos poucos a identidade do processo do trabalho foi perdida. Se serve de consolo, ele emprestou algumas soluções criativas para o processo civil, influenciando decisivamente as reformas processuais de 1994 e 2006, sobre o CPC de 1973, bem assim a elaboração do CPC de 2015 (...). Quais seriam as causas de perda de identidade do processo do trabalho? Múltiplas. O enorme aumento da complexidade das matérias, sobretudo após a CF, e a ampliação da competência da Justiça do Trabalho, através da EC 45, dizem muito sobre os ataques intensificados contra a estrutura do processo do trabalho" (SILVA, Homero Batista Mateus da. *Comentários à Reforma Trabalhista*. São Paulo: RT, 2017, pág. 140).

26. MEIRELES, Edilton. O novo CPC e sua aplicação supletiva e subsidiária no processo do trabalho. *In* MIESSA, Élisson (coord.). *O novo Código de Processo Civil e seus reflexos no processo do trabalho*. Salvador: Editora Juspodivm, 2016, pág. 59. Aparentemente no mesmo sentido, MACEDO, José Acurcio Cavaleiro de. A Emenda Constitucional N. 45/2004 e a judiciarização da justiça do trabalho. *Revista LTr*, São Paulo, Vol. 69, N.º 1, jan/2005, pág. 217. Este último autor parte da diferença entre Justiça especializada e processo especial, para concluir que "o Processo Individual do Trabalho foi instituído como Processo especial exclusivamente para conciliar e julgar a ação reclamatória trabalhista, não se aplicando, portanto, a qualquer outra ação processada perante a Justiça do Trabalho".

27. Como ensina CARRION, sempre que o intérprete tenha dúvidas sobre norma processual trabalhista, "(...) não devem procurar Cesarino Júnior, Mário de La Cueva, Paul Durand e outros grandes autores de direito material; mas Chiovenda, Pontes de Miranda, Coqueijo Costa, José Luiz Vasconcelos, porque a matéria não é a mesma. Recordar-lhes que o Direito do Trabalho em nada ou pouco tem a ver com o Direito Processual do Trabalho; o equívoco nasce nas Universidades, onde normalmente os mesmos professores de Direito Material, lecionamos Direito Processual. Só Pontes de Miranda é polifacético" (CARRION, Valentin. A CLT processual e a celeridade. *Revista de Direito do Trabalho*, São Paulo, Vol. 85, mar/1994, pág. 47).

28. No âmbito comparado, esta parece ser a posição maioritária em Espanha. Como se denota por MUNÕZ CAMPUS, J., "La opinión doctrinal mayoritaria se pronuncia por su carácter de simple especialidad del proceso civil, en atención a la materia debatida,

Sem ignorar que continua a existir um grande "fosso" entre processo civil e laboral[29], Meireles rebate os principais argumentos dos defensores da autonomia processual trabalhista alegando: (i) a circunstância de na Justiça do Trabalho se enfrentarem na grande maioria das vezes empregado e empregador (*tendencial vulnerabilidade*) não seria suficiente para conferir qualquer autonomia ao procedimento, pois isso obrigaria a qualificar igualmente como especial todos os procedimentos que envolvessem menores, o que não acontece; (ii) a existência de *órgão/justiça própria* para conhecer os litígios laborais tão-pouco bastaria para conferir essa autonomia; se tal fosse o caso, também a justiça eleitoral ou as demandas que correm termos nos juizados especiais demandariam autonomia processual, o que, mais uma vez, não acontece – em todos os três casos existem órgãos autônomos e próprios, separados da Justiça Estadual, mas nem por isso se conclui pela sua autonomia científica e sistemática; (iii) também no *objeto processual* não se conseguem notar diferenças significativas, já que em ambos se pleiteiam a satisfação do direito que se quer ver reconhecido, apenas com a particularidade de no processo laboral a quantidade de pedidos cumulativos ser consideravelmente mais frequente do que no processo civil; (iv) o mesmo se dirá dos *atos processuais* a serem praticados que, salvo algumas regras especiais distintas do CPC, não apresentam diferenças significativas; não

---

sin duda porque los principios procesales generales le son de aplicación sin ninguna estridencia. El proceso laboral por sí sólo, sin referencia, primero, al proceso civil, del constituye una especie, y olvidando que es un instrumento de la jurisdicción, carece de sentido al no existir por sí mismo. Sin el ente principal (la jurisdicción), el ente subordinado (el proceso) es incomprensible. Sin continuas referencias al proceso civil, el laboral no puede aplicarse" (El principio de igualdad en el proceso laboral, *Jornadas sobre cuestiones actuales de enjuiciamiento laboral*, IELSS, Madrid, 1985, pág. 366, *apud* de Rivero, Gloria Pilar Rojas. *El Derecho del trabajador al ejercicio individual de las acciones derivadas del contrato de trabajo.* Madrid: Civitas, 1994, pág. 89).

29. Meireles, Edilton. O novo CPC e sua aplicação supletiva e subsidiária no processo do trabalho. *In* Miessa, Élisson (coord.). *O novo Código de Processo Civil e seus reflexos no processo do trabalho.* Salvador: Editora Juspodivm, 2016, pág. 64. A exemplo da previsão e regulamentação do recurso extraordinário, que mais serão regras do processo constitucional do que do processo civil *strictu sensu.* O autor critica a falta de diálogo entre os dois procedimentos, ao que exemplifica com o esquecimento do processo do trabalho levado a cabo pelas reformas civis, nomeadamente aquela que implicou a extinção no CPC da ação de execução por título executivo judicial e que permanece na CLT; com o não acolhimento pelo processo civil da regra de contagem de prazo a partir da data de comunicação à parte e não da juntada aos autos do mandado; o regramento da liquidação por simples cálculo que está previsto na CLT ainda com o regramento do CPC/73 etc.

sendo raros os casos de recurso ao procedimento comum para integração e complementação normativa nesta sede; (v) *relativamente ao procedimento*, também sobre este não se encontram grandes diferenças, sendo inclusivamente notória uma sobreposição do procedimento típico laboral com o dos juizados especiais, por um lado, e uma experiência partilhada do rito sumaríssimo do CPC/73, do rito comum do CPC/15 e dos Juizados Federais com a experiência laboral[30]; (vi) por último, em matéria de *efeitos obtidos*, as consequências são idênticas, consubstanciando em ambos a obtenção e formação de coisa julgada[31].

Como bem denota MEIRELES, um significativo número de temáticas é tratado no processo do trabalho sob os mesmos moldes com que são forjados e previstos no processo civil, a exemplo das regras de competência, jurisdição, legitimidade, capacidade, invalidade, procedimento, relação jurídica processual, provas, impugnações etc.[32] A relação extrapola a simples influência advinda da Teoria Geral do Processo, para alcançar uma efetiva aplicação de todo o regramento previsto no CPC, com exceção de uma ou outra adaptação legal ou jurisprudencial.

Ao argumento das *funções do processo do trabalho* – supostamente subordinado a uma função social específica de promover o acesso à justiça do trabalhador, zelar pelo respeito dos direitos deste na sociedade e pela construção de uma ordem normativa social etc. – MEIRELES replica que tal como o processo do trabalho se *instrumentaliza para compor o litígio* laboral, assim o processo civil se instrumentaliza à composição do litígio civil; ambos restaurando a ordem jurídica e pacificando a vida social. Tão-pouco a reclamação trabalhista assume natureza diferente de uma ação de cobrança apenas pelo fato de ser a Justiça do Trabalho a ter competência para a julgar[33].

---

30. *Ibidem*, págs. 60-61.
31. *Ibidem*, págs. 60-61.
32. *Ibidem*, págs. 60-61.
33. Como bem explica o autor: "(...) não se pode confundir regra de competência, com regra de processo. Não é porque o processo tem curso na Justiça do Trabalho que ele muda de natureza. O mandado de segurança é uma demanda mandamental, que visa impugnar ato de autoridade, seja na Justiça do Trabalho, seja na Justiça Federal ou Estadual. Sua natureza não muda, ainda que a competência para apreciar a demanda seja afeta a outro Órgão Judiciário. Aliás, podemos destacar que a típica demanda trabalhista – a reclamação trabalhista –, não passa de uma ação de cobrança de prestações pecuniárias, o mais das vezes. Ela, portanto, não se diferencia de qualquer ação ordinária de cobrança ajuizada na Justiça Comum, salvo quanto ao rito e competência", *ibidem*, pág. 62.

Ao argumento relativo à *especificidade dos princípios próprios* do processo do trabalho, também MEIRELES replica alegando a sua insuficiência para o propósito de conferir autonomia ao processo, já que (i) *todos os princípios do processo laboral* são comuns ao civil, inclusivamente o da proteção – que reconhece poder existir no processo trabalhista –, nomeadamente quando estiver em causa uma demanda com um consumidor ou com a Fazenda Pública num dos polos da relação processual; (ii) o principal princípio que ampara o argumento da autonomia – da *proteção – tão-pouco ser específico do processo laboral* já que ele não só inunda o sistema jurídico-penal, como ainda se encontram no CPC regras com idêntico cunho "protetor" que visam adequar o procedimento a certos cidadãos, a exemplo do art. 53, inciso II do CPC (competência especial em matéria de alimentos para proteção do alimentante) ou do art. 1048, inc. I do CPC (prioridade e preferência na tramitação de ação na qual seja parte um idoso)[34].

Mais se acrescente que, com a EC 45/2004 e a abertura da Justiça do Trabalho a outras demandas que não apenas a baseada na estrita relação empregado *vs* empregador (*maxime*, demandas civis), outro argumento se pode levantar: afinal, esta Emenda representa a assertiva de que a Justiça do Trabalho não se pode dizer mais uma Justiça restrita a relações de emprego, *exclusivamente destinada a fazer valer o princípio da proteção*, admitindo-se, então, que se possam julgar demandas e pedidos cíveis como se de Justiça Comum se tratasse[35]. Esta EC veio, sem dúvida, descaracterizar qualquer resquício de "autonomia" que a Justiça do Trabalho eventualmente pudesse ter. Tanto assim é que a maior parte dos defensores daquela veio reconhecer os perigos desta Emenda ao poder afastar a Justiça Trabalhista das suas origens e metas ideológicas, transformando-a numa mera Justiça especializada[36].

---

34. *Ibidem*, págs. 62-63.
35. Aliás, em matéria de execução de sentença, é notória a forma como os juízes trabalhistas precisam de recorrer (i) a quase todo o CPC, já que a CLT conta com cerca de 20 artigos em matéria executiva, (ii) a uma diversidade de outras matérias, como o direito comercial, civil e administrativo, já que da penhora podem resultar inúmeras questões atinentes a estes (PAMPLONA FILHO, Rodolfo. A nova competência da Justiça do Trabalho – uma contribuição para a compreensão dos limites do novo art. 114 da Constituição Federal de 1988. *Revista de Direito do Trabalho*, São Paulo, Vol. 31. N.º 121, jan-mar/2006, pág. 237).
36. Assim, por exemplo, MANNRICH, "Não se pode admitir, como um inexorável processo pendular da história, que a Justiça do Trabalho – agora voltada mais às relações de trabalho do que de emprego, mais comprometida com o trabalhador do que com o empregado, num esforço supremo para cumprir as novas missões constitucionais, venha

Da nossa parte, não podemos senão acompanhar esta doutrina que pugna pela ausência de autonomia jurídica do processo do trabalho em

---

a perder sua própria identidade bem como a simplicidade e agilidade de seus ritos e se afastar de suas origens e razões que justificam sua criação – seja transformada numa vara especializada da Justiça Comum ou da Justiça Federal, pela sua perda de sensibilidade com as questões eminentemente sociais, o que certamente seria lamentável retrocesso" (Mannrich, Nelson. Emenda Constitucional 45 e as novas competências: da extinção ao fortalecimento da Justiça do Trabalho. *Revista do Direito do Trabalho*, São Paulo, Vol. 31, N.º 118, abr-jun/2005, pág. 194). No mesmo sentido, Magano, Octavio Bueno. O direito do trabalho e a Reforma do Judiciário. *Revista de Direito do Trabalho*, São Paulo, Vol. 31, N.º 117, jan-mar/2005, pág. 117. A preocupação dos juslaboralistas foi tal que, inclusivamente, para se manter (à força) a autonomia do Processo do Trabalho se procurou uma interpretação absurdamente (*data venia*) restritiva da EC 45/2004, como se pode ver do apontamento de Adorno Júnior, "(...) em um primeiro momento, sustentou-se que sua esfera de atuação jurisdicional teria sido significativamente ampliada, para abranger a totalidade dos conflitos decorrentes das relações de trabalho. Esta impressão inicial, contudo, não é a mais condizente com o propósito da mencionada alteração legislativa, pois a finalidade histórica da instituição da Justiça do Trabalho não pode ser relegada ao segundo plano na aplicação das novas regras de competência (...). Tão relevante, por outro lado, é a salvaguarda dos princípios diferenciados que constituem a própria base de atuação da Justiça do Trabalho, para se manter a presteza e a eficácia na solução de conflitos trabalhistas, que gravitam, notadamente, em torno de créditos de natureza alimentar. A preservação da eficiência jurisdicional que inspirou as modificações no texto constitucional não pode ser comprometida por uma interpretação extremamente extensiva da competência material trabalhista, o que também deve ser evitado para que não se perca a especialidade do processo do trabalho" (Adorno Júnior, Helcio Luiz. A competência da Justiça do Trabalho para dirimir, conflitos decorrentes das relações de trabalho. *Revista de Direito do Trabalho*, São Paulo, Vol. 38, N.º 145, jan-mar/2012, pág. 146 e em Apontamentos sobre a história do direito do trabalho e da Justiça do Trabalho. *Revista de Direito do Trabalho*, São Paulo, Vol. 36, N.º 140, out-dez/2010, págs. 61-80), o que leva este autor, posteriormente, a sustentar que o inc. I do 114.º da CF não é autoaplicável, carecendo de lei específica autorizadora. Neste sentido, também Souto Maior, "Esse inegável mérito da luta travada pela edição da EC 45/2004 não pode, de forma nenhuma, ser negado. No entanto, é preciso que as pessoas que conduziram este processo, com a melhor das intenções, também reconheçam que o efeito da medida pode ir muito além de seus propósitos e, com isto, acabar gerando para a Justiça do Trabalho uma irrecuperável perda de identidade, sendo que a forma principal de se chegar a este resultado desastroso é a de tornar nebuloso o próprio campo de aplicação do Direito do Trabalho, que se dá com a equiparação, do ponto de vista dos efeitos jurídicos, do trabalho subordinado ao trabalho autônomo" (Souto Maior, Jorge Luiz. *Relação de emprego e direito do trabalho*. São Paulo: LTr, 2007, pág. 103); Delgado, "No Brasil (...) a reunião, na década de 1990, do velho padrão cultural excludente aqui hegemônico, com as novas vertentes intelectuais justificadoras do descompromisso social, tudo conduziu a um movimento irreprimível de fustigação e desprestígio do

relação à processualística civil. Parece-nos, inclusivamente, que o objetivo da própria CLT nunca foi o de romper com o sistema comum por completo ou esgotar o sistema processual trabalhista, mas apenas criar condições processuais mais adequadas à materialização de um direito material especial, social, alimentar, carente de uma tutela jurisdicional de forma urgente[37]. É esta especialidade na efetividade do crédito laboral que orienta os dispositivos da Consolidação sem, com isso, se desvirtuar do tronco comum que obtém do processo civil.

2.3. O DIÁLOGO NECESSÁRIO ENTRE O ART. 15 DO CPC E O ART. 769 DA CLT

2.3.1. Concordância prática ou revogação normativa

A doutrina tem apresentado certas divergências quanto à forma correta de interpretar estas duas disposições em termos de sucessão de leis no tempo, já que a norma resultante do art. 15 do CPC é posterior ao 769 da CLT.

Conforme as lições de teoria do direito, são três as regras aptas a solucionar antinomias jurídicas entre duas normas: momento da sua entrada em vigor (critério cronológico), o lugar que ocupa na escala normativa e a força do seu poder normativo (critério hierárquico) e a generalidade ou não da sua previsão (critério da especialidade)[38].

Direito do Trabalho. A EC 45/2004, infelizmente, expressa isto. (...) A perda do foco no emprego – e seu ramo jurídico regulador – retira o coração e a mente da Justiça do Trabalho de seu papel social imprescindível, de contribuir para a construção da justiça social no conjunto do sistema institucional a que pertence (...)" (Delgado, Maurício Godinho. As duas faces da nova competência da Justiça do Trabalho. *Revista do TST*. Rio de Janeiro, Vol 71, N.º 1, jan-abr/2005, pág. 108).

37. Assim, Chaves, Luciano Athayde. *Curso de Processo do Trabalho.* 2ª ed. São Paulo: LTr, 2012, pág. 64.

38. "O critério cronológico, chamado também de *lex posterior*, é aquele com base no qual, entre duas normas incompatíveis, prevalece a norma posterior: *lex posterior derrogat priori*. (...) O critério hierárquico, chamado também de *lex superior*, é aquele pelo qual, entre duas normas incompatíveis, prevalece a hierarquicamente superior: *lex superior derogat inferiori*. (...) O terceiro critério, dito justamente da *lex specialis*, é aquele pelo qual, de duas normas incompatíveis, uma geral e uma especial (ou excepcional), prevalece a segunda: *lex specialis deroga generali*. (...) O critério cronológico serve quando duas normas incompatíveis são sucessivas; o critério hierárquico serve quando duas normas incompatíveis estão em nível diverso; o critério de especialidade serve no choque de uma norma geral com uma norma especial" (cf. Bobbio, Norberto. *Teoria*

Antes de avançar, esclarecer, desde logo, que a remissão para o "direito comum" efetuada pelo art. 769 da CLT, não é restrita ao Processo Civil, que com ele não se identifica; da mesma forma que o Processo Civil não se identifica apenas com o CPC, por integrar outros dispositivos legais. Integra igualmente o direito comum o Processo Penal, por exemplo.

Alguns entendem que houve uma *revogação tácita* do artigo 769 da CLT pelo novo normativo trazido pelo processo civil, uma vez que ele é cronologicamente mais recente que a CLT. De forma concordante, tem-se dito que o processo do trabalho se viu prejudicado na sua autonomia científica e dogmática, em razão da dependência sistemática com que ficou do processo civil[39]. Sendo ambas as normas de natureza meta-jurídica e visando

---

do Ordenamento Jurídico. 6ª ed. Maria Celeste Santos (Trad). Brasília: BBNbB, 1995, págs. 91-97).

39. Neste sentido, Edilton Meireles, "(...) primeiro é preciso deixar claro que o art. 15 do novo CPC não é uma regra de processo civil. Este dispositivo, em verdade, é regra de direito processual do trabalho, de processo judicial eleitoral e de processo administrativo. O art. 15 do CPC, aliás, não se aplica ao processo civil em sentido restrito. Daí, então, surge o questionamento, neste caso ele teria revogado o art. 769, da CLT? (...) A CLT, em seu art. 769, regula a aplicação subsidiária do direito processual comum no processo do trabalho. Já o art. 15 do novo CPC passou a tratar da mesma matéria relativa a aplicação subsidiária de regras processuais ao processo do trabalho. Logo estaria revogado o art. 769 da CLT. Antes, conforme o art. 769 da CLT, subsidiária era a regra do 'direito processual comum'. Agora é o CPC. Antes, apenas se aplica a regra subsidiária, o que pressupõe uma omissão absoluta. Agora, aplicam-se as regras do CPC subsidiária ou supletiva. Assim, tem-se que o art. 769, da CLT está revogado em face do art. 15 do novo CPC a partir da vigência deste. Isso porque este novo dispositivo trata da mesma matéria regulada no art. 769 da CLT" (cf. Meireles, Edilton. O novo CPC e sua aplicação supletiva e subsidiária no processo do trabalho. *In* Miessa, Élisson (coord.). *O novo Código de Processo Civil e seus reflexos no processo do trabalho.* Salvador: Editora Juspodivm, 2016, pág. 44; e do mesmo autor "O novo CPC e as regras supletiva e subsidiária ao processo do trabalho. *Revista dos Tribunais,* São Paulo, Vol. 157, 2014, págs. 3-4). No mesmo sentido, Nery Júnior, Nélson; Nery, Rosa Maria Andrade. *Código de Processo Civil Comentado.* 16ª ed. São Paulo: RT, 2016, pág. 245: "O CLT 769 foi tacitamente *revogado* pelo CPC 15, norma posterior que regula *completamente* a matéria de incidência da lei processual no processo do trabalho (LINDB 2º §1º). Havendo lacuna plena, o CPC é a CLT do processo do trabalho" (cf. Varela, Graça. Novo CPC e sua repercussão no Processo do Trabalho: a aplicação subsidiária e supletiva do novo CPC ao processo do trabalho e outras considerações preliminares em face dos princípios constitucionais. *Revista eletrônica do Tribunal Regional do Trabalho da Bahia,* Vol. 5, N.º 7, mar/2016, pág. 155); Guerra, Marcelo Lima. O CPC/2015 e o processo do trabalho na perspectiva do modelo constitucional de processo. *In* Reis, Sérgio Cabral dos (coord.). *O novo*

ambas resolver exatamente o mesmo problema jurídico – que norma deve integrar o processo do trabalho em caso de lacuna –, a localização sistemática da regra– uma no CPC e outra no diploma especial da CLT – em nada relevaria para a aferição da questão da sucessão de leis.

Opinião diferente, tem sustentado que não se terá verificado qualquer tipo de sucessão de leis no tempo *ex vi* revogação da anterior pela posterior[40].

CPC e sua repercussão no processo do trabalho – Encontros e desencontros. São Paulo: LTr, 2016, pág. 154: "O art. 769 da CLT disciplina, obviamente, a matéria consistente na legislação aplicável em hipóteses de lacunas no sistema constituído pelas normas processuais que disciplinam o processo do trabalho, no âmbito da CLT. O art. 15 do CPC/2015, por sua vez, disciplina a mesma matéria, ainda que discipline também, matéria análoga, ou seja, situada no mesmo plano, a saber, o critério de preenchimento de lacunas em outras legislações processuais extravagantes (...). Por aí se vê, da mesma forma, no que diz com os processos trabalhistas, o art. 15 mencionado veicula norma que disciplina, exaurientemente, a matéria disciplinada pela norma veiculada no art. 769 da CLT. Sendo assim, a primeira revoga a segunda, na medida em que trouxer critérios diversos, como de fato trouxe, no sentido de eliminar a necessária 'compatibilidade' com o subsistema constituído pelas normas processuais que integram a CLT. Tanto o art. 15, como o art. 769, mencionados, são normas de idêntica função, portanto: são normas de sobre-direito, ou meta-normas".

40. Schiavi, Mauro. A aplicação supletiva e subsidiária do Código de Processo Civil ao Processo do Trabalho. *In* Miessa, Élisson (coord.). *O novo Código de Processo Civil e seus reflexos no processo do trabalho*. Salvador: Editora Juspodivm, 2015, pág. 84; Souto Maior, Jorge Luiz. A radicalidade do Artigo 769 da CLT como salvaguarda da Justiça do Trabalho. *Revista Síntese Trabalhista e Previdenciária*, São Paulo, Vol. 27, N.º 317, nov/2015, pág. 28; Furtado, Emmanuel Teófilo; Bruxel, Charles da Costa. O art. 15 do novo código de processo civil e os critérios de aplicação do direito processual comum ao processo do trabalho. *Revista LTr*, São Paulo, Vol. 81, N.º 03, mar/2017, pág. 279; Bruginski, Márcia Kazenoh; Gomes, Miriam Cipriani. Arguição de incompetência territorial segundo o Novo Código de Processo Civil – Conflito ou compatibilidade com o processo do trabalho? *In* Dallegrave Neto, José Afonso, Goulart, Rodrigo Fortunato (coord.). *Novo CPC e o Processo do Trabalho*. 2ª ed. São Paulo: LTr, 2015, pág. 123 As incompatibilidades do novo CPC com o processo do trabalho. *Revista LTr*, São Paulo Vol. 79, N.º 09, set/2015, pág. 1096; Feliciano, Guilherme Guimarães. O princípio do contraditório no novo Código de Processo Civil. Aproximações críticas. *In* Miessa, Élisson (coord.). *O novo Código de Processo Civil e seus reflexos no processo do trabalho*. Salvador: Editora Juspodivm, 2015, pág. 126; Silva, Homero Batista Mateus da. *Curso de direito do trabalho aplicado. Processo do Trabalho*. 2ª Ed. São Paulo, RT, 2015, vol. 9, pág. 33; Pereira, Ricardo José Macêdo de Britto. Princípios do direito processual do trabalho: reflexões em face do novo Código de processo civil. *Revista direito das relações sociais e trabalhistas*, Vol. 1, N.º 2, jul-dez/2015, pág. 86; Dias, Carlos Eduardo Oliveira. O novo CPC e a preservação ontológica do processo do trabalho. *Revista Síntese Trabalhista e Previdenciária*, São Paulo, Vol. 27, N.º 316, out/2015., pág. 379; Gaspar, Danilo Gonçalves. Noções concei-

Ampara a tese em quatro ordens de argumentos. O primeiro, na *especialidade* da norma trabalhista diante da generalidade da norma do CPC. A ser assim, vale o brocado que lei geral não derroga lei especial. Já o segundo baseia-se na *ausência de sobreposição total* entre os âmbitos de aplicação das duas normas: tendo o art. 769 maior amplitude normativa que o art. 15 do CPC, por fazer menção à aplicação do "direito comum" e não apenas, ou necessariamente, ao "processo civil", o legislador elegeu-o como recurso principal para o preenchimento de suas lacunas. Em terceiro lugar, alega-se ainda que a "barreia de carácter" do processo do trabalho, alicerçada sobretudo na sua *principiologia típica,* esbarra contra qualquer aplicação normativa ao processo do trabalho que atente contra a sua essência e, consequentemente, seja com ela incompatível; previsão que não colhe qualquer lugar paralelo no dispositivo 15 do CPC[41]. Há quem, inclusivamente, sustente que o art. 15.º

---

tuais sobre tutela provisória no novo CPC e suas implicações no processo do trabalho. *In* Miessa, Élisson (coord.). *O novo Código de Processo Civil e seus reflexos no processo do trabalho.* Salvador: Editora Juspodivm, 2015, pág. 386; Almeida, Wânia Guimarães Rabêllo de. "A teoria dinâmica do ônus da prova. *In* Miessa, Élisson (coord.). *O novo Código de Processo Civil e seus reflexos no processo do trabalho.* Salvador: Editora Juspodivm, 2015, pág. 457; Duarte, Bento Herculano. Aplicação do Novo CPC ao Processo do Trabalho: subsidiariedade e supletividade. *Revista Magister de Direito de Trabalho,* São Paulo, Ano 13, N.º 77, mar-abr/2017, pág. 62; Silva, Bruno Freire e. A nova aplicação do processo civil ao processo do trabalho: os principais institutos, eficácia, início de vigência e respeito às situações jurídicas consolidadas. *In* Yarshell, Flávio Luiz, Pessoa, Fabio Guidi (coord.). *Direito Intertemporal.* Salvador: Juspodivm, 2016, págs. 95-96. *Sem se pronunciar de forma clara,* sustentando apenas que o art. 15 veio "reforçar" o que já constava no art. 769 da CLT, Mendes, Aluisio Gonçalves de Castro, Segundo, Elpídio, Almeida, Marcelo. Notas aos artigos 1 a 41. in Mendes, Aluisio Castro, Silva, Larissa Pochmann da, Almeida, Marcelo Pereira de (coord.). *Novo Código de Processo Civil Comparado e Anotado.* 4ª ed. Rio de Janeiro: GZ, 2017, pág. 19. Também *aparentemente* neste sentido, Carneiro, Paulo Cezar Pinheiro; Pinho, Humberto Dalla Bernardina de. *Novo Código de Processo Civil. Lei 13.105, de 16.03.2015, de acordo com a Lei 13.256, de 04.02.2016, Anotado e Comparado.* 2ª ed. Rio de Janeiro: Forense, 2017, pág. 12. No mesmo sentido, *vide* Enunciado n.º 1 do Fórum Nacional de Processo do Trabalho (FNPT) ao dispor "NCPC, art. 15 CLT, art. 769. Subsistência deste, em sua plenitude. Autonomia do processo do trabalho. A cláusula de contenção ou norma principiológica, fundamental, do processo do trabalho, prevista no art. 769 da CLT, permanece hígida e incólume até pelo reconhecimento, no art. 15 do NCPC, da autonomia do processo do trabalho ou mesmo pela ausência de revogação expressa ou derrogação tácita daquele comando, notadamente pela impossibilidade de a lei geral revogar a lei especial (CLT)".

41. Neste sentido, também, o Pleno do TST, patente na IN n.º 39/2016, onde se pode ler num dos respetivos considerandos: "considerando que as normas dos arts. 769 e 889

nasceu morto, sem objeto, por não ter estrutura para modificar o teor dos arts. 769 e 889 da CLT[42]. TOLEDO FILHO, por exemplo, entende que apesar do art. 769 trabalhar com as noções de subsidiariedade e compatibilidade e o art. 15 com as de subsidiariedade e supletividade, compatibilidade teria o mesmo sentido hermenêutico que supletividade, pelo que os dois preceitos legais estariam a dizer a mesma coisa, simplesmente o art. 15 o teria feito de forma mais clara[43]. Por último, há ainda quem se baseie numa pretensa incompatibilidade sistémica entre os preceitos, advogando pela ineficácia do art. 15 e impossibilidade deste ditar como se deve, ou não, processar a integração de normas gerais no processo do trabalho[44].

Este aglomerado de manifestações que se posicionam contra a revogação do art. 769 da CLT pelo CPC conforma, sem dúvida, uma interpretação que tem colhido mais adeptos na doutrina, por entenderem existir, de facto, uma harmonia possível e conciliável dos dois artigos em epígrafe[45]. Podemos dizer

---

da CLT não foram revogadas pelo art. 15 do CPC de 2015, em face do que estatui o art. 2º, §2º da Lei de Introdução às Normas do Direito Brasileiro".

42. Neste sentido, OLIVEIRA, Francisco Antonio de. Comentários sobre a Instrução Normativa N. 39 (Resolução do TST N. 203 de 15.03.2016) que dispõe sobre as normas do novo código de processo civil, instituído pela Lei n.13.105, de 15 de março de 2015. *Revista LTr,* São Paulo, Vol. 80, N.º 07, jul/2016, pág. 797.

43. TOLEDO FILHO, Manoel Carlos. Comentário ao art. 15. *In* SILVA, José Antônio Ribeiro de Oliveira (coord.). *Comentários ao novo CPC e sua aplicação ao processo do trabalho: atualizado conforme a Lei nº 13.256/2016.* São Paulo: LTr, 2016, pág. 51. Conforme explica, "o conceito de subsidiariedade, portanto, é comum a ambos os preceitos. Além disso, e ainda mais importante, se supletivo se reporta a suprir, se suprir é completar, e se para completar o todo a parte adicionada deve ser com ele compatível, temos então que, ao fim e ao cabo, supletividade e compatibilidade significam, substancialmente, uma só coisa".

44. Do ponto de vista da interpretação sistémica, o processo civil, enquanto sistema geral de regras e princípios, "(...) jamais poderia inferir de fora para dentro em um outro sistema jurídico. Deste modo, a norma do art. 15 do NCPC é ineficaz como comando de aplicação supletiva ou subsidiária das regras do novo estatuto processual civil ao processo do trabalho. Trata-se de uma regra geral que não somente é incompatível com as concepções sistêmicas do direito como também com a regra especial do art. 769 da CLT". Neste sentido, SANTOS, Ronaldo Lima dos. O Ministério Público do Trabalho e o novo Código de Processo Civil. *Revista LTr*, São Paulo, Vol. 82, n.º 3, mar/2018, pág. 293.

45. "Mas ambos os dispositivos – art. 769 da CLT e art. 15 do Novo CPC – devem estar em harmonia com os princípios e valores que fundamentam o Estado de Democrático de Direito" (cf. LEITE, Carlos Henrique Bezerra. *Curso de Direito Processual do Trabalho.* 14ª ed. São Paulo: Saraiva, 2016, págs. 122 ss). "(...) O art. 15 não tem eficácia derrogante

que as normas do processo civil se aplicam *de forma supletiva e subsidiária*, em caso de *omissão legal* no processo do trabalho, porquanto e na medida em que elas sejam *compatíveis* com os *princípios e singularidades* deste. Além disso, ao considerar que o art. 769 da CLT tivesse sido ultrapassado pelo art. 15 do CPC, fechava-se uma importante influência de normas oriundas do CDC (como a que resulta do art. 81 sobre ações coletivas), do Processo Penal (válido para as práticas garantísticas sobre justa causa e práticas criminosas na seara trabalhista), entre outros. A manutenção do art. 769 no ordenamento juslaboral permitiria continuar a manter resiliente o filtro restritivo principiológico deste, assim como manter aberta a importação de influências normativas não apenas do processo civil, mas de todo o *direito processual social*. Assim também o Enunciado n.º 1 do I Fórum Nacional de Processo do Trabalho (FNPT)[46].

Da nossa parte, posicionamo-nos junto daqueles que advogam esta primeira posição, i.e., de que se processou uma verdadeira revogação do art. 769 da CLT pelo novo CPC. Em primeiro lugar, porque o argumento da abrangência e amplitude da norma está claramente equivocado. Quer a norma que resulta da regra do art. 769 da CLT, quer a que resulta do art. 15 do CPC encontram-se no mesmo plano e disciplinam exatamente a mesma matéria, i.e., regulam precisamente o mesmo objeto. A norma que resulta do art. 15 do CPC é uma norma específica e não geral ou comum, que se destina a regular uma questão especial do processo do trabalho. A matéria por ambos disciplinada configura este ponto-chave para nos posicionarmos a favor, ou não, da revogação. Ora, se o objeto disciplinado no art. 769 da CLT é a determinação da legislação aplicável diante de uma lacuna nas normas que se encontram na CLT e que regulam o processo laboral; e se o objeto disciplinado pelo art. 15 do CPC é a forma como deverão ser integradas

---

do art. 769, da CLT, sabendo-se que esta na parte processual constitui *norma específica* para solucionar os conflitos de interesse que são da competência constitucional da Justiça do Trabalho" (cf. Teixeira Filho, Manoel Antonio. *Comentários ao Novo Código de Processo Civil: sob a perspectiva do processo do trabalho.* 2ª ed. São Paulo: LTr, 2016, pág. 49).

46. "NCPC, art. 15 e CLT, art. 769. Subsistência deste, em sua plenitude. Autonomia do processo do trabalho. A cláusula de contenção ou norma principiológica, fundamental, do processo do trabalho, prevista no art. 769 da CLT, permanece hígida e incólume até pelo reconhecimento, no art. 15 do NCPC, da autonomia do processo do trabalho ou mesmo pela ausência de revogação expressa ou derrogação tácita daquele comando, notadamente pela impossibilidade de a lei geral revogar a lei especial (CLT). Resultado: aprovado por unanimidade", cit. Enunciado n.º 1 do I FNPT.

as lacunas nos procedimentos nele discriminados; então a confluência de amplitude é idêntica, embora o art. 15 acabe por também prever a mesma norma para outras tantas matérias análogas. O argumento da maior abrangência do art. 15 do CPC é, portanto, falso, já que nele não se prevê uma norma geral mais ampla que o art. 769 da CLT, mas um conjunto de várias normas análogas que estendem a mesma estatuição normativa a diferentes subsistemas processuais[47], exaurindo, no que respeita ao subsistema processual laboral, o disposto no art. 769 da CLT.

O mesmo já não se pode dizer, por exemplo, relativamente ao art. 889 da CLT, para o qual continua a existir especialidade relativamente ao art. 15 do CPC. A especialidade em relação à subsidiariedade do art. 889 impede que este, ao contrário daquele art. 769, tenha sido revogado pelo art. 15 do CPC. Porque o seu âmbito de incidência é restrito à fase executiva, i.e., é mais específico, inexistia coincidência entre as previsões normativas, pelo que a revogação não poderia operar[48].

---

47. Como ensina, Guerra, Marcelo Lima. O CPC/2015 e o processo do trabalho na perspectiva do modelo constitucional de processo. *In* Reis, Sérgio Cabral dos (coord.). *O novo CPC e sua repercussão no processo do trabalho – Encontros e desencontros*. São Paulo: LTr, 2016, pág. 154: "(...) a fórmula verbal sintética escolhida para o art. 15 do CPC/2015 não impede que se considere que, neste único dispositivo, são veiculadas *três* normas distintas, cada uma delas disciplinando a matéria relativa ao diploma que será primeiramente utilizado em caso de lacuna das legislações relativas aos três tipos de processos mencionados – eleitorais, trabalhistas e administrativos".

48. "Cabe, por fim, neste ponto, ressaltar que o disposto no art. 889 da CLT, por ser norma mais especial em relação à regra da subsidiariedade, não foi afetado pelo novo CPC. Assim, no que se refere à fase de execução, a fonte subsidiária principal é o do 'processo dos executivos fiscais'. O CPC, neste caso, seria fonte subsidiária secundária. Contudo, diante da regra geral do art. 15 do novo CPC, este passa a atuar também como fonte supletiva na execução trabalhista" (cf. Meireles, Edilton. O novo CPC e sua aplicação supletiva e subsidiária no processo do trabalho. *In* Miessa, Élisson (coord.). *O novo Código de Processo Civil e seus reflexos no processo do trabalho*. Salvador: Editora Juspodivm, 2015, págs. 70-71); e ainda nas palavras de Guerra, Marcelo Lima. O CPC/2015 e o processo do trabalho na perspectiva do modelo constitucional de processo. *In* Reis, Sérgio Cabral dos (coord.). *O novo CPC e sua repercussão no processo do trabalho – Encontros e desencontros*. São Paulo: LTr, 2016, pág. 154: "Advirta-se que a relação 'lei geral – lei especial' existe, realmente, tanto entre o art. 769 da CLT e o art. 889 da CLT, como entre o art. 15 do CPC/2015 e o mesmo art. 889. Também este último dispositivo veicula norma de sobre-direito, disciplinando a mesma matéria disciplinada, igualmente, pelo art. 769 da CLT e pelo art. 15 do CPC/2015. Contudo, o âmbito de incidência do art. 889 consolidado é mais restrito, uma vez que estabelece critério para o preenchimento de lacuna apenas das normas consolidadas relativas à execução trabalhista. Dessa forma, pela mesma razão que o art. 15 do CPC/2015

A nada disto obsta a previsão da compatibilidade prevista no art. 769 da CLT. Esta exigência de compatibilidade carece de ser sempre analisada independentemente da sua previsão legal, por resultar óbvio que o recurso a uma regra supletiva ou subsidiária nunca poderá ser feito de forma incompatível ao que se pretende integrar ou complementar, sob pena de se criar um sistema carregado de antinomias normativas. Esta exigência de compatibilidade sistemática não resulta, assim, da regra do art. 769 da CLT, mas das regras gerais de interpretação usadas pela hermenêutica para resolver conflitos normativos (hierarquia, cronologia e especialidade). Desta forma, enquanto norma geral e comum de integração de qualquer sistema, ela continuará a impor-se também diante do art. 15 do CPC, independentemente da ausência da sua previsão normativa expressa neste dispositivo[49].

Também em sede do processo de execução laboral surgem dúvidas quanto à vigência do art. 889 da CLT. É assim porque: (i) o artigo remete o procedimento de integração de lacunas, em primeiro lugar, ao regime jurídico do processo de execução fiscal para cobrança judicial de dívida ativa da Fazenda; (ii) esse regime, à época que a CLT foi elaborada, encontrava-se regulado pelo Decreto-Lei n.º 960/38; (ii) Decreto este que, por sua vez, teve a sua vigência ao tempo do CPC/39; (iii) com a entrada em vigor do CPC/73, quer o CPC/39, quer aquele Decreto terão sido revogados; (iv) por conseguinte, a remissão do art. 889 da CLT terá sido revogada e perdido seu conteúdo útil. Mas não é esse, porém, o entendimento da melhor doutrina, que não obstante reconhecer que após a revogação do Decreto-Lei n.º 960/38 pelo CPC/73, e o regime ter ficado vários anos sob a disciplina das regras processuais comuns, após o advento da atual Lei n.º 6.830/80 a remissão continua a fazer sentido[50].

---

revoga o art. 769 da CLT, por força do disposto no §1º do art. 2º da Lei de Introdução às Normas de Direito Brasileiro, ele não revoga o art. 889 da CLT, por força do disposto no §2º do mesmo art. 2º mencionado".

49. Acompanhamos aqui o posicionamento de Meireles, Edilton. O novo CPC e sua aplicação supletiva e subsidiária no processo do trabalho. *In* Miessa, Élisson (coord.). *O novo Código de Processo Civil e seus reflexos no processo do trabalho*. Salvador: Editora Juspodivm, 2015, págs. 71-72.

50. Manus, Pedro Paulo Teixeira. A competência da Justiça do Trabalho e a Emenda constitucional n. 45/04: aspecto processuais da reforma. *In* Manus, Pedro Paulo Teixeira, Romar, Carla Teresa Martins, Gitelman, Suely Ester (coord.). *Competência da Justiça do Trabalho e EC n. 45/2004*. São Paulo: Atlas, 2006, págs. 87 ss; Carrion, Valentin. *Comentários à Consolidação das Leis do Trabalho*. 40ª ed. São Paulo: Saraiva, 2008, pág. 765.

2.3.2. Aplicação supletiva e subsidiária ao processo do trabalho. Requisitos objetivos para a "migração" do art. 190 e de negócios processuais típicos.

Um dos pontos que resulta logo do art. 15 do CPC é a exigência tabulada *ab initio*: "na ausência de normas que regulem (...) processos trabalhistas". Ora, a possibilidade de recorrer a um sistema processual comum para colmatar lacunas não é nova, remontando às Ordenações do reino[51] e, especificamente na seara trabalhista, foi prática herdada da técnica portuguesa[52].

Outro ponto que ressalta da combinação dos dois preceitos, é a novidade em torno da aplicação *supletiva* das normas comuns, já que a aplicação *subsidiária* do processo civil resultava já do teor do próprio art. 769 da CLT. Este ponto não deixa de levantar uma indagação semântica, já que as duas noções aparecem em vários dicionários como sendo sinónimas. Naturalmente que o fato de a expressão "supletiva" ter sido um acréscimo ao histórico legal, além da introdução da conjunção coordenativa "e" afastam a aparente perplexidade, demonstrando que as menções não serão sinónimas, mas sim complementares. Resta saber o que significa aplicar de forma *subsidiária* uma norma e aplicar de forma *supletiva* uma outra norma. Parece então que este art. 15 do CPC assume a pretensão de se tornar norma básica de todo o sistema processual e, nessa qualidade, permitir a livre comunicação

---

51. Nos termos da Ordenações Afonsinas, Livro II, Título IX, o recurso ao Direito Romano como sistema subsidiário era o eleito: "*Estabelecemos, e poemos por Ley, que quando algu~u caso for trazido em pratica, que seja determinado per alg~ua Ley do Regno, ou estillo da nossa Corte, ou custume dos nossos Regnos antigamente usado, seja per elles julgado, e desembargado finalmente, nom embargante ques as Leyx Imperiaaes acerca do dito caso ajam desposto em outra guid«sa, porque onde a Ley do Regno dispoem, cessam todalas outras Leys e Direitos; e quando o caso, de que se trauta, nom for determinado per Ley do Regno, mandamos que seja julgado, e findo pelas Leyx Imperiaaes, e pelos Santos Canones*".

52. Nos termos do art. 1.º do Código de Processo do Trabalho português, pode ler-se: "1 – O processo do trabalho é regulado pelo presente Código. 2 – Nos casos omissos recorre-se sucessivamente: a) À legislação processual comum, civil ou penal, que directamente os previna; b) À regulamentação dos casos análogos previstos neste Código; c) À regulamentação dos casos análogos previstos na legislação processual comum, civil ou penal; d) Aos princípios gerais do direito processual do trabalho; e) Aos princípios gerais do direito processual comum. 3 – As normas subsidiárias não se aplicam quando forem incompatíveis com a índole do processo regulado neste Código".

entre diferentes subsistemas não apenas através da técnica da integração de lacunas, mas igualmente de interpenetração de normas[53].

Para um posicionamento maioritário[54], que aqui seguimos, o chamamento de uma norma faz-se de forma *subsidiária* quando o sistema normativo para onde ela é *transportada* não regulamenta aquela matéria; perfazendo uma circunstância tipicamente lacunosa, i.e., de *omissão legislativa*. A falta de disciplina jurídica sobre determinado instituto autoriza que, de forma subsidiária, se chame à colação correspondente norma do processo comum. Existem inclusivamente autores juslaboralistas que, nesta seara, mais do que fazer da subsidiariedade uma técnica de aplicação de leis ao processo do trabalho e de integração de lacunas, *elevam-na a princípio do processo trabalhista*[55].

---

53. Castelo, Jorge Pinheiro. Da aplicação subsidiária e supletiva do novo CPC ao processo do trabalho (art. 15.º) – exemplos de institutos, estruturas, conceitos, esquemas lógicos, técnicas e procedimentos sobre o processo do trabalho decorrentes da aplicação subsidiária e supletiva de procedimentos do novo CPC. *Revista LTr,* São Paulo, Vol. 79, N.º 08, ago/2015, *passim.*

54. Não perfilhando este entendimento, Medina: "Aplicar supletivamente é mais que subsidiariamente, e disso dá conta o próprio sentido de tais expressões: naquele caso, está-se a suprir a ausência de disciplina na lei omissa; a aplicação subsidiária, por sua vez, é auxiliar, operando como que a dar sentido a uma disposição legal menos precisa. Ambas as figuras, de algum modo, acabam englobadas pela analogia" (Medina, José Miguel Garcia. *Novo Código de Processo Civil Comentado.* 4ª ed. São Paulo: RT, 2015, anotação ao art. 15); Carneiro: "Existe uma diferença entre aplicação supletiva e subsidiária. A primeira se destina a suprir algo que não existe em uma determinada legislação, enquanto a segunda serve de ajuda ou de subsídio para a interpretação de alguma norma ou mesmo um instituto" (Carneiro, Paulo Cezar Pinheiro. O artigo do novo Código de Processo Civil e os limites da autonomia do processo do trabalho. *In* Brandão, Cláudio, Mallet, Estêvão (coord.). *Processo do trabalho.* Salvador: Juspodivm, 2015, pág. 121); Nery Júnior, Nélson; Nery, Rosa Maria Andrade. *Código de Processo Civil Comentado.* 16ª ed. São Paulo: RT, 2016, pág. 245. Referindo-se generalizadamente à técnica supletiva e subsidiária como dirigidas a atuar (ambas?) em caso de "inexistência de previsão específica" (Nunes, Dierle; Carvalho, Mayara de. Comentário ao arts. 13º a 20º do CPC. *In* Tucci, José Cruz e; Ferreira Filho, Manoel, Aprigliano, Ricardo Carvalho, Dotti, Rogéria, Martins, Sandro (coord.). *Código de Processo Civil Anotado.* 3ª ed. Rio de Janeiro: GZ, 2018, pág. 26.

55. "Não obstante o respeito que merecem, de nossa parte, diante da importância da aplicação subsidiária da legislação processual comum no processo trabalhista e diante da necessidade de harmonização dessa legislação aos princípios do processo do trabalho, pensamos ser a subsidiariedade, efetivamente, um princípio próprio e não apenas técnica de integração" (cf. Schiavi, Mauro. Aplicação do Código de Processo Civil ao Processo do Trabalho após um ano de vigência do Novo CPC. *Revista LTr,* São Paulo,

A timidez com que o legislador laboral tratou a correção de lacunas da CLT ao longo das décadas, exigiu da doutrina e jurisprudência uma tarefa contínua de integração flexível e versátil, capaz de dar resposta às várias questões surgidas na prática laboral[56]. A verdade é que o processo comum sempre foi aplicado ao processo do trabalho, de maior ou menor forma, e sem grandes cerimónias, problemas ou sequer refinamentos doutrinários, em nome da garantia da tutela jurisprudencial efetiva – ressalvados apenas alguns casos claramente inconciliáveis com a sua principiologia tradicional.

Já para convocar uma norma *supletivamente* exige-se que haja uma previsão normativa na ordem de destino; previsão essa que se dê de forma incompleta ou insuficiente; a inteira regulação de um determinado instituto exige o auxílio normativo de outro sistema. O CPC, acaso esta situação se verifique no processo do trabalho, será chamado a complementar e aperfeiçoar a técnica legislativa do legislador laboral, por forma a emprestar eficiência, efetividade e concordância ao processo. Esta é a particular inovação prevista pelo art. 15 do CPC, em comparação com o que já resultava do art. 769 da CLT. Em causa está uma espécie de *incorporação progressiva* das normas tecnicamente mais detalhadas e avançadas[57]. Está em causa,

---

Vol. 81, N.º 04, abr/2017, pág. 85); Góes, Maurício de Carvalho. A interpretação do princípio da subsidiariedade: da sua 'crise de identidade' a uma abertura hermenêutica para a realização de uma efetiva tutela jurisdicional trabalhista. *In* Martins, Sérgio Pinto (coord.). *O Novo CPC e o Processo do Trabalho, Estudos em Homenagem ao Ministro Walmin Oliveira da Costa.* São Paulo: Atlas, 2015, págs. 70-76; Almeida, Cléber Lúcio. *Direito Processual do Trabalho.* 8ª ed. São Paulo: LTr, 2016, pág. 95. Entre os que não elevam a princípio a subsidiariedade, por considerarem técnica de integração normativa, Saraiva, Renato; Manfredini, Aryanna. *Curso de Direito Processual do Trabalho.* 12ª ed. Salvador: Juspodivm, 2015; Leite, Carlos Henrique Bezerra. *Curso de Direito Processual do Trabalho.* 14ª ed. São Paulo: Saraiva, 2016; Martins Filho, Ives Gandra da Silva. *Manual esquemático de direito de trabalho e processo do trabalho.* 26ª ed. São Paulo: Saraiva, 2018, pág. 259; Martins, Sérgio Pinto. *Comentários à CLT.* 21ª ed. São Paulo: Saraiva, 2018, pág. 883.

56. "Na verdade, temos que a parte processual da CLT, praticamente foi reescrita pela jurisprudência, blindada sempre pela elástica regra da subsidiariedade. Isso de forma tal, que parece não haver um único artigo celetista, nesse quartel, que seja aplicado em sua estrita literalidade." (cf. Waldraff, Célio Horst. A aplicação supletiva e subsidiária do NCPC ao processo do trabalho. *Revista eletrônica Tribunal Regional do Trabalho da 9ª Região,* Curitiba, Vol. 4, N.º 39, abr/2015. Edição Especial, pág. 89).

57. Schiavi, Mauro. Aplicação do Código de Processo Civil ao Processo do Trabalho após um ano de vigência do Novo CPC. *Revista LTr,* São Paulo, Vol. 81, N.º 04, abr/2017, pág. 392; Castelo, Jorge Pinheiro. Da aplicação subsidiária e supletiva do novo CPC ao processo do trabalho (art. 15.º) – exemplos de institutos, estruturas, conceitos,

portanto, o contributo do CPC para a *coerência orgânica e sistémica* do conjunto normativo da legislação trabalhista, sempre que esta se revele incapaz de dar vazão de forma integral às demandas contemporâneas. "Supletividade", no termo aqui escolhido, vale não como uma imposição ou exclusividade, mas antes como algo *agregador* ou *complementar.* Visa-se adequar estruturas normativas minimalistas diante das complexas demandas sociais, que não se integram na sua totalidade à previsão rudimentar dos dispositivos originais da CLT. E, se assim é, então não podemos dizer que as normas processuais trabalhistas sejam *substituídas* pelas de direito comum, pois as estruturas ideológicas daquele sistema processual são condições necessárias à importação normativa e atuam como pacto mitigador e de contenção daquelas[58]. O critério a aferir será, portanto, o da maior ou menor *abrangência regulatória* da norma processual civil diante da norma processual laboral: se estiver regulada de forma mais ampla no CPC que na CLT, estaremos diante uma omissão parcial passível de complementação. Só não será assim (i) se a legislação especial da CLT esgotar a matéria, não deixando margem à aplicação supletiva[59], (ii) ou se estivermos diante de uma situação conhecida pela doutrina como "silêncio eloquente do legislador", que impede o recurso supletivo a outras normas por se considerar encontrar-se a matéria *implicitamente* esgotada por aquele[60].

---

esquemas lógicos, técnicas e procedimentos sobre o processo do trabalho decorrentes da aplicação subsidiária e supletiva de procedimentos do novo CPC. *Revista LTr,* São Paulo, Vol. 79, N.º 08, ago/2015, pág. 981-982.

58. Cordeiro, Wolney de Macedo. Reflexos do novo código de processo civil na execução trabalhista: uma introdução à técnica de supletividade em matéria executória trabalhista. *Revista do TST,* São Paulo, Vol. 81, N.º 4, out-dez/2015, págs. 228-229.

59. Meireles, Edilton. O novo CPC e sua aplicação supletiva e subsidiária no processo do trabalho. *In* Miessa, Élisson (coord.). *O novo Código de Processo Civil e seus reflexos no processo do trabalho.* Salvador: Editora Juspodivm, 2015, pág. 67. Como bem exemplifica o autor, é disso exemplo o caso dos embargos à execução, já que o art. 884, §1º da CLT dispõe expressamente que a defesa será então restrita às alegações de cumprimento da decisão ou do acordo, quitação ou prescrição da dívida; de onde se denota a clara intenção do legislador em esgotar a matéria de defesa.

60. No exemplo de Meireles, a nulidade processual, prevista no art. 795 da CLT. O esgotamento implícito desta temática retira-se da previsão pelo legislador de uma regra geral prevista no *caput,* seguida da antecipação de uma regra excecional, no §1º. Se o legislador antecipou propositadamente aquela exceção, é legítimo concluir que não pretende a exclusão da regra geral a quaisquer outros casos que não aquele (cf. O novo CPC e sua aplicação supletiva e subsidiária no processo do trabalho. *In* Miessa, Élisson (coord.). *O novo Código de Processo Civil e seus reflexos no processo do trabalho.* Salvador: Editora Juspodivm, 2015, pág. 69).

Não deixa de parecer algo contraditório que, sendo o critério de distinção entre a noção de "supletiva" e a de "subsidiária" a existência ou não de lacuna, que o art. 15 do CPC tenha vindo iniciar a sua previsão normativa com recurso à expressão "na ausência de normas que regulem processos (...) trabalhistas". Naturalmente que levada à letra, a expressão é claramente contraditória com a introdução do critério da supletividade; razão pela qual se propõe, como abaixo será desenvolvido, uma *noção ampla de lacuna,* de omissão legal, nos termos da qual a subsidiariedade intervirá como critério de integração normativa, ao passo que a supletividade servirá à integração de lacunas ontológicas ou axiológicas – como mecanismo de progresso e evolução do sistema processual trabalhista.

Em suma, estando em causa uma situação de subsidiariedade, haveria uma lacuna completa; se a hipótese fosse antes de supletividade, a lacuna seria parcial[61]. Costumam apresentar-se alguns exemplos do uso subsidiário de normas, bem como do uso supletivo destas. Para a primeira hipótese, costumam incluir-se os casos de tutelas provisórias de urgência e evidência, regime da ação rescisória[62], identificação da ordem preferencial de penhora, casos legais de impenhorabilidade etc. Já para não falar de práticas correntes que surgiam e se instalaram, por influência civilista e na ausência de pronunciamentos celetistas, tais como a possibilidade de apresentar defesa escrita (e não exclusivamente oral, como previsto na CLT), ou de juntar rol de testemunhas prévio (uma prática claramente atentatória ao art. 825, parágrafo único da CLT[63]), da oportunidade para aduzir reconvenção (não prevista na CLT), a prática comum maioritária de adotar uma audiência fracionada em detrimento da audiência una e contínua prevista pela CLT etc.

Para a segunda hipótese, elenca-se a insuficiência regulatória dos institutos de impedimento ou suspeição do juiz (art. 802 da CLT), da matéria do

---

61. WALDRAFF, Célio Horst. A aplicação supletiva e subsidiária do NCPC ao processo do trabalho. *Revista eletrônica Tribunal Regional do Trabalho da 9ª Região*, Curitiba, Vol. 4, N.º 39, abr/2015. Edição Especial, pág. 88.

62. *Vide*, por exemplo, IN n.º 39/2016, art. 3º, inc. XXVI, que admite serem aplicáveis ao processo do trabalho todo o regime da ação rescisória.

63. "As testemunhas comparecerão a audiência independentemente de notificação ou intimação. *Parágrafo único* – As que não comparecerem serão intimadas, ex officio ou a requerimento da parte, ficando sujeitas a condução coercitiva, além das penalidades do art. 730, caso, sem motivo justificado, não atendam à intimação" (cit. art. 825 CLT).

ônus probatório (art. 818 da CLT), o regime do depoimento pessoal, já que art. 848 da CLT limita-se ao interrogatório, o cabimento dos embargos de execução, diante da simplicidade do art. 884, §1º etc. Como se percebe, para todos estes exemplos existe uma previsão normativa expressa do legislador laboral na CLT. A sua insuficiência, porém, implica que se recorra aos arts. 144 ss. (impedimento e suspeição), 373 (ônus), 385 (depoimento pessoal), do art. 914 (embargos à execução), todos do CPC, para obter melhor completude do regime normativo.

2.3.3. Aplicação supletiva e subsidiária ao processo do trabalho. Limites à "migração" do art. 190 do CPC e de negócios processuais típicos: a abertura semântica à "compatibilidade"

Há que se ter em conta que o recurso a normas do processo comum para auxiliar e complementar as omissões do processo laboral nunca se fará sem mais, i.e., sem um juízo prévio de adaptação aos atributos e particularidades inerentes deste[64]. É isto que, de resto, dispõe o próprio art. 769 da CLT[65]. A aplicação de normas do processo civil passa a depender, com este limite, de um pressuposto qualitativo positivo, um *pressuposto de compatibilidade* com a tônica principiológica do sistema trabalhista. Sem prejuízo de irmos dedicar um capítulo específico à principiologia específica do processo laboral, importa tecer, para já, algumas considerações.

---

64. Silva, em comentário ao art. 15 do CPC, já dizia serem três os requisitos para aplicação do CPC ao processo do trabalho: (i) omissão da lei trabalhista, (ii) não violação aos princípios do processo do trabalho e (iii) adaptação às particularidades deste procedimento típico de reclamação (Silva, Bruno Freire e. *O novo CPC e o processo do trabalho – Parte Geral.* 2ª ed. São Paulo: LTr, 2016, pág. 39-41).

65. Desde logo, uma comparação ao art. 8º, que veio a ser reformulado pela Reforma, torna-se necessária. Não obstante o *caput* em nada ter sido alterado, o legislador nacional investiu na adição de três parágrafos ao texto legal. Particularmente relevante, o parágrafo primeiro passa a dispor que "o direito comum será fonte subsidiária do direito do trabalho". Apesar das parecenças nítidas com o dispositivo anterior, amplia-se aqui a aplicação do direito comum, já que se omitiu a referência à incompatibilidade com os princípios fundamentais do direito do trabalho como critério delimitador daquela aplicabilidade. A mesma alteração não foi seguida em sede processual, pelo art. 769 da CLT, que se manteve inalterável, *v.g.* no ponto da exigência de incompatibilidade com as normas processuais da CLT. A alteração, porém, não é significativa porquanto a aplicação de regras comuns nunca poderia ser feita sem mais, *i.e.*, sem atender às especificidades e particularidades deste ramo do direito que lida, na sua maioria, com relações jurídicas assimétricas (Silva, Homero Batista Mateus da. *Comentários à Reforma Trabalhista.* São Paulo: RT, 2017).

É fruto desta "barreira de carácter", ou de "cláusula de contenção"[66] do processo trabalhista, que institutos como o da *intervenção de terceiros* é importado para este subsistema, não para permitir ao devedor a satisfação do seu direito de regresso, mas para aumentar as garantias de solvabilidade do crédito do próprio reclamante perante terceiros, com extensão a estes da responsabilidade pelo crédito alimentar; ou como o da *desconsideração de personalidade jurídica*, que também ganha aplicação na Justiça do Trabalho mas livre dos pressupostos e exigências objetivas e subjetivas impostas pelo processo civil, v.g. em matéria de culpa; ou como a *tutela de urgência*, que ganha outro relevo no processo do trabalho, já que se permite que esta possa ser aplicada *ex ofício* pelo magistrado etc.

Esta ideia de compatibilidade, que recebeu por parte de Toledo Filho a designação de *compatibilidade sistémica*[67], pode ser aferido por dois critérios: *compatibilidade axiológica* e *compatibilidade teleológica*, i.e., tanto será aferida em razão dos valores do direito processual do trabalho, quanto da sua finalidade; o que exige do intérprete não apenas uma análise dos princípios especiais que moldam o processo laboral, mas também da essência do rito e do procedimento trabalhista plasmado nas suas regras. Isto *não quer dizer que a compatibilidade só existirá se a norma comum se identificar com o princípio da proteção*[68]; o critério é mais amplo e oferece outras alternativas.

---

66. Como explica Cavalcante Koury, "(...) com fundamento no art. 769 da CLT, impôs-se a aplicação dos dispositivos que potencializaram o alcance do fim maior, ditado pela Constituição de 1988, de garantir aos litigantes a razoável duração do processo (art. 5º, inciso LXXVII), e que, o próprio legislador processual trabalhista, de muito, fez constar no art. 765 da CLT, quando afirmou que o juiz deve velar pelo rápido andamento das causas" (Koury, Suzy Elizabeth Cavalcante. As repercussões do novo Código de Processo Civil no direito do trabalho: avanço ou retrocesso? *Revista do TST*, São Paulo, Vol. 78, N.º 3, jul-set/2012, pág. 257). Importa ter em consideração que esta regra da subsidiariedade foi pensada como forma de preservar e defender a autonomia do direito processual trabalhista e da capacidade que este tinha de materializar de forma mais eficaz as garantias do direito material a que se encontrava instrumentalizado; o formalismo típico do Direito Processual Civil só era visto com bons olhos quando se dirigisse a otimizar aquelas garantias (cf. Cordeiro, Wolney de Macedo. Critérios acessórios de aplicação subsidiária da norma de Direito Processual comum ao processo do trabalho. *Revista do Advogado*, São Paulo, Ano 33, N.º 121, nov/2013, pág. 301).

67. Toledo Filho, Manoel Carlos. Os poderes do juiz do trabalho face ao novo Código de Processo Civil", *In* Miessa, Élisson (coord.). *O novo Código de Processo Civil e seus reflexos no processo do trabalho*. Salvador: Editora Juspodivm, 2015, pág. 330.

68. Neste sentido, Fonseca, Bruno Gomes Borges da. Reflexos do novo código de processo civil na atuação do Ministério Público do Trabalho. *In* Miessa, Élisson (coord.). *O*

Na nossa opinião, a compatibilidade será aferida sobretudo com o respeito pelos princípios da efetividade, celeridade, amplo acesso à justiça e simplicidade da prestação jurisdicional[69]; sem desconsiderar, nomeadamente, o da isonomia ou o do contraditório[70].

Dada a divergência doutrinal e jurisprudencial na interpretação deste requisito e o consequente grau de insegurança que gera – já que a noção de compatibilidade é variável de época para época, de órgão para outro e de pessoa para pessoa – a aplicação de uma norma do processo civil pelo magistrado trabalhista exigirá adequada motivação, ou não estivéssemos nós diante de um *conceito jurídico indeterminado*. Assim também, *mutatis mutandis*, para quem deixar de aplicar uma norma do CPC num contexto

---

novo Código de Processo Civil e seus reflexos no processo do trabalho. Salvador: Editora Juspodivm, 2015, pág. 369; CLAUS, Bem-Hur Silveira. O CPC 2015 e o Direito Processual do Trabalho: Reflexões acerca da Aplicação do NCPC ao Processo do Trabalho. *Repertório IOB de jurisprudência: trabalhista e previdenciário*, São Paulo, N.º 23, dez/2016, pág. 16.

69. "(...) as normas de processo civil, desde que impliquem maior efetividade à tutela jurisdicional dos direitos sociais trabalhistas, devem ser aplicadas nos domínios do processo do trabalho como imperativo de promoção do acesso do cidadão-trabalhador à jurisdição justa" (LEITE, Carlos Henrique Bezerra. *Curso de Direito Processual do Trabalho*. 14ª ed. São Paulo: Saraiva, 2016, pág. 129). Para MEIRELES, os princípios básicos que formariam a barreira da compatibilidade seriam o do amplo acesso à justiça, duração razoável do processo (celeridade) e da efetividade da justiça (MEIRELES, Edilton. O novo CPC e sua aplicação supletiva e subsidiária no processo do trabalho. *In* MIESSA, Élisson (coord.). *O novo Código de Processo Civil e seus reflexos no processo do trabalho*. Salvador: Editora Juspodivm, 2015).

70. Neste sentido, também o Enunciado n.º 2 da II Jornada do FNPT, onde se lê: "CLT, arts. 769 e 889. CPC, art. 15. Diante da previsão de aplicação supletiva do CPC ao Processo do Trabalho (art. 15), o requisito da compatibilidade, previsto nos arts. 769 e 889 da CLT, deve ser interpretado no sentido da máxima efetividade da Jurisdição Trabalhista". Mais se aprovou, nesse mesmo encontro, a respeito da leitura a dar a estes dois preceitos, o Enunciado 3 da II Jornada do FNPT, onde se lê: "CLT, art. 769. CPC, art. 15. Na aplicação supletiva do CPC ao Processo do Trabalho, em caso de omissão parcial, o requisito da compatibilidade é mais relevante que o requisito da omissão, respeitados os princípios do direito do Processo do Trabalho". A título de mero exemplo, porque esta questão será melhor abordada em capítulo próprio, costumam-se identificar como princípios estruturantes a formar esta barreira de carácter: (i) a procura pela conciliação, (ii) o tratamento diferenciado à parte vulnerável; (iii) celeridade (informalidade, simplicidade e oralidade); (iv) efetividade e (v) contraditório e ampla defesa. FURTADO, Emmanuel Teófilo; BRUXEL, Charles da Costa. O art. 15 do novo código de processo civil e os critérios de aplicação do direito processual comum ao processo do trabalho. *Revista LTr*, São Paulo, Vol. 81, N.º 03, mar/2017, pág. 275.

em que haja cabimento e plausibilidade para o efeito. De resto, não nos parece que se possa extrair qualquer conduta pressuposta do teor do art. 769 da CLT no sentido de presumir a inaplicabilidade ou aplicabilidade de alguma norma civilista[71].

Mas, como se disse, esta noção de *compatibilidade é bastante permeável* e mutável. Do ponto de vista da variação da noção de compatibilidade de uma *época para a outra*, podemos apontar o caso da reconvenção. Se inicialmente o mundo juslaboral se mostrava hesitante quanto ao seu cabimento no processo do trabalho por pôr em causa princípios como a celeridade e simplicidade, hoje é posicionamento pacífico a sua admissibilidade. A mesma noção também tem variado *em função de diferentes órgãos*, como é o caso típico da ação rescisória, sustentada em Enunciado da Súmula pelo STF como cabível na Justiça do Trabalho, e replicada pelo TST em outras tantas súmulas e uma OJ (SDI-2) como incompatível; ou ainda o caso da prescrição intercorrente, cuja admissibilidade foi defendida por Enunciado da Súmula do STF (n.º 327) e negada pelo TST, também por Enunciado da Súmula (n.º 114), como veremos *infra*[72]. Por último, também inúmeros institutos têm sido objeto de divergências doutrinárias, como a intervenção de terceiros. Se houve quem sustentasse a incompatibilidade de qualquer das opções de intervenção de terceiros no processo do trabalho[73], outros já entendiam que apenas algumas destas não colhiam aplicação[74].

---

71. Em sentido contrário, Souto Maior, Jorge Luiz. A radicalidade do Artigo 769 da CLT como salvaguarda da Justiça do Trabalho. *Revista Síntese Trabalhista e Previdenciária*, São Paulo, Vol. 27, N.º 317, nov/2015, pág. 38: "(...) por aplicação do art. 769 da CLT, não é quem deixa de aplicar as regras do CPC no processo do trabalho que deve explicar por que o faz, vez que essa inaplicabilidade está pressuposta no teor do art. 769. Deve fazê-lo, isto sim, aquele que pretenda aplicar uma ou mais regras do CPC na prática processual trabalhista".

72. Boucinhas Filho, Jorge Cavalcanti. A alegada inconstitucionalidade da Instrução Normativa n.º 39 do TST e o modelo brasileiro de processo do trabalho. *Revista Fórum Trabalhista*, Belo Horizonte, Ano 5, N.º 21, abr-jun/2016, pág. 105.

73. A exemplo de Souto Maior, Jorge Luiz. *Direito processual do trabalho: efetividade, acesso à justiça e procedimento oral.* São Paulo: LTr, 1998, pág. 296.

74. Martins Filho, Ives Gandra da Silva. *Manual esquemático de direito de trabalho e processo do trabalho.* 26ª ed. São Paulo: Saraiva, 2018, págs 290 ss; Paixão Júnior, Manoel Galdino da. O direito Processual Comum como fonte do Direito Processual do Trabalho. *In* Sena, Adriana, Renault, Luiz Otávio, Viana, Márcio Túlio, Cantelli, Paula (coord.). *Processo do trabalho atual e temas conexos.* Belo Horizonte: Mandamentos, 2004, págs. 96-97.

2.3.4. Exemplos de heterointegração evolutiva[75] e de dissensos sobre "compabitilidade"

2.3.4.1. Aplicação da multa do art. 523 do CPC

Já à época do CPC/73 a doutrina se debatia em torno da questão de saber se o art. 475-J do CPC (que atualmente corresponde ao art. 523, *caput* e §§ 1º e 3º CPC/15) se poderia estender ao processo do trabalho. Nos termos daquela disposição "caso o devedor, condenado ao pagamento de quantia certa ou já fixada em liquidação, não o efetue no prazo de quinze dias, o montante da condenação será acrescido de multa no percentual de dez por cento e (...) expedir-se-á mandado de penhora e avaliação". Esta prática de *sincretismo* processual, que determinava a intimação do executado (ou deste na pessoa do seu advogado) apenas após realizada a penhora, opunha-se ao procedimento do procedimento laboral previsto no art. 880 da CLT[76], o qual exigia o ato citatório do executado para se proceder às diligências patrimoniais constritivas. Em lugar algum aqui se prevê qualquer tipo de multa pelo não cumprimento e o ato intimatório é substituído pelo citatório.

Naturalmente que da comparação do art. 523 do CPC com o regime previsto nos arts. 880 e 883 da CLT, algumas distinções se fazem necessárias: (i) ao contrário do processo civil onde se procede a mera *intimação* do devedor como primeiro ato da fase executiva de cumprimento de sentença, no processo do trabalho o devedor é *citado*, ato que dá início ao processo de execução; (ii) ao passo que no processo civil o credor é intimado apenas para *pagar quantia*, no processo do trabalho ele tem a alternativa de *pagar*

---

75. Para uma lista exaustiva por temáticas de casos jurisprudenciais que optaram, ou não, pela aplicação subsidiária do processo comum, Lima, Francisco Gérson Marques de. *Processo do Trabalho Anotado: CLT e legislação complementar*. São Paulo: RT, 2001, págs. 141-153.

76. "Requerida a execução, o juiz ou presidente do tribunal mandará expedir mandado de citação do executado, a fim de que cumpra a decisão ou o acordo no prazo, pelo modo e sob as cominações estabelecidas ou, quando se tratar de pagamento em dinheiro, inclusive de contribuições sociais devidas à União, para que o faça em 48 (quarenta e oito) horas ou garanta a execução, sob pena de penhora. §1º – O mandado de citação deverá conter a decisão exeqüenda ou o termo de acordo não cumprido. §2º – A citação será feita pelos oficiais de diligência. §3º – Se o executado, procurado por 2 (duas) vezes no espaço de 48 (quarenta e oito) horas, não for encontrado, far-se-á citação por edital, publicado no jornal oficial ou, na falta deste, afixado na sede da Junta ou Juízo, durante 5 (cinco) dias" (cit. art. 880 CLT, na versão que lhe foi dada pela Lei nº 11.457, de 2007).

ou *garantir a execução*; (iii) se no processo civil a falta de pagamento gera expedição de mandado de penhora e avaliação, no processo do trabalho os atos constritivos do património apenas se processam quando o devedor não pagar *ou não garantir* a execução[77].

Quer jurisprudência, quer doutrina, se têm digladiado a respeito da caducidade, ou não[78], da providência trabalhista diante da antinomia com o art.. 523 (ex-475-J do CPC/73). Os argumentos que costumam ser apontados para *negar o transporte* do 523, §1º do CPC ao processo do trabalho são: (i) inexistência da previsão de multa no processo do trabalho para o caso do executado não pagar a sua dívida; (ii) o art. 769 da CLT só determina a aplicação de normas à fase de conhecimento e subordinada aos fatores de omissão e compatibilidade e esta questão não é lacunosa na CLT, colhendo previsão expressa no art. 879-B, §§1º e 2º; (iii) o art. 889 da CLT indica como norma subsidiária para a fase de execução a LEF; (iv) ao contrário do processo civil que prevê prazo de 15 dias para efetuar pagamento, a CLT apenas prevê 48h para o efeito, o que torna este prazo incompatível com a migração da penalidade ao devedor-executado; (v) o próprio art. 883 da CLT já prevê os acréscimos que serão devidos em caso de atraso no pagamento (v.g., custas e juros de mora), razão pela qual se impede que o executado sofra outro acréscimo não previsto pelo legislador trabalhista; (vi) enfraquecimento da autonomia do direito processual trabalhista[79].

---

77. ALMEIDA, Cléber Lúcio. *Direito Processual do Trabalho.* 8ª ed. São Paulo: LTr, 2016, pág. 759.

78. Neste sentido, nomeadamente, CUNHA NETO, Adhemar Prisco da. Aspectos da aplicação do processo comum ao processo do trabalho. *Revista LTr,* São Paulo, Vol. 71, N.º 11, nov/2007, pág. 1346. O autor apela ao fundamento da especialidade da CLT.

79. SANTOS, Enoque Ribeiro dos; SANTOS, Enoque Ribeiro dos; PINTO, Melina Silva. Aplicabilidade da Multa do Artigo 523, §1º, do NCPC (artigo 475-J do CPC/1973) ao processo do trabalho. *Revista Síntese Trabalhista e Previdenciária,* São Paulo, Vol. 28, N.º 328, out/2016, págs. 43-44; MARANHÃO, Ney Stany Morais. Multa do art. 475-J do CPC e sua aplicação no processo do trabalho. *Revista LTr,* São Paulo, Vol. 71, N.º 10, out/2007, pág. 1189; TEIXEIRA FILHO, Manoel Antônio. Processo do trabalho – embargos à execução ou impugnação à sentença? – A propósito do art. 475-J, do CPC. *Revista LTr,* São Paulo, Vol. 70, N.º 10, out/2006, págs. 1179-1182; MEIRELES, Edilton; BORGES, Leonardo Dias. A nova execução cível e seus impactos no processo do trabalho. *Revista LTr,* São Paulo, Vol. 70, N.º 3, mar/2006, págs. 347-351; MARTINS FILHO, Ives Gandra da Silva. *Manual esquemático de direito de trabalho e processo do trabalho.* 26ª ed. São Paulo: Saraiva, 2018, pág. 268; ALMEIDA, Cléber Lúcio. *Direito Processual do Trabalho.* 8ª ed. São Paulo: LTr, 2016, pág. 759; SASSEN, Rodrigo Barreto. A aplicação do código de processo civil na execução trabalhista. *Revista LTr,* São Paulo, Vol. 72, n.º 12, dez/2008, pág. 1461.

Diga-se de passagem, que a não previsão de determinada multa pela CLT nunca foi óbice para a sua aplicação pelo magistrado, já que são pelo menos três os casos deste tipo: multa e indenização por litigância de má-fé, multa por ato atentatório à dignidade da justiça na fase executiva e multa por embargos de declaração protelatórios. De qualquer forma, a diferença entre o prazo de 15 dias previsto no artigo no CPC e a ritualística no processo do trabalho, poderia configurar um problema. E isto porque o prazo de 15 dias ali previsto, adequava-se ao prazo de 15 dias previsto para a interposição do recurso de apelação, de efeito suspensivo; ao passo que no processo do trabalho o equivalente processual é o recurso ordinário, mas que deve ser interposto no prazo de 8 dias e não tem qualquer efeito suspensivo.

Grande parte da doutrina, porém, *aplaudia a importação* da multa do ex-475-J[80]. Fazia-o com base numa série de argumentos: (i) a lacuna axiológica e ontológica patente do art. 880 da CLT, que revelava um artigo desfazido da realidade e incapaz de dar a celeridade e efetividade necessárias à prestação jurisdicional trabalhista, (ii) lacuna normativa em matéria de multa para pagamento do valor arbitrado pelo magistrado na sentença, (iii) o contributo da norma em questão para o fortalecimento do carácter alimentar do crédito trabalhista, servindo de instrumento à concretização deste direito material, (iv) coaduna-se com os princípios trabalhistas do informalismo no pagamento espontâneo do crédito laboral e da proteção do trabalhador vulnerável. Alguma jurisprudência também acompanhava parte destes argumentos, sobretudo nos TRTs[81].

---

80. Santos, Enoque Ribeiro dos; Pinto, Melina Silva. Aplicabilidade da Multa do Artigo 523, §1º, do NCPC (artigo 475-J do CPC/1973) ao processo do trabalho. *Revista Síntese Trabalhista e Previdenciária*, São Paulo, Vol. 28, N.º 328, out/2016, págs. 47-49; Prata, Marcel Rodrigues. A multa do art. 475-J do Código de Processo Civil e a sua aplicabilidade no processo trabalhista. *Revista LTr*, São Paulo, Vol. 72, N.º 07, jul/2008, pág. 803; Chaves, Luciano Athayde. As reformas processuais e o processo do trabalho. *Revista do TST*, Porto Alegre, Vol. 73, N.º 1, jan-mar/2007, pág. 147; Cordeiro, Wolney de Macedo. Multa do art. 523 do novo CPC (antigo 475-j). *In* Miessa, Élisson (coord.). *O novo Código de Processo Civil e seus reflexos no processo do trabalho*. Salvador: Editora Juspodivm, 2016, págs. 812 ss; Rabelo, César Leandro de Almeida; Viegas, Cláudia Mara de Almeida Rabelo. O princípio da proteção como fundamento para a aplicação subsidiária do art. 475.º-J ao processo do trabalho. *Revista Síntese Trabalhista e Previdenciária*, São Paulo, Vol. 23, N.º 273, 2010, págs. 87-88.

81. "(...) Art. 475-J do CPC. Aplicabilidade ao processo do Trabalho. Considerando que as normas de direito processual (CLT e Lei nº 6.830/80) que regem a execução trabalhista revelam-se ultrapassadas e inadequadas à efetividade da prestação jurisdicional trabalhista (omissão teleológica), cujo objeto – o crédito do trabalhador – tem

Embora também se discutisse sobre a sua aplicação apenas à execução definitiva de sentença ou também ao caso de execução provisória[82], a verdade é que o entendimento que acabou por prevalecer na jurisprudência do TST foi a da total inadequação do preceito relativamente às especificidades do processo do trabalho[83], não obstante algumas exceções[108]. Mais recentemente,

---

natureza alimentar e em homenagem ao princípio constitucional da duração do processo, encartado no art. 5º, inciso LXXVIII da nossa Lei Maior, totalmente aplicável, no âmbito da Justiça do Trabalho, o art. 475-J do CPC. Recurso ordinário a que se dá parcial provimento (...)" (cit. TRT, 21º Região, Proc. de Recurso Ordinário n.º 77100.74.2012.5.21.0010, 2ª Turma, Relatora Desembargadora Isaura Maria Barbalho Simonetti, Data de Julgamento 24.09.2014); ou "(...) Multas dos arts. 475-J, 600, IV e 601, todos do CPC. Aplicação ao Processo do Trabalho. As multas dos arts. 475-J, 600, IV e 601, todos do CPC, guardam compatibilidade com os princípios basilares do processo do trabalho, bem como com a efetividade da prestação jurisdicional e razoável duração do processo, por influenciar a conduta do obrigado a cumprir, com maior brevidade, o comando consignado na sentença. Suas aplicações no processo do trabalho estão autorizadas pelo comando do art. 832, §1º da CLT, segundo o qual a sentença condenatória determinará o prazo e as condições para o seu cumprimento. Ademais, a questão da aplicação da multa prevista no art. 475-J do CPC ao processo do trabalho já está pacificada pela Súmula nº 13 deste e. Regional, aprovada pelo tribunal pleno em sessão do dia 17.02.2011. Recurso improvido"; (cit. TRT, 8ª Região, Proc. Recurso Ordinário 0001057.68.2013.5.08.0125, 4ª Turma, Relator Desembargador Walter Roberto Paro, Data de Julgamento 19.09.2014).

82. Neste sentido, embora estabelecendo ressalvas, Genehr, Fabiana Pacheco. A aplicação da multa do art. 475-J do CPC e seus reflexos no processo do trabalho – uma análise principiológica. *Revista LTr*, São Paulo, Vol. 72, N.º 04, abr/2008, pág. 456.

83. "(...) Recurso De Revista. Art. 475-J Do Cpc. Inaplicabilidade Ao Processo Do Trabalho. 1. A regra prevista no art. 475-J do CPC não se ajusta ao processo do trabalho atualmente, visto que a matéria possui disciplina específica na CLT, objeto do seu art. 879, §§ 1º-B e 2º. Assim, a aplicação subsidiária do art. 475-J do CPC contraria os arts. 769 e 889 da CLT, que não autorizam a utilização da regra desprezando a norma de regência do processo do trabalho. 2. A novidade não encontra abrigo no processo do trabalho, em primeiro lugar, porque neste não há previsão de multa para a hipótese de o executado não pagar a dívida ao receber a conta líquida; em segundo, porque a via estreita do art. 769 da CLT somente cogita da aplicação supletiva das normas do processo comum no processo de conhecimento e condicionado a dois fatores (omissão e compatibilidade); e em terceiro lugar, porque, para a fase de execução, o art. 889 indica como norma subsidiária a Lei 6.830/1980, que disciplina os executivos fiscais. Fora dessas duas situações, estar-se-ia diante de indesejada substituição dos dispositivos da CLT por aqueles do CPC que se pretende adotar. 3. A inobservância das normas inscritas nos arts. 769 e 889 da CLT, com a mera substituição das normas de regência da execução trabalhista por outras de execução no processo comum, enfraquece a autonomia do Direito Processual do Trabalho. Recurso de Revista de que se conhece e a que se dá provimento" (cit. TST, 5ª Turma, Recurso de Revista n.º

na *IN 39/2016, o TST optou deliberadamente por não tomar posição* em razão da pendência de processo sobre o assunto, o que não se compreende; até porque na mesma instrução admite a aplicação de normas como o art. 495 (hipoteca judiciária), art. 517 (protesto da decisão) e art. 782, §§3º a 5º (inclusão do nome do executado em registro restritivo de acesso a crédito) do CPC – todos eles, tal como a sanção pecuniária, expedientes coercitivos destinados a conduzir o devedor à satisfação do crédito[85].

Da nossa parte, não há grandes dificuldades em aceitar como bem-vindo o art. 523 do CPC ao processo do trabalho. Além dos argumentos mencionados *supra*, cumpre dizer o seguinte: (i) *não é verdadeiramente*

1451.48.2010.5.01.0037, Relator Ministro João Batista Brito Pereira, Data de Julgamento: 06/04/2016); ou "(...) Multa Do Art. 475-J Do Código De Processo Civil. Inaplicabilidade Ao Processo Do Trabalho. 1. O provimento do recurso de revista interposto pela reclamada observou a jurisprudência pacifica desta Corte Superior, no sentido de que não é aplicável ao processo do trabalho a multa prevista no art. 475-J do CPC, referente ao cumprimento da sentença civil, porquanto incompatível com o disposto nos arts. 769 e 889 da CLT. 2. Nesse contexto, os embargos são incabíveis de acordo com o art. 894, II, da CLT, considerada a redação dada pela Lei nº 11.496/07. Recurso de embargos de que não se conhece" (cit. TST, Processo Recurso de Revista n.º 171200.84.2009.5.09.0, Relator Ministro Walmir Oliveira da Costa, SDI-1, Data de Publicação 18/12/2015).

84. Assim, na 6ª Turma do TST, o seguinte julgado: "Tendo o Regional determinado a aplicação da multa prevista no art. 475-J do CPC após o trânsito em julgado da decisão, com observância do disposto no art. 880 da CLT, não se verifica afronta ao art. 769 da CLT. Perfeitamente lógico admitir a existência de lacuna da lei em relação à mencionada multa, de forma a ser aplicável o art. 769 da CLT, adotando-se supletivamente o diploma processual civil na fase de execução trabalhista. Tal previsão prestigia os princípios informadores do Processo do Trabalho – da celeridade e efetividade da prestação jurisdicional, alçados atualmente a nível constitucional (art. 5º, LXXVIII, da CF) –, pois a coercibilidade imposta ao devedor em cumprir o comando emergente do título executivo é forma de proteção do hipossuficiente que pretende ver adimplido crédito trabalhista, cuja natureza é eminentemente alimentar. Tratando-se de execução definitiva, determinante do pagamento *in continenti* em dinheiro, conforme jurisprudência firmemente consolidada (Súmula n. 417, I e II, do TST), desponta clara a compatibilidade da nova regra cominada do CPC com o processo executório trabalhista, que sempre priorizou a celeridade e a efetividade da prestação jurisdicional" (cit. TST, 6ª Turma, Processo de Recurso de Revista n.º 21400.14.2007.05.01.0021, Relator Ministro Mauricio Godinho Delgado, Data de Julgamento 07.05.2010).

85. Grinover, Ada Pellegrini. TST: a aplicação supletiva do CPC ao processo do trabalho. Algumas questões cruciais. In Alvim, Teresa Arruda, Cianci, Mirna, Delfino, Lucio, Grinover, Ada Pellegrini et. al. (coord.). *Novo CPC aplicado visto por processualistas*. São Paulo: RT, 2017, pág. 19.

de uma pena que estamos a falar, mas de uma mera multa enquanto instrumento de coerção ao cumprimento de decisão judicial; nestes termos, parece exagerada a referência à inexistência de "lei prévia" e consequente violação ao princípio da legalidade; (ii) porque este mecanismo processual cumpre eficazmente a sua finalidade, o que contribui sobremaneira para a *eficiência e efetividade* da prestação jurisdicional, mostrando-se claramente compatível com as finalidades do próprio processo laboral. Ora, sobretudo no processo do trabalho, devem prestigiar-se as soluções que importem a melhora da condição social do trabalhador; algo que é obtido sempre que os seus créditos são satisfeitos no menor tempo possível; (iii) o legislador *prestigia o magistrado* com amplos poderes na direção e promoção do processo executivo, escolhendo as medidas mais idóneas para garantir a sua satisfação; (iv) o próprio sistema processual trabalhista *já prevê vários dispositivos* que denotam a preocupação garantir de forma mais rápida o crédito (v.g., art. 467, 477, §§6º e 8º da CLT), razão pela qual não parece desajustado a tomada em consideração de outra com eles semelhantes[86]. Parece, no entanto, claro, que a ideia de "compatibilidade" ao processo do trabalho não poderia, aqui, ser mais nebulosa, com argumentos que a justificam ambas as teses.

2.3.4.2. Remessa ex offício *do recurso ordinário*

Nos termos do Decreto-Lei n.º 779/69 de 21 de Agosto, nos processos da Justiça do Trabalho que correm contra União, Estados, Distrito Federal, Municípios, autarquias ou fundações de direito público federais, estaduais ou municipais que não explorem atividade económica, corresponde-lhes o privilégio legal ao "recurso ordinário *ex officio* das decisões que lhe sejam total ou parcialmente contrárias" (art. 1º, inc. V). Por outro lado, porém, Enunciado 303, I, da Súmula editada pelo TST, determina que "em dissídio individual, está sujeita ao duplo grau de jurisdição, mesmo na vigência da CF/1988, decisão contrária à Fazenda Pública, salvo: 1. quando a condenação

86. Também neste sentido, Almeida, Cléber Lúcio. *Direito Processual do Trabalho*. 8ª ed. São Paulo: LTr, 2016, págs. 759-760; Cordeiro, Wolney de Macedo. Multa do art. 523 do novo CPC (antigo 475-j). *In* Miessa, Élisson (coord.). *O novo Código de Processo Civil e seus reflexos no processo do trabalho*. Salvador: Editora Juspodivm, 2016, pág. 812. Este posicionamento também foi acolhido em Enunciado n.º 71 da I Jornada de Direito Material e Processual na Justiça do Trabalho (ANAMATRA), *in verbis*: "Art. 475-J do CPC. Aplicação no processo do trabalho. A aplicação subsidiária do art. 475-J atende às garantias constitucionais da razoável duração do processo, efetividade e celeridade, tendo, portanto, pleno cabimento na execução trabalhista".

não ultrapassar o valor correspondente a 60 (sessenta) salários mínimos; 2. quando a decisão estiver em consonância com decisão plenária do Supremo Tribunal Federal ou com Enunciado da Súmula ou orientação jurisprudencial do Tribunal Superior do Trabalho". No fundo, este Enunciado da Súmula ula acabou por acolher as exceções previstas no então art. 475, §§2° e 3° do CPC/73 (que corresponde, parcialmente, ao atual art. 496, §§3° e 4°)[87].

Esta aparente aceitação por parte da jurisprudência de uma disposição prevista no processo comum[88], em claro contraste com o disposto naquele Decreto-Lei, levantava na doutrina dúvidas quanto à existência de uma lacuna axiológica ou ontológica no arquétipo legal deste último.

Uma observação inicial revelará desde logo que o dispositivo em causa não se encontra inserido na sistemática da CLT, mas num diploma extravagante que, como alerta a doutrina, terá servido para sanar eventuais dúvidas acerca da aplicação do regime dos privilégios dos entes públicos também no processo trabalhista; até porque à época da elaboração do Decreto-Lei, nada no ordenamento jurídico processual comum ou trabalhista dispunha acerca da matéria[89]. Seguiram-se as exceções introduzidas no CPC e instalou-se a aparente antinomia entre ambas as normas.

---

87. "Está sujeita ao duplo grau de jurisdição, não produzindo efeito senão depois de confirmada pelo tribunal, a sentença: I – proferida contra a União, o Estado, o Distrito Federal, o Município, e as respectivas autarquias e fundações de direito público; II – que julgar procedentes, no todo ou em parte, os embargos à execução de dívida ativa da Fazenda Pública (art. 585, VI). §1° Nos casos previstos neste artigo, o juiz ordenará a remessa dos autos ao tribunal, haja ou não apelação; não o fazendo, deverá o presidente do tribunal avocá-los. §2° Não se aplica o disposto neste artigo sempre que a condenação, ou o direito controvertido, for de valor certo não excedente a 60 (sessenta) salários mínimos, bem como no caso de procedência dos embargos do devedor na execução de dívida ativa do mesmo valor. §3° Também não se aplica o disposto neste artigo quando a sentença estiver fundada em jurisprudência do plenário do Supremo Tribunal Federal ou em súmula deste Tribunal ou do tribunal superior competente."

88. "Reexame necessário. Súmula 303, item I, do TST. Ainda que se trate de sentença ilíquida, havendo razoável certeza de que a condenação imposta pelo juízo a quo não ultrapassa o limite de 60 (sessenta) salários mínimos de que trata o art. 475, §2°, do CPC, resta autorizada a aplicação do entendimento cristalizado na Súmula 303, item I, letra a, do TST, que dispensa a realização de remessa necessária" (TRT 4ª Região, Recurso Ordinário n.° 0001354.58.2014.5.04.0802, 7ª Turma, Data de julgamento 21.01.2016).

89. Cunha Neto, Adhemar Prisco da. Aspectos da aplicação do processo comum ao processo do trabalho. *Revista LTr*, São Paulo, Vol. 71, N.° 11, nov/2007, pág. 1347.

Restará ao intérprete perceber *a racio legis* por detrás da norma do Decreto-Lei para extrair a conclusão mais justa a dar à articulação do sistema. Ora, tendo em conta que o propósito legislativo foi conferir harmonização ao regime dos entes públicos em sede processual, até então inexistente, a exceção legal posteriormente editada ao CPC acabará não por contrariar, mas complementar a finalidade do legislador. A técnica jurisprudencial na edição do Enunciado da Súmula foi interpretativa, *secundum legem*, e não integradora de omissões legais. Ao passo que a regra do Decreto-Lei previa uma disposição genérica, sem esclarecer se a norma se aplicaria a todas as circunstâncias, mas também sem admitir exceções, a norma sumular não abandonou o interesse estatal na proteção dos entes públicos, apenas o restringiu a certos montantes e ocasiões. Até por não fazer sentido – já que não apresenta justificativa plausível para o tratamento diferenciado – que a tutela destes se fizesse com certos termos para o processo civil e com diferentes termos no processo do trabalho.

2.3.4.3. Conhecimento ex offício *da prescrição*

Um caso muito tratado na doutrina e jurisprudência trabalhistas, tem sido o conhecimento de ofício da prescrição prevista no arts. 332, §1º e 487, inc. II do CPC[90] (ex. art. 219, §5º do CPC/73[91]).

Entre a corrente que defendia a inaplicabilidade desse instituto no processo trabalhista, argumentava-se com uma série de *topoi*: o princípio da proteção e a irrenunciabilidade do crédito trabalhista[92]. Alegava-se que a admissibilidade deste poder jurisdicional em nada contribuía para melhorar a condição social do empregado[93], antes prejudicando-o diretamente ao avan-

---

90. "O juiz também poderá julgar liminarmente improcedente o pedido se verificar, desde logo, a ocorrência de decadência ou de prescrição", cit. art. 332, §1º. Art. 487. "Haverá resolução de mérito quando o juiz: (...) II – decidir, de ofício ou a requerimento, sobre a ocorrência de decadência ou prescrição", cit. art. 487, inc. II; todos do CPC 2015.

91. "O juiz pronunciará, de ofício, a prescrição." (cit. art. 219, §5º do CPC 1973).

92. "(...) o convite do novel instituto para sua incidência indiscriminada no Direito Processual do Trabalho (1) não enseja melhoria nas condições de vida do trabalhador (art. 7º, *caput* da Constituição da República), (2) implica retrocesso social, (3) impossibilita a renúncia da prescrição pelo devedor e (4) inverte a hierarquia das normas, fazendo prevalecer a regra adjetiva sobre a Carta Maior, razões pelas quais não é adequado admiti-lo", cf. FAVA, Marcos Neves. Três aspectos da prescrição trabalhista. *Revista Trabalhista Direito e Processo*, São Paulo, Ano 8, N.º 30, 2009, pág. 69.

93. ROMITA, Arion Sayão. Pronúncia de ofício de prescrição trabalhista. *Revista Forense*, Rio de Janeiro, Vol. 387, N.º 102, set-out/2006, págs.465-467; e, Revisitando a prescrição

tajar o empregador inadimplente. Sob esta argumentação, e não obstante se reconhecer que existia uma clara lacuna normativa no processo do trabalho acerca da matéria, vedava-se o seu uso por incompatibilidade com o regime laboral[94]. Como o problema não é propriamente de compatibilidade com o sistema laboral, por ambos lidarem com questões processuais e serem leis ordinárias, a inaplicabilidade das regras de prescrição de ofício resulta da interpretação sistemática com norma hierarquicamente superior, *v.g.* 7º da CF, que dispõe sobre o princípio do não retrocesso social[95].

O Tribunal Superior do Trabalho, em posicionamento adotado pela sua Subseção de Dissídios Individuais (SBDI-1), pondo fim às controvérsias jurisprudenciais das turmas, apontou neste sentido, fixando vários precedentes[96].

---

de ofício. *Revista Trabalhista Direito e Processo*, Brasília, Vol. 7, N.º 26, abr-jun/2008, págs. 15-19.

94. Tal como alertava Maurício Godinho Delgado, apesar de se reconhecer a conveniência social da prescrição, o instituto acaba por ter uma certa componente imoral, por favorecer "o inadimplente de todos os matizes". Esta ideia, para o autor, fazia com que a norma não passasse o crivo da especialidade do processo do trabalho. Para o autor, a "importação" de normas juscivilistas para o processo do trabalho só procederia se respeitado este critério da especialidade e, bem assim, houvesse compatibilidade com os princípios da efetividade da jurisdição laboral, da dignidade da pessoa humana na sua vertente juslaboral, da valorização do trabalho e emprego, da subordinação da propriedade à função social, assim como os mais importantes princípios do processo do trabalho, como o da proteção e da norma mais favorável. Por ser incompatível com tudo isto, a norma em causa não poderia valer no processo do trabalho. Delgado, Mauricio Godinho. A prescrição na justiça do trabalho: novos desafios. *Revista do TST*, Porto Alegre, Vol. 74, N.º 1, jan-mar/2008, págs. 47-50; posicionamento que já tinha desde Direito do trabalho e processo do trabalho – critérios para a importação de regras legais civis e processuais civis. *Revista LTr*, São Paulo, Vol. 71, N.º 05, maio/2007, pág. 554. No mesmo sentido, souto Maior, Jorge Luiz. Reflexos das alterações do Código de Processo Civil no Processo do Trabalho. *Revista LTr*, São Paulo, Vol. 70, N.º 08, ago/2006, págs. 920-930.

95. Moraes, Theisa Cristina Scarel de. Aplicabilidade do art. 219, §5º, do CPC no processo do trabalho. *Revista LTr*, São Paulo, Vol. 75, N.º 06, jun/2011, pág. 696.

96. "Recurso De Revista. Prescrição. Artigo 219, §5º, Do CPC. Incompatibilidade Com O Processo Do Trabalho. Desprovimento. A prescrição é a perda da pretensão pela inércia do titular no prazo que a lei considera ideal para o exercício do direito de ação. Não se mostra compatível com o processo do trabalho, a nova regra processual inserida no art. 219, §5º, do CPC, que determina a aplicação da prescrição, de ofício, em face da natureza alimentar dos créditos trabalhistas. Ao contrário da decadência, onde a ordem pública está a antever a estabilidade das relações jurídicas no lapso temporal, a prescrição tem a mesma finalidade de estabilidade apenas que entre as partes. Deste modo, necessário que a prescrição seja arguida pela parte a quem

Em sentido contrário, *pugnando pela admissibilidade* da aplicação do regime da prescrição em comento ao processo do trabalho[97], alega-se, em primeiro lugar, pela (i) ponderação de princípios constitucionais, como o da duração razoável do processo, o da efetividade e o da proteção. (ii) Além disso, de um ponto de vista histórico, o ex-art. 219, §5º sucedia ao art. 194 do Código Civil, que a doutrina já considerava aplicável ao processo do trabalho em razão da omissão da CLT a respeito - tal como já resultava, aliás, Enunciado n.º 153 da Súmula do TST[98] a matéria prescricional não era de todo ignorada pela Justiça do Trabalho, que recorria aos dispositivos civis (*v.g.* 193 e 194 do CC) para resolver o problema. (iii) O mesmo se diga em matéria processual, já que o art. 40, §4º da LEF dispunha sobre o conhecimento de ofício do magistrado da prescrição intercorrente - norma que, de resto, é aplicada ao processo do trabalho *ex vi* 889 da CLT. A incongruência seria vir, após a edição da Lei n.º 11.280/06 e da inclusão do art. 219, §5º do CPC, ignorar os precedentes históricos e excluir a sua aplicação ao processo do trabalho sob a alçada conveniente do princípio da proteção. Já para não falar da afetação em termos de isonomia que essa conclusão abarcaria[99].

---

a aproveita. Recurso de revista conhecido e desprovido" (cit. TST, Recurso de Revista Processo n.º 404/2006-028-03-00.6, Relator Ministro Aloysio Corrêa da Veiga, Data de Julgamento: 05.03.2008); "RECURSO DE REVISTA. PRESCRIÇÃO. DECRETAÇÃO DE OFÍCIO. INAPLICABILIDADE DO ART. 219, §5º, DO CPC NA ESFERA TRABALHISTA. A prescrição é instituto de direito material, cuja aplicação na esfera trabalhista está condicionada às condições estabelecidas no art. 8º e parágrafo da CLT. A disposição contida no art. 219, §5º, do CPC, ao determinar a decretação de ofício da prescrição, não se compatibiliza com os princípios que regem o Direito do Trabalho, notadamente o da proteção, que busca reequilibrar a disparidade de forças entre reclamante e reclamado. Nesse sentido já se manifestou a SBDI-1 desta Corte Superior. Recurso de revista não conhecido" (cit. TST Recurso de Revista Processo n.º 665.2008.151.17.00.7, Relator Ministro Luíz Philipe Vieira de Mello Filho, Data de julgamento 07.10.2009).

97. Pugnando por este entendimento, ZANGRANDO, Carlos Henrique da Silva. As inovações do processo civil e suas repercussões no processo do trabalho. *Revista LTr*, São Paulo, Vol. 70, N.º 11, Nov/2006, pág. 1303; FELICIANO, Guilherme Guimarães. O 'novíssimo' processo civil e o processo do trabalho - uma outra visão. *Revista LTr*, São Paulo, Vol. 71, N.º 03, 2007, pág. 288 ss.

98. "Não se conhece de prescrição não arguida na instância ordinária", cit. Súmula 153 do TST.

99. "A vingar a tese da inaplicabilidade do artigo 219, §5º, do CPC (contradição principiológica), engendrar-se-ia um estado de coisas no mínimo perturbador: dois cidadãos, autores em duas ações reclamatórias com objetos semelhantes (pagamento de remuneração) e tramitação à revelia, ambos com pretensões prescritas, receberiam, na mesma Justiça e sob o mesmo procedimento, tratamentos díspares: o primeiro, trabalhador

(iv) Que no processo do trabalho, ao contrário do direito do trabalho, a proteção do trabalhador não é elevada a princípio[100]. (v) Na ausência de norma que disponha em sentido diverso, existe lacuna normativa na CLT. Aliás, se formos a ver bem, o problema não é em torno da prescrição em si mesma considerada, porque ela é pacificamente aceite no direito do trabalho; o problema gira em torno do seu pronunciamento, i.e., de o juiz poder conhecê-la, o que é uma questão puramente processual. Questão que, tal como outras tantas questões processuais que a não se verificarem prejudicarão o trabalhador (v.g. a falta de preenchimento de pressupostos processuais), se tornaram matéria de ordem pública; ora, se o argumento da proteção fosse levado ao seu extremo, também a verificação dos outros pressupostos processuais deveria ser negligenciada pelo magistrado em favor do trabalhador, o que não é o caso. (vi) Por outro lado, se o ex-219, §5º do CPC era aplicado mesmo diante de outros vulneráveis - *maxime* o consumidor - e, ainda assim, se esse critério da vulnerabilidade não foi considerado pelo legislador como óbice à sua aplicação, porque haveria de o ser no processo do trabalho?; não seria uma forma de o magistrado favorecer injustificadamente uma das partes quando o legislador não as discrimina[101]? Em termos jurisprudenciais, também alguns julgados se posicionaram neste último sentido, mesmo dentro do próprio Tribunal Superior do Trabalho[102].

---

autônomo, veria seu processo extinto antecipadamente, com julgamento de mérito, nos termos do artigo 269, IV, c/c. artigo 219, §5º, do CPC; já o segundo, trabalhador subordinado, veria os seus pedidos acolhidos em sentença de procedência, total ou parcial, prolatada nos termos do artigo 269, I, do CPC, dada a inaplicabilidade, em tese, do artigo 219, §5º (...)" (cit. Feliciano, Guilherme Guimarães. O 'novíssimo' processo civil e o processo do trabalho - uma outra visão. *Revista LTr*, São Paulo, Vol. 71, N.º 03, 2007, pág. 288).

100. Pinto, José Augusto Rodrigues. Reconhecimento ex offício da prescrição e processo do trabalho. *Revista LTr*, São Paulo, Ano 70, N.º 4, abr/2006, págs. 391-392.

101. Garcia, Gustavo Filipe Barbosa. Evolução da prescrição de ofício no âmbito trabalhista. *Revista do TST*, Porto Alegre, Vol. 74, n.º 1, jan-mar/2008, págs. 124-125: "Eventual hipossuficiência de uma das partes da relação jurídica de direito material - condição esta que não se restringe ao âmbito do Direito do Trabalho, podendo perfeitamente ocorrer em outros ramos do Direito, mesmo Civil lato sensu - não é critério previsto, no sistema jurídico em vigor, como apto a excecionar a aplicação da disposição legal em questão; ou seja, ela não afasta o reconhecimento pelo juiz, de ofício, da inexigibilidade do direito, da mesma forma como se este já estivesse extinto por outro fundamento, como a quitação demonstrada nos autos".

102. "Prescrição. Declaração de ofício. Possibilidade. Art. 219, §5º, do CPC. 1. A nova regra do art. 219, §5º, do CPC, de aplicação imediata aos processos pendentes, à luz do art. 1.211 do mesmo diploma legal, prevê a declaração de ofício da prescrição,

2.3.4.4. *Desconsideração da personalidade jurídica (arts. 133 a 137 do CPC)*

Não obstante *haja quem se oponha à possibilidade* de recorrer a este instituto no processo do trabalho[103], a verdade é que o mesmo permite a

---

aplicando-se necessariamente nesta Justiça Especializada. Para tanto, basta verificar o preenchimento das condições previstas no art. 769 da CLT sobre aplicação subsidiária da legislação processual civil na esfera trabalhista, quais sejam, a omissão e a compatibilidade da regra civil com o Processo do Trabalho. II. *In casu*, a legislação trabalhista é omissa sobre a iniciativa para declaração dos efeitos da prescrição, pois o diploma consolidado apenas estabelece prazo prescricional (CLT, art. 11). Ademais, a nova regra não é incompatível, tampouco exclui o princípio da tutela do hipossuficiente que fundamenta o Direito do Trabalho, pois a fragilidade do trabalhador em relação ao empregador é apenas econômica, já tutelada pela legislação substantiva, não se justificando privilégio suplementar processual nesse campo, o qual implicaria ofensa ao art. 125, I, do CPC, que exige o tratamento isonômico das partes em juízo. O magistrado trabalhista deve aplicar de forma imparcial uma legislação material que já é protetiva do trabalhador. III. Importante registrar que a declaração de ofício da prescrição contribui para a efetiva aplicação dos princípios processuais trabalhistas (garantia da informalidade, da celeridade, do devido processo legal, da economia processual, da segurança jurídica, bem como do princípio constitucional da razoável duração do processo e da dignidade da pessoa humana), impedindo a prática de atos desnecessários, como, por exemplo, nas demandas em que o direito material discutido já se encontra fulminado pela prescrição. IV. Finalmente, é mister frisar que o próprio dispositivo anterior, que previa a necessidade de arguição, pela parte interessada, da prescrição de direitos patrimoniais, tinha sede civil e processual civil (CC, art. 194; CPC, art. 219, §5º), e era aplicada subsidiariamente na Justiça do Trabalho à míngua de regramento próprio desta. Mudando a legislação que disciplina o modo de aplicação da prescrição (revogação do art. 194 do CC e alteração da redação do §5º do art. 219 do CPC), a repercussão é inexorável na esfera laboral. Pretender a não-aplicação da regra processual civil ao Processo do Trabalho, nessa hipótese, deixa sem respaldo legal a exigência judicial da arguição, pela parte, da prescrição, como condição de seu acolhimento, o que atenta contra o princípio da legalidade (CF, art. 5º, II). V. Nem se diga que a norma civil revogada subsiste no Processo do Trabalho como princípio, uma vez que, havendo norma legal expressa em sentido contrário, não há possibilidade de remissão a princípio carente de positivação, mormente em matéria processual, que se norteia por regras claras e expressas. As próprias regras do CPC de 1939 que ainda subsistem como princípios sob a égide do CPC de 1973 (v.g. arts. 809 e 810, prevendo os princípios da variabilidade e fungibilidade recursais) são apenas aquelas que não foram expressamente contrariadas por dispositivos que estabelecessem procedimento diverso (...)" (cit. TST, 7ª turma, Recurso de Revista Proc. n.º 6306/2007-661-09-00.4. Relator Ministro Ives Gandra Martins Filho, Julgamento: 27.05.2009).

103. Corrêa, Antonio de Pádua Muniz. As incompatibilidades do novo CPC com o processo do trabalho. *Revista LTr*, São Paulo Vol. 79, N.º 09, set/2015, pág. 1098; Chaves, Luciano Athayde. O novo código de processo civil e o processo do trabalho: uma análise sob a ótica do cumprimento da sentença e da execução forçada. *Revista*

salvaguarda da ampla defesa e do contraditório ao executado uma vez que, atualmente, a desconsideração da personalidade casuisticamente levada a cabo pelos tribunais não resguarda ao executado todas as suas possibilidades de defesa[104]. O problema é que a apresentação da intervenção de terceiros como incidente implicaria a designação de nova audiência (o que acarreta, pelo menos, mais um ano de espera) e uma decisão julgada em interlocutória que sequer é recorrível no processo do trabalho – o que faz com que os tribunais admitam a instauração de mandados de segurança pelas partes, ato que igualmente retardaria o andamento do processo. Mas mesmo considerando que o instituto pode acarretar a suspensão do procedimento e o prolongamento da lide, considera-se que a dinâmica processual trabalhista não é significativamente afetada, ao ponto de se entender por violado o princípio da celeridade. A valorização dada às garantias constitucionais do contraditório e da demanda acabam por superar as exigências de celeridade feitas a qualquer custo[105]. Até porque o próprio CPC previu a aplicação do instituto mesmo aos processos de competência dos juizados especiais, pelo que a questão da sumariedade e celeridade procedimental foi considerada pelo legislador e não pode ser elevada a principal argumento da sua exclusão ao processo do trabalho.

Em bom rigor, assim acabou por o considerar a própria Instrução Normativa n.º 39/2016, no seu art. 6º. Não deixa de ser curiosa a flutuação

---

do TST, São Paulo, Vol. 84, N.º 4, out-dez/2015, pág. 70; Almeida, Cléber Lúcio. Incidente de desconsideração da personalidade jurídica. In Miessa, Élisson (coord.). O novo Código de Processo Civil e seus reflexos no processo do trabalho. Salvador: Editora Juspodivm, 2016, pág. 323.

104. Neste sentido, Nascimento, Sonia Mascaro. Alguns impactos do novo Código de Processo Civil no processo do trabalho. *In* Cianci, Mirma et. al. (coord.). *Novo Código de Processo Civil. Impactos na Legislação Extravagante e Interdisciplinar*. São Paulo: Saraiva, 2016, vol. II, pág. 459.

105. Sustentando esta admissibilidade, Yarshell, Flávio Luiz. Breves notas sobre a aplicação subsidiária do novo CPC à execução trabalhista e o incidente de desconsideração da personalidade jurídica. *Revista do Tribunal Superior do Trabalho*, São Paulo, Vol. 82, N.º 1, jan-mar/2016, pág. 199; Mallet, Estevão. Novo CPC e Processo do Trabalho à luz da IN Nº 39. *Revista do TST*, São Paulo, Ano 82, N.º 3, jul-set/2016, pág. 152: "A legítima preocupação com a efetividade do processo, especialmente para a satisfação do crédito do trabalhador, não pode ser exacerbada e levada a paroxismos a ponto de comprometer a garantia do devido processo legal. Há de se compatibilizar a eficiência do processo com as garantias dos litigantes, o que se faz com a utilização de medidas de urgência, voltadas a preservar patrimônio ou bens, ressalvado o exercício do direito de defesa a posteriori, na forma de contraditório posposto, perfeitamente legítimo e constitucional".

de entendimentos nesta matéria. Quando a maioria da doutrina pugnava pela incompatibilidade do instituto ao processo do trabalho, a IN 39 veio admiti-la. Como se não bastasse admiti-la, fê-lo, inclusivamente pelas mãos (de ofício) do magistrado – de forma condizente com o art. 878 da CLT. Em sentido contrário, porém, a Reforma Trabalhista veio posteriormente cortar os poderes ao magistrado para atuar oficiosamente, passando a impor exigências de requerimento à parte. O que entender por incompatibilidade com o processo do trabalho neste caso, quando passamos de um extremo em que o instituto não se admite por colidir com a sumariedade e celeridade do rito processual, para um meio termo em que se admite mas com o magistrado a ditar e preservar esse ritmo de forma oficiosa, para o outro extremo que admite a figura exatamente nos termos do processo civil mediante requerimento da parte. Estamos perante uma situação mediante a qual a ideia de "incompatibilidade" sai frustrada dada a flutuação de entendimentos diametralmente contraditórios.

2.3.4.5. Fundamentação da sentença (art. 489 do CPC)

Sem prejuízo da doutrina fortemente crítica à importação de regras sobre decisão judicial para o processo do trabalho – em particular, deste art. 489 do CPC[106]–, dada a importância e contributo particular deste artigo para

---

106. Severo, Valdete Souto. A decisão no novo código de processo civil e sua aplicabilidade no processo do trabalho. *Revista LTr*, São Paulo, Vol. 80, N.º 08, maio/2016, pág. 959 ss. No entendimento do autor, preceitos como o art. 17.º, 9.º, 10.º, 141.º e 492.º do CPC ao invés de reforçarem a efetividade e aspeto democrático do processo civil, afetam diretamente a Justiça do Trabalho. "Ao vedar decisões surpresas e estabelecer de modo exaustivo o que não é fundamentação, o NCPC parece combater a discricionariedade e, portanto, o ativismo judicial, mas na realidade não combate. E não o faz porque ao mesmo tempo em que busca vincular o juiz, chegando a relacionar de modo exaustivo, no art. 489, o que não é fundamentação, permite o julgamento antecipado e sem a formação do contraditório (...). Tudo isso conduz à conclusão de que as normas do NCPC acerca da decisão judicial são extremamente nocivas, inclusive em âmbito cível. Procuram controlar a atividade do juiz de primeiro grau como se fosse possível (...) vinculá-lo ao comando constitucional de fundamentação das decisões. (...) Na Justiça do Trabalho não há razão jurídica, lógica ou normativa para que tais dispositivos sejam importados. A CLT tem normas expressas acerca da decisão judicial" (pág. 960-962). No mesmo sentido, considerando existir incompatibilidade do dispositivo com o sistema processual, Lisbôa, Daniel. A aplicabilidade (?) do art. 489 do novo CPC ao processo do trabalho e alguma técnica de decisão judicial. *Revista do TRT da 12ª Região*, Florianópolis, Vol. 19, N.º 28, 2016, pág. 218; Corrêa, Antonio de Pádua Muniz. As incompatibilidades do novo CPC com o processo do trabalho. *Revista LTr*,

enaltecer a transparência da decisão judicial e incrementar a legitimidade à prestação jurisdicional, exigindo que o magistrado enfrente todos os argumentos suscetíveis de conduzir à solução contrária à adotada, não tem por que se excluir a sua aplicabilidade a este ordenamento processual[107]. De resto, veja-se que inclusivamente o próprio TST já se orientava neste sentido[108], o que mais demonstra a compatibilidade do art. 489, §1º, inc. IV do CPC com o processo do trabalho. Em entendimento mais recente, esse mesmo TST na sua IN 39/2016 veio mesmo a admitir de forma expressa a sua aplicação ao processo do trabalho (art. 3º, inc. VII).

Os argumentos empregues na defesa da completude do art. 832 da CLT centravam-se (i) na necessidade de garantir um *procedimento célere e simples*, incompatível com as exigências e rigor do art. 489 do CPC, (ii) o *excesso de pedidos trabalhistas* em casa lide, que seriamente poriam em causa uma sentença exaustiva que esgotasse cada um dos pedido de forma densa, (iii)

São Paulo Vol. 79, N.º 09, set/2015, pág. 1100: "(...) nos dias atuais, já não há mais espaço para a decisão judicial representar um tratado, uma monografia ou uma tese, descendo a minúcias totalmente desnecessárias, batendo ponto a ponto, com enormes desgastes, consumo exagerado de tempo e esforço em cada processo, com evidente prejuízo para a ordem cronológica de julgamento."

107. Neste sentido, NASCIMENTO, Sonia Mascaro. Alguns impactos do novo Código de Processo Civil no processo do trabalho. *In* CIANCI, Mirma et. al. (coord.). *Novo Código de Processo Civil. Impactos na Legislação Extravagante e Interdisciplinar*. São Paulo: Saraiva, 2016, vol. II, pág. 469.

108. Cf. TST, 3ª Turma, Recurso de Revista n.º 102300.34.1996.5.01.0032, Relator Ministro Alberto Bresciani: "(...) a completa prestação jurisdicional se faz pela resposta a todos os argumentos regulares postos pelos litigantes, não podendo o julgador resumir-se àqueles que conduzem ao seu convencimento. A omissão quanto aos pontos relevados pelas partes pode conduzir a prejuízos consideráveis, não só pela possibilidade de sucesso ou derrota, mas também que face das imposições dos desdobramentos da competência funcional. (...)"; no mesmo sentido, TST, 4ª Turma, Recurso de Revista 2244720115150118, Relator Ministro João Oreste Dalazen: "PRELIMINAR. NULIDADE. NEGATIVA DE PRESTAÇÃO JURISDICIONAL. 1. O dever constitucional de motivar a decisão (CF/88, art. 93, IX), garantia do Estado Democrático de Direito, não se exaure declinando-se apenas o fundamento isolado que ditou o convencimento do órgão jurisdicional, mas mediante o exame explícito de toda a matéria fática e jurídica controvertida entre as partes. 2. Assim, constitui dever do órgão jurisdicional, se instado mediante embargos de declaração, posicionar-se explicitamente sobre aspectos relevantes, pertinentes e controvertidos da demanda. Exigência tanto maior quando se atenta para a circunstância de que o subsequente recurso de revista exige o prequestionamento explícito do tema (Súmula nº 297 do TST) e, por outro, não se viabiliza para o reexame do conjunto fático-probatório (Súmula nº 126 do TST)".

o *frequente estado de litisconsórcio* passivo na Justiça do Trabalho, (iv) o fato de as lides incidirem sobretudo, sobre *questões de fato* e não tanto jurídicas, (v) o art. 832 da CLT ser um *artigo completo* que esgota a matéria e, por conseguinte, dispensar tratamento subsidiário do CPC.

Naturalmente que os argumentos não são suficientes para sustentar a não aplicação do direito comum: (i) seja porque o *número de súmulas, oj ou tipos de procedimentos especiais* com que o jurista laboral tem que lidar em nada confirmam essa simplicidade fática e jurídica alegada, antes pelo contrário; (ii) seja porque a pretexto da celeridade não se podem descurar as garantias envoltas na *motivação da decisão*; afinal, o art. 93, inc. IX da CF não discrimina as exigências de fundamentação consoante a celeridade de procedimentos e, portanto, não consagra diferentes graus de qualidade de fundamentação; (iii) até porque a celeridade é característica que *tem a ver com o procedimento*/trâmite e não com as maiores ou menores exigências de fundamentação que se imponham; (iv) as circunstâncias fáticas que realmente ocorrem na Justiça do Trabalho (número de pedidos e litisconsortes, questões de fato, falta de servidores, grande número de processos etc.) não é um problema a ser descontado nas exigências de fundamentação, mas a ser resolvido por *dotação orçamentária* própria e desincentivo à litigância[109].

Ao contrário da norma celetista que não informa os critérios de fundamentação do decisório sentencial – exigindo apenas genericamente a sua motivação –, o art. 489 do CPC veio, de forma discriminada, determinar as circunstâncias em que se considera ou não haver fundamentação. Onde antes (art. 832 da CLT) se exigia (e ainda exige, já que o preceito não foi revogado ou atualizado) fundamentação mais simples e uma análise mais económica das questões fáticas e jurídicas, agora as exigências específicas são expressas e detalhadas.

Novamente, deixa de existir uma postura coerente e uniforme quanto à interpretação a dar à ideia de "incompatibilidade" com o sistema processual trabalhista, uma vez que há um claro *desencontro* na forma como doutrina, jurisprudência e legislador encaram o diálogo dos dois sub-sistemas processuais sobre o acolhimento de certas normas civilistas.

---

109. Silva, Bruno Freire e. A Instrução Normativa n. 39 do TST: a interpretação dada pela corte trabalhista à aplicação do Código de Processo Civil no processo do trabalho – 2ª Parte. *Revista de Direito do Trabalho*, Vol. 42, N.º 182, São Paulo, jul-ago/2017, pág. 120-121.

2.4. A LACUNOSA INCOMPLETUDE DO SISTEMA PROCESSUAL TRABALHISTA

2.4.1. Considerações iniciais sobre a noção de lacuna

Entre os vários autores clássicos do direito que dissertaram sobre a teoria do sistema e a sua incompletude (ou não), KELSEN assumiu particular destaque, por sustentar uma visão pura de um direito que não admitia lacunas, de um sistema jurídico que se configurava completo. Para KELSEN, "uma ordem jurídica pode sempre ser aplicada por um tribunal a um caso concreto, mesmo na hipótese de essa ordem jurídica, no entender do tribunal, não conter qualquer norma geral através da qual a conduta do demandado ou acusado seja regulada de modo positivo, isto é, por forma a impor-lhe o dever de uma conduta que ele, segundo a alegação do demandante privado ou do acusador público, não realizou"[110].

Com posicionamento distinto, ENGISCH, admitindo já a existência de lacunas[111], estabelece algumas categorias entre elas, *verba gracia*, as lacunas

110. KELSEN, Hans. *Teoria Pura do Direito.* 6 ed. São Paulo: Martins Fontes, 1999, pág. 171. Na teoria positivista de KELSEN, não se admite a existência de lacunas. Para o autor, a "teoria das lacunas" é errónea, "(...) pois funda-se na ignorância do fato de que, quando a ordem jurídica não estatui qualquer dever de um indivíduo de realizar determinada conduta, permite esta conduta. A aplicação da ordem jurídica vigente não é, no caso em que a teoria tradicional admite a existência de uma lacuna, logicamente impossível. Na verdade, não é possível, neste caso, a aplicação de uma norma jurídica singular. Mas é possível a aplicação da ordem jurídica (...). Vistas as coisas mais de perto, verifica-se que a existência de uma 'lacuna' só é presumida quando a ausência de uma tal norma jurídica é considerada pelo órgão aplicador do Direito como indesejável do ponto de vista da política jurídica (...)." Para o autor, o que deveria ocorrer era uma formulação de um poder geral conferido ao tribunal pelo legislador no sentido de, sempre que considerasse que a aplicação da ordem jurídica resultava insatisfatória do ponto de vista ético-político, este decidisse segundo a sua livre apreciação e equidade. Todavia, como tal disposição assumiria vestes excessivamente amplas, podendo conduzir ao arbítrio do tribunal, o que também não configuraria solução satisfatória. "Por isso, o legislador, para limitar a atribuição deste poder aos tribunais, atribuição essa considerada por ele inevitável, recorre à ficção de que a ordem jurídica vigente, em certos casos, não pode ser aplicada – não por uma razão ético-política subjetiva, mas por uma razão lógica objetiva -, de que o juiz somente pode se fazer de legislador quando o Direito apresente uma lacuna. Como, porém, o Direito vigente é sempre aplicável, pois não há 'lacunas' neste sentido, esta fórmula, quando se penetre o seu caráter fictício, não opera a pretendida limitação do poder atribuído ao tribunal, mas a auto-anulação da mesma" (pág. 172).

111. O autor identifica como sendo "(...) deficiências do Direito positivo (do Direito legislado ou do Direito consuetudinário), apreensíveis como faltas ou falhas de con-

de lege ferenda, que se dirigem ao papel legiferante, impulsionando-o a reformar o Direito instituído, e *de lege data*, destinadas à integração casuística pela mão do magistrado. Dentro das últimas, distingue consoante o surgimento da lacuna seja inerente à regulamentação legal (*primárias*) ou lhe surjam supervenientemente (*secundárias*)[112]. Para ENGISCH, em caso de lacunas – e não em situações de *incorreções normativas*, onde se autorizaria uma intervenção *contra legem* pelo juiz – o magistrado poderia atual *praeter legem*, sempre que a mera interpretação não satisfizesse as questões jurídicas colocadas; apesar da tarefa de perceber quando é que apenas se está a preencher lacunas ou já se adentra na correção do legislador ser árdua, por tão ténue ser a respetiva fronteira.

Também sobre o assunto, BOBBIO vem apresentar uma interessante forma de compreender espaços lacunosos no sistema; os quais admite. Depois de fazer menções aos dois tipos de normas construídos pela doutrina italiana, o autor apresenta-se a enunciar um terceiro tipo de normas e a construir a sua noção de lacuna. À *norma geral exclusiva* – norma que regula um comportamento, limitando a sua regulamentação e consequências desta, mas ao mesmo tempo excluindo daquela regulamentação todos os outros comportamentos que com ela não se identifiquem –, e à *norma particular inclusiva* – norma que regula um caso concreto, que se encontra sempre acompanhada pela *norma geral exclusiva* subentendida e não expressa naquela, segundo a qual, à parte daquele caso particular, todas as outras ações ficam isentas da estatuição normativa –, BOBBIO acrescenta aquilo a que chama de *norma geral inclusiva*, que permite ao magistrado recorrer a casos análogos para encontrar uma solução para uma situação não enquadrada na previsão da norma[113]. Partindo desta premissa de norma, o autor avança

---

teúdo de regulamentação jurídica para determinadas situações de facto em que é de esperar essa regulamentação e em que tais falhas postulam e admitem a sua remoção através duma decisão judicial jurídico-integradora" (cit. ENGISCH, Karl. *Introdução ao Pensamento Jurídico* (Trad: Batista Machado). 10ª ed. Lisboa: Fundação Calouste Gulbenkian, 2001, pág. 279).

112. *Ibidem*, págs. 281-282.

113. "Enquanto que norma geral exclusiva é aquela norma que regula todos os casos não-compreendidos na norma particular, mas os regula *de maneira oposta*, a característica da norma geral inclusiva é a de regular os casos não-compreendidos na norma particular, mas semelhantes a eles, *de maneira idêntica*. Frente a uma lacuna, se aplicarmos a norma geral exclusiva, o caso não-regulado será resolvido de maneira oposta ao que está regulamentado; se aplicarmos a norma geral inclusiva, o caso não regulamentado será resolvido de maneira idêntica àquela que está regulamentado"

para uma conceção de lacuna, como aquela que se "(...) verifica não mais por falta de uma norma expressa pela regulamentação de um determinado caso, mas *pela falta de um critério para a escolha de qual das duas regras gerais, a exclusiva ou a inclusiva, deve ser aplicada*"[114]. Para BOBBIO, o sistema revelava a sua incompletude, precisamente, no espaço aberto deixado entre a norma particular inclusiva e a norma geral exclusiva, brecha pela qual se introduzia a norma geral inclusiva e que estendia uma zona intermédia entre o que se achava regulado e o não-regulado. Aqui chegado, BOBBIO vem ilustrar, por uma série de classificações, os tipos de lacunas que reconhece no sistema, distinguindo-as entre: (i) *próprias* ou *impróprias*, consoante a lacuna se ache dentro do sistema ou resulte de uma comparação com um sistema ideal, respectivamente[115]; (ii) *subjetivas* ou *objetivas*, consoante os motivos que as provocaram, i.e., consoante resultem de motivo imputável ao legislador ou, antes, ao desenvolvimento social e econômico que tornam obsoletos os textos normativos; (iii) – no caso das subjetivas apenas – *voluntárias* ou *involuntárias*, consoante propositadamente esquecidas pelo legislador em razão da complexidade da matéria, ou, antes, por ele descuidadamente não reguladas; (iv) lacunas *praeter legem* e *intra legem*, consoante, mediante

---

(cit. BOBBIO, Norberto. *Teoria do Ordenamento Jurídico.* 6ª ed. Maria Celeste Santos (Trad). Brasília: BBNbB, 1995, págs. 135-136).

114. "Num certo sentido, vamos além da teoria da norma geral exclusiva, porque admitimos que no caso do comportamento expressamente não-regulamentado não há sempre só uma, mas duas soluções jurídicas. Num outro sentido, porém, desmentimos a teoria, na medida em que, se as soluções jurídicas possíveis são duas e falta um critério para aplicar ao caso concreto uma em vez da outra, reencontramos aqui a lacuna que a teoria havia acreditado poder eliminar: lacuna não a respeito do caso singular, mas a respeito do critério com base no qual o caso deve ser resolvido" (*Ibidem*, págs. 137-138).

115. "Num sistema em que cada caso não-regulamentado faz parte da norma geral exclusiva (como é geralmente um código penal, que não admite extensão analógica) não pode haver outra coisa além de lacunas impróprias. O caso não-regulamentado não é uma lacuna do sistema porque só pode pertencer à norma geral exclusiva, mas, quando muito, é uma lacuna que diz respeito a como deveria ser o sistema. Temos a lacuna própria somente onde, ao lado da norma geral exclusiva, existe também a norma geral inclusiva, e o caso não-regulamentado pode ser encaixado tanto numa como na outra. O que têm em comum os dois tipos de lacunas é que designam um caso não-regulamentado pelas leis vigentes num dado ordenamento jurídico. O que as distingue é a forma pela qual podem ser eliminadas: a lacuna imprópria somente através da formulação de novas normas, e a própria, mediante as leis vigentes. As lacunas impróprias são completáveis somente pelo legislador; as lacunas próprias são completáveis por obra do intérprete" (*Ibidem*, págs. 143-144).

interpretação jurídica da regra não se possa dela extrair a norma, por ser demasiado particular, ou tal seja possível, dado o carácter geral que alcançam.

Reconhecendo ser um problema sem resposta unânime, MARIA HELENA DINIZ, vem apresentar três dos principais tipos de lacunas que podemos detetar num sistema de normas – que mais não representam do que as omissões de cada uma das dimensões do Direito do seu ponto de vista tridimensional[116]: (i) *normativa*, quando inexistente norma concreta a disciplinar determinada conduta; (ii) *ontológica*, quando a norma, não obstante existir no ordenamento, encontra-se desajustada aos valores e vivência social, política e económica da atualidade e, portanto, não faz *jus* nem corresponde à realidade e tornou-se historicamente incompatível com a evolução social; (iii) *axiológica*, sempre que a norma, não obstante existir no ordenamento, determinará a aplicação de uma estatuição injusta ao caso concreto.

2.4.2. Lacunas no processo e no processo do trabalho

Não obstante este ser um assunto mais estudado pela dogmática do direito material, nem por isso passa totalmente despercebida na seara processual. Como adverte DINAMARCO, não sem restrições, após a consagração do texto legal pelo legislador, os juízos axiológicos que se poderão extrair dele passam a incumbência do magistrado[117]. O juiz encontra-se perfeitamente capaz de promover atividade investigativa sobre a vontade da lei e, bem assim, procurar os valores que embasa, em atividades axiológicas, mas sempre sem sair da

---

116. Com efeito, segundo MIGUEL REALE, o Direito assume uma estrutura tridimensional, sendo simultaneamente "um aspecto normativo (o Direito como ordenamento e sua respectiva ciência); um aspecto fático (o Direito como fato, ou em sua efetividade social e histórica) e um aspecto axiológico (o Direito como valor de Justiça)" (cit. REALE, Miguel. *Lições preliminares de direito.* 17ª ed. São Paulo: Saraiva, 1990, págs. 64-65).

117. "É certo que o juízo do bem e do mal das condutas humanas é feito em primeiro lugar pelo legislador e depositado no texto da lei, mas também ninguém desconhece que esta, uma vez posta, se destaca das intenções e quem a elaborou e passa a ter o seu próprio 'espírito'; a *mens legis* corresponde, assim, ao juízo axiológico que razoavelmente se pode considerar como instalado no texto legal. Ao juiz cabe esse trabalho de descoberta (...). Daí, porém, não deve emanar a ideia de uma carga excessiva e perigosa de poderes entregues ao juiz. Legislador ele não é e, com as ressalvas postas, sempre continua o juiz sujeito à lei. Aquele que, a pretexto de dar a esta uma interpretação evolutiva, pretender impor soluções suas personalíssimas, decorrentes de suas opções políticas, crenças religiosas, preconceitos, preferências, etc., estará cometendo ilegalidade e sua decisão não será legítima" (cit. DINAMARCO, Cândido Rangel. *A instrumentalidade do processo.* 15ª ed. São Paulo: Malheiros, 2013, págs. 347-348).

trilha da interpretação *secundum legem* e, no caso das lacunas, da integração *praeter legem*. Poder-se-ia obstar que o formalismo processual a tanto impediria; tal como se poderia sustentar que a instrumentalidade do procedimento à lide material assim o obrigaria. Sem prejuízo de não negarmos o carácter naturalmente formal ao processo e a todos os ritos que o caracterizam, não menos podemos deixar de reconhecer que a necessidade de permitir este tipo de interpretação e maleabilidade é a única forma de não o deixar cair numa manta de buracos. A supervalorização da sua forma, de resto, já nem é o baluarte de outrora, desde que se admite a sua desconsideração, ocasionalmente, em prol da celeridade e eficiência processual.

A natureza lacunar da CLT é um fato que não pode ser evitado[118]. As fragilidades a respeito da agilidade do procedimento sobre matéria recursal e executiva têm sido constantemente apontadas pela doutrina. Para tal, poder-se-á dizer ter contribuído o contexto e a finalidade com que a CLT foi edificada. Ao contrário dos tradicionais Código de Processo Civil e Código de Processo Penal, a CLT surgiu com um objetivo diferente: a sua compilação não foi completa e estrutural, mas limitada e particular; discriminando-se apenas os dispositivos que identificassem as peculiaridades e especificidades do processo do trabalho[119]. Esta ideia permitia, necessariamente, extrair

---

118. São muito pertinentes os comentários que apontam não apenas para o caráter lacunar da CLT mas, e também, para a sua estrutura vetusta e antiquada. Logo após a sua compilação em 43, começaram a ser editadas sucessivas alterações: (i) em 49, pela Lei n.º 605 (repouso semanal remunerado e feriados); (ii) em 52, pelo Decreto-lei n.º 31.546 (trabalho de menores e aprendizes); (iii) em 55, pela Lei n.º 2.573 (adicional de periculosidade); (iv) em 56, pela Lei n.º 2.959 (contrato por obra certa); (v) em 57, pela Lei n.º 3.207 (vendedor viajante e pracista); (vi) em 62, pela Lei n.º 4.090 (décimo terceiro salário); (vii) em 65, pela Lei n.º 4.923 (redução da jornada de trabalho com redução de salário); (viii) em 72, pela Lei n.º 5.811 (trabalho em atividade petrolífera) e Lei n.º 5.859 (trabalho doméstico); (ix) 73, pela Lei n.º 5.889 (trabalho rural); (x) 74, pela Lei n.º 6.019 (trabalho temporário); (xi)76, pela Lei n.º 6.321 (alimentação do trabalhador); (xii) em 76, pela Lei n.º 6.354 (atletas profissionais) etc. Hoje o diploma continua substancialmente desfasado nas necessidades do setor social que procura regular, carecendo de uma profunda reforma e/ou criação de um verdadeiro Código do Trabalho e de Processo do Trabalho. Feliciano, Guilherme Guimarães. *Curso crítico de direito do trabalho: teoria geral do direito do trabalho*. São Paulo: Saraiva, 2013, págs. 85-87.

119. Como analisa Chaves, "é plenamente justificável que um subsistema processual, formatado para imprimir especialidade à jurisdição social não tenha, efetivamente, o escopo de regular todas as dimensões do panorama processual, notadamente quando sabemos que a teoria geral do processo é tronco comum a todos os subsistemas processuais. O sentido ontológico da própria legislação processual especializada é

uma outra: a de que as restantes normas processuais seriam procuradas à legislação comum, cuja complementação já tinha autorização implícita e tácita da Compilação. Ou seja, *ab inicio*, a CLT estabeleceu os alicerces e o esqueleto do processo laboral e delegou no intérprete/aplicador os poderes para socorrer-se de normas complementares no processo civil[120]. Dada a maturidade que hoje já tem o processo do trabalho e o direito do trabalho, a inexistência de um Código do Trabalho e de Processo do Trabalho não se compreende; sobretudo após os recentes progressos tecnológicos importados para o procedimento[121].

Se até hoje esse projeto de CPT não vingou, tal deve-se a uma série de argumentos mas, e para o que nos interessa, ao fato de que se se erigisse um CPT completo, autônomo, fechado, alegadamente se travaria a evolução normativa do processo do trabalho, alienando-o das influências e interações mútuas que tem com outros subsistemas processuais e isolando-o de inovações trazidas pelo processo comum – que se sujeita, como bem sabemos, a um maior número de atualizações que o processo do trabalho. Além disso, a maior parte da agilização do procedimento trabalhista é, hoje, significativamente impulsionada por princípios que, a existir uma codificação, provavelmente perderiam parte da sua eficácia na permeabilidade daquele.

---

dispor sobre institutos que garantem o desenvolvimento da jurisdição em razão dos escopos de sua existência: a realização e a efetividade do direito social disposto no plano material" (cit. Chaves, Luciano Athayde. As lacunas no direito processual do trabalho. *In* Chaves, Luciano Athayde (coord.). *Direito Processual do Trabalho: Reforma e Efetividade*. São Paulo: LTr, 2007, pág. 25).

120. Como bem denota Laurino, Salvador Franco de Lima. O art. 15 do novo código de processo civil e os limites da autonomia do processo do trabalho. *Revista LTr*, São Paulo, Vol. 79, N.º 08, ago/2015, pág. 951: "com o propósito de ser simples e, portanto, acessível, rápido e eficiente, o processo do trabalho não regula temas essenciais ao exercício da jurisdição, o que acarreta uma significativa dependência do processo comum. Na doutrina e jurisprudência, é pacífico o cabimento da aplicação ao processo do trabalho de um alargado conjunto de regras do processo civil sobre pedido, contestação, antecipação de tutela, litisconsórcio, assistência, regime de produção de provas, extensão e profundidade dos efeitos dos recursos, limites subjetivos e objetivos da coisa julgada, eficácia preclusiva da coisa julgada, ação rescisória, ação declaratória, matéria de embargos à execução, embargos de terceiros, poder geral de cautela".

121. Várias foram, não obstante, as tentativas. Já desde 1963 se conhece o primeiro anteprojeto de CPT, encabeçado por Russomano; seguido pela tentativa de 1992, enviada pelo TST e, em particular, pelo ministro José Luiz Vasconcelos e Carlos Alberto Barata Silva; e ainda a de 1994, também enviada por este Tribunal, igualmente erigida pelo ministro José Luiz Vasconcelos.

As particularidades que possui o direito processual do trabalho nesta sede, são duas. Em primeiro lugar, o fato de a CLT ser intrinsecamente embasada num postulado de celeridade (art. 765 da CLT; e de forma tácita pelo procedimento adotado com concentração da audiência, irrecorribilidade das interlocutórias, depósito recursal obrigatório etc.), muito antes do princípio da duração razoável do processo ser erigido ao patamar constitucional. Depois, porque o próprio art. 769 da CLT determina que em casos omissos haverá aplicação subsidiária do processo comum.

Resta, assim, saber se o silêncio da CLT a respeito de uma série de assuntos relacionados ao processo importa a existência de uma lacuna normativa e, em particular, se o silêncio relativo à admissibilidade de celebrar convenções processuais impede a sua exclusão. Se assim se entender, serão instrumentos suficientes de integração de lacunas os arts. 15 do CPC e art. 889 da CLT?

Nas mais variadas ocasiões a prática jurisprudencial trabalhista demonstra uma necessidade de lidar com o inesperado e com o chamamento ao processo de normas que aparentemente não seriam consideradas[122]; nessa altura, de um modo ou de outro, o magistrado terá que lidar com a teoria da integração de lacunas, seja admitindo-as, e integrando-as de acordo com as regras da ciência do direito, seja negando-as; só que, ainda assim, terá que ser forçado a tangenciar aquelas regras, por não poder negar decisão judicial sem motivação adequada[123-124].

---

122. Como alerta Laurino (Laurino, Salvador Franco de Lima. O art. 15 do novo código de processo civil e os limites da autonomia do processo do trabalho. *Revista LTr*, São Paulo, Vol. 79, N.º 08, ago/2015, pág. 951), a maior parte das vezes em que o processo civil é chamado a intervir no processo do trabalho se dá por dois motivos: (i) ou *imperativo jurídico* que impõe que princípios constitucionais ditem um entendimento prevalecente para disciplinar um caso concreto omisso por lei; (ii) ou *juízo de conveniência*, "(...) conquanto não haja um imperativo jurídico que imponha a aplicação do processo comum, como sucede em temas fundamentais para o exercício da jurisdição, como o regime da coisa julgada, a aplicação do processo civil justifica-se por um juízo de aprimoramento do processo do trabalho, como ocorre, por exemplo, com as figuras da reconvenção e da denunciação da lide, que, embora admitidas pela jurisprudência, poderiam ser excluídas do processo do trabalho em nome da celeridade, uma vez que podem ser comodamente substituídas pela via da 'ação autônoma de regresso'".

123. Cunha Neto, Adhemar Prisco da. Aspectos da aplicação do processo comum ao processo do trabalho. *Revista LTr*, São Paulo, Vol. 71, N.º 11, nov/2007, págs. 1344-1345.

124. Para Lima e Lima, enquanto existir uma norma como a do 769 ou 889 da CLT, a existência de lacunas nunca resultará da omissão, por si só, da CLT. Não obstante a tendencial autonomia do processo do trabalho em relação ao processo comum no

É o que se passa com o regime da negociação processual. Inexistindo qualquer regramento específico na CLT que encare esta modalidade de atos processuais, seja para a admitir ou para o impedir, o intérprete-aplicador é chamado a extrair conclusões hermenêuticas. A batalha trava-se, porém, em duas frentes: uma, relativa à admissão de negócios processuais típicos que se encontrem espalhados pelo CPC; outra, relativa à admissão de negócios processuais atípicos e à cláusula geral de negociação prevista no art. 190 do CPC. A CLT apresenta inúmeras lacunas normativas relativamente a hipóteses de negociação processual típica; algumas delas, porém, têm vindo a ser integradas pela doutrina (v.g. adiamento consensual da audiência *ex vi* art. 362, inc. I do CPC) ou pelo legislador (convenção de arbitragem, *ex vi* art. 507-A da CLT) ao longo dos tempos. Apesar das soluções a dar a estes casos pontuais de negociação processual no processo do trabalho muitas vezes não ser unívoca, demandando também uma adequada interpretação e integração normativa; o desafio que o art. 190 do CPC coloca alcança outro nível. Com efeito, ao contrário de negociações típicas, a negociação atípica prevista nesta cláusula é norma completamente omissa no processo do trabalho e levanta problemas acrescidos de integração. A lacuna aqui em causa é normativa, mas convoca a consideração de um princípio que não é tradicionalmente chamado a orientar o processo trabalhista: o da negociação processual atípica, enquanto subprincípio do autorregramento da vontade das partes no processo. São estas lacunas que procuraremos integrar com este estudo,

---

que respeita à interpretação processual, não é possível no seu entender distanciar um ordenamento jurídico processual comum de um ordenamento jurídico processual do trabalho; ambos integram um único sistema jurídico, que se complementar através de preceitos como os mencionados. Uma norma processual civil que entre no processo do trabalho *ex vi* art. 15.º do CPT ou 769.º da CLT, será sempre uma norma regra trabalhista. Uma lacuna processual poderá, sim, existir, mas não diante de uma ausência reguladora da CLT. Apenas uma apreciação *a posteriori* é que poderá permitir sustentar essa conclusão. A falta de uma disposição normativa na CLT, importa o recurso subsidiário ao CPC (ou a outras fontes, *verba gracia* CDC) e só diante de uma idêntica ausência reguladora no CPC se poderá concluir pela fatalidade lacunar do sistema processual. É precisamente porque se reconhece que processo civil e processo do trabalho participam do mesmo sistema processual, que se permitem, então, sustentar que a simples omissão reguladora da CLT não importa, *ab inicio*, uma lacuna. Em suma, quando o intérprete faz uso de uma disposição do processo comum, fá-lo por expressa autorização e mandamento da CLT e não por qualquer aplicação analógica de integração de lacunas (Lima, Francisco Meton Marques de; Lima, Francisco Meton Marques de; Lima, Francisco Péricles R. Marques de. Discrepâncias ontológicas, axiológicas e epistemológicas entre o sistema trabalhista e o sistema do direito comum. *Revista LTr*, São Paulo, Vol. 79, N.º 08, ago/2015, pág. 1009).

oferecendo embasamento jurídico normativo, lógico, histórico e sistemático para uma adequada interpretação de ambos os sistemas processuais.

2.5. NECESSÁRIA HETEROINTEGRAÇÃO DOS SISTEMAS PROCESSUAIS

2.5.1. Os diferentes tipos de diálogos e a heterointegração processual

Três correntes se formam a respeito da leitura necessária a dar ao art. 769 da CLT (*rectius*, art. 15 do CPC).

No que respeita à primeira, particularmente singular e sustentada por Souto Maior, apela-se à *ausência de qualquer diálogo* entre o processo civil e o processo do trabalho. O autor, que já tinha manifestado opinião no sentido favorável ao subsídio normativo entre subsistemas[125], não admite agora, em posicionamento mais recente, a aplicação de qualquer artigo do CPC ao processo do trabalho[126]. Na razão de ser da tese encontra-se a lógica

---

125. O autor chegou a sustentar que "(...) como a regra do artigo 769, da CLT, deve ser vista como uma regra de proteção da CLT frente às ameaças do CPC, não é possível utilizar a mesma regra para impedir a aplicação de normas do CPC que, na evolução legislativa, tornam-se mais efetivas do que aquelas previstas na CLT. Ou seja, mesmo que a CLT não seja omissa, não se pode recusar a incidência do CPC, quando este esteja mais avançado no aspecto específico" (Souto Maior, Jorge Luiz. Relação entre o processo civil e o processo do trabalho. *In* Miessa, Élisson (coord.). *O novo Código de Processo Civil e seus reflexos no processo do trabalho*. Salvador: Editora Juspodivm, 2015, pág. 164).

126. Nos termos do seu posicionamento mais recente, justifica a mudança de opinião dizendo, *in verbis* "Mas, pensando melhor, após análise detida de cada um dos artigos, parágrafos e incisos do novo CPC, que se apresenta como um organismo doente, vez que tentou abraçar valores contraditórios para satisfação de interesses não completamente revelados, tornando-se um instrumento complexo, desprovido de efetividade e alimento de incidentes processuais de toda ordem, não vejo como a aplicação subsidiária do novo CPC possa ser benéfica aos objetivos do processo do trabalho, até porque essa aplicação teria que ser extremamente cindida, seletiva, dando margens a discussões que apenas inibem a efetividade do processo, de modo, inclusive, a abrir a porta para a incidência de institutos extremamente danosos ao processo do trabalho como o incidente de desconsideração da personalidade jurídica" e, mais adiante, "(...) a questão é bem mais profunda, como se procurará demonstrar, pois o novo CPC esconde um espírito anti-democrático, que seria legitimado por esse exercício de conveniência. Fato é que não se pode compactuar com o autoritarismo em nenhum aspeto e por nenhuma razão" (cit. O conflito entre o novo CPC e o processo do trabalho. *Revista LTr*, São Paulo, Vol. 79, N.º 08, ago/2015, pág. 961). Entendimento que renova em artigo posterior, sob afirmação de que "considerando a incompatibilidade entre o

da instrumentalidade do processo: se o processo serve de instrumento à satisfatividade do direito material correspondente, fazer uso de um processo pensado como instrumento à satisfatividade de direito civis para salvaguardar direitos trabalhistas configuraria um atentado à natureza jurídica do sistema laboral[127]. Por outro lado, diz-se também que muitas das lacunas que são tradicionalmente apontadas pela doutrina para justificar o recurso às normas do CPC, são "falsas lacunas", i.e., espaços propositadamente deixados em branco para serem resolvidos informalmente pelo magistrado em audiência[128]. A lógica do procedimento misto (escrito e oral) típico do processo

---

novo CPC e a CLT, a posição que me parece mais coerente e honesta é a de recusar, por inteiro, a aplicação do CPC, pois, mesmo com o pressuposto teórico estabelecido de que o juiz pode atrair do CPC a regra que considerar necessária, parece-me meio complexo, para dizer de forma amena, fatiar e fragmentar o CPC de modo a separar parágrafos de incisos, incisos de artigos, artigos de capítulos, como se estivesse aplicando o CPC porque, de fato, não se o está fazendo" (Souto Maior, Jorge Luiz. A radicalidade do Artigo 769 da CLT como salvaguarda da Justiça do Trabalho. *Revista Síntese Trabalhista e Previdenciária*, São Paulo, Vol. 27, N.º 317, nov/2015, pág. 39) e ainda, juntamente com Souto Severo, em Souto Maior, Jorge Luiz, Severo, Valdete Souto. *Processo do Trabalho como Instrumento do Direito do Trabalho e as Ideias Fora de Lugar do Novo CPC.* São Paulo: LTr, 2015, págs. 33 ss.

127. "Ora, o processo é instrumento de efetivação do direito material e se o direito material ao qual o processo civil está voltado é o direito civil, com uma lógica pretensamente liberal, é óbvio que o processo civil reflete esse sentimento. Estudar o processo do trabalho a partir dessa raiz é desconsiderar a própria razão de afastar o direito do trabalho do direito civil, negando vida concreta aos direitos trabalhistas. Se o modelo capitalista concedeu a possibilidade do advento do direito do trabalho, é mais que evidente que a instrumentalização desse direito não pode ser feita pela lógica liberal que invade o processo civil. Há, portanto, um enorme equívoco histórico e de metodologia em buscar compreender o processo do trabalho a partir do processo civil" (cit. Souto Maior, Jorge Luiz. O conflito entre o novo CPC e o processo do trabalho. *Revista LTr*, São Paulo, Vol. 79, N.º 08, ago/2015, pág. 957); Urbina, Trueba. *Nuevo Derecho procesal del trabajo.* México: Porruá, 1975, pág. 328.

128. Souto Maior começa por sustentar o procedimento oral como sendo a essência de todos os dispositivos e especificidades processuais do processo do trabalho. O procedimento oral, caracterizado pela primazia da palavra, imediatividade, identidade física do juiz, concentração de atos processuais, irrecorribilidade das interlocutórias, participação dinâmica do magistrado etc.; foram influência direta, sistemática e histórica do CPC/39, também ele postulado sob uma bandeira de oralidade. Neste contexto, sustenta o Autor que "(...) muitas das lacunas apontadas do procedimento trabalhista não são propriamente lacunas, mas um reflexo natural do fato de ser este oral. Em outras palavras, por que o procedimento oral prescinde de certas formalidades, visto que os incidentes processuais devem ser resolvidos em audiência de forma imediata, seguidos dos necessários esclarecimentos das partes, presentes à audiência, o procedimento tra-

civil mostrar-se-ia incompatível à aplicação subsidiária das suas regras ao processo do trabalho. Para o autor, andar a recortar e pinçar dispositivos do processo civil que se apliquem ao processo do trabalho geraria um risco de atrair para as varas do trabalho uma avalanche de *incidentes processuais* que iria pôr em causa a sua atuação eficiente. A solução? Conferir aos juízes do trabalho os poderes para, sem preconceitos ou receios, criar os procedimentos necessário à regulação dos casos concretos na falta de legislação trabalhista, conferindo maior efetividade ao processo a partir do caso concreto e tendo como pressuposto a desigualdade das partes.

Nos termos da posição mais *restritiva*[129], a aplicação subsidiária da ordem jurídica processual civil só pode ser convocada em caso de omissão de carácter normativo. Razões ligadas à previsibilidade e segurança jurídica ditam aqui a necessidade de não importar "surpresas" desnecessárias ao ordenamento processual trabalhista, respeitando-se escrupulosamente o devido processo legal. Este posicionamento, mais receoso às aproximações ao processo civil, entende que uma interpretação ampla do diálogo hermenêutico acabará por conduzir a uma "civilização" do processo do trabalho, com a consequente perda de identidade deste[130].

---

balhista não apresenta formas específicas para solução de certos incidentes processuais, que devem ser, por isso, como regra, resolvidos informalmente em audiência e por isto a lei processual trabalhista transparece incorrer em lacunas, o que, muitas vezes, de fato não se dá" (cit. Souto Maior, Jorge Luiz. O conflito entre o novo CPC e o processo do trabalho. *Revista LTr*, São Paulo, Vol. 79, N.º 08, ago/2015, pág. 960).

129. Neste sentido, Lins, Litiane Cipriano Barbosa. As lacunas como parâmetro na aplicação subsidiária da norma processual comum no Direito Processual do Trabalho. Revista eletrônica *do TRT da 4ª Região:* acórdãos, sentenças, ementas, artigos e informações, Porto Alegre, Vol. 8, N. 144, ago/2012, pág. 79. Aparentemente neste sentido, Yarshell, Flávio Luiz. Breves notas sobre a aplicação subsidiária do novo CPC à execução trabalhista e o incidente de desconsideração da personalidade jurídica. *Revista do Tribunal Superior do Trabalho*, São Paulo, Vol. 82, N.º 1, jan-mar/2016, pág. 191; Furtado, Emmanuel Teófilo; Bruxel, Charles da Costa. O art. 15 do novo código de processo civil e os critérios de aplicação do direito processual comum ao processo do trabalho. *Revista LTr*, São Paulo, Vol. 81, N.º 03, mar/2017, pág. 281. Destaco que para estes últimos autores, a existência de omissões axiológicas ou ontológicas não pode ser integrada com recurso ao 769.º, 889.º da CLT ou 15.º do CPC, por estes dispositivos estarem apenas vocacionados para integrar omissões normativas; pelo que "(...) as omissões axiológicas e ontológicas atraem a possibilidade de aplicação, por analogia, de normas do próprio Direito Processual do Trabalho, circunstância que amplia o leque de normas potencialmente adequadas disponíveis para valoração."

130. Neste sentido, Lima, Francisco Gérson Marques de. *Fundamentos do Direito Processual do Trabalho*. São Paulo: Malheiros, 2010, pág. 161, nota 15: "Alguns operadores jurídicos,

Ora, salvo o devido respeito que este posicionamento merece, não nos parece que a tese da violação ao devido processo legal possa proceder. E assim é porquanto o magistrado do trabalho, ao fazer uso dos recursos normativos plasmados no processo civil, não criar novas regras jurídicas; ele apenas se socorre de uma norma processual mais efetiva que as previstas na CLT e sob o salvo-conduto de que ela passou pelo escrutínio da principiologia juslaboral[131]. Dizer o contrário significa das duas uma: sustentar que as regras do CPC desrespeitam o devido processo legal ou ignorar que o sistema é móvel e deve ser interpretado (sem prejuízo da identidade própria de cada subsistema) de forma unitária, sem repartições forçosamente idealistas e abstratas.

Uma outra tese *evolutiva ou ampliativa*, dirá, antes, que qualquer aplicação subsidiária das normas do CPC ao processo trabalhista não se restringe à primeira categoria de omissões legais, pois também poderá ocorrer em caso de lacunas ontológicas e axiológicas, desde que a sua importação se encontre amparada em argumentos de ordem da efetividade processual, duração razoável do processo, acesso à justiça do trabalhador e instrumentalidade do processo[132]. Nesta ordem de ideias, mesmo que haja disposição

---

por dominarem o processo civil e com ele terem afinidade, incorporam seus princípios e os aplicam generalizadamente, em detrimento da identidade do processo do trabalho (é a civilização). O erro vem logo desde o concurso para a magistratura, cuja sentença, p. ex., exige muito conhecimento de processo civil e pouco do histórico do processo do trabalho. Então, muitas vezes, os candidatos aprovados são os processualistas civis, que conhecem o processo do trabalho só na sua superficialidade e caem de paraquedas na Justiça do Trabalho. O resultado prático é encontrado em certos absurdos forenses, que o autor poupará esta obra do desprazer de citá-los". Em *sentido contrário*, sustentando que a integração de lacunas com recurso ao processo civil não implica civilização do processo do trabalho mas, antes, a melhoria da prestação jurisdicional trabalhista, SCHIAVI, Mauro. Aspectos polêmicos e atuais da teoria geral do processo do trabalho – civilização do direito processual do trabalho ou melhoria da prestação jurisdicional trabalhista? *Revista LTr*, São Paulo, Vol. 74, N.º 09, set/2010, págs. 1054 ss.

131. Em *sentido contrário*, sustentando que o instituto importado do processo civil para o processo do trabalho, quando adaptado para se compatibilizar a este procedimento trabalhista, mais não representa do que "(...) um disfarce retórico para superar a incompatibilidade entre a previsão normativa do CPC e o processo do trabalho, driblando a regra do art. 769 da CLT ao mesmo tempo em que se finge atender a uma suposta obrigatoriedade de fazer incidir o instituto processual civil no processo do trabalho", SOUTO MAIOR, Jorge Luiz. A radicalidade do Artigo 769 da CLT como salvaguarda da Justiça do Trabalho. *Revista Síntese Trabalhista e Previdenciária*, São Paulo, Vol. 27, N.º 317, nov/2015, págs. 39-40.

132. Neste sentido, LEITE, Carlos Henrique Bezerra. *Curso de Direito Processual do Trabalho*. 14ª ed. São Paulo: Saraiva, 2016, pág. 127; OLIVEIRA, Murilo C. S. Dilemas do direito

antevista pelo legislador, se ela não respeita ou atende de forma suficiente os princípios da duração razoável do processo, acesso à justiça, economia

---

processual do trabalho com o advento do NCPC. *In* DALLEGRAVE NETO, José Afonso, GOULART, Rodrigo Fortunato (coord.). *Novo CPC e o Processo do Trabalho.* 2ª ed. São Paulo: LTr, 2016, pág. 64; KOURY, Suzy Elizabeth Cavalcante. As repercussões do novo Código de Processo Civil no direito do trabalho: avanço ou retrocesso? *Revista do TST*, São Paulo, Vol. 78, N.º 3, jul-set/2012, págs. 261 ss; VARELA, Graça. Novo CPC e sua repercussão no Processo do Trabalho: a aplicação subsidiária e supletiva do novo CPC ao processo do trabalho e outras considerações preliminares em face dos princípios constitucionais. *Revista eletrônica do Tribunal Regional do Trabalho da Bahia*, Vol. 5, N.º 7, mar/2016, pág. 154; MARANHÃO, Ney Stany Morais. Multa do art. 475-J do CPC e sua aplicação no processo do trabalho. *Revista LTr*, São Paulo, Vol. 71, N.º 10, out/2007, pág. 1188: "(...) se, antes, essas regras sempre eram usadas para impedir o ingresso de normas no sistema, nada obsta que, hoje, *para o alcance desse objetivo*, elas agora sejam utilizadas para *autorizar* a própria admissão de normas outras dentro desse mesmo sistema. Trata-se, creio – e não canso de repetir –, de enxergar mais do que simplesmente o *texto*, mas sim o *contexto* da lei (...). Logo (...) conferindo *interpretação teleológica* aos artigos em destaque (...)"; SCHIAVI, Mauro. O acesso à justiça e o princípio da subsidiariedade no processo do trabalho. *Revista LTr*, São Paulo, Vol. 76, N.º 07, jul/2012, pág. 803 e, também do autor, A aplicação supletiva e subsidiária do Código de Processo Civil ao Processo do Trabalho. *In* MIESSA, Élisson (coord.). *O novo Código de Processo Civil e seus reflexos no processo do trabalho.* 2ª ed. Salvador: Editora Juspodivm, 2016, pág. 88; e Visão do poder judiciário e a aplicação do CPC ao processo do trabalho. *Revista LTr*, São Paulo, Vol. 77, N.º 08, ago/2013, págs. 910-912. Também neste sentido: ALMEIDA, Cléber Lúcio. *Direito Processual do Trabalho.* 8ª ed. São Paulo: LTr, 2016, pág. 95: "(...) Constitui dever do juiz verificar no ordenamento jurídico a resposta para as questões surgidas no contexto do processo do trabalho que conduza à facilitação do acesso à justiça e, por meio dela, aos direitos atribuídos pela ordem jurídica. Apresenta-se, aqui, o dever de diálogo entre as fontes do direito, no sentido de definir, no caso concreto, a solução que o ordenamento jurídico (e não este ou aquele ramo do direito processual) aponta como a mais adequada à concretização do direito à efetividade do processo e da jurisdição. A diretriz em destaque é reforçada pelo CPC de 2015, que, por meio do art. 15, atribui àquele diploma legal a condição de fonte supletiva do direito processual do trabalho, o que implica que ele atuará não apenas como fonte subsidiária, mas como fonte complementar do direito processual do trabalho. Isto significa que a omissão de que trata o art. 769, da CLT ao estabelecer as condições para recorrer ao direito processual comum para a solução de questões surgidas no contexto do processo judicial, não é apenas a normativa (ausência da norma), como também ontológica (a norma existe, mas se encontra em descompasso com os anseios e as necessidades sociais em relação ao pleno exercício do direito de acesso à justiça e aos direitos assegurados pela ordem jurídica) e axiológica (a norma existe, mas sua aplicação implicaria injustiça ou seria inconveniente)". Cabe igual destaque para as palavras de SOUTO MAIOR que traduziam o seu anterior entendimento a respeito deste tema e que foi, recentemente, alterado para posicionamento oposto: "(...) se o princípio é o da melhoria contínua da prestação jurisdicional, não se pode

processual e efetividade, então também poderemos considerar existir aí uma omissão legal. O termo "omissão" patente no art. 769 deve ser lido de forma

---

utilizar o argumento de que há previsão a respeito na CLT, como forma de rechaçar algum avanço que tenha havido neste sentido no processo comum, sob pena de negar a própria intenção do legislador ao fixar os critérios de aplicação subsidiária do processo civil. Notoriamente, o que se pretendeu (daí o aspeto teleológico da questão) foi impedir que a irrefletida e irrestrita aplicação das normas do processo civil evitasse a maior efetividade da prestação jurisdicional trabalhista que se buscava com a criação de um procedimento próprio na CLT (mais célere, mais simples, mais acessível). Trata-se, portanto, de uma regra de proteção, que se justifica historicamente. Não se pode, por óbvio, usar a regra de proteção do sistema como óbice ao seu avanço. Do contrário, pode-se ter um processo civil mais efetivo que o processo do trabalho, o que é inconcebível, já que o crédito trabalhista merece tratamento privilegiado no ordenamento jurídico como um todo. Em suma, quando há alguma alteração no processo civil o seu reflexo na esfera trabalhista só pode ser benéfico, tanto sob o prisma do processo do trabalho quanto do direito do trabalho, dado o caráter instrumental da ciência processual" (Souto Maior, Jorge Luiz. Reflexos das alterações do Código de Processo Civil no Processo do Trabalho. *Revista LTr*, São Paulo, Vol. 70, N.º 08, ago/2006, pág. 920). Ainda no mesmo sentido, Cordeiro, Wolney de Macedo. Da releitura do método de aplicação subsidiária das normas de direito processual comum ao processo do trabalho. *In* Chaves, Luciano Athayde (coord.). *Direito Processual do Trabalho: Reforma e Efetividade*. São Paulo: LTr, 2007, pág. 45, posicionamento que reitera em Critérios acessórios de aplicação subsidiária da norma de Direito Processual comum ao processo do trabalho. *Revista do Advogado*, São Paulo, Ano 33, N.º 121, nov/2013, pág. 303: "(...) se o texto constitucional vigente impõe a busca de um processo célere e mais efetivo, por que o juiz do trabalho deve recusar a aplicação de uma norma de processo civil mais dinâmica e flexível? Admitir a inflexibilidade do conteúdo formal do art. 769 da CLT significa, nos dias atuais, negar a própria eficácia de um direito fundamental. Essa negação, muitas vezes, pode ser justificada pela observância cega do princípio da legalidade, consubstanciando-se na assertiva de que a lei regula integralmente determinada matéria". Ainda no mesmo sentido, Cassar, Vólia Bomfim. O novo código de processo civil e o processo do trabalho: uma visão panorâmica e superficial de alguns dos artigos aplicáveis e inaplicáveis. *In* Martins, Sérgio Pinto (coord.). *O Novo CPC e o Processo do Trabalho, Estudos em Homenagem ao Ministro Walmin Oliveira da Costa*. São Paulo: Atlas, 2015, pág. 23; Góes, Maurício de Carvalho. A interpretação do princípio da subsidiariedade: da sua 'crise de identidade' a uma abertura hermenêutica para a realização de uma efetiva tutela jurisdicional trabalhista. *In* Martins, Sérgio Pinto (coord.). *O Novo CPC e o Processo do Trabalho, Estudos em Homenagem ao Ministro Walmin Oliveira da Costa*. São Paulo: Atlas, 2015, págs. 70-76; Chaves, Luciano Athayde. *Curso de Processo do Trabalho*. 2ª ed. São Paulo: LTr, 2012, págs. 70-71. *Aparentemente* neste sentido, Veiga, Mauricio de F. Corrêa Da. A aplicação subsidiária e supletiva das novas regras do CPC no processo do trabalho. *Revista LTr*, São Paulo, Vol. 80, N.º 01, jan/2016, pág. 42; Arouca, José Carlos. O novo processo civil e o velho processo trabalhista. *Revista LTr*, São Paulo, Vol. 71, N.º 05, 2007, págs. 547-548.

mais ampla, adequada à moderna teoria das lacunas, por forma a que possa preservar e revitalizar de efetividade o todo do sistema processual laboral[133].

2.5.2. Posição adotada

Os condicionalismos históricos da entrada em vigor da CLT, que data desde 1943, muito contribuíram para encarar este sistema normativo como uma ordem que padece de significativas lacunas não apenas no setor normativo, mas também e sobretudo, do tipo ontológico e axiológico. Desde os primórdios da sua vigência até aos dias que correm, são inúmeros os exemplos de influência e interação que passaram diretamente a dirigir o processo do trabalho: multa por litigância de má-fé e embargos antecipatórios, *astreintes*, provimentos antecipatórios etc.[134] Já para não falar do claro *desuso* do instituto do *jus postulandi* patente no recurso cada vez maior a advogados especializados na área trabalhista, inclusivamente entre cidadãos com menores capacidades financeiras, que preferem optar por celebrar pactos de *quota litis* a enfrentar sozinhos no judiciário os seus antigos empregadores[135].

Por outro lado, dado o contexto histórico da sociedade brasileira à data da aprovação da CLT e o quanto ela evoluiu para os dias de hoje, pode-se constatar que o tipo de litígios trazidos ao judiciário se tornou mais complexo em razão das alterações legislativas sobre flexibilização e terceirização etc. A falta de efetividade e eficiência do sistema processual trabalhista para lidar com estes fenômenos é por demais evidente. Por fim, os dias de hoje demonstram o quanto o *rito procedimental* previsto na CLT está caduco: seja porque os prazos de 20 minutos para apresentar defesa e de outros 10 minutos para aduzir razões finais se mostram claramente inviáveis; seja a prolação oral da sentença pelo magistrado finda a audiência, igualmente inviável perante as dezenas de pedidos que carecem de apreciação – com a

---

133. Chaves, Luciano Athayde. As reformas processuais e o processo do trabalho. *Revista do TST*, Porto Alegre, Vol. 73, N.º 1, jan-mar/2007, pág. 145.

134. Tal como, de resto, também o processo civil tem colhido inúmeras influências do processo do trabalho, do qual vale a pena destacar a adoção do *sincretismo processual*, as restrições à recorribilidade por agravo de instrumento, o espectro de poderes instrutórios do magistrado, a instituição da audiência preliminar de conciliação, a implementação do impulso *ex oficio* pelas mãos do juiz na execução, a possibilidade de promover penhora *online* etc.

135. Leite, Carlos Henrique Bezerra. *Curso de Direito Processual do Trabalho*. 14ª ed. São Paulo: Saraiva, 2016, pág. 127.

agravante de que cada vez mais os pedidos não são exclusivamente de teor patrimonial.

Importa ter em consideração que a cláusula do art. 769 da CLT foi, à época de 1943, construída como um *mecanismo de contenção*, por forma a evitar o recurso arbitrário e indiscriminado ao processo civil comum e, dessa feita, se comprometerem alguns dos princípios mais caros ao processo do trabalho como o da simplicidade das formas e celeridade. Isto porque, à época, era o CPC/39 e, com a chegada do novo código de processo civil em 73 e o enaltecimento de uma visão conceptualística e formalística do processo, houve uma grande preocupação pela doutrina juslaboral em travar significativamente a importação destas influências para o processo do trabalho, já que o formalismo juscivilista certamente implicaria um certo retrocesso no processo laboral[136]. O novo código promovia um tipo procedimental consideravelmente *moroso, formalista* e, na medida em que reservava significativos dispositivos à proteção do devedor, também *paternalista*. Nada disto era adequado a um processo do trabalho que se exigia expedito, de formas simples e ágil na satisfatividade do crédito ao trabalhador. Tanto assim foi que todas as fases de reforma por que passou o CPC/73 até à aprovação, inclusive, do novo e atual CPC/15, tiveram sempre em vista tornar mais efetivo o procedimento[137]. Hoje em dia, porém, este contexto

---

136. A título de exemplo, Giglio e Corrêa. Nas palavras dos autores, "A subsidiariedade das normas do processo civil, no processo do trabalho, emperra o procedimento, cerceia o desenvolvimento do Direito Processual do Trabalho e acarreta flagrantes injustiças. Pressupondo a igualdade das partes, o Direito Processual Civil prestigia o princípio civilista da autonomia da vontade; partindo da premissa diametralmente oposta, da desigualdade das partes, o Direito Processual do Trabalho deve descartar essa aplicação subsidiária" (Giglio, Wagner; Corrêa, Claudia Giglio Veltri. *Direito Processual do Trabalho.* 16ª ed. São Paulo: Saraiva, 2007, pág. 92).

137. Discordando com esta aparente conciliação entre os dois diplomas (CPC e CLT), Souto Maior, Jorge Luiz. A radicalidade do Artigo 769 da CLT como salvaguarda da Justiça do Trabalho. *Revista Síntese Trabalhista e Previdenciária*, São Paulo, Vol. 27, N.º 317, nov/2015, págs. 36-37: "O CPC de 1939 era bastante próximo da CLT (de 1943). O CPC de 1973 se afastou bastante da CLT, valendo destacar que o encantamento com o CPC de 73 durou pouco, haja vista a demanda por reformas (...). Mas agora, o novo CPC, de 2015, promoveu uma rutura insuperável, pois seus valores são: privatização do processo, visto como negócio das partes; conciliação a qualquer custo; padronização das decisões para conferir segurança aos negócios jurídicos; juiz gestor; e incentivo às vias privadas de solução de conflitos". Recorrendo aqui à classificação adotada por Oliveira (Oliveira, Murilo C. S. Dilemas do direito processual do trabalho com o advento do NCPC. *In* Dallegrave Neto, José Afonso, Goulart, Rodrigo Fortunato (coord.). *Novo CPC e o Processo do Trabalho.* 2ª ed. São Paulo: LTr, 2016, págs. 65-66), o

não mais existe. Já não podemos reduzir a uma dualidade *CPC-inflexível/formal* vs *CLT-flexível/informal* esta situação; não, pelo menos, desde o início das reformas processuais em 1994. Estas premissas sociopolíticas devem e têm que servir de contributo interpretativo à regra da subsidiariedade[138].

É neste contexto que vemos vozes[139] – como a de Bezerra Leite – apelar à "relativização do dogma da autonomia do processo do trabalho", sempre que a interpretação do art. 769 da CLT conduzir a resultados mais morosos e menos efetivos do que conduziria o recurso a dispositivo paralelo do processo civil; i.e., recordar a *racio legis* da criação do art. 769 da CLT, perceber

---

NCPC apesar de ter mantido grande percentual (aponta-se cerca de 80%) dos conceitos e institutos do seu antecessor, trouxe qualitativas mudanças que se podem agrupar em 5 diferentes grupos: regras de simplificação, de ampliação de contraditório e prazos, regras de eficiência, regras de negociação e regras de coletivização de julgamentos. Para o autor, a aplicabilidade das novas regras do primeiro grupo – nas quais se incluem o fim da dedução em apartado de objeções como a exceção de incompetência territorial, a simplificação das tutelas provisórias, diluição das condições da ação etc. – ao processo do trabalho não gera grandes atritos, já que foi o próprio processo do trabalho que as inspirou. Relativamente às novas regras de eficiência – onde se destacam o julgamento parcial, os poderes amplos de escolha de medidas executivas do 139.º, IV, as conexões probatórias do 55.º, §3º– também não sobram grande dúvidas da sua aplicação, já que se baseiam num postulado de eficiência típico do processo do trabalho. No terceiro grupo de amplo contraditório – proibição da decisão surpresa, incidente de desconsideração da personalidade jurídica, fundamentação exauriente da decisão – as dúvidas são maiores, já que o postulado de celeridade sai significativamente afetado, pelo que a apreciação teria que ser casuística: se a ampliação dos prazos se revelaria anormal e inaplicável, a vedação da decisão surpresa já não assim. Quanto ao grupo das regras negociais, a tendência seria para a sua incompatibilidade ao processo do trabalho, por desvirtuar o perfil inquisitivo do processo e pôr em causa o procedimento tradicional, mexendo com prazos e provas que poderão causar problemas de celeridade processual. Quanto ao último grupo, o autor entende que a uniformidade e segurança jurídica de um sistema de coletivização de julgamentos e respeito a precedentes se coaduna com os propósitos da Justiça do Trabalho.

138. De facto, como alerta Cordeiro (Cordeiro, Wolney de Macedo. Critérios acessórios de aplicação subsidiária da norma de Direito Processual comum ao processo do trabalho. *Revista do Advogado*, São Paulo, Ano 33, N.º 121, nov/2013, pág. 301), "(...) se a CLT fosse aprovada nos dias atuais, as regras de subsidiariedade não seriam edificadas em termos idênticos aos atuais arts. 8º, 769 e 899. A evolução do chamado 'Direito comum' fez com que alguns 'avanços' trabalhistas perdessem todo o seu 'encanto'. (...)".

139. No mesmo sentido, Schiavi, Mauro. A aplicação supletiva e subsidiária do Código de Processo Civil ao Processo do Trabalho. *In* Miessa, Élisson (coord.). *O novo Código de Processo Civil e seus reflexos no processo do trabalho*. Salvador: Editora Juspodivm, 2016, pág. 89.

que as constantes alterações em prol da efetividade que o CPC veio a sofrer caminham no mesmo sentido que o mecanismo de contenção daquele preceito, e concluir que, se assim é, cada vez menos sentido há em defender uma tese de separação e autonomia absoluta do processo do trabalho, isolando-o de diferentes e/ou melhores dispositivos que também visem a efetividade processual[140]. Naturalmente que as particularidades do processo do trabalho não deverão ser postas em causa, *maxime* sua efetividade e celeridade, mas um aperfeiçoamento que procure incrementar precisamente esses seus dois baluartes não pode ser, sem mais, preterido[141].

É preciso avançar[142] no sentido da *heterointegração* dos dois sistemas processuais, i.e., caminhar no sentido de admitir e reconhecer que, cada vez

---

140. "Nesse passo, urge repensar, o que é reforçado com o novo CPC (...), o próprio conceito de lacuna, de maneira a possibilitar a heterointegração dos subsistemas do direito processual civil e do direito processual do trabalho, o que pode ser implementado mediante transplante de normas daquele, sempre que isso implicar maior efetividade deste. (...) De outro grito, é imperioso romper com o formalismo jurídico e estabelecer o diálogo das fontes normativas infraconstitucionais do CPC e da CLT, visando a concretização do princípio da máxima efetividade das normas (princípios e regras) constitucionais de direito processual, especialmente o novel princípio da 'duração razoável do processo com os meios que garantam a celeridade de sua tramitação'(...)." (cit. Leite, Carlos Henrique Bezerra. *Curso de Direito Processual do Trabalho*. 14ª ed. São Paulo: Saraiva, 2016, pág. 125 e 129; e ainda, As recentes reformas do CPC e as lacunas ontológicas e axiológicas do processo do trabalho: necessidade de heterointegração do sistema processual não-penal brasileiro. *Revista do TST*, Porto Alegre, Vol. 73, N.º 1, jan-mar/2007, págs. 103-106).

141. "Posto isto, a moderna doutrina vem defendendo um diálogo maior entre o processo do trabalho e o processo civil, a fim de buscar, por meio de interpretação sistemática e teleológica, os benefícios obtidos na legislação processual civil e aplica-los ao processo do trabalho. Não pode o juiz do trabalho fechar os olhos para normas de Direito Processual Civil mais efetivas que a Consolidação das Leis do Trabalho, e, se omitir sob o argumento de que a legislação processual do trabalho não é omissa, pois estão em jogo interesses muito maiores que a aplicação da legislação processual trabalhista. O Direito Processual do Trabalho deve ser um instrumento célere, efetivo, confiável e que garanta, acima de tudo, a efetividade da legislação processual trabalhista e a dignidade da pessoa humana" (cit. Schiavi, Mauro. A aplicação supletiva e subsidiária do Código de Processo Civil ao Processo do Trabalho. *In* Miessa, Élisson (coord.). *O novo Código de Processo Civil e seus reflexos no processo do trabalho*. Salvador: Editora Juspodivm, 2016, pág. 91).

142. Tal como já o fez, de resto, o TST, ao editar a Súmula 303 segundo a qual se determina a aplicação do art. 496, §3º do CPC e, com ele, a não aplicação da remessa necessária a partir de determinados valores, mesmo perante dispositivo legal (Decreto-Lei n.º 779/69, art. 1º, inc. V) dispondo o contrário (Súmula 303/TST – 05/11/1992. Recurso. Remessa necessária. Reexame necessário. Fazenda pública. Duplo grau de jurisdição.

mais, se faz necessário ao ordenamento jurídico processual trabalhista ser *atualizado* na ausência de previsão normativa mas, e sobretudo, ser *permeável* ante normas manifestamente envelhecidas, desajustadas e até mesmo injustas, que não tenham na efetividade processual o seu primordial objetivo[143].

Hipóteses de dissídio individual. Terceiro. Mandado de segurança. Ação rescisória. Decreto-lei 779/1969, art. 1º, V. CPC/1973, art. 475, II e CPC/1973, art. 485. Lei 1.533/1951, art. 12, parágrafo único. CLT, art. 836. I – Em dissídio individual, está sujeita ao reexame necessário, mesmo na vigência da Constituição Federal de 1988, decisão contrária à Fazenda Pública, salvo quando a condenação não ultrapassar o valor correspondente a: a) 1.000 (mil) salários mínimos para a União e as respectivas autarquias e fundações de direito público; b) 500 (quinhentos) salários mínimos para os Estados, o Distrito Federal, as respectivas autarquias e fundações de direito público e os Municípios que constituam capitais dos Estados; c) 100 (cem) salários mínimos para todos os demais Municípios e respectivas autarquias e fundações de direito público").

143. Chaves, Luciano Athayde. *A recente reforma no processo comum: reflexos no direito judiciário do trabalho*. 3ª ed. São Paulo: LTr, 2007, pág. 33: "precisamos avançar na teoria das lacunas do direito (quer sejam estas de natureza normativa, axiológica ou ontológica), a fim de reconhecer como incompleto o microssistema processual trabalhista (ou qualquer outro) quando – ainda que disponha de regramento sobre determinado instituto – este não apresenta fôlego para o enfrentamento das demandas contemporâneas, carecendo da supletividade de outros sistemas que apresentem institutos mais modernos e eficientes". Larenz, Karl. *Metodologia da ciência do direito*. 3ª ed. Lisboa: Fundação Calouste Gulbenkian, 1997, págs, 519-520: "(...) por vezes, não se trata só no desenvolvimento judicial do Direito de colmatar lacunas da lei, mas da adoção e conformação ulterior de novas ideias jurídicas que, em todo o caso, se tinham insinuado na própria lei, e cuja realização pela jurisprudência dos tribunais vai para além do plano originário da lei e o modifica em maior ou menor grau. Compreende-se que, também, um tal desenvolvimento do Direito 'superador da lei' só deva ter lugar em consonância com os princípios directivos da ordem jurídica no seu conjunto; mais, muitas vezes será motivado precisamente pela aspiração a fazer valer estes princípios em maior escala do que aconteceu na lei. A interpretação da lei e o desenvolvimento judicial do Direito não devem ver-se como essencialmente diferentes, mas só como distintos graus do mesmo processo de pensamento. Isto quer dizer que a simples interpretação da lei por um tribunal, desde que seja a primeira ou se afaste de uma interpretação anterior, representa um desenvolvimento do Direito, mesmo que o próprio tribunal não tenha disso consciência; assim como, por outro lado, o desenvolvimento judicial do Direito que ultrapasse os limites da interpretação lança mão constantemente de métodos 'interpretativos' em sentido amplo. Assinalamos como limite da interpretação em sentido estrito o sentido liberal possível. Um desenvolvimento do Direito conduzido metodicamente para além deste limite, mas ainda no quadro do plano originário da teleologia da lei em si, é preenchimento de lacunas, desenvolvimento do Direito imanente à lei; o desenvolvimento do direito que esteja já para além deste limite, mas dentro do quadro dos princípios diretivos do ordenamento jurídico no seu conjunto e desenvolvimento do Direito superador da lei".

É sobretudo sobre as lacunas *objetivas* – na terminologia de BOBBIO –,*lacunas secundárias* – na classificação de ENGISCH – ou lacunas *subsequentes* – na categorização de MARIA HELENA DINIZ, que esta doutrina pode prosperar, por serem as que mais demandam do intérprete conhecimentos sobre a teoria geral do processo para a sua extensão teleológica[144].

Neste sentido, merece aplauso o Enunciado n.º 66 criado na I Jornada de Direito Material e Processual do Trabalho, realizada em Brasília em 2007, que dispõe: "Aplicação subsidiária de normas do processo comum ao processo trabalhista. Omissões ontológica e axiológica. Admissibilidade. Diante do atual estágio de desenvolvimento do processo comum e da necessidade de se conferir aplicabilidade à garantia constitucional da duração razoável do processo, os artigos 769 e 889 da CLT comportam interpretação conforme a Constituição Federal, permitindo a aplicação de normas processuais mais adequadas à efetivação do direito. Aplicação dos princípios da instrumentalidade, efetividade e não retrocesso social". Enunciado este que, de resto, foi também acolhido por alguma jurisprudência trabalhista[145].

Argumento que deverá ser assacado como complementar à tese é a articulação que o raciocínio exposto tem com o princípio da aplicação do direito mais favorável ao indivíduo (constitucionalmente garantido no art.

---

144. "(...) a atividade do intérprete não é mais norteada pela simples aferição formal da existência da norma, mas sim pela comparação das normas em relação à concretização da prestação jurisdicional. Esse método, portanto, envolve um número maior de operações por parte do intérprete, que se desapega da análise superficial da norma e vincula-se ao seu aspecto teleológico diante das necessidades modernas da sociedade, por uma prestação rápida e efetiva" (cit. CORDEIRO, Wolney de Macedo. Da releitura do método de aplicação subsidiária das normas de direito processual comum ao processo do trabalho. *In* CHAVES, Luciano Athayde (coord.). *Direito Processual do Trabalho: Reforma e Efetividade*. São Paulo: LTr, 2007, pág. 45).

145. Cf. com TRT, 17ª Região, Recurso Ordinário n.º 0083800.52.2013.5.17.0007, Relator Desembargador José Luiz Serafini, Data de Julgamento 27.11.2013, onde se pode ler: "APLICAÇÃO SUBSIDIÁRIA DE NORMAS DO PROCESSO COMUM AO PROCESSO TRABALHISTA. OMISSÕES ONTOLÓGICA E AXIOLÓGICA. ADMISSIBILIDADE. Diante do atual estágio de desenvolvimento do processo comum e da necessidade de se conferir aplicabilidade à garantia constitucional da duração razoável do processo, os arts. 769 e 889 da CLT comportam interpretação conforme a Constituição Federal, permitindo a aplicação de normas processuais mais adequadas à efetivação do direito. Aplicação dos princípios da instrumentalidade, efetividade e não-retrocesso social. Além disso, esta exegese permite que processo do trabalho tenha uma interpretação conforme a constituição, ou seja, de duração razoável e efetiva do processo, sendo, assim, indispensável a aplicação subsidiária do processo comum (...)".

5.º, §2º CF) e do princípio da aplicação da norma mais favorável ao trabalhador (para quem defenda a sua aplicação ao processo do trabalho). Uma aproximação hermenêutica e uma interpenetração entre estes dois subsistemas processuais não desvirtuará ou deturpará a essência de qualquer deles, não irá pôr em causa a principiologia típica que os caracteriza nem irá conduzir a um retrocesso social do ponto de vista das garantias processuais adquiridas. Antes pelo contrário, *promoverá uma evolução conjunta* da ciência processual como um todo, *trará mais flexibilidade e abertura* ao sistema processual como um só e reforçará o diálogo de fontes[146]. Como se não bastasse, o incremento do diálogo entre estes subsistemas evitará, ainda, a prolação de julgamentos casuísticos para resolver problemas não antecipados pelo legislador, calcados em juízos arbitrários, exclusivamente assentes no papel da equidade e na cláusula geral inerente aos poderes de direção do magistrado; fato que só contribuirá para a insegurança jurídica e para que cada juiz do trabalho edifique o seu próprio regulamento processual de regulação de lacunas no caso concreto.

Esta doutrina mais não faz do que encabeçar *ideias pós-positivistas* e que, dessa forma, conferindo normatividade aos princípios, procurar superar um *legalismo estrito* através da reabilitação da argumentação jurídica. Naturalmente que se adota como consequência necessária um *ressignificado protagonismo judicial* dos tribunais na interpretação do rito processual trabalhista, outorgando a estes ferramentas e mecanismos que lhes permitam melhor adequar o procedimento, não obstante a inexistência de omissão legal; mas importa ter em mente que este aumento se faz em prol da efetividade processual.

2.6. O CASO PARTICULAR DOS NEGÓCIOS JURÍDICOS PROCESSUAIS: UMA INTERPRETAÇÃO POSSÍVEL

Quando pensamos na possibilidade de trabalhadores poderem celebrar negócios jurídicos processuais no processo do trabalho, o problema não é apenas de migração do art. 190 do CPC para o processo do trabalho, mas também de compatibilidade de uma série de negócios processuais típicos plasmados no CPC com a principiologia do processo trabalhista. E ainda que a fundamentação para negar os últimos seja sobreposta, em grande medida, à fundamentação para negar os primeiros, não deixam de ser duas frentes distintas que aqui se colocam. Quando pensamos na aplicação de convenções

146. Mello Filho, Luiz Philippe Vieira de. A teoria do diálogo das fontes e o direito processual do trabalho. *Revista LTr*, São Paulo, Vol. 81, N.º 11, nov/2017, pág. 1304.

processuais concretas e tipificadas, como o pacto de eleição de foro ou a inversão do ônus probatório, falamos da importação de regras jurídicas específicas, que necessitam de passar pelo crivo do art.. 15 do CPC; o cenário muda um pouco de figura quando pensamos na importação do art. 190 do CPC para o processo do trabalho pois, aqui, estamos a pedir algo mais ao sistema processual: que *um princípio* - e não uma simples regra - seja importado para este processo especial: a *atipicidade da negociação processual*. Embora sendo todas afeitas à negociação processual, encontramos na segunda uma carga valorativa clara, que obriga do intérprete uma interpretação mais cuidada no momento de ponderar a sua "migração" para o sub-sistema processual trabalhista. Aqui, será necessário analisar não a compatibilidade de uma regra cível com um conjunto de regras e princípios trabalhistas, mas a de um princípio e de toda a carga valorativa que ele encerra (reforço da autonomia da vontade), com a estrutura principiológica e normativa do sistema processual laboral. Afinal, "importar" o artigo 190 do CPC não se traduz simplesmente no acolhimento da possibilidade de empregados celebrarem convenções processuais; traduz-se em algo mais: implica abraçar uma nova ideia, mais ampla, de que também o procedimento trabalhista deve passar a enquadrar-se como um sistema onde a vontade dos seus sujeitos é redimensionada no tradicional cenário do publicismo paternalista laboral; de que também o trabalhador deve ter o poder de se autorregrar processualmente e que, ao contrário do tratamento que recebe pelo direito material, pelo menos no campo processual a sua vontade tem condições de se manifestar livremente e ser ouvida.

Sem prejuízo de nos termos colocado entre aqueles que sustentam a especialidade do processo do trabalho em relação ao processo civil, a verdade é que o entendimento a respeito da maior ou menor autonomia do primeiro em relação ao segundo, apesar de ter relevância na forma mais ou menos ampla com que se recorre ao processo civil para auxiliar normativamente a incompletude normativa do processo laboral, não impede que formulemos a seguinte afirmativa: a importância de um abertura suficiente para *despir de preconceitos o "processo" e acolher as técnicas e procedimentos que tornem aquele instrumento célere e eficiente* na efetivação de direitos, parando apenas diante de lei expressa que o impeça e sem que o simples silêncio do legislador celetista seja interpretado como recusa[147]. Nesta análise de abertura sistemática ao diálogo, assume importante papel a ênfase dada à existência de

147. Nascimento, Amauri Mascavo. A subsidiariedade do direito processual comum no processo trabalhista. *Revista de Processo*, Vol. 2, abr-jun/1976. pág. 234.

princípios comuns para, *efetivamente, levá-los em consideração* no momento de integração de lacunas e interpretação sistemática dos dois sub-ramos processuais. O crescimento, amadurecimento e integração heteroevolutiva do processo do trabalho só é possível se a doutrina deixar de recorrer e de fazer uso de princípios especiais *exclusivamente para travar* e *impedir* este diálogo; para decidir encontrar nestes princípios comuns e gerais do processo uma plataforma de impulsão para esse objetivo. O caso da negociação processual típica e atípica é uma excelente oportunidade para esse desiderato.

Partindo de uma noção ampla de lacuna, que se refira não apenas a lacunas legais mas também a lacunas do próprio "sistema" jus laboral como um todo, percebemos que o critério determinante a partir do qual o intérprete se pode agarrar para transportar uma norma do direito comum para o processo do trabalho é o da *compatibilidade* ou *adequação* principiológica e sistemática com este último. E aqui, fazendo uso do "*princípio da balança do equilíbrio piramidal*"[148] de que nos fala SIVOLELLA, torna-se necessário confrontar o princípio que embasou a criação das normas que se pretendem ver cotejadas no processo do trabalho (*autorregramento da vontade das partes*), com o(s) princípio(s) que este abraça (v.g. celeridade, economia processual, informalidade, oralidade etc.). Mais do que apreciar o texto de regras concretas do CPC diante dos princípios juslaborais, é confrontar principiologicamente o que embasou as normas comuns com aqueles; confronto que não pode esquecer, ademais, critérios de proporcionalidade e ponderação[149]. Como teremos oportunidade de analisar em capítulo próprio,

148. Como esclarece a autora, "o raciocínio tem simples embasamento na famosa teoria da construção escalonada das normas jurídicas, o que se mostra mais relevante a partir da constatação de os princípios trabalhistas, precipuamente, possuem previsão expressa constitucional. Assim, os critérios de subsidiariedade e de supletividade somente podem subsistir como condição para a aplicação de um preceito quando observarem o princípio envolvido, mais do que o mero texto legal" (SIVOLELLA, Roberta Ferme. As convenções processuais e a vulnerabilidade no processo do trabalho: uma questão de princípio e de diálogo de fontes. *In* COLNAGO, Lorena de Mello Rezende, CLAUS, Bem-Hur Silveira (coord.). *A teoria do diálogo das fontes no processo de trabalho.* São Paulo: LTr, 2017, pág. 124; e Aplicação supletiva e subsidiária no Novo CPC – Distinções: Por uma visão dialógica da subsidiariedade e supletividade do Novo CPC frente à CLT: Processualismo e Argumentação. *In* BELMONTE, Alexandre de Souza Agra, DUARTE NETO, Bento Herculano; SILVA, Breuno Freire (coord.). *O novo CPC aplicado ao Processo do Trabalho.* São Paulo: LTr, 2016, *passim).*

149. PEREIRA, Ricardo José Macêdo de Britto. Princípios do direito processual do trabalho: reflexões em face do novo Código de processo civil. *Revista direito das relações sociais e trabalhistas*, Vol. 1, N.º 2, jul-dez/2015, pág. 85.

neste "confronto" principiológico a harmonização do art. 190 do CPC com o processo do trabalho é (mais do que) possível de ser obtida sem que o sistema processual trabalhista deixe de fazer sentido ou sinta ter sido afetado. Antes pelo contrário: há uma confluência e integração principiológica das ideias de *autorregramento processual* com as de *flexibilização e desburocratização trabalhistas*; este sistema e aquele subprincípio partilham de ideias comuns de efetividade, celeridade, informalidade, oralidade, economia processual e eficiência que conferem a ambas uma ideia de unidade e comunhão.

Por outro lado, a interpretação a ser feita dos vários dispositivos negociais espalhados ao longo do CPC e, em particular, do art. 190 do CPC, deverá ser analisada sob uma premissa *multidisciplinar e principiológica*, mas sem esquecer os resultados advindos das potenciais migrações, pois a *lógica racional* deverá igualmente presidir à integração de lacunas, i.e, esta atividade não pode desconsiderar o impacto que esses normativos assumirão para a *realidade social* da qual o processo do trabalho (e direito do trabalho) fazem parte. Neste contexto, o fenômeno de integração de lacunas deve levar em consideração os *efeitos da aplicação da norma processual comum ao mundo dos fatos*, não apenas do ponto de vista da *satisfatividade das partes*, como também da *satisfatividade social*[150]. Fá-lo, para trazer racionalidade e instrumentalidade ao fenômeno integrativo da norma que se deseja cotejar, mas subordinada à realidade *material, i.e.*, ao aspecto substancial, à materialidade do direito envolvido.

Se a análise do ponto anterior parece líquida ao universo laboral, é esta questão dos resultados práticos da importação do instituto que, por vezes, (mas injustificadamente) tem inquietado a doutrina e jurisprudência. O entendimento de que a negociação processual possa conduzir a que o trabalhador, tendencialmente vulnerável e dependente, abdique de posições processuais de vantagem que, *in limite*, o levem a pôr em causa a sua oportunidade de obter a satisfação integral dos seus créditos salariais, tem sido um dos problemas mais receados pelos juristas. Fazem-no, contudo, sem atentar cuidadosamente para as gar*antias que a cláusula geral de negociação atípica reserva* a pessoas que possam ser levadas a cometer estas atitudes; e sem interpretar devidamente o art. 190 do CPC como um artigo que precisamente visa resguardar qualquer

---

150. SIVOLELLA, Roberta Ferme. As convenções processuais e a vulnerabilidade no processo do trabalho: uma questão de princípio e de diálogo de fontes. *In* COLNAGO, Lorena de Mello Rezende, CLAUS, Bem-Hur Silveira (coord.). *A teoria do diálogo das fontes no processo de trabalho.* São Paulo: LTr, 2017, pág. 124 ss.

sujeito (e não apenas o trabalhador; já que também o empregador se pode encontrar nessa situação) que se encontre num estado de vulnerabilidade propício a levá-las a praticar esses atos. O microssistema do autorregramento da vontade *identificou o risco potencial da exploração da vontade de vulneráveis por terceiros, levou em conta essa possibilidade* e consagrou *cláusula de salvaguarda adequada* para evitar resultados indesejados ao direito material quando (e sempre que) a parte se encontre numa posição jurídica desequilibrada. *Ignorar este fato e entender que essa preocupação não foi ponderada e levada em consideração pelo legislador civil, para permitir-se depois negar a "importação" do instituto à seara trabalhista, é construir doutrina sob falsas premissas com o estrito propósito de negar ao processo do trabalho a evolução normativa e o empoderamento processual que ele merece e que lhe falta.*

Por último, quando pensamos se e como deve ser feita a interpretação do art. 190 do CPC para legitimar o seu transporte para o processo do trabalho, não podemos esquecer que a análise deve passar não por uma comparação de confronto direto entre o CPC e a CLT, mas sim com uma *interpretação conjunta e sob mediação da Constituição.* O "descompasso" entre Constituição e "processos", de que fala DINAMARCO[151], deve ser superado, para permitir uma melhor compreensão de como o processo deve servir à efetivação dos direitos nela consagrados. Sucede que, hoje em dia, é premissa do devido processo legal que ele seja necessariamente *flexível.* Hoje, uma interpretação adequada deste postulado constitucional não se faz sem nele se incluírem vetores de *adequação* e *flexibilização* processual, dos quais a negociação processual típica e atípica é apenas uma manifestação. A sua afirmação também no processo do trabalho não é uma interpretação que atenta conta a orientação hermenêutica constitucional (i.g., seus direitos e garantias), é uma *conclusão que a pressupõe.*

2.7. O PAPEL CONSTRUTIVO DA JUSTIÇA DO TRABALHO E A INSTRUÇÃO NORMATIVA 39/2016: AS *GRANDES OPÇÕES* DE COMPATIBILIDADE

Independentemente das teorias doutrinárias que se digladiem sobre a forma mais ou menos ampla de interpretar o diálogo entre o processo civil e o processo do trabalho, e precisamente para se evitar divergências jurisprudenciais na aplicação de preceitos de um sistema ou de outro, tem sido

151. DINAMARCO, Cândido Rangel. *A instrumentalidade do processo.* 15ª ed. São Paulo: Malheiros, 2013. Pág. 33 ss.

instrumento ao serviço da segurança jurídica a edição de súmulas e orientações jurisprudenciais pelo TST. Mais não sendo as súmulas do que formas de consolidar a interpretação jurídica de dada matéria, elas demandam a presença de dois requisitos para alcançarem os seus objetivos: a existência *a priori* de uma divergência interpretativa; e que a aprovação do verbete ponha fim à *res dubia*[152]. O papel evolutivo na criação e integração do Direito pelo recurso a súmulas e orientações jurisprudenciais, sobretudo no palco da Justiça do Trabalho, é inegável – uma simples comparação entre o número de artigos reservados na CLT (aproximadamente 150) e o número de súmulas editadas e não canceladas ou OJs até ao presente (cerca de 350) o demonstrará[153]. Todavia, dada a *ténue fronteira entre consolidar uma interpretação e criar normas jurídicas/legislar*, já se tem alertado para o *descomedimento com que o TST tem extrapolado os limites dos seus poderes* na edição de súmulas que mais parecem uma verdadeira prática legiferante[154]. O desrespeito a este limite configura, sem sombra de dúvidas, uma clara violação ao princípio da separação de poderes e ao regime democrático.

Outra forma de obter essa mesma segurança jurídica ante as divergências doutrinárias tem sido o recurso à edição de IN[155], que mais não são do que

---

152. "Realmente, do próprio conceito de súmula ou enunciado tira-se que a sua aprovação reclama a presença de pelo menos duas condições. A primeira é a existência de dissídio interpretativo, pois o verbete destina-se não a permitir que os tribunais legislem, mas apenas a eliminar certa controvérsia em torno da interpretação do direito (...). Não basta, porém, existir controvérsia interpretativa para que se possa editar verbete jurisprudencial. É preciso ainda que, com a aprovação do verbete, logre-se por termo à divergência. Não fosse assim, de nada valeria a súmula ou enunciado" (cit. MALLET, Estêvão. *Apontamentos do direito processual do trabalho*. São Paulo: LTr, 19977, pág. 30).

153. BOUCINHAS FILHO, Jorge Cavalcanti. A alegada inconstitucionalidade da Instrução Normativa n.º 39 do TST e o modelo brasileiro de processo do trabalho. *Revista Fórum Trabalhista*, Belo Horizonte, Ano 5, N.º 21, abr-jun/2016, pág. 115.

154. FARAH, Gustavo Pereira. *As súmulas inconstitucionais do TST*. São Paulo: LTr, 2007, pág. 116; no mesmo sentido, MALLET, Estêvão. Algumas linhas sobre o tema das súmulas vinculantes. *Biblioteca Jurídica Consulex*, Brasília, Vol. 1, N.º 11, nov/1997, pág. 35. Em sentido contrário, entendendo que se há invasão pelo judiciário da competência legiferante do Congresso, ela seria não apenas e exclusivamente da IN 39/2016, mas de todo o modelo processual trabalhista (Súmulas, OJ's etc.), BOUCINHAS FILHO, Jorge Cavalcanti. A alegada inconstitucionalidade da Instrução Normativa n.º 39 do TST e o modelo brasileiro de processo do trabalho. *Revista Fórum Trabalhista*, Belo Horizonte, Ano 5, N.º 21, abr-jun/2016, pág. 117.

155. "(...) é possível afirmar que o direcionamento da interpretação das normas processuais civis aplicáveis ao processo do trabalho, feita pelo Tribunal Superior do Trabalho por meio da Instrução Normativa nº 39, não difere da orientação feita por meio de

instruções interpretativas de segundo grau - jurisprudenciais - que visam regular a aplicação de normas primárias - legislativas. Nessa qualidade, não vinculam nem obrigam[156]. As Instruções Normativas, como nos conta Teixeira Filho, remontam aos "*prejulgados*" editados pelo TST ao abrigo da competência que lhe foi outorgada pelo art. 1.º, §3º do Decreto-Lei n.º 15, de 29 de julho de 1966. Estes prejulgados eram comandos que tinham força vinculativa para os órgãos da jurisdição trabalhista e que não poderiam ser recusados a pretexto de interpretação divergente do magistrado, tendo que ser rigorosamente respeitados. As críticas geraram um pedido de inconstitucionalidade formulado pelo Procurador-Geral da República em 75 (n.º 946/DF) que, apesar de não ter sido conhecida por problemas formais, não deixou de ser mote para o STF se pronunciar pela revogação do dispositivo da CLT e concluir pela *inexistência de natureza vinculativa dos prejulgados*. A partir de então, o TST deixou de os editar[157].

---

súmulas e Orientações Jurisprudenciais. Embora não seja o ideal do ponto de vista do modelo político, é necessário para garantir estabilidade ao processo do trabalho e alguma uniformidade nos ritos processuais pelos quais passam as demandas trabalhistas" (cit. Boucinhas Filho, Jorge Cavalcanti. A alegada inconstitucionalidade da Instrução Normativa n.º 39 do TST e o modelo brasileiro de processo do trabalho. *Revista Fórum Trabalhista*, Belo Horizonte, Ano 5, N.º 21, abr-jun/2016, pág. 113).

156. "Trata-se de mera instrução, embora de cunho normativo. Não obriga, por não constituir mandamento legal. Nem o Tribunal superior do Trabalho se acha investido de poder legiferante. Não se inclui nas atribuições judiciantes do órgão hierarquicamente mais elevado da Justiça do Trabalho a de expedir comandos gerais e abstratos aplicáveis *erga omnes*, pois tais características são ínsitas à lei em sentido formal. Em síntese, não cabe ao Tribunal Superior do Trabalho legislar. Entretanto, em determinadas hipóteses, nas quais ocorre a possibilidade de entendimentos discrepantes entre os juízes trabalhistas de primeiro grau e mesmo entre Tribunais Regionais, o órgão de cúpula da Justiça do Trabalho, no exercício da faculdade de uniformizar as decisões, mesmo ciente de que tal conduta (nem sempre bem compreendida) de certa forma ultrapassa as lindes rigorosas de suas atribuições constitucionais, expede instruções normativas com a evidente intenção (boa intenção) de evitar a demora no andamento dos feitos e de facilitar o entendimento de certos preceitos legais. E faz muito bem" (cit. Romita, Arion Sayão. O processo do trabalho após a Emenda Constitucional 45/2004 Aspectos procedimentais. *Revista de Direito do Trabalho*, São Paulo, Vol. 119, set/2005, pág. 37).

157. Como se posiciona o autor, "Foi o quanto bastou para que o Tribunal Superior do Trabalho deixasse, a partir daí, de baixá-los. Mais tarde, a Lei n.º 7.033, de 5 de outubro de 1982, deitou por terra, definitivamente, o império despótico dos prejulgados trabalhistas, que, em nome do propósito de unificar a jurisprudência nacional, constituíam autênticas camisas-de-força da liberdade de consciência e da convicção jurídica dos magistrados. (...) [A] Instrução Normativa, no âmbito da Justiça do trabalho, nasceu

São várias as IN que vieram prevenir que decisões conflituantes viessem alimentar posicionamentos díspares em certas matérias: IN n.º 3/93 (depósito para recurso), n.º 4/93 (dissídios coletivos de natureza económica), n.º 9/96 (custas processuais), n.º 11/97 (expedição de precatórios), n.º 15/98 (depósito recursal), n.º 16/00 (agravo de instrumento), 17/00 (recurso de revista), n.º 27/05 (normas procedimentais aplicáveis ao processo do trabalho em decorrência da ampliação da competência da Justiça do Trabalho) ou a n.º 30/07 (processo eletrônico).

A 15.03.2016, o pleno do Tribunal Superior do Trabalho editou a Instrução Normativa n.º 39/20016 que visou, precisamente, determinar quais as normas do CPC de 2015 se considerariam aplicáveis e inaplicáveis ao processo do trabalho, sobretudo por aludidas razões de segurança jurídica[158]. Esta Instrução Normativa, apesar de ter-se apresentado a público com bons intentos, pelo menos nos primeiros meses de vigência do novo CPC, onde realmente muitas dúvidas pairaram em torno dos dispositivos processuais que seriam compatíveis, não deixou também de ser alvo de (i) *inúmeras críticas* – nomeadamente por não ter apresentado qualquer tipo de *motivação ou critérios* para as orientações que adotou[159], por se revelar pontualmente

---

com o mesmo sinete que assinalava a execrável vocação ditatorialesca dos prejulgados – haja vista o fato de o pré-citado Decreto-Lei n. 15, de 1966, haver dito que ela teria força de prejulgado (...). [O] destino jurídico das Instruções Normativas deve ser exatamente o mesmo dos prejulgados: a recusa em reconhecer-lhes qualquer efeito vinculativo dos pronunciamentos dos Tribunais Regionais do Trabalho e das Juntas de Conciliação e Julgamento (...). [Ao contrário das súmulas que meramente cristalizam entendimentos] as Instruções Normativas, como a própria denominação está a indicar, apresentam indisfarçáveis traços de norma legal, dado o caráter de abstração subjetiva, de generalidade, e, sobretudo, de coercitibilidade, que lhes é peculiar. (...) Sendo assim, as disposições constantes da Instrução n.º 3/93 devem ser consideradas como simples orientação a respeito do assunto, uma vez que destituídas de eficácia subordinante dos Tribunais Regionais do Trabalho e das Juntas de Conciliação e Julgamento, aqui incluída a regra do art. 668, da CLT" (cit. Teixeira Filho, Manoel Antônio Teixeira. "Instrução Normativa n.º 39/2016, do TST – A agonia? *Revista eletrônica do Tribunal Regional do Trabalho da 9ª Região*, Vol. 6, N.º 55, out-nov/2016, págs. 8-10).

158. Cf. Considerando da IN, onde se lê: "considerando a exigência de transmitir segurança jurídica aos jurisdicionados e órgãos da Justiça do Trabalho, bem assim o escopo de prevenir nulidades processuais em detrimento da desejável celeridade".

159. Lima Guerra (Guerra, Marcelo Lima. O CPC/2015 e o processo do trabalho na perspectiva do modelo constitucional de processo. *In* Reis, Sérgio Cabral dos (coord.). *O novo CPC e sua repercussão no processo do trabalho – Encontros e desencontros.* São Paulo: LTr, 2016, pág. 151), por exemplo acusa-a de triplamente arbitrária pela omissão motivadora: (i) "(...) porque expressa uma tomada de posição quanto ao

incoerente consigo mesma[160]; ou ainda por excluir a aplicabilidade ou não das normas num *juízo prévio formulado de antemão*[161] e *in genere*[162] –, (ii) inclusive de alegações de *inconstitucionalidade*[163], nomeadamente pela Anamatra,

---

ponto controvertido relativo à revogação ou não do art. 769 da CLT pelo art. 15º, sem justificar esse posicionamento; II. arbitrária por basear nesta premissa não justificada, uma série de outros posicionamentos - sobre os dispositivos que se aplicam e sobre aqueles que não se aplicam ao processo do trabalho; III. arbitrária porque os próprios posicionamentos sobre a aplicabilidade deste ou daquele dispositivo do CPC/2015 foram apenas declarados, sem que nenhuma justificação fosse apresentada para eles."

160. A título de exemplo, vale o ponto sobre o cumprimento de sentença, que foi justificado com base na pretensa omissão da CLT, quando essa mesma omissão não existe. Naturalmente que o regime comum será aplicável mas não porque a CLT é omissa, simplesmente porque aqueles são mais eficazes e completos.

161. Como bem alerta Lima Guerra, "(...) na perspectiva do modelo constitucional de processo, questões sobre a aplicabilidade ou não de determinada norma, assim como de inconstitucionalidade ou não de determinada norma, é quase inevitável que recebam soluções moduladas de acordo com o contexto. (...) O mesmo se há de reconhecer também quanto à aplicação das normas do CPC/2015. Não se pode excluir de antemão - ao contrário, é lícito antever a realização disso - a possibilidade de que um instituto jurídico criado pelo CPC/2015 tenha aplicabilidade apenas parcial ao processo do trabalho. É o caso, como se verá, do incidente de desconsideração da personalidade jurídica" (cit. *Ibidem*, pág. 152).

162. Barros, Cassio Mesquita. Repercussões no novo CPC na justiça do trabalho. *Revista LTr*, São Paulo, Vol. 80, N.º 06, jun/2016, pág. 648. Como ainda acrescenta o autor, "as imposições decorrentes das Instruções Normativas cerceiam a liberdade de convicção dos juízes de 1º e 2º graus, que em contato direto com as partes, são autoridade que, na verdade, criam o direito".

163. Assim, por exemplo, Santos, Tainá Angeiras Gomes dos. Da força legal das instruções normativas do Tribunal Superior do Trabalho: uma análise acerca da (in) constitucionalidade da IN 39/2016 - Entre erros e acertos. *Âmbito Jurídico*, Ano XIX, n.º 151, 2016; disponível em http://ambito-juridico.com.br/site/?n_link=revista_artigos_leitura&artigo_id=17657, última consulta em 15.05.2019. A autora realça, paralelamente à questão de inconstitucionalidade por inexistência de norma que autorize a delegação de competência ao judiciário para regulamentar lei federal, que houve ainda uma falta de maturidade do entendimento do TST, já que não foi baseado em casos concretos, tal como ocorre com a edição de súmulas ou criação de precedentes. Da mesma forma, como alega Gonçalves, "A IN 39 não pode, dessa maneira, ter o mesmo valor que um precedente jurisprudencial, porque traça diretrizes genéricas e desvinculadas de um caso concreto, o que impede, por exemplo, a aplicação de técnicas de *distinguishing* e *overruling*, que implicam na abertura do sistema no sentido de possibilitar a superação de entendimentos por meio da distinção de casos" (cit. Gonçalves, Igor Sousa. O instituto da negociação processual na Justiça do Trabalho: compatibilidade, limites e desafio. *Revista do Direito do Trabalho*, São Paulo, Vol. 43, N.º 183, nov/2017, pág. 213).

que ajuizou Ação Direta de Inconstitucionalidade, com fundamento, entre outros, na invasão pelo TST da competência do legislador federal[164].

Recorde-se que desde há muito que se estabeleceu só poderem os regimentos internos dos tribunais delimitar regras menores respeitantes ao cumprimento e adaptação da legislação nos seus tribunais; algo que não se confunde com a criação de normas jurídicas (arts. 22, inc. I e 96, inc. I, al. d) e II da CF). Para além da ADI proposta, a Anamatra efetuou ainda consulta (Processo n. 0017652-49.2016.5.00.0000 - Consulta - 01/09/2016 do TST[165]) ao Corregedor-Geral da Justiça do Trabalho (Ministro Renato Lacerda de Paiva), questionando precisamente se (i) "poderá ensejar medidas disciplinares em detrimento dos magistrados, caso a sua decisão, nos autos em que funcionar, esteja em desconformidade com as regras da Instrução Normativa nº 39/2016" e se (ii) "poderá desafiar correição parcial para revisão do entendimento do juiz, junto à Corregedoria Geral e/ou às corregedorias regionais, caso a sua decisão, nos autos em que funcionar, esteja em desconformidade com as regras da Instrução Normativa nº 39/2016". Ambas as questões receberam resposta negativa por parte do Corregedor.

Questiona-se ainda da existência (ou não) de *competência consultiva do TST*. Ao contrário da Justiça Eleitoral, cujo art. 23, inc. XII do Código Eleitoral lhe reconhece competências consultivas, a Justiça do Trabalho não tem o poder de apresentar o entendimento relativamente à interpretação e hermenêutica a ser dada a cada norma jurídica, *i.e.*, o tribunal não pode,

---

164. ADI n.º 5516, de 05.05.2016. Para esta Associação Nacional de Magistratura, o TST não tem competência para determinar quais os dispositivos do CPC que têm ou não aplicabilidade ao processo do trabalho, prática que afronta o princípio da reserva legal previsto no art. 5.º, inc. II da CF e do art. 96, inc. I, al. a) da CF. "(...) porque o Tribunal Superior do Trabalho não possui competência, quer constitucional, quer legal, para o fim de expedir Instrução Normativa com a finalidade de "regulamentar" a lei processual federal" e tal conduta contrariar o princípio "(...) da independência dos magistrados, contido em diversos dispositivos da CF, como o art. 95, I, II e III, e o artigo 5º, incisos XXXVII e LII, porque cabe a cada magistrado ou Tribunal, no exercício da prestação jurisdicional, conferir a interpretação da lei ao julgar os casos concretos, e não ter de se submeter a normas de 'sobredireito', editadas por um Tribunal que não tem função legislativa". Apesar de ter sido sorteada como relatora a Ministra Carmen Lúcia, em setembro de 2016 a relatoria foi transferida para o Ministro Ricardo Lewandowski, encontrando-se neste momento ainda sob apreciação. Também Teixeira Filho é sério defensor da inconstitucionalidade das Instruções Normativas, no geral, por considerar violarem a competência legislativa da União.

165. Disponível em https://www.jusbrasil.com.br/topicos/124872180/processo-n-0017652--4920165000000-do-tst.

de antemão, livre de casos concretos por decidir, ou de uma jurisprudência farta e amadurecida sobre a matéria, fixar previamente o seu entendimento, a título consultivo[166].

O argumento que continua a legitimar a prática destas instruções pelo TST continua a amparar-se na *economia processual e segurança jurídica*[167]. Da nossa parte, não obstante considerarmos que a intenção da IN seja uniformizadora – porque as suas instruções não têm força de norma e, consequentemente, não têm natureza vinculante, permitindo a prossecução de posicionamentos diferentes pelos magistrados de primeiro e segundo grau – acredito que não estejam preenchidos os requisitos de invasão de poderes pelo TST e tenha permanecido incólume a independência dos magistrados[168]. O próprio TST tem afirmado a natureza meramente *interpretativa*, ou mesmo de *recomendação*, das INs[169].

---

166. Serau Junior, Marco Aurélio. Instruções Normativas nºs 39 e 40 do TST: Aplicação do Novo CPC no Processo do Trabalho. *Revista Síntese Trabalhista e Previdenciária*, São Paulo, N.º 328, out/2016, pág. 55.

167. "Com base numa perspectiva de celeridade processual, economia processual e segurança, a edição dessas instruções normativas pretende esclarecer questões polêmicas, uniformizando o procedimento a ser adotado, com ganho de tempo na prestação jurisdicional pelos juízes. Da mesma forma, impede-se com tal prática que o entendimento seja, ao final, alterado em face de recurso ao TST, em atenção à economia processual e, por fim, assegura-se um certo grau de segurança jurídica, na medida em que as partes tomam conhecimento desde já do entendimento da Corte Superior sobre a aplicabilidade ou não das normas, segundo suas perspectivas" (cit. Barbugiani, Luiz Henrique Sormani; Barbugiani, Catia Helena Yamaguti. A Justiça do Trabalho e a Instrução Normativa nº 39 de 2016 do TST: uma nova concepção para o princípio da segurança jurídica. *Justiça do Trabalho*, Porto Alegre, Ano 33, N.º 391, 2016, pág. 20). No mesmo sentido, Calcini, Ricardo Souza. O novo processo do Trabalho à Luz do NCPC/2015: a controvérsia em torno das novas regras processuais trazidas pela IN 39/2016. *Revista Síntese Trabalhista e Previdenciária*, São Paulo, Vol. 27, N.º 324, jun/2016, pág. 27.

168. Também no nosso sentido, Mallet, Estêvão. Novo CPC e Processo do Trabalho à luz da IN Nº 39. *Revista do TST*, São Paulo, Ano 82, N.º 3, jul-set/2016, págs. 143-144. Em *sentido contrário*, considerando que "(...) a força atribuída a esses atos normativos [leia-se, às IN] é muito relevante e tende a inibir a atuação judicial em sentido diverso, sobretudo na Magistratura de primeiro grau. Nesse sentido, portanto, a IN TST 39/2016 ainda possui o condão de ferir o princípio da *independência funcional dos juízes*", Serau Junior, Marco Aurélio. Instruções Normativas nºs 39 e 40 do TST: Aplicação do Novo CPC no Processo do Trabalho. *Revista Síntese Trabalhista e Previdenciária*, São Paulo, N.º 328, out/2016, pág. 59.

169. "Embargos. Identificação Do Prequestionamento. Instrução Normativa Nº 23/03 Do Tst. Como decidido pela SBDI-1 (E-AIRR-1195/2001-103-04-40.4), a Instrução

Naturalmente que enquanto ato normativo, não podemos dizer que haja qualquer valor jurídico vinculado à IN n.º 39/2016, sob pena de configurar manifesta inconstitucionalidade. Já *como ato de orientação e instrutório*, a IN revela-se sem qualquer valor gnosiológico, pois apresenta-se *arbitrária em razão da omissa motivação*. Comparativamente a outros institutos processuais consensualmente admitidos, como as súmulas vinculantes e os mecanismos de formação concentrada de precedentes (*maxime* IRDR[170]), a orientação que resulta desta IN é meramente indicativa e não de julgamento antecipado. O que é lamentável é o fato de o TST ter perdido uma oportunidade de contribuir para o debate científico sobre a aplicabilidade das normas do CPC/15 ao processo do trabalho.

2.8. CONCLUSÃO PARCIAL

§1. O processo do trabalho, em geral, e a CLT, em particular, revelam inúmeras lacunas normativas a respeito da negociação processual típica e

---

Normativa nº 23/2003 não criou novo pressuposto de admissibilidade do Recurso de Revista; apenas fez uma recomendação, sendo desnecessário que a parte demonstre qual trecho da decisão recorrida consubstanciaria o prequestionamento da controvérsia trazida no recurso" (cit. TST, SBDI-1, Proc. Recurso de Revista n.º 197000.11.2000.5.15.0084, Relatora Ministra Dora Maria da Costa, Data de Julgamento 26.10.07) e "EMBARGOS INTERPOSTOS ANTERIORMENTE À VIGÊNCIA DA LEI Nº 11.496/07 – INSTRUÇÃO NORMATIVA Nº 23/2003 DO TST – EXIGÊNCIA DE TRANSCRIÇÃO DO TRECHO EM QUE SE IDENTIFICA O PREQUESTIONAMENTO DA MATÉRIA. Como decidido pela C. SBDI-1 (E-AIRR-1.195/2001-103-04-40.4), a Instrução Normativa nº 23/2003 não criou novo pressuposto de admissibilidade do Recurso de Revista; apenas fez uma recomendação, sendo desnecessário que a parte demonstre qual trecho da decisão recorrida consubstanciaria o prequestionamento da controvérsia trazida no recurso. Embargos conhecidos e providos" (cit. TST, SBDI-1, Proc. Recurso de Revista n.º 90100.16.2002.5.04.0027, Relatora Ministra Maria Cristina Irigoyen Peduzzi, Data de Julgamento 26.10.07).

170. Como forma de assegurar um pleno acesso à justiça e uma coerência de interpretação normativa dos princípios da subsidiariedade e supletividade, seria ideal, inclusivamente, que se fizesse cada vez mais uso de institutos civis como as demandas repetitivas (art. 976 do CPC), recursos repetitivos (art. 1036 do CPC), assunção de competência (art. 947 do CPC) ou mesmo reclamação constitucional (art. 988 do CPC), compatíveis com o processo do trabalho, para que se estimulasse mais a criação de precedentes judiciais sobre matéria compatível com o processo trabalhista, *maxime* negócios jurídicos processuais. Cf. ROCHA, Cláudio Jannotti da; MELO, Carlos Ioney Carneiro. O direito fundamental ao acesso à Justiça e os princípios da subsidiariedade e supletividade do CPC/2015 no processo do trabalho: em busca da implementação do processo constitucional do trabalho. *Revista de Direito do Trabalho*, São Paulo, Ano 44, Vol. 195, 2018, pág. 159.

atípica. O "resgate" de normativos civilistas para regular esta realidade no processo do trabalho exige que o intérprete parta do art. 15 do CPC para formular um diálogo adequado entre ambos os procedimentos, quer quanto aos seus requisitos, quer quanto aos limites à "importação" normativa supletiva e subsidiária.

§2. O CPC, como instrumento supletivo e subsidiário de harmonização do sistema processual brasileiro, e quando comparado com os códigos que o antecederam, visa erigir um sistema processual mais simples e célere, rodeando-se de mecanismos que providenciem a obtenção de uma resolução de mérito para o conflito em tempo útil e de forma eficiente; abandonando propositadamente qualquer ideia de *jurisprudência defensiva* que pudesse ter existido até então. Uma análise das novidades normativas e sistemáticas do CPC permite concluir que a intenção do legislador foi, claramente, e entre outras, centralizar neste código um conjunto de normas básicas e nucleares do sistema processual, que, salvaguardadas as especificidades de cada diferente segmento processual, pudessem servir de veículo de atualização, melhoria e progresso destes. O surgimento do seu art. 15 é, no nosso entendimento, um *progresso da técnica jurídica processual*, que, também ele, visa contribuir para os avanços da ciência processual, para a integração do sistema processual como um todo e, ainda, para a completude e harmonização do ordenamento processual trabalhista. Este último, que passa a contar não apenas com um subsistema de integração de lacunas normativas, mas com um conjunto de princípios e dispositivos que o complementam e melhoram, visando apenas o seu progresso e eficiência. O art. 15 do CPC está enquadrado num estágio do direito brasileiro onde o diálogo entre fontes foi elevado a regra fundamental, muito em razão da importância que têm vindo a assumir os valores do Estado do Direito Democrático dentro do processo. Não se trata aqui exclusivamente de um diálogo sistemático-normativo com o CPC em particular, mas também com outros diplomas igualmente importantes a que a CLT se obrigará cada vez mais a levar em consideração, *v.g.* com a Lei n.º 7.347/1985 (Lei de Ação Civil Pública) e Lei n.º 8.078/1990 (Código de Defesa do Consumidor).

§3. *A interpretação literal do art. 769 da CLT que vede a importação de normas do processo civil*, seja supletiva seja subsidiariamente, mesmo que aquelas propiciem uma maior celeridade e efetividade ao processo, não tem razão de ser, *por deixar o processo do trabalho imune a evoluções positivas e frutíferas, por deixá-lo a estagnar sobre si próprio*, alheio a alternativas melhores e mais eficientes que em tudo poderão ser benéficas, inclusive, ao trabalhador – que ele de forma tão desinibida procura salvaguardar. Facilmente se ultrapassarão as necessidades e clamores por alterações legislativas mediante o recurso a métodos interpretativos mais flexíveis e dispostos. O recurso *supletivo* ao CPC deve estimular-se de forma mais intensa e enriquecedora, pois ao contrário da aplicação *subsidiária* que se limita a colmatar lacunas, é o recurso àquele que permite superar a incompletude do sistema normativo laboral. Vivemos num momento de inércia legislativa relativamente à promoção de alterações de relevo e mudanças modernizadoras da legislação laboral[171]. A precariedade de muitos dos dispositivos da CLT - como a tutela provisória, a simplicidade das normas sobre a fase de conhecimento e execução etc. - e a omissão acerca de tantos outros (*maxime* negociação processual) deixa ao intérprete/aplicador uma de duas tarefas: *interpretar evolutivamente as normas ao seu dispor em todo o ordenamento processual, ou aceitar de forma resignada a fossilização do seu sistema normativo.* Dada a técnica da subsidiariedade e supletividade adotada pelo legislador, parece-nos que caberá ao intérprete um trabalho rico, frutífero e criativo para promover interpretações evolutivas do sistema processual trabalhista.

Não podemos concordar com a inúmera doutrina juslaboral que continua, em tom de repulsa, a restringir a permeabilidade do processo do trabalho às evoluções do sistema jurídico processual civil *com base num argumento teleológico mal aplicado e equivocado*, de que por este sistema ter como finalidade efetivar institutos de direito civil seria incompatível com o direito do trabalho de índole protetora. Esta visão acaba por, não raro, contribuir para sustentações contraditórias[172]. Primeiro, porque é claramente

---

171. Com exceção das alterações advindas da Lei n.º 9.957/00 que instituiu o rito sumaríssimo e, mais recentemente, da Lei n.º 13.467/16, que trouxe o advento da Reforma Trabalhista e, com ela, o questionamento de uma série de postulados tidos como imutáveis na Justiça do Trabalho; todas as recentes alterações que foram levadas a cabo à CLT tiveram pouca ou significativa relevância, quedando-se apenas por modificações pontuais ou alterações de redações incorretas.

172. Assim, por exemplo, já em 2005 Macedo apontava que "na transição para a sua inevitável processualização, a Justiça do Trabalho acabou desenvolvendo uma lógica interna muitas vezes contraditória, e sendo movida muito mais pela pressão dos fatos do que por uma verdadeira e própria estratégia de adaptação científica. O instituto jurídico da "subsidiariedade" da legislação processual comum, por exemplo, ora é utilizado para ampliar (embargos de declaração), ora para restringir (agravo retiro) a aplicabilidade dos mecanismos e recursos do processo civil. A construção pretoriana oriunda dos Tribunais de Direito Comum, por outro lado, é também tratada contraditoriamente, ora adotando-se quase inteiramente a interpretação dada por aquelas cortes (caso dos pressupostos de admissibilidade do recurso de revista, extraídos da jurisprudência do STF e do STJ), ora alterando a interpretação pacífica elaborada por aqueles mesmos

inegável o caráter instrumental do processo do trabalho para a resolução de conflitos laborais; não o questionamos. Segundo, porque o processo do trabalho não nasceu do direito do trabalho - do qual só é instrumento - mas sim do processo civil. Por ser assim, a *lide* processual trabalhista apresenta semelhanças várias com a cível; os elementos que, realmente, as afastam surgem das especificidades que aquele tem de assumir para lidar com uma relação jurídica tendencialmente desequilibrada entre as partes e a tendencial urgência do crédito alimentar; fá-lo, porém, sem abrir mão das estruturas procedimentais erguidas e herdadas pelo/do processo civil. Mesmo que até se possa admitir existir uma natureza tuitiva e protetora no processo do trabalho - que não reconhecemos - tal não lhe retiraria nunca a idêntica natureza que partilha com o ramo processual cível; razão pela qual não é possível, hoje, sustentar a autonomia deste subsistema. Por ser assim, torna-se mais do que possível uma harmoniosa convivência e interação entre os dois subsistemas processuais, sem afetar ou descaracterizar aquilo que cada um tem de especial. Por mais que se queira preservar a relativa autonomia do processo do trabalho, ela não pode servir como empecilho para que o intérprete/aplicador consiga orientar o sentido do regramento jurídico para as necessidades da realidade vigente.

Cabe aqui trazer o posicionamento que considera encontrar-se *em crise o direito processual do trabalho*[173]. Apesar de não concordarmos com a expressão escolhida, percebemos realmente que a *forma como grande parte da doutrina juslaboral tem encarado o diálogo com processo civil precisa de*

---

tribunais para a aplicação das regras do Código de Processo Civil (caso da novidade do agravo de instrumento julgado nos próprios autos principais). Essa perplexidade e esse reducionismo do processo ao procedimento da ação reclamatória atuam, internamente, como fator de compressão do desenvolvimento do processo do trabalho e, externamente, deslustram comprometedoramente o caráter científico das instituições processuais adotadas pela Justiça do Trabalho" (cit. MACEDO, José Acurcio Cavaleiro de. A Emenda Constitucional N. 45/2004 e a judiciarização da justiça do trabalho. *Revista LTr,* São Paulo, Vol. 69, N.º 1, jan/2005, págs. 116-117).

173. Neste sentido, RAMALHO, Maria do Rosário Rosário. Processo do trabalho: autonomia ou especialidade em relação ao processo civil. *Estudos do Instituto de Direito do Trabalho*. Lisboa: Almedina, 2012, vol. VI, págs. 21-31; LAURINO, Salvador Franco de Lima. O art. 15 do novo código de processo civil e os limites da autonomia do processo do trabalho. *Revista LTr,* São Paulo, Vol. 79, N.º 08, ago/2015, pág. 955. Na opinião deste autor, "em razão dessa aproximação, é legítimo dizer que não se descortinam mais 'eixos valorativos', 'objetivos institucionais' ou 'princípios informadores' que diferenciem o processo do trabalho do processo civil, que, cada vez mais, é um 'processo especial' vinculado ao processo civil".

ser revista diante desta nova realidade instituída pós 2015, seja pela mão do novo CPC, seja pela mão da Reformada CLT. Dizer que o artigo 15 do CPC veio consolidar de forma expressa o esbatimento da fronteira entre o sistema processual civil e o laboral, promovendo uma aproximação entre ambos e estimulando a evolução do último é um fato que não pode ser escondido ou mitigado com recurso a interpretações jurídicas limitadas e forçosamente restritivas. Mas não apenas de um ponto de vista *sistemático*, como também de um ponto de vista *axiológico* é patente uma clara mudança na interação destes dois ramos: os atributos que diferenciavam e autonomizavam o processo do trabalho têm vindo, de forma gradual, a ser incorporados também no processo civil, num diálogo útil e próspero de *socialização processual*; o que claramente só tem aproximado um do outro.

§4. Não obstante a revogação do art. 769 da CLT, a necessidade de sujeitar o diálogo hermenêutico de subsistemas pressupõe o respeito pelas especificidades próprias de cada um deles. Não obstante ter sido revogado o dispositivo que continha expressamente esta exigência, o seu sentido não deixa de se impor como imperativo hermenêutico. Todavia, o histórico da forma como doutrina e jurisprudência laboral têm encarado a tarefa de integração de lacunas processuais tem revelado entendimentos díspares e incongruentes sobre o que entender por "incompatibilidade" com o processo do trabalho. A aplicação ou não de multa pecuniária coercitiva em sede executiva, os termos da aplicação da remessa de ofício para o tribunal, a admissibilidade ou não da execução provisória, a incongruência em torno do conhecimento *ex officio* da prescrição, os termos do recurso à desconsideração da personalidade jurídica, a questão da contagem de prazos em dias úteis, as exigências quanto à fundamentação de sentença, são só alguns exemplos que denotam quão desalinhado parece estar esse entendimento acerca do conceito jurídico indeterminado eleito pelo legislador ("compatibilidade"). Aquilo que, por uns, parece ser postura mais compatível com as normas e principiologia laboral revela-se, para outros, premissa insuficiente para o acolhimento da mudança. Assim também aquilo que hoje é considerado incompatível com as especificidades, amanhã deixa de o ser. É neste palco de incongruências, desarmonias e discrepâncias que se enquadra a discussão sobre a "migração" de negócios processuais típicos e da cláusula geral de negociação atípica ao processo do trabalho. É por aqui que devemos partir.

§ 3

A EVOLUÇÃO LEGISLATIVA LABORAL COMO UMA HISTÓRIA DE PROGRESSIVA AUTONOMIA NEGOCIAL

3.1. INTRODUÇÃO

A evolução histórica do direito individual e coletivo do trabalho, particularmente no que respeita ao papel da *vontade* dos seus principais intervenientes jurídicos (trabalhadores e sindicatos), assume particular importância na forma como, hoje, devemos encarar a interpretação de certos dispositivos jurídicos. Isto porque ela não foi uma evolução despicienda.

No âmbito *coletivo*, a Constituição Federal de 88 marca uma rutura no papel dos sindicatos na negociação coletiva, já que representa a transição de um regime autoritário e corporativista para se afirmar num modelo democrático, onde o pluralismo jurídico passa a ser uma realidade. Os sindicatos deixam de ser encarados como mero instrumento de agitação social da classe, para poderem ser respeitados enquanto entidades aptas a pacificar conflitos laborais e responsáveis por negociar condições de trabalho dos seus representados. A partir de então destacamos alguns momentos que, na nossa modesta compreensão, reforçam esse poder negocial e representativo sindical: (i) a imposição de *negócio jurídico processual* para instauração de dissídio coletivo no 114, §2° da CF, noutras palavras, a afirmação de que apenas por *consenso* quanto à propositura da lide coletiva podem as partes (*maxime*, sindicatos) demandar na Justiça de Trabalho a respeito de convenções coletivas de trabalho que versem sobre questões económicas; (ii) o progressivo *declínio do poder normativo da Justiça do Trabalho*, i.e., o corte paulatino dos sindicatos com os resquícios de influência estatal (Estado-juiz) deixada pelo Estado corporativo de Vargas, com o consequente reforço da liberdade e plena autonomia negocial destes entes representativos de classe na definição dos termos das suas próprias convenções; (iii) a *evolução histórica do Enunciado 277 da Súmula do TST*; (iv) o reforço da autonomia negocial dos sindicatos no momento atual da *Reforma Trabalhista*, inclusivamente para estimular negociações *in pejus*.

Também no plano do direito individual do trabalho, focaremos a nossa análise nas novas (e polémicas) disposições advindas da *Reforma Trabalhista* (Lei n.º 13.467, de 2017) e no enorme impacto que estas trouxeram na reformulação do papel e da autonomia negocial do trabalhador. A forte tendência para empoderar a vontade do trabalhador, em geral, quanto a alguns pontos da CLT, e de certos empregados, em particular, relativamente à negociação ampla dos seus termos contratuais, é *contributo sistemático-teleológico* importantíssimo que se extrai para a apreciação do problema que aqui colocamos. O reforço do consentimento do trabalhador é traçado a vários níveis já que, por mero acerto individual com o empregador, livre das amarras paternalistas e tuitivas do magistrado, MPT ou sindicatos pode: (i) estabelecer a sua jornada de trabalho para 12hx36h (art. 59-A da CLT), (ii) acordar um regime de banco de horas (art. 59, §5º da CLT), (iii) pactuar livremente os termos do seu contrato de trabalho se detentor de certo nível académico e econômico (art. 444 parágrafo único da CLT), (iv) extinguir por acordo o seu contrato de emprego (art. 484-A da CLT), (v) celebrar cláusula compromissória de arbitragem se detentor de certo nível econômico (art. 507-A da CLT), (vi) quitar as suas verbas de rescisão contratual sem a presença de sindicato com eficácia liberatória (art. 477 da CLT), ou (vii) passa a depender exclusivamente da sua vontade a realização de desconto das contribuições sindicais do seu vencimento (art. 545 da CLT). Por outro lado, no *plano processual*, (i) passa-se finalmente a admitir homologação de acordo extrajudicial (art. 855-B da CLT); (ii) cai a execução *ex officio* sempre que o trabalhador esteja representado por advogado (art. 878 da CLT); e (iii) passa a depender de requerimento expresso do trabalhador a instauração do incidente de desconsideração de personalidade jurídica (art. 855-A da CLT).

3.2. A EVOLUÇÃO DA AUTONOMIA NEGOCIAL NO PLANO DO *DIREITO COLETIVO* DO TRABALHO: O REFORÇO GRADUAL DO PODER E PRESTÍGIO DOS SINDICATOS NA NEGOCIAÇÃO COLETIVA

3.2.1. O crescimento dos sindicatos e do seu papel de representação da classe vulnerável ao capital. O modelo constitucional de 88 e o pluralismo normativo

Conquanto, em termos de história mundial, os sindicatos tenham como *berço* as corporações de ofício europeias, que surgiram a partir do séc. XII e foram abolidas em 1791, através da Lei Chapelier francesa, no Brasil somente a partir da constituição de 1824 é que restou consagrada a "liberdade de trabalho"[1], sendo esse o marco legislativo inicial que possibilitaria, mais à frente, o surgimento dos sindicatos brasileiros[2].

Com a ascensão de Getúlio Vargas ao poder, em 1930, é criado o Ministério do Trabalho que passa a controlar as finanças dos sindicatos (vedando o uso de recursos financeiros nas greves); impõe a participação do Ministério nas assembleias sindicais; proíbe atividades políticas e ideológicas por parte dos sindicatos; enquadra o sindicato como órgão de colaboração e cooperação do Estado, dentre outras restrições à liberdade sindical, pelo que os sindicatos passam a ficar submetidos diretamente ao controle do Estado. Não obstante a forte intervenção e o controle estatal sobre as entidades sindicais é, porém, ainda na "era Vargas", criada a CLT (Consolidação das Leis do Trabalho) em 1943[3]. Nos anos 40 o movimento sindical brasileiro ganha impulso, atingindo o seu cume nos anos 60 com diversas greves que, entretanto, voltaria a enfraquecer-se com o a subida dos militares ao poder, através do golpe de 1964. Nem sempre, portanto, os sindicatos tiveram grande autonomia[4].

---

1. Cf. Barros, Alice Monteiro de. *Curso de Direito do Trabalho*. 11ª ed. São Paulo, LTr, 2017, pág. 794.
2. Ressalte-se que somente na constituição de 1891 é inserida a "Garantia dos direitos de reunião e de associação". Em 1903, através do Decreto 979, é facultada a criação de sindicatos rurais e em 1907 tal garantia é estendida à criação de sindicatos nas áreas urbanas, com a edição do Decreto 1.637, de acordo com Martinez, Luciano. *Curso de Direito do Trabalho*. 8ª ed. São Paulo: Saraiva, 2017, págs. 876-877. No final do século XIX, com a abolição da escravatura (substituída pelo trabalho assalariado), a caída da monarquia e a chegada da república, a classe operária (formada boa parte por imigrantes europeus, alguns já com experiência em sindicalismo no seu país) começa a ganhar corpo e, com isso, inicia-se o ambiente propício para o surgimento dos sindicatos no Brasil. No final dos anos 20, do séc. XIX, antigas organizações assistenciais transformam-se em sindicatos.
3. "O Estado largamente intervencionista que se forma estende sua atuação também à área da chamada *questão social*. Nesta área implementa vasto e profundo conjunto de ações diversificadas mas nitidamente combinadas: de um lado, através de profunda repressão sobre quaisquer manifestações autonomistas do movimento operário; de outro lado, por meio de minuciosa legislação instaurando um abrangente novo modelo de organização do sistema justrabalhista, estreitamente controlado pelo Estado." Delgado, Maurício Godinho. *Curso de direito do trabalho*. 16ª ed. São Paulo: LTr, 2017, pág. 1546.
4. Relatando-o, Silva, Eduardo de Azevedo. Autonomia coletiva. Limites desnecessários e outros nem tanto. *Revista Trabalho & Doutrina*, São Paulo, N.º 20, mar/1999, pág. 25.

Até à sua consagração como direito constitucional pela Constituição Federal em 1988 (arts. 7.º, inc. XXVI e 8.º, inc.VI da CF), a negociação coletiva tinha sido estabelecida pela primeira vez no Decreto n.º 21.761, de 1932, tenho recebido o seu primeiro regramento *a posteriori* no Decreto-Lei n.º 1.237 de 1939. Em 1943 vê a sua disciplina ser integrada na CLT, que aproveitou para lhe estender alguns artigos (arts. 611 a 625).

Com o advento da Constituição Federal de 1988, o modelo sindicalista transitou de uma natureza corporativa e autoritária, para um modelo democrático e autônomo. A Constituição Federal veio reconhecer nas convenções e acordos coletivos negociados e celebrados pelas entidades de representação sindical, mecanismos válidos para evitar conflitos coletivos e para estimular autocomposições legítimas, inclusivamente admitindo a sua legitimidade para reduzir alguns direitos laborais. Este modelo democrático e autônomo de outorga aos trabalhadores do poder para, de forma cooperada, criar com as classes empregadoras as regras que regerão a sua atividade (art. 7.º XXVI da CF), acompanha, de resto, a tendência internacional promovida e incentivada pela OIT, patente *verba gracia* nas Convenções n.os 98[5] e 154[6].

O reconhecimento do papel dos sindicatos na criação de normas jurídicas nada mais representa do que um voto no *pluralismo jurídico* (art. 1º, inc. V da CF) e no reconhecimento de que indivíduos organizados em grupos, integrantes da sociedade civil e laboral, podem perseguir os seus próprios interesses e se auto-regularem, bem como criar centros autônomos e próprios de criação jurídica[7]. A ênfase dada à importância da negociação

5. Da qual se destaca, por exemplo, o art. 2.º ("As organizações de trabalhadores e de empregadores deverão gozar de proteção adequada contra quaisquer atos de ingerência de umas em outras, quer diretamente, quer por meio de seus agentes ou membros, em sua formação, funcionante e administração. 2 – Serão particularmente identificadas a atos de ingerência, nos termos do presente artigo, medidas destinadas a provocar a criação de organizações de trabalhadores dominadas por um empregador ou uma organização de empregadores, ou a manter organizações de trabalhadores por meios financeiros ou outros, com o fim de colocar essas organizações sob o controle de um empregador ou de uma organização de empregadores").

6. Da qual se destaca, por exemplo, o art. 8.º ("As medidas previstas com o fito de estimular a negociação coletiva não deverão ser concedidas ou aplicadas de modo a obstruir a liberdade de nego de negociação coletiva").

7. Em Portugal só surgiu verdadeiramente com a CRP de 1976 (art. 55), seguido do enunciado de direitos das associações sindicais (art. 56.) e enquadrou-se na linha internacional e comunitária da sua previsão, de onde se destaca a Convenção da OIT n.º 87 de 1948, n.º 98 de 1949, n.º 135.º de 1971, no DUDH (art. 23, n.º 4), no PIDCP

coletiva sindical é levada a cabo pela própria Constituição no art. 7.º, inc. VI, ao permitir que a condução das negociações possa, inclusivamente, admitir a redução salarial[8]. Essa autonomia, simultaneamente privada e coletiva, que retira do Estado o monopólio legiferante, opõe-se a este num sentido: ali detém-se *autonomia de produção normativa própria*, aqui detém-se a *soberania do processo legislativo*[9].

São bem visíveis os estímulos que o legislador constituinte conferiu à negociação coletiva[10]. Tal é patente dos arts. 7.º, inc.os VI, XIII, XIV e XXVI (texto original) da CF e nos arts. 8.º e 114, §2 da CF.

(art. 22), no PIDESC (art. 8.º, n.º 1), ca CEDH (art. 11) e na CSE (art. 5.º). O princípio tem uma valência coletiva (direito à constituição de associações sindicais, direito de auto-regulação e organização interna livre, direito à tendência, independência) e, bem assim, uma individual (liberdade de inscrição, direito ao exercício). Em Portugal o pluralismo sindical vale independentemente de regras de representatividade mínima ou relativas à tipologia das associações sindicais, que condicionem o seu exercício. Mesmo que represente uma minoria de trabalhadores numa empresa, a associação pode, por exemplo, decretar greve (art. 531 CT). Coisa diferente são as regras legais de legitimidade para pactuação de convenções coletivas (art. 56, n.º 4 CRP). No direito português os sindicatos distinguem-se entre (i) sentido estrito (art. 442, nº 1, al. a do CT)), federação sindical de sindicatos da mesma profissão ou setor de atividade (art. 442, n.º 1, al. b) do CT), união sindical de sindicatos de base regional (art. 442, n.º 1, al. c) do CT), confederação sindical de associação de sindicatos, uniões ou federações de base nacional (art. 442, n.º 1, al. d) do CT).

8. Como já ensinava Barbosa, "o que mais releva é que patrões e trabalhadores se aproximem uns dos outros; é que, consagrando-se entre si, tornem-se cada vez menos necessária a interferência legislativa nas relações entre as duas classes", *in* Barbosa, Rui. *A questão social e política no Brasil*. Rio de Janeiro: Centro Edelstein de Pesquisas Sociais, 2010, pág. 44. Também, Magano, Octavio Bueno. Limitações à autonomia da vontade coletiva. *Revista Trabalho & Doutrina*, São Paulo, N.º 20, mar/1999, pág. 37.

9. Privada na medida em que permite a auto-regulação de interesses dos próprios como parcela da sociedade civil; coletiva na medida em que essa autonomia se vincula apenas ao interior desse mesmo grupo representativo. Assim, Peixoto, Aguimar Martins. Negociação Coletiva. *Revista Trabalho & Doutrina*, São Paulo, N.º 20, mar/1999, págs. 3-4.

10. Delgado, Maurício Godinho. Constituição da República, Estado Democrático de Direito e Negociação Coletiva Trabalhista. *Revista LTr*, São Paulo, Vol. 80, N.º 12, 2016, pág. 1415 e nota 4. O autor faz um paralelo com os desestímulos perpetrados no período anterior a 1930, quando as matérias coletivas sequer eram institucionalizadas, quer no período pós 1930, para extrair alguns fatores: inexistência de princípios específicos sobre autonomia e liberdades sindicais, a repressão de movimentos sindicais, entraves à celebração de convenções coletivas, estímulo legal para a propositura de dissídios coletivos a serem resolvidos pelo judiciário etc.

Como bem aponta o art. 2.º da Convenção n.º 154 da OIT, as convenções coletivas existirão para fixar condições de trabalho, regulamentar a atividade entre empregador e empregado e regular as relações entre organizações representantes de cada um deles. O objetivo deste tipo de convenções é – dentro do possível – a obtenção de uma *convivência possível* pacífica e harmoniosa entre os dois polos da relação laboral (trabalho vs. capital), assente na boa-fé, na cooperação e num espírito democrático e transparente de negociação e consenso.

Neste particular reconhecemos mérito na interpretação que Meireles faz do dispositivo constitucional. O autor, extrai da expressão usada pelo legislador constituinte ("reconhecimento") a ideia de mera "constatação", i.e, que as convenções coletivas se afirmavam como realidade prévia e pressuposta à própria Constituição; esta apenas viria, *a posteriori*, "reconhecer-lhes" um direito "natural" dos trabalhadores e não "conceder-lhes" um direito fundamental. Elas seriam uma realidade *pressuposta* à própria Constituição. O próprio Estado reconheceria nas partes envoltas da negociação coletiva o exercício do poder legiferante[11]. Na tentativa de compreensão exata do conteúdo deste direito, sustenta que o objetivo constitucional é traçado para outorgar aos entes coletivos não a mera possibilidade de celebrar convenções coletivas, mas a de através delas pactuarem *novas condições de trabalho*[12].

O direito sindical e coletivo do trabalho assume, hoje, importantes funções como a de "*empreender a melhoria da condição social da classe trabalhadora*"[13],

---

11. Meireles, Edilton. A amplitude do poder normativo da Justiça do Trabalho. *Revista LTr*, São Paulo, Vol. 78, n.º 10, out/2014, pág. 1188; e A lei coletiva trabalhista (convenções e acordos coletivos). *Revista Jurídica Luso Brasileira*, Lisboa, Ano 3, N.º 5, 2017 pág. 599-601.
12. "Estipular essas condições de trabalho, através da convenção ou acordo coletivo, porém, é mais do que simplesmente agir nos limites ou espaços deixados pelo direito posto. (...) O direito ao reconhecimento das convenções e acordos coletivos do trabalho, assim, desdobra-se em dois níveis: primeiro o direito de celebrar convenções ou acordos coletivos; o segundo, o direito dos trabalhadores em firmarem convenções ou acordos coletivos estipulando novos direitos. Estipular novos direitos, por sua vez, significa criar novos direitos propriamente ditos ou ampliar os direitos já assegurados em outra norma (estatal ou privada)" (Meireles, Edilton. A amplitude do poder normativo da Justiça do Trabalho. *Revista LTr*, São Paulo, Vol. 78, n.º 10, out/2014, pág. 1188).
13. Cf. Martinez, Luciano. *Curso de Direito do Trabalho*. 8ª ed. São Paulo: Saraiva, 2017, pág. 879.

representando-a[14], por exemplo, na produção de fontes normativas[15]; a *pacificação de conflitos coletivos*[16], na qual os sindicatos também exercem funções assistenciais[17]; e a de *adequação dos sujeitos das relações de trabalho às particularidades regionais ou históricas*. Todo esse conjunto de funções, caminha no intuito da classe trabalhadora poder exercitar, com eficácia, o seu direito de resistência à maior força do capital.

3.2.2. A exigência de *acordo prévio* para instauração de dissídio coletivo. O reforço democrático e do consenso nas lides coletivas

Dispõe o art. 114, §2º da CF que "recusando-se qualquer das partes à negociação coletiva ou à arbitragem, é facultado às mesmas, *de comum acordo*, ajuizar dissídio coletivo de natureza económica, podendo a Justiça do Trabalho decidir o conflito, respeitadas as disposições mínimas legais de proteção ao trabalho, bem como as convencionadas anteriormente" (destaque nosso)[18]. O dissídio coletivo de natureza económica é o instrumento

---

14. "Nessa linha é que a própria Constituição enfatiza a *função representativa* dos sindicatos (art. 8º, III), pela qual lhes cabe a *defesa dos direitos e interesses coletivos ou individuais da categoria, inclusive em questões judiciais ou administrativas*." DELGADO, Maurício Godinho. *Curso de direito do trabalho*. 16ª ed. São Paulo: LTr, 2017, pág. 1527.
15. Segundo MARTINEZ, "(...) é uma função-peculiaridade do direito sindical e coletivo do trabalho por força de outorga legal. É a própria lei que reconhece a força normativa dos acordos ou convenções coletivas, instrumentos de caráter negocial com eficácia *ultra partes*. Veja-se, nesse sentido, o art. 611 da CLT, especialmente o seu *caput* e o seu parágrafo 1º" (MARTINEZ, Luciano. *Curso de Direito do Trabalho*. 8ª ed. São Paulo: Saraiva, 2017, pág. 880). É através desta que sindicatos, reunidos e representando diferentes interesses, negociam direitos suplementares mais benéficos do que os que lhes são outorgados por lei, ajustando estes às necessidades e especificidades de cada classe operária.
16. Frise-se que os sindicatos atuam fortemente no sentido de buscar solução (extrajudicial ou judicial) de conflitos coletivos do trabalho, com poder legal de representar toda uma categoria.
17. "Consiste na prestação de serviços a seus associados ou, de modo extensivo, em alguns casos, a todos os membros da categoria. Trata-se, ilustrativamente, de serviços educacionais, médicos, jurídicos e diversos outros." DELGADO, Maurício Godinho. *Curso de direito do trabalho*. 16ª ed. São Paulo: LTr, 2017, pág. 1528.
18. Antes da EC 45/2004, o dispositivo referia apenas que "recusando-se qualquer das partes à negociação ou à arbitragem, é facultado aos respetivos sindicatos ajuizar dissídio coletivo, podendo a Justiça do Trabalho estabelecer normas e condições respeitadas as disposições convencionais e legais mínimas de proteção". Também aqui, como se denota, a relevância dada à autocomposição dos agentes coletivos colhia bastante ênfase pelo legislador constituinte. Acaso as partes não conseguis-

processual conferido pela Constituição para permitir à classe satisfazer o seu direito à pactuação coletiva quando a contraparte se recusa a fazê-lo.

Sem ter pretensão de renovar todo o aceso debate que esta alteração instalou na doutrina e jurisprudência nacionais, interessa-nos aqui ressaltar que ao impor como exigência do dissídio a existência de comum acordo das partes, o legislador constituinte demonstra, visivelmente, o seu propósito em transmutar este mecanismo num *veículo de diálogo social, valorizando a negociação como a principal forma de composição de conflitos coletivos* de trabalho[19]. Após a EC 45/2004, a falta de comum acordo passou a impedir a prossecução do feito, barrando-se, assim, a instauração unilateral do dissídio exceto quando em dissídio de greve que incida sobre serviços essenciais e exista lesão ou ameaça a interesse público, altura em que o MPT terá legitimidade para a prosseguir unilateralmente a lide. Entre as várias conclusões que resultam da norma, destaca-se uma intenção evidente de restringir as hipóteses de instauração unilateral do dissídio *exclusivamente ao MPT*[20], bem

sem alcançar a desejada convenção coletiva, poderiam buscar individualmente uma alternativa.

19. Neste sentido, *v.* Enunciado n.º 35 da Iª Jornada de Direito Material e Processual da Justiça do Trabalho, de 2007, *in verbis*: "Dissídio Coletivo. Comum Acordo. Constitucionalidade. Ausência De Vulnerabilidade Ao art. 114, § 2º, Da Crfb. Dadas as características das quais se reveste a negociação coletiva, não fere o princípio do acesso à Justiça o pré-requisito do comum acordo (§ 2º, do art. 114, da CRFB) previsto como necessário para a instauração da instância em dissídio coletivo, tendo em vista que a exigência visa a fomentar o desenvolvimento da atividade sindical, possibilitando que os entes sindicais ou a empresa decidam sobre a melhor forma de solução dos conflitos."

20. De que foi exemplo o acórdão do TRT, 2ª Região, Processo n.º 20007200500000200, Relator Wilma Nogueira de Araújo Vaz da Silva, Data de Julgamento 15.03.2005. *Em sentido contrário*, considerando que a possibilidade unilateral de interposição do dissídio não é exclusiva do MPT, Dalazen, João Oreste. Reflexões sobre o poder normativo da Justiça do Trabalho e a EC n.º 45/2004. *In* Paixão, Cristiano, Rodrigues, Douglas Alencar, Caldas, Roberto Figueiredo (coord.) *Os novos horizontes do direito do trabalho: homenagem ao Ministro José Luciano de Castilho Pereira*. São Paulo: LTr, 2005, pág. 465; Ripper, Walter William. Poder normativo da justiça do trabalho. Análise do antes, do agora e do possível depois. *Revista do Direito do Trabalho*, São Paulo, Vol. 31, N.º 120, out-dez/ 2005, pág. 275. *Vide* ainda Acórdão do TRT, 3ª Região, Processo n.º 00387200500003000, Relator Juiz Rogério Valle Ferreira, Data de Julgamento 15.07.2005: "Dissidio coletivo. Serviço essencial. Greve. Legitimidade ativa do sindicato da categoria econômica. O sindicato da categoria econômica possui legitimidade para ajuizar dissídio coletivo em caso de greve em serviço essencial, não prosperando a alegação de que tal prerrogativa seria exclusiva do Ministério Público do

como uma intenção manifesta de restringir o *poder normativo da justiça do trabalho* (ponto *infra* 3.2.3).

O cenário de disputa jurisprudencial e doutrinal que ocorreu após a referida EC foi amplo e o *descrédito* que foi dado à alteração constitucional[21]

Trabalho. O §3º do art. 114 da CR/88, com a redação dada pela EC n. 45/04, concede ao Ministério Público do Trabalho a faculdade de ajuizar dissídio coletivo, no caso de greve em serviço essencial, mas não retira dos sindicatos profissional e econômico a possibilidade de suscitar o dissídio. O sindicato suscitante representa legitimamente a categoria econômica, sendo-lhe assegurada a prerrogativa de instaurar o dissídio coletivo, mesmo na hipótese de greve, podendo submeter a questão à apreciação judicial, nos termos do art. 5º, XXXV, da Constituição. Tampouco se deve olvidar que compete ao Judiciário decidir a questão relativa à legalidade da greve, que pode ser suscitada por quem nela tenha interesse. Arguição rejeitada".

21. Isto porque se entendeu que tornar-se-ia rara a possibilidade de as partes chegarem a um acordo sobre a proposição da demanda. Afinal, se não se entendiam quanto ao teor da convenção coletiva, como iriam entender-se para a instauração de dissídio individual? Frustrada a autocomposição na discussão da matéria, frustrar-se-ia intuitivamente a autocomposição em matéria processual. Franco, por exemplo, já descrevia esta inovação legislativa como um verdadeiro erro material que se assemelhava a "monstro legislativo" (Franco, Guilherme Alves de Mello. O novo dissídio coletivo após a emenda constitucional n.º 45/2004. *Revista IOB Trabalhista e Previdenciária*, Porto Alegre, Vol. 17, N.º 204, jun/2006, pág. 54). No mesmo sentido, Alemão, Ivan. Competência ampliada. A justiça do trabalho e a reforma do poder judiciário. Comentários à Ementa Constitucional n.º 45 de 31.12.2004. *Decisório Trabalhista*, Panamá, Vol. IV, N.º 129, abr/2005, pág. 28; acórdão do TRT 3ª Região, de Dissídio Coletivo, Processo n.º 0318.2005.000.03.00.7, Relator Desembargador Paulo Roberto Costa, Data de Publicação 10.06.2005: "Também não há como se entender, racionalmente, qual seria o objetivo de transformar a Justiça do Trabalho em mais um árbitro, eis que a norma permite o ajuizamento do dissídio se as partes previamente se recusarem à arbitragem, instituto que, historicamente, constitui forma extrajudicial de decisão de conflitos. De todo modo, a própria expressão "dissídio" não se compactua com o "comum acordo" - onde há conflito de interesses não existe acordo. Por fim, se o legislador constituinte derivado pretendesse, efetivamente, extirpar o poder normativo, deveria tê-lo feito de forma expressa, indene de dúvidas, pois tal mudança representaria a revisão brusca do referido contexto constitucional regente das relações entre trabalho e capital, culminando, em última análise, na real possibilidade de supressão de todos os direitos conquistados pelas categorias profissionais ao longo de anos de luta, ao mero talante dos sindicatos patronais ao não concordarem com o ajuizamento do dissídio"). No mesmo sentido, mas propondo ainda uma interpretação sistemática do art. 114, §2º, com o art. 5.º, XXXV da CF e com o art. 8.º, III, para sustentar a possibilidade de interposição unilateral do dissídio por inexistir animosidade suficiente à propositura de ação mediante acordo, Süssekind, Arnaldo. Do ajuizamento dos dissídios coletivos. *Revista LTr*, São Paulo, Vol. 69, N.º 9, set/2005, pág. 1032; Martins, Sérgio Pinto *Direito Processual do Trabalho*. 40ª ed. São Paulo: Atlas, 2018, pág. 952 ss.

criou palco propenso à instauração de algumas ADI's[22] sob alegação de uma pretensa inc*onstitucionalidade por violação do acesso à justiça*[23].

Houve quem entendesse que com a imposição do requisito "comum acordo" para instauração do dissídio coletivo de natureza económica não se quis verdadeiramente exigir um acordo prévio do tipo "*petição conjunta*", mas apenas que o este, de alguma forma, viesse a manifestar-se; i.e., a exigência não seria prévia, podendo ocorrer de forma sucessiva, nomeadamente na forma tácita ou expressa como a parte responde ao conflito unilateralmente proposto pela outra[24]. Outros, advogavam pela *facultatividade do comum*

---

22. Nomeadamente ADIn's n.º 3.423, 3.431, 3.432 e 3.520.
23. Dantas, Adriano Mesquita. O dissídio coletivo após a Emenda Constitucional n.º 45: a inconstitucionalidade da expressão "comum acordo". *Jus Navigandi*, Teresinha, Ano 11, N.º 1253, 2006, disponível em https://jus.com.br/artigos/9260/o-dissidio-coletivo--apos-a-emenda-constitucional-n-45, última consulta em 22.02.2018; Nascimento, Amauri Mascaro. A questão do dissídio coletivo "de comum acordo". *Revista LTr*, São Paulo, Vol. 70, N.º 6, jun/2006, pág. 650: "o dissídio coletivo econômico ou é considerado como um processo, e se é assim os princípios fundamentais do processo ser-lhe-ão aplicáveis, ou não é tido como um processo, mas uma arbitragem pública feita pelo Tribunal do Trabalho, caso este, e único em que seria compatível com a exigência do consentimento comum para a propositura, como é na arbitragem facultativa"; Teixeira Filho, Manoel Antônio. *Breves Comentários à Reforma do Poder Judiciário*. São Paulo: LTr, 2005, pág. 200; Martins, Sérgio Pinto. *Direito Processual do Trabalho*. 40ª ed. São Paulo: Atlas, 2018, págs. 956-957. *Em sentido contrário, defendendo a constitucionalidade da exigência de comum acordo* e a não violação da garantia do acesso à justiça, argumentou-se no sentido de que como aquilo que se procura neste dissídio coletivo não é propriamente uma tutela jurisdicional, mas antes o poder normativo da justiça laboral, não poderíamos sequer falar numa vedação ao acesso à jurisdição. Afinal, a instauração deste dissídio nada tem de jurisdicional, sendo antes puro exercício de poder normativo pelos tribunais laborais (cf. parecer da Procuradoria Geral da República na ADI n. 3.432-4/600-DF; Santos, Enoque Ribeiro dos. Dissídio coletivo e emenda constitucional n.º 45/2004: considerações sobre as teses jurídicas da exigência do "comum acordo". *Justiça do Trabalho*, Porto Alegre, Vol. 22, N.º 264, 2005, pág. 18).
24. Neste sentido, Pereira, José Luciano Castilho. A reforma do Poder Judiciário – O Dissídio Coletivo de Greve. *In* Coutinho, Brijalbo Fernandes, Fava, Marcos Neves (coord.). *Justiça do Trabalho: competência ampliada*. São Paulo: LTr, 2005, pág. 248; Franco Filho, Georgenor de Sousa. Reforma do Judiciário: a EC 45/2004. *Revista de Direito do Trabalho*, São Paulo, Vol. 121, 2006, pág. 50; Teixeira Filho, Manoel Antônio. *Curso de direito processual do trabalho: processo de conhecimento*. São Paulo: LTr, 2009, Vol. I, pág. 439; Dalazen, João Oreste. Reflexões sobre o poder normativo da Justiça do Trabalho e a EC n.º 45/2004. *In* Paixão, Cristiano, Rodrigues, Douglas Alencar, Caldas, Roberto Figueiredo (coord.) *Os novos horizontes do direito do trabalho: homenagem ao Ministro José Luciano de Castilho Pereira*. São Paulo: LTr, 2005, pág. 462 ("(...) o concurso de vontades entre o Capital e o Trabalho requerido

acordo[25] – posição que veio a colher bastante respaldo na jurisprudência; a *não sujeição da Constituição ao princípio da inafastabilidade da jurisdição*[26]; ou ainda a possibilidade de *suprir o consentimento judicialmente*[27]. Os defensores da alteração normativa, amparavam-se no *carácter condicionante*

---

pela norma do art. 114, §2º, em meu entender, não significa necessariamente ação coletiva de iniciativa conjunta dos sindicatos patronal e profissional. A exigência fundamental da norma é de concordância expressa ou tácita de ambas as categorias em que seja ajuizado o dissídio coletivo de natureza econômica perante a Justiça do Trabalho. (...) Daí se segue a circunstância de o dissídio coletivo haver sido ajuizado unilateralmente por um sindicato ou empresa, a partir da vigência da EC n. 45/2004, não é, por si só, decisiva e necessariamente determinante da extinção do processo de dissídio, sem apreciação do mérito"). No mesmo sentido em apreciação jurisprudencial, *v.* acórdão do TRT, 3ª Região, Secção Especializada de Dissídios Coletivos, Processo n.º 00474.2005.000.03.00.9, Relator Juiz Sebastião Geraldo de Oliveira, Data de Julgamento 25.08.2006, onde se pode ler: "(...) Ademais, a participação do suscitado na audiência de conciliação e instrução perante este Tribunal e, bem assim, nas reuniões com o suscitante perante a Delegacia Regional do Trabalho, representa a concordância tácita com o presente dissídio coletivo."

25. Vidigal, para quem a expressão "comum acordo" só poderia ser compreendido como uma faculdade ao dispor das partes. A falta de consentimento de uma das partes para a instauração do litígio jamais poderia negar ao outro o direito de ação (Vidigal, Márcio Flávio Salem. Primeiras e brevíssimas reflexões sobre a nova redação do art. 114, §2º, da Constituição da República (Emenda nº 45/2004). *Revista do Tribunal Regional do Trabalho da 3ª Região,* Belo Horizonte, Vol. 40, N.º 70, jul-dez/2004. Edição Especial); Pitas, José. História da Justiça do Trabalho: competência. *Revista do Direito do Trabalho,* São Paulo, Vol. 31, N.º 120, 2005, pág. 123; Almeida, Cléber Lúcio. *Direito Processual do Trabalho.* 8ª ed. São Paulo: LTr, 2016, pág. 724.

26. Noutros termos, entendia-se que o princípio da inafastabilidade da jurisdição era apenas dirigido ao legislador infraconstitucional, mas não ao legislador constituinte. Assim, Ripper, Walter William. Poder normativo da justiça do trabalho. Análise do antes, do agora e do possível depois. *Revista do Direito do Trabalho,* São Paulo, Vol. 31, N.º 120, out-dez/ 2005, págs. 275.

27. Nomeadamente com base no ex-art. 461 do CPC/73, que permite a demanda de obrigações de *facere*. O fundamento do pleito judicial seria a proibição de condutas que impusessem de forma arbitrária, unilateral, potestativa e atentatória ao princípio da boa-fé, uma condição de acesso ao judiciário de forma injustificada. Assim, Santos, Enoque Ribeiro dos. Dissídio coletivo e emenda constitucional n.º 45/2004: considerações sobre as teses jurídicas da exigência do "comum acordo". *Justiça do Trabalho,* Porto Alegre, Vol. 22, N.º 264, 2005, pág. 22; Carmo, Júlio Bernardo do. Do mútuo consenso como condição de procedibilidade do dissídio coletivo de natureza econômica. *Jus Navegandi,* Teresinha, Ano 9, n.º 681, 2005, *disponível em* https://jus.com.br/artigos/6734/do-mutuo-consenso-como-condicao-de-procedibilidade-do-dissidio-coletivo-de-natureza-economica; última consulta em 13.04.2018 No mesmo sentido, acórdão do TRT, 3ª Região, Secção Especializada em Dissídios Coletivos, Processo

(e não excludente) do direito à ação, o que arredava qualquer violação a essa garantia constitucional[28].

A jurisprudência nacional brasileira, porém, veio por várias vezes dispensar com frequência este requisito constitucional[29], convergindo en-

---

de Dissídio Coletivo n.º 01426.2005.000.03.00.7, Relator Juiz Luiz Otávio Linhares Renault, Data de Julgamento 15.05.2006.

28. Considerando que apenas estaria aqui criada uma restrição de acesso e não uma vedação jurídica, ela seria legítima e paralela a outras que igualmente resultavam do texto constitucional, como a do art. 217, §5º da CF (em matéria de competições desportivas), ou do texto infraconstitucional, como o art. 616, §4º da CLT. Ou seja, apenas se dificultava, sem se impedir, o direito ao exercício da ação coletiva. Cf. Garcia, Gustavo Filipe Barbosa. Reforma do poder judiciário: o dissídio coletivo na justiça do trabalho após a EC 45/200. *Revista de direito do Trabalho*, Curitiba, Vol. 31, N.º 118, 2005, pág. 78 e Novidades sobre o dissídio coletivo após a Reforma do poder judiciário. *Revista IOB trabalhista e previdenciária*, São Paulo, N.º 7, abr/2005, pág. 204. No mesmo sentido, Melo, Raimundo Simão. Ajuizamento de Dissídio Coletivo de Comum Acordo. *Revista do TST*, Porto Alegre, Vol. 72, N.º 2, maio-ago/2006, págs. 90-91.

29. "Dissídio coletivo. Emenda Constitucional n. 45/2004. Desnecessidade da anuência da parte contrária para o ajuizamento. A Carta Magna de 1988 é um conjunto de princípios e regras que deve ser analisado de forma harmônica para que se cumpra o seu projeto de Constituição Cidadã, no processo de sedimentação do Estado Democrático de Direito previsto em seu art. 1º, cujo inciso IV exige, como um dos seus fundamentos, "os valores sociais do trabalho e da livre iniciativa". Neste contexto, afirmar-se que a nova regra constitucional (pela inclusão da expressão "comum acordo" no art. 114, §2º) retirou da Justiça do Trabalho o poder de julgar o dissídio coletivo importaria em elastecer ainda mais o abismo existente entre o projeto constitucional e a realidade atual dos fatos. Isto porque tal instituto jurídico tem o papel justamente de, sob os auspícios de um julgamento equitativo, estabilizar os conflitos entre o capital e o trabalho, contribuindo para que os dois fundamentos da República – valores sociais do trabalho e da livre iniciativa – tornem-se compatíveis, ao menos em termos pragmáticos, no conflito que se apresenta. Também não há como se entender, racionalmente, qual seria o objeto de transformar a Justiça do Trabalho em mais um árbitro, eis que a norma permite o ajuizamento do dissídio se as partes previamente se recusarem à arbitragem, instituto que, historicamente, constitui forma extrajudicial de decisão de conflitos. De todo modo, a própria expressão 'dissídio' não se compactua com o 'comum acordo' – onde há conflito de interesses não existe acordo. Por fim, se o legislador constituinte derivado pretendesse, efetivamente, extirpar o poder normativo, deveria tê-lo feito de forma expressa, indene de dúvidas, pois tal mudança representaria a revisão brusca do referido contexto constitucional regente das relações entre trabalho e capital, culminando, em última análise, na real possibilidade de supressão de todos os direitos conquistados pelas categorias profissionais ao longo de anos de luta, ao mero talante dos sindicatos patronais ao não concordarem com o ajuizamento do dissídio" (acórdão do TRT, 3ª Região, Processo de Dissídio Coletivo n.º 00318.2005.000.03.007, Relator Juiz Paulo Sufuentes Costa, Data de Julgamento 10.06.2005); "Dissídio coletivo. Ajuizamento

tendimento à luz e nos moldes do regime jurídico que resultava do preceito antes da EC n.º 45/2004. Esta constatação não deixa de se lamentar, já que apela à aplicação de um instituto em termos não democráticos e contrários aos princípios da liberdade sindical, nomeadamente por contrariar a lógica de diálogo social como instrumento de composição de interesses e que lhe é ínsita[30]. Não é esse, portanto, o posicionamento atual e unânime do TST, que considera o acordo como verdadeiro pressuposto para a instauração da lide coletiva[31]. Consequentemente, a falta do acordo determinará a projeção de norma coletiva anterior (OJ n.º 5 do TST[32]).

De comum acordo. Ajuizamento unilateral. Possibilidade. CF. Art. 8º, III x EC n. 45/2004, Art. 114, §2º. Compreensão. Possível o ajuizamento unilateral do dissídio coletivo porque foi mantido mais que o poder normativo, ou seja, o inciso III do art. 8º da Constituição, quer dizer, a defesa pelo sindicato de interesses - e não de direitos - coletivos - e não meramente individuais - em questões judiciai. Trocando em miúdos, dissídio coletivo de iniciativa do sindicato para a defesa das reivindicações da coletividade representada. Se o adversário recusa a arbitragem privada e também a jurisdicional, o conflito se mantém e os interesses dos trabalhadores, de melhores condições de salário e de trabalho, com apoio na ordem econômica, fundada na valorização do trabalho e social, que tem como base o primado do trabalho e como objetivo o bem-estar e a justiça social, são lesados, sem que se permita o acesso ao Poder Judiciário para defendê-las, como assegura a Constituição, no inciso XXXV do art. 5º" (acórdão do TRT, 2ª Região, Processo n.º 2001220000002002, Relator José Carlos da Silva Arouca, Data de Julgamento 09.08.2005). *V.* ainda acórdão do TRT, 2ª Região, Processo de Dissídio Coletivo n.º 00012.2005.2, Relator Desembargador Juiz José Carlos da Silva Arouca, Data de Publicação 09.08.2005; acórdão do TRT, 2ª Região, Processo n.º 00012.2005.2, Relator José Carlos da Silva Arouca, Data de Julgamento 09.08.2005; Acórdão do TRT, 2ª Região, Processo de Recurso Ordinário em Dissídio Coletivo n.º 20067.2005.000.02.00.2, Relator Carlos Francisco Berardo, Data de Julgamento 27.01.2006.

30. Contraria, ainda, as orientações expressamente dadas pela OIT, no seu Comité de Liberdade Sindical, n.os 861 ("A imposição de um procedimento de arbitragem obrigatória no caso de não chegarem as partes a acordo sobre o projeto de contrato coletivo levanta problemas de aplicação com a Convenção n. 98") e 862 ("Disposições que estabelecem que, à falta de acordo entre as partes, as questões em litígio de negociação coletiva serão resolvidas por arbitragem da autoridade não estão em conformidade com o princípio da negociação voluntária contido no art. 4º da Convenção n. 98").

31. "Recurso Ordinário Em Dissídio Coletivo. Ausência De Comum Acordo, Pressuposto Específico Para Ajuizamento Do Dissídio. A regra, ante o que dispõe o art. 114, § 2º, da Constituição Federal, é a exigência de comum acordo para instauração do dissídio coletivo. Havendo, como no caso, clara evidência de que a parte contrária se opôs à instauração da instância, força é prover o recurso para declarar-se a extinção do processo, sem julgamento do mérito, nos termos do art. 267, IV, do CPC, por ausência do requisito do comum acordo, em relação aos

Também sempre foi controvertido o entendimento quanto à natureza jurídica desta exigência prévia. A jurisprudência dividia-se entre os que a consideravam como *condição da ação*[33] e os que o entendiam como *pressuposto processual*[34]. Idêntico problema encontrávamos entre a doutrina[35].

Suscitados que arguiram a preliminar em defesa e a renovaram em razões de Recurso Ordinário" (acórdão do TST, SDC, Processo n.º 2027600.39.2007.5.02.0000, Relator Ministro Márcio Eurico Vitral Amaro, Data de Julgamento 27.05.2011); "Dissídio Coletivo De Natureza Econômica. Recurso Ordinário Interposto Pelos Sindicatos Profissionais Suscitantes. Ausência De Comum Acordo. Jurisprudência Do TST. Extinção. O comum acordo, pressuposto específico para o ajuizamento do dissídio coletivo, exigência trazida pela Emenda Constitucional nº 45/2004 ao art. 114, § 2º, da CF, embora de maneira ideal devesse ser materializado sob a forma de petição conjunta da representação, é interpretado de modo mais flexível por esta Justiça trabalhista, no sentido de se admitir a concordância tácita na instauração da instância, desde que não haja a oposição expressa do suscitado, na contestação. *In casu*, mostra-se inviável o pedido dos recorrentes, no sentido de que seja suprida a concordância da parte contrária em relação à instauração da instância, não somente em face da jurisprudência dominante desta Corte, mas também por não se poder amoldar a Constituição Federal às concepções e aos interesses de cada parte. Tendo, pois, o suscitado demonstrado, expressamente, na contestação, a não concordância com a busca da solução do conflito pela via judicial, não cabe a esta Justiça Especializada o exercício espontâneo da jurisdição, contra a vontade manifesta da parte, que tem o respaldo da Constituição Federal. Mantém-se, pois, a decisão regional que extinguiu o feito, sem resolução de mérito, e nega-se provimento ao recurso. Recurso ordinário não provido" (acórdão do TST, Processo de Recurso Ordinário n.º 205.09.2010.5.09.0000, Relatora Ministra Dora Maria da Costa, Data de Julgamento 20.05.2011).

32. "A ausência do comum acordo para a instauração do dissídio coletivo implica projeção da norma coletiva anterior, seja ela autônoma (TST, S. 277) ou heterônoma (TST, PN 120), com a simples atualização dos índices econômicos já existentes por força da cláusula 'rebus sic stantibus'." (cit. OJ n.º 5 do TRT 2ª Região).

33. "Dissídio coletivo. Parágrafo 2º do art. 114 da Constituição da República. Exigibilidade da anuência prévia. Não demonstrado o comum acordo, exigido para o ajuizamento do Dissídio Coletivo, consoante a diretriz constitucional, evidencia-se a inviabilidade do exame do mérito da questão controvertida, por ausência de condição da ação, devendo-se extinguir o processo, sem resolução do mérito, à luz do art. 267, inciso VI, do CPC. Preliminar que se acolhe" (acórdão do TST, SCD, Processo de Recurso Ordinário n.º 165049.2005.000.00.00, Data de julgamento 29.09.2006).

34. "Exigência de um acordo para instauração de dissídio coletivo de natureza econômica. Constitucionalidade da inovação introduzida pela emenda constitucional Nº45/2004. Oposição da parte adversa. Extinção do processo por falta de pressuposto processual. (...) V – Descartada a exigência de que os contendores, para provocação da atuação do poder normativo da Justiça do Trabalho, assim o tenha ajustado previamente, cabe apenas verificar se a entidade sindical

Com tom significativamente crítico acerca desta "inversão de ideias" a respeito do funcionamento das condições e pressupostos processuais, NASCIMENTO já asseverava que esta alteração constitucional havia *invertido a titularidade do direito de ação*, que passava agora a ficar condicionado à vontade do réu e não mais do autor, entendendo que isso mais não equivaleria do que à própria negação desse mesmo direito[36]. Hoje, porém, com a superação da ideia de condições de ação, parece líquida a sua configuração como *pressuposto processual*[37].

---

suscitada a ela se opôs expressamente ou com ela consentira explicita ou tacitamente, no caso de não se insurgir contra a instauração do dissídio de natureza econômica, circunstância que dilucida a não-aplicação, no processo coletivo do trabalho, da ortodoxia do processo comum de se tratar de matéria cognoscível de ofício pelo juiz, a teor do § 3º, do art. 267, do CPC, pelo que o seu acolhimento dependerá necessariamente da iniciativa da parte adversa. VI – Como a suscitada expressamente manifestou-se contrária ao ajuizamento do dissídio coletivo, depara-se com a ausência do pressuposto de válido e regular desenvolvimento do processo de que trata o art. 267, inciso IV, do CPC, indutora da sua extinção sem resolução do mérito, a teor do *caput* daquele artigo. Recurso provido para julgar extinto o processo sem resolução do mérito" (acórdão do TST, SDC, Processo de Recurso Ordinário n.º 3609.2005.000.04.00 Data de Julgamento 01.06.2007). No mesmo sentido, acórdão do TRT, 1ª Região, Processo de Dissídio Coletivo n.º 0003175-33-2012-5-01-0000, Relator Desembargador Celio Juaçaba Cavalcante. GARCIA, Pedro Carlos Sampaio. O fim do poder normativo. *In* COUTINHO, Grijalbo Fernandes, FAVA, Marcos Neves (coord.). *Justiça do Trabalho: Competência ampliada.* São Paulo: LTr, 2005, pág. 392.

35. Assim, por exemplo, entre os que consideravam a exigência de acordo como uma *condição de ação*, por não ser necessário impor estrito formalismo processual na propositura do litígio coletivo, SILVA, Edson Braz da Silva. Aspectos processuais e materiais do dissídio coletivo frente à Ementa Constitucional n. 45/2004. *Revista LTr*, São Paulo, Vol. 60, n.º 9, set/2005, pág. 1042; GARCIA, Gustavo Filipe Barbosa. Novidades sobre o dissídio coletivo após a Reforma do poder judiciário. *Revista IOB trabalhista e previdenciária*, São Paulo, N.º 7, abr/2005, pág. 204; MARTINS, Sérgio Pinto. *Direito Processual do Trabalho.* 40ª ed. São Paulo: Atlas, 2018, pág. 947. Entre os vários que *consideravam ser pressuposto processual*, MELO, Raimundo Simão. Ajuizamento de Dissídio Coletivo de Comum Acordo. *Revista do TST,* Porto Alegre, Vol. 72, N.º 2, maio-ago/2006, pág. 91.

36. NASCIMENTO, Amauri Mascaro. A questão do dissídio coletivo "de comum acordo". *Revista LTr,* São Paulo, Vol. 70, N.º 6, jun/2006, pág. 655; PEREIRA, José Luciano Castilho. A reforma do Poder Judiciário – O Dissídio Coletivo de Greve. *In* COUTINHO, Brijalbo Fernandes, FAVA, Marcos Neves (coord.). *Justiça do Trabalho: competência ampliada.* São Paulo: LTr, 2005, pág. 255.

37. Sobre este ponto, *v.* DIDIER JR., Fredie. *Pressupostos Processuais e condições da ação: o juízo de admissibilidade do processo.* São Paulo: Saraiva, 2005.

3.2.3. O declínio do poder normativo da Justiça do Trabalho

O poder normativo da Justiça do Trabalho, que se justificou durante a fase corporativista do direito sindical como forma de controlar estas organizações[38], impedir o direito de greve[39] e evitar que os conflitos gerassem paralisações, sofreu fortes restrições após o impacto da EC 45/2004[40]. A história da sua evolução tem sido conturbada[41]. Após romper as amarras da

---

38. GARCIA, Pedro Carlos Sampaio. O fim do poder normativo. *In* COUTINHO, Grijalbo Fernandes, FAVA, Marcos Neves (coord.). *Justiça do Trabalho: Competência ampliada.* São Paulo: LTr, 2005, pág. 387; HINZ, Henrique Macedo. *O poder normativo da justiça do trabalho.* São Paulo: LTr, 2000, pág. 50; PINTO, José Augusto Rodrigues. *Direito Sindical e Coletivo do Trabalho.* 1ª ed. São Paulo: LTr, 1998, págs. 351-354.
39. "Servia ainda o poder normativo a outra função perversa para a classe trabalhadora. Era ele instrumento extremamente eficiente para impedir o exercício do direito de greve. Era esta, aliás, sua verdadeira finalidade. Escondendo-se por trás de uma máscara protecionista, o que o Estado buscava com o poder normativo era acabar com as greves, instrumento de pressão legítimo e democrático que os trabalhadores utilizam em suas negociações com os empregadores" (cit. GARCIA, Pedro Carlos Sampaio. O fim do poder normativo. *In* COUTINHO, Grijalbo Fernandes, FAVA, Marcos Neves (coord.). *Justiça do Trabalho: Competência ampliada.* São Paulo: LTr, 2005, pág. 388).
40. Com efeito, houve quem entendesse, por um lado, que a EC 45/2004 extinguiu esse poder normativo, privilegiando a negociação coletiva; outros, que esse poder teria apenas sido mitigado e a Justiça do Trabalho sido transformada em poder arbitral; e outros que desvalorizam a alteração e mantêm a importância desse poder normativo, já que além do dissídio econômico existem outros para os quais aquele poder se mantém incólume (dissídio de greve, dissídio jurídico, o de revisão etc.).
41. Antes do surgimento deste poder normativo da Justiça do Trabalho, as chamadas Comissões Mistas de Conciliação (criadas em 1932, em número de 38), apesar de não terem natureza de órgão jurisdicional, tinham a competência para conhecer dos confrontos coletivos e apresentar propostas de acordo que, se não obtido, seguiria os termos de um conflito arbitral e, em última hipótese, seria remetido ao Ministério do Trabalho para resolução. Foram estas comissões que antecederam a criação da Justiça do Trabalho em 1941. Quando esta surgiu, ao tempo da Constituição de 1937 e sob o regime ditatorial de Getúlio Vargas, apresentava-se com forte ligação ao Poder Executivo do Estado. No art. 139 da Constituição Federal ("Para dirimir os conflitos oriundos das relações entre empregadores e empregados, reguladas na legislação social, é instituída a justiça do trabalho (...). A greve e o *lockout* são declarados recursos anti-sociais, nocivos ao trabalho e ao capital e incompatíveis com os superiores interesses da produção nacional") denotava-se clara intenção de subordinar a esta Justiça a um papel de controlo dos dissídios laborais, para obter, rapidamente, o restabelecimento da paz social. Entretanto, durante a II Guerra Mundial, sob Decreto n.º 5.821 de 1943, impunha-se que os sindicatos solicitassem previamente ao Ministério do Trabalho autorização para instauração de ação judicial. Após a queda da ditadura e a aprovação de nova Constituição em 1946, a Justiça do Trabalho livrou-se das amarras executivas

influência do poder executivo estatal, o poder normativo da Justiça do Trabalho transitou do 123, §2º da CF/46[42], para o 134 §1º da CF/67, para o 142 §1º após a EC 1/69, até, finalmente, ao atual 114, §1º CF/88. Se até à CF/88 este poder era consagrado sem a previsão expressa de quaisquer limites, com a chegada desta procedeu-se a uma sensível alteração, já que o dispositivo passou a sujeitar o poder normativo ao respeito pelas "disposições convencionadas e legais mínimas de proteção do trabalho". Os primeiros passos no sentido da promoção da liberdade negocial sindical e correspondente limitação do intervencionismo estatal estavam traçados[43].

Há largas décadas que se ouviam vozes na doutrina apelando à *supressão* deste poder normativo como condição para efetivar o princípio do Estado de Democrático de Direito nas regulamentações coletivas[44]. A Justiça do

---

para integrar o poder judiciário. *V.* MARTINS FILHO, Ives Gandra da Silva. Breve História da Justiça do Trabalho. In FERRARI, Irany; NASCIMENTO, Amauri Mascaro; MARTINS FILHO, Ives Gandra (coord.). HISTÓRIA DO TRABALHO, DO DIREITO DO TRABALHO E DA JUSTIÇA DO TRABALHO. São Paulo: LTr, 2011, págs. 153 ss; PINTO, José Augusto Rodrigues. *Direito Sindical e Coletivo do Trabalho*. 1ª ed. São Paulo: LTr, 1998, págs. 347 ss; MELO, Raimundo Simão de. *Dissídio coletivo de trabalho*. São Paulo: LTr, 2002, págs. 31-33.

42. "Compete à Justiça do Trabalho conciliar e julgar os dissídios individuais e coletivos entre empregados e empregadores, e as demais controvérsias oriundas de relações de trabalho regidas pela legislação especial. (...) §2º A lei especificará os casos em que as decisões, nos dissídios coletivos, poderão estabelecer normas e condições de trabalho" (art. 123 da CF/46).

43. Como aponta MARTINS FILHO, vários pontos corroboravam esse entendimento, como os termos amplos em que se admitiu o direito à greve (art. 9.º CF), o princípio da não-ingerência do poder estatal nas organizações sindicais (art. 8.º CF), o incentivo que se deu à negociação coletiva, assim como a promoção da arbitragem para resolução de conflitos coletivos como condição prévia necessária ao recurso à tutela judicial (art. 114 CF). Cf. MARTINS FILHO, Ives Gandra da Silva. *Processo Coletivo do Trabalho*. 4ª ed. São Paulo: LTr, 2009, pág. 22 ss.

44. Assim, ROMITA, Arion Sayão. *Sindicalismo, Economia, Estado Democrático. Estudos*. São Paulo: LTr, 1993, págs. 78-81 e em O Poder Normativo da Justiça do Trabalho: Antinomias Constitucionais. *Revista LTr*, São Paulo, Vol. 65, N.º 03, mar/2001, págs. 267-268; SANTOS, Enoque Ribeiro dos. *Direitos humanos na negociação coletiva: teoria e prática jurisprudencial*. São Paulo: LTr, 2004, pág. 135 ("Um dos mais sérios obstáculos ao pleno desenvolvimento da negociação entre nós deve-se ao poder normativo atribuído à Justiça do Trabalho. A mera existência desse poder secular, já arraigado nas mentes dos atores sociais desde os idos de 1940, não estimula como deveria ser o entendimento direto e prolongado, exaustivo entre os interlocutores sociais até à exaustão, como nos ensina a experiência do direito laboral norte-americano e alemão. Em face das primeiras dificuldades, ao invés de aprofundar o processo negocial, as partes

Trabalho que aparecia sob a figura de árbitro, compondo o litígio coletivo entre as partes, mas sentenciava sob o manto e força estatal[45] deveria ser extinta, por claramente enfraquecer o estímulo negocial entre as partes. Afinal, mesmo que houvesse desentendimento entre as partes envolvidas, sabiam que a Justiça do Trabalho sempre iria decidir em vez destas.

Apesar de não se poder dizer que tal ocorreu integralmente, este instrumento antidemocrático e coercitivo típico do modelo corporativo foi, pelo menos, restringido parcialmente após a Emenda Constitucional n.º 45/2004 e as novas exigências trazidas por esta no art. 114, §2º da CF[46]. Como visto no

---

preferem remeter a lide ao pronunciamento judicial do Estado"). Também assim no direito comparado: cf. CARACUEL, Manuel Ramon Alarcon. Um processo de conflicto colectivos sin sentencia normativa. *In* CARACUEL, Manuel Ramon Alarcon (coord.). *Estudios sobre la Ley de Procedimiento Laboral de 1990*. Madrid: Marcial Pons, 1991, pág. 206-218.

45. "(...) elaboravam as regras jurídicas no caso concreto, casuisticamente, ocasionando toda uma construção de direito paralelo e assistemático que era manipulada segundo os interesses de ocasião e, desse modo, destruturavam o edifício material do direito coletivo do trabalho e suprimiam o cunho cientificamente jurisdicional das sentenças trabalhistas" (MACEDO, José Acurcio Cavaleiro de. A Emenda Constitucional N. 45/2004 e a judiciarização da justiça do trabalho. *Revista LTr*, São Paulo, Vol. 69, N.º 1, jan/2005, pág. 107). Talvez o preciosismo técnico de MEIRELES deva aqui ser chamado à colação para elucidar que, verdadeiramente, "(...) não se trata de legislar, como se fosse o Poder Legislativo, mas, sim, em solucionar jurisdicionalmente um litígio, ainda que meramente de interesses, a partir dos direitos fundamentais ao 'reconhecimento das convenções e acordos coletivos de trabalho' (inciso XXVI do art. 7º da CF) e da greve (art. 9º da CF)" (cit. MEIRELES, Edilton. A amplitude do poder normativo da Justiça do Trabalho. *Revista LTr*, São Paulo, Vol. 78, n.º 10, out/2014, pág. 1185). De qualquer forma, fato é que era uma atividade arbitrária, entregue a uma entidade que não tinha qualquer legitimidade para o fazer; com a agravante de que os magistrados não teriam qualquer tipo de responsabilidade sobre as suas decisões, o que revela o carácter anti-democrático do mecanismo (GARCIA, Pedro Carlos Sampaio. O fim do poder normativo. *In* COUTINHO, Grijalbo Fernandes, FAVA, Marcos Neves (coord.). *Justiça do Trabalho: Competência ampliada*. São Paulo: LTr, 2005, pág. 387.). "É a intromissão do Estado no livre jogo da negociação. A negociação coletiva é inconcebível sem a pressão da greve ou de sua ameaça, como o mostra o Direito Comparado nas democracias. E a greve só deve terminar com a vitória ou a derrota das pretensões, pela negociação" (cit. CARRION, Valentin. *Comentários à Consolidação das Leis do Trabalho*. 40ª ed. São Paulo: Saraiva, 2015, pág. 850).

46. Vários são os posicionamentos acerca desta querela. *Advogando pela extinção do poder normativo*, PINTO, José Augusto Rodrigues. A Emenda Constitucional nº 45/2004 e a Justiça do Trabalho: Reflexos, Inovações e Impactos. *Revista LTr*, Vol. 69, N.º 5, maio/2005, págs. 521-538. *Advogando pela redução do poder normativo*, MEIRELLES, Davi Furtado. Poder Normativo: Momento de Transição. *Revista LTr*, São Paulo, Vol.

ponto *supra* em *3.2.2*, a exigência de comum acordo como condicionante à instauração de ação jurisdicional ao mesmo tempo que veio privilegiar a autonomia sindical e o entendimento entre as partes envolvidas, afetou de forma significativa a possibilidade de a Justiça Laboral intervir normativamente na regulamentação do conflito[47]. Sai reforçada a negociação coletiva, pois o contrato coletivo passa a ter exclusivamente essa natureza - *comutativo, bilateral, obrigacional* - livre de cláusulas substitutivas editadas e impostas pelo judiciário. O postulado que lhe subjaz é igualmente claro: o quadro normativo mínimo que já resulta do ordenamento jurídico trabalhista é suficiente para se verem salvaguardados os direitos dos trabalhadores, pelo que resta às entidades de representação da classe a melhor forma de comporem, adaptarem ou especializarem esse mesmo quadro, no âmbito da sua total autonomia negocial. À função jurisdicional deve ser reservada somente o papel de regular conflitos envolvendo interesses econômicos, mas já não de interferir na alteração de condições jurídicas específicas de contratos de trabalho[48].

3.2.4. A Ultra-atividade[49] das convenções coletivas. O Enunciado 277 da Súmula TST e o poder normativo sindical

A história da evolução do Enunciado 277 da Súmula do TST é marco que reveste também particular interesse para efeitos da evolução da importância

---

69, N.º 6, jun/2005, págs. 694-698 e Martins Filho, Ives Gandra da Silva. A Reforma do Poder e seus desdobramentos na Justiça do Trabalho. *Revista LTr*, vol. 69, N.º 1, jan/2005, págs. 30-39. *Pela manutenção do poder*, Nascimento, Amauri Mascaro. A questão do dissídio coletivo "de comum acordo". *Revista LTr*, São Paulo, Vol. 70, N.º 6, jun/2006, pág. 655.

47. Ripper, Walter William, *O poder normativo da Justiça do Trabalho após a Emenda Constitucional n. 45/2004*, São Paulo, LTr, 2007, págs. 76-82.

48. Macedo, José Acurcio Cavaleiro de. A Emenda Constitucional N. 45/2004 e a judiciarização da justiça do trabalho. *Revista LTr*, São Paulo, Vol. 69, N.º 1, jan/2005, pág. 106.

49. Existe uma série de classificações dadas a estes efeitos de cláusulas de convenções coletivas. Assim, por exemplo, referenciando a *tese ou teoria da incorporação v.* Pinto, José Augusto Rodrigues. *Direito Sindical e Coletivo do Trabalho*. 1ª ed. São Paulo: LTr, 1998, pág. 219; Plá Rodriguez, Américo. *Princípios do direito do trabalho*. São Paulo: LTr, 2015, págs. 136-137; abordando o princípio da *aderência contratual com a incorporação de normas coletivas v.* Delgado, Maurício Godinho. *Princípios Constitucionais do Trabalho e Princípios de Direito Individual e Coletivo do Trabalho*. 5ª ed. São Paulo: LTr, 2017, pág. 174; alegando *sobrevigência das cláusulas normativas v* Príncipe, Carlos Eduardo. *A sobrevigência das cláusulas normativas aos contratos individuais de trabalho*. São Paulo: LTr, 2004, pág. 205; falando em *sobrevivência de*

do autorregramento da vontade das partes no ordenamento jurídico brasileiro. Esta, aprovada em 1988, e até à sua reformulação em 2012, determinava que as condições de trabalho previstas e reguladas nas sentenças normativas não integravam os contratos de trabalho, valendo apenas por prazo nelas determinado. Ressalvava-se, porém, o período compreendido entre 23.12.1992 e 28.07.1995, em que vigorou a Lei n. 8.542 (revogada pela Medida Provisória n. 1.709, convertida na Lei n.º 10.192). Quer isto dizer, portanto, que o TST reconheceu que neste período (23.12.1992 e 28.07.1995) as cláusulas normativas se incorporavam ao contrato de trabalho. O art. 1.º, §1º daquela Lei n.º 8.542 havia consagrado, portanto, a *eficácia ultra-ativa* das cláusulas normativas[50].

---

normas coletivas Costa, Orlando Teixeira da. Sobrevivência das normas coletivas após a expiração do prazo convencional. *Revista LTr*, São Paulo, Vol. 54, N.º 2, fev/1990, págs. 154-156; falando em *ultravigência*, v. Giugni, Gino. *Direito Sindical.* São Paulo: LTr, 1991, pág. 146; optando por fazer uso da expressão *princípio de manutenção das regalias adquiridas*, v. Xavier, Bernardo da Gama Lobo. *Curso de Direito do Trabalho.* 2ª ed. Lisboa: Verbo, 1993, Vol. I, pág. 270. Por todos, Martins, Sérgio Pinto. Incorporação das cláusulas da norma coletiva ao contrato de trabalho. *Revista IOB Trabalhista e Previdenciária*, São Paulo, N.º 252, 2010, pág. 42.

50. Porém, em opinião exarada no ERR n.º 647579.2000.0 do TST a Ministra Maria Cristina Peduzzi apontava que "a ultra-atividade da norma coletiva, prevista no §1º do art. 1º da Lei nº 8.542/92, dependia de expressa manifestação nesse sentido, pois o silêncio interpreta-se como interesse em limitar a validade da cláusula à vigência da norma coletiva". Em todo o caso, este entendimento veio posteriormente a ser superado por outros precedentes que conduziram ao ponto II da Súmula 277. Como apontam Carvalho, Arruda e Delgado, a SDC a partir de 2008 pacificou entendimento sobre a ultra-atividade não apenas de sentenças normativas como de convenções coletivas, quatro anos antes da nova redação que foi dada à Sumula 277. Inclusivamente em 2011, o TST aprovou precedente normativo n.º 120 nessa mesma secção no sentido de que "a sentença normativa vigora, desde seu termo inicial até que sentença normativa, convenção coletiva de trabalho ou acordo coletivo de trabalho superveniente produza sua revogação, expressa ou tácita, respeitando, porém, o prazo máximo legal de quatro anos de vigência". Para o efeito, fazem ainda menção ao acórdão do TST, SDC, Recurso Ordinário do Dissídio Coletivo n.º 2010000.68.2008.5.02.0000, Relatoria Ministro Walmir Oliveira da Costa, Data de Julgamento 12.04.2010, onde se determina que "(...) em que pese a norma coletiva imediatamente anterior possuir natureza heterônoma (sentença normativa), é plausível, do ponto de vista social e jurídico, a manutenção da cláusula de garantia de emprego que vem sendo convencionada ao longo dos anos pelas partes, constando, inclusive, nas normas coletivas autônomas celebradas individualmente com integrantes da categoria econômica, sobretudo quando se constata que os sindicatos suscitados postulam a exclusão sem apresentar razões de cunho econômico, social ou mesmo operacional que inviabilizem a manutenção do direito" (Carvalho, Augusto César Leite de; Arruda, Kátia Magalhães; Delgado, Maurício

Entretanto, com a EC n.º 45/2004, o art. 114, §2º da CF veio determinar que, em sede de dissídios coletivos, a Justiça do Trabalho poderia decidir o conflito de natureza económica, desde que "(...) respeitadas as disposições mínimas legais de proteção ao trabalho, *bem como as convencionadas anteriormente*". Mais um passo foi dado no sentido da ultra-atividade de cláusulas normativas, já que estas se apresentam como parâmetros a serem respeitados pela Justiça Laboral, *independentemente das convenções que as prevejam estarem ou não em vigor*[51]. Daqui já se poderia extrair uma dualidade de regimes quanto a estas cláusulas: ao passo que as pactuadas no exercício da autonomia coletiva permaneciam sem vigência limitada (pelo menos até que não sobreviesse outra negociação coletiva), o mesmo não acontecia – pelo menos por princípio[52] – com as sentenças normativas, de eficácia temporal limitada[53].

Godinho. A súmula n.º 277 e a defesa da Constitucional. *Revista do TST*, São Paulo, Vol. 78, N.º 4, out-dez/2012, págs. 48 ss).

51. Trindade, Washington Luiz da. *O superdireito nas relações de trabalho.* Salvador: Distribuidora de livros Salvador, 1982, pág. 87. Em sentido contrário, considerando que as cláusulas de convenções coletivas não teriam vigência ultra-ativa e que, portanto, onde se lê no art. 114, §2º "desde que respeitadas (...) as convencionadas anteriormente", deve entender-se "desde que respeitadas (...) as convencionadas anteriormente desde que ainda vigentes por vontade das partes", Silva, Edson Braz da Silva. Aspectos processuais e materiais do dissídio coletivo frente à Ementa Constitucional n. 45/2004. *Revista LTr*, São Paulo, Vol. 60, n.º 9, set/2005, pág. 1045; Garcia, Gustavo Filipe Barbosa. Novidades sobre o dissídio coletivo após a Reforma do poder judiciário. *Revista IOB trabalhista e previdenciária*, São Paulo, N.º 7, abr/2005, pág. 202 ("(...) as respetivas condições de trabalho continuam a vigorar (...) não porque as cláusulas da norma coletiva negociada anteriormente integram os pactos laborais, mas sim porque foram observadas no julgamento do dissídio coletivo de natureza econômica.").

52. Dizemos "por princípio" pois a própria Subsecção I Especializada em Dissídios Individuais do TST, em OJ n.º 41, admitiu-a em certos casos, sempre que a vantagem perdurava mesmo após a cessação da convenção: "Estabilidade. Instrumento normativo. Vigência. Eficácia (inserida em 25.11.1996). Preenchidos todos os pressupostos para a aquisição de estabilidade decorrente de acidente ou doença profissional, ainda durante a vigência do instrumento normativo, goza o empregado de estabilidade mesmo após o término da vigência deste". No mesmo sentido, em acórdão da mesma SDI-I "Recurso de embargos regido pela Lei n. 11.496/2007. Indenização por tempo de serviço. Incorporação ao contrato de trabalho de vantagem prevista em norma coletiva. Enersul. A existência de cláusula normativa criando a indenização por tempo de serviço e incorporação dessa vantagem ao contrato de trabalho em curso no período de vigência do acordo coletivo, mesmo que a resilição contratual tenha se verificado após a vigência da norma coletiva, impõe a observância do pactuado coletivamente em razão do disposto no art. 7.º, XXVI, portanto as partes decidiram incorporar aos

Com a nova redação sumular operada em 2012 pelo tribunal pleno, optou-se por consagrar entendimento *diametralmente oposto*, i.e., que essas cláusulas convencionadas coletivamente integrariam os contratos de trabalho, só podendo ser modificados mediante nova negociação coletiva. Esta nova redação foi objeto de inúmeras discussões, tendo-se levantado na academia posições *aplaudindo essa ultra-atividade condicionada* das convenções coletivas[54] e entendimentos *com ela discordantes*[55].

Desde então a Confederação Nacional dos Estabelecimentos de Ensino deu entrada de uma ADPF (Arguição de Descumprimento de Preceito

---

contratos individuais de trabalho de forma definitiva a indenização por tempo de serviço em face de dispensa sem justa causa. Recurso de embargos conhecido e provido" (acórdão do TST, SDI, Recurso de Revista, Processo n.º 4924900.11.2002.5.24.0900, *apud* Pessoa, Roberto; Pamplona Filho, Rodolfo. A nova velha questão da ultra-atividade das normas coletivas e a Súmula n. 277 do Tribunal Superior do Trabalho. *Revista LTr*, São Paulo, Vol. 77, n.º 2, 2013, pág. 152).

53. Pessoa, Roberto; Pamplona Filho, Rodolfo. A nova velha questão da ultra-atividade das normas coletivas e a Súmula n. 277 do Tribunal Superior do Trabalho. *Revista LTr*, São Paulo, Vol. 77, n.º 2, 2013, pág. 151.

54. Neste sentido, Carvalho, Augusto César Leite de; Arruda, Kátia Magalhães; Delgado, Maurício Godinho. A súmula n.º 277 e a defesa da Constitucional. *Revista do TST*, São Paulo, Vol. 78, N.º 4, out-dez/2012, pág. 50.

55. Assim, Gomes Neto, Indalécio, "Convenção coletiva de trabalho e a súmula n. 277 do Tribunal Superior do Trabalho", *Revista* LTr, Vol. 80, N.º 7, São Paulo, LTr, 2016, pág. 794. Criticando a Súmula pela contrariedade que geraria em relação à sentença normativa – já que se integrassem o contrato individual o juiz já estaria obrigado a reiterar essas previsões no julgamento de dissídios coletivos –, bem como pelo preceito que admitia essa mesma integração já ter sido no passado revogado pela Lei n. 8.542, cf. Garcia, Gustavo Filipe Barbosa. Convenção Coletiva e Contrato de Trabalho: Súmula e Poder de Legislar. *Revista Síntese Trabalhista e Previdenciária*, São Paulo, Vol 27, N.º 321, mar/2016, pág. 115. Criticando pela inexistência de precedentes que amparassem a edição sumular, Teixeira Filho, João de Lima, "Considerações sobre a ultra-eficácia de condições coletivas de trabalho e a alteração da Súmula n. 277 do TST", *Revista LTr*, Vol. 77, n.º 22, São Paulo, LTr, 2013, págs. 1422-1424. Em sentido contrário, considerando que a SDC do TST já possuía firma opinião a respeito da ultra-atividade dessas cláusulas, Carvalho, Augusto César Leite de; Arruda, Kátia Magalhães; Delgado, Maurício Godinho. A súmula n.º 277 e a defesa da Constitucional. *Revista do TST*, São Paulo, Vol. 78, N.º 4, out-dez/2012, pág. 34; Gomes, Fábio Rodrigues, "O novo direito do trabalho", *Revista do Tribunal Superior do Trabalho*, Vol. 84, N.º 3, 2018, págs. 130-132. No entendimento do autor as principais críticas desta nova redação sumular prendem-se com o fato de o TST ter tomado "(...) a iniciativa de transferir este poder de um lado para o outro (ii) sem precedentes que respaldassem a nova redação da Súmula (tendo sido 'fruto de debates') e (iii) com base numa interpretação para lá de duvidosa do art. 114, §2º, da CF/88".

Fundamental) n.º 323-CONFENEN que, sob a relatoria do Ministro Gilmar Mendes, *determinou a suspensão de efeitos da Súmula* 277 desde outubro de 2016.

Atualmente, porém, está posto em causa não só com a liminar que suspendeu os efeitos da Súmula 277, como também pelo dispositivo da Reforma que vedou a ultra-atividade de forma expressa (art. 614, §3º da CLT).

A suspensão da Súmula veio em boa hora, já que o novo entendimento não prestigia significativamente a composição coletiva de conflitos trabalhistas, sobretudo na medida em que não reforça ou efetiva as pretensões do legislador constitucional quando editou a EC 45/2004. Na medida em que restringe o poder normativo da Justiça do Trabalho, esvazia de estímulos a classe empregadora para promover continuadas e renovadas negociações coletivas para rever direitos laborais já conquistados[56]. A ultra-atividade, que visa impedir a existência de anomias jurídicas – espaço que intermedeeia o período de cessação de vigência de uma convenção coletiva e o momento em que nova convenção coletiva entra em vigor –, ao assegurar a vigência de determinada convenção além do prazo da sua eficácia, assegurará um conforto dos empregados quanto ao patamar mínimo já adquirido e integrado ao seu contrato de emprego, mas deixará desconfortável à negociação a empresa, receosa de conceder benefícios que no futuro não poderá vir a renegociar[57]. A negociação coletiva perderá utilidade, com cada vez menos matérias a serem possíveis de negociação. A longo prazo, as convenções deixariam de retratar formas adequadas de

56. Gomes, Fábio Rodrigues. O novo direito do trabalho. *Revista do TST*, São Paulo, Vol. 84, N.º 3, jul-set/2018, pág. 131. No entendimento do autor a negociação coletiva sai desprestigiada, já que os sindicatos perdem incentivo a promover negociação, passando o ônus de estimular negociações para o lado empresarial. Em sentido contrário, Pereira, Ricardo José Macêdo de Britto. A nova Súmula n. 277 do Tribunal Superior do Trabalho – Reflexos na negociação coletiva e no poder normativo da Justiça do Trabalho. *Revista LTr*, São Paulo, Vol. 77, n.º 2, abr/2013, pág. 396.

57. O problema é negocial. "Se o empregador pode esquivar-se da negociação para só por isso obter vantagem, revela-se uma clara inconsistência no sistema que deveria incentivá-lo a negociar, nunca o inverso. Se, ao inverso, é-lhe assegurado negociar a redução de direitos previstos em norma coletiva, desde que se apresente à categoria obreira com o ânimo de negociar e lhe proponha contrapartidas que preservem o equilíbrio dos contratos de trabalho, então a negociação coletiva é estimulada, servindo ao seu desiderato" (cit. Carvalho, Augusto César Leite de; Arruda, Kátia Magalhães; Delgado, Maurício Godinho. A súmula n.º 277 e a defesa da Constitucional. *Revista do TST*, São Paulo, Vol. 78, N.º 4, out-dez/2012, pág. 43).

ajuste às necessidades atuais das classes e de composição pontual dos seus interesses[58].

3.2.5. Amplitude do poder negocial e normativo do sindicato com a Reforma

A vedação à supressão e/ou restrição de direitos trabalhistas, mesmo quando negociados coletivamente, sempre foi tida não como uma forma de proteção do trabalhador[59], mas como consequência da *proibição do retrocesso social*. Se a jurisprudência trabalhista pela mão do TST consolidou este entendimento maioritário[60] na OJ n.º 270 da SDI-I[61], o Supremo Tribunal

---

58. Veiga, Mauricio de F. Corrêa da. *Reforma trabalhista e os seus impactos (com as alterações promovidas pela Medida Provisória n. 808/2017)*. São Paulo: LTr, 2018, pág. 70: "A cada nova rodada de negociações os empregados (ou seus representantes) já partirão de um patamar de grande conforto, pois dificilmente terão reduzidos os benefícios assegurados na norma coletiva anterior e se o empregador não fornecer novo benefício pelo menos aquele já está assegurado. (...) Não se pode perder de vista que os benefícios conquistados pelos empregados e inseridos na norma coletiva estão diretamente ligados ao momento da negociação. Na negociação seguinte a conjuntura econômica pode ser outra, tornando-se necessário que as discussões sejam iniciadas em um patamar de igualdade e não como uma vantagem assegurada aos empregados em situação pretérita."

59. Aparentemente em sentido contrário, Delgado, Gabriela Neves; Pereira, Ricardo José Macedo de Britto. Acordos coletivos de trabalho: possibilidades e limites firmados pela Constituição Federal de 1988. *Revista LTr*, São Paulo, Vol. 77, N.º 12, dez/2013, pág. 1435; Delgado, Gabriela Neves. *Direito fundamental ao trabalho digno*. São Paulo: LTr, 2015, págs. 222-227; Pereira, Ricardo José Macedo de Britto. A nova Súmula n. 277 do Tribunal Superior do Trabalho – Reflexos na negociação coletiva e no poder normativo da Justiça do Trabalho. *Revista LTr*, São Paulo, Vol. 77, n.º 2, abr/2013, págs. 395-401.

60. Assim, por exemplo, acórdão do TST, 2ª Turma, Recurso de Revista n.º 49.06.2012.5.04.0383, Relator Ministro José Roberto Freire Pimenta, Data publicação 31.03.2015 "(...) as normas coletivas devem ser resultado de concessões recíprocas entre as partes convenentes, mas não podem ser utilizadas para estabelecer condições menos favoráveis aos empregados do que aquelas previstas em texto de lei (...)". Não negamos, porém, a existência de uma série de julgados que, mesmo após a OJ, continuou favorável à quitação ampla, tais como, Processo de Recurso Ordinário do TRT 12ª Região, n.º 01897.2008.004.12.85.7, Relatoria Desembargadora Maria de Lourdes Leiria, Data de Publicação 02.07.2014, TRT 12ª Região Processo de Recurso Ordinário n.º 12.0005785.55.2010.5.12.0026, Relatora Desembargadora Teresa Regina Cotosky, Data de Publicação 22.07.2014 etc.

61. "Orientação Jurisprudencial 270/TST-SDI-I – 27/09/2002. Programa de Demissão Voluntária – PDV. Transação extrajudicial. Quitação. Parcelas oriundas do extinto

Federal pautou-se recentemente, todavia, por um entendimento *manifestamente oposto*, no sentido de privilegiar a autonomia da vontade sindical sobre as disposições legais. Exemplos disto são o Recurso Extraordinário n.º 590.415/SC (rel. Ministro Luís Roberto Barroso)[62], bem como o Agravo

---

contrato de trabalho. Efeitos. A transação extrajudicial que importa rescisão do contrato de trabalho ante a adesão do empregado a plano de demissão voluntária implica quitação exclusivamente das parcelas e valores constantes do recibo."

62. Neste processo o STF foi chamado a pronunciar-se relativamente a cláusula de quitação ampla e irrestrita, aprovada por uma determinada categoria de trabalhadores mediante acordo coletivo. Os empregados tiveram amplo nível de participação, tendo as negociações se processado ao longo de vários meses; por outro lado, os trabalhadores tinham verdadeira opção entre aderir ou não ao plano, podendo inclusivamente desistir da adesão até à assinatura do termo de rescisão. A questão tinha sido igualmente levada a julgamento pela SDC e, após Recurso Ordinário do BESC – Banco do Estado de Santa Catarina, e encaminhamento ao plenário do TST, havia-se formulado o entendimento de que "(...) o empregado merece proteção, inclusive, contra a sua própria necessidade ou ganância, quando levado anuir com preceitos coletivos que lhe subtraem direitos básicos". Após este julgado, o Banco do Brasil (sucessor do BESC) interpõe recurso extraordinário contra o acórdão do TST que recusou validade à quitação ampla e irrestrita das parcelas trabalhistas por adesão ao Plano de Demissão Incentivada instituído pelo acordo coletivo celebrado pela categoria. Após reconhecer repercussão geral à questão constitucional sobre o reconhecimento de convenções coletivas (art. 7.º, inc. XXVI da CF), o STF conclui pela validade da quitação ampla, afastando o art. 477, §2º da CLT, que a restringia. Deixamos aqui a ementa, *in verbis*: "Ementa: Direito Do Trabalho. Acordo Coletivo. Plano De Dispensa Incentivada. Validade E Efeitos. 1. Plano de dispensa incentivada aprovado em acordo coletivo que contou com ampla participação dos empregados. Previsão de vantagens aos trabalhadores, bem como quitação de toda e qualquer parcela decorrente de relação de emprego. Faculdade do empregado de optar ou não pelo plano. 2. Validade da quitação ampla. Não incidência, na hipótese, do art. 477, § 2º da Consolidação das Leis do Trabalho, que restringe a eficácia liberatória da quitação aos valores e às parcelas discriminadas no termo de rescisão exclusivamente. 3. No âmbito do direito coletivo do trabalho não se verifica a mesma situação de assimetria de poder presente nas relações individuais de trabalho. Como consequência, a autonomia coletiva da vontade não se encontra sujeita aos mesmos limites que a autonomia individual. 4. A Constituição de 1988, em seu art. 7º, XXVI, prestigiou a autonomia coletiva da vontade e a autocomposição dos conflitos trabalhistas, acompanhando a tendência mundial ao crescente reconhecimento dos mecanismos de negociação coletiva, retratada na Convenção n. 98/1949 e na Convenção n. 154/1981 da Organização Internacional do Trabalho. O reconhecimento dos acordos e convenções coletivas permite que os trabalhadores contribuam para a formulação das normas que regerão a sua própria vida. 5. Os planos de dispensa incentivada permitem reduzir as repercussões sociais das dispensas, assegurando àqueles que optam por seu desligamento da empresa condições econômicas mais vantajosas do que aquelas que decorreriam do mero desligamento

Regimental no Recurso Extraordinário n.º 895.759/PE (rel. Ministro Teori Zavascki)[63]. Evidente era, porém, que o amplo espectro de imperatividade das normas trabalhistas restringia em muito, antes da Reforma, os limites da negociação coletiva[64].

Após estas duas decisões, não houve quem não tentasse restringir esta interpretação do STF por forma a retirar-lhe qualquer autorização para flexibilização genérica dos direitos dos trabalhadores[65]. Subjacente, identifica-

---

por decisão do empregador. É importante, por isso, assegurar a credibilidade de tais planos, a fim de preservar a sua função protetiva e de não desestimular o seu uso. 7. Provimento do recurso extraordinário. Afirmação, em repercussão geral, da seguinte tese: "A transação extrajudicial que importa rescisão do contrato de trabalho, em razão de adesão voluntária do empregado a plano de dispensa incentivada, enseja quitação ampla e irrestrita de todas as parcelas objeto do contrato de emprego, caso essa condição tenha constado expressamente do acordo coletivo que aprovou o plano, bem como dos demais instrumentos celebrados com o empregado".

63. Neste processo, o STF entendeu, mais uma vez, que o acordo coletivo entre a empresa Usina Central Olho D'água S.A. e o sindicato dos trabalhadores rurais, cujo teor previa a eliminação do pagamento de horas *in itinere* mediante outorga de contrapartidas económicas (entre outras seguro vida e acidentes, abono anual a trabalhadores com salário superior a dois salários-mínimos, pagamento de salário-família acima do previsto na lei), prevaleceria sobre o 58 §2.º da CLT. O STF veio, assim, afastar a interpretação dada pelo TST, que conferia natureza de ordem pública à norma prevista no 58.º, §2º e, por ser assim, não admitia consequente negociação coletiva que o afrontasse. O STF, pela relatoria do Ministro Teori Zavascki, reiterou o precedente do Ministro Roberto Barroso, reforçou o argumento da autonomia negocial sindical e ainda alertou para o fato de o direito às horas *in itinere* ter sido restringido mas mediante a apresentação de inúmeras contrapartidas consideradas como razoáveis pelo tribunal.

64. Como aponta Miranda, o destino (em termos de validade) de determinada cláusula aposta em convenção coletiva variava não propriamente em razão da posição concreta do sindicato nas negociações, mas a partir do carácter imperativo que emanava, ou não, das normas trabalhistas que a cláusula vinha afastar. Miranda, Fernando Hugo R. A descentralização da negociação coletiva – compreendendo o fenômeno por meio de uma análise comparada da experiência brasileira, francesa e alemã. *Revista LTr*, São Paulo, Vol. 76, N.º 12, dez/2012, pág. 1503.

65. Assim, por exemplo, Delgado, para quem apesar dos processos em causa impactarem fortemente na OJ, não têm a valência suficiente para implicar uma autorização genérica de desregulamentação *in pejus* dos direitos fundamentais trabalhistas (Delgado, Maurício Godinho. *Curso de direito do trabalho.* 16ª ed. São Paulo: LTr, 2017pág. 1502). Ainda noutro estudo, o autor tenta restringir a interpretação do STF: entende que o espaço normativo no qual o STF se pronunciou no primeiro caso (Plano de Desligamento Incentivado) se situava num plano *supralegal*, i.e. não regulamentado pela CF, OIT ou leis federais, pelo que as margens de autonomia negocial coletiva seriam maiores. Nesse contexto, onde nenhuma norma heterônoma estava sendo verdadeiramente

vam-se argumentos de (i) *natureza alimentar dos créditos* e (ii) tendência de trabalhadores para *agirem em prejuízo próprio* quando sob pressão, mesmo que agindo coletivamente.

Entretanto, a *Reforma Trabalhista* veio romper com algumas dúvidas e trazer importantes mudanças sobre a temática. No art. 611-A da CLT basicamente cristalizou-se o entendimento do STF permitindo – tal como, de resto, já se vinha a permitir em Itália[66] e Portugal[67] como forma de

---

questionada, não haveria tantos problemas na admissão da flexibilização de direitos individuais dos trabalhadores; daqui extrai, portanto, que relativamente a estes últimos, aquela desregulamentação *in pejus* não poderá ter lugar. Já não assim no segundo acórdão (horas *in itinere*), onde a convenção coletiva descaracterizou completamente a componente salarial destas ao arrepio da legislação em vigor (Delgado, Maurício Godinho. Constituição da República, Estado Democrático de Direito e Negociação Coletiva Trabalhista. *Revista LTr*, São Paulo, Vol. 80, N.º 12, 2016, pág. 1425). No plano jurisprudencial, também a corte do TST manteve a sua jurisprudência mesmo após os acórdãos prolatados aos dois REsp. Assim, por exemplo, o acórdão da SBDI-1 Recurso de Revista proc. n.º 205900.57.2007.5.09.0325, Relator Ministro Augusto César Leite de Carvalho, Data de publicação 03.02.2017: "(...) cabe registrar que os precedentes do STF (...) que enlevam a autodeterminação coletiva cuidam de situações concretas nas quais a Excelsa Corte enfatizou a paridade de forças que resultaria da participação de sindicato da categoria profissional, não se correlacionando com o caso, como o dos autos, em que o Tribunal Regional do Trabalho constata não ter havido qualquer contrapartida, sob as vestes da negociação coletiva, para compensar a renúncia de direito pelos trabalhadores".

66. Neste ordenamento, o art. 8.º do Decreto-Lei n.º 138/2011, e que foi convertido na Lei n.º 148/2011, passou a dispor que "Fermo restando il rispetto della Costituzione, nonché i vincoli derivanti dalle normative comunitarie e dalle convenzioni internazionali sul lavoro, le specifiche intese di cui al comma 1 operano anche in deroga alle disposizioni di legge che disciplinano le materie richiamate dal comma 2 ed alle relative regolamentazioni contenute nei contratti collettivi nazionali di lavoro", isto é, que os acordos de fábrica poderia dispor de forma contrária aos dispositivos legais ou acordos coletivos nacionais, desde que respeitassem os preceitos constitucionais, regramento europeu e acordos internacionais, assim como os critérios de representatividade sindical para que o acordo possa ter legitimidade.

67. Como bem retrata o "atestado de óbito do *favor laboratoris*" relativamente às negociações coletivas, Amado, João Leal. Negociado x Legislado – A experiência portuguesa e a Reforma Trabalhista brasileira: algumas notas. *Revista do Tribunal Superior do Trabalho*, São Paulo, Vol. 83, N.º 3, 2017, pág. 142. Com efeito, já desde o CT de 2003 que o art. 4.º, n.º 1 veio estabelecer que as normas do Código poderiam ser afastadas por instrumento de regulamentação coletiva de trabalho, sem tecer qualquer requisito sobre o respeito ao princípio da proteção. A partir de então a doutrina reconheceu que as disposições legais assumiam mera natureza "convénio-dispositivas", possuindo mero carácter facultativo ou supletivo diante da negociação coletiva. Com a elaboração do

ultrapassar a crise[68] – que as matérias negociadas sob convenção coletiva prevalecessem sobre os dispositivos legislados, ainda que disponham *in pejus* e sem que o princípio da proteção – na vertente de aplicação da fonte mais benéfica – pudesse determinar a aplicação da lei mais favorável em detrimento da norma coletiva desfavorável.

Com o objetivo claro de permitir a flexibilização e a importação de soluções mais adequadas às diferentes realidades empresariais pelos próprios intervenientes, o preceito tem vindo a ser severamente criticado (i) *por não criar limites ao rumo das negociações* (pois permite alterações tanto *in mellius,* quanto *in pejus* – cf. art. 611-A, §2º[69]) mas apenas às *matérias negociadas* (nomeadamente, as previstas no art. 611-B da CLT)[70]; (ii) por

---

novo Código do Trabalho em 2009, a disposição legal foi alterada e introduziu-se uma quantidade de matérias tidas como imperativas, perante as quais apenas se admitia negociação *in mellius* (art. 3.º, n.º 3.º do CT).

68. Munerati, Ligia Ramia. A importância do acordo coletivo e da convenção coletiva no direito do trabalho e a prevalência destes sobre os textos legais no Brasil e na Europa. *Revista dos Tribunais*, São Paulo, Vol. 106, N.º 985, nov/2017, pág. 216.

69. "A inexistência de expressa indicação de contrapartidas recíprocas em convenção coletiva ou acordo coletivo de trabalho não ensejará sua nulidade por não caracterizar um vício do negócio jurídico" (art. 611-A, §2º da CLT).

70. Tecendo críticas à *abdicação das contrapartidas* recíprocas pelo legislador, Souza, Roberta de Oliveira. Análise do negociado versus o legislado: perspectivas doutrinária, jurisprudencial e orçamentária da reforma trabalhista considerando os argumentos favoráveis e contrários à constitucionalidade da lei 13.467, de 2017. *Revista dos Tribunais*, São Paulo, Vol. 106, N.º 985, nov/2017, pág. 51; Andrade, Flávio Carvalho Monteiro de; Souza, Gustavo Matheus Dias de. Direitos Constitucionais e a Reforma Trabalhista – A Escolha Constitucional pelo Modelo Legislado das Relações de Trabalho. *Revista Síntese Trabalhista e Previdenciária,* São Paulo, Vol. 29, N.º 340, out/2017, pág. 39; Leite, Carlos Henrique Bezerra; Freitas, Gabriel Sangali Hespanha. A negociação coletiva de trabalho e os princípios da proteção e da vedação do retrocesso social: sob o enfoque da reforma trabalhista. *Revista Magister de direito do trabalho,* São Paulo, Vol. 15, n. 85, jul-ago/2018, pág. 28; Ribeiro, Viviane Lícia. Direitos das empresas em crise x direitos dos empregados – supremacia do negociado sobre o legislado. *Revista LTr*, São Paulo, Vol. 81, N.º 9, set/2017, págs. 1100 ss. Tentando extrair diferente conclusão do preceito legal, há quem entenda que as contrapartidas devem continuar a existir, pois aquilo que a lei passou a dizer é que não se exige que estas estejam identificadas de forma "expressa". Neste sentido, Puglisi, Maria Lucia Ciampa Benhame. Acordos coletivos de trabalho: ferramenta de amadurecimento das relações de trabalho – A segurança jurídica na Reforma Trabalhista. *Revista de Direito do Trabalho*, São Paulo, Vol. 44, N.º 189, maio/2018, págs. 26-27; Guedes, Carlos Eduardo Paletta. Negociado *versus* legislado: o paternalismo e os limites da autonomia. *Revista LTr*, São Paulo, Vol. 81, n.º 10, out/2017, pág. 1235; Souza, Rodrigo

não permitir ao judiciário o controlo do mérito da convenção, limitando-o

---

Trindade de. *CLT Comentada pelos juízes do trabalho da 4ª Região.* 3ª ed. São Paulo: LTr, 2018, pág. 474; Bramante, Ivani Contini. Comentários à CLT. In Zainaghi, Domingos Sávio (coord.). *CLT interpretada artigo por artigo, parágrafo por parágrafo.* 9ª ed. São Paulo: Manole, 2018, pág. 597; Fernandes, José Simpliciano. Da exigência da reciprocidade na negociação coletiva: sobre um diálogo falso não se constrói um resultado negociado. *In* Arruda, Kátia Magalhães, Arantes, Delaíde Alves Miranda (Org.). *A centralidade do Trabalho e os Rumos da Legislação Trabalhista - Homenagem ao Ministro João Oreste Dalazen.* São Paulo: LTr, 2018, pág. 186 ("(...) cabe registar, em defesa da exigência da contrapartida na negociação coletiva, quer se trate de acordo ou convenção, que é da natureza do negócio jurídico não apenas a autonomia privada e a boa-fé, como também a igualdade entre as partes envolvidas. Não se está diante de ato jurídico unilateral, onde a manifestação poderia advir de uma simples declaração de vontade"). Com entendimento contrário, no sentido de que a norma ser expressa ao não exigir contrapartidas, Cassar, Vólia Bomfim. A prevalência do negociado coletivamente sobre o legislador. in Tupinambá, Carolina, Gomes, Fábio Rodrigues (coord.). *Reforma Trabalhista, o Impacto nas Relações de Trabalho.* Belo Horizonte: Fórum, 2018, pág. 452. Da mesma forma, também os enunciados da Anamatra; em particular o *enunciado 27* ("I - Negociação coletiva. Limites. Adequação setorial negociada. As regras autônomas coletivas podem prevalecer sobre o padrão geral heterônomo trabalhista, desde que implementem padrão setorial de direitos superior ao padrão geral heterônomo, ou quando transacionam setorialmente parcelas e direitos trabalhistas de indisponibilidade apenas relativa, respeitadas as normas de indisponibilidade absoluta. II – A "adequação setorial negociada" não autoriza a supressão ou redução de direitos "tout court", cabendo às partes, nos termos do artigo 611-A da CLT, com a redação dada pela lei 13.467/2017, justificar a excepcionalidade da adequação e sua transitoriedade, bem como definir as contrapartidas, com razoabilidade e de boa-fé, sendo inconstitucional o disposto no parágrafo 2º do art. 611-A da CLT"), *o Enunciado 28* ("Nos termos do art. 5º, §2º, da constituição federal, as convenções e acordos coletivos de trabalho não podem suprimir ou reduzir direitos, quando se sobrepuserem ou conflitarem com as convenções internacionais do trabalho e outras normas de hierarquia constitucional ou supralegal relativas à proteção da dignidade humana e dos valores sociais do trabalho e da livre iniciativa"*) e o Enunciado 31* (I - Contrapartidas em sede de negociação coletiva. Exigência inerente à boa-fé objetiva. Impossibilidade de supressão por lei. Inconstitucionalidade. A disposição constante do artigo 611-A, §2º, da CLT, não é compatível com os artigos 7º, XXVI e 8º, VI, da Constituição Federal, e tampouco com o artigo 5º da Convenção 154 da OIT. II - Negociação coletiva. Convenção coletiva de trabalho ou acordo coletivo de trabalho. Anulação de cláusula compensatória. Art. 611-A, §4º da CLT. Havendo dúvida acerca da existência de cláusula compensatória em benefício de outra cláusula principal, aquela deverá permanecer no instrumento coletivo, mesmo na hipótese do art. 611-A, §4º (1ª parte), em observância ao princípio da proteção ao trabalhador (*in dubio pro operario*)"). Sob outro ponto de vista, porquanto partindo de outra premissa (a de que as convenções coletivas têm natureza de lei e, por serem reconhecidas constitucionalmente

a uma análise acerca dos termos de validade (art. 8.º, §3º da CLT[71]); e ainda (iii) por *restringir a dois anos o prazo de validade* dos acordos coletivos,

---

como direito fundamental, não podem ser limitadas infraconstitucionalmente por lei ordinária), Meireles não admite que as convenções coletivas possam revogar direitos trabalhistas, em razão do princípio do não retrocesso social; pois embora o princípio da proteção não tenha qualquer aplicação a este conflito de normas, aquele princípio tem. O autor nega expressamente que a lei, *maxime* a CLT, possa limitar a amplitude na negociação coletiva, criticando o erro da doutrina e jurisprudência em considerar que "(...) a norma coletiva do trabalho está abaixo da lei, não podendo assim, prevalecer sobre o que essa dispõe. Equívoco, data vénia, fruto da não leitura correta da atual Carta Magna e pela comodidade de interpretar o novo texto constitucional à luz da ideologia anterior" (Meireles, Edilton. A lei coletiva trabalhista (convenções e acordos coletivos). *Revista Jurídica Luso Brasileira*, Lisboa, Ano 3, N.º 5, 2017, pág. 612). Considerando, porém, que o 611.º-A da CLT representa ofensa direta ao princípio do não retrocesso social, Assis, Rebeca Luise Bensabath Dantas de. A valorização do negociado sobre o legislador na reforma trabalhista. *Revista eletrônica do TRT da 5ª Região,* Salvador, Ano V, n.º 9, 2017, pág. 220. Sob outro enfoque, entendendo que os inc. I, II, III, VIII, XIII do art. 611-A são inconstitucionais por regularem matéria de jornada de trabalho e, nessa qualidade, integrarem o bloco de constitucionalidade que não admite que matérias sobre saúde e segurança possam ser afetadas, Mousinho, Ileana Neiva. A saúde e segurança do trabalho e os limites constitucionais e convencionais à negociação colectiva. *In* Pires, Rosemary de Oliveira, Lorentz, Lutiana Nacur, Barbosa, Arnaldo Afonso (coord.). *Reforma Trabalhista na Visão de Procuradores do Trabalho.* Salvador: Juspodivm, 2018, pág. 257; Studart, Ana Paula Didier. O negociado sobre o legislado: uma análise dos aspectos positivos e negativos dessa mudança. *Revista de Direito do Trabalho*, São Paulo, Vol. 45, N.º 197, Jan/2019, pág. 53.

71. "No exame de convenção coletiva ou acordo coletivo de trabalho, a Justiça do Trabalho analisará exclusivamente a conformidade dos elementos essenciais do negócio jurídico, respeitado o disposto no art. 104 da Lei nº 10.406, de 10 de janeiro de 2002 (Código Civil), e balizará sua atuação pelo princípio da intervenção mínima na autonomia da vontade colectiva" (art. 8.º, §3.º, da CLT). Cassar, Vólia Bomfim. A prevalência do negociado coletivamente sobre o legislador. in Tupinambá, Carolina, Gomes, Fábio Rodrigues (coord.). *Reforma Trabalhista, o Impacto nas Relações de Trabalho.* Belo Horizonte: Fórum, 2018, págs. 442-443. A autora vem alertar para outras nulidades esquecidas pelo legislador mas que o judiciário terá de apurar, como os requisitos de convocação e votação do art. 612 da CLT, os princípios e regras constitucionais que limitam o conteúdo dos IRCT, ou da cláusula redutora do salário se o IRCT não garantiu contrapartida legal. Também com particular preocupação na matéria, alegando que o princípio da intervenção mínima na autonomia da vontade coletiva não pode por em causa o acesso à justiça dos trabalhadores e o princípio constitucional da inafastabilidade da jurisdição, Ruediger, Josias Bruno; Madeira, Janaína Silveira Soares. O princípio trabalhista da intervenção mínima na autonomia da vontade coletiva em face do princípio constitucional da inafastabilidade da jurisdição. *Revista do Tribunal Regional do Trabalho da 12ª Região*, Florianópolis, Vol. 21, N.º 30, 2018, págs. 262-265.

impedindo a sua ultratividade. Estes críticos invocam a constitucionalidade dos direitos trabalhistas (art. 7.º da CF) para vedar a negociação *in pejus*, seja ela individual ou coletiva. Outros acham simplesmente que a discussão é "equivocada", já que desde a promulgação da CF o negociado prevalece sobre o legislado sem que este último pudesse limitar aquele; o traço para impedir a afetação dos direitos sociais e trabalhistas é encontrado no salvo-conduto da *vedação do retrocesso social*[72].

Em sentido contrário encontramos na doutrina um posicionamento que, por partir de uma noção de norma coletiva como aquela que não integra contratos individuais (a não ser, a título excepcional, quando representem vantagens adquiridas individualmente) por se destinar a regular eventos futuros e incertos, não se subordina à lógica da vedação *in pejus*[73]. Num outro posicionamento intermédio, ainda há os que admitem essa regulamentação consensual *in pejus* desde que o núcleo protetor do regime laboral não seja afetado[74]. Certo é que poucos foram os que se pronunciaram favoravelmente a esta "abertura" trazida pela Reforma, sob fundamentos de *razoabilidade e proporcionalidade na gestão do princípio da proteção* com o do reconhecimento das convenções coletivas[75].

---

72. MEIRELES, Edilton. A lei coletiva trabalhista (convenções e acordos coletivos). *Revista Jurídica Luso Brasileira*, Lisboa, Ano 3, N.º 5, 2017, pág. 615; SOUZA, Rodrigo Trindade de. *CLT Comentada pelos juízes do trabalho da 4ª Região*. 3ª ed. São Paulo: LTr, 2018, págs. 462-463.

73. Neste sentido, ALMEIDA, Renato Rua. Das cláusulas normativas das convenções coletivas de trabalho: conceito, eficácia e incorporação nos contratos individuais de trabalho. *Revista LTr*, São Paulo, Vol. 60, N.º 12, 1996, pág. 1603; ROBORTELLA, Luiz Carlos Amorim. A reforma do direito coletivo. Prevalência do negociado sobre o legislado. *Revista Eletrônica do TRT da 9ª Região*, Curitiba, Vol. 6, n.º 58, mar-abr/2017, pág. 59; ROMITA, Arion Sayão. Efeitos da cessação de vigência da convenção coletiva de trabalho. *Revista Trabalho & Doutrina*, São Paulo, N.º 23, dez/1999, pág. 64-71.

74. SANTOS, Enoque Ribeiro dos. A supremacia do negociado em face do legislado. A natureza bifronte ou as duas faces da CLT. *Revista Síntese Trabalhista e Previdenciária*, São Paulo, Vol. 29, N.º 348, jun/2018, págs. 19-20. O autor admite que algumas cláusulas de convenções coletivas se podendo incorporar aos contratos de trabalho e ser renovadas anualmente, possam conviver ao lado de outras cláusulas de convenções coletivas que se sujeitem à negociação anual para que possam ser atualizadas.

75. Neste sentido, LORA, Ilse Marcelina Bernardi. A prevalência do negociado sobre o legislado na Reforma Trabalhista. *Revista Síntese Trabalhista e Previdenciária*, São Paulo, Vol. 28, N.º 329, nov/2016, pág. 31; GUEDES, Carlos Eduardo Paletta. Negociado *versus* legislado: o paternalismo e os limites da autonomia. *Revista LTr*, São Paulo, Vol. 81, n.º 10, out/2017, *passim*.

A doutrina não pode continuar a duvidar da capacidade negocial de todos os sujeitos que não sejam empregadores. A realidade social da atualidade rebela-se contra uma CLT uniformizada e generalista, que não seja capaz de imprimir plasticidade e flexibilidade às suas próprias normas para as adequar à heterogeneidade quer das relações de trabalho, quer das entidades representativas das classes, que variam conforme setores diferenciados. Se o Estado não permitir aos sindicatos uma real e efetiva possibilidade de negociação, e apenas contribuir, pelo contrário, para pôr em causa essas mesmas cláusulas livremente convencionadas (*maxime,* pela mão do MPT), o ciclo de incumprimento da legislação laboral arrastar-se-á; até porque são precisamente aquelas regras, devidamente convencionadas pelo órgão representativo, aprovadas em Assembleia, reivindicadas pelas partes, fruto do contributo dos trabalhadores, que verdadeiramente permitem um maior nível de respeito e cumprimento da norma[76].

Se é verdade que postulados como a primazia do trabalho sobre o capital e o da proteção temperada do trabalhador cumprem um papel importante na modernidade, não com menos intensidade se processa a ideia de *subsidiariedade* no que respeita à intervenção do Estado na sociedade, nos sindicatos e nas empresas, que só deverá operar, efetivamente, quando estes não demonstrem ser capazes de autorregular o seu setor de atividade. Este excesso de *intervencionismo* estatal, que se manifesta quer pelos tentáculos legislativos, quer pelo martelo do magistrado, pode desorganizar significativamente a economia e o estado das coisas sociais[77].

Às duas principais críticas que se têm esgrimido relativamente ao crescimento da margem de manobra dos instrumentos de regulamentação coletiva de trabalho para regular a atividade laboral – uma *substancial* (preservação das garantias mínimas trabalhistas) e outra sindical (falta de representatividade dos trabalhadores) – remetemos a nossa resposta quanto ao último para o capítulo correspondente (*infra* 7.II.4.2), reservamo-nos para já na análise à primeira, *infra.*

---

76. Como escreve Robortella, "O protecionismo moderno não é mais estático, baseado na lei, mas sim dinâmico, ancorado na negociação coletiva. Quanto mais próxima da empresa, mais sintonizada estará com as aspirações de trabalhadores e empresários" (Robortella, Luiz Carlos Amorim. A reforma do direito coletivo. Prevalência do negociado sobre o legislado. *Revista Eletrônica do TRT da 9ª Região,* Curitiba, Vol. 6, n.º 58, mar-abr/2017, pág. 62).

77. Também neste sentido, Martins Filho, Ives Gandra da Silva. Estímulo à conciliação e à negociação coletiva. *Revista LTr,* São Paulo, Vol. 80, N.º 3, 2016, pág. 263.

3.2.6. A negociação *in pejus* e a consciência da negociação e vontade coletiva como melhor mecanismo de defesa dos interesses da classe

Uma análise comparada do novo teor do art. 611-A[78] da CLT com aquilo que se verificava já antes da Reforma Trabalhista, percebemos que muitos desses pontos (*v.g.* participação em lucros, programa seguro-desemprego, teletrabalho, forma de registro de jornada etc.) eram já objeto de pactuação, inclusive *in pejus*, o que retira grande parte de novidade ao preceito. Aquilo que realmente representa uma novidade é o elemento da negociação sobre *jornada*, cuja importância regulatória no seio das relações trabalhistas não se ignora[79].

Como se isso não bastasse, é preciso ainda considerar quão *ingénuo* é pressupor que a legislação *apenas admitiria negociações in mellius*. Quer a premissa em que assenta a negociação coletiva (liberdade de negociação entre entidades paritárias), quer a sua própria natureza (transação, barganha, "negócio", ajuste, adequação setorial de direitos e obrigações), pressupõem uma ideia de negociação assente em concessões entre as partes de modo à obtenção de consensos. Transportar uma visão exclusivamente *garantística* para este regime, que queira impor vantagens exclusivamente a uma das partes, não admitindo que algumas delas sejam renunciadas para que se possam alcançar outras diferentes, fazendo com que recaiam sempre sobre a mesma parte da relação contratual os prejuízos da negociação e autorizando-a

---

78. "A convenção coletiva e o acordo coletivo de trabalho têm prevalência sobre a lei quando, entre outros, dispuserem sobre: I – pacto quanto à jornada de trabalho, observados os limites constitucionais; II – banco de horas anual; III – intervalo intrajornada, respeitado o limite mínimo de trinta minutos para jornadas superiores a seis horas; IV – adesão ao Programa Seguro-Emprego (PSE), de que trata a Lei nº 13.189, de 19 de novembro de 2015; V – plano de cargos, salários e funções compatíveis com a condição pessoal do empregado, bem como identificação dos cargos que se enquadram como funções de confiança; VI – regulamento empresarial; VII – representante dos trabalhadores no local de trabalho; VIII – teletrabalho, regime de sobreaviso, e trabalho intermitente; IX – remuneração por produtividade, incluídas as gorjetas percebidas pelo empregado, e remuneração por desempenho individual; X – modalidade de registro de jornada de trabalho; XI – troca do dia de feriado; XII – enquadramento do grau de insalubridade; XIII – prorrogação de jornada em ambientes insalubres, sem licença prévia das autoridades competentes do Ministério do Trabalho; XIV – prêmios de incentivo em bens ou serviços, eventualmente concedidos em programas de incentivo; XV – participação nos lucros ou resultados da empresa" (cit. art. 611-A da CLT).
79. Com efeito, este tema não só é determinante por representar claramente a relação capital-trabalho – afinal, o salário é determinado em razão do número de horas trabalhadas e apurado tendo em conta num percentual por hora trabalhada –, mas também por ter diretas e indiretas consequências na saúde do trabalhador.

a entrar no palco desta apenas se estiver previamente disposta a ceder mais do que a ganhar em troca, é algo que não se compatibiliza com realidade.

Impor um modelo que apenas admita negociação *in mellius* para uma das partes relativamente a um conjunto muito exíguo e limitado de matérias implica reconhecer como possível a frustração futura do próprio sistema de negociações coletivas já que, em algum momento, a possibilidade fática e real de aumentar e criar novas vantagens sobre os mesmos pontos irá alcançar um patamar tal onde *nenhuma outra "troca" se tornará concebível porque inviável para a sustentabilidade da empresa.*

Sem prejuízo do que atrás dissemos a respeito dos efeitos da Súmula 277 na limitação dos poderes normativos da Justiça do Trabalho, a verdade é que, com a sua suspensão pelo STF, o palco das negociações coletivas *permanece reaberto e estimulado à discussão* de novas condições de trabalho e à reinterpretação de anteriores direitos, não dando nenhuns por adquiridos. Neste sentido, (i) admitir a negociação sobre um conjunto amplo de matérias e (ii) a possibilidade de fazê-lo mesmo abdicando de privilégios conquistados por barganhas anteriores, é *reconhecer e criar reais oportunidades à classe trabalhadora para poder continuar a lutar por novos e diferentes direitos*, sopesando aquilo que em determinado momento entender ser prioritário em troca daquilo que deixou de ser.

3.3. O PAPEL DA REFORMA TRABALHISTA NO REFORÇO DA AUTONOMIA INDIVIDUAL DO TRABALHADOR

3.3.1. O contexto legislativo da Reforma

A nova Lei n.º 13.467/2017 veio alterar a CLT em várias das suas disposições. A Reforma Trabalhista nasceu de um anteprojeto que abordava apenas cinco temáticas (multas, trabalho a tempo parcial, representação fabril, negociado sobre o legislado e terceirização), contendo a módica quantia de nove páginas de propostas que visavam modificar sete artigos da CLT. Poucos meses depois, o Projeto de Lei n.º 6.787/2016 já se tinha transformado num conjunto de 132 páginas com propostas de modificação de 200 artigos. Entre os vários argumentos retóricos que estimularam a Reforma, contam-se o "histórico-temporal" "econômicos", "político-filosóficos", "instrumentais" e de "autoridade"[80-81].

80. Coutinho, Aldacy Rachid. Desconstruindo a falácia da reforma trabalhista de 2017: análise crítica dos argumentos retóricos do jurídico, do social e do econômico. *In*

Diz-se assim, em primeiro lugar, que "O Brasil de 1943 não é o Brasil de 2017"[82]. Alega-se ainda no Relatório que os índices de desemprego são gritantes, com 3 milhões de desempregados, 10 milhões de desalentados e 23 milhões de subempregados[83]. Entre os objetivos a implementar com a nova Reforma, apontava-se então o *fator econômico* e de criação de emprego. Procurar-se-ia alinhar o Brasil aos movimentos mundiais de progresso econômico, criando condições de mercado mais permeáveis a investimentos, competição internacional de mercados econômicos e consequente criação de emprego[84].

MELO, Raimundo Simão de, Rocha, Jannotti da (coord.). *Constitucionalismo, Trabalho, Seguridade Social e as Reformas Trabalhista e Previdenciária.* São Paulo: Ltr, 2017, págs. 111-119.

81. *Ibidem*, pág. 112.

82. (Relatório 2017, pág. 17 http://www.camara.gov.br/proposicoesWeb/prop_mostrarintegra?codteor=1544961). A assertiva é, porém, criticada por inúmeros elementos da doutrina que procuram desconstruir os argumentos legitimadores da Reforma Trabalhista. Para o efeito, diz-se que aquilo que resta hoje da CLT corresponde apenas a 38% do seu texto original (352 de 992 artigos), pelo que não podemos particularmente dizer que se continua a reformular a CLT de 43, destinada a um país rural com mais de metade da população a trabalhar o campo, mas apenas o que dela resta em razão das diversas adaptações sociais; que a CLT, tendo sido alterada por praticamente todos os Presidentes (eleitos democraticamente ou não) torna-se difícil extrair-lhe uma ideologia específica, nomeadamente a fascista de Getúlio (por sua vez alegadamente inspirada na Carta de Mussolini).

83. Relatório 2017, pág. 18 (http://www.camara.gov.br/proposicoesWeb/prop_mostrarintegra?codteor=1544961).

84. Não obstante, lêem-se comentários críticos à inexistência de uma relação direta entre legislação laboral e índices de desemprego ou da pretensa "modernização" que a Reforma queria trazer à legislação laboral, quando na verdade estaria a acautelar interesses do patronato brasileiro, encabeçado na CNI (Confederação Nacional da Indústria) e da CNT (Confederação Nacional de Transportes). Apresentando estudos muito interessantes levados a cabo pela OIT em 2015 e, bem assim, atestando fortes argumentos no sentido de criticar essa falsa ligação entre desregulamentação/flexibilização e redução do desemprego, BIAVASCHI, Magda Barros. A reforma trabalhista no Brasil em tempos de acirramento das desigualdades sociais à ação de um capitalismo "sem peias". *In* MELO, Raimundo Simão de, Rocha, Jannotti da (coord.). *Constitucionalismo, Trabalho, Seguridade Social e as Reformas Trabalhista e Previdenciária.* São Paulo: Ltr, 2017, págs. 122-125. Em tons de crítica, a título de exemplo, cf. BURGOS, Leonardo. Do processo de jurisdição voluntária para homologação de acordo extrajudicial. Uma análise crítica. *Revista Fórum Justiça do Trabalho*, Belo Horizonte, Ano 35, N.º 412, abr/2018, pág. 102. Para o autor a nova lei tem "um selo oculto. Um selo de autores que apenas representam um lado da relação capital x trabalho: o patronato. Quando a lei já nasce com um vício desse quilate, ela fere os pilares do Estado Democrático de Direito. E aqui não há, em

Do ponto de vista político e filosófico, o Relatório justifica ainda a Reforma sob a ideia da *limitação da intervenção estatal*, promovendo-se o diálogo direto e participativo entre os atores laborais pela via da negociação coletiva, em particular pela mão dos sindicatos, para o qual possam contribuir o reforço substancial do negociado sobre o legislado[85], o fim da contribuição sindical e da ultratividade dos instrumentos normativos[86].

No que respeita ao *argumento da instrumentalidade*, a Reforma visaria tentar fazer face à *judicialização em massa* de conflitos trabalhistas[87], em

---

absoluto, preconceito ou indisposições prévias. Há, apenas, constatação de fatos. E só quando esses fatos são postos às claras é que se pode fazer a correta interpretação da nova lei, no sentido de se saber o que ela pretende". No mesmo sentido dramático da crítica, ROCHA, Cláudio Jannoti da; RIBEIRO, Ailana. A desnaturação do direito do trabalho sob o véu da "Reforma Trabalhista". *Revista Síntese Trabalhista e Previdenciária*, São Paulo, Vol. 29, N.º 338, ago/2017, págs. 106 ss; NASCIMENTO, Diandra Rodrigues Abordagem sobre a reforma trabalhista: aspectos jurídicos da flexibilização e desregulamentação da legislação laboral no Brasil. Revista do Tribunal Regional do Trabalho da 3ª Região, Belo Horizonte, V. 64, N.º 97, jan-jun/2018, pág. 119. Para uma comparação pormenorizada e muito interessante das propostas da CNI feitas no "101 propostas da CNI" relativamente à Proposta de Lei n.º 6.787/2016 que em grande medida resultou na versão final da atual Reforma Trabalhista, cf. ALVES, Amauri Cesar; ALVES, Roberto das Graças. Reforma Trabalhista e o Novo "Direito do Capital". *Revista Síntese Trabalhista e Previdenciária*, Vol. 29, N.º 338, São Paulo, ago/2017págs. 50-51.

85. "Ao se abrir espaço para que as partes negociem diretamente condições de trabalho mais adequadas, sem revogar as garantias estabelecidas em lei, o projeto possibilita maior autonomia às entidades sindicais, ao mesmo tempo em que busca conferir maior segurança jurídica às decisões que vierem a ser negociadas. A insegurança jurídica da representação patronal, que não tem certeza se o que for negociado será preservado pela Justiça do Trabalho, é um grande empecilho à celebração de novas condições de trabalho mais benéficas aos trabalhadores e, em última instância, um entrave à contratação de mão de obra" (Relatório, pág. 26).

86. "Novas profissões surgiram e outras desapareceram, e as leis trabalhistas permanecem as mesmas. Inspiradas no fascismo de Mussolini, as regras da CLT foram pensadas para um Estado hipertrofiado, intromissivo, que tinha como diretriz a tutela exacerbada das pessoas e a invasão dos seus íntimos. O respeito às escolhas individuais, aos desejos e anseios particulares é garantido pela nossa Lei Maior. Não podemos mais negar liberdade às pessoas, não podemos mais insistir nas teses de que o Estado deve dizer o que é melhor para os brasileiros negando-os o seu direito de escolher. Precisamos de um Brasil com mais liberdade (...). Ao mesmo tempo em que se limita o papel do Estado nas negociações, propõe-se um sistema no qual o interesse das partes seja respeitado, garantindo-se ao trabalhador liberdade ampla para aderir ou não ao que for negociado" (pág. 17 e 27).

87. "De acordo com dados colocados à disposição pelo próprio TST, somente no ano de 2016, as Varas do Trabalho receberam, na fase de conhecimento, 2.756.159 processos,

particular recorrendo a mecanismos extrajudiciais de resolução de conflitos, a normas que travem o ativismo judicial, implementando um risco resultante do direito de ação[88] etc. Por último, usa-se um argumento de *autoridade* para justificar a Reforma, com a invocação de opiniões de relevo de ilustres juristas, tais como Ministro João Oreste Dalazen[89] (ex-Ministro do TST), Ministro Ives Gandra Martins Filho[90] (Ministro TST) e até da jurisprudência do STF em matéria de autonomia coletiva[91].

---

um aumento de 4,5% em relação ao ano anterior. Desses, 2.686.711 foram processados e julgados. A soma da diferença dos processos não julgados no ano com o resíduo já existente nos tribunais totalizou 1.843.336 de processos pendentes de julgamento, em 31 de dezembro de 2016. Se forem acrescidas as execuções das sentenças proferidas, foram iniciadas 743.410 execuções e encerradas 660.860 em 2016, estando pendentes, em 31 de dezembro de 2016, o expressivo número de 2.501.722 execuções. Somando todos esses números, chegamos ao expressivo número de cerca de 4 milhões de novas ações trabalhistas. Além disso, foram remetidos aos Tribunais Regionais do Trabalho (TRT), 760.877 processos, um aumento de 11,9% em relação ao ano anterior. Por fim, o TST recebeu, no mesmo período, 239.765 processos, o que representou, em média, 9.990 processos para cada Ministro, não considerados, aqui, o acervo já existente em cada gabinete" (Relatório, pág. 22).

88. Portanto a modernização das leis trabalhistas também será importante para conter o avanço dessa excessiva busca pelo Judiciário para solução dos conflitos entre as partes, pautando não só o desestímulo ao ativismo judicial, mas criando mecanismos que estimulem a solução desses conflitos antes que seja necessário submetê-los ao Poder Judiciário. E aqui não estamos falando em se impedir o acesso ao Judiciário, direito garantido plenamente pela Constituição Federal, mas em se privilegiar as soluções extrajudiciais na composição dos conflitos. Vemos com muita frequência a celebração de homologações entre as partes, mormente na presença dos representantes sindicais, como exige o §1° do art. 477 da CLT para os contratos com mais de um ano de vigência, para, tempos depois, o empregado ajuizar reclamação trabalhista requerendo as mesmas parcelas que foram objeto da homologação. Além do volume excessivo de ações trabalhistas já citado, esse procedimento traz enorme insegurança jurídica ao contratante diante da imprevisibilidade para o seu negócio" (Relatório, pág. 24).

89. Nas palavras do Ministro: "primeiro, porque é uma regulação rígida, que engessa toda relação entre patrão e empregado. Segundo, porque é excessivamente detalhista e confusa, o que gera insegurança jurídica. E, terceiro, porque está cheia de lacunas" (Relatório, pág. 21).

90. Cf. Relatório pág. 24.

91. "(...) é de extrema relevância mencionar que o STF tem-se debruçado sobre o tema da prevalência do negociado pelas partes no Direito do Trabalho, e as decisões da Corte Máxima do nosso Judiciário têm se pautado pelo entendimento de que a Constituição Federal buscou prestigiar "a autonomia coletiva da vontade e a autocomposição dos conflitos trabalhistas", quando, entre os incisos do art. 7°, inseriu como direito dos trabalhadores o "reconhecimento das convenções e acordos coletivos de trabalho" (art.

Em todo o caso, a Reforma não se livra das críticas. Reiteradamente se afirma que, por um lado, os projetos visavam sobretudo *interesses de empresários*, advogados e entidades sindicais de maior reconhecimento e, por outro, como reporta Ivan Alemão, "a Reforma também 'contou', se não com apoio direto, pelo menos com a indiferença de grande parte da população de média e baixa renda que não é empregada". Já para não mencionar a crítica à falta de discussão do projeto no Senado que teria aprovado o projeto tal como proposto pela Câmara e que fez com que o cerne dos debates tivesse ficado centrado dentro do bloco partidário que apoiou o projeto de lei[92].

Muitas foram as vozes que, de uma maneira ou de outra, encontraram fundamentos para *reprovar* o novo diploma, chegando quem, inclusivamente e no fulgor da revolta, a acusasse de acabar com o Estado Social[93]! Entre

---

7º, XXVI). E mais. Decidiu que "o reconhecimento dos acordos e convenções coletivas permite que os trabalhadores contribuam para a formulação das normas que regerão a sua própria vida" (RE nº 590.415)" (Relatório, pág. 27).

92. Nas palavras do autor, "(...) prevaleceu uma lei fruto de um projeto com pouco aprofundamento técnico, mais confiante nas regras de mercado do que no intervencionismo estatal. Acredito que desde a Reforma da década de 1960 o setor liberal não consiga uma vitória no meio trabalhista, sendo que naquela época havia uma espécie de revolução política. Agora o que há é radicalização política". Várias alterações foram aplaudidas por realmente se dirigirem à prossecução daquele fim, a saber, a forma como ficaram reguladas novas formas de contratos de trabalho, em particular o uso dado ao contrato de trabalho temporário; os termos reguladores do representante da classe operária nas empresas, com garantia de vínculo empregatício; a apresentação do grupo econômico por coordenação entre outras (Belmonte, Alexandre Agra. Reflexões sobre os desafios do judiciário trabalhista frente à nova legislação e a realidade brasileira. *Revista LTr*, São Paulo, Vol. 82, N.º 10, out/2018, pág. 1165). Ainda, cf. Alemão, Ivan. A Reforma Trabalhista de 2017 e o TST. *Revista LTr*, São Paulo, Vol. 81, N.º 09, set/2017, pág. 1123.

93. Nas palavras algo exageradas do autor, "Ao invés da justiça e busca pela redução das desigualdades sociais, que são objetivos fundamentais do nosso Estado e servem como baliza para os Poderes da República, a Lei passa a preferir a autonomia privada, ainda que sobre temas e assuntos meramente patrimoniais e econômicos, e nos quais a escolha individual é feita muito mais por necessidade e sobrevivência do que com base em valores e preferências individuais" (cit. Balera, Felipe Penteado. A Reforma Trabalhista e o fim do Estado Social. *Revista LTr*, São Paulo, Vol. 81, N.º 09, set/2017, pág. 1093). No mesmo sentido, Delgado, Maurício Godinho; Delgado, Gabriela Neves. *A Reforma Trabalhista no Brasil com os comentários à Lei n. 13.467/2017*. São Paulo: LTr, 2017, pág. 41, entendem que a Reforma demonstra desprezo à noção de pessoa humana como figura central da ordem jurídica e da vida social, põe severamente em causa o principio da igualdade em sentido material no contexto das relações empregatícias, implementa uma estratégia de desconstrução do normativo constitucional em matéria de saúde e segurança no trabalho, "dribla" as normas de inclusão

várias, alega-se a *contradição direta* que a nova lei veio implantar com súmulas do TST e orientações jurisprudenciais, naquilo que alguns consideram ser uma tentativa de "desmoralizar a jurisprudência do órgão de cúpula da Justiça do Trabalho"[94].

Também não deixa de ser curioso notar que ao contrário da Reforma de 2004 que ampliou o campo de julgamentos sob a alçada da Justiça do Trabalho, parece agora que a Reforma de 2017 visou movimento contrário, no sentido de restringi-los, seja pela admissão expressa do recurso à arbitragem como sucedâneo nas relações de trabalho individuais, seja com o reenvio de muitos "dissensos" para jurisdição voluntária.

Para concluir, parece-nos clara a existência de uma *influência democrática* na nova legislação laboral[95]; que realmente tem em mente uma

---

no mercado de trabalho de vulneráveis, exacerba a duração do trabalho no mercado, enfraquece o sindicalismo do país, alarga em demasia os poderes de negociação coletiva, inclusivamente permitindo a deterioração das condições contratuais, restringe gravemente o acesso à justiça, descaracteriza o instituto constitucional da justiça gratuita, compromete a eficiência e efetividade jurisdicionais, constringe o papel dos TRT e TST na construção de jurisprudência, entre outros aspetos. MOREIRA, Nelson Camatta; OLIVEIRA, Marina Silva Rebelo de. Desmonte ao estado social e o fim do estado democrático de direito: algumas bases teóricas para uma crítica à avalanche neoliberal e às reformas sociais no Brasil. *In* MELO, Raimundo Simão de, Rocha, Jannotti da (coord.). *Constitucionalismo, Trabalho, Seguridade Social e as Reformas Trabalhista e Previdenciária.* São Paulo: Ltr, 2017, pág. 180.

94. SILVA, Homero Batista Mateus da. *Comentários à Reforma Trabalhista.* São Paulo: RT, 2017, pág. 11. Assim se passou, por exemplo, com o art. 58, §2º da CLT, que expressamente passou a ditar que "o tempo despendido pelo empregado desde a sua residência até a efetiva ocupação do posto de trabalho e para o seu retorno, caminhando ou por qualquer outro meio de transporte, inclusive o fornecimento pelo empregador, não será computado na jornada de trabalho, por não ser tempo à disposição do empregador". Este artigo, que não só contradiz a Súmula 90 do TST ("I - O tempo despendido pelo empregado, em condução fornecida pelo empregador, até o local de trabalho de difícil acesso, ou não servido por transporte público regular, e para o seu retorno é computável na jornada de trabalho (...)") – que, aliás, já data desde 1969 –, como ainda colide com o art. 294 da CLT ("o tempo despendido pelo empregado da boca da mina ao local de trabalho e vice-versa será computado para o efeito de pagamento de salário"). Ora, uma vez que nem a súmula foi cancelada pelo TST, nem o art. foi revogado pela Reforma, o problema de interpretação e compatibilização das normas fica em aberto, embora seja defensável uma posição que se pronuncie quanto à aplicação do art. 58, §2º da CLT como regra geral e o art. 294 CLT como regra especial, restrita aos trabalhos específicos na normal, sem possibilidade de aplicação analógica para atividades rurais ou em regiões urbanas.

95. SILVA, Wanise Cabral. A ideologia da reforma trabalhista no Brasil: uma ponte para o século XIX. *In* MELO, Raimundo Simão de, ROCHA, Cláudio Jannotti da (coord.).

preocupação com a modernização do mercado de trabalho; que pretende atenuar o paternalismo estatal da proteção do trabalhador, quando tal se justifique; atenuar a intervenção estatal nas relações privadas e económicas do mercado de trabalho; que procura redirecionar o postulado protetivo para o polo sindical, reforçando-lhes os poderes de negociação, e mitigá-lo no polo individual, sempre que se mostre necessário; e que visa reforçar a autonomia e a vontade de trabalhador e sindicatos.

3.3.1.1. *Concretizações da relevância da vontade individual do trabalhador no direito material e processual do trabalho. O empoderamento do trabalhador pela Reforma.*

3.3.1.1.1. Possibilidade do estabelecimento, por acordo individual, de jornada de trabalho de 12h seguidas por 36h ininterruptas de descanso, assim como banco de horas – art. 59-A e 59 §5º da CLT

Dispõe o novo art. 59-A da CLT que "em exceção ao disposto no art. 59 desta Consolidação, é facultado às partes, mediante acordo individual escrito, convenção coletiva ou acordo coletivo de trabalho, estabelecer horário de trabalho de doze horas seguidas por trinta e seis horas ininterruptas de descanso, observados ou indenizados os intervalos para repouso e alimentação". Muito embora o artigo venha consolidar aquilo que já resultava da prática e da Súmula 444 do TST[96], a verdade é que se introduzem àquela algumas modificações.

Em *primeiro lugar*, e desde logo, o legislador passou a permitir que o regime seja pactuado em *contrato individual*, ao contrário do anterior regime previsto na súmula restrito a acordo ou convenção coletiva. Esta prática traduz perfeitamente o espírito mais democrático desta Reforma e se materializa na confiança depositada no trabalhador. Em *segundo lugar*, os *feriados e domingos* passaram a ser incluídos na compensação pela jornada 12h por 36h. O mesmo se passou com as compensações remuneradas das

---

Constitucionalismo, Trabalho, Seguridade Social e as Reformas Trabalhista e Previdenciária. São Paulo: LTr, 2017, págs. 261 ss.

96. "É valida, em caráter excepcional, a jornada de doze horas de trabalho por trinta e seis de descanso, prevista em lei ou ajustada exclusivamente mediante acordo coletivo de trabalho ou convenção coletiva de trabalho, assegurada a remuneração em dobro dos feriados trabalhados. O empregado não tem direito ao pagamento de adicional referente ao labor prestado na décima primeira e décima segunda horas" (cit. Súmula 444 do TST).

prorrogações de trabalho noturno, o que, senão constitui um equívoco, certamente representará um erro, atenta a natureza imperativa do coomando que determina a remuneração do deste tipo de trabalho[97]. *Em terceiro lugar*, ficou igualmente por não observar o respeito pelo intervalo intrajornada para descanso com indenização[98].

Em articulação com o parágrafo único do art. 60 da CLT, pode-se dizer que a crítica mais veemente apresentada se prende com o fato de se permitir que por mero acerto individual se possa contratar uma jornada de 12h por 36h em *ambientes insalubres*, i.e., sem que haja emissão de licença pelas autoridades correspondentes, ou sem que haja participação dos sindicatos. O problema aqui não é tanto jurídico, quanto prático, já que é uma previsão legal que esquece pesquisas científicas e regramento prévio (art. 156-200 da CLT e Portaria n.º 3214/1978 do MT[99]) do modelo de 8h diárias de trabalho; assim como ignora os efeitos que a exposição a ruídos, radiações ionizantes, produtos químicos e biológicos têm no trabalhador após 8h de trabalho, independentemente de compensação com posterior descanso – então irrelevante.

Pergunta-se ainda se, pelo *acordo individual* que permite estabelecer este regime de 12h por 36h, também se permite que as partes possam regular o seu regime de intervalo para repouso e alimentação, até mesmo renunciando-o, já que (i) o art. 71, §3º mantém a possibilidade de redução do intervalo de descanso; (ii) e o *caput* menciona que é facultado às partes por acordo individual estabelecer este regime "observados ou indenizados os intervalos para repouso e alimentação"; o que parece indicar que tudo pode ser negociado neste acordo individual e, assim, a combinação das duas matérias serem acordadas. Parece-nos que, por um lado, o artigo está mal redigido, devendo ser interpretado no sentido de que o pacto individual incide apenas sobre a fixação do regime de 12h por 36h, e, por outro, o art. 71,

97. É a própria Constituição que no art. 7.º, IX determina imperiosamente a remuneração superior do trabalho noturno sobre o diurno; pelo que quanto ao pagamento deste adicional (art. 73, *caput*) não poderá ser afastado em caso de prorrogação de jornada para além das 22h, mesmo neste regime horário.

98. Delgado, Maurício Godinho; Delgado, Gabriela Neves. *A Reforma Trabalhista no Brasil com os comentários à Lei n. 13.467/2017*. São Paulo: LTr, 2017, pág. 132.

99. Esta postura é manifestamente contraditória com a redação do art. 611-B, XVII, que basicamente afirma a insusceptibilidade da negociação coletiva poder afetar as Normas Regulamentadoras do Ministério do Trabalho; ou seja, o legislador trabalhista quis impedir aos sindicatos aquilo que ele mesmo pôs em prática.

§3º apenas colhe aplicação em vínculos onde não se tenham verificado horas extra, como é o caso do regime 12h por 36h[100].

Da mesma forma, prevê o art. 59 §5º da CLT a possibilidade de, por *acordo individual*, acertar-se o regime de banco de horas com compensação horária até um período de seis meses ou no mesmo mês (§6º). O regime até então era admitido por via de acordo coletivo ou convenção coletiva, com prazo de compensação anual.

Vários são os autores que descreem nos resultados da norma, acusando-a de representar um retrocesso social[101]; outros pugnam pela *inconstitucionalidade* destes dois preceitos, por afetar diretamente o art. 7.º, inc. XIII da CF, alegando que a matéria só poderia ser regulada por *convenção ou acordo coletivo* de trabalho, já que se *desrespeita a saúde e segurança do trabalho* em prol de uma progressiva flexibilização compensatória[102]. Talvez por isso, a Medida Provisória 808/2017, não obstante ter caducado, vinha propor uma alteração ao art. 59-A (mas já não ao 59 §5º da CLT), no sentido de manter a possibilidade de transformação do regime mediante convenção coletiva ou acordo coletivo de trabalho, excluindo então, expressamente, a hipótese do contrato de trabalho.

---

100. Silva, Homero Batista Mateus da. *Comentários à Reforma Trabalhista.* São Paulo: RT, 2017, págs. 43-44.

101. Barroso, Fábio Túlio. Potencialização da autonomia da vontade individual na Reforma trabalhista: restrições estruturais e constitucionais. *In* Melo, Raimundo Simão de, Rocha, Jannotti da (coord.). *Constitucionalismo, Trabalho, Seguridade Social e as Reformas Trabalhista e Previdenciária.*São Paulo: Ltr, 2017, pág. 248. "Quando o mundo discute a redução da jornada de trabalho, o Brasil dá um passo atrás para permitir de forma indiscriminada que todas as atividades possam, por meio de alteração contratual direta entre empregado e empregador, estabelecer um modelo de jornada extraordinário. O texto do art. 59-A da CLT é de um retrocesso social inimaginável em pleno século XXI. Primeiro, porque supostamente permite pensar que este acordo individual escrito será formulado tendo o empregado absoluta liberdade e capacidade de compreensão dos limites da alteração do contrato e sua repercussão na sua qualidade de vida. Segundo que a permissão de tal modelo extraordinário de condição laboral após a Constituição de 1988, deu-se apenas para situações específicas, profissões e atividades patronais em que a necessidade de elasticidade da jornada se fazia necessária em face das atividades peculiares e ainda por meio de cláusula de convenção ou acordo coletivo de trabalho, como assentado na súmula n. 444 do TST.

102. Delgado, Maurício Godinho; Delgado, Gabriela Neves. *A Reforma Trabalhista no Brasil com os comentários à Lei n. 13.467/2017.* São Paulo: LTr, 2017, pág. 75; Ledur, José Felipe. Barreiras constitucionais à erosão dos direitos dos trabalhadores e a reforma trabalhista. *Revista LTr*, São Paulo, Vol. 81, N.º 10, out/2017, pág.1227.

3.3.1.1.2. Livre negociação em contrato de trabalho individual para trabalhadores que aufiram salário igual ou superior ao dobro do limite dos benefícios da previdência – art. 444, parágrafo único da CLT

Dispõe o art. 444 da CLT que "as relações contratuais de trabalho podem ser objeto de livre estipulação das partes interessadas em tudo quanto não contravenha às disposições de proteção ao trabalho, aos contratos coletivos que lhes sejam aplicáveis e às decisões das autoridades competentes"; acrescentando o parágrafo único que "A livre estipulação a que se refere o *caput* deste artigo aplica-se às hipóteses previstas no art. 611-A desta Consolidação, com a mesma eficácia legal e preponderância sobre os instrumentos coletivos, no caso de empregado portador de diploma de nível superior e que perceba salário mensal igual ou superior a duas vezes o limite máximo dos benefícios do Regime Geral de Previdência Social".

Não podemos dizer que haja grande novidade naquela primeira norma, já que traduz os termos gerais de negociação e pactuação das condições de trabalho, ressalvados os limites legais e coletivos. A novidade reside no parágrafo único do artigo, quando permite a *livre estipulação* em contratos individuais de trabalho, sempre que num dos polos da relação contratual trabalhista se encontre um empregado com diploma de nível superior a perceber salário mensal igual a duas vezes o limite do teto previdenciário (atualmente fixado em R$5.839,45 x 2 = R$ 11.678,9)[103]. A norma assenta na premissa (*rectius*, presunção legal[104]) de que um trabalhador com estas características não se encontraria numa relação de fragilidade tão intensa quanto a dos normais empregados, o que lhe permitiria ter um maior poder persuasivo e de contratação, fazendo assim valer a sua vontade na escolha de cláusulas contratuais[105]. A este respeito, pensamos, por exemplo, que a

---

103. À data de 26.06.2019. Nos termos da Portaria Interministerial 9, de 11 de janeiro de 2017.

104. MARTINS, Sérgio Pinto. *Comentários à CLT*. 21ª ed. São Paulo: Saraiva, 2018, pág. 440.

105. Nas palavras do Deputado Rogério Marinho no seu Relatório sobre este artigo, "A inclusão de um parágrafo único ao art. 444 visa a permitir que os desiguais sejam tratados desigualmente. De fato, a CLT foi pensada como um instrumento para proteção do empregado hipossuficiente, diante da premissa de que esse se encontra em uma posição de inferioridade ao empregador no momento da contratação e da defesa de seus interesses. Todavia não se pode admitir que um trabalhador com graduação em ensino superior e salario acima da média remuneratória da grande maioria da população seja tratado como alguém vulnerável, que necessite de proteção

formação em ensino superior ou o conhecimento das regras de Direito do Trabalho interferem necessariamente no discernimento que um trabalhador tem no momento da pactuação do seu contrato de trabalho e da suscetibilidade com que este pode, ou não, ser levado a dispor de alguns dos seus direitos[106].

Se mais uma vez se encontra quem aplauda esta iniciativa, ou ainda quem a encare de um ponto de vista muito neutral[107], outras há que *desacreditam o normativo* não apenas por não assentar em fatos empíricos e teóricos, como também por se afastar diametralmente da matriz lógica e sistemática do Direito do Trabalho brasileiro[108] composto maioritariamente

---

do Estado ou de tutela sindical para negociar seus direitos trabalhistas", (cit. do voto do Deputado, pág. 51, disponível em http://www.camara.gov.br/proposicoesWeb/prop_mostrarintegra?codteor=1544961, consultado em 26.11.2018).

106. Em sentido contrário, Barroso, Fábio Túlio. Potencialização da autonomia da vontade individual na Reforma trabalhista: restrições estruturais e constitucionais. *In* Melo, Raimundo Simão de, Rocha, Jannotti da (coord.). *Constitucionalismo, Trabalho, Seguridade Social e as Reformas Trabalhista e Previdenciária.*São Paulo: Ltr, 2017, pág. 255.

107. Assim, por exemplo, Viveiros, por argumentar, sem qualquer laivo emotivo no discurso, que esta é uma alteração que representa um passo decisivo na legislação trabalhista, que visa possibilitar aos empreendedores melhores condições de se ajustarem à realidade do país, mas que também poderá conduzir a alguma precarização das relações de trabalho. Assim, *in verbis*, "trata-se de um passo decisivo da legislação trabalhista na direção do desenvolvimento e do empreendedorismo com fito de valorizar a livre negociação e gerar mais condições para que os empregadores possam se ajustar à realidade do país, sempre sujeito a crises sociais e econômicas. Por outro lado, poderá caminhar na direção da precarização do trabalho se não houver consciência e respeito entre os negociadores (empregados e empregadores) com relação aos pontos essenciais que preveem garantias à saúde do trabalhador" (Viveiros, Luciano. *CLT Comentada pela Reforma Trabalhista.* 9ª ed. Belo Horizonte: Fórum, 2018, pág. 219).

108. "Na verdade, a nova regra legal, ladinamente, aplica ao empregado qualificado (do ponto de vista da educação formal) e com salário relativamente razoável no contexto comparativo da economia e sociedade brasileiras (um patamar salarial posicionado em torno do equivalente a 11 salários mínimos, considerada a data de publicação da Lei) o raciocínio que se aplica ao alto executivo de uma grande empresa capitalista, com ganhos anuais milionários e um poder diretivo gigantesco – este, sim, uma real projeção do próprio empregador, um verdadeiro órgão da empresa" (cit. Delgado, Maurício Godinho; Delgado, Gabriela Neves. *A Reforma Trabalhista no Brasil com os comentários à Lei n. 13.467/2017.* São Paulo: LTr, 2017, pág. 160). "(...) Viola o conjunto de direitos fundamentais dos trabalhadores, amparados na relação de emprego, autorização legislativa para livre negociação do conteúdo do contrato de trabalho subordinado, que afaste a específica proteção social e jurídica conferida a

por normas imperativas[109]; consubstanciando uma prática discriminatória injustificável entre empregados.

Indo mais longe, há quem inclusivamente se pronuncie pela *inconstitucionalidade* do preceito por três motivos. Em primeiro lugar, por assentar em dois critérios (salário e formação académica) para criar um cenário discrepante sem atender ao real fator diferenciador que é a existência ou não de subordinação, o preceito violaria o direito fundamental à isonomia (art. 5.º *caput* da CF)[110]. Além destes dois critérios se dizerem *insuscetíveis*

---

qualquer relação de emprego; tais declarações de vontade, derrogatórias, são próprias da órbita contratual civil, mas incompatíveis com a ontologia do Direito do Trabalho" (Honório, Cláudia. Derrogação de proteção jurídico-trabalhista aos empregados com maior remuneração e diploma de nível superior. *In* Costa, Ângelo Fabiano Farias da, Monteiro, Ana Cláudia Rodrigues Bandeira, Beltramelli Neto, Silvio (coord.). *Reforma Trabalhista na Visão de Procuradores do Trabalho*. Salvador: Juspodivm, 2018, pág. 118). Ainda Cassar, Vólia Bomfim; Borges Leonardo Dias. *Comentários à Reforma Trabalhista*. São Paulo: Método, 2017, pág. 14; ou Garcia, Gustavo Filipe Barbosa. *CLT comentada*. 4ª ed. Rio de Janeiro: Forense, 2018, pág. 401. Garcia entende que a interpretação deste art. 444, parágrafo único da CLT deve ser lida em articulação com (i) o art. 619 da CLT, que determina que nenhuma disposição de contrato individual que contrarie norma de IRCT pode prevalecer, sem distinguir em razão do tipo de empregado; (ii) os preceitos constitucionais do art. 7º, inc.os VI, XIII, XIV, XXVI e art. 8º, inc. VI, que consagrariam os únicos casos em que é possível flexibilizar direitos, impondo que a prática se faça apenas por convenção coletiva; (iii) que os preceitos de ordem pública previstos na CLT e CF não podem ser arredados em função de tipos de trabalhadores, sob pena de afronta aos princípios da igualdade e da legalidade. Assim, pugna por uma interpretação do 444, parágrafo único da CLT que o esvazia completamente da sua intenção original, considerando que empregado mesmo detentor de diploma e com salário mensal igual ou superior a duas vezes o limite máximo dos benefícios do Regime Geral de Previdência Social, só terá validade se "(...) respeitar as previsões legais e negociadas coletivamente e estabelecer patamar superior de direitos trabalhistas".

109. Delgado, Maurício Godinho. *Curso de direito do trabalho*. 16ª ed. São Paulo: LTr, 2017, pág. 339.

110. "O conceito de subordinação meramente econômica ou intelectual não foi acolhido pelo direito pátrio, de forma que não há limite máximo de salário ou nível de escolaridade que afaste a incidência da legislação trabalhista quando presentes os elementos caracterizadores do vínculo de emprego. Quanto maior a especialidade e o nível de escolaridade, pode haver, sim, menor intervenção do empregador na forma como é exercida a atividade; entretanto, isso não descaracteriza a subordinação, ínsita a todo o vínculo empregatício (...)" (Honório, Cláudia. Derrogação de proteção jurídico-trabalhista aos empregados com maior remuneração e diploma de nível superior. *In* Costa, Ângelo Fabiano Farias da, Monteiro, Ana Cláudia Rodrigues Bandeira, Beltramelli Neto, Silvio (coord.). *Reforma Trabalhista na Visão de Procuradores*

de fazer cessar a relação de subordinação, diz-se ainda que são puramente *desproporcionais*, e não se amparam em qualquer tipo de justificação ou fundamentação lógica ou objetiva; não se percebendo inclusivamente o porquê de serem de *verificação cumulativa e não alternativa*. Em *segundo* lugar, alega-se também uma *inconstitucionalidade* resultante da ofensa ao art. 7.º, inc. XXXII da CF, i.e., da norma que proíbe a *distinção entre trabalhador manual, técnico e intelectual* ou entre os profissionais respetivos. Ora, como subjacente à proteção constitucional dos direitos fundamentais dos trabalhadores ampara-se num postulado de dignidade, a discriminação levada a cabo entre tipos de trabalhadores seria inconstitucional[111]. Em *terceiro lugar*, invoca-se ainda o art. 7.º, inc. V da CF que prevê o direito fundamental a um *piso salarial proporcional* à extensão e à complexidade do trabalho; como a *ratio legis* visa compensar e valorizar atividades profissionais mais complexas, por meio da fixação de pisos salariais mais elevados, uma disposição legal que o sujeite a condições mais precárias de negociação, a um menor patamar de proteção e à sujeição a maiores pressões económicas corporativas, contrariaria frontalmente aquele preceito constitucional[112].

---

do Trabalho. Salvador: Juspodivm, 2018, págs. 120-121). No mesmo sentido, Mazzei, Rodrigo Reis; Carlos, Helio Antunes. Breve estudo acerca das principais alterações da Reforma Trabalhista: uma análise a partir da teoria dos jogos. *In* Tupinambá, Carolina (coord.). *Soluções de conflitos trabalhistas: novos caminhos*. São Paulo: LTr, 2018, pág. 169. Em sentido contrário, percecionando no critério escolhido pelo legislador como pertinente, Barba Filho, Roberto Dala. *Reforma Trabalhista & Direito material do trabalho. Atualizada de acordo com a MP 808 de 14.11.2017*. Curitiba: Juruá Editora, 2018, pág. 64; Saad, Eduardo Gabriel. *Consolidação das Leis do Trabalho Comentada*. 50ª ed. São Paulo: LTr, 2018, pág. 662.

111. "Em verdade, além de violar o princípio da isonomia, deixar de assegurar ao executivo a mesma proteção conferida aos trabalhadores dos escalões inferiores implica inadmissível retorno à filosofia da patrimonialização das relações de trabalho. Implica a inaceitável conclusão de que a saúde, o sossego e a dignidade desses trabalhadores estão à venda" (Boucinhas Filho, Jorge Cavalcanti. A proteção Trabalhista dos Altos Executivos. *In* Boucinhas Filho, Jorge Cavalcanti, Berardo, Carlos Francisco (coord.). *Novos dilemas do direito do trabalho, do emprego e do processo do trabalho*. Homenagem ao Prof. Ari Possidônio Beltran. São Paulo: LTr, 2012, pág. 71).

112. Honório, Cláudia. Derrogação de proteção jurídico-trabalhista aos empregados com maior remuneração e diploma de nível superior. *In* Costa, Ângelo Fabiano Farias da, Monteiro, Ana Cláudia Rodrigues Bandeira, Beltramelli Neto, Silvio (coord.). *Reforma Trabalhista na Visão de Procuradores do Trabalho*. Salvador: Juspodivm, 2018, págs. 124-125; Cavalcante, Rodrigo Arantes. *Reforma Trabalhista comentada artigo por artigo de acordo com princípios, Constituição Federal, Tratados Internacionais e a MP n.º 808/2017*. São Paulo: LTr, 2018 pág. 65.

Com esta norma, almeja o legislador equiparar um empregado letrado de formação académica superior que ganhe um salário substancial, a sindicatos de trabalhadores e de empregadores, pois aí menciona a sua equiparação em termos de eficácia e preponderância sobre instrumentos coletivos (art. 611-A da CLT). Ainda assim, este posicionamento não é, naturalmente, líquido, já que há quem rejeite a existência da figura do trabalhador "hipersuficiente", mesmo num contexto pós Reforma e pós art. 444 ou art. 507-A[113] da CLT; o que me parece um posicionamento difícil de sustentar.

Assim, e com exclusão da hipótese de redução do salário (que é matéria reservada pela Constituição Federal exclusivamente à negociação coletiva, cf. art. 7.º, VI da CF), poderá o alto empregado acordar sobre a redução ou aumento da sua jornada de trabalho (art. 611-A, inc. I), sobre remuneração por produtividade (art. 611-A, inc. IX), aceitar a prorrogação da sua jornada em ambientes insalubres (art. 611-A, inc. XIII), abdicar de prêmios (art. 611-A, inc. XIV) etc[114].

Podemos então dizer que é a *própria CLT*, desde sempre pensada tendo em mente a vulnerabilidade da generalidade dos trabalhadores, *que vem agora recusar práticas não discriminatórias, aceitando e reconhecendo que, afinal, nem todos os trabalhadores são efetivamente iguais*, i.e., que *nem todos os trabalhadores têm o mesmo grau de vulnerabilidade*. E essa constatação legitima que lhes seja conferida maior liberdade negocial. Naturalmente que não o fez às cegas, já que esta liberdade aqui prevista será monitorada pela Justiça do Trabalho e pelo MPT. Com este novo dispositivo, estratificam-se os trabalhadores empregados dentro de uma empresa, não pelo próprio empregador, mas pela mão da própria lei. E mesmo admitindo a existência de trabalhadores que, preenchendo estes critérios, manifestem uma clara incapacidade negocial e se encontrem tolhidos na sua vontade, sempre se

---

113. ALLAN, Nuredin Ahmad. A arbitragem e a figura do trabalhador hipersuficiente. *Revista Fórum Justiça do Trabalho*, Belo Horizonte, Ano 35, N.º 409, jan/2018, págs. 137-138. "A defesa de que existe a figura do trabalhador hipersuficiente não passa de um grande engodo, buscando a captura da subjetividade desse segmento profissional, atribuindo a ele a falsa sensação de poder e de autonomia, com o intuito de excecioná-lo e, imediatamente após praticar atos lesivos aos princípios que regem a relação de emprego, histórica e indiscutivelmente consolidados. (...) Inexiste, pois, dentro da relação de emprego trabalhador hipersuficiente.".

114. Considerando bastante criticável a amplitude do catálogo que o legislador autorizou à consensualidade entre as partes, DELGADO, Maurício Godinho; DELGADO, Gabriela Neves. *A Reforma Trabalhista no Brasil com os comentários à Lei n. 13.467/2017*. São Paulo: LTr, 2017, págs. 159-160.

dirá colher aplicação o art. 9.º da CLT e ser estendido o regime da nulidade ao ato negocial praticado. Aplaude-se a mudança que, não obstante as críticas, tão-pouco veio receber qualquer proposta de alteração sob a Medida Provisória 808/2017. Sem prejuízo dos dois critérios eleitos pelo legislador poderem até ser eventualmente questionáveis, a filosofia que embasa o novo dispositivo corresponde a uma mudança teleológica que se acolhe e apoia.

3.3.1.1.3. Extinção do contrato de emprego por acordo entre empregado e empregador – art. 484-A da CLT

Dispõe o art. 484-A da CLT que "o contrato de trabalho poderá ser extinto por acordo entre empregado e empregador, caso em que serão devidas as seguintes verbas trabalhistas: I – por metade: a) o aviso prévio, se indenizado; e b) a indenização sobre o saldo do Fundo de Garantia do Tempo de Serviço, prevista no §1º do art. 18 da Lei nº 8.036, de 11 de maio de 1990; II – na integralidade, as demais verbas trabalhistas".

Apelidada de *demissão voluntária*, o legislador criou uma nova forma de cessação do contrato de emprego, por acordo entre trabalhador e empregador, tendo como consequência a redução de algumas verbas rescisórias para metade. A consagração deste dispositivo foi a solução encontrada pelo legislador para *fazer face a alguns problemas práticos* que ocorriam no mercado de trabalho à margem do sistema[115], em particular, quando o trabalhador precisava pedir demissão por motivos pessoais compreensivos e relevantes mas pedia que o empregador o despedisse, para que não perdesse a totalidade das suas verbas rescisórias[116]. A prática simulada acarretava,

---

115. Nem sempre foi assim. No antigo sistema de indenização por rescisão por acordo, a Lei n.º 5.107/66 e a Súmula 54 do TST admitiam que também nesta modalidade de cessação do contrato de emprego se pudesse levantar as verbas de FGTS. As sucessivas alterações ao regime do FGTS depois acabaram por deixar de prever a possibilidade do saque para casos de rescisão por acordo. Ainda assim, alguma doutrina continuou a admitir a sua possibilidade, invocando o art. 7.º, inc. II da CF e considerando o direito ao FGTS como parcela que contribui para a "melhoria da condição social do trabalhador" (DALLEGRAVE NETO, José Affonso; VIANNA, Cláudia Salles Vilela. *Rescisão do contrato de trabalho: doutrina e prática.* São Paulo: LTr, 2001, pág. 26).

116. Cf. Voto do Deputado Rogério Martins no Relatório Substitutivo, pág. 57, disponível em http://www.camara.gov.br/proposicoesWeb/prop_mostrarintegra?codteor=1544961, consultado em 26.11.2018). Tecendo severas críticas a esta modalidade de extinção contratual, CASSAR, Vólia Bomfim; BORGES Leonardo Dias. *Comentários à Reforma Trabalhista.* São Paulo: Método, 2017, págs. 15-16 ("(...) por que o empregado entraria em acordo com o empregador para a extinção do contrato? Ou porque o empregado

posteriormente, bastantes contrassensos e embaraços à normal aplicação das disposições da CLT, tais como o pedido dirigido ao trabalhador pela empresa para que devolvesse a multa de 40%.

Nem sempre esta possibilidade era encarada com bons olhos por parte da doutrina juslaboralista, não obstante a previsão da Súmula 54 editada pelo TST[117]. MAURÍCIO GODINHO DELGADO bem apontava a resistência à aceitação dessa figura rescisória no ambiente trabalhista[118], acompanhando-o grande parte da doutrina[119]. Entre as reservas sobre a modalidade em causa de cessação do contrato de trabalho, apontava-se o fato de ter ficado ausente da Lei n.º 8.036/1990 a previsão para levantamento do Fundo de Garantia de Tempo de Serviço[120].

---

pretendia pedir demissão, mas não queria abrir mão do levantamento do seu FGTS, ou porque o patrão não o queria mais e pretendia baratear os custos da dispensa imotivada, forçando o empregado a aderir ao distrato. Nas duas hipóteses, há burla de direitos. Ou se levanta o FGTS em casos de "pedido" de demissão (o que burla as regras de levantamento do FGTS), ou não se paga o que é devido, no caso de despedida injusta (...). Como exceção, podemos imaginar que raríssimas serão as hipóteses de verdadeira intenção das partes que, de comum acordo, querem romper o contrato. Apenas nesses casos a novidade legislativa seria positiva").

117. "Rescindindo por acordo seu contrato de trabalho, o empregado estável optante tem direito ao mínimo de 60% (sessenta por cento) do total da indenização em dobro, calculada sobre o maior salário percebido no emprego. Se houver recebido menos do que esse total, qualquer que tenha sido a forma de transação assegura-se-lhe a complementação até aquele limite".

118. "(...) do ponto de vista técnico-jurídico, é praticamente inviável a realização do distrato trabalhista: é que em harmonia aos princípios basilares do Direito do Trabalho, não pode o empregado fazer transação supressiva de parcelas juslaborativas, muito menos podendo efetivar renúncia no contexto da extinção do pacto empregatício. Por essa razão, no acordo informal para rompimento do contrato de trabalho, todas as verbas rescisórias próprias à dispensa sem justa causa mantêm-se, em princípio, devidas ao trabalhador, cumprindo-se a resilição bilateral como se fosse, na realidade, mera despedida injusta" (DELGADO, Maurício Godinho. *Curso de direito do trabalho.* 16ª ed. São Paulo: LTr, 2017, pág. 1289).

119. Cf. RUSSOMANO, Mozart Victor. *Curso de Direito do Trabalho.* 5ª ed. Curitiba: Juruá, 1995, pág. 136-140.

120. DALLEGRAVE NETO, José Affonso; VIANNA, Cláudia Salles Vilela. *Rescisão do contrato de trabalho: doutrina e prática.* São Paulo: LTr, 2001, págs. 24-26. Agora, o regime autoriza o trabalhador a receber metade do aviso-prévio indenizado e da multa de 40% do fundo de garantia, assim como a sacar 80% dos depósitos do fundo de garantia, mantendo-se o pagamento das demais verbas rescisórias como saldo salário, o 13º salário proporcional, férias proporcionais acrescidas de um terço e acerto de resíduo de horas extra. Quanto ao seguro-desemprego, fica naturalmente excluído, já que

Mais do que ter querido transpor para a lei algo que já resultava, em maior ou menor medida, da prática laboral, o legislador fê-lo num contexto sistemático em que foi abolida a obrigatoriedade da homologação por sindicato das cessações de contratos de emprego com mais de um ano de vínculo (art. 477 da CLT), assim como a necessidade de depósito do termo para acesso ao fundo de garantia[121].

Também aqui se questiona a *constitucionalidade do preceito*[122], porquanto possibilita ao empregado renunciar a parcelas alimentares sem qualquer supervisão sindical ou judicial, afetando substancialmente o princípio da continuidade da relação de emprego e pondo em causa as normas cogentes trabalhistas. Mais uma vez o princípio da *isonomia* seria questionado[123]. Numa ponderação entre os interesses do trabalhador em rescindir o contrato, evitar práticas simuladas perpetradas em instituições jurisdicionais e a importância de certas parcelas (*rectius*, créditos) laborais, o legislador abdicou proporcionalmente da tutela de parte do aviso prévio e FGTS[124].

Vemos com bons olhos este novo dispositivo, ao consagrar no plano infraconstitucional de forma ampla um momento de relevância da vontade

---

o trabalhador se autocolocou naquele estado de forma voluntária (art. 484-A §2º). Podemos dizer que o atual regime sofreu notórias influências da Súmula 14 editada pelo TST, que precisamente determina que em caso de culpa recíproca na rescisão do contrato, "o empregado tem direito a 50% (cinquenta por cento) do valor do aviso prévio, do décimo terceiro salário e das férias proporcionais".

121. Silva, Homero Batista Mateus da. *Comentários à Reforma Trabalhista.* São Paulo: RT, 2017, págs. 95-96.

122. Na parte em que viola o art. 7º, inc. XXI da CF que determina um mínimo de 30 dias para aviso prévio remunerado, Cavalcante, Rodrigo Arantes. *Reforma Trabalhista comentada artigo por artigo de acordo com princípios, Constituição Federal, Tratados Internacionais e a MP n.º 808/2017.* São Paulo: LTr, 2018, pág. 93.

123. Barroso, Fábio Túlio. Potencialização da autonomia da vontade individual na Reforma trabalhista: restrições estruturais e constitucionais. *In* Melo, Raimundo Simão de, Rocha, Jannotti da (coord.). *Constitucionalismo, Trabalho, Seguridade Social e as Reformas Trabalhista e Previdenciária.*São Paulo: Ltr, 2017, pág. 258.

124. As preocupações sentidas por grande parte da doutrina ficaram, de resto, expressas em Enunciado (n.º 59) na II Jornada de Direito Material e Processual do Trabalho, onde se pode ler, *in verbis* "Rescisão contratual por mútuo consentimento. Extinção do contrato de trabalho por mútuo consentimento. Observância dos requisitos formais e substanciais de validade. A extinção do contrato de trabalho por mútuo consentimento prevista no artigo 484-a da CLT se encontra submetida ao escrutínio quanto à validade formal e substancial do termo de rescisão, à luz dos artigos 138 a 188 do Código Civil c/c o artigo 8º, §1º, da CLT e do artigo 9º da CLT."

do trabalhador no momento rescisório contratual[125]. Ademais, uma interpretação adequada acerca da distribuição do ônus da prova da celebração deste contrato foi promovida em Enunciado pela II Jornada de Direito Material e Processual do Trabalho, no sentido de considerar do empregador o ônus de provar que a rutura contratual ocorreu por mútuo consentimento em caso de negativa do empregado[126]. Apesar das críticas, parece elas não tiveram grande peso em Brasília, já que a Medida Provisória 808/2017 não lhe dedicou atenção em articulado próprio.

3.3.1.1.4. Cláusula compromissória de arbitragem para empregador cuja remuneração seja igual ou superior a duas vezes o limite máximo dos benefícios da previdência – art. 507-A da CLT

Dispõe o art. 507-A da CLT que "nos contratos individuais de trabalho cuja remuneração seja superior a duas vezes o limite máximo estabelecido para os benefícios do Regime Geral de Previdência Social, poderá ser pactuada cláusula compromissória de arbitragem, desde que por iniciativa do empregado ou mediante a sua concordância expressa, nos termos previstos na Lei nº 9.307, de 23 de setembro de 1996". O preceito é, sem dúvida, um marco na superação do dogma da inexistência de autonomia da vontade no contrato de trabalho[127] e resulta diretamente do princípio constitucional à

---

125. No mesmo sentido, NAHAS, Thereza Christina. A reforma trabalhista brasileira no marco da economia globalizada. *Revista Jurídica Luso Brasileira*, Vol. III, N.º 4, 2017, pág. 1392.

126. Enunciado n.º 64º, *in verbis*: "Rescisão contratual por mútuo consentimento e sem assistência sindical: ônus da prova negando o trabalhador que a rutura contratual ocorreu por mútuo consentimento (art. 484-A), é do empregador o ônus da prova, tendo em vista a revogação do §1º do 477 da consolidação das leis do trabalho (assistência/fiscalização sindical obrigatória) e em face dos princípios da continuidade da relação de emprego e da primazia da realidade, assumindo maior relevância a orientação da súmula 212 do Tribunal Superior do Trabalho". Em críticas ao resultado desta conclusão, MAZZEI e CARLOS entendem que a conjugação dos art. 484-A com o 477-A da CLT acabou por acarretar efeito não pretendido pelo empregador, já "(...) a ausência de sindicato na extinção do contrato por mútuo consentimento acabou transferindo para o empregador o ônus de provar fato negativo, o que, por óbvio, prejudicará a adoção dessa modalidade de distrato" (MAZZEI, Rodrigo Reis; CARLOS, Helio Antunes. Breve estudo acerca das principais alterações da Reforma Trabalhista: uma análise a partir da teoria dos jogos. *In* TUPINAMBÁ, Carolina (coord.). *Soluções de conflitos trabalhistas: novos caminhos*. São Paulo: LTr, 2018, pág. 170).

127. MILIONI, Pedro de Souza Gomes. Breves reflexões sobre a arbitragem individual trabalhista. *In* TUPINAMBÁ, Carolina (coord.). *Soluções de conflitos trabalhistas: novos caminhos*. São Paulo: LTr, 2018, pág. 447.

igualdade (art. 5º, *caput* da CF), por tratar desigualmente os desiguais, na medida da desigualdade[128].

Este artigo tem necessariamente que ser interpretado conjuntamente com o art. 444, parágrafo único da CLT, que admite a livre estipulação contratual a empregados com semelhantes características das enunciadas por esta norma[129]; isto porque ao passo que aquele artigo exige também que o trabalhador tenha diploma de ensino superior, este não o impõe, bastando-se com o requisito salarial. Apesar da exigência de diploma de ensino superior ser efetuada no art. 444 da CLT com base numa presunção de que os trabalhadores com aquele nível de escolaridade terão mais esclarecimento e facilidade para compreender os dispositivos do 611-A da CLT que poderão ou não abrir mão, e de que a inclusão da mesma exigência no art. 507-A da CLT poderia acabar por excluir certos trabalhadores (*maxime* atletas), parece-nos fortemente criticável a dualidade de regime, especialmente quando o processo arbitral pode envolver a renúncia a outras tantas garantias processuais igualmente significativas[130].

Por outro lado, há várias críticas à consideração deste *patamar salarial* para alegadamente classificar os chamados altos empregados[131]. Dizem ser

---

128. Fichtner, Priscila Mathias de Morais; Fichtner, José Antonio. Arbitragem no Direito do Trabalho. *In* Tupinambá, Carolina (coord.). *Soluções de conflitos trabalhistas: novos caminhos*. São Paulo: LTr, 2018, pág. 456. Nas palavras dos autores, "a nova lei implementou verdadeira calibragem no princípio da proteção do empregado, com a presunção de determinados níveis de empregados têm um maior poder de barganha e um potencial para negociação de cláusulas e condições contratuais, inclusive envolvendo arbitragem, diretamente com o empregador, sem a necessidade de uma 'supervisão' sindical ou judicial. Afastou-se, assim, a presunção de hipossuficiência, então alardeada sem critérios, devendo ser aferida no caso concreto, a depender das nuanças e características da real relação entabulada pelas partes".

129. Para Viveiros, "(...) esta modalidade contratual poderá interagir com a contratação de autônomo do art. 442-B da CLT e caberá ao empregador se orientar pelas previsões legais que assegurem ao empregado liberdade suficiente para não descaracterizar a condição de autonomia" (Viveiros, Luciano. *CLT Comentada pela Reforma Trabalhista*. 9ª ed. Belo Horizonte: Fórum, 2018, pág. 275).

130. Considerando que o art. 507-A da CLT devia levar em conta o critério académico a par do econômico, Martins, Sérgio Pinto. Reforma Trabalhista. Comentários às alterações das Leis n. 13.467/2017, 13.545/2017 e da Medida Provisória n. 808/2017. São Paulo: Saraiva, 2018, pág. 101.

131. Bernardes, Filipe. *Manual de Processo do Trabalho*. Salvador: Juspodivm, 2018, pág. 126; Cassar, Vólia Bomfim; Borges Leonardo Dias. *Comentários à Reforma Trabalhista*. São Paulo: Método, 2017, pág. 16. A autora parte, porém, de uma premissa

questionável que um trabalhador que aufira valor duas vezes superior ao do teto de benefícios do INSS possa ser considerado alto empregado. Concordamos com este entendimento exclusivamente na parte em que não incluímos este trabalhador naquela categoria, assumindo antes uma classificação própria, como retomaremos mais adiante (*infra*, 7.II.4.5.3.3).

Desde logo pode dizer-se que a redação do artigo deixa algo a desejar em termos técnicos. Após a leitura ao seu texto, vem a pergunta "o que entender por remuneração" para efeitos da previsão normativa aqui visada? Tendo em conta que a remuneração pode ser aferida segundo diversos critérios (unidade de tempo, obra concluída; em caso de ser o primeiro, calculado por hora, por dia, semana ou mês?), a razoável presunção que o intérprete pode extrair é a que resulta da prática e que corresponde à aplicação analógica do art. 444 da CLT, parágrafo único da CLT: calculada por unidade de tempo e por períodos mensais[132]. Por outro lado, o que está incluído no conceito aqui adotado? Todas as parcelas e vantagens económicas auferidas pelo trabalhador além do salário deverão ser abrangidas pela previsão da norma, o que naturalmente inclui gorjetas, por exemplo[133]. De qualquer

---

de indisponibilidade dos créditos salariais para não admitir a arbitragem trabalhista individual, seja qual for a remuneração auferida pelo trabalhador em concreto. É, na nossa modéstia opinião, uma petição de princípio que a conduz a extrair conclusões incorretas ("Permitir que o empregado que percebe mais que o teto possa ajustar com o empregador a cláusula compromissória, na admissão ou durante o contrato, é fechar os olhos para o medo do desemprego que qualquer trabalhador tem, inclusive os altos empregados, que facilmente se submeterão às cláusulas impostas pelo patrão como mero contrato de adesão. Teria o art. 507-A da CLT tornado disponíveis todos os direitos trabalhistas dos empregados que recebem mais que o teto ali imposto ao autorizar que a eventual lide decorrente desse contrato de emprego possa ser resolvida pela arbitragem? Seria outra exceção?"); Franco Filho, Georgenor de Sousa. A arbitragem no moderno direito brasileiro do trabalho. *In* Tupinambá, Carolina (coord.). *Soluções de conflitos trabalhistas: novos caminhos*. São Paulo: LTr, 2018, pág. 384, para quem os critérios que devem ser atendidos serão sempre a subordinação jurídica e dependência económica e jamais o valor remuneratório concreto.

132. "Pela mesma razão, as parcelas pagas em período superior ao mês, ainda que tenham natureza remuneratória e integrem a apuração de outros créditos devidos ao empregado, não podem ser invocadas para o atingimento do valor do art. 507-A. A gratificação ajustada paga uma vez ao ano, por exemplo, não é tomada em conta, ainda que, considerada pelo seu duodécimo, faça o ganho mensal do empregado ultrapassar o limite legal", Mallet, Estêvão. A arbitragem em litígios trabalhistas individuais. *Revitsta do TST*, São Paulo, Vol. 84, N.º 2, abr-jun/2018, pág. 54.

133. "Incluem-se igualmente prestações *in natura*, por força do disposto no art. 458, *caput*, da CLT. A cessão gratuita de imóvel de elevado valor para uso do empregado, não

forma, sempre se dirá que o parâmetro é objetivo e evita incertezas que normalmente acompanham a compreensão de poderes de mando e gestão.

Parte substancial da doutrina tem-se pronunciado negativamente quanto a este novo dispositivo que condena por falta de adequação: (i) seja porque ele admite a celebração da convenção de arbitragem mesmo antes ou durante o vínculo empregatício, *ignorando o estado de subordinação existente*; (ii) seja por ele considerar R$ 11.678,9 um *patamar suficiente para presumir a autonomia* (económica e da vontade) do trabalhador[134]; (iii) seja

---

sendo indispensável ao exercício do trabalho, deve ser considerada para apuração do limite do art. 507-A. Já as parcelas sem natureza remuneratória e as utilidades desvinculadas do salário, mencionadas nos arts. 457, §2º, e 458, §2º, além de participação nos lucros – esta por força do art. 7º, inciso XI, da Constituição e também pela sua limitada frequência de pagamento, que não pode ocorrer mais de duas vezes ao ano –, não importam para a apuração do limite do art. 507-A" (...) [Por outro lado, o] empregado que, por conta da gratificação de função, supera o limite legal e, em consequência, aceita subscrever a cláusula compromissória, ao retornar ao cargo efetivo e perder o ganho adicional – seja por se dar o retorno antes do período de 10 anos, seja por aplicação do novo art. 468, §2º, da CLT – não pode, só por isso, desconsiderar a obrigação assumida" (*Ibidem*, pág. 55).

134. Neste sentido, SCHIAVI, Mauro. *A reforma trabalhista e o processo do trabalho.* 2ª ed. São Paulo: LTr, 2018, pág. 82; BASILE, César Reinaldo Offa. *Processo do Trabalho.* 6ª ed. São Paulo: Saraiva, 2018, v. 31, págs. 19-20; COTRIM JÚNIOR, Dorival Fagundes. O primado da afetividade e a reforma trabalhista neoliberal. *Revista dos Tribunais*, São Paulo, Vol. 985, 2017, pág. 126 ("(...) não importa se eventualmente o empregado seja mais economicamente farto que o empregador, visto que dentro do ambiente de trabalho ele deverá sempre obediência ao patrão, não possuindo condições de negociar com igualdade de circunstâncias. Claramente falta empatia daqueles legisladores que querem promover as mudanças, bem como daqueles que fazem *lobbies* para que essas mudanças ocorram"); CASSAR, Vólia Bomfim. Métodos de solução de conflitos individuais e coletivos extrajudiciais. *In* TUPINAMBÁ, Carolina (coord.). *Soluções de conflitos trabalhistas: novos caminhos.* São Paulo: LTr, 2018, pág. 203; GUIMARÃES, Ricardo Pereira de Freitas. *CLT Comentada.* 2ª ed. São Paulo: RT, 2018, pág. 907. *Desvalorizando o critério* elegido pelo legislador, BARBA FILHO, Roberto Dala. *Reforma Trabalhista & Direito Processual do Trabalho.* Curitiba: Juruá Editora, 2018, pág. 48. O autor considera que não é possível neste caso encontrar um critério que fosse isento de críticas; e que "é possível aceitar a crítica de que a norma pressupõe que a remuneração constitui um elemento suficiente como ideológico, assim como é possível aceitar a réplica de que é ideológico o argumento de que quem aufere menos seria hipossuficiente. Sob o aspecto estritamente legal esta discussão é estéril". Também no mesmo sentido, DALLEGRAVE NETO, José Affonso; GARCIA, Phelippe Henrique Cordeiro. Arbitragem em dissídios individuais de trabalho. *Revista Fórum Trabalhista*, Belo Horizonte, Ano 7, N.º 29, abr-jun/2018, pág. 60. Os autores alertam para o fato de ter sido preferível a escolha de *outro*

por considerar a arbitragem individual essencialmente *incompatível com o Direito do Trabalho*[135]; (iv) ou por introduzir uma "figura jurídica anfíbia", quando a natureza dos direitos trabalhistas é a da "indisponibilidade"[136].

Ademais, é-lhe ainda apontada a falta de *congruência com o art. 833, §2º do CPC* que, em sede de penhora, prevê um valor consideravelmente

---

critério pelo legislador, como o usado para a proposta (vetada) ao art. 4.º, §4º da Lei de Arbitragem, que exigia desempenho de cargo ou função de administrador ou diretor estatutário. *Em sentido contrário, entendendo que o valor remuneratório é indicador razoável* da capacidade de discernimento de um trabalhador para aferir a possibilidade de recurso à arbitragem; apesar de entender ser preferível a adopção de critérios relacionados à escolaridade, Martins, Sérgio Pinto. *Direito Processual do Trabalho*. 40ª ed. São Paulo: Atlas, 2018, pág. 120.

135. Delgado, Maurício Godinho; Delgado, Gabriela Neves. *A Reforma Trabalhista no Brasil com os comentários à Lei n. 13.467/2017*. São Paulo: LTr, 2017, pág. 192. No seu entendimento, "(...) uma das inconsistências da regra jurídica é desconsiderar o fato de ser o contrato empregatício provavelmente o mais impressionante contrato de adesão que se conhece no sistema econômico e social contemporâneo". No mesmo sentido, *vide* Enunciado n.º 56 da II Jornada de Direito Material e Processual do Trabalho ("Cláusula compromissória de arbitragem nas relações de trabalho. Cláusula compromissória de arbitragem. Art. 507-A da CLT. Impossibilidade de ser instituída em se tratando de créditos decorrentes da relação de trabalho, à luz do artigo 1º da Lei 9.307/96, art. 100 da CF/88, art. 1707 do CC e art. 844, §4º, inc. II da CLT. Caráter alimentar do crédito trabalhista. Indisponibilidade e inderrogabilidade dos direitos trabalhistas").

136. Nas palavras de Souto Maior (Souto Maior, Jorge Luiz. Impactos do Golpe Trabalhista (a Lei nº 13.467/2017). *Revista Síntese Trabalhista e Previdenciária*, São Paulo, Vol. 29, N.º 340, out/2017, pág. 23) "os próprios termos do art. 507-A deixam claro que a natureza dos direitos trabalhistas é a da indisponibilidade, recusando a via da arbitragem, mas tenta, de forma plenamente contraditória e ineficaz, dizer que a natureza dos direitos altera-se quando o valor da remuneração do empregado é mais alta, até porque dentro de uma remuneração superior ao valor fixado a uma parcela que está dentro do limite indisponível, e, assim, a lei teria tentado criar uma figura antijurídica, meio indisponível, meio disponível, o que não pode ter, por óbvio, qualquer acolhida no direito". Talvez por isso ainda encontremos doutrina com algumas reservas aos termos com que esta cláusula é apreciada, como é o caso de Souza, Roberta de Oliveira. A justiça multiportas como um facilitador da pacificação social: a arbitragem o hipersuficiente, a negociação processual, a prevalência do negociado sobre o legislado e a (in)constitucionalidade da extinção da contribuição sindical compulsória. *In* Tupinambá, Carolina (coord.). *Soluções de conflitos trabalhistas: novos caminhos*. São Paulo: LTr, 2018, pág. 158, para quem "(...) a arbitragem deve ser acolhida caso o consentimento do empregado seja genuíno e desde que a despesa relativa aos custos que envolvam esse procedimento seja integralmente arcada pelo empregador, devendo os princípios que regem o direito do trabalho prevalecer como um guia normativo de atuação arbitral (...)".

mais alto do que o previsto neste 507-A[137]; bem como o fato de o critério escolhido poder conduzir à situação paradoxal de, o mesmo cidadão, que trabalhe com *dois contratos de emprego*, possa em razão da inclusão, ou não, de certo adicional à sua remuneração, estar sujeito à arbitragem por um dos contratos, mas não pelo outro[138].

Outro ponto parece, também, levantar algumas *incongruências no preceito em análise.* O artigo fala apenas em um tipo de convenção arbitral, as *cláusulas compromissórias*, que se caracterizam por prever o recurso à arbitragem sem que haja litígio concreto. Todavia, o artigo acrescenta que essa cláusula pode ser pactuada "desde que por iniciativa do empregado ou mediante a sua concordância expressa". Esta expressão pouco tem a ver com a realidade a que se reporta a cláusula compromissória, i.e., de uma cláusula aposta num contrato a instantes de ser assinado por duas partes que ainda não constituíram entre si qualquer tipo de vínculo. Falar de uma cláusula compromissória "por iniciativa do empregado" é uma expressão despropositada, para dizer o mínimo, uma vez que aquando o momento de celebração desta ainda não há litígio para que o empregado possa, por sua *iniciativa,* ir resolver por arbitragem. Estas duas condicionantes são resultado *da tradição do STJ sobre a admissibilidade de convenções de arbitragem* em litígios de direito do consumo. Dada a *vulnerabilidade* que tendenciosamente se encontra no *vínculo consumeirista*, resultante da assimetria jurídica, económica e informativa, este tribunal sempre assumiu cautelas na forma como lhes estendia o regime da convenção arbitral. Para deixar passar estas cláusulas em contratos de adesão de consumo fora do crivo do abuso de direito, a contrapartida foi interpretá-las como cláusulas de aplicação opcional para o consumidor, que na hora do litígio seria livre para escolher o judiciário ou renunciar a este em prol da arbitragem. Concebendo a arbitragem como mais uma alternativa a cargo do consumidor, cuja eficácia dependia da vontade deste, conseguia o STJ fazer cair as acusações de inconstitucionalidade destas cláusulas, temerárias ao

---

137. Como aponta Mallet, Estêvão. A arbitragem em litígios trabalhistas individuais. *Revitsta do TST*, São Paulo, Vol. 84, N.º 2, abr-jun/2018, pág. 50: "a miserabilidade que justifica a proteção do executado da jurisdição executiva, por supostas razões humanitárias, prende-se a valor muito mais elevado do que o exigido para o reconhecimento da capacidade negocial suficiente à opção pela arbitragem".

138. *Ibidem*, pág. 50. O autor critica, ainda, o fato de se ter cristalizado um critério monetário para análise de capacidade negocial no caso concreto, quando dever-se-ia ter mantido um conceito aberto e fluido.

direito constitucional de ação. É deste postulado de base jurisprudencial que resultou o novo art. 507-A da CLT[139].

É com base neste *argumento histórico* e num argumento lógico de *igualdade de situações* que alguma doutrina tem lido e interpretado a aplicação deste artigo. O trabalhador que aceitasse um contrato de trabalho onde fosse aposta cláusula deste teor arbitral, sempre se encontraria livre de optar, sobrevindo o litígio, por seguir o processo judicial ou arbitral; altura em que a cláusula compromissória ganharia, ou não, eficácia[140].

Não obstante esta interpretação, ainda há quem considere o dispositivo *inconstitucional*[141], nomeadamente porque a CF abriu mão do monopólio jurisdicional na seara trabalhista apenas em caso de litígio coletivo (art. 114, §1º da CF)[142]. Ainda assim, a Medida Provisória 808/2017 não lhe registrou qualquer proposta de alteração. Não nos parece que esta mesma luta de sempre, em torno da conceção ideológica da arbitragem como alternativa

---

139. BERNARDES, Filipe. *Manual de Processo do Trabalho.* Salvador: Juspodivm, 2018, págs. 124-125; MONNAZZI, Ricardo Nogueira. A arbitragem na Reforma Trabalhista e o empregado hipersuficiente. *In* TUPINAMBÁ, Carolina (coord.). *Soluções de conflitos trabalhistas: novos caminhos.* São Paulo: LTr, 2018, págs. 466-467.

140. BERNARDES, Filipe. *Manual de Processo do Trabalho.* Salvador: Juspodivm, 2018, págs. 124-125. Para o autor, a interpretação mais adequada é aquela que faça uso dos seguintes requisitos cumulativos: "- (i) o empregado deve ter remuneração superior ao dobro do teto dos benefícios do INSS; - (ii) o empregado deve tomar a iniciativa de levar a questão ao juízo arbitral, ou concordar expressamente caso o empregador o faça; - (iii) as partes (empregado e empregador) devem ter celebrado previamente cláusula compromissória (antes de existir o conflito) ou compromisso arbitral (após o surgimento da lide)".

141. LEDUR, José Felipe. Barreiras constitucionais à erosão dos direitos dos trabalhadores e a reforma trabalhista. *Revista LTr*, São Paulo, Vol. 81, N.º 10, out/2017, pág. 1229; TEIXEIRA FILHO, Manoel Antonio. *O Processo do trabalho e a Reforma Trabalhista, As alterações introduzidas no processo do trabalho pela Lei n.º 13.467/2017.* São Paulo: LTr, 2017, pág. 45; DELGADO, Maurício Godinho; DELGADO, Gabriela Neves. *A Reforma Trabalhista no Brasil com os comentários à Lei n. 13.467/2017.* São Paulo: LTr, 2017, pág. 194. Em sentido contrário, considerando que a arbitragem é, inclusivamente, uma ampliação do acesso à justiça para trabalhadores hipersuficiente, SILVA, Bruno Freire e. A arbitragem como meio de solução de conflitos trabalhistas. *In* TUPINAMBÁ, Carolina (coord.). *Soluções de conflitos trabalhistas: novos caminhos.* São Paulo: LTr, 2018, pág. 349 e A reforma trabalhista: uma aproximação entre o processo do trabalho e o processo civil. *Revista do Advogado*, Vol. 38, N.º 137, AASP, mar/2018, pág. 21.

142. CASTELO, Jorge Pinheiro. Panorama geral da Reforma Trabalhista – Aspectos de direito processual/material. *Revista LTr*, São Paulo, Vol. 81, N.º 12, dez/2017, pág. 1427.

real ou não ao judiciário, possa continuar a fazer sentido perante as recentes consagrações legais e o pacífico entendimento do STF[143]. A hipótese deverá ser ressalvada, apenas, para os casos de incapacidade económica do trabalhador em custear o procedimento arbitral[144].

O legislador escolheu deliberadamente fazer uso apenas da expressão "cláusula compromissória". Esta circunstância legitimará a interpretação, *a contrario*, de que se encontrará vedada a possibilidade de submeter à arbitragem litígio *ex vi compromisso arbitral*? Naturalmente que não[145]. Tendo em conta que os efeitos jurídicos que decorrem de uma cláusula geral permissiva à arbitragem aposta no contrato de trabalho ou em aditivo

---

143. Como aponta de forma pertinente Estêvão Mallet, "Admitir o ajuizamento e o prosseguimento de ação trabalhista, mesmo contra a vontade de um dos pactuantes, havendo cláusula compromissória – cuja constitucionalidade encontra-se afirmada pelo Supremo Tribunal Federal –, é negar todo sentido à previsão do art. 507-A da CLT. Equivale a tornar facultativo o que a lei quis obrigatório", *in* Mallet, Estêvão. A arbitragem em litígios trabalhistas individuais. *Revitsta do TST*, São Paulo, Vol. 84, N.º 2, abr-jun/2018, pág. 45.

144. Com efeito, mesmo em caso de compromisso firmado e o trabalhador não tenha meios de suportar os respetivos custos procedimentais, a tutela jurisdicional não lhe poderá ser negada. Ou a outra parte se predisporá a assumir e custear integralmente os encargos do procedimento e, dessa forma, exigir o cumprimento normal dos termos do compromisso, ou permite-se que o trabalhador possa recorrer ao judiciário. Neste sentido, Mallet, Estêvão. A arbitragem em litígios trabalhistas individuais. *Revitsta do TST*, São Paulo, Vol. 84, N.º 2, abr-jun/2018, pág. 46. Também em Portugal o Supremo Tribunal de Justiça entendeu pelo afastamento da eficácia da convenção de arbitragem perante o estado de incapacidade económica em que uma das partes se colocou, mesmo depois de firmada a cláusula e independentemente de culpa: "(...) V- Se, posteriormente à celebração da convenção arbitral, a parte se viu, sem culpa sua, na impossibilidade de custear as despesas da arbitragem a que se comprometeu submeter o caso, pode recorrer, sem lhe ser oponível a exceção dilatória, aos tribunais estaduais. VI- A norma constante da última parte da alínea j) do n. 1 do artigo 494 do CPC, na atual redação, antiga alínea h) não é inconstitucional: ela não viola o n. 1 do artigo 20 da Constituição da República Portuguesa, nem qualquer outra norma ou princípio constitucional" (cit. acórdão de 18.01.2000 do STJ, Processo n.º 99ª1015, Relator Aragão Seia)

145. Em sentido contrário, Dallegrave Neto, José Affonso; Garcia, Phelippe Henrique Cordeiro. Arbitragem em dissídios individuais de trabalho. *Revista Fórum Trabalhista*, Belo Horizonte, Ano 7, N.º 29, abr-jun/2018, pág. 63: "Ao buscar proteger o empregado do temor reverencial próprio do contrato subordinado em atividade, o legislador permitiu apenas a estipulação pela modalidade de *cláusula compromissória* de arbitragem. Vale dizer, as partes somente estão autorizadas a convencionar a jurisdição arbitral trabalhista antes da ocorrência do dano, em sede de tratativa contratual".

contratual são mais significativos do que um compromisso acordado finda a relação jurídica de emprego e altamente discriminante dos seus termos, não há razão para admitir o mais e não acolher o menos[146]. Não há qualquer fundamento para se permitir que os empregados discriminados na norma possam celebrar cláusulas compromissórias, mas já não possam acordar compromissos arbitrais. O problema que a propositada *redação do preceito provavelmente quis resolver* foi *outro: o da impossibilidade de trabalhadores com salários não elevados poderem celebrar cláusulas compromissórias*; ou seja, parece que foi mais intenção do legislador clarificar que apenas os empregados com salários elevados podem celebrar pacto de foro antes de iniciado qualquer conflito laboral[147]. De qualquer forma, sempre seria possível que pela mão sindical essa possibilidade (celebração de cláusulas compromissórias por trabalhadores que aufiram menos do valor salarial previsto na norma) pudesse ser prevista e incluída previamente em IRCT, uma vez que o rol de matérias convencionáveis do art. 611-A da CLT é meramente enunciativo[148].

Parece-nos, ainda, claramente contrário ao texto legal e espírito reformador, além de que despido de qualquer embasamento jurídico, uma posição que sustente a necessidade de obter do trabalhador a celebração de compromisso arbitral além da cláusula compromissória já previamente fixada, sob o pretexto de garantir "efetiva proteção ao trabalhador"[149].

---

146. "(...) é evidente que o compromisso prévio e abstrato que se assume com a cláusula compromissória possui eficácia e efeitos muito mais abrangentes do que o compromisso arbitral. Isso porque o compromisso arbitral, na maioria das ocasiões, ocorrerá como hipótese posterior ao próprio término da relação contratual, momento no qual o trabalhador envolvido rigorosamente não possui qualquer vinculação jurídica remanescente com o seu antigo empregador, além de estar livre de qualquer restrição ao pleno exercício do direito de ação perante a jurisdição estatal, e ainda assim, mesmo em face de todas estas circunstâncias, opta pelo compromisso arbitral, para submeter à via de arbitragem a solução do seu conflito" (cit. Barba Filho, Roberto Dala. *Reforma Trabalhista & Direito Processual do Trabalho*. Curitiba: Juruá Editora, 2018, pág. 45).
147. Roque, André Vasconcelos. A arbitragem de dissídios individuais após a Reforma Trabalhista: limites e possibilidades. *In* Tupinambá, Carolina (coord.). *Soluções de conflitos trabalhistas: novos caminhos*. São Paulo: LTr, 2018, pág. 341.
148. Saad, Eduardo Gabriel. *Consolidação das Leis do Trabalho Comentada*. 50ª ed. São Paulo: LTr, 2018, pág. 865.
149. O posicionamento é de Souza, Magali Rodrigues de; Garcia, Gustavo Filipe Barbosa. Arbitragem nas relações de trabalho: inovações decorrentes da Lei 13.467/2017. *Revista de Processo*, São Paulo, Vol. 43, N.º 284, out/2018, pág. 544.

3.3.1.1.5. Quitação da rescisão contratual e quitação anual das obrigações trabalhistas, com eficácia liberatória, por acerto individual – arts. 477 e 507-B da CLT

Nos termos do art. 507-B da CLT, "é facultado a empregados e empregadores, na vigência ou não do contrato de emprego, firmar o termo de quitação anual de obrigações trabalhistas, perante o sindicato dos empregados da categoria"; naquilo que não é uma novidade no ordenamento jurídico brasileiro[150]. O preceito está em harmonia com o modificado art. 477, *caput* da CLT que basicamente atesta: "na extinção do contrato de trabalho, o empregador deverá proceder à anotação na Carteira de Trabalho e Previdência Social, comunicar a dispensa aos órgãos competentes e realizar o pagamento das verbas rescisórias no prazo e na forma estabelecidos neste artigo" e com a revogação do §1º do mesmo art. 477 CLT, que exigia a participação do Sindicato ou autoridade do MPT para assistência à rescisão em contratos de trabalho firmados há mais de um ano.

As modificações do art. 477 da CLT quiseram em larga medida *desburocratizar o procedimento* rescisório e *remover dos sindicatos a incumbência* constante que tinham de atestar a validade dos acordos de cessação firmados entre trabalhador e empregador.

São dois os termos que estão aqui em causa. No art. 477 da CLT o TRCT (termo de rescisão do contrato de trabalho), que recairá sobre parcelas rescisórias, e no art. 507-B da CLT um termo de quitação anual, sobre quaisquer verbas não pagas nesse ano de que as partes queiram dar quitação. Quanto aos *efeitos jurídicos*, o legislador estipulou expressamente que apenas no art. 507-B da CLT se atribuía "eficácia liberatória" ao termo de quitação; menção que está ausente do art. 477 da CLT. No que respeita à *intervenção do sindicato*, também se estabelece outra diferença relativamente ao regime pré-Reforma: ao passo que para quitar TRCT passou a ser dispensada a presença de sindicato ou MPT, para a celebração de quitação anual de verbas a intervenção do sindicato continua a ser necessária. Para nenhum dos dois, porém, houve propostas de alteração sob a Medida Provisória 808/2017.

As *semelhanças* do art. 507-B da CLT à figura jurídica do *acordo extrajudicial* homologado pelo magistrado (arts. 855-B – 855-E da CLT) são óbvias

150. Dispositivo semelhante poderíamos ter encontrado na própria CF, art. 233, ainda que circunscrita ao âmbito rural e não obstante ter sido posteriormente revogada pela Emenda Constitucional 28/2000.

mas não permitem, todavia, a sua sobreposição na mesma natureza jurídica, já que é o sindicato a confirmar o teor do termo e não o magistrado, o que tem claras repercussões a nível dos efeitos jurídicos da decisão, sobretudo na ausência dos efeitos de coisa julgada. Naturalmente que a aposição do termo "com eficácia liberatória" pelo legislador não procura outro efeito senão assegurar uma espécie de coisa julgada material que impeça o magistrado de se pronunciar sobre a matéria caso alguma das partes demande a outra a respeito[151]. Sem prejuízo das melhores ou piores intenções do legislador infraconstitucional, naturalmente que o tribunal não deixará de conhecer o caso, sobretudo quando estejam em causa questões ligadas à existência de vícios da vontade do trabalhador, vícios procedimentais, ausência de descriminação de verbas, quitação sobre direitos indisponíveis etc.[152]

De qualquer forma, resulta da norma uma ausência de vinculatividade do procedimento para os sindicatos, que acabam por ficar com uma ampla margem de discricionariedade para se recusar a efetuar o procedimento de certificação e validação de cálculos, sem que reste à empresa ou trabalhador qualquer forma de reação e tornando inútil o preceito aqui em discussão. Apesar da Reforma ter abolido a homologação obrigatória em sindicato (art. 477 da CLT), poderiam estes aproveitar a estrutura já existente para dirigir estes procedimentos, até porque atenta a ausência de qualquer menção pelo legislador à gratuitidade destes, sempre poderiam os sindicatos estipular tabelas emolumentares para a prestação do serviço.

Por outro lado, é preciso considerar se o termo possa servir para quitar todas as verbas rescisórias não especificadas, ou se apenas aquelas delimi-

---

151. O artigo 507.º-B da CLT também não se pode dizer inconstitucional por violação do art. 7º, XXIX da CF (prescrição), na medida em que proporcionaria que fraudes trabalhistas fossem perpetradas com ajuizamentos de reclamações posteriores. E assim não se pode sustentar porquanto o preceito tem natureza claramente facultativa e não obrigatória; acaso vier a ser maculado com algum tipo de vício na manifestação da vontade, essa nulidade pode posteriormente vir a ser questionada judicialmente; mas a norma constitucional sobre prescrição não é em nada avalada pelo preceito (cf. Saad, Eduardo Gabriel. *Consolidação das Leis do Trabalho Comentada*. 50ª ed. São Paulo: LTr, 2018, pág. 865).

152. Tal como, aliás, se verificou no passado ao tempo das Comissões de Conciliação Prévia (art. 625-D da CLT). Não obstante aqui se assinar termo conciliatório entre as partes, nem por isso o magistrado deixou de apreciar demandas que punham em causa alguns dos assuntos mencionados. Assim, Silva, Bruno Freire e. A reforma processual trabalhista e o acesso à justiça. *Revista de Processo*, São Paulo, Vol. 43, N.º 278, abr/2018, pág. 397.

tadas no próprio documento, nos termos da Súmula 330 editada pelo TST. Esta nova disposição vai ao encontro do recente posicionamento do STF no caso BESC, onde o tribunal admitiu que adesão de trabalhador a plano de demissão voluntária elaborado com intervenção sindical mediante autonomia coletiva da vontade, importa a quitação ampla e irrestrita de todas as parcelas rescisórias. Sem prejuízo mérito ou não da decisão, estão traçadas as novas linhas para atualização da Súmula 330 do TST, seja no sentido de restringir a eficácia liberatória das parcelas estabelecidas em acordo individual, seja equiparando-lhes os efeitos que anteriormente admitia para o TRCT sob chancela sindical[153].

A doutrina também tem encarado com alguma relutância esta disposição, particularmente em razão da premissa errada de que parte, a saber, a de que o trabalhador *terá verdadeira autonomia* para questionar qualquer tipo de cálculos ou para, sequer, se opor ao procedimento[154]; razão pela qual

---

153. Barba Filho, Roberto Dala. *Reforma Trabalhista & Direito material do trabalho. Atualizada de acordo com a MP 808 de 14.11.2017*. Curitiba: Juruá Editora, 2018, pág. 255.

154. Nas palavras de Silva, Homero Batista Mateus da. *Comentários à Reforma Trabalhista.* São Paulo: RT, 2017, pág. 101, "(...) embora assim conste da redação do art. 507-B, ninguém é ingênuo a ponto de achar que este empregado terá autêntica autonomia da vontade: em muitos casos, ele poderá ser forçado a assinar o termo para preservar o emprego ou será informado calorosamente que assim funciona naquele estabelecimento. Trata-se de arma de elevada periculosidade, cujo desfecho poderá ser semelhante ao das CCPs – Comissões de Conciliação Prévia: se começarem a chegar denúncias de carimbos batidos a esmo, contas mal conferidas, quitações dadas em massa ou cobranças de taxas abusivas para a homologação, não será espantoso que a Justiça do Trabalho desvalorize a prestação de contas como elemento idôneo e muito menos como mecanismo de eficácia liberatória geral". No mesmo sentido, Campos, Humberto Augusto Alves; Souza, Leonardo Rodrigues de. A autonomia negocial e a flexibilização dos direitos trabalhistas: a subversão do *effet cliquet* (princípio da vedação do retrocesso). *Revista dos Tribunais*, São Paulo, Vol. 106, N.º 985, nov/2017, pág. 178. No mesmo sentido, Barroso, Fábio Túlio. Potencialização da autonomia da vontade individual na Reforma trabalhista: restrições estruturais e constitucionais. *In* Melo, Raimundo Simão de, Rocha, Jannotti da (coord.). *Constitucionalismo, Trabalho, Seguridade Social e as Reformas Trabalhista e Previdenciária.*São Paulo: Ltr, 2017, pág. 256. O autor considera que a norma não traz qualquer benefício para o trabalhador, antes acentuando a sua posição de vulnerável, pois estimula e permite abusos de direito por parte do empregador. Cavalcanti, Francisco. *A Reforma Trabalhista e a Constituição de 1988. A Lei n.º 13.467, de 13.07.2017, e suas principais consequências para o direito do trabalho.* Belo Horizonte: Fórum, 2018, pág. 95; Campos, Humberto Augusto Alves; Souza, Leonardo Rodrigues de. A autonomia negocial e a flexibilização dos direitos trabalhistas: a subversão do *effet*

propõem uma interpretação restritiva o preceito[155]. Há também quem alegue pretensa *inconstitucionalidade* da medida, por considerá-la impeditiva de rediscussão judicial das verbas quitadas[156].

Já no que respeita ao art. 477 da CLT, tem-se criticado a revogação do respetivo §2° por comprometer o *papel dos sindicatos e enfraquecer o posicionamento destes*[157]. Da nossa parte, o que estranha no posicionamento recente do legislador, foi a aparente contradição que existe entre esse preceito e o art. 507-B da CLT. Se virmos bem, ao passo que a simples assinatura e concordância do trabalhador é suficiente para emprestar eficácia liberatória às verbas discriminadas no TRCT sobre toda a vida do seu contrato de trabalho, para que se obtenha efeito análogo mas sobre parcelas concretas no decurso da vigência do contrato, o legislador não só demanda termo assinado com o sindicato, como ainda lhe restringe a eficácia, valendo a quitação apenas para aquele ano. Noutras palavras, não obstante a maior relevância das verbas previstas no termo de rescisão perante as ajustadas em termo de quitação anual, o legislador ainda assim conferiu maior força liberatória ao termo assinado pelo trabalhador sem a presença do sindicato do que àquele assinado com a intervenção deste. Em todo o caso, quanto à dispensa da "homologação" sindical e do MPT do instrumento de rescisão, o procedimento deixa de ser tão burocrático, até porque a assistência só verdadeiramente se justificava em poucos casos[158].

Da nossa parte acolhemos a mudança legislativa, que por sua vez *reconhece a existência de variações da ideia de vulnerabilidade do trabalhador*, percebendo-a como uma variável inconstante na vida do contrato de trabalho, quer do ponto de vista subjetivo (quanto às partes envolvidas), quer

---

cliquet (princípio da vedação do retrocesso). *Revista dos Tribunais*, São Paulo, Vol. 106, N.º 985, nov/2017, pág. 175.

155. Neste sentido, Saliba, Graciane Rafisa. Criação ou extinção de direito com o termo de quitação anual de débitos trabalhistas: um olhar com dignidade a partir dos princípios do acesso à justiça e da proteção. *In* Melo, Raimundo Simão de, Rocha, Jannotti da (coord.). *Constitucionalismo, Trabalho, Seguridade Social e as Reformas Trabalhista e Previdenciária.* São Paulo: Ltr, 2017, pág. 508.

156. Villatore, Marco Antônio; Rau, Lucas Moraes. Reforma trabalhista e a falácia das garantias. *In* Melo, Raimundo Simão de, Rocha, Cláudio Jannotti da (coord.). *Constitucionalismo, Trabalho, Seguridade Social e as Reformas Trabalhista e Previdenciária.* São Paulo: Ltr, 2017, pág. 157.

157. Delgado, Maurício Godinho; Delgado, Gabriela Neves. *A Reforma Trabalhista no Brasil com os comentários à Lei n. 13.467/2017.* São Paulo: LTr, 2017, pág. 195.

158. Martins, Sérgio Pinto. *Comentários à CLT.* 21ª ed. São Paulo: Saraiva, 2018, pág. 570.

do ponto de vista objetivo (relativamente ao momento em que a vontade destes é praticada). Uma vez decidido o *afastamento* de certo trabalhador, o nível de dependência deste para com o empregador é substancialmente reduzido, pelo que não há motivo para lhe retirar liberdade e autonomia negocial nesta fase pós contrato. Além disso, a constante necessidade de confirmar de forma obrigatória o teor rescisório na sede do sindicato tinha vindo a revelar-se *burocrática*, excessivamente obsoleta e dispendiosa, para além de muitas vezes incongruente do ponto de vista prático, por sujeitar a produção de efeitos da quitação ao arbítrio de terceiro envolvido.

3.3.1.1.6. Consentimento obrigatório e prévio do trabalhador para o desconto das contribuições sindicais - art. 545 da CLT

Nos termos do art. 545 da CLT[159], "os empregadores ficam obrigados a descontar da folha de pagamento dos seus empregados, desde que por eles devidamente autorizados, as contribuições devidas ao sindicato, quando por este notificados". Quer isto dizer, portanto, que a contribuição sindical, que há muito se pedia abolida[160], deixou de ser obrigatória para passar a ser facultativa[161], o que tem sido visto por muitos como mais um aspecto da reforma que agrava a situação do direito sindical brasileiro[162]. De qualquer forma, não deixa de ser

---

159. E, de resto, também nos arts. 578, 579, 582, 583, 587 e 602, todos da CLT. Comum a todos os dispositivos é a recém expressão "desde que prévia e expressamente autorizado pelo empregado ou pelo empregador".

160. Magano, Octavio Bueno. Contribuições Sindicais. *Revista Trabalho e Doutrina*, São Paulo, N.º 12, mar/1997, pág. 22.

161. Complementando com a afirmação de que também por se ter tornado facultativa, perdeu a correspondente natureza de tributo, Martins, Sérgio Pinto. Contribuição Sindical e a Reforma Trabalhista. *Revista IOB Trabalhista e Previdenciária*, São Paulo, N.º 15, ago/2017, pág. 19; e A Reforma Trabalhista e a Contribuição Sindical. *Revista Síntese Trabalhista e Previdenciária*, São Paulo, Vol. 29, N.º 349, jul/2018, págs. 15-16.

162. Várias vezes encontramos na doutrina referências acusadoras à Reforma, por ter retirado as principais fontes de sustento sindical, por circunscrever o espaço de manobra de negociação coletiva aos sindicatos nos arts. 611-A e 611.º-B da CLT, por ter promovido um retrocesso relativamente à dispensa em massa (art. 477-A da CLT) etc. A título de exemplo, os comentários críticos de Reis, Daniela Muradas; Rodrigues, Adriana L. S. Lamounier. A Reforma Trabalhista e o agravamento da crise do direito sindical brasileiro. *Revista dos Tribunais*, São Paulo, Vol. 106, N.º 985, 2017, págs. 94 ss. O argumento parece-nos algo exagerado e a ele regressaremos aquando o estudo da vulnerabilidade dos entes sindicais. De qualquer forma, para já alertar apenas para o fato de que o imposto aqui em análise nem sequer era dirigido exclusivamente aos sindicatos da categoria, já que a sua distribuição obedecia aproximadamente à seguinte

um passo na direção da Convenção n.º 87 da OIT (livre escolha do desconto como manifestação da liberdade sindical), ainda não ratificada pelo Brasil.

Diante da *previsão constitucional* da contribuição sindical no art. 149[163] e tendo em conta a inexistência de qualquer preceito que faça desta uma exigência obrigatória, restou ao legislador contornar engenhosamente a CF e torná-la facultativa. No mesmo sentido, *impediu que por negociação coletiva o regime pudesse ser contornado sem prévia autorização do empregado, como passou a constar do art. 611-B, inciso XXVI da CLT*[164].

A autorização de que fala o preceito *tem que ser expressa*; quer isto dizer que consentimentos genéricos do tipo "consinto nos descontos previstos por lei", que normalmente costumam ser encontrados em formulários contratuais inundados de clausulas gerais, não se podem ter como suficientes para autorizar a contribuição sindical obrigatória. Por outro lado, não obstante a possibilidade do consentimento se manifestar de forma verbal, a pendência de ônus probatório para o empregador ditará, na prática, que aquele acabará por ser feito na forma escrita.

Por forma a suprir esta vontade expressa do consentimento do trabalhador, vários sindicatos profissionais têm recorrido à *convocatória de assembleias específicas*. Para o efeito, amparam-se, entre outros[165], no Enunciado

---

relação de percentuais: 10% MPT, 10% centrais sindicais, 5% confederação nacional, 15% federações estaduais, 60% sindicatos (cf. Cavalcante, Rodrigo Arantes. *Reforma Trabalhista comentada artigo por artigo de acordo com princípios, Constituição Federal, Tratados Internacionais e a MP n.º 808/2017*. São Paulo: LTr, 2018, pág. 102).

163. "Compete exclusivamente à União instituir contribuições sociais, de intervenção no domínio econômico e de interesse das categorias profissionais ou econômicas, como instrumento de sua atuação nas respetivas áreas, observado o disposto nos art. 146, III, e 150, I e III, e sem prejuízo do previsto no art. 195, §6º, relativamente às contribuições a que alude o dispositivo" (cit. art. 149 CF).

164. "Constituem objeto ilícito de convenção coletiva ou de acordo coletivo de trabalho, exclusivamente, a supressão ou a redução dos seguintes direitos: XXVI – liberdade de associação profissional ou sindical do trabalhador, inclusive o direito de não sofrer, sem sua expressa e prévia anuência, qualquer cobrança ou desconto salarial estabelecidos em convenção coletiva ou acordo coletivo de trabalho" (cit. art. 611-B, inc. XXVI).

165. Nomeadamente na Nota Técnica n.º 02/2018 do Ministério do Trabalho (em particular, §14 "(...) o ordenamento jurídico pátrio, a partir de uma leitura sistemática, permite o entendimento de que, a anuência prévia e expressa da categoria a que se refere os dispositivos que cuidam da contribuição sindical, pode ser consumada a partir da vontade da categoria estabelecida em assembleia geral, com o devido respeito aos termos estatutários"; disponível em http://cntur.com.br/wp-content/uploads/2018/05/notatecnica22018.pdf; consultada em 27.11.2018); ou no próprio Ministério Público do

n.º 38 da Associação Nacional dos Magistrados (ANAMATRA), aprovado na II Jornada de Direito Material e Processual do Trabalho[166]. Entendemos, porém, que esta forma de atuação não oferece qualquer tipo de representatividade e legitimidade às decisões emanadas, sobretudo relativamente aos não associados do sindicato, padecendo a decisão de nulidade; pelo menos enquanto a CLT continuar sem mencionar a possibilidade das assembleias de sindicatos se substituírem à vontade individual dos trabalhadores para estes efeitos, ou continue a usar os termos expressos de "prévia e expressa autorização dos empregados"[167].

Por mais que estas entidades sejam representantes de toda a categoria profissional (incluindo não associados), não poderão convocar assembleias extraordinárias para os autorizar junto das entidades patronais a cobrar algo que dispõe diametralmente contra preceito legal da CLT[168-169]. Até porque,

---

Trabalho (MPT Pará, 8ª região, proc. n.º 000136.2018.08.000/0; disponível em http://www.sinserconrs.com.br/wp-content/uploads/2018/03/MPT-2Reg-NOTIFICACAO--N-12707-1.pdf; consultada em 27.11.2018).

166. "I – É lícita a autorização coletiva prévia e expressa para o desconto das contribuições sindical e assistencial, mediante assembleia geral, nos termos do estatuto, se obtida mediante convocação de toda a categoria representada especificamente para esse fim, independentemente de associação e sindicalização. II – A decisão da assembleia geral será obrigatória para toda a categoria, no caso das convenções coletivas, ou para todos os empregados das empresas signatárias do acordo coletivo de trabalho. III – O poder de controle do empregador sobre o desconto da contribuição sindical é incompatível com o *caput* do art. 8º da constituição federal e com o art. 1º da convenção 98 da OIT, por violar os princípios da liberdade e da autonomia sindical e da coibição aos atos antissindicais" (cit. Enunciado n.º 38 da Associação Nacional dos Magistrados (ANAMATRA), aprovado na II Jornada de Direito Material e Processual do Trabalho).

167. No mesmo sentido, CALCINI, Ricardo Souza. A contribuição sindical e o seu recolhimento facultativo. *Revista Síntese Trabalhista e Previdenciária*, São Paulo, Vol. 29, N.º 347, maio/2018, pág. 66.

168. Da mesma forma, não podem os sindicatos ajuizar ação civil pública, passando-se por defesa de um pretenso interesse difuso, coletivos ou individuais homogéneos, da categoria de profissionais que representam, na qualidade de substitutos processuais, pois apenas estariam a defender interesses próprios, privados e individuais. A alteração das fontes de custeio dos sindicatos, por meio da Reforma, afetou interesses ligados ao próprio sindicato e não ao dos seus trabalhadores. MARQUES FILHO, Lourival Barão; CAMPOS, Maria Carolina. (In)constitucionalidade do novo modelo de contribuição sindical: uma análise processual. *Revista LTr*, São Paulo, Vol. 82, N.º 04, abr/2018, pág. 447.

169. Da mesma forma em Portugal, nos termos do art. 458, n.º 1 do CT, o empregador só pode promover a cobrança de quaisquer quotas sindicais em caso de obtenção de prévio e expresso consentimento do trabalhador.

em nossa opinião, impor que todos os trabalhadores contribuam obrigatoriamente para a classe sindical, atenta frontalmente contra a própria liberdade sindical[170]. Já para não dizer que tal possibilidade atentaria ainda contra o art. 611-B, inc. XXVI da CLT, porquanto se a proibição desse artigo vale para negociação coletiva em que haveria uma contrapartida para o trabalhador, *por maioria de razão* também valerá para deliberações em assembleias que não apresentam qualquer contrapartida para este[171]. Assim também o determinou, recentemente, a Medida Provisória n.º 873, de março de 2019, que basicamente clarificou a impossibilidade de Assembleia Gerais poderem substituir a vontade da classe de trabalhadores, tendo o consentimento de ser feito de forma expressa e individual.

Não obstante o entendimento maioritário que a doutrina tem colhido sobre esta disposição, e sem prejuízo de não ter havido qualquer proposta de alteração a esta matéria na Medida Provisória 808/2017, há vozes sustentando ainda a *inconstitucionalidade* da alteração legislativa a este dispositivo, por modificar matéria de natureza tributária sem ter competência para tal[172]. A Reforma em lugar algum quis alterar as regras tributárias de cobrança do "tributo" sindical, tão-só modificar-lhe o procedimento em sede trabalhista. Em particular quanto à segunda ideia, o legislador terá querido dizer o seguinte: o empregador, como contribuinte de direito do "imposto" (pois

170. MELEK, Marlos Augusto. *Trabalhista! O que mudou! Reforma Trabalhista 2017*. Curitiba: Estudo Imediato, 2017, pág. 60; MARTINEZ, Luciano. A contribuição sindical obrigatória como conduta violadora da liberdade sindical individual negativa. *Revista Síntese Trabalhista e Previdenciária*, São Paulo, Vol. 25, N.º 301, jul/2014, págs. 37 ss. Identificando a contribuição sindical compulsória existente no Brasil e em Itália como resultado do corporativismo ideológico da CLT, ROMITA, Arion Sayão. A matriz ideológica da CLT. *Revista LTr*, São Paulo, Vol. 77, N.º 11, nov/2013, pág. 1318.

171. ALMEIDA, Renato Rua de. As implicações da Lei da Reforma Trabalhista nos sindicatos. *Revista LTr*, São Paulo, Vol. 81, N.º 06, abr/2017, pág. 395.

172. Assim, por exemplo, SOUZA, Roberta de Oliveira. A justiça multiportas como um facilitador da pacificação social: a arbitragem o hipersuficiente, a negociação processual, a prevalência do negociado sobre o legislado e a (in)constitucionalidade da extinção da contribuição sindical compulsória. *In* TUPINAMBÁ, Carolina (coord.). *Soluções de conflitos trabalhistas: novos caminhos*. São Paulo: LTr, 2018, pág. 160; SAAD, Eduardo Gabriel. *Consolidação das Leis do Trabalho Comentada*. 50ª ed. São Paulo: LTr, 2018, pág. 921. Considerando que, após a Reforma, a contribuição deixou de ter natureza de tributo, BENEVIDES, Sara Costa. Impactos da Reforma Trabalhista no modelo de custeio das organizações sindicais. *Revista do Tribunal Regional do Trabalho da 3ª Região*, Belo Horizonte, Vol. 64, N.º 97, 2018, pág. 180.

é sobre ele que incide a obrigação de recolher o "imposto" sobre a folha de pagamento do trabalhador), deve passar a obter prévio consentimento do trabalhador (contribuinte de fato do "tributo") para coleta da contribuição sindical; mas caso não o obtenha, a empresa passa a estar fora da relação jurídica tributária, tornando-se o sindicato responsável por exigir diretamente do trabalhador o seu crédito[173].

Da nossa parte, entendemos que não há motivos para a pretensa inconstitucionalidade: (i) a Lei n.º 13.467 de 2017, como lei ordinária que é, veio alterar outra lei ordinária, relativamente a uma questão que é complementada com semelhantes outros preceitos (ex. arts. 582, 545, 462 etc.) que apontam e reforçam o mesmo sentido: a autorização prévia do trabalhador; (ii) a modificação do regime por uma lei ordinária, em nada impede esta conclusão, já que também o Decreto-lei n.º 5.452 de 1943 (que criou o "imposto" sindical), o Decreto-lei n.º 27 de 1966 (que o alterou) e o Decreto-lei n.º 229 de 1967 (que o ratificou), também eram todos leis ordinárias; (iii) o fato de se tratar de uma contribuição com *natureza parafiscal*[174], não exige, de imediato, que qualquer alteração só proceda por lei complementar (art. 146, inc. III da CF), primeiro porque nem de tributo verdadeiramente estamos a falar[175], pois é

173. "Em momento algum houve renúncia fiscal pela Lei n. 13.467/2017 quanto à contribuição sindical. Não há nada no texto legal que indique isso. A técnica de tributação é que mudou (...). Nesse caso de recusa (ou não autorização) pelo empregado ao desconto em folha de pagamento, o procedimento para o sindicato de sua categoria profissional exigir o tributo deve ser aquele adotado pela Confederação Nacional da Agricultura – CNA e outros tantos órgãos de representação de classe, que emitem boleto para pagamento da contribuição e enviam diretamente ao responsável pelo pagamento. (...) O tributo não foi dispensado e nem se tornou facultativo, o que ofenderia a lógica do seu fundamento jurídico, que determina que é compulsório (art. 3º, do CTN). O que mudou foi a forma de cobrança (...)" (cit. Castilho, Paulo Cesar Baria de. Contribuição sindical continua obrigatória na Reforma trabalhista. *Revista LTr*, São Paulo, LTr, Vol. 82, N.º 04, abr/2018, pág. 425). Em sentido contrário, pugnando pela possibilidade de lei ordinária federal poder ou não instituir a contribuição obrigatória e, portanto, sustentando a desnecessidade de recorrer a lei complementar, Martins, Sérgio Pinto. A Reforma Trabalhista e a Contribuição Sindical. *Revista Síntese Trabalhista e Previdenciária*, São Paulo, Vol. 29, N.º 349, jul/2018, pág. 18.

174. Süssekind, Arnaldo. Contribuições sindicais. *Revista Trabalho e Doutrina*, São Paulo, N.º 12, 1997, pág. 10.

175. Considerando a natureza tributária da contribuição sindical, STF "Agravo regimental no recurso extraordinário. Tributário. Contribuição sindical: natureza jurídica de tributo. Compulsoriedade. Precedentes. Agravo regimental ao qual se nega provimento" (REsp 496456 AgRg, Relator Min. Cármen Lúcia, 1ª Turma, julgado em 30.6.2009).

dirigido a uma entidade privada e não à prossecução do interesse público, e segundo, porque a lei complementar não é exigida para simples alterações ao regime, apenas para a criação de novas, de que não é o caso[176]. No mesmo sentido, aliás, aponte-se o Parecer da Procuradoria-Geral da República (Nº 224/2018 - SFCONST/PGR) sobre as ADI's pendentes no STF[177].

3.3.1.1.7. Incidente de desconsideração da personalidade jurídica sob dependência de requerimento da parte - art. 855-A da CLT

Nos termos do art. 855-A, "aplica-se ao Processo do Trabalho o incidente de desconsideração a personalidade jurídica previsto nos arts. 133 a 137 da Lei n.º 13.105, de 16 de março de 2015 - Código de Processo Civil". Também sobre esta matéria não houve qualquer alteração provisória prevista na Medida Provisória 808/2017.

Apesar de só agora se inserir de forma expressa o instituto nas leis trabalhistas, este sempre colhia aplicação pela Justiça do Trabalho, apesar de sofrer algumas variações relativamente ao instituto civil, no que respeita aos seus pressupostos, a saber, (i) em razão da assimetria da relação jurídica

---

176. No mesmo sentido, ALMEIDA, Renato Rua de. As implicações da Lei da Reforma Trabalhista nos sindicatos. *Revista LTr*, São Paulo, Vol. 81, N.º 06, abr/2017, pág. 394; MANNRICH, Nelson; VASCONCELOS, Breno Ferreira Martins. Contribuição Sindical Compulsória: Constitucionalidade de sua extinção. *Revista Síntese Trabalhista e Previdenciária*, São Paulo, Vol. 29, N.º 349, jul/2018, págs. 27-29.

177. A título de exemplo, na ADI 5794, que tem apensados ao processo as restantes em matéria de contribuição sindical (ADI 5912 ADI 5923 ADI 5859 ADI 5865 ADI 5813 ADI 5885 ADI 5887 ADI 5913 ADI 5810 ADC 55 ADI 5811 ADI 5888 ADI 5892 ADI 5806 ADI 5815 ADI 5850 ADI 5900 ADI 5950 ADI 5945): "(...) 2. Conforme pacífica jurisprudência do STF, por não se tratar de imposto, a contribuição de interesses das categorias profissionais ou econômicas não depende de lei complementar para sua instituição, regulação de base de cálculo, definição do contribuinte ou para sua revogação. Interpretação do art. 149-caput, combinado com art. 146–III–a da Constituição. Precedentes. 3. A fonte normativa de exigibilidade da contribuição sindical residia nos arts. 578, 579, 582, 583, 587 e 602 da CLT, com redações originárias, anteriores à Lei 13.467/2017. Não sendo exigível lei complementar para instituir e revogar contribuição sindical, o art. 217 do CTN, que prevê sua exigibilidade, ostenta feição de norma ordinária, passível, pois, de revogação por norma de idêntica natureza. As hipóteses não presumíveis de exigência de lei complementar são aquelas exclusivamente previstas na Constituição (art. 69 da CF). Parecer pela concessão de prazo para que a autora regularize a representação processual e apresente cópia do ato normativo impugnado; satisfeitas essas providências, pelo conhecimento da ação, pela constitucionalidade do fim da obrigatoriedade da contribuição sindical. (...)".

que dificulta ao trabalhador a demonstração da má-fé do administrador, dispensava-se o requisito da violação do contrato ou existência de abuso de poder para qualificar a conduta do sócio, naquilo que era a adoção da teoria objetiva - bastava, então, que a empresa não possuísse património para que os sócios pudessem ser imediatamente responsabilizados[178]; (ii) de maneira a garantir de forma mais consistente o crédito trabalhista e sua solvabilidade, tem-se rejeitado a hipótese de responsabilidade subsidiária do sócio por

---

178. "Terceiro embargante. Sócio e empregado da empresa. Responsabilidade na execução. Não existe no ordenamento jurídico qualquer impedimento quanto a possibilidade de uma pessoa ocupar na mesma empresa a posição de empregado e de sócio, concomitantemente. Pela aplicação da teoria da desconsideração da personalidade jurídica, possui o agravante legitimidade para responder pela execução que se processa, ressaltando-se que a fraude de que trata o art. 50 do Código Civil restou caracterizada pelo desvio da função social da empresa, quanto às obrigações trabalhistas", ementa do acórdão do TRT, 2ª Região, 4a Turma, Processo n.º 00084200704002004, relatora Odette Silveira Moraes, Data de publicação 11.4.2008; ainda "Teoria da desconsideração da personalidade jurídica. Fraude de execução. Sócio. A teoria do disregard of legal entity, ou da desconsideração da personalidade jurídica, aponta exatamente para a possibilidade de que o Juízo, desnudando a fictícia pessoa jurídica, revele sua composição societária como passível de suportar os ônus da execução, devendo arcar os sócios, portanto, com os efeitos executórios pendentes sobre a empresa, pouco importando que esse desvelamento tenha-se dado apenas durante a fase executória do feito, pois a pessoa jurídica da executada, que constou, exclusivamente, do polo passivo da demanda, era evidentemente composta por sócios desde o início da ação trabalhista, que, aliás, foram beneficiários da força de trabalho da ex-empregada, pelo que não se admite a tese de que o sócio seria estranho à lide, quando da alienação do bem, e que essa alienação teria ocorrido sem que configurada a hipótese prevista pelo art. 539, II, do CPC. Agravo de Petição a que nega provimento" (cit.TRT, 2ª Região, 5ª turma, Processo n.º 01017200500102002, Relatora Anelia Li Chum, Data de publicação 11.4.2008); ou ainda "Execução. Nulidade processual. Ausência de intimação na fase de conhecimento. Teoria da desconsideração da personalidade jurídica do empregador. Responsabilidade de ex-sócio. 1. Consoante leciona o ilustre jurista Mauro Schiavi, não obstante a pessoa jurídica não se confundir com a do sócio, a lei atribui a este a chamada responsabilidade patrimonial, de modo que seus bens podem vir a ser chamados a responder pela execução, nos casos em que a sociedade não apresente bens que satisfaçam a execução. Nesse passo, a sujeição do sócio — responsável econômico — não depende de sua participação no processo na fase de conhecimento. 2. Correta a constrição dos bens do ora agravante, considerando sua condição de ex-sócio da executada durante a relação de emprego do autor, bem como a inexistência de patrimônio da empresa executada capaz de garantir a execução, conforme salientado na decisão proferida pelo Tribunal Regional. 3. Agravo de instrumento não provido" (cit. TST, 1ª turma, Processo AIRR n.º 102640-11.2005.5.02.0201 relator Ministro Lelio Bentes Corrêa, Data de publicação 26.3.2013).

via da invocação do benefício de excussão prévia, determinando-se que a responsabilidade do sócio é, antes, solidária à da empresa[179].

Após a entrada em vigor do novo CPC, a pressão para que a Justiça do Trabalho rececionasse este instituto de intervenção de terceiros foi bastante; tanto assim é que aquando a Instrução Normativa n.º 39/2016 editada pelo TST, admitiu-se no art. 6.º a compatibilidade do incidente com o sistema processual trabalhista[180]. Não obstante a pressão, a Instrução Normativa recebeu simultaneamente críticas e aplausos pela posição em que determinou a aplicação dos arts. 133 ss. do CPC ao processo do trabalho: saudava-se a admissibilidade da instauração oficiosa pelo juiz e a reserva que lhe foi dada relativamente ao uso das tutelas de urgência[181]; desiludia a previsão do efeito suspensivo do incidente e o prosseguimento deste sem que houvesse prévia garantia de juízo[182]. Agora, com a Reforma, pode-se dizer que este novo art. 855-A da CLT 4praticamente repete aquela disposição da IN 39/2016, com exceção da iniciativa de instauração do incidente, que deixou de ser do magistrado, não obstante alguma opinião contrária[183].

---

179. Teixeira Filho, Manoel Antonio. *O Processo do trabalho e a Reforma Trabalhista, As alterações introduzidas no processo do trabalho pela Lei n.º 13.467/2017*. São Paulo: LTr, 2017.

180. "Aplica-se ao Processo do Trabalho o incidente de desconsideração da personalidade jurídica regulado no Código de Processo Civil (arts. 133 a 137), assegurada a iniciativa também do juiz do trabalho na fase de execução (CLT, art. 878). §1º Da decisão interlocutória que acolher ou rejeitar o incidente: I – na fase de cognição, não cabe recurso de imediato, na forma do art. 893, §1º da CLT; II – na fase de execução, cabe agravo de petição, independentemente de garantia do juízo; III – cabe agravo interno se proferida pelo Relator, em incidente instaurado originariamente no tribunal (CPC, art. 932, inciso VI). §2º A instauração do incidente suspenderá o processo, sem prejuízo de concessão da tutela de urgência de natureza cautelar de que trata o art. 301 do CPC" (cit. art. 6º da Instrução Normativa 39/2016 editada pelo TST).

181. Cf. Enunciado n.º 116 da II Jornada de Direito Material e Processual da Anamatra, "Tutelas de urgência de natureza cautelar no incidente de desconsideração da personalidade jurídica; A adoção do incidente de desconsideração da personalidade jurídica no processo do trabalho não exclui a possibilidade de deferimento de tutelas de urgência de natureza cautelar antes da citação do novo executado, inclusive de ofício, dentro do poder geral de cautela do magistrado."

182. Schiavi, Mauro. *A reforma trabalhista e o processo do trabalho.* 2ª ed. São Paulo: LTr, 2018, pág. 159.

183. Teixeira Filho, Manoel Antonio. *O Processo do trabalho e a Reforma Trabalhista, As alterações introduzidas no processo do trabalho pela Lei n.º 13.467/2017*. São Paulo: LTr, 2017, pág. 176 ("Em que pese ao fato de o CPC deixar claro que a desconsideração da personalidade deverá ser objeto de *requerimento* da parte ou do Ministério Público,

Mas alguma doutrina processualista trabalhista, sem deixar de levar em conta os argumentos favoráveis à importação deste instituto[184], pode dizer-se particularmente cética, discordante e até mesmo pugnando pela inaplicabilidade do instituto[185]. Entre os principais argumentos, destacam-se os seguintes[186]. Em primeiro lugar, a *incompatibilidade do sistema impugnatório* previsto no instituto com a *celeridade* exigida no processo do trabalho, já que neste procedimento a teleologia obriga ao julgamento por despacho ou interlocutória nos incidentes que sejam instaurados, sem autuação apartada e recurso imediato, tal como é previsto pelo regime da desconsideração (art. 136, do CPC)[187-188.] Em segundo lugar, a *desnecessidade* de recorrer ao

---

estamos convencidos de que, no processo do trabalho, o juiz poderá agir *ex officio* em relação à matéria, por força do disposto no art. 765, da CLT, desde que haja nos autos elementos capazes de fundamentar a sua decisão (CF, art. 93, IX)").

184. Entre os argumentos, destacam-se (i) o fato de a legislação trabalhista ser completamente omissa na regulamentação deste problema, (ii) o que faz com que tenha de recorrer ao direito civil, direito do consumidor e a outros dispositivos para fazer uso mecanismo; e ainda (iii) ser um instituto que privilegia e garante o contraditório mesmo antes da prática de atos constritivos patrimoniais ao empregador, e que (iv) equilibra o procedimento legal (SCHIAVI, Mauro. *A reforma trabalhista e o processo do trabalho.* 2ª ed. São Paulo: LTr, 2018, pág. 157).

185. SOUTO MAIOR, Jorge Luiz, SEVERO, Valdete Souto. O Acesso à Justiça sob a Mira da Reforma Trabalhista – Ou Como Garantir o Acesso à Justiça diante da Reforma Trabalhista. *Revista Síntese Trabalhista e Previdenciária*, São Paulo, Vol. 29, N.º 339, set/2017, pág. 96; SOUTO MAIOR, Jorge Luiz. Prática Processual Trabalhista: Possíveis efeitos da Lei n.º 13.467/2017. *Revista Síntese Trabalhista e Previdenciária*, São Paulo, Vol. 29, N.º 343, jan/2018, pág. 55.

186. DELGADO, Maurício Godinho; DELGADO, Gabriela Neves. *A Reforma Trabalhista no Brasil com os comentários à Lei n. 13.467/2017.* São Paulo: LTr, 2017, pág. 349.

187. Já antes do advento da Lei n.º 13.467/2017 a doutrina sustentava que as decisões interlocutórias que julgassem o incidente na justiça do trabalho eram insuscetíveis de recurso imediato, em razão do art. 893, §1.º da CLT, sendo diferida para a fase do agravo de petição (se instaurado o incidente na fase executiva, ou antes para recurso ordinário, em caso de instauração no processo declarativo), permitindo-se assim a penhora imediata dos bens dos sócios que ficavam impedidos de opor embargos de terceiro e apenas limitados ao oferecimento de embargos à execução sem possibilidade de por em causa a sua legitimidade. "De outro lado, a hipossuficiência do credor trabalhista e a natureza alimentar do crédito autorizam o Juiz do Trabalho a postergar o contraditório na desconsideração após a garantia do juízo pela penhora. Além disso, o presente incidente provoca complicadores desnecessários à simplicidade do procedimento da execução trabalhista, atrasa o procedimento (...) e, potencialmente, em muitos casos, pode inviabilizar a efetividade da execução. Pela teoria consolidada (...), o sócio não é parte, nem terceiro no processo, apenas responsável patrimonial. Desse modo, seus bens podem vir a ser chamados a responder, mesmo que ele não figure no processo como parte ou terceiro no processo.

instituto em razão da existência de um outro, com previsão semelhante e idêntica estatuição ao da desconsideração, previsto no art. 50 do CC, que basicamente admite igualmente a execução (e consequente penhora) contra os bens dos sócios sempre que aqueles hajam atuado com confusão patrimonial relativamente à sociedade. Em terceiro lugar, a reconhecida *admissão da exceção de pré-executividade* no processo do trabalho pela Súmula 397, substituiria a burocrática instauração do instituto da desconsideração para citação do sócio, já que dispensa a prestação de qualquer tipo de garantia em juízo. Em quarto lugar, recorrer a este instituto num processo trabalhista ancorado numa lógica de *contraditório diferido* para instâncias recursais, sem sobrestamento sempre que surgem novos pedidos pelas partes[189]. Por

---

Além disso, faz parte da sistemática processual trabalhista postergar o contraditório quanto às decisões interlocutórias (art. 893, da CLT). Sob outro enfoque, o processo do trabalho instrumentaliza o Direito Material do Trabalho, e isso é sua razão de existência. Não se pode isolar as normas processuais do direito que instrumentaliza. O princípio da natureza alimentar do crédito, da hipossuficiência do empregado, da despersonalização do empregador (arts. 2º, 20º e 448º, da CLT), e da real impossibilidade do trabalhador demonstrar ato culposo do sócio a justificar a desconsideração, autorizam o Juiz do Trabalho a realizar a desconsideração da pessoa jurídica, tanto de forma direta como inversa, por meio de decisão interlocutória fundamentada (art. 93, IX, da CF), propiciado o contraditório '*a posteriori*', por meio dos embargos à execução ou embargos de terceiro" (cit. Schiavi, Mauro. *A reforma trabalhista e o processo do trabalho.* 2ª ed. São Paulo: LTr, 2018, págs. 157-158).

188. Já a pensar precisamente nisto, alguma doutrina tem-se já posicionado no sentido de considerar não aplicável ao processo do trabalho as disposições impugnatórias das interlocutórias sobre desconsideração da pessoa jurídica no processo civil. Assim, Belmonte, Alexandre Agra. O incidente de desconsideração da personalidade jurídica no processo do trabalho à luz do CPC de 2015 e da Lei n.º 13.467/2017. *In* Tupinambá, Carolina, Gomes, Fábio Rodrigues (coord.). *A reforma trabalhista: o impacto nas relações de trabalho*. Belo Horizonte: Fórum, 2018, pág. 31. Para o autor, a normatividade específica do processo do trabalho em relação ao agravo de instrumento atesta a inexistência de omissão para que os preceitos civis sejam aplicados de forma subsidiária. Bem assim, também por ser suscetível de ofender a dinâmica do processo do trabalho e o princípio da irrecorribilidade dessas decisões antes da prolação de sentença, a admissão para reexame direto das interlocutórias não pode também ser aplicada de forma supletiva. Em caso de instauração do incidente em sede executiva, admite o autor que penhora ou depósito serão dispensados já que ocorrerá suspensão do processo. Em alternativa, propõe Delgado e Delgado que se aplique de forma analógica o art. 897, §3º da CLT que permite ao magistrado formar autos apartados para o agravo de petição (Delgado, Maurício Godinho; Delgado, Gabriela Neves. *A Reforma Trabalhista no Brasil com os comentários à Lei n. 13.467/2017.* São Paulo: LTr, 2017, pág. 350).

189. Neste particular, o Enunciado n.º 109, da II Jornada de Direito Material e Processual do Trabalho da ANAMATRA, "PROCESSO DO TRABALHO. INCIDENTE DE DESCONSI-

último, e em sede de execução fiscal, a previsão do art. 135, inc. III do Código Tributário Nacional[190] acaba, também, e em certa medida, por fazer as vezes do art. 133 do CPC c/c o art. 855-A da CLT, já que *prescindindo do uso do instituto da desconsideração*, consegue ainda assim autorizar a que, sempre que dirigentes e responsáveis de pessoas jurídicas ajam contra lei, estatutos ou contratos em matéria fiscal (recolha de encargos previdenciários, atraso no pagamento de salários, não pagamento de horas extra etc.), possam ser diretamente demandados por serem considerados corresponsáveis pela conduta; ao que acresce o art. 186 do CTN atestar que o crédito trabalhista é o único que tem preferência sobre o crédito tributário e que o CTN, enquanto diploma com natureza de lei complementar, prefere sobre leis ordinárias (*maxime* CLT) que disponham em sentido contrário[191].

DERAÇÃO DA PERSONALIDADE JURÍDICA: APLICAÇÃO LIMITADA I – no processo do trabalho, o redirecionamento da execução para o sócio não exige o incidente de desconsideração da personalidade jurídica (arts.133 a 137 do CPC). II – a dissolução irregular da pessoa jurídica inclui as hipóteses de impossibilidade de satisfação da dívida pelo devedor, o que autoriza o redirecionamento da execução para os sócios, independentemente de instauração do incidente de desconsideração da personalidade jurídica (art. 135 do CTN). III – admite-se o incidente de desconsideração da personalidade nas hipóteses de sócio oculto, sócio interposto (de fachada ou "laranja"), associação ilícita de pessoas jurídicas ou físicas ou injuridicidades semelhantes, como constituição de sociedade empresária por fraude, abuso de direito ou seu exercício irregular, com o fim de afastar o direito de credores. IV – adotado o incidente de desconsideração da personalidade jurídica, o juiz, no exercício do poder geral de cautela, determinará às instituições bancárias a indisponibilidade de ativos financeiros e decretará a indisponibilidade de outros bens pertencentes aos sócios, pessoas jurídicas ou terceiros responsáveis, sendo desnecessária a ciência prévia do ato." Como bem aponta TEIXEIRA FILHO, Manoel Antonio. *O Processo do trabalho e a Reforma Trabalhista, As alterações introduzidas no processo do trabalho pela Lei n.º 13.467/2017*. São Paulo: LTr, 2017, pág. 179, "A instauração de um contraditório prévio (...) poderá acarretar um longo retardamento do trâmite processual, pois o sócio, o terceiro e a própria sociedade tenderão a empenhar-se em impedir a desconsideração da personalidade jurídica, mediante a produção de provas que poderão consumir largo período de tempo".

190. "São pessoalmente responsáveis pelos créditos correspondentes a obrigações tributárias resultantes de atos praticados com excesso de poderes ou infração de lei, contrato social ou estatutos: III – os diretores, gerentes ou representantes de pessoas jurídicas de direito privado" (cit. art. 135, inc. III do CTN). Ainda podemos acrescentar que este art. 135 corresponde a algo que já resultada do Enunciado 6 do Fórum de Execuções Fiscais da Escola da Magistratura Federal da 2ª Região.

191. SILVA, Homero Batista Mateus da. *Comentários à Reforma Trabalhista*. São Paulo: RT, 2017, págs. 165-166.

Da nossa parte, não vemos qualquer problema à aplicação do instituto no processo do trabalho e aplaudimos, inclusivamente, as alterações da Reforma. Afinal, os tributos da celeridade e efetividade não podem ser desculpa para solapar o direito fundamental ao contraditório. A ser necessário procurar alguém que satisfaça a obrigação creditícia estando ela insatisfeita, a invasão patrimonial de quem não é devedor só se justificará pelo instituto da desconsideração[192]. Passa o trabalhador aqui, em sede processual, a ter de zelar pelos seus próprios interesses e garantias. Esta alteração, em particular, representa a afirmação de que, também dentro do processo, o trabalhador pode-se despir do protecionismo jurisdicional excessivo que o tem acompanhado desde a criação da Justiça do Trabalho.

3.3.1.1.8. Homologação de acordo extrajudicial, por petição conjunta de advogados, em sede de jurisdição voluntária – art. 855-B da CLT

Dita o novo art. 855-B da CLT que "o processo de homologação de "acordo extrajudicial"[193] terá início por petição conjunta, sendo obrigatória a representação das partes por advogado. §1º As partes não poderão ser representadas por advogado comum. §2º Faculta-se ao trabalhador ser assistido pelo advogado do sindicato de sua categoria". Este acréscimo normativo foi acompanhado da inclusão da alínea f) ao art. 652 da CLT, que basicamente estendeu a competência às varas do trabalho para conhecer e decidir sobre homologação de acordos extrajudiciais; e com o acréscimo à Consolidação do Capítulo III-A sobre jurisdição voluntária. Quanto a nenhuma das alterações houve proposta de modificação na (caducada) Medida Provisória 808/2017.

---

192. ALMEIDA, Luna Provázio Lara de. Reforma trabalhista e o incidente de desconsideração da personalidade jurídica. *Revista Trabalhista Direito e Processo*, Brasília, Vol. 16, N.º 57, jan-jun/2017, pág. 163; CORDEIRO, Wolney de Macedo. *Execução no processo do trabalho*. Salvador: Juspodivm, 2015, págs. 182-183; LEITE, Carlos Henrique Bezerra. O incidente de desconsideração da personalidade jurídica no novo CPC e a sua (in) aplicabilidade no processo do trabalho. *In* MARTINS, Sérgio Pinto (coord.). *O Novo CPC e o Processo do Trabalho, Estudos em Homenagem ao Ministro Walmin Oliveira da Costa*. São Paulo: Atlas, 2016, págs. 395-396.

193. Considerando inadequado o termo "acordo extrajudicial" para descrever esta modalidade de conserto, por entender reservado aos acordos firmados em Comissões de Conciliação Prévia ou em Câmaras de Mediação e Arbitragem, MANSUR, Juliano Martins. Os novos instrumentos de composição de conflitos trabalhistas e a valorização da Justiça do Trabalho. *In* TUPINAMBÁ, Carolina (coord.). *Soluções de conflitos trabalhistas: novos caminhos*. São Paulo: LTr, 2018, págs. 128-129.

Antes mesmo da Reforma já se questionava no processo civil sobre a existência ou não de um direito à homologação de acordos extrajudiciais, atentos o art. 475-N, inc. V do CPC/73 ("constitui título executivo judicial o acordo extrajudicial, de qualquer natureza, homologado judicialmente) e o art. 57 da Lei n.º 9.099/1995 ("o acordo extrajudicial, de qualquer natureza ou valor, poderá ser homologado, no juízo competente, independentemente de termo, valendo a sentença como título executivo judicial"). Não obstante, o STJ sempre o havia negado, por considerar ser relevante valorizar a vontade das partes sem dependência da chancela judicial[194]. Já no âmbito da Justiça do Trabalho, esta tutela assistencial de interesses particulares não

194. "Processo Civil. Transação Extrajudicial. Homologação. Lei 9.099/95. Art. 57. Impossibilidade. 1. É imprescindível preservar o escopo da Lei 9.099/95, criada para facilitação de acesso ao Poder Judiciário pelos titulares de direitos relacionados a lides de menor complexidade, com procedimento simplificado e julgamento célere, desafogando-se, com isso, os Tribunais em causas de procedimento ordinário ou sumário. 2. O art. 57 da Lei 9.099/95 tem, em princípio, eficácia transcendente à Lei dos Juizados Especiais. Essa norma, contudo, teria o papel de regular provisoriamente a matéria, até que ela encontrasse regulação específica nos diplomas adequados, a saber, o Código de Processo Civil e o Código Civil. 3. O CPC, nas sucessivas reformas ocorridas desde meados dos anos 90, vem tendo alterada a redação de seu art. 584, III, de modo a contemplar, com maior ou menor extensão, a possibilidade de homologação de acordos extrajudiciais. 4. Na última alteração a que se sujeitou o código, contudo, incluiu-se o art. 475-N, que em lugar de atribuir eficácia de título executivo judicial à sentença que homologue acordo que verse sobre matéria não posta em juízo, passou a falar em transações que incluam matéria não posta em juízo. 5. Uma transação que inclua matéria não posta em juízo está claramente a exigir que a transação, para ser homologável, tem de se referir a uma lide previamente existente, ainda que tenha conteúdo mais amplo que o dessa lide posta. Assim, a transação para ser homologada teria de ser levada a efeito em uma ação já ajuizada. 6. É necessário romper com a ideia de que todas as lides devem passar pela chancela do Poder Judiciário, ainda que solucionadas extrajudicialmente. Deve-se valorizar a eficácia dos documentos produzidos pelas partes, fortalecendo-se a negociação, sem que seja necessário, sempre e para tudo, uma chancela judicial. 7. A evolução geral do direito, num panorama mundial, caminha nesse sentido. Tanto que há, hoje, na Europa, hipóteses em que ações judiciais somente podem ser ajuizadas depois de já terem as partes submetido sua pretensão a uma Câmara Extrajudicial de Mediação, como corre, por exemplo, na Itália, a partir da promulgação do Decreto Legislativo nº 28/2010. 8. Ao homologar acordos extrajudiciais, o Poder Judiciário promove meramente um juízo de delibação sobre a causa. Equiparar tal juízo, do ponto de vista substancial, a uma sentença judicial seria algo utópico e pouco conveniente. Atribuir eficácia de coisa julgada a tal atividade implicaria conferir um definitivo e real a um juízo meramente sumário, quando não, muitas vezes, ficto. Admitir que o judiciário seja utilizado para esse fim é diminuir-lhe a importância, é equipará-lo a um mero cartório, função para a qual ele

era admitida pela jurisprudência do TST[195], embora no passado, nos termos do pretérito art. 233 da CF, a jurisdição voluntária já tivesse sido utilizada para trabalhadores rurais[196].

Por outro lado, apesar da mediação e conciliação extrajudiciais não terem sido previstas na *Resolução n.º 174 do Conselho Superior da Justiça do Trabalho*, a verdade é que a instituição deste *novo mecanismo de jurisdição voluntária* parece indiretamente admiti-las, senão mesmo pressupô-las. Essa Resolução, responsável por promover a adequação dos métodos alternativos de disputas de interesses na Justiça do Trabalho no pós CPC/15 e definia os termos de conciliação e mediação, tratou do regulamento dos Núcleos e Centros de Conciliação nos TRTs, como também vedou acordos assinados em câmaras privadas de mediação e conciliação (art. 7º, §6º[197]). No mesmo

---

não foi concebido. 9. Recurso especial não provido" (STJ, 3ª Turma, REsp n.º 1184151/ MS, relator Min. Nancy Andrighi, Data de Julgamento, 11.12.2011).

195. Cf. Agravo de instrumento. Recurso de Revista. Competência material. Justiça do trabalho. Homologação de acordo extrajudicial. Não compete à Justiça do Trabalho homologar acordo extrajudicial firmado entre empregado e empregador, haja vista a ausência de previsão legal. Precedentes do TST (TST--AIRR-1542—77.2012.5.04.0234, 4ª Turma, Rel. Min. João Oreste Dalazen, Data julgamento 07.10.2016); Agravo de instrumento. Recurso de revista. Jurisdição voluntária. Incompetência da justiça do trabalho. Acordo. Homologação. Na hipótese em exame, a parte agravante insurgiu-se contra a decisão que determinou o arquivamento do feito sem julgamento do mérito ante o reconhecimento da incompetência desta Justiça Especializada para chancelar acordo extrajudicial oriundo da relação de trabalho. Nada obstante, não prospera a pretensão recursal, uma vez que a jurisdição voluntária tal como ensina a melhor doutrina, mesmo quando exercida pelo juiz, detém natureza tipicamente administrativa. E sendo assim, entendo que da interpretação conjunta do art. 114 da Carta Magna, que fixa a competência desta Justiça Especializada combinado com os dispositivos consolidados presentes no Título VIII, Capítulo I, da CLT, que tratam da Justiça do Trabalho, no caso arts. 643/649, demonstram que, a jurisdição voluntária, consistente no exercício pelo Juízo da função administrativa de interesses privados, para sua validade, não está compreendida por esta Justiça Especializada, motivo pelo qual refoge à sua competência homologar acordos extrajudiciais, efetuados antes da interposição da competente acção. Agravo de instrumento improvido (AIRR n.º 758-08.2013.5.09.0661, 6ª Turma, Relator Américo Bedê Freire, Data de Julgamento 27.05.2015).

196. O preceito foi, porém, revogado quando a EC n.º 28/2000.

197. "As conciliações e mediações realizadas no âmbito da Justiça do Trabalho somente terão validade nas hipóteses previstas na CLT, aí incluída a homologação pelo magistrado que supervisionou a audiência e a mediação pré-processual de conflitos coletivos, sendo inaplicáveis à Justiça do Trabalho as disposições referentes às Câmaras Privadas de Conciliação, Mediação e Arbitragem, e normas atinentes à conciliação e mediação

sentido, a Lei n.º 13.140 de 2015 (Lei de Mediação) dispõe no seu art. 42, parágrafo único que a mediação em relações de trabalho é regulada apenas por lei própria. Atualmente, porém, após esta nova disposição trazida pela Reforma, é preciso questionar em que medida é que essas câmaras privadas de negociação e conciliação estão efetivamente "banidas" nos termos da Resolução, já que, se as partes, sozinhas, podem acertar os termos do acordo para levar a homologação, não se perceberá porque não poderão estas procurar esse acordo com recurso a terceiros habilitados e qualificados a promovê-lo[198].

Pode-se dizer que o novo preceito visado pelo legislador ordinário surgiu para fazer face a um problema que *resultava na prática* da Justiça do Trabalho e que diz respeito às chamadas *lides simuladas*, i.e., processos em que uma parte dava entrada com a finalidade de obter uma condenação judicial já que alegadamente apresentava um conflito de interesses com a contraparte, quando na verdade já tinha encetado acordo extrajudicial com aquela, para obter do juízo efeito de coisa julgada mediante sentença homologatória[199]. Seja porque empregadores não achavam viável realizar

---

extrajudicial e pré-processual previstas no NCPC" (cit. art. 7º, §6º da Resolução 174 do CSJT).

198. Rodrigues, Douglas Alencar; Pinheiro, Rogério Neiva. Acesso à justiça e pacificação social: repensando a cláusula constitucional da inafastabilidade da jurisdição nos domínios dos direitos sociais trabalhistas. *In* Tupinambá, Carolina (coord.). *Soluções de conflitos trabalhistas: novos caminhos.* São Paulo: LTr, 2018, págs. 92-93; Teixeira, Sérgio Torres. Mitos, caminhos e acesso multidimensional à Justiça: a arbitragem e a mediação como fórmulas parceiras do judiciário do trabalho no Brasil. *In* Tupinambá, Carolina (coord.). *Soluções de conflitos trabalhistas: novos caminhos.* São Paulo: LTr, 2018, pág. 188.

199. "É claro que a prática em si é ilegal, e poderia perfeitamente conduzir neste sentido à extinção sem julgamento do mérito da suposta demanda, mas trata-se de prova dificílima de ser produzida, mais ainda levando em consideração a comunhão de interesse das partes em obter a homologação judicial do acordo, sendo certo que ou ao magistrado recairia a obrigação de obstar a homologação do acordo com vistas a diligenciar a respeito do motivo do ajuizamento da demanda, ou ainda intimar o Ministério Público para o mesmo fim, em evidente perda de escala e manifesto desperdício de atividade pública, e tudo isso com o fito único de tentar flagrar as hipóteses em que rigorosamente não havia pretensão resistida e com isso frustrar o intento das partes que, rigorosamente, nada tem de ilícito (*a priori*), mas visa tão somente a garantir a segurança jurídica das mesmas com relação aos efeitos da transação entabulada" (cit. Barba Filho, Roberto Dala. *Reforma Trabalhista & Direito Processual do Trabalho.* Curitiba: Juruá Editora, 2018, pág. 55). *Vide* também, Bernardes, Filipe. *Manual de Processo do Trabalho.* Salvador: Juspodivm, 2018, pág. 117.

acordos de cessação contratual no departamento de pessoal da empresa e, portanto, mandavam os trabalhadores iniciar procedimento judicial para apenas acertar valores em mesa de audiência[200]; seja pela manobra engenhosa de contratação de advogado para o próprio empregado, com petição inicial insípida, para depois em mesa de audiência propor acordo comum. Este tipo de processos que, sob o pano da aparência, eram litígios judiciais instaurados por ambas as partes (na prática apelidada de "casadinha") levaram ao crescimento da resistência judicial contra si, havendo quem mesmo os julgasse sem resolução do mérito, dada a ausência de conflito de interesses[201].

Agora, após a Reforma, esta prática ganhou relevo e dignidade legal, com enunciados próprios e natureza de *jurisdição voluntária*[202]. E veja-se que

---

200. *Vide* acórdão do TRT 2ª Região, 9ª T., Proc. 02713.2004.024.02.00.RO, Rel. Juiz Luiz Edgar Ferraz de Oliveira, DOESP 26.05.06: "Litigância de má-fé. Oferta de acordo inferior ao confessado na contestação. Ofensa aos arts. 14, II, e 17, III, do CPC. O devedor que oferece, a título de conciliação, menos do que está confessado na contestação está utilizando-se do processo para obter vantagem ilícita, com chicana e má-fé, sendo justa a condenação".

201. Silva, Homero Batista Mateus da. *Comentários à Reforma Trabalhista.* São Paulo: RT, 2017, págs. 165; Hirata, Carolina Marzola. A Reforma Trabalhista e o Processo do Trabalho: comentários à parte processual do PL N. 6.787/2017 (Câmara dos Deputados) - PL N. 38/2017 (Senado Federal). *Revista LTr*, São Paulo, Vol. 81, N.º 06, jun/2017, pág. 665.

202. Teixeira Filho (Teixeira Filho, Manoel Antônio. *Curso de direito processual do trabalho: processo de conhecimento.* São Paulo: LTr, 2009, Vol. I, págs. 156-157), Carlos Bezerra Leite (Curso de Direito Processual do Trabalho. 14ª ed. São Paulo: Saraiva, 2016, págs. 189-190) e Ledur, José Felipe. A reforma trabalhista (Lei nº 13.467/2017) e a desconstitucionalização do acesso à Justiça do Trabalho. *Revista do Advogado*, São Paulo, Vol. 38, N.º 137, 2018, págs. 42-43). Considerando que *não está aqui em causa uma situação de verdadeira jurisdição voluntária*, Branco, Ana Paula Tauceda. Os acordos extrajudiciais na Justiça do Trabalho e a Lei n.º 13.467/2017: jurisdição voluntária? Validade formal ou material? Competência? *Revista LTr*, São Paulo, Vol. 82, N.º 03, mar/2018, pág. 274. Segundo a autora: "(...) o art. 855-B da Lei n. 13.467/2017 foi inserido no referido texto legal com a finalidade de estender, ao próprio Juiz do Trabalho a faculdade de homologação de acordos extrajudiciais – outrora somente executada pelos sindicatos –, não para verdadeiramente exercer um escopo e pacificar conflitos através de um Juiz do Trabalho apto a mediar os interessados (...). Na verdade, tal trecho normativo nada mais é que um retalho remendado no texto celetista destinado unicamente a contornar a limitação imposta pela Súmula 330 do TST e, nesse sentido não é nada fiel e condizente com a posição daqueles que tecnicamente defendem existir a jurisdição voluntária no processo do trabalho (...)".

a sua utilidade continuará a existir mesmo que a transação extrajudicial a que as partes queiram sujeitar a homologação assente exclusivamente sobre verbas rescisórias incontroversas[203]. Importante é que haja *acordo*, seja inicial, seja tácito (por não oposição da parte contrária)[204].

De qualquer forma, continua a haver opiniões que consideram ser a intenção do legislador apenas pôr fim ao papel dos sindicatos na assistência ao trabalhador no ato da rescisão contratual[205]. A ideia apoia-se em dois argumentos: a revogação expressa do art. 477, §1º da CLT pelo

---

203. "Nesse ponto as hipóteses são tantas que é impossível esgotá-las, mas vão desde interesses econômicos mais imediatos do trabalhador que não se amoldem a estado de necessidade mas que justifiquem sua pressa em receber valores a que teria direito de qualquer sorte, mesmo que abrindo mão de acessórios; passam por situações em que se trate de empregador manifestamente insolvente e não se visualize hipótese concreta em que o trabalhador venha a conseguir receber todos os valores que lhe são devidos mesmo que a longo prazo ao final de um processo judicial; e pode até ser que por razões de simples cálculo econômico as partes entendam que é mais conveniente e interessante acelerar eventual recebimento de valores do que enfrentar o risco de uma execução potencialmente frustrante. Enfim, várias são as hipóteses que podem justificar a homologação de uma transação extrajudicial mesmo que rigorosamente abranja apenas parcelas incontroversas" (cit. Barba Filho, Roberto Dala. *Reforma Trabalhista & Direito Processual do Trabalho*. Curitiba: Juruá Editora, 2018, pág. 58).

204. Tal como bem aponta Meireles, "De qualquer forma, pode-se pensar na constitucionalidade desse dispositivo, que exige comum acordo para propositura da demanda homologatória, numa interpretação conforme a Constituição, partindo-se do pressuposto de que a oposição de um dos acordante em propor a ação respectiva não pode ser injustificada. Logo, o acordante-interessado, quando diante dessa recusa injustificada, pode requerer a outorga judicial respectiva no bojo do próprio procedimento homologatório. E aqui vale lembrar que nossa legislação, em diversas situações, submete o exercício do direito ao consentimento de outrem. E, em geral, nessas situações, o legislador prevê a possibilidade de o consentimento ser suprimido por decisão judicial" (cit. Meireles, Edilton. *Temas da Reforma Trabalhista*. São Paulo: LTr, 2018, pág. 114).

205. Teixeira Filho, Manoel Antonio. *O Processo do trabalho e a Reforma Trabalhista, As alterações introduzidas no processo do trabalho pela Lei n.º 13.467/2017*. São Paulo: LTr, 2017, pág. 186. Também Bernardes alerta para esta circunstância, dizendo que "(...) caso seja feita ampla e irrestritamente a homologação judicial de acordos extrajudiciais, na prática pode-se ter a substituição do órgão homologador, que antes era o sindicato ou Ministério do Trabalho, e a partir da Reforma passaria a ser o Poder Judiciário Trabalhista". Para o efeito, alega que dois aspetos terão de ser levados em consideração: (i) o pagamento de custas que não devem ser isentadas; (ii) a recusa de homologação em determinadas circunstâncias. (Bernardes, Filipe. *Manual de Processo do Trabalho*. Salvador: Juspodivm, 2018, págs. 118-119).

art. 5.º, al. j) da Lei n.º 13.467/2017; e o Relatório de Rogério Marinho sobre a matéria[206].

Na generalidade, aponta-se o *desestimulo às lides simuladas*, a *redução da litigiosidade* (pois o número de ações instauradas tenderá a corresponder mais ao número de lides verdadeiramente conflituantes) e *aumento da segurança jurídica* (com a estabilização da relação jurídica que o acordo propicia), como os *principais benefícios* trazidos com o novo preceito. Mas mais uma vez, não são poucas as críticas e o *ceticismo da doutrina* quanto a esta nova figura legal que põem em causa a real autonomia do trabalhador para aceitar ou não a homologação rescisória por esta via e não pela do sindicato[207].

---

206. "Como já mencionado, uma de nossas preocupações é a de reduzir a litigiosidade das relações trabalhistas, e a forma pela qual estamos buscando implementar esse intento é o estímulo à conciliação extrajudicial. Se houver uma composição prévia entre as partes, reduz-se sensivelmente o ingresso de ações na Justiça do Trabalho. Essa iniciativa, todavia, não pode se contrapor ao princípio constitucional do livre acesso à Justiça. Em outras palavras, não há como restringir o acesso ao Judiciário mediante acordos individuais celebrados extrajudicialmente no momento da rescisão contratual. Tentou-se, em determinado momento, condicionar o ingresso à ação judicial à tentativa prévia de conciliação entre as partes, por intermédio das Comissões de Conciliação Prévia (CCP). Mesmo diante da tentativa de caracterizar a tentativa prévia de conciliação na CCP como um requisito processual, o STF entendeu que essa exigência era inconstitucional por contrariar o princípio da liberdade de acesso ao Judiciário. Do mesmo modo, sofre grande resistência a ideia de se conceder eficácia liberatória ao termo de rescisão homologado pelas partes, em relação às parcelas homologadas e discriminadas no recibo. Assim, estamos, por intermédio da nova redação sugerida à alínea "f" do art. 652 da CLT, conferindo competência ao Juiz do Trabalho para decidir quanto à homologação de acordo extrajudicial em matéria de competência da Justiça do Trabalho. Em complemento, estamos incorporando um Título III-A ao Capítulo X da CLT para disciplinar o processo de jurisdição voluntária para homologação de acordo extrajudicial. Esse ato dependerá de iniciativa conjunta dos interessados, com assistência obrigatória de advogado. Ouvido o Juiz, se a transação não visar a objetivo proibido por lei, o Juiz homologará a rescisão. A petição suspende o prazo prescricional, que voltará a correr no dia útil seguinte ao trânsito em julgado da decisão denegatória do acordo. Esperamos que, ao trazer expressamente para a lei a previsão de uma sistemática para homologar judicialmente as rescisões trabalhistas, conseguiremos a almejada segurança jurídica para esses instrumentos rescisórios, reduzindo, consequentemente, o número de ações trabalhistas e o custo judicia" (cit. do voto do Deputado, págs. 64-65, disponível em http://www.camara.gov.br/proposicoesWeb/prop_mostrarintegra?codteor=1544961, consultado em 26.11.2018).

207. Silva, Homero Batista Mateus da. *Comentários à Reforma Trabalhista*. São Paulo: RT, 2017, págs. 166. Para o autor será difícil não duvidar "(...) do poder de persuasão

Desacredita-se simplesmente nas potencialidades do instituto[208], por poder ser usado para fraudar a quitação de verbas rescisórias[209], ou ainda considerando-o como estratagema processual para contornar a limitação da Súmula n.º 330 do TST[210].

Por ser assim, há quem entenda que este mecanismo (i) não poderá ser utilizado na vigência do contrato de trabalho, atenta a existência de subordinação, sob pena de violação do princípio constitucional da igualdade[211]; (ii) quem discorde desta opinião[212], (iii) e quem entenda que só é compatível com os trabalhadores a que o art. 444 da CLT faz menção, i.e., portadores

---

que o empregador exercerá, durante o contrato de trabalho ou ao seu término, por ocasião do pagamento das verbas rescisórias, para influenciar o empregado a aceitar que a homologação rescisória ocorra via "acordo extrajudicial" e não via sindicato ou Ministério do Trabalho". No mesmo sentido, Bernardes (Bernardes, Filipe. *Manual de Processo do Trabalho.* Salvador: Juspodivm, 2018, pág. 118) considera o principal ponto negativo do preceito o "risco de utilização do poder judiciário como órgão homologador de rescisões de contrato de trabalho. (...) Caso seja feita ampla e irrestritamente a homologação judicial de acordos extrajudiciais, na prática pode-se ter a substituição do órgão homologador, que antes era o sindicato ou Ministério do Trabalho, e a partir da Reforma passaria a ser o Poder Judiciário Trabalhista".

208. Schiavi, Mauro. *A reforma trabalhista e o processo do trabalho.* 2ª ed. São Paulo: LTr, 2018, pág. 76.

209. Brito, Cristina Maciel de Alencastro. O judiciário e as novas resoluções nos conflitos trabalhistas. *In* Tupinambá, Carolina (coord.). *Soluções de conflitos trabalhistas: novos caminhos.* São Paulo: LTr, 2018, pág. 73. A autor demonstra particular preocupação com o equilíbrio do acordo por entender que "(...) esse procedimento somente será válido quando resultar de verdadeira transação das partes, com o devido equilíbrio que deve existir em todo e qualquer acordo".

210. "A quitação passada pelo empregado, com assistência de entidade sindical de sua categoria, ao empregador, com observância dos requisitos exigidos nos parágrafos do art. 477 da CLT, tem eficácia liberatória em relação às parcelas expressamente consignadas no recibo, salvo se oposta ressalva expressa e especificada ao valor dado à parcela ou parcelas impugnadas" (Súmula n.º 330 do TST). Partilhando esta crítica, Branco, Ana Paula Tauceda. Os acordos extrajudiciais na Justiça do Trabalho e a Lei n.º 13.467/2017: jurisdição voluntária? Validade formal ou material? Competência? *Revista LTr*, São Paulo, Vol. 82, N.º 03, mar/2018, pág. 274.

211. Castelo, Jorge Pinheiro. Panorama geral da Reforma Trabalhista – Aspectos de direito processual/material. *Revista LTr*, São Paulo, Vol. 81, N.º 12, dez/2017, pág. 1440.

212. Melek, Marlos Augusto. *Trabalhista! O que mudou! Reforma Trabalhista 2017.* Curitiba: Estudo Imediato, 2017, pág. 162. O autor sustenta a possibilidade da jurisdição surgir quer durante o vínculo de emprego, quer após cessação do contrato.

de nível superior e com salário igual ou superior a duas vezes o limite dos benefícios previdenciários[213].

De qualquer forma, não podemos ignorar o fato de que para efeitos deste procedimento de jurisdição voluntária, o regime de *capacidade postulatória geral* no processo do trabalho (art. 791 da CLT) não se aplica, já que este novo preceito (art. 855, *caput*) é categórico relativamente à exigência de advogado para cada uma das partes[214]. Claramente se percebe que o objetivo da norma é *garantir a inexistência de vulnerabilidade técnica* quanto à disposição dos direitos acordados e amplitude do acerto, razão pela qual a sua exigência, na verdade, é mais pré-processual que propriamente processual[215]. Todavia, esta exigência não deixa de trazer algumas perplexidades, já que para o mero procedimento de homologação de um acordo (administração pública de interesses privados) a presença de advogado é obrigatória, e já não assim para instaurar uma ação judicial.

Mesmo que surjam dúvidas relativamente à autonomia do trabalhador para negociar sempre se dirá que o art. 855-D da CLT não *deixa ao juiz do trabalho um papel omisso* na análise do acordo[216]. Nos termos deste preceito,

---

213. Castelo, Jorge Pinheiro. Panorama geral da Reforma Trabalhista – Aspectos de direito processual/material. *Revista LTr*, São Paulo, Vol. 81, N.º 12, dez/2017, pág. 1440.

214. Sobre este aspecto, não obstante a maioria da doutrina acompanhar uma interpretação literal da lei sobre a exigência de advogado diferente para representar cada parte, Bebber (Bebber, Júlio César. Reforma trabalhista: homologação de acordo extrajudicial. *In* Dallegrave Neto, José Affonso, Kajota, Ernani (coord.). *Reforma Trabalhista, ponto a ponto.* São Paulo: LTr, 2018, pág. 348) vem sustentar que caso o trabalhador escolha, livremente, o mesmo procurador que a sua entidade patronal, nada haverá a obstar. Uma vez que a *ratio* da norma 852.º-B, §1º da CLT é de proteger o trabalhador, se ele livremente renunciar a essa proteção e optar por escolher advogado comum ao seu empregador, não há porque recusar a relevância da sua vontade.

215. Neste sentido, Miessa, Élisson. Processo de Jurisdição Voluntária para homologação de acordo extrajudicial. *In* Tupinambá, Carolina (coord.). *Soluções de conflitos trabalhistas: novos caminhos.* São Paulo: LTr, 2018, pág. 235; Moreira, Adriano Jannuzzi. Mediação e arbitragem no cenário trabalhista atual: mudança de paradigma na pacificação dos conflitos. *Revista Síntese Trabalhista e Previdenciária*, São Paulo, Vol. 29, N.º 352, out/2018, pág. 77; Cornélio, Raphael Lima Lemes; Basso, Bruno Bartelle. O acordo extrajudicial de natureza individual na Justiça do Trabalho como método alternativo de resolução de conflitos. *Revista dos Tribunais*, São Paulo, Vol. 998, dez/2018, pág. 78.

216. Leite, por exemplo, entende ser precavido que o magistrado faça sempre uso da convocação de audiência para obter das partes consentimento ratificado perante o juiz, por forma a evitar fraudes ou lides simuladas (Leite, Carlos Henrique Bezerra. A jurisdição voluntária para homologação de autocomposição extrajudicial na Justiça do Trabalho. *In*

"no prazo de quinze dias a contar da distribuição da petição, o juiz analisará o acordo, designará audiência se entender necessário e proferirá sentença". Assim sendo, e tendo em conta entendimento já anteriormente sedimentado na Súmula n.º 418 do TST[217], o magistrado poderá recusar a homologação apenas verificadas certas condições[218], recusá-la parcialmente[219], ou, ainda, restringir os seus efeitos ao objeto do processo.

DALLEGRAVE NETO, José, KAJOTA, Ernani (coord.). *Reforma Trabalhista ponto a ponto. Estudos em Homenagem ao Professor Luiz Eduardo Gunther*. São Paulo: LTr, 2018, pág. 338).

217. "A homologação de acordo constitui faculdade do juiz, inexistindo direito líquido e certo tutelável pela via do mandado de segurança" (cit. Súmula n.º 418 TST). Em idêntico sentido, os enunciados da II Jornada de Direito Material e Processual do Trabalho da ANAMATRA, n.ºs 110 (JURISDIÇÃO VOLUNTÁRIA. ACORDO EXTRAJUDICIAL. RECUSA À HOMOLOGAÇÃO. O juiz pode recusar a homologação do acordo, nos termos propostos, em decisão fundamentada).

218. Assim, *vide Enunciado n.º 110* da II Jornada de Direito Material e Processual do Trabalho ("Jurisdição voluntária. Acordo extrajudicial. Recusa à homologação. O juiz pode recursar a homologação do acordo nos termos postos, em decisão fundamentada"), *Enunciado n.º 123* (HOMOLOGAÇÃO DE ACORDO EXTRAJUDICIAL. I – A faculdade prevista no capítulo III-A do título X da CLT não alcança as matérias de ordem pública. II – O acordo extrajudicial só será homologado em juízo se estiverem presentes, em concreto, os requisitos previstos nos arts. 840 a 850 do Código Civil para a transação; III – Não será homologado em juízo acordo extrajudicial que imponha ao trabalhador condições meramente potestativas, ou que contrarie o dever geral de boa-fé objetiva (arts. 122 e 422 do Código Civil)), *Enunciado n.º 124* (HOMOLOGAÇÃO DE ACORDO EXTRAJUDICIAL. RECURSO. ANÁLISE PELO TRIBUNAL. No caso de recurso da decisão que não homologar de forma fundamentada o acordo extrajudicial, o tribunal não poderá retornar o processo para que o juiz de primeiro grau o homologue) e *Enunciado n.º 125* (PROCESSO DE JURISDIÇÃO VOLUNTÁRIA. HOMOLOGAÇÃO DE ACORDO EXTRAJUDICIAL. COMPETÊNCIA TERRITORIAL. I – A competência territorial do processo de jurisdição voluntária para a homologação de acordo extrajudicial segue a sistemática do art. 651 da CLT. II – Aplica-se analogicamente o art. 63, §3º, do CPC, permitindo que o juiz repute ineficaz de ofício a eleição de foro diferente do estabelecimento no art. 651 da CLT, remetendo os autos para o juízo natural e territorialmente competente). *Vide* também SCALERCIO, Marcos. Aspectos práticos e polêmicos do Novo Procedimento de Jurisdição Voluntária. *In* TUPINAMBÁ, Carolina (coord.). *Soluções de conflitos trabalhistas: novos caminhos*. São Paulo: LTr, 2018, pág. 137. Em sentido contrário, considerando que o juiz ao homologar um ato autocompositivo celebrado pelas partes não está a solucionar questões de mérito da causa nem a julgar pretensões deduzidas pelas partes, mas apenas a emprestar ao ato valor de sentença, DINAMARCO, Cândido Rangel. *Instituições de direito processual civil*. 7ª ed. São Paulo: Malheiros, 2017, vol. III. pág. 320; DELGADO, Maurício Godinho, DELGADO, Gabriela Neves. A lei da Reforma Trabalhista de 2017 e seus impactos no Direito Processual do Trabalho Brasileiro (Parte II). *Revista Magister de Direito do Trabalho*, São Paulo, Ano 14, n.º 84, maio-jun/2018, pág. 45.

Isto não quer dizer, porém, que o magistrado tenha a faculdade de homologar ou não o acordo no espaço de alguma discricionariedade[221]. A intervenção do magistrado na autonomia privada, com vista à tutela de interesses privados das próprias partes como ato de natureza jurisdicional que é, não supõe faculdades, mas impõe deveres ou poderes[222]. Os poderes que a lei outorga ao magistrado são sempre acompanhados do dever de os exercer. E se é assim, a intervenção do juiz na homologação destes acordos, deve ser *restrita à análise da capacidade das partes, forma e respeito do objeto do acordo aos limites de ordem pública, bons costumes e disponibilidade* sobre todos os seus termos[223]. A inexistência de problemas com qualquer destes pressupostos ditará a obrigatoriedade de homologação, que tornará qual-

---

219. Nomeadamente se houver alguma ilicitude. "Mas não será razoável, por outro lado, o juiz homologar apenas as cláusulas do acordo que favorecem uma das partes e negar a homologação das cláusulas que favorecem a outra, quando é obvio que as partes fizeram concessões recíprocas para chegar a um denominador comum" (Teixeira, Sérgio Torres. Mitos, caminhos e acesso multidimensional à Justiça: a arbitragem e a mediação como fórmulas parceiras do judiciário do trabalho no Brasil. *In* Tupinambá, Carolina (coord.). *Soluções de conflitos trabalhistas: novos caminhos.* São Paulo: LTr, 2018, pág. 190). *Noutro sentido*, Mota, Konrad Saraiva. Jurisdição voluntária trabalhista: aspectos controvertidos. *In* Barreto, Daniel Arêa Leão, Ramos, Rafael Teixeira, Oliveira, Vanessa Batista (coord.). *Direito e Processo do Trabalho. Temas de acordo com a Reforma Trabalhista.* São Paulo: LTr, 2017, pág. 206. A autora considera o seguinte exemplo: "(...) o acordo [que] compreenda objetos absolutamente independentes, como contratos de trabalho distintos ou mesmo partes diferentes, talvez possa ser admitida validamente uma homologação parcial. É o caso, por exemplo, de um acordo que envolve dois empregados de uma mesma empresa, com contratos diferentes, no qual o Juiz do Trabalho homologou o ajuste apenas em relação a um trabalhador, negando homologação no tocante ao outro". *Em sentido contrário*, Branco, Ana Paula Tauceda. Os acordos extrajudiciais na Justiça do Trabalho e a Lei n.º 13.467/2017: jurisdição voluntária? Validade formal ou material? Competência? *Revista LTr*, São Paulo, Vol. 82, N.º 03, mar/2018, pág. 275; Guimarães, Ricardo Pereira de Freitas. *CLT Comentada.* 2ª ed. São Paulo: RT, 2018, pág. 1394.
220. Bernardes, Simone Soares. *Processo do Trabalho.* 2ª ed. Salvador: Juspodivm, 2018, pág. 70.
221. Parece ser essa (faculdade do magistrado e não obrigação), salvo melhor leitura, a posição de Martinez, Luciano. Reforma Trabalhista. Entenda o que mudou. CLT Comparada e Comentada. 2ª Ed. São Paulo: Saraiva, 2018, pág. 228.
222. Bernardes, Filipe. *Manual de Processo do Trabalho.* Salvador: Juspodivm, 2018, pág. 119.
223. Dando ênfase à importância do controlo do magistrado sobre eventuais renúncias a direitos trabalhistas e à necessária existência de *res dúbia* à data do pacto, Paes, Arnaldo Boson. Homologação de acordo extrajudicial – especificidades da jurisdição voluntária. *Revista LTr*, São Paulo, Vol. 82, N.º 02, fev/2018, pág. 157.

quer recusa nestas circunstâncias abusiva e ilegal, porquanto afete a tutela dos interesses privados salvaguardados na previsão legal. O magistrado não é, assim, livre para julgar da conveniência e oportunidade do acordo; mas tão-pouco deverá ficar restrito à análise de vícios formais[224]. Deverá analisar se o conteúdo da transação está em conformidade com a salvaguarda das verbas rescisórias impostas por lei, sendo, porém, discutível o remédio cabível em *caso de descumprimento*[225].

---

224. Considerando que o magistrado não é obrigado a observar critérios de legalidade estrita, podendo adotar em cada caso a solução que considerar mais conveniente e oportuna MARTINS, Sérgio Pinto. *Comentários à CLT*. 21ª ed. São Paulo: Saraiva, 2018, pág. 1022.

225. No processo do trabalho, rege a recorribilidade das sentenças homologatórias o art. 831.º da CLT, parágrafo único ("No caso de conciliação, o termo que for lavrado valerá como decisão irrecorrível, salvo para a Previdência Social quanto às contribuições que lhe forem devidas") e a Súmula n.º 100, inc. V do TST ("O acordo homologado judicialmente tem força de decisão irrecorrível, na forma do art. 831 da CLT. Assim sendo, o termo conciliatório transita em julgado na data da sua homologação judicial"). Paralelamente também a Súmula n.º 259 do TST dispõe que penas por rescisória poderia ser impugnável o termo de conciliação do art. 831 parágrafo único da CLT, embora seja súmula que tivesse sido editada antes do CPC/15. Neste contexto questiona-se a possibilidade de recorrer da decisão que homologa acordo extrajudicial, na falta de dispositivo expresso a regular a questão. Considerando que *nem a decisão que homologa, nem a decisão* que *não homologa* são sujeitas a recurso, cabendo às partes apresentar nova petição com novo acordo as vezes que entenderem SCALERCIO, Marcos. Aspectos práticos e polêmicos do Novo Procedimento de Jurisdição Voluntária. *In* TUPINAMBÁ, Carolina (coord.). *Soluções de conflitos trabalhistas: novos caminhos*. São Paulo: LTr, 2018, pág. 137; ou entrar com ação anulatória, MIESSA, Élisson. Processo de Jurisdição Voluntária para homologação de acordo extrajudicial. *In* TUPINAMBÁ, Carolina (coord.). *Soluções de conflitos trabalhistas: novos caminhos*. São Paulo: LTr, 2018, pág. 238. Considerando que *havendo homologação apenas caberá recurso na hipótese* de apelo ao INSS, em paralelo com o disposto no art. 831, parágrafo único da CLT, TEIXEIRA, Sérgio Torres. Mitos, caminhos e acesso multidimensional à Justiça: a arbitragem e a mediação como fórmulas parceiras do judiciário do trabalho no Brasil. *In* TUPINAMBÁ, Carolina (coord.). *Soluções de conflitos trabalhistas: novos caminhos*. São Paulo: LTr, 2018, pág. 190; LEITE, Carlos Henrique Bezerra. A Reforma Trabalhista (Lei n.º 13.467/2017) e a desconstitucionalização do acesso à Justiça do Trabalho: breves comentários sobre alguns institutos de direito processual do trabalho. *In* TUPINAMBÁ, Carolina, GOMES, Fábio Rodrigues (coord.). *A reforma trabalhista: o impacto nas relações de trabalho*. Belo Horizonte: Fórum, 2018, pág. 56. Considerando cabível *recurso ordinário para sentença que indefira a homologação*, SAAD, Eduardo Gabriel. *Consolidação das Leis do Trabalho Comentada*. 50ª ed. São Paulo: LTr, 2018, pág. 1401; CORRÊA, Antonio de Pádua Muniz. *Novo Processo do trabalho e sua força dominante Versus Novo CPC como força auxiliar. Comentários pontuais às compatibilidades e incompatibilidades, inclusive à IN n. 39 do TST*. 2ª Ed. São Paulo: LTr, 2018, pág. 94.

Em todo o caso, haja situações de dúvida para o magistrado, deverá *este designar audiência* para o mais breve período possível, sem necessidade de respeitar o prazo geral mínimo do art. 841 da CLT, uma vez que *inexiste conflito* entre as partes. Fica por saber da possibilidade de se ouvirem testemunhas ou se requerer perícia. Tendo em conta a natureza dos interesses que estão aqui em jogo e a inexistência de conflitos de interesses, a permissibilidade à oitiva de testemunhas ou de perícia parece contraditória, além de que poderá conduzir ao prolongamento desnecessário do procedimento, *principalmente* em caso de inquirição por carta precatória, de resto de uso subsidiário, tendo em vista o art. 69 do CPC.

Por outro lado, o preceito deixa ainda uma pergunta por resolver, já que *não lhe anteviu a lacuna*: tendo em conta que o art. 477, §§ 1º, 3º e 7º da CLT foram revogados e, com eles, excluída a possibilidade de sindicatos, Ministério Público e juiz de paz assistirem o trabalhador no ato de rescisão contratual, fica por saber quem o fará sempre que o trabalhador recuse o acordo extrajudicial ou o magistrado não homologue o acordo das partes (art. 855-E da CLT). Na falta de solução legal, julgamos que a melhor interpretação será aquela que entende *por suficiente o próprio termo de rescisão* do contrato de trabalho, que deixa de ficar na dependência de prática "homologatória" por qualquer entidade. Esta alteração é, portanto, mais ampla do que pode resultar da mera leitura do novo enunciado do 855-B da CLT, já que nele não apenas se admite que acordos extrajudiciais possam ser levadas a jurisdição voluntária para homologação, como ainda resulta que não havendo homologação (seja porque o magistrado não concordou, seja por ausência de acordo), o TRCT bastar-se-á por si mesmo para atestar o termo do vínculo empregatício, libertando-se o trabalhador da dependência sindical ou do protecionismo estatal. Na eventualidade de qualquer vício resultante da assinatura daquele termo, terá o trabalhador que ingressar na Justiça do Trabalho para solicitar a sua nulidade. Em todo o caso, o espaço de autonomia que é ofertado ao trabalhador para conduzir o termo da sua relação de emprego, sai duplamente reforçado.

Considerando *genericamente a possibilidade* de recurso da decisão, MARTINEZ, Luciano. MARTINEZ, Luciano. *Reforma Trabalhista. Entenda o que mudou. CLT Comparada e Comentada.* 2ª Ed. São Paulo: Saraiva, 2018, pág. 228; CAVALCANTE, Rodrigo Arantes. *Reforma Trabalhista comentada artigo por artigo de acordo com princípios, Constituição Federal, Tratados Internacionais e a MP n.º 808/2017.* São Paulo: LTr, 2018, pág. 148, pugnando pelo recurso ao 719 do CPC, desde que promovido por ambas as partes em razão do comum acordo que esteve subjacente ao procedimento.

3.3.1.1.9. Fim do início *ex officio* da execução, em caso de as partes estarem acompanhadas de advogados – art. 878 da CLT

"A execução será promovida pelas partes, permitida a execução de ofício pelo juiz ou pelo Presidente do Tribunal apenas nos casos em que as partes não estiverem representadas por advogado" (cit. art. 878 da CLT). Por outras palavras, uma vez representadas no processo declarativo por mandatário judicial, a execução trabalhista ficará dependente do impulso oficial da parte e não mais, como até então sempre sucedia, da promoção *ex officio* do magistrado.

Esta nova redação vem contrariar significativamente aquilo que *tinha sido a tendência* executiva trabalhista[226] que, em razão da relevância social do crédito salarial de natureza alimentar, atenta a assimetria e debilidade contratual do trabalhador, admitia não apenas o *jus postulandi* como postulado de acesso à justiça daquele (art. 791 da CLT), como permitia ao magistrado iniciar de ofício a execução e promover todos os atos executivos que assegurassem a plena satisfação daquele crédito alimentar (art. 878 da CLT; art. 765 do CPC[227]).

A razão de ser da nova redação do preceito e da mudança de paradigma executivo, prende-se com um alegado "*comodismo*" oferecido ao exequente pelo dispositivo anterior e um excesso de atos processuais praticados pelas Secretarias que acabavam por pôr em causa o *princípio da imparcialidade*[228].

---

226. Ainda assim, importa ter em conta que no passado já havia quem considerasse facultativa a execução de ofício pelo magistrado, i.e., devia o interessado requerer a execução sempre que o magistrado não o fizesse ou por conta própria sempre que pretendesse (ALEMÃO, Ivã. Execução de ofício: limites e vantagens. *Revista Síntese Trabalhista*, São Paulo, Ano 11, N.º 128, fev/2000, pág. 13).

227. "DIREÇÃO DO PROCESSO. PODER DE INICIATIVA E DECISÃO DO JUIZ. O juiz do trabalho possui ampla liberdade na direção do processo (art. 765 do CPC), podendo tomar a iniciativa da realização dos atos executivos (art. 878 da CLT). Não é títere das partes, obrigado a realizar suas pretensões imediatas; deve, sim, respeitar a pretensão mediata que é a solução do conflito, com o que tem sua responsabilidade maior, principalmente na fase executória empregado os meios efetivos para a quitação do crédito" (cit. TRT 9ª Região, Proc. 00783.2001.093.09.00.6 (20602-2006), REsp, Rel. Juiz Ubirajara Carlos Mendes, Data de julgamento 14.07.2006).

228. SAAD, Eduardo Gabriel. *Consolidação das Leis do Trabalho Comentada*. 50ª ed. São Paulo: LTr, 2018, pág. 1462; SCHIAVI, Mauro. *A reforma trabalhista e o processo do trabalho*. 2ª ed. São Paulo: LTr, 2018, pág. 144. Na justificativa oficial do Deputado Daniel Vilela pela Ementa na Comissão EMC n.º 490, "O objetivo da proposta de alteração do art. 878 da CLT visa manter a execução de ofício na Justiça do Trabalho apenas para os casos em que as partes estejam desassistidas de advogados. A razão é que a execução de ofício foi formulada justamente com base nessas situações em que o trabalhador empregado busca a Justiça Trabalhista sem o patrocínio de quem tenha preparo técnico e capacidade

Com esta nova disposição, que contraria o principal argumento a favor do *sincretismo processual*[229], muito provavelmente se começarão a ouvir vozes no sentido de questionar o postulado sincrético do processo segundo o qual ambos os procedimentos declarativos e executivos constituíam um único processo, com as consequentes repercussões para a autonomia processual. Para além disso, critica-se o dispositivo por enfraquecer a eficácia da execução trabalhista, pôr em causa o *princípio da efetividade* para o qual rumava o novo processo civil e mitigar significativamente o princípio do protecionismo processual na execução.

A *constitucionalidade* deste novo preceito já tem vindo a ser levantada pela doutrina, mesmo não tendo ocorrido qualquer proposta de modificação ao regime sob a Medida Provisória 808/2017. A razão de ser prende-se com uma injustificável *discriminação entre partes* no processo com e sem advogado. Diz-se pôr em causa o princípio da efetividade do processo por

---

postulatória para tanto. Estando a parte assistida de advogado, não há necessidade de execução de ofício promovida pelo próprio Juiz do Trabalho, o que, inclusive mantém sua imprescindível imparcialidade e atende ao princípio dispositivo apregoada pela ciência do direito processual, impedindo grave desequilíbrio na relação jurídica processual trabalhista" (disponível em http://www.camara.gov.br/proposicoesWeb/prop_mostrarintegra;jsessionid=502F024D2692E4C15C2E1E340DE3CF88.proposicoesWebExterno2?codteor=1536187&filename=Tramitacao-EMC+490/2017+PL678716+%3D%3E+PL+6787/2016, consultado em 26.11.2018). Todavia, uma análise cuidada denota o argumento como sendo pouco convincente, já que se o objetivo era a garantia de imparcialidade, porque a mesma postura não foi adotada relativamente aos casos de *jus postulandi* e à cobrança de crédito previdenciário?

229. Por se conceber esta natureza ao processo (sincrético), a doutrina compreendia e aceitava mal a existência da prescrição intercorrente que vigorava, já que, em última análise, a omissão da promoção do procedimento executivo além de ser imputada naturalmente à parte, acabaria inevitavelmente por também o ser ao judiciário trabalhista, que até agora tinha o dever de o promover de ofício. Como bem aponta Barba Filho (Barba Filho, Roberto Dala. *Reforma Trabalhista & Direito Processual do Trabalho*. Curitiba: Juruá Editora, 2018, pág. 213) "não deixa de ser curioso, aliás, que precisamente o processo do trabalho, que historicamente inaugurou no Brasil a discussão a respeito da independência e autonomia do processo de execução em face do processo de conhecimento em razão da previsão da promoção da execução de ofício seja, agora, o bastião da separação clássica entre o processo de conhecimento e o processo de execução, haja vista que ao mesmo tempo em que o processo civil migra para o conceito de processo sincrético e para a sistemática de cumprimento de sentença no caso de título executivo judicial, o processo do trabalho reforça a separação com a extinção da execução de ofício (ressalvadas as hipóteses em que o exequente esteja no exercício do *jus postulandi*) ao mesmo tempo em que mantém a necessidade de citação do executado para a execução trabalhista".

lhe introduzir *diferenciações desajustadas* (ofendendo o art. 133 da CF[230]), já que independentemente do tipo de acompanhamento técnico da parte o processo deve assegurar idênticos meios para a satisfatividade do crédito; o que não é possível quando o art. 878 da CLT cria uma forma mais efetiva de garantia daquele. A norma pode acabar por induzir ao efeito pernicioso de estimular a que as partes se apresentem ao judiciário sem patrono constituído (pelo menos formalmente, já que não obstante a renúncia à representação *ad judicia*, o mandatário poderá continuar a auxiliar a parte, inclusive mediante preparação de peças processuais), para poder contar com a ajuda e colaboração do magistrado. A segunda questão prende-se com o *princípio da isonomia*, atenda a diferenciação injustificada relativamente à execução de crédito previdenciário, cuja promoção pelo magistrado de ofício se manteve em lei inalterada. Com a agravante que este crédito não só é acessório ao laboral, como este tem preferência em relação àquele e, se assim é, não tem por que justificar maiores garantias de efetividade[231]. Num terceiro argumento, diz-se também ser afrontado o *direito fundamental à tutela executiva efetiva*, por extrair das mãos do juízo certas medidas para garantir a satisfação do crédito trabalhista[232].

---

230. Realmente, a previsão das exceções a esta norma constitucional, que naturalmente não tem natureza absoluta, têm em vista facilitar o acesso do cidadão à justiça, já que a imposição do acompanhamento por advogado pode representar precisamente um obstáculo a grande parte da população e afetar outro postulado fundamental da CF, o art. 5.º, XXXV. Nestes termos, o voto do Ministro Maurício Corrêa na ADI n.º 1.539, que basicamente discutia a dispensa de advogado nos juizados especiais cíveis: "A possibilidade de dispensa do advogado, tendo em vista o pequeno valor da causa, visa facilitar a busca da prestação jurisdicional daqueles sem condições econômicas de suportar os ônus do processo e dos honorários advocatícios. Autoriza, desse modo, que as causas antes materialmente inviabilizadas pelos custos a ela inerentes e que no mais das vezes eram superiores à própria reparação pretendida possam agora ser submetidas ao Poder Judiciário. A disposição, assim concebida, responde ao anseio social de democratização e facilitação do acesso à jurisdição, removendo empecilhos de ordem econômica incompatíveis com a competência especial desses órgãos, sem que com isso se desqualifique a nobilíssima atividade profissional do advogado". Assim, Delgado, Maurício Godinho, Delgado, Gabriela Neves. A lei da Reforma Trabalhista de 2017 e seus impactos no Direito Processual do Trabalho Brasileiro (Parte II). *Revista Magister de Direito do Trabalho*, São Paulo, Ano 14, n.º 84, maio-jun/2018, pág. 47.

231. Castro, Ítalo Menezes. A duvidosa constitucionalidade do 'fim' da execução de ofício do crédito trabalhista. *Revista LTr*, São Paulo, Vol. 82, N.º 04, abr/2018, pág. 412.

232. Lima, Leonardo Barbosa. Execução de ofício: do fim ao recomeço. *In* Melo, Raimundo Simão de, Rocha, Jannotti da (coord.). *Constitucionalismo, Trabalho, Seguridade Social e as Reformas Trabalhista e Previdenciária.*São Paulo: Ltr, 2017, pág. 500. "(...) o fim

Consequentemente tenta-se *interpretar restritivamente* o preceito, de forma a nele incluir apenas os poderes para *iniciar os atos constritivos ao património*, dele se excluindo, por exemplo, o procedimento de liquidação de cálculos[233] (por constituir simples acertamento de contas), a expedição de ofícios legais para identificação do local onde se encontra o devedor, para citação ou intimação do desaparecido, pesquisa patrimonial etc. Fá-lo, uma vez mais, sem deixar de questionar a opção do legislador e a falta de preocupação com as garantias de igualdade processual, considerando que a mera presença do advogado da parte não será suficiente para esbater a assimetria processual[234]. Outros, por exemplo, entendem que certas hipóteses excecionais poderão permitir a não aplicação do preceito, mesmo estando

---

da execução de ofício, nos moldes estabelecidos (...) afronta o direito fundamental à tutela executiva efetiva, pois retira o poder do juízo de determinar medidas destinadas à solução da crise de efetividade do processo de execução de ofício, causando mora e retrocesso. A interpretação meramente gramatical da alteração legislativa em exame colocaria em risco a legalidade da determinação, *de ofício*, de atos judiciais essenciais para a efetividade da execução, tais como a determinação da liquidação de sentença, o uso de ferramentas eletrônicas (v.g. bacenjud e renajud), a instauração do incidente de desconsideração da personalidade jurídica, a adoção de meios coercitivos (por exemplo, a aplicação de multas, a realização de protesto e a negativação do nome do executado em cadastros de inadimplentes, como o BNDT e o SERASA), a decretação de fraude de execução e a coletivização de execuções (reunião de processos, para execução coletiva)". No mesmo sentido, Claus, Bem-Hur Silveira. A prescrição intercorrente na Reforma Trabalhista introduzida pela Lei 13.467/2017. *Revista de Direito do Trabalho*, São Paulo, Vol. 190, Ano 44, 2018, pág. 85.

233. Hirata, Carolina Marzola. A Reforma Trabalhista e o Processo do Trabalho: comentários à parte processual do PL N. 6.787/2017 (Câmara dos Deputados) – PL N. 38/2017 (Senado Federal). *Revista LTr*, São Paulo, Vol. 81, N.º 06, jun/2017, pág. 667; Fava, Marcos Neves. Liquidação *ex officio* de sentença no processo do trabalho. *Revista Brasileira de Direito Processual*, Belo Horizonte, Ano 16, N.º 61, jan-mar/2008, pág. 95.

234. Silva, Homero Batista Mateus da. *Comentários à Reforma Trabalhista*. São Paulo: RT, 2017, págs. 170. "Pode ser que a reforma legislativa realmente desejou inibir a desenvoltura dos magistrados no andamento processual. No entanto, não se pode ignorar a realidade do processo do trabalho, marcado pela assimetria entre a capacitação das partes. Mesmo a presença de advogados não é suficiente para reequilibrar as forças dos dois polos em fase de execução, pois o devedor pode desaparecer sem deixar rastros e sem informar o endereço atualizado no processo do trabalho ou nos órgãos públicos, como era seu dever, tornando muito difícil saber quantos e quais ofícios legais deverão ser expedidos para o rastreamento desse paradeiro". No mesmo sentido, Schiavi, Mauro. *A reforma trabalhista e o processo do trabalho*. 2ª ed. São Paulo: LTr, 2018, pág. 144.

a parte acompanhada por advogado, sempre que o credor exequente possa sair prejudicado por determinada providência não ser tomada a tempo[235].

Ainda noutro posicionamento mais corajoso, permite-se mesmo que o magistrado trabalhista possa *determinar a penhora de bens do executado* (art. 883 CLT), mesmo sem provocação da parte, desde que requerida a execução da sentença. A este posicionamento chega-se basicamente: (i) pela dissociação entre *impulso processual* e *promoção da execução*; (ii) da consideração complementar de que o que a CLT fez foi apenas excluir o magistrado do rol de legitimados para *promover a segunda*, mas sem lhe retirar os poderes de *promover a primeira*, que permaneceu salvaguardada pelo intocável art. 765 da CLT. Para além disso, alega-se a *incongruência dos poderes do oficial de justiça* em sede executiva com os do juiz, baseada quer no art. 7º, inc. II e V da Lei n.º 6.830/80 (conversão em ordem de penhora e registro em caso da dívida não ser paga ou se encontrar garantida após despacho inicial de execução fiscal), quer no art. 523 §3º do CPC (expedição de mandado de penhora e prática de atos executivos em caso de não pagamento do crédito exequendo do título judicial) e que autorizam o oficial de justiça a proceder à constrição de bens (art. 882 da CLT)[236]. Da mesma forma, sustenta-se ainda a *possibilidade de constrição de ativos financeiros por meio eletrônico* (penhora *on-line*)[237], no sentido de considerar que se o oficial de justiça pode penhorar dinheiro em espécie em cumprimento do mandado de penhora, padece de

---

235. PELEGRINI, Edison dos Santos. A nova Execução Trabalhista. *Revista do Tribunal Regional do Trabalho da 15ª Região*, Campinas, N.º 52, jan-jun/2018.

236. "Ora, se o oficial de justiça nada mais é do que a *longa manus* do juízo no cumprimento de ordem judicial e se está autorizado a proceder à penhora de quaisquer bens descritos no dispositivo acima citado [882.º], não há razão lógica ou jurídica para entender que o juiz não poderia fazê-lo. A conclusão, pois, é de que o magistrado poderá continuar a utilizar as ferramentas institucionais como mera decorrência do impulso oficial existente na execução trabalhista" (CASTRO, Ítalo Menezes. A duvidosa constitucionalidade do 'fim' da execução de ofício do crédito trabalhista. *Revista LTr*, São Paulo, Vol. 82, N.º 04, abr/2018, pág. 408).

237. Não obstante o posicionamento contrário do STJ sobre a aplicação do art. 854 do CPC (ex. 655-A do CPC/73), v.g. "TRIBUTÁRIO. EXECUÇÃO FISCAL. PENHORA ON-LINE. BACENJUD. AUSÊNCIA DE REQUERIMENTO PELA EXEQUENTE. DETERMINAÇÃO DE OFÍCIO PELO JUIZ. IMPOSSIBILIDADE. ART. 655-A DO CPC. Nos termos do art. 655-A do CPC, a constrição de ativos financeiros da executada, por meio do Sistema Bacenjud, depende de requerimento expresso da exequente, não podendo ser determinada *ex officio* pelo magistrado" (cit. STJ, AgRg no REsp 48.136/RS, Rel. Min. HUMBERTO MARTINS, data de julgamento 19.12.2011).

sentido a restrição ao magistrado da mesma possibilidade relativamente a dinheiro eletrônico depositado em instituição bancária[238].

Indo ainda mais longe, há quem considere – a meu ver numa interpretação corretiva não autorizada pela norma – que o impulso oficial não possa ficar adstrito apenas às hipóteses previstas na CLT, tendo sido apenas intenção do legislador enfatizar a importância deste impulso nas situações então elencadas, quer porque a parte está em juízo em *jus postulandi*, quer em razão da simplicidade procedimental[239].

Não deixa de ser paradoxal reparar que, não obstante esta nova solução trazida para o sistema pelo legislador, alhures noutro ponto do sistema o art. 186 do CTN (aplicável ao processo do trabalho pelo intérprete em caso de lacunas, cf. art. 889 da CLT) vem determinar na *execução de ofício de crédito previdenciário* que, caso sejam encontrados bens, se notifique o trabalhador para que este se pronuncie sobre o seu interesse na execução desse património. Isto porque mesmo antes de ser afeto à satisfação do crédito previdenciário, o seu *crédito laboral é privilegiado*[240]. Porque difi-

---

238. Castro, Ítalo Menezes. A duvidosa constitucionalidade do 'fim' da execução de ofício do crédito trabalhista. *Revista LTr*, São Paulo, Vol. 82, N.º 04, abr/2018, pág. 409. Há, porém, certos atos que o autor entende deverem ser respeitados de forma contida pelo magistrado, tais como o incidente de desconsideração da personalidade jurídica, direcionamento da execução para o responsável solidário e ainda a inclusão do nome do devedor no cadastro de inadimplentes. De forma aparentemente coincidente, Delgado, Maurício Godinho; Delgado, Gabriela Neves. *A Reforma Trabalhista no Brasil com os comentários à Lei n. 13.467/2017*. São Paulo: LTr, 2017, págs. 355-356. Para o autor, a literalidade deste dispositivo colide com certos preceitos constitucionais, como o art. 5.º, LXXVIII ou da própria CLT (art. 765), pelo que admite amplamente a atuação do magistrado em prol da eficiência e efetividade do processo pós prolação de título executivo. "Nesse quadro, concluída a decisão desse título jurídico, deve o Juiz tomar as medidas necessárias para concretizar aquilo que foi explicitado no título jurídico exequendo, na forma dos preceitos constitucionais e legais *supra* citados (art. 5º, LXXVIII, Constituição da República; art. 765, CLT; arts. 2º, 8º, 15 e 139, IV, CPC-2015). Deve o Magistrado, inclusive, manejar os modernos instrumentos de consulta, restrição, bloqueio, indisponibilidade e penhora de bens reconhecidos, oficialmente, por intermédio de convênios celebrados pelo Poder Judiciário com órgãos de entidades estatais e de entidades privadas (BACEN-JUD e outros veículos oficialmente consagrados)".

239. Neste sentido, Gontijo, Anna Carolina. A Reforma Trabalhista e o fim da execução de ofício pelo juiz como regra geral – efeitos. *Revista do TRT da 3ª Região,* Belo Horizonte, nov/2017, pág. 148.

240. Lima, Leonardo Barbosa. Execução de ofício: do fim ao recomeço. *In* Melo, Raimundo Simão de, Rocha, Jannotti da (coord.). *Constitucionalismo, Trabalho, Seguridade Social e as Reformas Trabalhista e Previdenciária.* São Paulo: Ltr, 2017, pág. 498.

cilmente o trabalhador deixará de ter interesse no feito, a atuação livre do magistrado relativamente ao crédito previdenciário permitirá ultrapassar o resultado prático deixado pelo art. 878 da CLT, i.e., a promoção da execução trabalhista não foi oficiosa, mas andou lá perto[241]. Compreende-se, porém, que nada tenha sido feito relativamente a este contrassenso, já que qualquer mudança legislativa da Reforma que dispusesse de outra forma esbarraria com o dispositivo constitucional do 114, inc. VIII, CF.

Da nossa parte, acreditamos que não há grandes inconvenientes nesta alteração ao regime processual executivo, já que o magistrado, ao abrigo do *dever de cooperação*, sempre se permitirá a *intimar a parte* vencedora à promoção da execução. Com efeito, em vez do magistrado expedir despacho exauriente determinando que, após certidão do trânsito emitida pela secretaria, se proceda à liquidação da decisão (se necessário), se promova a citação do executado e se pratiquem as providências necessárias em caso de não cumprimento da sentença ou não prestação de caução; passará o magistrado a intimar a parte para que se manifeste e, caso permaneça silente, encaminhar o processo para arquivo, com início da contagem de prazo prescricional intercorrente. As principais consequências que nos parecem resultar deste ponto, aqui sim, são a incidência desta *prescrição intercorrente* (art. 11-A CLT) que assumirá agora alguma relevância[242], não obstante a discussão que sempre enfrentou pela doutrina[243] e na jurisprudência do TST[244] (que a considerava inaplicável ao processo do trabalho) e STF[245] (que

241. Castro, Ítalo Menezes. A duvidosa constitucionalidade do 'fim' da execução de ofício do crédito trabalhista. *Revista LTr*, São Paulo, Vol. 82, N.º 04, abr/2018, pág. 410.

242. No mesmo sentido, considerando em princípio cabível, mas admitindo que possa não ser aplicada a depender do comportamento da parte e do magistrado, Lima, Manoel Hermes. A prescrição intercorrente no novo processo trabalhista. *Revista LTr*, São Paulo, Vol. 81, N.º 12, dez/2017, pág. 1448. Convém deixar em nota que mais uma vez, não obstante a Instrução Normativa n.º 39/2016, no seu art. 2.º, inciso VIII prever expressamente a inaplicabilidade do regime da prescrição intercorrente do art. 921 do CPC ao processo do trabalho, por incompatibilidade com este, a Reforma no correspondente art. 11-A, deixa expresso entendimento contrário, admitindo o seu cabimento.

243. Assim, por exemplo, alegava-se a favor da sua aplicabilidade ao processo do trabalho a omissão da CLT, em primeiro lugar, o fato de o art. 884, §1º admitir o reconhecimento da prescrição intercorrente, em segundo lugar, e o fato de a Súmula 114 ser muito antiga e encontrar-se desatualizada perante o estado atual da justiça do trabalho.

244. Fazia-lo pela Súmula n.º 114: "É inaplicável na Justiça do Trabalho a prescrição intercorrente."

245. Fazia-lo pela Súmula n.º 327: "O Direito Trabalhista admite a prescrição intercorrente."

a entendia aplicável)[246]; e o eventual cancelamento ou alteração da Súmula n.º 114 do TST (em dissonância com a Súmula 327 do STF)[247]. A verdade é que a jurisprudência do TST assentou de forma significativa numa realidade que acabou com a chegada da Reforma, pois em muito se baseava no art. 878 *caput* da CLT e na possibilidade de o magistrado poder promover de ofício a execução. Tendo em conta a recente alteração legislativa à redação deste preceito e, bem assim, ao teor do art. 11-A da CLT, restará saber se o seu posicionamento se irá manter.

3.3.1.2. Violação do princípio da isonomia e discriminação injustificada?

Entre os vários aspetos de constitucionalidade alegados, aqueles que se prendem com uma pretensa violação ao princípio da isonomia impondo diferenciações injustificadas e arbitrárias, colhem nossa particular atenção, já que representam algumas das mudanças mais importantes trazidas pela Reforma Trabalhista, *maxime* livre estipulação de acordo entre partes sempre que o trabalhador aufira pelo menos duas vezes o teto dos benefícios previdenciários e detenha diploma de ensino superior (art. 444 da CLT). Dir-se-á que o ponto chave de compreensão destas alegações prende-se precisamente com a *natureza infundada ou não* da *discriminação*, i.e., se a restrição feita pelo legislador ordinário à igualdade foi ou não justificada e proporcional.

Alega-se que os critérios eleitos pelo legislador ordinário para o art. 444 (livre estipulação) ou para o 507-A (cláusula compromissória) da CLT não assentam em fundamentos razoáveis, por *serem arbitrários e não afastarem aquele que deveria ser o único elemento em consideração, a subordinação jurídica*. Que um trabalhador com salário de R$ 11.000,00 pode encontrar-se com

---

246. Ainda há hoje quem entenda que a prescrição intercorrente deverá ser aplicada com reservas, mesmo após a Reforma. Apelando à principiologia e singularidade específicas do processo do trabalho, assim como a certos direitos fundamentais – acesso à justiça, tutela executiva, cooperação processual – sustenta-se que o magistrado antes de conhecer a prescrição intimar o advogado da parte prejudicada a praticar ato processual de impulso à execução. Cf. Schiavi, Mauro. Prescrição diante da Reforma Trabalhista. *In* Melo, Raimundo Simão de, Rocha, Jannotti da (coord.). *Constitucionalismo, Trabalho, Seguridade Social e as Reformas Trabalhista e Previdenciária.* São Paulo: Ltr, 2017, pág. 487.

247. Chapper, Alexei Almeida. Fundamentos de processo do trabalho após a reforma trabalhista: principais alterações da Lei n.º 13.467/2017 no processo do trabalho. *Revista Fórum Justiça do Trabalho*, Belo Horizonte, Ano 35, N.º 414, 2018, pág. 57.

maiores benefícios e garantias laborais que um outro que aufira R$ 12.000,00; mas nem por isso a lei deixará de considerar o de maior rendimento líquido e não o de melhores condições laborais. E o mesmo se diga dos trabalhadores com diploma de nível superior. Mais se diz que a diferenciação *tão-pouco respeita valores constitucionais de proteção* ao trabalho.

A compatibilidade com o princípio da isonomia pressuporá que (i) a restrição não ponha em causa total e absolutamente um único indivíduo; (ii) que as situações que estão a ser objeto de descriminação sejam justificáveis pela existência de situações reais de desequilíbrio, por situações fáticas distintas entre si com características e traços diferenciadores; (iii) que a diferenciação de regime que se propõe tenha uma correlação lógica com a distinção própria dos dados fáticos que a justificaram; (iv) e, por último, que o vínculo jurídico proposto guarde pertinência com o texto e interesses constitucionalmente protegidos[248].

Da nossa parte, *não negamos a existência de uma relação jurídica de subordinação também nestes casos*. Mas esta premissa não nos pode levar ao ponto de considerar injusta ou inadequada a identificação de fatores de discriminação positiva que permitam a alguns trabalhadores fazer valer um mínimo de autonomia da vontade na conformação de certos aspetos do seu contrato de trabalho. Não nos parece que isto tenha sido alcançado pelo legislador da Reforma com recurso a práticas discriminatórias entre trabalhadores manuais, técnicos e intelectuais, já que os critérios encontrados (formação académica e salário) são objetivos, genéricos e comuns a qualquer tipo de empregado; verificando-se, inclusivamente, um número cada vez mais substancial de cidadãos que se dedica a investir na sua formação académica precisamente para conseguir melhores colocações no mercado, como é o caso de engenheiros, artistas etc.

Quanto ao valor real que o legislador optou por fixar, parece-me um patamar estimado propositadamente para encontrar uma classe de trabalhadores muito específica que, não se identificando com cargos de altos empregados e de confiança, também não pode ser equiparada aos "operários de chão-de-fábrica". Independentemente do valor concreto escolhido pela Reforma, e apesar de estar sujeito a críticas – que certamente o adequarão ao longo dos tempos, já que só a experiência na aplicação do instituto revelará a pertinência ou não do valor ao enquadramento do grupo de trabalha-

248. MELLO, Celso Antonio Bandeira de. *O conceito jurídico do princípio da igualdade*. 3 ed. São Paulo: Malheiros, 2000, págs. 12 ss.

dores realmente visado pelo legislador – tem como mais-valia o propósito reconhecer que, sem prejuízo do elo de subordinação, há certos grupos de trabalhadores que, pelas características que possuem, detêm maior grau de autonomia negocial que outros, razão pela qual descabe estender-lhes o mesmo nível de proteção padronizado pela CLT.

3.4. O IMPACTO DA LEI DE LIBERDADE ECONÔMICA

Aprovada na sequência da Medida Provisória n.º 881, de 30 de abril de 2019, a Lei n.º 13.874/2019, de 20 de setembro de 2019, melhor designada por Lei de Liberdade Econômica, trouxe significativas alterações às normas de interpretação contratual previstas na regulação civil. Alterações estas que tiveram impacto não apenas no âmbito dos negócios jurídico paritários mas, também, no âmbito dos contratos de *adesão*.

Pese embora a Lei tenha surgido para conformar a contratação empresarial e entre grandes empresas, conferindo-lhes maior liberdade contratual, a verdade é que também neste mundo não se exclui a possibilidade de encontrar típicos contratos de adesão. É disso patente o art. 3º, inc. VIII, quando dispõe como sendo direito de toda a pessoa, essencial para desenvolvimento econômico do país, "ter a garantia de que os negócios jurídicos empresariais paritários serão objeto de livre estipulação das partes pactuantes, de forma a aplicar todas as regras de direito empresarial apenas de maneira subsidiária ao avençado, exceto normas de ordem pública". Por outro lado, se podemos dizer que são os contratos empresariais e civis que colheram particular enfoque pelo legislador, não menos verdade é que, como regra geral de interpretação que se pretendeu valer para todo o ordenamento, os seus princípios estender-se-ão naturalmente à interpretação de contratos trabalhistas e, em particular, à negociação processual cível e laboral.

Particulares enfoques merecem, no entanto, as alterações que esta Lei veio implementar no art. 113, §1º do Código Civil, traçando novos critérios hermenêuticos de interpretação negocial. Segundo este dispositivo: "A interpretação do negócio jurídico deve lhe atribuir o sentido que: -I – for confirmado pelo *comportamento das partes posterior* à celebração do negócio; -II – corresponder *aos usos, costumes e práticas* do mercado relativas ao tipo de negócio; -III – corresponder à *boa-fé*; -IV – <u>for mais benéfico à parte que não redigiu o dispositivo, se identificável</u>; e -V – *corresponder a qual seria a razoável negociação* das partes sobre a questão discutida, inferida das demais disposições do negócio e da racionalidade econômica das partes, *consideradas as informações disponíveis no momento* de sua celebração" (realces nossos).

O reformulado preceito vai ao encontro daquilo que foi o Enunciado n.º 409 da V Jornada de Direito Civil[249].

Pese embora a Medida Provisória tivesse surgido com o expresso intento de estabelecer novas regras de harmonização da contratação empresarial, a verdade é que, críticas depois, acabou por se adotar um modelo misto simultaneamente dirigista na regulação empresarial e generalizado a toda a contratação em geral, do qual este art. 113 é claro exemplo disso. Afinal, como informa Tartuce, mal se compreenderia que o Código Civil segregasse tipos de interpretação negocial para a negociação empresarial dos demais esquemas hermenêuticos previstos para a contratação em como todo[250].

Como resulta da alteração a este preceito, em particular do inc. IV, houve uma acentuada preocupação do legislador em proteger o contraente débil aderente contratual, mesmo no campo interpretativo. Prevendo-se expressamente agora uma interpretação mais favorável ao contratante que vê o teor do clausulado contratual lhe ser negocialmente imposto, consagra-se um modelo interpretativo *contra quem redigiu* a cláusula abusiva e alarga-se, desta forma, a amplitude do já previsto art. 423 do Código Civil que reservava essa tutela do contraente débil apenas para os casos de cláusulas ambíguas ou contraditórias (*vide infra, 7.II.6.5*).

Por outro lado, nos termos do primeiro e último inciso, promove-se o recurso a critérios simultaneamente antecedentes e subsequentes à contratação: se, por um lado, trocas de informações e mensagens prévias à celebração do negócio assumem a sua importância, assim também os comportamentos e condutas que as partes adotem ao termo da negociação serão tidas como tendo forte pendor interpretativo. Esta situação é particularmente relevante no contexto da negociação processual no processo civil e no processo do trabalho onde um dos contraentes se apresenta com alguma variante de vulnerabilidade. Não-raro, uma vez cessada a relação laboral e instaurado procedimento judicial, o ex-trabalhador adquire uma

---

249. *In verbis:* "Os negócios jurídicos devem ser interpretados não só conforme a boa-fé e os usos do lugar de sua celebração, mas também de acordo com as práticas habitualmente adotadas entre as partes" (disponível em https://www.cjf.jus.br/cjf/corregedoria-da--justica-federal/centro-de-estudos-judiciarios-1/publicacoes-1/jornadas-cej/vjornadadireitocivil2012.pdf, último acesso em 30.9.2020).

250. Tartuce, Flávio. A "Lei Da Liberdade Econômica" (Lei N. 13.874/2019) E As Principais Mudanças No Âmbito Do Direito Contratual". *RJLB*, Ano 6 (2020), nº 1, pág. 1008, disponível em https://www.cidp.pt/revistas/rjlb/2020/1/2020_01_1005_1020.pdf, último acesso em 30.9.2020.

posição jurídica distinta, mais segura e robusta da que possuía no curso daquela relação empregatícia, na medida em que figura como credor. Esta circunstância posterior à negociação e, inclusive, à cessação do contrato, pode facilmente proporcionar uma abertura para a melhor interpretação de cláusulas processuais previamente acordadas por falta de real liberdade negocial. Embora já fosse solução proposta pela doutrina, a abertura dada por este artigo à consideração de situações como esta na interpretação de negócios jurídicos processuais é, sem dúvida, um avanço relativamente ao quadro normativo aprovado em 2015.

Outro aspecto relevante trazido por esta Lei da Liberdade Econômica prende-se com o teor do art. 421-A do Código Civil, que foi inserido *ex-novo*. Nos termos deste preceito, os "*contratos civis e empresariais presumem-se paritários e simétricos até a presença de elementos concretos que justifiquem o afastamento dessa presunção*, ressalvados os regimes jurídicos previstos em leis especiais, garantido também que: -I – as partes negociantes poderão estabelecer parâmetros objetivos para a interpretação das cláusulas negociais e de seus pressupostos de revisão ou de resolução; -II – a alocação de riscos definida pelas partes deve ser respeitada e observada; e -III – a revisão contratual somente ocorrerá de maneira excepcional e limitada" (realces nossos). A relevância da norma para o âmbito da tese aqui em análise respeita sobretudo à negociação processual entre aquilo que *infra* analisaremos como sendo os trabalhadores não vulneráveis, como os altos empregados ou trabalhadores de alto valor económico. A este nível, pugna-se por uma solução que procura arredar o dirigismo contratual do Estado em relações que presumivelmente se podem consideram paritárias e simétricas; o que só se verificaria nos contratos não paritários ou de adesão, que colhem de uma proteção especial (art. 423 e 424 do Código Civil e, agora, também pelo art. 113, §1, inc. IV do Código Civil).

Em suma, resulta desta Lei da Liberdade Econômica uma tentativa de reformar a autonomia privada, preservá-la segundo parâmetros de intervenção mínima nos contratos civis e empresariais presumidos simétricos, mas mitigando-a nas relações contratuais mais assimétricas com recurso a parâmetros de boa-fé e função social[251].

---

251. Bunazar, Maurício, "A Declaração De Direitos Da Liberdade Econômica E Seus Impactos No Regime Jurídico Do Contrato De Direito Comum". *RJLB*, Ano 5 (2019), nº 6, disponível em https://www.cidp.pt/revistas/rjlb/2019/6/2019_06_1549_1566.pdf, último acesso em 30.9.2020.

3.5. CONCLUSÃO PARCIAL: O SENTIDO HISTÓRICO DA EVOLUÇÃO DO DIREITO COLETIVO E INDIVIDUAL DO TRABALHO COMO PREMISSA BÁSICA PARA A RELEITURA DA IN 39/16. O EMPODERAMENTO PROCESSUAL QUE FALTA

§1. Estes principais marcos históricos na evolução legislativa operada no Direito Coletivo e Individual do Trabalho que acima assinalados, traçam um movimento que segue num sentido único, o da progressiva autonomia, seja coletiva, seja individual. Do ponto de vista coletivo, regista-se o reforço da confiança depositada pelo Estado nas entidades sindicais, enquanto melhores instrumentos de representação de interesses, luta e negociação dos direitos da classe operária. A história do poder negocial e da autonomia contratual dos sindicatos é uma história de *crescimento e de empoderamento* que não pode ser ignorada.

O ressurgimento de discursos doutrinários e políticos de precarização e vulnerabilização dos sindicatos é uma ideia que (como aqui ficou registado) não só não corresponde ao sentido legislativo que lhes tem vindo a ser dirigido – do reforço do seu papel social na defesa dos direitos dos trabalhadores e de harmonização dos interesses do capital *vs* trabalho – como (como teremos ocasião de analisar *infra* em 7.II.4.2) tão pouco corresponde à realidade. O reforço da atividade negocial que se tem operado no plano do direito material deve e carece de idêntico amparo na seara processual. Uma *Instrução Normativa como a 39/16 editada pelo TST que nega aos sindicatos o poder de celebrar negociações processuais é um diploma que entra na contramão da história de empoderamento sindical que aqui fizemos questão de recordar*; é um pressuposto interpretativo que inquina toda uma evolução legislativa, social e política que se dirige ao reconhecimento de que estas entidades são as que em melhores condições se encontram de zelar pelos interesses da classe, não apenas materiais mas também processuais. A edição de enunciados interpretativos pelo TST não pode, salva a devida vénia, desconsiderar não só o papel atual destas associações, mas a filosofia subjacente a todo o seu crescimento e empoderamento representativo e negocial.

§2. Por outro lado, se a interpretação esgrimida pelo TST aquando a IN 39/16 padecia de inúmeras críticas assim que esta foi editada perde todo o sentido após a aprovação do diploma de Lei nº 13.467, entrada em vigor um ano depois daquela. Ao contrário da doutrina que vê a Reforma como uma lei ilegítima, que fere o diálogo social e atenta contra o pressuposto democrático do processo legislativo (por alegadamente ter sido "comprada")[252], pensamos que a Reforma, sem prejuízo de trazer laivos de matriz mais democrática para a CLT, é plenamente válida, legítima e carece de interpretação adequada. Não nos identificamos com certos posicionamentos que se dizem capazes de "impedir que os efeitos que se pretendiam atingir com [a Reforma] sejam atingidos, o que, no plano do real, poder ser um não aplicar"[253].

Naturalmente que o Direito do Trabalho e, de forma instrumental, o Processo do Trabalho surgem para impor algumas condicionantes e balizas ao contratualismo liberal, mediante o reforço da intervenção estatal nas relações entre privados, e para promoção, em condições de igualdade, de regimes diferenciados de tutela, como mecanismos de preservação da dignidade do trabalhador e do mercado de trabalho. Todavia, esta legítima preocupação estatal, não pode ser aplicada de forma cega, indiscriminada e contra a vontade do próprio trabalhador subordinado. Esta *Reforma veio dar margens de liberdade contratual aos intervenientes tendencialmente vulneráveis na relação jurídica trabalhista, desde que preservado o núcleo de empoderamento consciente do subordinado destes.* Esta nova filosofia deve ser aplaudida e encarada não como uma violação do princípio da proibição do retrocesso social, um atentado ao carácter tendencialmente tuitivo do direito do trabalho, mas como um estímulo à efetivação de um Estado democrático e ao empoderamento da classe trabalhadora.

§3. Não concordamos, por isso, com a doutrina que alega ter a Reforma imposto a "ditadura contratual", desvirtuando as estruturas do Direito do Trabalho, abrindo mão da existência um piso de regras mínimas impositivas de trabalho que salvaguardem a dignidade do trabalhador em busca de uma privatização total do regime[254]. Essa doutrina que se apresenta reticente

---

252. Souto Maior, Jorge Luiz. Impactos do Golpe Trabalhista (a Lei nº 13.467/2017). *Revista Síntese Trabalhista e Previdenciária*, São Paulo, Vol. 29, N.º 340, out/2017, pág. 13; e do mesmo autor, Sem uma seção especial da justiça para a "Reforma" Trabalhista. *Revista Síntese Trabalhista e Previdenciária*, São Paulo, Vol. 29, N.º 338, ago/2017, pág. 13; e ainda Ministro do Trabalho: Amador ou mal-intencionado? *Revista Síntese Trabalhista e Previdenciária*, São Paulo, Vol. 28, N.º 329, nov/2016, pág. 35.

253. Souto Maior, Jorge Luiz, Severo, Valdete Souto. O Acesso à Justiça sob a Mira da Reforma Trabalhista – Ou Como Garantir o Acesso à Justiça diante da Reforma Trabalhista. *Revista Síntese Trabalhista e Previdenciária*, São Paulo, Vol. 29, N.º 339, set/2017, pág. 68. Os autores procuram encontrar artigos que, na CLT, neutralizem "o caráter destrutivo" da nova lei, tais como o art. 9.º, 765 e 794 da CLT.

254. Barroso, Fábio Túlio. Potencialização da autonomia da vontade individual na Reforma trabalhista: restrições estruturais e constitucionais. *In* Melo, Raimundo Simão

perante as mudanças da Reforma, apela à existência de um "pacto social e político", consolidado ao longo da história, que construiu uma barreira destinada garantir um conteúdo fundamental mínimo insuscetível de modificação por negociação particular[255].

§4. O mundo do trabalho está a mudar e, com ele, assim também o direito e o processo do trabalho terão de o fazer. A ideia do trabalho subordinado criada nos moldes do século XX não é mais aquela que vige nos dias de hoje. A tecnologia veio para revolucionar o mundo a que o direito e processo do trabalho se terão de adaptar. O mundo de hoje é aquele em que aplicações eletrônicas como o Whatsapp põe empresas telefónicas aos pulos de descontentamento; em que plataformas informáticas como a da Uber deixam nervosos os velhos taxistas; em que o Spotify ou Apple Music vieram destruir o mercado das discografias; em que empresas como a Netflix muito contribuiu para a o desaparecimento das locadoras de vídeos; em que os e-mails substituíram as cartas, fossilizando a utilidade dos Correios; em que os telemóveis tornam negra a vida do mercado das máquinas fotográficas e de vídeo etc. etc. Estamos num mundo que reconhece o ensino à distância como uma alternativa real e efetiva à aprendizagem; que cada vez mais pratica atividades de teletrabalho e que cada vez mais recorre a serviços intermitentes de prestação de trabalho. Esta realidade progressivamente mais frequente da modernidade, exige da consciência jurídica e dos magistrados

---

de, Rocha, Jannotti da (coord.). *Constitucionalismo, Trabalho, Seguridade Social e as Reformas Trabalhista e Previdenciária.*São Paulo: Ltr, 2017, pág. 246.

255. "Justamente nessa perspectiva de um Direito do Trabalho encartado como direito fundamental, possui uma blindagem, em forma de pacto social e político historicamente consolidado, que impede ou evita que suas normas sejam objeto de plena negociação individual, não podendo diminuir ou mesmo descaracteriza-los, sem prejuízo das margens de adequação e razoabilidade que as fontes lhes permite ou ainda pela via da ponderação diante de outros direitos fundamentais. Impõem-se um contrato mínimo de trabalho, que se impõe à vontade das partes, podendo ir sempre além do mínimo, porém, retroceder jamais. A possibilidade de uso da autonomia da vontade nos contratos de trabalho é a própria descaracterização do conteúdo fundamental mínimo e de dignidade designado no próprio constitucionalismo social e na nossa Constituição" (cit. *Ibidem*, pág. 246). O autor considera que a perspetiva constitucional que consente na autonomia negocial é sempre aquela alcançada em prol do trabalhador e, em particular, mediante representação sindical, respeitado o conteúdo mínimo dos direitos fundamentais previstos na norma constitucional. A flexibilização das normas laborais só pode ser prosseguida mediante Convenções e Acordos coletivos de trabalho e, mesmo assim, só se mais favoráveis diante das regras mínimas já previstas.

trabalhistas uma revisão das suas posturas e um alinhamento e aceitação da evolução do mundo exterior[256].

§5. A Reforma parece ter pelo menos feito assentar uma ideia inquestionável; a de que o Direito do Trabalho pode começar a ser, em medidas progressivas, o que (todos) os seus sujeitos decidirem. Cada vez menos uma compilação de leis redigida pelo Estado-legislador; cada vez mais um conjunto de acordos coletivos, convenções coletivas e acordos individuais de trabalho. A CLT não foi, por isso, mais liberal, nem quis pôr em causa do Estado Social; a CLT tornou-se, simplesmente, um instrumento *mais democrático* e aberto a maiores margens de consenso com o intuito de abrir mais espaços à intervenção da vontade de trabalhadores e sindicatos. A invocação da CLT continuará a ter importância autônoma, como peso no viés da balança, para garantir o equilíbrio sempre que se revelar desigualdade entre as partes[257]. O caminho a partir daqui será pela via da *regulação* em detrimento da *regulamentação*, com a segurança de que o mínimo de salvaguarda se encontra já protegido pelas disposições estatais. O caminho que se avizinha, exige uma participação cada vez mais dinâmica dos sindicatos, a quem a Reforma depositou significativo poder de negociação, e um reconhecimento cada vez maior do poder negocial e da vontade que alguns trabalhadores merecem e demandam. Caberá àqueles promover de forma responsável e séria a criação e modificação dos direitos dos seus trabalhadores, especialmente agora que a sua principal fonte de arrecadação foi questionada; caberá a estes assumir de forma consciente a margem de direitos que podem negociar.

É inevitável confirmar que a Reforma quis agitar os debates em torno de uma série de matérias – v.g. a contribuição obrigatória; reacender velhas discussões, como por exemplo a admissibilidade da arbitragem individual do trabalho; pôr em causa paradigmas trabalhistas assentes ao longo de muitos anos na consciência dos atores jurídicos, como foi o caso da mitigação da presunção de subordinação jurídica plena em trabalhadores com salários superiores a duas vezes o limite dos benefícios previdenciários e, noutro casos, que sejam portadores de diploma superior; procurar dinami-

---

256. Franco Filho, Georgenor de Sousa. Reforma trabalhista: o futuro do trabalho, do direito do trabalho e da justiça do trabalho. *Revista dos Tribunais*, São Paulo, Vol. 984, Ano 106, out/2017, págs. 25 e 31.

257. Franco Filho, Georgenor de Sousa. Reforma trabalhista: o futuro do trabalho, do direito do trabalho e da justiça do trabalho. *Revista dos Tribunais*, São Paulo, Vol. 984, Ano 106, out/2017, pág. 29.

zar a judicialização dos processos na Justiça do Trabalho, abrindo caminho para a jurisdição voluntária de acordos extrajudiciais, ou condicionando a gratuitidade de justiça; mas, e sobretudo, reforçar a autonomia e a liberdade negocial de dois dos mais importantes agentes e intervenientes da relação de trabalho, os sindicatos – com o reforço da sua capacidade negocial significativa – e o trabalhador individual com certo nível académico e patamar salarial, que em grande medida foi empoderado e reconhecido como um centro de vontade própria negocial, com consciência mínima dos seus direitos. Isto é um dado fático. É isto que resulta destes artigos trazidos pela Reforma e acima estudados.

Com estas alterações, puseram-se em causa algumas Súmulas, interpretações dadas pelo TST em algumas das suas Instruções Normativas, ideias consolidadas na doutrina laboral e jurisprudência trabalhista. Com este reconhecimento dado à autonomia e liberdade negocial, implementado à viva voz, sem pejo, vergonha ou acanhamento legislativo, o discurso jurídico terá de começar a mudar. Caberá perguntar se não haverá inclusivamente espaço para questionar, a esta nova luz, outras interpretações do TST, nomeadamente aquela plasmada na Instrução Normativa 39/2016 sobre a aplicabilidade do art. 190 do CPC ao processo do trabalho.

As mudanças estudadas neste capítulo trazidas pela Reforma, trazem consigo uma ideia que transcende a norma que resulta do dispositivo que as consagra. Uma visão ampla e sistemática da leitura de todos eles – admissibilidade do termo anual de quitação com eficácia liberatória; a extinção da dependência do trabalhador relativamente a sindicato ou Ministério Público do Trabalho, com o fim da obrigatoriedade de homologação da rescisão contratual naqueles; a admissão da dispensa consensual com o reconhecimento legal de que nem todas as parcelas rescisórias são, afinal, irrenunciáveis; a composição extrajudicial das parte na jurisdição voluntária; a autonomia dada pelo legislador ao trabalhador para negociar horas extra, banco de horas e, em caso de mulher grávida, a autonomia para optar entre continuar ou não a laborar em ambientes insalubres; o empoderamento de certos trabalhadores, discriminados segundo critérios econômicos e académicos, e a concomitante autorização para que estes possam recorrer à arbitragem e celebrar os termos dos seus próprios contratos sem a proteção imperativa da CLT; o reconhecimento da autonomia associativa própria do trabalhador traduzida não apenas na liberdade sindical mas também na liberdade de contribuição sindical; e a queda do protecionismo exacerbado em sede processual, com o fim da instauração de ofício da execução e do incidente de desconsideração da personalidade jurídica – dita uma *nova filosofia* e um diferente contexto na interpretação da CLT enquanto sistema de normas protetoras. Concede-se ao trabalhador, desta forma, uma maior e inevitável disponibilidade para julgar, conhecer, renunciar, dispor dos direitos que a legislação lhe outorga.

§6. Mas não foi apenas no palco trabalhista que esta mudança de mentalidade tem vindo a ser prosseguida. Também no amplo espectro da regulamentação geral civilista novos paradigmas hermenêuticos que se estendem à interpretação de todos os negócios jurídicos em geral, e nos regimes especiais em particular, assim contribuiu. Falamos da Lei da Liberdade Econômica que marcou por reforçar a importância da liberdade negocial das partes em contratos que civis e empresariais que se devem presumir simétricos até facto em contrário e, simultaneamente, preservar essa mesma liberdade em relações contratuais desniveladas através da criação de balizas interpretativas cómodas a amparar o contraente débil e assimétrico.

§7. Como é que tudo isto impacta na leitura que devemos fazer à aplicabilidade ou não do art. 190 ao processo do trabalho? Desta forma. O argumento de que os créditos salariais não são passíveis de transação e/ou quitação senão quando rodeados por um conjunto de cautelas estatais (sob orientação sindical, presença do magistrado etc.), que sempre apresentou a sua constância no discurso da doutrina e jurisprudência maioritárias trabalhista, é significativamente mitigado. E se assim é, menos se compreende que a impossibilidade do trabalhador dispor e transacionar sobre direitos, faculdade, deveres ou ônus estritamente processuais possa continuar a fazer sentido. Mais se diz: o novo cenário legislativo pós Reforma *convida* precisamente a que ao trabalhador se reconheça essa renovada capacidade processual. Se certos trabalhadores são agora, de forma expressamente reconhecida, capaz de transacionar e renunciar aos seus direitos (materiais) trabalhistas (seja no termo do contrato, seja por arbitragem, seja na celebração do próprio contrato de trabalho, seja na quitação anual liberatória, seja admitindo acordo extrajudicial etc.), perde razão de ser a manutenção de uma pretensa indisponibilidade ou incapacidade no plano processual. O argumento é sistemático e simultaneamente lógico. Não faz sentido sustentar a vedação à disponibilidade de direitos processuais (menos) quando se admitiu expressamente a disponibilidade sobre os materiais (mais); pelo que, sempre se dirá, "quem pode o mais, pode o menos" (*a maiori, ad minus*).

Nenhuma outra conclusão é possível senão esta: sobretudo após a Reforma Trabalhista, o enunciado editado pelo TST na Instrução Normativa 39/2016 relativo à inaplicabilidade do art. 190 do CPC ao processo do trabalho, se já à época carecia de muitas críticas, hoje precisa, sem dúvida, de ser reavaliado à luz na diferente filosofia reformista.

§ 4

A DISCUSSÃO EM TORNO DA ARBITRAGEM INDIVIDUAL TRABALHISTA: UM PRESSUPOSTO PARA O REFORÇO DA AUTONOMIA DO TRABALHADOR NO PROCESSO

4.1. INTRODUÇÃO: O DEBATE SOBRE A ADMISSIBILIDADE DA ARBITRAGEM INDIVIDUAL TRABALHISTA – O MESMO CETICISMO À NEGOCIAÇÃO PROCESSUAL

Há décadas que se tem debatido na jurisprudência e doutrina trabalhista o problema da admissibilidade da arbitragem como meio alternativo de resolução de disputas laborais *individuais*. O histórico de debates sobre a matéria reserva a pertinência deste capítulo para uma série de propósitos.

Desde logo, perceber que a importância da arbitragem trabalhista cresceu muito com a progressiva obstrução da Justiça do Trabalho, como forma de dar vazão à exponencial sobrecarga que tem vindo a conhecer nas últimas décadas, sobretudo após a EC 45/04, e como esse enquadramento fático também pode favorecer a atração por mecanismos processuais que introduzam flexibilização processual. Por outro lado, a Reforma Trabalhista também aqui assume uma importância que não pode ser desconsiderada, já que consolidou de forma expressa a admissibilidade da convenção de arbitragem (*negócio processual*) para certo tipo de trabalhadores; colocação que importa um posicionamento do intérprete e a extração de um argumento útil para a leitura sobre a admissibilidade de outras convenções atípicas.

No mais, e realmente importante, é perceber que a discussão que se trava acerca da admissibilidade ou não da arbitragem individual no Direito do Trabalho é um problema *paralelo* àquele que agora se levanta sobre a possibilidade do art. 190 do CPC migrar para o processo do trabalho. Com efeito, os mesmos problemas de indisponibilidade do crédito salarial e da manifesta vulnerabilidade do trabalhador que obstaram, por muito tempo, à admissibilidade pacífica da arbitragem naquele palco elevam-se agora, e mais uma vez, para atrapalhar a plena aplicação da negociação processual atípica pelo trabalhador. A *convenção de arbitragem laboral individual*, por representar negócio jurídico processual e já ter sido objeto de ricos debates jurídicos, merece aqui um espaço de destaque na nossa análise. A superação que progressivamente tem sido feita à inadmissibilidade deste mecanismo alternativo de resolução de disputas para solucionar litígios laborais individuais é, no mínimo, princípio de argumento que a tese da admissibilidade da negociação processual tem que tomar.

4.2. ENQUADRAMENTO LEGISLATIVO DA ARBITRAGEM NO DIREITO DO TRABALHO

A arbitragem é meio alternativo de resolução de litígios, considerado o fato de que o terceiro escolhido pelas partes para dirimir e compor definitivamente o conflito não pertence ao Estado. Independentemente de saber se a arbitragem tem, ou não, natureza jurisdicional[1], a verdade é que ela não põe em causa os princípios constitucionais do acesso à justiça, inafastabilidade da jurisdição e do juiz natural, já que se assume como um procedimento facultativo e qualquer nulidade que dele decorra é sempre passível de discussão jurisdicional.

As partes podem submeter o seu litígio à arbitragem por duas formas: *compromisso arbitral* e *cláusula compromissória*, consoante o litígio seja, ou não, já existente. Estes dois tipos de convenções de arbitragem assumem, portanto, a natureza jurídica de negócios processuais, por força do qual as partes aceitam ou não se sujeitar à disciplina normativa processual do Estado.

Foi pela mão do Decreto n.º 1.307 de 5 de janeiro de 1907 que a arbitragem no cenário trabalhista conheceu a sua primeira previsão legal. Posteriormente em 1932, no Governo Vargas, dois decretos voltaram a tratar do assunto: o Decreto n.º 21.396 de 12 de maio de 1932 e o Decreto n.º 22.132 de 25 de novembro de 1932, que basicamente tornava-a facultativa para dissídios individuais. Posteriormente, só em 83 se volta a editar novo decreto, n.º 88.984 de 10 de novembro, mediante o qual se institui o chamado Conselho Federal e os Conselhos Regionais de Relações de Tra-

---

1. DIDIER JR., Fredie. CURSO DE DIREITO PROCESSUAL CIVIL. 17ª ed. Salvador: Juspodivm, 2015, vol. I, pág. 169 ss, onde o autor questiona se a arbitragem é, ou não, jurisdição, tomando posição em sentido positivo.

balho, o Sistema Nacional de Relações de Trabalho e o Serviço Nacional de Mediação e Arbitragem[2].

Todavia, a perspetiva da arbitragem como alternativa à Justiça do Trabalho – e às travas recursais ou efeitos suspensivos dados pelo TST – foi apenas encarada de forma séria após a aprovação da Lei n.º 9.307/96 (Lei da Arbitragem) para o âmbito comercial[3]. *Com o advento desta lei em 1996, a arbitragem teve também significativo uso para dirimir inúmeros litígios individuais trabalhistas*[4]. O cenário mudou de figura, porém, com a chegada de *reclamações* individuais de trabalhadores ditos insatisfeitos com os resultados da demanda arbitral. Com o passar do tempo, a Justiça do Trabalho e o Ministério Público do Trabalho começaram a receber *pedidos de revisão de sentença* sobre acordos homologados arbitralmente e com eficácia liberatória sobre parcelas rescisórias trabalhistas o que conduziu o segundo, não raro, a impor a celebração de termos de ajustamento de conduta (TAC) a empresas e instituições arbitrais[5].

Alguns casos isolados foram mais do que suficientes para guilhotinar a arbitragem individual trabalhista. Alguns julgados foram mais do que bastantes para criar um entendimento, que virou maioritário, sobre a inaplicabilidade da arbitragem aos litígios individuais trabalhistas, seja por fundamentos de fraude procedimental, seja pela pretensa indisponibilidade dos créditos salariais. E, assim, *se erigiu a dogma a suposta incompatibilidade*[6].

---

2. Morgado, Isabele Jacob. *A arbitragem nos conflitos de trabalho.* São Paulo: LTr, 1998, pág. 27.
3. Melo, Raimundo S. A arbitragem como mais uma alternativa à solução dos conflitos trabalhistas. *Revista Trabalho & Doutrina*, São Paulo, N.º 19, 1998, pág. 132.
4. O recurso à arbitragem para dirimir litígios individuais era comum, especialmente para casos de rescisão de contrato de trabalho. *V.* Parecer de Pereira, Deborah Macedo Duprat de Britto. Rescisão de contrato de trabalho por arbitragem. Liberação de valores de FGTS. Precedentes jurisprudenciais. Reconhecimento dos efeitos da sentença arbitral. *Revista de Arbitragem e Mediação*, São Paulo, Vol. 2, N.º 5, 2005.
5. A título de exemplo, https://mpt.jusbrasil.com.br/noticias/785147/mpt-obtem-de-tribunal-de-arbitragem-compromisso-de-nao-atuar-em-questao-trabalhista-de-natureza-individual?ref=serp, consultado em 29.01.2019, *apud* Roque, André Vasconcelos. A arbitragem de dissídios individuais após a Reforma Trabalhista: limites e possibilidades. *In* Tupinambá, Carolina (coord.). *Soluções de conflitos trabalhistas: novos caminhos.* São Paulo: LTr, 2018, pág. 340.
6. Em dados oficiais do Conima – Conselho Nacional das Instituições de Mediação, estima-se que entre 1997-2012 aproximadamente 260.000 procedimentos arbitrais trabalhistas tiveram lugar desde a publicação e entrada em vigor da Lei em 96; tendo menos de 1% desse valor vindo a ser questionado judicialmente na Justiça do Trabalho.

A previsão normativa atual que dispõe sobre arbitragem trabalhista fá-lo em *duas frentes*. Numa primeira, referente à arbitragem em *dissídios coletivos* do trabalho, para a admitir de forma expressa em norma constitucional (art. 114, §2º CF); numa segunda, relativa à arbitragem em dissídios individuais do trabalho que, se após a Reforma trabalhista veio a conhecer dispositivo expresso admitindo-a em termos limitados para certos trabalhadores (art. 507-A CLT), no cenário prévio àquela não colhia qualquer tipo de referência legal genérica, deixando a doutrina e jurisprudência indagar se se podia extrair uma aceitação ou negativa do instituto.

Para além destes dois principais textos legais, a arbitragem na seara trabalhista é ainda prevista em diplomas específicos como a Lei n.º 7.783, de 28 de junho de 1989, que regulamenta o direito de greve[7]; a Lei n.º 10.101 de 9 de dezembro de 2000, que regulamenta a participação dos trabalhadores nos lucros das empresas[8]; a Lei n.º 8.630, de 25 de fevereiro de 1993, que dispõe sobre o regime jurídico da exploração dos portos organizados e das instalações portuárias (entretanto revogada pela Lei n.º 12.815, de 5 de junho de 2013)[9];

Disponível em http://www.crasp.gov.br/centro/conteudo/old/uploads/19_07_2012_O_Cenario_atual_da_Arbitragem_no_Brasil.pdf.

7. "Frustrada a negociação ou verificada a impossibilidade de recursos via arbitral, é facultada a cessação coletiva do trabalho" (cit. art. 3º); e ainda "[o]bservadas as condições previstas nesta Lei, a participação em greve suspende o contrato de trabalho, devendo as relações obrigacionais, durante o período, ser regidas pelo acordo, convenção, laudo arbitral ou decisão da Justiça do Trabalho" (cit. art. 7º).

8. "Caso a negociação visando à participação nos lucros ou resultados da empresa resulte em impasse, as partes poderão utilizar-se dos seguintes mecanismos de solução do litígio: I - mediação; II - arbitragem de ofertas finais, utilizando-se, no que couber, os termos da Lei nº 9.307, de 23 de setembro de 1996. §1º Considera-se arbitragem de ofertas finais aquela em que o árbitro deve restringir-se a optar pela proposta apresentada, em caráter definitivo, por uma das partes. §2º O mediador ou o árbitro será escolhido de comum acordo entre as partes. §3º Firmado o compromisso arbitral, não será admitida a desistência unilateral de qualquer das partes. §4º O laudo arbitral terá força normativa, independentemente de homologação judicial" (cit. art. 4º).

9. "Deve ser constituída, no âmbito do órgão de gestão de mão de obra, comissão paritária para solucionar litígios decorrentes da aplicação do disposto nos arts. 32, 33 e 35. §1º Em caso de impasse, as partes devem recorrer à arbitragem de ofertas finais. §2º Firmado o compromisso arbitral, não será admitida a desistência de qualquer das partes. §3º Os árbitros devem ser escolhidos de comum acordo entre as partes, e o laudo arbitral proferido para solução da pendência constitui título executivo extrajudicial. §4º As ações relativas aos créditos decorrentes da relação de trabalho avulso prescrevem em 5 (cinco) anos até o limite de 2 (dois) anos após o cancelamento do registro ou do cadastro no órgão gestor de mão de obra" (cit. art. 37).

a Lei n.º 11.442/2007, de 5 de janeiro de 2007, que regulamenta o transporte rodoviário de cargas[10]; as Leis complementares n.º 123/2006, de 14 de dezembro de 2006 e n.º 147/2014, de 7 de agosto de 2014, que regularam matérias relativas a micro empresas e de pequeno porte[11]; e a Lei n.º 9.615/1998, de 24 de março de 1998, conhecida como Lei Pelé, que regula matéria desportiva[12].

4.3. PROBLEMAS ESTRUTURAIS NA JUSTIÇA DO TRABALHO?

O recurso à Justiça do Trabalho tem sido um dos mecanismos de resolução de litígios mais procurado e utilizado no país. Este fato só por si denota um problema sério de falta de diálogo entre os atores da relação empregatícia e um acentuado desrespeito pelo cumprimento da legislação laboral. A situação só contribui, negativamente, para o reforço da desconfiança entre todos os envolvidos e em prejuízos econômicos significativos[13]. Em 2016,

---

10. "É facultado aos contratantes dirimir seus conflitos recorrendo à arbitragem" (cit. art. 19).
11. "As microempresas e empresas de pequeno porte deverão ser estimuladas a utilizar os institutos de conciliação prévia, mediação e arbitragem para solução dos seus conflitos. §1º Serão reconhecidos de pleno direito os acordos celebrados no âmbito das comissões de conciliação prévia. §2º O estímulo a que se refere o *caput* deste artigo compreenderá campanhas de divulgação, serviços de esclarecimento e tratamento diferenciado, simplificado e favorecido no tocante aos custos administrativos e honorários cobrados" (cit. art. 75).
12. "As partes interessadas poderão valer-se da arbitragem para dirimir litígios relativos a direitos patrimoniais disponíveis, vedada a apreciação de matéria referente à disciplina e à competição desportiva. Parágrafo único. A arbitragem deverá estar prevista em acordo ou convenção coletiva de trabalho e só poderá ser instituída após a concordância expressa de ambas as partes, mediante cláusula compromissória ou compromisso arbitral (cit. art. 90-C).
13. Como lê-mos em Siqueira Neto, José Francisco. A solução extrajudicial dos conflitos individuais do trabalho. *Revista Trabalho & Doutrina*, São Paulo, N.º 14, set/1997, pág. 59, "(...) a demora na solução dos conflitos transforma a via judicial, dependendo dos usuários, em um bom negócio para alguns (para os empregados que dispõem de recursos financeiros e humanos capazes de prolongar ao máximo a duração processual, e para um núcleo restrito e 'virtuoso' de trabalhadores em condições econômicas e trabalhistas de arcar com a demora na solução dos conflitos), em um transtorno para outros (trabalhadores e empregadores que, mesmo tendo como suportar os efeitos da demora processual, sofrem sérias consequências econômicas), e em uma tragédia para a maioria (trabalhadores que não têm como se manter no curso do processo, que são praticamente compelidos a fazer todo tipo de acordo, pequenas e muitas das médias empresas, além da sociedade em geral que paga a demora em todos os sentidos). Os fatores indicados, entretanto, possuem um poder de larga destruição a médio e longo prazo, cujos efeitos mais palpáveis são: a crença de que o diálogo entre empregados

estatísticas dão conta de quase 400 milhões de processos que correrem seus termos nestas instâncias jurisdicionais. Comparada esta realidade com outros países, as cifras são verdadeiramente assustadoras e contribuem para gerar inúmeras reflexões.

Para fundamentar o recurso exacerbado a esta Justiça, razões de celeridade e eficiência do judiciário não parecem convencer, já que cada vez mais morosas têm sido as tramitações processuais em comarcas mais amplas, e cada vez mais tempo tem levado a colocação em pauta de audiência de casa processo, já para não falar do tempo de espera dos recursos para os tribunais regionais e Tribunal Superior do Trabalho[14]. O verdadeiro problema que esta Justiça enfrenta – ou enfrentava, pelo menos até a chegada da Reforma Trabalhista, ainda em estado probatório quanto a nesta matéria –, prende-se com a *ausência de álea/risco* da parte do demandante – que normalmente coincide com a figura do trabalhador. Nos dias que corriam antes da Reforma, os principais atores que ajuízam demandas na Justiça do Trabalho faziam-no livremente pois sabiam que nada tinham a perder, antes pelo contrário. Uma série de fatores contribuiam para a desnecessidade de ponderação desses riscos[15].

---

e empregadores é destrutivo, ineficaz e dispensável; e o aparecimento da demanda judicial por conveniência (para inviabilizar ou dificultar o exercício regular de um direito)".

14. Numa enumeração acertada dos inconvenientes recorrentes que esta Justiça tem vindo a passar, em comentário feito em 97, VASCONCELOS, Antônio Gomes De. Sindicatos na administração da justiça: mediação e arbitragem voluntárias nos dissídios individuais do trabalho. *Revista Trabalho & Doutrina*, São Paulo, N.º 14, set/1997, pág. 20: (i) mecanismos judiciais morosos, insuficientes e dispendiosos; (ii) custos da demanda superiores aos acordados judicialmente; (iii) elevado número de acordos judiciais em razão da necessidade económica ou saturamento de pautas de audiência, ensejando, não raro, termos injustos para os processos; (iv) descrédito da assistência sindical perante a sobreposição de demandas trabalhistas em relação a acertos rescisórios concluídos com a anuência daqueles; (v) número de demandas revela ausência de real litígio mas "demandismo", pelo fato do trabalhador se aperceber que atenta a precária assistência sindical recebida, o recurso à Justiça ainda lhe renderá mais verbas; (vi) aproveitamento patronal das circunstâncias para reiterar prática de oferta de acordos claramente injustos para o trabalhador; (vii) contingente de ações ajuizadas é enorme mas de pequeno valor, com grande percentagem de termo processual por transação judicial; (viii) transformação progressiva da Justiça do Trabalho em órgão homologador de acordos e rescisões trabalhistas.
15. Em primeiro lugar, a generalidade dos trabalhadores não carece de arcar com qualquer valor em custas processuais para instaurar a demanda, já que até à Reforma o sistema se baseava no princípio da justiça gratuita, de que os trabalhadores usavam e abusavam sem peso, conta e medida. Como forma de não pagamento de custas, uma

Esta permissividade, estabelecida sob o baluarte do acesso à justiça, permitiu a generalização do ajuizamento de reclamatórias, muitas delas com pedidos desarrazoados. Por ser assim, o caminho da Reforma foi no sentido de racionalizar o uso da máquina judicial, moderando os instrumentos acima elencados: (i) o art. 790, §3º da CLT passou a estabelecer que o benefício de justiça gratuita passa a ser concedido apenas mediante requerimento e a sujeitos que demonstrem perceber salário igual ou inferior a 40% do limite

---

mera declaração assinada pela parte ou seu advogado atestando encontrar-se numa situação de carência económica, ilibavam-no numa presunção quase absoluta de que o juiz fazia fé. Naturalmente que este postulado trabalhista implicava que fossem os contribuintes quem, em última análise, tivessem que suportar a generosidade estatal. Segundo o Relatório Geral da Justiça do Trabalho de 2017, a Justiça do Trabalho custou à população quase 20 milhões de reais (R$ 19.746.742.664,13), quase 2 milhões a mais do que em 2015 (R$ 17.562.413.919,13). Do lado da arrecadação, entre custas, emolumentos, previdência social, imposto de renda e multas, o resultado cifrou-se nos R$ 3.588.477.056,26, pouco mais que em 2015, comparativamente (R$ 2.803.394.995). O resultado, como seria de esperar da diferença entre um e outro, foi uma dívida de R$ 16.158.265.607,87 [Relatório disponível em http://www.tst.jus.br/documents/26682/0/Relatório+Anal%C3%ADtico+e+Indicadores+Reduzido.pdf/04476e8c-2f5b-9d81--e6c9-de581099b8e2, (consulta em 07.12.2018)]. Em segundo lugar, e ao contrário do que sucede na jurisdição cível, no processo de trabalho não existiu até à Reforma previsão para que sobre os pedidos julgados improcedentes incidisse verba sucumbencial; o que em muito contribuiu para o empoderamento do trabalhador diante do judiciário, já que além de não pagar custas, encontravam-se ainda livre de pleitear todos os pedidos que entendesse, sem receio de perder quaisquer deles, pois sobre nenhum teria que pagar percentual em caso de derrota. Em terceiro lugar, a solidariedade e compadecimento que os magistrados trabalhistas tinham para com pedidos de trabalhadores manifestamente infundados, indevidos ou falsos (incidindo sobre parcelas já pagas pela empresa), excluindo-lhes amiúde a incidência de multa por litigância de má fé. Em quarto e último lugar, também para isto contribuiu o compadrio estabelecido entre parte trabalhadora demandante e mandatário relativamente à admissibilidade de pacto de *quota litis* – que, diga-se de passagem, se encontra excluída em certos ordenamentos jurídicos, como o português, por se considerar desprestigiar a profissão, instrumentalizar o advogado e desrespeitar a verba alimentar (honorários contratuais) dos mandatários judiciais –, amplamente admitido na Justiça do Trabalho, e que basicamente dá carta livre à parte para acionar o judiciário sem custos privados na contratação de profissional forense. Ou seja, a Justiça do Trabalho, até à Reforma Trabalhista, tornou-se uma porta aberta à conflitualidade e um estímulo ao acionamento em massa da classe do patronato, praticamente gratuita: sem pagamento de custas processuais de impulsão processual, sem incidência de qualquer verba sucumbencial sobre o perdedor, praticamente sem ter que suportar multas por conduta de má fé processual e, por último, sem ter que adiantar verbas de honorários (cf. Yoshida, Márcio. A arbitragem e a Reforma Trabalhista. *Revista de Arbitragem e Mediação*, São Paulo, Ano 14, Vol. 55, out-dez/2017, págs. 62-63).

máximo dos benefícios da Previdência; caindo assim a presunção geral da declaração de hipossuficiência; (ii) o art. 791-A da CLT passou a admitir que, entre os 5% e os 15%, o juiz arbitre honorários sucumbenciais a favor do mandatário, pela parte sucumbente, ainda que esta seja trabalhador beneficiário de justiça gratuita[16]; (iii) o art. 793-B da CLT passa a reconhecer de forma expressa o dever do magistrado aplicar multa por litigância de má-fé; (iv) outras situações, como o pagamento de honorários periciais em caso de sucumbência na perícia (art. 790-B da CLT) e o arquivamento do processo com pagamento de custas em caso de ausência injustificada do demandante à audiência (art. 844 da CLT).

Ora, se as consequências a estas alterações legislativas se materializarem às esperadas, i.e., maior ponderação da instauração de demandas trabalhistas e consequente redução total do número de processos, abre-se caminho para que, indiretamente, *se estimulem os procedimentos arbitrais trabalhistas*. Se um dos grandes postulados da Justiça do Trabalho – o amplo acesso à justiça em razão do seu generoso regime de gratuitidade – foi severamente posto em causa à chegada da Reforma, e se essa mesma filosofia era tida como um dos argumentos para negar as portas à arbitragem individual – mais custosa, abdicativa de tutela jurisdicional gratuita para o trabalhador – não se vê como, agora, não se possa rediscutir o problema a nova luz que afirme a arbitragem não como um mecanismo meramente alternativo à Justiça do Trabalho, mas antes, e verdadeiramente, como *complementar* àquela[17]. Afinal como diz sabiamente Fábio Rodrigues Gomes, justiça arbitral e justiça estatal são "os dois lados de uma mesma moeda"[18].

---

16. Sem se desconsiderar aqui a recente discussão que tramita no STF a respeito das ADIns que sobre as alterações que a Reforma Trabalhista teve na justiça gratuita; nomeadamente, sem desconsiderar o voto do Ministro Roberto Barroso, que declarou parcialmente procedente a ação de inconstitucionalidade da PGR, propondo, entre outras, a seguinte modificação "2. A cobrança de honorários sucumbenciais do hipossuficiente poderá incidir: (i) sobre verbas não alimentares, a exemplo de indenizações por danos morais, em sua integralidade; e (ii) sobre o percentual de até 30% do valor que exceder ao teto do Regime Geral de Previdência Social, mesmo quando pertinente a verbas remuneratórias".

17. Pretti, Gleibe. *Arbitragem no contrato de trabalho em face da reforma trabalhista*. São Paulo: LTr, 2018, pág. 48; Menezes, Cláudio Armando Couce de; Borges, Leonardo Dias. Juízo arbitral no processo do trabalho. *Revista Trabalho & Doutrina*, São Paulo, N.º 14, 1997, págs. 49-50.

18. Gomes, Fábio Rodrigues. Arbitragem e o processo do trabalho: dois lados de uma mesma moeda. *In* Mendes, Aluisio Gonçalves de Castro et. al. (coord.). *O novo processo*

4.4. UMA JUSTIÇA DO TRABALHO CONSENSUAL E MULTIPORTAS

O processualista de hoje não pode continuar a pensar e encarar o "processo" de forma isolada. Deve enquadrá-lo, sim, num contexto mais amplo, atribuindo-lhe uma finalidade coletiva e fazendo dele um *processo social*. O acesso à justiça assim o exige[19] e sem a existência de meios alternativos, a jurisdição não alcança a sua verdadeira eficácia[20]. A abertura a canais pré-contenciosos de resolução de disputas é, de resto, tendência não apenas no Brasil como em praticamente toda a Europa[21].

Os problemas que vimos acima observarem-se na Justiça do Trabalho dificultam sobremaneira a efetividade do acesso à Justiça Laboral. Diferentes formas de resolução de litígios têm-se mostrado eficientes na forma como se apresentam com alternativas aos custos e à duração do processo judicial, *maxime* a conciliação[22]. Por outro lado, é conhecida a ausência de rol significativo de normas na CLT destinados à matéria processual, patente que é a sua estrutura simplificada dirigida à promoção, sem obstáculos ou complexidades, do acesso ao exercício jurisdicional. Por ser assim, não raro se faz necessário o recurso à supletividade do processo comum ordenada pelo art. 769 da CLT e art. 15 do CPC.

---

civil brasileiro: temas relevantes. Estudos em homenagem ao professor, jurista e ministro Luiz Fux. Rio de Janeiro: GZ, 2018, pág. 338.

19. Gravatá, Isabelli. A aplicação da conciliação e da mediação do novo Código de Processo Civil no processo do trabalho, à luz do acesso à justiça. *In* Miessa, Élisson (coord.). *O novo Código de Processo Civil e seus reflexos no processo do trabalho.* Salvador: Editora Juspodivm, 2016, pág. 394.

20. Martins Filho, Ives Gandra da Silva. Métodos alternativos de solução de conflitos laborais: viabilizar a jurisdição pelo prestígio à negociação coletiva. *Revista LTr,* São Paulo, Vol. 79, N.º 07, jul/2015, pág. 799.

21. Silva, Paula Costa e. O acesso ao sistema judicial e os meios alternativos de resolução de controvérsias: alternatividade efetiva e complementaridade. *In* Zaneti Jr., Hermes, Cabral, Trícia Navarro Xavier (coord.). *Justiça multiportas, mediação, conciliação, arbitragem e outros meios de solução adequada de conflitos.* Salvador: Juspodivm, 2016, págs. 779-781.

22. Cuja presença e aplicação tem enorme importância na seara trabalhista, com números a rondar cerca da metade dos processos judiciais. A título de exemplo, no ano de 2008 registaram-se em 51,6% dos casos, em 2009 50,2%, 2010 em 51%, em 2011 cerca de 51,4%, em 2012 em 51,3%, em 2013 cerca de 48,9%, em 2014 em 48,7%, em 2015 cerca de 48,2%, em 2016 47,7% e em 2017 cerca de 45,8%. Dados disponíveis no Relatório Geral da Justiça do Trabalho de 2017; disponível em http://www.tst.jus.br/documents/26682/0/Relatório+Anal%C3%ADtico+e+Indicadores+Reduzido.pdf/04476e8c-2f5b-9d81-e6c9-de581099b8e2, (consulta em 07.12.2018).

Como forma a ultrapassar estas dificuldades, em 2000 foi sancionada nova alteração à CLT (Lei n.º 9.958, de 12 de Janeiro) que lhe introduziu os artigos 625-A a 625-H e 877.º-A e modificou-lhe o teor do art. 876. Instituíram-se assim as chamadas Comissões de Conciliação Prévia (CCPs)[23-24]; uma forma extrajudicial de composição de dissídios individuais para fazer face à carência das verbas alimentares diante de um judiciário superlotado ou, noutras palavras, uma forma de afrouxar as interferências estatais nas relações capital-trabalho[25].

---

23. Existiam quatro tipos de Comissões: dentro da empresa, entre grupo de empresas, dentro do sindicato e com natureza intersindical. Os eleitos para a representação das comissões beneficiavam de garantia de emprego e tinham a sua atuação fiscalizada pelos sindicatos. *Vide*, MARTINS, Sérgio Pinto. *Comissões de conciliação prévia e procedimento sumaríssimo.* 2ª ed. São Paulo: Atlas, 2000, págs. 33 ss. As CCP's não se confundem, porém, com os Núcleos Intersindicais de Conciliação Trabalhista ("NINTER"), apesar da CLT remeter a aplicação do normativo das primeiras às segundas, em tudo o que couber (art. 625-H da CLT). A sua natureza é extremamente diferenciada. Ao passo que as CCPs se regem por dipositivos legais previstos na CLT, os NINTER regem-se por estatutos próprios; ao passo que aquelas são entes de fato, apenas contam com trabalhadores temporários e estão despidas de qualquer tipo de organização ou composição orgânica, as segundas têm personalidade jurídica, tendo empregadores permanentes e organizações internas estruturadas (cf. MOREIRA JÚNIOR, Landial. O sistema núcleo intersindical de conciliação trabalhista (NINTER) e a participação dos sindicatos. *In* TUPINAMBÁ, Carolina (coord.). *Soluções de conflitos trabalhistas: novos caminhos.* São Paulo: LTr, 2018, pág. 292; VASCONCELOS, Antônio Gomes de. Os núcleos intersindicais de conciliação trabalhista na Lei 9.958 de 2000. *Revista LTr*, São Paulo, Vol. 64, N.º 2, fev/2000, pág. 26).
24. Também em Espanha a LRJS impõe como pressuposto processual para submeter o litígio laboral à jurisdição estatal que as partes tenham procurado conciliar-se em serviço administrativo correspondente de mediação ou conciliação ou por intermédio sindical, desde que previsto em IRCT. Assim, lê-se no art. 63 da LRJS "Artículo 63. Conciliación o mediación previas. Será requisito previo para la tramitación del proceso el intento de conciliación o, en su caso, de mediación ante el servicio administrativo correspondiente o ante el órgano que asuma estas funciones que podrá constituirse mediante los acuerdos interprofesionales o los convenios colectivos a los que se refiere el artículo 83 del Texto Refundido de la Ley del Estatuto de los Trabajadores, así como mediante los acuerdos de interés profesional a los que se refieren el artículo 13 y el apartado 1 del artículo 18 de la Ley del Estatuto del trabajo autônomo".
25. A sua valência era sobretudo destinada à substituição dos sindicatos na homologação de rescisões contratuais, permitindo-se amplos termos de quitação sobre os direitos laborais. Ao contrário da arbitragem, porém, estas Comissões não tinham qualquer poder de decisão, limitando-se a uma participação conciliatória no diálogo das partes. Desta forma pretendia-se, ainda, descongestionar as instituições judiciais, diminuindo o número dos processos novos que eram propositadamente interpostos apenas com

As CCP assumiam-se como uma forma de resolução extrajudicial de resolução de litígios e postulado do princípio de *adequação*[26].Estas CCP's não tinham qualquer tipo de relação com a jurisdição estatal, que podia e deveria continuar a promover as suas conciliações judiciais no início do processo logo após a abertura da audiência (art. 846 CLT) e, mais tarde, no termo da instrução, após razões finais (art. 850 CLT)[27]. As CCP's foram, porém, acusadas de: (i) não ser muito profícuas, já que alguns dos acertos nela promovidos vieram a ser questionados judicialmente por colocarem em causa direitos indisponíveis dos trabalhadores; e (ii) criarem um obstáculo ao acesso à justiça, já que constituíam requisito prévio obrigatório ao recurso ao judiciário[28]. Como o termo assinado servia de título executivo extrajudicial e tinha eficácia liberatória geral, houve várias notícias de fraudes que se dissiparam[29]. Por ser assim, a CLT deixou de impor como requisito

---

vista à obtenção de um acordo e que, por muitos deles serem até de baixo valor, custavam muito mais ao Estado do que exigiam nos pedidos.

26. Almeida, Diogo Assumpção Rezende de. Novamente o princípio da adequação e os métodos de solução de conflitos. *In* Tupinambá, Carolina (coord.). *Soluções de conflitos trabalhistas: novos caminhos*. São Paulo: LTr, 2018, pág. 84.

27. Como alerta Zangrando, as CCP's não eram instância administrativa, pois lá não se faz processo administrativo; nem há nelas uma ligação ao poder do Estado, já que não se faz processo. As comissões aproximavam-se sim de meros órgãos de conciliação extrajudicial, de direito privado. Zangrando, Carlos Henrique da Silva. A conciliação extrajudicial no Direito Brasileiro e no Direito Comparado. *In* Carolina Tupinambá (coord.). *Soluções de conflitos trabalhistas: novos caminhos*. São Paulo: LTr, 2018, pág. 230. Também forte crítico, Chaves, Luciano Athayde. *Estudos de Direito Processual do Trabalho*. São Paulo: LTr, 20099, págs. 35-45.

28. Criticando a obrigatoriedade e a eficácia liberatória geral do acordo aí celebrado, Pisco, Cláudia de Abreu Lima. O acesso à justiça e a tentativa de conciliação prévia de conflitos trabalhistas. *Revista LTr*, São Paulo, Vol. 72, N.º 01, jan/2008, pág. 96. Sobre a temática, Pereira, Alexandre Pimenta Batista. Solução extrajudicial do conflito trabalhista – um destaque para o problema da comissão de conciliação prévia. *Revista IOB trabalhista e Previdenciária*, São Paulo, Vol. 21, N.º 250, abr/2010, págs. 10-12.

29. Foi neste contexto que a anamatra preparou projeto-lei para que se procedesse a alterações à Lei n.º 9.958/00. oab e abrat tiveram igualmente importante papel nas negociações. Como decorre do Projeto Lei de 2003, "Em primeiro lugar, as Comissões devem ser fruto de convenção ou acordo coletivo, originárias de ampla negociação entre sindicatos representantes da categoria econômica e profissional. É excluída a hipótese da Comissão ser instituída por ato unilateral do empregador. Além de estimular a negociação coletiva, garante-se o acompanhamento pelos sindicatos envolvidos, elidindo a fraude. Os requisitos mínimos já previstos na legislação vigente são mantidos, como a paridade de representação na Comissão, o mandato de um ano, permitida uma recondução, e a vedação de dispensa dos membros da Comissão até

obrigatório e prévio de acesso ao judiciário a promoção de tentativas conciliadoras nas CCP's (art. 625-D, §3º CLT), até para evitar problemas de restrição do acesso à justiça[30].

Neste sentido, pode-se até reconhecer que a experiência havida com as CCT's não foi tão proveitosa quanto o desejado. Apesar de ter contribuído para a diminuição considerável de ações intentadas na Justiça do Trabalho[31], também demonstrou a desconfiança do judiciário em delegar nos particulares poderes para a composição de interesses, ainda que assistidos por representantes das respetivas classes. A avaliação foi, porém, bastante injusta: (i) porque nas comissões estavam sempre presentes representantes do empregado ou do seu sindicato, além da facultativa presença de advogado da parte; (ii) porque o trabalhador era sempre livre de ressalvar quaisquer direitos que não tivessem sido pagos, excluindo-os do termo e evitando renúncias a direitos; (iii) porque ao regramento disciplinador das CCP se aplicava o regime dos arts. 166 ss do CPC no que coubesse[32]; (iv) por último, porque não sendo o direito de ação um direito absoluto, a sua sujeição a condições de ação e pressupostos processuais é algo que resulta da escolha do legislador, sendo que a sujeição a prévia e obrigatória conciliação, enquanto mais um desses requisitos, em nada afetaria a garantia constitucional[33].

Em todo o caso, não deixa de demonstrar uma crescente preocupação do legislador em desanuviar o Judiciário e de procurar mecanismos concilia-

---

um ano após o final de seu mandato, entre outros (...). Outro aspeto relevante a ser alterado está relacionado à presença indispensável do advogado das partes no procedimento de conciliação, garantindo a observância dos direitos mínimos das pessoas envolvidas. Deve, outrossim, ficar explícito que é facultativo submeter a demanda à Comissão de Conciliação, a fim de que não restem dúvidas de que não é condição da ação ou pressuposto processual da reclamação trabalhista", disponível em https://www.camara.leg.br/proposicoesWeb/prop_mostrarintegra?codteor=119900.

30. *V.* ADI n.º 2139 e ADI n.º 2160.

31. *V.* Relatório do TST de 2015.

32. Garcia, Gustavo Filipe Barbosa. Novo Código de Processo Civil: Conciliação e Mediação no Processo do Trabalho. *Revista Síntese Trabalhista e Previdenciária*, São Paulo, Vol. 25, N.º 305, nov/2014, págs. 23-25.

33. Neste sentido, Mansur, Juliano Martins. Os novos instrumentos de composição de conflitos trabalhistas e a valorização da Justiça do Trabalho. *In* Tupinambá, Carolina (coord.). *Soluções de conflitos trabalhistas: novos caminhos*. São Paulo: LTr, 2018, pág. 126. Ainda, Silva Junior, Leone Pereira da; Amaral, Mariana Dias da Costa do. A arbitragem e seus reflexos na Justiça do Trabalho. *In* Tupinambá, Carolina (coord.). *Soluções de conflitos trabalhistas: novos caminhos*. São Paulo: LTr, 2018, pág. 430.

tórios extrajudiciais. Inclusivamente os posicionamentos da jurisprudência acerca da amplitude dos seus efeitos têm sido generosos, tal como é o caso do TST[34] ou mesmo o do TRT da 23ª Região, que inclusivamente sumulou entendimento a respeito atribuindo-lhe eficácia liberatória geral[35].

O segundo caso de solução alternativa de resolução de conflitos trabalhistas que querimos destacar e que tem colhido imensa importância (e polémica) ao longo dos tempos é a chamada *transação extrajudicial* por adesão a PDV. Por corresponder a forma extrajudicial de acerto de verbas trabalhistas, a jurisprudência negava-lhe eficácia liberatória plena e geral, o que ficou patente nas OJ n.os 270[36], 207[37] e 356[38] da SDI-1 do TST. Os trabalhadores insatisfeitos com os termos da transação sempre poderiam pleitear na Justiça do Trabalho reclamação trabalhista sobre as verbas eventualmente não quitadas.

Eventos recentes no polo jurisdicional e legislativo, porém, alteraram este entendimento consolidado. Primeiro, e como vimos acima, em decisão recente sobre a matéria o STF determinou que sempre que esse mesmo PDV estivesse previamente previsto por IRCT, a adesão do trabalhador já importaria a quitação ampla e plena das verbas do contrato de trabalho. Em

---

34. Acórdão do TST, processo de Recurso de Revista n.º 215400.33.2006.5.01.0511, Relator Ministro Renato de Lacerda Paiva, SDI-I, Data de julgamento 29.06.2012, onde se pode ler: "é de se extrair, do art. 625-E da Consolidação das Leis do Trabalho, que o termo firmado perante a Comissão de Conciliação prévia, sem qualquer ressalva, tem eficácia liberatória ampla, a obstar posterior discussão sobre direito não resguardado expressamente. Significa dizer que, uma vez eleita a via da conciliação prévia, nos termos do referido artigo consolidado, consubstancia-se o firmado TRC em ato jurídico perfeito, a refletir vontade manifestada espontaneamente pelas partes, como título executivo extrajudicial".

35. Assim, por exemplo, o TRT da 23ª Região inclusivamente sumulou entendimento em 2017 (Súmula n.º 2) sustentando que "Acordo firmado perante a Comissão de Conciliação Prévia tem eficácia liberatória geral quanto ao pacto laboral a que se refere, exceto no que pertine às parcelas expressamente ressalvadas".

36. *Vide supra* nota n.º 61.

37. "Programa de incentivo à demissão voluntária. Indenização. Imposto de renda. Não incidência (inserido dispositivo) – res. 129/2005, dj 20, 22 e 25.04.2005. A indenização paga em virtude de adesão a programa de incentivo à demissão voluntária não está sujeita à incidência do imposto de renda."

38. "Programa de incentivo à demissão voluntária (PDV). Créditos trabalhistas reconhecidos em juízo. Compensação. Impossibilidade (DJ 14.03.2008). Os créditos tipicamente trabalhistas reconhecidos em juízo não são suscetíveis de compensação com a indenização paga em decorrência de adesão do trabalhador a Programa de Incentivo à Demissão Voluntária (PDV)."

segundo lugar, a Reforma Trabalhista no art. 477-B da CLT passou a determinar expressamente que a adesão ao PDV, seja em despedimento individual ou coletivo, e desde que previsto antecipadamente em IRCT, importará a presunção de higidez da vontade negocial do trabalhador e acarretará, por conseguinte, a quitação plena e irrevogável dos direitos trabalhistas[39]. A mudança de rumo é sobremaneira importante. A prática jurisdicional que até então vingava no julgamento destes acordos ditava o descrédito da negociação coletiva, no geral e dos IRCT, em particular. Até porque os PDV representam importante mecanismo de minimização de riscos e danos; o seu desrespeito e total desconsideração ao que era acordado não só prejudicavam a seriedade destes ajustes como conduziam a posturas fraudulentas por parte de empresários que se sentissem enganados[40].

Em último lugar, recordar que o advento da Reforma Trabalhista alargou o rol de opções colocadas às partes para composição do seu diferendo: arbitragem, plano de demissão voluntária (PDV), resolução consensual do contrato ("distrato"), acordo extrajudicial a ser homologado em jurisdição voluntária etc. À medida que diferentes formas de resolução de litígios vão sendo colocadas à disposição das partes assistimos, assim, à paulatina derrota do dogma de que apenas o Estado-juiz poderia chancelar as disposições e acertos de verbas salariais tendencialmente indisponíveis.

4.5. ARBITRAGEM PELO *MINISTÉRIO PÚBLICO* DO TRABALHO

Nos termos do art. 83, inc. XI, da Lei Complementar n.º 75/1993, o Ministério Público do Trabalho tem competência para exercer funções de árbitro nos dissídios de competência da Justiça do Trabalho, caso para tal seja solicitado pelas partes[41]. Paralelamente, segundo o disposto nos arts. 127 *caput* e 129, inc. IX da CF, ao MPT cabem, entre outras, funções de

---

39. "Plano de Demissão Voluntária ou Incentivada, para dispensa individual, plúrima ou coletiva, previsto em convenção coletiva ou acordo coletivo de trabalho, enseja quitação plena e irrevogável dos direitos decorrentes da relação empregatícia, salvo disposição em contrário estipulada entre as partes" (cit. art. 477-B da CLT).

40. GOMES, Fábio Rodrigues. O novo direito do trabalho. *Revista do TST*, São Paulo, Vol. 84, N.º 3, jul-set/2018, pág. 141.

41. Aproveita-se para destacar também que as práticas de mediação e conciliação levadas a cabo pelo MPT, ainda que muito tímidas, começam já a ser incentivadas pela doutrina (*v.* PAI MORAES, Paulo Valério Dal. Novo Código de Processo Civil – O Ministério Público e os Métodos Autocompositivos de Conflito – negociação, mediação e conciliação. *In* TUPINAMBÁ, Carolina (coord.). *Soluções de conflitos trabalhistas: novos caminhos*. São Paulo: LTr, 2018, págs. 328-330).

defesa da ordem jurídica, do regime democrático e dos interesses sociais e individuais indisponíveis.

Porém, e não obstante as notórias competências para o efeito, o MPT não tem tido grande trabalho no desempenho destas funções, o que mal se compreende quando se considera a importância e enorme potencial que a arbitragem pode ter para a pacificação de conflitos laborais. Será de esperar desta instituição o desempenho de um papel mais ativo, não apenas como mediador[42], mas também como árbitro, na tomada de iniciativa em estimular

42. Conforme explica Lima Filho, a experiência do MPT como mediador tem sido profícua em pelo menos duas modalidades: as que visam resolver impasse em negociação coletiva e as que envolvem trabalhadores terceirizados da administração pública, que carecem da atuação ministerial do MPT para viabilizar o pagamento de verbas; à primeira designa como própria, à segunda como imprópria (Lima Filho, Cláudio Dias. Mediação nas Modalidades 'Própria' e 'Imprópria' no âmbito do Ministério Público do Trabalho. *In* Santos, Élisson Miessa dos, Correia, Henrique (coord.). *Estudos Aprofundados – Ministério Público do Trabalho.* Salvador: Juspodivm, 2015, vol. II, págs. 659-660). Destacando também esse papel como mediador, mas colocando mais ênfase nos princípios por que se deverá pautar, Bortolli, Fabrizio de. Uma nova política pública para o Ministério Público do Trabalho. *In* Miessa, Élisson (coord.). *O novo Código de Processo Civil e seus reflexos no processo do trabalho.* Salvador: Editora Juspodivm, 2016, pág. 441. O autor considera que apesar do MPT lidar atualmente com os procedimentos de mediação mais de uma perspetiva administrativa, haverá que se procurar subordinar ao princípio da publicidade – sem prejudicar com isso a tendencial informalidade do procedimento onde as partes livremente acordam sobre as regras procedimentais (art. 166 §4º do CPC e 2º, IV da Lei de Mediação n.º 13.140/2015) – e o princípio da confidencialidade (art. 166 §§1º e 2º do CPC). Por outro lado, importa ainda acrescentar que após a abertura sistemática à criação de formas conciliatórias e de mediação por intermédio de lei especial, deixada pelo art. 175, *caput* do CPC (*in verbis* "As disposições desta Seção não excluem outras formas de conciliação e mediação extrajudiciais vinculadas a órgãos institucionais ou realizadas por intermédio de profissionais independentes, que poderão ser regulamentadas por lei específica"), o Conselho Nacional do MP aproveitou para celebrar Acordo de Cooperação n.º 14/2012 precisamente para atender a esses propósitos. Foi precisamente como resultado deste acordo que, posteriormente, se aprovou a Resolução n. º118 em matéria de 'Política Nacional de Incentivo à Autocomposição no Âmbito do Ministério Público", que pretendeu precisamente, e entre outros pontos, capacitar os seus membros à promoção de técnicas de conciliação e mediação (art. 18) e debater propostas com órgãos públicos para difundir estas práticas (arts. 5º e 6º). Mediação laboral esta que alternativamente poderia ser procurada com recurso à Defensoria Pública (a respeito, *vide* Silva, Franklyn Roger Alves; Esteves, Diogo. A atuação extrajudicial da defensória pública e a possibilidade de emprego dos métodos adequados de solução de controvérsias trabalhistas. *In* Tupinambá, Carolina (coord.). *Soluções de conflitos trabalhistas: novos caminhos.* São Paulo: LTr, 2018, págs. 100-101.

e promover o uso desta alterativa de composição de interesses[43]. A defesa dos interesses sociais e coletivos encabeçada pelo MPT exige deste uma preocupação adicional em retirar da arbitragem todo o potencial que ela tem para oferecer e um trabalho constante para introduzir um novo paradigma na "Justiça" do Trabalho.

Além da lista de vantagens tradicionalmente apontadas pela generalidade da doutrina ao uso da arbitragem, o recurso desta pela mão do MPT permite acrescentar-lhes mais algumas: (i) a *especialização* do procurador do trabalho para o desempenho do ofício de árbitro, assim como o compromisso institucional deste para com a prossecução da justiça e o seu sentido de interesse público que lhe advém do exercício da profissão; (ii) a atenuação do *esforço financeiro* para as partes, por não se tratar de câmara privada de resolução de disputas e assim o permitir a estrutura orgânica do MPT; (iii) as *prerrogativas institucionais* do MPT (prossecução de diligências, solicitação de documentos, exames, períficas etc.), que podem ser colocadas ao serviço da arbitragem; (iv) *aproximação* e maior interação do MPT com a sociedade; (v) a *confiança* que a instituição do MPT colhe junto da sociedade, como elemento diferenciador para a escolha dos seus serviços nesta sede; (v) possibilidade de *evitar os inconvenientes que as tentativas passadas* com as Comissões de Conciliação Prévia (CCP's) revelaram, *maxime* em matéria de cobrança de custos excessivos ou de renúncia a direitos descontrolada[44].

4.6. ARBITRAGEM NO DIREITO *COLETIVO* DO TRABALHO

No âmbito do direito coletivo do trabalho, a arbitragem é admitida pelo próprio legislador constituinte e colhe previsão expressa em sede do art. 114, §2º da CF, não havendo dúvidas da sua constitucionalidade[45].

Dispõe o art. 114, §2º da CF que "recusando-se qualquer das partes à negociação coletiva ou à arbitragem, é facultado às mesmas, de comum acordo, ajuizar dissídio coletivo de natureza econômica, podendo a Justiça

43. Brito, Rildo Albuquerque Mousinho de. Arbitragem de Conflitos Trabalhistas pelo Ministério Público do Trabalho. *Revista IOB trabalhista e Previdenciária,* São Paulo, Vol. 17, N.º 204, jun/2006, pág. 43.

44. Brito, Rildo Albuquerque Mousinho de. Arbitragem de Conflitos Trabalhistas pelo Ministério Público do Trabalho. *Revista IOB trabalhista e Previdenciária,* São Paulo, Vol. 17, N.º 204, jun/2006, pág. 44.

45. Bulos, Uadi Lammêgo. Arbitragem: constitucionalidade e aplicação nos dissídios trabalhistas. *Revista Trabalho & Doutrina*, São Paulo, N.º 14, 1997, pág. 99.

do Trabalho decidir o conflito, respeitadas as disposições mínimas legais de proteção ao trabalho, bem como as convencionadas anteriormente".

No âmbito dos dissídios coletivos, a possibilidade de fazer uso da arbitragem não gera grandes dúvidas, porquanto envolve questões de criação ou modificação de direitos (dissídios econômicos) ou a interpretação de normas jurídicas (dissídios puramente jurídicos). Os tradicionais problemas de incompatibilidade com a natureza irrenunciável dos créditos salariais não se colocariam, então, nesta sede. Além de que, perante a delegação de poderes dos trabalhadores nos sindicatos para negociar em nome da categoria os interesses gerais da coletividade, mal se compreenderia que, na mesma ordem de ideias, não pudessem aqueles transferir para um árbitro ou terceiro a composição desses mesmos interesses.

A nível internacional, a Convenção n.º 154 da Organização Internacional do Trabalho (OIT), que foi devidamente ratificada pelo Brasil, dispõe claras recomendações ao uso da arbitragem relativamente a conflitos coletivos de trabalho[46]. Também a doutrina incentiva significativamente o uso deste mecanismo no campo do direito coletivo, dadas as inegáveis vantagens em termos de celeridade na condução do litígio envolvendo direitos coletivos, difusos ou individuais homogéneos e, bem assim, na especialidade dos árbitros trabalhistas[47].

---

46. Nos termos do respetivo art. 6º da Convenção, pode ler-se "As disposições da presente Convenção não obstruirão o funcionamento de sistemas de relações de trabalho, nos quais a negociação coletiva ocorra em um quadro de mecanismos ou de instituições de conciliação ou de arbitragem, ou de ambos, nos quais tomem parte voluntariamente as partes na negociação coletiva".

47. Como bem exemplifica MALLET, Estêvão. Arbitragem trabalhista. *Revista de Airbitragem e Mediação,* Vol. 7, n.º 25, abr-jun/2010, pág. 41: "(...) [a arbitragem em litígios coletivos do trabalho tem] especial importância em matéria de conflitos coletivos. Quais são essas qualidades? De um lado, a rapidez, que já foi aqui cantada em verso e prosa, como característica da arbitragem. Ora, um conflito coletivo, uma greve de ônibus, uma greve nos portos ou uma reivindicação de reajuste salarial em qualquer categoria, um conflito dessa natureza não pode se prolongar por meses, muito menos por anos, como nós sabemos que algumas vezes ocorre no Poder Judiciário. Outra característica importante da arbitragem teria especial utilidade neste setor, que é a especialização dos árbitros. No campo coletivo, os juízes veem-se a braços com os mais variados problemas. Têm de enfrentar greves de concessionárias de rodovias, e, ao mesmo tempo, enfrentar greves de motoboys. Embora ambos atuem muito próximos, eu digo, os motoboys que se utilizam das rodovias, nem, por isso, os setores são iguais. As realidades econômicas são completamente diferentes. Como resolver essas controvérsias, definindo, por exemplo, os reajustes que serão aplicados? O juiz muitas vezes

4.7. ARBITRAGEM NO DIREITO INDIVIDUAL DO TRABALHO

4.7.1. Tese que pugna pela não admissibilidade da arbitragem no direito individual do trabalho

A doutrina juslaboral[48], de onde destacamos Maurício Godinho Delgado[49], assim como alguma jurisprudência da Justiça do Trabalho[50],

---

é um generalista: conhece um pouco de tudo. O árbitro é um especialista, conhece exatamente as peculiaridades do setor. E por não ter o juiz conhecimento especializado, no campo coletivo, o que nós vemos é que as decisões caem na generalidade".

48. Alice Monteiro de Barros, considerando que apenas no âmbito do processo coletivo do trabalho, "a arbitragem tem respaldo legal", mas não admitindo tal método no dissídio individual do trabalho, em razão do princípio da irrenunciabilidade tornar a maior parte das normas trabalhistas indisponíveis (Barros, Alice Monteiro. *Curso de Direito do Trabalho.* 10ª ed. São Paulo: LTr, 2016, págs. 90-91); no mesmo diapasão, admitindo a possibilidade da arbitragem no direito coletivo do trabalho mas sem se posicionar em relação ao direito individual do trabalho, Nascimento, Amauri Mascaro. Curso de Direito do Trabalho. 19ª ed. São Paulo: Saraiva, 2004, págs. 1138-1141; também nesta linha, Francisco Ferreira Jorge Neto e Jouberto de Quadros Pessoa Cavalcante, quando afirmam que "[a] doutrina trabalhista tem apresentado grande resistência à aplicação da arbitragem aos conflitos entre empregado e empregador, por seu os direitos individuais indisponíveis para o trabalhador" (cit. Jorge Neto, Francisco Ferreira; Cavalcante, Jouberto de Quadros Pessoa. Direito do Trabalho. 4ª ed. Rio de Janeiro: Lumen Juris, 2008, t. II, pág. 1636). O mesmo é o que se infere da obra de Luciano Martinez, quando em tópico relativo à arbitragem não se posiciona sobre a sua possibilidade, ou não, no campo do direito individual do trabalho (Martinez, Luciano *Curso de Direito do Trabalho.* 6ª ed. São Paulo: Saraiva, 2015, pág. 882-884). Também no seu curso, Bezerra Leite sustenta que a Lei n.º 9307/96 (Lei da Arbitragem) apenas pode resolver conflitos onde estejam envolvidos direitos patrimoniais disponíveis, o que torna inviável a sua aplicação aos conflitos individuais trabalhistas (Leite, Carlos Henrique Bezerra. *Curso de Direito Processual do Trabalho.* 5ª ed. São Paulo: Saraiva, 2007, pág. 110). No mesmo sentido, considerando terreno pouco fértil à arbitragem o direito individual do trabalho, Chaves, Luciano Athayde. *Estudos de Direito Processual do Trabalho.* São Paulo: LTr, 2009, pág. 59 e em *Curso de Processo do Trabalho.* 2ª ed. São Paulo: LTr, 2012, págs. 147-149. Também contra a admissibilidade da arbitragem individual, Maciel, José Alberto Couto. Arbitragem na relação de emprego e na relação de trabalho. *Revista LTr,* São Paulo, Vol. 80, N.º 09, set/2016, pág. 1079. Para o autor apenas as relações de trabalho, mas não de emprego, podem ser submetidas a arbitragem. Sem abordar a questão, Horcaio, Ivan Lage. Direito e Processo do Trabalho. São Paulo: Cronus, 2015.

49. "É que vigora, no Direito do Trabalho, especialmente em seu segmento jusindividual, o princípio da indisponibilidade de direitos, que imanta de invalidade qualquer renúncia ou mesmo transação lesiva operada pelo empregado ao longo do contrato. A fórmula arbitral, que pode levar a uma considerável redução ou supressão de direitos,

tem um histórico de negar a admissibilidade da arbitragem para dirimir conflitos individuais trabalhistas. Fá-lo com base numa série de argumentos,

---

teria força para esterilizar, ou mesmo atenuar, semelhante princípio básico do ramo justrabalhista especializado? A resposta parece-nos claramente negativa. As fórmulas de solução de conflitos, no âmbito do Direito Individual do Trabalho, submetem-se, é claro, aos princípios nucleares desse segmento especial do Direito, sob pena de a mesma ordem jurídica ter criado mecanismo de invalidação de todo um estuário jurídico-cultural tido como fundamental por ela mesma. Nessa linha, é desnecessário relembrar a absoluta prevalência que a Constituição confere à pessoa humana, à sua dignidade no plano social, em que se insere o trabalho, e a absoluta preponderância deste no quadro de valores, princípios e regras imantados pela mesma Constituição. Acresça-se, ainda, a dificuldade de compatibilização da regra disposta nos arts. 18 e 31 da Lei de Arbitragem com o preceito clássico de amplo acesso ao Judiciário, assegurado pelo art. 5º, XXXV, da Constituição. De fato, a Lei n. 9.307 parece querer conferir qualidades de coisa julgada material à decisão arbitral, mesmo em conflitos meramente interindividuais, excluindo, em consequência, da apreciação judicial lesão ou ameaça a direitos trabalhistas que poderiam estar nele embutidas. Ainda que se considere superável tal dificuldade de compatibilização no âmbito do Direito Civil, Direito Comercial/Empresarial, Direito Internacional e outros segmentos jurídicos – onde vigora, como critério geral, o princípio da autonomia da vontade -, ela não parece passível de arredamento no campo justrabalhista, em que os princípios nucleares são de natureza e direção sumamente distintas. Registre-se, a propósito, ser comum na cultura jurídica a existência de institutos modelares para certos campos normativos, embora incompatíveis com relação a outros. Nesta medida de incompatibilidade com o Direito Individual do Trabalho encontra-se a arbitragem." (DELGADO, Maurício Godinho. *Curso de direito do trabalho.* 16ª ed. São Paulo: LTr, 2017, pág. 1658-1659).

50. Eram sobretudo 5 turmas do TST que consideravam os litígios individuais inarbitráveis, nomeadamente, 1ª, 2ª, 5ª, 6ª e 8ª. Sendo que a 3ª e a 7ª turma tinham julgados em dois sentidos. A título de exemplo, "ARBITRAGEM. DIREITO INDIVIDUAL DO TRABALHO. INCOMPATIBILIDADE. O art. 114 da Constituição Federal delimita a competência da Justiça do Trabalho e apenas quanto às questões coletivas autorizou a arbitragem. Não houve espaço constitucional para a arbitragem nas demandas individuais trabalhistas. Longe das origens do Estado Liberal, hoje as relações trabalhistas, reconhecidamente desequilibradas na ótica individual empregado-empregador, são relações que não autorizam o compromisso arbitral, afastando a jurisdição estatal. Apenas sob a ótica coletiva, juridicamente igualitária, ficou autorizada a solução extrajudicial dos conflitos através da arbitragem (...)", acórdão do TRT 10ª Região, 3ª Turma, Recurso Ordinário n.º 1247/2005.005.10.00-3, relatora Márcia Mazoni Cúrcio Ribeiro, Data de Julgamento 10.11.2006; "COMISSÃO DE CONCILIAÇÃO PRÉVIA. TRIBUNAL DE ARBITRAGEM. SINDIFORTE. TERRITORIALIDADE. FRAUDE. INEFICÁCIA. COMPETÊNCIA. JUSTIÇA DO TRABALHO. A quitação outorgada por vigilante junto ao Tribunal de Arbitragem do Estado de São Paulo, em decorrência de acordo coletivo firmado pelo Sindiforte e a empresa Estrela Azul, sem a existência de qualquer lide prévia, e dentro do prazo previsto no §6º do art. 477 da CLT, é absolutamente ineficaz e não produz nenhum efeito jurídico (arts. 9º, 625-B e 477 e §§ da CLT), principalmente quando o

nomeadamente: (i) vasta amplitude e facilidade no acesso à Justiça do Trabalho que praticamente *não justifica* o recurso a esta via alternativa de resolução de litígios, (ii) a *natureza irrenunciável e intransigível das parcelas* rescisórias, (iii)

---

trabalhador prestou serviços em localidade abrangida pela base territorial de outro sindicato. Em razão disso, ela não impede o ajuizamento da reclamação trabalhista na Justiça do Trabalho, que é a única competente para dirimir a controvérsia (...)", acórdão do TRT 15ª Região, 2ª Turma, Recurso Ordinário n.º 142/2003.093.15.00-0, rel. Paulo de Tarso Salomão, Data de Julgamento 16.02.2007, pág. 24; *ainda* "Agravo de instrumento. Recurso de revista. Arbitragem. Inaplicabilidade da Lei n. 9.307/96 nos Conflitos individuais de trabalho. Embora o art. 31 da Lei n. 9.307/96 disponha que — a sentença arbitral produz, entre as partes e seus sucessores, os mesmos efeitos da sentença proferida pelos órgãos do Poder Judiciário e, sendo condenatória, constitui título executivo —, entendo-a inaplicável ao contrato individual de trabalho. Com efeito, o instituto da arbitragem, em princípio, não se coaduna com as normas imperativas do Direito Individual do Trabalho, pois parte da premissa, quase nunca identificada nas relações laborais, de que empregado e empregador negociam livremente as cláusulas que regem o contrato individual de trabalho. Nesse sentido, a posição de desigualdade (jurídica e econômica) existente entre empregado e empregador no contrato de trabalho dificulta sobremaneira que o princípio da livre manifestação da vontade das partes se faça observado. Como reforço de tese, vale destacar que o art..114 da Constituição Federal, em seus §§1º e 2º, alude à possibilidade da arbitragem na esfera do Direito Coletivo do Trabalho, nada mencionando acerca do Direito Individual do Trabalho. Agravo de instrumento a que se nega provimento", ementa de acórdão do TST, 6ª Turma, Processo AIRR n.º 415/2005-039-02-40.9, rel. Min. Horácio Raymundo de Senna Pires, Data de Julgamento 17.6.2009; "Recurso de revista. Arbitragem. Relações individuais de trabalho. Inaplicabilidade. As fórmulas de solução de conflitos, no âmbito do Direito Individual do Trabalho, submetem-se, é claro, aos princípios nucleares desse segmento especial do Direito, sob pena de a mesma ordem jurídica ter criado mecanismo de invalidação de todo um estuário jurídico-cultural tido como fundamental por ela mesma. Nessa linha, é desnecessário relembrar a absoluta prevalência que a Carta Magna confere à pessoa humana, à sua dignidade no plano social, em que se insere o trabalho, e a absoluta preponderância deste no quadro de valores, princípios e regras imantados pela mesma Constituição. Assim, a arbitragem é instituto pertinente e recomendável para outros campos normativos (Direito Empresarial, Civil, Internacional, etc.), em que há razoável equivalência de poder entre as partes envolvidas, mostrando-se, contudo, sem adequação, segurança, proporcionalidade e razoabilidade, além de conveniência, no que diz respeito ao âmbito das relações individuais laborativas. Recurso de revista provido, no aspeto", TST, 6ª Turma, Recurso de Revista Proc. n.º 8952000.45.2003.5.02.0900, Rel. Ministro Mauricio Godinho Delgado, Data de Julgamento 19.02.2010; "Recurso de Revista. Arbitragem. Inaplicabilidade ao direito individual do trabalho. 1. Não há dúvidas, diante da expressa dicção constitucional (CF, art. 114, §§1º e 2º), de que a arbitragem é aplicável na esfera do Direito Coletivo do Trabalho. O instituto encontra, nesse universo, a atuação das partes em conflito valorizada pelo agregado sindical. 2. Na esfera do Direito Individual do Trabalho, contudo, outro será o ambiente: aqui, os

a *assimetria* com que se encontra o trabalhador na relação jurídica material e processual, (iv) a situação jurídica de subordinado que resulta do contrato

---

partícipes da relação de emprego, empregados e empregadores, em regra, não dispõem de igual poder para manifestação da própria vontade, exsurgindo a hipossuficiência do trabalhador (bastante destacada quando se divisam em conjunção a globalização e tempo de crise). 3. Esta constatação medra já nos esboços do que viria a ser o Direito do Trabalho e deu gestação aos princípios que orientam o ramo jurídico. O soerguer de desigualdade favorável ao trabalhador compõe a essência dos princípios protetivo e da irrenunciabilidade, aqui se inserindo a indisponibilidade que gravará a maioria dos direitos – inscritos, quase sempre, em normas de ordem pública – que amparam a classe trabalhadora. 4. A Lei nº 9.307/96 garante a arbitragem como veículo para se dirimir "litígios relativos a direitos patrimoniais disponíveis" (art. 1º). A essência do instituto está adstrita à composição que envolva direitos patrimoniais disponíveis, já aí se inserindo óbice ao seu manejo no Direito Individual do Trabalho (cabendo rememorar-se que a Constituição Federal a ele reservou apenas o espaço do Direito Coletivo do Trabalho). 5. A desigualdade que se insere na etiologia das relações de trabalho subordinado, reguladas pela CLT, condena até mesmo a possibilidade de livre eleição da arbitragem (e, depois, de árbitro), como forma de composição dos litígios trabalhistas, em confronto com o acesso ao Judiciário Trabalhista, garantido pelo art. 5º, XXXV, do Texto Maior. 6. A vocação protetiva que dá suporte às normas trabalhistas e ao processo que as instrumentaliza, a imanente indisponibilidade desses direitos e a garantia constitucional de acesso a ramo judiciário especializado erigem sólido anteparo à utilização da arbitragem no Direito Individual do Trabalho. Recurso de revista conhecido e provido", TST, 3ª Turma, Recurso de Revista Proc. N.º 1020031.15.2010.5.05.0000, Rel. Ministro Alberto Luiz Bresciani de Fontan Pereira, Data de Julgamento 23.03.2011. E ainda, acórdão do TST, 6ª Turma, Proc. de Recurso de Revista n.º 2253/2003.009.0500.9, Relator Ministro Aloysio Corrêa da Veiga, Data de Julgamento 15.05.2009; acórdão do TST, 3ª Turma, Proc. de Recurso de Revista n.º 939/2001.611.05.00.9, Relator Ministra Rosa Maria Weber, Data de Julgamento 13.11.2009; acórdão do TST, 2ª Turma, Proc. de Recurso de Revista n.º 2625.2001.664.09.00.4, Relator Ministro José Simpliciano Fontes de F. Fernandes, Data de Julgamento 20.11.2009. A nível de direito comparado, por exemplo, decisão espanhola do Tribunal Superior de Justiça de 2009 também negou a admissibilidade de arbitragem seja por ausência de previsão legal, seja por indisponibilidade dos créditos trabalhistas, *in verbis*: "Ante la ausencia de normativa específica, la única posibilidad de establecer la resolución del conflicto laboral individual mediante el sometimiento de la cuestión a arbitraje sería por la vía del art. 1255 del Código Civil, que establece el principio de autonomía contractual de las partes, siempre que las cuestiones controvertidas sean disponibles para ellas (art.19.1 LEC). (...) Desde la perspectiva del derecho sustantivo, el sometimiento de la resolución de conflictos individuales a arbitraje tiene como fundamento, como antes se ha dicho, la disponibilidad de su objeto para las partes y entronca con el principio de libre renunciabilidad de los derechos del art. 6.2 del Código civil. Sin embargo, tal principio no es aplicable en el derecho laboral, que se rige por el principio de indisponibilidad de los derechos reconocidos por disposiciones de derecho necesario o reconocidos como indisponibles por convenio

de emprego e que *obstaculiza livre e consciente manifestação da vontade* do trabalhador no momento em que consente na cláusula compromissória; (v) o *valor social do trabalho* e a *dignidade dos trabalhadores*, entre outros[51].

Sem prejuízo da enumeração exposta, os grandes pilares argumentativos que sustentam esta posição são sobretudo quatro: um que resulta de interpretação jurídico-sistemática; outro ideológico e que advém de um mito cultural; o terceiro de ordem laboral, embora falacioso quando generalizado; o último de incompatibilidade lógica por interpretação declarativa. Senão vejamos.

(I) Em primeiro lugar, alega-se que a *Constituição veio delimitar o âmbito jurídico da arbitragem em direito do trabalho no Brasil, circunscrevendo-a à seara do direito coletivo* do trabalho e sempre que frustrada a negociação coletiva (art. 114, §§ 1º e 2º CF). Como, por um lado, o intérprete tem que presumir que o legislador constituinte disse tudo aquilo que pensa e não o faz recorrendo a palavras inúteis e, por outro, o texto constitucional não admite interpretação ampla ou restritiva, tão-só sistemática, dever-se-á concluir que o legislador constituinte terá querido limitar precisamente o uso da arbitragem aos conflitos coletivos[52].

(II) Em segundo lugar, vivifica o velho receio de encarar a figura do *árbitro como uma pessoa facilmente corruptível, padecendo de isenção em prol da entidade patronal.* O magistrado-juiz surge, assim, como a única

---

colectivo, proclamado en el art. 3.5 del ET; y desde luego, puede calificarse de indisponible para el trabajador toda la normativa referida a las causas de despido, su calificación jurídica (nulo, improcedente y procedente), así como las indenizaciones y salarios de tramitación que de aquella se derivan; y también el régimen disciplinario y sancionador previsto en el convenio colectivo de aplicación" (cf. Tribunal Superior de Justicia, Albacete, Nº de Recurso: 11/2009, Nº de Resolución: 1282/2009. Procedimiento: Recurso Suplicación).

51. Outros argumentos também costumam ser apontados para negar esta alternativa de composição, embora com peso menor: (i) a arbitragem importa um conjunto de despesas que o trabalhador não tem como suportar, (ii) a arbitragem autoriza que o julgamento seja feito conforme a equidade, o que importaria uma flexibilização incomportável das normas trabalhistas; (iii) o trabalhador brasileiro ainda não se sentiria confiante ou preparado para este método alternativo, que olha com desconfiança e ignorância. Para contra-argumentos relativamente a todos eles, *v.* Teixeira Filho, Manoel Antônio. *Curso de direito processual do trabalho: processo de conhecimento.* São Paulo: LTr, 2009, Vol. I, págs. 165-167.

52. Por exemplo, Menezes, Iure Pedroza. Arbitragem no direito do trabalho e a Constituição Federal de 1988. *Jornal Trabalhista Consulex*, Vol. 19, N.º 928, 2002, pág. 12; Garcia, Gustavo Filipe Barbosa. Arbitragem no direito individual do trabalho. *Revista IOB trabalhista e Previdenciária,* São Paulo, Ano 17, N.º 201, mar/2006, pág. 8.

alternativa de confiança para que se lhe seja confiado o *dicere* sobre as suas situações particulares. O "juiz Hércules", como aquele que, perfeitamente capacitado, com votos traçados de imparcialidade e promoção da justiça, seria o único capaz de inspirar confiança ao cidadão e comum trabalhador[53].

(III) Em terceiro lugar, o eterno argumento da *situação de vulnerabilidade do trabalhador*, que impediria que a sua aceitação da convenção arbitral fosse considerada juridicamente válida e vinculante, porquanto amparada numa vontade viciada. A vulnerabilidade psicológica e económica do empregado, que se manifestaria em maior ou menor medida em todos os trabalhadores, invalidaria qualquer consentimento arbitral, a que o direito do trabalho não pode deixar de fechar os olhos. A isso se soma o fato de ser aplicável de forma analógica ao direito do trabalho o Código de Defesa do Consumidor, em particular o art. 51, inciso IV, que se reporta à nulidade de certas cláusulas contratuais que estabeleçam obrigações iníquas, abusivas ou com significativa desvantagem para o consumidor[54].

(IV) Em quarto lugar, a limitação textual do art. 1º da Lei da Arbitragem, que a restringe enquanto mecanismo de resolução de conflitos a litígios relativos a *direitos patrimoniais disponíveis*[55]. Este nem é argumento exclusivo da seara laboral, conhecendo lugares comuns quando se discute o recurso à arbitragem por órgãos público[56-57]. Para todos os efeitos, o trabalhador

---

53. Vilhena, Paulo Emídio Ribeiro de. Conflitos individuais: solução extrajudicial? *Revista Trabalho e Doutrina*, São Paulo, N.º 14, set/1997, pág. 92.

54. Como escreve Luciano Martinez, "se os direitos aplicáveis a essas relações são mesmo de ordem pública, imperativos e cogentes, é mais que evidente que os conflitos deles emergentes não podem ser solucionados por um terceiro escolhido pelas partes integrantes da relação. A possibilidade de vício de consentimento é tão elevada que o legislador preferiu, conforme expendido, simplesmente vedar essa via de solução heterônoma, oferecendo aos litigantes apenas o acesso ao judiciário como via heterônoma" (Martinez, Luciano *Curso de Direito do Trabalho*. 8ª ed. São Paulo: Saraiva, 2017, pág. 131).

55. Delgado, Maurício Godinho. Arbitragem, mediação e comissão de conciliação prévia no direito do trabalho brasileiro. *In* Renault, Luiz Otávio Linhares, Viana, Márcio Túlio (coord.). *Comissões de conciliação prévia: quando o direito enfrenta a realidade. Análises críticas em memória de Alaor Satuf Rezende*. São Paulo: LTr, 2003, pág. 31.

56. *Vide*, por exemplo, Monteiro, Alexandra Luiz Moraes do Rêgo. Administração Pública consensual e arbitragem. *Revista de Arbitragem e Mediação*, São Paulo, Vol. 9, N.º 35, out-dez/2012, *passim*; Franzoni, Diego; Davidoff, Fernanda. Interpretação do critério da disponibilidade com vistas à arbitragem envolvendo o poder público. *Revista de Arbitragem e Mediação*, São Paulo, Vol. 11, N.º 41, abr-jun/2014, págs. 243-264; Calmon, Eliana. A arbitragem e o poder público. *Revista de Arbitragem e Mediação*, São Paulo, Vol. 24, jan-mar/2010, págs. 9-16.

partiria sempre em desvantagem económica e intelectual por desconhecer a integralidade dos direitos que verdadeiramente tem, o que poderia levá-lo a renunciá-los[58]. Mesmo nas prestações que admitissem transação ou renúncia, a vontade do trabalhador deveria passar sempre pelo crivo da Justiça do Trabalho, tutela sindical ou embasar-se em prévia e válida negociação coletiva. Os seus direitos são indisponíveis e irrenunciáveis, protegidos por normas cogentes, substancialmente incompatíveis com o mecanismo arbitral. Nem a presença do sindicato modificaria a eficácia ao ato jurídico dispositivo em causa[59]. Para os defensores deste posicionamento, a vulnerabilidade existe e a proteção continua a justificar-se, inclusivamente, no período *pós-contratual*, i.e., mesmo cessado o vínculo empregatício[60].

---

57. *Vide*, por exemplo, Antunes, Paulo de Bessa. Direito ambiental, indisponibilidade de direitos, solução alternativa de conflitos e arbitragem. *Revista de Arbitragem e Mediação*, São Paulo, Vol. 8, N.º 30, jul-set/2011, págs.

58. No mesmo sentido, por exemplo, *vide* acórdão do TST, Processo de Recurso de Revista n.º 795/2006.028.05.00.8, Rel. Ministro Adalberto Luiz Bresciani de Fontan Pereira, Data de Julgamento 29.05.2009, onde se pode ler o seguinte: "A vocação protetiva que dá suporte às normas trabalhistas e ao processo que as instrumentaliza, a imanente indisponibilidade desses direitos e a garantia constitucional de acesso a ramo judiciário especializado erigem sólido anteparo à utilização da arbitragem no direito Individual do Trabalho".

59. Esta posição é defendida por Garcia, Gustavo Filipe Barbosa. Arbitragem no direito individual do trabalho. *Revista IOB trabalhista e Previdenciária*, São Paulo, Ano 17, N.º 201, mar/2006, págs. 10-11: "como este ato não se considera válido nem eficaz perante o sistema individual trabalhista, o simples fato de contar com a assistência ou a intermediação sindical em nada altera esta conclusão, pois não retira a irrenunciabilidade dos direitos trabalhistas". O autor tece esta crítica em razão de certos autores mencionarem precisamente os sindicatos como sujeitos capazes de evitar a parcialidade do árbitro no julgamento dos créditos salariais; exemplo disso é Silva, Ricardo Menezes. Arbitragem trabalhista. Uma alternativa dramática. *Revista Trabalho & Doutrina*, São Paulo, N.º 14, jul/1997, pág. 96.

60. Neste entendimento, a título de exemplo, cf. TST, 4ª Turma, Proc. RR – 25900-67.2008.5.03.0075, Rel. Ministro João Oreste Dalazen, Data de Julgamento 22.05.2015. "(...) 2. Acórdão proferido por Turma do TST que, a despeito de prover parcialmente recurso de revista interposto pelo Parquet, chancela a atividade de arbitragem em relação ao período posterior à dissolução dos contratos de trabalho, desde que respeitada a livre manifestação de vontade do ex-empregado e garantido o acesso irrestrito ao Poder Judiciário. Adoção de entendimento em que se sustenta a disponibilidade relativa dos direitos individuais trabalhistas, após a extinção do vínculo empregatício. 3. Seja sob a ótica do artigo 114, §§ 1º e 2º, da Constituição Federal, seja à luz do artigo 1º da Lei nº 9.307/1996, o instituto da arbitragem não se aplica como forma de solução de conflitos individuais trabalhistas. Mesmo no tocante às prestações decorrentes do contrato de trabalho passíveis de transação ou renúncia, a manifestação de vontade

(V) Por último, mas não menos significativo, invoca-se a violação ao primado da *progressividade e não regresso de condições sócio-jurídicas dos trabalhadores*[61]. A admissibilidade da arbitragem para regular dissídios individuais iria, de forma fatal, pôr em causa o progresso tuitivo na área laboral, importando o retrocesso na amplitude com que se construiu a vasta gama de direitos trabalhistas, podendo abrir um precedente social que descaracterizaria o primado da proteção inerente a toda a Justiça do Trabalho.

4.7.2. Tese que pugna pela admissibilidade da arbitragem no direito individual do trabalho

A discussão em torno da admissibilidade da arbitragem nos conflitos individuais do trabalho é já uma constante que desde há algum tempo tem vindo a ser admitida por alguma doutrina, inclusivamente a nível comparado[62]. Com preocupações sobretudo de ordem da *burocratização* da Justiça,

---

do empregado, individualmente considerado, há que ser apreciada com naturais reservas, e deve necessariamente submeter-se ao crivo da Justiça do Trabalho ou à tutela sindical, mediante a celebração de válida negociação coletiva. Inteligência dos artigos 7º, XXVI, e 114, caput, I, da Constituição Federal. 4. Em regra, a hipossuficiência econômica ínsita à condição de empregado interfere no livre arbítrio individual. Daí a necessidade de intervenção estatal ou, por expressa autorização constitucional, da entidade de classe representativa da categoria profissional, como meio de evitar o desvirtuamento dos preceitos legais e constitucionais que regem o Direito Individual do Trabalho. Artigo 9º da CLT. 5. O princípio tuitivo do empregado, um dos pilares do Direito do Trabalho, inviabiliza qualquer tentativa de promover-se a arbitragem, nos moldes em que estatuído pela Lei nº 9.307/1996, no âmbito do Direito Individual do Trabalho. Proteção que se estende, inclusive, ao período pós-contratual, abrangidas a homologação da rescisão, a percepção de verbas daí decorrentes e até eventual celebração de acordo com vistas à quitação do extinto contrato de trabalho. A premência da percepção das verbas rescisórias, de natureza alimentar, em momento de particular fragilidade do ex-empregado, frequentemente sujeito à insegurança do desemprego, com maior razão afasta a possibilidade de adoção da via arbitral como meio de solução de conflitos individuais trabalhistas, ante o maior comprometimento da vontade do trabalhador diante de tal panorama. 6. A intermediação de pessoa jurídica de direito privado – "câmara de arbitragem" – quer na solução de conflitos, quer na homologação de acordos envolvendo direitos individuais trabalhistas, não se compatibiliza com o modelo de intervencionismo estatal norteador das relações de emprego no Brasil".

61. Muradas, Daniela. Notas sobre a (in)disponibilidade contratual do hipervulnerável e impossibilidade de via arbitral. *In* Souto Maior, Jorge, Severo, Valdete Souto (coord.). *Resistência: aportes teóricos contra o retrocesso trabalhista.* São Paulo: Expressão Popular, 2017, pág. 175.

62. Não deixa de ser interessante, do ponto de vista de direito comprado, o que se passou com a Lei de Arbitragem Voluntária portuguesa. Também a antiga lei lusitana

da *proliferação do número de demandas* instauradas nas últimas décadas e de extrema *morosidade dos pronunciamentos* judiciais, a apresentação da arbi-

---

que regulava a matéria (Lei n.º 31/86 de 29 de Agosto) recorria ao critério da *disponibilidade* do direito. À época, já se criticava os problemas hermenêuticos que o critério levantava, em razão de inexistir uma categorização exata do que era ou não disponível e, bem assim, de haver sempre divergências quanto ao exato critério a que a lei apelava, *i.e.*, se o critério forte (renunciabilidade *a priori* e *a posteriori* da constituição do direito) ou fraco (renunciabilidade somente *a posteriori* da constituição do direito) de disponibilidade. O desconforto e insegurança que o critério causava, dependente de uma apreciação casuística pelo árbitro, conduziu à alteração do critério escolhido pelo legislador, na nova Lei de Arbitragem Voluntária n.º 63/2011, de 14 de Dezembro. Com efeito, nos termos da nova legislação, passou-se a adotar a noção de *patrimonialidade*, em detrimento do anterior critério de *disponibilidade*. De resto, segundo conta Casimiro Ferreira (Ferreira, António Manuel Carvalho de Casimiro. *Trabalho procura justiça: os Tribunais de Trabalho na sociedade portuguesa.* Coimbra: Almedina, 2005, pág. 402) Portugal foi um dos berços da arbitragem individual trabalhista, já que desde 1891 se relatam histórias de lides sempre resolvidas por esta via. O país tem manifestado bastante abertura a esta modalidade extrajudicial de resolução de litígios, como apontam o Decreto-lei n.º 448/79, de 13 de Novembro (carreira docente universitária), o art. 492 do Código do Trabalho português (inclusão em convenções coletivas); ou mesmo a Lei n.º 74/2013, de 6 de Setembro (contrato trabalho desportivo), que aliás tem sido, segundo Dário Moura Vicente, o palco onde os dissídios individuais trabalhistas têm tido maior aplicação (Vicente, Dário Moura. Arbitragem de Conflitos Individuais de Trabalho. *Estudos do Instituto do Direito do Trabalho*, Coimbra, Vol. VI, 2012, pág. 38). As reservas que se levantam a esta modalidade, ainda assim, encontram-se plasmadas no art. 387 do CT português, quando impõe que a apreciação da regularidade e ilicitude do despedimento sejam da exclusiva competência dos tribunais judiciais. Algumas reservas à arbitralidade também são levantadas pelo STJ, da mesma forma com que o faz o TST relativamente à disponibilidade dos créditos salariais, i.e., sujeitando-os à disponibilidade apenas após a cessação dos vínculos de emprego. Assim, "tal renúncia é válida, uma vez que o direito à retribuição (e aos restantes créditos laborais) só se consideram indisponíveis durante a vigência da relação laboral, o que se justifica, quer pela natureza da retribuição, entendida como crédito alimentar, indispensável ao sustento do trabalhador e da sua família, quer pela situação de subordinação económica e jurídica em que o trabalhador se encontra face ao empregador, que o pode inibir de tomar decisões verdadeiramente livres, em resultado do temor reverencial em que se encontra face aos seus superiores ou do medo de represálias ou de algum modo poder vir a ser prejudicado na sua situação profissional (...). Mas, cessada a relação laboral, já nada justifica que o trabalhador não possa dispor livremente dos seus eventuais créditos resultantes do contrato de trabalho, da sua violação ou cessação, uma vez que já não se verificam os constrangimentos existentes durante a vigência dessa relação" (acórdão do STJ/pt, Processo n.º 04S2846, Relator Sousa Peixoto, de 24 de Novembro de 2004). Martinez, neste aspeto, também se pronuncia a favor da arbitragem no direito individual trabalhista, sustentando "A irrenunciabilidade de direitos não veda a arbitragem,

tragem como uma forma alternativa de suprir as dificuldades de gestão do

---

particularmente a arbitragem em que haja recurso para os tribunais judiciais. Assim, nada obsta a que se ajuste uma cláusula compromissória num contrato de trabalho nos termos da qual as partes aceitem que um eventual litígio entre as partes - que não decorra de despedimento ou acidente de trabalho - seja dirimido por via arbitral quando cessar o contrato de trabalho. Neste exemplo, o litígio pode inclusive respeitar ao tempo de trabalho despendido (p. ex., trabalho suplementar), às retribuições vencidas, à categoria do trabalhador, às promoções que deveria ter tido, etc. Excluindo os litígios decorrentes de despedimento e, em certa medida, de acidentes de trabalho, após a cessação do contrato de trabalho a arbitrabilidade dos diversos dissídios laborais assenta na autonomia privada. Na pendência do contrato de trabalho, a arbitrabilidade dos litígios terá de ser analisada atento o direito do trabalhador em causa, pois a irrenunciabilidade pode condicionar o recurso à via arbitral. Mas, ainda assim, cabe averiguar se o litígio, mesmo na pendência do contrato de trabalho, poderia ser objeto de transação; na hipótese afirmativa, o conflito pode ser dirimido por via arbitral. Em suma, salvo em situações excepcionais de indisponibilidade de direitos - por via de regra relacionados com direitos de personalidade - os direitos dos trabalhadores, mesmo na pendência da relação de trabalho, podem ser alvo de transação, sendo, assim, viável que a questão seja submetida à arbitragem" e continua, para analisar um regime particular: "não obstante a regra geral da arbitrabilidade dos direitos indisponíveis do trabalhador, cabe atender à limitação prescrita em sede de despedimento. Com efeito, no art. 387, nº 1, do CT dispõe-se 'A regularidade e licitude do despedimento só pode ser apreciada por tribunal judicial'. Solução reiterada para o despedimento coletivo (art. 388, n.º 1, do CT). Estes preceitos vedam que se possa recorrer à arbitragem para apreciar a regularidade e licitude de um despedimento, tanto do despedimento individual (...) como o despedimento coletivo. Mas os citados arts. 387 e 388 só vedam o recurso à arbitragem no que respeita à determinação da regularidade e da licitude do despedimento (individual e coletivo), não obstando, por isso, a que outras questões laborais sejam dirimidas por via arbitral. Dito de outro modo, o legislador estabeleceu neste âmbito circunscrito um limite à arbitragem: estes conflitos não podem ser dirimidos por via arbitral. Trata-se de uma norma excecional, limitadora da autonomia privada (...). A solução contante (...) não decorre da indisponibilidade nem da irrenunciabilidade dos direitos do trabalhador, pois não se aplica ao direito irrenunciável por natureza, o direito à retribuição, e a subsistência do contrato de trabalho é um direito disponível. O regime legal decorre, antes, da incerteza quanto à liberdade de decisão por parte do trabalhador num aspecto de especial tutela constitucional: a segurança no emprego. Razão pela qual urge encontrar mecanismos que garantam a liberdade de decisão do trabalhador ao emitir a declaração negocial que visa resolver pela via arbitral um dissídio de trabalho que respeite à apreciação da regularidade e licitude do despedimento (Martinez, Pedro Romano. *Direito do Trabalho*. 7ª ed. Coimbra: Almedina, 2015, págs. 1282-1284). Em Espanha, também favorável à arbitragem individual trabalhista, Olea, Manuel Alonso; Baamonde, Maria Emilia Casas. *Derecho del trabajo*. 26ª ed. Madrid: Civitas, 2009, págs. 1239-1240. No âmbito do direito italiano, costuma-se fazer uma distinção entre arbitragem "ritual"

judiciário surgia como uma opção viável[63]. Para o efeito, deveria promover-se uma radical mudança de filosofia, apelando-se ao diálogo social entre todos os institutos afins à política trabalhista[64].

Antes de entrarmos nos diferentes posicionamentos que, de uma maneira ou de outra, acolhem esta possibilidade, apresentar antes as devidas réplicas aos quatro principais argumentos da tese anterior.

---

e "irritual", sendo que as últimas têm natureza meramente contratual, não podendo ser impugnada nos mesmos termos que a arbitragem ritual, esta sim, semelhante a sentença (art. 808 CPC/it. São quatro as formas individuais de arbitragem irritual em Itália: a regulada em IRCT e levadas a cabo nas instalações dos sindicatos (art. 412º-*ter* CPC/it), atribuindo à comissão de conciliação poderes para arbitrar a controvérsia (art. 412 CPC/it), arbitragem em Comissões de certificação previstas no art. 31, inc. 12 da Lei n.º 183/2010 e, finalmente, arbitragem efetuada por um painel de três árbitros escolhidos pelas partes (art. 412-*quarter*: "*Ferma restando la facoltà di ciascuna delle parti di adire l'autorità giudiziaria e di avvalersi delle procedure di conciliazione e di arbitrato previste dalla legge, le controversie di cui all'articolo 409 possono essere altresì proposte innanzi al collegio di conciliazione e arbitrato irrituale costituito secondo quanto previsto dai commi seguenti* (...)") – *v.* Ballestrero, Maria Vittoria; Simone, Gisella de. *Diritto del Lavoro*. 13ª ed. Torino: G. Giappichelli Editore, 2017, pág. 641-642. Nos Estados Unidos da América, a prática da arbitragem individual trabalhista é muito recorrente, sobretudo desde 2001 quando o *Supreme Court* decidiu a favor da arbitrabilidade destes conflitos (*Circuit City Stores, Inc. v. Adams*, 532 U.S. 105, 2001, disponível em https://supreme.justia.com/cases/federal/us/532/105/, consultado em 30.01.2019. Porém, como dá conta Meireles, estudos demonstram que (i) a celeridade dos procedimentos arbitrais tem uma diferença mínima para com os estatais, (ii) que os trabalhadores que recorreram a este procedimento foram menos bem sucedidos e obtiveram menos compensações, (iii) a habitualidade de certos litigantes permite-lhes conhecer julgados prévios que, de outra forma, se encontram abrangidos pelo manto da confidencialidade para os litigantes não habituais (Meireles, Edilton. Arbitragem Trabalhista nos EUA: visão da Suprema Corte. *In* Tupinambá, Carolina (coord.). *Soluções de conflitos trabalhistas: novos caminhos*. São Paulo: LTr, 2018, pág. 367).

63. Galvão, Gustavo Oliveira. Cláusula compromissória de arbitragem nas relações individuais do trabalho prevista no novel art. 507.º-A, da CLT. *Revista LTr*, São Paulo, Vol. 82, N.º 05, maio/2018, pág. 608.

64. "A solução extrajudicial dos conflitos individuais do trabalho será um importante instrumento na consecução de uma alternativa mais participativa, democrática e economicamente sedutora, se os institutos afins de política trabalhista e de diálogo social (principalmente de direito administrativo do trabalho), direito sindical, tutelar, individual e processual, apresentarem-se como complementares e não – como hoje ocorre – como antagônicos" (Siqueira Neto, José Francisco. A solução extrajudicial dos conflitos individuais do trabalho. *Revista Trabalho & Doutrina*, São Paulo, N.º 14, set/1997, pág. 60).

(I) No que respeita à ausência de previsão normativa, dizer o seguinte. Alguns entendimentos jurisprudenciais mais recentes[65] e também doutriná-

---

65. *Vide* TRT 2ª Região, Recurso Ordinário 02741200003302003, acórdão n.º 20040118732, 5ª Turma, rel. Pedro Paulo Teixeira Manus, DJMG 02.04.04. (onde se lê: "[a] arbitragem tem aplicação ao direito do trabalho, mas exige comprovação real de objeto litigioso, não admitindo mera renúncia do empregado (...)"; TRT 3ª Região, 4ª Turma, Processo n.º 00259-2008-075-03-00-2, Recurso Ordinário 19.829/08, rel. Antônio Álvares da Silva, DJMG 31.01.2009 ("A arbitragem, tradicionalmente prevista no Direito Coletivo, pode e deve também estender-se ao Direito Individual, porque nele a patrimonialidade e a disponibilidade de seus efeitos é indiscutível e é o que mais se trata nas Varas trabalhistas, importando na solução, por este meio, de 50% dos conflitos em âmbito nacional. Basta que se cerque de cuidados e se mantenha isenta de vícios, a declaração do empregado pela opção da arbitragem que poderá ser manifestada, por exemplo, com a assistência de seu sindicato, pelo Ministério Público do Trabalho ou por clausula e condições constantes de negociação coletiva"); TRT, 15ª Região, Proc. 1048-2004-032-15-00-0-RO, Relator Flávio Nunes Campos, Data de julgamento 03.03.2006; TRT, 2ª Região, 12ª Turma, Processo de Recurso Ordinário n.º 0417200604802005, Relator Des. Marcelo Freire Gonçalves, Data de publicação em 28.03.2008; TST, 7ª Turma, AgIn em Recurso de Revista Processo n.º 2547/2002-077-02-40, Relator Ministro Ives Gandra Martins Filho, Data de julgamento 08.02.2008; TST, 7ª Turma, Agravo de Instrumento em Recurso de Revista proc. 1475/2000-193-05-00.7, Data julgamento 15.10.2008, Relator ministro Pedro Paulo Manus, Data de julgamento 17.10.2008; TST, 4ª Turma, Recurso de Revista processo n.º 1799/2004-024-05-00.6, Relator Ministro Antônio José de Barros Levenhagen, Data julgamento 19.06.2009: "(...) Pois bem, o art. 1º da Lei nº 9.307/96, ao estabelecer ser a arbitragem meio adequado para dirimir litígios relativos a direitos patrimoniais disponíveis, não se constitui em óbice absoluto à sua aplicação nos dissídios individuais decorrentes da relação de emprego. Isso porque o princípio da irrenunciabilidade dos direitos trabalhistas deve ser examinado a partir de momentos temporais distintos, relacionados, respectivamente, com o ato da admissão do empregado, com a vigência da pactuação e a sua posterior dissolução. Nesse sentido, sobressai o relevo institucional do ato de contratação do empregado e da vigência do contrato de trabalho, em função do qual impõe-se (sic!) realçar a indisponibilidade dos direitos trabalhistas, visto que, numa e noutra situação, é nítida a posição de inferioridade econômica do empregado, circunstância que dilucida a evidência de seu eventual consentimento achar-se intrinsecamente maculado por essa difusa e incontornável superioridade de quem está em vias de o contratar ou já o tenha contratado. Isso porque o contrato de emprego identifica-se com os contratos de adesão, atraindo a nulidade das chamadas cláusulas leoninas, a teor do 424 do Código Civil de 2002, com as quais guarda íntima correlação eventual cláusula compromissória de eleição da via arbitral, para solução de possíveis conflitos trabalhistas, no ato da admissão do trabalhador ou na constância do pacto, a qual por isso mesmo se afigura jurídica e legalmente inválida. (...) Diferentemente dessas situações contemporâneas à contratação do empregado e à vigência da pactuação, cabe destacar que, após a dissolução do contrato de trabalho, acha-se minimizada a sua vulnerabilidade oriunda da sua hipossuficiência econômico-financeira, na medida em que se esgarçam signi-

rios[66] têm considerado que é precisamente porque a *lei não a proíbe expressamente* que pode haver lugar à arbitragem individual trabalhista. Visou-se assegurar a competência da Justiça do Trabalho para os litígios coletivos, sem se excluírem outras formas de solução de conflitos[67]. Do ponto de vista sistemático, fático-lógico e filosófico o argumento formal da tese anterior quanto à alegação de que a previsão constitucional exclusivamente para a arbitragem de conflitos coletivos importa a sua exclusão para os individuais, não faz o menor sentido. Primeiro, porque a ausência de previsão constitucional não faz imediatamente presumir que no plano infraconstitucional não possa ser admitida a hipótese. Como vimos *supra*, aliás, a realidade é até precisamente esta: lei de greve a admitia, a lei dos portos também o fazia, assim como a lei do desporto, de participação nos lucros da empresa, a lei que regulamenta as atribuições do MPT etc. *É falsa, portanto, a assertiva de que a arbitragem individual não foi "inserida" no ordenamento jurídico juslaboral.* Segundo, porque de um ponto de vista hermenêutico, ler no silêncio constitucional uma proibição implícita contraria a tendência interpretativa comummente

---

ficativamente os laços de dependência e subordinação do trabalhador face àquele que o pretenda admitir ou que já o tenha admitido, cujos direitos trabalhistas, por conta da sua patrimonialidade, passam a ostentar relativa disponibilidade. Desse modo, não se depara, previamente, com nenhum óbice intransponível para que ex-empregado e ex-empregador possam eleger a via arbitral para solucionar conflitos trabalhistas, provenientes do extinto contrato de trabalho, desde que essa opção seja manifestada em clima de ampla liberdade, reservado o acesso ao Judiciário para dirimir possível controvérsia sobre a higidez da manifestação volitiva do ex-trabalhador, na esteira do artigo 5º, inciso XXXV da Constituição. Sendo assim, impõe-se o provimento parcial do recurso de revista para impor à ré a obrigação de não fazer, consistente na abstenção de atuar na solução de conflitos trabalhistas, nos casos em que eventual cláusula de eleição da via arbitral tenha sido objeto do contrato de trabalho ou de aditamento ao contrato na vigência da relação de emprego, facultada a sua adoção posteriormente à dissolução da pactuação, observada a higidez da manifestação volitiva do ex-empregado e a ressalva do acesso irrestrito a via judiciária"; e ainda o acórdão do TST, 3ª Turma, AgIn em Recurso de Revista n.º 72491/2002.900.02.00.3, Relator Ministro Alberto Luiz Bresciani de Fontan Pereira, Data de julgamento 18.02.2009.

66. Martins, Sérgio Pinto. *Direito Processual do Trabalho.* 40ª ed. São Paulo: Atlas, 2018, pág. 119 ("Entretanto a Lei n.º 9.307 não proibiu a arbitragem como forma de solucionar conflitos individuais do trabalho. O que não é proibido é permitido. A Constituição não veda a arbitragem nos dissídios individuais"); Carmona, Carlos Alberto. *Arbitragem e processo – um comentário à Lei 9.307/1996.* 3ª ed. São Paulo: Atlas, 2009, pág. 39; Teixeira Filho, Manoel Antônio. *Curso de direito processual do trabalho: processo de conhecimento.* São Paulo: LTr, 2009, Vol. I, págs. 165-166.

67. Morgado, Isabele Jacob. *A arbitragem nos conflitos de trabalho.* São Paulo: LTr, 1998, pág. 46.

aceite de que, havendo dúvida razoável, *tudo o que não se acha proibido está implicitamente permitido*[68].

(II) Quanto à idealização do árbitro como o malvado corruptível pelo dinheiro empresarial, o argumento mais não é do que o resultado do *excesso de confiança depositado no hercúleo juiz*, que acaba por, indiretamente, bloquear acesso a alternativas legítimas[69]. Ademais, razões de ordem prática inviabilizam a exclusividade do julgamento por esta personagem, que se debate, nos dias que correm, *com limites inultrapassáveis de ordem fisiológica e prática*. Não obstante o nível de produtividade dos magistrados na Justiça do Trabalho ser dos mais elevados do mundo civilizado, o número de processos por juiz esbarra cada vez mais com limites da ordem da saúde física e mental deste[70], como também de eficiência prática[71]. A manutenção

---

68. Gomes, Fábio Rodrigues. Arbitragem e o processo do trabalho: dois lados de uma mesma moeda. *In* Mendes, Aluisio Gonçalves de Castro et. al. (coord.). *O novo processo civil brasileiro: temas relevantes. Estudos em homenagem ao professor, jurista e ministro Luiz Fux.* Rio de Janeiro: GZ, 2018, pág. 345; Alvim, J.E. Carreira. *Comentários à lei de arbitragem (Lei nº 9.307/1996, de 23.09.1996).* Rio de Janeiro: Lumen Iuris, 2004, pág. 32.
69. Como assevera Tupinambá, "(...) especialmente no processo do trabalho, os métodos adequados detêm um potencial transformador equivalente a uma espécie de política pública. Explica-se. O tratamento de conflitos de forma mais 'de igual para igual', ou sem a capa protetora estatal, cumpre, ainda, uma finalidade quase educativa, qual seja, da desmistificação do juiz que vai 'mudar seu destino' ou 'resolver sua vida', independentemente de prévio esforço para se tentar superar a lide por conta própria, da postura processual, ou mesmo das conquistas pessoais de direitos materiais de cada um. Sem simplesmente, se 'jogar no colo' de um juiz os seus problemas, esperando pacificamente por uma solução mágica, as pessoas instadas a coparticiparem da efetivação da justiça se tornam mais maduras, mais responsáveis e menos iludidas. Passam a suar a camisa para tentar resolver a adversidade que lhes absorve antes de entregarem em confiança uma pedra bruta para que o Judiciário lhes devolva um diamante" (Tupinambá, Carolina. Ao seu Dispor! A Lenda da indisponibilidade dos Direitos dos Trabalhadores. *In* Tupinambá, Carolina (coord.). *Soluções de conflitos trabalhistas: novos caminhos.* São Paulo: LTr, 2018, pág. 48).
70. Por alguma razão, o próprio CNJ editou no ano de 2015 a Resolução n.º 207, precisamente para instituir uma política de proteção à saúde dos juízes, em razão da crescente demanda de processos que têm vindo a assumir.
71. A título de exemplo, segundo o Relatório Geral da Justiça do Trabalho de 2017, para cada magistrado, em 2017, foram destacados quase 1000 casos novos, num aumento de 6% em relação ao ano de 2016. Por outro lado, importa ainda considerar que, ao contrário de outras Justiças, na Justiça do Trabalho, por norma, o magistrado conhece e julga petições com dez ou vinte pedidos de uma só vez; já para não falar das inúmeras demandas que cada processo por si próprio já cumula.

e preservação do *status quo* atual, monopolista na administração da justiça e desmesuradamente paternalista, não poderá conduzir a bom termo o futuro da "Justiça" laboral.

(III) Quanto ao ponto da vulnerabilidade, a assertiva também não prospera. Somos da opinião que o entendimento generalizado que se faz deste conceito é equivocado, *não sendo adequada uma presunção iure de iure que se estabeleça sobre a incapacidade jurídica do trabalhador*[72]. Antes mesmo da Reforma Trabalhista, dissemo-lo já, a Lei n.º 13.129/2015 prescrevia que para os altos empregados poderia ser pactuada cláusula compromissória de arbitragem, salvaguardando-se a sua eficácia ao respetivo uso pelo empregado e não pela empresa. Câmara e Senado consensualmente aceitaram que,

---

72. Como anota PAULA, Gáudio Ribeiro de. Arbitrabilidade dos litígios individuais laborais à luz do ordenamento luso-brasileiro. *Revista de Direito do Trabalho*, São Paulo, Vol. 44, N.º 191, jul/2018, pág. 9: "Mister considerar a situação específica, concreta e individualizada de cada litigante para avaliar o nível de autonomia para tomar decisões de modo consciente e voluntário, a partir não só de sua capacidade sob a perspectiva estritamente jurídica (à luz dos marcos normativos cíveis100), mas também econômica (em que se poderia considerar não só o patamar salarial - tal como no art. 507-A da CLT (LGL\1943\5) - mas o patrimônio formado), mas também intelectual (quanto à qual o elemento mais objetivo talvez fosse o grau de instrução formal) e cultural (em que talvez se possa ter em conta a idade, a experiência de vida, o(s) cargo(s) ocupado(s), entre outros aspectos)". No mesmo sentido, CERQUEIRA, quando sustenta que "necessário se faz criar uma cultura arbitral, para assim, estarmos prestando justiça com justiça aos trabalhadores. Somente àqueles em que o Estado interessa o cumprimento, é que deveriam ser contemplados com a proteção da indisponibilidade, como por exemplo, as normas que tratam sobre a saúde do trabalhador. Não podemos mais, sob o argumento de estarmos tratando de pessoas hipossuficientes, deixar de aplicar este instituto, pois é de solução rápida que os trabalhadores necessitam. Deixaríamos, muito mais hipossufiente, àquele trabalhador que aguarda, desoladamente por anos, a solução de um processo que reveste-se de natureza indenizatória" (CERQUEIRA, Rosemeire Cássia de Souza. A arbitragem nos Conflitos Individuais de Trabalho e o Papel do Ministério Público do Trabalho como Árbitro. *In* FREITAS JR., Antonio Rodrigues, SANTOS, Enoque Ribeiro dos (coord.) *Direito Coletivo do Trabalho em Debate*. Rio de Janeiro: Lumen Iuris, 2009, pág. 241). Considerando também ser a arbitragem aplicável ao direito individual do trabalho quando a relação discutida não seja entre empregado vs empregador, ou pelo menos quando o empregado tem nível socioeconômico e cultura elevado, remuneração alta ou cargo de confiança, GRINOVER, Ada Pellegrini. TST: a aplicação supletiva do CPC ao processo do trabalho. Algumas questões cruciais. In ALVIM, Teresa Arruda, CIANCI, Mirna, DELFINO, Lucio, GRINOVER, Ada Pellegrini et. al. (coord.). *Novo CPC aplicado visto por processualistas*. São Paulo: RT, 2017, pág. 26.

afinal, nem todos os empregados caberiam no chapéu da vulnerabilidade. Não obstante ter saído frustrada a vontade democrática expressa no consenso de deputados e senadores, o veto presidencial que surgiu sob argumentos desprovidos de qualquer razoabilidade e apenas amparados numa oposição ideológica à alteração, não elimina a validade da ideia jurídica por detrás da tentativa, nem a realidade fática que sobressai na sociedade. O próprio TST aceitava a arbitragem individual trabalhista, desde que salvaguardado o espaço de livre manifestação da vontade à data de aceitação da convenção arbitral. O argumento começa, portanto, a aparentar deixar de ser tão categórico. Também em alguma doutrina se constata o mesmo posicionamento[73]. Pense-se, por exemplo, em MAURO SCHIAVI[74] ou CATARINA TUPINAMBÁ[75], que entendem não ser a arbitragem contrária aos princípios de processo do trabalho e, no caso de o trabalhador aceitar a referida convenção depois de cessado o vínculo de emprego, o seu estado de subordinação jurídica e/ou económica deixaria de existir, o que permitia a manifestação livre da sua vontade. Ponto determinante é que o trabalhador, civilmente capaz de contratar, se encontre no exercício da sua liberdade no momento da escolha do procedimento arbitral[76].

73. Admitindo que a arbitragem em dissídios individuais não se encontrava proibida pela constituição ou lei ordinária, FRANCO FILHO, Georgenor de Sousa. Reforma trabalhista: o futuro do trabalho, do direito do trabalho e da justiça do trabalho. *Revista dos Tribunais*, São Paulo, Vol. 984, Ano 106, out/2017, pág. 32 (apesar de ser relutante à sua admissibilidade em razão das reais condições do operariado brasileiro individual, o que demonstra em A arbitragem no moderno direito brasileiro do trabalho. *In* TUPINAMBÁ, Carolina (coord.). *Soluções de conflitos trabalhistas: novos caminhos*. São Paulo: LTr, 2018, págs. 25-26). YOSHIDA, Márcio. A arbitragem e a Reforma Trabalhista. *Revista de Arbitragem e Mediação*, São Paulo, Ano 14, Vol. 55, out-dez/2017, pág. 58; SIQUEIRA NETO, José Francisco. A solução extrajudicial dos conflitos individuais do trabalho. *Revista Trabalho & Doutrina*, São Paulo, N.º 14, set/1997, pág. 62; DALLEGRAVE NETO, José Affonso; GARCIA, Phelippe Henrique Cordeiro. Arbitragem em dissídios individuais de trabalho. *Revista Fórum Trabalhista*, Belo Horizonte, Ano 7, N.º 29, abr-jun/2018, pág. 69.

74. SCHIAVI, Mauro. *Manual de Direito Processual do Trabalho*. 12ª ed. São Paulo: LTr, 2017, pág. 59.

75. TUPINAMBÁ, Carolina. GARANTIAS DO PROCESSO DO TRABALHO. São Paulo: Ltr, 2014, pág. 171.

76. "Se o trabalhador, capaz de contratar, opta por solucionar um conflito mediante arbitragem, está no exercício da liberdade de escolher, dentro das hipóteses ofertadas pelo ordenamento jurídico, o que melhor lhe convier. E exerce esta liberdade porque tem personalidade e capacidade jurídica. Está em condições de praticar todos os atos de cidadania, inclusive, é claro, o direito de escolher a arbitragem para a solução de

(IV) Em quarto lugar, o problema da *arbitrabilidade objetiva*, i.e., o pretenso carácter absoluto dos direitos laborais e a sua indisponibilidade para o trabalhador. O argumento desatende e *faz vistas grossas às conciliações e transações* que, diariamente, se celebram na Justiça Laboral[77]. Créditos por detrás de ações difamatórias, de agressão física, assédio no local de trabalho, acidente que provoque deficiência física grave ou dano estético considerável, discriminação racial etc. são matérias que também facilmente caem sob consenso no decurso do processo[78]. Além do mais, o termo "disponibilidade", que tem sido enquadrado pela doutrina como o direito que é passível de ser renunciado, transacionado e objeto de disposição, assume, perante o art. 1º da LArb, outra dimensão. *Disponibilidade sobre um direito material não corresponde à ideia de disponibilidade para submeter um litígio à arbitragem*[79]. A liberdade inerente à segunda respeita ao poder de escolher um juiz privado,

---

possível conflito. A patrimonialidade da grande maioria dos direitos trabalhistas é um fato de todos conhecido, e pode ser objeto de transação, portanto, de arbitragem. Isto nada tem a ver com a irrenunciabilidade. O que está em jogo é a consequência financeiro-econômica do direito e não a sua existência, que não foi excluída pelas partes. Pelo contrário, é graças ao pressuposto da existência do direito que se discutem suas consequências patrimoniais" (acórdão do TRT, 3ª Região, Recurso Ordinário n.º 0259.2008.075.03.00.2, 4ª Turma, Rel. Desembargador Antônio Álvares da Silva, Data de Julgamento 31.01.2009). No mesmo sentido, num julgado da 5ª Região do TRT da Bahia, "*Juízo arbitral. Dissídios individuais trabalhistas. Possibilidade.* É cabível o instituto da arbitragem nos dissídios individuais trabalhistas, desde que sejam obedecidas as exigências previstas na Lei n.º 9.307/6 e que o empregado a ele tenha se submetido de livre e espontânea vontade, sem qualquer espécie de coação" (Acórdão TRT 5ª Região, 2ª Turma, Recurso Ordinário 01.02.01.0328-50, Rel. Desembargadora Dalila Andrade).

77. Mas não só. Há alguma doutrina que começa já a questionar o próprio princípio da indisponibilidade dos créditos salariais, o que a leva a admitir mais favoravelmente o recurso a outros métodos adequados de resolução de litígios. Assim, por exemplo, Tupinambá, Carolina. Ao seu Dispor! A Lenda da indisponibilidade dos Direitos dos Trabalhadores. *In* Tupinambá, Carolina (coord.). *Soluções de conflitos trabalhistas: novos caminhos.* São Paulo: LTr, 2018, págs. 64-65.

78. Gomes, Fábio Rodrigues. Arbitragem e o processo do trabalho: dois lados de uma mesma moeda. *In* Mendes, Aluisio Gonçalves de Castro et. al. (coord.). *O novo processo civil brasileiro: temas relevantes. Estudos em homenagem ao professor, jurista e ministro Luiz Fux.* Rio de Janeiro: GZ, 2018, pág. 347.

79. Silva, Luiz Augusto da. Arbitragem trabalhista e o problema da liberdade: reflexões à luz do ideal de não dominação, efetividade, e a Reforma da Lei da Arbitragem (Lei da Arbitragem (Lei 13.129/2015). *Revista de Arbitragem e Mediação*, São Paulo, Vol. 56, Ano 15, jan-mar/2018, pág. 194; Martins, Sérgio Pinto. *Direito Processual do Trabalho.* 40ª ed. São Paulo: Atlas, 2018, pág. 119.

é uma *liberdade processual*, que nada tem a ver com a disposição dos seus direitos materiais. Não é de qualquer negócio autocompositivo que estamos a falar, mas de *negócio jurídico processual*. Ora, é só disponibilidade processual que o legislador teve em mente quando pensou no art. 1º da LArb, i.e., se um litígio puder ser resolvido entre as partes sem necessidade de acorrer ao judiciário, então também o poderá ser via arbitral. A incidência de normas cogentes que tornam indisponíveis certos direitos trabalhistas não é óbice à submissão do litígio à arbitragem, apenas impedirá o seu julgamento conforme a equidade[80]. É até a própria CLT que determina em vários dispositivos o estímulo à conciliação dos direitos individuais trabalhistas sem necessidade de atentar ao poder judicial (arts. 764, 831 e 846). E se assim é, perde todo o sentido útil a discussão em torno da disponibilidade *material* dos direitos trabalhistas[81].

(V) Quanto ao último ponto do retrocesso social e da afetação do primado da progressividade, parece-nos, com a devida vénia, argumento algo exagerado. Particularmente diante do *status* descrito acima a *respeito dos números e estatísticas de demandas na Justiça do Trabalho*, a comparação entre tempo, custo, necessidade do crédito alimentar e efetividade do julgado, parece apontar, cada vez mais, para um desgaste e abandono progressivo da máquina judicial e uma correspondente janela de oportunidade no campo arbitral. Talvez ter que aguardar em média 5 anos para obter a satisfatividade de um crédito laboral na Justiça estatal seja mais indício de retrocesso social do que permitir-se que a mesma resposta possa ser dada no prazo de um ano.

Ora, isto visto, cumpre analisar dentro desta corrente, que colhe cada vez mais adeptos, uma série de entendimentos diferenciados.

(a) Uns pugnam pela admissibilidade da arbitragem em dissídios individuais trabalhistas, mas apenas a título excecional, *entre os altos empregados*, pessoas esclarecidas capazes de escolher um árbitro verdadeiramente de confiança e exclusivamente *mediante compromisso arbitral*[82] – excluindo-se

80. Roque, André Vasconcelos. A arbitragem de dissídios individuais após a Reforma Trabalhista: limites e possibilidades. *In* Tupinambá, Carolina (coord.). *Soluções de conflitos trabalhistas: novos caminhos*. São Paulo: LTr, 2018, pág. 338.

81. Silva, Luiz Augusto da. Arbitragem trabalhista e o problema da liberdade: reflexões à luz do ideal de não dominação, efetividade, e a Reforma da Lei da Arbitragem (Lei da Arbitragem (Lei 13.129/2015). *Revista de Arbitragem e Mediação*, São Paulo, Vol. 56, Ano 15, jan-mar/2018, pág. 195.

82. Neste sentido, Melo, Raimundo S. A arbitragem como mais uma alternativa à solução dos conflitos trabalhistas. *Revista Trabalho & Doutrina*, São Paulo, N.º 19, 1998, pág.

a possibilidade por via de cláusula compromissória[83] –, ou admitindo-o até entre qualquer empregado desde que por compromisso arbitral[84].

(b) Não há quem falte sustentando a admissibilidade generalizada da arbitragem individual, *independentemente do grau hierárquico que o empregado* ocupe na empresa do seu empregador[85].

(c) Outros entendem que a arbitragem laboral individual deverá ser levada a cabo, *preferencialmente*, por entidades que acompanham de perto o dia-a-dia laboral, i.e., *instituições intersindicais*[86] previstas e regulamentadas em convenção coletiva, que ficariam responsáveis por perceber os critérios do procedimento arbitral laboral. Sem prejuízo de se admitirem excecional-

---

133. Note-se, porém, que o autor sustentou tal doutrina em 1998, 20 anos antes da Reforma ter lugar e, com ela, o art. 507-A da CLT. No mesmo sentido, DALLEGRAVE NETO, José Affonso; GARCIA, Phelippe Henrique Cordeiro. Arbitragem em dissídios individuais de trabalho. *Revista Fórum Trabalhista*, Belo Horizonte, Ano 7, N.º 29, abr-jun/2018, pág. 71; ROBORTELLA, Luiz Carlos Amorim. Mediação e arbitragem. Solução extrajudicial dos conflitos do trabalho. *Revista Trabalho & Doutrina*, São Paulo, N.º 14, set/1997, pág. 79. No mesmo sentido, mas exigindo ainda previsão prévia em convenção coletiva, MORGADO, Isabele Jacob. *A arbitragem nos conflitos de trabalho*. São Paulo: LTr, 1998, pág. 46.

83. Admitindo-a para os altos empregados, MARTINS, André Chateaubriand. A arbitragem nas relações de trabalho: proposta de tratamento legislativo. *In* ROCHA, Caio Cesar Vieira, SALOMÃO, Luis Felipe (coord.). *Arbitragem e mediação: a reforma da legislação brasileira*. São Paulo: Atlas, 2015, pág. 40.

84. Neste sentido, "É falacioso, portanto, o argumento de que a arbitragem nos dissídios individuais trabalhistas violaria o princípio do acesso à justiça (CF, art. 5º, XXXV). Ora, quem pode optar por não exercer o direito de ação, deve poder, *a fortiori*, levar eventual conflito de interesses para o árbitro, que é terceiro alheio ao Poder Judiciário. A liberdade individual deve ser respeitada pelo Estado. Destarte, mesmo que o entendimento majoritário fosse contrário, a arbitragem podia ser admitida (no cenário anterior à Reforma Trabalhista) no Processo do Trabalho, mas apenas sob a forma de compromisso arbitral; nunca por meio de cláusulas compromissórias, em função da hipossuficiência e subordinação jurídica do empregado na formação e vigência do contrato de trabalho" (cit. BERNARDES, Filipe. *Manual de Processo do Trabalho*. Salvador: Juspodivm, 2018, pág. 122).

85. Neste sentido, SILVA, Antônio Álvares da; SILVA, George Augusto Mendes e. Arbitragem nos dissídios individuais de trabalho dos altos empregados. *Revista LTr*, São Paulo, Vol. 81, N.º 07, jul/2017, pág. 777. Também aparentemente neste sentido, LAVOR, Francisco Osani de. Formas alternativas de solução dos conflitos individuais e coletivos de trabalho. *Revista Trabalho & Doutrina*, São Paulo, N.º 20, 1999, pág. 32.

86. Tendo em conta que o fim da contribuição sindical obrigatória, naturalmente que se espera que a sobrevivência sindical exija destas instituições novas formas de obter as boas graças dos trabalhadores das respetivas categorias.

mente compromissos arbitrais após o termo da relação jurídica empregatícia, a preferência por esta forma extrajudicial de resolução de litígios deveria colher, portanto, *prévia previsão e aceitação em convenção coletiva*[87]. Alternativamente, na falta de implementação dessas instituições, admitir-se-ia a previsão de membro do Ministério Público do Trabalho (Lei Complementar n.º 75/93, art. 83, inc. XI) ou, em casos excecionais, terceiros[88]. Mesmo que

87. Neste sentido, Ramos, Augusto Cesar. Mediação e arbitragem na Justiça do Trabalho. *jus Navigandi.* Teresina, ano 6, n. 54, 2002. Disponível em https://jus.com.br/artigos/2620/mediacao-e-arbitragem-na-justica-do-trabalho, última consulta em 22.05.2018; Salgado, Alinne Bessoni Boudoux. Princípio da Autonomia Privada e Direito Individual do Trabalho: um diálogo possível. *In* Mendes, Gilmar Ferreira, Martins Filho, Ives Gandra da Silva (coord.). *1º Caderno de Pesquisas Trabalhistas.* Porto Alegre: Magister, 2017, pág. 145; Fava, Marcos Neves. A arbitragem como meio de solução dos conflitos trabalhistas. *Revista de Direito do Trabalho,* São Paulo, Vol. 32, N.º 123, jul.set/2006, pág. 133. Sem defender esta posição, mas apelando, ainda, à presença e papel dos sindicatos na fixação de regras procedimentais a serem observadas na arbitragem, Gemignani, Daniel; Gemignani, Tereza Aparecida Asta. A arbitragem no direito trabalhista: um desafio a ser enfrentado. *Revista CEJ,* Brasília, Ano 22, N.º 75, maio-ago/2018, pág. 11. Os autores sustentam ainda que os sindicatos deveriam por negociação coletiva estabelecer um rol de matérias passíveis de serem levadas a procedimento arbitral, para o efeito amparando-se no escopo do art. 611-A da CLT. Com reservas relativamente a esta posição, Chaves, Luciano Athayde. *Estudos de Direito Processual do Trabalho.* São Paulo: LTr, 2009, págs. 67-68. O autor considerava que "(...) se o trabalhador não poderia ser sujeito de tal cláusula compromissória ao nível do seu contrato individual, como supor que seu sindicato possa, mediante estipulação coletiva, impor-lhe tal realidade jurídica? O princípio da *proibição de retrocesso social* – de grande prestígio nos sistemas jurídicos contemporâneos – milita em favor da preservação das condições sociais dos trabalhadores, não sendo lícito ao seu sindicato firmar pactos coletivos que lhe imponham juízos arbitrais como o modelo de solução das controvérsias, quando há na ordem jurídica todo um aparato de proteção ao cumprimento das normas trabalhistas".

88. Amaral, Jane Dias Do. A arbitragem dos direitos individuais trabalhistas sob o enfoque de Platão. *Revista LTr,* São Paulo, Vol. 72, N.º 03, mar/2008, pág. 319. Como sustenta o autor: "(...) para a adopção da arbitragem nas lides individuais e seleção de árbitros é preciso: que em regra a arbitragem seja prevista por instrumento coletivo, salvo no caso da extinção do contrato, optando as partes por esta via (...); que seja realizada no âmbito dos sindicatos ou nos núcleos intersindicais ou ainda no Ministério Público do Trabalho; que a pactuação coletiva que a preveja também estabeleça o procedimento arbitral, sendo ideal que se crie um órgão para implementá-la e institucionaliza-la, observando-se a paridade entre empregado e empregador; a arbitragem nestes conflitos deve ser sempre de direito a fim de que não represente inobservância da legislação imperativa trabalhista e nem renúncia de direitos; que haja seleção dos árbitros conforme os seguintes critérios: reputação ilibada; notório saber jurídico; isenção; equidistância". No mesmo sentido, Yoshida,

estejam em causa créditos tendencialmente "indisponíveis" laborais, tal não afetaria a validade de compromisso arbitral apoiado em convenção coletiva prévia que a admitisse. Se por negociação coletiva se podem renunciar e limitar direitos laborais, também se haverá de ter por autorizado que as mesmas convenções possam negociar a mera arbitrabilidade desses direitos, por mais "indisponíveis" que sejam[89]; afinal, *a maiori, ad minus*[90]. Não

---

Márcio. A arbitragem e a Reforma Trabalhista. *Revista de Arbitragem e Mediação*, São Paulo, Ano 14, Vol. 55, out-dez/2017, pág. 67. O autor é, igualmente, fervoroso adepto do envolvimento sindical na redação de cláusulas compromissórias e na instauração do procedimento arbitral. "Nesse novo contexto, espera-se que muitos sindicatos disponibilizem, dentre os benefícios para seus associados e representados, câmaras arbitrais com custos subsidiados pela entidade sindical, gerando uma alternativa idônea e confiável para a solução das disputas trabalhistas no âmbito das suas respectivas categorias profissionais (...). Para os sindicatos mais atuantes e que desejem disponibilizar uma ferramenta eficaz de solução de litígios no âmbito da sua categoria, exsurge a oportunidade de incluir, em seus acordos coletivos e convenções coletivas de trabalho, a previsão da utilização da arbitragem, quiçá direcionados para as suas próprias câmaras arbitrais. A arbitragem tem tudo a ganhar com o envolvimento das organizações sindicais em sua estruturação, pois no cerne de ambos encontra-se o pomo da autonomia privada, individual e coletiva, que se contrapõe ao intervencionismo estatal nas relações contratuais dos particulares, diretriz que sempre prevaleceu no âmbito da nossa Consolidação das Leis do Trabalho, hiperbolicamente protecionista e assistencialista, vincada pela ideologia getulista como instrumento de controle e de poder sobre os sindicatos e sobre os trabalhadores".

89. Pereira Júnior, Antonio Jorge; Serra, Miguel Arcanjo. A (im)possibilidade da arbitragem nos dissídios individuais do Direito do Trabalho. *Revista dos tribunais*, São Paulo, Vol. 106, N.º 986, dez/2017, pág. 137.

90. "Recurso de revista. Dissídio individual. Sentença arbitral. Efeitos. Extinção do processo sem resolução do mérito. Art. 267, VII, do CPC. I – É certo que o art. 1º da Lei n. 9.307/96 estabelece ser a arbitragem meio adequado para dirimir litígios relativos a direitos patrimoniais disponíveis. Sucede que a irrenunciabilidade dos direitos trabalhistas não é absoluta. Possui relevo no ato da contratação do trabalhador e durante vigência do pacto laboral, momentos em que o empregado ostenta nítida posição de desvantagem, valendo salientar que o são normalmente os direitos relacionados à higiene, segurança e medicina do trabalho, não o sendo, em regra, os demais, por conta da sua expressão meramente patrimonial. Após a extinção do contrato de trabalho, a vulnerabilidade e hipossuficiência justificadora da proteção que a lei em princípio outorga ao trabalhador na vigência do contrato, implica, doravante, a sua disponibilidade, na medida em que a dependência e subordinação que singularizam a relação empregatícia deixam de existir. II – O art. 114, §1º da Constituição não proíbe o juízo de arbitragem fora do âmbito dos dissídios coletivos. Apenas incentiva a aplicação do instituto nesta modalidade de litígio, o que não significa que sua utilização seja infensa à composição das contendas individuais. III – Para que seja consentida no âmbito das relações

permitir que a negociação coletiva dispusesse sobre matéria de arbitragem individual, seria coibir de forma arbitrária e excessiva a liberdade negocial das entidades representativas sindicais.

(d) Em orientação da Subseção I Especializada em Dissídios Individuais do TST de 26 de março de 2015[91], o Tribunal colocava-se numa posição que admitia a arbitragem individual de trabalho, não sob critério do tipo de trabalhador ou tipo de convenção arbitral, *mas do momento em que o compromisso arbitral fosse celebrado*. Para diferentes momentos temporais (ato da celebração do contrato, vigência do pacto e posterior dissolução), diferentes manifestações da liberdade negocial. Assim, o recurso à arbitragem estaria excluído se o compromisso fosse firmado aquando a celebração do contrato de emprego ou, mesmo na vigência deste, por aditivo contratual[92].

---

trabalhistas, a opção pela via arbitral deve ocorrer em clima de absoluta e ampla liberdade, ou seja, após a extinção do contrato de trabalho e à míngua de vício de consentimento. IV – Caso em que a opção pelo Juízo arbitral ocorreu de forma espontânea e após a dissolução do vínculo, à míngua de vício de consentimento ou irregularidade quanto à observância do rito da Lei n.º 9.307/96. Irradiação dos efeitos da sentença arbitral. Extinção do processo sem resolução do mérito (artigo 367, VII, do CPC), em relação aos pleitos contemplados na sentença arbitral (...)" (TST, 4ª Turma, Recurso de Revista n.º 1799006620045050024, Relator Min. Antônio José de Barros Levenhagem, Data de julgamento 03.06.2009).

91. http://www.tst.jus.br/noticias/-/asset_publisher/89Dk/content/tst-determina-que--conselho-arbitral-nao-examine-conflitos-trabalhistas, consultado em 01.12.2018.

92. Recentemente, o TRT da 3ª Região, mantendo a decisão de primeira instância, veio retomar esta ideia de disponibilidade relativa dos créditos laborais finda a relação de emprego, desde que resultante da livre manifestação de vontade do ex-trabalhador e garantido o amplo acesso ao judiciário. Decisão que foi, porém, revertida pela 4ª Turma do TST, vencido o Ministro Relator Ives Gandra da Silva Martins Filho. Cf. TST, Proc. RR – 25900-67.2008.5.03.0075, 4ª Turma, Rel. Ministro João Oreste Dalazen, Data de Julgamento 22.05.2015. No mesmo sentido, Silva, Luiz Augusto da. Arbitragem trabalhista e o problema da liberdade: reflexões à luz do ideal de não dominação, efetividade, e a Reforma da Lei da Arbitragem (Lei da Arbitragem (Lei 13.129/2015). *Revista de Arbitragem e Mediação*, São Paulo, Vol. 56, Ano 15, jan-mar/2018, pág. 204; Soares Filho, José. Jurisdição privada – formas extrajudiciais de solução de litígios, *Revista LTr*, São Paulo, Vol. 76, N.º 11, nov/2012, pág. 1316; Romita, Arion Sayão. "Meios alternativos de resolução dos dissídios individuais do trabalho. *Revista LTr*, São Paulo, Vol. 73, N.º 08, ago/2009, pág. 926. Mesmo depois da Reforma Trabalhista, e com exclusão da hipótese legal prevista no art. 507-B, continua para os restantes casos a ser este o entendimento de Mazzei, Rodrigo Reis; Carlos, Helio Antunes. Breve estudo acerca das principais alterações da Reforma Trabalhista: uma análise a partir da teoria dos jogos. *In* Tupinambá, Carolina (coord.). *Soluções de conflitos trabalhistas: novos caminhos*. São Paulo: LTr, 2018, pág. 170.

(e) Relativamente à possibilidade de acordar cláusula compromissória mesmo em data prévia à contratação ou na vigência contratual, contrariamente ao posicionamento rígido de algumas turmas do TST mencionado no ponto anterior, há julgados que admitem a admissibilidade da cláusula ressalvada, no entanto, a possibilidade de recorrer ao judiciário para aferir da higidez do consentimento manifestado pelo trabalhador. Contrariamente ao critério temporal apresentado acima, que se revela significativamente limitativo na forma como encara a autonomia do trabalhador, este critério da aferição de vícios do consentimento do empregado procura, portanto, não descartar a validade inicial do consentimento presumindo genericamente a abusividade da cláusula compromissória[93]. Adota-se uma tese de controlo casuístico da admissibilidade da arbitragem em função do critério do consentimento livre; percebendo esta alternativa como forma de assegurar a proteção da liberdade do vulnerável, sem lhe descartar a via arbitral como recurso extrajudicial alternativo à Justiça do Trabalho[94].

---

93. Neste sentido, a título de exemplo, "Agravo De Instrumento Em Recurso De Revista. Juízo Arbitral. Coisa Julgada. Lei Nº 9.307/96. Constitucionalidade. O art. 5º, XXXV, da Constituição Federal dispõe sobre a garantia constitucional da universalidade da jurisdição, a qual, por definir que nenhuma lesão ou ameaça a direito pode ser excluída da apreciação do Poder Judiciário, não se incompatibiliza com o compromisso arbitral e os efeitos de coisa julgada de que trata a Lei nº 9.307/96. É que a arbitragem se caracteriza como forma alternativa de prevenção ou solução de conflitos à qual as partes aderem, por força de suas próprias vontades, e o inciso XXXV do art. 5º da Constituição Federal não impõe o direito à ação como um dever, no sentido de que todo e qualquer litígio deve ser submetido ao Poder Judiciário. Dessa forma, as partes, ao adotarem a arbitragem, tão-só por isso, não praticam ato de lesão ou ameaça à direito. Assim, reconhecido pela Corte Regional que a sentença arbitral foi proferida nos termos da lei e que não há vício na decisão proferida pelo juízo arbitral, não se há de falar em afronta ao mencionado dispositivo constitucional ou em inconstitucionalidade da Lei nº 9.307/96. Despicienda a discussão em torno dos arts. 940 do Código Civil e 477 da CLT ou de que o termo de arbitragem não é válido por falta de juntada de documentos, haja vista que reconhecido pelo Tribunal Regional que a sentença arbitral observou os termos da Lei nº 9.307/96 - a qual não exige a observação daqueles dispositivos legais - e não tratou da necessidade de apresentação de documentos (aplicação das Súmulas nºs 126 e 422 do TST). Os arestos apresentados para confronto de teses são inservíveis, a teor da alínea "a" do artigo 896 da CLT e da Súmula nº 296 desta Corte. Agravo de instrumento a que se nega provimento". Acórdão do TST, 7ª Turma, AIRR, Proc. n.º 147500-16.2000.5.05.0193, Rel. Ministro Pedro Paulo Manus, Data do julgamento: 17.10.2008).
94. Peretti, Luís Alberto Salton. Arbitralidade dos dissídios individuais decorrentes do contrato de trabalho. *Revista de Arbitragem e Mediação*, São Paulo, Vol. 8, N.º 30, jul-set/2011, págs. 300-301.

(f) Relativamente à possibilidade de acordar cláusula compromissória à data da contratação ou na vigência contratual, a tendência doutrinária é para não admitir esta hipótese, senão numa certa categoria de altos empregados, embora os argumentos variem significativamente entre os que sustentam a inexistência de paridade de armas e consequente inexistência de direitos disponíveis[95]; e os que entendem que a sua admissão constituiria uma discriminação arbitrária e injustificada diante das restantes categorias de trabalhadores. A este propósito, já vimos aqui, circulou nas duas casas legislativas de Brasília um Projeto de Lei 406/2013, prévio à Reforma Trabalhista, que precisamente discutia esta hipótese, acabando por ter recebido veto presidencial precisamente em razão deste último argumento[96]; o que mal se compreende já que o argumento *não demonstra qualquer tipo de prejuízo* aos trabalhadores que acabariam por restar excluídos da previsão.

(g) Ainda há os que, descredibilizando o argumento da "indisponibilidade" do *todo o* crédito salarial, são favoráveis ao uso da arbitragem por uma questão de *dignidade e cidadania*. Admitir que *todos os* trabalhadores se

95. Neste sentido, PEREIRA JÚNIOR, Antonio Jorge; SERRA, Miguel Arcanjo. A (im)possibilidade da arbitragem nos dissídios individuais do Direito do Trabalho. *Revista dos tribunais*, São Paulo, Vol. 106, N.º 986, dez/2017, págs. 139-140. "Na situação em que o obreiro enfrenta sozinho a presença dessa cláusula no ato da contratação, ele está afastado da condição de disponibilidade de seus direitos e tem sua livre-manifestação de vontade radicalmente desprotegida pela ausência de paridade e da igualdade de forças na negociação (...), porque se entende, nesta categoria relacional, que qualquer ato de renúncia ou de transação de direitos poderia decorrer da posição patronal (...). A aposição da cláusula arbitral neste caso parece então incompatível com a restrição estabelecida na Lei de Arbitragem quanto aos direitos patrimoniais disponíveis, não se assentando sobre a condição de disponibilidade dos direitos trabalhistas e não se adequando à lógica interna do Direito do Trabalho. Entretanto, norma pode vir a regular a possibilidade, em tempo futuro, mediante requisitos que resguardem o equilíbrio entre as partes (...).

96. "O dispositivo autorizaria a previsão de cláusula compromissória em contrato individual de trabalho. Para tal, realizaria, ainda, restrições de sua eficácia nas relações envolvendo determinados empregados, a depender de sua ocupação. Dessa forma, acabaria por realizar uma distinção indesejada entre empregados, além de recorrer a termo não definido tecnicamente na legislação trabalhista. Com isso, colocaria em risco a generalidade de trabalhadores que poderiam se ver submetidos ao processo arbitral" (Veto Presidencial ao Projeto de Lei 406/2013, disponível em https://www25.senado.leg.br/web/atividade/materias/-/materia/114641, última consulta em 08.12.2018). Considerando que este veto deu força à visão então maioritária da incompatibilidade da arbitragem individual com a relação de emprego, GARCIA, Gustavo Filipe Barbosa. Reforma na Lei de Arbitragem e Contrato Individual de Trabalho. *Revista Síntese Trabalhista e Previdenciária*, São Paulo, N.º 317, 2015, pág. 32.

encontram numa situação de *menoridade psicológica*, sem qualquer noção ou discernimento sobre os direitos básicos de que dispõem, é um pressuposto errado de que parte a legislação e com o qual se compadece grande parte da doutrina e jurisprudência[97]. O argumento é intercetado com outro que o complementa e lhe dá corpo: como no processo do trabalho o ordenamento não adota os princípios materiais da proteção, irrenunciabilidade, indisponibilidade e igualdade, mas antes se sujeita à imparcialidade, paridade de armas e poderes assistenciais do magistrado, não fará sentido proteger o trabalhador para lá do que se protegerá qualquer outro indivíduo; qualquer conduta que o faça, restringirá a autonomia, liberdade, consciência e livre arbítrio do trabalhador, presumindo-o incapaz[98].

4.7.3. Posição adotada

Os requisitos que costumam ser apresentados pela lei para que uma pessoa se possa submeter à arbitragem são essencialmente dois: (i) ter capacidade para contratar e (ii) a lide não diga respeito a direitos de caráter indisponível. De acordo com o art. 1º da Lei n.º 9.307/96, a arbitragem só pode propor-se

---

97. Neste sentido, Santos, Enoque Ribeiro Dos. Aplicabilidade da Arbitragem nas Lides Individuais de Trabalho. *Revista Síntese Trabalhista e Previdenciária,* São Paulo, Vol. 27, N.º 317, nov/2015, pág. 20. No mesmo sentido, TRT, 5ª Região, 3ª Turma, Proc. Recurso Ordinário 0001477.33.2012.5.05.2015, Rel. Desembargador Humberto Jorge Lima Machado, Data de Julgamento, 30.10.2013: "Arbitragem. Direito do Trabalho. Compatibilidade. Arbitragem. Lei nº 9.307/1996. Aplicável às relações individuais do trabalho. Validade da sentença arbitral quando inexistente vício de consentimento ou coação. As regras contidas na Lei nº 9.307/1996 são aplicáveis às relações individuais de trabalho e a sentença arbitral deve ser declarada válida nas demandas trabalhistas quando não demonstrado nenhum vício de consentimento, coação ou irregularidade capaz de torna-la nula".

98. Santos, Enoque Ribeiro Dos. Aplicabilidade da Arbitragem nas Lides Individuais de Trabalho. *Revista Síntese Trabalhista e Previdenciária,* São Paulo, Vol. 27, N.º 317, nov/2015, pág. 24. O autor só admite, porém, que a arbitragem possa ser usada como mecanismo alternativo ao judiciário, findo o contrato de trabalho, "restando claro que direitos indisponíveis trabalhistas somente têm guarida no contrato de trabalho vivo, que possui o guarda chuva protetor do Direito do Trabalho. Enquanto o contrato de trabalho está vivo, em curso, remanescem todos os direitos individuais, *in full force and effect*, que são indisponíveis e vários deles de ordem pública (relacionados à saúde, medicina, segurança e meio ambiente laboral), o que já não ocorre quando o contrato de trabalho é rescindido. Neste caso, os direitos indisponíveis trabalhistas, a partir do momento da rescisão (morte) do contrato laboral, se transmuta em "créditos", e daí, ser objeto de transação nas lides individuais em juízo (conciliação judicial na audiência), e também de eventual arbitragem".

a solucionar conflitos que respeitem direitos patrimoniais disponíveis, que basicamente representarão, em direito do trabalho, aqueles a que a CLT indistintamente designa como sendo suscetíveis de conciliação (arts. 764, 931, 846, 850, 852-E) ou de acordo (arts. 835 e 847). Daqui se extrai a seguinte ideia: se a jurisprudência de forma unânime reconhece a possibilidade de transação destes créditos, torna-se contraproducente e contraditório sustentar a inaplicabilidade da arbitragem ao trabalhador individual.

Um olhar sob aquilo que *acontece diariamente na prática judicial laboral* brasileira concordará com este entendimento. O que mais existe na Justiça do Trabalho são transações judiciais. Não qualquer *transação* judicial homologada com respeito à integralidade de todos os créditos laborais, mas transações que fogem a alguns dos princípios que regulam o direito laboral, e que ainda assim recebem chancela judicial por alguém que sabe e conhece a realidade de carência económica dos reclamantes e da morosidade jurisdicional excessiva do judiciário brasileiro. O contraste entre estes dois elementos leva frequentemente o trabalhador a aceitar acordos sem garantia de tudo a que tem direito, a nada obstando existir norma legal dispondo em sentido contrário. Pode-se dizer, inclusivamente, que muitas das conciliações a que assistimos na Justiça do Trabalho são renúncias mascaradas. Por curiosidade, e segundo o *Relatório Geral da Justiça do Trabalho de 2017*, dos valores pagos na Justiça do Trabalho em razão de processos pendentes, cerca de 43,4% do total resultou de acordo judicial (com aumento de 26,7% em relação a 2016), perante os restantes 46,4% resultantes de execução de sentença[99]. Da mesma forma, aos que admitem a *possibilidade confessória* no processo do trabalho e correspondente pena, tal posicionamento sempre esbarraria com a proibição do art. 392 do CPC[100].

Boa parte dos direitos trabalhistas, uma vez findo o contrato de emprego, convertem-se em créditos disponíveis, tornando-se passíveis de transação[101]. Com as exceções raras do crédito previdenciário e fiscal, mesmo os direitos

---

99. Relatório disponível em http://www.tst.jus.br/documents/26682/0/Relatório+Anal%C3%ADtico+e+Indicadores+Reduzido.pdf/04476e8c-2f5b-9d81-e6c9-de581099b8e2, (consulta em 07.12.2018).

100. "Não vale como confissão a admissão, em juízo, de fatos relativos a direitos indisponíveis" (art. 392 CPC).

101. SILVA, Antônio Álvares da; SILVA, George Augusto Mendes e. Arbitragem nos dissídios individuais de trabalho dos altos empregados. *Revista LTr*, São Paulo, Vol. 81, N.º 07, jul/2017, pág. 776: "o empregado é capaz de contratar e os direitos trabalhistas, nas relações de emprego concretas, são patrimoniais e disponíveis. Caso contrário, teríamos de anular todas as conciliações feitas anos a fio na Justiça do Trabalho".

trabalhistas supostamente irrenunciáveis se tornam disponíveis, quando convertidos após cessação da subordinação jurídica[102]. E veja-se que a Reforma ainda veio flexibilizar mais esta questão, quando passou a admitir quitações anuais de obrigações trabalhistas na vigência de contratos de trabalho (art. 507-B da CLT), a livre negociação individual do contrato de trabalho (art. 444, parágrafo único da CLT) ou mesmo a sua expressa admissão no art. 507-A da CLT[103]. Mas ainda que isto não bastasse, dir-se-ia que mesmo relativamente a créditos indisponíveis há sempre parcelas de disponibilidade que podem ser objeto de arbitragem, tais como a quantificação do seu valor e a forma de as prestar[104-105].

---

102. Lá dizia Rodolfo Pamplona, "quem sabe seja a hora de assumir, sem hipocrisias, que os direitos trabalhistas talvez não sejam tão irrenunciáveis assim, mas a própria possibilidade da conciliação judicial por valores menores do que o efetivamente devido já demonstra a real disponibilidade na prática (e com a chancela judicial!)" (cit. Pamplona Filho, Rodolfo. Arbitragem trabalhista: visão didática. *Revista Trabalho & Doutrina*, São Paulo, N.º 22, set/1999, pág. 150; e Atualizando uma visão didática da arbitragem na área trabalhista. *Jus*, 2005, disponível em https://jus.com.br/artigos/6831/atualizando-uma-visao-didatica-da-arbitragem-na-area-trabalhista; última consulta em 12.03.2018).

103. Como ensina Muniz, "como se poderia implementar arbitragem trabalhista se as consequências patrimoniais dos direitos individuais previstos na Constituição Federal forem consideradas indisponíveis? A única interpretação razoável seria que certos direitos trabalhistas seriam irrenunciáveis, mas a análise de questões de fato relativas a esses direitos, bem como suas consequências patrimoniais seriam passíveis de solução por arbitragem. A título ilustrativo, o árbitro não pode negar o direito de férias, porém pode perquirir a questão de fato se o fato gerador das férias aconteceu, e arbitrar o valor da compensação por férias eventualmente não gozadas" (Muniz, Joaquim de Paiva. Arbitragem no direito do trabalho. *Revista de Arbitragem e Mediação*, São Paulo, Vol. 15, N.º 56, jan-mar/2018, pág. 184).

104. "É certo que o direito a alimentos é indisponível, no sentido de que não se pode a ele renunciar. Porém, a quantificação do valor e a forma de prestá-los são aspetos perfeitamente disponíveis, sendo objeto frequente, como se sabe, de transação judicial. Ora, nada impediria que se sujeitasse esses efeitos disponíveis (ainda que dos direitos indisponíveis) à arbitragem, mesmo porque isso não implicaria qualquer restrição à existência ou à caracterização do direito indisponível em si. Dessa forma, portanto, mesmo os direitos indisponíveis podem ser objeto de arbitragem, desde que em relação aos efeitos disponíveis que gerem" (cit. Arenhart, Sérgio. *Breves considerações sobre o procedimento arbitral*, disponível em https://www.academia.edu/214088/breves_observações_sobre_o_procedimento_arbitral, último acesso em 12.12.2018). No mesmo sentido, Muniz, Joaquim de Paiva. Arbitragem no direito do trabalho. *Revista de Arbitragem e Mediação*, São Paulo, Vol. 15, N.º 56, jan-mar/2018, pág. 183: "Há de se atentar para a diferença entre certos direitos trabalhistas, que podem ser irrenunciáveis, e a consequência patrimonial desses direitos. Em outras palavras, o empregado não pode renunciar a determinados direitos trabalhistas, tais como o 13º salário, adicional de férias, aviso-prévio, hora extra remunerada etc. Isso não significa,

Por outro lado, a doutrina e jurisprudência têm-se esquecido que também neste procedimento se fazem incidir sobre o *árbitro os mesmos deveres de respeito pela ordem pública e por normas de natureza cogente* que se impõem ao magistrado judicial. A permissividade à arbitragem na seara individual trabalhista passa pela compreensão de que o árbitro, tal como o magistrado laboral, encontra-se sujeito e subordinado à legislação laboral e às normas de natureza cogente que a CLT impõe. Colocar em causa a isenção dos árbitros para a salvaguarda de um devido processo legal, é atentar contra a sua própria honra profissional e código de conduta[106]. O árbitro é juiz de fato e de direito (art. 18 da Lei n.º 9.307/96)[107].

---

todavia, que o empregado não possa discutir o valor correspondente a esse direito ou mesmo se houve realmente descumprimento desse direito".

105. Considerando a hipótese por nós alvitrada como expediente excepcional, Pereira, Ana Lúcia. Considerações sobre a utilização da arbitragem nos contratos individuais do trabalho. *Revista de Arbitragem e Mediação*, São Paulo, Vol. 23, Ano 6, out-dez/2009, págs. 103-104. Diga-se de passagem, porém, que a autora formula a sua opinião num contexto prévio à Reforma, em que os Sindicatos e o MP ainda assumiam papel fundamental no controlo do TRCT. Nas suas palavras: "Mas o mais importante da arbitragem trabalhista é não submeter a ela verbas consideradas incontroversas, no caso, as verbas rescisórias (...). Estas verbas, por sua vez, só são válidas se devidamente assistidas (...) pelo Sindicato Profissional ou pela DRT (...). Utilizar a arbitragem para substituir a assistência sindical é descumprir a lei e macular o papel e o objetivo da arbitragem. Essa é a regra! Evidentemente, para toda regra há exceção. E esta está na hipótese do empregado não receber as verbas rescisórias e escolher a arbitragem como forma de resolver o litígio daí surgido. Aí sim está patente o conflito – o não recebimento das verbas rescisórias e a necessidade do empregado recebê-las em curto espaço de tempo". Ainda, Pacheco, Iara Alves Cordeiro. *Os direitos trabalhistas e a arbitragem*. São Paulo: LTr, 2003, pág. 126.

106. Silva, Antônio Álvares da; Silva, George Augusto Mendes e. Arbitragem nos dissídios individuais de trabalho dos altos empregados. *Revista LTr*, São Paulo, Vol. 81, N.º 07, jul/2017, pág. 776.

107. Siqueira Neto, José Francisco. A solução extrajudicial dos conflitos individuais do trabalho. *Revista Trabalho & Doutrina*, São Paulo, N.º 14, set/1997, pág. 61. Para o autor, o problema em torno da arbitragem não está propriamente no reconhecimento da sua admissibilidade para o direito individual do trabalho, que considera um fato, mas na "(...) admissão do processo de arbitragem. Isto porque é nessa situação que pode manifestar-se o poder econômico do empregador, obrigando, por conseguinte, o trabalhador a se sujeitar ao processo de arbitragem, a um árbitro ou a um tribunal arbitral específico. Este é, em nosso entender, o único obstáculo sério à adoção da arbitragem em relação aos direitos individuais, cuja essência, entretanto, dependerá de cada caso concreto. (...) [O] que vai determinar a configuração de eventual abuso do empregador e do poder econômico é o caso concreto. Trata-se de uma circunstância impossível de se afirmar *a priori*".

Parece-me, porém, que o argumento decisivo que enfrenta e derruba a objeção de alegada indisponibilidade, é que ela é indevidamente elegida como critério da *arbitrabilidade objetiva*, quando no seu lugar devia enquadrar-se apenas a noção de *patrimonialidade*. Existe, tal como afirma RICCI, uma conexão desnecessária entre disponibilidade do objeto e admissibilidade da arbitragem[108]. Entende, por isso, que a convenção arbitral mais não é do que uma convenção exclusiva sobre a *escolha do juiz* e não sobre *o objeto da lide*. Haveria que começar a compreender a noção de negócio processual arbitral não como *negócio-transação,* mas apenas como *negócio de escolha de terceiro julgador*. As partes não negociam sobre o resultado da lide, que desconhecem. O grau de autonomia da vontade das partes na celebração de *pacto arbitral* é significativamente menor do que aquele que envolve a celebração de um acordo ou contrato[109]. A ser assim, não haveria como levantar óbice à conclusão de que mesmo *direitos indisponíveis* poderiam ser levados à arbitragem desde que circunscritos ao seu *conteúdo patrimonial*[110].

Quanto à questão da vulnerabilidade, o problema também me parece ultrapassável. Isto porque a validade e eficácia de convenções arbitrais aceites por trabalhadores carece de um juízo de razoabilidade livre de presunções

---

108. "A conexão lógica entre a disponibilidade do objeto da lide e a admissibilidade da arbitragem seria verdadeiramente necessária, se a sentença arbitral, em vez de ser o equivalente da decisão proferida pelo juiz, no que concerne a seus efeitos, fosse o equivalente de contrato estipulado pelas partes, com o propósito de resolver a lide mediante transação ou conciliação. Nesse caso, as partes obteriam, mediante o árbitro, o mesmo resultado que poderiam conseguir diretamente por meio de acordo. O árbitro seria mandatário das partes, com o poder de firmar contrato entre as mesmas, contrato que seria, em si mesmo, ato de disposição. Esse tipo de arbitragem, que podemos qualificar de 'contratual', verdadeiramente exige a disponibilidade da lide como pressuposto" (RICCI, Edoardo F. Desnecessária conexão entre disponibilidade do objeto da lide e admissibilidade de arbitragem: reflexões evolutivas. *In* LEMES, Selma Ferreira, CARMONA, Carlos Alberto, MARTINS, Pedro Batista (coord.). *Arbitragem: estudos em homenagem ao Prof. Guido Fernando Silva Soares, in memoriam*. São Paulo: Atlas, 2007, págs. 405-406).
109. GRECO, Leonardo. Controle jurisdicional da arbitragem. *In* TUPINAMBÁ, Carolina (coord.). *Soluções de conflitos trabalhistas: novos caminhos*. São Paulo: LTr, 2018, pág. 421.
110. Também neste sentido, TALAMINI, Eduardo. Arbitragem e parceria público-privada (PPP). *In* TALAMINI, Eduardo, JUSTEN, Monica Spezia, WAGNER, Alexandre (coord.). *Parcerias público-privadas: um enfoque multidisciplinar.* São Paulo: RT, 2005, pág. 341-345; KLEIN, Aline Lícia. Arbitragem nas concessões de serviço público. *In* PEREIRA, Cesar Augusto Guimarães, TALAMINI Eduardo et. al. (coord.). *Arbitragem e poder público*. São Paulo: Saraiva, 2010, págs. 76.

prévias absolutas: nem a de que o empregado é totalmente livre na sua vontade e encontra-se completamente informado sobre os seus direitos para decidir, sozinho, acerca da "renúncia" à jurisdição estatal; nem a de que o trabalhador será sempre um coagido psicologicamente e um desinformado dos seus direitos no momento daquela aceitação. Nenhuma das afirmações precedentes pode ensejar uma presunção razoável acerca do que se passa na generalidade dos casos. Uma resposta adequada passa por encontrar a resposta às seguintes perguntas: é razoável presumir que o trabalhador se encontra comprometido em *todas as etapas* do seu vínculo contratual?; é razoável presumir que *todos os trabalhadores* sofrem o mesmo grau de afetação da sua vontade?

No primeiro caso, afastamo-nos do posicionamento tradicional, rigoroso e indiscriminado, que considera existir um estado de dependência e vulnerabilidade em qualquer estado de vida do contrato de trabalho e, assim, submete todos os seus estádios à mesma fatalidade. Discordamos, por isso, frontalmente, com a doutrina que considera a vulnerabilidade como marca de *todo e qualquer empregado*, independentemente do seu grau de instrução ou dependência salarial[111]. Não nos podemos esquecer que no Direito do Trabalho se prima não por uma igualdade formal, mas por uma verdadeira isonomia material, que não existe entre o vulgar trabalhador e empregados com salários diferenciados, conhecimentos académicos superiores ou especializados, estatutos hierárquicos estratégicos etc.[112] Para estes, não há qualquer motivo que justifique esvaziar a sua autonomia e liberdade[113].

---

111. Como é posicionamento de Muradas, Daniela. Notas sobre a (in)disponibilidade contratual do hipervulnerável e impossibilidade de via arbitral. *In* Souto Maior, Jorge, Severo, Valdete Souto (coord.). *Resistência: aportes teóricos contra o retrocesso trabalhista*. São Paulo: Expressão Popular, 2017, págs. 172-176.

112. Neste sentido, ganha importância a ementa sábia de Enoque Ribeiro dos Santos, em acórdão do TRT: "Recurso Do Reclamado. Preliminar De Convenção De Arbitragem. Transação Envolvendo Direitos Trabalhistas. Possibilidade. O fundamento principal para justificar que os direitos trabalhistas são indisponíveis/irrenunciáveis é fulcrado na hipossuficiência/vulnerabilidade do trabalhador. E, é exatamente por isso que o próprio TST, ainda que timidamente, já vem admitindo a arbitragem nos casos em que não se vislumbra esta hipossuficiência, deixando claro que tal indisponibilidade/irrenunciabilidade não é absoluta. Fato é que nem todos os direitos trabalhistas são, a todo tempo, indisponíveis, pois, se assim o fossem, jamais poderiam ser objeto de transação ou mesmo de negociação coletiva de trabalho. Aliás, se todos os direitos gozassem de uma indisponibilidade absoluta intangível, haveria, certamente, um entrave à evolução da ordem jurídica e social. Na verdade não há que se falar em indisponibilidade absoluta de qualquer direito em abstrato, pois é,

Todavia, não podemos deixar de reconhecer que alguns trabalhadores se encontram numa posição de fragilidade quanto à sua vontade *antes e durante a vigência do contrato* de emprego e que não pode ser desconsiderada. Já após a rutura contratual, os constrangimentos que até então se justificavam perdem a razão de ser, sendo razoável presumir que a escolha pela submissão do litígio laboral à arbitragem é feita no pleno livre arbítrio do ex-trabalhador[114]. A não ser assim e estar-se-ia a colaborar para erigir

no caso concreto, que o Judiciário vai aferir se aquele direito é ou não indisponível, analisando-o e ponderando-o com os demais direitos, princípios e normas presentes no ordenamento jurídico. No caso em questão, a magistrada sentenciante afastou a cláusula de arbitragem prevista no contrato celebrado entre o autor e réu utilizando como fundamentos a 'inafastabilidade da jurisdição' e a 'indisponibilidade dos direitos trabalhistas'. Quanto à inafastabilidade da jurisdição, esta não é violada com a aplicação da arbitragem, pois o decidido pelo árbitro evidentemente poderá ser apreciado pelo Poder Judiciário. E no que tange à indisponibilidade dos direitos trabalhistas, se esta é fulcrada na hipossuficiência/vulnerabilidade do trabalhador, então, obviamente, não tem aplicabilidade no presente caso, eis que o autor era um alto executivo do banco réu, verdadeiro alter ego e detentor de *expertise* e *brain-power* financeiro, com vultosos ganhos mensais e vasto conhecimento na área, razão pela qual não se vislumbra qualquer hipossuficiência/vulnerabilidade por parte dele mas sim sua paridade com a parte adversa. Aliás, é justamente no setor do conhecimento e da informação que a relação jurídica de dependência muitas vezes se inverte, ou seja, é o empregador que fica dependente ou refém do empregado dotado do *expertise* e neurónios privilegiados, que dá um diferencial ao seu negócio, proporcionando-lhe elevados ganhos financeiros, levando-o a celebrar pactos e aditivos para a manutenção de tais empregados laborando a seu favor. Entendo também que os direitos indisponíveis do empregado se mantêm ao longo de todo o contato de trabalho, pois, a partir da rutura deste há uma transmutação dos direitos indisponíveis do empregado em créditos, na esteira do que expressa o art. 11 da CLT e o art. 7º, inciso XXIX da CF/88, o que permite até mesmo a transação entre as partes em juízo ou fora dele. Portanto, havendo instrumento alternativo entre os canais de acesso ao sistema de justiça, que não se confunde com acesso à jurisdição, que, na verdade constitui-se em apenas um entre os vários outros disponíveis ao empregado na seara laboral, deve-se privilegiar os demais meios de pacificação dos conflitos individuais e coletivos de trabalho e não rechaçá-los como fez o juízo monocrático, porque de nada vale o discurso, corroborado pelo CPC/2015, se, diante dos casos concretos, na prática, o judiciário ao invés de acolhê-los, os afasta. Preliminar acolhida" (cit. TRT, 1ª Região, Proc. N.º 0011289.92.2013.5.01.0042, Relator Enoque Ribeiro dos Santos, Data de Julgamento 11.04.2017.

113. No mesmo sentido, Dallegrave Neto, José Affonso; Garcia, Phelippe Henrique Cordeiro. Arbitragem em dissídios individuais de trabalho. *Revista Fórum Trabalhista*, Belo Horizonte, Ano 7, N.º 29, abr-jun/2018, pág. 71.

114. No mesmo sentido, Gomes, Fábio Rodrigues. Arbitragem e o processo do trabalho: dois lados de uma mesma moeda. *In* Mendes, Aluisio Gonçalves de Castro et. al. (coord.).

um postulado ideológico social que entraria diretamente em conflito com o resto do ordenamento. Como teremos oportunidade de ver em capítulo mais adiante, a vulnerabilidade do trabalhador não é estática nem pode ser universalizada. Ela é dinâmica e depende de uma série de fatores, sendo dois destes *o momento* em que o trabalhador se apresenta à disposição (se cessado ou não o contrato de trabalho) e a existência de *certas qualidades pessoais do agente* que lhe conferem maior autonomia (v.g. o alto valor da sua atividade, a confiança do cargo, o nível académico, a independência económica, etc.).

Por último, acentuo o fato de a admissibilidade da arbitragem individual ser ainda encarada como *manifestação da democracia* e reconhecimento do *pluralismo*, enquanto *via facultativa* que se coloca à disposição do trabalhador como recurso paralelo ao jurisdicional[115]. Este fato deve ser relembrado e reponderado diante de uma Justiça que se acha cada vez mais centralizada e monopolista, incapaz de efetivar e satisfazer em tempo razoável os pleitos individuais que lhe são colocados.

Isto não quer dizer que a arbitragem como método alternativo de composição de litígios deva aplicar-se nos mesmos termos em que se aplica para a arbitragem comercial. Algumas *adaptações às opções legais oferecidas pela LArb teriam que se fazer*. Acompanhamos aqui Amaral quando propõe

---

O novo processo civil brasileiro: temas relevantes. Estudos em homenagem ao professor, jurista e ministro Luiz Fux. Rio de Janeiro: GZ, 2018, pág. 346. Nesta "(...) situação, o desate do nó jurídico passa justamente pela ruptura contratual. Este procedimento talvez amenize ou, muito provavelmente, retire do trabalhador os constrangimentos porventura existentes (...). Ora, não se deve perder de vista que o pior que poderia acontecer já aconteceu. Portanto, daí em diante escolher o método de solução das sequelas derivadas de um rompimento truncado está dentro do âmbito de liberdade decisório do indivíduo. Desde que não haja vício de consentimento, o ex-empregado está plenamente apto a conversar e combinar, de comum acordo com o empresário, qual o melhor mecanismo institucional para aparar suas arestas".

115. Fervento adepto da possibilidade, Amaral, Jane Dias Do. A arbitragem dos direitos individuais trabalhistas sob o enfoque de Platão. *Revista LTr*, São Paulo, Vol. 72, N.º 03, mar/2008, págs. 319-320: "(...) se na prática esta solução se legitimar como célere e justa, não haverá quem não queira por ela optar. Livres deverão ser os sindicatos, na forma da convenção n. 87 da OIT, a fim de que sejam de fato representativos daqueles que tutelam. Se assim se consolidarem as soluções, porque vedar esta opção? (...) O que se faz necessário é acabar com o preconceito contra as novas soluções, preferíveis à pura lamentação dos direitos trabalhistas cada vez mais reduzidos e com as soluções judiciais demoradas ou com acordos injustos (até mesmo pela pressão da demora sobre o trabalhador que já perdeu o emprego e não tem como esperar pelo decorrer do processo para receber seu crédito)."

quatro pequenos ajustes para que o procedimento decorra de forma segura e sem margem para questionamentos da ordem pública trabalhista: (i) o procedimento haveria de ser necessariamente processado por *instituições e câmaras oficiais* de arbitragem, excluída a arbitragem *ad hoc*, cujos benefícios para a arbitragem comercial são evidentes do ponto de vista flexibilizador, mas que, numa relação jurídica tendencialmente desnivelada, pode não ser suficiente para assegurar as melhores condições de isonomia; (ii) que essas instituições arbitrais estejam completamente *desvinculadas de qualquer órgão de classe*, seja ele operário, seja ele patronal, assegurando-se assim a plena imparcialidade e neutralidade do julgamento[116]; (iii) ao contrário dos benefícios que a *confidencialidade* traz para à arbitragem comercial, no caso da arbitragem individual ela não só não se justifica, como se pode revelar prejudicial por impedir a completa avaliação de como o funcionamento do método está a ser processado na seara trabalhista; por essa razão, deveria legitimar-se apenas a arbitragem trabalhista pública; (iv) em último lugar, entende que a arbitragem trabalhista apenas poderia *julgar de direito e não de equidade*, por a tanto o exigir a força cogente da maior parte das regras do sistema laboral; a arbitragem não teria assim a valência de permitir julgar a causa por *um direito* alternativo, tão só permitir que por *um método* alternativo as partes pusessem termo ao diferendo[117].

4.8. O QUE MUDOU COM A REFORMA TRABALHISTA (LEI N.º 13.467/2017)

A Reforma Trabalhista promoveu, desde logo, um incentivo substancial ao recurso a formas extrajudiciais de resolução de litígios, assim como às autocompositivas[118]. Com a admissão do termo de quitação

---

116. "Para tanto não basta que essas instituições sejam compostas de quotas equivalentes de "representantes" de empregados ou empregadores. Essa composição, por si só — um fantasma das famigeradas juntas de conciliação e julgamento —, já seria fonte de disputas, algo incompatível com entidades cuja precípua função é resolver disputas de terceiros. Instituições arbitrais profissionais e altamente técnicas são as únicas capazes de permitir o desenvolvimento seguro da arbitragem trabalhista" (cit. AMARAL, Guilherme Rizzo. Arbitragem nos conflitos trabalhistas individuais. *Consultor jurídico*, 2018, disponível em https://www.conjur.com.br/2018-jan-23/guilherme-amaral-arbitragem-conflitos-trabalhistas-individuais; última consulta 11.04.2018).

117. *Ibidem*.

118. CABRAL, Trícia Navarro Xavier. O modelo de justiça multiportas no Brasil. *In* TUPINAMBÁ, Carolina (coord.). *Soluções de conflitos trabalhistas: novos caminhos*. São Paulo: LTr, 2018, pág. 196.

anual, a homologação de acordo extrajudicial, a resolução consensual ou a previsão da arbitragem individual para certos trabalhadores, fica patente a clara vontade de trazer maior efetividade aos circuitos de composição fora do judiciário[119-120].

Porque não fazemos intenção de repetir o que já foi dito no capítulo apropriado acerca da Reforma, aproveita-se agora apenas para reforçar o quanto a nova Lei n.º 13.467/2017 veio colaborar para esclarecer dúvidas antigas e encerrar prolongadas polémicas[121].

Em primeiro lugar, o argumento tradicional sistemático e *a contrario sensu* usado pelas teses contrária à admissibilidade da arbitragem e extraído do art. 114, §2º da CF cai por terra, uma vez que passa a existir previsão expressa para arbitragem individual trabalhista, no art. 507-A da CLT.

Em segundo lugar, o argumento atinente à irrenunciabilidade dos créditos laborais também perde sentido, já que o legislador se posiciona de forma ampla e expressa a favor da admissibilidade da arbitragem para dirimir litígios individuais; o que necessariamente pressupõe o reconhecimento da possibilidade de renúncia de muitos deles. Para além disso, atesta expressamente no art. 444 parágrafo único da CLT uma flexibilização legal de uma série de direitos (redução do intervalo de refeição, banco de horas anual, prorrogação de jornada em atividade insalubre), passíveis agora de plena negociação e renúncia por parte de certo tipo de trabalhadores. Reforça-se, assim, a tese da *disponibilidade relativa e mitigada* dos direitos trabalhistas.

Em terceiro lugar, o argumento de fundo com que se amparava a doutrina e jurisprudência para negar a extensão da arbitragem ao campo individual, a respeito da *vulnerabilidade e posição precária do trabalhador* quer no momento da aceitação da cláusula compromissória e/ou compromisso arbitral, quer no decurso do próprio procedimento arbitral, é

119. Moreira, Adriano Jannuzzi. Mediação e arbitragem no cenário trabalhista atual: mudança de paradigma na pacificação dos conflitos. *Revista Síntese Trabalhista e Previdenciária*, São Paulo, Vol. 29, N.º 352, out/2018, pág. 1134.

120. Destaca-se, ainda, que progressivamente também os tribunais regionais têm vindo a instalar centros judiciários de métodos consensuais de solução de disputas (CEJUSC). Onde, até ao ano transato, apenas poucos tribunais pareciam ter estes centros instalados, hoje já praticamente todos eles os têm.

121. Dissenha, Leila Andressa. Arbitragem e conflitos trabalhistas: receios e expectativas pós reforma. *Revista do Tribunal Regional do Trabalho da 9ª Região*, Curitiva, Vol. 6, N.º 61, 2017, pág. 174.

desafiado por uma nova categoria de trabalhadores, que não se identifica com o protótipo descrito, mas que também não se subsome à classe dos altos empregados. Os trabalhadores com salário superior a duas vezes o teto dos benefícios previdenciários passam a representar a um novo desafio à noção técnica de vulnerabilidade, por se apresentarem como um meio-termo entre aqueles dois, com aparentemente maior grau de autonomia e menor de subordinação.

Duas pequenas considerações acerca da nova disposição legal não podem, porém, deixar de ser traçadas. Em primeiro lugar, o âmbito de circunscrição visado pela norma é, sem dúvida, *castrador das suas potencialidades*, já que uma parte significativamente reduzida da população de empregados acaba por estar abrangida por ela em razão do patamar salarial estabelecido. Não estamos só a falar de um grupo de trabalhadores que costuma terminar as suas relações profissionais mediante transações extrajudiciais eficazes, tornando muitas vezes inútil a aplicação da norma; como também de um conjunto de trabalhadores que, após a reformada lei 13.467/2017 e ao verem certas parcelas da sua remuneração serem restringidas, se verão afastados da previsão normativa.

Outro ponto bastante controverso relativamente à escolha do legislador, é a premissa que resulta indiretamente da previsão legal. Ao atestar que apenas os trabalhadores com salário superior a duas vezes o teto da previdência podem acordar cláusulas compromissórias, está-se, por um lado, a reconhecer que os trabalhadores de uma maneira geral são vulneráveis no momento em que contratam, não dispondo de real liberdade e autonomia para pactuar cláusulas deste teor; e, por outro, que apenas os trabalhadores que encaixam na previsão normativa não compartilham essa vulnerabilidade. Apesar da intenção legal subjacente à criação da norma ser de louvar – *maxime* estimular de forma expressa e definitiva a possibilidade de curso individual à arbitragem por trabalhadores – o âmbito da sua aplicação não só acabou por ficar extremamente diminuto, como a sua redação ainda autoriza uma restrição indesejável relativamente à maioria das relações de emprego[122]. Esta interpretação que o artigo autoriza de que apenas os trabalhadores que preencham este critério

---

122. Parece ser esse também o posicionamento de Falcão, Nayara Maria Melero. Análise democrática do instituto da arbitragem individual trabalhista. *In* Tupinambá, Carolina (coord.). *Soluções de conflitos trabalhistas: novos caminhos*. São Paulo: LTr, 2018, pág. 442; Monnazzi, Ricardo Nogueira. A arbitragem na Reforma Trabalhista e o empregado hipersuficiente. *In* Tupinambá, Carolina (coord.). *Soluções de conflitos trabalhistas: novos caminhos*. São Paulo: LTr, 2018, pág. 468.

remuneratório podem acertar cláusulas compromissórias de forma válida é claramente castrador da capacidade contratual dos demais. Por isso, não podemos simpatizar com ela. Não nos parece que a interpretação correta a dar a este dispositivo seja aquela que lê a norma como uma permissão de conduta específica àqueles indivíduos listados na sua previsão, restritiva no sentido de não permitir outras convenções arbitrais fora das legalmente previstas para os demais. O novo art. 507-A da CLT deverá ser compreendido no sentido de regulamentar as condições em que uma convenção arbitral específica (cláusula compromissória) será admitida no direito individual do trabalho, atentas as consequências mais gravosas que ela pode implicar, por se referir a conflitos futuros e ainda incertos; e assim, *sem com isso se limitar a admissibilidade quer de outro tipo de convenções arbitrais, quer de convenções arbitrais celebradas por outro tipo de trabalhadores*[123].

Assim, e sem prejuízo de considerarmos este novo art. 507-A da CLT *desnecessário* para a admissão da arbitragem individual trabalhista, o seu papel não deixa de ser, sem dúvida, muito importante para *reforçar o estímulo* que se pretende dar a esta forma extrajudicial de resolução de litígios[124].

4.9. CONCLUSÃO PARCIAL: A NECESSÁRIA REINTERPRETAÇÃO DA IN 39/2016 DO TST À LUZ DOS RECENTES MOVIMENTOS LEGAL E JURISPRUDENCIAL QUE ADMITEM A ARBITRAGEM NO DIREITO INDIVIDUAL DO TRABALHO

§1. Partilhamos o entendimento de que a única coisa que tem continuado a criar embaraços à aplicabilidade da arbitragem a dissídios individuais trabalhistas é a existência de *uma cultura jurisprudencial* e

---

123. Barba Filho, Roberto Dala. *Reforma Trabalhista & Direito Processual do Trabalho*. Curitiba: Juruá Editora, 2018, págs. 49-50; também parece ser esse o entendimento de Mansur, Juliano Martins. Os novos instrumentos de composição de conflitos trabalhistas e a valorização da Justiça do Trabalho. *In* Tupinambá, Carolina (coord.). *Soluções de conflitos trabalhistas: novos caminhos*. São Paulo: LTr, 2018, pág.130. Em sentido contrário, entendendo que a arbitragem individual no direito do trabalho continua sem poder ser aplicável senão na exceção do art. 507-A previsto pelo legislador, Cavalcante, Jouberto de Quadros P.; Jorge Neto, Francisco Ferreira. Direito Processual do Trabalho. 8ª ed. São Paulo: Atlas, 2018. Págs. 114-119.

124. Só para concluir, dizer apenas que, salvo a devida vénia, não concordamos com a abordagem trazida por Boucinhas Flho, Jorge Cavalcanti; Santos, Sophia Mansour; Andrade, Taliane Alves. Arbitragem para solucionar disputas entre empregadores e executivos. *In* Tupinambá, Carolina (coord.). *Soluções de conflitos trabalhistas: novos caminhos*. São Paulo: LTr, 2018, pág. 398, ao considerarem a importância da arbitragem

doutrinária construída na base de interpretações literais da lei; que quer continuar a alimentar uma filosofia e um postulado cego e excessivo em torno da mítica *proteção do trabalhador* a qualquer custo. Esta cultura paternalista da reserva do monopólio estatal da Justiça pode, porém, ser facilmente ultrapassada.

§2. Se tentativas passadas como as CCPs devem ser repensadas e encorajadas (retiradas, naturalmente, todas as lições que as experiências fracassadas nos ensinam), a arbitragem coletiva deverá ser priorizada, assim como o procedimento arbitral individual resignificado e acoroçoado. Os argumentos que outrora ampararam os céticos diante a temerosa arbitragem individual trabalhista (analisámos acima) deixaram de fazer sentido. E deixam de fazer sentido (i) não só do ponto de vista da *hermenêutica e interpretação jurídica dos institutos e ordem normativa em vigor* – são já demasiadas as contradições dentro do próprio sistema para continuar a persistir em argumentos de vulnerabilidade ou de indisponibilidade de direitos –; (ii) mas também de um ponto de vista legal perante as *novas alterações à CLT*, que mais não são do que o culminar de sucessivas tentativas do legislador em abrir os horizontes a soluções extrajudiciais da Justiça Laboral; (iii) ou ainda de um *ponto de vista social*, já que não obstante estarmos a falar da admissibilidade do mecanismo arbitral num país maioritariamente pobre, com um grande percentual de trabalhadores analfabetos, com níveis de educação precária ou sem emprego, as pessoas sabem (e querem) procurar os seus direitos em todas as portas que o sistema de justiça coloque à sua disposição. Para isto contribuiu a Reforma Trabalhista. A mais recente alteração à CLT veio, de forma expressa, criar uma porta aberta para a releitura da admissibilidade deste mecanismo extrajudicial de resolução de conflitos; releitura essa que agora apela a uma visão mais ampla, aberta e compreensiva do instituto sempre que firmado em momento pré-contratual ou no curso da vigência do contrato. A esta nova luz, a anterior jurisprudência dos TRT's e TST terá agora o desafio de rever a sua argumentação. É preciso reinterpretar velhos

---

para os altos cargos remuneratórios empresariais em razão do risco que estes têm de ver a sua imagem afetada ou porque, simplesmente, se consideram "pior" tratados pela Justiça do Trabalho. Não só a amostra do estudo elaborado não demonstra uma representatividade adequada para a assertiva, como se baseia ora em fundamentos estritamente pessoais e íntimos, ora em motivos inidôneos a justificar a legitimidade da arbitrabilidade de dissídios trabalhistas.

institutos e mecanismos de resolução de litígios sob reforçadas ideias de autonomia da vontade[125].

§3. Entendemos que o mesmo raciocínio que foi aqui esgrimido para a arbitragem deverá valer, *mutatis mutandis*, ou, até, *a fortiori*, para o tema da negociação processual. Senão vejamos. A rejeição da admissão dos negócios jurídicos processuais no processo do trabalho tem sido levada a cabo pela doutrina juslaboral com base em dois dos principais postulados usados para preterir a admissibilidade da arbitragem individual do trabalho: (i) o mito da indisponibilidade absoluta dos direitos dos trabalhadores, que alegadamente esbarraria com a previsão do art. 190 na parte em que dispõe sobre o requisito objetivo para a convencionalidade processual ("direitos que admitam autocomposição"); (ii) o mito da generalizada vulnerabilidade do trabalhador no momento da celebração do compromisso arbitral, que alegadamente tropeçaria com a previsão do art. 190 na parte em que limita negativamente a admissibilidade da convenção à inexistência de "manifesta situação de vulnerabilidade".

A doutrina laboral que tem tentado desmistificar a incompatibilidade da arbitragem para regular litígios individuais trabalhistas fá-lo superando qualquer um dos dois argumentos elencados acima. *Desconstruindo a ideia de indisponibilidade*, dissociando-a da irrenunciabilidade e reconhecendo que esta não é absoluta nem constante em todos os momentos da vida contratual, abrem-se brechas à afirmação de que existe uma gama significativa de direitos laborais de que o trabalhador, afinal, pode dispor. E, se assim é, se ele pode dispor de uma série de direitos materiais e submetê-los à apreciação arbitral, não fará sentido sustentar que ele não poderá dispor dos seus direitos processuais, que mais não são do que direitos instrumentais à prossecução e salvaguarda daqueles. *Desconstruindo a ideia de vulnerabilidade* absoluta e generalizada dos trabalhadores brasileiros, dissociando-os por classes e níveis de autonomia e liberdade contratual, e reconhecendo que aquela vulnerabilidade pode perfeitamente oscilar em razão de uma série de variáveis, abrem-se brechas à afirmação de que existe uma gama significativa de trabalhadores que, afinal, têm liberdade para contratar sem que a lei lhes presuma qualquer vício de consentimento. E, se assim é, se

125. Mazzei, Rodrigo; Chagas, Bárbara Seccato Ruis. Breve ensaio sobre a postura dos atores processuais em relação aos métodos adequados de resolução de conflitos. *In* Marcato, Ana, et. al. (coord.). Negócios Processuais. Salvador: Juspodivm, 2017, Vol. I, pág. 485.

muitos deles já podem, entre outras coisas, e de forma expressa, consentir na celebração cláusulas compromissórias (art. 507-A da CLT), ou de forma implícita celebrar compromissos arbitrais, com a consequente postergação da jurisdição estatal, não fará mais sentido sustentar que ele continua a ser *um vulnerável e incapaz* para dispor de outros dos seus direitos processuais. Seria um contrassenso admitir a invulnerabilidade do trabalhador para celebrar uma convenção arbitral que exclua *todas as regras processuais estatais* para regular o seu conflito, mas já o considere *vulnerável* para dispor sobre apenas *uma ou algumas delas* dentro do processo judicial. Afinal, mais uma vez, quem pode o mais, poderá certamente o menos.

Isto mais significa, portanto, que a doutrina e jurisprudência laborais, (i) estando já familiarizadas com o problema da indisponibilidade dos direitos trabalhistas e da vulnerabilidade do trabalhador, que há décadas tem tomado espaço no debate jurídico laboral acerca do problema da admissibilidade do negócio jurídico processual da arbitragem individual no direito do trabalho, (ii) e tendo já sido capazes de superar ambos os dogmas ali discutidos; haveriam de se encontrar já em plenas condições de encarar o debate acerca dos restantes exemplos de negociação (v.g. da negociação processual atípica) na Justiça do Trabalho com outros olhos, mais abertos a acolher a mudança legislativa e menos receosos quanto à sua plena aplicação. Até porque o problema da admissibilidade da arbitragem no direito individual do trabalho é, afinal, um problema de admissibilidade de um negócio processual: a *convenção arbitral*. A contínua incredulidade manifestada por parte de tantos juristas e juízes acerca de um tema que é completamente *paralelo* ao da admissibilidade da arbitragem individual, e cujo debate já tem décadas de estudo, maturidade e progressiva abertura dogmática e normativa, pura e simplesmente não se justifica. Era de esperar que os posicionamentos manifestados pelos juristas juslaborais tivessem, pelo menos, feito um esforço comparativo com o debate que aqui se colocou por forma a que incoerências de sistema não se instalassem no ordenamento laboral brasileiro. O mesmo se diga da edição da IN 39/16, que desconsiderou completamente a evolução do debate em torno da admissibilidade da arbitragem individual trabalhista quando excluiu a aplicação do 190 do CPC ao processo do trabalho.

§4. E com a seguinte agravante: é que a *negociação processual atípica* é, em certa medida, um *minus* em relação à *convenção arbitral*. É, como diz a doutrina processual civilista, um meio-termo entre um processo puramente formalista e a ampla flexibilização do procedimento arbitral. Num contexto em que a arbitragem, embora admissível, apresenta ainda alguma dificuldade em dar vazão a algumas questões – (i) não admite recurso da sentença arbitral, (ii) é mais dispendiosa para as partes, (iii) a sentença não possui efeitos coercitivos ou força executiva, (iv) existe uma série de matérias que são excluídas por lei da sua "jurisdição" (*maxime*, FGTS) etc.[126] – a permeabilidade do ordenamento laboral aos negócios processuais seria uma possibilidade de introduzir mais um mecanismo equilibrado e moderado de flexibilização processual. Sem prejuízo da importância que defendemos para arbitragem como alternativa reguladora de dissídios individuais trabalhistas, dadas as insuficiências patentes deste tipo jurisdicional para certas questões, a abertura para uma *terceira via dos negócios processuais* dentro do próprio processo do trabalho seria uma mais valia à resolução de muitos dos problemas enfrentados hoje pelo judiciário trabalhista, por um lado, e às insuficiências técnicas detetadas na arbitragem, por outro. A aceitação deste instituto civil no processo do trabalho, contribuiria, inclusivamente, para tornar mais atrativos os procedimentos jurisdicionais, i.e., a liberdade que caracteriza a arbitragem poderia passar a ser oferecida pelo próprio Estado-juiz no seio do seu querido processo judicial[127]. A permissividade do processo do trabalho aos negócios processuais, contrabalançaria não apenas os problemas de ambas essas Justiças, como também se apresentaria como meio-termo aos trabalhadores que não disponham de confiança suficiente para recorrer à arbitragem e um meio-alento para a doutrina e jurisprudência que temem a prática de abusos em arbitragens individuais. É preciso que as convenções processuais se apresentem como uma *vie intermedie*[128] às

---

126. Gajardoni, Fernando da Fonseca. *Flexibilização procedimental: um novo enfoque para o estudo do procedimento em matéria processual, de acordo com as recentes reformas do CPC*. São Paulo: Atlas, 2008, págs. 147-151.

127. Almeida, Diogo Assumpção Rezende de. As convenções processuais na experiência francesa e no Novo CPC. *In* Cabral, Antonio do Passo; Nogueira, Pedro Henrique (coord.). *Negócios Processuais*. 2ª ed. Salvador: Juspodivm, 2016, págs. 333-334. Naturalmente que não se pode transpor a ampla dimensão e valorização da autonomia da vontade caracterizadora da arbitragem para o processo jurisdicional estadual. A dimensão da liberdade na arbitragem só é possível porque ela apenas admite causas que versem sobre direitos patrimoniais disponíveis. Como o interesse presente neste tipo de "jurisdição" é exclusivamente patrimonial e privado, admite maior margem de negociação. Além disso, reconhecemos que a jurisdição acrescenta à arbitragem interesses públicos, que estão ausentes naquele e que, invariavelmente, acabam por limitar a autonomia das partes.

128. Caponi, Remo. Autonomia privata e processo civile: gli accordi processual. *Revista de Processo Comparado*, São Paulo, Vol. 2, N.º 4, jul-dez/2016, pág. 209.

insuficiências da arbitragem e ao desgaste da jurisdição estatal ordinária; mas também como uma plataforma de acreditação do trabalhador não tão ampla quanto a arbitragem, mas nem tão castradora quanto o atual processo judicial. A negociação processual tem muito espaço, portanto, para assumir um papel cada vez mais importante e colaborador na administração da Justiça Trabalhista[129].

---

129. Costa, Eduardo José da Fonseca. A execução negociada de políticas públicas em juízo. *Revista de Processo*, São Paulo, Vol. 37, N.º 212, out/2012, págs. 47-52. Ao nível das próprias politicas públicas, o autor chega a reconhecer que a necessidade de procurar eficiência no sector governamental provocou uma fuga do direito estadual para o direito privado, pelo fato de o Estado ter reconhecido que a rigidez formal dos seus comandos não se compadeciam com as insuficiências da sua aplicação; as relações jurídicas passaram cada vez a ser menos reguladas por instrumentos públicos, para passarem a ser contratualizadas e consensualizadas. Posição que reitera em Calendarização processual. *In* Cabral, Antonio do Passo; Nogueira, Pedro Henrique (coord.). *Negócios Processuais*. 2ª ed. Salvador: Juspodivm, 2016, pág. 482.

§ 5

O ESTATUTO DA PESSOA COM DEFICIÊNCIA COMO PRESSUPOSTO PARA O REFORÇO DA AUTONOMIA DO TRABALHADOR NO PROCESSO

5.1. INTRODUÇÃO: O EMPODERAMENTO DA PESSOA COM DEFICIÊNCIA *VS.* O TRABALHADOR INCAPAZ – O NOVO PARADOXO CRIADO PELA IN 39/16

Desde 2015 que vigora no ordenamento jurídico nacional o Estatuto da Pessoa com Deficiência. Os seus impactos foram tantos no plano do direito civil, que autorizam sustentar a sua repercussão para lá deste ramo do direito. Além das consequências óbvias que se refletiram a nível processual, entendemos que a mudança de paradigma que este Estatuto implantou na teoria das capacidades deve reverberar também no processo do trabalho.

É inevitável, por isso, estabelecer uma comparação entre o tratamento que foi dado pelo Estatuto à pessoa com deficiência – hoje em dia não mais presumida incapaz – com aquele que tem vindo a ser dado ao trabalhador a respeito da sua capacidade (*rectius*, incapacidade) para celebrar negócios jurídicos processuais. A situação agrava-se ainda mais quando pensamos na a doutrina processualística que, à luz da nova filosofia do Estatuto, tem-se já posicionado a favor da negociação processual pelo deficiente, ao tempo em que o TST continua a não admitir a negociação processual pelo trabalhador. Já é hora de perguntar, perante os fatos, como é que ainda continuamos a tratar os nossos trabalhadores como incapazes para estes efeitos, quando todo o ordenamento caminha no sentido da revalorização da vontade do cidadão, vista enquanto condição e postulado para uma convivência digna em sociedade.

5.2. O MOVIMENTO INTERNACIONAL DE CAPACITAÇÃO DO CIDADÃO PORTADOR DE DEFICIÊNCIA

Foi pela mão da ONU e dos seus tratados internacionais que as preocupações voltadas para as *pessoas com deficiências*[1] ganharam impacto no mundo jurídico, nomeadamente, após a chamada Convenção sobre os Direitos das Pessoas com Deficiência[2], assinada em Nova York[3] e promulgada pelos Decretos Legislativos n.º 186, de 09 de Julho de 2008 e pelo Decreto nº 6.949 e 25 de Agosto de 2009, que a incorporaram no ordenamento jurídico brasileiro pela forma do art. 5º, §3º da CF. Desta forma, aquela Convenção passou a compor o quadro normativo com valor e estatuto de emenda constitucional. O movimento, de resto, inseriu-se num contexto mais amplo de desenvolvimento das convenções internacionais ratificadas no pós-guerra e de construção dos direitos humanos[4].

Este movimento de recapacitação do cidadão portador de deficiência colhia entre os seus principais objetivos "(...) dar um significativo contributo para voltar a abordar a profunda desvantagem social das pessoas com deficiências e promover a sua participação nas esferas civil, política,

---

1. Esta é a aceção mais correta para referenciar estes cidadãos, por ter sido esta a expressão usada na Convenção da ONU. Assim, a expressão em causa haverá de se considerar como substituta da expressão constitucional da CF "pessoa portadora de deficiência". Também não se opta pelo formalismo da expressão politicamente correta "portadores de necessidades especiais", optando-se antes por uma noção crua, sem falsos pudores e que, sem tecer juízos de valor, apenas descreve a realidade.
2. Com data anterior, há registro da Declaração de Direitos do Deficiente Mental aprovada pela Assembleia Geral da ONU em 1971, Declaração das Nações Unidas sobre os Direitos das Pessoas com Deficiência de 1975, a Convenção n.º 159/83 da Organização Internacional do Trabalho (OIT) sobre a Reabilitação Profissional e Emprego de Pessoas Deficientes de 1983, e a Convenção Interamericana para a Eliminação de Todas as Formas de Discriminação contra Pessoas Portadoras de Deficiência, de 1999, cf. NISHIYAMA, Adolfo Mamoru. Os direitos das pessoas com deficiência e sua transformação histórica. *Revista dos tribunais*, São Paulo, Vol. 986, Ano 106, dez/2017, págs. 181 ss.
3. Por isso, alternativamente, também designada por "Convenção de Nova York".
4. Nomeadamente, Pacto Internacional dos Direitos Econômicos, Sociais e Culturais; o Pacto Internacional dos Direitos Civis e Políticos; a Convenção Internacional sobre a eliminação de todas as formas de discriminação racial; Convenção sobre a eliminação de todas as formas de discriminação contra a mulher; a Convenção contra a tortura e outros tratamentos ou penas cruéis, desumanos ou degradantes; a Convenção sobre direitos da criança e Convenção Internacional sobre a proteção dos direitos de todos os trabalhadores migrantes e membros de suas famílias.

económica, social e cultural com oportunidades iguais, tanto nos países em desenvolvimento como nos desenvolvidos"[5].

Como ponto de partida para este reforço normativo, partiu-se do próprio conceito de cidadão portador de deficiência, largando-o das amarras conceituais clínicas – exclusivamente centradas na incapacidade física, mental e sensorial – para o aproximar aos fatores sociais, formando uma noção que combina ambos os *aspetos médicos e sociais*[6]. Reconhece-se que mais do que os "entraves" que estes cidadãos sentem e que lhes advém da sua natureza física, mental ou sensorial, estes problemas ganham renovado impacto em razão das *barreiras sociais* que a sociedade acaba por lhes estabelecer[7]. Por outras palavras, a deficiência deixa de ser um resultado de atributos pessoais de um indivíduo para passar a enquadrar-se como um problema que resulta da própria sociedade e da forma como esta os encara, i.e., não apenas um estigma social de incapacitado que lhes é atribuído, como ainda pelos obstáculos culturais, tecnológicos e físicos que colocam ao gozo da sua cidadania[8].

---

5. Considerando "y" da Convenção sobre os Direitos das Pessoas com Deficiência.
6. Esta renovada conceituação do cidadão portador de deficiência resulta da combinação do art. 1º que prevê a sua definição ("As pessoas com deficiência incluem aqueles que têm incapacidades duradouras físicas, mentais, intelectuais ou sensoriais, que em interação com várias barreiras podem impedir a sua plena e efetiva participação na sociedade em condições de igualdade com os outros"), articulado com o considerando "e", por reconhecer "(...) que a deficiência é um conceito em evolução e que a deficiência resulta da interação entre pessoas com incapacidades e barreiras comportamentais e ambientais que impedem a sua participação plena e efetiva na sociedade em condições de igualdade com as outras pessoas".
7. O Estatuto "(...) procura fazer um giro linguístico e conceitual ao adotar o modelo biopsicossocial de deficiência, ao direcionar que os impedimentos físicos, sensoriais, mentais e intelectuais não produzem obstáculos por si só, e sim que estas barreiras que impedem o exercício de direitos são produzidos socialmente, sendo fundamental estratégias políticas, jurídicas e sociais que excluam esses obstáculos (...)" (cit. Araújo, Luiz Alberto David; Costa Filho, Waldir Macieira. O Estatuto da Pessoa com Deficiência - EPCD (Lei 13.146, de 06.07.2015): algumas novidades. *Revista dos Tribunais*, São Paulo, Vol. 104, N.º 962, dez/2015, pág. 71).
8. Fonseca, Ricardo Tadeu Marques da. A ONU e o seu conceito revolucionário de pessoa com deficiência. *Revista LTr*, São Paulo, Vol. 72, N.º 3, mar/2008, pág. 265. Como articula o autor, "(...) a eliminação de barreiras arquitetónicas assegura o direito de ir e vir para as pessoas com deficiências físicas; a criação de meios alternativos de comunicação garante o direito de livre expressão para os surgos e cegos; os métodos de educação especial viabilizam o acesso ao conhecimento para qualquer pessoa com deficiência, mental ou sensorial. Quando essas medidas não são adotadas, excluem-se as pessoas com tais impedimentos, pondo-se a nu a incapacidade social de criar caminhos de acesso à realização plena dos direitos humanos".

Além deste importante passo de reconhecimento de que o problema não está no cidadão mas na sociedade, destaca-se no encorajamento das garantias destes cidadãos o reforço e densificação de determinados princípios, nomeadamente o da autonomia, da independência, liberdade para efetuar escolhas próprias (art. 3º, al. *a*), da não discriminação (art. 3º, al. *b*), da participação e inclusão plena e efetiva (art. 3º, al. *c*), da deficiência como algo inerente à diversidade humana, fato que importa o seu respeito e aceitação (art. 3º, al. *d*), da igualdade de oportunidades e da acessibilidade (art. 3º, al.as *e*) e *f*) e do respeito às capacidades das crianças com deficiências (art. 3º, al. *h*).

Entre a longa lista de direitos e obrigações[9] prevista na Convenção, merece a nossa atenção o art. 13, com foco dirigido *ao acesso à justiça*[139] e que

9. Assim, no art. 4º encontramos uma obrigação dos Estados combaterem costumes discriminatórios contra estes cidadãos portadores de deficiências, bem como de adotar políticas públicas que divulguem as suas capacidades, formem profissionais que trabalhem com estes cidadãos, que façam incluir estes indivíduos na tomada de decisões sobre políticas públicas; no art. 5º, além de se prever cláusula geral de não discriminação, impõe-se a obrigação de promover medidas específicas para garantir a disponibilização de adaptações à vivência e inclusão em termos de igualdade de fato das pessoas com deficiência; nos arts. 6º e 7º renovam convenções anteriores relativas a mulheres e crianças mas adapta-os em conformidade à deficiência; no art. 8º instiga-se à conscientização e sensibilização para a situação por forma a desmistificar preconceitos junto da sociedade; no art. 9º procura-se assegurar a plena acessibilidade dos portadores de deficiência mediante todos os meios possíveis e que incluem, por exemplo, expedientes arquitetónicos, tecnológicos, linguísticos, informativos, transporte, residência etc.; nos arts. 10 e 11 salvaguardam-se situações de proteção destes indivíduos em caso de perigo para a vida ou em situações de calamidade e guerras; no art. 12 a preocupação é dirigida ao reconhecimento da igualdade perante a lei, nomeadamente em termos de reconhecimento da capacidade jurídica destes cidadãos não apenas para fruir dos seus direitos, mas também para praticar atos jurídicos e, assim, se respeitarem as suas próprias decisões; no nos arts. 14 a 18, o foco é a segurança, liberdade contra tratamentos desumanos, proteção da vida, integridade física, liberdade de ir e vir e nacionalidade; nos arts. 19 a 21 prevêem-se questões particularmente relevantes, tais como formas de assegurar a independência e inclusão na comunidade, o que passa por ter direito a escolher o local da sua residência, ter direito a serviços domiciliários e de assistência pessoal, ou assegurar a mobilidade pessoal destes indivíduos, nomeadamente facilitando o preço de instrumentos de transporte, ou ainda garantias em torno do acesso à informação e liberdade de expressão, o que é salvaguardado pela promoção em vários níveis da linguagem gestual; no art. 22 o foco é a privacidade da pessoa com deficiência em termos gerais, e em particular do seu registro público enquanto tal; no art. 23 consagra-se o direito à constituição de família e à filiação; no art. 24 aborda-se um tema fulcral da Convenção, a educação inclusiva, o que passa pela frequência a escolas comuns em qualquer modalidade de ensino em condições de igualdade

centra a sua preocupação em garantir a igualdade de condições no recurso ao poder judiciário, o que implica não apenas a garantia de condições físicas de acesso, como também mecanismos processuais que garantam a plena manifestação da vontade da pessoa com deficiência dentro do processo enquanto parte processual ou sempre que desempenhem qualquer outro papel na lide.

Este movimento internacional veio, no fundo, pôr em crise a política assistencialista que se vinha instalando um pouco por todos os países. Nas palavras de Tartuce, "(...) a premissa da *dignidade-vulnerabilidade* em prol de tais pessoas foi substituída pela *dignidade-igualdade* ou pela

---

com os estudantes não portadores de deficiência, assegurando apenas as adaptações necessárias e os métodos especiais educativos ao ensino destes sujeitos, no objetivo último de não só assegurar igualdade de oportunidades educativas a todas as crianças e jovens, como também construir uma ideia de cidadania ampla e ativa - afinal, sendo na escola o primeiro local de participação política e social fora do contexto familiar, acredita-se que uma convivência inclusiva desde cedo seja inclusivamente suficiente para tornar desnecessárias e dispensáveis no futuro políticas públicas de afirmação positiva destes sujeitos; no art. 25, o destaque vai para a universalização da saúde pública e privada, por forma a que em todas as instituições se leve em conta as especificidades destes cidadãos no atendimento das suas necessidades específicas, assim como assegurar o livre consentimento das pessoas com deficiência; no art. 26 regulamenta-se o direito à habitação e reabilitação, nomeadamente em setores como saúde, trabalho, educação e serviços sociais, de onde se destacam as necessidades de habilitar a pessoa com deficiência ao ingresso na vida ativa social, seja mediante fisioterapia, treinamento profissional ou técnico, uso de próteses etc.; no art. 27 vai-se ao encontro da Convenção da OIT n.º 159/83 sobre direito do trabalho e igualdade de oportunidades, proibindo-se a discriminação negativa no acesso ao emprego ou ascensão profissional, assegura idênticas condições de formação profissional e exorta à criação de políticas públicas de inserção no mercado de trabalho (Silva, Cristiane Ribeiro da. O Direito ao trabalho da pessoa portadora de deficiência e os efeitos da interdição. *Revista LTr*, São Paulo, Ano 71, N.º 10, out/2007, págs. 1228 ss.) - particularmente interessante é a tentativa de superar o desestimulo destes trabalhadores com deficiência no mercado competitivo, levado a cabo com recurso a um benefício assistencial social atribuído pela mera condição de incapacitado; no art. 28 e 30 a preocupação é dirigida ao direito a um padrão de vida e proteção social adequados e à participação cultural e recreativa, por forma a garantir que as pessoas com deficiência também se poderão apresentar como cidadãos completos e realizados culturalmente; por último, no art. 29 o legislador internacional regula o direito à participação política do cidadão portador de deficiência, nomeadamente para efeitos de exercício do direito de voto e de candidatura a cargos eletivos ou funções públicas.

10. Sobre algumas manifestações deste princípio, Tucci, José Rogério Cruz e. Tutela jurisdicional das pessoas portadoras de deficiência. *Revista Magister de Direito Civil e Processual Civil*, Porto Alegre, Vol. 4, N.º 22, 2008jan-fev/2008, págs. 27 ss.

dignidade-inclusão (...)"[11], ou ainda, pela *dignidade-autonomia*[12]. O princípio da dignidade da pessoa humana carece, a esta luz, de ser interpretado noutro sentido, não mais materializado numa lógica de proteção a alguém incapaz de orientar o seu próprio destino. Naturalmente que os benefícios assistenciais têm importante contributo para auxiliar as pessoas portadoras de deficiências, mas não se deixa de reconhecer que (i) ao mesmo tempo desestimulam a autonomia, independência e capacidade do cidadão para se lançar no mercado e, simultaneamente, (ii) exoneram o Estado do seu dever de implementar políticas públicas ativas e efetivas de inclusão social em todos os níveis[13].

Em suma, pode-se dizer que este movimento internacional dirigido às pessoas com deficiência, encabeçado pela Convenção de Nova York, seguiu uma estratégia em duas frentes: (i) *impedir discriminações negativas* de sujeitos com *deficits* cognitivos, sensoriais ou físicos, (ii) exigir a implementação de *políticas públicas inclusivas*, de discriminação positiva, que afirmem um posicionamento igualitário destes sujeitos na sociedade.

5.3. O ESTATUTO DA PESSOA COM DEFICIÊNCIA – LEI N.º 13.146, DE 6 DE JULHO DE 2015

5.3.1. A mudança de paradigma

Até à data em que o Brasil ratificou aquela Convenção, a previsão legislativa de direitos e garantias destes cidadãos era esparsa e desencontrada. Apesar dos vários diplomas que regulavam a matéria, a sua convivência sistemática dava-se de forma desorganizada e deficiente, sendo que muitos deles não tinham força cogente, o que acabava por implicar uma generalizada ineficácia desses direitos, dos institutos jurídicos nele previstos e das políticas públicas que os embasavam.

Publicou-se apenas em 06.07.2015, a Lei n.º 13.146 que trouxe para o ordenamento jurídico nacional a concretização da Convenção Internacio-

---

11. Tartuce, Flávio. Estatuto da Pessoa com Deficiência, o Código Civil e o Código de Processo Civil. Projeto de Lei do Senado Federal nº 757/2015. Parecer. *Revista Magister de Direito Civil e Processual Civil*, São Paulo, Vol. 13, N.º 77, mar-abr/2017, pág. 50.
12. Barros, André Borges de Carvalho. Os efeitos do Estatuto da Pessoa com Deficiência no sistema brasileiro de incapacidade civil. *Revista dos tribunais*, São Paulo, Vol. 988, Ano 107, fev/2018, pág. 207.
13. Fonseca, Ricardo Tadeu Marques da. A ONU e o seu conceito revolucionário de pessoa com deficiência. *Revista LTr*, São Paulo, Vol. 72, N.º 3, mar/2008, pág. 270.

nal dos Direitos da Pessoa com Deficiência e respetivo Protocolo, naquilo a que se chamou do Estatuto da Pessoa com Deficiência[14]. A surpresa não foi significativa, pois já desde 2008/2009, com a assinatura e ratificação da Convenção, se sabia da necessidade de implementar a nível nacional as medidas adotadas no plano internacional; razão pela qual mal se percebe o período de 180 dias de *vacatio*.

A Lei conheceu muitas críticas, sobretudo a respeito da contradição interna que enfrentou. Apesar de procurar consagrar uma série de dispositivos mais protetores à pessoa com deficiência, teria acabado por – da leitura conjugada da reformulação da teoria das capacidades, da reestruturação da curatela, da teoria das nulidades etc. – conduzir a um *nível de proteção jurídica* mais reduzido[15] e ter abandonado o *sistema de salvaguardas*. Já a

---

14. Uma breve menção para a circunstância já correr termos na Câmara dos Deputados, Projeto de Lei n.º 757/2015 do Senado Federal, da autoria do Senador Antonio Carlos Valadares, Senador Paulo Paim e outros, que se destina a alterar o Código Civil, o Estatuto da Pessoa com Deficiência e Código de Processo Civil. O projeto pretende, entre outros, a repristinação dos incisos II e III do art. 3º do CC, admitindo como absolutamente incapazes "os que não tenham qualquer discernimento para a prática desses atos, conforme decisão judicial que leve em conta a avaliação biopsicossocial" (inc. II) e os "que, mesmo por causa transitória, não puderem exprimir sua vontade" (inc. III). Veja-se que o projeto não deixa de considerar, em regra, o deficiente capaz, apenas visa resguardar casos mais graves em que o cidadão realmente não tem capacidade para se exprimir livre e conscientemente, assim como os casos particulares de pessoas sem capacidade de se exprimir mas sem se poderem considerar deficientes, v.g. padeçam de *Alzheimer* ou estejam em coma. Por outro lado, também se pretende alterar com a Proposta o inciso II do art. 4º, para incluir "os ébrios habituais, os viciados em tóxicos e os que, por qualquer causa, tenham o discernimento severamente reduzido"; o que desde já se adianta poder representar um problema já que é questionável o que se deve entender por pessoas com discernimento *severamente reduzido*.

15. Martins, Silvia Portes Rocha. O Estatuto da Pessoa com Deficiência e as alterações jurídicas relevantes no âmbito da capacidade civil. *Revista dos Tribunais*, São Paulo, Vol. 974, Ano 105, dez/2016, pág. 226 e 240. Nas palavras do autor: "(...) possível descompasso entre a previsão legal de plena capacidade jurídica aos deficientes mentais e a realidade que vivenciam, pode representar ameaça ao bem-estar jurídico destas pessoas. Existe o risco da ficção legal não atender às necessidades práticas de certas pessoas – mormente aquelas em que o discernimento é mínimo ou a manifestação de vontade inexistente – submetendo-as a situações de desamparo." No mesmo sentido, Simão, José Fernando. *Estatuto da pessoa com deficiência causa perplexidade: parte I*, disponível em https://www.conjur.com.br/2015-ago-06/jose-simao-estatuto-pessoa-deficiencia-causa-perplexidade, consultado em 14.10.2018: "Assim indago: qual o efeito prático da mudança proposta pelo Estatuto? Esse descompasso entre a realidade e a lei será catastrófico. Com a vigência do Estatuto, tais pessoas ficam abandonadas

uniformidade que a nova Lei deu ao microssistema das pessoas com deficiência e a *mudança de paradigma* que ela impulsionou acabaram por ser os fatores que se destacaram entre os mais aplaudidos.

À semelhança daquela convenção, afirma-se também aqui um modelo humanista da pessoa portadora destas condicionantes, com clara preterição do *modelo médico*. A reabilitação do cidadão anormal e a sua adequação à sociedade deixa de ser o foco legislativo, que passa a centrar-se na *reabilitação da sociedade para ultrapassar as barreiras de exclusão dos cidadãos deficientes* e permitindo, assim, que estes se possam sentir independentes e plenamente inseridos na comunidade[16]. Trata-se, então, de criar um *sistema normativo inclusivo* em detrimento de um *sistema normativo tutelar*[17].

à própria sorte, pois não podem exprimir sua vontade e não poderão ser representadas, pois são capazes por ficção legal. Como praticarão os atos da vida civil se não conseguem fazê-lo pessoalmente? A situação imposta pelo Estatuto às pessoas que necessitam de proteção é dramática. Trouxe, nesse aspeto, o Estatuto alguma vantagem aos deficientes? A mim, parece que nenhuma"; Viegas, Cláudia Mara de Almeida Rabelo; Cruz, João Paulo Carvalho. A análise da capacidade civil à luz do Estatuto do Deficiente: inclusão, proteção ou desproteção da dignidade da pessoa humana? *Revista dos Tribunais,* São Paulo, Vol. 107, N.º 989, mar/2018, pág. 85; "(...) a fundamentação (base pré-legislativa) do EPD não apresenta aporia: há sustentação correta, humanitária, discursiva, inclusiva e democrática. O que causa assombro é rigorosamente a justificação (tratamento legislativo) do estatuto, isto porque as garantias outorgadas, no que respeita a capacidade, são desproporcionais, tímidas, omissivas à natural (e necessária) tutela que a pessoa com deficiência deve contar" (Martins, Fernando Rodrigues. A emancipação insuficiente da pessoa com deficiência e o risco patrimonial ao novo emancipado na sociedade de consumo. *Revista de Direito do Consumidor*, São Paulo, Vol. 25, N.º 104, mar-abr/2016, pág. 205).

16. Ribeiro, Moacyr Petrocelli de Ávila. Estatuto da Pessoa com Deficiência: a Revisão da Teoria das Incapacidades e os Reflexos Jurídicos na Ótica do Notário e do Registrador. *Revista Síntese Direito Civil e Processual Civil*, São Paulo, Vol. 17, N.º 99, jan-fev/2016, pág. 37.

17. Como bem descreve Martins, a edição do EPD amparou-se em três grandes eixos valorativos: "(...) (i) dar concretude à autonomia e independência essenciais ao livre desenvolvimento da personalidade (e seus efeitos na capacidade de exercício); (ii) ultrapassar a 'ficção jurídica' (geral e abstrata) que por vezes não consegue compatibilizar o domínio do 'saber entender' como espaço do 'saber querer' para proporcionar o 'poder-saber' e o 'poder-querer' do emancipado; (iii) reajustar a ciência jurídica como transformadora da pessoa e sociedade rumo à preparação geral e coletiva quanto aos deveres especiais de atenção, de solidariedade e de respeito às pessoas com deficiência" (Martins, Fernando Rodrigues. A emancipação insuficiente da pessoa com deficiência e o risco patrimonial ao novo emancipado na sociedade de consumo. *Revista de Direito do Consumidor*, São Paulo, Vol. 25, N.º 104, mar-abr/2016, pág. 216).

Particularmente relevante para efeitos deste novo Estatuto, é o artigo 6.º, que basicamente eleva a bandeira a plena capacidade civil da pessoa com deficiência[18], assim como os arts. 83[19] e 84[20], ao disciplinarem o seu regime. Sob efeito destas novas disposições, vários aspetos da estrutura da *teoria das capacidades* foram afetados[21] – dos quais o mais importante é a

---

18. "A deficiência não afeta a plena capacidade civil da pessoa, inclusive para: I – casar-se e constituir união estável; II – exercer direitos sexuais e reprodutivos; III – exercer o direito de decidir sobre o número de filhos e de ter acesso a informações adequadas sobre reprodução e planejamento familiar; IV – conservar sua fertilidade, sendo vedada a esterilização compulsória; V – exercer o direito à família e à convivência familiar e comunitária; e VI – exercer o direito à guarda, à tutela, à curatela e à adoção, como adotante ou adotando, em igualdade de oportunidades com as demais pessoas" (cit. art. 6º do EPD).
19. "Os serviços notariais e de registro não podem negar ou criar óbices ou condições diferenciadas à prestação de seus serviços em razão de deficiência do solicitante, devendo reconhecer sua capacidade legal plena, garantida a acessibilidade" (cit. art. 83 da Lei n.º 13.146/2015).
20. "A pessoa com deficiência tem assegurado o direito ao exercício de sua capacidade legal em igualdade de condições com as demais pessoas. §1º Quando necessário, a pessoa com deficiência será submetida à curatela, conforme a lei" (cit. art. 84 da Lei n.º 13.146/2015). Este §1º parágrafo não deixa de levantar algumas questões interessantes, já que, se do ponto de vista teórico a pessoa com deficiência é considerada capaz, qual seria a real função do curador (de um capaz), i.e., agiria qualidade de representante ou mero assistente?
21. Ao que Tartuce apelidou de "verdadeira revolução na teoria das incapacidades" (Tartuce, Flávio. *Direito Civil: lei de introdução e parte geral.* 13ª ed. Rio de Janeiro: Gen, 2017, Vol. I, pág. 134). Neste sentido, acabou por ser modificado o art. 3º *caput* (passando a dispor que são absolutamente incapazes de exercer pessoalmente os atos da vida civil os menores de 16 anos), assim como revogados todos os incisos do artigo (que dispunha da seguinte forma: "são absolutamente incapazes de exercer pessoalmente os atos da vida civil: I – os menores de dezesseis anos; II – os que, por enfermidade ou deficiência mental, não tiverem o necessário discernimento para a prática desses atos; III – os que, mesmo por causa transitória, não puderem exprimir sua vontade"). Por outro lado, também o artigo 4.º do CC sofreu alterações: a) o inciso II deixa de fazer menção a "pessoas de discernimento reduzido", por passarem a considerar-se capazes e não relativamente incapazes; b) o inciso III deixou de fazer menção a pessoas "excepcionais sem desenvolvimento completo" dirigida a incluir sob tutela os portadores de síndrome de Down, que agora passam a ser considerados plenamente capazes; c) a antiga previsão de incapacidade absoluta prevista no art. 3º, inciso III, sobre pessoas que "por causa transitória ou permanente, não puderem exprimir vontade", passa agora a ser listada no art. 4º como uma simples situação de incapacidade relativa. Estas alterações são criticadas por Tartuce, Flávio. Estatuto da Pessoa com Deficiência, o Código Civil e o Código de Processo Civil. Projeto de Lei do Senado Federal nº 757/2015. Parecer. *Revista Magister de Direito Civil e Processual Civil*, São Paulo, Vol. 13, N.º 77,

redução do estatuto de absolutamente incapaz exclusivamente aos menores de 16 anos –, além de outros institutos jurídico-civis terem igualmente so-

---

mar-abr/2017, pág. 52) por terem implicado a exclusão de proteção, certamente por lapso, de pessoas que não sendo deficientes não têm condições de manifestar a sua vontade, tais como as portadoras de *alzheimer*, as que se encontram em coma e as com psicopatias graves não deficientes. Também TOMAZETTE, ao asseverar – a propósito da exclusão do deficiente mental com discernimento reduzido do inc. II do art. 4º e dos excepcionais sem desenvolvimento mental completo do inciso III (ou seja, com a opção do legislador em tratar estas pessoas como sendo relativamente incapazes e, portanto, carecendo apenas de ser assistidas)– "a inclusão da presente hipótese entre os casos de incapacidade relativa parece ser a mais absurda interferência do Estatuto da Pessoa com Deficiência no CC. Ora, se a pessoa não pode expressar a sua vontade como demandaria a presença de um assistente (e não representante) que lhe acompanharia na prática dos negócios jurídico. Repita-se: é imprescindível, nas hipóteses de assistência, que o assistido manifeste sua vontade, estando apenas acompanhado pelo curador, que lhe afere a oportunidade e não lesividade. Fica quase impossível imaginar alguém em coma profundo sendo assistido, por ser relativamente incapaz e não representado, o que demandaria que fosse enquadrado como absolutamente incapaz. Nesse aspeto, pode-se taxar como desastrosa a interferência legislativa", TOMAZETTE, Marlon; CAVALCANTI ARAÚJO, Rogério Andrade. Estatuto da pessoa com deficiência: Crítica à incapacidade de fato. *Revista Jus Navigandi*, Teresina, Ano 20, N.º 4449, disponível em https://jus.com.br/artigos/42271/critica-a-nova-sistematica-da-incapacidade-de-fato-segundo-a-lei-13-146-15; último acesso em 10.11.2018. No mesmo sentido que TOMAZETTE, BARROS, quando afirma a propósito do tratamento jurídico das pessoas em estado de coma, desenquadradas do plano da incapacidade absoluta (com representação) para passarem a considerar-se causas de incapacidade relativa (assistência): "causa perplexidade imaginar como seria a assistência de uma pessoa que se encontra, a título de exemplo, em estado de coma em um hospital e, portanto, sem qualquer condição de exprimir sua vontade. Qual o propósito e a utilidade de tal alteração legislativa? Se o objetivo era evitar que os deficientes fossem enquadrados de alguma forma na condição de impossibilitados de manifestar a vontade e continuassem a ser tratados como incapazes, o legislador falhou duplamente" (BARROS, André Borges de Carvalho. Os efeitos do Estatuto da Pessoa com Deficiência no sistema brasileiro de incapacidade civil. *Revista dos tribunais*, São Paulo, Vol. 988, Ano 107, fev/2018, pág. 201); "sinceramente, não nos convence tratar essas pessoas, sujeitas a uma causa temporária ou permanente impeditiva da manifestação da vontade (como aquele que esteja em estado de coma) no rol dos relativamente incapazes. Se não podem exprimir vontade alguma, a incapacidade não poderia ser considerada meramente relativa. A impressão que temos é que o legislador não soube onde situar a norma. Melhor seria, caso não optasse por inseri-la no artigo anterior, consagrar-lhe dispositivo legal autônomo" (GAGLIANO, Pablo Stolze; PAMPLONA FILHO, Rodolfo. *Novo curso de Direito Civil. Parte Geral.* 18ª ed. São Paulo: Saraiva, 2016, vol. I, pág. 155). Dizer ainda a este respeito, que talvez tenha sido a incorreta aplicação desta teoria que veio causar alguma descrença na sociedade relativamente à forma como melhor proteger as pessoas com deficiência. Não raro ocorria que "(...) o sistema voltava-se

frido repercussões (casamento, curatela, interdição etc.) – dos quais o mais relevante é o desaparecimento do instituto da interdição absoluta, por perda de utilidade já que a única situação de incapacidade absoluta que sobrou é da menoridade e estes, naturalmente, não se interditam[22].

De qualquer forma, essa alegada *rutura parcial da teoria das invalidades* bem se compreende atento o embasamento filosófico da Convenção e posterior Estatuto. Ideais de *autonomia* e de *independência* como elementos para a justa emancipação da pessoa com deficiência mal se adequariam àquele instituto, o que exigiria distorções conceptuais e normativas. Afinal, aquela teoria *assistencialista* e *paternalista* que centrava a pessoa incapaz como centro *funcionalmente passivo* de incidência de regras protetoras assistenciais[23], colidia frontalmente com o novo reposicionamento jurídico da deficiência no sistema enquanto sujeito *funcionalmente ativo*, apto a formular escolhas, vincular-se a elas e, assim, inserir-se integralmente na sociedade[24].

Porém, como alerta Carvalho Barros, o *discernimento*, que configurava o critério do legislador para atribuição de capacidade jurídica e justificador das hipóteses dos arts. 3º e 4º do CC[25], foi afastado agora pelo EPD sem que outro o substituísse.

---

contra aquele a quem deveria proteger e, muitas vezes, serviu a objetivos menos nobres, "justificando" a internação em asilos e hospitais de pessoas sãs, que se tornaram incômodas para o cônjuge e os familiares. A interdição por incapacidade do sujeito é ato jurídico de gravidade extrema, porquanto priva a pessoa do exercício dos seus direitos, e se transforma em ato infame quando imposta a quem tem discernimento" (cit. Lima, Taisa Maria Macena de. O Estatuto da Pessoa com Deficiência e suas repercussões na capacidade civil. *Revista do TRT da 3ª Região*, Belo Horizonte, Vol. 60, N.º 91, jan-jun/2015, pág. 225). Ainda no mesmo sentido, Requião, Maurício. *Estatuto da Pessoa com Deficiência, incapacidades e interdição*. Salvador: Juspodivm, 2016, pág. 16 ss.

22. Não obstante haver quem entenda não existir qualquer conflito entre ação de interdição e o EPD, como Abreu, Célia Barbosa. *Primeiras linhas sobre a interdição após o novo Código de Processo Civil*. Curitiba: CRV, 2015, *passim*.

23. Apesar de que, como anota Requião, o estatuto de "incapaz" nem sempre serve como instrumento de proteção do indivíduo, podendo ser igualmente visto e aplicado como uma penalidade (Requião, Maurício. *Estatuto da Pessoa com Deficiência, incapacidades e interdição*. Salvador: Juspodivm, 2016, págs. 75-76).

24. Martins, Fernando Rodrigues. A emancipação insuficiente da pessoa com deficiência e o risco patrimonial ao novo emancipado na sociedade de consumo. *Revista de Direito do Consumidor*, São Paulo, Vol. 25, N.º 104, mar-abr/2016, pág. 227.

25. Como complementa o autor, mesmo a "(...) maioridade nunca foi requisito para a capacidade civil, mas tão só uma presunção legal relativa de que quem completasse 18 anos, em razão de seu desenvolvimento físico, mental e social, já teria pleno discernimento, isto é, condições para determinar a própria sorte. Caso esse discernimento não

A regra da *presunção de incapacidade* destes sujeitos acaba, então, *invertida*; numa renovada perspetiva legislativa que se embasa em princípios como o da dignidade da pessoa humana (art. 1º, inc. II da CF), da autodeterminação (art. 4º, inc. III da CF) e da isonomia (art. 5º, *caput* e inc. I da CF). O aumento da liberdade conferido a estes indivíduos é premissa de que parte o legislador para prosseguir e assegurar o seu desenvolvimento[27].

Independentemente da gravidade das patologias do cidadão deficiente, exige o legislador que o maior reduto das suas qualidades e características como ser humano seja preservado. Considera-se, então, que o estatuto da humanidade é atribuído não exclusivamente por causa das capacidades intelectivas do indivíduo, mas também pela sua capacidade de se mover por valores e crenças, de produzir afetos, i.e., por razões que transcendem o âmbito cognitivo. Tanto assim é que mesmo quando um cidadão portador de deficiência careça de ser submetido à curatela, ele não deixa de ser considerado capaz, naquilo que é um posicionamento significativamente inovador do legislador brasileiro[28].

---

fosse verificado na pessoa maior de 18 anos, a sua incapacidade deveria ser provada em juízo, afastando a presunção *iuris tantum*" (Barros, André Borges de Carvalho. Os efeitos do Estatuto da Pessoa com Deficiência no sistema brasileiro de incapacidade civil. *Revista dos tribunais*, São Paulo, Vol. 988, Ano 107, fev/2018, pág. 199).

26. *Ibidem*, pág. 199. O autor chama ainda à atenção para o fato de que "(...) todos os deficientes e doentes mentais passaram a ser tratados como plenamente capazes, enquanto que o pródigo foi mantido no *status* de relativamente incapaz (art. 4º, inciso IV, CC). É certo que a psiquiatria não prevê a prodigalidade como uma nosologia específica, contudo, invariavelmente ela se apresenta como reflexo de uma alteração psicológica ou de uma enfermidade mental. Indaga-se, assim, qual o critério utilizado pelo legislador para o distinto tratamento?" (cit. pág. 200).

27. Numa lógica aparentemente coincidente com a teoria do *desenvolvimento como liberdade* propugnada por Sen, do qual se faz interessante a seguinte passagem: "(...) o aumento geral de liberdades políticas e civis é decisivo para o próprio processo de desenvolvimento. Entre as liberdades relevantes inclui-se a liberdade de agir como cidadão que tem sua importância reconhecida e cujas opiniões são levadas em conta (...). uma abordagem de justiça e desenvolvimento que se concentra em liberdades substantivas inescapavelmente enfoca a condição de agente e o juízo dos indivíduos; eles não podem ser vistos meramente como pacientes a quem o processo de desenvolvimento concederá benefícios. Adultos responsáveis têm de ser incumbidos de seu próprio bem-estar; cabe a eles decidir como usar suas capacidades" (Sen, Amartya. Desenvolvimento como liberdade (Trad. Laura Teixeira Motta). São Paulo: Companhia das Letras, 2010, pág. 327).

28. Como indaga Ávila Ribeiro, "no sistema atual, o curador representa os absolutamente incapazes e assiste os relativamente incapazes. Com a vigência do Estatuto, haverá a

Estas modificações implicaram significativos impactos para as pessoas portadoras de deficiência que, agora consideradas plenamente capazes, não só poderão *praticar atos na vida civil* – leia-se, qualquer tipo de contratos, inclusive empréstimos, assunção de obrigações, etc. – sem supervisão curatelar, pois deixarão de precisar de representação ou assistência; como passarão a correr contra ele os prazos normais a respeito de *prescrição e decadência*[29]; passa a incidir também do regime da *usucapião; cessa a responsabilidade subsidiária* do art. 928 do CC, passando o cidadão portador de deficiência a responder civilmente de forma pessoal pelos seus atos.

Dada a significativa amplitude das consequências legais resultantes da atribuição da capacidade jurídica aos deficientes, a doutrina tem-se desentendido quanto à melhor forma de *enquadrar* os indivíduos com o seu discernimento afetado. Assim, por exemplo, uma maioria posiciona-se no sentido de que a pessoa com deficiência não pode mais ser enquadrada como *juridicamente incapaz* e, portanto, a nova filosofia e teleologia do EPD realmente impõem o tratamento igualitário destes cidadãos[30]. Um posicionamento mais moderado entende, porém, que é possível, a título excecional, e em certos casos, vir a enquadrá-los sob a previsão do art. 4º, III do CC e,

---

categoria de pessoas capazes sob curatela. Apesar de elogiosa a previsão legislativa, há um desafio a ser enfrentado: qual seria a função do curador do deficiente: representá-lo ou assisti-lo?" (cit., Ribeiro, Moacyr Petrocelli de Ávila. Estatuto da Pessoa com Deficiência: a Revisão da Teoria das Incapacidades e os Reflexos Jurídicos na Ótica do Notário e do Registrador. *Revista Síntese Direito Civil e Processual Civil*, São Paulo, Vol. 17, N.º 99, jan-fev/2016, pág. 44).

29. Isto porque antes do Estatuto, quer o 198.º, inc. I, quer o 208.º do CC dispunham que prescrição e decadência não se aplicavam aos direitos atribuídos aos absolutamente incapazes.

30. *V.g.*, Requião, Maurício. *Estatuto da Pessoa com Deficiência, incapacidades e interdição.* Salvador: Juspodivm, 2016, págs. 162 ss. O autor procura responder ao problema apresentado da seguinte forma: "como os portadores de transtorno mental não mais são incapazes, a curatela passa a ter modificada a sua condição de ser instituto voltado exclusivamente aos sujeitos que assim se classificam. Passa, portanto, a ser vocacionada para a promoção da autonomia dos sujeitos que sofram com qualquer espécie de limitação. (...) Reforça-se (...) que a curatela é medida que deve ser tomada em benefício do portador de transtorno mental, sem que lhe sejam impostas restrições indevidas" (cit. pág. 166); Viegas, Cláudia Mara de Almeida Rabelo; Cruz, João Paulo Carvalho. A análise da capacidade civil à luz do Estatuto do Deficiente: inclusão, proteção ou desproteção da dignidade da pessoa humana? *Revista dos Tribunais,* São Paulo, Vol. 107, N.º 989, mar/2018, págs. 18-19.

portanto, ainda considerá-los como relativamente incapazes[31]. Fazem-no sob argumento de que a eleição do princípio *dignidade-autonomia* não pode ser obtida se completamente desamparada de um *sistema de salvaguardas* que deixe totalmente desprotegidos certos deficientes no seu relacionamento com terceiros. Desta forma, se o legislador passou a determinar que estes indivíduos não serão protegidos *ab inicio* mediante proibição de celebrar certos atos, então que o sejam *a posteriori* – durante ou após – a prática do ato jurídico, sob pena de se violar o princípio da *isonomia substancial*[32]. Por

31. "Todas as pessoas com deficiência que eram tratadas no comando anterior passam, em regra, a ser plenamente capazes para o Direito Civil, o que visa a sua total inclusão social, em prol de sua dignidade. Valorizando-se a dignidade-liberdade, deixa-se de lado a dignidade-vulnerabilidade. Eventualmente, as pessoas com deficiência podem ser tidas como relativamente incapazes, em algum enquadramento do art. 4º do Código Civil, também alterado" (Tartuce, Flávio. *Direito Civil: lei de introdução e parte geral.* 13ª ed. Rio de Janeiro: Gen, 2017, Vol. I, pág. 134); "de nossa parte, entendemos que, dentro do complexo (e irracional) sistema introduzido pelo estatuto, é mais coerente interpretar extensivamente o artigo 4.º, inciso III, do Código Civil no sentido de admitir que os deficientes mentais e físicos podem e devem ser tratados como relativamente incapazes quando constatada impossibilidade de manifestação de vontade autônoma (própria) e consciente" (Barros, André Borges de Carvalho. Os efeitos do Estatuto da Pessoa com Deficiência no sistema brasileiro de incapacidade civil. *Revista dos tribunais*, São Paulo, Vol. 988, Ano 107, fev/2018, pág. 203); "(...) com esse mais recente diploma legal, que procura atribuir os mais amplos direitos às pessoas deficientes, aprioristicamente nunca serão considerados totalmente incapazes, mas relativamente capazes, de acordo com a respetiva avaliação, com a nova redação aos arts. 2º e 4º do CC. Há possibilidade de questões complexas que podem advir dessa avaliação de incapacidade, mormente no tocante à validade dos negócios jurídicos" (Venosa, Sílvio de Salvo. *Direito Civil: Parte Geral.* 16ª ed. São Paulo: Atlas, 2016, págs. 149-150). Também neste sentido, Viegas, Cláudia Mara de Almeida Rabelo; Cruz, João Paulo Carvalho. A análise da capacidade civil à luz do Estatuto do Deficiente: inclusão, proteção ou desproteção da dignidade da pessoa humana? *Revista dos Tribunais,* São Paulo, Vol. 107, N.º 989, mar/2018, pág. 107.

32. Neste aspeto, Barros chega mesmo a questionar a constitucionalidade do Estatuto diante da insuficiência regulatória que possui. Tendo em conta a natureza de norma constitucional da Convenção de Nova York, e ainda o fato de art. 12, n,º4 do Decreto n.º 6949/2009 que a ratificou exigir dos Estados partes a inclusão de *salvaguardas apropriadas* a prevenir abusos e assegurar a filosofia e garantias subjacentes à Convenção, o autor entende que o EPD não as prevê de forma eficiente e considera a TDA como medida de salvaguarda *deficiente* para proteger os sujeitos em causa. Barros, André Borges de Carvalho. Os efeitos do Estatuto da Pessoa com Deficiência no sistema brasileiro de incapacidade civil. *Revista dos tribunais*, São Paulo, Vol. 988, Ano 107, fev/2018, págs. 209-210. No mesmo sentido, considerando que o EPD "(...) promoveu apenas uma igualdade formal para as pessoas que se encontram em situação de vul-

último, numa posição mais vigorosa, ROSENVALD sustenta a mera mitigação - mas não superação - da teoria das invalidades pelo EPD[33].

5.3.2. Tomada de decisão apoiada

Do ponto de vista prático, com o advento do EPD, o legislador quis inverter a presunção de incapacidade de certos sujeitos e partir da premissa que cidadãos com Alzheimer, senilidade, transtorno bipolar, esquizofrenia, autismo e outros, anteriormente considerados incapazes, possam agora ser presumidos aptos a se autodeterminar e reger a sua pessoa e os seus bens *sempre que puderem expressar a sua vontade*. Esta inversão lógica de filosofia que embasava o microssistema protetivo dos cidadãos com deficiência não poderia ter sido feita sem mais, sob pena de se considerar descuidada. Dessa forma, como *instituto alternativo à curatela* e mais dirigido à prática de atos negociais, o legislador antecipou o instituto da "*tomada de decisão apoiada*"

---

nerabilidade (...) [por] ignorar a existência de uma distinção fática impondo a mesma condição jurídica às pessoas que estejam em situação de vulnerabilidade e às que não estejam", VIEGAS, Cláudia Mara de Almeida Rabelo; CRUZ, João Paulo Carvalho. A análise da capacidade civil à luz do Estatuto do Deficiente: inclusão, proteção ou desproteção da dignidade da pessoa humana? *Revista dos Tribunais,* São Paulo, Vol. 107, N.º 989, mar/2018, pág. 104.

33. "As pessoas deficientes submetidas à curatela são removidas do rol dos absolutamente incapazes do Código Civil e enviadas para o catálogo dos relativamente incapazes, com uma renovada terminologia. A nova redação do inciso III do art. 4º (Lei n. 13.146/15) remete aos confins da incapacidade relativa 'aqueles que, por causa transitória ou permanente, não puderes exprimir sua vontade'. Aqui se revela a intervenção qualitativa diversa do Estatuto da Pessoa com Deficiência na teoria das incapacidades: abole-se a perspetiva médica e assistencialista de tratar como incapaz aquele que ostenta uma insuficiência psíquica ou intelectual. Corretamente o legislador optou por localizar a incapacidade no conjunto de circunstâncias que evidenciem a impossibilidade real e duradoura da pessoa querer e entender - e que, portanto, justifiquem a curatela -, sem que o ser humano, em toda a sua complexidade, seja reduzido ao âmbito clínico de um pedimento psíquico ou intelectual. Ou seja, o divisor de águas da capacidade para a incapacidade não mais reside nas características da pessoa, mas no fato de se encontrar em uma situação que as impeça, por qualquer motivo, de conformar ou expressar a sua vontade. Prevalece o critério da impossibilidade de o cidadão maior tomar decisões de forma esclarecida e autônoma sobre a sua pessoa ou bens ou de adequadamente exprimir ou lhes dar execução" (cit. ROSENVALD, Nelson. Tudo que você precisa para conhecer o Estatuto da Pessoa com Deficiência. *Gen Jurídico,* 2015, disponível em http://genjuridico.com.br/2015/10/05/em-11-perguntas-e-respostas--tudo-que-voce-precisa-para-conhecer-o-estatuto-da-pessoa-com-deficiencia/; última consulta em 14.05.2018).

("TDA") - arts. 115 e 116 do EPD e 1783-A do CC - precisamente para suprir eventuais dificuldades no momento da realização de escolhas e da tomada de decisões. A TDA, torna-se a ferramenta eleita pelo legislador para servir de mecanismo à ampliação da autonomia da pessoa com deficiência, por se apresentar menos invasiva e mais flexibilizadora, ao tempo em que relega a um papel subsidiário, excecional e secundário o instituto da curatela. Afinal, neste procedimento, é a pessoa com deficiência que consiga exprimir a sua vontade quem instaura o procedimento, nomeia os seus apoiantes, define os limites do apoio, bem como a extensão temporal e termo deste[34].

No novo plano de tutela da incapacidade do pós EPD, a pessoa com deficiência passa a ter uma de três opções: (i) se tiver alguma dificuldade na condução da sua vida civil pode submeter-se ao regime da curatela especial; (ii) ou ao novo procedimento de decisão apoiada; (iii) mas se a sua deficiência for severa ao ponto de não lhe permitir manifestar a sua vontade, então o regime anterior manter-se-á e permanecerão sujeitos ao regime da interdição[35].

Este novo instituto criado pelo EPD - que basicamente veio alterar a redação do art. 1783-A do CC - visa salvaguardar os melhores interesses das pessoas com deficiência sempre que esta se prepare para *adotar determinadas decisões negociais na sua vida* que guardem um nível de complexidade mais elevado, ao mesmo tempo que procura *preservar a autonomia da sua vontade*[36]. Todavia, como a TDA não representa causa de suprimento de incapacidade jurídica, a validade de um ato negocial praticado por uma

---

34. O estabelecimento deste instituto é levado a cabo por um procedimento típico (art. 1783-A, §§2º e 3º do CC) mas não disciplinado no CPC, onde dois indivíduos com os quais partilhe algum tipo de vínculo e tenham a sua confiança são nomeadas como suas apoiantes na tomada de decisões e prática de atos negociais, reduzindo-se a termo o âmbito e os limites deste apoio a ser prestado.

35. Correia, Atalá. Estatuto da pessoa com deficiência traz inovações e dúvidas. *Revista Síntese Direito Civil e Processual Civil*, São Paulo, Vol. 17, N.º 99, jan-fev/2016, págs. 23-24.

36. "Apelação Cível. Família. Ação de interdição. Contradição das provas angariadas ao feito. Necessidade de nova perícia por equipe multidisciplinar. Sentença desconstituída. Necessidade de desconstituição da sentença, a fim de que seja realizada nova perícia por equipe multidisciplinar, nos termos do artigo 1771.º do Código Civil (com a nova redação dada pela Lei 13.146/15), com vistas a especificar minuciosamente a capacidade e as responsabilidades de Jéssica, em conformidade com a ótica do Estatuto da Pessoa com Deficiência ou, se for o caso, o procedimento especial de Tomada de Decisão Apoiada, destinado às pessoas que possuem algum tipo de deficiência, mas que podem exprimir vontade, na forma prevista no artigo 1783-A do Código Civil, introduzido pela Lei nº 13.146/15. Recurso Provido (acórdão do

pessoa com deficiência sujeita à TDA que não consultou os seus dois apoiantes antes de contrair obrigações resta duvidosa. Há quem sustente que esta dependência da assistência pelos dois apoiantes para conferir validade ao negócio constituído representa uma situação de *legitimidade auto-imposta* pelo próprio portador de deficiência[37], apesar das propostas legislativas em curso apontarem noutro sentido[38]. O argumento faz sentido, até porque se o apoiado não tiver mais interesse em ser assistido pelos seus dois apoiantes, poderá *potestativamente* requerer o levantamento do TDA e a consequente cessação de eficácia do termo (art. 1783-A, §9º do CC).

De qualquer forma, a valência deste instituto inspira, sobretudo, pela *ode à liberdade* que encarna, pelo *respeito à autodeterminação* e escolhas do vulnerável, pela forma como salvaguarda e *preserva a autonomia* destes, permitindo ao vulnerável rodear-se de pessoas da sua própria confiança para lhe auxiliarem nos seus atos da vida civil.

5.4. AS REPERCUSSÕES DO ESTATUTO DA PESSOA COM DEFICIÊNCIA NO PLANO DO PROCESSO CIVIL

5.4.1. Capacidade processual

A primeira repercussão do EPD no palco do processo civil é, desde logo, no campo da capacidade processual. Tendo em conta que a capacidade processual de ser parte e de estar sozinha em juízo é pressuposto processual delineado em função da capacidade civil (art. 70 do CPC), uma vez alterada esta, também aquela sofrerá modificações. Após o EPD, as pessoas com deficiência passam a poder apresentar-se ao tribunal sem necessitar de qualquer tipo de assistência ou representação, exceto se estiverem sob alçada do instituto da curatela; dá-se, desta forma, um passo a mais na concretização de um amplo e efetivo princípio do acesso à justiça.

TJRS, Apelação n.º 70070966890, Relator Desembargadora Liselena Schifino Robles Ribeiro; 7ª Câmara, Data de Julgamento 28.09.2016).

37. Neste sentido, Nishiyama, Adolfo Mamoru; Toledo, Roberta Cristina Paganini. O Estatuto da Pessoa com Deficiência: reflexões sobre a capacidade civil. *Revista dos tribunais*, São Paulo, Vol. 974, Ano 105, dez/2016, pág. 53.

38. Com efeito, nos termos do Projeto de Lei n.º 757/2015 do Senado Federal, em particular da proposta de inclusão de um §12 ao art. 1783-A do CC, pode ler-se que "os negócios e os atos jurídicos praticados pela pessoa apoiada sem participação dos apoiantes são válidos, ainda que não tenha sido adotada a providência de que trata o §5º deste artigo".

5.4.2. Legitimidade para procedimento que define os termos da curatela

Outra importante repercussão prende-se com a legitimidade para promover medida judicial que defina os termos da curatela[39]. Isto porque, nos termos do Estatuto, o art. 1768 do CC, além de modificar a designação da ação a propor (substituindo a expressão "interdição"), acrescenta um novo inciso ao rol então constante no dispositivo ("IV") que passa a admitir a possibilidade de o próprio curatelado requerer a sua curatela.

Sucede, porém, que o CPC, contemporâneo do EPD, decidiu revogar de forma expressa aquele art. 1768 do CC, através do art. 1072, inc. II. A revogação é internamente incongruente, já que o legislador processual antecipou regramento próprio para a legitimidade processual na ação de interdição no art. 747, admitindo-a para cônjuge/companheiro, parentes ou tutores, representante, ou Ministério Público. Como explica Didier Jr., quer o CPC quer o EPD procuraram disciplinar o tratamento da capacidade processual do interdito. Embora o CPC o tenha feito primeiro, revogando os preceitos do CC e criando disciplina mais favorável à autodeterminação do deficiente (já ao encontro da nova filosofia imbuída pelo EPD), o EPD entrou em vigor posteriormente e veio alterar artigos que o CPC já tinha revogado; deixando no ar a dúvida sobre que dispositivos passariam a reger a capacidade processual das pessoas com deficiência, se os do EPD ou os do CPC. Este ponto assume particular importância no que respeita ao art. 1768 do CC (que determina a capacidade para propor ação de interdição), revogado pelo 747 do CPC; e assim porquanto o EPD veio acrescentar uma hipótese a mais além das já previstas pelo CPC: do próprio interditando ter capacidade para pedir a sua interdição.

Muitos há que, sem enfrentarem o problema, concluem imediatamente pela legitimidade do curatelado para a propositura da ação[40]; outros recor-

---

39. Sustentando que a pessoa com deficiência, após a entrada em vigor do EPD passa, inclusivamente, a ter legitimidade para demandar nos juizados especiais, Cabral, Ana Clara. O Estatuto da pessoa com deficiência e seu impacto no Código Civil. *Revista Síntese Direito Civil e Processual Civil*, São Paulo, Vol. 17, N.º 99, jan-fev/2016, pág. 48.

40. Assim, Araújo, Luiz Alberto David; Costa Filho, Waldir Macieira. O Estatuto da Pessoa com Deficiência – EPCD (Lei 13.146, de 06.07.2015): algumas novidades. *Revista dos Tribunais*, São Paulo, Vol. 104, N.º 962, dez/2015, pág. 73; Santos, Ivana Assis Cruz dos. O Estatuto da Pessoa com Deficiência e as Alterações no Código Civil de 2002. *Revista Síntese Direito Civil e Processual Civil*, São Paulo, Vol. 17, N.º 99, jan--fev/2016, pág. 33.

rem já ao argumento da posição que ambos os diplomas ocupam no feixe temporal[41]. Assim, e apesar do CPC ter sido publicado antes do Estatuto, portanto, a 17.03.2015, na medida em que o Estatuto apresenta *vacatio legis* de 180 após 07.07.2015 (data da sua publicação) teria sido revogado por aquele, que com período de *vacatio* de 1 ano, entraria em vigor alguns meses após o Estatuto. Por este motivo, inclusivamente, a Proposta de Lei n.º 757/2015 do Senado, ainda em curso, dirige uma projeto para repristinar os arts. 1768, 1770, 1771 e 1773 do CC. Naquela que nos parece ser a melhor interpretação dos três dispositivos, Didier Jr. entende que como o CPC terá levado em consideração a redação original do CC (antes da alteração pelo EDP), não é possível considerar igualmente revogado o novo inciso trazido pelo Estatuto; afinal "não poderia revogar o que não estava previsto"; a filosofia do EDP, que esteve subjacente à alteração proposta pelo CPC, deverá servir à condução desta interpretação[42]. Em sentido semelhante, Expósito entende que segundo a nova teoria das capacidades do deficiente, não faz sentido restringir a terceiros a legitimidade para requerer a constituição de curatela, sem anuência do deficiente[43].

5.4.3. Capacidade para ser testemunha

Outra consequência sentida na área processual prende-se com a capacidade para depor como testemunha, já que o EPD veio revogar o art. 228,

---

41. Ribeiro, Moacyr Petrocelli de Ávila. Estatuto da Pessoa com Deficiência: a Revisão da Teoria das Incapacidades e os Reflexos Jurídicos na Ótica do Notário e do Registrador. *Revista Síntese Direito Civil e Processual Civil*, São Paulo, Vol. 17, N.º 99, jan-fev/2016, pág. 46; Tartuce, Flávio. Estatuto da Pessoa com Deficiência, o Código Civil e o Código de Processo Civil. Projeto de Lei do Senado Federal nº 757/2015. Parecer. *Revista Magister de Direito Civil e Processual Civil*, São Paulo, Vol. 13, N.º 77, mar-abr/2017, pág. 59 Viegas, Cláudia Mara de Almeida Rabelo; Cruz, João Paulo Carvalho. A análise da capacidade civil à luz do Estatuto do Deficiente: inclusão, proteção ou desproteção da dignidade da pessoa humana? *Revista dos Tribunais*, São Paulo, Vol. 107, N.º 989, mar/2018, pág.96; Requião, Maurício. *Estatuto da Pessoa com Deficiência, incapacidades e interdição*. Salvador: Juspodivm, 2016, pág. 172.
42. Cf. Didier Jr., Fredie. Editorial 187 – Estatuto da Pessoa com Deficiência, Código de Processo Civil de 2015 e Código Civil: uma primeira reflexão, 2015, disponível em http://www.frediedidier.com.br/editorial/editorial-187/?fbclid=IwAR1yC2sSv7RilqP-dTak7RDCYErZK14n75wWTSkmA19zsrY46hjsSPkF8po; última consulta em 30.05.2018.
43. Expósito, Gabriela. *A capacidade processual para demandar em juízo da pessoa com deficiência por impedimentos mentais ou intelectuais*. Dissertação de Mestrado (UFBA). Salvador, 2018, pág. 105.

incisos II e III do CC[44]. A conformidade com a Convenção sobre os Direitos das Pessoas com Deficiência e com o novo EPD exigiram do legislador que previsse a possibilidade das pessoas com deficiência testemunharem em igualdade de circunstâncias com as demais, sem que a patologia sentida por aquelas revelasse impedimento à manifestação sobre fatos presenciados.

Sucede, porém, que não obstante o EPD ter revogado expressamente o CC, não teceu qualquer consideração a respeito do art. 447 do CPC, que considera a incapacidade para depor dos indivíduos com enfermidade ou deficiência mental (interditos ou não), o cego e o surdo. Partilhamos o entendimento de que este preceito *terá sido derrogado* pelo EPD[45], em particular os seus incisos I, II e IV[46], posição que pode igualmente ser sustentada com recurso ao art. 80 do EPD[47].

Em todo o caso, para que este direito a testemunhar possa colher valência e efetividade, torna-se necessária a disponibilização de *tecnologia assistencial* a estes cidadãos por parte do poder público. Ajudas tecnológicas (computadores especiais, escutas, auxílios visuais etc.) ou técnicas (psicólogos, psiquiatras etc.) poderão e deverão ter um papel ativo no auxílio destes indivíduos a se manifestar de forma clara, segura e nos *limites da sua autonomia* no ato do testemunho.

---

44. "Não podem ser admitidos como testemunhas: (...) II – aqueles que, por enfermidade ou retardamento mental, não tiverem discernimento para a prática dos atos da vida civil; III – os cegos e surdos, quando a ciência do fato que se quer provar dependa dos sentidos que lhes faltam; (...)" (art. 228, incs. II e III do CC). O art. 228 passou, então, a dispor, no seu §2º que "a pessoa com deficiência poderá testemunhar em igualdade de condições com as demais pessoas, sendo-lhe assegurados todos os recursos de tecnologia assistiva".

45. Neste sentido, Nishiyama, Adolfo Mamoru; Toledo, Roberta Cristina Paganini. O Estatuto da Pessoa com Deficiência: reflexões sobre a capacidade civil. *Revista dos tribunais*, São Paulo, Vol. 974, Ano 105, dez/2016, pág. 55.

46. "Podem depor como testemunhas todas as pessoas, exceto os incapazes, impedidos ou suspeitos. §1º São incapazes: I – o interdito por enfermidade ou deficiência mental; II – o que, acometido por enfermidade ou retardamento mental, ao tempo em que ocorreram os fatos, não podia discerni-los; ou, ao tempo em que deve depor, não está habilitado a transmitir as perceções; (...) IV – o cego e o surdo, quando a ciência do fato depender dos sentidos que lhe faltam. (...)" (cit. art. 447, inc. I, II e IV do CC).

47. "Devem ser oferecidos todos os recursos de tecnologia assistida disponíveis para que a pessoa com deficiência tenha garantido o acesso à justiça, sempre que figure em um dos polos da ação ou atue como testemunha, partícipe da lide posta em juízo, advogado, defensor público, magistrado ou membro do Ministério Público" (art. 80 EPD).

Apesar de ser uma questão polémica[48], pensamos que, asseguradas essas condições, não há razão para que o cidadão com deficiência não esteja sujeito aos termos do art. 458 do CPC quando exige um *compromisso com a verdade* na hora do testemunho. Um processo criminal por falsidade de testemunho poderá ser levado a cabo acaso o magistrado considerar que, realmente, o *indivíduo compreende a natureza do ilícito*; caso contrário, deverá ser considerado inimputável nos termos da lei penal. Em qualquer caso, esta será sempre uma apreciação que caberá casuisticamente ao juiz, com recurso a critérios de razoabilidade e proporcionalidade, que poderá determinar a oitiva da testemunha em condições semelhantes à dos menores acima de dezasseis anos. A tendência deverá ir no sentido de admitir esta capacidade para depor nos termos normais, já que as disposições normativas devem ser lidas cuidadosamente sob a teleologia embasada no EPD, que mais não é do que reforçar a plena autonomia e capacidade da pessoa com deficiência em todos os ramos da vida civil.

O paradigma é outro, e é a esta luz que devemos reinterpretar as velhas noções processuais. Se a vontade do legislador foi reduzir a *curadoria* a um instituto de natureza claramente *excecional e extraordinária*, e mesmo quando existente, reconduzida à proporção e à medida das necessidades sentidas, pelo tempo estritamente necessário (art. 84, §3º do EPD), a tentativa de manter uma proteção forçada do cidadão com deficiência contra a prática do crime de falso testemunho colide frontalmente com a racionalidade inerente ao movimento de recapacitação destes sujeitos. O direito destas pessoas a serem ouvidas como testemunhas resulta da sua qualidade de cidadãos e deve ser exercido em condições de *igualdade* relativamente aos demais; pelo que, se resultar clara a vontade destes em colaborar com a Justiça, competirá apenas ao magistrado promover as condições necessárias para que o indivíduo com deficiência tenha todos os recursos tecnológicos ou técnicos para ser ouvido com eficiência. Afinal, a inclusão também deve fazer-se sentir no

48. Neste aspeto, por exemplo, há quem entenda que a revogação dos preceitos do 228 do CC não faz sentido, por se destinarem a proteger as pessoas com deficiência da prática de crimes. Na ponderação levada a cabo por Nery Júnior e Andrade Nery, "pergunta-se: quem exatamente o EPD quer proteger com a revogação desses dois incisos, postos para resguardar tais pessoas do risco do falso testemunho? Ora, nas hipóteses previstas na lei (CC 228 II e III) o juiz não pode tomar o compromisso dessas pessoas, para protegê-las de eventual tipicidade do crime de falso testemunho" (Nery Júnior, Nélson; Nery, Rosa Maria Andrade. *Leis civis e processuais comentadas*. 4ª ed. São Paulo: RT, 2015, pág. 1785).

plano processual; assim, o novo paradigma dita que é o *poder público quem tem que se adaptar à condição do portador de deficiência*, pelo que será sobre estes que recairá o ônus de assegurar plenas condições para a autônoma manifestação testemunhal daqueles[49].

5.4.4. Admissibilidade da negociação processual pelas pessoas com deficiência

Com as alterações que o EPD veio trazer em termos da permissibilidade à negociação privada das pessoas deficientes, em termos de reforço e valorização da sua autonomia, empoderada na sociedade civil, pode perguntar-se se estes também poderão, nos mesmos termos, celebrar negócios jurídicos processuais ou se, pelo contrário, serão considerados vulneráveis manifestos para efeitos do art. 190 do CPC.

Como ponto de partida dir-se-á que as pessoas deficientes, tendo adquirido plena capacidade para praticar atos jurídicos civis (art. 6º e 84 do EPD), da mesma forma adquirem plena capacidade processual; só não assim quando o nível da deficiência seja tal que demande deste a sua sujeição ao instituto da curatela.

Já há doutrina a manifestar-se em sentido negativo, mas sem destrinçar, porém, entre os vários tipos de deficiência que podem estar presentes numa das partes da lide, por considerar que essa admissão pode conduzir a uma situação de desigualdade processual, ao desamparo deste grupo social e, por conseguinte, à possibilidade de renúncia a certas garantias processuais que os colocassem em desvantagem no processo[50].

À partida poder-se-ia sustentar que o legislador teria excluído da capacidade de negociação processual das pessoas com deficiência. Não nos parece, porém, que seja essa a melhor interpretação. Ainda que deficientes e, por isso, indiciariamente vulneráveis, nada impede que, se devidamente socorridos por representante legal, procurador, ou "conselheiros" habilitados nos termos da TDA, a parte vulnerável possa celebrar convenções

49. Neste sentido, Nishiyama, Adolfo Mamoru; Toledo, Roberta Cristina Paganini. O Estatuto da Pessoa com Deficiência: reflexões sobre a capacidade civil. *Revista dos tribunais*, São Paulo, Vol. 974, Ano 105, dez/2016, *passim*.

50. Assim, Aurelli, Arlete Inês. Análise e limites da celebração de negócios jurídicos processuais na execução por título extrajudicial e/ou cumprimento de sentença. *In* Marcato, Ana, et. al. (coord.). Negócios Processuais. Salvador: Juspodivm, 2017, Vol. I, pág. 49.

processuais. Essa é a interpretação que melhor se articula com a filosofia subjacente ao EPD que deixou de considerar a deficiência como elemento afetador da capacidade civil *plena* do cidadão (art. 6º EPD). Haverá aqui que permanecer no caminho procurado pelo legislador de recapacitação das pessoas portadoras de deficiência, permitindo que também estas possam valer-se deste mecanismo processual[51]. A preservação da vontade da pessoa deficiente não se faz apenas fora do processo, mas também dentro dele; se for o caso, recorrendo a expedientes como a tomada de decisão apoiada (art. 1783-A do CC) que, além de pessoas da confiança do deficiente, conta ainda com a participação do magistrado e do MP (art. 1783-A §§3º a 6º do CC).

Em recente obra, EXPÓSITO propõe uma análise da capacidade de negociação processual da pessoa com deficiência à luz das diferentes modalidades na teoria da capacidade. Assim: (a) para as pessoas com deficiência que *não instauraram TDA ou curatela de apoio* e celebram negócios pré-processuais ou processuais mesmo sem advogado constituído, não se poderá à partida considerar inválida a manifestação da sua vontade, exceto se ele precisava realmente do apoio para o realizar e houve prejuízo decorrente do negócio; caso, porém, o celebre com o auxílio do seu advogado, negócios mesmo que prejudiciais ter-se-ão por validados; (b) para as pessoas com deficiência que se encontram *curateladas pelo regime da curatela de apoio* (e não interditiva), a celebração de negócios processuais muito dependerá do que o magistrado terá instituído na sentença de curatela, i.e., se impôs a necessidade de

---

51. *Vide* ponto 8. *infra*. Neste sentido, CUNHA, Leonardo Carneiro da. Comentários ao artigo 190º e 191. *in* CABRAL, Antonio do Passo, CRAMER, Ronaldo (coord.). *Comentários ao Novo Código de Processo Civil*. 2ª ed. São Paulo: Forense, 2016, pág. 326; CABRAL, Antonio do Passo. *Convenções Processuais*. Salvador: Juspodivm, 2016, págs. 276-277 ("(...) deve ser admitida sobretudo porque estes pactos podem beneficiar o vulnerável, ampliando prazos, facilitando-lhes a produção de prova ou conferindo oportunidade de ajuizamento da demanda em foro mais próximo de sua residência"); BARREIROS, Lorena Miranda Santos. *Convenções Processuais e o Poder Público*. Salvador: Juspodivm, 2017, pág. 231 ("a pessoa portadora de deficiência poderá celebrar convenções processuais prévias ou incidentais, desde que seja capaz de exprimir a sua vontade negocial (ou seja, que possua capacidade negocial). Eventual limitação ou incapacidade de expressão dessa vontade será superada pelo uso do processo de tomada de decisão apoiada (resguardando-se a capacidade do apoiado) ou pela curatela (hipótese em que o curatelado é considerado como relativamente incapaz)"); ESTEVES, Diogo; CRUZ, Elisa Costa; SILVA, Franklyn Reger Alve. As consequências materiais e processuais da lei brasileira de inclusão da pessoa com deficiência e o papel da Defensoria Pública na assistência jurídica das pessoas com deficiência. Revista de Processo, São Paulo, Vol. 258, Ano 41, 2016, págs. 281 ss.

curador para a realização ou não do ato processual; (c) para as pessoas com deficiência que se encontram *sob o regime da tomada de decisão apoiada*, como os termos do apoio não restringem a sua capacidade processual e a TDA apenas existe por vontade do deficiente, cabe a este, juntamente com os seus apoiantes, determinar que atos (materiais e processuais) poderão ou não envolver o seu auxílio em termos vinculativos; a ausência destes, quando exigida, porém, não será possível equacionar a existência de vício de representação processual por estar em causa um mero negócio jurídico resultante do exercício da autonomia privada do deficiente; (d) se a pessoa com deficiência for *considerada incapaz por impossibilidade de manifestação da sua vontade, por prodigalidade ou por ser ébria habitual ou viciada em tóxicos*, a negociação processual por este continua a ser possível desde que haja adequada representação[52].

Haverá aqui que permanecer no caminho procurado pelo legislador de recapacitação das pessoas portadoras de deficiência, permitindo que também estas possam valer-se deste mecanismo processual.

5.5. CONCLUSÕES PARCIAIS: AS REPERCUSSÕES NO PLANO PROCESSUAL LABORAL

Aqui chegados, algumas conclusões se impõem no plano do processo laboral relativamente à compreensão que deve ser dada à aplicação do art. 190 ao processo do trabalho, sob pena de existir uma clara incongruência lógica na forma como o ordenamento jurídico brasileiro encara certos conceitos fundamentais, *maxime* o de vulnerabilidade.

§1. Em primeiro lugar, é lógico-juridicamente inadmissível sustentar, simultaneamente, que um cidadão com *deficiência mental seja plenamente capaz* de celebrar contratos (materiais e processuais), ainda que acompanhado de pessoas da sua confiança que o auxiliem, mas que um *empregado* – mesmo que subordinado a um vínculo de emprego – já seja *presumido incapaz* pela jurisprudência e doutrina para celebrar negócios jurídicos processuais. E é inadmissível não em razão da primeira hipótese, mas por causa da conclusão oferecida à segunda. Um posicionamento que diga o contrário parte de uma confusão semântica que sobrepõe à noção de incapacidade a de vulnerabilidade, i.e., entende que a vulnerabilidade que o trabalhador possa

---

52. Expósito, Gabriela. *A capacidade processual para demandar em juízo da pessoa com deficiência por impedimentos mentais ou intelectuais*. Dissertação de Mestrado (UFBA). Salvador, 2018, págs. 144-159.

apresentar no momento em que contrata processualmente tornam-no um cidadão incapaz de negociar, o que não é verdade.

Acontece que o ordenamento civilista, após a publicação do EPD, não deixou de afirmar a vulnerabilidade da pessoa com deficiência, *maxime* da pessoa com deficiência mental. A vulnerabilidade deste cidadão continua pressuposta, razão pela qual se manteve a importância de regimes jurídicos de amparo à tomada de decisões do deficiente. O que sucede é que essa vulnerabilidade não deverá representar óbice, *ab inicio*, à plena autonomia do cidadão, razão pela qual a sua capacidade passou a ser presumida, invertendo-se a regra do regime anterior. A *vulnerabilidade não é sinónimo de incapacidade, tal como a capacidade não exclui a vulnerabilidade*. E se assim é, peca a doutrina juslaboralista que continua a tratar o trabalhador como se a sua vulnerabilidade afetasse a sua capacidade para celebrar negócios jurídicos, *maxime* negócios processuais. Peca ainda a jurisprudência do TST, por admitir que o trabalhador tenha capacidade para contratar no plano material, mas já não no plano processual.

§2. A *mudança de paradigma no palco laboral* relativamente à forma como o Estado-legislador e Estado-juiz escolhem tratar o trabalhador também se começa a tornar um imperativo categórico. A perceção do trabalhador como uma pessoa adulta, responsável pelas suas escolhas, independente e livre, são pressupostos básicos para o seu processo de desenvolvimento e crescimento como sujeito. O trabalhador não é um paciente carente dos cuidados intensivos do Estado; é um *adulto-responsável a quem se deve incumbir os resultados das escolhas do seu bem-estar*[53]. Não há nenhuma razão lógica para que movimentos de empoderamento e de recapacitação da pessoa com deficiência, que duram há cerca de 40 anos em palcos nacionais e internacionais, não tenham qualquer impacto na área laboral. Qual não é a incongruência da doutrina e jurisprudência que, aplaudindo, por um lado, o movimento nacional e internacional de recapacitação da pessoa com deficiência, que promove a sua inclusão social a todos os níveis, que lhe devolve a liberdade e a autonomia, que rejeita o seu tratamento como incapaz,

53. Como muito bem exemplifica Sen, "(...) é responsabilidade que todos compartilham na sociedade extinguir o sistema de trabalho adscritício, onde ele prevalece, de modo que os trabalhadores subjugados passem a ser livres para aceitar emprego em outros lugares. (...) Porém, em última análise, é uma responsabilidade do indivíduo decidir que uso fazer das oportunidades de emprego e que opções de trabalho escolher" (Sen, Amartya. Desenvolvimento como liberdade (Trad. Laura Teixeira Motta). São Paulo: Companhia das Letras, 2010, pág. 327).

que pretende abolir as práticas protecionistas exacerbadas e desnecessárias impostas a cidadãos que se querem iguais etc.; e rejeita, ao mesmo tempo, idêntico fenômeno no plano trabalhista? Já é tempo da doutrina e jurisprudência juslaboral deixarem de ter medo de puxar as mesmas rédeas e escolher encarar o trabalhador com diferentes olhos. Continuar a considerá-lo como incapaz é colaborar na perpetuação de uma *estrutura jurídico-política virada para o cerceamento da autonomia e liberdade do indivíduo num dos palcos que mais o deve realizar: a sua vida profissional.*

Filosofias e *políticas assistencialistas não são, nem podem ser, um fim em si mesmo.* Assistir por assistir, em nada contribuiu para a dignificação do ser humano portador de deficiências. A valência destas condutas só tem utilidade na medida em que tenham sempre em mente a sua instrumentalidade para prossecução de um fim específico: a *emancipação* do cidadão. Emancipação esta que além de se fazer sentir cada vez mais no mundo jurídico material, carece de idêntica afirmação no plano processual.

§3. Da mesma forma que a Convenção e o Estatuto rompem os preconceitos e barreiras educacionais, laborais, culturais, econômicos, sociais etc., para proporcionar ao cidadão portador de deficiência condições para poder ser senhor do seu destino e ser encarado pelos demais cidadãos como ser humano autônomo e respeitado; também o mesmo esforço deverá ser levado a cabo relativamente ao trabalhador, cujos liames às ideias de *dependência económica, subordinação jurídica, vulnerabilidade informacional* etc. deverão ser ultrapassados para dar lugar a uma visão ampla, recapacitadora e empoderadora do trabalhador, vislumbrando-o como sujeito capaz e cônscio, apto à livre tomada de decisões, senão no plano material e processual, então pelo menos neste último.

§4. Veja-se ainda que as mudanças introduzidas, por mais significativas que tenham sido no plano civil, trouxeram tanto de repercussões positivas, quanto de negativas. Se, por um lado, se procurou romper preconceitos, chamar o indivíduo com deficiência para o centro da vida social, permitir-lhe que celebre os seus negócios e pratique atos jurídicos sem representação ou assistência etc., *não o fez sem contrapartidas.* A submissão às regras da prescrição e decadência, teoria das nulidades, a sujeição às regras da responsabilidade objetiva nos termos gerais etc. foram algumas das contrapartidas que exigiu a afirmação de um postulado de liberdade, inclusão e da autonomia do cidadão com deficiência. As reações pela doutrina civilista à proporcionalidade desta equação fizeram-se sentir, na sua maioria, com aplausos; sem, não obstante, se esconderem pontuais receios em torno da salvaguarda dos mínimos de autonomia do cidadão. Por ser assim, *não ignoramos que uma afirmação paralela* no plano do processo do trabalho relativamente à admissibilidade de negócios processuais *venha despida de consequências*. Seria naturalmente ingénuo pensar o contrário. *Mas o receio* relativamente a estas possíveis consequências *não deve ser acompanhado por um ceticismo* que desconsidere formas razoáveis de articulação de valores e que se oponha obtusamente à mudança. É possível criar mecanismos e espaços onde a manifestação da vontade do trabalhador é expressa de forma clara e livre de qualquer tipo de pressões.

§5. O dogma do império da proteção do cidadão vulnerável em razão de uma deficiência que vigeu no ordenamento civil nacional já desde as Ordenações, no Código Civil de 1916 e também no de CC/02 até 2015, implementado em significativo prejuízo da autonomia individual do alegado incapaz, sofreu profundas alterações após a aprovação do Estatuto. A mudança de mentalidades fez-se de forma radical e deve repercutir-se em todo o ordenamento jurídico. Esta não é só uma mudança normativa destinada exclusivamente a reforçar o papel e intervenção dos deficientes na sociedade. *Ela representa mais do que isso*. Ampara toda uma diferente filosofia normativa que escolhe preservar a autonomia mesmo na mais precária situação de vulnerabilidade. Por esta razão, esta nova maneira de pensar o Direito deve assumir o seu papel na seara laboral e no necessário empoderamento que falta ao trabalhador. Confessamos, aliás, que nos tem chocado a facilidade com que alguma doutrina trabalhista se refere ao trabalhador brasileiro, às suas condições de trabalho, ou às suas características como ser humano. Não são infrequentes discursos que têm o trabalhador brasileiro em tão má consideração que causam profunda admiração. Já para não falar da adjetivação que não-raro acompanha essas alegadas descrições da realidade do mercado de trabalho brasileiro: "miséria", "pobreza extrema", "exploração pelo capital"[54] etc. É uma associação constante que é traçada e que, de todo, corresponde a uma realidade universal no Brasil. É preciso ter cuidado na forma reiterada com que discursos como estes são repetidos. A pobreza e as dificuldades económicas com que se depara um grande setor dos trabalhadores brasileiros *não é sinónimo automático da sua infantilização*. O *discurso jurídico*, sem desconhecer realmente as necessidades sentidas pela

54. Estrada, Manuel Martín Pino. O Projeto de lei nº 4.330/04 sobre terceirização e a infinitização da prestação de serviços: indo contra os princípios da proteção ao trabalhador e da proibição do retrocesso social. *Revista Fórum justiça do trabalho*, Vol. 33, N.º 392, 2016, *passim*.

classe operária, não pode construí-la sob um patamar de *miserabilidade tal* que lhes anule toda a liberdade, capacidade, autonomia e consciência que fazem deles seres humanos independentes. Retendo isto em mente, não é impossível, antes desejável, encarar os grupos populacionais de trabalhadores mais *dependentes* sob o mesmo postulado querido pela Convenção e EPD. *Sem que a sua vulnerabilidade seja questionada, haverá que procurar preservar ao máximo as determinações da sua vontade*. Ao Estado caberá não desconsiderá-la, mas proporcionar todos os *mecanismos necessários para que ela se manifeste de forma clara, consciente e livre* de qualquer pressão ou coação sobre o trabalhador.

§ 6

DO CONFLITO APARENTE ENTRE O PRINCÍPIO DO *FAVOR LABORATORIS* E O AUTORREGRAMENTO DA VONTADE DAS PARTES

6.1. INTRODUÇÃO: DO ALEGADO CONFLITO PRINCIPIOLÓGICO *APARENTE* NO ART. 190 CPC (AUTORREGRAMENTO DA VONTADE DAS PARTES NO PROCESSO *VS* PRINCÍPIO DO *FAVOR LABORATORIS*)

Larga maioria da doutrina processual trabalhista considera que o princípio da proteção do direito material do trabalho se estende ao processo laboral: seja porque o legislador e jurisprudência se sensibilizaram com a tendencial vulnerabilidade do trabalhador e a consideraram como repercutida no processo do trabalho - o que justificou a sua cautela mediante certas normas especiais, a exemplo da inversão do ônus da prova em determinadas matérias (v.g. súmulas 212 e 338 do TST); seja porque impõe ao magistrado que zele no sentido de promover uma igualdade real entre os litigantes, com recurso a tratamentos diferenciados, a exemplo do impulso oficial de execução pelo magistrado em caso de inércia do trabalhador em *jus postulandi* (art. 878 da CLT)[1].

---

1. Delgado, Gabriela Neves; Dutra, Renata Queiroz. Aplicação das convenções processuais no novo CPC ao processo do trabalho na perspectiva dos direitos fundamentais. *In* Miessa, Élisson (coord.). *O novo Código de Processo Civil e seus reflexos no processo do trabalho*. Salvador: Editora Juspodivm, 2015, pág. 197. As autoras ainda acrescentam que "(...) a compreensão de que no âmbito processual se desfazem as desigualdades verificadas nas relações materiais e a proposta de, para render maior autonomia ao direito processual, autonomizar as partes e tornar menos publicístico o processo, sem assumir que isso interfere na regulação social dos conflitos de direito material em questão, parecem contra fáticas em relação à realidade observada na Justiça do Trabalho" (pág. 197). No mesmo sentido, Junqueira, Fernanda Antunes Marques; Maranhão,

Paralelamente, após a entrada em vigor do CPC em 2015, começou a surgir na doutrina um discurso sobre a autonomização de novo princípio de direito processual, resultante da valorização que foi dada pelo legislador à vontade das partes dentro do processo: o princípio da proteção do autorregramento da vontade das partes no processo. Entre outras coisas, o princípio tem sólidas bases no microssistema de negociação processual, arquitetado sob o auspício dos arts. 190 e 200 do CPC.

Não há quem falte sustentando que a admissão da negociação processual no processo do trabalho poderia chocar, desde logo, com uma questão fundamental no sistema laboral: a ausência de uma situação jurídica de liberdade que preceda à negociação pelo trabalhador, dada a posição de vulnerabilidade, dependência e hipossuficiência em que o elo de emprego o coloca, mesmo dentro do processo; posição essa justificadora de uma proteção temperada processual ao trabalhador pelo legislador trabalhista e que é incompatível com uma ideia de pleno autorregramento da vontade do empregado no processo. Num sistema processual que prima pela proteção do trabalhador, pressuposto necessário à salvaguarda do direito material creditório de natureza alimentar a que o processo trabalhista se instrumentaliza, não poderia haver espaço à concessão das margens de liberdade e de autonomia nos mesmos termos em que se outorgam aos litigantes no processo civil, tendencialmente equilibrados e em posições jurídicas niveladas. A diferente realidade que se desenrola sob a alçada da Justiça do Trabalho, tendencialmente desequilibrada em razão dos níveis de vulnerabilidade material e processual concentrados na figura do trabalhador, exigiriam deste um comportamento mais comedido, resguardado por um sistema processual tuitivo pré-ordenado, pré-orientado e pré-desenhado para introduzir discriminações positivas na relação jurídica processual por forma a equilibrar os pólos da demanda em termos mais isonómicos.

Todo o discurso doutrinário e jurisprudencial que se constrói em torno da vulnerabilidade do trabalhador, em geral, e do empregado, em particular, é consequência direta do dogma de que quer no Direito Material, quer no Processo do Trabalho, este sujeito é uma parte fragilizada da relação jurídica laboral e que carece de intensa proteção estatal. Nesta medida, uma

---

Ney. Negócio processual no processo do trabalho: apontamentos gerais", *in* Colnago, Lorena Rezende, Nahas, Thereza Christina (coord.). *Processo do Trabalho Atual, Aplicação dos enunciados dos Fórum nacional e da instrução normativa do TST*. São Paulo: RT, 2016, pág. 145.

compreensão da vulnerabilidade do trabalhador dentro e fora do processo não poderia ser analisada fora de um quadro principiológico construído precisamente a partir desse pressuposto fático, que corresponde ao estado e condição de quem é *vulnerável*.

Mas será que este pretenso caráter tuitivo do processo do trabalho mais não será do que uma tentativa doutrinária de transportar para dentro do processo laboral princípios oriundos do direito material sob o único e exclusivo argumento da *instrumentalidade* do primeiro ao segundo? Esta premissa de que tem partido a doutrina tem criado um mal-estar à aceitação de que também o trabalhador pode celebrar negócios processuais. Afinal: admitir que o processo trabalhista também se orienta sob princípios tuitivos, é reconhecer que este mesmo processo do trabalho lida com partes presumidas vulneráveis, nos mesmos termos em que o faz o direito material. Existe uma forte tendência, não apenas no Brasil, mas também numa série de países europeus, para erguer a disciplina do Direito do Trabalho sob um dogma absolutamente imperioso, omnipresente, omnipotente da proteção do trabalhador. Sem desvirtuar a importância estrutural que o princípio da proteção tem para o sistema laboral, entendemos que este tem vindo a colher leituras exageradas, de um "expansionismo" intolerável que tem vindo a autorizar argumentações e conclusões insustentáveis do ponto de vista jurídico, seja no âmbito do direito *individual*, seja no *coletivo*, assim como no *processual*. Por essa razão, decidimos dedicar parte deste capítulo a analisar qual é, verdadeiramente, a importância que deve ser reservada ao princípio, desmistificando-lhe parte da sua amplitude e apreciando a sua valência no processo trabalhista. Só então poderemos atestar se existe um verdadeiro conflito deste com o princípio do autorregramento da vontade das partes no processo ao ponto de tornar o processo trabalhista impermeável ao último.

6.2. TEORIA CLÁSSICA DO PRINCÍPIO DO *FAVOR LABORATORIS*

6.2.1. A teoria clássica do princípio do *favor laboratoris* no *direito do trabalho*

É frequente vermos afirmações sustentando que é, sobretudo, da irrenunciabilidade dos créditos salariais e do princípio da proteção que Direito do Trabalho constrói a sua autonomia[2]. Apesar de a doutrina apresentar

---

2. SILVA, Sayonara Grillo Coutinho Leonardo da; HORN, Carlos Henrique. O princípio da proteção e a regulação não-mercantil do mercado e das relações de trabalho.

uma série de outros princípios próprios do direito do trabalho[3] é, porém, o princípio da proteção que tem sido erigido a pilar da *autonomia dogmática*

Revista de Direito do Trabalho, São Paulo, Vol. 34, N.º 132, out-dez/2008, pág. 193; Dray, Guilherme. Direitos fundamentais e retrocesso social: o sentido do direito do trabalho, a experiência portuguesa e o caso brasileiro. *Revista do TST*, São Paulo, Vol. 83, N.º 3, jul-set/2017, pág. 86. Note-se, porém, que no Direito do Trabalho português, o "princípio" tem sido fortemente questionado pelo legislador de 2003 e de 2009, que deixaram de condicionar o conflito de normas à aplicação de norma mais favorável. Atualmente, o CT revisto prevê, no art. 3º, n.º 3 a prevalência do tratamento mais favorável circunscrito a um conjunto reduzido de matérias. *Vide.* Fernandes, António Monteiro. *Direito do Trabalho.* 18ª ed. Coimbra: Coimbra, 2017, pág. 117; Amado, João Leal. *Contrato de Trabalho.* 4ªed. Coimbra: Coimbra Editora, 2014, pág. 63.

3. É comum o recurso à referência de Plá Rodriguez em matéria de princípios do direito do trabalho. Desde a sua obra de 1978 que a doutrina lhe faz referência, trabalhando e adotando a sua classificação principiológica. Segundo o autor, podemos enumerar seis princípios específicos no Direito do Trabalho: o da proteção, o da primazia da realidade, irrenunciabilidade, continuidade da relação de emprego, boa-fé e razoabilidade (Plá Rodriguez, Américo. *Princípios do direito do trabalho.* São Paulo: LTr, 2015, págs. 83-433.). Já Barros considera que, daqueles 6, apenas os quatro primeiros são princípios específicos do direito do trabalho (Barros, Alice Monteiro. *Curso de Direito do Trabalho.* 11ª ed. São Paulo: LTr, 2017, págs. 122-123). Pedreira, noutro exemplo, já considera nove princípios deste ramo do trabalho: proteção, *in dúbio pro operário,* condição mais benéfica, norma mais favorável, irrenunciabilidade, continuidade, igualdade, razoabilidade e primazia da realidade (Pedreira, Luiz de Pinho Pedreira da. *Principiologia de direito do trabalho.* São Paulo: LTr, 1999). Adotando a mesma terminologia que Plá Rodrigues, Martinez, Luciano. *Curso de Direito do Trabalho.* 8ª ed. São Paulo: Saraiva, 2017, pág. 118. O próprio Plá Rodrigues constata, no seu estudo, que "entre 14 autores que abordavam alguma enumeração de princípios, havia podido contar 25 princípios diferentes. O mais curioso é que nenhum autor aceita mais de seis ou sete, havendo alguns só admitem dois ou três. Isto revela que, às vezes, se englobam vários em um só. Outras vezes se desdobra um em vários princípios diferentes. Alguns negam o que os outros enumeram. Outros se defrontam com concepções absolutamente diversas (Plá Rodriguez, Américo. *Princípios do direito do trabalho.* São Paulo: LTr, 2015, pág. 25). Pinto propõe não "princípios especiais do processo do trabalho", mas "peculiaridades" e "técnicas de procedimento" específicos deste, pertencendo ao primeiro (i) conciliabilidade (ii) representação paritária das partes, (iii) inaceitação da inépcia, (iv) julgamento sem petição (v) pluralização dos dissídios individuais, (vi) instauração de ofício da instância, (vii) triplo grau de jurisdição, (viii) instância única, (ix) poder normativo, (x) jus postulandi; e dos segundos (i) oralidade, (ii) concentração de atos, (iii) instrumentalidade do processo, (iv) inquisitoriedade, (v) inidentidade física do juiz com a causa (cf. Pinto, José Augusto Rodrigues. *Processo trabalhista de conhecimento.* São Paulo: LTr, 2005, pág. 61).

deste ramo de direito[4-5], não obstante a ausência de consagração expressa em lei ou diploma constitucional[6].

O fundamento da existência do princípio da proteção tem sido encontrado no primado constitucional da *igualdade material*, expediente utilizado como forma de fazer face ao estado de *subordinação jurídica*, à *dependência econômico-financeira* sobre o salário auferido[7], ao *envolvimento pessoal* do trabalhador na prestação laboral, ao *desconhecimento dos seus direitos*[8] ou ainda a *aspetos estruturais de mercado*[9].

---

4. Araújo, Eneida Melo Correia de. *As relações de trabalho. Uma perspectiva democrática.* São Paulo: LTr, 2003, pág. 182. Ao nível do direito comparado português, e no que respeita apenas à autonomia dogmática do princípio (e não do ramo jurídico) Canotilho; J.J. Gomes; Moreira, Vital. *Constituição Portuguesa Anotada.* 4ª ed. Coimbra: Coimbra, 2007, vol. I, págs. 728 ss; Miranda, Jorge; Medeiros, Rui. *Constituição Portuguesa Anotada.* 2ª ed. Coimbra: Coimbra, 2010, vol. I, págs. 1081 ss; Cordeiro, António Menezes. *Manual de Direito do Trabalho.* Coimbra: Coimbra, 1991, pág. 145. Xavier, Bernardo da Gama Lobo. *Curso de Direito do Trabalho.* 3ª ed.. Lisboa: Verbo, 2004, Vol. I, págs. 145 ss.; Martinez, Pedro Romano. *Direito do Trabalho.* 7ª ed. Coimbra: Almedina, 2015, págs.; Ramalho, Maria do Rosário Palma. *Tratado de Direito do Trabalho.* 2ª ed. Coimbra: Almedina, 2015, vol. III – Situações Laborais Coletivas, págs. 42 ss.
5. Não deixa de ser interessante verificar que o princípio da proteção nem sempre assumiu autonomia na doutrina juslaboralista, visto que importantes cursos da disciplina apenas esparsamente lhe faziam referência, tais como Cesarino Júnior, Antônio Ferreira. *Direito Social.* São Paulo: LTr, 1980; Süssekind, Arnaldo; Maranhão, Délio, Vianna, José de Segadas, Teixeira Filho, João de Lima. *Instituições de direito do trabalho.* Rio de Janeiro: Freitas Bastos, 1981; Moraes Filho, Evaristo de. *Introdução ao direito do trabalho.* São Paulo: LTr, 1991; Gomes, Orlando, Gottschalk, Elson. *Curso de direito do trabalho.* 19ª ed. Rio de Janeiro: Forense, 2012.
6. Nesta sede, Plá Rodriguez, entende que "(...) a experiência histórica universal ensina que a concreção na lei lhe tira fecundidade. Tem-se verificado que nos países onde não ocorreu uma configuração jurídico-positiva dos princípios do Direito do Trabalho, estes abriram caminho com maior pujança e decisão do que nos demais. A consagração através da lei cristaliza e, por isso mesmo, congela a função que esses princípios podem ter" (Plá Rodriguez, Américo. *Princípios do direito do trabalho.* São Paulo: LTr, 2015, pág. 56).
7. Tentando livrar o escopo do princípio das amarras que a doutrina lhe tem colocado ao discurso da hipossuficiência para estendê-lo a ideia mais ampla, ligada à educação, cultura e justiça social, Renault, Luiz Otávio Linhares; Pagani, Marcella. Para uma proteção além do trabalho. *Revista LTr,* São Paulo, Vol. 76, n.º 2, fev/2012, págs. 170-173.
8. Pedreira, Luiz de Pinho Pedreira da. *Principiologia de direito do trabalho.* São Paulo: LTr, 1999, págs. 25-26.
9. Silva, Sayonara Grillo Coutinho Leonardo da; Horn, Carlos Henrique. O princípio da proteção e a regulação não-mercantil do mercado e das relações de trabalho. *Revista*

A melhor técnica para levar a cabo este postulado sistemático do direito do trabalho foi encontrada na *imposição de normas imperativas e inderrogáveis*, de conteúdo mínimo, que impedem o trabalhador de a elas renunciar sob pressão/coação do empregador. A intervenção estatal surge como forma de coibir práticas exploratórias que podem facilmente resultar de relações jurídicas desniveladas. *Em todo o caso*, não podemos ignorar o fato de que mesmo alguns destes direitos, que supostamente representavam garantias individuais trabalhistas, foram objeto de emendas constitucionais *in pejus*[10]. Além de que o próprio legislador constituinte admitiu a possibilidade de dois dos mais importantes baluartes da luta da classe operária (jornada e salário), pudessem ser objeto de previsão *in pejus* mediante negociação coletiva. Esta última situação demonstra claramente uma opção por um modelo que alguns intitulam de *liberalismo coletivo parcial*[11] e que permite a instrumentos de regulamentação coletiva derrogarem normas de ordem pública social trabalhista.

Para além desta forma impositiva de restrição sobre a liberdade contratual e autonomia privada, fala-se ainda num outro instrumento, tão específico ao direito do trabalho: a *negociação coletiva*. A negociação coletiva, como técnica e instrumento ao serviço dos trabalhadores levada a cabo no palco de cedências mútuas entre órgãos sindicais, representaria a forma de obter melhor regulamentação setorial além do padrão universal básico genericamente previsto por lei. Sem prejuízo da função tutelar deste ramo ser prosseguida mediante a imposição de um certo número de normas imperativas mínimas, ou de ordem pública social, admitia-se que estas pudessem ser arredadas, e a prevalência hierárquica da lei cedida, quando articulada

---

de Direito do Trabalho, São Paulo, Vol. 34, N.º 132, out-dez/2008, pág. 193; Pedreira, Luiz de Pinho Pedreira da. *Principiologia de direito do trabalho.* São Paulo: LTr, 1999, pág. 22 ("o motivo dessa proteção é a inferioridade do contratante amparado em face do outro, cuja superioridade lhe permite, ou a um organismo que o represente, impor unilateralmente as cláusulas do contrato, que o primeiro não tem a possibilidade de discutir, cabendo-lhe aceitá-las ou recusá-las em bloco").

10. Assim, por exemplo, o *salário-família*, alterado com a Emenda Constitucional n.º 20 de 1998; o *prazo prescricional* dos trabalhadores rurais, incluído com a Emenda Constitucional n.º 28 de 2000; a idade máxima estabelecida para a criança poder beneficiar de assistência gratuita nas escolas, editada com a Emenda Constitucional n.º 53 de 2006; a limitação do salário-maternidade para trabalhadores com altos vencimentos, levado a cabo pela Emenda Constitucional n.º 20 de 1998.

11. Martinez, Luciano. *Curso de Direito do Trabalho.* 8ª ed. São Paulo: Saraiva, 2017, pág. 122.

com o princípio da proteção, diante uma alteração negocial *in mellius* obtida mediante convenção coletiva.

Era nessa medida que o princípio do *favor laboratoris* se apresentava até à Reforma Trabalhista[12].

6.2.2. Os subprincípios do princípio da proteção do trabalhador

A doutrina costuma ainda subdividir este princípio clássico em três "subprincípios", todos eles considerados fundamentais ao direito laboral, nomeadamente: (i) *princípio da aplicação da fonte jurídica mais favorável* (ou da norma mais favorável)[13]; (ii) *princípio da manutenção da condição mais benéfica* (ou inalterabilidade contratual *in pejus*)[14] e (iii) *princípio da avaliação do in dubio pro operario*[15].

---

12. Por último, como terceira técnica tuitiva conferida pelo ordenamento ao trabalhador, aponta-se a greve e o direito de resistência, já que o Estado cede o seu monopólio de resolução de conflitos a privados por meio de autotutela, numa clara situação de excecionalidade. Por todos, Pedreira, Luiz de Pinho Pedreira da. *Principiologia de direito do trabalho.* São Paulo: LTr, 1999, pág. 30.
13. Nos termos deste subprincípio, em caso de coexistência de fontes jurídicas distintas num mesmo período de vigência, ter-se-á como prevalecente aquela que se considerar mais favorável para o trabalhador. A doutrina sustenta que, com a promulgação da Carta Magna de 1988, houve a chamada "constitucionalização do princípio da fonte mais favorável" (no bojo das garantias do art. 7º, da C.F.). Materializações deste princípio podem ser encontradas no art. 444 da CLT (As relações contratuais de trabalho podem ser objeto de livre estipulação das partes interessadas em tudo quanto não contravenha às disposições de proteção ao trabalho, aos contratos coletivos que lhes sejam aplicáveis e às decisões das autoridades competentes). Antes da Reforma, constituía ainda manifestação do subprincípio o art. 620 da CLT, que dispunha "as condições estabelecidas em convenção quando mais favoráveis, prevalecerão sobre as estipuladas em acordo"; após a Reforma Trabalhista, porém, o preceito foi alterado e passou a dispor no sentido de que as disposições do acordo sempre prevalecerão sobre as da convenção coletiva. Para compreensão e apuramento de qual seria a fonte mais favorável, a doutrina juslaboral tem apresentado uma série de teorias, optando unanimemente pela teoria do *conglobamento* (verificação das fontes no seu conjunto) *por institutos/orgânico* (o conjunto a que se refere a teoria é efetuado por institutos jurídicos que possam ser apreciados de forma separada: jornada, salário, estabilidade etc.).
14. Nos termos deste subprincípio, se existirem fontes autônomas, com vigência sucessiva, que possam ser aplicáveis a uma *relação jurídica individual de emprego* (e não coletiva) dever-se-á manter a condição pretérita, desde que mais benéfica ao operário, nos termos do comando normativo extraído do art. 468 da CLT e da norma do inciso I, da Súmula 51, do TST ("As cláusulas regulamentares que revoguem ou alterem vantagens deferidas anteriormente, só atingirão os trabalhadores admitidos após a revogação ou

alteração do regulamento"). Este subprincípio visa regular, portanto, um problema de direito intertemporal. Segundo Avilés, são três as limitações deste princípio: (i) tem de estar relacionado a condições de trabalho em sentido amplo, (ii) que a relação de trabalho em causa tenha nascido ao abrigo da regulamentação da antiga norma, (iii) a defesa do *status* daqueles direitos já fornecidos ao trabalhador (Avilés, Antonio Ojeda. El principio de condicion más benéfica. *Revista de Política Social.* Madrid: Centro de Estudos Constitucionales, n.º 134, 1982, pág. 35 *apud* Bueno, Gustavo Melo. A limitabilidade do princípio da condição mais benéfica frente a jurisdição trabalhista. *Revista Justiça do Trabalho*, Grande do Sul, Vol. 26, n.º 311, 2009, pág. 94). O seu fundamento jurídico é o *direito adquirido* na esfera jurídica do trabalhador e que não poderá ser suprimido (Pedreira, Luiz de Pinho. Revisitação ao princípio da condição mais benéfica. *Revista de Direito do Trabalho*, São Paulo, Vol. 83, set/1993, pág. 59). Também este subprincípio tem vindo a ser alvo de algumas restrições e limites, sobretudo pela jurisprudência que incluiu novo inciso à Súmula 51 e editou a Súmula 277 em 2010. Exige-se, por exemplo, que esteja em causa uma condição imposta de forma unilateral pelo empregador e que não tenha origem negocial (*v.* Silva, Pedreira, Luiz de Pinho Pedreira da. *Principiologia de direito do trabalho.* São Paulo: LTr, 1999, pág. 101). Também, Martins, Sérgio Pinto. *Direito do Trabalho.* 33ª ed. São Paulo: Saraiva, 2017, pág. 137.

15. Nos termos deste subprincípio, caso esteja em causa a aplicação de uma só disposição, sujeita a múltiplas interpretações, prima-se por aplicar aquela que se revelar mais favorável ao empregado, em razão da sua vulnerabilidade ante o empregador. Estamos, portanto, diante de uma regra de hermenêutica que se apresenta como uma solução ao intérprete-aplicador em caso de dúvida. Esta ideia tem respaldo, também, no âmbito do direito civil, em sede de contratos de adesão (art. 423 CC). Apesar de tudo, é uma manifestação do princípio da proteção que não tem respaldo em nenhum dispositivo do ordenamento jurídico laboral. Tanto assim é que a doutrina tenta encontrar o seu fundamento de validade mediante interpretação hermenêutica. Assim, por exemplo, "o mandamento é a aplicação da tese de que a interpretação deve atender à sua justiça social, pois se o propósito de nosso estatuto é o trabalhador, a solução contrária constituiria um benefício ao capital, o que não está e nem pode estar nas finalidades do direito do trabalho; seria, por existir uma dúvida que equivale a uma igualdade de possibilidades ou de circunstâncias, outorgar uma preferência injustificável ao capital" (Pedreira, Luiz de Pinho Pedreira da. *Principiologia de direito do trabalho.* São Paulo: LTr, 1999, págs. 46-47). Apesar de não estar consagrado expressamente em dispositivo legal, esse não é o maior problema que este subprincípio enfrenta. Weber, a este propósito, muito bem recupera exemplo estadunidense sobre a "Era Lochner" e como a jurisprudência da Suprema Corte conseguiu interferir na liberdade contratual impondo a afirmação de direitos sociais em matéria de jornada e salário mediante mera construção hermenêutica (Weber, Rosa. 25 anos da Constituição da República de 1988: a constitucionalização do direito do trabalho e a democratização do direito. *Constituição de 1988 na visão dos ministros do Supremo Tribunal Federal*: STF, 2013, pág. 200). São dois os requisitos apontados para se poder fazer uso efetivo deste princípio. Em primeiro lugar, a existência de dúvida real. Só quando o intérprete perceber que, realmente, mais do que um caminho é possível, então é que se poderá valer desta

No que respeita ao (sub)princípio da fonte mais favorável, apesar de não estar *expressamente* consagrado, a doutrina e jurisprudência maioritárias têm-no retirado do art. 7° *caput* da CF, quando (i) constitucionaliza um conjunto de direitos sociais que considera mínimos e insusceptíveis de serem desconsiderados pelo poder legislativo infraconstitucional ou negocial (seja coletivo, seja individual) e (ii) estabelece uma abertura sistemática à criação de outros direitos que melhorem a condição social do trabalhador (*caput* do art. 7° CF)[16]. Em todo o caso, não é unânime o consenso quanto à natureza constitucional da fonte mais favorável, entre várias outras razões, porque a própria Constituição admite de forma expressa (art. 7°, inc. VI, XIII e XIV da CF) e tácita (todos os restantes incisos com exceção do VII, XVI, XVII e XXI, por interpretação *a contrario*) cláusulas em convenções coletivas onde se prevejam condições de trabalho mais prejudiciais do que as existentes anteriormente[17].

---

orientação hermenêutica. Como adverte Plá Rodriguez, "não se trata de corrigir a norma, nem sequer de integrá-la: somente cabe utilizar esta regra quando existe uma norma e unicamente para determinar-lhe o verdadeiro sentido, entre os vários possíveis" (Plá Rodriguez, Américo. *Princípios do direito do trabalho.* São Paulo: LTr, 2015, pág. 111). O segundo pressuposto prende-se com o respeito à vontade do legislador, à *ratio legis*; neste sentido, o intérprete numa situação de dúvida razoável entre diferentes interpretações, irá optar por aquela que melhor atender ao quadro de racionalidade elegido pelo sistema jurídico. Uma outra nota cabe referenciar para apontar que, apesar de ser um (sub)princípio pensado para auxiliar na interpretação de negócios jurídicos individuais, tem-se feito uso deste igualmente para dúvidas sobre textos legais. Também ao nível da interpretação de normas dispostas em instrumentos de regulamentação coletiva de trabalho a sua aplicação tem gerado polémica, já que neste palco vale o princípio da equivalência das partes. Para o efeito, diz-se que não obstante no momento da elaboração da norma o princípio não colher aplicação, aquando a sua aplicação a um caso concreto de um trabalhador hipossuficiente, haverá possibilidade de lhe estender essa interpretação mais favorável de norma coletiva.

16. Assim, considerando o princípio da *norma mais favorável* como um princípio *constitucional* do processo do trabalho, Delgado, Maurício Godinho. Princípios constitucionais do trabalho. *Revista de Direito do Trabalho*, São Paulo, Vol. 31, N.° 117, jan-mar/2005, pág. 168-170.

17. "Quando os decretos não podem ultrapassar as leis, nem as leis as normas constitucionais, e o convencionado coletivamente pode reduzir vantagens legais, transparece o princípio da norma mais favorável suas deficiências na adequação do espaço deixado à norma hierarquicamente inferior para sobrepujar a norma superior. Nem sempre é fixado um limite mínimo superável. A identificação do quanto a lei pode ir além da Constituição Federal, o pacto coletivo além da lei, e o contrato individual além dos instrumentos coletivos não encontra nesse princípio balizas confiáveis" (Morais, Filipe Moralles. O que protege o princípio da proteção? Cinco teses sobre a finalida-

Tem-se dito que este princípio autoriza uma *inversão peculiar na hierarquia de normas* kelsiana[18], colocando no topo desta qualquer norma que seja mais favorável ao trabalhador, ainda que isso implique o afastamento de norma constitucional por contrato individual de trabalho. O que está aqui em causa, porém, não é uma inversão da hierarquia de normas, pois a norma constitucional sempre será hierarquicamente superior às demais; mas apenas a prevalência de uma norma em detrimento de outra, i.e., da desconsideração do efeito/consequência que advém da específica posição hierárquica que determinada norma assume na "pirâmide" kelsiana[19]. Por outro lado, levado até às últimas consequências, este subprincípio poderia comportar uma violação aos limites de competência e da legalidade, o que é algo que a doutrina laboral incongruentemente se tem debatido para impedir[20]. Afinal, aceitar-se-ia muito dificilmente que outros entes federados pudessem invadir a competência privativa da União para legislar sobre

---

de do direito do trabalho. *Revista do Tribunal Regional do Trabalho da 12ª Região*, Florianópolis, Vol. 19, N.º 28, 2016, pág. 245).

18. Neste sentido, Almeida, Larissa Costa de. O princípio protetor como limite à flexibilização mediante negociação coletiva trabalhista. *Revista da ESMAT 13*, Paraíba, Ano 3, N.º 3, 2010, pág. 82; Plá Rodriguez, Américo. *Princípios do direito do trabalho*. São Paulo: LTr, 2015, pág. 115; Cunha, Mariana Moreno de Gusmão. O princípio protetor na sociedade contemporânea. *Revista da ESMAT 13 / Escola Superior da Magistratura Trabalhista da Paraíba*, Paraíba, Vol. 6, N.º 6, 2013, pág. 201.

19. Acompanhamos aqui o pensamento de Pedreira, Luiz de Pinho Pedreira da. *Principiologia de direito do trabalho*. São Paulo: LTr, 1999, pág. 70 e Oliveira, Murilo Carvalho Sampaio. A crise do princípio da proteção no direito do trabalho. *Revista do TRT da 9ª Região*, Curitiba, Ano 34, N.º 62, 2009, pág. 348.

20. Como bem aponta Moraes, apoiado em Nascimento "No discurso da doutrina tradicional, então, estar-se-ia conferindo a um decreto executivo mais favorável o poder de sobrepujar a lei, em violação aos limites de competência regulamentar (art. 84, IV, CF). Essa é uma consequência que os adeptos da hierarquia maleável das fontes jurídicas nem sempre estão dispostos a aceitar, afinal, como diz Nascimento, 'as relações entre lei e regulamentações administrativas resolvem-se segundo o princípio da legalidade, de acordo com o qual não pode o regulamento extrapolar os limites estabelecidos pela lei" (Morais, Filipe Moralles. O que protege o princípio da proteção? Cinco teses sobre a finalidade do direito do trabalho. *Revista do Tribunal Regional do Trabalho da 12ª Região*, Florianópolis, Vol. 19, N.º 28, 2016, pág. 241). Mais, destaca o Autor decisão do TST ressalvando precisamente a ideia de legalidade, ao conferir natureza indenizatória aos vales-transporte estabelecidos por lei, ainda que adimplidos na forma pecuniária, contrariamente ao que dispunha norma regulamentar que a convertia em salário (acórdão do TST 3ª Turma, Processo de Recurso de Revista n.º 76000.43.2009.5.02.0261, Relator Ministro Mauricio Godinho Delgado, publicado no DJU a 21.09.2012).

Direito do Trabalho (art. 22, inc. I da CF), ainda que o fizessem de forma mais favorável que a CLT[21].

Tal como o anterior, também o (sub)princípio do *in dúbio pro operario*, não colhe qualquer tipo de concretização legal expressa. Sem prejuízo do que já dissemos a respeito deste (*v.* nota 649), aproveitar aqui para introduzir um ponto em particular: o sentido excessivamente amplo que se quer dar a esta pretensa regra de interpretação, do qual é exemplo a leitura dada por Coutinho, que o eleva a diretiva geral de todo o processo hermenêutico do sistema jurídico laboral[22]. Todavia, as normas de Direito do Trabalho interpretar-se-ão nos mesmos critérios interpretativos da generalidade das normas jurídicas, recorrendo-se o intérprete aos limites literais, teleológicos, históricos e sistemáticos e presumindo que o legislador consagrou a solução mais acertada e se soube exprimir corretamente. Assim, dificilmente o subprincípio do *in dubio pro operario* pode elevar-se a princípio geral de interpretação. A sua valência restringir-se-á, praticamente, à resolução de conflitos de normas.[23].

---

21. Naturalmente que a doutrina tenta sempre reservar estas incongruências que resultariam da efetiva aplicação do princípio da norma mais favorável; todavia, fazem-no sem aparente critério congruente. Assim, por exemplo, pincelando em excepções sem traçar critério adequado que os fundamente, Cassar, "mesmo que a norma seja mais favorável ao empregado, se violar dispositivo expresso na lei ou for inconstitucional, não poderá ser aplicada. É o que ocorre quando uma norma coletiva concede aumento coletivo que contrarie lei de política salarial (...) ou no caso do empregador que paga salário acima do teto para empregado público da administração direta, autárquica e fundacional, salvo flexibilização normativa; Lei estadual que conceda benefício trabalhista é inconstitucional porque é da competência privativa da União legislar sobre Direito do Trabalho (art. 22, I, da CF); Decretos regulamentador autônomo, mesmo que crie vantagens para os empregados é inconstitucional, logo, não aplicável; (...) Prevalência de acordo coletivo sobre a convenção coletiva, mesmo que contenha direitos menos favoráveis ao trabalhador (...)"; cf. Cassar, Vólia Bomfim. *Direito do Trabalho de acordo com a Reforma Trabalhista*. 16ª ed. São Paulo: Gen, 2018, pág. 183.
22. Nas suas palavras: "A proteção não é e nem pode ser uma condicionante do resultado da interpretação, onde se quer chegar, mas o ponto de partida. É a pré-compreensão. O motivo conceitual a partir do qual a cadeia de sentidos se instala. O sentido não é extirpado, retirado, descoberto, revelado, mas projetado pelo intérprete; ao projetar-se, atribuindo o sentido, a proteção deve estar presente como um a priori de sentido. É o princípio reitor do sistema, que não vale tão só na dúvida, mas SEMPRE" (Coutinho, Aldacy Rachid. Propostas para uma Ressignificação do Princípio da Proteção. *In* Ferrareze Filho, Paulo, Matzenbacher, Alexandre (coord.). *Proteção do Trabalhador: perspectivas pós-constitucionais*. Rio de Janeiro: Lumen Juris, 2016, pág. 37).
23. Lambelho, Ana; Gonçalves, Luísa Andias. *Manual de Direito do Trabalho. Da teoria à prática*. Coimbra: Coimbra Editora, 2014, págs. 47-48. Da mesma forma, como

6.2.3. As insuficiências dogmáticas do princípio da proteção no direito laboral

Sob o pretexto de aliviar as onerações jurídicas que uma legislação excessivamente indisponível e impositiva poderia repercutir no empregador, por volta das décadas de 90/00 iniciou-se um fenômeno doutrinário que apelava à *flexibilização normativa* do direito do trabalho[24], alegando a *crise do princípio da proteção*. O princípio da proteção sofria algumas críticas, (i) seja porque onerava excessivamente a relação empregatícia do ponto de vista do empregador e, por conseguinte, em vez de proporcionar uma ampla tutela ao empregado, acabava por empurrá-lo para situações de precaridade, trabalho informal, a tempo parcial, terceirização etc.[25]; (ii) seja porque este

---

bem anota o acórdão do TRL, de 23.10.2013, Processo n.º 1644/13.6.TTLSB.L1-4, "Este princípio considera que, em determinadas circunstâncias, vale a solução mais favorável ao trabalhador. Emanações desse princípio constam atualmente nos art. 4º e 476 do CT/2012 (...). Trata-se de normas que pretende resolver conflitos de normas, aplicando-se aquela que estabeleça um regime mais favorável ao trabalhador, não se podendo no entanto generalizar esta solução como um princípio geral de interpretação".

24. Na noção de CATHARINO, José Martins. *Neoliberalismo e sequela*. São Paulo: LTr, 1997, pág. 49, uma resposta de adaptação das normas de direito do trabalho, para atender às mudanças do mercado econômico e que se refletiu nas relações entre trabalho e capital. Este fenômeno, não se confunde com a desregulamentação. Como ensina SÜSSEKIND (SÜSSEKIND, Arnaldo; MARANHÃO, Délio, VIANNA, José de Segadas, TEIXEIRA FILHO, João de Lima. *Instituições de Direito do Trabalho*. 22ª Ed. São Paulo: LTr, 2005, vol. I, 2005, pág. 52) "A desregulamentação retira a proteção do Estado ao trabalhador, permitindo que a autonomia privada, individual ou coletiva, regule as condições de trabalho e os direitos e obrigações advindos da relação de emprego. Já a flexibilização pressupõe a intervenção estatal, ainda que básica, com normas gerais abaixo das quais não se pode conceber a vida do trabalhador com dignidade". Assim, onde ali há uma completa ausência do Estado e uma ampla liberdade negocial privada; aqui há uma intervenção mínima deste para assegurar um reduto de direitos laborais e sociais. Apesar de ROMITA ter sido já considerado por alguns como defensor de uma teoria da *desregulamentação laboral* (SOUZA, Leonardo Barros. Constituição, flexibilização e outras questões pertinentes ao debate. *Revista de direito de trabalho*, São Paulo, Vol. 29, N.º 112, out-dez/2003, pág. 124), não nos parece que a teoria democrática que este sustenta tenha esse alcance. Para um breve histórico sobre flexibilização no Brasil, cf. BOMFIM, Benedito Calheiros. A legislação trabalhista e a flexibilização. *Revista de direito do trabalho*, São Paulo, Vol. 28, N.º 108, out-dez/2002, págs. 31 ss.

25. "O princípio da flexibilização deriva do reconhecimento de que a forma heterônoma de proteção se mostrou insuficiente e muitas vezes inadequada. A rigidez da legislação laboral conspira muitas vezes contra os que pretende proteger. (...) Percebe-se claramente que os princípios básicos do Direito Laboral, *maxime* o da proteção, encontram-se em construção primeira, inadequados a uma nova realidade de um Direito já formado,

princípio protetor tem-se mostrado significativamente raso em capacidade de intervir e regular as negociações coletivas, impermeáveis à sua natureza tuitiva, circunscritas que estão ao livre jogo da barganha sindical que tem lugar nos limites constitucionais, assim como para lidar com os avanços tecnológicos, de automação e desemprego estrutural. Mais se dizia neste jogo de dissenso, que a compreensão de um princípio da proteção tão *amplo e tentaculoso* apenas contribuiria para perpetuar uma situação de submissão e dependência operária, em vez de a resguardar e impulsionar[26]. Por outras palavras, que o princípio mais não representava do que uma atitude comiseradora e compadecida com as dificuldades da classe operária, impondo uma técnica da cogência normativa como a única capaz de verdadeiramente salvaguardar liberdade real nas negociações privadas etc.

Para esse sentimento de crítica, contribuam argumentos jurídicos sistemáticos como a previsão constitucional de participação do trabalhador dos lucros da empresa em detrimento da sua integração como parcela remuneratória (art. 7º, inc. XI da CF por contraste às Constituições anteriores de 1946 e 1967); a não inclusão como salário da habitação cedida pelo empregador aos seus trabalhadores rurais (após a edição do art. 9º da Lei n.º 5.889 de 1973 pela Lei n.º 9.300 de 1996); e o mesmo em relação a certas prestações atribuídas pelo empregador (*v.g.* auxílio educação, assistência médica, seguro vida etc., cf. art. 468 §2º da CLT, editado pela Lei n.º 10.243 de 2001); a própria previsão constitucional que autoriza redução salarial e a majoração

---

autônomo e com um vasto aparato de normas protetivas" (cf. Souza, Otávio Augusto Reis de. *Nova teoria geral do direito do trabalho.* São Paulo: LTr, 2002, pág. 63).

26. Romita, Arion Sayão. *Princípio da proteção em xeque e outros ensaios.* São Paulo: LTr, 2003, *passim*; Cunha, Mariana Moreno de Gusmão. O princípio protetor na sociedade contemporânea. *Revista da ESMAT 13 / Escola Superior da Magistratura Trabalhista da Paraíba*, Paraíba, Vol. 6, N.º 6, 2013, págs. 207-208, onde se pode ler da autora: "A proteção dada ao trabalhador redunda em desproteção (...) pois a proteção conferida pelo nosso ordenamento jurídico apenas é efetivada quando se está diante de uma ação judicial (...). Dessa maneira, a legislação brasileira atua de forma obsoleta, perpetuando a condição submissa na qual o empregado está inserido". No mesmo sentido, mas num discurso mais atual, Coutinho, ao considerar que o princípio da proteção é um verdadeiro *mito*, pois está a "(...)enunciar que protege o trabalho e o trabalhador para mascarar a exploração, ocultar o poder do capital. Se não fosse a proteção enunciada, teríamos que assumir uma igualdade jurídica que trasladaria uma desigualdade real; se assumíssemos que o poder é do capital teríamos que reduzir o trabalho a uma negação – negar direitos" (cit. Coutinho, Aldacy Rachid. Propostas para uma Ressignificação do Princípio da Proteção. *In* Ferrareze Filho, Paulo, Matzenbacher, Alexandre (coord.). *Proteção do Trabalhador: perspectivas pós-constitucionais.* Rio de Janeiro: Lumen Juris, 2016, pág. 56).

da jornada *in pejus* para o trabalhador se estipulada em convenção coletiva (inc. VI e XIV do art. 7º da CF)[27] etc.

Por outro lado, assistia-se também à admissão, por dispositivos infraconstitucionais, de diferentes tipos de contratos, como os contratos a prazo, aposentadorias antecipadas, contratos de substituição, emprego partilhado, teletrabalho etc.[28] Na doutrina, a recusa progressiva e hoje maioritária da aplicação do princípio do *in dubio pro operario* à matéria probatória, simboliza outra manifestação nesse sentido. A tendência negativa dada pelo TST à ultra-atividade das normas coletivas – que determinou, hoje em dia, a suspensão da Súmula n.º 277 –, ou a relatividade com que encara certos direitos[29], também são outras demonstrações desse arrefecimento da influência do princípio.

Nesta "nova" leitura do princípio do *favor laboratoris*, questionava-se inclusivamente o objeto da sua incidência, que devia ser transportado da tradicional direção do trabalhador, para ser redirecionado à igualdade material *per se*, despersonalizada, i.e., desvinculada do sujeito trabalhador e compreendida como noção mais ampla e imparcial[30].

---

27. Há quem tente restringir o impacto destes dois preceitos constitucionais com o inciso IV do mesmo art. 1.º da CF, apelando à *teoria da ponderação de interesses*. Assim, Lychowski, Rodrigo. Princípio da proteção revisitado. *Arquivos do Instituto Brasileiro de Direito Social Cesarino Júnior*, Vol. 33, 2009, pág. 80. Do aparente conflito que resulta desses três preceitos (um que visa à melhoria da condição social, por um lado; outros dois que permitem redução de salário e aumento de jornada, por outro), a teoria da ponderação de interesses ditaria que deverá prevalecer o interesse tutelado mais relevante. Como para o autor o valor social do trabalho é princípio informador de todo o direito do trabalho, o interesse por este tutelado seria mais relevante que o dos inc. VI e XIV do art. 7º da CF.

28. Martins, Maria José Marques Benigno. Princípio protetor e flexibilização de direitos. *Revista do TRT da 22ª Região*, Teresinha, Vol. 6, N.º 1, jan-dez/2009, pág. 195. Como bem anota a autora, podíamos assistir a três setores no mercado de trabalho: um superprotegido, um secundário onde, embora legalizado, era significativamente precário, e um setor terciário envolvendo trabalho informal e desprotegido, no qual se incluem "(...) trabalhadores autônomos, vendedores ambulantes, guardadores de automóveis, camelos, cambistas, biscateiros, fazedores de bicos etc."

29. Pensamos, por exemplo, na OJ n.º 244 da SDI-I, quando determina "Redução da carga horária. Possibilidade (inserida em 20.06.2001) A redução da carga horária do professor, em virtude da diminuição do número de alunos, não constitui alteração contratual, uma vez que não implica redução do valor da hora-aula".

30. Nas palavras de Romita, "não constitui função do direito – de qualquer dos ramos do direito – proteger algum dos sujeitos de dada relação social. Função do direito é regular a relação em busca da realização do ideal de justiça. Se para dar atuação

Foi neste contexto de "*crise*" e de "ataque" ao princípio da proteção, que se propiciou o surgimento de discursos apelando a uma "*releitura*", "ressignificação"[31] e "*renovação*" do princípio do *favor laboratoris*, procurando redimensionar o seu papel diante da complexa e remexida realidade laboral que se ia construindo, da diversidade de choques entre direitos e liberdades que iam invadindo o panorama jurídico tradicional, da expansão com que cresciam as demandas na Justiça do Trabalho, o surgimento de novos e diversificados tipos de conflituosidade etc. O instrumento que permitiria essa reconfiguração do princípio laboral basear-se-ia numa (pretensa) *moderna hermenêutica constitucional*, que enquadrasse o *favor laboratoris* na *teoria dos princípios* e promovesse a sua optimização e maximização como forma de encontrar soluções para "casos difíceis"[32].

---

prática ao ideal de justiça for necessária adoção de alguma providência tendente a equilibrar os pólos da relação, o direito concede à parte em posição desfavorável alguma garantia, vantagem ou benefício capaz de preencher aquele requisito" (ROMITA, Arion Sayão. *Princípio da proteção em xeque e outros ensaios*. São Paulo: LTr, 2003, pág. 22). No mesmo sentido, CESARINO JÚNIOR, para quem "o fim imediato das leis sociais é a proteção dos fracos - concordamos. Mas, não é o único. Por intermédio dessa proteção o que o Estado realmente visa é assegurar a paz social, o interesse geral, o bem comum" (cf. CESARINO JÚNIOR, Antônio Ferreira. *Direito Social*. São Paulo: LTr, 1980, pág. 669).

31. Merece aqui particular destaque a opinião de COUTINHO. O Autor quer propor uma desconstrução de alguns postulados de PLÁ RODRIGUEZ, nomeadamente no que respeita "(a) ao fundamento da proteção como expressão da hipossuficiência e da desigualdade real econômica como peculiares do Direito do Trabalho e (b) garantir a efetivação da proteção como motivo conceitual a partir do qual os processos hermenêuticos se instalam e não como uma opção após a interpretação; e (c) reconhecer que os princípios têm conteúdo normativo (...)" (COUTINHO, Aldacy Rachid. Propostas para uma Ressignificação do Princípio da Proteção. *In* FERRAREZE FILHO, Paulo, MATZENBACHER, Alexandre (coord.). *Proteção do Trabalhador: perspectivas pós-constitucionais*. Rio de Janeiro: Lumen Juris, 2016, pág. 51).

32. PADILHA, Norma Sueli. A leitura principiológica do direito do trabalho na nova hermenêutica constitucional: uma análise de colisão de valores frente à Súmula n.º 331 do TST. *Revista do TST*, São Paulo, Vol. 78, N.º 2, abr-jun/2012, pág. 154. A autora baseia-se no acórdão do TST, Embargos em Recurso de Revista no processo n.º 586.341/99.4, Relator Ministro Luiz Philippe Vieira de Mello Filho, Data de Julgamento 28-05-09, onde se julgou da pertinência da Súmula n.º 331 do TST e do fenômeno da terceirização. Nesta ação civil pública ajuizada pelo MPT, solicitava-se que determinada empresa se abstivesse de terceirizar a sua atividade-fim. Na ementa, o TST faz uso das ideias de proporcionalidade no caso concreto, tentando compatibilizar os princípios do *trabalho humano* (leia-se, proteção), com a *livre-concorrência*, para equilibrar a relação capital vs trabalho.

6.2.4. O princípio da proteção como um salvo-conduto de garantias mínimas e limite ao retrocesso social

Como resposta aos partidaristas da crise do princípio protetor, e desqualificando os resultados de políticas flexibilizadoras[33], larga maioria da doutrina laboral brasileira veio a fazer uso do princípio da proteção como vetor de salvaguarda dos direitos trabalhistas para *travar tentativas legais e negociais* de os restringir. O recurso alargado que fizeram da sua amplitude dirigiu-se a impedir que instrumentos de regulamentação coletiva de trabalho dispusessem *in pejus* sobre algumas garantias laborais dadas como adquiridas até então[34], mas não só. Rebatendo as críticas da fragilização do *favor laboratoris*, a doutrina agarrou-se precisamente à sua versatilidade para o tornar num *meta-princípio* uniformizador de todo o sistema, que vinculasse inclusivamente o legislador ordinário[35].

---

33. "(...) o que se tem visto é a adoção negociada de medidas flexibilizatórias, com disposições *in pejus* para os trabalhadores em troca do bem maior hodierno: a manutenção no emprego. No atual cenário nacional, a tendência que se verifica é a mais antagônica possível, ao atribuir aos sindicatos, anteriormente responsáveis pela defesa dos interesses profissionais, a pactuação de normas flexíveis ou, o extremo, da redução salarial pela manutenção do emprego. Conclui-se que a flexibilização não conseguiu assegurar mais empregos ou minorar a hipossuficiência, tampouco a flexibilização negociada obteve êxito" e, mais à frente: "rejeita-se uma postula liberalizante, eis que a flexibilização negociada ou a precarização das condições de trabalho não são compatíveis com a ontologia juslaboral, e, no plano fático, não apresentam resultados de atenuação/diminuição da hipossuficiência do trabalhador, que continua dependente, seja na subordinação, autonomia ou parassubordinação" (cit. Oliveira, Murilo Carvalho Sampaio. A crise do princípio da proteção no direito do trabalho. *Revista do TRT da 9ª Região*, Curitiba, Ano 34, N.º 62, 2009, pág. 367 e 377).

34. E aqui, não obstante os argumentos a respeito da suposta fragilidade, ou não, dos entes sindicais (7.II.4.2), há quem apele à ideia da *proteção* independentemente de perquirir da paridade de forças daqueles. Assim, por exemplo, Almeida, Larissa Costa de. O princípio protetor como limite à flexibilização mediante negociação coletiva trabalhista. *Revista da ESMAT 13*, Paraíba, Ano 3, N.º 3, 2010, pág. 85.

35. Como também parece concordar Coutinho, "(...) todas as transformações por que tem passado a construção da regulamentação jurídica [do princípio da proteção] miraram exatamente em falácias de um princípio protetor erigido em 'alma' do sistema" (cit. Coutinho, Aldacy Rachid. A autonomia privada: em busca da defesa dos direitos fundamentais dos trabalhadores. *In* Sarlet, Ingo (coord.). *Constituição, Direitos Fundamentais e Direito Privado*. Porto Alegre: Livraria do Advogado, 2003, pág. 170); Dray, Guilherme. *O princípio da proteção do trabalhador*. Coimbra: Almedina, 2015, pág. 436-452.

O caminho para "impedir" que mudanças legislativas e convencionadas pusessem em causa o nível de proteção onde se encontravam os direitos laborais seria traçado com recurso à ideia de que o *favor laboratoris* é materialização direta do postulado da *dignidade humana*[36] e instrumento ao serviço do *não retrocesso social*[37]. Desta forma, procura-se reinterpretar o princípio *à luz da Constituição* e destes dois parâmetros em particular[38]. O princípio da proteção haveria de ser interpretado não como mera premissa hermenêutica do sistema laboral, exclusivamente informativo e inapto à im-

---

36. Assim, por exemplo, ESPADA, "(...) embora o propósito do princípio protetor do empregado também seja o de tratar desigualmente os desiguais para promover a igualdade real/substancial entre partes que se encontram em desigualdade de fato (princípio isonômico) em seu núcleo, a principal finalidade do princípio é promover a dignidade do trabalhador" (ESPADA, Cinthia Maria da Fonseca. *O princípio protetor do empregado e a efetividade da dignidade da pessoa humana.* São Paulo: LTr, 2008, pág. 96); e CAVALCANTE, Ricardo Tenório. *Jurisdição, direitos sociais e proteção do trabalhador.* Porto Alegre: Livraria do Advogado, 2008, pág. 52; MEIRELES, Ana Cristina Costa e; MEIRELES, Edilton. *A intangibilidade dos direitos trabalhistas.* São Paulo: LTr, 2009; SILVA NETO, Manoel Jorge. *Direito Constitucional.* 7ª ed. Rio de Janeiro: Lumen Juris, 2011, págs. 77-79; AMARAL, Júlio Ricardo de Paula. Os direitos fundamentais e constitucionalização do direito do trabalho. *Revista do TRT da 9ª Região*, Curitiba, N.º 35, N.º 65, 2010, pág. 686; GIORDANI, Francisco Alberto da Motta Peixoto. O princípio protetor no direito do trabalho – Ainda necessário, nos dias que correm, como fora outrora? *Revista LTr*, São Paulo, Vol. 74, N.º 6, jun/2010, pág. 670.

37. SILVA, Sayonara Grillo Coutinho Leonardo da; HORN, Carlos Henrique. O princípio da proteção e a regulação não-mercantil do mercado e das relações de trabalho. *Revista de Direito do Trabalho*, São Paulo, Vol. 34, N.º 132, out-dez/2008, pág. 195; MARTINEZ, Luciano. *Curso de Direito do Trabalho.* 8ª ed. São Paulo: Saraiva, 2017, pág. 123; CHAPPER, Alexei Almeida. Direito fundamental à proteção do trabalhador e o STF: o caso da declaração de constitucionalidade do §1º do artigo 71 da Lei 8.666/1993 na ADC 16-DF. *Revista Brasileira de Direitos Fundamentais e Justiça*, Rio Grande do Sul, Ano 5, N.º 16, jul-set/2011, pág. 268; TEIXEIRA, Sério Torres; BARROSO, Fábio Túlio. Os princípios do direito do trabalho diante da flexibilidade laboral. *Revista do TST*, Porto Alegre, Vol. 75, N.º 3, jul-set/2009, pág. 68; COUTINHO, Aldacy Rachid. Retrocesso social em tempos de crise ou haverá esperança para o direito do trabalho? Uma análise da jurisprudência do Supremo Tribunal Federal. *Revista do TST*, São Paulo, Vol. 83, N.º 3, jul-set/2017, *passim;* SARLET, Ingo Wolfgang. Os direitos dos trabalhadores como direitos fundamentais e a sua proteção na Constituição Federal Brasileira de 1988. *In* MELO, Raimundo Simão de, Rocha, Jannotti da (coord.). *Constitucionalismo, Trabalho, Seguridade Social e as Reformas Trabalhista e Previdenciária.* São Paulo: Ltr, 2017, págs. 132-133.

38. GAMBA, Juliane Caravieri Martins; MONTAL, Zélia Maria Cardoso. Princípios constitucionais do direito do trabalho: relevância e aplicabilidade, rediscutindo paradigmas. *Revista Trabalhista Direito e Processo*, Brasília, Vol. 11, N.º 41, mar/2012, pág. 78.

posição de normas próprias, para passar a abraçar uma função mais ampla, mandatada constitucionalmente e imbuída dos poderes que a prossecução daqueles valores lhe outorgavam.

O princípio *favor laboratoris* corresponderia a um "*patamar civilizatório mínimo*", visado ao amparo e à defesa de direitos a que subjazem interesses públicos que a sociedade democrática não tolera serem comprimidos[39]. Este patamar mínimo de proteção, por mais abstrato e geral que possa parecer, identificar-se-ia com (i) as normas constitucionais em geral (*maxime* art. 7º da CF), (ii) as normas de tratados e convenções internacionais que vigorassem internamente (art. 5º, §2º da CF) e (iii) as normas legais infraconstitucionais de natureza absoluta, que se dirigissem a tutelar o trabalhador como cidadão, consagrando direitos indisponíveis (*maxime*, segurança e saúde no trabalho, direitos de personalidade, antidiscriminação etc.)[40].

Além de servir como postulado à consagração deste patamar mínimo, absoluto e inderrogável, o princípio tem sido igualmente usado como instrumento para intervir na negociação dos outros direitos, apenas relativamente indisponíveis. Ou seja, o princípio serviria não só como justificação de direitos de indisponibilidade absoluta e de força cogente, como ainda de barreira hermenêutica e limite interpretativo às negociações sobre os restantes direitos de indisponibilidade relativa, *maxime* na negociação coletiva. Aqui, as regras do jogo ditariam o recurso à ponderação que, por sua vez, na antinomia entre autonomia privada *vs* proteção, dificilmente permitiriam a vitória da primeira em detrimento da segunda[41].

---

39. Delgado, Maurício Godinho. *Curso de direito do trabalho.* 16ª ed. São Paulo: LTr, 2017, pág. 127; Cunha, Mariana Moreno de Gusmão, "O princípio protetor na sociedade contemporânea", *Revista da ESMAT 13 / Escola Superior da Magistratura Trabalhista da Paraíba,* Vol. 6, N.º 6, 2013, págs. 209 ("O mundo após a globalização exige do princípio da proteção uma requalificação, para que se adeque a realidade posta. Este deve servir apenas para garantir direitos mínimos existenciais aos trabalhadores, podendo os demais serem convencionados por meio de negociação coletiva"). Também na doutrina portuguesa, Dray, aponta como representando essa cidadania mínima: os direitos de cidadania (igualdade e não discriminação) e de saúde (segurança, higiene, saúde, prevenção de danos etc.); cf. Dray, Guilherme. Direitos fundamentais e retrocesso social: o sentido do direito do trabalho, a experiência portuguesa e o caso brasileiro. *Revista do TST*, São Paulo, Vol. 83, N.º 3, jul-set/2017, pág. 96.

40. Delgado, Maurício Godinho. *Curso de direito do trabalho.* 16ª ed. São Paulo: LTr, 2017, págs. 1290-1291; Delgado, Gabriela Neves. *Direito fundamental ao trabalho digno.* São Paulo: LTr, 2006, págs. 214-215.

41. "Como as regras de indisponibilidade relativa localizam-se na parte principiológica (propriamente dita!) do princípio protetor, as respostas aos questionamentos supra

6.2.5. Amplitude do princípio da proteção no direito coletivo do trabalho

Este princípio não tem incidência no direito coletivo do trabalho[42]. Vários argumentos contribuem para essa conclusão. Desde logo, a Súmula n.º

---

serão encontradas através da técnica de ponderação. (...) No caso da flexibilização das regras laborais, a ponderação se dará entre o princípio da autonomia privada e o princípio protetor. Vale ressaltar que, embora o princípio da autonomia privada, como decorrência do direito fundamental à liberdade, tenha fundamento na dignidade humana, o princípio protetor corresponde ao próprio princípio da dignidade humana, visto sob a especificidade laboral. Dessa forma, tem-se que poucas serão as hipóteses em que, havendo confronto entre a proteção da dignidade obreira e a concretização da autonomia privada coletiva, esta preponderará sobre aquela" (ALMEIDA, Larissa Costa de. O princípio protetor como limite à flexibilização mediante negociação coletiva trabalhista. *Revista da ESMAT 13*, Paraíba, Ano 3, N.º 3, 2010, págs. 90-91)

42. Neste sentido, BARROS, Alice Monteiro. *Curso de Direito do Trabalho.* 11ª ed. São Paulo: LTr, 2017, pág. 125 ("(...) as condições de trabalho asseguradas em convenções coletivas, sentenças normativas e acordos coletivos integram os contratos de trabalho, mas podem ser modificadas ou suprimidas mediante negociação coletiva (...). Daí se infere que o princípio da proteção, do qual a regra mais favorável constitui manifestação, não se aplica às relações coletivas de trabalho, em caráter absoluto"); MARTINEZ, Luciano. *Curso de Direito do Trabalho.* 8ª ed. São Paulo: Saraiva, 2017, págs. 118-119; CORTÁSIO, Malu Medeiros; SANTOS, Renata da Silva; OLIVEIRA, Thais Miranda de. A relativização do princípio da proteção ante a previsão legal da prevalência do negociado sobre o legislado. *Revista do TST*, São Paulo, Vol. 84, n.º 2, abr-jun/2018, pág. 126. Em sentido contrário, sobretudo para levantar limites à negociação coletiva *in pejus*, LYCHOWSKI, Rodrigo. Princípio da proteção revisitado. *Arquivos do Instituto Brasileiro de Direito Social Cesarino Júnior*, Vol. 33, 2009, págs. 80-81; TORRES, Ana Paula Leite; ALMEIDA, Saulo Nunes de Carvalho. O novo artigo 611-A da CLT e a sua necessária interpretação à luz dos princípios estruturantes do direito do trabalho. *Repertório IOB de jurisprudência: trabalhista e previdenciário*, N.º 19, out/2018, pág. 713; COUTINHO, Aldacy Rachid. Propostas para uma Ressignificação do Princípio da Proteção. *In* FERRAREZE FILHO, Paulo, MATZENBACHER, Alexandre (coord.). *Proteção do Trabalhador: perspectivas pós-constitucionais.* Rio de Janeiro: Lumen Juris, 2016, pág. 15. Nas palavras deste último autor, que merecem ser citadas, destaca-se o trecho: "agrega-se, então, que qualquer proposta e afastamento da proteção pela via coletiva ou via processual deve ser rechaçada. Afirma-se que o princípio da proteção teria aplicabilidade somente nas relações materiais interprivadas individuais, ou seja, somente no âmbito dos vínculos de emprego estabelecidos entre um dado empregador e certo empregado. A não extensão às relações coletivas e processuais do trabalho decorreria do desaparecimento da '*vulnerabilidade de quem está sozinho perante a força econômica patronal*', com o equilíbrio da 'balança' adquirido pela obrigatória participação das entidades sindicais representativas dos trabalhadores nos negócios coletivos do trabalho (...) ou diante da presença do Judiciário, com representação de um advogado. Nesse aspecto não se pode concordar; a proteção rege o sistema das relações trabalhistas é o traço genético do trabalho subordinado, quer no campo individual, quer quando

277 do TST, que determina que normas de ACT, CCT e sentenças normativas não sejam permeáveis a normas posteriores mais favoráveis, já que só podem ser modificadas ou suprimidas mediante nova negociação coletiva que lhes ponha termo. Depois, o cancelamento, no passado, pela própria Justiça do Trabalho, de uma série de súmulas mais favoráveis ao trabalhador (*v.g.* n.º 76 – aviso prévio de 60 dias –, n.º 43 – adicional de 100% de hora extra –, n.º 90 – adicional de 60% de trabalho noturno – e n.º 101 – adicional de 50% de transferência). Em terceiro lugar, as restrições que foram impostas pelo STF[43] ao poder normativo em dissídios coletivos, subordinadas, a partir de então, à existência de lacuna *legis*, mesmo que pretendam dispor mais favoravelmente ao trabalhador contrariando dispositivo legal.

Da mesma forma, e por mais apelativa que a ideia até possa parecer, a verdade é que este princípio também *não está vocacionado ao controlo de mudanças legislativas,* i.e., a intervir como parâmetro de fiscalização *com efeitos prospetivos*[44]. Ele limita-se a incidir sobre normas concretas, aplicadas de forma específica a uma concreta relação jurídica. Não há como fazer uso daquele como forma de impedir as alterações importadas por qualquer alteração legislativa, *maxime* pela Reforma Trabalhista.

Analisámos acima as repercussões que a Reforma trouxe para o direito coletivo do trabalho, v.g. a amplitude que ganhou a negociação coletiva *in pejus* pelo art. 611 da CLT. Como se não bastasse para sustentar a nossa

---

se apresente no coletivo, ou no processual, pois tal vulnerabilidade não desaparece. Na negociação de instrumentos normativos a identidade protecionista do Direito material do Trabalho deve estar igualmente resguardada, ainda que se faça presente por organização sindical (...)". Também, ainda que com limitações, Espada, Cinthia Maria da Fonseca. *O princípio protetor do empregado e a efetividade da dignidade da pessoa humana.* São Paulo: LTr, 2008, pág. 72.

43. *Cfr.* acórdão de Recurso Especial n.º 197.911, Relator Ministro Octávio Galotti, Data de Julgamento 24.09.1996.

44. Aparentemente em sentido contrário, Dray, quando aponta que "(...) ele deve, no fundo, funcionar como o núcleo ou o átomo irredutível do Direito do Trabalho, sem o qual este corre risco de extinção ou de implosão. E deve, consequentemente, assumir-se definitivamente como um elemento de conformação em sede de produção legislativa; deve orientar o legislador e condicioná-lo quanto às opções que toma, de forma a garantir, por esta via, a preservação do próprio Direito do Trabalho" (Dray, Guilherme. Direitos fundamentais e retrocesso social: o sentido do direito do trabalho, a experiência portuguesa e o caso brasileiro. *Revista do TST*, São Paulo, Vol. 83, N.º 3, jul-set/2017, pág. 88). O autor considera que este potencial do princípio da proteção serve como plataforma de *conformação legislativa* que o legislador tem de levar em conta, embora nunca como primazia axiológica ou hierárquica que torne inválida determinada lei.

afirmativa inicial esta mudança em concreto advinda da Reforma, acompanhamos a argumentação de MORAES no sentido de que não se pode invocar o princípio protetor para negar validade a determinado dispositivo negocial que se encontre aposto em IRCT. Na sua obra, o autor inclusivamente introduz bastante descrédito nas formas encontradas pela maioria da doutrina tradicional para impor restrições às negociações coletivas (numa espécie de "autoritarismo" do Direito do Trabalho), porquanto baseadas em conceitos demasiado vagos e disformes. Assim, e depois de apontar as incongruências lógicas dos argumentos usados por NASCIMENTO, MARTINS ou mesmo DELGADO, apresenta-se a criticar a ideia de um núcleo delimitado de normas inderrogáveis composto por direitos fundamentais e incompensáveis, por entender ser um critério como este insuficiente (i) para desacreditar os demais direitos fundamentais, (ii) para universalizar a importância desse núcleo a todos os trabalhadores[45].

Afinal, bens de menor relevância e perfeitamente negociáveis (v.g. intervalo para almoço; que um trabalhador pode perfeitamente negociar e restringir por forma a conseguir chegar mais cedo a casa, frequentar a universidade, estar com os filhos etc.) podem, no caso concreto, assumir grande importância de ordem pública (v.g. por ter consequências na saúde desse mesmo trabalhador)[46]. É muito difícil acreditar que setores tão diferentes como serralheiros, metalúrgicos, bancários, caixas, aeroviários, comerciantes, serviços etc. tenham as mesmas necessidades de descanso, de compensação de horário, de transporte etc. Tal como o legislador da Reforma já optou *efetivamente* por transferir o palco da negociação das normas que deverão

45. "O que esse exemplo revela é que podemos classificar os bens dos trabalhadores de modo muito excêntrico, como também qualquer ação humana pode ocorrer em vista de diferentes bens. Ignorante a essas questões, a corrente conservadora repercute na jurisprudência, que nega a disponibilidade coletiva sobre questões triviais para muitos trabalhadores, ao argumento de que seriam bens constitucionais, fundamentais, de ordem pública, relativos à saúde e à segurança, ou algo semelhante. O que impede os trabalhadores de convencionarem intervalo menor e reduzirem o expediente, por exemplo, para que possam buscar os filhos na escola, para que frequentem cursos ou disciplinas universitárias à noite? Os trabalhadores são excluídos da decisão sobre essas questões para favorecer mecanismos unilaterais controlados por burocracias estatais, no caso, como o Ministério do Trabalho (art. 71, §3º, CLT)." (MORAIS, Filipe Moralles. O que protege o princípio da proteção? Cinco teses sobre a finalidade do direito do trabalho. *Revista do Tribunal Regional do Trabalho da 12ª Região*, Florianópolis, Vol. 19, N.º 28, 2016, pág. 250).

46. *Ibidem*, pág. 247.

reger determinada atividade profissional para os sindicatos e empresas, onde os interesses legítimos dos trabalhadores são realmente ouvidos sem que terceiros neles se imiscuam; tal como o STF também já o fez nos acórdãos dados aos Recursos Extraordinários n.º 590.415/SC e n.º 895.759/PE (*supra*, 3.2.5), sem medo de reconhecer a (praticamente) plena autonomia negocial das entidades representativas; assim também a doutrina laboralista deve repensar o seu discurso, livrar-se da insistente desconfiança da liberdade coletiva para poder mais facilmente abraçar todos os ganhos que um modelo como este tem para oferecer à classe operária. Se a preocupação estatal é com a melhoria das condições de trabalho dos empregados, então há que reconhecer que os órgãos do Estado, por mais representativos que sejam, não possuem nem mais experiência, nem maior perceção das necessidades que objetivamente são sentidas nos diferentes contextos laborais de cada uma das próprias categorias.

6.2.6. A situação dos princípios do direito do trabalho no cenário pós-Reforma. Um embate no princípio da proteção

Com o advento da Lei n.º 13.467/2017, a elevação a bandeira de um reforçado postulado de autonomia negocial (individual e coletiva) e a maior abertura sistemática aos princípios gerais de direito privado vieram implicar, no nosso entendimento, um forte abalo *do princípio da proteção* (no seu sentido amplo, como o vetor tuitivo do sistema laboral, que justifica e de onde brotam grande parte dos restantes princípios trabalhistas). A essência deste princípio não foi de tal maneira afetada ao ponto de ter sido posta em causa[47], mas sofreu, sem dúvida, uma significativa mitigação no seu conteúdo.

Começamos por dizer que houve certas alterações que pouco refletirão na prática na Justiça do Trabalho ou que, de resto, acompanham mudanças internacionais na matéria. Assim, por exemplo, no que respeita ao *princípio da realidade*, não obstante a introdução do novo art. 442-B da CLT[48], não parece que a jurisprudência laboral deixe de considerar fraudulentas as tentativas de encapotar sob a ideia de contratos de prestação de serviços verdadeiros contratos de emprego. Também o princípio da *liberdade sindical* parece,

47. Pensamos aqui nos princípios derivados do amplo princípio da proteção, que não foram diretamente afetados.

48. "A contratação do autônomo, cumpridas por este todas as formalidades legais, com ou sem exclusividade, de forma contínua ou não, afasta a qualidade de empregado prevista no art. 3º desta Consolidação" (cit. art. 442-B da CLT).

inclusivamente, ter sido aproximado aos parâmetros internacionais da OIT (Convenção 87), nomeadamente com a regulamentação da representação no local de trabalho (arts. 510-A ss da CLT) e com o fim da contribuição sindical obrigatória. Por outro lado, dispositivos-chave, como o art. 468 *caput*[49] ou o art. 9º da CLT[50], não sofreram qualquer alteração.

Algumas alterações em certos princípios derivados foram, porém, significativas. No que respeita ao *princípio da continuidade*, merece destaque a introdução do art. 484-A da CLT, com previsão do distrato, e do art. 477-A, sobre o despedimento coletivo. Já no que toca ao *princípio da proteção salarial*, os recortes negativos tecidos ao conceito de salário no art. 457, §§1º e 2º da CLT impactaram consideravelmente no teor daquele. Também o princípio do *in dúbio pro operário*, após a abertura sistemática dos institutos laborais às regras e princípios civis do direito privado pode vir a sofrer fortes condicionantes, por se valorizar a autonomia do trabalhador em detrimento da sua tendencial proteção indiscriminada[51].

No confronto da Reforma com os princípios norteadores do sistema laboral, podemos dizer que vários deles foram pontualmente afetados. Particularmente para a doutrina que compreende o princípio da proteção como uma norma expansionista orientadora, também, do direito coletivo e processual trabalhista, pode-se dizer que o princípio sofreu um embate de relevo. Por um lado, houve uma enorme recetividade pelo novo sistema à autonomia individual das partes para gerir certos aspetos da sua relação de trabalho, como vimos acima. O legislador foi entusiasta convicto da autonomia negocial individual, ampliando largamente as aberturas do sistema à manifestação da vontade e iniciativa deste (art. 59, §5º, 59-A, 75-C §1º e 75-D, 134, §1º, 396, §2º, 507-A, 510-A[52], 611-A c/c 444 etc.), com prejuízo evidente do princípio tuitivo.

---

49. "Nos contratos individuais de trabalho só é lícita a alteração das respectivas condições por mútuo consentimento, e ainda assim desde que não resultem, direta ou indiretamente, prejuízos ao empregado, sob pena de nulidade da cláusula infringente desta garantia" (cit. art. 468, *caput* da CLT).

50. "Serão nulos de pleno direito os atos praticados com o objetivo de desvirtuar, impedir ou fraudar a aplicação dos preceitos contidos na presente Consolidação" (cit. art. 9º da CLT).

51. Dorneles, Leandro do Amaral D. de. A reforma trabalhista: algumas repercussões na propedêutica juslaboral. *Revista Fórum Justiça do Trabalho*, Belo Horizonte, Ano n.º 35, n.º 415, jul/2018, pág. 33.

52. Apesar de não o termos estudado acima, não deixa de ser interessante mencionar esta previsão que admite que em empresas com mais de 200 empregados se possa estabelecer uma representação de trabalhadores que atue juntamente com a empresa

Por outro, o princípio da aplicação da norma mais favorável foi posto em causa por uma série de dispositivos, a começar pelo art. 444 da CLT, que permite ao trabalhador e empregador acertarem por acordo individual termos menos benéficos ao primeiro, sobrepondo-os a disposições legais e coletivas mais favoráveis; ou ainda pelos arts. 611-A e 620 da CLT[53]. Com efeito, com estes dois últimos dispositivos, a tradicional resistência e impermeabilidade

---

para estabelecer entendimento direto entre ambos relativamente a uma série de matérias. Tal como refere Cunha, apesar de não podermos ver ainda aqui um *conselho de empregados* semelhante ao modelo alemão e, portanto, não seja um verdadeiro mecanismo de cogestão, não deixa de ser mais uma manifestação do legislador em reforçar a intervenção e o papel dos trabalhadores sobre as suas condições de trabalho, apresentando traços de algo que poderá vir a ser um verdadeiro conselho de empregados (Cunha, Leonardo Stocker Pereira da. Cogestão empresarial e mediação de conflitos: um panorama sobre o conceito alemão de cogestão. *In* Tupinambá, Carolina (coord.). *Soluções de conflitos trabalhistas: novos caminhos.* São Paulo: LTr, 2018, pág. 308).

53. Num esquema pré e pós Reforma Trabalhista, poderíamos traçar a seguinte relação entre fontes jurídicas laborais: a) *num confronto entre CCT e AC:* se antes da Reforma o CCT prevaleceria apenas se fosse mais favorável, nos termos do art. 620 da CLT, agora sempre prevalecerá o ACT, de acordo com o mesmo dispositivo legal ora alterado; b) *num confronto entre CCT e lei*: o cenário prévio à Reforma impunha que a CCT aplicar-se-ia sempre que dispusesse de forma mais favorável ao trabalhador; atualmente, após os art. 611-A da CLT, as CCT prevalecerão sempre nas matérias elencadas neste artigo, mesmo se dispuserem de forma mais prejudicial à classe operária, até porque o 611.º §2º da CLT nem exige contrapartidas; c) num confronto entre contrato de trabalho e lei: se num regime anterior à Reforma a lei sempre prevaleceria exceto (i) se o contrato individual de trabalho dispusesse de forma mais favorável (ii) ou fosse caso de altos executivos; atualmente, apesar da regra ter sido mantida, alargou-se o número de trabalhadores que a ela não se subordinam: não são apenas os altos executivos, mas agora também empregados com diploma de ensino superior e salário igual ou superior a duas vezes o teto de INSS; por último, d) *num confronto entre contrato individual de trabalho e CCT:* o regime prévio à Reforma impunha a prevalência da norma coletiva, exceto se norma mais favorável resultasse do contrato individual; com o regime atual e a remessa do art. 444 para o 611 da CLT, o legislador equiparou o trabalhador nas condições do 444.º CLT ao poder negocial sindical e determinou que as disposições contratadas individualmente por este prevalecessem inclusivamente sobre as negociadas coletivamente. Ainda assim, há doutrina que entenda que, no confronto entre disposição de CCT e contrato individual de trabalho, perante o art. 611-A e o 444 parágrafo único da CLT, a disposição de CCT não irá prevalecer sobre contrato individual de trabalho quando a regra existente neste seja mais favorável (v.g., Gaudêncio, Maria Glauce Carvalho do Nascimento. Prevalência do negociado sobre o legislado: a não aplicabilidade em face do contrato individual do trabalho. *In* Silva Filho, Carlos Fernando da, Campos, Rosa Maria, Rassy, Jorge Rosângela Silva (coord.). *Reforma Trabalhista Uma reflexão dos Auditores-Fiscais do Trabalho sobre os efeitos da Lei n. 13.467/2017 para os trabalhadores.* São Paulo: LTr, 2017, pág. 284).

do ordenamento laboral ao uso de normas menos benéficas ao trabalhador, vê-se agora afrontada pela quantidade de matérias introduzidas no leque de assuntos negociáveis pelos sindicatos em negociações coletivas. Com o aumento do leque de direitos negociáveis e a correspondente diminuição do rol dos direitos mínimos garantidos pelo legislador por lei, a tradicional premissa de que só a título excecional os direitos laborais do trabalhador seriam afetados e, mesmo assim, de forma majorada, foi claramente invertida[54]. Ao mesmo tempo em que se abala o princípio protetor, também se questiona o da *irrenunciabilidade*, diante do aumento significativo do rol de matérias negociáveis, de onde se extrai que, no duelo entre autonomia coletiva sindical e irrenunciabilidade de direitos trabalhistas, o legislador preferiu engrandecer o primeiro à custa do segundo. Por último, o critério para resolver conflitos entre normas de diferentes contratos coletivos (acordos e convenções) deixa de ser o da norma mais favorável, para passar a ser o da especialidade[55].

O Direito do Trabalho torna-se, de forma evidente e inquestionável, significativamente *menos garantístico e mais transacional.* As tentativas de negar esta nova realidade com soluções retóricas não poderão apagar a realidade de que o princípio do *favor laboratoris* foi realmente abalado. Mesmo a doutrina que se apoia fortemente no princípio não deixa de o reconhecer[56].

E se ele sofreu bastantes restrições do ponto de vista da negociação individual, não por menos foi recebido no plano coletivo. Esta transmutação sentida no princípio da proteção tem necessárias consequências na

---

54. Dorneles, Leandro do Amaral D. de. A reforma trabalhista: algumas repercussões na propedêutica juslaboral. *Revista Fórum Justiça do Trabalho*, Belo Horizonte, Ano n.º 35, n.º 415, jul/2018, págs. 33-34; Ferreira, Henrique; Freitas, Leanara Giron de. O princípio da proteção: atuais desdobramentos e aspectos da reforma trabalhista - Lei 13.467/2017. *Revista de direito do trabalho*, São Paulo, Vol. 44, N.º 193, set/2018, pág. 31.

55. Dorneles, Leandro do Amaral D. de. A reforma trabalhista: algumas repercussões na propedêutica juslaboral. *Revista Fórum Justiça do Trabalho*, Belo Horizonte, Ano n.º 35, n.º 415, jul/2018, págs. 34 ss.

56. É disso exemplo, Cassar, que alerta para o fato de que "(...) a alteração da CLT pela Reforma Trabalhista (Lei n.º 13.467/17) e a ampliação das hipóteses de terceirização, acrescida pelas modificações que já vinha sofrendo a legislação trabalhista, comprovam o enfraquecimento do princípio da proteção ao trabalhador, pois cada vez mais se prestigia a autonomia da vontade do trabalhador no contrato de trabalho e em suas alterações, ignorando a sua vulnerabilidade" (Cassar, Vólia Bomfim. *Direito do Trabalho de acordo com a Reforma Trabalhista.* 16ª ed. São Paulo: Gen, 2018, pág. 173).

forma como deverá passar a ser encarado o Direito do Trabalho, cada vez mais flexível, sobretudo pela mão de convenções coletivas que se tornaram mecanismo de mera adequação e ajustamento dos dispositivos legais dispositivos ou relativamente imperativos às necessidades e conveniências das organizações produtivas. Até à Reforma, as normas trabalhistas previstas pelo legislador podiam dizer-se relativamente imperativas, quer diante de contrato de trabalho, quer diante de instrumentos de regulamentação coletiva, já que podiam ser apenas afastadas diante de fonte mais favorável. Com o advento desta, porém, o raciocínio do intérprete terá de partir do princípio de que a norma legal passa a poder admitir variação *independentemente de salvaguardar ou não* uma posição mais vantajosa para o trabalhador, podendo até dizer-se terem passado a assumir natureza *bifronte ou bidimensional*[57]: serão relativamente imperativas perante alguns contratos de trabalho, mas assumem natureza supletiva relativamente às matérias elencadas no art. 611-A, diante de convenções coletivas e certos tipos de contratos de trabalho. A autonomia privada coletiva e individual ganha amplo relevo e emancipa-se à tutela legal, deixando de estar espartilhada por esta. As associações sindicais dos trabalhadores e os trabalhadores do art. 444 parágrafo único alcançam a *maioridade cívica*[58] e assumem-se como hiperssuficientes rejeitando proteção legal[59].

---

57. Santos, Enoque Ribeiro dos. A supremacia do negociado em face do legislado. A natureza bifronte ou as duas faces da CLT. *Revista Síntese Trabalhista e Previdenciária*, São Paulo, Vol. 29, N.º 348, jun/2018, pág. 15; Amado, João Leal. Negociado x Legislado – A experiência portuguesa e a Reforma Trabalhista brasileira: algumas notas. *Revista do Tribunal Superior do Trabalho*, São Paulo, Vol. 83, N.º 3, 2017, pág. 156.

58. Muito interessante um excerto do acórdão do TRT da 3ª Região, de Recurso Ordinário n.º 2394/01, Relator Desembargador Antônio Alvares da Silva, Data de Julgamento 12.05.2001, que ora se transcreve: "Plano de incentivo à demissão – adesão – Transação Extrajudicial válida. Declaração de vontade válida e expressa sem vícios, externada conscientemente por pessoa física capaz, é instrumento jurídico válido para criar, modificar ou extinguir obrigações. Deixar de considera-la em sua eficácia desestabiliza a ordem jurídica e retira do Direito a segurança e seriedade que deve imprimir às relações sociais. O trabalhador maior e capaz é cidadão como outro qualquer que tem responsabilidade pela vontade que emite nos negócios jurídicos de que participa, só podendo o Direito invalidá-la quando se desnatura por vício, temos reverencial ou excessiva subordinação econômica. No caso da reclamada, trata-se de trabalhadores esclarecidos que participam de plano voluntário de demissão, cuja aderência provém de livre opção, seguida de obrigatórias ponderações e reflexões que a natureza do ato exige. A proteção que o Processo do Trabalho defere ao trabalhador não pode chegar ao ponto de assemelhar-se à tutela ou curatela, em que a vontade do representado se faz pelo representante. Se assim se agir, nunca haverá maturidade do

6.2.7. Posição adotada

A nossa posição, esclareça-se desde logo, é tecida não contra o princípio *per se* – cuja importância neste ramo do direito não se nega – mas contra o discurso demasiado enfático, não-raro exagerado[60], que a doutrina lhe tem dispensado e que quer fazer das suas potencialidades.

É preciso perceber que o Direito não visa proteger, em concreto, nenhum dos lados da relação jurídica[61]. Mais se diga, e com a devida vénia ao Ministro

---

trabalhador nem respeito e seriedade às suas declarações, pois ficará submetido a um processo de alienação permanente que não lhe permitirá jamais transformar-se num cidadão consciente e plenamente capaz."

59. Como escrevem Barroso e Mello (Barroso, Luís Roberto; Mello, Patrícia Perrone Campos. O Direito coletivo do trabalho no Supremo Tribunal Federal: planos de demissão incentivada e autonomia da vontade, um estudo de caso. *Revista Jurídica Luso Brasileira*, Vol. 4, N.º 4, 2018, pág. 1343), a negociação coletiva além de incentivar o diálogo entre os intervenientes trabalhistas, garante "(...) aos empregados um sentimento de valor e de participação. É importante como experiência de autogoverno, como processo de autocompreensão e como exercício da habilidade e do poder de influenciar a vida no trabalho e fora do trabalho. (...) A concepção paternalista que recusa à categoria dos trabalhadores a possibilidade de tomar as suas próprias decisões, de aprender com seus próprios erros, contribui para. A permenente atrofia de suas capacidades cívicas e, por consequência, para a exclusão de parcela considerável da população do debate público."

60. A título de exemplo, o seguinte excerto: "[o princípio da proteção, como] garantia da melhoria das condições sociais dos trabalhadores passa necessariamente por uma tutela material e jurídica que seja capaz de lhes tirar da dependência, da pobreza ou mesmo da miséria" (cit. Lima Filho, Francisco das C. O princípio da proteção e sua importância na interpretação das normas materiais e instrumentais laborais. *Revista do TRT da 24ª Região,* Campo Grande, N.º 15, 2010, pág. 22).

61. Como assevera Sarmento, "(...) não constitui função do direito de qualquer dos ramos do direito proteger algum dos sujeitos de dada relação social. Função do direito é regular a relação em busca da realização do ideal de justiça. Se para dar atuação prática ao ideal de justiça for necessária a adoção de alguma providência tendente a equilibrar os polos da relação, o direito concede à parte em posição desfavorável alguma garantia, vantagem ou benefício capaz de preencher aquele requisito" (Direitos fundamentais e relações privadas. Rio de Janeiro: Lumen Iuris, 2004, pág. 23). Da mesma forma, Sussekind corrobora o entendimento, considerando que a tradicional conceção de hipossuficiência se encontra ultrapassada e que não é mais objetivo do direito do trabalho proteger o operário dianto do empregador, pois que este agora se situa num nível mais elevado de valorização do trabalho humano e de prossecução de paz social (Süssekind, Arnaldo; Maranhão, Délio, Vianna, José de Segadas, Teixeira Filho, João de Lima. *Instituições de Direito do Trabalho.* 22ª Ed. São Paulo: LTr, 2005, vol. I, pág. 98-99). Ainda no mesmo sentido, Coutinho, "o direito do trabalho é o direito que exprime o capitalismo em regras e princípios. Nesta medida está para ajustar

José Luciano Castilho Pereira, o Direito do Trabalho não visa proteger o trabalhador inclusivamente de si próprio[62]. Razão pela qual a aplicação do princípio embora seja presumida quanto ao trabalhador, poderá ser afastada quando demonstrada a inexistência de debilidade contratual. A lógica subjacente ao princípio da proteção é semelhante à da *tutela do contraente débil*, e dirige-se à restauração de um equilíbrio contratual. O princípio da proteção do trabalhador não seria mais do que a projeção do princípio civilista da igualdade em razão da evolução dogmática do Direito do Trabalho[63]. Só esta ideia autoriza

---

juridicamente a inserção do elemento trabalho (força de trabalho, capacidade de trabalhar e não resultado ou atividade) na empresa. Obrigá-lo via contrato. Fazê-lo acreditar na equivalência das prestações. Inverter ideologicamente a necessidade (o trabalhador precisa do trabalho para subsistir). (...) É, assim, o direito do capital que necessita do trabalho e, ao mesmo tempo, do trabalho que necessita vender sua força para o capital. Vez ou outra pode-se notar que algumas regras jurídicas são estabelecidas para reconhecimento dos interesses do próprio capital, como por exemplo o direito de fixar a data de início do gozo das férias, ou o reconhecimento do direito potestativo de rescisão contratual. Nem tudo o que é Direito do Trabalho é proteção ao trabalhador (mito do bom direito); e nem tudo que é inovação no Direito do Trabalho está para garantir um avanço na disciplina dos interesses do trabalho (mito da modernização)", cf. Coutinho, Aldacy Rachid. Propostas para uma Ressignificação do Princípio da Proteção. *In* Ferrareze Filho, Paulo, Matzenbacher, Alexandre (coord.). *Proteção do Trabalhador: perspectivas pós-constitucionais.* Rio de Janeiro: Lumen Juris, 2016, pág. 56). Este autor mantém-se adepto da contratualidade do vínculo de emprego assente no fundamento jurídico da subordinação, desde que se supere a visão contratualista como autonomia da vontade e se reconheça no contrato a atuação do Estado na preservação do interesse público (Coutinho, Aldacy Rachid. A autonomia privada: em busca da defesa dos direitos fundamentais dos trabalhadores. *In* Sarlet, Ingo (coord.). *Constituição, Direitos Fundamentais e Direito Privado.* Porto Alegre: Livraria do Advogado, 2003, pág. 178).

62. Expressão infeliz mencionada no acórdão do TST, SDC, Processo de Recurso Ordinário n.º 1115/2002.000.12.00.6, Relator Ministro José Luciano de Castilho Pereira, Data de Julgamento 16.02.2007, onde se pode ler excertos como: "o empregado merece proteção, inclusive, contra a sua própria necessidade ou ganância, quando levado a anuir com preceitos coletivos que lhe subtraem direitos básicos e no Direito do Trabalho a tônica é precisamente o esvaziamento do princípio da autonomia da vontade".

63. A desvalorização do princípio da proteção tem, inclusivamente, levado doutrina portuguesa de peso a desconsiderar a autonomia dogmática do Direito do Trabalho. Assim, Cordeiro: "Evidentemente: dentro do universo patrimonial privado, o Direito do trabalho lida com elementos que, embora regulados pelo Direito civil, se apresentam, aí, como mais intensos. Pense-se na especial tutela que os direitos de personalidade do trabalhador podem merecer e, ainda, nas disposições que asseguram elevado nível de proteção. A grande questão laboral reside, todavia, na atribuição, ao empregador, de um direito à atuação do trabalhador. Ora essa atribuição ocorre, em geral, no Direito

das obrigações. Não há uma particularidade dogmática. O direito do trabalho tem uma autonomia assegurada pela especificidade das suas fontes, pela existência de um desenvolvido nível coletivo e pela proliferação de regras imperativas. Tudo isso exige um tratamento unitário e integrado, na base de pontos de vista unitários e tipicamente laborais. Chegamos, assim, a uma autonomia sistemática, rica em valores e em soluções adotadas, mas não a uma Ciência diferenciada. O direito do trabalho é, pois, uma relevante disciplina que integra a grande família unitária do Direito privado ou do *ius civile*: o Direito dos cidadãos", e continua mais adiante "A autonomia (meramente) sistemática do Direito do trabalho repousa, todavia, num conjunto específico de valores, que cumpre ter presentes. O trabalhador é, antes de mais, uma pessoa na plenitude dos seus direitos. (...) O atual Direito do trabalho deixou de ser o mero instrumento de tutela dos pobres e desprotegidos. Essa dimensão do início, de tipo paternalista e assistencial, é hoje substituída por uma visão mais cabal e madura: um Direito de pessoas, que têm direitos e que se organizam dentro das necessidades do mundo produtivo. Vetores tradicionais como o *favor laboratoris* ou princípio da tutela do trabalhador, que fizeram a sua época no Direito do trabalho, são hoje abandonados a favor de um levantamento mais preciso e desinibido dos valores civis concretamente ameaçados por eventuais lógicas mecanizadoras do mundo empresarial. Postas as coisas nestes termos, consegue-se uma proteção menos vocabular e ideológica, mas mais eficaz" (Cordeiro, António Menezes. *Tratado de Direito Civil.* 4ª ed. Almedina: Coimbra, 2012, vol. I, págs. 313-315). No mesmo sentido, Martinez: "O direito do trabalho, tal como aconteceu com o direito comercial, autonomizou-se do direito civil; era direito civil comum e, hoje, é direito privado especial. II. Sendo um ramo de direito privado, pressupõe a aplicação de princípios e regras de direito civil, sempre que não se tenham estabelecido regimes com especificidades. [70: É isso que ocorre (...) no que respeita à responsabilidade contratual, que, apesar de ter tratamento específico no direito do trabalho, apresenta várias lacunas, que têm de ser preenchidas com o recurso ao regime do Código Civil. (...)]. Não é, deste modo, concebível o estudo do direito do trabalho desacompanhado em particular, do direito das obrigações; a visão interdisciplinar será, pois, essencial. O enquadramento no direito das obrigações é imprescindível, até porque o direito do trabalho deve assentar num pressuposto de neutralidade, sem tomar partido no pontual conflito social; como qualquer disciplina jurídica, tem de apresentar soluções gerais. É certo que as conceções políticas, não raras vezes, influenciam as soluções jurídicas, mas o direito do trabalho não pode depender de um comprometimento ideológico, que lhe retira a função estabilizadora das relações sociais. A neutralidade que se preconiza não pressupõe um acatamento acrítico das soluções legais e jurisprudenciais, mas tão-só que a crítica não pode assentar em pressupostos ideológicos. III. Não é despiciendo relembrar que o direito do trabalho surge como resultado de determinada evolução histórica e ainda hoje acompanha as mutações sociais. Mas isto não corresponde a nenhuma particularidade deste ramo jurídico; todo o direito surge de conflitos sociais que pretende apaziguar, resolvendo-os de forma justa. A evolução histórica pode revelar diferentes critérios para a resolução justa de idênticos conflitos, mas a admissibilidade de várias soluções para o mesmo diferendo em função de conceções políticas é a negação do direito. A mudança de critérios relacionada com a mutabilidade social e, por vezes, condias severas restrições que têm sido impostas à autonomia negocial neste ramo de direito[64].

---

cionada por alterações políticas e ideológicas, por um lado, e a sucessão legislativa, frequentemente feita sob pressão de necessidades sociais e políticas, por outro lado, dificulta a imprescindível neutralidade do jurista em matéria laboral" (MARTINEZ, Pedro Romano. *Direito do Trabalho.* 7ª ed. Coimbra: Almedina, 2015, págs. 58-59). E continua o autor: "I. A relação de especialidade preconizada (...) não põe em causa a autonomia do direito do trabalho que, como tem sido regra em outras disciplinas jurídicas, se funda numa origem histórica. A evolução jurídica, em particular no século XX, conduziria ao estabelecimento de regras e princípios especiais válidos nas relações laborais. Tal especialidade não pressupõe um acentuado afastamento dos princípios gerais, mas antes uma adaptação que, nalguns casos, pode implicar uma solução oposta. II. Como postulados do direito do trabalho há a evidenciar um princípio de tutela do trabalhador, de modo a garantir que a eventual desigualdade factual não conduza a uma dependência jurídica do prestador de trabalho, concretizado, designadamente, na proibição de despedimentos *ad nutum*, por um lado, e o valor atribuído à autonomia coletiva (em particular à convenção coletiva de trabalho) na fixação de regras laborais, por outro lado. A estes dois aspectos, importa acrescentar que no direito do trabalho se deteta uma estreita conexão entre os parâmetros individual e coletivo da intervenção jurídica. Mas mesmo estes princípios não pressupõem uma alteração dos parâmetros gerais do direito civil. A autonomia do direito do trabalho advém da aludida especialidade, sendo, pois, imprescindível o seu estudo integrado nos parâmetros do direito civil, em especial do direito das obrigações. Para além disso, há a ter em conta que a autonomia desta disciplina, mormente do ponto de vista didático, também se baseia na complexidade do seu objeto (77) Conclui-se, desde modo, com MENEZES CORDEIRO (...), que a autonomia do direito do trabalho é meramente sistemática" (*Ibidem*, págs. 60-61).

64. Tal como ROMITA, podemos dizer que nem o direito, nem o processo do trabalho protegem o trabalhador, seja por razões ideológicas (já que parte das necessidades sentidas pela classe dominante em ver regulada a sua produção, permitindo assim uma continuidade da exploração e do estado de submissão do trabalhador), de extensão subjetiva (por desconsiderar e nada fazer para o grupo de desempregado), de pertinência temática (já que não tem aplicação no direito coletivo do trabalho, pelo que não se justifica que seja elevado a princípio norteador de toda a disciplina), de visão sincrónica (já que contradiz diametralmente a lógica sinalagmática contratual que distribuiu direitos e deveres entre as partes, não sendo admissível conceber uma proteção exclusivamente afeita a uma delas – como, aliás, também o demonstra o legislador com dispositivos concretos que favorecem o empregador), de visão diacrónica (já que a tendência legislativa brasileira e comparada tem sido no sentido de flexibilizar a legislação laboral) e em razão do paradoxo de proteção truncada (uma vez que não protege, v.g., trabalhadores autônomos hipossuficientes, mas já protege altos empregados e diretores de sociedades por ações), cf. ROMITA, Arion Sayão. Os princípios do direito do trabalho ante a realidade. *Revista LTr,* São Paulo, Vol. 74, N.º 09, set/2010, pág. 1044-1045. No mesmo sentido, GOMES "Na medida em que o princípio da proteção do trabalhador se transforma em um mandamento sacrossanto, em uma verdade

Talvez o ideal romântico de que cabe ao Direito do Trabalho proteger todos os trabalhadores, empregados ou não, quer no plano individual, coletivo e processual, precise ser desmascarado parcialmente para se poder recuperar em racionalidade aquilo que, realmente, este princípio pode contribuir para o sistema laboral[65].

A constante associação que se tem feito entre subordinação jurídica e dependência económica tem, a nosso ver, desviado o foco do sistema laboral para uma excessiva necessidade de proteger o trabalhador por fundamentos errados e exclusivamente *ideológicos*[66]. O único fundamento do princípio da proteção e do sistema laboral como um todo é, sem dúvida, *estritamente* jurídico e baseia-se no estado de *subordinação* e de sujeição a ordens, comandos e disciplina de outrem, por mais que constantemente se tente fazer crer que também é *econômico*[67]. O Direito do Trabalho e, por conseguinte, o

---

absoluta e, assim, imune a questionamentos - entenda-se ponderações, flexibilizações, disponibilidades e negociações - quando esta diretriz normativa se descola da vida como ela é, com suas incertezas, probabilidades, vicissitudes e idiossincrasias, ela deixa de servir ao seu propósito inicial: orientar, prospectivamente, a construção de soluções para os possíveis conflitos entre os trabalhadores e empresários. A determinação - no sentido deôntico da palavra - de o Estado intervir ao máximo numa relação privada, protegendo de maneira inflexível o hipossuficiente abstrato, precisar ser recalibrada. Do contrário, se continuarmos de costas para o que efetivamente ocorre em um mercado de trabalho plural e complexo como o brasileiro, esta paradoxal absolutização de um princípio acabará por nos conduzir a um caminho sem retorno, fomentando um estado de coisas oposto ao que se imaginou. Como tudo na vida, este excesso de proteção do trabalhador acabará por desprotegê-lo, levando-o para o desemprego, o subemprego e a informalidade" (Gomes, Fábio Rodrigues. Gomes, Fábio Rodrigues. O novo direito do trabalho. *Revista do TST*, São Paulo, Vol. 84, N.º 3, jul-set/2018, págs. 133-134).

65. Nas interessantes palavras de Romita, "o direito do trabalho não merece nem adoração nem fogueira, nem mesmo a terceira via da indiferença. Ele não 'protege' o trabalhador nem 'prejudica' aquele que dá trabalho a outrem em seu próprio benefício; também não disfarça simples relações de força. Ele é indispensável para a regulação das relações que presidem à vida econômica, ao instituir um equilíbrio (sempre instável) entre as necessidades da empresa (empregadores) e as reivindicações daqueles que lhe prestam serviços.", Romita, Arion Sayão A crise do critério da subordinação jurídica - Necessidade de proteção a trabalhadores autônomos e parassubordinados. *Revista de Direito do Trabalho*, São Paulo, Vol. 31, N.º 117, jan-mar/2005, pág. 38.

66. Feliciano, Guilherme Guimarães. Dos princípios do Direito do Trabalho no mundo contemporâneo. *In* Siqueira, Germano et. al (coord.). *Direito do trabalho: releituras, resistência*. São Paulo: LTr, 2017, pág. 136.

67. Assim, meramente a título de exemplo, Donato: "o direito do trabalho eleva ao ápice o *princípio da proteção* pela valorização de seu trabalho e, através dele, pelo alcance da auto-realização; protege não os *fracos*, como na lei civil, porém, os economicamente

princípio da proteção, *não tem* a missão de proteger o indivíduo da miséria, combater o desemprego ou estender garantias laborais (*maxime* FGTS) a trabalhadores autônomos, informais ou parassubordinados. Por alguma razão o critério da *subordinação económica*, como alternativa à *jurídica*, tem vindo a ser constantemente refutado pela grande maioria da doutrina laboralista a nível mundial. Não são fatores econômicos que legitimam o poder do empregador, que justificam os direitos do trabalhador ou que merecem qualificá-lo como um empregado merecedor de proteção. Fazer uso de ideias que extrapolam a contratualidade laboral e que são comuns a uma série de outros contratos (laborais ou não) não é bitola adequada. Assim como um microempresário também se pode colocar na dependência económica de outrem e não ser considerado dele empregado, também um empregado pode ter superioridade económica sobre o seu empregador apesar de a este se subordinar, ou ainda um empregado pode não ser tido como dependente econômico por prestar a sua atividade a diferentes empregadores[68].

Não podemos esquecer que a relação jurídica empregatícia, a que o ordenamento jurídico laboral pretende emprestar proteção, estabelece-se mediante um contrato que assenta num *sinalagma jurídico* de prestações recíprocas entre trabalhador e empregador. Aceitando esta premissa, haverão de se permitir diferentes níveis de proteção, para uma parte, ou para outra, a depender do caso concreto. O *favor laboratoris* é uma expressão tendenciosa que assenta numa presunção, por vezes errada, de que a parte mais fraca da relação jurídica laboral é sempre o trabalhador. A expressão correta que melhor descreveria este princípio no ordenamento jurídico laboral seria, verdadeiramente, da *proteção do contraente débil*, como manifestação de um

---

fracos que, em regra, não possuem bens, mas, força de trabalho, por eles colocada à disposição remunerada de outrem, mediante contrato" (Donato, Messias Pereira. *Curso de Direito Individual do Trabalho*. 6ª ed. São Paulo: LTr, 2008, pág. 280); ou Crepaldi, "essa necessidade de proteção do trabalhador tem duplo fundamento, o primeiro, revela a subordinação pessoal do trabalhador, sua dependência; o segundo, se refere à dependência econômica. Justa a proteção ao trabalhador, dependente pessoal e economicamente de seu empregador, no sentido de evitar que se torne totalmente submisso ao abuso patronal" (Crepaldi, Joaquim Donizeti. *O princípio de proteção e a flexibilização das normas do Direito do Trabalho (De acordo com a "Reforma Trabalhista" Lei 13467, de 13/07/17 e MP 808, de 14/11/17)*. Curitiba: CRV, 2018, pág. 38).

68. Relembramos que a exclusividade não é pressuposto da relação de emprego e, com a exponenciação e evolução tecnológica e sua introdução crescente no mercado de trabalho, a possibilidade de acumular empregos com diferentes empresas é um fato real.

mais amplo princípio da *compensação*[69]; noção esta desvinculada de uma pretensão *a prioristicamente* estabelecida a favor do um dos contraentes: o trabalhador. E assim é porquanto a compreensão do princípio vinculada ao reduto do favorecimento único do trabalhador, limita a possibilidade de aplicar o mesmo princípio à tutela do credor da prestação, o empregador, e aos seus também legítimos *interesses de gestão*[70].

---

69. Esta é a tese proposta por Ramalho. A autora sustenta que o Direito do Trabalho se ampara sob um princípio geral de compensação das partes pelo débito alargado que assumem no contrato de trabalho. Sob este enfoque, a Ranalho concebe o princípio com uma estrutura bipolar, considerando que esse desígnio protetivo deste ramo de direito "(...) não é apenas em favor do trabalhador subordinado, mas também em favor do empregador. Este princípio prossegue um duplo objetivo: relativamente ao trabalhador, o objetivo é compensar a sua inferioridade negocial no contrato de trabalho; relativamente ao empregador, o objectivo é assegurar o cumprimento dos deveres amplos que lhe incumbem no contrato de trabalho e, indirectamente, viabilizar o próprio contrato. Em consonância com este duplo objetivo, reconhecem-se duas vertentes no princípio da compensação: uma vertente de protecção dos interesses do trabalhador e uma vertente de salvaguarda dos interesses de gestão do empregador" (cf. Ramalho, Maria do Rosário da Palma. *Direito do Trabalho.* Coimbra: Almedina, 2005, vol. I - Dogmática Geral, pág. 490).
70. Como escrevem Molina e Guerra Filho, "Numa leitura atualizada, o princípio da proteção deixa de ser um borralho paternalista, afirmando-se como *ratio* axiológica que deita raízes na primazia da dignidade humana e se rivaliza com o princípio da salvaguarda dos interesses de gestão (conquanto esse se subordine àquele nos quadros mais agudos de colisão). Somente a existência desse último explica a possibilidade de dispensa de empregados estáveis por motivos técnicos ou econômico-financeiros (art. 165, *caput*, da CLT), o exercício do *jus variandi* e a plácida constitucionalidade das sucessivas reformas trabalhistas que precarizam circunstancialmente os contratos de trabalho (p. ex, os contratos por prazo determinado, a tempo parcial, o trabalho temporário e fora do Brasil, a comissão de serviços e o *job sharing*). Obtém-se, com isso, um edifício dogmático mais coerente e democrático, sem perder de vista a dignidade da pessoa trabalhadora e as suas concreções nos planos da interpretação, da hierarquia de fontes (dinâmica) e da estabilidade do patrimônio jurídico-laboral (condição mais benéfica)" (Molina, André Araújo; Guerra Filho, Willis Santiago. Renúncia e transação no direito do trabalho – uma nova visão constitucional à luz da teoria dos princípios. *Revista LTr*, São Paulo, Vol. 74, N.º 02, fev/2010, pág. 193). *Vide* também Giordani, Francisco Alberto da Motta Peixoto. O princípio protetor no direito do trabalho – Ainda necessário, nos dias que correm, como fora outrora? *Revista LTr*, São Paulo, Vol. 74, N.º 6, jun/2010, pág. 669. Nas palavras do autor: "(...) a proteção dispensada ao empregado, não levou, nem leva, a que se ignore os cuidados que se deve ter com a entidade patronal, o que em derradeira análise, interessa/propicia maiores e mais consistentes condições à manutenção da relação de emprego".

O Direito do Trabalho não é um ramo do direito que se autonomizou para salvaguardar exclusivamente os interesses e direitos dos trabalhadores. Ele não é, nem pode ser considerado, como um *direito corporativo, imposto pelos trabalhadores ao grupo capitalista*, que represente o troféu de uma *luta da classe operária* contra a classe privilegiada do mercado. O Direito do Trabalho é muito mais do que isto e começa, desde logo, pelo reconhecimento da pluralidade e *heterogeneidade dos interesses em jogo*[71]. O Direito do Trabalho é um ramo do direito que procura, acima de tudo, regular os diferentes conflitos de interesses que se instauram na relação jurídica de emprego, *equilibrando e conciliando os direitos de ambas as partes*, repartindo encargos econômicos e jurídicos, assim como cuidando e protegendo adequadamente quer os interesses do capital, da parte economicamente mais forte e da livre iniciativa económica, por um lado, quer os interesses sociais da classe operária, parte (tendencialmente) mais débil da relação contratual e o direito ao trabalho digno, por outro. Num Estado de Direito (e não autoritário ou corporativista), a permeabilidade do direito do trabalho a valores democráticos é assumida como objetivo a alcançar, onde esquemas normativos proibitivos e impositivos cedessem progressivamente lugar a mecanismos e instrumentos democráticos de regramento e autorregramento próprios, sob pena de se continuar a alimentar um estado de subordinação, subalternização e submissão do trabalhador.

Não é difícil encarar o postulado sob esta perspectiva. A afirmação de um princípio da proteção *do trabalhador* articula-se mal com certas permissões legais concedidas ao empregador, tais como (i) o direito a ser pré-avisado do desligamento do empregado da empresa (art. 487 da CLT) (ii) a imposição aos seus trabalhadores do uso de fardas que correspondam ao padrão que deseja ver associado à sua marca (art. 456-A da CLT); (iii) o direito a manter as suas instalações abertas em caso de greve dos trabalhadores (art. 6º, §3º, da Lei 7.783/89), (iv) o poder de determinar em que períodos é que o trabalhador poderá "pedir" e usufruir das suas férias (art. 136 da CLT); (v) o poder de controlar e determinar a prorrogação de jornada de trabalho, dentro

71. Já ensinava Supiot que "O direito do trabalho teve e continua a ter como primeira razão de ser fazer ressurgir o trabalhador como sujeito do direito na empresa, isto é, 'civilizar' o poder patronal, dotando-o de um quadro jurídico de exercício. Tal enquadramento significou ao mesmo tempo – irredutível ambivalência do direito – uma legalização e uma limitação desse poder" (Supiot, Allan. *Crítica do direito do trabalho.* Trad. António Monteiro Fernandes. Lisboa: Fundação Calouste Gulbenkian, 2016, pág. 164).

dos limites legais (arts. 59 *caput* e §2º da CLT); (vi) o direito a conformar e adaptar a atividade contratada (*ius variandi*, art. 2º, *caput*, da CLT, e art. 1º, inc. IV, *in fine*, da CF/88) etc. Mas, acima de tudo, e como diz COUTINHO, o princípio da proteção não condiz com o fim da relação de emprego, entregue às mãos de um poder potestativo exclusivo do empregador[72]. Em todos estes exemplos, a *legislação laboral presume que é o empregador a entidade débil na relação contratual* e protege-o em conformidade. Além do mais, apesar de ser o empregador que detém a *autoridade* sobre a atividade laboral, não é ele que detém, porém, o *poder* absoluto de a controlar; se o trabalhador se chatear, ele tem o poder de fazer parar a produção (v.g. direito de greve), sendo que só o empregador poderá ser responsável pelo sucesso ou insucesso do seu sistema produtivo[73].

Por outro lado, uma outra ideia importa deixar clara. O princípio da proteção, sem prejuízo da sua faceta ligada à cogência de normas tuitivas, deve procurar enquadrar-se mais dentro do sistema como um todo e acompanhar as tendências deste, evoluindo com ele. Afinal, enquanto princípio norteador de um subsistema legal, é preciso lembrar que estes não são avessos (antes pressupõem) abertura sistemática. O Direito do Trabalho é, provavelmente, dos ramos jurídicos que mais intensamente *precisa de se ligar à realidade e de ser permeável às mudanças sociais* que ocorrem no mundo contemporâneo. A doutrina juslaboralista não pode impedir essa tendência nem ficar atrás deste movimento, reiteradamente insistindo em discursos que contrariam diametralmente a lógica do resto do ordenamento. Quando analisámos as recentes transformações na filosofia civilista trazidas pelo Estatuto da Pessoa com Deficiência, percebemos que essa mudança radical de pensamento trará repercussões em todo o sistema jurídico brasileiro, do qual o Direito do Trabalho não se pode alienar. O princípio da proteção deverá, a esta luz, enquadrar-se no rumo capacitador que o legislador pretendeu incutir no ordenamento e, neste enquadramento, a ele se ajustar fazendo de tudo para materializar aquele

---

72. A autonomia privada: em busca da defesa dos direitos fundamentais dos trabalhadores. *In* SARLET, Ingo (coord.). *Constituição, Direitos Fundamentais e Direito Privado*. Porto Alegre: Livraria do Advogado, 2003, pág. 172.

73. ROMANO, Sylvia. Coação e flexibilização? *Revista de Direito do Trabalho*, São Paulo, Vol. 88, 1994, pág. 18. Como ainda acrescenta a Autora: "nos novos tempos, o empregador se livra da veleidade por títulos de nobreza e divide a autoridade com seus súbitos, democratizando a empresa. Já que se está falando em compartilhar, divide também a responsabilidade pelo sucesso ou fracasso do sistema produtivo. Ganha por cooptar o trabalhador para seu lado e por quebrar o seu *animus* grevista".

desígnio[74]. Por isso, entendemos que o princípio do *favor laboratoris* deverá desempenhar um papel cada vez menos paternalista[75]; *deixar de permanecer*

---

74. Apoiando-me na autoridade de Coutinho, "(...) desde muito sequer se reconhece na contratualidade o dogma da autonomia da vontade, senão a vontade como impulso em uma perspectiva de autonomia privada/pública. Atua em conformidade com o poder e não com o querer acolhido em direito. Em outras palavras, o empregado não pode continuar a ser tomado abstratamente como um alguém sem conhecimento da sua situação jurídica, uma pessoa sem discernimento ou sujeito incapaz de declarar externamente a vontade interiorizada em um contrato. O trabalhador não é protegido pelo Direito do Trabalho por uma postura paternalista do Estado, ou para assegurar uma política assistencialista, por uma benesse ou dádiva estatal. Não obstante se possa apontar como as expressões 'ganhar' salário, 'dar' emprego, 'perder' o emprego, 'ser admitido' pela empresa, são manifestações reveladoras desse mito da doação que impregnou o Direito do Trabalho. Aliás, o paternalismo é a tendência a dissimular o excesso de autoridade sob a forma de proteção, ou 'sistema social de relações paternais entre o chefe e os seus subordinados (...)", cf. Coutinho, Aldacy Rachid. Propostas para uma Ressignificação do Princípio da Proteção. *In* Ferrareze Filho, Paulo, Matzenbacher, Alexandre (coord.). *Proteção do Trabalhador: perspectivas pós-constitucionais.* Rio de Janeiro: Lumen Juris, 2016, pág. 53). Também neste sentido, Tupinambá assevera que "(...) o princípio protetor representa incremento da posição jurídica do empregado, mas não viabiliza que o mesmo abdique ou enfraqueça sua própria posição. Ora, a proteção deferida ao trabalhador não pode chegar ao ponto de assemelhar-se à tutela ou curatela, quando a vontade do representado se faz pelo representante. Se assim se agir, nunca haverá maturidade do trabalhador nem respeito e seriedade às suas declarações, pois submetido a processo de alienação permanente que não lhe permitirá jamais transformar-se num cidadão consciente e plenamente capaz" (Tupinambá, Carolina. Ao seu Dispor! A Lenda da indisponibilidade dos Direitos dos Trabalhadores. *In* Tupinambá, Carolina (coord.). *Soluções de conflitos trabalhistas: novos caminhos.* São Paulo: LTr, 2018, pág. 54).

75. Como aponta Romita, "a comiseração pelo trabalhador produz, na realidade, este efeito: emperra, retarda, impede, pelo resultado paralisante das justas reivindicações das classes trabalhadoras, que somente no poder sindical encontram meio eficaz de contrabalançar a força econômica do capital. No início da formação histórica do Direito do Trabalho, quando a legislação se limitava a regular o horário do trabalho das crianças e as condições de trabalho das mulheres, e quando era proibida a coalizão operária, justificava-se tal atitude paternalista e protecionista. A partir, porém, do instante em que os sindicatos dos trabalhadores assumiram a posição (que lhes compete por direito de conquista) de contrapoder em face do capital e do poder político, ela não pode mais ser assumida por aqueles que têm consciência do papel a desempenhar na análise das relações trabalho/capital" (Romita, Arion Sayão. Os princípios do direito do trabalho ante a realidade. *Revista LTr,* São Paulo, Vol. 74, N.º 09, set/2010, pág. 1042); mais adiante, o autor ainda acrescenta que "a proteção oferecida pela legislação trabalhista brasileira ao trabalhador, na realidade dos fatos, redunda em desproteção. E a resultante dessa desproteção também desempenha uma função social: perpetua a posição subalterna e submissa em que se encontra o trabalhador e justifica a necessi-

virado, exclusivamente, para uma impulsiva e indiscriminada proteção do trabalhador sobre si próprio e sobre o seu empregador, impedindo-o de manifestar a sua vontade em quaisquer circunstâncias por considerá-la (*rectius*, desconsiderá-la) *a prioristica* e presumidamente viciada; para se dirigir, cada vez mais, a garantir que a melhor forma de tutelar os direitos e interesses do trabalhador é prosseguida – não *a priori*, com recurso a regras impeditivas e paternalistas que obstam a que este manifeste a sua vontade, mas – encetando esforços para que este possa ter reais condições de manifestar a sua autonomia e verdadeira vontade; nos mesmos termos, aliás, que se procurou também fazer com as pessoas deficientes e que se procura fazer com os consumidores[76].

6.3. DA APLICAÇÃO DO PRINCÍPIO DA PROTEÇÃO *NO PROCESSO* DO TRABALHO

6.3.1. O "estado da arte"

Tem existido grande celeuma sobre a vigência do princípio da proteção no processo do trabalho, inclusivamente a nível internacional[77].

---

dade de atuação dos protetores, protegendo (aqui sim, há proteção) a posição social por eles ocupada. Estas circunstâncias, aliadas ao sentimento de piedade para com o trabalhador (...), considerado desvalido no meio social, reduz o indivíduo à posição de menor social. O trabalhador brasileiro, diante da dura realidade que deve enfrentar na labuta diária, dispensa o sentimento de piedade e não deve ser tratado como desvalido ou menor social" (*ibidem*, pág. 1043-1044).

76. Como anota Marques, "no novo modelo contratual há uma revalorização da palavra empregada e do risco profissional, aliada a uma grande censura intervencionista do Estado quanto ao conteúdo do contrato. É um acompanhar mais atento para o desenvolvimento da prestação, um valorizar da informação e da confiança despertada. Alguns denominam de renascimento da autonomia da vontade protegida. O esforço deve ser agora para garantir uma proteção da vontade dos mais fracos, uma vontade protegida pelo direito, vontade liberta das pressões e dos desejos impostos pela publicidade e por outros métodos agressivos de venda, é o objetivo" (cf. Marques, Cláudia Lima. Contratos bancários em tempos pós-modernos – primeiras reflexões. *Revista de Direito do Consumidor*, São Paulo, Vol. 25, jan-mar/1998, pág. 25).

77. Em Espanha, por exemplo, não obstante o art. 74 da LRJS dispor expressamente os princípios que informam o processo trabalhista (imediação, oralidade, concentração e celeridade), há quem entenda pela aplicação do caráter tuitivo do processo trabalhista, como Lefebvre, Francis. *Procedimiento laboral 2015-2016*. Madrid: Ediciones Francis Lefebvre, 2016, pág. 24 ("La paridad que garantiza la Const art.24 no es la formal, sino la real. Ello explica el carácter tuitivo del proceso de trabajo – reflejo de la naturaleza del ordenamiento laboral, que se caracteriza por un sentido compensador e igualador de las desigualdades que subyacen a las posiciones de trabajador y empresario –, en el

A doutrina[78] e jurisprudência[79] que advogam a favor da sua repercussão

---

que el juego de este principio se modula para dar un tratamiento procesal más favorable al trabajador, en determinados aspectos, que se justifica por la finalidad de equilibrar (...). Ello no significa que el proceso se desequilibre en sentido inverso, introduciendo privilegios no razonables o restricciones injustificadas de la garantía constitucional de igualdad de armas, sino la remoción de los obstáculos procesales que el trabajador pueda tener por su condición de tal, de manera que ambas partes acudan al proceso en igualdad de armas y el trabajador no tenga mayores inconvenientes que el empresario para litigar contra él (...)", apontando como exemplos deste principio tuitivo (i) de nível econômico o benefício da justiça gratuita, a designação de advogado de ofício e assistência pericial gratuita, isenção de depósitos recursais, exoneração de cumprir com honorários à contraparte; (ii) regras específicas de distribuição de ônus probatório e, entre outros (iii) regime imperativo da competência territorial). No mesmo sentido, Escartin, Ignacio Garcia-Perrote. *La prueba em el processo de trabajo.* Madrid: Civitas, 1994, pág. 78 ("La tutela del trabajador, junto a una vertiente material o sustantiva, tendría así una vertiente procesal, inseparable, podría decirse, de la anterior. Y si las normas laborares sustantivas se encaminan a tutelar al trabajador, las normas procesales no pueden permanecer por completo ajenas a ese objetivo. El trabajador necesita no sólo que, atendiendo a su situación de desigualdad económica y jurídica, el ordenamiento le reconozca determinados derechos; necesita igualmente, y con la misma intensidad y, si cabe, mayor premura, normas procesales que permitan actuar aquellos derechos en caso de no reconocimiento y vulneración empresarial de los mismos"); Melgar, Alfredo Montoya. *Derecho del Trabajo.* Madrid: Tecnos, 2016, pág. 755; Villalón, Jesús Cruz. *Compendio de Derecho del Trabajo.* Madrid: Tecnos, 2016, págs. 613-614. Em sentido contrário, Aroca, Juan Montero; Cabrero, Manuel Iglesias, Correa, José Maria Marín, Corral, Mariano Sampedro. *Comentarios a la Ley de Procedimiento Laboral.* Madrid: Civitas, 1993, vol. I, págs. 490-499; Aroca, Juan Montero. *Introducción al proceso laboral.* 4ªed. Barcelona: Bosch, 1997, págs. 52-57; Valverde, Antonio Martín; Gutiérrez, Fermín Rodríguez-Sañudo; Marcia, Joaquín García. *Derecho del Trabajo.* 26ª ed. Madrid: Tecnos, 2017, págs. 910-912; Gil, Luis Enrique de la Villa; Becedas, Gabriel Garcia; Escartin, Ignacio Garcia-Perrote. *Instituciones de derecho del trabajo.* 2ª ed. Madrid: Ceula, 1991, págs. 710-716; Teruel, José Luis Carratalá; Rodriguez, Nieves Rabassó. La jurisdicción de trabajo I. *In* Palacio, Arántzazu Vicente (coord.). *Derecho del Trabajo.* 9ªed. Navarra: Thompson, 2016, págs. 288-289.

78. Santos, Enoque Ribeiro dos; Hajel Filho, Ricardo Antonio Bitter. *Curso de Direito Processual do Trabalho.* 3ª ed. São Paulo: Atlas, 2018, pág. 168; Oliveira, Murilo Carvalho Sampaio. Dilemas do direito processual do trabalho com o advento do NCPC. *In* Dallegrave Neto, José Afonso, Goulart, Rodrigo Fortunato (coord.). *Novo CPC e o Processo do Trabalho.* 2ª ed. São Paulo: LTr, 2016, págs. 63-64: "Essa forte instrumentalidade do 'Processo Judiciário do Trabalho' em relação ao Direito do Trabalho não apenas incorpora o princípio protetivo no plano processual, como também atrai a incidência de outros princípios do direito material para o ambiente processual. (...) O Direito Processual do Trabalho tem como esqueleto a teoria geral do processo civil (conceitos de processo, procedimento, princípios processuais, garantias constitucionais, devido processo legal, etc.), mas tem como carne essa tríade da simplicidade-celeridade-

-efetividade, afora a alma protecionista". No mesmo sentido, GIGLIO, Wagner; CORRÊA, Claudia Giglio Veltri. *Direito Processual do Trabalho.* 16ª ed. São Paulo: Saraiva, 2007, pág. 84, nota 2, onde os Autores fundamentam: "essas características do Direito Material do Trabalho imprimem suas marcas no direito instrumental, particularmente quanto à proteção, do contratante mais fraco, cuja inferioridade não desaparece, mas persiste no processo (...). Algumas normas processuais de proteção ao trabalhador já existem, a comprovar o princípio protecionista. Assim, a gratuidade do processo, com isenção de pagamento de custas e despesas, aproveita aos trabalhadores, mas não aos patrões; a assistência judiciária gratuita é fornecida ao empregado, mas não ao empregador; a inversão do ônus da prova através das presunções beneficia o trabalhador, nunca ou raramente o empregador; o impulso processual *ex officio* favorece o trabalhador, já que o beneficiário dos serviços, salvo raras exceções, é o réu, demandado e não aufere proveito da decisão: na melhor das hipóteses, deixa de perder". Também LEITE (LEITE, Carlos Henrique Bezerra. *Curso de Direito Processual do Trabalho.* 14ª ed. São Paulo: Saraiva, 2016, pág. 100-104) fundamenta o seu entendimento com o facto de que os problemas que fundamentam a proteção no plano material, transportam-se nos mesmos termos para o palco processual. Nas suas palavras: "a desigualdade econômica, o desequilíbrio para a produção de provas, a ausência de um sistema de proteção contra a despedida imotivada, o desemprego estrutural e o desnível cultural entre empregado e empregador, certamente, são realidades transladadas para o processo do trabalho, sendo, portanto, imprescindível a existência de um princípio de proteção do trabalhador (...)" – embora em texto mais recente reconheça que novos preceitos trazidos pela Reforma, do qual é exemplo o art. 899, §§4º e 11, tenham "reduzido" o impacto do princípio da proteção no processo trabalhista (LEITE, Carlos Henrique Bezerra. A Reforma Trabalhista (Lei n.º 13.467/2017) e a desconstitucionalização do acesso à Justiça do Trabalho: breves comentários sobre alguns institutos de direito processual do trabalho. *In* TUPINAMBÁ, Carolina, GOMES, Fábio Rodrigues (coord.). *A reforma trabalhista: o impacto nas relações de trabalho.* Belo Horizonte: Fórum, 2018, pág. 57); SCHIAVI, Mauro. Novas reflexões sobre a renúncia, transação e conciliação no Direito e no Processo do Trabalho à luz do Novo CPC e da jurisprudência do TST. *Revista LTr,* São Paulo, Vol. 73, N.º 06, jun/2009, pág. 274: "assim como o Direito Material do Trabalho adota o princípio protetor, que tem como um dos seus vetores a regra da norma mais benéfica, o Direito Processual do Trabalho, por ter um acentuado grau protetivo, e por ser um direito, acima de tudo instrumental, com maiores razões que o direito material, pode adotar o princípio da norma mais benéfica, e diante de duas normas processuais que possam ser aplicadas à mesma hipótese, escolher a mais efetiva, ainda que seja a do Direito Processual Civil e seja aparentemente contrária à CLT"; CAVALCANTE, Jouberto de Quadros P.; JORGE NETO. DIREITO PROCESSUAL DO TRABALHO. 8ª ed. São Paulo: Atlas, 2019, págs. 94-95; RABELO, César Leandro de Almeida; VIEGAS, Cláudia Mara de Almeida Rabelo. O princípio da proteção como fundamento para a aplicação subsidiária do art. 475.º-J ao processo do trabalho. *Revista Síntese Trabalhista e Previdenciária,* São Paulo, Vol. 23, N.º 273, 2010, pág. 73; LIMA FILHO, Francisco das C. O princípio da proteção e sua importância na interpretação das normas materiais e instrumentais laborais. *Revista do TRT da 24ª Região,* Campo Grande, N.º 15, 2010, pág. 24; PEREIRA: "O processo judicial dá margem a novas disputas interpretativas de ocupação de espaços e de consolidação de posições. Se o princípio da proteção fosse aplicável apenas no âmbito do direito material, as garantias previstas buscando o equilíbrio das relações jurídicas seriam neutralizadas ou até revertidas durante a tramitação do processo. (...) No aspecto interpretativo, o princípio de proteção deve orientar o julgador em todas as suas decisões (...) [sendo que, ademais,] os subprincípios da proteção mencionados por Plá Rodriguez, norma mais favorável, condição mais benéfica e *in dúbio pro operario* representam critérios mais processuais do que propriamente de direito material" (PEREIRA, Ricardo José Macêdo de Britto. Princípios do direito processual do trabalho: reflexões em face do novo Código de processo civil. *Revista direito das relações sociais e trabalhistas*, Vol. 1, N.º 2, jul-dez/2015, pág. 87); SPINELL, posicionando-se a favor da aplicação ao processo do trabalho do princípio da proteção, advoga que uma das manifestações onde este se poderia revelar frutífero seria precisamente na fixação de competência territorial que decorre do art. 651 da CLT ("A competência das Juntas de Conciliação e Julgamento é determinada pela localidade onde o empregado, reclamante ou reclamado, prestar serviços ao empregador, ainda que tenha sido contratado noutro local ou no estrangeiro") e sustenta que o empregado deverá poder ajuizar a ação no foto do seu domicílio, sempre que tal o beneficiar (SPINELLI, Marília Leal Montenegro. Interpretação do art. 651 da CLT à luz do princípio da proteção do empregado e do amplo acesso à justiça. *Revista do direito trabalhista*, Brasília, Vol. 19, N.º 2, fev/2013, pág. 26). Sem conseguirmos bem perceber se é ou não adepto da ideia tuitiva, ALMEIDA não o elenca entre a lista de princípios que considera reger o processo do trabalho. Todavia, pelo menos no que respeita ao princípio do *in dubio pro reo*, o princípio que designa como "da unidade essencial entre o direito processual e o direito material" parece admiti-lo, ao asseverar que na dúvida entre uma situação jurídica essencial e uma patrimonial, haverá de prevalecer a primeira (cf. ALMEIDA, Cléber Lúcio. Princípios de direito processual do trabalho. *Revista LTr*, São Paulo, Vol. 73, N.º 02, fev/2009, págs. 172-173; e Princípios do direito processual do trabalho e o exame dos reflexos das recentes alterações do código de processo civil no direito processual do trabalho. *In* CHAVES, Luciano Athayde (coord.). *Direito Processual do Trabalho: Reforma e Efetividade*. São Paulo: LTr, 2007, pág. 18). Ainda, MACIEL JÚNIOR, Vicente de Paula. Os princípios do direito e do processo do trabalho e suas influências no direito processual civil reformado. *In* CHAVES, Luciano Athayde (coord.). *Direito Processual do Trabalho: Reforma e Efetividade*. São Paulo: LTr, 2007, págs. 120-121. ("entretanto, a aplicação dos princípios da norma jurídica mais favorável e da hierarquia flexível é de fundamental importância para o Direito Processual do Trabalho, porque eles orientam não só a análise do direito objetivo como influenciam problemas de ordem prática, como a questão da distribuição do ônus da prova"); SARAIVA, Renato; MANFREDINI, Aryanna. *Curso de Direito Processual do Trabalho*. 12ª ed. Salvador: Juspodivm, 2015, págs. 46-47; CASSAR, Vólia Bomfim. *Direito do Trabalho de acordo com a Reforma Trabalhista*. 16ª ed. São Paulo: Gen, 2018, pág. 185; LIMA, Francisco Meton Marques de. *Manual de processo do trabalho*. 2ª ed. São Paulo: LTr, 2008, pág. 26 e 34; MARTINS, Sérgio Pinto. *Direito Processual do Trabalho*. 40ª ed. São Paulo: Atlas, 2018, págs. 90-91 ("o verdadeiro princípio do processo do trabalho é o protecionista. Assim como no Direito do Trabalho, as regras são interpretadas favoravelmente ao empregado, em caso de dúvida, no processo do trabalho também vale o princípio protecionista, porém analisado sob o

no processo do trabalho, entendem que a intervenção jurisdicional trabalhista não pode ser neutra e que a técnica processual deve superar formalismos que possam vingar neste ramo do direito, já que a adequada tutela do direito e garantias materiais dos trabalhadores exigem que o processo que se lhes instrumentaliza obedeça ao mesmo desiderato político-social da proteção do hipossuficiente imposta no direito material. Alegam que a importação para o processo laboral do princípio da proteção não iria pôr em causa

---

aspeto do direito instrumental. (...) Não é a Justiça do Trabalho que tem cunho paternalista ao proteger o trabalhador, ou o juiz que sempre pende para o lado do empregado, mas a lei que assim o determina. Protecionista é o sistema adotado pela lei. Isto não quer dizer, portanto, que o juiz seja parcial em favor do empregado, ao contrário: o sistema visa a proteger o trabalhador"); PEREIRA, Leone. *Manual de processo do trabalho.* 5ª ed. São Paulo: Saraiva, 2018, pág. 93; TEIXEIRA FILHO, Manoel Antônio. *Curso de direito processual do trabalho: processo de conhecimento.* São Paulo: LTr, 2009, Vol. I, pág. 93 – embora o autor o designe como princípio da "correção da desigualdade"; LIMA, Leonardo Barbosa. *Lições de Direito Processual do Trabalho. Teoria e Prática.* 4ª ed. São Paulo: LTr, 2017, pág. 44; TOLEDO FILHO, Manoel Carlos. Comentário ao art. 15. *In* SILVA, José Antônio Ribeiro de Oliveira (coord.). *Comentários ao novo CPC e sua aplicação ao processo do trabalho: atualizado conforme a Lei nº 13.256/2016.* São Paulo: LTr, 2016, pág. 52. Também parece ser esse o entendimento de MALTA, Christóvão Piragibe Tostes. *Prática do processo trabalhista.* São Paulo: LTr, 2008, págs. 29 ss; e de ESPADA, Cinthia Maria da Fonseca. *O princípio protetor do empregado e a efetividade da dignidade da pessoa humana.* São Paulo: LTr, 2008, pág. 72. Esta última autora não é clara no reconhecimento do princípio na seara processual, sustentando que "(...) em relação ao Direito Processual do Trabalho, o sistema é protecionista, mas isso não significa que o intérprete e aplicador do Direito possa simplesmente abandonar todas as regras de hermenêutica e decidir com base no princípio da proteção do empregado".

79. "(...) não parece ser possível a aplicação da norma constante do art. 219, §5º do Código de Processo Civil, no âmbito do Direito Processual Laboral, na medida em que pensada e editada para disciplinar um processo no qual pelo menos em tese, as partes estão em condições de igualdade e discutem direitos disponíveis, o que não ocorre no campo do Direito Processual do Trabalho, em que os conflitos, na sua grande maioria envolvendo salário, alimentos, são marcados pela indisponibilidade e pelo princípio da proteção ao trabalhador hipossuficiente. Por conseguinte, não se pode cogitar de declaração de ofício da prescrição no campo laboral, pois totalmente incompatível com os princípios tutelares do trabalho humano dependente ou subordinado" (acórdão do TRT, 24ª região, Processo de Recurso Ordinário n.º 01251/2008.004.24.00.1, Relator XX, data de julgamento YY); "(...) Aplica-se ao processo do trabalho as disposições constantes do §2º do art. 475 do CPC (...). Registe-se, ainda, que tal aplicabilidade vem ao encontro dos princípios que influenciam ou orientam o processo do trabalho, principalmente os princípios da proteção ao hipossuficiente, da razoabilidade, da celeridade e da economia processual (...)" (acórdão do TRT, 23ª Região, Agravo Interno em Recurso Ordinário de Ofício n.º 01284.2002.003.23.00.4, Relatora Juíza Maria Berenice, Data de Julgamento 02.12.2003).

a imparcialidade do juiz nem romper com a igualdade processual; antes pelo contrário, o magistrado seria um salvo-conduto para garantir que as desigualdades sentidas pelo empregado no plano material não afetassem a forma paritária como o processo se deve desenrolar. Por outras palavras, uma tutela efetiva oferecida por uma Justiça especializada não se bastaria com a mera enunciação de direitos, exigindo também a sua substanciação.

Cumpre frisar, que mesmo dentro desta corrente, autores há que ressalvam os impactos que a EC n.º 45/2004 causou neste princípio tuitivo. Em lides envolvendo relações de trabalho *strito sensu,* cobrança de multas administrativas, contribuições previdenciárias ou outras, diante partes presumivelmente iguais, o princípio perde a sua razão de ser[80].

Com visão diametralmente oposta, encontramos também a nível doutrinário[81] e jurisprudencial[82] quem entenda que a proteção a que o anterior

---

80. A ressalva pertence a Bezerra Leite, quando escreve, após enunciar exemplos de aplicação do princípio ao processo do trabalho, que "todas essas considerações são aplicáveis na hipótese em que o processo do trabalho se apresenta como instrumento de realização do direito material do trabalho. Todavia, a ampliação da competência da Justiça do Trabalho para processar e julgar outras relações de trabalho (EC n. 45/2004), bem como para as ações relativas à cobrança de multas administrativas e contribuições previdenciárias, passaram a exercer grande influência na (in)aplicação do princípio da proteção processual, por exemplo, nas ações de cobrança de multas impostas pelos órgãos de fiscalização do trabalho em que figuram empregador, como réu e União, como autora, ou nas ações de disputa de representatividade de categoria entre dois sindicatos. Indaga-se: quem é o hipossuficiente? Há realmente um destinatário do princípio da proteção? Surgem, nesses casos, 'duelos' entre duas pessoas jurídicas, não devendo o juiz adotar o princípio da proteção, já que as partes são presumivelmente iguais" (Leite, Carlos Henrique Bezerra. *Curso de Direito Processual do Trabalho.* 14ª ed. São Paulo: Saraiva, 2016, págs. 103-104).

81. Saad, Eduardo Gabriel. *Curso de Direito processual do trabalho.* 7ª ed. rev. atual. e ampl. por Saad, José Eduardo, Branco, Ana Maria Saad Castello. São Paulo: LTr, 2014, págs. 64-80; Laurino, Salvador Franco de Lima. O art. 15 do novo código de processo civil e os limites da autonomia do processo do trabalho. *Revista LTr,* São Paulo, Vol. 79, N.º 08, ago/2015, pág. 950: "embora seja pedra angular do Direito do Trabalho, o princípio de proteção contido no *caput* do art. 7º da Constituição não é absoluto. Sua interpretação não prescinde da ponderação com outros princípios constitucionais, em particular com o princípio do devido processo legal, ao qual não se sobrepõe. A busca pela efetividade da ordem jurídica não é exclusividade do processo do trabalho, pois decorre do princípio do acesso à justiça. Todos os ramos do direito processual visam efetiva, adequada e tempestiva tutela jurisdicional, o que invalida a linha de pensamento que sobrevaloriza o princípio de proteção de forma a legitimar o abrandamento da legalidade do procedimento". No mesmo sentido, Cairo Jr. José. *Curso de Direito Processual do Trabalho.* 12ª ed. Salvador: Juspodivm, 2018,

setor doutrinário apela não decorre da consagração de princípio específico laboral, mas deriva e pode ser subsumida ao próprio princípio geral da igualdade e efetividade. Um dos principais pontos que tem sido esgrimido a favor desta corrente, prende-se com a incongruência de deslocar o princípio do *in dubio pro operario* para o palco processual[83]. Afinal, um fato ou se considera

---

pág. 56: "não há como comungar com esse entendimento. Com efeito, o que existe no processo do trabalho são instrumentos que facilitam o acesso à Justiça ao empregado de forma mais ampla do que aquele conferido ao empregador"; PINTO, José Augusto Rodrigues. *Processo trabalhista de conhecimento.* São Paulo: LTr, 2005, págs. 69-70: "É fora de dúvida que a ideia de proteção do hipossuficiente econômico exerce forte pressão sobre o processo do trabalho, em vista de sua natureza complementar do direito material, do que são exemplos bastante claros a atribuição do *jus postulandi* a quem não deveria dispor de capacidade postulatória, a natureza opcional da postulação oral, a interposição de recursos por simples petição etc. Todos esses dispositivos visam, em sua origem, a tornar mais fácil o acesso do operário ao juízo trabalhista. O ponto de equilíbrio com essa proteção (...) está em que, pela regra processual, o benefício conferido ao empregado o é também ao empregador. Tal ponto de equilíbrio é rompido sempre que o órgão jurisdicional se investe, indevidamente, na função de tutor do empregado, aplicando, por exemplo, a regra do *in dúbio pro misero*, extensiva do princípio da proteção, quando aprecia as consequências processuais da divisão do ônus da prova (...). Sempre que houver uma ruptura de equilíbrio dessa natureza, o sentimento de confiança na Justiça estará comprometido pela traição ao princípio de imparcialidade de seu órgão representativo. A sabedoria do juízo trabalhista na dosagem entre os *princípios*, igualmente fundamentais, da *proteção* (direito material) e da *imparcialidade* (de direito processual), torna-se, portanto, em fiel da balança de atuação no processo (...)". O Autor pugna apenas pela existência de um princípio da igualdade (ou simetria) de tratamento das partes no processo trabalhista. Com posição algo ambígua, ALMEIDA baseia-se num princípio de "disparidade processual", que ampara em postulados de igualdade e paridade de armas, mas sem estabelecer um parâmetro de equivalência ao princípio da proteção (ALMEIDA, Cléber Lúcio. *Direito Processual do Trabalho.* 8ª ed. São Paulo: LTr, 2016, págs. 96-98).

82. A nível jurisprudencial, a doutrina parece inclinar-se também para negar essa extensão ao princípio, como resulta, por exemplo, do acórdão do TST, Processo de Recurso de Revista n.º 2554/2001.003.02.00, Data de Julgamento 03.03.2006: "Prova oral cindida. Aplicação do princípio da persuasão racional do artigo 131 do CPC em detrimento da aplicação das regras do ônus subjetivo da prova. I. Malgrado o Regional bem se orientasse sobre a inaplicabilidade do duvidoso princípio do in dúbio pro operário, na hipótese de a prova oral se mostrar contraditória, não se houve com acerto ao adotar a tese de que nessa circunstância impõe-se priorizar a aplicação das regras do ônus subjetivo da prova (...)".

83. Posicionando-se apenas quanto a esta vertente do princípio da proteção (e não perante as demais), para o considerar como não aplicável ao processo do trabalho, BRANCO, André Nóbrega. Norteamento do princípio da proteção em face da flexibilização do trabalho. *Revista da ESMAT 13/Escola Superior da Magistratura Trabalhista da*

provado, ou não, determinando as regras objetivas do ônus da prova quem deverá suportar as consequências de tal desiderato. Nem a prova, em caso de dúvida do magistrado, deverá ser interpretada favoravelmente ao trabalhador; nem a norma de distribuição do ônus da prova (independentemente da sua fonte – v.g. legislativa, sumular, jurisdicional ou convencional) deverá seguir o mesmo sentido[84].

6.3.2. Posição adotada

Consideramos que o princípio da proteção *não é* um princípio processual do trabalho. Os argumentos que costumam ser apontados para sustentar esta tese – (i) a hipossuficiência do trabalhador, (ii) uma série de dispositivos

---

Paraíba, Paraíba, Vol. 6, N.º 6, 2013, pág. 39; Cunha, Mariana Moreno de Gusmão. O princípio protetor na sociedade contemporânea. *Revista da ESMAT 13 / Escola Superior da Magistratura Trabalhista da Paraíba*, Paraíba, Vol. 6, N.º 6, 2013, págs. 201-202; Martinez, Luciano. *Curso de Direito do Trabalho.* 8ª ed. São Paulo: Saraiva, 2017, pág. 124, Silva, Pedreira, Luiz de Pinho Pedreira da. *Principiologia de direito do trabalho.* São Paulo: LTr, 1999, págs. 65 ss; Martins, Sérgio Pinto. *Direito do Trabalho.* 33ª ed. São Paulo: Saraiva, 2017, pág. 135. Carrion, Valentin. *Comentários à Consolidação das Leis do Trabalho.* 40ª ed. São Paulo: Saraiva, 2015, anotação ao artigo 769. Em particular nas palavras de Delgado, "(...) tal diretriz correspondia a uma fase rudimentar do Direito do Trabalho, em que esse ramo jurídico especializado ainda não havia conseguido incorporar um arsenal técnico-científico sofisticado no conjunto de suas normas, categorias e teorizações. Hoje a teoria do ônus da prova sedimentada no Direito Processual do Trabalho, e o largo espectro de presunções que caracteriza esse ramo especializado do Direito já franqueam, pelo desequilíbrio do ônus probatório imposto às partes (...) possibilidades mais eficazes de reprodução, no processo, da verdade real" (Delgado, Maurício Godinho. *Curso de direito do trabalho.* 16ª ed. São Paulo: LTr, 2018, pág. 229).

84. Contestando este argumento em particular, a corrente favorável à edificação do princípio protetor no processo do trabalho tem vindo a responder no seguinte sentido: "não se trata da interpretação da norma para valorar o alcance da prova, mas da apreciação de um meio de prova para decidir a lide, não permitindo suprir deficiências probatórias. Na verdade, a dúvida pode se referir à capacidade da parte de produzir ou não produzir a prova e não em relação a sua suficiência", cf. Pereira, Ricardo José Macêdo de Britto. Princípios do direito processual do trabalho: reflexões em face do novo Código de processo civil. *Revista direito das relações sociais e trabalhistas*, Vol. 1, N.º 2, jul-dez/2015, pág. 87. Também considerando aplicável ao processo do trabalho, mas com limitações, Barros, Alice Monteiro. *Curso de Direito do Trabalho.* 11ª ed. São Paulo: LTr, 2017, pág. 125. A autora considera que "(...) só se deve decidir em favor do empregado quando houver fundada dúvida a respeito do alcance da lei e nunca para suprir deficiência da prova, cujo ônus lhe competia, tampouco quando implicar sacrifício do interesse público em função do interesse particular".

previstos na CLT destinados a "favorecer" o trabalhador – não nos parecem, *data venia*, rigorosos. No que respeita ao primeiro ponto, remetemos a sua apreciação para o capítulo apropriado (*infra* 7.II.4.5.1).

Quanto aos dispositivos que a CLT antecipa como manifestação dessa proteção ao trabalhador, podemos dizer que muitos deles são incorretamente apontados como dirigidos exclusivamente ao trabalhador uma vez que, na verdade, também se aplicam ao empregador. Vejamos um por um: (i) gratuitidade da justiça destinada exclusivamente aos empregados; (ii) inversão do ônus da prova aproveitando apenas ao empregado (Súmula 212 do TST); (iii) impulso oficial na execução (art. 878 da CLT); (iv) a ausência do reclamante à audiência importa arquivamento da reclamação (art. 844 da CLT); (v) obrigatoriedade de depósito recursal é exclusivo dever do reclamado (art. 899, §1.° da CLT), (vi) competência territorial para demandar deve ser a da localidade onde o empregado prestou serviços (art. 651 da CLT)[85].

Em primeiro lugar, começar por dizer que não é o fato de a legislação reservar eventual tratamento diferenciado ao trabalhador no processo que eleva essa diferença imediatamente a princípio de todo o ramo jurídico. Com efeito, também no direito do consumo (*maxime*, inversão do *onus probandi*), ou mesmo em processos (civis, laborais etc.) onde entidades públicas estão presentes (*maxime*, prazo em dobro), existe uma série de dispositivos destinados a contrabalançar algum desequilíbrio relacional sem que, com isso, possamos concluir que haja um princípio protetor a nortear a sua conduta. Aliás, *todo o processo*, inclusive o civil, só se constrói e revela adequadamente se respeitado o princípio da isonomia e igualdade de armas, condição de efetivação do devido processo legal (art. 7° CPC). Acrescer à proteção jurídico-material que o empregado já recebe, uma outra jurídico-processual, é criar uma desigualdade injustificável[86].

---

85. Saraiva, Renato; Manfredini, Aryanna. *Curso de Direito Processual do Trabalho*. 12ª ed. Salvador: Juspodivm, 2015, pág. 47; Martins, Sérgio Pinto. *Direito Processual do Trabalho*. 40ª ed. São Paulo: Atlas, 2018, pág. 90.

86. No mesmo sentido, Cairo Jr. José. *Curso de Direito Processual do Trabalho*. 12ª ed. Salvador: Juspodivm, 2018, pág. 57: "Ora, o empregado já recebe uma proteção material para compensar uma desigualdade com o empregador existente no plano fático. Atribuir outra proteção decorrente da aplicação da legislação processual do trabalho ao obreiro é, sem dúvida, criar uma desigualdade e, consequentemente, uma injustiça. (...) Prova disso é que ninguém defende a aplicação da regra mais benéfica no processo do trabalho, pois esse ramo pertence ao Direito Público, no qual sempre vai prevalecer a regra constitucional e não aquela de grau inferior que favoreça o trabalhador como parte de um litígio".

Voltando-nos agora aos dispositivos enumerados como alegadamente legitimadores do princípio em sede processual, pela mesma ordem. (i) Sem prejuízo do trabalhador ter sido beneficiário de um *sistema de justiça gratuita* bastante simplificado onde bastava a mera a alegação de hipossuficiência econômica para se habilitar à dispensa de despesas processuais, podemos dizer, em primeiro lugar, que, por exemplo, certo tipos de empregadores que façam prova de que lhes faltam condições financeiras para o custeio da lide (art. 790, §4º da CLT) poderão eventualmente beneficiar do mesmo regime (*maxime* empregadores domésticos); que, em segundo lugar, há quem admita a aplicação do art. 98, *caput* e §1º do CPC a *pessoas jurídicas* dependendo de prova da insuficiência económica para arcar com as despesas processuais[87];

---

87. Assim, por exemplo, Martins Filho, Ives Gandra da Silva. *Manual esquemático de direito de trabalho e processo do trabalho.* 26ª ed. São Paulo: Saraiva, 2018, pág. 269; e ainda acórdão do TST, 6ª Turma, Recurso de Revista em Processo n.º 153700.38.2008.5.15.0045, Relator Augusto César Leite de Carvalho, Data de Julgamento: 10.12.2014 ("Recurso De Revista. Justiça Gratuita. Empregador. Pessoa Jurídica. O regional asseverou que o benefício da justiça gratuita a empregador será concedido desde que seja pessoa física, empregador doméstico ou firma individual, diante da simples declaração de insuficiência econômica. Circunstâncias as quais não foram preenchidas. Embora este não seja o entendimento prevalecente no âmbito desta Corte Superior, de fato, não estão preenchidos os requisitos para a concessão do pleito. A Lei 1.060/50 estabelece normas aplicáveis à concessão de assistência jurídica aos necessitados, ou seja, regra geral, às pessoas naturais que não dispõem de meios econômicos para praticar os atos de defesa de seus interesses ou direitos pela via judicial. Excepcionalmente, porém, a jurisprudência desta Corte vem admitindo a possibilidade de concessão dos benefícios citados na Lei 1.060/50 às pessoas jurídicas, sempre que houver prova inequívoca de dificuldade econômica, quer dizer, de não poderem arcar com o custo do processo, tais como custas, honorários e depósitos recursais (este último incluído pela Lei Complementar 132/2009). Não obstante a ampliação das hipóteses de isenção abrangidas pela justiça gratuita, pelas alterações trazidas pela LC 132/2009, a qual inseriu o inciso VII no art. 3º da Lei 1.060/50, o entendimento desta Corte é no sentido de a pessoa jurídica não se beneficiar da presunção de veracidade de hipossuficiência econômica, pois atribuída apenas à pessoa física. A pessoa jurídica, para ter direito ao benefício, tem de comprovar que não pode arcar com as despesas do processo, mesmo em se tratando de pessoa jurídica sem fins lucrativos. Por fim, destaque-se que a jurisprudência desta Corte firmou-se no sentido de a concessão e, ainda, de a concessão só abranger apenas as custas e não o depósito recursal. No caso concreto não há comprovação de hipossuficiência econômica. Requerimento indeferido. Assim, indevida a concessão dos benefícios da justiça gratuita à reclamada. Recurso de revista não conhecido (...)"). Ainda neste sentido, *vide* Enunciado n.º 16 do FNPT que dispõe: "CLT, art. 790, §3º e NCPC, art. 99, §3º. Gratuidade judiciária. Veracidade da alegação de insuficiência por pessoa natural. Presunção. Justiça gratuita à pessoa jurídica. Necessidade de comprovação de

ou mesmo, em terceiro lugar, que após a Reforma algumas regras de custas e sucumbência foram alteradas prejudicando inclusivamente o trabalhador, como é o caso da responsabilidade pelo pagamento de honorários periciais à parte sucumbente ainda que beneficiária de justiça gratuita (art. 790-B da CLT). (ii) A questão do *ônus da prova* nada tem a ver com o princípio protetor; ela fundamenta-se e legitima-se num postulado de *aptidão probatória*, *i.e.*, deve suportá-lo quem tem mais condições de fazer a prova em juízo; essa falta de aptidão probatória pode coincidir com um estado de hipossuficiência (económica) do sujeito (art. 6º, VIII do CDC), ou não[88]. Além disso, não podemos esquecer que, em regra, cumpre ao autor (que maioritariamente coincide com o empregado) o ônus da alegação dos fatos, além de que em matérias de particular importância a inversão nem sempre opera, como é o caso das horas-extra[89]. (iii) O *impulso oficial* pelo magistrado em sede executiva também sofreu com a Reforma significativa contingência, já que, por força do art. 878 da CLT, apenas quando o trabalhador estiver desacompanhado de advogado (*jus postulandi*) é que o tribunal fará *jus* a essa competência. (iv) Quanto aos *termos da audiência*, revela-se um falso argumento, porquanto parte do princípio de que apenas os trabalhadores figuram no polo ativo da relação processual como reclamantes; propositadamente omitindo que quando se trata do inverso (empregador reclamante) a consequência é exatamente idêntica: ocupando o polo ativo e não comparecendo à primeira audiência, a sua demanda será igualmente arquivada. (v) A referência ao *depósito recursal* é também incompleta já que a) a dispensa beneficia apenas os trabalhadores que percebam até 40% do limite máximo dos benefícios

---

insuficiência econômica. Lacuna normativa na CLT. Compatibilidade com os preceitos que regem o processo do trabalho. Aplicabilidade do preceito. Acesso à justiça aos necessitados. Garantia constitucional assegurada. A presunção relativa de veracidade sobre a insuficiência de meios para demandar em juízo, sem prejuízo próprio ou da família, milita em favor da pessoa natural. A pessoa jurídica deverá provar, pelos meios de prova em direito admitidos, que não pode arcar com os custos do processo, sem prejuízo de sua manutenção. Harmonização dos princípios Constitucionais relativos à ordem econômica e financeira (art. 170) e art. 790, §3º, CLT e art. 99, §3º, NCPC".

88. Conforme Enunciado n.º 06 do CEAPRO: "A hipossuficiência justificadora do enunciado da atribuição do ônus da prova é a informativa e não a económica".

89. *Vide*, por exemplo, "a prova do labor extraordinário é do ex-empregado (art. 818, CLT, art. 373, I, CPC), operando-se a inversão do ônus da prova, quando o empregador deixar de apresentar os controles de jornada ou se verificar a existência de horários britânicos (art. 74, CLT, Súmula 338, TST)" (acórdão do TRT, 2ª Região, Processo de Recurso Ordinário nº 1001150-53.2017.5.02.0056, Relator Ministro Francisco Ferreira Jorge Neto, Data de publicação 05.12.2017).

do Regime da Previdência Social (art. 790, §3º da CLT), b) empregador que não prossiga atividade económica – *v.g.* familiares, filantrópicos e sem fins lucrativos, em recuperação judicial – beneficia igualmente de idêntico regime (art. 899, §10 da CLT); c) empregador doméstico, microempreendedores individuais, micro e pequenas empresas beneficiam também da redução para metade deste valor (art. 899, §9º da CLT), pelo que a regra mais do que uma manifestação de um princípio da proteção (que não é), é expressão cabal de uma lógica de proporcionalidade. (vi) Quanto à regra de *fixação de competência*, revela-se também um falso argumento, por em nada "beneficiar" o trabalhador em detrimento da empresa, já que, em regra, o local de prestação de serviços coincide precisamente com o do estabelecimento empresarial[90].

Acima de tudo, é preciso compreender que o processo do trabalho não se preocupa em ser *justiceiro*, mas apenas *justo*; i.e., tal como os demais processos, também o trabalhista tem ínsita uma forte preocupação com a igualdade de armas e de oportunidades. Esta sua característica não o diferencia dos demais, nem pode ser interpretada como um fator de diferenciação de grau ou intensidade em relação àqueles. O processo do trabalho não procura reequilibrar os polos da demanda a qualquer custo, nem redistribuir direitos e poderes dos seus intervenientes, mas proporcionar salvaguardas de exercício, em igualdade de circunstâncias, dos direitos materiais e processuais que são outorgados aos seus titulares[91].

6.4. O *DIÁLOGO NECESSÁRIO* ENTRE OS PRINCÍPIOS DO PROCESSO DO TRABALHO E O PRINCÍPIO DO AUTORREGRAMENTO DA VONTADE NO PROCESSO

6.4.1. O princípio do autorregramento como um *princípio geral do processo* aplicável também ao processo do trabalho

Os valores democráticos que o CPC/15 encarna e procurou trazer são, sem dúvida, um dos pontos mais importantes do seu articulado[92]. O princí-

---

90. Acompanhando alguns dos argumentos de Cairo Jr. José. *Curso de Direito Processual do Trabalho.* 12ª ed. Salvador: Juspodivm, 2018, págs. 57-58.

91. No mesmo sentido, Tupinambá, Carolina. Ao seu Dispor! A Lenda da indisponibilidade dos Direitos dos Trabalhadores. *In* Tupinambá, Carolina (coord.). *Soluções de conflitos trabalhistas: novos caminhos.* São Paulo: LTr, 20188, pág. 47.

92. Dando ênfase não apenas à larga discussão e à ampla legitimidade que precedeu e autorizou a aprovação do CPC de 2015, como ainda exemplificando com dispositivos do Código as manifestações desse carácter, Didier Jr., Fredie. Um CPC democrático.

pio do *autorregramento da vontade das partes*[93] no processo é um vetor que concretiza esses valores democráticos e serve de instrumento ao serviço da "quarta onda metodológica" do processo brasileiro[94].

Não são muitas as vozes na doutrina que se têm pronunciado a respeito da elevação a princípio do autorregramento da vontade das partes no processo. FREDIE DIDIER JR.[95] pode-se assumir, de resto, como um dos principais propulsores da ideia e do reconhecimento do princípio como ideia enformadora de todo o sistema jurídico processual. O legislador assumiu um claro propósito em revalorizar a *vontade* e *liberdade*[96] das partes no

---

Revista Magister de Direito Civil e Processual Civil, São Paulo, Vol. 9, N.º 53, mar-abr/2013, págs. 36-38.

93. O *nomen iuris* remota a PONTES DE MIRANDA que o preferiu em detrimento de "autonomia privada" no processo por forma a evitar confusões terminológicas e não desconsiderasse a própria vontade no direito público (cf. MIRANDA, Francisco Cavalcante Pontes de. *Tratado de Direito Privado.* São Paulo: RT, 2012, T. III, pág. 54; e da mesma forma NOGUEIRA, Pedro Henrique. *Negócios jurídicos processuais.* Salvador: Juspodivm, 2016, pág. 137. Outros, porém, preferem dar-lhe outra designação, como SOUZA, Artur César de. *Código de Processo Civil Anotado, Comentado e Interpretado.* São Paulo: Almedina, 2015, Vol. I, pág. 965, que o designa como princípio da *adaptabilidade* ou *elasticidade.*

94. REZENDE, Renato Horta. O novo código de processo civil voltado para a resolução de conflitos: mudança de paradigma? *Revista dos Tribunais*, São Paulo, Vol. 965, N.º 105, mar/2016, págs. 87-94.

95. DIDIER JR., Fredie. Princípio do respeito ao autorregramento da vontade no Processo Civil, *In* CABRAL, Antonio do Passo; NOGUEIRA, Pedro Henrique (coord.). *Negócios Processuais.* 3ª ed. Salvador: Juspodivm, 2016, pág. 32 e *Curso de Direito Processual Civil.* 17ª ed. Salvador: Juspodivm, 2015, vol. I, pág. 132 ss. Seguido por, por exemplo, e entre outros, por REDONDO, Bruno Garcia. Negócios processuais: necessidade de rompimento radical com o sistema do CPC/1973 para adequada compreensão da inovação do CPC/2015. *In* CABRAL, Antonio do Passo; NOGUEIRA, Pedro Henrique (coord.). *Negócios Processuais.* 3ª ed. Salvador: Juspodivm, 2016, pág. 362; CUNHA, Leonardo Carneiro da. Comentários ao Código de Processo Civil: artigos 188 a 293. *In* MARINONI, Luiz Guilherme, ARENHART, Sérgio Cruz, MITIDIERO, Daniel (coord.). *Coleção Comentários ao Código de Processo Civil.* São Paulo: RT, 2016, vol. III, pág. 50. Em sentido contrário, NEVES, Daniel Amorim Assumpção. *Manual de direito processual civil.* Salvador: Juspodivm, 2017. Volume único, pág. 389.

96. A doutrina diverge quanto ao entendimento sobre o fundamento da negociação processual das partes no processo. DIDIER JR., Fredie. *Curso de Direito Processual Civil.* 17ª ed. Salvador: Juspodivm, 2015, vol. I, pág. 132 ss., entende que esta se baseia num princípio geral de liberdade. No mesmo sentido, JUNQUEIRA, Fernanda Antunes Marques; MARANHÃO, Ney. Negócio processual no processo do trabalho: apontamentos gerais", *in* COLNAGO, Lorena Rezende, NAHAS, Thereza Christina (coord.). *Processo do Trabalho Atual, Aplicação dos enunciados dos Fórum nacional e da instrução normativa*

processo e para o efeito admitiu a implementação de um modelo de *gestão cooperativa neste*[97].

Para o seu entendimento, o autorregramento da vontade pode ser compreendido como um espectro de poderes que permite aos cidadãos exercer os seus direitos em sociedade, nomeadamente os de praticar actos negociais, com respeito pelos ditames impostos pelo ordenamento jurídico[98]. Naturalmente que este direito acabará por assumir vestes mais amplas no âmbito do Direito Privado do que no Direito Público, atentos os princípios que embasam cada um deles. De qualquer forma, nem o Direito Público genericamente considerado, nem o Direito Processual Civil enquanto ramo daquele, desconhecem momentos e dimensões daquela mesma liberdade. A tal ponto que hoje não é mais possível negar a existência de uma *margem de liberdade* mesmo no seio de um direito de natureza predominantemente

---

do TST. São Paulo: RT, 2016, pág. 125; e GAJARDONI, Fernando da Fonseca. *Flexibilização procedimental: um novo enfoque para o estudo do procedimento em matéria processual, de acordo com as recentes reformas do CPC*. São Paulo: Atlas, 2008, pág. 215. Por sua vez, CABRAL, Antonio do Passo, CONVENÇÕES PROCESSUAIS, Salvador, Juspodivm, 2016, pág. 141, sustenta que é o princípio do *debate*, em conjunto com o *princípio do dispositivo*, que permitem formular e justificar a ideia de autonomia das partes; no seu entendimento, dado o ambiente publicizado do processo que limita a liberdade das partes, não é propriamente a liberdade que consegue justificar aquela autonomia, mas aqueles dois: o princípio do *dispositivo*, na medida em que estabelece a disponibilidade de cognição sobre o direito material; e o princípio do *debate*, que autoriza às partes a abrirem mão de certos direitos fundamentais processuais.

97. GRECO, Leonardo. Contraditório efetivo. *Revista Eletrônica de direito processual*, Vol. 15, 2015, disponível em https://www.e-publicacoes.uerj.br/index.php/redp/article/viewFile/16874/12520, pág. 307, última consulta em 05.08.2018. O autor, apoiando-se em CAPPELLETTI (CAPPELLETTI, Mauro. Problemas de Reforma do Processo Civil nas Sociedades Contemporâneas. *Revista de Processo*, São Paulo, Ano.º 17, n.º 65, jan--mar/1992, págs. 127-143), era já sério crítico do papel do juiz na condução de todo o procedimento ("(...) as partes não podem apenas desencadear o processo com as suas postulações, deixando nas mãos do juiz a condução do processo até o seu desfecho final. O juiz profissional está muito longe de ter uma visão completa do mundo e de todos problemas que afligem os cidadãos", cit. pág. 306).

98. DIDIER JR., Fredie. Princípio do respeito ao autorregramento da vontade no Processo Civil, *In* CABRAL, Antonio do Passo; NOGUEIRA, Pedro Henrique (coord.). *Negócios Processuais*. 3ª ed. Salvador: Juspodivm, 2016, pág. 32. Recuperando a esquemática de José de Oliveira Ascensão, o autor destrinça ainda quatro zonas onde este poder de autorregrar a própria vontade se pode manifestar: (i) liberdade de *negociação* preliminar antes de celebrado o negócio, (ii) liberdade de *criação* de diferentes modelos negociais, (iii) liberdade de *estipulação* do conteúdo do negócio, (iv) liberdade de *vinculação* ao contrato.

pública. Por ser assim, torna-se cada vez mais importante compreender os contornos que assume essa dimensão e a medida em que se projeta sobre os sujeitos processuais o subprincípio da *autorregramento da vontade das partes* no processo[99].

Para esta linha doutrinária, não é difícil extrair do novo sistema jurídico processual um *microssistema de protecção da vontade no processo*, patente num conjunto de normas com o mesmo substrato, e que reforça a existência de um princípio comum a todas elas. Esse microssistema é percecionado com recurso a uma série de ideias, quais sejam: (i) a estrutura tendenciosa do código vocacionada à autocomposição de conflitos[100], (ii) a delimitação do objecto litigioso e do recurso efetuada pelas próprias partes (arts. 141 e 490; 1002 e 1013, respetivamente), (iii) a previsão típica de um elenco significativo de negócios jurídico processuais, (iv) a *novíssima* consagração de uma cláusula geral de negociação processual, no âmbito da qual se admite a negociação atípica (art. 190 CPC), (v) a elevação do princípio da cooperação a norma fundamental ordenadora do sistema processual (art. 6º CPC), (vi) a valorização da arbitragem como mecanismo alternativo de composição

99. Godinho, Robson Renault. Reflexões sobre os poderes instrutórios do juiz: o processo não cabe do "Leito de Procusto". *Revista de Processo*, São Paulo, Vol. 39, N.º 235, ser/2014, pág. 87), referencia, a propósito, que importa começar a trabalhar com a autonomia da vontade das partes no processo numa lógica e hermenêutica constitucional, adotando como premissa uma hermenêutica de direitos fundamentais que permeie, sem deixar de balizar, aquela vontade no processo. O autor também foca a necessidade de quebrar a divisão entre privatismo e publicismo e procurar um processo que sirva verdadeiramente aos propósitos democráticos, onde possam conviver os poderes das partes e juiz, no limite das balizas oferecidas pela constitucionalização dos direitos fundamentais.

100. Estrutura essa, veja-se, presente também ela em inúmeras disposições: seja pela previsão e prestígio num capítulo próprio, exclusivamente dedicado à mediação e conciliação (arts. 165 a 175 do CPC), seja porque o procedimento está organizado por forma a que as partes possam, por diversas ocasiões, pôr um fim ao litígio mediante autocomposição, antes de ao réu ser dada oportunidade de juntar defesa (art. 334 e 695 do CPC), seja ainda por conceder espaço à transação judicial de acordos extrajudiciais (art. 515, III e art. 725, VIII do CPC) independentemente de nele se conter matéria estranha ao objeto litigioso (art. 515, §2º do CPC), seja, por último, por estar estruturado para admitir negociação típica e atípica sobre o próprio processo. Veja-se que nas próprias normas fundamentais do sistema, entendeu por bem destacar o legislador no art. 3º, §§2º e 3º do CPC, a promoção pelo Estado da solução consensual dos conflitos, assim como dever de estimular a conciliação e mediação a cargo não só dos advogados, como juízes, defensores públicos, ministério público, etc.

de litígios, que também contribui para prestigiar a vontade dos litigantes (Lei n.º 9307/1996)[101].

Do reconhecimento da existência deste microssistema se extrai uma importante consequência: a *desconstrução de um preconceito,* o de que as convenções processuais apenas se afirmam como algo inerente ao processo civil e não um lugar comum de que todos os outros ramos do processo se podem socorrer e revisitar. Como aponta CABRAL, "(...) estão lançadas as bases teóricas para sustentar que no processo [globalmente considerado] vige o *princípio do respeito ao autorregramento da vontade*"[102].

Esta nova filosofia processual mais permeável à liberdade, traz consigo uma diferente roupagem na forma como o processo se apresenta enquanto oportunidade de resolução de disputas: ainda que as partes não acordem quanto à solução que deverá reger o conflito, elas poderão, pelo menos, chegar a um entendimento sobre a melhor forma de o resolver[103].

6.4.2. A abertura sistemática dos vários processos à admissibilidade de negócios processuais

O processo do trabalho é, por natureza, avesso a mudanças e, contrariamente àquilo que se tem verificado com outros procedimentos, *permanece o único a alimentar uma postura inconciliável com o regime da negociação processual atípica*, o que mal se compreende.

No âmbito do poder público, já desde há uns anos que se fala na possibilidade de o *Poder Público* poder celebrar negócios processuais. LORENA BARREIROS em muito contribuiu para clarificar essa assertiva, partindo da compreensão de que há prerrogativas processuais relacionadas ao regime material a que se sujeitam as pessoas jurídicas de direito público e outras relacionadas ao funcionamento interno da sua estrutura administrativa. Apesar das primeiras *tendencialmente*[104] não admitirem negociação por terem

101. DIDIER JR., Fredie. Princípio do respeito ao autorregramento da vontade no Processo Civil, *In* CABRAL, Antonio do Passo; NOGUEIRA, Pedro Henrique (coord.). *Negócios Processuais*. 3ª ed. Salvador: Juspodivm, 2016, pág. 35-37.

102. CABRAL, Antonio do Passo. *Convenções Processuais*. Salvador: Juspodivm, 2016, pág. 143.

103. PINHO, Humberto Dalla Bernardina de. A relevância da negociação com princípios na discussão das cláusulas de convenção processual: aplicação concreta dos postulados da advocacia colaborativa. *Revista de Processo*, São Paulo, Vol. 41, N.º 258, 2016, pág. 133.

104. Tendencialmente, pois poderão admitir-se negociação que amplie essas garantias.

subjacentes interesses públicos[105], as segundas dirigem-se apenas a assegurar um mínimo de garantias à operacionalização da estrutura burocrática do poder público e viabilizar a atuação dos seus advogados[106-107]. Em 2018, inclusivamente, por Portaria n.º 33/2018, a Procuradoria Geral da Fazenda Nacional autoriza e incentiva a Fazenda a celebrar negócios processuais para efeitos de promoção do recebimento de crédito[108].

Da mesma forma, no âmbito do *processo penal*, já existe tendência para admitir a negociação processual[109]. Partindo de uma diferença entre ações penais privadas (com prevalência de interesses privados dos ofendidos; v.g. crimes de ofensa à honra ou violação da privacidade) e ações penais públicas

---

105. São disso exemplo: pagamento de débitos via precatório (art. 100 CF), remessa necessária (art. 496 CPC), dispensa do adiamento das despesas processuais (art. 1007, §1º do CPC), juízo privativo, regime especial de sucumbência (art. 85, §§3º a 7º do CPC), proibição legal de deferimento de medidas liminares em certos casos (art. 7º, §§2º e 5º da Lei n.º 12.016/2009), entre outros. Cf. BARREIROS, Lorena Miranda Santos. (I)Negociabilidade de prerrogativas processuais da Fazenda Pública: tentativa de sistematização. *In* MARCATO, Ana, et. al. (coord.). NEGÓCIOS PROCESSUAIS. Salvador: Juspodivm, 2017, Vol. I, págs. 318-323.
106. Seria assim possível, por exemplo, negociação para diminuição de prazo processual, renúncia à prorrogativa de intimação pessoal do advogado (art. 183 CPC), entre outros. Cf. *Ibidem*, págs. 323-327.
107. Também neste sentido, *vide* CIANCI, Mirna, MEGNA, Bruno Lopes. Fazenda Pública e negócios jurídicos processuais no novo CPC: pontos de partida para o estudo. *In* CABRAL, Antonio do Passo; NOGUEIRA, Pedro Henrique (coord.). *Negócios Processuais*. 3ª ed. Salvador: Juspodivm, 2016, págs. 626 ss.; SANTOS, Tatiana Simões dos. Negócios processuais envolvendo a Fazenda Pública. *In* CABRAL, Antonio do Passo; NOGUEIRA, Pedro Henrique (coord.). *Negócios Processuais*. 3ª ed. Salvador: Juspodivm, 2017, pág. 641 ss; FLUMIGNAN, Silvano José Gomes. Os negócios jurídicos processuais e a Fazenda Pública. *Revista de Processo*, São Paulo, Vol. 43, N.º 280, jun/2018, pág. 353 ss; MACEDO, Elaine Harzheim; RODRIGUES, Ricardo Schneider. Negócios jurídicos processuais e políticas públicas: tentativa de superação das críticas ao controle judicial. *Revista de Processo*, São Paulo, Vol. 273, nov/2017, págs. 69 ss.
108. "O Procurador da Fazenda Nacional poderá celebrar Negócio Jurídico Processual visando a recuperação dos débitos em tempo razoável ou obtenção de garantias em dinheiro, isoladamente ou em conjunto com bens idôneos a serem substituídos em prazo determinado, inclusive mediante penhora de faturamento, observado o procedimento disposto no regulamento expedido pela Procuradoria-Geral da Fazenda Nacional" (art. 38. Portaria n.º 33/2018 da Procuradoria Geral da Fazenda Nacional).
109. PEIXOTO, Renata Cortez Vieira. Negócios jurídicos processuais penais atípicos: uma análise da aplicabilidade do art. 190 Código de Processo Civil de 2015 aos processos criminais. *In* MARCATO, Ana, et. al. (coord.). NEGÓCIOS PROCESSUAIS. Salvador: Juspodivm, 2017, Vol. I, págs. 468-478.

(onde subjaz interesse público predominante e que se traduz na vigência de princípios como o da *obrigatoriedade* e da *indisponibilidade*[110]), tende-se a admitir pacificamente a negociação processual nas primeiras e, com limitações, nas segundas. Relativamente às ações privadas, aliás, o próprio CPP já admite expressamente negócios processuais típicos, como a renúncia ao direito de queixa (art. 105 do CP e 49 e 50 do CPP) ou o perdão (equivalente à desistência da ação e dependente da concordância do querelado – arts. 51-58 do CPP), não havendo razão para impedir os atípicos. Já quanto às ações públicas, tem-se verificado uma progressiva flexibilização dos princípios da obrigatoriedade e indisponibilidade e permitindo-se uma brecha de consenso cada vez maior mesmo nestas lides, iniciativa essa que começou pelo próprio legislador: (i) art. 98 da CF admite a criação de juizados especiais criminais para *conciliar* e julgar ações de menor potencial ofensivo; (ii) da mesma forma o repete o art. 60 da Lei n.º 9.099/95, reforçado pelo art. 76 que admite transação penal mediante a imposição de pena mais restritiva a direitos; (iii) a suspensão condicional do processo, também admitida na mesma lei sob art. 89[111]; (iv) a admissibilidade da colaboração premiada (Lei n.º 12.850/2013[112]) que permite a celebração de diversos negócios jurídicos

110. Princípios estes que resultam de disposições específicas no CPP, tais como o art. 17 CPP ("A autoridade policial não poderá mandar arquivar autos de inquérito"), o art. 42 do CPP ("O Ministério Público não poderá desistir da ação penal") e o art. 576 ("O Ministério Público não poderá desistir de recurso que haja interposto").

111. Considerando-o expressamente como negócio jurídico processual, *v.* acórdão do TJ do Distrito Federal, Processo n.º 0047249.19.2016.8.07.0000, Data de publicação n.º 27.10.2016, onde se pode ler: "Considerando que o benefício da suspensão condicional do processo é um negócio jurídico-processual, no qual, as partes são livres para transigirem, cabendo ao réu aceitar ou não a proposta lhe oferecida, inviável a sua rediscussão em sede de Habeas Corpus, eis que, em caso de insatisfação, deveria ser recusado no momento em que fora oferecido".

112. "Art. 4º O juiz poderá, a requerimento das partes, conceder o perdão judicial, reduzir em até 2/3 (dois terços) a pena privativa de liberdade ou substituí-la por restritiva de direitos daquele que tenha colaborado efetiva e voluntariamente com a investigação e com o processo criminal (...)"; "§3º O prazo para oferecimento de denúncia ou o processo, relativos ao colaborador, poderá ser suspenso por até 6 (seis) meses, prorrogáveis por igual período, até que sejam cumpridas as medidas de colaboração, suspendendo-se o respetivo prazo prescricional. §4º Nas mesmas hipóteses do *caput*, o Ministério Público poderá deixar de oferecer denúncia se o colaborador: I – não for o líder da organização criminosa; II – for o primeiro a prestar efetiva colaboração nos termos deste artigo. §5º Se a colaboração for posterior à sentença, a pena poderá ser reduzida até a metade ou será admitida a progressão de regime ainda que ausentes os requisitos objetivos."

processuais; (v) ou a previsão de uma série de negócios processuais típicos no CPP[113]. Dadas estas evidências, perde sentido útil restringir a possibilidade de negociação atípica também ao processo penal, pelo que se pugna por uma interpretação forçadamente *restritiva* ao requisito objetivo do 190 ("direitos que admitam autocomposição"), para admiti-la, também, em lides cujos direitos não admitam solução consensual.

Perante este enquadramento sistemático, continuar a afirmar que o processo do trabalho deve permanecer a exceção no bolo do sistema processual que veda a migração do instituto da negociação processual atípica, é ideia que não pode prosperar. Inclusivamente tendo em conta que este nem é o único processo a lidar, na sua grande maioria das vezes, com direitos indisponíveis, já que as hipóteses acima relatadas enfrentam o mesmo problema.

6.4.3. *A abertura necessária que falta* do processo do trabalho às influências do autorregramento da vontade das partes

A tendencial admissibilidade à celebração de negócios processuais que tem sido estendida aos vários ramos do direito processual, carece de ser acompanhada pelo processo do trabalho. Já bastam as intervenções estatais levadas a cabo no direito material trabalho de forma sagaz. Os crescentes espaços de autonomia que têm sido reservados ao trabalhador pela lei material e que ficaram demonstrados no capítulo inicial sobre essa evolução legislativa (*supra,* 3.2), têm de se traduzir, também, no plano processual. A autonomia que este pode e merece desfrutar na sala de audiências, diante o magistrado e na companhia do seu advogado, não pode continuar a ser preterida pelo cunho de um publicismo estatal excessivo, cego e castrador da sua condição de cidadão capaz, consciente e racional. Não pode a doutrina ter pretensão de construir um direito processual do trabalho ainda mais publicista do que todos os demais ramos processuais, o que não se compatibiliza, de todo, com as tendências contemporâneas deste sistema

113. Nomeadamente, arts. 401, §2º ("A parte poderá desistir da inquirição de qualquer das testemunhas arroladas, ressalvado o disposto no art. 209 deste Código"), 92 ("Se a decisão sobre a existência da infração depender da solução de controvérsia, que o juiz repute séria e fundada, sobre o estado civil das pessoas, o curso da ação penal ficará suspenso até que no juízo cível seja a controvérsia dirimida por sentença passada em julgado, sem prejuízo, entretanto, da inquirição das testemunhas e de outras provas de natureza urgente"), 477, §1º ("Havendo mais de um acusador ou mais de um defensor, combinarão entre si a distribuição do tempo, que, na falta de acordo, será dividido pelo juiz presidente, de forma a não exceder o determinado neste artigo").

jurídico e com o novo modelo de processo. Nem o processo do trabalho é mais publicista que os restantes, nem estes são menos preocupados do que aquele em assegurar uma efetiva igualdade processual entre as partes. Por mais que a *ciência do direito processual*[114] trabalhista queira distanciar os dois, a verdade é que todos eles partilham, de resto, dos mesmos conceitos lógico-jurídicos fundamentais da teoria geral do processo[115], pelo que esta distrofia relativamente à natureza das normas de uns e de outros não se tem por justificada, causando, apenas, confusões desnecessárias. Até porque não se pode recorrer de forma tão constante a discursos da influência principiológica do CPC no processo do trabalho e olvidar que o princípio do autorregramento da vontade faça parte deles[116].

A resistência que se tem erguido sobre o assunto quer pela doutrina quer pela jurisprudência *parece querer fazer crer que a vontade do trabalhador apenas se poderá resumir ao impulso processual e à determinação do objeto* da lide, sendo que, a partir de então, ele *abdicaria do resto da sua liberdade*. À liberdade que já lhe tinha sido negada pelo Estado-legislador durante toda a vigência do vínculo de emprego, entregá-la-ia novamente ao Estado, desta vez ao omnipotente Estado-juiz, (pelos vistos) único baluarte da justiça e da salvaguarda dos interesses do trabalhador no processo. Mais do que a mera exclusão do trabalhador da lide, num modelo quase-autoritário e prepotente de justiça, *que o exclui diálogo e de consensos com a empresa onde trabalhou*, estaríamos a afirmar que o trabalhador, ao contrário de todos os outros intervenientes, e mesmo que devidamente acompanhado ou sob o monitoramento judicial, *não tem o discernimento para entender que direitos pode ou não abdicar em troca de outros que possa ou não preferir*. A assertiva fica ainda mais obtusa quando, colocando em perspectiva o mesmo sujeito, trabalhador num processo laboral e ao mesmo tempo simples parte num processo cível, seja considerado juridicamente incapaz para celebrar convenções processuais no primeiro, mas já não o seja no segundo.

---

114. Didier Jr., Fredie. *Curso de Direito Processual Civil*. 17ª ed. Salvador: Juspodivm, 2015, vol. I, pág. 35.

115. Didier Jr., Fredie. *Sobre a Teoria Geral do Processo, essa desconhecida*. 3ª ed. Salvador: Juspodivm, 2016, págs. 52 ss.

116. A título de exemplo, *vide* Leite, Carlos Henrique Bezerra. Princípios jurídicos fundamentais do novo Código de Processo Civil e seus reflexos no processo do trabalho. *In* Miessa, Élisson (coord.). *O novo Código de Processo Civil e seus reflexos no processo do trabalho*. Salvador: Editora Juspodivm, 2016, págs. 115-116.

Reconhecer um postulado menos publicista e mais recapacitador da liberdade do trabalhador no processo não significa (i) ingressar num modelo adversarial, típico dos ordenamentos jurídicos da *common law*, (ii) terceirizar a justiça, (iii) colocar o trabalhador numa posição de ainda maior fragilidade, (iv) ou pôr em perigo os seus direitos laborais. Abraçar esta filosofia dialógica também no processo do trabalho importa, antes pelo contrário, (i) reconhecer um papel ativo e participativo do juiz no controlo da validade e eficácia daquelas convenções, (ii) promover um maior papel dos sindicatos na antecipação e harmonização de cláusulas dispositivas aptas à convencionalidade processual pelo trabalhador, (iii) habilitar e investir o trabalhador de ferramentas necessária ao exercício de autonomia processual, (iv) permitir que os direitos laborais possam ser efetivados em termos processuais mais adequados e próximos aos interesses do trabalhador, i.e., em função das suas preferências (*maxime*, obter celeridade no julgamento em detrimento de parte do prazo de defesa). A tónica deverá ser aposta no princípio da cooperação (art. 6º CPC) e da igualdade processual (art. 7º do CPC) e na necessidade de articular os papeis dos intervenientes processuais, balanceando os interesses que cada um representa (autonomia privada vs. poder público), sem excluir o papel, importância e participação de cada um.

É sob esta ótica que devemos enfrentar a admissibilidade de artigos como 190 ou o 191 do CPC no processo do trabalho. É neste contexto que se faz necessária a abertura principiológica ao autorregramento, também, no processo do trabalho.

6.4.4. A *permeabilidade ao consenso* no processo do trabalho

A afincada desconfiança que se tem dado aos negócios processuais no processo do trabalho não condiz, de resto, com a natureza consensual que tanto caracteriza este procedimento. Alguns exemplos bastam para concretizar o argumento.

Já se disse aqui (*supra*, 4.4) que a Justiça do Trabalho é, sobretudo, uma Justiça *conciliadora*[117]. Não por outro motivo, a grande maioria dos juslaboralistas elevam a princípio especial do processo do trabalho o princípio da

---

117. SANTOS, Lorival Ferreira dos. A justiça do trabalho e a sua vocação conciliatória. *Revista LTr*, São Paulo, Vol. 76, N.º 05, maio/2012, pág. 572-574. Não considerando a conciliação como um princípio do processo do trabalho, mas apenas técnica de solução negociada do conflito, TEIXEIRA FILHO, Manoel Antônio. *Curso de direito processual do trabalho: processo de conhecimento.* São Paulo: LTr, 2009, Vol. I, pág. 99.

conciliação, que tem inclusivamente inspirado várias alterações no processo comum[118]. A *busca conciliatória* do processo do trabalho está subjacente a todo o sistema trabalhista, mas particulariza-se em dois momentos processuais claros: primeira tentativa conciliatória antes da apresentação da defesa (art. 846 da CLT[119]) e segunda tentativa após as razões finais (art. 850 CLT). A mesma ideia ainda resulta do art. 764 da CLT, quando eleva a bandeira da Justiça do Trabalho a busca pela conciliação, permitindo-o mesmo que encerrado o juízo conciliatório (art. 764, §3º).

Esta valência conciliatória foi bandeira da reforma civilista que originou o novo CPC. A ênfase que este novo código conferiu à solução consensual de conflitos ficou patente com a estruturação da conciliação judicial (art. 3º CPC), abertura à mediação e arbitragem e previsão de centros judiciais de solução de conflitos de forma consensual (art. 165 do CPC). As principais diferenças que se verificam entre este regime civil e aquele regime trabalhista, são precisamente o carácter opcional do primeiro (art. 319 CPC) – *de natureza dispositiva* – e o obrigatório do segundo, sob pena de nulidade – *de natureza cogente –;* e o fato de que, diferentemente do processo civil (art. 334 §11 do CPC), no processo do trabalho a conciliação dispensa homologação judicial (art. 846, §1º da CLT)[120].

Como se isto não bastasse, os números comprovam-no: cerca de 46% dos processos conheceram extinção acordo celebrado entre as partes e, apesar de ser o índice mais baixo desde 2008, 165 das varas instaladas no país apresentaram um índice de 60% a 70% de conciliações, tendo outras 25 um índice superior a 70%[121].

A sede por consenso é tanta que houve tempos em que o ato processual conciliatório foi relegado num plano inicial para "fora" da Justiça do Trabalho, i.e., delegada às *Comissões de Conciliação Prévia,* cuja presença era obrigatória e condicional à propositura de ação naquela Justiça. Sem prejuízo da ideia não ter vingado nos exatos termos em que foi planeada, não deixou de representar

---

118. *V.* por exemplo, relativamente às repercussões do regime conciliador trabalhista no processo civil, PAMPLONA FILHO, Rodolfo. Alterações do código de processo civil: semelhanças com o processo do trabalho. *Decisório Trabalhista*, Curitiba, N.º 2, fev/1996, pág. 15.

119. Em tom de crítica a este preceito, por entender não servir convenientemente os ideais conciliatórios, MAGANO, Octavio Bueno. Conciliação. *Revista de Direito do Trabalho*, São Paulo, Vol. 90, jun/1995, pág. 90.

120. MEIRELES, Ana Cristina Costa e; MEIRELES, Edilton. *A intangibilidade dos direitos trabalhistas.* São Paulo: LTr, 2009, pág. 88.

121. Nos termos do Relatório Geral da Justiça do Trabalho de 2017, pág. 78.

uma tentativa e (agora) contributo para o fortalecimento de uma "Justiça" voltada à prossecução do consenso, mesmo que tal passasse pelo recurso a mecanismos extra-judiciais de composição. Em linha com o movimento de resolução alternativa de litígios, a CLT admite ainda que a conciliação possa ser levada a cabo em *Núcleos Intersindicais de Conciliação Trabalhista*, cuja regulamentação segue o padrão das CCP (art. 652-H da CLT). Por último, também a Lei Complementar n.º 123/06 ainda prevê no respetivo art. 75 um estímulo a que micro e pequenas empresas recorram aos institutos de conciliação, mediação e arbitragem para a solução dos seus conflitos, reconhecendo-se ainda de pleno direito os acordos firmados em CCP.

Por outro lado, em novidade já por nós estudada (*supra*, 3.3.1.1.8), ainda ganha destaque nesta "Justiça do consenso" a criação de um procedimento especial de jurisdição voluntária dirigido exclusivamente à homologação de acordos extrajudiciais apresentado sob petição conjunta de ambas as partes (art. 855-B da CLT). Apesar de ser prática anteriormente havida como combatida pelos potenciais níveis lesivos de direitos laborais indisponíveis, optou-se com a Reforma Trabalhista por combater as experiências simuladas que se praticavam nas barbas do judiciário laboral, com a criação de mecanismo próprio para controlar os termos dos ajustes e, de forma mais célere e expedita, homologar acordos sem entupir o judiciário.

Por último, destaque-se ainda a filosofia negocial e consensual que assume o direito coletivo do trabalho. Já falámos aqui da evolução por que passou (*supra*, 3.2), queremos apenas agora voltar a ressaltar todas as frentes em que batalha: (i) o estímulo à celebração de convenções e acordos coletivos de trabalho como forma de autodeterminação sindical e empoderamento da classe trabalhadora; (ii) facilitação constitucional do acesso à arbitragem, desde que haja consenso (negócio) entre os sindicatos (art. 114, §1º CF); (iii) exigência de consenso para ajuizamento de dissídio coletivo de natureza económica (art. 114, §2º CF).

O *princípio do autorregramento da vontade* das partes e a abertura à negociação processual vão ao encontro da base conciliatória que conforma todo o sistema processual trabalhista, complementando-a. Assim, os arts. 3º, §3º e 190 do CPC e 764 da CLT *complementam*-se, na medida em que a *negociação processual é apenas uma das medidas da autocomposição*[122]. E o que

122. Nogueira, Pedro Henrique. Negociação processual trabalhista. *In* Dallegrave Neto, José Afonso, Goulart, Rodrigo Fortunato (coord.). *Novo CPC e o Processo do Trabalho*. 2ª ed. São Paulo: LTr, 2016, pág. 620.

é a negociação processual senão uma conciliação que versa sobre questões processuais? Ou, noutras palavras, como dizer que negócios processuais não são uma das melhores técnicas de *agregar valor* a um processo de resolução de disputas, optimizando-o em tempo e custos[123]?

6.4.5. Compatibilidade principiológica do *sistema processual laboral* com as convenções processuais

São caras ao processo do trabalho as suas normas principiológicas. Aquando a entrada em vigor do CPC, e no curso das discussões travadas em torno da dinamização e vigor principiológicos que o código veio incutir no processo, houve quem recuperasse o tema da *constitucionalização do processo*, em particular, para exigir do intérprete laboral um maior esforço de diálogo e permeabilidade ao processo cível; assim o exigia a hermenêutica constitucional[124]. Nesse discurso jurídico nunca entraram, porém (e infelizmente), grandes referências à cooperação ou ao autorregramento como postulados ao serviço da celeridade e eficiência processual.

Por lidar com pretensões caras ao trabalhador e, bem assim, com direitos sociais relevantes, o processo do trabalho afirma-se intrinsecamente voltado à simplicidade, à oralidade, à celeridade e eficiência[125].

---

123. Pinho, Humberto Dalla Bernardina de. A relevância da negociação com princípios na discussão das cláusulas de convenção processual: aplicação concreta dos postulados da advocacia colaborativa. *Revista de Processo*, São Paulo, Vol. 41, N.º 258, 2016, pág. 137.

124. Pensamos em Bezerra Leite, que entendia que os "(...) princípios do Novo CPC exercerão grande influência no processo do trabalho, seja pela nova dimensão e papel que exercem como fontes normativas primárias do ordenamento jurídico, seja pela necessidade de reconhecer o envelhecimento e inadequação de diversos preceitos normativos de direito processual contidos na CLT, o que exigirá do juslaboralista uma formação continuada e uma nova postura hermenêutica, de modo a reconhecer que o processo do trabalho nada mais é do que um direito constitucional aplicado. Não se propõe a aplicação desmedida dos princípios do Novo CPC nos sítios do processo do trabalho, especialmente nas ações oriundas da relação de emprego, mas um diálogo virtuoso entre estes dois importantes setores do edifício jurídico que passe, necessariamente, pela função precípua de ambos processos (civil e trabalhista): realizar os direitos fundamentais e a justiça social em nosso País, de forma adequada, tempestiva e efetiva" (Leite, Carlos Henrique Bezerra. Princípios jurídicos fundamentais do novo Código de Processo Civil e seus reflexos no processo do trabalho. *In* Miessa, Élisson (coord.). *O novo Código de Processo Civil e seus reflexos no processo do trabalho*. Salvador: Editora Juspodivm, 2016, pág. 116). Ainda, Lima, Leonardo Barbosa. *Lições de Direito Processual do Trabalho. Teoria e Prática*. 4ª ed. São Paulo: LTr, 2017, págs. 45-46.

125. Princípios estes que, inclusivamente, ganharam destaque em Enunciado 4 da II Jornada do FNPT, *in verbis*, "O Direito Processual do Trabalho visa ao amplo acesso

Desde logo no que respeita ao princípio da *simplificação das formas e procedimentos processuais*[126], pedra angular sob a qual se apoia o processo do trabalho, verificamos que a generalidade com que se apresenta no processo civil[127], não coincide com a concretização e especialização que colhe no processo trabalhista. É essa simplicidade que vem reconhecida (i) no art. 2 da Lei n.º 9.099/95, que adota como um dos seus principais ritos o *procedimento sumário* (art. 2º, §§3º e 4º da Lei n.º 5.584/70); (ii) admite o *jus postulandi* (arts. 791 e 839 CLT); (iii) dispensa o formalismo extremo e faz bastar a *simples petição* para interposição de recurso (art. 899 da CLT); (iv) alivia *requisitos da petição inicial*, tornando-a um articulado mais simples já que se basta com a numeração dos fatos e a formulação de pedido (art. 840, §§1º e 2º da CLT); (v) assim como *alivia as exigências da decisão* (art. 832 da CLT); (vi) que concentra no oficial de justiça a *avaliação do bem penhorado* dispensando a contratação de perito (revogação do art. 887 pelo 721 da CLT; aplicação dos arts. 870-872 do CPC); (vii) *reforça a oralidade* (art. 845); (viii) *unifica os prazos* recursais (art. 6º da Lei n.º 5.584/70); (ix) dispensa a juntada de *rol de testemunhas* (requerimento probatório) como exigência formal para a sua oitiva; (x) basta-se com a simples *manifestação oral de protesto* nos autos contra ato judicial para evitar a incidência da preclusão sobre o direito (art. 795 da CLT).

Foi a acentuada diminuição de requisitos e burocracias processuais que permitiu fazer deste procedimento um exemplo de celeridade e de informalidade. Esta simplicidade, por outro lado, confere também ao magistrado uma maior maleabilidade e flexibilidade procedimental, adaptando-o às particularidades do caso concreto, o que lhe permite, por exemplo, definir a

---

à Justiça, à celeridade processual, à conciliação, à simplificação dos atos praticados de modo concentrado, à proatividade judicial e à cooperação para a melhor solução da lide". Desacreditando, porém, da utilidade do art. 190 para estimular a eficiência processual, por entender que não só não terá utilidade prática como será utilizado de forma indevida pelas partes, Ono, Taynara Tiemi. A flexibilização procedimental: uma comparação entre os sistemas jurídicos brasileiro, inglês e português. *Revista de Processo*, São Paulo, Vol. 41, N.º 254, abr/2016, pág. 416.

126. Não o considerando como princípio especial do processo do trabalho, por ser também do processo civil, Martins, Sérgio Pinto. *Direito Processual do Trabalho*. 40ª ed. São Paulo: Atlas, 2018, pág. 92.

127. Apesar dos notórios avanços importados com o novo CPC, *v.g.* peça única de arguição de incompetência (art. 64 do CPC), impugnação do valor da lide, arguição de falsidade documental (art. 430 CPC) e reconvenção (art. 343 CPC) como preliminar na contestação.

melhor forma de promover à liquidação do título (art. 879, §2º da CLT), ou suspender a audiência no processo sumaríssimo para que o reclamante possa ter tempo útil para se manifestar a respeito da documentação apresentada na defesa (art. 852-H, §1º da CLT)[128].

Apesar de também conhecer importantes manifestações nos juizados especiais, o princípio da *oralidade* é instrumento primordial da desburocratização e simplificação do procedimento trabalhista. Ele manifesta-se, sobretudo, em duas oportunidades: a possibilidade de deduzir *verbalmente a reclamação*, nos termos do art. 840, §2º da CLT, ou de deduzir *defesa oral* pelo reclamado em audiência 847 da CLT. Além destas manifestações, também o art. 746 al. b) da CLT quanto à intervenção do MPT nos tribunais; o art. 791, §3º, que autoriza a constituição em audiência e de forma oral de mandatário judicial da parte; ou o art. 850 que prevê um sistema de defesa oral para a apresentação dos 10 min de razões finais.

De resto, em razão da importância alimentar dos créditos salariais, todo o procedimento está virado à satisfação daqueles num curto espaço de tempo. É essa teleologia do sistema processual laboral que orienta a *concentração dos atos processuais*, explícita nos arts. 849 e 852-C da CLT e que determinam não apenas a regra da *continuidade da audiência*, como também a da *audiência única*, i.e., praticamente todos os atos processuais se processam num único ato processual complexo: tentativa de conciliação inicial, apresentação da defesa oral ou escrita, impugnação imediata de documentos de forma oral, interrogatório, razões finais, segunda tentativa de conciliação, sentença (arts. 847-850 da CLT); e ainda a *celeridade*, que ganha corpo não apenas (i) na redução do *número de recursos* admissíveis, como também (ii) no enxuto e uniforme *prazo processual de 8 dias* para a prática da generalidade das impugnações (embargos, recurso ordinário, recurso de revista e agravo de instrumento[129]), ou (iii) no *contraditório postergado*, por exemplo, no que respeita às nulidades que ocorram no decorrer da audiência, protestadas de imediato nos autos (para evitar preclusão) mas recorríveis apenas a final; (iv) no *dever específico de zelo imposto ao magistrado* relativamente à rapidez com que deve obter a composição do conflito de interesses (art. 765 da CLT), (v) termo máximo para realização de audiência em *procedimento sumaríssimo*

---

128. Almeida, Cléber Lúcio. *Direito Processual do Trabalho.* 8ª ed. São Paulo: LTr, 2016, pág. 71.

129. Com exceção do prazo de 5 dias para dedução de embargos de declaração, 15 para recurso extraordinário e 5 ou 8 dias para agravo regimental, a depender do tribunal.

(art. 852-B, inc. III da CLT); (vi) na obrigação de que o *diretor de secretaria colabore* na agilização e celeridade do procedimento, especialmente em sede executiva (art. 712, al. f) da CLT); (vii) poder geral de recusa de provas e requerimentos *meramente protelatórios* ou excessivos, que possam retardar o andamento da lide processual (art. 852-D da CLT); ou (viii) *irrecorribilidade das decisões interlocutórias* (art. 893, §1º da CLT).

A informalidade, a celeridade e a simplicidade com que o legislador quis premiar o processo trabalhista, são precisamente *porta aberta para a aceitação dos negócios processuais* no processo do trabalho[130]. Outra conclusão que não esta seria completamente incongruente diante da natureza principiológica que embasa o processo laboral. Afinal, uma das principais mais-valias que costuma ser apontada a estes negócios processuais é precisamente *a sua aptidão para a eficiência processual*[131]. Além disso, a modificação contratual do procedimento judicial pela mão das partes tem sido ainda apontada como uma manifestação da ideia geral de *flexibilização processual negocial*[132], traduzindo-se no reconhecimento de que é possível

130. No mesmo sentido, SIVOLELLA, Roberta Ferme. As convenções processuais e a vulnerabilidade no processo do trabalho: uma questão de princípio e de diálogo de fontes. *In* COLNAGO, Lorena de Mello Rezende, CLAUS, Bem-Hur Silveira (coord.). *A teoria do diálogo das fontes no processo de trabalho.* São Paulo: LTr, 2017, pág. 126.

131. A título de exemplo, RODRIGUES, Marco Antonio dos Santos. Princípio da eficiência processual e o direito à boa jurisdição. *Revista de Processo*, São Paulo, Vol. 43, N.º 275, jan/2018, pág. 96. Sob uma perspectiva de análise económica dos negócios jurídicos processuais, inclusivamente, é possível dizer que a negociação processual, também aqui, constitui meio eficiente para estimular a celeridade processual assim como aumentar a confiança das partes na decisão do magistrado (cf. GIANNAKOS, Demétrio Beck da Silva. Análise econômica dos negócios jurídicos processuais. *Revista de Processo*, São Paulo, Vol. 43, N.º 278, abr/2018, págs. 497-519). No mesmo sentido, CUNHA, Leonardo Carneiro da. A previsão do princípio da eficiência no projeto do novo Código de Processo Civil brasileiro. *Revista de Processo*, São Paulo, Vol. 233, N.º 39, jul/2014. Pág. 80. Por isso mais do que reconhecer validade e eficácia a medidas consensuais extrajudiciais (LUDWIG, Guilherme Guimarães. O princípio da eficiência como vetor de interpretação da norma processual trabalhista e a aplicação subsidiária e supletiva do novo código de processo civil. *In* MIESSA, Élisson (coord.). *O novo Código de Processo Civil e seus reflexos no processo do trabalho.* Salvador: Editora Juspodivm, 2016, pág. 146), é reconhecê-las dentro do próprio processo como postulado de eficiência processual.

132. GAJARDONI, Fernando da Fonseca. Procedimentos, deficit procedimental e flexibilização procedimental no novo CPC. *Revista de informação legislativa*, Vol. 48, N.º 190, abr-jun/2011, págs. 163 ss., e *Flexibilização procedimental: um novo enfoque para o estudo do procedimento em matéria processual, de acordo com as recentes reformas do CPC.* São Paulo: Atlas, 2008, pág. 100. O autor reparte a ideia de flexibilização

adaptar as formalidades legais do rito processual às necessidades do caso concreto sentidas pelas partes. O devido processo legal, inclusivamente, já nem é mais passível de ser compreendido senão como direito constitucional ao *procedimento adequado*. A adaptabilidade e flexibilização do processo, que sofreram importantes influências portuguesas a partir do princípio da adequação formal (arts. 6.º e 547 do CPC/pt), passaram a receber de forma expressa novas manifestações com o CPC de 2015, que consagrou a possibilidade de adequação ampla do procedimento pelas partes. Os negócios processuais assumem-se, então, como mais um mecanismo que, além de puramente democrático, serve o propósito de *emprestar ao procedimento maior simplificação formal e ritual*, dirigida às e pelas necessidades das partes. Além de obter ganhos democráticos, o processo do trabalho seria investido numa alternativa processual apta a estimular a economia processual, desdobrada simultaneamente numa lógica de celeridade tramitacional do rito e de redução dos custos da lide[133]. Não há melhor exemplo desta situação que o próprio calendário processual; técnica propícia a estimular a celeridade e tornar mais ágil o procedimento.

6.4.6. Valorização da *cooperação também* no processo do trabalho.

Um dos pontos que pouca doutrina aborda mas que é fundamental para a harmonização processual entre processo civil e trabalhista operada pelo diálogo entre art. 15 CPC e 769 CLT, é a *aplicação das normas fundamentais*

---

procedimental em (i) por força da lei, (ii) judicial e (iii) voluntária, sendo que dentro da primeira categoria ainda subdivide em a) flexibilidade procedimental legal genérica, e b) legal alternativa. Nos termos da primeira (1a), fica a cargo do juiz, em colaboração com as partes, escolher e adaptar os atos processuais, do qual são exemplos, a atipicidade das medidas executivas em obrigações de fazer, não fazer e dar coisa, o art. 21 da LArb ou o art. 6º da Lei dos Juizados Especiais. Nos termos da segunda (1b) a lei apresenta algumas variantes rituais que podem ser escolhidas pelo magistrado a depender do caso concreto, do qual são exemplos a dinamização e inversão do ônus da prova, a conversão legal recursal etc. (*ibidem*, págs. 140 ss.). Sobre a temática, *vide* também Cabral, Trícia Navarro Xavier. Flexibilização procedimental. *Revista eletrônica de direito processual*, Rio de Janeiro, Vol. 6, N.º 6, jul-dez/2010, págs. 144-146. Na terminologia de Abreu, "customização processual compartilhada" (cf. Abreu, Rafael Sirangelo de. "Customização processual compartilhada": o sistema de adaptabilidade do novo CPC. *Revista de Processo*, São Paulo, Vol. 41, N.º 257, jul/2016, pág. 59).

133. Cabral, Antonio do Passo. *Convenções Processuais*. Salvador: Juspodivm, 2016, págs. 202 ss.

(leia-se, primeiros 11 artigos do CPC) para o processo do trabalho, entre os quais se conta não apenas o *princípio da paridade de armas* (art. 7º do CPC) como o da *cooperação* (art. 6º do CPC).

É "necessário fazer penetrar a ideia da democracia no campo da regulação das relações de trabalho"[134]. As fortes influências do modelo inquisitório que predominaram no processo brasileiro foram, progressivamente, dando espaço à consolidação de um princípio cooperativo, resultante da reconstrução do princípio do contraditório e da necessidade de que o processo se desenvolvesse com uma estrutura mais dialética e de cunho mais participativo. Começaram a surgir na doutrina vozes ecoando o princípio da *cooperação* e levantando a necessidade de se impor ao juiz a consulta e um diálogo constante, preventivo, esclarecedor e auxiliador com as partes. Por outro lado, os fenômenos de *neoconstitucionalismo* e do reconhecimento da força normativa da Constituição e seus direitos fundamentais no processo,

---

134. A frase é de ROMITA, que continua, *in verbis*: "A democracia não deve restringir-se ao plano da organização dos poderes do Estado, mas deve também penetrar no âmago da regulação das relações de trabalho. Esta é a tarefa do jurista de hoje: pugnar pela democratização do regramento que preside às relações individuais e coletivas de trabalho. Urge expelir do ordenamento jurídico os resquícios de autoritarismo e corporativismo que ainda maculam a legislação do trabalho brasileira" e, mais adiante, "os trabalhadores não devem temer o regime de liberdade (que, parece, não desejam). É tão cômodo ser tutelado... O preço a pagar, porém, é alto. Permanecem em estado de menoridade social e submissos ao poder econômico e bem assim ao poder estatal. Devem continuar a manifestar gratidão aos 'protetores'" (ROMITA, Arion Sayão. A Reforma (?) Trabalhista. *In* ROMITA, Arion Sayão. *Princípio da proteção em xeque e outros ensaios*. São Paulo: LTr, 2003, pág. 42 e 44-45). Na mesma lógica de ROMITA, também SANTOS, "(...) a redescoberta democrática do trabalho é condição *sine qua non* da reconstrução da economia como forma de sociabilidade democrática, prejudicada pela (...) redução do trabalho a fator de produção (...)" (SANTOS, Boaventura Souza. Reiventar a democracia: entre o pré-contratualismo e o pós-contratualismo. *In* HELLER, Agnes (coord.) *A crise de paradigmas em ciências sociais e os desafios para o século XXI*. Rio de Janeiro: Contraponto, 1999, pág. 60); e REDONDO, "*El consenso como fórmula de composición, obviamente, es un mecanismo de integración y cohesión, que debe alentarse. Es así, sobre todo, a la vista de la paulatina fragmentación y heterogeneidad de los intereses en presencia. El conflicto como instrumento de provocación del consenso, sin embargo, es una táctica común en las relaciones sociales, y absolutamente típica en las industriales*" (REDONDO, Koldo Mikel Santiago. El ciudadano Trabajador. *Revista de Direito do Trabalho*, São Paulo, Vol 97, jan-mar/2000, pág. 112) – sem prejuízo do Autor ser excessivamente receoso quanto à confiança depositada na negociação coletiva para conduzir de melhor forma os interesses dos seus representados; para ele, menos Estado na regulação legal do trabalho, é sinónimo de menos proteção jurídica.

começaram a exigir também que este se tornasse um palco solidário e cooperativo de formação de consensos entre as partes e juiz[135].

O processo carece de ser visto como uma verdadeira *comunidade* em constante comunicação, com vista à prossecução de uma decisão final de mérito que não deixe ninguém surpreso e que seja resultado de uma ampla discussão e debate processual entre todos os seus intervenientes. Livre de relações verticalizadas, longe de protagonismos individuais[136], instaurou-se um modelo onde o diálogo é procurado não apenas entre as partes e o tribunal, como também entre o tribunal e as partes. A negociação processual surge como instrumento que serve à concretização deste modelo processual[137].

Este *modelo cooperativo*[138] impõe-se nos dias de hoje como um intermediário entre a estrutura fortemente publicista e autoritária de processo, e um modelo puramente adversarial, garantista e privatista. Se é verdade que sob esta óptica, restringe-se o protagonismo do juiz pelo empoderamento das partes na lide, não menos verdade é que o magistrado não passa a reconduzir-se a um agente passivo, antes pelo contrário: o juiz passa a assumir o papel fundamental de estimular e propiciar condições efetivas de debate, de participação e de intervenção consciente das partes, elevando a finalidade própria do processo a promoção de autocomposição do litígio pelos seus principais interessados[139]. Este princípio que hoje é pilar e enforma todo o ordenamento processual, é incompatível com uma visão de processo de estrutura hierarquizada, onde as

---

135. Avelino, Murilo Teixeira. A posição do magistrado em face dos negócios jurídicos processuais. *Revista de Processo*, São Paulo, Vol. 40, N.º 246, ago/2015.

136. Como sustenta Wambier, a forte flexibilização processual advinda com no novo CPC (art. 190, 191, 139 etc.) não é um atentado à segurança jurídica na medida em que colhe guarida no princípio da cooperação (cf. Wambier, Luiz Rodrigues. O modelo processual cooperativo e a flexibilização procedimental. *Revista eletrônica de direito processual*, Rio de Janeiro, Vol. 18, n.º 3, set-dez/2017, pág. 249.

137. Cadiet, Loïc. Les conventions relatives au procès en droit français sur la contractualisation du règlement des litiges. *Revista de processo*, São Paulo, Vol. 33, N.º 160, jun/2008, pág. 71.

138. Didier Jr., Fredie. *Fundamentos do Princípio da Cooperação no Direito Processual Civil Português.* Coimbra: Coimbra, 2010, págs. 42-50.

139. Cunha, Leonardo Carneiro da. Negócios Jurídico Processuais no Processo Civil Brasileiro. *In* Cabral, Antonio do Passo; Nogueira, Pedro Henrique (coord.). *Negócios Processuais.* 2ª ed. Salvador: Juspodivm, 2016, pág.57-61; Mitidiero, Daniel. *Colaboração no processo civil: pressupostos sociais, lógicos e éticos.* 3ª ed. São Paulo: RT, 2015, págs. 101-103; Didier Jr., Fredie. *Fundamentos do Princípio da Cooperação no Direito Processual Civil Português.* Coimbra: Coimbra, 2010, págs. 42-50.

partes, carentes, se submetem ao poder decisório e controlador do Estado-juiz "todo-poderoso"; o magistrado intervém, agora, como membro do contraditório, a quem compete proferir uma decisão de mérito no seguimento de um intenso diálogo democrático, ético e participativo[140].

O CPC-15 adopta claramente um modelo cooperativo de processo e esta consideração não pode passar ao lado do processo do trabalho. Mas a cooperação além de modelo surge, no CPC-15, também como *princípio*[141]. Consagra-o expressamente no art. 6º do CPC, que impõe a todos os sujeitos um sentir colaborativo na intervenção no processo, assim como demanda do juiz o zelo para salvaguardar um contraditório *efectivo* (art. 7º do CPC). De tal forma assim é que se impede ainda ao juiz a tomada de decisões contra uma das partes sem que esta seja previamente ouvida a respeito (art. 9º do CPC) e que este se possa valer de fundamentos jurídicos sem previamente conceder às partes oportunidade para se manifestarem (art. 10º do CPC). Neste modelo é igualmente patente a preocupação do legislador pela resolução e autocomposição dos litígios pelas partes: incentiva-se não o distanciamento entre juiz e partes na audiência, mas a intervenção de um mediador ou conciliador como promotor do debate e do diálogo[142].

---

140. Didier Jr., Fredie. *Fundamentos do Princípio da Cooperação no Direito Processual Civil Português.* Coimbra: Coimbra, 2010, págs. 45-48; Avelino, Murilo Teixeira. A posição do magistrado em face dos negócios jurídicos processuais. *Revista de Processo*, São Paulo, Vol. 40, N.º 246, ago/2015, *passim.*

141. Como explica Mitidiero, enquanto modelo, e do ponto de vista ético, a "colaboração é um processo orientado pela busca, tanto quanto possível, da verdade, e que, para além de emprestar relevo à boa-fé subjetiva, também exige de todos os seus participantes a observância da boa-fé objetiva,14 sendo igualmente seu destinatário o juiz,15 tendo como objetivo produzir decisões justas"; já como princípio, não só é norma que nada diz respeito à boa-fé na atuação das partes entre si, como se estrutura "a partir da previsão de regras que devem ser seguidas pelo juiz na condução do processo" (esclarecimento, de diálogo, de prevenção e de auxílio) (cf. Mitidiero, Daniel. A colaboração como modelo e como princípio no processo civil. *Revista de Processo Comparado*, São Paulo, Vol. 2, jul-dez/2015, págs. 83-97).

142. Naturalmente que nós sabemos ser ingénuo admitir que as partes se tornarão as melhores amigas no decorrer da demanda, mas também não podemos partir do entendimento oposto de que nunca estarão dispostas a colaborar entre si. Mesmo que haja severa disputa em torno do objeto litigioso, isso não quer dizer que as partes não possam chegar a consensos quanto a matérias processuais. Os acordos processuais são a melhor expressão do princípio cooperativo no processo contemporâneo. É certo que eles podem implicar a criação de desigualdades, mas é igualmente ilusório pensar que no processo judicial comum elas também não se verificam; elas existem dentro e fora dele. O que se deve procurar, não é a vedação *quae tale* da liberdade para convencionar,

No âmbito da doutrina que estuda o processo do trabalho, é frequente compreender o princípio da cooperação sob a alçada do grupo de princípios *comuns* ao processo civil e trabalhista[143], pelo que a sua compreensão dogmática ganha a mesma amplitude que colhe naquele. Nem há razões para não ser assim, depois da sua inserção como *norma fundamental* no capítulo inicial do CPC. Apesar de continuar a existir forte tendência para atribuir ao processo trabalhista um cunho inquisitorial mais forte que o civil, não podemos esquecer ou ignorar as repercussões que as normas fundamentais e, em particular, o modelo cooperativo implantado com o CPC, devem ter no processo trabalhista, o qual se deve permear, cada vez mais, às vantagens resultantes desse novo modelo processual.

6.5. PRINCÍPIO PATERNALISTA?

6.5.1. Colocação do problema

Ficou demonstrada a necessária mitigação do princípio da proteção no direito do trabalho, em geral, assim como a impossibilidade da sua expansão para o palco do processo trabalhista e o quão compatível com o princípio do autorregramento da vontade das partes se revela ser a principiologia processual laboral. Assim também a mesma necessidade de procura por consensos, algumas aberturas típicas à celebração de negócios processuais pela CLT, o mesmo papel que se quer dar ao princípio da cooperação. Se assim é, perguntamos *o que resta ao fundamento de validade da "proibição" do art. 2º, inc. I da IN 39/2016, senão um esforço paternalista para "proteger" (desarrazoada e infundadamente) trabalhadores de si mesmos e das suas próprias escolhas*?

6.5.2. A noção de paternalismo

O termo "paternalismo" é definido de várias maneiras[144], embora de todas elas se possa extrair uma ideia em comum: uma conduta protetiva que,

---

com receio das desigualdades que ela possa implicar; o que se deve procurar é antes a criação de mecanismos que permitam evitar a sua ocorrência. Ora, no âmbito do processo do trabalho, precisamente porque existe o controlo judicial a posteriori pelo magistrado, não se pode dizer que não haja a salvaguarda dos direitos fundamentais do trabalhador e a garantia da igualdade na flexibilização do processo (CABRAL, Antonio do Passo. *Convenções Processuais*. Salvador: Juspodivm, 2016, págs.190-194).

143. LEITE, Carlos Henrique Bezerra. *Curso de Direito Processual do Trabalho*. 14ª ed. São Paulo: Saraiva, 2016, págs. 95-96; SCHIAVI, Mauro. *Manual de Direito Processual do Trabalho*. 12ª ed. São Paulo: LTr, 2017, pág. 113.

144. No dicionário português Priberam é entendido como "1. Relação baseada na autoridade do pai. 2. Concepção segundo a qual as pessoas que detêm a autoridade devem

com força de autoridade, impõe ou restringe certas práticas a indivíduos, sem para tal obter o seu consentimento, convicto de estar a fazer o melhor para estes[145]. Como explica García, este termo surgiu precisamente no seio das relações laborais à época do período industrial (entre a segunda metade do século XIX e a primeira do século XX). O patronato industrial, como forma de melhorar a qualidade de vida dos seus trabalhadores e, simultaneamente, proporcionar melhores condições à produtividade destes, começou a construir aquilo que se veio a chamar de "cidades-fábrica"[146]. Era um paternalismo claramente motivado por interesses pessoais e toscamente disfarçado de filantropismo[147], que nasceu entre agentes privados, i.e., sem que existisse qualquer relação com o intervencionismo estatal; aliás, o

---

desempenhar, para aqueles sobre os quais é exercida, um papel análogo ao do pai para com os filhos. 3. Benevolência condescendente no exercício da autoridade" (https://dicionario.priberam.org/paternalismo; consultado em 10.10.2018). Segundo o *Oxford Dictionary*, "*The policy or practice on the part of people in authority of restricting the freedom and responsibilities of those subordinate to or otherwise dependent on them in their supposed interest*" (https://en.oxforddictionaries.com/definition/paternalism; consultado em 10.10.2018). Segundo o dicionário da Real Academia Espanhola, como "Tendencia a aplicar las formas de autoridad y protección propias del padre en la familia tradicional a relaciones sociales de otro tipo; políticas, laborales" (https://dle.rae.es/?id=S8t6lBd; consultado em 10.10.2018).

145. Nas palavras de Dworkin "By paternalism I shall understand roughly the interference with a person's liberty of action justified by reasons referring exclusively to the welfare, good, happiness, needs, interests, or values of the person being coerced" (Dworkin, Gerald. *Paternalism*, 1971, pág. 181, disponível em http://www.sjsu.edu/people/paul.bashaw/courses/phil186fall2012/s1/Paternalism.pdf, última consulta em 11.10.2018). Noutra perspectiva, dizer que A exerce paternalismo sobre B, seria dizer que A exerce um poder sobre B com a finalidade de evitar que B leve a cabo ações ou omissões que lhe causem dano ou lhe agravem determinado risco de dano ou de perda de benefício (García, Marcaro Alemany. *El concepto y la justificación del paternalismo.* Tese de Doutoramento, Universidade de Alicante, 2005, págs. 444-445).

146. A classe patronal de indústrias alimentares, metalúrgicas, têxteis, mineiras, percebendo que o mercado livre de trabalho não asseguraria uma mão-de-obra estável e disciplinada, criou como estratégia a não deixar escapar mão-de-obra e que passava por providenciar habitação ou casas de socorro aos seus trabalhadores.

147. García, Marcaro Alemany. *El concepto y la justificación del paternalismo.* Tese de Doutoramento, Universidade de Alicante, 2005, pág. 14. Como escreve o Autor: "*El paternalismo era, simplemente, una nueva estrategia para disponer de una mano de obra en condiciones optimas para la producción industrial y no estaba orientado a beneficiar a los obreros*" (cit. pág. 22). Este paternalismo industrial assumia simultaneamente um papel ideológico e de dominação, já que ao tempo que disciplinava a mão-de-obra laboral, impedia e evitava que estes se organizassem entre si e formassem uma força revolucionária.

paternalismo industrial, no seu início, pressuponha, precisamente, o total abstencionismo do Estado. Este paternalismo despiu-se, posteriormente, desta visão exclusivamente pragmática e patrimonial, para se assumir mais benevolente. Deu origem a uma segunda fase designada de "paternalismo liberal", promovida por uma ideologia conservadora como forma de combate à expansão do socialismo europeu, e que se traduzia numa maior aproximação entre patrão e operário, com maior reconhecimento da autonomia do último e associada a um sentimento favorável aos seus interesses[148].

Hoje, a expressão, além do sentido literal dirigido à relação familiar entre pai e filho, está analogicamente associada a uma visão jurídico-político-filosófica de poder e modo de governo do Estado e repercute-se numa indagação geral sobre a justificação, finalidades e limites da intervenção estatal. Não são raras as situações em que o Estado impõe coercitivamente determinados comportamentos aos seus cidadãos, para evitar precisamente que estes se prejudiquem a si mesmos, ou para lhes proporcionar maior felicidade, nos mesmos termos que um pai faria com o seu filho[149]. Assim, por exemplo, a proibição de consumo de certos medicamentos sem prescrição médica, a obrigatoriedade do uso de capacete nos condutores de motociclos, a proibição de banhos públicos em praias sem a presença de nadadores-salvadores, a criminalização da tentativa de suicídio etc.[150]

---

148. García, Marcaro Alemany. *El concepto y la justificación del paternalismo*. Tese de Doutoramento, Universidade de Alicante, 2005, pág. 31.

149. Já advogava Platão na sua *República* pela teoria da *nobre mentira*, como remédio ao dispor do Estado para melhor conduzir o governo da *pólis*. Mentira esta que se encontrava justificada não apenas diante de inimigos do Estado, mas também perante os próprios cidadãos, ambos em benefício do Estado. Platão. *República*. Madrid, Gredos: 2000, págs. 145-155, *apud* García, Marcaro Alemany. *El concepto y la justificación del paternalismo*. Tese de Doutoramento, Universidade de Alicante, 2005, págs. 16-18.

150. Recuperando os exemplos de Dworking, "(...) 4. Laws making it illegal for women and children to work at certain types of jobs. 5. Laws regulating certain kinds of sexual conduct, for example, homosexuality among consenting adults in private. 6. Laws regulating the use of certain drugs that may have harmful consequences to the user but do not lead to antisocial conduct. 7. Laws requiring a license to engage in certain professions with those not receiving a license subject to fine or jail sentence if they do engage in the practice. 8. Laws compelling people to spend a specified fraction of their income on the purchase of retirement annuities (Social Security). 9. Laws forbidding various forms of gambling (often justified on the grounds that the poor are more likely to throw away their money on such activities than the rich who can afford to). 10. Laws regulating the maximum rates of interest for loans. 11. Laws against dueling" (Dworkin, Gerald. *Paternalism*. 1971, pág. 182, disponível em http://www.sjsu.edu/

6.5.3. O anti-paternalismo na filosofia do direito

Um dos primeiros teóricos do anti-paternalismo do Estado foi JOHN LOCK. Como LOCK fundava o poder do Estado no consenso dos cidadãos, não concebia que o *poder político* pudesse ser associado ou confundido com um *poder paternal*. Uma filosofia de Estado que concebesse esta associação, implicava a errada consideração dos cidadãos como estando permanentemente numa posição de *menoridade*, o que, para si, era inadmissível. O individualismo liberal da sua teoria política conduziu LOCKE a sustentar que o homem médio adulto era ser capaz e com conhecimento e vontade bastantes para traçar e procurar os seus próprios interesses[151]. Na mesma lógica anti-despotista estatal, EMMANUEL KANT também centralizou a sua teoria na figura do indivíduo e na autonomia do cidadão para determinar a sua própria felicidade[152]. O governo, para KANT, não deveria assumir uma inalcançável tarefa de garantir a reali-

---

people/paul.bashaw/courses/phil186fall2012/s1/Paternalism.pdf, última consulta em 11.10.2018). Paralelamente a estes exemplos que colhem repressão mediante sanções civis ou penais, apresenta ainda outros exemplos de condutas paternalistas sujeitas a outro tipo de regulamentação: "1. Laws regulating the types of contracts that will be upheld as valid by the courts, for example (...), no man may make a valid contract for perpetual involuntary servitude. 2. Not allowing assumption of risk as a defense to an action based on the violation of a safety statute. 3. Not allowing as a defense to a charge of murder or assault the consent of the victim".

4. Requiring members of certain religious sects to have compulsory blood transfusions. This is made possible by not allowing the patient to have recourse to civil suits for assault and battery and by means of injunctions. 5. Civil commitment procedures when these are specifically justified on the basis of preventing the person being committed from harming himself (...)" (*ibidem*, pág. 182).

151. GARCÍA, Marcaro Alemany. *El concepto y la justificación del paternalismo*. Tese de Doutoramento, Universidade de Alicante, 2005, págs. 33-39.

152. "Ninguém pode me obrigar a ser feliz à sua maneira (...), mas cada um pode buscar a felicidade segundo o caminho que parece bom para ele, sempre que não prejudique a liberdade dos outros de visar a mesma meta de forma que sua liberdade possa coexistir com a liberdade de qualquer outro segundo uma possível lei universal (...). Um governo que tenha sido estabelecido de acordo com o princípio da benevolência para com o seu povo, como um pai para os seus filhos, isto é, um governo paternalista (...), em que os súbditos, como os filhos menores de idade, que não podem distinguir o que é útil ou prejudicial, se veem forçados a comportar-se de forma meramente passiva, para aguardar o julgamento do chefe do Estado sobre a melhor forma de serem felizes, e da sua bondade, pois que ele também quer que eles o sejam, tal governo é o maior despotismo imaginável (uma constituição que suprime toda a liberdade dos súditos, que carecem, portanto, dos seus direitos em absoluto" (Kant, Immanuel. *En defensa de la Ilustración* (Trad. Javier Alcoriza y Antonio Lastra). Barcelona: ed. Alba, 1999, pág. 261, *apud* GARCÍA, Marcaro Alemany. *El concepto y*

zação do bem-estar dos seus cidadãos, mas apenas restringir-se a criar-lhes essas oportunidades. Desprovida de intuitos idealistas, a proposta de KANT é pragmática: o melhor Estado não será aquele onde melhor se viva, mas aquele que melhor garanta aos seus cidadãos a realização dos seus direitos[153]. A estes dois filósofos, juntou-se WILHELM VON HUMBODLT, apologista da iniciativa individual e de que a realização desta pressupunha a não intervenção do Estado nas escolhas do cidadão, de onde extraía o corolário de reprovação de toda a tentativa do Estado em imiscuir-se nos assuntos privados dos cidadãos quando estes em nada afetassem os direitos de terceiros[154].

Da mesma forma, JOHN STUART MILL entendia que a única forma de o poder político poder impedir um cidadão de realizar as suas próprias escolhas seria no momento em que as suas condutas afetassem e prejudicassem os demais membros da sociedade[155]. Este postulado básico defendido por MILL ficou conhecido como *princípio do dano.* Pergunta, ironicamente: se os me-

---

la justificación del paternalismo. Tese de Doutoramento, Universidade de Alicante, 2005, pág. 41 - tradução livre).

153. Como anota GARCÍA, "(...) *el problema del paternalismo se plantea en Immanuel Kant de la siguiente manera: a) desde el punto de vista conceptual, el paternalismo estatal se refiere a aquellas intervenciones coactivas con la libertad que no tienen por finalidad evitar las intromisiones ilegitimas en la libertad de los otros, sino promover la felicidad, en un sentido muy amplio, de aquellos cuya libertad es coartada, y b) desde el punto de vista de la justificación, no hay duda de que el paternalismo no es el fin del Estado, puesto que conlleva una negación de la idea misma de Estado*", *apud* GARCÍA, Marcaro Alemany. *El concepto y la justificación del paternalismo.* Tese de Doutoramento, Universidade de Alicante, 2005, pág. 48.

154. HUMBODLT, Wilhelm von. *Los límites de la acción del Estado.* Madrid: ed. Tecnos, 1988, págs. 20-21, *apud* GARCÍA, Marcaro Alemany. *El concepto y la justificación del paternalismo.* Tese de Doutoramento, Universidade de Alicante, 2005, pág. 48.

155. "(...) a única finalidade para a qual o poder pode ser legitimamente exercido sobre qualquer membro de uma comunidade civilizada, contra a sua vontade, é para evitar danos a outros. O seu próprio bem, físico ou moral, não é suficiente. Ninguém pode ser justificadamente obrigado a realizar ou não realizar certos atos, porque ser melhor para ele, porque lhe farão feliz, porque, na opinião dos outros, atuando dessa forma seria mais correto ou justo. Essas são boas razões para argumentar, raciocinar e persuadir, mas não para forçá-lo ou prejudicá-lo caso aja de maneira diferente. Para justificar isso, seria necessário pensar que o comportamento do qual se pretende dissuadi-lo causaria danos a outra pessoa. A única parte do comportamento de cada um pelo qual ele é responsável perante a sociedade é a que se refere aos outros. Na parte que lhe diz respeito apenas, a sua independência é, por direito, absoluta. Em si mesmo, quanto ao seu próprio corpo e espírito, o indivíduo é soberano" (MILL, S. John. *Sobre la libertad.* (Trad. Pablo de Azcárate). Madrid: Alianza Editorial, 1999, pág. 68 *apud* GARCÍA, Marcaro Alemany. *El concepto y la*

nores são legalmente protegidos por serem incapazes de se autogovernar, por que razão é que pessoas maiores que também não o sejam – por razões como o vício do jogo, embriaguez, incontinência, ociosidade etc. – não são igual e paternalisticamente protegidas por lei? É então que compreende o paternalismo não como um ato de negar a prática de certo tipo de atos que afetam o indivíduo que os realiza, mas como um meio de legitimar a *interferência e invasão da esfera privada do indivíduo* quando tal seja necessário para evitar danos autoinfligidos ou garantir o seu bem-estar[156]. Para Mill tão-pouco o Estado terá como saber qual o melhor resultado para o cidadão, estabelecendo *a prioristicamente* por lei padrão geral de bem-estar que se aplique a todos, já que cada um é o melhor juiz dos seus próprios interesses[157-158].

6.5.4. O paternalismo jurídico *justificado* na filosofia do direito

Vários outros filósofos vieram admitir generalizadamente o paternalismo jurídico, considerando-o coerente do ponto de vista teórico. Estes posicionamentos começaram a surgir à medida em que também se começaram a proliferar exemplos legislativos de cunho paternalista na seara do direito civil e penal. Assim, por exemplo, Herbert L. A. Hart[159], John Rawls[160], Joel Feinberg[161], Manuel Atienza[162].

---

justificación del paternalismo. Tese de Doutoramento, Universidade de Alicante, 2005, pág. 67 – tradução livre).

156. García, Marcaro Alemany. *El concepto y la justificación del paternalismo.* Tese de Doutoramento, Universidade de Alicante, 2005, pág. 71.

157. "Mas o argumento mais forte contra a intervenção do poder público no comportamento puramente pessoal de um indivíduo é que, quando [o Estado] intervém, o faz de maneira torta e deslocada (...). A opinião de tal maioria imposta como lei sobre a minoria, em matéria de conduta pessoal, tem absolutamente a mesma probabilidade de estar certa como de estar errada, já que em tais casos a opinião pública significa, no máximo, a opinião de alguns sobre o que é bom ou mau para os demais; e, muitas vezes, tão-pouco assim se trata, já que o público passa, com a mais perfeita indiferença, por cima do prazer e da conveniência daqueles cujo comportamento censura, levando apenas em consideração as suas próprias preferências" (Mill, S. John. *Sobre la libertad.* (Trad. Pablo de Azcárate) Madrid: Alianza Editorial, 1999, pág. 164 *apud* García, Marcaro Alemany. *El concepto y la justificación del paternalismo.* Tese de Doutoramento, Universidade de Alicante, 2005, pág. 72 – tradução livre).

158. O autor apenas exclui desta situação o caso da pessoa que abdica da sua própria liberdade para se tornar num escravo; ocasião que afeta de nulidade o respetivo contrato.

159. Hart, H.L.A.. *Law, Liberty and Morality.* Stanford: Stanford University Press, 1963, *passim.*

Mas é sobretudo Gerald Dworkin quem se destaca entre os primeiros a aceitar casos de *paternalismo jurídico justificado*. Dworkin, em vários estudos que faz sobre *autonomia* e paternalismo, parte de uma distinção entre paternalismo *forte*, promovido "contra" indivíduos competentes e no pleno uso das suas faculdades mentais, e paternalismo *fraco*, dirigido perante menores e adultos com faculdades físicas ou mentais reduzidas[163]. Assenta ainda a sua doutrina em duas ideias básicas: (i) a proteção do próprio sujeito

160. Rawls, John. *Teoría de la Justicia*. México: Fondo de Cultura Económica, 1997, págs. 230 ss. Rawls procura estabelecer uma diferença entre a validade moral do paternalismo que seja exercido para indivíduos que atuam voluntariamente, por um lado, ou que assumiriam, num raciocínio de "consentimento hipotético-racional" aquela escolha, por outro, e ainda o consentimento irracional feito de forma involuntária. Relativamente aos critérios que deveriam guiar essa conduta paternalista, escreve: "Esta autorização, só é colocada em prática quando não podemos cuidar de nós mesmos. As decisões paternalistas devem ser guiadas pelas próprias preferências e interesses do indivíduo, na medida em que não sejam irracionais ou, na falta de conhecimento desses interesses, pela teoria dos bens primários" (pág. 234; tradução livre).

161. Feinberg, entre outros no seu *Harm to Self – (The Moral Limits of the Criminal Law)*. Nova York: Oxford University Press, 1986, pág. 5 *apud* García, Marcaro Alemany. *El concepto y la justificación del paternalismo*. Tese de Doutoramento, Universidade de Alicante, 2005, pág. 148 – distingue paternalismo presumivelmente censurável, que consistia em tratar adultos como crianças, obrigando-os a absterem-se ou atuar de certa maneira, do presumivelmente não censurável, dirigido a auxiliar pessoas vulneráveis a danos externos, nos mesmos termos e intenções que um pai faria para proteger o seu filho. Constrói uma teoria tentando precisamente diferenciar estas duas situações. Em todo o caso, é interessante verificar que Feinberg, numa diferenciação entre razoabilidade e voluntariedade da escolha do sujeito, chega a admitir ser possível, por exemplo, que uma pessoa possa vir a assumir riscos manifestamente irrazoáveis de forma completamente voluntária.

162. O autor considerava que uma conduta paternalista estaria justificada se "(...) a) está realmente encaminada hacia la consecución del bien objetivo de una persona o una colectividad; b) los individuos o la colectividad a quien se aplica o destina la medida no pueden prestar su consentimiento por poseer algún tipo de incapacidad básica –transitoria o no–; y c) se puede presumir racionalmente que estos prestarían su consentimiento si no estuvieran en la situación de incapacidad indicada en b) y (por tanto) conocieran cuál es realmente su bien" (Atienza, Manuel. Discutamos sobre paternalismo. *Doxa* 5(1988), pág. 209 *apud* García, Marcaro Alemany. *El concepto y la justificación del paternalismo*. Tese de Doutoramento, Universidade de Alicante, 2005, pág. 292).

163. Dworkin, Gerald. Some Second Thoughts. *in* Sartorius, Rolf (coord). *Paternalism*. Minneapolis: University of Minnesota Press, 987, págs. 105-111, *apud* García, Marcaro Alemany. *El concepto y la justificación del paternalismo*. Tese de Doutoramento, Universidade de Alicante, 2005, pág. 92.

motivada por razões de tutela de terceiros é, por vezes, motivo justificado para atuar através de instrumentos estatais repressivos, (ii) a restrição da autonomia individual baseada exclusivamente em motivos de proteção do próprio nunca é razão bastante para o exercício de repressão estatal[164]. Esclarece que, por vezes, os exemplos de paternalismos *puros*[165] são encobertos por justificações legislativas diferentes da mera proteção do indivíduo, como é o caso da imposição de uso de capacete a motoristas de motociclos, que elegantemente pode ser colocado sob uma justificação de segurança pública.

Numa outra distinção particularmente importante, Dworkin afirma que existem casos que se encontram na fronteira dos exemplos paternalistas, mas não se confundem com estes, sendo perfeitamente justificáveis. É disto exemplo a legislação que proíbe a publicidade enganosa, que controla as informações que os alimentos e medicamentos devem obrigatoriamente transmitir etc. Como aquilo que está em causa é a mera salvaguarda de níveis informativos razoáveis para que as pessoas possam optar, com real liberdade, pelas escolhas que consideram mais corretas, não representam verdadeiramente um caso de interferência com a liberdade dos consumidores. Da mesma forma, *enquadra a legislação laboral* que, por exemplo, determina que os trabalhadores não possam trabalhar mais do que 40h semanais. Dworkin, *apesar de reconhecer que este último caso poderá ter subjacente motivações paternalistas*, encontra nele outras justificativas plausíveis além dessa: condições de eficácia de acordos que sejam aceitos por toda a classe de trabalhadores. Para ele, estas restrições se impõem porque "a coerção não é usada para alcançar um certo benefício que não é reconhecido como tal para os afetados, mas porque é o único meio possível de obter algum benefício que seja reconhecido como tal por todos os afetados"[166]. Daí Dworkin

---

164. Dworkin, Gerald. *Paternalism*. 1971, pág. 182, disponível em http://www.sjsu.edu/people/paul.bashaw/courses/phil186fall2012/s1/Paternalism.pdf, consultado em 11.10.2018.

165. Nos casos que Dworkin identifica como sendo de paternalismo *puro* a pessoa cuja prática do ato se impõe coincide com a pessoa que beneficia da proibição; por oposição a paternalismos *impuros*, onde a pessoa que recebe a proibição paternalista não é a que beneficiará dos seus efeitos, mas terceiros. É exemplo do primeiro caso a obrigação de usar cinto de segurança em veículos automóveis; é exemplo do segundo a proibição de venda de cigarros para proteger a saúde dos fumadores.

166. "(...) I want to distinguish paternalistic interference with liberty from a related type with which it is often confused. Consider, for example, legislation which forbids employees to work more than, say, forty hours per week. It is sometimes argued that such legislation is paternalistic for if employees desired such a restriction on their hours of

conceber uma teoria sobre o paternalismo como, especificamente, uma "interferência na liberdade" (proposta conceptual que depois veio a modificar para "violações à autonomia"); tanto assim que expressamente reconhece que intervenções que não sejam uma verdadeira interferência na liberdade, ainda que movidas por razões paternalistas, não lhe interessam[167]. Neste caso, como explica García, a fundamentação da legislação laboral, ainda que imbuída de motivos paternalistas, amparava-se em problemas de ação coletiva do tipo "dilema do prisioneiro": "todos os trabalhadores saem a ganhar se ninguém estiver disposto a contratar mais do que certo número de horas de trabalho, embora cada um deles possa ser beneficiado, com prejuízo dos restantes, se aceitar trabalhar mais horas que os demais; para evitar que isso aconteça, o Direito garante o cumprimento do acordo coletivo"[168].

Parece que o autor se posiciona favoravelmente a intervenções que, mesmo sendo paternalistas, se encontrem justificadas por outras razões não paternalistas. O critério para essa justificação, procura-o num alegado "acordo" feito por pessoas racionais relativamente a certos bens que "qualquer pessoa [naquela posição] iria querer ter para seu próprio bem". Apesar de procurar objetivar certo tipo de bens como inquestionavelmente voltados a um propósito de melhoria de bem-estar, não nega que não deixa de haver bens básicos, como a própria vida, que certas pessoas estariam dispostas a sacrificar diante outros interesses; do qual é exemplo as testemunhas de Jeová e a sua recusa generalizada de receber transfusões de sangue. Introduz ainda ideias relevantes para alcançar esse *acordo racional para interferências paternalistas*: (i) decisões que implicam consequências irreversíveis (ex. consumo

---

work they could agree among themselves to impose it voluntarily. But because they do not the society imposes its own conception of their best interests upon them by the use of coercion. Hence this is paternalism... There are restrictions which are in the interests of a class of persons taken collectively but are such that the immediate interest of each individual is furthered by his violating the rule when others adhere to it. In such cases the individuals involved may need the use of compulsion to give effect to their collective judgment of their own interest by guaranteeing each individual compliance by the others. In these cases compulsion is not used to achieve some benefit which is not recognized to be a benefit by those concerned, but rather because it is the only feasible means of achieving some benefit which is recognized as such by all concerned" (Dworkin, Gerald. *Paternalism*. 1971, pág. 184, disponível em http://www.sjsu.edu/people/paul.bashaw/courses/phil186fall2012/s1/Paternalism.pdf, consultado em 11.10.2018, pág. 183).

167. *Ibidem*, pág. 184.

168. García, Marcaro Alemany. *El concepto y la justificación del paternalismo*. Tese de Doutoramento, Universidade de Alicante, 2005, pág. 129.

de drogas altamente viciantes), (ii) decisões tomadas sob forte pressão social e psicológica (ex. suicídio), (iii) decisões que envolvam perigos e riscos mal compreendidos ou erroneamente levados em consideração pelas pessoas (ex. fumar). Termina sustentando um pesado *ônus da prova* que as autoridades teriam de cumprir para demonstrar a exata probabilidade e natureza dos efeitos danosos a serem evitados e sugerindo que sempre que estejamos diante de *alternativas a medidas paternalistas*, elas deverão *assumir prioridade*[169].

6.5.5. Uma Instrução Normativa paternalista?

Hoje em dia pode dizer-se que condutas paternalistas do Estado se encontram generalizadamente aceites. É assim no direito penal, no direito do consumidor, mas também no direito do trabalho. Todavia, aceitar um princípio paternalista básico no sistema laboral trás inúmeras consequências jurídicas desagradáveis: (i) implica admitir que o *Estado conhece os interesses dos indivíduos melhor do que os próprios* cidadãos; (ii) pode contribuir para construir uma sociedade atrofiada onde os seus *cidadãos são incapazes de dirigir as suas vidas* e pessoas adultas são tratadas como crianças; (iii) poderá ser *difícil traçar uma linha divisória clara entre intervenções* proibitivas estabelecidas por um Estado democrático realmente preocupado com valores sociais e o bem-estar do indivíduo, *e outro totalitário*, que apenas pretende interferir na liberdade negativa dos seus cidadãos.

O verdadeiro problema pode dizer- se ser, hoje, o de perceber *qual a medida da sua necessidade, a exata justificativa dessa restrição e a conveniência da sua existência* diante de possíveis alternativas legislativas ou não[170]. A existência de outras finalidades legítimas – além do carácter paternalista da medida – e que essa interferência também vise salvaguardar é um ponto de partida para a legitimar; já que uma interferência na liberdade e autonomia

---

169. "In all cases of paternalistic legislation there must be a heavy and clear burden of proof placed on the authorities to demonstrate the exact nature of the harmful effects (or beneficial consequences) to be avoided (or achieved) and the probability of their occurrence. (...) Finally, I suggest a principle of the least restrictive alternative. If there is an alternative way of accomplishing the desired end without restricting liberty although it may involve great expense, inconvenience, etc., the society must adopt it" (Dworkin, Gerald. *Paternalism.* 1971, pág. 184, disponível em http://www.sjsu.edu/people/paul.bashaw/courses/phil186fall2012/s1/Paternalism.pdf, consultado em 11.10.2018, pág. 188).

170. García, Marcaro Alemany. *El concepto y la justificación del paternalismo.* Tese de Doutoramento, Universidade de Alicante, 2005, pág. 492.

dos sujeitos perpetrado (supostamente) no seu próprio interesse não pode ser levada a cabo sem mais, ou de ânimo leve. De qualquer forma, não parece ser suficiente.

Em qualquer medida paternalista pode perfeitamente o legislador embutir e descobrir uma razão paralela não-paternalista que a motive e, assim, contor*nar o problema lógico da sua justificação legítima*. Tanto posso exigir o uso de cinto de segurança por razões de segurança pessoal do condutor, como justificá-la por motivos de prevenção de dano a terceiros. Da mesma forma, tanto posso impedir trabalhadores de celebrar convenções processuais sob justificação da sua vulnerabilidade, quanto também sob escusa de tal poder vir a provocar um mal-estar na salvaguarda da especialidade e celeridade do rito processual trabalhista.

Não queremos aqui abordar especificamente a existência de um sistema de direito laboral paternalista ou não, dada a extensa heterogeneidade de direitos e deveres previstos nesta sede pela CLT. Interessa-nos, particularmente, apreciar a questão à luz das convenções processuais. Ora, em matéria processual, e particularmente no que aqui importa a "instrução de proibição" Estatal (Estado-juiz) prevista na IN 39/2016 e imposta ao trabalhador sobre *a não celebração de negócios jurídicos processuais*, pensamos estar diante de *um caso típico de paternalismo injustificado*. Retomando o esquema pragmático de Dworkin, uma medida paternalista pode ser assim classificada sob a seguinte fórmula: A age paternalisticamente em relação a B, fazendo ou omitindo C; C interfere com a liberdade e a autonomia de B; A atua sem o consentimento de B; A atua convicto de que C irá melhorar o bem-estar ou promover melhor os interesses de B. Onde C representa a proibição de celebração de negócios processuais, B o trabalhador e A o Estado-legislador/ Estado-juiz, não é difícil imaginar que o Estado pretenda que o trabalhador renuncie aos seus direitos, sejam eles materiais ou processuais. Ainda que esta proibição, em concreto, possa ser justificada sob outros motivos que não puro paternalismo (ex. solidariedade, proteção da classe como um todo, manutenção da uniformidade de rito procedimental sem empates à celeridade etc.), tal não descaracteriza a premissa.

E assim é porquanto se baseia numa ideia de proteção do trabalhador que *não distingue consoante a decisão* que ele adota no negócio jurídico processual é *voluntária ou involuntária*. Uma intervenção Estatal que cerceie a autonomia do trabalhador deve, para ser justificada, restringir-se exclusivamente às segundas e não às primeiras. É verdade que é praticamente assente que a aferição dessa involuntariedade implica perceber se não existiram causas externas ou internas que afetaram o consentimento do sujeito (ex. coação, ignorância, erro, engano, incapacidade física ou mental etc.). Todavia, em *matéria processual*, a regra que poderia ter legitimado a presunção é precisamente a de que os atos processuais são *praticados de forma voluntária, sendo a excepção o contrário*. É incompatível com o estabelecimento de normas paternalistas que supostamente se dirigem a suprir escolhas involuntárias (*latu senso*), a sua imposição num sistema onde a maioria dos atos praticados pelos sujeitos intervenientes é levada a cabo de forma suficientemente voluntária.

Poderíamos opor a crítica de Feinberg, de que seria preferível fazer incidir sobre os poucos (que seriam a excepção, os invulneráveis) o peso da injustiça de não verem a sua vontade atendida (leia-se a intervenção estatal obrigatória e a interferência na liberdade), do que impô-lo sobre a maioria (i.e., que a maioria vulnerável assumisse as consequências de uma permissão total à celebração de negócios processuais) ou os custos de ter que averiguar, caso por caso, a existência de consentimento suficientemente voluntário[171]. Todavia, uma postura paternalista fortemente incidente sobre a proteção à autonomia individual como esta, é também incompatível com os avanços que têm sido feitos relativamente a permissões pontuais de celebração de negócios individuais (*maxime*, com o recente art. 507-A da CLT e da admissão de cláusula compromissória).

Como se isso não bastasse, importa ainda considerar que é igualmente comum aos partidários do paternalismo jurídico *justificado* a ideia de uma *cláusula de necessidade*, i.e., de que a medida proibitiva estatal que assume natureza paternalista deva ser o *último recurso* para evitar o *self harm* do sujeito que se quer proteger. Não parece ter sido esse o caso da IN 39/2016, já que *desconsiderou completamente a utilidade que os requisitos do 190 poderiam ter na correta salvaguarda da liberdade real dos trabalhadores*, cuja autonomia se pretende resguardar com esta proibição. Com a consideração da parte final do parágrafo único do art. 190, ao estabelecer precisamente uma reserva de admissibilidade das convenções subordinada à inexistência de "manifesta vulnerabilidade", o legislador criou uma alternativa legítima de proteção do trabalhador, passível de satisfazer e cumprir a liberdade

171. Feinberg, Joel. *Harm to Self – (The Moral Limits of the Criminal Law)*. Nova York: Oxford University Press, 1986, pág. 174 *apud* García, Marcaro Alemany. *El concepto y la justificación del paternalismo*. Tese de Doutoramento, Universidade de Alicante, 2005, pág. 207.

que o TST quis proteger pela proibição na IN. As mesmas preocupações em assegurar plenas condições de aceitação livre e consciente de cláusulas processuais levou o legislador a ressalvar no mesmo parágrafo único do art. 190 a invalidade de negócios processuais inseridos de forma "abusiva" em contratos de adesão, de que o contrato de emprego se pode considerar espécie. Desta forma, fica claro que a proibição da IN foi claramente desnecessária e, consequentemente, injustificadamente paternalista. Eventual repressão da negociação processual deveria ser considerada *a posteriori*, pela mão do magistrado, diante do caso concreto que o justificasse; e não *a priori*, pela mão do TST, atentas das condições de tutela oferecidas pelo legislador civilista.

A IN 39/2016 é ainda paternalista porque não percebe que um estado *de vulnerabilidade* – em que baseia a sua presunção e consequente proibição – *não é estático nem absoluto*, embora o tenha considerado como tal. Como escreve VALDÉS, um sujeito num estado de vulnerabilidade relativa pode, eliminando-se as causas de exploração ou discriminação, regressar a um estado de não vulnerabilidade e basear as suas escolhas na sua própria vontade; *aquilo que ele precisa do ordenamento não é uma medida proibitiva que o proteja de si próprio*, mas *medidas que eliminem esse estado de opressão temporário* em que se encontra. Isto é, deve-se priorizar não um tratamento enquanto vulnerável absoluto, mas antes tentativas de retirar e içar o sujeito do seu estado de vulnerabilidade meramente relativo[172] para um estado de invulnerabilidade. A proibição admite, portanto (e por exemplo), que o empregado ainda que se encontre numa situação de vulnerabilidade aquando da relação de emprego, deixe de nela estar uma vez cessado esta.

Mas mesmo que até pudéssemos considerá-la como um caso de paternalismo justificado, por se fazer incidir uma presunção de inexistência de vontade real do trabalhador no momento sua pactuação, a forma categórica como foi pressuposta pelo TST afigura-se incorreta. Os teóricos do pensamento paternalista são unânimes ao reconhecer que mesmo os casos de paternalismo *fraco* (que visa evitar danos pessoais de pessoas cujo consentimento não é voluntário ou cujas circunstâncias em que o deu fazem presumir não o ser), presumivelmente involuntários, *devem ser sempre passíveis de ser*

172. VALDÉS, Ernesto Garzón. Desde la 'modesta propuesta' de J. Swift hasta las 'casas de engorde' (Algunas consideraciones acerca de los derechos de los niños). *Doxa*, 15-16 (1994), pág. 737 *apud* GARCÍA, Marcaro Alemany. *El concepto y la justificación del paternalismo*. Tese de Doutoramento, Universidade de Alicante, 2005, pág. 297.

derrogados mediante prova do contrário[173]. Ora, recorrendo à lógica invertida adoptada por García, não parece que a IN esteja em condições de provar (i) a incapacidade generalizada do trabalhador para celebrar convenções processuais, (ii) que os danos que se pretende evitar com esta proibição superem aqueles que a proibição acaba por implicar, (iii) que esta proibição seja um expediente necessário, à falta de outros, à garantia da melhor tutela para os trabalhadores[174].

6.6. UM NOVO *PRINCÍPIO DA PROTEÇÃO DA AUTONOMIA DO TRABALHADOR*?

Sob a autoridade de Gomes, não temos receio de afirmar que o Direito do Trabalho contemporâneo do pós-Reforma Trabalhista é um *novo Direito do Trabalho*[175].

Este novo Direito do Trabalho, que tem como ponto de partida a confiança Constitucional na autonomia da vontade coletiva plasmada no art. 7 da CF, como seu braço direito as recentes interpretações jurisdicionais dadas pelo STF a essa mesma crença na autonomia da vontade e, mais recentemente, como principal marco institucionalizado, a Reforma Trabalhista, é um novo Direito que prima por *reconhecer a capacidade do trabalhador em fazer*

---

173. Feinberg, Joel. *Harm to Self – (The Moral Limits of the Criminal Law)*. Nova York: Oxford University Press, 1986, pág. 114 *apud* García, Marcaro Alemany. *El concepto y la justificación del paternalismo*. Tese de Doutoramento, Universidade de Alicante, 2005, pág. 199.

174. Para García, o processo de justificação de uma medida paternalista deveria ultrapassar todas as seguintes regras: "R1- Si vas a actuar paternalistamente, debes estar en condiciones de probar la incompetencia del afectado.

R2- Si pretendes probar la incompetencia de alguien, debes partir de una razonable concepción de la incompetencia (aquella que deja a la mayoría del lado de los competentes usando un criterio relevante). R3- Si has probado la incompetencia (sobre una concepción razonable), debes probar que los daños que probablemente se evitarán superan a los causados con la intervención. R4- Si has satisfecho las reglas 1,2 y 3, debes probar que tu intervención es necesaria y que no hay un medio alternativo que no suponga enfrentar las preferencias auto-referentes del sujeto afectado" (García, Marcaro Alemany, *El concepto y la justificación del paternalismo*, Tese de Doutoramento, Universidade de Alicante, 2005, pág. 493).

175. Gomes, Fábio Rodrigues. O novo direito do trabalho. *Revista do TST*, São Paulo, Vol. 84, N.º 3, jul-set/2018, págs. 120 ss. Também neste sentido, Brandão, Mônica de Amorim Torres. Métodos adequados de solução de conflitos trabalhistas e o novo Direito do Trabalho. *In* Tupinambá, Carolina (coord.). *Soluções de conflitos trabalhistas: novos caminhos*. São Paulo: LTr, 2018, pág. 144.

escolhas na sua vida profissional. É um ordenamento que recusa generalizar qualquer tradicional e presumida relação de vulnerabilidade *a priori* entre empregado e um empregador, nem retira do primeiro a possibilidade de fazer opções ou manifestar a sua vontade em aspetos da sua vida profissional, nos mesmos termos em que já o faz na sua vida civil. Um novo Direito que encara a autonomia do trabalhador não como algo metafísico ou transcendente, mas como noção concreta, plasmada na realidade, e concretizada em diversos dispositivos legais, de quem encara os intervenientes do mundo laboral como seres inteligentes, sensíveis e com capacidade de decisão.

Não queremos, com isto, colocar o trabalhador sob um "véu" de pretensa e falsa igualdade, que esconda e ignore as particulares condições de vulnerabilidade em que, em concreto, ele possa deter[176]. Só não podemos é negar que a essência protetiva do Direito do Trabalho não visa retirar ao trabalhador o seu livre arbítrio, nem visa relembrar-lhe continuadamente do seu alegado estado de hipossuficiência tutelada que o inibe à negociação e o inabilita à disposição de direitos[177].

Além disso, saíram amadurecidas com a Reforma Trabalhista mecanismos alternativos e consensuais de solução de diferendos laborais individuais[178], colocou-se maior confiança na capacidade do trabalhador para

---

176. A expressão é de Viana, Márcio Túlio. Os paradoxos da conciliação: quando a ilusão da igualdade formal esconde mais uma vez a desigualdade real. *In* Tupinambá, Carolina (coord.). *Soluções de conflitos trabalhistas: novos caminhos.* São Paulo: LTr, 2018, pág. 311.

177. Situação ainda mais agravada quando se verifica o mesmo desapreço à autonomia no plano coletivo. Em exemplo onde o final de demorada negociação entre sindicatos culminou por ser descartado pelo tribunal por violação de normas de saúde e segurança do trabalhador, regista-se o Recurso de Revista julgado pelo TST, processo n.º 1928.03.2010.5.06.024, relator Ministro Lelio Bentes Corrêa, data de publicação 20.02.2014, onde o tribunal negou a exclusão da contagem de horas *in itinere* em troca de outras vantagens dadas aos trabalhadores, como cestas básicas, seguro de vida e acidentes, pagamento do abono anual, entre outros.

178. Como ensina Gomes, "não devemos mais falar de princípio da proteção do trabalhador, daquele que pregava dever ser o empregado protegido de sua "própria ganância". Nesta nova fase do direito do trabalho brasileiro, o que deve ser guarnecida é a liberdade real do empregado, é a sua efetiva capacidade de decidir, livremente e informado, sobre os rumos de sua vida profissional, individual ou coletiva. O sinal vermelho se acenderá apenas e tão somente quando estiver em risco a sua própria aptidão para decidir livremente e com o conhecimento das circunstâncias que o cercam. E aí retornamos ao começo: patamar mínimo civilizatório ou mínimo existencial" (Gomes, Fábio Rodrigues. O novo direito do trabalho. *Revista do TST*, São Paulo, Vol. 84, N.º 3, jul-

praticar atos que até então careciam de supervisão sindical ou do MPT, aceitou-se expressamente a possibilidade de negociação processual arbitral para certos dissídios individuais e alargou-se em larga medida a capacidade de certos trabalhadores para conformarem o seu contrato de trabalho. Neste novo contexto legislativo, continuar a presumir a vulnerabilidade ou falta de autonomia do trabalhador é conclusão falha. Já por demais falado aqui a respeito das recentes mudanças da Reforma Trabalhista (*supra*, 3.3.1.1) e também agora novamente reforçada (*supra* 6.2.6), deve ser *interpretada a nova luz o art. 468 da CLT*, num sentido *cada vez menos protetivo* e castrador da vontade presumida coagida do trabalhador *e cada vez mais protetor da autonomia deste*[179].

Um dos traços de que este novo Direito do Trabalho deve partir prende-se com a *interpretação do consentimento* do empregado. Onde antes a principiologia trabalhista encarava a vontade do trabalhador com suspeita, presumida coagida, deverá agora presumir-se válida, forte, capaz, admi-

---

-set/2018, pág. 150). Em sentido contrário, considerando que "se a constituição não estivesse desfigurada pela doutrina da precariedade absoluta do trabalho, se a relação de emprego fosse efetivamente protegida, por meio da edição da Lei Complementar prometida no inciso I do art. 7º da Carta, com tutela real do emprego contra a despedida arbitrária ou sem justa causa, até caberia discutir em que medida a ampliação do espaço da autonomia da vontade do trabalhador pode ser tomada como legítima na transação acerca de direitos assegurados por disposições de ordem pública. Enquanto não se tornar efetivo esse mandamento constitucional com estatura de alicerce dos direitos fundamentais do trabalhador, todavia, o alargamento da autonomia da vontade não passará de um argumento cínico e artificioso para intensificar a exploração da mão de obra. Nas condições atuais, não há que se cogitar de qualquer equilíbrio entre patrão e empregado – mesmo o de maior qualificação – para essas transações", MELHADO, Reginaldo. Trabalhador pseudossuficiente: o conto de vigário da autonomia da vontade na 'Reforma' Trabalhista". *In* FELICIANO, Guilherme Guimarães, TREVISO, Marco Aurélio, FONTES, Saulo Tarcísio (coord.). *Reforma Trabalhista – visão, compreensão e crítica*. São Paulo: LTr, 2017, págs. 95ss.

179. Com propriedade escreve BRANDÃO, que "É chegado o momento de tratar o empregado como uma pessoa que tem o direito de fazer escolhas e arcar com as suas consequências. Essa é a mudança de eixo do Novo Direito do Trabalho! Ressalvadas as hipóteses de vício de consentimento e verificado que as alterações contratuais negociadas não possuem defeitos, não poderá o empregado 'se arrepender e voltar atrás, sob o argumento genérico e tendencialmente malicioso de prejuízos diretos ou indiretos sofridos em razão da alteração que ele mesmo havia negociado'" (BRANDÃO, Mônica de Amorim Torres. Métodos adequados de solução de conflitos trabalhistas e o novo Direito do Trabalho. *In* TUPINAMBÁ, Carolina (coord.). *Soluções de conflitos trabalhistas: novos caminhos*. São Paulo: LTr, 2018, pág. 148).

tindo-se, porém, que o caso concreto demonstre o contrário em razão da existência de vícios ou defeitos no negócio[180].

As regras do jogo interpretativo invertem-se. A tutela que tem sido dada ao trabalhador mediante pré-compreensões sobre uma indisponibilidade quase absoluta de direitos ou a construção de um meta-princípio da proteção, reduzia o empregado na sua qualidade de sujeito e indivíduo às suas capacidades básicas[181]. Só que essa proteção não pode ser obtida sem que se procurem formas alternativas e menos interventivas que consigam preservar a vontade do cidadão-trabalhador. Acreditamos, por isso, que a solução passa não pelo reforço do princípio da proteção, o qual deverá, inclusivamente, ser mitigado (como vimos acima, *supra*, 6.2.7), mas pela sua articulação com um princípio que ganha cada vez mais espaço no cenário pós-Reforma: *o princípio da proteção da autonomia do trabalhador*. No novo Direito do Trabalho, o trabalhador deve ser presumido autônomo e capaz. A premissa foi (ou deve ser) invertida. A nova teleologia principiológica e interpretação sistemática trabalhista para tanto contribuem. O trabalhador deve poder dispor dos seus direitos dentro dos limites legais e desde que tenha a sua real liberdade de decisão preservada[182]. Só a partir do momento em que a espontaneidade da decisão é afetada por condicionantes ou fenômenos externos à vontade livre do sujeito, é que as balizas legais se tornam medidas paternalistas justificadas, preservando a inviolabilidade de agir do trabalhador[183].

---

180. No mesmo sentido, *Ibidem*, pág. 151.

181. Gomes, Fábio Rodrigues. O novo direito do trabalho. *Revista do TST*, São Paulo, Vol. 84, N.º 3, jul-set/2018, pág. 142.

182. Gomes, Fábio Rodrigues. *Direitos fundamentais dos trabalhadores: critérios de identificação e aplicação prática.* São Paulo: LTr, 2013, pág. 135-137: "Temos, portanto que a autorrestrição da autonomia não é algo ruim a priori. Ao contrário, efetivá-la é uma decorrência lógica da própria valorização da autonomia. O problema está na construção das fronteiras normativas legitimadoras deste tipo especial de decisão. Sem estas linhas divisórias, corre-se o risco de uma autolimitação espontânea tornar-se uma limitação unilateral e arbitrária da autonomia de um pela autonomia do outro (...). Com o paternalismo legítimo não restringimos a autonomia moral do indivíduo que almeja um emprego. Se ele quer se subordinar ao poder alheio, o Estado não tem nada a ver com isso. Os seus objetivos devem ser outros. De um lado, garantir a formulação institucional e a preservação efetiva dos direitos morais, vinculados à capacidade de cada um tomar suas próprias decisões".

183. Gomes, Fábio Rodrigues. O novo direito do trabalho. *Revista do TST*, São Paulo, Vol. 84, N.º 3, jul-set/2018, pág. 152.

6.7. CONCLUSÕES PARCIAIS

Aqui chegados, tecemos uma breve nota conclusiva; mas não sem antes destacar que no discurso da doutrina juslaboralista brasileira o princípio do *favor laboratoris* parece (i) ou estar sempre a passar por fenômenos de "crise", ou (ii) como um princípio que está constantemente a sentir necessidade de ser reinterpretado ou de colher renovadas ressignificações[184]. No meio deste vaivém, é que as coisas se atrapalham. A ideia que por vezes transparece é a da falta de segurança e de confiança que esta doutrina tem na valência, força e amplitude do próprio princípio, que pretende à força fazer perpetrar em áreas onde a sua aplicação não tem razão de ser. É nosso entendimento que o princípio não está a passar por nenhum tipo de crise, nem carece de qualquer tipo de reinterpretação ou ressignificação. Apenas quem parte de um princípio do *favor laboratoris* tão amplo quanto o que ali se pretende fazer valer, é que carece de meios para justificar a sua desadequação perante a natural evolução do direito do trabalho que temos vindo a acompanhar. Verificamos que apenas aqueles que pretendem sustentar o alargamento do âmbito de aplicação desta norma além do seu núcleo e fins, têm sentido maiores dificuldades de argumentação perante os sucessivos fenômenos da flexibilização heterônoma e autônoma laboral, da não equiparação entre empregados e trabalhadores parassubordinados ou autônomos, das recentes alterações da Reforma Trabalhista etc. Apenas quem parte de uma premissa errada quanto ao papel e amplitude do princípio tuitivo no Direito do Trabalho, é que precisa, depois, de se socorrer de alegados ataques políticos, legislativos, econômicos e sociais à estabilidade normativa daquele, de que se usa para construir artimanhas jurídicas que o "reconstruam" e lhe devolvam a omnipotência perdida.

---

184. A sua evolução parece-nos claramente cíclica: elevado inicialmente como fenômeno de luta de uma classe diante do fenômeno da exploração pela outra; foi depois posto *em xeque* (*maxime* cf. Romita, Arion Sayão. *Princípio da proteção em xeque e outros ensaios*. São Paulo: LTr, 2003, *passim*) por não conseguir responder adequadamente às mudanças no mercado de trabalho e à abertura constitucional a outras relações de trabalho; em resposta a doutrina procurou ressignificá-lo à luz da força constitucional dos direitos mínimos fundamentais/sociais; agora, na mais recente resposta legislativa da Reforma, a sua amplitude foi significativamente coartada; ao que chegamos num momento atual em que nos encontramos num renovado palco de disputas doutrinárias, com gente de um lado sustentando que o princípio foi levado ao tabuleiro e, novamente, posto em *xeque* (*maxime*, cf. Careli, Rodrigo de Lacerda. O princípio da proteção em xeque. *Revista do Tribunal Superior do Trabalho*, Brasília, Vol. 83, N.º 4, 2017, págs. 324-325), e outros que lutam pela sua resistência, tentando socorrer-se em alegadas inconstitucionalidades ainda não conhecidas e tentando acreditar que a Reforma foi apenas um sonho mau, que irá acabar num ápice, e que voltarão as velhas regras celetistas.

De qualquer forma, importa ressaltar alguns pontos de interesse.

§1. Não há verdadeiramente um entendimento acerca da amplitude normativa deste vetor principiológico. Tenho algumas dúvidas quanto à aptidão real do princípio para conseguir compensar a situação de vida do trabalhador mais do que o que prejudica, na forma tão ampla como a doutrina e jurisprudência o querem construir[185]. Não negamos, naturalmente, a sua existência, mas não podemos deixar de constatar algumas incongruências associadas à sua postulação como dogma estruturante do sistema laboral.

§2. Existe uma tendência – a nosso ver errada – de elevar o princípio da proteção a um patamar quase "cósmico" de absolutização de direitos sociais adquiridos e adquirendos. Uma eficaz e integral compreensão das dimensões deste princípio e da sua importância para o sistema laboral impõe à doutrina que deixe de o usar como expediente político de satisfação de certos interesses sociais e que o dispa de contornos fundamentalistas[186]. A perceção deste princípio como *axioma sacrossanto* encontra-se claramente desfasada e deslocada da realidade, cheia de incertezas, diferenças, idiossincrasias, particularidades, mutabilidades etc.

§3. A universalização da proteção e a padronização do valor dado aos bens jurídicos pode facilmente redundar em incongruências e irracionali-

185. Fazendo novamente *jus* às palavras de Moraes relativamente à análise das variantes do princípio da proteção, "(...) nem asseguram os bens principais do trabalhador, nem mesmo aumentam o valor da sua força de trabalho. Como uma ideologia construída a serviço da dominação, o princípio da proteção leva o oprimido a venerar a função que lhe é interdita e a desprezar aquela em que se encontra. Ao final, não resta dúvida que as finalidades de igualdade substancial, de equilíbrio do relacionamento entre o homem que trabalha e as fontes que comandam a sua atividade, de mínimo de garantias, ou de patamar civilizatório mínimo, não são alcançadas por meio da prevalência de leis protetivas em detrimento da autonomia coletiva (...) Não se justifica a conservação do estado de menor idade dos trabalhadores, quando eventuais abusos no exercício das liberdades coletivas podem ser contidos por meio de institutos específicos, como a anulabilidade por prestação excessivamente onerosa (art. 156 do CC) e a pactuação por meio de comissões de empregados (art. 617, §1º, CLT). A interpretação do Direito do Trabalho, baseada na melhoria da condição social dos trabalhadores, no art. 7º, *caput*, da CF, pressupõe que a livre pactuação coletiva assuma, de vez, o centro do mundo jurídico trabalhista" (Morais, Filipe Moralles. O que protege o princípio da proteção? Cinco teses sobre a finalidade do direito do trabalho. *Revista do Tribunal Regional do Trabalho da 12ª Região*, Florianópolis, Vol. 19, N.º 28, 2016, pág. 267).

186. No mesmo sentido, Dray, Guilherme. Direitos fundamentais e retrocesso social: o sentido do direito do trabalho, a experiência portuguesa e o caso brasileiro. *Revista do TST*, São Paulo, Vol. 83, N.º 3, jul-set/2017, pág. 87.

dades. Tal como não faz sentido que trabalhadores intelectuais usufruam do mesmo período de descanso que um trabalhador metalúrgico ou de indústria; também não faz sentido que um trabalhador com conhecimentos técnicos e relativa capacidade económica veja as suas opções serem desconsideradas e esvaziadas por uma pretensa necessidade de proteger a *universalidade de trabalhadores* e estabelecer um *padrão mínimo e uniforme de proteção*. Tal como não faz sentido que um trabalhador com carro próprio tenha direito a usufruir da mesma compensação pecuniária de horas *in itinere* que um trabalhador que recebe o salário mínimo e não tem nenhuma alternativa de transporte; assim também não faz sentido que um trabalhador, após cessado o seu vínculo de emprego e devidamente acompanhado por advogado seja impedido de pactuar a competência territorial do tribunal competente para conhecer e julgar o seu futuro dissídio individual, só porque outros trabalhadores que não estejam nessas condições possam não dispor de suficiente liberdade para tanto. É preciso desmistificar e desconstruir esta pretensa natureza *meta principiológica* do princípio do *favor laboratoris*, exclusivamente construída pelas mãos da doutrina e mesmo contra todos os indícios legais que apontem em sentido contrário, como imperativo à adequada compreensão de todo o sistema laboral da modernidade.

§4. A construção de um *super* princípio da proteção tem também consequências indesejáveis para autodeterminação do indivíduo. Sem prejuízo de reconhecermos a importância da proteção do trabalhador num grande número de circunstâncias, não podemos deixar de constatar que este princípio não só não orienta a conduta e ações do trabalhador, como ainda atrapalha sobremaneira a sua autodeterminação enquanto indivíduo. Considerar que há um conjunto de direitos que pertencem ao trabalhador, mas que ele não pode negociar nem dispor à sua própria conveniência – porque eles são constitucionais, fundamentais, públicos, de saúde, de segurança... e, agora, também processuais (!) – impede o empregado de poder conformar livremente a sua vida profissional e de ajustá-la à sua vida pessoal. Como vimos acima, dizer que a jornada (por conseguinte, saúde) é um bem indisponível e está fora do alcance da autonomia negocial não é apenas uma absoluta incongruência diante de uma série de outras disposições do sistema que admitem a sua afetação parcial, como impede o trabalhador de valorizar outros bens que, nas suas opções de vida e gostos pessoais, assumem maior relevância (v.g. passar mais tempo com a família). O trabalhador é, assim, excluído de uma decisão que afeta diretamente a sua própria vida. O trabalhador não pode ser considerado como um indivíduo inferior aos demais, nem o princípio da proteção pode ser instrumentalizado à prossecução dessa filosofia como tem vindo a ser feito, já que toma essa ideia como premissa. O trabalhador não precisa de proteção jurídica por ser considerado inferior; que não é. A maior ou menor superioridade ou inferioridade do trabalhador não pode ser imputada a valores monetários que integram o património deste; ela resulta, antes, da própria estrutura jurídica que percorre a contratualidade e que se traduz num poder, no poder do empregador de conformar a atividade laboral, de usufruir do tempo dos seus trabalhadores e de se apropriar do resultado do seu trabalho. Assim, tal como um cego, ou uma pessoa com deficiências não precisa da piedade do ordenamento jurídico, mas sim de reais condições para poder autodeterminar-se para reger a sua vida e fazer as suas escolhas dentro dos seus limites e capacidades, também o empregado não precisa de um sistema laboral e processual que lhe agrave a debilidade social, jurídica e económica em que se encontra, mas sim de respostas concretas que lhe restabeleçam o equilíbrio contratual (*rectius*, processual) para poder exercer a sua liberdade e autonomia ao mesmo nível que o seu (ex-)empregador.

§5. O princípio da proteção não tem aplicação no processo do trabalho. Entender o contrário é pressupor que também dentro do processo o trabalhador deve ser considerado incapaz de conduzir e gerir o seu próprio procedimento à semelhança do que já é no direito individual do trabalho. Todos os argumentos que têm sido esgrimidos a comprovar a tese mostram-se refutáveis e acabam por demonstrar o contrário, i.e., a sua não aplicação ao processo trabalhista. Esta premissa é fundamental à compreensão da admissibilidade das convenções processuais no processo do trabalho. Autorizar a aplicação do princípio da proteção no processo trabalhista, é presumir a vulnerabilidade imediata de qualquer trabalhador na lide, *a priori* e *generalizadamente*. Esta conclusão que não é, de todo, admissível. Além disso, fundando-se o princípio da proteção na existência de subordinação jurídica resultante do vínculo contratual, litígios processuais desvinculados de uma relação jurídica material subjacente perdem qualquer ligação para fundamentar a sua importação ao palco procedimental.

§6. Os princípios que verdadeiramente enformam o processo trabalhista em nada se incompatibilizam com o reconhecimento do autorregramento da vontade das partes no processo do trabalho. Antes pelo contrário: com ele se interligam e partilham do mesmo discurso em prol da efetividade processual. Há uma linha invisível condutora de um processo do trabalho especialmente célere, simples, desburocratizado, informal, oral e significativamente eficiente, no qual a negociação processual, enquanto mecanismo suplementar de adequação procedimental, tem todas as potencialidades de crescer, se efetivar e de contribuir em eficiência e flexibilização.

§ 7

CLÁUSULA GERAL DO 190 DO CPC (*I PARTE*)

§ 7.I. "DIREITOS QUE ADMITAM AUTOCOMPOSIÇÃO" – A NÃO AFETAÇÃO DE DIREITOS IRRENUNCIÁVEIS

7.I.1. INTRODUÇÃO: DO *ALEGADO* CONFLITO NORMATIVO ENTRE O REQUISITO OBJETIVO DO ART. 190 DO CPC COM O PRINCÍPIO DA INDISPONIBILIDADE DOS DIREITOS TRABALHISTAS

Dispõe o art. 190 do CPC que a negociação processual é admitida apenas nas lides sobre direitos que admitam *autocomposição*. A exata compreensão do significado a dar à expressão colhe diferentes posicionamentos doutrinários, alguns dos quais o confundem com um problema de disponibilidade sobre os direitos materiais discutidos na lide. Este capítulo, porém, não é apenas dedicado a esta questão, embora também a inclua. Isto porque a querela da indisponibilidade ou não dos direitos trabalhistas pode interferir de várias formas sobre o âmbito de aplicação do art. 190 do CPC.

Desde logo, uma análise rigorosa da articulação da disponibilidade sobre o direito litigioso com os requisitos do art. 190 do CPC exige o estudo de uma questão prévia que lhe é prejudicial: a compreensão exata da natureza jurídica dos direitos trabalhistas perante o atual sistema jurídico laboral e o exame dos entendimentos mais ou menos restritos acerca do problema. Constantemente acusado por inúmeros juristas de inconsistência e contradições, a ideia de irrenunciabilidade e intransigibilidade dos créditos salariais não é, de todo, unívoca. Parte do problema resulta das próprias incongruências normativas promovidas pelo legislador ordinário ao consagrar uma série de dispositivos antagónicos. A questão é importante: afirmar que o Direito do Trabalho se estrutura sob um sólido princípio da indisponibilidade representa argumento forte no sentido de mitigar a amplitude da negociação processual no processo do trabalho.

Estes não são, porém, os únicos problemas. Em razão da *instrumentalidade* do processo do trabalho ao processo civil e da particular natureza tendencialmente indisponível dos créditos salariais, tem-se afirmado que *também na seara processual o princípio da indisponibilidade* tem plena razão de ser, pautado não apenas por um conjunto de dispositivos legais que salvaguardam uma proteção processual mitigada ao empregado, como também impondo uma postura do magistrado mais ativa interventiva, suprindo em alguns casos estagnações processuais das partes. Mais uma vez, analisar a aplicabilidade do art. 190 do CPC ao processo do trabalho sob esta premissa acarretaria, certamente, uma conclusão substancialmente diferente da que, como nós, não o pressupõe.

Por último, reservamo-nos a tecer alguns argumentos relativos à articulação entre (in)disponibilidade dos direitos trabalhistas com as exigências do art. 190, apresentando algumas incongruências lógico-normativas de uma tese que não admita o recurso àquele preceito para flexibilizar o procedimento laboral à luz de questões de disponibilidade de direitos materiais e processuais no sistema laboral.

7.I.2. PRINCÍPIO DA IRRENUNCIABILIDADE NO DIREITO MATERIAL DO TRABALHO

7.I.2.1. Delimitação conceptual: entre indisponibilidade, irrenunciabilidade, intransigibilidade, inderrogabilidade

É entendimento maioritário na doutrina que os créditos salariais são, em regra, *irrenunciáveis*, *i.e.*, insuscetíveis de ser afetados pela vontade dos seus titulares em atos jurídicos unilaterais ou acordos extrajudiciais, porquanto em razão da sua importância para o próprio ou para a sociedade[1].

---

1. Na definição de Bastos, "vedação à privação voluntária de vantagens concedidas pelo ordenamento jurídico positivo, justificada como uma autodefesa legislativa, que se faz imperiosa ante a debilidade de uma das partes da relação empregatícia" (cit. Bastos, Guilherme Augusto Caputo. Renúncia e transação no direito do trabalho. *Manual de Direito do Trabalho*, Estudos em Homenagem ao Prof. Cássio Mesquita Barros. São Paulo: LTr, 1998, pág. 601). *Vide* também, Valverde, Antonio Martín; Gutiérrez, Fermín Rodríguez-Sañudo; Marcia, Joaquín García. *Derecho del Trabajo*. 26ª ed. Madrid: Tecnos, 2017, pág. 535.

Costuma ser frequente a associação da noção de irrenunciabilidade à de *indisponibilidade*[2]. Não são, porém, a mesma coisa. A irrenunciabilidade, do ponto de vista concetual e em termos da sua amplitude, encontra-se num patamar inferior ao da indisponibilidade. A *indisponibilidade* é um conceito que abarca não apenas a impossibilidade de privação de direitos mediante renúncia (ato unilateral) como também transação (ato bilateral)[3]. Delgado, por exemplo, fala em princípio da *indisponibilidade dos direitos trabalhistas*, e considera-o como "(...) a inviabilidade técnico-jurídica de poder o empregado despojar-se, por sua simples manifestação de vontade, das vantagens e proteções que lhe asseguram a ordem jurídica e o contrato", razão pela qual nem por renúncia, nem por transação, é possível ao trabalhador dispor dos seus direitos[4].

Em direito do trabalho, não se pode dizer que a regra seja da indisponibilidade, mas somente a da *irrenunciabilidade*[5]; e assim é porquanto o trabalhador é perfeitamente livre de negociar os seus direitos com a empresa,

---

2. A título de exemplo, Teixeira Filho, Manoel Antônio. *Curso de direito processual do trabalho: processo de conhecimento.* São Paulo: LTr, 2009, Vol. I, págs. 164-165.
3. Como ensina Gomes, dispor de um direito "significa que o seu titular pode consentir em um certo grau de enfraquecimento de sua posição jurídica, a fim de permitir que alguém atue de uma forma tal que não o faria, se o consentimento não existisse" (cit. Gomes, Fábio Rodrigues. O novo direito do trabalho. *Revista do TST*, São Paulo, Vol. 84, N.º 3, jul-set/2018, pág. 127).
4. Delgado, Maurício Godinho. *Curso de direito do trabalho.* 16ª ed. São Paulo: LTr, 2017, págs. 217. Acrescenta ainda: "O aparente contingenciamento da liberdade obreira que resultaria da observância desse princípio desponta, na verdade, como o instrumento hábil a assegurar efetiva liberdade no contexto da relação empregatícia: é que aquele contingenciamento atenua ao sujeito individual obreiro a inevitável restrição de vontade que naturalmente tem perante o sujeito coletivo empresarial". Já Martinez, no seu manual, descreve o princípio como aquele "(...) mandamento nuclear protetivo segundo o qual não é dado ao empregador dispor (renunciar ou transacionar) de direito trabalhista (...). Tal proteção, que, em última análise, visa proteger o trabalhador das suas próprias fraquezas, está materializada em uma série de dispositivos da CLT, entre os quais se destaca o seu art. 9º" (Martinez, Luciano. *Curso de Direito do Trabalho.* 8ª ed. São Paulo: Saraiva, 2017, págs. 124-125).
5. Como o apresenta Feliciano, "o princípio da irrenunciabilidade é o princípio específico do Direito do Trabalho pelo qual não se reconhece a possibilidade jurídica à privação voluntária, pelo trabalhador, em caráter amplo ou restrito, e por antecipação ou mesmo posteriormente, dos direitos conferidos pela ordem jurídico-laboral" (Feliciano, Guilherme Guimarães. *Curso crítico de direito do trabalho: teoria geral do direito do trabalho.* São Paulo: Saraiva, 2013, pág. 254). Também, cf. Barros, Alice Monteiro. *Curso de Direito do Trabalho.* 11ª ed. São Paulo: LTr, 2017, pág. 126.

desde que não o faça de forma prejudicial às condições de que já é titular[6]. O que o trabalhador não pode, isso sim, é *abrir mão* destes quando previstos por normas inderrogáveis[7]. Ainda assim, continua a haver doutrina que persiste na simbiose das destas noções técnicas[8]. A *indisponibilidade*

---

6. Em sentido contrário Delgado, Maurício Godinho. *Curso de direito do trabalho.* 16ª ed. São Paulo: LTr, 2017, págs. 217: "(...) o princípio examinado [da indisponibilidade] vai além do simples ato unilateral, interferindo também nos atos bilaterais de disposição de direitos (transação, portanto). Para a ordem justrabalhista, não serão válidas quer a renúncia, quer a transação que importe objetivamente em prejuízo ao trabalhador".
7. Bernardes, Hugo Gueiros. *Direito do Trabalho.* São Paulo: LTr, 1989, vol. I, pág. 102. Cético na forma como encara a irrenunciabilidade dos direitos trabalhistas, Romita entende que esta, nos dias que correm, só existe no papel: "a suposta irrenunciabilidade dos direitos outorgados por lei imperativa ao trabalhador, decantada pelos compêndios em obediência a uma tradição já ultrapassada pelas novas realidades econômicas e sociais, existe apenas no papel. Na realidade prática, o crescimento do setor informal e a negociação processada após a extinção do vínculo empregatício ou eliminam pela raiz os supostos direitos (trabalhador removido para o setor informal não tem qualquer direito trabalhista) ou os transforma em direitos negociáveis em nível individual. A realidade atual demonstra que a indisponibilidade dos direitos é noção própria de um passado longínquo: juridicamente a Constituição de 1988 já transformou tais direitos em negociáveis, fulminando a decantada irrenunciabilidade; e praticamente, como objeto de transação judicial, jamais foram tidos por indisponíveis, uma vez que no acordo celebrado em juízo o resultado da conciliação engloba todas as verbas postuladas na ação em um só valor pecuniário, abrangendo a pretensão em sua totalidade para ensejar a extinção da demanda." (cit. Romita, Arion Sayão. Inderrogabilidade da norma e indisponibilidade de direitos em face da negociação coletiva: limites impostos pelos direitos fundamentais. *Revista do TST*, São Paulo, Vol. 83, N.º 2, abr/jun2017, pág. 72).
8. Neste sentido, por exemplo, Carvalho, Augusto César Leite de. *Direito do Trabalho – Curso e discurso.* São Paulo: LTr, 2016, pág. 73. Nas palavras do autor, "Essa irrenunciabilidade é referida, às vezes, como indisponibilidade ou imperatividade. O caráter imperativo não é o da norma, porque toda a norma o tem (enquanto ordem), mas concerne à peculiaridade de ser inderrogável (*jus cogens*) a norma trabalhista. Ao cogitar de indisponibilidade, parte da doutrina mantém a sua atenção voltada para a essência do princípio, porém lhe empresta maior amplitude, já que o direito indisponível não é apenas irrenunciável, mas igualmente insuscetível de ser objeto de transação". Também na mesma lógica, Nascimento, Amauri Mascaro. *Curso de Direito do Trabalho.* 26ª ed. São Paulo: Saraiva, 2011, pág. 1433. Nas palavras do autor "Primeira [questão], a indisponibilidade de direitos trabalhistas, o que quer dizer que, se o trabalhador não pode dispor, por sua vontade, de alguns dos seus direitos, por consequência esses direitos não poderiam ser conciliáveis, porque nesse caso estaria ocorrendo a violação do princípio da indisponibilidade. A delicada questão leva o intérprete, de início, a dizer que são e quais são os direitos indisponíveis. Não há avanços substanciais na doutrina. Limita-se a dizer que indisponíveis são os direitos que não podem ser alienados pelo trabalhador, mas não tem maior acolhida a tese de que todos os direitos trabalhistas são indisponíveis,

não implica que o direito não possa ser, *negociável* e *transacionável*[9]; até porque, não raro, a melhor maneira de proteger um direito indisponível é, precisamente, permitindo a sua negociabilidade.

Vários posicionamentos se colocam a respeito do âmbito do (alegado) princípio da indisponibilidade. (i) Pode-se dizer que a maioria da doutrina sustenta a inadmissibilidade de renúncias ou transações relativamente aos direitos previstos legalmente, exceto se existir autorização legal prévia; já os seus direitos privados (individual ou coletivamente fixados) não estariam sujeitos aos termos do impedimento[10]. (ii) Outros entendem que também os direitos contratualmente fixados estarão cobertos pela camada principiológica de indisponibilidade, exceto se a sua disposição não causar prejuízo ao trabalhador[11].(iii) Um terceiro posicionamento opta por interpretar a indisponibilidade dos direitos trabalhistas sob uma categorização específica que os divide entre direitos relativamente e absolutamente indisponíveis, admitindo que os primeiros possam ser transacionados e renunciados[12].

---

uma vez que são habituais as situações nas quais muitos direitos trabalhistas são transacionáveis, ainda que mais limitada seja a possibilidade de renúncia, embora também essa possibilidade não seja totalmente afastada (...)".

9. Venturi, Elton. Transação de direitos indisponíveis? *Revista de Processo*, São Paulo, Vol. 41, N.º 251, jan/2016, pág. 398. O autor parte de uma premissa clara: direitos indisponíveis podem ser transacionáveis. Para concretizar o seu entendimento, faz uso do bem "meio ambiente" (entre outros, como a improbidade administrativa, a própria liberdade mediante delações premiadas) e recorre ao exemplo da negociação internacional sobre o "direito de poluir", para chegar à conclusão de que, por vezes, negociar o direito de poluir é a forma mais eficiente para preservar o meio ambiente, por mais paradoxal que tal possa parecer (pág. 401).

10. Lacerda, Dorval de. *A renúncia no direito do trabalho*. 2ª ed. São Paulo: Max Limonad, 1944, pág. 132; Maranhão, Délio. *Direito do trabalho*: Rio de Janeiro, FGV, 1987, pág. 26; Barros, Alice Monteiro. *Curso de Direito do Trabalho*. 11ª ed. São Paulo: LTr, 2017, págs. 132-141.

11. Neste sentido, Cassar, Vólia Bomfim. *Direito do Trabalho de acordo com a Reforma Trabalhista*. 16ª ed. São Paulo: Gen, 2018pág. 214.

12. Assim, Delgado, Maurício Godinho. *Curso de direito do trabalho*. 16ª ed. São Paulo: LTr, 2017, págs. 232 ss; e, apesar de usar diferente terminologia, Plá Rodriguez, Américo. *Princípios do direito do trabalho*. São Paulo: LTr, 2015. Pág. 141 ss. Aproveitar para dizer que a terminologia de Delgado tem sido criticada por Cassar (Cassar, Vólia Bomfim. *Direito do Trabalho de acordo com a Reforma Trabalhista*. 16ª ed. São Paulo: Gen, 2018, pág, 211) e Tupinambá (Tupinambá, Carolina. Ao seu Dispor! A Lenda da indisponibilidade dos Direitos dos Trabalhadores. *In* Tupinambá, Carolina (coord.). *Soluções de conflitos trabalhistas: novos caminhos*. São Paulo: LTr, 2018, pág. 54) por denominar inadequadamente "direitos de indisponibilidade relativa" em detrimento de

(iv) Um quarto posicionamento que afasta a indisponibilidade do direito do trabalho coletivo sob o seguinte argumento: se a CF autorizou a redução salarial via convenção coletiva (*o mais*), então haverá de se permitir que pela mesma via da convenção coletiva se possa dispor de tudo o resto (*o menos*). (v) E, em posição minoritária, sustenta-se ainda que não existe um verdadeiro princípio da indisponibilidade; se é possível renunciar em juízo diante do magistrado, qualquer renúncia seria válida, exceto previsão legislativa em contrário[13-14]. Paralelamente às ideias de irrenunciabilidade e indisponibilidade

---

"direitos de disponibilidade relativa"; afinal, já que estão em causa direitos de natureza privada e criados pela vontade das partes em detrimento do mínimo legal, e podendo ser transacionados – desde que não causassem prejuízo ao trabalhador, no entendimento de CASSAR, ou independentemente desse prejuízo desde que não excecionados por lei, no posicionamento de TUPINAMBÁ – a terminologia adequada deveria ser a última. Também ROMITA procura fazer uso de uma certa distinção entre normas cogentes que consagram direitos absolutamente indisponíveis das normas de ordem pública que consagram benefícios que podem ser renunciados e negociados coletivamente.

13. TUPINAMBÁ, Carolina. Ao seu Dispor! A Lenda da indisponibilidade dos Direitos dos Trabalhadores. *In* TUPINAMBÁ, Carolina (coord.). *Soluções de conflitos trabalhistas: novos caminhos.* São Paulo: LTr, 2018, págs.46-66. Nas sua palavras "(...) é possível afirmar que os direitos trabalhistas, em geral, são disponíveis, ou que possuem considerável parcela de disponibilidade, a menos que haja disposição legislativa em contrário, ou que se demonstre a necessidade concreta de intervenção estatal (...). Dessarte, indisponíveis serão apenas os direitos expressamente assim declarados em seus respetivos núcleos, ou, eventualmente, aqueles direitos que, não obstante externos aos destaques legislativos dos arts. 11 do CC e 611-B da CLT, garantem o mínimo existencial de um indivíduo, empresário ou trabalhador que seja (...). Em nosso modo de ver, de fato, afora os direitos consignados nos arts. 611-B da CLT e 11 do CC, nenhum outro haverá para receber a coroação de direito indisponível" (cit. pág. 63). A autora considera que (i) o termo "ordem pública" é chavão genérico inadequado à explicação do fenômeno da indisponibilidade, além de ser conceito de teor variável no tempo e no espaço; (ii) distorce a perspetiva do jurista na análise ao sistema laboral, já que esquece que o contrato de trabalho não deixa de ser estabelecido com base numa relação entre privados no âmbito da qual ainda vige a autonomia da vontade; (iii) as normas de ordem pública no direito do trabalho existem apenas na medida em que se destinam a corrigir assimetrias, mas não a tornar indisponíveis os respetivos direitos; (iv) não obstante os direitos trabalhistas serem direitos *fundamentais*, tal não obsta a que possam ser tidos como disponíveis (tal como é praxe ocorrer com o direito à imagem, intimidade, privacidade); (v) dos arts. 9º, 444, 468 da CLT não se extrai a regra da indisponibilidade, pois nenhum deles lhe faz menção expressa e nenhum deles impede negociações *in mellius* ao trabalhador. Também é esse o posicionamento de FALCÃO, Nayara Maria Melero. Análise democrática do instituto da arbitragem individual trabalhista. *In* TUPINAMBÁ, Carolina (coord.). *Soluções de conflitos trabalhistas: novos caminhos.* São Paulo: LTr, 2018, pág. 440; segundo a qual "(...) a introdução da Lei n. 13.467/2017

costumam vir ainda atreladas a estas as noções de "normas imperativas", "cogentes" e de "*jus cogens*", apesar de com eles também não se confundirem. Gottschalk, por exemplo, considera-as todas sinónimas[15]. A razão de ser desta aproximação prende-se com o fato de que irrenunciabilidade dos direitos trabalhistas resultar do fato de estes direitos encontrarem-se previstos em normas cogentes, *i.e.*, resultarem de intervenções do Estado na autonomia privada mediante normas impositivas ou proibitivas por forma a equilibrar relações privadas, tutelar interesses públicos e acautelar interesses sociais[16]. A irrenunciabilidade dos direitos trabalhistas surge como decorrência lógica da *inderrogabilidade* das normas que os preveem, apesar de ambos servirem a interesses diferentes. Afinal, não faria sentido conotar como inderrogável determinada norma, para depois autorizar a sua renúncia em particular e, da mesma forma, perde qualquer sentido conotar como indisponível certo direito se a norma que o embasa não for inderrogável[17].

---

concretizou a disponibilidade dos direitos trabalhistas no momento em que listou um rol de direitos indisponíveis à transação, art. 611-B da CLT. Se o legislador se preocupou em determinar quais seriam os direitos indisponíveis, *a contrario sensu,* aqueles não previstos no rol taxativo do referido artigo podem ser facilmente transacionáveis. Destaca-se, ainda, que o art. 611-A da CLT, que trata dos direitos disponíveis, tem rol exemplificativo, razão pela qual deve-se interpretar que qualquer direito não elencado como indisponível pelo art. 611-B da CLT será considerado disponível". E ainda de Monnazzi, Ricardo Nogueira. A arbitragem na Reforma Trabalhista e o empregado hipersuficiente. *In* Tupinambá, Carolina (coord.). *Soluções de conflitos trabalhistas: novos caminhos.* São Paulo: LTr, 2018, pág. 466.

14. Por todos, Cassar, Vólia Bomfim. *Direito do Trabalho de acordo com a Reforma Trabalhista.* 16ª ed. São Paulo: Gen, 2018, págs. 214-215.

15. Gottschalk, Egon Felix. *Norma pública e privada no direito do trabalho.* São Paulo: Saraiva, 1995, pág. 26.

16. Sanseverino, Luisa Riva. *Curso de Direito do Trabalho* (Trad. Elson Gottschalk). São Paulo: LTr, 1976, pág. 18; Krotoschin, Ernesto. *Instituciones de derecho del trabajo.* Buenos Aires: Depalma, 1974, vol. I, págs. 13-14.

17. Neste sentido, Süssekind, Arnaldo; Maranhão, Délio, Vianna, José de Segadas, Teixeira Filho, João de Lima. *Instituições de Direito do Trabalho.* 22ª Ed. São Paulo: LTr, 2005, vol., pág. 215. Como elucida Coutinho, "A indisponibilidade refletiria uma 'fase dinâmica do direito', estando vinculada ao seu exercício, ao passo que as noções de 'imperatividade' estariam a se referir ao momento estático do direito (...). Em verdade, a indisponibilidade está correlacionada com o direito que o sujeito, titular, pode ou não, por ato jurídico, dispor e a 'imperatividade', 'ordem pública' e 'inderrogabilidade' com a estrutura das regras jurídicas." (cf. Coutinho, Aldacy Rachid. A indisponibilidade de direitos trabalhistas. *Revista da Faculdade de Direito da UFPR*, Pernambuco, Vol. 32, N.º 33, 2000, pág. 11.

Mas a articulação entre a inderrogabilidade de uma norma, por um lado, e a sua indisponibilidade, por outro, não é fácil de conseguir. Afinal, como é que as normas trabalhistas se dizem inderrogáveis para, depois, se permitir a transação entre as partes ou renúncias pontuais? Galantino, procura um esclarecimento do ponto de vista temporal, entendendo que a inderrogabilidade atuaria apenas no momento da formação contratual (*momento genético*), o que explicaria o fenômeno da *substituição automática* de dispositivos *contra legem*. Já a indisponibilidade referir-se-ia a um momento posterior em que os direitos do trabalhador já tivessem sido integrados no seu "património" (*momento funcional*), altura em que se convertiam em disponíveis salvo disposição legal contrária[18].

Não fosse isto suficiente, como é possível manter um princípio da inderrogabilidade que considera ao mesmo nível normas oriundas de fontes autônomas e de fontes heterônomas de direito?[19]. Alerta-nos Romita para o fato de que a evolução histórica do direito do trabalho ter conduzido ao deslocamento do foco da disciplina. Ela teria deixado de estar centrada na norma inderrogável *per se* – colocada em termos de idealização normativa mas que seria incompatível com as restrições progressivas que se verificam na modernidade – para se dirigir ao *direito indisponível*, que comportaria diferentes graus de limitações. Mas vários outros posicionamentos tentam explicar os diferentes níveis de autonomia sobre direitos trabalhistas: (i) um primeiro que diferencia indisponibilidade da disponibilidade na mesma lógica de que se ampara Galantino, i.e., recorrendo a um *critério cronológico* do momento temporal em que se dispõe do direito, não admitindo renúncias antecipadas (férias, repouso semanal, exercício de direito de greve) e permitindo apenas renúncias a direitos adquiridos; (ii) um segundo que recorre à análise das *situações jurídicas em jogo*, classificando os direitos entre primários (decorrente de norma inderrogável como CF) e secundários (decorrente de norma imperativa ordinária) e permitindo a disponibilidade apenas para os segundos; (iii) um último que a diferencia em *razão do sujeito que a pratica*, não permitindo a disponibilidade no plano da negociação individual, mas admitindo-a no plano coletivo[20].

---

18. Galantino, Luisa. *Diritto del lavoro*. 14ª ed. Turin: G. Giappichelli, 2000, pág. 665.
19. Biagi, Marco. *Instituzione di Diritto del Davoro*. 2ª ed. Milão: Giuffrè, 2003, pág. 51. Da mesma forma, Nascimento, Amauri Mascaro. Estudos sobre renúncia e transação. *In* Frediani, Yone (coord.) *Tendências do direito material e processual do trabalho*. São Paulo: LTr, 2000, pág. 231.
20. Romita, Arion Sayão. Inderrogabilidade da norma e indisponibilidade de direitos em face da negociação coletiva: limites impostos pelos direitos fundamentais. *Revista do TST*, São Paulo, Vol. 83, N.º 2, abr/jun2017, pág. 79.

O ponto comum a todas estas expressões(?): aplicam-se todas ao empregado no sentido de o impedir de dispor dos seus direitos. Esta ideia resulta não apenas do art. 9º como do art. 444 da CLT, e ainda da Súmula 276 do TST[21].

7.I.2.2. A *tendencial* indisponibilidade dos créditos laborais?

Nem todos os créditos laborais são (i) de natureza patrimonial, ou, sequer, (ii) irrenunciáveis. Esta é uma assertiva que importa deixar muito clara. E mesmo os que se dizem irrenunciáveis, têm vindo a perder força em função dos intervenientes que deles dispõem ou do momento em que ocorre a renúncia. Costuma apontar-se a seguinte classificação: (i) direitos *não patrimoniais disponíveis* (v.g. direito à imagem), (ii) *direitos não patrimoniais indisponíveis* e que não comportam transação em razão da sua natureza tutelar (v.g. normas sobre ambiente laboral, jornada, descanso *intra e inter* jornada, registro de carteira de trabalho), (iii) direitos *patrimoniais irrenunciáveis de forma permanente* (v.g. certas verbas rescisórias), amparados em normas imperativas de ordem pública; (iv) direitos *patrimoniais irrenunciáveis de forma temporária* (v.g. adicionais, horas extra), que perdem essa proteção contra a renúncia após cessação do vínculo de emprego, uma vez que se convertem em mera indenização. Não nos revemos nesta categorização por entendermos que mesmo os direitos que se dizem irrenunciáveis de forma permanente, ou mesmo os não patrimoniais indisponíveis têm vindo a perder força em função dos poderes dados aos intervenientes que deles dispõem ou do momento ou forma em que ocorre a renúncia. De qualquer forma, ela é ponto de partida útil para esclarecer, desde logo, que o argumento absoluto da "indisponibilidade do crédito salarial" é, verdadeiramente, uma falácia e assenta numa errónea premissa.

Existem sobretudo duas formas de proteger os direitos trabalhistas: (i) uma, virada para o estabelecimento de *garantias legais* que sirvam de armadura ao exercício desses direitos (*v.g.* impossibilidade de penhora, arresto ou sequestro de certos bens); (ii) outra construída à base de um conjunto de normas interventivas que *interfiram na autonomia* da vontade

---

21. Súmula nº 276 do TST, AVISO PRÉVIO. RENÚNCIA PELO EMPREGADO (mantida) – Res. 121/2003, DJ 19, 20 e 21.11.2003: O direito ao aviso prévio é irrenunciável pelo empregado. O pedido de dispensa de cumprimento não exime o empregador de pagar o respetivo valor, salvo comprovação de haver o prestador dos serviços obtido novo emprego.

das partes, tornando certos direitos irrenunciáveis. Assim, por exemplo, quanto ao primeiro caso: prestações de carácter alimentar como o salário e vencimentos são *absolutamente impenhoráveis* excepto se para satisfazer pensão alimentícia (art. 833 §2º CPC[22]), ou a sua não sujeição a compensação senão relativamente a outras dívidas trabalhistas (Súmula n.º 18 do TST[23]). Já no que respeita à segunda hipótese, são vários também os dispositivos legais que preveem essas *limitações à autonomia privada*, cominando com nulidade a respetiva celebração, a saber, os arts. 9º[24], 117[25], 444[26], 463[27], 468[28],

---

22. "§2º O disposto nos incisos IV e X do *caput* não se aplica à hipótese de penhora para pagamento de prestação alimentícia, independentemente de sua origem, bem como às importâncias excedentes a 50 (cinquenta) salários-mínimos mensais, devendo a constrição observar o disposto no art. 528, §8º, e no art. 529, §3º" (art. 83, §2º). Sendo que o inc. IV a que se refere este artigo diz respeito a "IV – os vencimentos, os subsídios, os soldos, os salários, as remunerações, os proventos de aposentadoria, as pensões, os pecúlios e os montepios, bem como as quantias recebidas por liberalidade de terceiro e destinadas ao sustento do devedor e de sua família, os ganhos de trabalhador autônomo e os honorários de profissional liberal, ressalvado o §2º" e o inc. X a "X – a quantia depositada em caderneta de poupança, até o limite de 40 (quarenta) salários-mínimo". Da mesma forma, com a autoridade de Nascimento, "(...) o vício do ato jurídico é uma presunção aceitável no Direito Individual, mas não é presunção aceitável no Direito Coletivo, embora, nele, possa haver. É possível que haja um defeito de ato jurídico negocial na negociação coletiva, mas nunca podemos estabelecer como presunção, que haja esse defeito, ao contrário, do que devemos fazer na negociação individual. (...) Logo, não é possível partir da presunção de que a negociação coletiva não pode autorizar renúncias de direitos, por ser um ato jurídico falho, defeituoso, não discutido pelos interessados diretos, por que foi" (Nascimento, Amauri Mascaro. Estudos sobre renúncia e transação. *In* Frediani, Yone (coord.) *Tendências do direito material e processual do trabalho*. São Paulo: LTr, 2000, pág. 233).
23. "Compensação (mantida) – Res. 121/2003, DJ 19, 20 e 21.11.2003. A compensação, na Justiça do Trabalho, está restrita a dívidas de natureza trabalhista" (Súmula n.º 18 do TST).
24. "Serão nulos de pleno direito os atos praticados com o objetivo de desvirtuar, impedir ou fraudar a aplicação dos preceitos contidos na presente Consolidação" (cit. art. 9.º).
25. "Será nulo de pleno direito, sujeitando o empregador às sanções do art. 120, qualquer contrato ou convenção que estipule remuneração inferior ao salário mínimo estabelecido na região, zona ou subzona, em que tiver de ser cumprido" (cit. art. 117).
26. "As relações contratuais de trabalho podem ser objeto de livre estipulação das partes interessadas em tudo quanto não contravenha às disposições de proteção ao trabalho, aos contratos coletivos que lhes sejam aplicáveis e às decisões das autoridades competentes" (cit. art. 444).
27. "A prestação, em espécie, do salário será paga em moeda corrente do País. Parágrafo único – O pagamento do salário realizado com inobservância deste artigo considera-se como não feito" (cit. art. 463.).

500[29], 619[30], todos da CLT, assim como certas convenções internacionais como a Convenção n.º 132[31] e 101[32] da OIT em matéria de férias[33]. Esta indisponibilidade surge como um manto de normas imperativas que integram obrigatoriamente o contrato de trabalho, pondo a salvo da imperatividade um núcleo excepcional de previsões.

Técnica para perceber se determinado direito é ou não indisponível, prende-se com a *imposição ou não de sanções* pelo seu desrespeito, e dos quais são exemplo as multas do art. 47 a 56 da CLT em matéria de registro de CTPS, do arts. 120 CLT relativo ao salário mínimo, art. 153 CLT relativo a férias, art. 201 CLT sobre saúde do trabalhador, art. 364 CLT relativo à nacionalização do trabalho; art. 401 CLT em sede de proteção da mulher; ou art. 434 CLT sobre trabalho do menor[34].

Esta indisponibilidade, *contudo, não é absoluta*[35], por uma série de razões: (i) nem a todos os direitos laborais subjaz norma cogente, (ii) há

---

28. "Nos contratos individuais de trabalho só é lícita a alteração das respectivas condições por mútuo consentimento, e ainda assim desde que não resultem, direta ou indiretamente, prejuízos ao empregado, sob pena de nulidade da cláusula infringente desta garantia" (cit. art. 468).
29. "O pedido de demissão do empregado estável só será válido quando feito com a assistência do respectivo Sindicato e, se não o houver, perante autoridade local competente do Ministério do Trabalho e Previdência Social ou da Justiça do Trabalho" (cit. art. 500).
30. "Nenhuma disposição de contrato individual de trabalho que contrarie normas de Convenção ou Acordo Coletivo de Trabalho poderá prevalecer na execução do mesmo, sendo considerada nula de pleno direito" (cit. art. 619).
31. Em particular no art. 3º, "1. – Toda pessoa a quem se aplique a presente Convenção terá direito a férias anuais remuneradas de duração mínima determinada. (...) 3. – A duração das férias não deverá em caso algum ser inferior a 3 (três) semanas de trabalho, por 1 (um) ano de serviço. (...)" (cit. Convenção OIT, n.º 132).
32. Em particular no art. 1º, "Aos trabalhadores empregados nas emprêsas de agricultura, assim como nas ocupações conexas, deverão ser concedidas férias anuais pagas depois de um período de serviço contínuo prestado ao mesmo empregador" (cit. Convenção OIT, n.º 101).
33. Donato, Messias Pereira. *Curso de Direito Individual do Trabalho.* 6ª ed. São Paulo: LTr, 2008, págs. 286-287.
34. Pacheco, Iara Alves Cordeiro. *Os direitos trabalhistas e a arbitragem.* São Paulo: LTr, 2003, pág. 99.
35. Sem prejuízo do que se dirá a diante, dizer também que outros bens supostamente indisponíveis têm vindo a sofrer relativizações agudas da própria jurisprudência. Assim, por exemplo, em acórdão do STJ, entendeu-se que não pode o ex-cônjuge pedir alimentos se deles desistiu aquando do acordo de separação consensual (acórdão

tradição doutrinal e jurisprudencial de apreciar a irrenunciabilidade e indisponibilidade em função do momento temporal em que ela ocorre, (iii) existem uma série de institutos que admitem a sua relativização, como a conciliação ou a prescrição.

7.I.2.3. As contradições normativas que enfrenta o princípio da indisponibilidade

Da frequente associação entre os dois conceitos e da confusão que entre ambos se estabeleceu resulta, em grande medida, uma certa contradição manifestada em vários aspetos do seu regime jurídico. Assim, e por exemplo: (i) a CLT proíbe que o trabalhador seja transferido de localidade mas, no entanto, prevê ampla margem de liberdade para rescisão de contrato de emprego; (ii) vedava acordos extrajudiciais feitos pessoalmente entre as partes na presença de advogados, mas permitia que estas chegassem a acordo às portas do tribunal, mesmo sem estarem devidamente acompanhadas durante a negociação pelos seus mandatários judiciais e ver mesmo acordo ser homologado em juízo; (iii) vedava, em ambiente pré-Reforma, o acesso à arbitragem como mecanismo alterativo de resolução de litígios trabalhistas com base numa lógica de indisponibilidade dos créditos salariais, para depois admitir os *efeitos* prescricionais sobre as parcelas rescisórias e ainda a transação judicial sobre todas elas.

Existem, portanto, alguns argumentos que denotam a *contradição* que existe entre a compreensão do crédito salarial como sendo indisponível e certas previsões legais que apontam em sentido contrário. Desde logo a já aqui mencionada *arbitragem individual* trabalhista, cuja admissão no art. 507-A da CLT acaba por superar a própria ideia de indisponibilidade[36].

Uma outra dessas contradições reside então na admissibilidade da *prescrição e decadência* também para os créditos trabalhistas. Com a Lei Complementar n.º 118 de 2005 que editou o Código Tributário Nacional e admitiu que a lei pudesse criar "limites e condições para a preferência de créditos decorrentes da legislação de trabalho", reconheceu-se ao magistrado

---

do STJ, 4ª Turma, Agravo Regimental em Agravo Interno n.º 1.044.922/SP, Relator Ministro Raúl Araújo, Data de Julgamento 22.06.2010).

36. No mesmo sentido, Azevedo, André Jobim de. Os métodos adequados de solução de conflitos. Nova regência processual: observações. Nova regência trabalhista. *In* Tupinambá, Carolina (coord.). *Soluções de conflitos trabalhistas: novos caminhos*. São Paulo: LTr, 2018, pág. 24.

o poder de conhecer a prescrição dos créditos laborais de ofício, o que inevitavelmente prejudicará o credor-trabalhador por questionar os respetivos direitos "indisponíveis". Como atribuir a este direito creditório a natureza de indisponibilidade e simultaneamente autorizar que o mero decurso do tempo, por vontade consciente do trabalhador ou não, seja causa de sua extinção?

Outra contradição reside na *estabilidade laboral da gestante*. Como se pode dizer que, uma vez grávia, a mulher venha a beneficiar de uma estabilidade profissional legalmente imposta, *i.e.*, de uma estabilidade provisória de emprego pelo período que durar gestão até 150 dias subsequentes ao parto, período esse em que não poderá ser despedida sob pena de receber todas as verbas a que teria direito em todo esse período de proteção da maternidade e tutela de nascituro; e ao mesmo tempo admitir que essa proteção deixará de ocorrer em caso de *renúncia* da própria mulher, expressa em pedido de demissão[37]? Da mesma forma, permite a CLT a renúncia ao cargo de dirigente sindical com a consequente implicação que daí decorre: a renúncia à estabilidade de emprego provisória prevista no art. 543, §1º da CLT[38]. Como fica a indisponibilidade diante desta renúncia legitimamente?

---

37. "Gestante. Estabilidade provisória. Pedido de demissão. Ausência de vício na manifestação de vontade. Renúncia. Tratando-se de período contratual inferior a um ano, incumbe ao trabalhador o ônus da prova acerca do vício de vontade na prática do ato jurídico de denúncia do contrato de emprego, não havendo que se falar em garantia de emprego, diante do ato de renúncia à estabilidade" (TRT, 1ª Região, Recurso Ordinário n.º 00109943520135010081 Rio de Janeiro, Rel. Maria Aparecida Coutinho Magalhães, Data de Julgamento 18.08.2015, 8ª Turma).

38. Já Gottschalk, ensinava que muitas vezes a perceção acerca da indisponibilidade ou não de certo direito trabalhista dependia da análise da finalidade que a lei dispensava a cada direito e bem protegido. Nessa lógica de ideias, não seria possível equiparar o direito ao salário mínimo, à indenização por despedimento sem justa causa ou à estabilidade. No primeiro, intrinsecamente ligado à salvaguarda de um nível de vida da própria comunidade, de que depende o seu grau de bem-estar, saúde, moral, civilização, poder econômico e cultura, não poderia admitir-se qualquer tipo de restrição. Já no que respeita, por exemplo, à diminuição de salário, informava que a própria lei pode admitir excepções fundadas em interesses legítimos. Assim, exemplificava com o art. 11 da Lei n.º 62 de 1935, que preceituava "A redução do salário só será permitida nos casos de ter o empregador reais prejuízos devidamente comprovados, e nos de força maior que justifiquem medida de ordem geral", cuja compreensão não pode ser associada à *racio* que garante o salário mínimo, podendo apenas ser compreendida dentro do espírito da própria lei n.º 62 e que tem a ver com a equiparação do despedimento indireto (caracterizado pela redução de salário) com o despedimento sem justa causa direto. Num segundo exemplo, aborda o art. 468 da CLT, que se conserva hoje atual, extraindo raciocínio *a contrario* da norma: "o legislador somente reconhece como válida a manifestação de

Outro problema que encontra a tese da indisponibilidade resulta do seu confronto com o *momento temporal em que enquadremos* a disposição dos direitos[39]: como se pode dizer que os créditos laborais sejam indisponíveis em abstrato para, depois, em caso de dispensa e já findo o contrato de trabalho, essas mesmas parcelas se tornem crédito passível de transação? Alguma jurisprudência do TST tem procurado conceber o princípio da irrenunciabilidade dos direitos trabalhistas do ponto de vista temporal, reconhecendo que ele não tem a mesma amplitude em todos os momentos da vida do contrato de emprego. Parafraseando o Ministro Barros Levenhagen, "sobressai o relevo institucional do ato de contratação do empregado e da vigência do contrato de

---

vontade do empregado, sob a condição de não lhe resultarem da alteração, *direta ou indiretamente,* prejuízos. Se a redução do salário pelas condições especialíssimas de um caso individual se afigura como único meio de conservar ao empregado o seu lugar de trabalho, óbvio é não ser possível falar em prejuízo direto ou indireto" (pág. 218). O autor desmistifica o rigor excessivo dado a este preceito, que diz não mais representar do que o princípio do *pacta sunt servanda* e afirma "não pode ser deste rigor excessivo por se tratar de um direito eminentemente *social* que, de outra forma, manifestamente ficaria atrás da evolução socializante do próprio direito civil" (pág. 219). Assim, e pela aplicação do princípio geral da boa-fé aos contratos de emprego (art. 8º CLT), admite hipóteses em que, por exemplo, se em decorrência de acidente de trabalho resultar que o empregado não possa mais continuar a exercer o seu antigo trabalho, se permita uma modificação bilateral das partes no sentido de, conservando o emprego, haja redução salarial em razão da mudança de funções; e que apesar de representar uma renúncia a parte do salário, está no escopo da norma do art. 11 da lei n.º 62. (pág. 221). Por último, relativamente à questão da estabilidade, é adepto da possibilidade ampla de transação, pois "tanto o direito ao salário vencido como o direito à indenização por despedida injusta incorporam-se ao patrimônio do empregado constituindo simples direitos de crédito, de que pode dispor livremente, sendo válida, de pleno direito, tal disposição, desde que corresponda à sua real vontade. (...) Não é outra a solução doutrinária no direito à estabilidade" (pág. 222), assim, entende que, "Se a finalidade da norma garantidora da estabilidade é a proteção do emprego contra a livre demissibilidade, jamais tal norma pode privar o mesmo empregado da sua liberdade em abandonar um emprego que não seja mais de seu interesse" (pág. 225) (cit. Gottschalk, Egon Felix. *Norma pública e privada no direito do trabalho.* São Paulo: Saraiva, 1995).

39. Discute-se na doutrina italiana, ainda, (i) se a indisponibilidade deveria estar ligada ao *momento da aquisição do direito*, i.e., seria indisponível enquanto fosse mera expectativa jurídica ou direito futuro; passaria a relativamente disponível assim que houvesse aquisição do direito; e (ii) entre direitos *primários indisponíveis* e direitos *secundários* disponíveis, sendo que os segundos seriam os que surgissem com a transgressão perpetrada contra os direitos primários e traduzidos em pecúnia (Salomão, Karina Novah. Renúncia e transação no direito italiano. *Revista de Direito do Trabalho*, São Paulo, Vol. 24, N.º 131, jul-set/2008, pág. 315; Ballestrero, Maria Vittoria; Simone, Gisella de. *Diritto del Lavoro.* 13ª ed. Torino: G. Giappichelli Editore, 2017, pág. 645).

trabalho, em função do qual se impõe realçar a indisponibilidade dos direitos trabalhistas, visto que, numa e noutra situação, é nítida a posição de inferioridade econômica do empregado, circunstância que dilucida a evidência de seu eventual consentimento achar-se intrinsecamente maculado por essa difusa e incontornável superioridade de quem está em vistas de o contratar ou já o tenha contratado. (...) Diferentemente dessas situações contemporâneas à contratação do emprego e à vigência da pactuação, cabe destacar que, após a dissolução do contrato de trabalho, acha-se minimizada a sua vulnerabilidade oriunda da sua hipossuficiência econômico-financeira, na medida em que se esgarçam significativamente os laços de dependência e subordinação do trabalhador face àquele que o pretenda admitir ou que já o tenha admitido, cujos direitos trabalhistas, por conta da sua patrimonialidade, passam a ostentar relativa disponibilidade (...)"[40]. No mesmo sentido, MARANHÃO[41], SÜSSEKIND[42] e a corrente maioritária da doutrina laboralista brasileira[43-44].

---

40. Acórdão do TST, Recurso de Revista, Proc. N.º 144300.80.2005.5.02.0040, 4ª Turma, Rel. Ministro Barros Levenhagen, Data de Julgamento 04.02.2011.

41. MARANHÃO, Délio. *Direito do trabalho*: Rio de Janeiro, FGV, 1987, pág. 26.

42. SÜSSEKIND, Arnaldo; MARANHÃO, Délio, VIANNA, José de Segadas, TEIXEIRA FILHO, João de Lima. *Instituições de Direito do Trabalho*. 22ª Ed. São Paulo: LTr, 2005, vol. I, págs. 214-218. Particularmente na pág. 217 onde se pode ler, em citação de OLIVEIRA VIANA de que se apoia, que "é lícito ao empregado renunciar, desde que se trate de direitos já adquiridos" embora se deva ter cuidado porque "a renúncia deve, entretanto, provir da livre espontânea vontade do empregado. Inválida será se for obtida, não apenas pelos meios comuns do dolo, da coação ou violência, mas mesmo quando provado fique que o patrão usou dessa modalidade sutil de coação, que é a chamada *pressão econômica*. A faculdade de renunciar, uma vez rescindido o contrato de trabalho, amplia-se consideravelmente".

43. Por exemplo, PACHECO, Iara Alves Cordeiro. *Os direitos trabalhistas e a arbitragem*. São Paulo: LTr, 2003, págs. 101-107. A autora considera que na fase *pré-contratual* a irrenunciabilidade é absoluta, não sendo admissível renúncia para o futuro, pois se tal fosse possível, as normas de proteção do trabalhador seriam completamente inócuas; quanto ao período contratual, considera que a irrenunciabilidade tem ainda maior aprumo, já que além da dependência económica sentida em fase pré-contratual, surge ainda a dependência hierárquica com o desenrolar do vínculo empregatício e a sujeição ao dirigismo contratual. Diz ainda que o termo técnico nem seria *renúncia*, já que o que a CLT é alteração das condições de trabalho. Quanto ao momento decorrente após a cessação do contrato, a ausência do estado de subordinação jurídica toleraria a renúncia pelo empregado. No mesmo sentido, MARTINS entende pela admissibilidade da renúncia quando praticada em juízo diante do magistrado, uma vez que aí não se pode "sustentar que o trabalhador esteja a ser coagido ou forçado a fazê-lo" (MARTINS, Sérgio Pinto. *Direito do Trabalho*. 8ª ed. São Paulo: Saraiva, 1999, pág. 73). SCHIAVI, Mauro. Novas reflexões sobre a renúncia, transação e conciliação no Direito e no

Uma outra contradição pode ser encontrada no palco do direito coletivo do trabalho. O Supremo Tribunal Federal já se veio pronunciar no sentido de que certos direitos dos trabalhadores, nomeadamente aqueles que *não ponham em causa o mínimo existencial*, são passíveis de plena *disposição* em sede de *negociação coletiva*. A jurisprudência deste tribunal vem, deste modo, sustentar uma divisão clara na classe de direitos trabalhista, entre os que são absolutamente indisponíveis e aqueles que o são apenas relativamente[45]. Em razão deste ponto em particular, PLÁ RODRIGUEZ propõe a distinção entre o que chama de normas *limitadamente categóricas* e *rigidamente categóricas*, quando admitam ou não supressão mediante convenção coletiva[46]. Da mesma forma também DELGADO, apenas com diferentes designações (*normas de*

Processo do Trabalho à luz do Novo CPC e da jurisprudência do TST. *Revista LTr*, São Paulo, Vol. 73, N.º 06, jun/2009, pág. 684; MARTINEZ, Luciano. *Curso de Direito do Trabalho*. 8ª ed. São Paulo: Saraiva, 2017, pág. 126.

44. Indignado com este entendimento, MOLINA e GUERRA FILHO entendem que "(...) apenas invoca-se o princípio para justificar que a transação somente pode ser feita perante o juiz, pois este teria, a seu juízo, condições de evitar a fraude. Nessa linha, por coerência lógica, dever-se-ia admitir como válidas aquelas transações e renúncias, nada obstante celebradas em palco extrajudicial, mas que não demonstram ocorrência de fraude. Ou uma coisa ou outra. Ou se admite que as renúncias e transações sejam válidas, desde que não haja fraude (...), a partir de que seriam renunciáveis os direitos, ou se defende, mesmo que sem argumentação firme, a irrenunciabilidade e não se admite a transação sequer em sede judicial. Não é o palco em que é celebrado o negócio jurídico, transação que vai mudar a natureza jurídica; não é por isso que os direitos de irrenunciáveis transmudar-se-ão para renunciáveis plenamente" (MOLINA, André Araújo; GUERRA FILHO, Willis Santiago. Renúncia e transação no direito do trabalho – uma nova visão constitucional à luz da teoria dos princípios. *Revista LTr*, São Paulo, Vol. 74, N.º 02, fev/2010, pág. 192).

45. "(...) [D]e acordo com o *princípio da adequação setorial negociada*, as regras autônomas juscoletivas podem prevalecer sobre o padrão geral heterônomo, mesmo que sejam restritivas dos direitos dos trabalhadores, desde que não transacionem sectorialmente parcelas justrabalhistas de indisponibilidade absoluta. Embora, o critério definidor de quais sejam as parcelas de indisponibilidade absoluta seja vago, afirma-se que estão protegidos contra a negociação *in pejus* os direitos que correspondam a um 'patamar civilizatório mínimo', como a anotação da CTPS, o pagamento do salário mínimo, o repouso semanal remunerado, as normas de saúde e segurança do trabalho, dispositivos antidiscriminatórios, a liberdade de trabalho etc. Enquanto tal patamar civilizatório mínimo deveria ser preservado pela legislação heterônoma, os direitos que o excedem sujeitar-se-iam à negociação coletiva, que, justamente por isso, constituiria um valioso mecanismo de adequação das normas trabalhistas aos diferentes setores da economia e a diferenciadas conjunturas econômicas" (STF, Recurso Especial n.º 590.415/SC, Rel. Ministro Luís Roberto Barroso, Data de julgamento 30.04.2015).

46. PLÁ RODRIGUEZ, Américo. *Princípios do direito do trabalho*. São Paulo: LTr, 1997, pág. 83.

indisponibilidade relativa e *absoluta*, respetivamente)[47]. Tem-se erroneamente compreendido, porém, que esta possibilidade de adequar legislação relativamente indisponível ou limitadamente categórica mediante IRCT dar-se-ia em termos estritamente excecionais - e, logo, carentes de interpretação restritiva[48] - não passando de uma "fenda" deixada ligeiramente aberta pelo princípio da inderrogabilidade das normas tuitivas laborais.

7.I.2.4. Que direitos seriam indisponíveis?

Apesar do princípio da irrenunciabilidade ser extraído de forma clara dos arts. 9º, 444 e 468 da CLT, a identificação das normas realmente irrenunciáveis não carece de declaração expressa por parte do legislador, sendo assim consideradas pelo fim que visam salvaguardar[49]. Entre muitos posicionamentos[50], deixamos aqui alguns.

---

47. Delgado, Maurício Godinho. *Curso de direito do trabalho.* 16ª ed. São Paulo: LTr, 20172017, págs. 232 ss.
48. Neste sentido, Plá Rodriguez, Américo. *Princípios do direito do trabalho.* São Paulo: LTr, 1997, pág. 62; Barros, Alice Monteiro. *Curso de Direito do Trabalho.* 7ª ed. São Paulo: LTr, 2011, pág. 159; Süssekind, Arnaldo; Maranhão, Délio, Vianna, José de Segadas, Teixeira Filho, João de Lima. *Instituições de Direito do Trabalho.* 22ª Ed. São Paulo: LTr, 2005, vol. I, págs. 201-208.
49. Franco Filho, Georgenor de Sousa. Princípios do direito do trabalho em uma sociedade em mudança. *Revista Trabalho & Doutrina*, São Paulo, N.º 18, jul/1998, pág. 78.
50. Por exemplo, para Menezes são indisponíveis os direitos públicos de greve e associação profissional, as disposições legais e regulamentares ligadas ao trabalho como as obrigações relativas à carteira profissional, jornada de trabalho, repouso semanal, férias, salário mínimo, higiene e segurança, proteção da mulher e menor etc. (Menezes, Cláudio Armando Couce. Interpretação e aplicação das normas de direito do trabalho princípios de direito do trabalho; renúncia e transação. *Revista LTr*, São Paulo, Vol. 55, n.º 06, jun/1991, pág.661.). Para Schiavi, os direitos de personalidade, os direitos difusos, coletivos e também os ligados à medicina, segurança e meio ambiente de trabalho (Schiavi, Mauro. Novas reflexões sobre a renúncia, transação e conciliação no Direito e no Processo do Trabalho à luz do Novo CPC e da jurisprudência do TST. *Revista LTr*, São Paulo, Vol. 73, N.º 06, jun/2009, pág. 684). Para Romita, forte adepto da negociação coletiva mesmo que *in pejus*, admite não obstante que há certos direitos mínimos necessários, entre os quais enumera: direitos de personalidade, liberdade ideológica, liberdade de expressão e de informação, igualdade de oportunidades e de tratamento, não discriminação, idade mínima de admissão, salário mínimo, saúde e segurança do trabalho, proteção contra a despedida injustificada, direito ao repouso (intervalo, jornada, repouso semanal, férias), direito de sindicalização, direito de representação sindical, direito à negociação coletiva, direito à greve, direito a ambiente de trabalho saudável (Romita, Arion Sayão. Inderrogabilidade da norma e indisponibilidade de direitos em face da negociação coletiva: limites impostos pelos direitos fundamentais. *Revista do TST*, São Paulo, Vol.

Lacerda entende que o empregado tem como direitos irrenunciáveis as disposições sobre jornada, salário mínimo, férias, nacionalização, segurança, higiene e saúde, regulação em matéria de trabalho de mulheres e menores; já que em todos eles outros interesses além dos do trabalhador em particular estão envolvidos: os interesses da classe como um todo e os interesses do Estado[51]. No seu entendimento, enquanto o bem protegido for uma categoria abstrata coletiva, permanece irrenunciável e indisponível; mas quando se individualizar em bem patrimonial concreto, torna-se prerrogativa do trabalhador a sua disposição[52].

Pacheco, na sua tentativa de resolver o problema da admissibilidade, ou não, da arbitragem no direito do trabalho, apresenta uma classificação de direitos trabalhistas nos termos da qual o empregado tem quatro espécies diferentes de direitos: (i) direitos de *personalidade*; (ii) direitos derivados de normas da *ordem pública absoluta*; (iii) direitos derivados de normas da *ordem pública relativa*, (iv) direitos que resultam de normas *dispositivas*. Em conformidade com a sua classificação, a autora sustenta que o empregado apenas poderia sujeitar à arbitragem direitos que resultassem de normas dispositivas e de ordem pública relativa. Quanto aos demais (personalidade e ordem pública absoluta) a possibilidade de remissão à arbitragem também estaria em aberto desde que a questão do dissídio apenas respeitasse à fixação de *quantum* indenizatório, *i.e.*, fossem referentes exclusivamente a reflexos patrimoniais e, no caso de direitos embasados em normas de ordem pública inderrogável, a opção pela *equidade* fosse travada com a sujeição expressa do árbitro aos postulados imperativos[53].

Canotilho também avança numa proposta, considerando irrenunciáveis os direitos, liberdades e garantias laborais previstos na ordem constitucional portuguesa (arts. 53 a 58 da CRP)[54]. Todavia, o autor admite que

---

83, N.º 2, abr/jun2017, págs. 81-82). Para Ballestrero e Simone, o direito ao repouso semanal e férias, direito à saúde, direito à greve, à assistência e previdência social, ao salário mínimo (Ballestrero, Maria Vittoria; Simone, Gisella de. *Diritto del Lavoro*. 13ª ed. Torino: G. Giappichelli Editore, 2017, pág. 646).

51. Lacerda, Dorval de. *A renúncia no direito do trabalho*. 2ª ed. São Paulo: Max Limonad, 1944, pág. 139 ss e, em particular, pág. 141.

52. *Ibidem*, pág. 169.

53. Pacheco, Iara Alves Cordeiro. *Os direitos trabalhistas e a arbitragem*. São Paulo: LTr, 2003, pág. 122-123.

54. Canotilho, J. J. Gomes. *Direito Constitucional e Teoria da Constituição*, 7ª ed. Lisboa: Almedina, 2003, pág. 464.

alguns direitos fundamentais pudessem ser disponíveis e renunciáveis desde que à data da renúncia o trabalhador fosse livre para se autodeterminar (v.g., residência no local de trabalho, com a consequente renúncia à liberdade de residir na sua própria moradia).

DONATO entende que os direitos laborais indisponíveis e irrenunciáveis são aqueles onde subjacente à sua concessão há uma superioridade de interesse público. Seriam disso exemplo os que dispunham sobre política econômico-financeira do Estado (*maxime*, política salarial), salário mínimo, duração de trabalho máxima, saúde e segurança no trabalho, direitos personalíssimos do trabalhador (ligados à sua personalidade) e liberdade sindical[55].

Apesar de uma série de outros autores poderem ser aqui mencionados[56], ficamo-nos ainda apenas com SÜSSEKIND[57], de quem percebemos que essas não são as melhores formas de determinar os limites da autonomia privada

---

55. DONATO, Messias Pereira. *Curso de Direito Individual do Trabalho*. 6ª ed. São Paulo: LTr, 2008, pág. 289.
56. Assim, por exemplo, para MEUCCI, "Indisponibili sono in linea di massima i diritti a contenuto non patrimoniale, coincidenti normalmente con quelli posti a tutela della personalità morale o della integrità fisica del prestatore (...) ad essi si aggiungono pochi altri, espressamente qualificati «indisponibili» da specifiche norme di legge di carattere speciale. Tra quest'ultime ricorre l'art. 2115 c.c., per i diritti previdenziali, (...), per gli assegni familiari (...), sugli infortuni sul lavoro e le malattie professionali, che con più precisione delle precisate norme, dispone la 'nullità di ogni patto inteso ad eludere il pagamento delle indennità ed a scemarne la misura'. Altresì nulle, a nostro avviso (6), le rinunce al diritto al riposo settimanale e alle ferie annuali, in quanto espressamente vietate dall'art. 36, 3° comma della Costituzione, nell'interesse alla salvaguardia dell'integrità psico-fisica del prestatore di lavoro. Data l'irripetibilità di fruizione dei due diritti in tempi differiti (es. anni successivi o a fine rapporto), in quanto sia il riposo settimanale sia le ferie annuali assolvono la loro funzione ristoratrice rispettivamente mediante una pausa giornaliera dopo sei giorni lavorativi nel primo caso e con una congrua interruzione di una prestazione protrattasi per un arco temporale plurimensile o al massimo annuale nel secondo caso, nei fatti ad essi si sostituisce un compenso risarcitorio per prestazione svolta in violazione di legge a norma dell'art. 2126 c.c.; conseguenza che non porta assolutamente i diritti in questione a scadere dal rango degli indisponibili a quello dei relativamente disponibili, anche se le indennità sostitutive dei diritti in questione possono essere oggetto di rinunzia o transazione valida ed al tempo stesso annullabile *(...)*." (MEUCCI, Mario. *Considerazioni in tema di prescrizione, rinunzie e transazioni nel rapporto di lavoro*, disponível em http://dirittolavoro.altervista.org/prescrizionerinunzietransazioni.html; última consulta em 09.07.2018).
57. SÜSSEKIND, Arnaldo; MARANHÃO, Délio, VIANNA, José de Segadas, TEIXEIRA FILHO, João de Lima. *Instituições de Direito do Trabalho*. 22ª Ed. São Paulo: LTr, 2005, vol. I, pág. 202.

diante as normas legais. O autor acaba por estabelecer uma diferenciação nos seguintes termos: (i) admite, por um lado, normas impositivas ou proibitivas resultantes de interesses governamentais e que, claramente, não podem ser arredadas por IRCT ainda que *in mellius* (*v.g.* anotação da CTPS, inscrição na Previdência Social, regulamentos do MPT); a que opõe (ii) as normas de natureza complementar - que seriam todas as restantes - passíveis de negociação indiscriminada *in mellius* e *in pejus* em razão da sua flexibilidade. Duas únicas exceções se encontrariam nas normas constitucionais que *expressamente* o impeçam (*v.g.* art. 7º, inc.os VII, XVI, XVII, XXI, todos da CF) e nas normas disciplinadoras de política econômico-financeira (art. 623, da CLT)[58].

Em suma, além de ser contraditória com o ordenamento trabalhista a própria tese da indisponibilidade dos créditos laborais, ainda é contraditória a compreensão dos seus termos e amplitude mesmo entre os que a sustentam.

7.I.2.5. Fundamento do princípio da indisponibilidade

A diferente capacidade e autonomia negocial que existiria entre empregado e empregador tem sido uma das teorias a autorizar a conclusão de um "vício de consentimento presumido" do trabalhador. Este desequilíbrio teria legitimado o legislador a consagrar um sistema laboral ordenado sob o mando do princípio da "imperatividade da lei trabalhista", da "natureza pública do sistema laboral" e da consequente "indisponibilidade e irrenunciabilidade dos direitos laborais", entre outros chavões que usa para retratar a mesma realidade[59]. Este princípio da irrenunciabilidade e indisponibilidade

---

58. Neste sentido, Morais, Filipe Moralles. O que protege o princípio da proteção? Cinco teses sobre a finalidade do direito do trabalho. *Revista do Tribunal Regional do Trabalho da 12ª Região*, Florianópolis, Vol. 19, N.º 28, 2016, pág. 264.

59. "Para este princípio [da imperatividade] prevalece a restrição à autonomia da vontade no contrato trabalhista, em contraponto à diretriz civil de soberania das partes no ajuste das condições contratuais. Esta restrição é tida como instrumento assecuratório eficaz de garantias fundamentais ao trabalhador, em face do desequilíbrio de poderes inerente ao contrato de emprego. (...) A indisponibilidade inata aos direitos trabalhistas constitui-se talvez no veículo principal utilizado pelo Direito do Trabalho para tentar igualizar, no plano jurídico, a assincronia clássica existente entre os sujeitos da relação socioeconômica de emprego. O aparente contigenciamento da liberdade obreira que resultaria da observância desse princípio desponta, na verdade, como o instrumento hábil a assegurar efetiva liberdade no contexto da relação empregatícia: é que aquele contingenciamento atenua ao sujeito individual obreiro a inevitável restrição de vontade que naturalmente tem perante o sujeito coletivo empresarial" (cit. Delgado, Maurício Godinho. *Curso de direito do trabalho.* 16ª ed. São Paulo: LTr, 2017, pág.

196). No mesmo sentido, SÜSSEKIND, Arnaldo; MARANHÃO, Délio, VIANNA, José de Segadas, TEIXEIRA FILHO, João de Lima. *Instituições de Direito do Trabalho.* 22ª Ed. São Paulo: LTr, 2005, vol. I, págs. 209-216, apesar de na pág. 217 parecer sustentar posição contraditória, ao amparar-se no posicionamento de DORVAL LACERDA para sustentar que a prerrogativa do trabalhador "se revestir do caráter de proteção coletiva, ela é irrenunciável; quando prevalecer o aspecto patrimonial, transformando-se de uma prerrogativa do trabalhador em geral, num direito meramente individual, a renúncia é lícita"; MARANHÃO, Délio. *Direito do trabalho*: Rio de Janeiro, FGV, 1987, pág. 26; BERNARDES, ao entender que "(...) se todo um sistema protetor foi instalado em favor de quem não se pode proteger autonomamente, parece óbvio que o destinatário dessa proteção não possa a ele renunciar" (BERNARDES, Hugo Gueiros. *Direito do Trabalho.* São Paulo: LTr, 1989, vol. I, pág. 101); PEDREIRA, Luiz de Pinho Pedreira da. *Principiologia de direito do trabalho.* São Paulo: LTr, 1999, pág. 122 ss; BOUCINHAS FILHO, Jorge Cavalcanti, *O princípio da irrenunciabilidade e a jurisprudência do Tribunal Superior do Trabalho*, disponível em www.revistas.unifacs.br/index.php/redu/article/download/4593/3011+&cd=1&hl=pt-PT&ct=clnk&gl=lu, 2016, pág. 3-4; última consulta em 11.07.2018 Não deixa de parecer algo incongruente a posição deste autor, que entende que o fundamento da irrenunciabilidade na formação do contrato é a vulnerabilidade económica e no decurso do contrato a vulnerabilidade jurídica. Parece ser esse, também, o posicionamento de BASTOS, quando diz que, mesmo cessada a relação laboral, ainda se fazem acompanhar os argumentos que legitimam a restrição à autonomia que existem em momento prévio ou contemporâneo ao contrato, a saber, a presunção de coação; "logo, a discussão fundada sobre o âmbito temporal da renúncia não possui, ao nosso ver, toda a importância vislumbrada por alguns, pois seja antes, durante ou após a extinção do contrato de trabalho, o critério para se averiguar a validade da renúncia será um só! A menos que se pretenda condicionar a eficácia das normas cogentes ao critério temporal!" (cf. BASTOS, Guilherme Augusto Caputo. Renúncia e transação no direito do trabalho. *Manual de Direito do Trabalho*, Estudos em Homenagem ao Prof. Cássio Mesquita Barros. São Paulo: LTr, 1998, págs. 610-611). PLÁ RODRIGUEZ, para além deste fundamento, apresenta-nos ainda um outro: a natureza do próprio direito do trabalho (PLÁ RODRIGUEZ, Américo. *Princípios do direito do trabalho.* São Paulo: LTr, 1997, pág. 69). Apesar de referir-se ao fundamento da inderrogabilidade e não da indisponibilidade das normas trabalhistas, valerá por maioria de razão para estas, também MANNRICH: "a inderrogabilidade *in pejus* funda-se no princípio da proteção, que leva em conta o estado de sujeição pessoal do empregado e sua inferioridade econômica e social em face do empregador" (MANNRICH, Nelson. Inderrogabilidade da norma trabalhista e indisponibilidade de direitos: algumas reflexões. *Revista da Academia Nacional de Direito do Trabalho*, São Paulo, Ano 17, N.º 17, 2009, pág. 79). Da mesma forma MOLINA e GUERRA FILHO, lucidamente, explicam como o princípio da irrenunciabilidade de direitos está ligado ao próprio nascimento do Direito do Trabalho, em razão da inferioridade operária e da necessidade de intervenção estatal (MOLINA, André Araújo; GUERRA FILHO, Willis Santiago. Renúncia e transação no direito do trabalho – uma nova visão constitucional à luz da teoria dos princípios. *Revista LTr*, São Paulo, Vol. 74, N.º 02, fev/2010, pág. 191). Aparenta ser esse, também, o posicionamento de MARTINEZ, ao legitimar

mais não seria do que uma tentativa de contrabalançar a relação laboral, originariamente desequilibrada. A natureza irrenunciável e indisponível daqueles créditos surgia como uma parede que garantisse a salvaguarda da livre e consciente vontade do trabalhador - art. 9º da CLT[60] - sem sucumbência a pressões patronais ou dependência a circunstancialismos econômicos ou jurídicos.

Esta é, pelo menos, uma das teorias (*subjetivista*) que procura explicar a indisponibilidade das normas trabalhistas. A outra (*objetivista*) encontra o seu fundamento não no estado de sujeição do trabalhador, mas na relevância dos valores e bens que podem ser afetados com atos dispositivos[61]. O foco é colocado na relevância do bem para a comunidade, na sua apetência como bem de interesse geral e não como direito individual virado à satisfação de interesses de um indivíduo em particular[62]. Parece-nos que este último

---

a transação judicial (e, por conseguinte, a disponibilidade do crédito trabalhista) ao papel do magistrado no controlo da vontade do trabalhador, *in verbis* "(...) a transação realizada perante o magistrado afasta o risco de o trabalhador sucumbir diante das suas próprias fraquezas. A atuação responsável do Juiz do Trabalho, afinal, legitima o ajuste e evita que o ato de conciliar confunda-se com o de capitular. Essa assertiva responde a uma indagação muito frequente entre aqueles que veem certa incoerência entre a sustentação do princípio da indisponibilidade dos *direitos* trabalhistas nas relações jurídicas materiais (plano extrajudicial) e a sua inaplicação na esfera dos *créditos* trabalhistas, nas relações jurídicas processuais (plano judicial)" (cit. MARTINEZ, Luciano. *Curso de Direito do Trabalho*. 8ª ed. São Paulo: Saraiva, 2017, pág. 126).

60. "Serão nulos de pleno direito os atos praticados com o objetivo de desvirtuar, impedir ou fraudar a aplicação dos preceitos contidos na presente Consolidação" (cit. art. 9º CLT).

61. Havendo mesmo que defenda as duas, como é o caso de FELICIANO, Guilherme Guimarães. *Curso crítico de direito do trabalho: teoria geral do direito do trabalho*. São Paulo: Saraiva, 2013, pág. 256: "A irrenunciabilidade tem fundamento na indisponibilidade de certos bens e direitos (...), no caráter absolutamente imperativo de certas normas trabalhistas (...) e na própria necessidade de limitação material à autonomia privada individual, como forma de restabelecer a igualdade das partes no contrato de trabalho". Também parece ser esse o caso de ARAÚJO, Eneida Melo Correia de. *As relações de trabalho. Uma perspectiva democrática*. São Paulo: LTr, 2003, págs. 185-189.

62. Assim, por exemplo, neste sentido, CASSAR, Vólia Bomfim; BORGES Leonardo Dias. *Comentários à Reforma Trabalhista*. São Paulo: Método, 2017, pág. 12; PACHECO, Iara Alves Cordeiro. *Os direitos trabalhistas e a arbitragem*. São Paulo: LTr, 2003, pág. 93. A autora entende que a irrenunciabilidade das normas laborais não decorre da situação fáctica de desequilíbrio contratual, que é causa antecedente, mas do tipo de norma que rege a situação. Também COUTINHO, para quem "o carácter de indisponibilidade dos direitos dos trabalhadores decorre da própria natureza e de sua função social; não se trata de assegurar os interesses inseridos em mera relação obrigacional, patrimonial, senão de assegurar os direitos sociais, fundamentais, de

posicionamento, *data venia*, acaba por confundir o fundamento de validade de norma inderrogável com o do direito indisponível e que não são ou têm de ser necessariamente coincidentes[63].

---

um Estado que se institui como democrático, acolhendo na Constituição a primazia do trabalho sobre o capital, a garantia da preservação da dignidade humana (...)" (cf. COUTINHO, Aldacy Rachid. A indisponibilidade de direitos trabalhistas. *Revista da Faculdade de Direito da UFPR*, Pernambuco, Vol. 32, N.º 33, 2000, pág. 16). Essa também parece ser a posição de GARCÍA, Manuel Alonso. *La autonomia de la voluntad em el contrato de trabajo*. Bosch: Barcelona, 1958, págs. 96-102, quando procura identificar naquilo que designa por *interesse social* os limites ao cerceamento da autonomia da vontade no contrato de trabalho: "todo ello no es sino consecuencia de esa peculiaridad del interés social que en el contrato de trabajo se acentúa sobre otras relaciones. A los preceptos de la ley, del orden público y de las buenas costumbres; a la requerida igualdad de las partes contratantes, que determina una intervención estatal para restablecer el equilibrio – con idéntico modo a cómo puede darse por aplicación de la cláusula *rebus sic stantibus*, en caso de imposibilidad o desigualdad sobrevenida -; a todo ello, decimos, hay que añadir la justificación que a los límites impuestos a la autonomía privada en el contrato de trabajo presta el *interés social*, o, si se quiere, la *transcendencia social* del mismo". Parece ser também esse o posicionamento de KROTOSCHIN, quando escreve que "Prevalece a norma não imperativa quando só tem em vista um interesse individual. Por seu turno, a norma se impõe de um modo imperativo quando o interesse amparado é o da sociedade. Dessa premissa chega-se a duas conclusões: 1ª) quanto ao direito de subordinação (direito público) as normas do Direito do Trabalho são imperativas em princípio, isto é, no mesmo grau em que, geralmente, o direito público tem 'carácter forzoso'; 2ª) quanto ao direito de coordenação (direito privado), as normas do direito do Trabalho são, preferencialmente, de ordem pública, por transcender estas normas ao interesse puramente individual e serem inseparáveis do interesse social" (KROTOSCHIN, Ernesto. *Instituciones de derecho del trabajo*. Buenos Aires: Depalma, 1974, vol. I, págs. 13-14). Também neste sentido, ROMITA: "fora de dúvida é que a inderrogabilidade da legislação trabalhista visa não propriamente ao interesse particular do trabalhador individualmente considerado, antes prossegue fins de interesse geral ou de ordem pública (interpretação teleológica). Interesse geral deve ser entendido como aquele que possa ser considerado social, na medida em que, embora atinente a determinado grupo, diga respeito à sociedade, entendida em sentido amplo (exemplo: combate ao desemprego)" (ROMITA, Arion Sayão. Inderrogabilidade da norma e indisponibilidade de direitos em face da negociação coletiva: limites impostos pelos direitos fundamentais. *Revista do TST*, São Paulo, Vol. 83, N.º 2, abr/jun2017, pág. 78).

63. Como aponta RIVERO, "Se ponen así en contacto la inderogabilidad y la indisponibilidad, fenômenos distintos en principio, ya que la inderogabilidad refleja el interés superindividual a la realización del arreglo de intereses de la norma inderogable prefigura; mientras que la indisponibilidad tiene el fin más limitado de tutelar al trabajador frente a actos de disposición que le perjudican. La esencia de la inderogabilidad está en la sustracción de la regla objetiva, sea de fuente legal o colectiva, a toda

Já no *âmbito do direito coletivo*, o equilíbrio de forças obtido com recurso a uma estrutura sindical representativa da classe, que encabeça nas negociações coletivas as reivindicações do grupo de trabalhadores de determinado setor de atividade, retrata um palco onde a incidência daqueles princípios perde espaço, por se esfumaçar o desnível de forças da relação jurídica[64]. Foi, aliás, num contexto da crise da perda de emprego que sindicatos começaram a promover negociações coletivas para garantir trabalho a troco da redução de alguns direitos, como o salário ou outros benefícios pecuniários. A força jurídica sindical, a sua estrutura sólida e coesa e o seu forte poder reivindicador, engrandecido graças ao poder de instauração de greves, restauram o equilíbrio contratual e dispensam da máquina judicial e legal o protecionismo jurídico típico dos dissídios individuais. Por este motivo se admite a mitigação dos direitos trabalhistas pela mão destas classes representativas. Aos sindicatos é outorgada liberdade para negociarem, renunciarem e transigirem a direitos dos seus representados, segundo as orientações que melhor entenderem por convenientes – dentro dos limites legais, nomeadamente do art. 611-B da CLT e da CF –, permitindo-lhe que, por conta própria, intervenham e afastem disposições limitativas e protecionistas da CLT. O principal motivo para

---

posible subjetivación a través de acuerdos individuales: lo que se quiere impedir es la microdesregulación sobre materias que se quieren disciplinadas de modo uniforme. Finalmente, cuando se atenta al principio de irrenunciabilidad mediando 'maquinaciones o procedimientos maliciosos', nos hallamos ante una modalidad de delito 'contra la libertad y la seguridade em el trabajo'" (Rivero, Gloria Pilar Rojas. *El Derecho del trabajador al ejercicio individual de las acciones derivadas del contrato de trabajo.* Madrid: Civitas, 1994, pág.127). Também criticando muito este fundamento objetivo, partindo da premissa de que é a natureza pública da norma estatal que fundamenta a indisponibilidade trabalhista Tupinambá, Carolina. Ao seu Dispor! A Lenda da indisponibilidade dos Direitos dos Trabalhadores. *In* Tupinambá, Carolina (coord.). *Soluções de conflitos trabalhistas: novos caminhos.* São Paulo: LTr, 2018, págs. 54-56.

64. Como assevera Romita, forte adepto da negociação coletiva inclusive *in pejus*, "Equilibrados os pratos da balança pela negociação coletiva, já não se justifica a inderrogabilidade da lei. Justifica-se, assim, a estipulação *in pejus*, porquanto o sindicato assegura vantagens coletivas mais relevantes em certos casos, sacrificando determinados direitos patrimoniais para obtenção, por exemplo, de garanti de empregos existentes. (...) Esta modalidade de negociação coletiva, apta a fixar níveis de direitos inferiores aos estabelecidos em lei, justifica-se duplamente: 1º) o sistema de negociação coletiva restabelece o equilíbrio econômico entre as partes; 2º) no próprio interesse dos trabalhadores é oportuno considerar as necessidades do grupo, que só o sindicato pode validamente estimar" (Romita, Arion Sayão. Inderrogabilidade da norma e indisponibilidade de direitos em face da negociação coletiva: limites impostos pelos direitos fundamentais. *Revista do TST*, São Paulo, Vol. 83, N.º 2, abr/jun2017, pág. 80).

esta *dissociação entre direito individual e coletivo* que o legislador estabeleceu e para o diferente grau de disponibilidade das normas trabalhistas de uns e de outros, explicar-se-ia, sobretudo, por um fator, a ausência de paridade de armas que tendencialmente se verifica no primeiro e que inexiste no segundo[65]. Cuidaremos da nossa posição em ponto próprio, *infra* 7.I.2.7.

7.I.2.6. Pressupostos de validade do ato de renúncia e de transação

Como qualquer outro ato jurídico, a renúncia tem que se sujeitar aos requisitos gerais do CC, a saber capacidade, licitude do objeto, ausência de vícios ou erro, forma prescrita em lei. A articulação dar-se-ia desta forma: (i) como o princípio seria o da irrenunciabilidade (arts. 9º, 444, 468 da CLT), as partes só poderiam *renunciar pela zona de excepção*, que constitui a *licitude do objeto*; (ii) a irrenunciabilidade fundamenta-se numa *presunção de vício* de consentimento estabelecida pelo legislador; (iii) todavia, como mesmo atuando na *zona franca excecional* outorgada pelo legislador o trabalhador pode atuar com temor reverencial ou coação moral, sujeita-se a renúncia sobre direito disponível ainda ao crivo do *vício do consentimento*, apurado *in concreto* pelo magistrado; (iv) para assegurar que o consentimento é verdadeiramente livre e fundado exclusivamente na autonomia da vontade do trabalhador, a lei exigiria certas *formas e formalidades* para renúncias levadas a cabo por este, nomeadamente, que certos atos sejam apenas realizados na presença do sindicato ou de autoridade do Ministério do Trabalho (v.g. pedido de demissão art. 500; ou a assinatura do recibo de quitação no regime pré-Reforma do 477 da CLT[66]);

---

65. Como escreve PEDREIRA, amparado nos ensinamentos de MANUEL ALONSO OLEA, "(...) o Direito do trabalho é um conjunto de garantias mínimas para o trabalhador, que pode ser ultrapassado em seu benefício. MANUEL ALONSO OLEA formulou, a respeito, um princípio que denominou de 'princípio de norma mínima'. Com solar clareza o mestre espanhol explica a inderrogabilidade unilateral ou, na linguagem jurídica da sua pátria, o que são as normas de direito necessário relativo: 'Cada tipo de norma trabalhista imperativa opera, segundo seu posto formal, como condicionante mínimo do conteúdo das que se seguem em hierarquia, isto é, ao estatuir cada norma sobre as condições de trabalho deve-se ter em conta que as estabelecidas nas de posto superior são inderrogáveis em prejuízo do trabalhador. Embora o mandamento que o princípio implica seja dirigido aos poderes normativos, dele deriva que sejam nulas, ou não devam ser aplicadas pelos tribunais quaisquer normas que impliquem redução dos mínimos estabelecidos por outra de nível superior em favor do trabalhador, aos quais não pode este renunciar" (cit. PEDREIRA, Luiz de Pinho Pedreira da. *Principiologia de direito do trabalho.* São Paulo: LTr, 1999, pág. 30).

66. Que determinada que "O pedido de demissão ou recibo de quitação de rescisão do contrato de trabalho firmado por empregado com mais de um ano de serviço só será

(v) como se isto não bastasse, fala-se ainda da exigência de *explicitação do ato de renúncia*, i.e., o ato de renúncia devia *explicitamente* informar ao que se abdicava, proibindo-se, assim, renúncias tácitas[67].

Já relativamente à *transação*, de estrutura bilateral e natureza onerosa – pois envolve prestações recíprocas – tem como elemento fundamental a *res dubia*, i.e., negoceia-se num contexto de *incerteza* quanto à futura decisão judicial[68]. Ao passo que na renúncia o autor priva-se de um direito certo, sem qualquer contraprestação, na transação há uma troca de um direito litigioso ou duvidoso por um benefício certo e concreto (em sentido lato[69]). No entanto, apesar de serem fundamentais à sua caracterização a *res*

---

válido quando feito com a assistência do respectivo sindicato ou perante a autoridade do Ministério do Trabalho e Previdência Social ou da Justiça do Trabalho" (ex-art. 477.º, §1º da CLT).

67. Muito interessante o exemplo oferecido por Süssekind, sobre um julgado onde o TST admitiu a renúncia de empregado ao salário ajustado correspondente a oito horas diárias, por lhe ser conveniente receber menor remuneração para ter proporcional redução de jornada (Acórdão ao Processo n.º 1.910/49, relator Ministro Edgard de Oliveira Lima, Data de Julgamento 18.10.51, *apud* Süssekind, Arnaldo; Maranhão, Délio, Vianna, José de Segadas, Teixeira Filho, João de Lima. *Instituições de Direito do Trabalho.* 22ª Ed. São Paulo: LTr, 2005, vol. I, págs. 216, nota 37).

68. Meireles, Ana Cristina Costa e; Meireles, Edilton. *A intangibilidade dos direitos trabalhistas.* São Paulo: LTr, 2009, pág. 87.

69. No sentido amplo, porque se tem admitido que a transação envolva parcelas que não tenham sido trazidas a juízo. Dado o caracter não meramente conciliatório mas primordialmente dirigido à prevenção de futuros litígios e pacificação, é frequente constarem de termos de homologação de conciliações a quitação de todos os direitos derivados não apenas do objeto processual mas do contrato de trabalho extinto, renunciando a futuros pleitos sobre o mesmo. Assim, *vide* acórdão do TRT, 15ª Região, 3ª Turma, Processo n.º 24882/2002, Relator Nildemar da S. Ramos, Data de julgamento 25.10.02, publicado in *Revista de Direito do Trabalho*, n.º 11, 2002, pág. 43: "Transação – Acordo homologado em juízo. O acordo homologado em juízo, comprova que a autora, através de livre manifestação de vontade, não inquinada de nulidade por qualquer vício de consentimento, declara o cumprimento das obrigações decorrentes do contrato de trabalho, o que foi feito sem a oposição de qualquer ressalva. A quitação reconhecida, ainda que formulada em bases gerais, impede o obreiro de pleitear posteriormente parcelas decorrentes da extinta relação de emprego. Trata-se de legítima transação impossível de ser violada pela propositura de reclamação trabalhista posterior, pretendendo o pagamento de outros direitos". Nos mesmo termos, vale também a OJ n.º 132 da SDI-II do TST: "Ação rescisória. Acordo homologado. Alcance. Ofensa à coisa julgada. DJ 4.5.04 Acordo celebrado – homologado judicialmente – em que o empregado dá plena e ampla quitação, sem qualquer ressalva, alcança não só o objeto da inicial, como também todas as

dubia e a existência de concessões recíprocas, estes não são elementos que se acrescem aos pressupostos de validade do ato transacional vistos acima para a renúncia, pois atuam à priori, na própria composição do conceito. À transação aplicam-se, portanto, os mesmos 4 pressupostos acima elencados. A única diferença é que nesta o âmbito do *objeto* sobre o qual pode recair, i.e., os limites da disponibilidade, é mais amplo, já que (i) não só a lei não veda negócios que sejam mais benéficos ao empregado, como o fato de (ii) a transação envolver a incerteza sobre um direito e a reciprocidade de concessões, o que permite afastar as limitações do art. 9º da CLT[70].

A euforia que sempre se tem feito em torno do princípio da indisponibilidade (*lato sensu*) no plano material em razão da tendencial inderrogabilidade das normas trabalhistas tem, já por si, deixado uma ínfima margem de utilidade à higidez do ato da vontade do trabalhador em transações laborais. Pouca importância se tem dado aos vícios da vontade (*maxime* coação) para aferir da validade de atos de disposição de direitos do trabalhador muito em razão da presunção de vulnerabilidade de que já parte o legislador e magistrado. Apenas em raras situações de maior dinâmica laboral se têm perquirido estas questões no plano da vontade. De outra forma, há forte pendor sistemático para deixar estas tratativas morrerem desde inícios por incompatibilidade legal com o ordenamento trabalhista, por mais que a vontade não esteja viciada no momento da disposição[71].

---

demais parcelas referentes ao extinto contrato de trabalho, violando a coisa julgada, a propositura de nova reclamação trabalhista".

70. A jurisprudência trabalhista tem impedido que se transacione sobre a estabilidade da gestante (OJ n.º 30 da SDC do TST); assim como a transação de empregado estável se este tiver percebido quantia inferior a 60% da indenização em dobro (Súmula n.º 54 do TST); e restringe a transação em matéria de plano de demissão voluntária (OJ n.º 270 da SDI-1 do TST).

71. A este propósito, *vide* a questionável decisão do TST *in verbis*: "Recurso de Revista – Horas extras excedentes da sexta – Empregado bancário – Plano de cargos e salários – Opção pela jornada de 8 (oito) horas – Ausência de fidúcia especial – A opção pela jornada de 8 (oito) horas revela-se nula de pleno direito, visto que, ao empregado bancário que não exerça cargo de confiança é assegurada, por norma cogente, o direito indisponível à jornada de trabalho de 6 (horas), uma vez que o princípio da irrenunciabilidade, que norteia o Direito do Trabalho, impede o afastamento, pela ação da vontade das partes, das normas protetivas, inclusive às relacionadas à jornada de trabalho. Destarte, em face das disposições dos arts. 9º, 444 e 468 da CLT, a opção do reclamante pela jornada de 8 horas, ainda que se mostrasse livre de coação, não seria apta a impedir a incidência da jornada insculpida no *caput* do art. 224 da CLT. Recurso de revista conhecido e não provido" (acórdão do TST, 6ª Turma, Recurso de

7.I.2.7. Posição adotada

Na nossa modesta opinião, sabemos pelo menos duas coisas. A primeira delas, é que a CLT deveria atenuar a sua natureza excessivamente social para abraçar algumas ideias de liberdade e autonomia (real) das partes envolvidas, renovar o papel da vontade destas e abrir-se, com as necessárias cautelas, a maiores espaços de negociação (individual e coletiva), a exemplo do que procurou fazer a Reforma Trabalhista. É preciso reconhecer a transição que se está a processar, paulatinamente, entre uma ideologia legislativa de pendor claramente social, paternalista e interventiva – que apresentava grande razão de ser nos primórdios desta disciplina jurídica, mas que encontra hoje muitos *espaços* onde não mais se justifica – para um diferente modelo ideológico, típico de um Estado Democrático de Direito, que se dispa de discriminações prévias, abstratas, parciais e obtusas em prol de um único sujeito nas relações jurídicas laborais, e deixe de ignorar os direitos igualmente constitucionais do outro lado da relação jurídica[72].

A segunda coisa que sabemos é a seguinte: apesar da indisponibilidade poder aparentar ser um princípio constitucional implícito, a verdade é que ele é *tudo menos um dogma absolutista* e só continua a ser alimentado por uma política fortemente ideológica ligada a um passado trabalhista que não mais existe[73]. Da nossa parte, acompanhamos os posicionamentos da recente

---

Revista n.º 345/2006.012.18.00.9, Relatora Ministra Rosa Maria Weber Candiota da Rosa, Data de Julgamento 09.11.07).

72. Nas palavras de Molina e Guerra Filho, "(...) a se admitir que sempre os interesses do trabalhador devem prevalecer sobre aqueles do empregador estar-se-ia negando a própria natureza de princípio aos direitos fundamentais dos trabalhadores, entre eles a irrenunciabilidade, pois a característica essencial que diferencia o princípio das regras é a possibilidade de adequação e ponderação em casos concretos, ora um prevalecendo um pouco mais, ora outro, sempre com os olhos nos limites de seu núcleo essencial, qual seja a dignidade da pessoa humana" (Molina, André Araújo; Guerra Filho, Willis Santiago. Renúncia e transação no direito do trabalho – uma nova visão constitucional à luz da teoria dos princípios. *Revista LTr*, São Paulo, Vol. 74, N.º 02, fev/2010, pág. 201).

73. Quem melhor, em meu entender, compreendeu a flexibilidade do princípio da indisponibilidade, acabou por ser Nascimento, quando em enumeração simples e clara, esclareceu que existem uma série de interesses que precisam igualmente ser considerados na apreciação da indisponibilidade *quae tale*: (i) a condição profissional do trabalhador, i.e., se é ou não hipossuficiente, já que um trabalhador de colarinho branco não pode ser nivelado a um operário de fábrica; (ii) qual o tipo de interesse objeto da renúncia, já que a disposição de direitos à saúde, ou integridade física, poderão não ter o mesmo nível de impacto que o a disposição de interesses patrimoniais; (iii) qual a fonte de onde emana o direito, já que os direitos legalmente previstos não podem ser tratados da mes-

doutrina que adota uma premissa de *disponibilidade temperada* dos direitos trabalhistas, admitindo com excecionalidade legal a sua indisponibilidade[74]. Tal como apresenta GEMIGNANI, trata-se de uma "*disponibilidade regrada*"[75]. Apesar do art. 468 da CLT ser resquício histórico de um Direito do Trabalho que não mais existe e, por isso, representar um entrave à teleologia importada com a Reforma Trabalhista[76], entendemos que nem mesmo este preceito de-

---

ma forma que os direitos contratualmente outorgados, (iv) se o ato dispositivo é levado a cabo na presença de algum órgão que mitigue essa vulnerabilidade do empregador, como o sindicado ou o magistrado; (v) em que momento o trabalhador dispõe do seu direito, já que a vulnerabilidade com que ele se encontra em momento pré-contratual não é idêntica à verificada durante ou após; (vi) se existem, ou não, interesses de terceiros que possam ser afetados, como normalmente existe quando está em causa o FGTS, as contribuições sindicais, a previdência social etc. (NASCIMENTO, Amauri Mascaro. Estudos sobre renúncia e transação. *In* FREDIANI, Yone (coord.) *Tendências do direito material e processual do trabalho*. São Paulo: LTr, 2000, págs. 231-232).

74. Assim, TUPINAMBÁ, Carolina. Ao seu Dispor! A Lenda da indisponibilidade dos Direitos dos Trabalhadores. *In* TUPINAMBÁ, Carolina (coord.). *Soluções de conflitos trabalhistas: novos caminhos*. São Paulo: LTr, 2018, págs.46-66; FALCÃO, Nayara Maria Melero. Análise democrática do instituto da arbitragem individual trabalhista. *In* TUPINAMBÁ, Carolina (coord.). *Soluções de conflitos trabalhistas: novos caminhos*. São Paulo: LTr, 2018, pág. 440; MONNAZZI, Ricardo Nogueira. A arbitragem na Reforma Trabalhista e o empregado hipersuficiente. *In* TUPINAMBÁ, Carolina (coord.). *Soluções de conflitos trabalhistas: novos caminhos*. São Paulo: LTr, 2018, pág. 466. Também parece ser esse o posicionamento de GOMES, Fábio Rodrigues. O novo direito do trabalho. *Revista do TST*, São Paulo, Vol. 84, N.º 3, jul-set/2018, págs. 120 ss, que fortemente se rebela contra o postulado da indisponibilidade. Parece reconhecer também esta situação, no pós-Reforma, CASSAR, Vólia Bomfim. A prevalência do negociado coletivamente sobre o legislador. in TUPINAMBÁ, Carolina, GOMES, Fábio Rodrigues (coord.). *Reforma Trabalhista, o Impacto nas Relações de Trabalho*. Belo Horizonte: Fórum, 2018, pág. 447.

75. GEMIGNANI, Daniel. Os desafios contemporâneos e a necessária releitura dos princípios do direito do trabalho – princípios da irrenunciabilidade, da primazia da realidade e da continuidade. *Revista* LTr, São Paulo, Vol. 77, N.º 4, abr/2013, pág. 488.

76. Nas palavras de GOMES, o "(...) art. 468 da CLT é uma sequela inexorável da entrada em cena do novo direito do trabalho. Em um sistema normativo e antropocêntrico como o nosso, no qual a dignidade humana de matriz kantiana – centrada na autonomia da vontade81 – é a mola-mestra, como sustentar um dispositivo outorgado em 1943, num contexto hostil à democracia, à liberdade sindical e às liberdades individuais? Como manter a compatibilidade substantiva entre um preceito cujo fio condutor é a desconsideração da vontade do empregado, sem qualquer menção à qualidade desta manifestação? Pior, como dizer que o art. 468 da CLT ainda é válido, se o que ele afere é simplesmente o prejuízo "direto ou indireto" sofrido pelo empregado, sem ao menos dizer qual o critério para se constatar este prejuízo (...)? O art. 468 da CLT é o imperativo categórico do velho direito do trabalho, pois reflete, como nenhum outro, dois dos seus principais conceitos: a abstração irreal da hipossuficiência e a absolutização acrítica da

sautoriza, verdadeiramente, a nossa conclusão. Aliás, a própria norma autoriza disposições *in mellius*. No mais, o preceito ao *condicionar a validade da negociação à existência de prejuízos ao trabalhador, torna-o um irresponsável negocial*, na medida em que que permite que o trabalhador acorde termos contratuais, os teste e goze e, caso não goste, diga que não quer mais, protestar a nulidade das cláusulas no judiciário e fazer o empregador que confiou na negociação suportar os custos da mudança de opinião do empregado[77].

A tese da disponibilidade temperada dos créditos salariais nem obsta a natureza fundamental de certos direitos dos trabalhadores, já que mesmo estes admitem não apenas a sua disposição como a sua conversão em pecúnia (*maxime*, imagem). A sua natureza só é importante por ser sempre necessário distinguir direitos materialmente fundamentais, dos direitos trabalhistas que apenas o são formalmente. Apenas os primeiros seriam verdadeiramente indisponíveis. O próprio legislador ordinário no pós Reforma acabou por promover contributo muito elucidativo na compreensão desta divisão, elencando no art. 611-B um rol de direitos taxativo que considera como sendo indisponíveis e que em grande parte acabam por reproduzir as normativas fundamentais do art. 7º da CF[78]. Além destes, também os direitos de personalidade e liberdade garantidos na constituição e no art. 11 do CC seriam absolutamente indisponíveis[79]. É preciso não esquecer que o sistema laboral é construído não para anular a autonomia e liberdade do trabalhador,

---

indisponibilidade. Afrontoso à ideia de se considerar o empregado como um sujeito detentor de 'maioridade cívica', este dispositivo retira violentamente a capacidade do indivíduo de decidir, de forma livre e informada, a sua vida profissional. Francamente, o empregado brasileiro é desrespeitado, infantilizado e tratado como alguém em relação a quem o Estado-Juiz deve ficar sempre de olho, seja para salvá-lo das consequências que ele próprio criou para si, seja para mimá-lo e deixá-lo se arrepender, simplesmente porque não quer mais aquilo que, até pouco tempo atrás, era o seu desejo livre e verdadeiro. Quanto ao desastroso estímulo à má-fé contratual e à mais absoluta falta de lealdade com o empregador, pouco preciso dizer." (Gomes, Fábio Rodrigues. O novo direito do trabalho. *Revista do TST*, São Paulo, Vol. 84, N.º 3, jul-set/2018, pág. 153).

77. Gomes, Fábio Rodrigues. O novo direito do trabalho. *Revista do TST*, São Paulo, Vol. 84, N.º 3, jul-set/2018, pág. 139.

78. Gomes, Fábio Rodrigues. *Direitos fundamentais dos trabalhadores: critérios de identificação e aplicação pratica*. São Paulo: LTr, 2013, págs. 135 ss.

79. Não poderia ser pactuada a vigilância e monitoramento das casas-de-banho e vestiários, revistas íntimas também não poderiam ser permitidas, a sujeição de empregado a humilhações e indignidade mediante uso de fardas indecentes ou expostas seria ainda proibida de negociação, continuaria ser regra inviolável a da responsabilização extrapatrimonial das ofensas a bens imateriais, assim como a que proíbe condutas ou

mas exclusivamente para *corrigir certas assimetrias* e desigualdades nestas relações jurídicas, *maxime* no plano negocial. A nosso ver, o problema não é reconhecer a disponibilidade dos direitos trabalhistas, que fica claramente patente de tudo o que vimos até aqui; o problema é assegurar uma *real liberdade de decisão*, ou preservá-la sempre que exista[80].

Mas mesmo para quem não concorde com o primado da disponibilidade sobre o da indisponibilidade na seara trabalhista não é imune a reconhecer (e necessariamente terá de o fazer sob pena de construir um discurso histórico que só toma a realidade do passado como pressuposto de análise), que a indisponibilidade, à semelhança do princípio da proteção, carece hoje de muita flexibilidade e maleabilidade, não podendo ser aplicada além do reduto da finalidade estrita para o qual está projetada. Além das contradições vistas no ponto anterior, queremos realmente reforçar a necessidade de embutir nas leituras doutrinárias típicas do "princípio" *postulados racionais da razoabilidade, ponderação e proporcionalidade*, cuja falta parece distorcer em muito algumas conclusões doutrinárias[81].

Uma interpretação declarativa extraída da própria letra do constituinte também corrobora esta incongruência sistemática. Fazemos uso, aqui, da autoridade de Moraes e também do STF. Do segundo, quando negou a tese dos direitos mínimos em julgado sobre o prazo prescricional trintenário para recolhimento do FGTS[82], por exemplo; do primeiro, quando alega que do

---

práticas na empresa (v.g. promoção, despedimento) baseadas numa discriminação baseada em religião, orientação política, género, opção sexual etc.

80. Gomes, Fábio Rodrigues. O novo direito do trabalho. *Revista do TST*, São Paulo, Vol. 84, N.º 3, jul-set/2018, pág. 128.

81. Como ensina Hesse, *apud* Feliciano, Guilherme Guimarães. *Curso crítico de direito do trabalho: teoria geral do direito do trabalho*. São Paulo: Saraiva, 2013, pág. 257, "ela [a garantia de conteúdo essencial] indica nada mais que as barreiras da limitação de direitos fundamentais (...) resultantes da tarefa de concordância prática. Excedidas são essas barreiras, onde um direito fundamental é limitado com motivo insuficiente, porque uma tal limitação não pode ser proporcional (...). Naturalmente ela [a norma do artigo 19º, 2] não deve, nesse significado, ser subestimada porque ela realça expressamente a proibição de limitação de direitos fundamentais excessiva e, nesse ponto, normaliza jurídico-positivamente a necessidade de uma *interpretação das reservas de limitação* que tem em conta essa proibição".

82. "(...) O princípio da proteção do trabalhador, não obstante a posição central que ocupa no Direito do Trabalho, não é apto a autorizar, por si só, a interpretação – defendida por alguns doutrinadores e tribunais, inclusive pelo Tribunal Superior do Trabalho – segundo a qual o art. 7º, XXIX da Constituição estabeleceria apenas o prazo prescricional mínimo a ser observado pela legislação ordinária, inexistindo óbice à sua ampliação, com vistas

caput, in fine, do art. 7º da CF não se deve retirar um rol de direitos mínimos que a negociação coletiva deva respeitar, mas sim que a legislação infraconstitucional poderá aumentar[83]. Tal como bem advoga o autor, a comparação entre o art. 5, §2º da CF[84] (outros direitos "decorrentes do regime") e o art. 7º, *caput* ("além de outros que visem à melhoria de sua condição social") revela uma relação desigual nas cláusulas gerais escolhidas: ao passo que o primeiro pressupõe uma relação *Estado vs. indivíduo*, ao segundo subjaz uma típica relação *empresa vs. indivíduo*[85]. São estas diferentes premissas de que parte o legislador que o levam a considerar no último uma *ponderação de direitos fundamentais, maxime* o do empregador à livre iniciativa económica (art. 1º, inc. IV; art. 5º, *caput* e art. 170, *caput* da CF) e o do trabalhador ao trabalho digno. No art. 7º o legislador constituinte teve outros interesses e direitos em mente que não apenas os do trabalhador, i.e., o art. 7º resulta de uma ponderação constante entre aqueles dois onde os interesses dos empregadores não podem ser desconsiderados. Dada a tensão constante que se coloca entre estes dois, o legislador antecipou de forma expressa os direitos que realmente tem por verdadeiramente indisponíveis. É neste contexto que tem de ser lida a cláusula de abertura constitucional. Assim, e "*sem prejuízo da abertura a outros direitos*", os direitos mínimos foram expressamente conotados como tal pelo constituinte, estando visivelmente identificados no texto constitucional: "nunca inferior" (inc. VII), "superior, no mínimo" (inc. XVI), "pelo menos um terço" (inc. XVII), "no mínimo de trinta dias" (inc. XXI). À exceção destes, portanto, todos os demais admitiriam flexibilidade

---

à proteção do trabalhador" (cit. STF, Agravo em Recurso Extraordinário n.º 709.212/DF, Relator Ministro Gilmar Mendes, Data de julgamento 13.11.2014).

83. "Não lhes ocorre, claro, que a expressão 'outros' não diz respeito aos próprios direitos constitucionalmente formatados, mas, sim, a direitos diferentes e com aqueles compatíveis (...)", cit. Morais, Filipe Moralles. O que protege o princípio da proteção? Cinco teses sobre a finalidade do direito do trabalho. *Revista do Tribunal Regional do Trabalho da 12ª Região*, Florianópolis, Vol. 19, N.º 28, 2016, pág. 244.

84. "Os direitos e garantias expressos nesta Constituição não excluem outros decorrentes do regime e dos princípios por ela adotados, ou dos tratados internacionais em que a República Federativa do Brasil seja parte" (cit. art. 5º, §2º da CF).

85. Conflito de interesses que, de resto, está plasmado ao longo de toda a constituição, como é notório pelo próprio preâmbulo (direitos sociais vs desenvolvimento), no art. 1º, quando opõe valores sociais do trabalho aos da livre iniciativa económica, no art. 3º quando pretende conciliar o desenvolvimento nacional com a erradicação da pobreza, na difícil compatibilização entre propriedade privada e função social, ou ainda no art. 170 onde os objetivos de valorização do trabalho e do emprego se digladiam com a livre iniciativa e concorrência

constitucional. A começar pelas duas principais fontes de reivindicações trabalhistas que o próprio constituinte originário admitiu flexibilização: o salário (art. 7º, inc. VI da CF) e a jornada (art. 7º, inc.os XIII e XIV da CF)[86].

Outro importante contributo para este questionamento resulta da *progressiva atenuação histórica que as garantias legais tradicionais destinadas aos créditos laborais* têm vindo a receber. Assim, por exemplo, o privilégio de que beneficiava o crédito trabalhista (na sua totalidade, i.e, abrangendo salário e indenizações), foi limitado a um teto de 150 salários mínimos, quantia no qual se faz incluir, ainda, o crédito decorrente de acidente de trabalho (cf. art. 83, inc. I e IV da Lei Falimentar n.º 11.101 de 2005), destronando significativamente o alcance do art. 449, §§1º e 2º da CLT. Por outro lado, nos termos do art. 151 da mesma Lei, os créditos trabalhistas de natureza estritamente salarial vencidos nos 3 (três) meses anteriores à decretação da falência, até ao limite de 5 salários-mínimos por trabalhador, passarão a ser pagos "*logo que haja disponibilidade em caixa*". Também se torna notória a afetação dos arts. 10 e 448 da CLT (a mudança de propriedade da empresa não afetará os contratos de trabalho em vigor), perante o teor do art. 141 desta mesma Lei Falimentar, quando dispõe que na alienação da empresa e seus ativos (em caso de falência) não haverá sucessão do arrematante nas obrigações do devedor, inclusive as derivadas da legislação de acidentes de trabalho; e do art. 141, §2º ao dispor que os "empregados do devedor contratados pelo arrematante serão admitidos mediante novos contratos de trabalho e o arrematante não responde por obrigações decorrentes do contrato anterior"[87].

---

86. Em sentido diametralmente oposto, Molina e Guerra Filho, quando sustentam que "A premissa não é verdadeira, *ragata venia*. Atualmente, qualquer intérprete sério da Constituição sabe que as regras que positivam restrições de direitos, antes de serem sinal da adoção de um princípio restritivo, são a confirmação do inverso. Em palavras outras, admitir a existência de princípio geral a partir de uma regra específica importaria, sem dúvida, no reconhecimento da imprestabilidade (ou inutilidade da regra do inciso VI do art. 7º, *v.g.*), na medida em que se o princípio geral fosse o da renunciabilidade porque então prescrever a possibilidade de renúncia nesse caso específico? Pelo contrário. A positivação de regras de restrição indica que o princípio é o da irrenunciabilidade, sendo que a exceção deve ser de logo prevista e autorizada em casos excepcionais, como o fez o constituinte no inciso VI" (cit. Molina, André Araújo; Guerra Filho, Willis Santiago. Renúncia e transação no direito do trabalho – uma nova visão constitucional à luz da teoria dos princípios. *Revista LTr*, São Paulo, Vol. 74, N.º 02, fev/2010, pág. 200).

87. Donato, Messias Pereira. *Curso de Direito Individual do Trabalho*. 6ª ed. São Paulo: LTr, 2008, pág. 287.

Até a jurisprudência nem sempre foi estimuladora da criação ou expansão dos direitos laborais. Disso é exemplo a Súmula n.º 310 do TST (hoje cancelada) que não admitia substituição processual do sindicato ao abrigo do art. 8, inc. III da CF, restringindo-a a previsão expressa em lei infraconstitucional; ou ainda a Súmula n.º 330 do TST (ainda em vigor) que admite a quitação e renúncia liberatória. Hoje, com os dois recentes acórdãos do STF admitindo negociações *in pejus*, (*supra* 3.2.5), não podemos dizer que haja uma clara ideia do que é, ou não, verdadeiramente *intransigível* ou *irrenunciável* no Direito do Trabalho. Ao bolo acresceram as recentes alterações oriundas da Reforma Trabalhista já aqui analisadas (*supra* 3.3) e que afetam diretamente este princípio, tais como a livre pactuação do contrato de trabalho entre empregador e empregados com diploma de ensino superior e salário superior a duas vezes o teto do INSS (art. 444 c/c 611-A da CLT), ou a ampla camada de direitos que o sindicato pode dispor ainda que *in pejus* (art. 611-A da CLT)[88].

Da nossa parte, entendemos que as constantes contradições que esta questão tem vindo a enfrentar resultam da incorreta compreensão do fundamento jurídico do princípio da indisponibilidade que, por sua vez, costuma estar erroneamente associado ao fundamento jurídico de inderrogabilidade das normas jurídicas. Vimos acima que existe uma querela doutrinária sobre esta temática. Para uns é a tese objetiva ("relevância dos valores e bens que podem ser afetados com atos dispositivos") que oferece real fundamento para a sua natureza jurídica; para outros a tese subjetiva ("estado de vulnerabilidade material do trabalhador"). Ao contrário da última hipótese, não nos revemos na primeira situação: (i) seja porque confunde o fundamento de validade da *inderrogabilidade de normas jurídicas* com o da *indisponibilidade de direitos*; (ii) seja porque a "relevância dos valores e bens jurídicos" não pode ser *aferida a prioristicamente* pelo legislador e padronizada com idêntica importância para todos os trabalhadores indistintamente; (iii) seja ainda porque um fundamento como este não é passível de ser aplicado

88. Como assevera Cassar, "a prevalência do negociado sobre o legislado enfraquece o princípio da indisponibilidade dos direitos legais trabalhistas, assim como derruba o princípio da prevalência da norma mais favorável. Torna os direitos trabalhistas menos públicos e mais privados, transformando a maioria dos direitos contidos na CLT, que não se encontram na Constituição, em direitos disponíveis" (cit. Cassar, Vólia Bomfim. A prevalência do negociado coletivamente sobre o legislador. in Tupinambá, Carolina, Gomes, Fábio Rodrigues (coord.). *Reforma Trabalhista, o Impacto nas Relações de Trabalho.* Belo Horizonte: Fórum, 2018, pág. 447).

a todo o direito material do trabalho, já que não leva em consideração a diferente forma de encarar os direitos sociais dos trabalhadores *no plano coletivo*, ou os diferentes intervenientes laborais dentro da classe operária; logo, tornando-o imprestável a providenciar uma solução jurídica unívoca para o problema; (iv) ou porque desconsidera as *aberturas à disponibilidade consagradas pelo próprio legislador* constitucional, infraconstitucional, ou mesmo pela jurisprudência, a começar no salário (art. 7º, inc. VI da CF) e a terminar na jornada (art. 7º, inc. XIV da CF e 611-A, inc. XIII *ex vi* 444 parágrafo único da CLT)[89].

(i) Começando pelo primeiro argumento, acreditamos realmente que há pertinência em dissociar os fundamentos de validade da natureza *inderrogável de normas jurídicas* do fundamento de validade *da indisponibilidade dos direitos trabalhistas.* A razão de ser da inderrogabilidade prende-se, acima de tudo, com a existência de bens e valores coletivos e sociais que carecem de um regramento que não possa ser afastado por outra norma, independentemente de esta ser mais ou menos favorável. Subjacentes estão interesses públicos na preservação de certos bens coletivos e de interesse social, para os quais as vontades individuais são absolutamente irrelevantes. No Direito do Trabalho é disso exemplo a regra que impõe a assinatura da carteira de trabalho em caso de vínculos de emprego. A apreciação que subjaz à conotação de inderrogável desta disposição é, então, puramente abstrata e geral. Já no que respeita ao fundamento jurídico da indisponibilidade dos créditos laborais, entendo que aquilo que se procura garantir é coisa diferente: que um sujeito, colocado numa situação concreta de vulnerabilidade, se possa ver forçado ou tentado a renunciar e dispor de direitos. A apreciação da indisponibilidade seria sempre feita *em concreto*, perante direitos já adquiridos pelo trabalhador e levando em consideração a posição exata em que este se coloca na relação jurídica. Por ser assim, o princípio consegue aceitar facilmente flexibilizações legais e jurisprudenciais, assim como adequar-se à ampla legitimidade coletiva dos sindicatos para dispor de direitos, ou ainda acolher margens de liberdade individual ao trabalhador para negociar livremente (como as que resultaram das alterações recentes da Reforma Trabalhista).

(ii) No que respeita ao segundo argumento – da inviabilidade legal de definir *a prioristicamente* pelo legislador a relevância e importância de

89. Gomes, Fábio Rodrigues. O novo direito do trabalho. *Revista do TST*, São Paulo, Vol. 84, N.º 3, jul-set/2018, pág. 137.

bens e direitos sociais trabalhistas de forma equivalente para todos os seus titulares – dizer o seguinte. O dogma da indisponibilidade revela-se particularmente antagónico no que respeita a certos direitos tradicionalmente tidos como absolutos, mas cuja importância não só tem vindo a oscilar com o tempo, como também varia da opinião pessoal de cada trabalhador. É disso exemplo o caso dos limites de jornada no direito do trabalho[90], i.e, o enfrentamento do problema da disponibilidade ligada ao bem "saúde" do trabalhador. É o caso da Súmula n.º 349[91], hoje cancelada, que *prescindia da inspeção prévia do MTE relativamente a normas coletivas que fixassem horas extra para atividades decorridas em ambientes insalubres.* Aquilo que, até 2011 *não era considerado lesivo da saúde do trabalhador, de repente passou a sê-lo, com todas as consequências que daí decorreram*[92]. Por outro lado, continua a ser incongruente que a proteção da jornada de trabalho tenha que ser *tão excessiva e cautelosamente restringida em relação aos empregados, quando não o é em relação a outros trabalhadores, maxime* a empregada doméstica, com quem o legislador parece não ter qualquer problema de que preste mais de 12 horas seguidas de trabalho diário, todos os dias da semana, sem férias ou descanso; onde aqui presume a autonomia da empregada, adornando-a com um estatuto jurídico diferenciado, se conforma com a opção de vida desta em trabalhar todos os dias naquele ritmo de trabalho e tolera, silenciosamente, os prejuízos diretos que necessariamente se repercutem na sua saúde; ali – leia-se, no empregado ordinário – pretende construir um *status* pretensiosamente impenetrável a qualquer tipo de limitações à saúde e integridade física. É notória a *incongruência que resulta deste raciocínio,*

90. Em particular sobre o impacto da Reforma nestas disposições sobre jornada, Lacerda, Rosangela Dias de Lacerda. Crítica às alterações na jornada de trabalho decorrentes da Reforma Trabalhista à luz do princípio da proibição do retrocesso social. *Revista dos Tribunais*, São Paulo, Vol. 106, N.º 984, out/2017, págs. 116 ss; Garcia, Gustavo Filipe Barbosa. Modificação legislativa da jornada de trabalho do professor e proibição do retrocesso social. *Revista dos Tribunais,* São Paulo, Vol. 107, N.º 990, abr/2018, págs. 160 ss.; Pereira, Leone. Flexibilização dos direitos trabalhistas. *Revista dos tribunais*, Vol. 975, São Paulo, jan/2017, págs. 49 ss.

91. Que dispunha: "Acordo De Compensação De Horário Em Atividade Insalubre, Celebrado Por Acordo Coletivo. Validade. (cancelada) – Res. 174/2011, DEJT divulgado em 27, 30 e 31.05.2011. A validade de acordo coletivo ou convenção coletiva de compensação de jornada de trabalho em atividade insalubre prescinde da inspeção prévia da autoridade competente em matéria de higiene do trabalho (art. 7º, XIII, da CF/1988; art. 60 da CLT)."

92. Guedes, Carlos Eduardo Paletta. Negociado *versus* legislado: o paternalismo e os limites da autonomia. *Revista LTr*, São Paulo, Vol. 81, n.º 10, out/2017, pág. 1234.

onde a mera diferença de estatuto jurídico de empregados leve a que um seja objeto de uma superproteção contra a sua "coagida" autonomia individual e contra a liberdade negocial sindical, e outro a ser desprotegido em razão da sua autonomia e liberdade contratual[93].

Além disso, a própria legislação laboral, *ao não eleger a exclusividade da subordinação jurídica a elemento qualificante do contrato* de emprego, admite, implicitamente, que empregados possam escolher ter um segundo emprego, preferindo-o sobre atividades de lazer, e assim trabalhar mais horas além do limite legal máximo permitido[94].

Por outro lado, o próprio sistema trabalhista admite restrições à saúde, quando *instrumentaliza a lesão desta à perceção de um valor pecuniário em troca*, sem sequer ser necessária a realização de correspondente perícia[95].

---

93. GUEDES, Carlos Eduardo Paletta. Negociado *versus* legislado: o paternalismo e os limites da autonomia. *Revista LTr*, São Paulo, Vol. 81, n.º 10, out/2017, pág. 1234.
94. Como muito bem exemplifica MORAES, amparado nas construções político-filosóficas de NOZICK, "(...) reconhecemos o direito de os indivíduos escolherem suas ocupações não somente pelos futuros ganhos monetários, mas também pelas relações pessoais, oportunidades de desenvolvimento pessoal, segurança do posto de trabalho, tempo livre, etc. Nem todos querem as mesmas coisas, nem querem na mesma intensidade. O que impede que os trabalhadores desejem, então, que as tarefas numa empresa sejam divididas de um modo mais significativo, que resulte menos rotatividade e jornada menor, por exemplo, em vez de um modo mais eficiente sob viés mercadológico? Eles não poderiam aceitar desistir de alguma remuneração em troca de uma segmentação do trabalho mais favorável? Se os indivíduos podem escolher entre atividades remuneradas com base num conjunto variado de benefícios, por que empregados não poderiam escolher abdicar de certa remuneração para obter uma organização diferente das atividades? Da mesma forma, reconhecemos o direito de os indivíduos trabalharem mais com o objetivo de ter uma renda maior, então, pergunta Nozick (...), por que os empregados, em conjunto, não poderiam escolher ganhar mais em detrimento do seu tempo de lazer e com maior desgaste?" Ao reconhecermos aos trabalhadores a decisão sobre seus fins, não podemos impor forçadamente fins externos, como pretende a maioria da doutrina, mas somente assegurar que possam atingir seus próprios fins, corrigindo a redução histórica e social da sua capacidade de escolha" (cit. MORAIS, Filipe Moralles. O que protege o princípio da proteção? Cinco teses sobre a finalidade do direito do trabalho. *Revista do Tribunal Regional do Trabalho da 12ª Região*, Florianópolis, Vol. 19, N.º 28, 2016, pág. 233).
95. *Vide*, Súmula n.º 453 do TST que dispõe: "Adicional de Periculosidade. Pagamento Espontâneo. Caracterização de fato Incontroverso. Desnecessária A Perícia de que trata o Art. 195 da CLT. (conversão da Orientação Jurisprudencial nº 406 da SBDI-1) – Res. 194/2014, DEJT divulgado em 21, 22 e 23.05.2014: O pagamento de adicional de periculosidade efetuado por mera liberalidade da empresa, ainda que de forma proporcional ao tempo de exposição ao risco ou em percentual inferior ao máximo

A consciência de que existem ofícios e funções que padecem inevitavelmente de condições de insalubridade acentuada, levam o legislador a impor como contrapartida pecuniária o pagamento de percentual acrescentado, monetizando, e claramente *relativizando,* a agressão à saúde.

Como se isso não fosse suficiente, é possível dizer que todas as profissões podem, *in limite,* implicar e favorecer algum tipo de enfermidade, o que não implica necessariamente que tenham de ser transfigurados em ilícitos. Afinal, até a mera tarefa de ficar a estudar longas horas pode ser prejudicial à saúde. Não é a potencial prejudicialidade à saúde que leva o legislador a reforçar a intervenção estatal restritiva sobre certas atividades. Com estas variações sobre a permissibilidade da lesão da saúde do trabalhador, o Estado reconhece, assim, que há escolhas que pertencem exclusivamente ao cidadão com as quais ele não pode interferir.

(iii) A razão de ser deste terceiro ponto prende-se com o fato de o fundamento de validade *objetivo* defendido por alguma doutrina, em alternativa ao *subjetivo*, não conseguir explicar o *porquê de no plano coletivo do direito do trabalho o mesmo direito que está vedado à disposição pelo trabalhador individualmente, já pode ser objeto de negociação sindical.* Um fundamento de validade que se ampara na relevância de bens jurídicos para impedir a sua disposição contratual não é apta a fundamentar o porquê da amplitude que o art. 611-A da CLT ou o art. 8º, inc. III da CF deram aos sindicatos para dispor de direitos trabalhistas. Assim como não é apta fundamentar a não sujeição da *integralidade* do regime celetista a altos funcionários, ou ainda o porquê de trabalhadores com diploma de ensino superior e salário superior a duas vezes o teto da previdência tem poderes dispor dos mesmos direitos que são impostos aos trabalhadores comuns. Um fundamento de validade que não consiga emprestar a mesma solução a esta heterogeneidade de hipóteses – todas elas, porém, incluídas no âmbito do direito material do trabalho – simplesmente não serve como fundamento de validade da norma.

(iv) No que respeita ao último argumento, a verdade é que não só a lei, mas a prática e a jurisprudência trabalhistas têm admitido uma série de exem-

---

legalmente previsto, dispensa a realização da prova técnica exigida pelo art. 195 da CLT, pois torna incontroversa a existência do trabalho em condições perigosas". (cit. Rocha, Cláudio Jannotti da; Costa, Flávia Maria da Silva da. Uma breve análise sobre a Súmula nº 453, do Colendo Tribunal Superior do Trabalho, como forma de efetivar o princípio da proteção. *Revista Síntese Trabalhista e Previdenciária,* São Paulo, Vol. 27, N.º 317, nov/2015, pág. 80).

plos de renúncia e disposição de direitos laborais, tais como: (i) a renúncia do aviso prévio pelo trabalhador que já se encontre com novo emprego (Súmula 276 TST); (ii) horas extras e adicional noturno habituais supridos de forma unilateral pelo empregador (Súmulas 265 e 291 do TST); (iv) cláusulas de paz inscritas em convenções coletivas, mediante as quais sindicatos abdicam do uso do direito à greve; (iv) Súmula 243 de 1985 que permitia a renúncia das vantagens estatutárias do servidor público que optar pelo regime da CLT; (v) Súmula 310 do TST que determina que os substituídos (trabalhadores) podem vir à lide como assistentes litisconsorciais do substituto (sindicato) e, nessa qualidade, "acordar, transigir e renunciar, independentemente de autorização ou anuência do substituto" (apesar de ter sido cancelada, nada indica que o entendimento foi abandonado); (vi) a própria renúncia ao vínculo empregatício, já que o trabalhador não está obrigado a permanecer num trabalho que não lhe agrada ou deseja, trabalhando para quem não lhe dá as condições que lhe convém, podendo para o efeito rescindir o contrato e renunciar à estabilidade ou indenização por antiguidade (arts. 477 ss e 500 da CLT)[96]. Ademais, uma vez finda a relação contratual, grande parte da discussão sobre a indisponibilidade dos créditos laborais perde grande importância na medida em que o próprio legislador reconhece ao trabalhador a possibilidade de os transacionar em juízo (arts. 846 e 850 CLT)[97].

Acreditamos, por isso, que a maioria da doutrina que continua a sustentar a eleição de um "princípio" da indisponibilidade acaba por fazê-lo, consciente ou inconscientemente, não por causa de pretensos direitos absolutos que não possam ser negociados, mas por causa de um problema de *vulnerabilidade*, sempre presumida. E é a constante presunção de vulnerabilidade do trabalhador que conduz a uma postura tuitiva e protecionista da doutrina e jurisprudência. Com isso *alimenta-se uma proibição cuja amplitude alcança muito mais do que aquilo para o que foi originalmente pensada* e sobre ela se constrói, então, um sistema não apenas absurdamente

---

96. Embora não se tratando de uma verdadeira renúncia, pode-se também acrescentar que a opção pelo trabalhador de um regulamento de empresa, em caso de coexistência de dois, implica a "renúncia" ao outro (Súmula n.º 51, inc. II do TST).

97. E mesmo noutro contexto, trazer apenas à consideração que o mesmo legislador na Lei da Mediação (Lei n.º 13.140/2015) admite expressamente que direitos indisponíveis sejam transacionáveis. Poder-se-á, com isto, eventualmente considerar que "(...) o perfil pacificador mitiga a ideia de indisponibilidade absoluta de certos direitos (...)"? (Pinho, Humberto Dalla Bernardina de. Limites e possibilidade do acordo em direitos indisponíveis: exame do artigo 3º, §2º, da Lei n. 13.140/2015. *In* Tupinambá, Carolina (coord.). *Soluções de conflitos trabalhistas: novos caminhos.* São Paulo: LTr, 2018, pág. 246).

castrador das potencialidades do cidadão trabalhador, como ainda entorpecedor do princípio da igualdade, *ao desconsiderar a diferença das condições fáticas entre trabalhadores como critério necessário à autodeterminação normativa*. O "princípio" da indisponibilidade surge, assim, na sombra de um meta-princípio da proteção, seu filho direto[98]. A existência de um substrato de liberdade prévio à escolha é, sem sombra de dúvida, premissa e o núcleo central da disponibilidade dos direitos fundamentais do trabalhador que os titula[99] e perante a qual qualquer proibição de disposição sob um véu de proteção estatal se revela injustificada.

7.I.3. *INDISPONIBILIDADE TAMBÉM NO PROCESSO DO TRABALHO?*

7.I.3.1. O publicismo e hiperpublicismo processual

A inspiração advinda de Franz Klein e do código austríaco repercutiu por toda a Europa ao longo do século XX a ideia geral de que no processo civil, de natureza pública, predominava a superioridade do interesse público na aplicação da lei, do publicismo processual, da inflação dos poderes instrutórios do magistrado, da procura pela verdade a qualquer custo, ou ainda a necessidade de salvaguardar uma efectiva e real situação de igualdade entre todas as partes no processo[100]. O intervencionismo judiciário

98. Süssekind, Arnaldo. *Direito Constitucional do Trabalho*. 4ª Ed. Rio de Janeiro: Renovar, 2010, pág. 75.

99. "Sejamos redundantes: a liberdade de decidir livremente é o núcleo essencial da disponibilidade dos direitos fundamentais pelo seu titular. Munido de uma mínima cobertura econômica capaz de suprir suas necessidades básicas, bem informado sobre o que está em jogo e sobre suas alternativas de ação e colocando-se imune a pressão, ameaça ou de coisa que o valha, o indivíduo estará pronto para decidir sobre o tempo, o modo e as condições em que aceitará dispor dos direitos que lhe pertencem. Repito: direitos que pertencem a ele! E não ao Estado-Juiz, adepto do perfeccionismo moral, e que almeja ser mais realista do que o rei, arrogando-se a prerrogativa de saber melhor do que o próprio sujeito aquilo que é bom para a sua vida. Como frisei antes, é a qualidade do consentimento que deverá nortear a fiscalização judicial do que foi flexibilizado/disponibilizado, individual ou coletivamente. Por vezes, a suposta hipossuficiência existe de fato (em concreto) e compromete a liberdade indispensável à validação da renúncia ou transação. Em outras circunstâncias, a alegada hipossuficiência não passa de uma quimera, fruto de ideologias teimosas, que embotam o olhar de quem não quer ver a realidade", (cit. Gomes, Fábio Rodrigues. O novo direito do trabalho. *Revista do TST*, São Paulo, Vol. 84, N.º 3, jul-set/2018, págs. 128-129).

100. Cabral, Antonio do Passo. *Convenções Processuais*. Salvador: Juspodivm, 2016, págs. 104 ss. Como é detalhado pelo autor, a moldura publicista reduzia efectivamente a

seria forma de salvaguardar o interesse da parte pobre e sem instrução[101]. Instala-se um verdadeiro movimento de *publicização* do direito processual, que acabou por conduzir ao estabelecimento de um modelo *inquisitivo* de processo[102]. O escopo da jurisdição deixava de ser a efetivação dos objetivos pleiteados pelos privados, para se transformar na satisfação dos interesses públicos do Estado[103].

De forma genérica, pode-se dizer que o processo civil foi, ao longo de várias décadas, enraizando três grandes dogmas que colhem, hoje, ainda significativas repercussões: (i) prevalência dos interesses públicos sobre a necessidade de salvaguardar direitos privados[104], (ii) imperatividade e

---

vontade das partes ao ponto de considerá-las relevante apenas para a provocação da jurisdição. Depois da postulação inicial, as demais condutas eram desencadeadas pelos interesses públicos, que suplantavam os interesses privados. A própria acção era concebida como um direito público exercido contra o Estado. No mesmo sentido, Dinamarco, Cândido Rangel. *Fundamentos do processo civil moderno.* 2ª ed. São Paulo: RT, 1987, págs. 14, 54 e 222.

101. Almeida, Diogo Assumpção Rezende de. *Das convenções processuais no processo civil.* Tese de Doutoramento (UERJ). Rio de Janeiro, 2014, pág. 62.

102. Em particular, assumiam-se como características típicas deste modelo inquisitorial (ou não adversarial), o facto de o órgão jurisdicional assumir o papel de protagonista na condução da lide. Apesar de ter que se manter fiel à inércia para provocar a jurisdição (que apenas competia às partes), uma vez desencadeado o processo, o seu desenrolar passava a estar submetido ao impulso jurisdicional oficial. É ao juiz que compete realizar a maior parte da actividade processual, em particular no que respeita à condução da lide e instrução probatória. O magistrado assume amplos poderes para produzir prova *ex officio*, assim como para negar provimento a provas que considere desnecessárias ou irrelevantes (cf. Redondo, Bruno Garcia. Negócios processuais: necessidade de rompimento radical com o sistema do CPC/1973 para adequada compreensão da inovação do CPC/2015. *In* Cabral, Antonio do Passo; Nogueira, Pedro Henrique (coord.). *Negócios Processuais.* 2ª ed. Salvador: Juspodivm, 2016, pág. 358).

103. Almeida, Diogo Assumpção Rezende de. *Das convenções processuais no processo civil.* Tese de Doutoramento (UERJ). Rio de Janeiro, 2014, pág. 67.

104. Em grande medida, o papel da obra de Dinamarco, contribuiu para a difusão destas ideias. No seu entendimento, a função jurisdicional prosseguia um interesse público que suplantava pela importância da tutela dos direitos privados procurada na demanda pelas partes. E assim era porquanto se podiam encontrar outros objectivos no processo: (i) *finalidades sociais*, como a pacificação de conflitos, a educação social e a salvaguarda da igualdade perante o direito, e (ii) *finalidade políticas*, como a afirmação do poderio estadual, a salvaguarda da liberdade individual do cidadão, o incentivo à participação do cidadão na vida política etc. Estes objectivos sobrepunham-se, assim, às *finalidades jurídicas* do processo, impostas para salvaguarda das reivindicações jurídico-materiais reclamadas. De qualquer forma, mesmo quanto a este último ponto dos *objectivos*

indisponibilidade das normas jurídico-processuais, com natureza necessariamente cogente e inderrogável[105] e (iii) omnipresença e omnipotência do juiz e respectivos poderes instrutórios[106-107].

Estas características foram fortemente embebidas pela legislação brasileira à época dos códigos de 1939 e de 1973, que acabaram por ser permeáveis à rutura do modelo liberal de jurisdição, com o reforço dos poderes do juiz, ou com a estatalidade elevada a marca da actividade processual. Compreende-se que este modelo fosse, então, e não obstante o já então reconhecido princípio da cooperação, generalizadamente adverso à admissibilidade da autonomia privada, avesso à liberdade das partes para convencionar sobre o procedimento judicial e irredutível ao reconhecimento de um espaço de manobra para a negociação processual.

---

jurídicos, o tipo de linguagem e conceção política de processo era substancialmente diferente: falava-se na necessidade de concretizar a lei, e não propriamente de dar guarida à tutela privada reclamada, à aplicação objectiva do ordenamento processual, onde os sujeitos assumiam influência meramente indirecta etc. (Dinamarco, Cândido Rangel. *A instrumentalidade do processo*. 9ª ed. São Paulo: Malheiros, 2001, págs. 149 ss.)

105. Neste sentido, a lei assumia-se como a principal e única fonte jurídica que o juiz oficiosamente poderia (e deveria) aplicar, num quadro de total ausência de interação e diálogo com os restantes sujeitos processuais. Silva, Paula Costa e. *Acto e Processo – o dogma da irrelevância da vontade na interpretação e nos vícios do acto postulativo*. Coimbra: Coimbra, 2003, págs. 483 ss.

106. Neste contexto, aumentaram-se os poderes do magistrado, assim como se difundiu largamente a ideia de que a direção do processo competiria exclusivamente ao juiz. Como a presença estadual no processo era omnipresente, nenhuma convenção das partes poderia interferir nos seus poderes.

107. Cabral, Antonio do Passo. *Convenções Processuais*. Salvador: Juspodivm, 2016, págs. 104 ss; Cunha, Leonardo Carneiro da. Negócios Jurídico Processuais no Processo Civil Brasileiro. *In* Cabral, Antonio do Passo; Nogueira, Pedro Henrique (coord.). *Negócios Processuais*. 2ª ed. Salvador: Juspodivm, 2016, págs. 48. Todavia, a despeito de podermos encontrar inúmeros exemplos de relevância da vontade das partes no processo, a verdade é que ele continua com vincados traços com lhe sobressaem a natureza pública: a começar pelo facto de a máquina do judiciário envolver uma série de custos públicos, dos quais as meras custas dos litigantes não chegam para o seu custeio (o seu financiamento não é apenas efectuado pelo Estado, como é por ele gerido); mas também o facto de que mesmo no âmbito de um processo individual, as decisões judiciais serem sempre prolatadas para servirem igualmente de referência a casos futuros (a actuação do direito material acaba, no fundo, por potencializar a sua eficácia social, repercutindo-se por toda a sociedade); *vide* Machado, Marcelo Pacheco. A privatização da técnica processual no projeto do novo código de processo civil. *In* Didier Jr. Fredie (coord.). *Novas tendências do processo civil*. Salvador: Juspodivm, 2014, vol. III., págs. 341-345.

Num modelo deste tipo, percebe-se que fosse inconcebível chamar negócio processual às situações jurídico-processuais advindas de actos jurídicos cujos efeitos resultavam *op legis*. Num contexto como este, o primado assumia-se na irrelevância da vontade no processo e a disponibilidade das partes reconduzia-se à mera provocação da jurisdição, com o consequente rebaixamento do seu papel na lide a uma posição *não igualitária* perante o magistrado. Como admitir, afinal, que o magistrado se vinculasse à determinação de partes que se encontram em posição de inferioridade no processo?

Mas a jurisdição não gera (nem nunca poderá gerar) um estado de *sujeição* processual das partes, a tal ponto que se imponha como algo inevitável e independente da sua vontade. Naturalmente que a jurisdição é uma forma de poder, da qual resulta a possibilidade do magistrado decidir conforme a sua livre convicção. Contudo, daqui não resulta que as partes não possam emitir a sua vontade na lide e que essa vontade também não possa produzir efeitos.

Caminhar no sentido do romper com aqueles dogmas e de avançar no sentido da revalorização da vontade das partes no processo não implica tornar o processo *contratualizado* ou *privatizado*, porque as partes não se substituem ao legislador na estipulação das suas próprias regras processuais, tão-pouco ao magistrado, quando alteram a condução do processo. O novo processo cooperativo quer, apenas, reconhecer que as situações jurídicas processuais são, efectivamente, tituladas pelas partes no processo e, por ser assim, que estas merecem beneficiar de maiores poderes para as autorregular[108]. E assim é porquanto o processo assume como um dos seus principais objectivos a tutela dos direitos materiais das partes[109].

---

108. Redondo, Bruno Garcia. Negócios processuais: necessidade de rompimento radical com o sistema do CPC/1973 para adequada compreensão da inovação do CPC/2015. *In* Cabral, Antonio do Passo; Nogueira, Pedro Henrique (coord.). *Negócios Processuais*. 2ª ed. Salvador: Juspodivm, 2016, pág. 362. Para o autor, esse terá que ser o ponto de partida para se compreender a nova sistemática e filosofia do *codex*: porque o ênfase e objectivo do processo é colocado na tutela do direito substantivo titulado pelas partes, então há que se reconhecer que das situações jurídicas também são titulares aquelas mesmas partes e, por isso, não o juiz nem o Estado, pelo que se lhes deve garantir maior liberdade para disporem sobre estas conforme melhor lhe convier (*op cit.*, pág. 363).

109. Greco, Leonardo. Publicismo e privatismo no processo civil. *Revista de Processo*, São Paulo, Ano 33, N.º 164, RT, out/2008, págs. 55 ss. O autor assume-se como um dos principais defensores desta ideia.

7.I.3.2. Um princípio da indisponibilidade no processo do trabalho como algo além do mero publicismo tradicional?

Tem sido sustentado por alguma doutrina – como LIMA[110], MARTINS FILHO[111], OLIVEIRA[112], PEREIRA[113], CAVALCANTE e JORGE NETO[114] – que o princípio da indisponibilidade também colhe aplicação no processo do trabalho, no qual representaria *princípio especial processual.*

Na sua apreciação, LEITE explica que este mais não é do que uma adaptação do mesmo princípio vigente no direito material do trabalho, que se justifica ser transportado em razão da quantidade de normas cogentes que ornamentam aquele sistema de direito material trabalhista. Reconhece que não obstante ser característica geral de todo o processo a natureza pública e absoluta das suas normas, no processo do trabalho essa particularidade assume maiores repercussões diante da alegada inferioridade económica e técnica do trabalhador. Entende ainda que o princípio da indisponibilidade também se estende ao substituto processual (pois o sindicato, nessa quali-

---

110. LIMA, Francisco Meton Marques de. *Manual de processo do trabalho.* 2ª ed. São Paulo: LTr, 2008, pág. 35, onde o autor deixa claro que "assim, se o direito material protege contra os vícios presumidos de consentimento, o Processo deve primar contra as renúncias e desistências processuais do trabalhador sem causa".

111. Apesar do autor não explicar o porquê deste posicionamento, diz simplesmente que "o empregado não pode dispor, por simples manifestação de vontade, das vantagens e proteção que lhe são asseguradas pelo ordenamento jurídico e por seu contrato de trabalho (CLT, 9º), exceto com relação aos denominados hipersuficientes, empregados que recebem acima do dobro do teto de benefícios da Previdência Social e possuam diploma de nível superior (CLT, art. 444, parágrafo único)" (cit. MARTINS FILHO, Ives Gandra da Silva. *Manual esquemático de direito de trabalho e processo do trabalho.* 26ª ed. São Paulo: Saraiva, 2018, pág. 260).

112. OLIVEIRA, Murilo Carvalho Sampaio. Impactos do CPC/2015 no Direito Processual do Trabalho. *Revista Magister de Direito do Trabalho*, São Paulo, Ano 13, N.º 77, mar--abr/2017, pág. 97.

113. PEREIRA, Leone. *Manual de processo do trabalho.* 5ª ed. São Paulo: Saraiva, 2018. Pág. 100.

114. CAVALCANTE, Jouberto de Quadros P.; JORGE NETO, Francisco Ferreira. DIREITO PROCESSUAL DO TRABALHO. 8ª ed. São Paulo: Atlas, 2018, pág. 96. No entendimento dos autores "(...) o princípio da indisponibilidade é um desdobramento do princípio da irrenunciabilidade do direito material do trabalho. Pelo princípio da indisponibilidade, a atuação do Poder Judiciário Trabalhista, na busca da verdade real, deve adotar as medidas mais adequadas para o restabelecimento das normas jurídico-trabalhistas no ato da prolação da prestação jurisdicional. Em outras palavras, o processo do trabalho '*teria uma função finalística: a busca efetiva do cumprimento dos direitos indisponíveis dos trabalhadores*'".

dade, não pode renunciar a direitos individuais homogéneos em ação civil pública). Admite, porém, que após a EC 45/2004 o princípio foi significativamente mitigado[115].

Entendemos que a inderrogabilidade, a irrenunciabilidade ou a intransigibilidade de que tanto se fala e escreve relativamente ao direito material do trabalho (i) carecem de *inúmeras reservas* quando transportados para o palco processual (ii) e não podem ser igualmente encaradas em termos absolutos, não podendo ser colocados pela doutrina num pedestal de inflexibilidade destinado a salvaguardar a integridade do sistema laboral, no qual se incluiria a vertente processual; sobretudo quando a compreensão errada desses princípios distorce discursos e argumentos para impedir que dispositivos democráticos e verdadeiras mais-valias processuais possam contribuir para melhorar a eficiência e eficácia do sistema trabalhista[116]. Os direitos fundamentais dos trabalhadores, como qualquer outro direito fundamental, admitem restrições, explícitas e implícitas, desde que se configurem sob um prisma de *razoabilidade, proporcionalidade* e *motivação adequada*. A circunstância não muda apenas porque o cenário agora é processual.

---

115. LEITE, Carlos Henrique Bezerra. *Curso de Direito Processual do Trabalho*. 14ª ed. São Paulo: Saraiva, 2016, págs. 108-109. O autor ainda cita duas ementas para embasar o seu posicionamento que deixamos aqui: "RECURSO DE REVISTA DO RECLAMANTE. PRESCRIÇÃO DE OFÍCIO. ART. 219, §5º, DO CPC. APLICABILIDADE AO PROCESSO DO TRABALHO. A alteração do artigo 219, §5º, do CPC, efetuada pela Lei n. 11.280/2006, autoriza o Juiz a declarar, de ofício, a prescrição. O instituto, no entanto, não se mostra compatível com o processo do trabalho, em razão de princípios e peculiaridades que o regem, dentre outros, a indisponibilidade de alguns dos direitos do empregado, natureza alimentar do salário, e a própria desigualdade econômica entre empregados e empregadores, não presentes na relação jurídica disciplinada pelo Código de Processo Civil. Recurso de revista conhecido e provido" (cit. TST, 4ª Turma, Processo de RR 501700-.13.2006.5.09.0019, Relator Ministro Milton de Moura França, *Data de julgamento* 28.10.2011); "TRANSAÇÃO EXTRAJUDICIAL. EXTINÇÃO DO PROCESSO SEM RESOLUÇÃO DO MÉRITO. As hipóteses de extinção do processo sem resolução do mérito estão taxativamente previstas pelo Código de Processo Civil, no art. 267. A transação extrajudicial não importa em extinção do processo com resolução do mérito, como disposto no inciso III do art. 269 do CPC, pois esta não gera a quitação total do contrato de trabalho, mas tão somente aos valores objeto da conciliação, em observância do princípio da indisponibilidade dos direitos trabalhistas. Recurso patronal a que se nega provimento (cit. TRT, 1ª Região, 10ª Turma, RO 00021366520125010302, Relator Desembargador Leonardo Dias Borges, *Data de julgamento* 24.09.2014)".

116.

Antes de mais, parece-nos que esta doutrina mal tem conseguido explicar *a que se referiria* precisamente este princípio da indisponibilidade processual trabalhista, i.e. qual seria efetivamente *o seu teor e em que se traduziria na prática*. Dirigir-se-ia ao magistrado para lhe legitimar a outorga de maiores poderes instrutórios e inquisitórios para zelasse pela *salvaguarda do crédito material indisponível no processo*? Se assim é o princípio confundir-se-ia com os próprios princípios do inquisitório ou instrutório, cuja incidência no processo do trabalho é até já bem mais ampla do que no processo civil. Ou será que o princípio pura e simplesmente se reservaria a tornar *indisponíveis as normas processuais*, salvaguardando-se a autonomia da vontade do trabalhar não apenas fora do processo mas, e por esta via, também dentro dele? Mas se assim for o princípio também mal se justificaria como tal, já que este é um problema mais profundo ligado à própria natureza do sistema processual e de suas normas; além de contrariar a tendência do direito comum no brasil e em toda a europa que caminha no reconhecimento de margens de disponibilidade às partes para afastar dispositivos processuais.

Não cremos que esta tese possa ser sufragada e acreditamos que este é um "*falso princípio*" do processo do trabalho que, *data venia*, tem sido erroneamente apresentado em alguns cursos. Simplesmente não tem autonomia ou sentido útil. Além de que parece-nos algo incongruente vir, por um lado, admitir que depois de cessado o vínculo empregatício – o período no qual são intentadas a larga maioria das demandas trabalhistas – os créditos laborais passam a admitir a transação sobre os seus *reflexos patrimoniais*[117] – em termos práticos, não deixam de ser normas absolutas as que os preveem, mas a indenização em que se convertem pela respectiva violação passa a assumir natureza patrimonial disponível –, para depois querer manter o carácter absoluto de normas processuais trabalhistas[118]. A incongruência revelar-se-ia também perante a tendência recente no processo do trabalho para a

117. Roque, André Vasconcelos. A arbitragem de dissídios individuais após a Reforma Trabalhista: limites e possibilidades. *In* Tupinambá, Carolina (coord.). *Soluções de conflitos trabalhistas: novos caminhos*. São Paulo: LTr, 2018, pág. 337.

118. No mesmo sentido, Saad, Eduardo Gabriel. *Curso de Direito processual do trabalho*. 6ª ed. São Paulo: LTr, 2008, pág. 110, quando assevera que "o princípio da irrenunciabilidade de direitos indisponíveis, a nosso ver, fica restrito ao direito substancial do trabalho"; Tupinambá, Carolina. *Garantias do processo do trabalho*. São Paulo: Ltr, 2014, págs. 155-156; Cabral, Antonio do Passo. *Convenções Processuais*. Salvador: Juspodivm, 2016, pág. 159.

construção de margens de convencionalidade processual, do qual é maior exemplo o art. 114, §2º da CF ou, mais recentemente, o art. 507-A da CLT.

7.I.3.3. Desmistificação da natureza cogente das normas de direito processual do trabalho

Para além das considerações que se tecem a respeito do uso do critério de ordem pública e bons costumes para delimitar a validade das convenções processuais[119], importa atender ao fato de que as normas processuais não assumem todas natureza pública[120].

Ainda que por mero dever científico tivéssemos que admitir tal pressuposto, sempre haveremos de considerar que elas não têm como principal destinatário as partes. O facto de as normas jurídicas processuais serem tendencialmente consideradas como tendo natureza pública tem um motivo: *proteger os cidadãos contra o uso abusivo do poder pelo Estado-juiz.* A lógica que lhes está subjacente é precisamente a de salvaguardar que o aplicador do direito esteja *vinculado a princípios e garantias constitucionalmente consagradas* e legalmente reguladas e, portanto, a objectivos institucionais bem definidos. Esta lógica vale tanto para o processo civil, quanto para o processo do trabalho.

---

119. Antonio do Passo Cabral, por exemplo, dedica longas páginas à sua critica, desconsiderando a valência destes dois limites como efectivamente criteriosos na selecção de convenções processuais admissíveis, identificando-os, por exemplo, como dependentes de questões politico-ideológicas que se afastam muito de aspectos normativos (Cabral, Antonio do Passo. *Convenções Processuais*. Salvador: Juspodivm, 2016, págs 302-303 e 306-315).

120. Aprigliano, Ricardo de Carvalho. *Ordem pública e processo: o tratamento das questões de ordem pública no direito processual civil.* São Paulo: Atlas, 2011, pág. 10 ss. Da mesma forma, Cabral, Antonio do Passo. A resolução n.º 118 do Conselho Nacional do Ministério Público e as convenções processuais. *In* Cabral, Antonio do Passo; Nogueira, Pedro Henrique (coord.). *Negócios Processuais*. 2ª ed. Salvador: Juspodivm, 2016, pág. 679) aponta com incidência que "(...) o processo civil de interesses públicos, tradicionalmente arisco às soluções negociadas, há muito vem se rendendo à mediação, conciliação etc. Trata-se da vitória da conceção atualmente disseminada que reconhece uma disponibilidade parcial dos interesses públicos, desfazendo a equivocada compreensão de que o interesse, por ser público, seria indisponível. Ao contrário, há graus de (in)disponibilidade e, em alguma medida, permite-se que mesmo as regras estabelecidas no interesse público sejam flexibilizadas". A tendencial natureza pública destas normas não só tem como principal destinatário o próprio poder judiciário, como também dela resulta a necessidade de se promover uma efectiva solução de conflitos, pacificação social e respeito ao direito de participação dos litigantes.

A actividade jurisdicional está vocacionada e direcionada para uma finalidade: a tutela dos direitos subjectivos invocados. Por ser assim, não importa apenas promover a solução do litígio, mas, antes, promovê-la de forma justa, com recurso a um procedimento *adequado*, *efectivo* e *tempestivo*[121]. Por ser assim, e porque a tendencial natureza pública das normas processuais não tem como principal protagonista as partes, ela não deve implicar a supressão da liberdade destas no processo quanto à forma como o Estado-juiz presta e conduz a garantia pública da jurisdição. Num Estado Democrático que tem como principal pilar e vetor o princípio da dignidade da pessoa humana e ainda como subjacente um primado fundamental de liberdade, as noções de *decisão justa* e de *processo justo* têm que ser repensadas à luz da revalorização da autonomia privada dos litigantes[122]. A hermenêutica constitucional tem que ser outra, que caminhe no sentido de valorizar a vontade das partes, *maxime* do trabalhador.

Por outro lado, costuma-se falar do princípio da *supremacia do interesse público* como se este fosse sempre incompatível com o interesse particular, i.e., como se se tratassem de duas realidades que não conseguem conviver no mesmo lugar, ao mesmo tempo e no mesmo processo, o que claramente não se pode sustentar. Sem deixar de considerar que o princípio invocado não está, sequer, positivado, ele não se pode considerar obstáculo para uma desejável harmonização entre interesses em conflito[123].

---

121. Oliveira, Paulo Mendes de. Negócios processuais e o duplo grau de jurisdição. *In* Cabral, Antonio do Passo; Nogueira, Pedro Henrique (coord.). *Negócios Processuais*. 3ª ed. Salvador: Juspodivm, 2017, pág. 566.

122. *Ibidem*, págs. 566-567. O autor vai ainda mais longe ao propor uma reflexão geral sobre o espaço de liberdade que é conferido às partes num processo. O autor interroga-se, por exemplo, se "(...) está em consonância com o processo civil do Estado Constitucional uma limitação tão rígida ao princípio do dispositivo em sentido processual, excluindo totalmente da esfera de disponibilidade das partes o *iter* procedimental que o Poder Judiciário deve seguir no exercício da prestação jurisdicional? (...) Esse é um tema bastante instigante, que exige um repensar sobre a própria finalidade da prestação jurisdicional, analisada sob a ótica da liberdade dos cidadãos". Pedron, Flávio Quinaud; Silva, Diogo Bacha; Bahia, Alexandre Gustavo Melo Franco de Moraes. Uma (re)construção jurídico-política do direito processual civil brasileiro: o Código de Processo Civil de 2015 como superação de certa tradição autoritária do processo. *Revista de Processo*, São Paulo, Vol. 42, N.º 271, set/2017. Págs. 55-56.

123. Cianci, Mirna, Megna, Bruno Lopes. Fazenda Pública e negócios jurídicos processuais no novo CPC: pontos de partida para o estudo. *In* Cabral, Antonio do Passo; Nogueira, Pedro Henrique (coord.). *Negócios Processuais*. 2ª ed. Salvador: Juspodivm, 2016, pág. 627.

Como aponta MURILO TEIXEIRA AVELINO[124], este novo processo não circula num ambiente ideologicamente neutro, antes pelo contrário: são as escolhas valorativas das partes referentes à tutela do seu direito substantivo, assim como a protecção das normas e direitos fundamentais vigentes na Constituição, que embeiçam a sua regulação. É sobretudo esta ideia que permite extrair a conclusão de que as normas que gizam o processo não podem assumir natureza eminentemente *cogente* e *indisponível*. E assim é porque a Constituição, que consagra princípios processuais fundamentais, fá-lo para que o *legislador construa normas de procedimento gerais em conformidade com aquelas a que o juiz tenha que se vincular*, ao mesmo tempo em que cria situações jurídicas processuais subjetivas tituladas pelas partes.

Os direitos não servem para ser imperativamente impostos aos seus titulares. Estando em causa situações jurídicas processuais vantajosas, o cidadão permanecerá livre de sobre elas dispor, abdicar ou, simplesmente, nem as exercer, permanecendo inerte. O Estado-juiz não pode impor o gozo de um direito ou interferir no usufruto da liberdade de um sujeito, ainda que processual[125]. Assim, nada obsta a que certos direitos processuais possam ser livremente renunciáveis. Veja-se que, inclusivamente, o próprio STF já considerou que o facto de as partes desistirem de produzir provas num processo, não significa que estejam a renunciar ao contraditório e ampla defesa[126].

---

124. AVELINO, Murilo Teixeira. A posição do magistrado em face dos negócios jurídicos processuais – já uma releitura *In* CABRAL, Antonio do Passo; NOGUEIRA, Pedro Henrique (coord.). *Negócios Processuais*. 2ª ed. Salvador: Juspodivm, 2016, pág. 371.

125. Como bem aponta CABRAL, Antonio do Passo. *Convenções Processuais*. Salvador: Juspodivm, 2016, pág. 176, o Estado não pode "controlar moralmente as preferências dos indivíduos no espaço de exercício legítimo de sua liberdade. A ingerência estatal nessa autonomia só se justifica nas hipóteses de invalidade, se o exercício dos direitos violar a esfera jurídica de terceiros, ou quando não haja manifestação livre de vontade", seja porque a pessoa é incapaz, seja porque a sua declaração não foi consciente. A "(...) dignidade, ao mesmo tempo em que se apresenta como um *limite* ao exercício da autonomia individual, também é *fundamento* do exercício do direito de liberdade".

126. *Vide*, acórdão do STF, *habeas corpus* n.º 44800-SP, rel. Min. Hamilton Carvalhido, d. 13.03.2006; e STJ, *habeas corpus* n.º 46105-SP, rel. Min. Hamilton Carvalhido, d. 13.03.2006. Na mesma linha de entendimento, o STF também já se pronunciou no sentido de considerar válida a indicação à penhora de bem de família absolutamente impenhorável, se o cidadão renunciou conscientemente à protecção legal e o indicou de forme livre e espontânea (STJ, REsp n.º 1365418-SP, Relator Ministro Marco Buzzi, Data de julgamento 04.04.2013).

7.I.4. A IMPORTÂNCIA DA *INDISPONIBILIDADE DO DIREITO MATERIAL* NA LEITURA DO ART. 190 DO CPC NO PROCESSO DO TRABALHO

7.I.4.1. O art. 190 do CPC e requisito objetivo de convencionalidade: "*direitos que admitam autocomposição*"

A discussão em torno da disponibilidade ou não dos direitos trabalhistas no processo do trabalho tem influência direta na compreensão que deve ser dada ao art. 190 do CPC. Já lá iremos. Para já, é importante reforçar que aquilo que o legislador optou por colocar no 190 como condição objetiva inicial à celebração processual atípica – e independentemente das críticas que se lhe possam traçar[127] – foi a circunstância de o processo versar sobre direito que admita "autocomposição".

A autocomposição mais não é do que a possibilidade de as partes chegarem a um concerto para a solução de determinada controvérsia, sem a

---

127. Assim, por exemplo, Yarshell, *in verbis* "Contudo, teria sido preferível que o CPC 2015 tivesse empregado a terminologia adotada pela lei 9307/96, mais objetiva e precisa ao falar em litígios relativos a 'direitos patrimoniais disponíveis' (art. 1º). Insistindo na suposta distinção entre disponível e transacionável, o CPC 2015 pode ensejar dúvidas quanto à possibilidade e aos limites do negócio processual. Para ilustrar, costuma-se dizer que o direito discutido em processo de investigação de paternidade – que pode perfeitamente envolver pessoas 'plenamente capazes' – é indisponível. Contudo, ninguém há de negar que o réu, sendo maior e capaz, possa reconhecer a procedência da demanda e assumir a paternidade. Fenômeno análogo pode ocorrer em outros processos relativos a direitos usualmente tidos por indisponíveis. A interpretação que se afigura mais correta parece ser a seguinte: pelo novo texto legal, a possibilidade de negócio processual não fica restrita a litígios envolvendo direitos patrimoniais. Assim, mesmo em processos que envolvam questões relativas ao estado e à capacidade de pessoas, desde que capazes as partes, afigura-se admissível o negócio processual" (cf. Yarshell, Flávio Luiz. Convenção das partes em matéria processual: rumo a uma nova era? *In* Cabral, Antonio do Passo; Nogueira, Pedro Henrique (coord.). *Negócios Processuais*. 1ª ed. Salvador: Juspodivm, 2015, págs. 81-82). Em sentido contrário, aplaudindo a escolha do legislador por implicar uma visão mais ampla do instituto, Neves, Daniel Amorim Assumpção. *Manual de direito processual civil*. Salvador: Juspodivm, 2016. Volume único, pág. 395. Parecendo admitir a sobreposição terminológica dos dois conceitos, Marinoni, Luiz Guilherme; Arenhart, Sérgio Cruz; Mitidiero, Daniel. *Curso de Processo Civil*. 2ª ed. São Paulo: RT, 2015 vol. I, pág. 529 ("Como esses acordos comprometem posições jurídicas das partes, mas não afetam diretamente a atividade do Estado, a princípio deverão ser tratados como qualquer acordo entre as partes, exigindo agentes capazes, objeto lícito e forma prevista ou não proibida por lei. Desse modo, só poderão ser realizados se o direito for disponível (ou se os seus efeitos, objeto do processo, sejam disponíveis) e se os sujeitos envolvidos forem capazes – ou, pelo menos, se o sujeito que se obriga e pode ser prejudicado pelo acordo for capaz").

necessidade de recurso ao poder jurisdicional para prolação de uma decisão, o que pode ser conseguido com auxílio a técnicas de mediação, conciliação, ou mesmo negociação direta entre as partes[128].

Apesar de frequentemente associada à ideia de *indisponibilidade/disponibilidade* do direito litigioso[129], com ela não se confunde, por ser noção mais ampla[130]. Se todo o direito disponível admite autocomposição, o inverso já

128. Neves, Daniel Amorim Assumpção. *Novo Código de Processo Civil Comentado artigo por artigo*. 2ª ed. Salvador: Juspodivm, 2016, pág. 330. Tal como complementa o autor, é de "(...) entendimento doutrinário uníssono, o legislador foi extremamente feliz em não confundir direito indisponível com direito que não admita autocomposição, porque mesmo nos processos que versam sobre direito indisponível é cabível a autocomposição. Naturalmente, nesse caso a autocomposição não tem como objeto o direito material, mas sim as formas de exercício desse direito, tais como os modos e momentos de cumprimento da obrigação. Em razão dessa importante distinção, é admitida a convença processual no direito coletivo, ainda que os direitos difusos e coletivos sejam indisponíveis e o autor da ação seja o Ministério Público" (cit. pág. 590).

129. Assim, por exemplo, Cais, Fernando Fontoura da Silva; Machado, Marcelo Pacheco. Comentários ao art. 190 do CPC. *In* Tucci, José Cruz e; Ferreira Filho, Manoel, Aprigliano, Ricardo Carvalho, Dotti, Rogéria, Martins, Sandro (coord.). *Código de Processo Civil Anotado*. 3ª ed. Rio de Janeiro: GZ, 2018, pág. 297; Montenegro Filho, Misael. *Novo Código de Processo Civil Comentado*. 3ª ed. São Paulo: Atlas, 2016, pág. 424 (apesar do Autor comentar o art. 471, a questão é paralela já que é requisito da negociação típica de escolha do perito que a causa seja resolvida por autocomposição); Castro, João Marcos Adede y. *Novo Código de Processo Civil Comentado para concursos*. Curitiba: Juruá, 2016, vol. I, pág. 302; Sales, Fernando Augusto de Vita Borges de. *Novo CPC comentado artigo por artigo*. São Paulo: Rideel, 2016, pág. 157; Cambi, Eduardo. Comentários ao art. 357. *in* Cunha, José Sebastião Fagundes (coord. geral), Bochenek, Antonio César, Cambi, Eduardo (coord.). *Código de Processo Civil Comentado*. São Paulo: RT, 2016, pág. 647 (apesar do autor comentar o art. 373, a questão é paralela já que menciona como limite à inversão consensual do ônus da prova não a disponibilidade do direito mas o fato de o direito discutido na lide ser passível autocomposição); Neves, Murilo Sechieri Costa. Anotações aos artigos 188 a 317, *in* Figueiredo, Simone Diogo Carvalho (coord.). *Novo CPC anotado e comparado para concursos*. São Paulo: Saraiva, 2015, pág. 228; Souza, Artur César de. *Código de Processo Civil Anotado, Comentado e Interpretado*. São Paulo: Almedina, 2015, Vol. I, pág. 966; Marinoni, Luiz Guilherme; Arenhart, Sérgio Cruz; Mitidiero, Daniel. *Curso de Processo Civil*. 2ª ed. São Paulo: RT, 2015 vol. I, pág. 525; Mazzei, Rodrigo; Chagas, Bárbara Seccato Ruis. Breve diálogo entre os negócios jurídicos processuais e a arbitragem *Revista de Processo*, São Paulo, Vol. 237, N.º 39, nov/2014, pág. 227.

130. Considerando a irrelevância da diferenciação entre autocomposição e direitos patrimoniais disponíveis, Machado, Marcelo Pacheco. A privatização da técnica processual no

não é verdade, por existir possibilidade de autocomposição mesmo diante de direitos indisponíveis[131]. Realmente, ambas as realidades envolvem a ideia de *acordo*: na *autocomposição*, "acordo" vem associado ao recurso ou não a terceiro para obtenção de solução para o conflito; na (in)disponibilidade, "acordo" aparece como ato jurídico que a natureza do direito permite ou não praticar e dirigido à sua composição; ou seja, ao passo que ali o acordo se liga a técnica de composição, aqui mais não é que a apetência para a prática de um ato de disposição.

Este requisito já tem recebido as mais diversas variações interpretativas pela doutrina. Talamini considera que este requisito objetivo não pode ser interpretado de forma absoluta. Partindo de uma cisão entre normas "procedimentais" passíveis de disposição pelo art. 190 ("estipular mudanças no procedimento para ajustá-lo às especificidades da causa") e de normas de "processo" também ali previstas ("sobre os seus ônus, poderes, faculdades e deveres processuais"), admite que as primeiras autorizem negócios

---

projeto do novo código de processo civil. *In* Didier Jr. Fredie (coord.). *Novas tendências do processo civil*. Salvador: Juspodivm, 2014, vol. III, pág. 346; Assis, Araken. *Processo Civil brasileiro*. São Paulo: RT, 2015, vol. I (Parte Geral: fundamentos e distribuição de conflitos), pág. 357; Tartuce, Flávio. *O novo CPC e o direito civil: impactos diálogos e interações*. Rio de Janeiro: Forense, 2015, pág. 115; Câmara, Alexandre Freitas. *O novo processo civil brasileiro*. 3ª ed. São Paulo: Atlas, 2017, pág. 126. Já Picardi, porém, basicamente propõe como limites à autocomposição três aspectos: o respeito à ordem pública e bons costumes, a necessidade de efetivo consenso e a disponibilidade sobre o direito negociado (Picardi, Nicola. *Manuale del Processo Civile*. 2ª ed. Milano: Giuffrè, 2010, pág. 657). No ensinamento de Mendonça Neto e Guimarães "direitos indisponíveis são previstos abstratamente e ninguém pode retirá-los do âmbito da titularidade de uma posição jurídica de um sujeito de direito. Mas isso não significa que o seu titular, no exercício de sua autonomia, não possa dele dispor em determinados casos. Logo, os direitos indisponíveis não se enquadram diretamente na categoria de direitos que inadmitem a autocomposição" (cit. Mendonça Neto, Delosmar Domingos de; Guimarães, Luciano Cezar Vernalha. Negócio jurídico processual, direitos que admitem a autocomposição e *pactum de non petendo*. *Revista de Processo*, São Paulo, Vol. 42, N.º 272, out/2017, pág. 426).

131. Entendem Pinho e lobo, inclusivamente, que "(...) diante dos termos adotados pelo legislador, aliados à ideia de ressignificação da indisponibilidade a partir das premissas da contemporaneidade, a abrangência do direito indisponível que não admite autocomposição deve ser reduzida às hipóteses nas quais haja vedação expressa ao acordo, ou quando a disposição violentar um direito fundamental do cidadão" (cf. Pinho, Humberto Dalla Bernardina de; Lobo, Julia Araripe Leite. Os negócios jurídicos processuais e alegação de existência de convenção de arbitragem. *Revista jurídica luso brasileira*, Vol. 4, N.º 1, 2018, pág. 683).

processuais "mesmo em casos que não comportam autocomposição"[132]. Por outro lado, ainda considera que os direitos que não comportam autocomposição seriam aqueles em que o Estado deveria obrigatoriamente se pronunciar[133]. Cadiet segue a mesma linha, prescindindo do requisito da autocomposição sempre que a disposição processual incida sobre normas de procedimento[134].

Ainda numa onda de flexibilização do requisito objetivo do 190, Peixoto propõe uma leitura do preceito que admita a possibilidade de negociação atípica mesmo em causas que versem sobre direitos que *não admitem autocomposição*, considerando apenas que um controlo jurisdicional mais acentuado e rigoroso se deverá impor. Na sua visão, o critério não tem razão de ser porque vincula a validade da negociação processual à viabilidade de solução consensual para o direito material, quando a disposição sobre um não tem necessariamente a ver com a possibilidade do outro. Ademais, inúmeros negócios jurídicos processuais típicos são previstos sem que esse requisito lhes seja imposto, pelo que não se justifica a disparidade de crité-

---

132. Talamini, Eduardo. *Um processo pra chamar de seu: nota sobre os negócios jurídicos processuais*, 2015, págs. 10-12, disponível em https://www.academia.edu/17136701/Um_processo_pra_chamar_de_seu_nota_sobre_os_negócios_jur%C3%ADdicos_processuais_2015_; última consulta em 23.08.2018. Por sua vez, em outro estudo, esclarece que "(...) nem sempre a autocomposição é atingida por meio de um ato de renúncia a pretensões e direitos (o que pressupõe disponibilidade do direito material). Por vezes, a autocomposição é reflexo da constatação, pelo sujeito envolvido no litígio, de que ele não tem razão, total ou parcialmente, naquilo em que vinha pretendendo. Toda vez que alguém constata que sua posição é insubsistente no conflito, em princípio, é possível (e desejável pelo ordenamento) que chegue a uma composição com o adversário. Apenas muito excepcionalmente o ordenamento veda que alguém que constata não ter razão componha-se com a parte contrária. Nesses casos excepcionais – reitere-se – há indisponibilidade não do direito material, mas da pretensão de tutela judicial: é obrigatório submeter a causa ao Judiciário" (cit. Talamini, Eduardo. A (in)disponibilidade do interesse público: consequências processuais (composições em juízo, prerrogativas processuais, arbitragem, negócios processuais e ação monitória) – versão atualizada para o CPC/2015. *Revista de processo*, São Paulo, Vol. 42, N.º 264, fev/2017, pág. 93).
133. Talamini, Eduardo. A (in)disponibilidade do interesse público: consequências processuais (composições em juízo, prerrogativas processuais, arbitragem, negócios processuais e ação monitória) – versão atualizada para o CPC/2015. *Revista de processo*, São Paulo, Vol. 42, N.º 264, fev/2017, *passim*.
134. Cadiet, Loïc. La qualification juridique des accords processuels. *In* Cabral, Antonio do Passo; Nogueira, Pedro Henrique (coord.). *Negócios Processuais*. 1ª ed. Salvador: Juspodivm, 2015, págs. 96-98.

rios. Limitações e condicionantes a existirem, deveriam relacionar-se com as próprias normas processuais[135].

Da mesma forma parecem colocar-se MENDONÇA NETO e GUIMARÃES. No seu entendimento, sempre que o objeto da lide envolver direito que não admita autocomposição, a negociação processual deverá ainda ser admitida, apenas sujeita ao controlo do magistrado sobre o *mérito* do pacto processual. Os autores propõem, assim, "que a limitação expressa no art. 190 do Código de Processo Civil seja interpretada de acordo com o espírito de valorização das partes no processo. Quando a pretensão à tutela judicial não puder ser dispensada, o negócio jurídico processual poderá ocorrer, desde que haja, sobre ele, o controle judicial"[136].

A opção por "autocomposição" e não "disponibilidade" ou "patrimonialidade", serve um propósito deliberado: permitir que a negociação processual se faça em termos amplos, sem ficar limitada à disponibilidade ou não do direito discutido na lide[137]; em outras palavras, obstar a quaisquer balizas ou limites que se coloquem hermenêuticamente como entrava à negociação processual em razão da indisponibilidade do objeto litigioso. Acompanhamos aqui os argumentos de LORENA BARREIROS, quando procura fundamentar este posicionamento amplo do termo autocomposição: (i) todo o arquétipo normativo do novo CPC está dirigido à valorização de soluções consensuais, de tal forma que o estímulo à prossecução de mecanismos alternativos consensuais de composição de litígios foi eleito norma fundamental (art. 3º, §3º do CPC); (ii) o embasamento da norma do art. 190 é princípio do processo (autorregramento da vontade das partes), que por sua vez se alicerça em princípio constitucional da liberdade, pelo que nessa conformidade deve ser reservada àquele interpretação que melhor

---

135. PEIXOTO, Renata Cortez Vieira. Negócios jurídicos processuais penais atípicos: uma análise da aplicabilidade do art. 190 Código de Processo Civil de 2015 aos processos criminais. *In* MARCATO, Ana, et. al. (coord.). NEGÓCIOS PROCESSUAIS. Salvador: Juspodivm, 2017, Vol. I, págs. 470-471.

136. MENDONÇA NETO, Delosmar Domingos de; GUIMARÃES, Luciano Cezar Vernalha. Negócio jurídico processual, direitos que admitem a autocomposição e *pactum de non petendo. Revista de Processo*, São Paulo, Vol. 42, N.º 272, out/2017, pág. 427.

137. Também neste sentido, BARREIROS, Lorena Miranda Santos. *Convenções Processuais e o Poder Público*. Salvador: Juspodivm, 2017, pág. 250; BUENO, Cássio Scarpinella. *Novo Código de Processo Civil anotado*. São Paulo: Saraiva, 2017, pág. 232. O autor chega inclusivamente a acrescentar que se trata "(...) de regra inequivocadamente voltada às partes e que, bem entendida, deveria estar alocada ao lado dos demais atos das partes, indo além das disposições que timidamente ocupam os arts. 200 a 202".

reforce a valorização principiológica que lhe subjaz; (iii) a existir dúvida interpretativa sobre o melhor entendimento a dar ao âmbito objetivo da norma, dever-se-á privilegiar a que se dirige à valorização da *liberdade* (*in dubio pro libertate*), por ser esse o melhor entendimento que se coaduna com um Estado Democrático de Direito[138]; (iv) uma interpretação sistemática do CPC permite evidenciar que o legislador *optou* pelo uso da expressão *direitos indisponíveis* quando regulou a inversão consensual do ônus probatório (art. 373, §3º), em razão da particular sensibilidade que essa situação jurídica processual tem perante o direito material litigioso - potencialidade para a disposição indireta ou reflexa do direito indisponível –; e se assim foi, i.e., se recorreu a duas expressões diferentes em diferentes normas no mesmo microssistema de autorregramento da vontade, não há razão para presumir o erro em detrimento do propósito; a melhor leitura dirá existir, para cada uma dessas normas, diferentes alcances normativos, porque subjacentes diferentes propósitos[139]. Até porque, noutro dispositivo igualmente antecipando poderes negociais (nomeadamente a escolha consensual do perito, art. 471, *caput* do CPC), o legislador propositadamente optou por seguir o critério do art. 190, elegendo a expressão "autocomposição" e não "indisponíveis".

7.I.4.2. Tendencial "irrelevância" argumentativa da indisponibilidade dos créditos salariais trabalhistas para a validade da negociação processual no processo do trabalho

Já vimos que o critério eleito foi o da autocomposição; mas em que medida a tendencial indisponibilidade pode, ou não, afetar a validade de negócios jurídicos processuais no processo do trabalho? Podem eles representar um óbice à sua celebração? Pergunta-se se o art. 190 do CPC tem alguma ligação com o objeto da *lide*, i.e., se envolvendo o objeto do litígio direito indisponível, ainda assim poderiam as partes celebrar convenções processuais atípicas.

A associação entre *indisponibilidade* do objeto litigioso do processo e *impossibilidade* de celebrar negócios processuais encontra-se erroneamente estabelecida, já que *da primeira não se pode necessariamente extrair a segunda.*

---

138. Da mesma forma, NERY JÚNIOR, Nélson; NERY, Rosa Maria Andrade. *Código de Processo Civil Comentado.* 16ª ed. São Paulo: RT, 2016, pág. 761.

139. BARREIROS, Lorena Miranda Santos. *Convenções Processuais e o Poder Público*. Salvador: Juspodivm, 2017, pág. 250-252.

A confusão em grande parte resulta do critério de *arbitrabilidade objetiva* eleito pelo legislador para admitir lides à arbitragem ou não (art. 1º da Lei n.º 9.307/96). Esse critério não pode, porém, ser transportado para o palco dos negócios processuais, pois a restrição a direitos disponíveis que é feita naquela justifica-se em razão de uma abertura muito grande à autonomia da vontade que não se manifesta nesta; afinal, apesar do postulado do autorregramento da vontade no processo, ela encontra-se sempre limitada pelo carácter público da relação processual.

Na doutrina, já se levantam algumas vozes no sentido de considerar relativa a disponibilidade das relações de trabalho e de processo trabalhista. Pensa-se, por exemplo, em ANDRÉ VASCONCELOS ROQUE[140], ou CAROLINA TUPINAMBÁ[141].

Os créditos salariais, *mesmo sendo tendencialmente indisponíveis, são susceptíveis de ser respeitados no processo.* Até direitos difusos têm sido objecto de meios alternativos de composição de litígios, mediante instrumentos como o TAC (Termo de Ajustamento de Conduta). Eleva-se uma clara tendência para o reforço de estruturas que premeiam a colaboração e o consenso, mesmo nas relações publicistas de direito do trabalho, o que demonstra claramente que os interesses públicos podem conviver com

---

140. ROQUE, André Vasconcelos. A arbitragem de dissídios individuais no Direito do Trabalho: uma proposta de sistematização. *Revista Fórum Trabalhista*, Vol. I, N.º 2, set-out/2012, págs. 13 ss.

141. TUPINAMBÁ, Carolina. *Garantias do processo do trabalho.* São Paulo: Ltr, 2014, págs. 61-62. Na sua obra, a autora destaca grande preocupação com a protecção do trabalhador efectuada de forma descontrolada e sem razão de ser. Para a autora, o processo do trabalho não pode proteger o trabalhador pela simples razão de que não existe tutela constitucional própria que consagre a da regra. Aquilo que a Constituição garante é o equilíbrio de forças no processo pelos litigantes, i.e., que as partes possam beneficiar de efectiva igualdade de armas na lide. Por outro lado, o texto fundamental também apresenta como finalidades o desenvolvimento social e econômico e de uma ordem jurisdicional justa. Não se pretende prestigiar de forma gratuita um litigante em detrimento do outro; qualquer norma nesse sentido seria considerada contrária ao texto constitucional. Naturalmente que o processo do trabalho deve ser cauteloso em assegurar situações de efectiva isonomia entre as partes e, por isso, tratar de forma desigual o que é desigual, por forma a que o conflito se faça de forma civilizada e em igualdade de armas. A autora finaliza no sentido de considerar que as tendências recentes dirigem-se no sentido de dar prevalência a procedimentos flexíveis e adaptáveis em detrimento de processos pré-formatados, i.e., um processo que privilegie o diálogo do juiz com as partes por forma a que, juntos, possam direcionar o processo no caminho que melhor lhes convier para acautelar os direitos materiais envolvidos.

soluções cooperativas[142]. Veja-se, a exemplo, que esta é uma questão que se coloca nos mesmos termos para a admissibilidade de a *Fazenda Pública* poder celebrar convenções processuais num palco de tendencial indisponibilidade dos interesses públicos[143-144]. Por *identidade de razão*, no âmbito do processo do trabalho, pode-se também afirmar que a indisponibilidade dos créditos salariais não implica uma automática indisponibilidade de todos os direitos processuais previstos no processo do trabalho. Sem prejuízo da tendencial indisponibilidade que premeia os direitos laborais, nada obsta a que as partes possam convencionar sobre prazos, prova, suspensão processual, formalidades de atos processuais etc.

Até porque basta considerar que poderão equacionar-se convenções processuais que simplesmente *reforcem aquela proteção* já prevista pelo o ordenamento para os direitos indisponíveis: seja porque se convenciona a ampliação de prazo para apresentação de defesa pelo trabalhador, seja porque se fixa como foro competente para a demanda o do domicílio do empregado, ou ainda porque se ampliam os meios de prova à disposição do trabalhador[145]. A técnica de *negociação processual não trata necessariamente de restringir o direito* litigioso discutido pelas partes[146].

---

142. Neves, Rodrigo Santos. Audiências de conciliação e a Fazenda Pública: o dogma da indisponibilidade do interesse público em juízo. *Revista dos tribunais*, São Paulo, Vol. 990, Ano 107, abr/2018, págs. 298-304.

143. Cianci, Mirna, Megna, Bruno Lopes. Fazenda Pública e negócios jurídicos processuais no novo CPC: pontos de partida para o estudo. *In* Cabral, Antonio do Passo; Nogueira, Pedro Henrique (coord.). *Negócios Processuais*. 2ª ed. Salvador: Juspodivm, 2016, págs. 626 ss.; e Santos, Tatiana Simões dos. Negócios processuais envolvendo a Fazenda Pública. *In* Cabral, Antonio do Passo; Nogueira, Pedro Henrique (coord.). *Negócios Processuais*. 2ª ed. Salvador: Juspodivm, 2016, pág. 641 ss.

144. Até inclusivamente em áreas caras à indisponibilidade das partes, como é o direito penal, se admitem em maior ou menos medida, margem para consensos, e não apenas no âmbito dos juizados especiais (menor nível de ofensa), como também nos casos de alta relevância, para que se possa prosseguir interesse público relevante (ex. conhecimento da quadrilha e não apenas de criminoso). Mesmo aqui, surgem cada vez mais lugares onde cabe mediação penal, composição amigável de danos, colaboração premiada, transação penal, suspensão condicional do processo, etc.

145. Cabral, Antonio do Passo. A resolução n.º 118 do Conselho Nacional do Ministério Público e as convenções processuais. *In* Cabral, Antonio do Passo; Nogueira, Pedro Henrique (coord.). *Negócios Processuais*. 2ª ed. Salvador: Juspodivm, 2016, pág. 687.

146. Veja, Germán Hiralde; Causse, Federico. La celeridad procesal a cargo de las partes (invitación del proprio juez de la causa). *In* Cabral, Antonio do Passo; Nogueira, Pedro Henrique (coord.). *Negócios Processuais*. 2ª ed. Salvador: Juspodivm, 2016, pág. 517. Como apontam os autores "(...) *en la actualidad no se buscaría garantizar un dere-*

PEDRO HENRIQUE NOGUEIRA[147] já salientava que da faculdade de se dispor sobre uma situação jurídica processual - como dos próprios poderes processuais - não resulta, *de forma imediata e automática*, idêntica disposição no plano jurídico-substancial do objecto litigioso, pelo que deverá ser admitida a negociação processual, mesmo que a lide verse sobre direitos indisponíveis[148]. Mesmo retrocedendo mais um pouco, já mesmo GRECO, no seu estudo dedicado à negociação processual em 2007, alertava para o fato de que mesmo os titulares de direitos indisponíveis poderiam dispor do processo e das suas faculdades processuais, desde que essa sua utilização não implicasse, direta ou indiretamente, a afetação do seu direito material[149].

---

cho de defensa que ya aparece asegurado normativamente por las leyes de procedimiento sino, en todo caso, lograr una armonía entre esa garantía sustancial y los derechos de quienes tienen la justa expectativa de lograr que una condena judicial ponga fin a una conducta antijurídica en un término razonable. Más aún, ante la escasez de recursos, resulta necesario optimizar las etapas procesales para garantizar condiciones de acceso igualitarias a todos los justiciables".

147. NOGUEIRA, Pedro Henrique. *Negócios Jurídicos Processuais: Análise dos Provimentos Judiciais como Atos Negociais*. Tese de Doutoramento (UFBA). Salvador: 2011, pág. 145. Nas palavras do autor, de facto, a melhor doutrina acaba por considerar ser indiferente ao autorregramento da vontade das partes no processo, a disponibilidade ou indisponibilidade do direito subjectivo em confronto na lide. Também no mesmo sentido, ABREU, Rafael Sirangelo de. A igualdade e os negócios processuais. *In* CABRAL, Antonio do Passo; NOGUEIRA, Pedro Henrique (coord.). *Negócios Processuais*. 2ª ed. Salvador: Juspodivm, 2016, pág. 297.

148. Neste sentido, DIDIER JR., Fredie. *Curso de Direito Processual Civil*. 17ª ed. Salvador: Juspodivm, 2015, vol. I, pág. 387; GAJARDONI, Fernando da Fonseca; DELLORE, Luiz; ROQUE, Andre Vasconcelos; OLIVEIRA JR., Zulmar Duarte de. *Teoria Geral do Processo: Comentários ao CPC de 2015*. 2ª ed. Rio de Janeiro: Forense, 2015, vol. I, pág. 619; THEODORO JÚNIOR, Humberto; NUNES, Dirlei; BAHIA, Alexandre Melo F, PEDRON, Flávio Quinaud. *Novo CPC: fundamentos e sistematização*. 2ª ed. Rio de Janeiro: Forense, 2015, pág. 296; CUNHA, Leonardo Carneiro da. Comentários ao artigo 190º e 191. *in* CABRAL, Antonio do Passo, CRAMER, Ronaldo (coord.). *Comentários ao Novo Código de Processo Civil*. 2ª ed. São Paulo: Forense, 2016, pág. 327; BUENO, Cássio Scarpinella. *Manual de Direito Processual Civil*. 2ª ed. São Paulo: Saraiva, 2016, pág. 190; CABRAL, Antonio do Passo. *Convenções Processuais*. Salvador: Juspodivm, 2016, pág. 397; SCHNEUDER, Caroline. O novo procedimento comum e a cláusula geral de negociação processual no novo Código de Processo Civil. *Revista Dialética de Direito Processual*, São Paulo, n.º 153, dez/2015, pág. 30.

149. Os atos de disposição processual - primeiras reflexões. *Revista Eletrônica de direito processual*, Rio de Janeiro, Vol. I, N.º 1, out-dez/2007, pág. 10. No mesmo sentido, ainda antes da edição do CPC/15, também HOFFMAN, Paulo. *Saneamento compartilhado*. São Paulo: Quartier Latin, 2011, págs. 196-197.

Foi no mesmo sentido que o FPPC aprovou o *Enunciado n.º 135*, onde se pode ler que a validade de convenção processual não depende de indisponibilidade do direito material que compõe o objecto litigioso.

Se este fosse o critério prevalecente para recusar a negociação em processo do trabalho, mal se consegue compreender como é que o Ministério Público, enquanto parte ou terceiro na relação processual possa celebrar convenções processuais. A recente aprovação da *Resolução n.º 118* do Conselho Nacional do Ministério Público veio deixar clara esta possibilidade em todos os ramos jurídicos onde o Ministério Público atua. A ser assim, mal seria compreenderia que o processo do trabalho fosse o único ramo processual onde, ao contrário de todos os outros, o MP não pudesse convencionar sobre o procedimento[150].

Podemos então sustentar que, apesar da tendencial indisponibilidade dos direitos trabalhistas, esta sua natureza não representa um óbice suficiente para impedir que as partes possam negociar sobre aspetos do procedimento ou suas situações jurídicas processuais que *não prejudiquem a tutela* dos seus direitos materiais[151].

---

150. Cabral, Antonio do Passo. A resolução n.º 118 do Conselho Nacional do Ministério Público e as convenções processuais. *In* Cabral, Antonio do Passo; Nogueira, Pedro Henrique (coord.). *Negócios Processuais*. 2ª ed. Salvador: Juspodivm, 2016, págs. 687-689. Esta resolução, de facto, teve como foco os mecanismos de autocomposição de litígios no âmbito do Ministério Público. Entre as várias disposições, destacam-se as disposições que apelam ao empoderamento das partes no processo, cortando as suas relações de dependência para com o Estado (art. 2º) e ao aperfeiçoamento do uso de mecanismos de autocomposição de litígios pelo MP (arts. 1º e 4º). Entre aqueles métodos de autocomposição, a resolução menciona ao lado da mediação, conciliação, negociação, o papel das convenções processuais (arts. 15-17). A capacidade genérica para o MP celebrar negócios processuais onde, para além do direito material, verse sobre a constituição, extinção ou modificação de situações jurídicas, vem disciplinada no art. 16. Para além disso, recomenda-se o uso da técnica de negociação processual sempre que seja necessário à adaptação e flexibilização do processo, para que se obtenha uma adequação e efetivação da tutela jurisdicional aos direitos materiais em disputa e, bem assim, sempre que o acordo salvaguardar a protecção dos direitos processuais fundamentais (art. 15). Por outro lado, a resolução ainda prevê que as convenções sejam feitas com respeito pelo diálogo e com recurso a condutas colaborativas, por forma a que restaurem certa convivência harmónica entre as partes e promovam a pacificação do conflito.

151. Junqueira, Fernanda Antunes Marques; Maranhão, Ney. Negócio processual no processo do trabalho: apontamentos gerais", *in* Colnago, Lorena Rezende, Nahas, Thereza Christina (coord.). *Processo do Trabalho Atual, Aplicação dos enunciados dos Fórum nacional e da instrução normativa do TST*. São Paulo: RT, 2016, pág. 141.

De qualquer forma, e sem prejuízo do que aqui ficou dito, não deixamos de reconhecer, com CABRAL, que a indisponibilidade dos direitos materiais somada a outras circunstâncias pode inviabilizar a negociação processual *em concreto*. Isso verificar-se-á sempre que a convenção puder afetar consideravelmente - e *ainda que de forma indireta ou reflexa* - a capacidade da parte "proteger" os seus direitos, isto é, sempre que do negócio processual resulte uma situação jurídica tal que coloque o titular do direito numa posição profundamente complicada para defender os seus direitos na lide[152].

7.I.4.3. Demandas onde não há direitos indisponíveis trabalhistas

Vimos que no processo do trabalho não é possível sustentar a ideia de um princípio especial da indisponibilidade das situações jurídicas processuais que existiria em razão de uma instrumentalidade do processo ao direito material. Vimos também que, mesmo admitindo uma *tendencial* indisponibilidade dos créditos laborais, esse fator não interfere diretamente com a admissibilidade de convenções processuais pelo trabalhador,

---

152. Como se posiciona CABRAL, "(...) a convenção processual poderá, indireta ou reflexamente, afetar a resolução de questões referentes aos interesses materiais. Atos de disposição processual não podem atingir efeitos proibidos no direito material. A disposição de direitos processuais não pode, *v.g.*, implicar indiretamente em renúncia a direitos materiais irrenunciáveis. Nestes casos, a intensidade de dependência entre a convenção processual e a norma material pode levar a um maior ou menor impacto que o acordo processual pode gerar na incidência concreta da norma substancial, e assim conduzir à inadmissibilidade do acordo processual. Por exemplo, um *pactum de non petendo* muito longo referente a uma pretensão ao pagamento de alimentos não poderia ser firmado porque há claras restrições, no próprio direito material, a respeito da renunciabilidade dos alimentos (art. 1.707 do CC)" (cit. CABRAL, Antonio do Passo. *Convenções Processuais*. Salvador: Juspodivm, 2016, pág. 299). No mesmo sentido, também DIDIER alerta para a situação, asseverando que "embora o negócio processual ora estudado não se refira ao objeto litigioso do processo, é certo que a negociação sobre as situações jurídicas processuais ou sobre a estrutura do procedimento pode acabar afetando a solução do mérito da causa. Um negócio sobre prova, por exemplo, pode dificultar as chances de êxito de uma das partes. Esse reflexo que o negócio processual pode vir a causar na resolução do direito litigioso justifica a proibição de sua celebração em processos cujo objeto não admita autocomposição" (cit. DIDIER JR., Fredie. Negócios jurídicos processuais atípicos no CPC-2015. *In* MARCATO, Ana, et. al. (coord.). NEGÓCIOS PROCESSUAIS. Salvador: Juspodivm, 2017, Vol. I, págs. 174-175). Entretanto, não ignoramos posicionamentos, como os de TARTUCE, que considera ser difícil desconsiderar a indisponibilidade do direito material discutido no processo dada a particular necessidade de tutela que eles têm (TARTUCE, Flávio. *Impactos do novo CPC no Direito Civil.* Rio de Janeiro: Forense, 2015pág. 115).

já que a lei apenas se preocupou com o fato de o direito litigioso admitir autocomposição e a disponibilidade sobre um direito processual não põe necessariamente em causa o material. Pretendemos analisar agora outro argumento que corrobora a plena possibilidade de se aplicar o art. 190 do CPC ao processo do trabalho e admitir que os seus intervenientes possam celebrar convenções processuais atípicas. É que, mesmo que se admita a necessidade de assumir cautelas à convencionalidade processual quando o direito material que se visa salvaguardar é indisponível e, bem assim, que há uma forte tendência para a indisponibilidade da maioria dos objetos litigiosos que se disputam na Justiça do Trabalho, a verdade é que nem todas as demandas instauradas no judiciário trabalhista envolvem créditos alimentares indisponíveis. Apesar da grande maioria dos pleitos envolver realmente direitos indisponíveis, nem sempre é assim. Não-raro, são pleiteadas indenizações por danos morais em resultado de despedida sem justa causa (ou arbitrária), indenizações e multas previstas em instrumentos normativos da categoria, multas por falta de anotação na carteira de trabalho, indenização pelo não pagamento dos ajustes referentes à participação nos lucros da empresa etc. Ora, todos estes créditos não têm natureza salarial, não são, por isso, indisponíveis e, portanto, são lides propícias a viabilizar significativamente a negociação processual.

7.I.4.3.1. Parcelas devidas de relações de trabalho[153] (autônomo, eventual, avulso, de pequena empreitada, prestação de serviços e outras)

Sem prejuízo do que já falámos acerca destes trabalhadores em matéria de ausência de vulnerabilidade, após a Emenda Constitucional n.º 45/04[154] e a dilatação de competência da Justiça Trabalhista para *conhecer pleitos de relações de trabalho (não-emprego)*, levou-a a aceitar uma série de pleitos cí-

153. Neste capítulo a expressão usada em sentido técnico e restrito para descrever situações jurídicas trabalhistas mas não de emprego.

154. Dando conta da evolução jurisdicional que já se traça a caminho da amplitude da competência da Justiça do Trabalho, mesmo antes da EC 45/04, e que terá passado pela edição de uma série de enunciados como o 19 (quadro de carreira), 189 (abusividade de greve), 300 (registro do PIS), bem como orientações jurisprudenciais como a OJ 26 (complementação de pensão requerida por viúva de ex-empregado), a OJ 138 (competência residual), OJ 141 (descontos previdenciários e fiscais), OJ 210 (seguro-desemprego) e OJ 327 (dano moral); cf. Menezes, Cláudio Armando Couce de. A Emenda Constitucional 45 e algumas questões acerca da competência e do procedimento na Justiça do Trabalho. *Revista de Direito do Trabalho*, São Paulo, Vol. 118, 2005, pág. 28.

veis envolvendo a cobrança de parcelas oriundas de *relações de trabalho*[155-156]. Aqui se incluem ações instauradas por trabalhadores autônomos, eventuais, avulsos, pequenos empreiteiros[157] e prestadores de serviços[158]. Fundamental

155. Discutindo precisamente o conflito interpretativo que pode resultar da articulação do inc. I com o inc. IX, Husek, Carlos Roberto. Ideias para uma interpretação do artigo 114 da Constituição Federal. *In* Coutinho, Brijalbo Fernandes, Fava, Marcos Neves (coord.). *Justiça do Trabalho: competência ampliada.* São Paulo: LTr, 2005, págs. 51-52, Saad, Eduardo Gabriel. *Curso de Direito processual do trabalho.* 6ª ed. São Paulo: LTr, 2008, págs. 316-317, entre muitos outros. Esta foi uma querela que opôs parte da doutrina juslaboralista, não apenas pela dúvida interpretativa que realmente geravam os dois incisos, mas também pela tentativa (levada a cabo por alguns) de restringir a Reforma da competência da Justiça do Trabalho. Para o efeito, tentava-se argumentar que o inc. I ao substituir relações de emprego por relações de trabalho, mais não fez do que usar sinónimo, fazia-se uso do princípio da valorização do trabalho e da preservação da essência da Justiça do Trabalho, entre outros. Neste sentido, por exemplo, Adorno Júnior, Helcio Luiz. A competência da Justiça do Trabalho para dirimir, conflitos decorrentes das relações de trabalho. *Revista de Direito do Trabalho*, São Paulo, Vol. 38, N.º 145, jan-mar/2012, pág. 149; Souto Maior, Jorge Luiz. *Relação de emprego e direito do trabalho.* São Paulo: LTr, 2007, pág. 113.

156. Chegando mesmo a haver quem apontasse a possibilidade de incluir aqui relações de consumo, a exemplo de Melo Filho, Hugo Cavalcanti. Nova Competência da Justiça do Trabalho: Contra a Interpretação Reacionária da Ementa n. 45/2004. *In* Coutinho, Brijalbo Fernandes, Fava, Marcos Neves (coord.). *Justiça do Trabalho: competência ampliada.* São Paulo: LTr, 2005, págs. 179-180. Nestas situações, o obreiro mesmo podendo ser considerado hipossuficiente em relação ao seu empregador e se encontrasse numa situação de fragilidade económica, não seria a parte protegida no processo trabalhista, mas sim o consumidor, destinatário da tutela estatal.

157. Nos termos do art. 652 inc. III, da CLT (c/c arts. 610 ss. do CC), a justiça do trabalho é competente para julgar "os dissídios resultantes de contratos de empreitadas em que o empreiteiro seja operário ou artífice". Está aqui em causa não qualquer tipo de empreitada, mas apenas as chamadas pequenas empreitadas. O porquê desta hipótese ter sido expressamente prevista pelo legislador prende-se com a intenção de lhe conferir dignidade e garantir que os valores sociais do trabalho são inequivocamente extensíveis ao empreiteiro, que, por ser um trabalhador autônomo, prestar os seus serviços de forma pessoal e sem recurso a terceiros, merece, de forma clara, ter o seu acesso facilitado à célere justiça trabalhista. Os pedidos que determinarão o seu pleito não serão, naturalmente, verbas trabalhistas previstas na CLT, mas apenas parcelas decorrentes do contrato, obrigações previamente ajustadas ou ainda reconhecimento do vínculo de emprego. Não assume aqui relevância para a qualificação destes pequenos empreiteiros o valor financeiro da obra ou a duração desta. Neste sentido, Almeida, Ísis de. *Manual de direito processual do trabalho.* 9ª Ed. São Paulo: LTr, 1998, vol. I, pág. 219, Saad, Eduardo Gabriel. *Curso de Direito processual do trabalho.* 3ª ed. São Paulo: LTr, 2002, pág. 282; Schiavi, Mauro. *Manual de Direito Processual do Trabalho.* 12ª ed. São Paulo: LTr, 2017, pág. 248.

à inclusão destas relações sob a alçada da Justiça do Trabalho é o carácter *pessoal* com que a prestação é levada a cabo[159].

Diante a impossibilidade de reconhecer o vínculo empregatício, por inexistentes os requisitos qualificantes, pode o prestador do trabalho formular *pedido sucessivo de pagamento das parcelas devidas do seu contrato*[160]; pedido este que o magistrado da Vara irá julgar *fazendo uso das disposições previstas no CC e não da CLT*. Desta forma, a retribuição que eventualmente seja pleiteada, não será a do 45 ss da CLT, mas a do art. 597 do CC; da mesma forma, a alegação da prescrição obedecerá às regras do direito comum e não ao art. 7º, inc. XXIX da CF.

Em suma, a especial sensibilidade que eventualmente se colocaria à negociação processual trabalhista, por envolver créditos indisponíveis que poderiam ser indiretamente afetados pela supressão ou renúncia a certas faculdades processuais, não se levanta nestas hipóteses. A negociação pro-

---

158. Assim, corretores, médicos, advogados, engenheiros, arquitetos, transportadores, empreiteiros, diretores de sociedades anónimas sem vínculo empregatício, representantes comerciais, consultores etc. (Mallet, Estêvão. Apontamentos sobre a Competência da Justiça do Trabalho após a Ementa Constitucional n. 45. *In* Coutinho, Brijalbo Fernandes, Fava, Marcos Neves (coord.). *Justiça do Trabalho: competência ampliada*. São Paulo: LTr, 2005, pág. 72). Se um médico tiver prestado serviços a determinado cliente que não lhe tenha pago honorários correspondentes, pode o médico demandar o cliente na Justiça do Trabalho. Já no caso dos honorários serem advocatícios – e não de sucumbência mas contratuais – tem-se entendido que a competência de Justiça do Trabalho abrangerá apenas o caso daqueles que sejam devidos por ação ajuizada na própria Justiça do Trabalho; se a ação tiver sido prestada em tribunal comum, a justiça competente para os executar não seria a trabalhista. Neste contexto, a OJ n.º 138 da SDI-II que declara ser a Justiça do Trabalho "incompetente para apreciar ação de cobrança de honorários advocatícios, pleiteada na forma do art. 24, §§1º e 2º, da Lei n. 8.906/94, em face da natureza civil do contrato de honorários" deve ser interpretada restritivamente para abranger apenas aquela segunda situação. Cf. Teixeira Filho, Manoel Antônio. *Curso de direito processual do trabalho: processo de conhecimento*. São Paulo: LTr, 2009, Vol. I, pág. 412.

159. Melo Filho, Hugo Cavalcanti. Nova Competência da Justiça do Trabalho: Contra a Interpretação Reacionária da Ementa n. 45/2004. *In* Coutinho, Brijalbo Fernandes, Fava, Marcos Neves (coord.). *Justiça do Trabalho: competência ampliada*. São Paulo: LTr, 2005, pág. 177.

160. Assim, por exemplo, o aviso prévio de 7 dias (art. 599 CC), indenização equivalente à metade do período restante (art. 603 CC). *V.* Dallegrave Neto, José Affonso. A nova competência trabalhista para julgar ações oriundas da relação de trabalho. *Revista do TST*, Porto Alegre, Vol. 71, N.º 1, jan-abr/2005, pág. 242; Carmo, Júlio Bernardo do. Da ampliação da competência da Justiça do Trabalho e da adequação de ritos procedimentais. Exegese tópica e simplista da Emenda Constitucional nº 45/2004, que cuida da reforma do Poder Judiciário. *Jus Navigandi*, Teresina, Ano 9, N.º 552, jan/2005, pág. 40.

cessual haverá de se ter por admitida nos mesmos termos e limitações a que se moldam no processo civil.

7.I.4.3.2. Ações sobre representação sindical, entre sindicados, entre sindicatos e trabalhadores, entre sindicatos e empregadores e litígios envolvendo o direito de greve

Nos termos do art. 114, inc. II da CF, a Justiça do Trabalho pode conhecer e julgar pleitos que não envolvam créditos salariais indisponíveis, mas os *termos do exercício do direito à greve*. Até à EC 45/2004 os tribunais trabalhistas poderiam julgar se determinado movimento e paralisação era ou não abusiva (Súmula 189 do TST[161]) e ainda julgar o dissídio coletivo. Já não as repercussões e consequências que essa mesma greve importava no plano civil, remetidas à competência dos tribunais comuns.

Interdito inibitório prévio, que garanta a possibilidade de exercer este direito pela classe dos trabalhadores ou mesmo terceiros[162], ações possessórias instauradas pelo empregador para proteção da sua propriedade[163], ações indenizatórias para reparação de danos[164] – instauradas quer por trabalha-

---

161. "Greve. Competência Da Justiça Do Trabalho. Abusividade. A Justiça do Trabalho é competente para declarar a abusividade, ou não, da greve" (Súmula 189 do TST).

162. Vejamos que o art. 114, inc. II da CF não limita as ações decorrentes da greve a querelas vinculadas à relação de trabalho, i.e., para as partes que estão envolvidas no conflito laboral. *V.* acórdão do TRT, 3ª Região, 3ª Turma, Processo de Recurso Ordinário n.º 00737.2006.114.03.00.0, Relator Juiz Irapuan de Oliveira Teixeira Lyra, Data de Julgamento 11.11.2006, onde se reconheceu legitimidade não apenas a funcionários mas também a clientes de agência bancária para instauração de interdito proibitório para obter livre acesso às agências daquelas. Entendendo em sentido contrário, Manus, Pedro Paulo Teixeira. A competência da Justiça do Trabalho e a Emenda constitucional n. 45/04: aspecto processuais da reforma. *In* Manus, Pedro Paulo Teixeira, Romar, Carla Teresa Martins, Gitelman, Suely Ester (coord.). *Competência da Justiça do Trabalho e EC n. 45/2004.* São Paulo: Atlas, 2006, pág. 95. Em sentido contrário, considerando que a EC não pretendeu dar competência à Justiça do Trabalho para julgar ações civis ligadas à defesa da posse, Teixeira Filho, Manoel Antônio. *Curso de direito processual do trabalho: processo de conhecimento.* São Paulo: LTr, 2009, Vol. I, págs. 416-417.

163. O STF já fixou Súmula reiterando a competência da justiça do trabalho para conhecer estas matérias. *V.* Súmula Vinculante n.º 23 ("A Justiça do Trabalho é competente para processar e julgar ação possessória ajuizada em decorrência do exercício do direito de greve pelos trabalhadores da iniciativa privada").

164. Neste sentido, Schiavi, Mauro. *Manual de Direito Processual do Trabalho.* 12ª ed. São Paulo: LTr, 2017, pág. 263; Melhado, Reginaldo. *Metamorfoses do capital e do trabalho.* São Paulo: LTr, 2006, pág. 249.

dores, empregadores ou mesmo terceiros[165] –, poderão ser conhecidas por esta Justiça[166]. Em causa poderão estar tanto ações coletivas, quanto ações individuais, que envolvam diretamente partes participantes, como terceiros – *v.g.* vizinhos ou empresas contíguas – que possam ser afetados.

Quanto às matérias de representação sindical, dizer que até à EC n.º 45/04 a Justiça do Trabalho apenas conhecia e se pronunciava sobre ações envolvendo sindicatos, quando estes agissem em representação ou em substituição processual (art. 8º, III da CF), mas nunca admitindo pleitos onde estes se encontrassem a formular pedido sobre direito próprio ou sobre querelas internas em matéria sindical (ex. registro, eleições, remunerações de dirigentes etc.[167]). Posteriormente, com Lei n.º 8.984/95 (art. 1º), a edição da Súmula 222 do STJ[168] e OJ n.º 290 do TST[169], entendeu-se que *era da Justiça Comum* a competência para julgar controvérsias sobre contribuições sindicais e cumprimento de convenções coletivas mesmo quando ocorressem entre sindicatos entre si[170]. Agora, após a nova redação do art. 114 da CF, o seu inciso III prevê expressamente a hipótese, estendendo a possibilidade de ajuizar na Justiça especializada lides onde os sindicatos

165. Quer ainda mediante ação civil pública, instaurada pelo MPT ou Procuradoria-Geral do Estado.

166. Em sentido contrário já entendeu, porém, o STJ em acórdão de 2006: "(...) I. É de competência da Justiça Comum estadual processar e julgar ação em que se busca garantir livre acesso a funcionários e clientes junto à empresa, na medida em que o pedido e a causa de pedir do interdito proibitório não envolva matéria trabalhista (...) (acórdão do STJ, 4ª Turma, Processo de Agravo Regimental no Agravo de Instrumento n.º 720.362.2005.0187156.1. Relator Ministro Aldir Passarinho Junior, Data da Julgamento 07.02.2006).

167. Com arrimada argumentação contrária à intervenção da Justiça do Trabalho e do MPT à *selfgovernance* sindical, em apelo à liberdade sindical, Arouca, José Carlos. Democracia e autonomia sindical frente ao Ministério do Trabalho, Ministério Público e a Justiça do Trabalho. *Revista LTr,* São Paulo, Vol. 78, N.º 11, nov/2014, pág. 1314.

168. "Compete à Justiça Comum processar e julgar as ações relativas à Contribuição Sindical prevista no art. 578 da CLT" (Súmula n.º 222 do STJ).

169. "Contribuição Sindical Patronal. Ação de Cumprimento. Incompetência da Justiça do Trabalho. É incompetente a Justiça do Trabalho para apreciar a lide entre sindicato patronal e a respetiva categoria econômica, objetivando cobrar a respetiva contribuição assistencial".

170. Até à edição da Lei n.º 8.984/95, os pleitos para garantia de cumprimento de cláusula de convenção coletiva eram apenas admitida à jurisdição trabalhista se as normas coletivas tivesse sido homologadas previamente em dissídio coletivo (Súmula 57.º do STJ).

atuem com interesse próprio[171]. Conflitos de representação, resposta contra atos atentatórios à liberdade sindical, eleições sindicais, contribuição sindical, cumprimento ou *anulação de cláusulas* previstas em instrumentos de regulamentação coletiva[172], demandas contra MPT ou CEF etc.[173], são exemplos típicos que agora soçobram sob a ampla esfera de competência da Justiça Trabalhista[174].

---

171. GIGLIO, Wagner; CORRÊA, Claudia Giglio Veltri. *Direito Processual do Trabalho.* 15ª ed. São Paulo: Saraiva, 2005, pág. 50. Sindicato é usado aqui no sentido amplo do termo, para incluir sindicatos, federações, confederações e ainda centrais indicais. No entendimento de SCHIAVI ainda se podem incluir também os comités de empresa ou representação no local de trabalho (art. 11 da CF) e grupos de trabalhadores que integrem e participem na gestão empresarial (art. 7º, XI da CF) (cf. SCHIAVI, Mauro. *Manual de Direito Processual do Trabalho.* 12ª ed. São Paulo: LTr, 2017, pág. 265).

172. Mas a legitimidade do sindicato para dar entrada deste tipo de ações não é líquida na doutrina. Há quem entenda que a legitimidade para anulação de cláusulas de instrumentos coletivos é exclusiva do MPT (MARTINS FILHO, Ives Gandra da Silva. *Processo Coletivo do Trabalho.* 4ª ed. São Paulo: LTr, 2009, pág. 250); quem entenda que MPT e entidades sindicais têm legitimidade (GONÇALVES JÚNIOR, Mário. Ação anulatória de cláusulas convencionais. *Revista Trabalho & Doutrina*, São Paulo, Vol. 13, jun/1997, pág. 20) e ainda quem entenda que também o trabalhador o pode fazer, desde que como pedido incidental em reclamação trabalhista, ou o sindicato como substituto processual, e o empregador em caso de convenção coletiva (TEIXEIRA FILHO, Manoel Antonio. *Curso de direito processual do trabalho: processo de conhecimento.* São Paulo: LTr, 2009, Vol. III, pág. 2740; REMÉDIO JR., José Ângelo. Da eficácia das decisões do dissídio coletivo jurídico e da ação anulatória de negociação coletiva. *Revista LTr*, São Paulo, Vol. 74, N.º 11, nov/2010, pág. 1320).

173. Assim, ações que verem sobre representação sindical (legitimidade do processo eleitoral, questionamento da Assembleia Geral, problemas com legitimidade de representação), entre sindicatos (controvérsia quanto à base territorial, enquadramento sindical, execução de cláusulas obrigacionais de CCT, cisão de categorias), entre sindicatos e trabalhadores (filiação, contribuições, prerrogativas da filiação, disputa para cargo de direção e representação, sobre os empregados do sindicato, relações entre sindicato patronal e empregador) e entre sindicatos e empregadores (repasse dos descontos dos trabalhadores para os sindicatos, recolhimento de imposto sindical, cobrança de multas convencionais, garantir liberdade sindical). Cf. LIMA, Francisco Meton Marques de. *Manual de processo do trabalho.* 2ª ed. São Paulo: LTr, 2008, pág. 49.

174. Considerando que a EC não quis outorgar competência à Justiça do Trabalho para julgar qualquer conflito entre sindicatos, mas apenas aqueles que tenham por objeto problemas de *representação sindical e seus efeitos*, TEIXEIRA FILHO, Manoel Antônio. *Curso de direito processual do trabalho: processo de conhecimento.* São Paulo: LTr, 2009, Vol. I, pág. 418.

Embora haja dúvidas quanto à leitura mais ou menos ampla a dar a este dispositivo[175], entendemos que o regramento haverá de ser interpretado de forma ampla, abrangendo (i) litígios de sindicatos entre si – na disputa de interesses próprios – em matérias de representação da categoria[176], (ii) litígios internos ao próprio sindicato, em relação aos seus associados ou perante terceiros[177], (iii) e lides que envolvam matéria de contribuições sindicais[178].

Também aqui, a especial sensibilidade que eventualmente se colocaria à negociação processual trabalhista, por envolver créditos indisponíveis que poderiam ser indiretamente afetados pela supressão ou renúncia a certas faculdades processuais, não se levanta nestas hipóteses. A negociação processual haverá de se ter por admitida nos mesmos termos e limitações a que se moldam no processo civil.

7.I.4.3.3. *Habeas corpus* e *habeas data*

Apesar das dúvidas antes da EC 45/04 sobre a competência da Justiça do Trabalho para conhecer pedidos de *habeas corpus*, hoje a sua admissibilidade

---

175. Assim, há quem entenda que apenas estão abrangidas aqui as querelas entre sindicatos e terceiros ou entre trabalhadores e empresas quanto ao exercício da representação sindical; outros consideram não estarem apenas abrangias querelas sobre representação sindical, estendendo a competência a ações sobre matéria sindical *lato sensu*, de lítios entre sindicatos e empregados, ou entre aqueles e empregadores. Neste último sentido, Schiavi, Mauro. *Manual de Direito Processual do Trabalho*. 12ª ed. São Paulo: LTr, 2017, pág. 266; Enunciado n.º 24 da 1ª Jornada de Direito Material e Processual do Trabalho ("Competência da justiça do trabalho. Conflitos inter e intrassindicais. Os conflitos inter e intrassindicais, inclusive os que envolvam sindicatos de servidores públicos (estatutários e empregados públicos), são da competência da Justiça do Trabalho".

176. Ex. problemas quanto à representatividade, de reconhecimento de vínculo sindical entre sindicato e federação, cautelares, fusão e desmembramento etc. *V.* Schiavi, Mauro. *Manual de Direito Processual do Trabalho*. 12ª ed. São Paulo: LTr, 2017, págs. 266-267.

177. Ex. onde se questione a legalidade da criação do sindicato, por exemplo diante do registro sindical ou entidades cartorárias, que envolvam problemas de convocação de assembleia sindical, eleições para cargos sindicais (o que implica a desconsideração da Súmula n.º 4 do STJ que diz ser da justiça comum a competência para causa que decorra de processo eleitoral sindical), ação em que dirigente acione sindicato para cobrança de honorários e outros créditos etc. *V.* Schiavi, Mauro. *Manual de Direito Processual do Trabalho*. 12ª ed. São Paulo: LTr, 2017, págs. 267.

178. Ex. ação de consignação em pagamento em caso de dúvidas sobre o credor sindical devido.

resulta não apenas da sua natureza de remédio constitucional[179], mas também de dispositivo fundamental no art. 114, inc. IV da CF. Na Justiça do Trabalho, o uso deste remédio pode ver-se associado a, por exemplo, prisão ilegal de depositário infiel em fase de execução de sentença trabalhista, descumprimento de ordem judicial de obrigação de fazer ou não fazer ou, mesmo que praticados por sujeito privado, contra aprisionamento ilegal de empregado por empregador por qualquer motivo[180]. Não obstante a competência desta Justiça especializada, diante a omissão de regramento específico processual na CLT, o procedimento aplicável para a sua regulação será não o da CLT (arts. 643 ss.), mas o do CPP (arts. 647 ss), por força da aplicação subsidiária do direito comum – processual penal – ao processo do trabalho (art. 769 da CLT)[181].

Também nas ações de *habeas data* da Justiça do Trabalho é chamada a julgar casos que não envolvem direitos indisponíveis trabalhistas, senão outros: acesso ao conhecimento sobre determinadas informações ou retificação de dados (art. 5º, inc. LXXII da CF). Mesmo que seja duvidoso o uso deste remédio contra o próprio empregador (entidade privada)[182], pode-se

179. Mallet, Estêvão. *Direito, Trabalho e processo em transformação.* São Paulo: LTr, 2005, pág. 177; Bebber, Júlio César. *Mandado de segurança. Habeas corpus. Habeas data na Justiça do Trabalho.* São Paulo: LTr, 2006, pág. 167. Em sentido contrário, por exemplo, Moraes, Alexandre. *Direito Constitucional.* 33ª ed. São Paulo: Atlas, 2016, págs. 136-137; acórdão do STF, Processo de Conflito de Competência, n.º 6979-DF, Relator Ministro Ilmar Galvão, Data de Julgamento 15.08.91.

180. Neste sentido, Meireles, Edilton. *Competência e procedimento na Justiça do Trabalho: primeiras linhas da reforma do judiciário.* São Paulo: LTr, 2005, págs. 69-70 ("(...) o constituinte derivado assegurou a competência da Justiça do Trabalho para conhecer do *habeas corpus* 'quando o ato questionado envolver matéria sujeita à sua jurisdição'. Logo, essa competência não envolve tão somente os atos praticados pela autoridade judiciária, mas de qualquer autoridade ou pessoa que esteja, ilegalmente ou em abuso de poder, restringindo a liberdade de outrem. Assim, como já exemplificado, tem-se a possibilidade da Justiça do Trabalho julgar o *habeas corpus* impetrado em face do empregador que restringe a liberdade de locomoção do empregado, mantém o empregado no ambiente de trabalho, quando do movimento grevista em face dos atos por este praticado durante o movimento paredista (ação que envolve o exercício do direito de greve, aliás); o remédio heroico em face da autoridade pública que restringe a liberdade de locomoção do servidor público (impede, ilegalmente ou em abuso de poder, dele se ausentar da cidade, da localidade etc.)"

181. Schiavi, Mauro. *Manual de Direito Processual do Trabalho.* 12ª ed. São Paulo: LTr, 2017, págs. 271.

182. Isto porque o banco de dados na posse do empregador é de natureza privada, ao passo que o registro a que se refere a Lei n.º 9.507/97 incide sobre bancos de dados públicos. Como exemplo de inadmissibilidade *v.* seguinte ementa: "*Habeas data.*

pensar, por exemplo, nas hipóteses em que empregador pretende ter acesso à lista de "maus empregadores" que lhe é negada pelo Ministério do Trabalho, ou servidor celetista sem acesso ao prontuário no Estado[183]. Também aqui, a especial sensibilidade que eventualmente se colocaria à negociação processual trabalhista, por envolver créditos indisponíveis que poderiam ser indiretamente afetados pela supressão ou renúncia a certas faculdades processuais, não se levanta nestas hipóteses. A negociação processual haverá de se ter por admitida nos mesmos termos e limitações a que se moldam no processo civil.

7.I.4.3.4. Indenização por danos morais ou patrimoniais, incluindo decorrentes de acidentes de trabalho e dano ricochete

Mesmo antes da disposição expressa no atual art. 114, inc. VI da CF que prevê a competência da Justiça Trabalhista para julgar ações de indenização por *danos morais e patrimoniais resultantes de relações trabalhistas*, a jurisprudência já havia formado entendimento nesse sentido na OJ n.º 327, da SDI-I do TST[184] e, bem, assim, o STF[185]; encontrando-se hoje em dia in-

---

Ilegitimidade passiva do Banco do Brasil S.A. para revelação a ex-empregada, do conteúdo da filha de pessoal, por não se tratar, no caso, de registro de caráter público, nem atual o impetrado na condição de entidade governamental" (Acórdão do STJ, Proc. de Recurso Especial n.º 165304.MG, relator Ministro Octavio Gallotti, Data de Julgamento 15.12.2000); MARTINS, Sérgio Pinto, "Competência da Justiça do Trabalho para analisar mandados de segurança, *habeas corpus* e *habeas data*", *Revista LTr*, Ano.º 69, Vol. 7, São Paulo, LTr, 2005, pág. 180. Em sentido contrário, admitindo a sua impetração contra empregador privado, *v.* acórdão do TRT, 1ª Turma, Recurso Ordinário, Proc. n.º 00730008020065020086, Relatora Maria Inês Moura Santos Alves da Cunha, Data de Julgamento 05.04.2011, onde se pode ler a ementa: "Habeas data. Via eleita. O *habeas data* é o remédio constitucional para obtenção ou correção de dados pessoais, oponível não apenas contra os entes governamentais, mas também as entidades de carácter público, como no caso em tela, e contra entidades privadas que possam divulgar dados a terceiros, o que leva a entender que o instrumento pode ser utilizado inclusive contra o empregador privado, quando se recuse a fornecer dados pessoais de seu empregado ou informações sobre sua vida profissional".

183. SCHIAVI, Mauro. *Manual de Direito Processual do Trabalho.* 12ª ed. São Paulo: LTr, 2017, págs. 274, BEBBER, Júlio César. *Mandado de segurança. Habeas corpus. Habeas data na Justiça do Trabalho.* São Paulo: LTr, 2006, pág. 228.

184. "Dano moral. Competência da Justiça do Trabalho. Nos termos do art. 114 da CF/88, a Justiça do Trabalho é competente para dirimir controvérsias referentes à indenização por dano moral, quando decorrentes da relação de trabalho" (cit. OJ n.º 327, da SDI-I do TST).

185. "Justiça do Trabalho. Competência. Ação de reparação de danos decorrentes da imputação caluniosa irrogada ao trabalhador pelo empregador a pretexto de justa causa

clusivamente cristalizada em Súmula do TST[186]. Da mesma forma entendiam os tribunais brasileiros, quando o pedido se dirigia não a indenização por danos morais individuais, mas antes por *danos morais coletivos*, reconhecido e admitido em vários julgados nacionais[187].

Também antes da EC 45/04 se questionava a competência da Justiça do Trabalho para conhecer litígios onde se pleiteavam danos *decorrentes de acidentes de trabalho*[188]. Embasada no art. 109, inc. I da CF e nas Súmulas

---

para despedida e, assim, decorrente da relação de trabalho, não importando deve a controvérsia ser dirimida à luz do Direito Civil" (cit. acórdão do STF, Processo de Recurso Especial n.º 238.737. SP, Relator Ministro Sepúlveda Pertence, Data de Julgamento 17.11.98). Com efeito, já desde o julgado sobre o Conflito de Competência de1990 (STF, Conflito de Competência n.º 6.959.6, Relator Ministro Sepúlveda Pertence, Data de Julgamento 23.05.1990) o STF entendia que era da justiça especializada a competência para processar e julgar ações de indenização por *dano moral* referente à relação empregatícia.

186. Súmula n.º 392 do TST: "Dano moral e patrimonial. Relação de Trabalho. Competência da Justiça do Trabalho. Nos termos do art. 114, inc. VI, da Constituição da República, a Justiça do Trabalho é competente para processar e julgar ações de indenização por dano moral e material, decorrentes da relação de trabalho, inclusive as oriundas de acidente de trabalho e doença a ele equiparadas, ainda que propostas pelos dependentes ou sucessores do trabalhador falecido".

187. Assim, por exemplo, acórdão do TST, 6ª Turma, de Agravo de Instrumento em Recurso de Revista, Processo n.º 561.2004.096.03.40.2, Relator Ministro Aloysio Corrêa da Veiga, Data de julgamento 03.10.2007, descrevendo dano moral coletivo sentido pelos trabalhadores rurais de Minas Gerais pelas condições precárias de trabalho que ofendem a honra e a sua dignidade; acórdão do TST, 7ª Turma, de Agravo de Instrumento em Recurso de Revista, Processo n.º 4764.86.2006.13.0006, Relatora Ministra Maria Doralice Novaes, Data de Julgamento 01.09.2010, que retrata um dano moral coletivo sentido pelos trabalhadores de determinada empresa de construção civil e demolição que, sem qualquer tipo de qualificação, sem treinamento ou acompanhamento profissional, não beneficiavam de qualquer medida de proteção prevista em normas de segurança e saúde do trabalho; ou ainda acórdão do TST, 3ª Turma, de Agravo de Instrumento em Recurso de Revista, Processo n.º 835.23.2011.5.18.0051, Relator Ministro Mauricio Godinho Delgado, Data de Julgamento 30.10.2013, onde se retrata de um dano moral coletivo sofrido por um conjunto de professores, diante da desvalorização do trabalho humano do ensino, uma vez que se exigiam destes participação em aulas em quantidade superior à prevista por lei, não permitiam a contratação de docentes com os quais tivesse litigado judicialmente etc.

188. Como bem reserva Teixeira Filho, o que está aqui em causa são danos *derivados* de acidentes de trabalho, e não ações de acidentes de trabalho, que continua a ser demandada contra o INSS pela Justiça Estadual Comum (Teixeira Filho, Manoel Antônio. *Curso de direito processual do trabalho: processo de conhecimento*. São Paulo: LTr, 2009, Vol. I, págs. 397-399).

n.º 15 do STJ[189] e n.º 501 do STF[190], a jurisprudência tendia a negar essa competência[191]. Mesmo após o surgimento da EC, o STF, ainda assim, veio julgar contrariamente à concessão de competência[192], posicionamento que veio a inverter posteriormente[193] e que se encontra hoje pacificado na Súmula vinculante n.º 22[194].

Da mesma forma quanto à possibilidade de apreciação de *danos morais em ricochete* (que atinge outra pessoa diferente da que sofre diretamente o dano[195]). A jurisprudência trabalhista tem-se vindo a dividir também quanto ao reconhecimento do dano moral ricochete, que resulte de algum acidente de trabalho, como passível de julgamento pelas suas instâncias[196]. Em sessão

---

189. "Acidente do trabalho. Competência: justiça comum. Compete à Justiça Estadual processar e julgar os litígios decorrentes de acidente do trabalho" (Súmula n.º 15 do STJ).

190. "Acidente do trabalho. Competência da justiça ordinária estadual. Compete à Justiça ordinária estadual o processo e o julgamento, em ambas as instâncias, das causas de acidentes do trabalho, ainda que promovidas contra a União, suas autarquias, empresas públicas ou sociedades de economia mista" (Súmula n.º 501.º do STF).

191. Ainda assim, já havia doutrina que pugnava pela admissibilidade destes pleitos na justiça especial trabalhista, como é o caso de SCHIAVI, Mauro. *Manual de Direito Processual do Trabalho.* 12ª ed. São Paulo: LTr, 2017, pág. 289. O autor baseava-se no fato de esta indenização encontrar previsão expressa entre os vários direitos do trabalhador (art. 7º, XXVIII da CF) enquanto garantia, e numa interpretação literal do art. 109, inc. I da CF.

192. A título de exemplo, *v.* acórdão do STF, de Recurso Especial n.º 371.866.5.559, Relator Ministro Celso de Mello, Data de Julgamento 22.03.05.

193. A título de exemplo, *v.* acórdão do STF, Agravo de Regimento no Recurso Extraordinário n.º 465.742.2, Relator Ministro Ricardo Lewandowski, Data de Julgamento 27.10.2006.

194. "A Justiça do Trabalho é competente para processar e julgar as ações de indenização por danos morais e patrimoniais decorrentes de acidente de trabalho propostas por empregado contra empregador, inclusive aquelas que ainda não possuíam sentença de mérito em primeiro grau quando da promulgação da Emenda Constitucional n.º 45/04" (Súmula vinculante n.º 22 do STF).

195. Podendo resultar de evento lesivo morte, mas também de dano estético que deforme ou incapacite a pessoa com quem tem laços afetivos.

196. *V.* acórdão do TRT, 3ª Região, 5ª Turma, Recurso Ordinário n.º 374.2006.046.03.00.0, Relator Fernando Luiz Rios Neto, Data de Julgamento 02.12.2006; e TRT, 23ª Região, Recurso Ordinário n.º 01745.2002.021.23.00.1, Relator Juiz Tarcísio Valente, Data de Julgamento 01.09.2004. No mesmo sentido, Enunciado n.º 36 da 1ª Jornada de Direito Material e Processual do Trabalho ("Acidente do Trabalho. Competência. Ação ajuizada por herdeiro, dependente ou sucessor. Compete à Justiça do Trabalho apreciar e julgar ação de indenização por acidente de trabalho, mesmo quando ajuizada pelo herdeiro,

plenária, o STF fixou entendimento no sentido da competência da Justiça Trabalhista[197], até por que (i) o inciso VI do art. 144 da CF menciona danos "decorrentes" de relações de trabalho sem os restringir e que (ii) a filosofia legislativa mudou, pois deixou de se fazer uso de critério de apuração de competência em razão da pessoa para se passar a centrar-se em razão da matéria[198]. Neste ínterim, também o TST veio em 2015 a alterar a Súmula n.º 392 para incluir expressamente esta competência.

Mais uma vez aqui, a especial sensibilidade que eventualmente se colocaria à negociação processual trabalhista, por envolver créditos indisponíveis que poderiam ser indiretamente afetados pela supressão ou renúncia a certas faculdades processuais, não se levanta nestas hipóteses. Danos morais são plenamente disponíveis e, como tal, não representam um empecilho à admissibilidade da negociação processual. A negociação processual haverá de se ter por admitida nos mesmos termos e limitações a que se moldam no processo civil.

7.I.4.3.5. Penalidades administrativas

Até à EC 45/04, ações relativas a penalidades administrativas impostas a empregadores por descumprimento de legislação laboral aplicadas por

---

dependente ou sucessor, inclusive em relação aos danos em ricochete"). Em *sentido contrário, pugnando pela inexistência de competência* para conhecer destas matérias, *v.* acórdão do TST, 18ª Região, Recurso Ordinário em Ação Rescisória 307.2003.000.18.00.3, Relator Ministro Gelson de Azevedo, Data de Julgamento 26.05.06; acórdão do TRT, 4ª Região, Recurso Ordinário n.º 00084.2006.661.04.00.2, Relatora Juiz Rejane Souza Pedra. Em *sentido limitado*, Leite, Carlos Henrique Bezerra. *Curso de Direito Processual do Trabalho*. 14ª ed. São Paulo: Saraiva, 2016, pág. 235. O autor, que em edições mais antigas pugnava pela inadmissibilidade destas ações na justiça especializada, hoje reconhece-a em *termos limitados*, apenas quando os danos morais em ricochete forem pleiteados pelo espólio ou herdeiros do empregado falecido em decorrência do acidente de trabalho. Para o efeito, ampara-se em jurisprudência do TST (ex. acórdão da 7ª Turma, Processo de Recurso de Revista n.º 86800.81.2004.5.04.0122, Relator Ministro Pedro Paulo Manus, Data de Julgamento 14.09.2011; acórdão da 6ª Turma, Processo de Recurso de Revista n.º 50100.31.2008.5.05.0222, Relator Ministro Aloysio Corrêa da Veiga, Data de Julgamento 06.11.2013).

197. *V.* Acórdão do STF, Tribunal Pleno, Conflito de Competência n.º 7545, Relator Ministro Eros Grau, Data de Julgamento 03.06.2009. Inclusivamente, após este pronunciamento o STJ veio a cancelar a sua Súmula n.º 366 do STJ ("Compete à Justiça estadual processar e julgar ação indenizatória proposta por viúva e filhos de empregado falecido em acidente de trabalho").

198. Neste sentido, Schiavi, Mauro. *Manual de Direito Processual do Trabalho*. 12ª ed. São Paulo: LTr, 2017, pág. 293.

órgãos de fiscalização do trabalho[199] encontravam-se sob esfera de competência da Justiça Federal, sendo promovidas perante a União (art. 109 da CF), o que gerava algumas situações absurdas[200]. Hoje em dia, diante do expresso art. 114, inc. VII da CF, a competência para conhecer e julgar estas lides – e por interpretação teleológica também as ações sobre multas administrativas impostas sobre tomadores de serviços[201] – é trabalhista[202]. Ações declaratórias, anulatórias, cautelares, mandados de segurança, execuções fiscais[203], envolvendo multas administrativas aplicadas por órgãos de

---

199. Auditores fiscais do trabalho mas também por outras entidades como o INSS, CEF, MPT. Entidades que fiscalizam atividades regulamentadas como (CREA, CRA, CRM, OAB etc.) não podem demandar na justiça do trabalho por atuarem em matéria de disciplina ética e não trabalhista.

200. Como relata MALLET, "autuada a empresa, por não ter recolhido FGTS sobre o pagamento, poderia discutir, na Justiça Federal, a legitimidade de sua conduta, afirmando a natureza indenizatória da parcela. Demandada pelo empregado, para pagamento do FGTS sobre o mesmo pagamento, teria de defender-se na Justiça do Trabalho, concebendo-se que a Justiça Federal invalidasse a autuação e, ao mesmo tempo, fosse a reclamação julgada procedente pela Justiça do Trabalho. O pagamento feito ao empregado seria, a um só tempo, parcela remuneratória e não remuneratória, situação absurda e indesejável, cuja ocorrência cumpria evitar" (MALLET, Estêvão. Apontamentos sobre a Competência da Justiça do Trabalho após a Ementa Constitucional n. 45. *In* COUTINHO, Brijalbo Fernandes, FAVA, Marcos Neves (coord.). *Justiça do Trabalho: competência ampliada.* São Paulo: LTr, 2005, pág. 84).

201. SCHIAVI, Mauro. *Manual de Direito Processual do Trabalho.* 12ª ed. São Paulo: LTr, 2017, pág. 297; MALLET, Estêvão. *Direito, Trabalho e processo em transformação.* São Paulo: LTr, 2005, pág. 182. Em sentido contrário, entendendo que a competência apenas abrange ações para impor penalidades administrativas sobre *empregados* e não também tomadores de serviços, TEIXEIRA FILHO, Manoel Antônio. *Curso de direito processual do trabalho: processo de conhecimento.* São Paulo: LTr, 2009, Vol. I, pág. 431.

202. Não se incluem aqui a competência da própria justiça do trabalho aplicar e impor multas a empregadores e tomadores que, durante o pleito, se descubra terem incumprido com as respetivas obrigações laborais. Por ser assim, o magistrado da vara não poderá fazer mais nada senão expedir ofício ao MPT, por exemplo, se a violação for da obrigação de registro da CTPS, para que seja este a aplicá-las (FAVA, Marcos Neves. As ações relativas às penalidades administrativas impostas aos empregadores pelos órgãos de fiscalização das relações de trabalho – primeira leitura do art. 114, VII, da Constituição da República. *In* COUTINHO, Brijalbo Fernandes, FAVA, Marcos Neves (coord.). *Justiça do Trabalho: competência ampliada.* São Paulo: LTr, 2005, pág. 384 e; Competência da Justiça do Trabalho: para exorcizar o binômio fantasma empregado-empregador. *Revista de Direito do Trabalho,* São Paulo, Vol. 37, N.º 142, abr-jun/2011, pág. 245).

203. Apesar desta última não ser explícita, podemos dizer que resulta implícita do art. 114, VII da CF. De resto, exemplificando, ações de impugnação de autos de infração lavrados

fiscalização a empregadores e tomadores, serão assim julgadas pela Justiça do Trabalho, seguindo, com exceção das que tenham rito próprio[204], o procedimento normal para a reclamação trabalhista (arts. 763 ss. da CLT).

Por mais uma vez não estarem em causa direitos indisponíveis, a especial sensibilidade que eventualmente se colocaria à negociação processual trabalhista não se levanta nestas hipóteses. A negociação processual haverá de se ter por admitida nos mesmos termos e limitações a que se moldam no processo civil.

7.I.4.3.6. Outras querelas resultantes das obrigações de trabalho.

Prevê ainda o art. 114, IX da CF competência para a Justiça do Trabalho conhecer "outras controvérsias decorrentes da relação de trabalho". Sem querermos entrar na controvérsia do que resta, ou não, a este inciso por comparação com o inc. I, considerar aqui a norma apenas como *abertura a outras demandas, como certas obrigações de fazer e não fazer*. Se, por lei ordinária, se criarem novas competências à Justiça do Trabalho para julgar controvérsias específicas decorrentes de relação de trabalho (art. 114, inc. IX da CF) - *v.g.* para aplicar *ex officio* multas e penalidades a empregadores que incumpram com normas trabalhistas, para executar *ex officio* imposto de renda das suas decisões, para conhecer querelas sobre registro de trabalhador no PIS etc.[205] -, também não estaremos perante querelas com envolvimento de direitos laborais indisponíveis ou irrenunciáveis.

Pense-se, por exemplo, num pleito instaurado pelo ex-empregado contra a ex-empresa onde se requeira a remoção do nome do trabalhador de uma "lista negra" de empregados - prática que, claramente, atrapalha as oportunidades de reinserção no mercado de trabalho deste; pense-se, ainda, no pedido de devolução da CTPS ao trabalhador, retida indevidamente nas instalações da ex-empresa; ou no pedido de retratação relativamente a afirmações desabonadoras e desprestigiantes feitas sobre a sua pessoa ou sua conduta profissional no decurso do contrato de emprego. Apesar de qualquer

---

pelos órgãos de fiscalização, impugnações de decisões administrativas aplicadas por esses órgãos, embargos de obras determinados por autoridades laborais etc. Lima, Francisco Meton Marques de. *Manual de processo do trabalho*. 2ª ed. São Paulo: LTr, 2008, pág. 52.

204. V.g. mandado de segurança, execução fiscal e medidas cautelares.

205. Schiavi, Mauro. *Manual de Direito Processual do Trabalho*. 12ª ed. São Paulo: LTr, 2017, pág. 255.

uma destas ações poder ser complementada com um pedido de indenização por danos morais, tal não é condição necessária, razão pela qual faz sentido a autonomização deste ponto. Também o registro do trabalhador no Programa de Integração Social (PIS)[206], constitui obrigação do empregador, seja ele público ou privado, pelo que o seu não cumprimento legitima o trabalhador a ingressar na Justiça do Trabalho (Súmula n.º 300 do TST[207]). Da mesma forma, ações movidas contra a Caixa Económica Federal por empregadores ou trabalhadores em matéria de FGTS[208]. Apesar de já se ter entendido que a competência ser da Justiça Comum (*v.* Súmula n.º 82 do STJ), hoje tem prevalecido entendimento contrário[209-210].

---

206. O PIS assume natureza de contribuição sindical e consiste praticamente num fundo que é resultado de depósitos mensais, cujo valor é calculado em razão de uma série de variáveis, tais como faturação, salários, receitas. O fundo destina-se a financiar as políticas de seguro-desemprego e de abono pecuniário.

207. "Competência da justiça do trabalho. Cadastramento no PIS. Compete à Justiça do Trabalho processar e julgar ações ajuizadas por empregados em face de empregadores relativas ao cadastramento no Programa de Integração Social (PIS)" (Súmula n.º 300 do TST).

208. *V.* acórdão do TRT 24ª Região, Proc. de Recurso Ordinário n.º 01850.2005.005.24.00.9, Relator Juiz João de Deus Gomes de Souza, Data de Julgamento 18.08.2006: "Alvará. FGTS. Emenda Constitucional n. 45/2004. Competência da Justiça do Trabalho. Nos moldes da decisão proferida pelo C. TST, em Incidente de Uniformização de Jurisprudência: 1. Inscreve-se na competência material da Justiça do Trabalho, no exercício de jurisdição voluntária, apreciar pretensão de ex-empregado de expedição de alvará judicial para fins de saque dos depósitos do FGTS junto à CEF, tendo em vista a vinculação do pleito a uma relação de emprego, espécie de relação de trabalho (...)".

209. Não só o TST cancelou a Súmula 176, mas também em razão do Enunciado n.º 63 da 1ª Jornada de Direito Material e Processual do Trabalho de 2007: "Competência da justiça do trabalho. Procedimento de jurisdição voluntária. Liberação do FGTS e pagamento de seguro-desemprego. Compete à Justiça do Trabalho, em procedimento de jurisdição voluntária, apreciar pedido de expedição de alvará para liberação do FGTS e de ordem judicial para pagamento do seguro-desemprego, ainda que figurem como interessados os dependentes de ex-empregado falecido".

210. No mais, há quem tenha um entendimento restrito deste inciso, considerando-o como uma norma que não tem aplicação imediata, direta e automática, não sendo auto-aplicável e, por isso, servindo apenas para dar fundamento de validade a competências constantes em leis, tais como sobre depósito de FGTS (art. 26, Lei n.º 8.036/90), trabalho da *mãe social* (art. 20 da Lei n.º 7.644/87), ações civis públicas e ações coletivas trabalhistas, execução de TAC do MPT (art. 876 da CLT), execução dos acordos firmados em CCPs, embargos de terceiro, consignação em pagamento etc. cf. Lima, Francisco Meton Marques de. *Manual de processo do trabalho.* 2ª ed. São Paulo: LTr, 2008, pág. 54.

7.I.4.4. Argumento de maioria de razão: quem pode no processo transigir sobre direitos materiais, mesmo que supostamente indisponíveis, haverá de poder negociar sobre direitos que não o são, como é o caso dos processuais

A "instrução" proibitiva que o TST editou em 2016 a respeito da migração do art. 190 do CPC para o processo do trabalho, implicitamente embasada nos presumíveis argumentos de hipossuficiência económica do trabalhador e potencial de afetação dos seus direitos alimentares indisponíveis, não deixa ainda de acarretar uma *absurda incongruência* lógico-jurídica.

É que um dos argumentos tradicionais utilizados para negar a aplicação do art. 190 ao processo do trabalho e que se solidariza com a defesa do princípio da indisponibilidade das faculdades processuais no processo trabalhista, prende-se precisamente com a lógica de *instrumentalidade do processo*. O processo seria pensado e só faria sentido se condicionado à satisfatividade do direito material que prossegue, instrumentalizando-se à obtenção eficiente deste num período razoável de tempo. Nesta linha, dir-se-ia que, como os direitos trabalhistas são tendencialmente indisponíveis, não podendo o trabalhador deles abrir mão, então, por maioria de razão, não poderia o trabalhador abdicar e dispor das suas faculdades processuais, que poderiam pôr em causa a efetiva e eficiente obtenção daqueles. A indisponibilidade material sobre os direitos de crédito do trabalhador acarretaria a consequente indisponibilidade dos seus direitos processuais, instrumentalizados à salvaguarda daqueles e cuja afetação lhes poderia trazer consequências diretas.

Sucede, porém, que o processo do trabalho, talvez até mais do que qualquer outro *subsistema processual, está estruturalmente vocacionado não apenas à simplicidade, oralidade, celeridade* mas, e sobretudo, à *conciliação*. Já falámos desta questão no capítulo anterior quando analisámos o núcleo principiológico especial que caracteriza o processo do trabalho. O espírito conciliador enforma todo o processo laboral: (i) concretiza-se em dois momentos processuais claros e obrigatórios dirigidos à conciliação, (ii) possibilita-se pelo acordo das partes mesmo que encerrado o respetivo juízo conciliatório (art. 764, §3º da CLT), (iii) admitindo-se a celebração de acordos extrajudiciais celebrados nas CCP's cuja natureza já foi, inclusivamente, obrigatória (art. 625-A da CLT), (iv) criando-se procedimento especial de jurisdição voluntária dirigido a facilitar a homologação de acordos extrajudiciais de ambas as partes (art. 855-B da CLT).

Retomamos estas ideias aqui para sustentar outro argumento: não o de que é claramente incongruente do ponto de vista principiológico que um mesmo processo se construa sob dogmas conciliatórios para, subsequentemente, inadmitir essa mesma conciliação no plano processual– isto analisámos já noutra ocasião; mas o de que é claramente *incongruente* de um ponto de vista lógico-jurídico, *que o processo do trabalho admita transação sobre direitos que larga maioria da doutrina entende serem indisponíveis para depois negar a mesma possibilidade de transação sobre direitos processuais de natureza claramente disponível.* Aqui, o argumento é de maioria de razão e sustenta que quem pode transigir sobre direitos indisponíveis mediante autorização expressa do Estado-legislador (*mais*), deve poder transigir sobre direitos processuais de natureza disponível, não podendo ter esse seu direito restringido pelo Estado-juiz (*menos*).

7.I.4.5. Da disponibilidade do próprio direito de ação e de outras faculdades processuais

Outro aspeto importante para solidificar a tese da plena aplicação do art. 190 ao processo do trabalho prende-se com outra incongruência lógico-jurídica: a defesa da inadmissibilidade de negociações processuais no processo laboral é incongruente com a disponibilidade do direito de ação do trabalhador e da sua liberdade para apresentar ou não pretensões em juízo ou para praticar ou não atos processuais[211-212].

---

211. Em acórdão do TRT da 4ª Região, Processo de Recurso Ordinário n.º 0021501-06.2016.5.04.0004, Relator João Alfredo Borges Antunes de Miranda, Data de julgamento 29.03.2019, pode ler-se a seguinte ementa: "Desistência Da Ação. Ainda que o pedido de desistência tenha sido formulado após a sentença, fase processual limite para tanto, conforme o artigo 485, parágrafo 5º, do CPC/2015, privilegia-se, aqui, o princípio da disponibilidade processual, bem como da instrumentalidade do direito processual. Acolhe-se o pedido de desistência, para absolver o reclamado Município de Porto Alegre da condenação"; igualmente reforçando a importância do princípio da disponibilidade *vide* o acórdão do TRT, 2ª Região, 12ª Turma, Processo de Recurso Ordinário n.º 0001487.90.2012.5.02.0070, Relator Desembargador Orlando Apuene Bertão, admitiu-se que os empregados substituídos viessem aos autos, mediante petição, manifestar desistência da ação, podendo ler-se em excerto da decisão "Note-se que o Sindicato substituto atua em nome próprio, contudo, na defesa de direito alheio, do qual o substituído continua a ser titular. Assim, a desistência manifestada pelo substituído é eficaz para todos os efeitos, até porque o direito de ação não é irrenunciável".

212. Com posicionamento crítico bastante severo a respeito deste argumento de que a disponibilidade sobre o direito de ação permite inferir a disponibilidade parcial sobre momentos processuais destaca-se Marinoni, Luiz Guilherme; Arenhart, Sérgio Cruz; Mitidiero, Daniel. *Curso de Processo Civil.* 2ª ed. São Paulo: RT, 2015 vol. I, pág. 533. No entendimento dos autores, "embora o argumento seduza em um primeiro momen-

É verdade que no processo do trabalho o magistrado enverga poderes de condução do processo mais acentuados do que os tem no processo civil (arts. 765 e 878 da CLT), sobretudo em sede executiva. Também é verdade que, ao contrário do processo civil, no processo do trabalho o *princípio do dispositivo conhece algumas exceções*, como a dos arts. 39, 878 e 856, todos da CLT, i.e., e respetivamente, há reclamações trabalhistas que podem ser instauradas de ofício pela Superintendência Regional do Trabalho (SRT), execuções que podem ser instauradas de ofício pelo magistrado e instâncias que podem ser iniciadas pelo juiz presidente do Tribunal nos casos de greve. Mas fora destes casos, ao magistrado trabalhista não são reconhecidos poderes para exercer jurisdição *ex officio*.

No processo de conhecimento trabalhista, assim como no processo de execução, o credor-trabalhador mantem plena *disponibilidade sobre a lide e sobre o objeto* processual: (i) pode *desistir unilateralmente da reclamação* trabalhista (até que seja oferecida contestação, cf. art. 841, §3º da CLT, ou termine a conciliação em audiência, cf. Enunciado n.º 106 da II Jornada de Direito Material e Processual do Trabalho[213]) (ii) ou da execução (até que sejam oferecidos embargos à execução – cf. art. 775 do CPC *ex vi* art. 15 do CPC), ainda que o faça, preferencialmente, *indicando o motivo da desistência e sob confirmação pelo magistrado* de que o ato se processou sem qualquer vício volitivo, por ser necessária homologação judicial (art. 200 *ex vi* art. 15 do CPC)[214]; (iii) pode desistir de provas, de medidas executivas, renunciar a

---

to, é necessário perceber que as concessões dadas pelo Estado em favor da vontade dos litigantes não podem ser tomadas como uma permissão geral, para que elas ditem aquilo que o Estado deve ou não fazer de modo mais amplo. Se há espaço para que as partes disponham *de alguns momentos do processo*, daí não decorre a conclusão de que então todo ato de disposição está e deve ser admitido. Essas limitações à atuação oficial do Estado devem ser vistas como parte da política pública de melhor atingir *os próprios objetivos do Estado* e não como uma solução natural ao sistema de composição de litígios".

213. "Enunciado n.º 106. Limite temporal para o autor desistir da ação sem o consentimento do réu. CLT, art. 841, §3º. Desistência da ação. Necessidade de consentimento do réu. Limite temporal. A CLT estabelece que o momento processual próprio para o demandando 'oferecer a contestação' é na audiência, depois de proposta a conciliação. Por isso, ainda que a parte demandada envie/protocole a contestação antes da fase processual prevista em lei, não há razão para a anuência pelo réu de desistência da ação enquanto não atingido tal momento processual."

214. Alguma doutrina naturalmente reserve alguns cuidados no momento da desistência da execução. Como indica Teixeira Filho, "(...) o empregado-credor poderá desistir da *execução* desde que: a) indique ao juiz os motivos por que o faz; b) o juiz esteja convencido de que inexistiu qualquer vício nessa manifestação volitiva do credor; c)

prazos etc., nenhum dos quais importem verdadeiramente na renúncia ao crédito[215]. Além de que há uma enorme quantidade de atos negociais nesta fase executiva (leilões, oferta de bens, avaliação etc.), o que reforça e atrai a prática de atos eivados de autonomia no processo. Mesmos nos casos em que se admita a instauração da execução *ex oficio* (*jus postulandi* do empregado – art. 878 CLT), uma posterior desistência do exequente obriga o magistrado, que nada pode fazer para manter o andamento da lide executiva.

O argumento serve para demonstrar a fragilidade da natureza indisponível dos créditos salariais, tal como para provar a incongruência de um posicionamento que negue a aplicação do 190 do CPC ao processo laboral: se após o termo do contrato de emprego, pode o trabalhador não apenas conciliar e transacionar em juízo como, ainda, e de forma mais drástica, *simplesmente renunciar à tutela jurisdicional ou extrajudicial dos seus direitos laborais* junto das instâncias adequadas[216], não só a tese da pretensa natureza indisponível do direito fica em xeque, como a da pretensa indisponibilidade das partes sobre a lide judicial perdem toda a sua razão de ser. Apesar desta disponibilidade questionar apenas um direito processual (direito de ação) e não verdadeiramente implicar a extinção do crédito, em termos práticos deixar de intentar ação judicial adequada ou de iniciar procedimento arbitral *demonstra a possibilidade de uma "renúncia" implícita aos seus direitos pelo trabalhador* e, por conseguinte, a inteira disponibilidade que este exerce sobre aqueles. Ora bem, se o trabalhador pode renunciar à perseguição dos seus créditos em juízo, já que a decisão de intentar ou não ação no judiciário

---

o instrumento formal de manifestação da desistência (quando este for o caso) não esteja contaminado por alguma nulidade perceptível, ou que possa juridicamente declarar de ofício" (cf. TEIXEIRA FILHO, Manoel Antonio. *Comentários ao Novo Código de Processo Civil: sob a perspectiva do processo do trabalho.* 2ª ed. São Paulo: LTr, 2016, pág. 852).

215. CAVALCANTE, Jouberto de Quadros P.; JORGE NETO, Francisco Ferreira. *Direito Processual do Trabalho.* 8ª ed. São Paulo: Atlas, 2018, pág. 908; TEIXEIRA FILHO, Manoel Antonio. *Curso de direito processual do trabalho: processo de conhecimento.* São Paulo: LTr, 2009, Vol. III, pág. 2048; ALMEIDA, Cléber Lúcio. *Direito Processual do Trabalho.* 8ª ed. São Paulo: LTr, 2016, pág. 763; HERKENHOFF FILHO, Helio Estellita. *A Reforma Trabalhista e as inovações no processo do trabalho.* Curitiba: CRV, 2018, págs. 89-90; DIDIER JR., Fredie; CABRAL, Antonio do Passo. Negócios jurídicos processuais atípicos e execução. *Revista de Processo*, São Paulo, Vol. 43, N.º 275, jan/2018, pág. 194.

216. PERETTI, Luís Alberto Salton. Arbitralidade dos dissídios individuais decorrentes do contrato de trabalho. *Revista de Arbitragem e Mediação*, São Paulo, Vol. 8, N.º 30, jul-set/2011, págs. 297.

compete única e exclusivamente à sua esfera de autodeterminação individual; então, por *maioria de razão*, haverá de se permitir que o mesmo trabalhador possa renunciar de forma válida a direitos e parcelas que intitula, diante do magistrado laboral, sem prejuízo das necessárias cautelas de que este se terá de revestir (v.g. cientificando-se dos motivos da renúncia no momento do acolhimento desta)[217]; assim como abdicar ou negociar alguns dos seus direitos e faculdades processuais.

217. Bernardes, Filipe. *Manual de Processo do Trabalho.* Salvador: Juspodivm, 2018, pág. 115.

§ 7

CLÁUSULA GERAL DO ART. 190 (*II PARTE*)

§ 7.II. A VULNERABILIDADE DO ART. 190 E A RELAÇÃO DE TRABALHO

7.II.1. INTRODUÇÃO

Dispõe o art. 190, parágrafo único do CPC que os negócios processuais não poderão ser celebrados por partes que se encontrem na lide em manifesta situação de vulnerabilidade. É com base nesta premissa legal que alguma doutrina juslaboralista e, aparentemente, o TST, entendem não poder ser o instituto aplicado ao processo do trabalho onde, em regra, uma das partes se encontra tendencialmente numa posição desequilibrada. A assertiva é errada. Este capítulo destina-se a demonstrá-lo.

Para o efeito, torna-se necessário aferir os termos em que a ideia de *liberdade* e de *autonomia* verdadeiramente penetram na relação laboral. Presumi-las como simplesmente inexistentes na esfera jurídica do empregado a partir do momento em que este se vincula a contrato de emprego é premissa errónea de que o intérprete que pretende analisar a aplicação do art. 190 do CPC ao processo do trabalho não pode partir.

Por outro lado, apesar da ideia de vulnerabilidade começar a surgir no discurso jurídico laboral, é possível perceber, partindo de uma análise sistemática da noção e da forma como ela é interpretada no direito constitucional, civil e consumeirista que, na seara trabalhista, a vulnerabilidade tem vindo a ser interpretada de forma equivocada, como mero sinónimo de subordinação jurídica ou dependência económica. Realmente, se partirmos para a leitura do art. 190 a partir desta ideia "laboralizada" de vulnerabilidade, outra conclusão que não a tradicional – impossibilidade de migração para o processo laboral – realmente não será possível de ser conseguida. É por isso que analisaremos a amplitude semântica da noção e lhe procuraremos dar um sentido diferente e autonomizado daqueles dois, útil à diferenciação de todos os sujeitos processuais intervenientes no processo do trabalho e, em particular, à diferenciação dos vários tipos de empregados. Perceber que a classe empregada, não obstante o tradicional vínculo de subordinação que as liga ao empregador, pode assumir diferentes formas e manifestações de vulnerabilidade, material e processual, é passo considerável para começar a repensar a admissibilidade daquela cláusula geral de negociação atípica.

A tese inaugurada pelo TST e acompanhada por parte da doutrina que pugna pela não aplicação da negociação processual ao processo do trabalho peca, ainda, por outros defeitos, nomeadamente, a ignorância sobre os termos com que a ciência do direito processual tem vindo a interpretar o conceito indeterminado de vulnerabilidade e os poderes conferidos pelo legislador ao magistrado para a aferir; o que faz com que, ato contínuo, acabem por desconsiderar a valência da própria cláusula geral de negociação como instrumento adequado à tutela do trabalhador vulnerável; ponto fundamental para a aplicação supletiva da norma no sistema processual trabalhista.

7.II.2. O PROBLEMA DA LIBERDADE E DA AUTONOMIA NO DISCURSO POLÍTICO E OS SEUS REFLEXOS NA RELAÇÃO DE EMPREGO

7.II.2.1. Liberdade discursiva como ausência de dominação

A discussão em torno da admissibilidade, ou não, de uma convenção processual celebrada por um trabalhador, tem menos a ver com natureza objetiva indisponível dos seus direitos e muito mais com um problema específico de liberdade. Procura-se evitar que esquemas unilaterais determinados pelo empregador possam impor-se sem qualquer tipo de consenso real ao/do trabalhador. Este é o problema que subjaz ao princípio da proteção, à celebração de contratos de emprego, à admissibilidade da arbitragem trabalhista individual ou ao Direito do Trabalho como um todo.

Não podemos dizer que o trabalhador é "mais livre" ou "menos livre" que o empregador, e daí extrair a proibição daquele para celebrar convenções processuais, sem partir de uma premissa sobre o que é liberdade diante o reconhecimento de subordinação, por um lado, e sobre a existência de efetiva liberdade nas relações de emprego, por outro.

Ganha destaque a teoria da liberdade preconizada por Pettit. O autor constrói uma teoria da liberdade como controlo discursivo, por entendê-la mais apta à explicação da liberdade da vontade do que as teorias de controlo racional ou de controlo volitivo. A autonomia dialógica proposta por Pettit, que coloca a liberdade no plano do discurso e da forma como este é controlado, parte de um dualismo de interações entre aquilo que chama "interação discursiva amigável"[1] e "interação discursiva não-amigável"[2]. Como critério diferenciador de ambas, elege a presença ou não de qualquer forma de *coerção*, inexistente na primeira e existente na última. Partindo destas premissas prossegue para a construção de uma teoria de liberdade que se apresente como melhor alternativa diante do ideal de "não-limitação"[3] e de "não-interferência"[4]. Pettit constrói uma ideia de liberdade como "não-do-

---

1. No entendimento do autor, podemos identificar interações discursivas amigáveis sempre que não se levantem situações de perigo nem se criem custos acrescidos para que uma parte possa assumir a sua influência discursiva nesse relacionamento; ou seja, por outras palavras, nestes relacionamentos todos os envolvidos haverão por ter-se capazes e livres de exercer influência discursiva sobre os demais, encontrando-se vedadas influências que desgastem ou deformem essa normal influência discursiva. Se todos os agentes tiverem idêntica liberdade discursiva e acesso ao discurso que é fornecido pelos relacionamentos, conclui o autor que aquele é um aspecto dual), por serem as duas características que constituem o controlo discursivo (*ibidem*, pág. 101).
2. Sustenta o autor que apesar de o controlo discursivo ser, em regra, dependente de fatores puramente psicológicos, não deixa de estar limitado por uma dimensão social. Não basta a existência de uma certa capacidade psicológica do indivíduo; por ficar também dependente da inexistência de terceiros que o tentem influenciar, num discurso não-amigável. Todas as intervenções que possam restringir, desgastar ou colocar em perigo o discurso do indivíduo, representam uma coerção hostil que é, por sua vez, considerada uma inimiga da liberdade discursiva, por restringir a liberdade do sujeito (*ibidem* pág. 102).
3. Esta teoria parte do princípio de que qualquer forma de limitação, seja ela humana-intencional, humana-não intencional ou decorrentes de condicionantes naturais (falta de capacidade, doença, pobreza, deficiência, falta de educação ou informação, insegurança) restringem a liberdade discursiva. Só quando o indivíduo se possa furtar aos efeitos dessas limitações, teria verdadeira liberdade política. Nestes termos, a liberdade deveria ser entendida como um ideal de "não-limitação" (*ibidem*, pág. 179).
4. A não-interferência é aqui entendida como uma intervenção levada a cabo por uma pessoa que acaba por, intencional ou quase-intencionalmente, piorar a escolha que se abre à outra, seja porque lhe retira uma das opções, seja porque aumenta substancialmente os custos associados a uma das opções; seja porque nega o acesso ou conhecimento das opções (ou custos associados) que estão ao dispor da parte. Obstrução, fraude, coerção, manipulação psicológica etc. seriam formas de interferência e de controlo indesejado no discurso (*ibidem*, pág. 183).

minação", i.e., como sujeição, ou não, a um *poder arbitrário* de interferência alheia[5]. Nestes termos, não apenas diante de interferências uma pessoa pode sentir-me mais ou menos afetada na sua liberdade. Por vezes a mera inserção numa determinada relação, sujeitando-o ao uso potencial de um poder arbitrário, pode ser suficiente para induzir o sujeito à inibição de condutas ou à prática de atos. É por isso que a teoria de PETTIT em muito contribui para uma compreensão da liberdade no seu sentido material e efetivo, não formal, já que considera a presença de traços de *dominação* numa relação desequilibrada de sujeitos, com o agente dominado a ver-se coartado nas suas capacidades de agir e diminuídas as suas oportunidades. Por ser assim, pessoas que não se submetam a esta dominação por terceiros tenderão a ser materialmente mais livres para atingirem as suas realizações[6].

Saber em que moldes a ideia de liberdade pode ainda ser configurada no quadro das relações de trabalho é algo que uma comparação a esta doutrina pode contribuir. Para a generalidade dos trabalhadores, não se ignora que o contrato de trabalho assuma feições de contrato de adesão, com a redução da liberdade do trabalhador ao mero consentimento da sua celebração. Este carácter tendencialmente impositivo surge não apenas *a priori* no acertamento do teor contratual, como ainda na execução continuada do contrato, traduzida na submissão constante ao poder diretivo, regulamentar e disciplinar do empregador. O mero estado de sujeição a este poder, que pode inclusivamente manifestar-se de forma arbitrária, é já condição para a presença de traços de domínio sobre o empregado[7]. A forma encontrada pelo Estado para contrabalançar estes problemas de dominação, traça-se, entre outros, na definição de conteúdos contratuais mínimos impostos por lei

5. Desta forma o autor procura ultrapassar as críticas associadas às duas outras teorias. No que respeita à primeira, o fato de ela tratar de igual forma interferências pessoais e impessoais, demonizando-as da mesma forma sem os distinguir; no que respeita à segunda, não apenas o fato de não distinguir consoante a intervenção seja positiva ou negativa, arbitrária ou não arbitrária (o que importaria a grave consequência de que qualquer tipo de ato promovido pelo poder público - decreto, regulamento, lei - seria visualizado como uma afronta à liberdade), mas também o fato de desconsiderar as situações que restringem a liberdade apenas de forma potencial, sem que haja a materialização de alguma interferência em concreto (*ibidem*, pág. 198).

6. SILVA, Luiz Augusto da. Arbitragem trabalhista e o problema da liberdade: reflexões à luz do ideal de não dominação, efetividade, e a Reforma da Lei da Arbitragem (Lei da Arbitragem (Lei 13.129/2015). *Revista de Arbitragem e Mediação*, São Paulo, Vol. 56, Ano 15, jan-mar/2018, pág. 194.

7. *Ibidem*, pág. 195.

e com força cogente, dos quais são exemplo a tendencial irrenunciabilidade e intransigibilidade de direitos trabalhistas.

Mas isso não quer dizer, porém, que não haja ou possa haver espaços de verdadeira liberdade nas relações de emprego[8], ou que outros aspetos ligados à pessoa do trabalhador não possam contrabalançar esta situação de potencial dominação[9].

7.II.2.2. Autonomia do trabalhador

A noção de autonomia tem origem nas expressões gregas "nomos" e "auto", significando a primeira "regra" e a segunda "próprio/si próprio". Representa, assim, o *poder* de uma pessoa definir regras sobre si própria. Tem conhecido algumas variações ao longo dos tempos, inclusivamente os mais recentes. A diferenciação terminológica entre *autonomia da vontade* (natural)[10], *autonomia privada* (contratual)[11] e *autonomia negocial* (negocial)[12-13]

---

8. Supiot, Allan, *Crítica do direito do trabalho*, Trad. António Monteiro Fernandes, Fundação Calouste Gulbenkian, Lisboa, 2016, págs. 185 ss.

9. Assim, por exemplo, como ensina Amartya Sem quando formula a sua teoria de liberdade, fatores como renda mínima, qualificação profissional do trabalhador, educação são importantes veículos que necessariamente ampliam a capacidade e liberdade da pessoa para a formulação de escolhas (Sen, Amartya. Desenvolvimento como liberdade (Trad. Laura Teixeira Motta). São Paulo: Companhia das Letras, 2010, pág. 335).

10. Como manifestação da ideia geral de liberdade, ligada umbilicalmente a um sentido naturalístico e existencial do ser humano; afeta a um conteúdo voluntarista e psicológico do ser humano e, portanto, virada para o seu aspecto interior; um desdobramento da dignidade do ser humano, assente na relação entre vontade e declaração.

11. Como possibilidade conferida aos sujeitos de criarem regras jurídicas e de se autodisciplinarem através da celebração de contratos, sujeitando-se aos respetivos efeitos. A noção vai mais além do que a primeira, sendo significativamente mais específica e restrita no seu conteúdo.

12. Já esta noção surge como um avanço e progresso diante das outras duas, por admitir que a autonomia privada não é ilimitada, encontrando-se balizada pelas fronteiras impostas pelo poder público; mas também por abranger todas as possibilidades de pactuação que não se restrinjam a contratos, como os casos de negócios unilaterais, ou os casos dos negócios de conteúdo não patrimonial.

13. Sobre este assunto Dantas, Francisco San Thiago. *Problemas de direito positivo, estudos e pareceres*. 2ª ed. Rio de Janeiro: Forense, 2004, págs. 4-5; França, Rubens Limongi. *Instituições de direito civil*. 5ª ed. São Paulo: Saraiva, 1999, pág. 648; Cordeiro, António Menezes. *Tratado de Direito Civil*. 4ª ed. Almedina: Coimbra, 2012, vol. I, pág. 393; Silva, Eduardo Silva da. *Arbitragem e direito da empresa: dogmática e implementação da cláusula compromissória*. São Paulo: RT, 2003, pág. 73-76; Ferri, Luigi. *La autonomia privada*. Madrid: Revista de Derecho Privado, 1969; Betti, Emilio. *Teoria Geral do*

é tradicional ao estudo da temática. A autonomia, como manifestação de uma liberdade, com esta, porém, não se confunde[14].

Autonomia privada é expressão de um postulado básico de liberdade. É também, contudo, uma autonomia privada limitada pelo regramento legal impositivo, ordem pública e bons costumes, razão pela qual o conceito veio superar a anterior designação de *autonomia da vontade*[15]. Não por outra razão se diz que no Direito do Trabalho não se encontram intactos os postulados jurídicos da autonomia da vontade, dadas as inúmeras limitações legais que lhe são impostas[16]. Não deixa de existir, porém, autonomia privada.

No mundo laboral, a noção de autonomia sofreu uma ampla transformação, muito resultante do impacto que as novas tecnologias tiveram no

---

negócio jurídico. Fernando de Miranda (Trad.). Coimbra: Coimbra, 1969; Nery, Rosa Maria de Andrade. *Introdução ao pensamento jurídico e à teoria geral do direito privado.* São Paulo: RT, 2008, pág. 238; Melo, Diogo Leonardo Machado de. Princípios do direito contratual: autonomia privada, relatividade, força obrigatória, consensualismo. *Teoria Geral dos Contratos.* São Paulo: Atlas, 2011, pág. 82; Laina, Roberto G. La. A cláusula compromissória e autonomia negocial. *Revista de Arbitragem e Mediação,* São Paulo, Vol. 11, N.º 43, out-dez/2014, págs. 134-140.

14. Dworking, por exemplo, vê na autonomia um conceito mais rico que o de liberdade, que mais não seria do que uma mera ausência de interferências ou a disposição de alternativas. As duas noções não se confundem, o que fica bem claro quando pensamos, por exemplo, que há uma interferência na autonomia (mas não na liberdade) de uma pessoa quando esta se vê enganada ou ocultada de uma informação, ao passo que haverá uma interferência na liberdade (mas não na autonomia) quando, Ulisses não é desamarrado do mastro do navio diante do canto das Sereias, por estarmos a cumprir com os seus desejos e pedidos originários de ser mantido atado (Dworkin, Gerald: The Theory and Practice of Autonomy, ed. Camdridge University Press, NY, 1995, págs. 105-106 *apud* García, Marcaro Alemany. *El concepto y la justificación del paternalismo.* Tese de Doutoramento, Universidade de Alicante, 2005, pág. 113).

15. "A vontade não é o único fator determinante do negócio jurídico. Este nasce, na verdade, de uma manifestação ou declaração ou comportamento concludente disciplinado pelo ordenamento jurídico e que, por isso, deve obedecer a todos os pressupostos de validade que este exige" (Borges, Roxana Cardoso. *Direitos de Personalidade e autonomia privada.* 2ªed. São Paulo: Saraiva, 2007, pág. 53).

16. É o caso de Supiot quando entende que "no contrato civil, a vontade compromete-se; no contrato de trabalho, submete-se. O compromisso manifesta a liberdade, a submissão nega-a. Esta contradição entre autonomia da vontade e subordinação da vontade redunda em que o trabalhador é percecionado, na empresa, ao mesmo tempo, como sujeito e como objeto do contrato. A partir daí, não se pode esperar encontrar intactos em Direito do Trabalho os princípios jurídicos que a autonomia da vontade implica" (Supiot, Allan. *Crítica do direito do trabalho.* Trad. António Monteiro Fernandes. Lisboa: Fundação Calouste Gulbenkian, 2016, pág. 163).

mercado do trabalho. O trabalhador da pós-modernidade, caracterizada pela *desconcentração do capital*, pela *despersonificação do empregador* e pela *deslocalização do trabalho*, é um trabalhador, por natureza, diferente do trabalhador industrial[17]. Transformações na produção económica ao nível da integração crescente de tecnologia sofisticada, aliada ao recurso à informática e técnicas de telemática, demandaram do setor empresarial não apenas um investimento ao nível da qualificação profissional dos seus trabalhadores, mas uma reformulação dos critérios de seleção de empregados. A prioridade passou a centrar-se em valências como (i) a predisposição para trabalhar em

17. Com efeito, a pós-modernidade laboral pode descrever-se nestes três fenômenos que em muito influenciaram a relação jurídica laboral. A pós-modernidade pode compreender-se como aquele período histórico dominado por grandes sentimentos de *diversidade* e *desreferencialização* (relativamente a um sentimento de classe típico do período industrial novecentista), pelo crescimento de *liberdades individuais* de trabalhadores concretos (e não entes despersonalizados que trabalham sob anonimato para a produção de capital) e pelo recurso a mudanças estruturais na empresa, como a descentralização da produção e o abandono paulatino do método fordista, que demandou do empresário o acesso a novas tecnológicas para garantir a sua capacidade de controlo sob a produção. Foi neste período que se começou a manifestar e sedimentar a ideia de *deslocalização do trabalho*, em razão da velocidade trazida pelo uso de meios telemáticos de comunicação e trabalho e pela globalização do mercado de trabalho, que transportaram a mais pequena empresa para o sistema-mundo. Este fenômeno foi acompanhado paralelamente pelo da *desterritorialização das relações de trabalho*, que permitiu a obtenção de trabalho a distâncias que antes não se imaginavam e do qual constituiu perfeito exemplo os chamados *call centres*. Também *a despersonificação do empregador* é também traço característico deste período, por ser cada vez mais fluída a personificação da empresa: onde antes era possível associar a empresa a uma pessoa individual, cada vez mais a empresa passa a realidade coletiva, desfigurando-se a ideia clássica de subordinação em função das novas realidades de comando e organização, do surgimento dos grandes grupos econômicos, da proliferação de empresas autogestionárias, em esquemas de hierarquia flexíveis com o consequente empoderamento de um largo conjunto de trabalhadores, etc. Por último, a *desconcentração do capital:* abandona-se a integração vertical de todas as etapas produtivas típica de grandes e burocráticas multinacionais altamente competitivas; em modelo alternativo, a informática e a comunicação por satélite permitem o contato e coordenação com um elevado número de fornecedores independentes, integrados sob o comando empresarial; i.e., externaliza-se uma série de trabalhos anteriormente cobertos por departamentos internos à própria empresa (vigilância, limpeza, refeições, setor jurídico, seguros, contabilidade, seção de pessoal etc.). Nesta senda, empresas de menor porte passam a ser capazes de interagir no mercado com maior influência e competitividade, representando hoje grande parte do sistema econômico (FELICIANO, Guilherme Guimarães. *Curso crítico de direito do trabalho: teoria geral do direito do trabalho*. São Paulo: Saraiva, 2013, págs. 72-79).

grupo e (ii) sentido de responsabilidade e capacidade de iniciativa. Como mudou o tipo de tarefa a desempenhar no processo produtivo, progressivamente menos fragmentada e mais coordenada – com o recurso usual à disposição por ilhas de trabalho – passou a exigir-se maior capacidade decisória e autonomia dos empregados. De tal forma que o compromisso que o novo trabalhador atual assume não circula em torno de produção, mas constrói-se sobre metas de qualidade. A dimensão das consequências que alguma falha neste esquema possa implicar repercutem-se de tal forma em custos e prejuízos, que a assunção de responsabilidade por este tipo de trabalhadores é uma premissa necessária. Para isso, a outorga de amplos espaços de autonomia decisória é igualmente pressuposta, relegando-se a chefia empresarial para funções apenas de aconselhamento e direção. Esta nova classe de trabalhador dos tempos contemporâneos é idealizada, portanto, como alguém que possa assumir responsabilidade pelas decisões que toma em razão da autonomia e iniciativa que lhe são entregues. Este modelo de trabalhador precisa assumir-se, em suma, como um verdadeiro empreendedor, ciente dos riscos envoltos em todas as suas decisões. Não deixa de ser curioso, portanto, que à medida que assistimos ao crescimento dos espaços de autonomia do empregado, do reconhecimento das suas capacidades intelectuais e técnicas e do equivalente crescimento dos seus níveis de responsabilidade; percebemos que, no polo oposto, encontra-se um empresário com uma cada vez menor capacidade de deter todos os conhecimentos da organização produtiva, mais dependente das decisões adotadas pelos seus trabalhadores e com cada vez menos poder de intervenção[18].

Esta transformação no mundo tecnológico e a sua importação forçada na competitividade do mercado laboral tem-se processado de forma inevitável, sem que a vontade dos seus intervenientes possa ter alguma coisa a dizer. A progressiva diluição da subordinação jurídica e a sua crescente despersonalização diante dos avanços tecnológicos, têm inclusivamente conduzido ao surgimento de posições na doutrina que apelam ao fim da subordinação[19].

---

18. Como explica Proscurcin, "isso não significa que o patrão deixou de ser o dono da empresa. Muito menos que o empregado passou a ser patrão. O que ocorreu é que a qualidade do relacionamento intersubjetivo entre ambos mudou e muito, em virtude do imenso aporte de conhecimento, do aumento da complexidade e das profundas mudanças das organizações. O grau de dependência das partes está melhor distribuído" (Proscurcin, Pedro. O fim da subordinação clássica no direito do trabalho. *Revista LTr*, São Paulo, Vol. 65, N.º 3, mar/2001, págs. 287).

19. *Ibidem*, pág. 288.

Embora nos pareça que essa conclusão é ainda precipitada para o atual estado do mercado laboral, algumas das premissas de que partem têm, porém, que ser forçosamente reconhecidas: (i) natureza cada vez mais competitiva e tecnológica do mercado (ii) tem importado nos últimos anos o recurso a uma mão-de-obra cada vez mais especializada, autônoma e com maior liberdade, poder de decisão e consequente assunção de responsabilidades, o que (iii) tem conduzido a uma cada vez maior diluição do poder diretivo empresarial[20]. As premissas são úteis ao estudo e perceção de traços de vulnerabilidade na relação de emprego que retomaremos *infra*.

7.II.3. DA NOÇÃO DE VULNERABILIDADE

7.II.3.1. Vulnerabilidade *vs* hipossuficiência – uma análise conceitual e jurídico-dogmática

Não tem havido entendimento uniforme sobre a coincidência, ou não, dos vocábulos em epígrafe. Em termos lexicais, pode-se começar por atestar que as noções não são idênticas: hipossuficiência descreve aquele "que não se basta a si próprio, geralmente em relação a recursos econômicos ou financeitos; contrário a auto-suficiente"; ao passo que vulnerabilidade designa situação mais genérica: "diz-se do lado fraco de uma questão ou do ponto por onde alguém pode ser ferido ou atacado"[21].

---

20. Corroborando estas premissas, *vide* acórdão do TRT, 15ª Região, n.º 047789/1998, do proc. n.º 30.051/97-2, Relator Desembargador Luís Carlos Cândido Martins Sotero da Silva: "Vínculo empregatício formado diretamente (...) o líame jurídico que vincula o trabalhador se faz por meio da análise dos elementos que caracterizam o contrato de trabalho, tendo como traço especial a subordinação jurídica. Quanto mais técnica a atividade desenvolvida pelo obreiro, mais diluído fica o poder diretivo do empregador. Portanto, não basta a simples existência de um agente responsável para a aplicação da penalidade para caracterizar-se a subordinação. Há que se ter em mente todas as condições de trabalho para distinguir e delimitar a real subordinação jurídica. Presente esse elemento, havendo prestação de serviço exclusivo para a empresa tomadora, sendo a função do obreiro imprescindível para a consecução da atividade-fim, evidencia-se por demais a fraude nos contratos de prestação como autônomos e do contrato de trabalho com a empresa interposta, razão pela qual, há que se reconhecer o vínculo e unicidade contratual com a empresa beneficiária".

21. Ambos extraídos do dicionário online *Priberam*, disponível em https://dicionario.priberam.org. Significados comparados podem ser encontrados noutros dicionários. Assim, em *Michaelis*, para hipossuficiente, "Diz-se de ou pessoa que é economicamente muito humilde, que não é autossuficiente", ao passo que vulnerável aquele "que é suscetível de ser ferido ou atingido por doença; que está sujeito a ser atacado ou

Têm surgido posicionamentos na doutrina, com os quais não concordamos, que diferenciam *vulnerabilidade* e *hipossuficiência* em função de ramos do direito, i.e., que consideram a vulnerabilidade como noção que pertence ao direito material e hipossuficiência como conceito exclusivo da área processual[22]. Este posicionamento é facilmente encontrado na doutrina consumeirista, que baseia a diferença dogmática conceitual na circunstância de a vulnerabilidade estar enunciada no art. 4.º, inc. I do CDC como um reconhecimento político da sua posição de fragilidade no mercado, ao passo que a hipossuficiência vinha prevista num contexto de repartição processual do ônus probatório (art. 6.º, inc. VIII do CDC)[23]. Assim, ao passo que a pri-

---

criticado"; disponíveis em https://michaelis.uol.com.br/moderno-portugues/busca/portugues-brasileiro.

22. Assim, por exemplo, BORGES, Ronaldo Souza. A inversão do ônus da prova nas ações consumeiristas à luz da garantia do devido processo legal. *Revista de Direito do Consumidor*, São Paulo, Vol. 101, Ano 24, 2015, pág. 328. O autor entende que "(...) a vulnerabilidade é um fenômeno de direito material. Uma presunção absoluta (*iure de iure*) assegurada pelo já mencionado art. 4º, I, do CDC. Uma característica ínsita a todos aqueles considerados consumidores. Já a hipossuficiência, é um fenômeno de índole processual, aferível casuisticamente. Mesmo considerada vulnerável, é possível que a parte, no caso concreto, não seja hipossuficiente para que se desincumba do ônus da prova a ela inerente". No mesmo sentido, ZABAN, Breno; BESSA, Leonardo Roscoe. Vulnerabilidade do consumidor. Estudo empírico sobre a capacidade de tomada de decisões financeiras por interessados na compra de imóveis. *Revista de Direito do Consumidor*, São Paulo, Ano 24, N.º 101, set-out/2015, pág. 144; GARCIA, Leonardo de Medeiros. *Direito do Consumidor: código comentado e jurisprudência.* 2ª ed. Niterói: Impetus, 2006, pág. 33 e *Código de defesa do consumidor comentado artigo por artigo.* 12ª ed. Salvador: Juspodivm, 2016, págs. 99-100; BENJAMIN, Antonio Herman; MARQUES, Claudia Lima; BESSA, Leonardo Roscoe. *Manual de Direito do Consumidor.* São Paulo: RT, 2017, págs. 87 ss; BRAGA NETO, Felipe Peixoto. *Manual de direito do consumidor à luz da jurisprudência do STJ.* 7ª ed. Salvador: JusPodovm, 2017, pág. 60; MAZZEI, Rodrigo Reis; CARLOS, Helio Antunes. Breve estudo acerca das principais alterações da Reforma Trabalhista: uma análise a partir da teoria dos jogos. *In* TUPINAMBÁ, Carolina (coord.). *Soluções de conflitos trabalhistas: novos caminhos.* São Paulo: LTr, 2018, pág. 169; PINTO, Henrique Alves. A vulnerabilidade do consumidor e a ótiva subjetiva do intérprete. *Revista de Direito do Consumidor*, São Paulo, Ano 26, N.º 110, mar-abr/2017, pág. 50.

23. Neste sentido, a ideia de hipossuficiência fica apenas atrelada ao sujeito que, por ausência de condições em geral, tenha maiores dificuldade de fazer prova da sua pretensão. Num sentido amplo de hipossuficiência processual, dir-se-á corresponder à "(...) situação de toda e qualquer parte que não está em posição de igualdade para com a outra (sejam pessoas físicas ou jurídicas), pela falta de paridade de armas (que ocorre, por exemplo, diante do Estado ou de um litigante habitual), por não ter acesso aos instrumentos processuais adequados e eficazes para a defesa de seu direito material

meira era sempre presumida e não admitia prova do contrário, a segunda dependia de prova em concreto[24].

Também percebemos que grande maioria da doutrina consumeirista prefere reservar a posição de hipossuficiência do consumidor a critérios financeiros, verificando-se sempre que este se encontre numa situação de vulnerabilidade *económica*[25].

---

em juízo, mormente quando há inferioridade econômica" (Souza, Marcia Cristina Xavier de, Breves considerações acerca das convenções processuais nos juizados especiais cíveis. *In* Marcato, Ana, et. al. (coord.). Negócios Processuais. Salvador: Juspodivm, 2017, Vol. I, pág. 377, nota 25).

24. Veja-se, por exemplo, o posicionamento de Miragem (Miragem, Bruno. *Curso de Direito do Consumidor.* 6. Ed. São Paulo: RT, 2013, pág. 623): "A determinação do que seja a hipossuficiência do consumidor se dá *in concreto*, devendo o juiz identificar neste conceito juridicamente indeterminado, em acordo com as regras de experiência, a ausência de condições de defesa processual, por razões econômicas, técnicas, ou mesmo em face de sua posição jurídica na relação *sub judice* (é o consumidor que não teve acesso à cópia do contrato, por exemplo)". No mesmo sentido, Pedron, Flávio Quinaud; Ferreira, Isadora Costa. O ônus da prova dinâmico no Código de Processo Civil de 2015. *Revista de Processo*, São Paulo, Vol. 43, N.º 285, nov/2018, pág. 132 ("vulnerável, todo consumidor é, e isso constitui o primeiro princípio sobre o qual se assenta a 'Política Nacional das Relações de Consumo', traçada no art. 4º do CDC. Mas, conquanto vulnerável, o consumidor nem sempre é hipossuficiente. Essa circunstância há de ficar demonstrada para que lhe caiba a inversão do ônus probatório").

25. Watanabe, Kazuo. *Código Brasileiro de Defesa do Consumidor: comentado pelos autores do anteprojeto.* 9. ed. Rio de Janeiro: Forense Universitária, 2007, pág. 813-814; Martins-Costa, Judith. A 'Guerra' do vestibular e a distinção entre publicidade enganosa e clandestina. *Revista de Direito do Consumidor*, São Paulo, N.º 6, abr-jun/1993, pág. 222; ou Lôbo, Paulo. Contratante vulnerável e autonomia privada. *In* Neves, Thiago Ferreira Cardoso (coord.). *Direito & justiça social: por uma sociedade mais justa, livre e solidária: estudos em homenagem ao professor Sylvio Capanema de Souza.* São Paulo: Atlas, 2013, pág. 162. Este posicionamento é questionado, por exemplo, por Ribeiro Pereira (Pereira, Isabella Cristina Ribeiro. Vulnerabilidade e hipossuficiência do consumidor. Distinções significativas. *Revista Jurídica Consulex*, São Paulo, Ano XVII, N.º 399, 2013, pág. 65: "(...) esta interpretação não vem se mostrando satisfatória, cabendo ao conceito atual de hipossuficiência abranger a dificuldade do consumidor em produzir provas de suas alegações como um todo, não importando se este óbice parte de sua condição intelectual, física, técnica, econômica, da natureza do serviço que foi prestado ou do produto adquirido, se é o consumidor pessoa física ou jurídica, entre outros") e por Nunes (Nunes, Rizzatto. *Comentários ao Código de Defesa do Consumidor.* 8ª ed. São Paulo: Saraiva, 2015, pág. 228) "o reconhecimento da hipossuficiência do consumidor para fins de inversão do ônus da prova não pode ser visto como forma de proteção ao mais 'pobre'. Ou, em outras palavras, não é por ser 'pobre' que deve ser beneficiado com a inversão do ônus da prova, até porque a

Encontramos ainda quem entenda que o primeiro conceito (vulnerabilidade) seria noção *mais ampla* do que o segundo (hipossuficiência), sem avançar em maiores concretizações do que cabe a cada uma. Vulnerabilidade seria, neste entendimento, género do qual a hipossuficiência era espécie[26]. Por comparação ao posicionamento anterior, parece que a ideia de hipossuficiência ganha amplitude, já que independentemente do ramo em que se manifeste, tem valência para abarcar pessoas que apresentassem ainda uma certa inferioridade cultural, técnica ou financeira[27].

Como bem alerta Tartuce, porém, a hipossuficiência a que o art. 6.º, VIII do CDC faz referência não se apresenta sozinha, estando acompanha-

---

questão da produção da prova é processual, e a condição econômica do consumidor diz respeito ao direito material"). No que respeita ao posicionamento da jurisprudência, vale o julgado do STJ: "Direito Processual Civil. Direito Do Consumidor. Danos Materiais E morais Pelo Fato Do Produto. Inversão do ônus da Prova. Hipossuficiência. Ampla Defesa. (...). A hipossuficiência referida pela Lei n.º 8.078/90 na parte em que trata da possibilidade de inversão do ônus da prova está relacionada, precisamente, com o exercício dessa atividade probatória, devendo ser compreendida como a dificuldade, seja de ordem técnica seja de ordem econômica, para se demonstrar em juízo a causa ou a extensão do dano (...)" – acórdão do TST, Recurso Especial do Processo n.º 1.325.487-MT, 3ª Turma, Relator Ministro Sidnei Beneti, Data de Julgamento14.09.12. Em todo o caso, mesmo em momento anterior, já Pai Moraes dizia que "a hipossuficiência era um conceito mais relacionado ao processo e à possibilidade de custeá-lo, ao passo que a vulnerabilidade seria um conceito que relaciona as forças em geral dos dois pólos da relação de consumo, verificando se um seria mais fraco do que o outro (cf. Pai Moraes, Paulo Valério Dal. *Código de Defesa do Consumidor: o princípio da vulnerabilidade no contrato, na publicidade e nas demais práticas comerciais.* 3ª ed. Porto Alegre: Livraria do Advogado, 2009, pág.128-138). Pai Morais apesar de asseverar que hipossuficiência não poderia estar exclusivamente atrelado à ideia de consumidor pobre e necessitado de assistência judiciária, e de admitir que cabe ao magistrado analisar caso a caso se a parte tem, ou não, condições financeiras para suportar os custos do processo, acaba também por ater-se a uma visão exclusivamente económica da noção.

26. Assim, por exemplo, Nishiyama, Adolfo Mamoru; Densa, Roberta. A proteção dos consumidores hipervulneráveis: os portadores de deficiência, os idosos, as crianças e os adolescentes. *Revista de Direito do Consumidor*, São Paulo, Vol. 19, N.º 76, out-dez/2010, pág. 17.

27. *Ibidem*, pág. 18. Os autores justificam de forma pouco convincente. "Para o Código de Defesa do Consumidor, todos os consumidores são vulneráveis, mas nem todos são hipossuficientes. (...) Esta condição de hipossuficiente deve ser verificada no caso concreto, e é caracterizada quando o consumidor apresenta traços de inferioridade cultural, técnica ou financeira" (Densa, Roberta. *Direito do Consumidor.* 2ª Ed. São Paulo: Atlas, 2006. Págs. 21-22).

da pelo adjetivo *técnica*. Partindo deste elemento linguístico – "técnica" –, e depois de também criticar o critério econômico para descrever a noção de hipossuficiência, RIZZATTO NUNES partilha da ideia de que esta deveria reservar-se à fragilidade técnica e informativa sobre o bem ou serviço, o que dificultaria a prova do pleito e legitimaria a inversão do ônus probatório; deixando a vulnerabilidade como conceito apto a abarcar fragilidades económicas e técnicas[28]. Também partindo daquele elemento, mas chegando a conclusão diferente, TARTUCE entende que hipossuficiência nada mais é do que *sinónimo* de vulnerabilidade económica, alertando para o equívoco do CDC em fazer uso do primeiro termo para distribuir inversamente o ônus da prova, por ser clara a intenção do legislador em referir-se apenas às dificuldades técnicas do consumidor no suporte do encargo probatório[29].

Posicionamentos mais ecléticos que fazem uso de ambos os critérios (técnico e econômico) como suscetíveis de compor o alcance da noção de hipossuficiência, também se encontram em alguns doutrinadores[30]. Parecem subordinar, porém, a noção ao plano processual, já que circunscrevem a análise ao plano da facilitação de defesa do consumidor, *maxime* em matéria probatória.

Todavia, se já com o advento do art. 190 do CPC – e, portanto, com a importação *expressa* da ideia de vulnerabilidade para dentro do processo – aquele primeiro entendimento deixa de fazer muito sentido; quando comparamos o uso das expressões no campo do direito laboral, a diferenciação perde, então, qualquer harmonia. Senão vejamos.

Quanto à primeira situação, parece ser clara a intenção legislativa de importar expressamente para dentro processo a noção de "vulnerabilidade" como mecanismo de identificação de fraquezas que, de algum modo, sirva para impedir a formação de desequilíbrios negociais e garanta a manutenção

---

28. NUNES, Rizzatto. *Comentários ao Código de Defesa do Consumidor.* 8ª ed. São Paulo: Saraiva, 2015, pág. 202.

29. TARTUCE, Fernanda. *Igualdade e vulnerabilidade no Processo Civil.* Rio de Janeiro: Forense, 2012, pág. 183.

30. NERY JÚNIOR, Nelson. Aspectos do processo civil no Código de Defesa do Consumidor. *Revista de Direito do Consumo,* São Paulo, N.º 1, 2002, págs. 217-218; SAAD, Eduardo Gabriel, SAAD, José Eduardo Duarte, BRANCO, Ana Maria Saad C. *Código de Defesa do Consumidor Comentado.* 6. ed. São Paulo: LTr, 2006, pág. 220; GRINOVER, Ada Pellegrini et al. *Código Brasileiro de Defesa do Consumidor: comentado pelos autores do anteprojeto.* 10ª ed. Rio de Janeiro: Forense Universitária, 2011, págs. 164-166.

da igualdade processual negocial. O conceito jurídico indeterminado que já era usado na doutrina processual e recebeu forte cortejo após a tese de doutoramento de FERNANDA TARTUCE – que a descreve como "suscetibilidade do litigante que o impede de praticar atos processuais em razão de uma limitação pessoal involuntária ensejada por fatores de saúde e/ou ordem econômica, informacional, técnica ou organizacional de caráter permanente ou provisório"[31] –, passou agora a colher previsão expressa na conformação da capacidade necessária para celebrar negócios processuais. Se já era difícil sustentar uma diferenciação das noções com base no ramo do direito a que se referissem, torna-se agora praticamente impossível fazê-lo. Não se nega, porém, que a vulnerabilidade processual em grande parte resulta de fatores materiais que interferem negativamente nas faculdades de uso e exercício pelas partes das suas armas processuais.

Relativamente à comparação com a terminologia laboral, aquilo que observamos é uma constante sobreposição de conceitos, dos quais vulnerabilidade se torna mais um sinónimo. Senão vejamos: o contexto histórico em que a CLT foi aprovada (1943), em vias de industrialização e de capitalismo, ditou que a relação de trabalho assentasse na figura do *emprego*, à época dominante. Cristalizada nos arts. 2.º e 3.º da CLT, esta figura estruturava-se sob a noção jurídica de *subordinação*. A lógica protetiva do direito laboral justificava-se pela instrumentalizada simbiose existente entre *proteção vs subordinação*, numa espécie de troca direta. A proteção juslaboral só fazia sentido na presença de vínculos de subordinação; ao passo que a inexistência de dependência jurídica, mesmo diante relações desniveladas, descaracterizaria a emergência do elo protetor[32].

Não obstante esta dominante realidade, já se podiam encontrar posicionamentos que admitiam a existência de brechas dogmáticas ao conceito universal e indistinto de *dependência* e *subordinação*, desvinculado de uma

---

31. TARTUCE, Fernanda. *Igualdade e vulnerabilidade no Processo Civil.* Rio de Janeiro: Forense, 2012, pág. 184. Ideia que é acompanhada por BARBOSA, Rafael Vinheiro Monteiro; MAIA, Maurilio Casas, Isonomia dinâmica e vulnerabilidade no Direito processual civil. *Revista de Processo*, São Paulo, Vol. 39, N.º 230, abr/2014, pág. 355, quando asseveram ser "(...) reflexo de dificuldades e fraquezas reais da parte litigante repercutindo negativamente no âmbito de suas faculdades processuais a ponto de gerar desequilíbrio e disparidade de armas nesse contexto".

32. DORNELES, Leandro do Amaral D. de. Hipossuficiência e vulnerabilidade na teoria geral do direito do trabalho contemporânea. *Revista LTr*, São Paulo, Vol. 72, N.º 07, mar/, pág. 294.

ideia exclusivamente jurídica e modulando os seus desníveis em função de certas características[33].

De qualquer forma, a ciência jurídica não pôde deixar alhear-se das transmutações económicas e sociais que assolaram o mundo moderno. A proliferação de redes empresariais, a perda de influência do papel regulador do Estado no mercado de trabalho, a hegemónica flexibilização laboral e a progressiva descentralização produtiva, o crescente número de trabalhadores individuais e a súbita onda de investimento em *startups*, a contratação de trabalhadores com um nível cada vez mais elevado de instrução, a sofisticação da produção com o recurso a novas tecnologias, a automação[34], a exponencial expansão da concorrência a nível internacional etc.; todas estas circunstâncias que caracterizam o fenômeno pós-industrial, inevitavelmente acabaram por repercutir na forma como os juristas foram concebendo a relação de emprego. Diante dos novos fenômenos laborais contemporâneos, a padronização generalizada do binómio passa por dificuldades, que só consegue ver resolvidas após a reformulação da noção de *subordinação*, livrando-a da conotação excessivamente jurídica, para a transmudar num

33. Assim, por exemplo Cesarino Júnior já admitia uma divisão desta noção de hipossuficiência em duas dimensões, uma absoluta e a outra relativa. Pela mão primeira, referia-se ao estado de desigualdade característico de todas as relações laborais, tendo em conta a função de cada agente econômico no cenário produtivo (o empregador naturalmente invulnerável e suficiente, detentor da organização empresarial e meios de produção; o trabalhador, dependente da sua força de trabalho para sustento próprio, subordinado, hipossuficiente). Como todos os trabalhadores, independentemente da idade ou formação, encontram-se sempre a desempenhar esse papel de venda da sua energia laborativa a terceiros, então a sua dependência é universal e permanente, permitindo a edificação de um conceito único, abstrato e universal de hipossuficiência laboral. Admitindo, porém, que no polo empregatício fosse possível encontrar empregadores com diferentes padrões de suficiência (a que chamou de meramente *autossuficientes* ou já *hipersuficientes*) em razão das suas dimensões empresariais, reconheceu a possibilidade de, ao lado da teoria absoluta de hipossuficiência, criar uma teoria relativa de hipossuficiência, menos abstrata e mais casuística (Cesarino Júnior, Antônio Ferreira. *Direito Social.* São Paulo: LTr, 1980, págs. 44-45). Apesar de Cesarino só reconhecer a possibilidade de modulação no polo empresarial, Catharino, mais tarde, vem a admiti-la também no polo do trabalhador, mencionando a figura do *hiperempregado* por oposição ao tradicional *hipoempregado* (Catharino, José Martins. *Compêndio de direito do trabalho.* 3ª ed. São Paulo: Saraiva, 1982, vol. I, págs. 209-214).

34. José Filho, Wagson Lindolfo. A eficácia do direito fundamental da proteção em face da automação previsto no inciso XXVII, do art. 7º, da Constituição federal de 1988. *Revista do TRT da 18ª Região*, Goiânia, Vol. 15, 2012, pág. 78.

mais amplo conceito que levasse em conta a realidade da segunda. Surgem então as propostas para conceitos de *subordinação econômico-social*[35], ou

35. Em tese aprofundada sobre o assunto, e onde o autor procura ressignificar o critério da dependência económica no vínculo de emprego e para efeitos de extensão da tutela laboral, Oliveira, Murilo Carvalho Sampaio. *A (re)significação do critério da dependência econômica: uma compreensão interdisciplinar do assalariamento em crítica à dogmática trabalhista*. Tese de Doutoramento (UFP). Curitiba, 2011, págs. 205 ss. Partindo de uma noção de trabalho como uma transação entre, por um lado, o direito a fazer uso da energia e do conhecimento humano do trabalhador com o objetivo de o direcionar à atividade produtiva pelo vendedor, Silva e Horn, dissociam a maior ou menor autonomia com que o trabalhador conduz o seu trabalho da ideia de hipossuficiência, por considerarem que esta se verifica independentemente daquela (Silva, Sayonara Grillo Coutinho Leonardo da, Horn, Carlos Henrique. O princípio da proteção e a regulação não-mercantil do mercado e das relações de trabalho. *Revista de Direito do Trabalho*, São Paulo, Vol. 34, N.º 132, out-dez/2008, pág. 185). No mesmo sentido, considerando que "(...) pouco importa, para o reconhecimento da hipossuficiência do empregado, a quantidade de autonomia que o trabalhador detém no processo de trabalho, porque a sua sujeição ao empregador não decorre da maior ou menor autonomia na execução do trabalho, e sim do fato de que é o empregador que detém os meios aptos à geração de riqueza (...) [pois] para sobreviver, o trabalhador deverá oferecer-se ao empregador nas condições que este determinar e executar o trabalho inserindo-se no processo produtivo controlado por ele", Nin, Miguel Ferreira. Hipossuficiência e subordinação jurídica nas relações de trabalho contemporâneo. *Revista do Tribunal Regional do Trabalho da 15ª Região*, Campinas, N.º 40, 2012, págs. 109-110). Ainda, Oliveira, Murilo Carvalho Sampaio. Subordinação jurídica: um conceito desbotado. *Revista de Direito do Trabalho*, São Paulo, Vol. 33, N.º 126, abr-jun/2007, págs. 132-137. Também Noronha Neto, Francisco Tavares. Configuração da relação de emprego – suportes fático e racional. *Revista LTr*, São Paulo, Vol. 75, n.º 12, dez/2011, pág. 1494("Uma vez inexistente a desigualdade econômica entre as partes, cessa a incidência do Direito do Trabalho, já que aplicá-lo equivaleria a dispensar tratamento desigual aos iguais, em clara afronta ao Princípio da Isonomia"). Sustentando ainda uma teoria monista ampla que abrangesse como critério para a subordinação a dependência económica e não estritamente jurídica, Alleva, Piergiovanni. O rubicão do trabalho subordinado. *Revista do Direito do Trabalho*, São Paulo, Vol. 34, N.º 132, out-dez/2008, pág. 287; Lacerda, Dorval de. *A renúncia no direito do trabalho*. 2ª ed. São Paulo: Max Limonad, 1944., pág. 22; Alves, Amauri Cesar. *Novo contrato de emprego: parassubordinação trabalhista*. São Paulo: LTr, 2004, pág. 105; Romita, Arion Sayão. *A subordinação no contrato de trabalho*. São Paulo: LTr, 1979, *passim*. Já Plá Rodriguez negou a sustentabilidade de uma noção ampla de dependência, que abarcasse não apenas a técnica, como a social e económica, por considerar que "(...) o verdadeiro sentido [da dependência], que caracteriza o contrato de trabalho, é aquele que chamamos de jurídico, já que não introduz elementos estranhos e, dentro da sua flexibilidade, oferece um critério capaz de caracterizar o contrato de trabalho e distingui-lo das

de *subordinação estrutural*[36-37]. Para estes partidários, o direito do trabalho baseava-se não na direção alheia do trabalho, mas no reconhecimento de relações onde se manifeste a *dependência socioeconómica* do vendedor da mercadoria (trabalhador) diante do seu comprador (empregador)[38]. E assim a *hipossuficiência* fornecia à noção jurídica de subordinação, o *carácter econô-*

---

demais figuras análogas" (PLÁ RODRIGUEZ, Américo. *Curso de direito do trabalho*. São Paulo: LTr, 1982, pág. 36).

36. Esta é a proposta de GODINHO DELGADO e GABRIELA DELGADO para incluir os tipos de trabalho que se insiram nas estruturas produtivas da empresa tomadora de serviços e para os quais as conceções jurídicas tradicionais não admitiam proteção. Cf. DELGADO, Gabriela Neves. *Direito fundamental ao trabalho digno*. São Paulo: LTr, 2015; DELGADO, Maurício Godinho. Direitos fundamentais na relação de trabalho. *Revista LTr*, São Paulo, Ano 70, n.º 6, jul-set/2006, págs. 657-667.

37. Além destas tentativas, assumem ainda destaque: (i) a prevista no Relatório Supiot para a Comissão Europeia (com uma proposta de restruturação do direito social dividida em quatro círculos concêntricos de tutela, *v.* SUPIOT, Allan. *Il futuro del lavoro: transformazioni della occupazione e prospettive della regolazione del lavoro in Europa*. Roma: Carocci, 2003, págs. 37 ss), (ii) a corrente pluralista (também defensora de um nível de tutela graduada em função de círculos concêntricos que vão desde uma total subordinação a um estado de autonomia, *v.* BONZINI, Guiseppe. Generalizzare i diritti o la subordinazione? Appunti per il rilancio del diritoo del lavoro in Italia. *Democrazia e diritto: revista crítica di diritto e giurisprudenza*, Milão, Ano 3, n.º 2, 2005, págs. 133-145), (iii) a teoria da alienação dos frutos (que identificava a relação de subordinação se os frutos produzidos pelo empregado pertencesse, desde sua origem, ao empregador, *v.* OLEA, Manuel Alonso; BAAMONDE, Maria Emilia Casas. *Derecho del trabajo*. 26ª ed. Madrid: Civitas, 2009, págs.78), (iv) a teoria de ROLF WANK (fazendo uso de critérios negativos de subordinação, a saber, liberdade empresarial, participação nos riscos, possibilidade de realizar ganhos, *v.* MÜCKENBERGER, Ulrich, WANK, Rolf; BUNCHNER, Herbert. Ridefinire la nozione di subordinazione? Il dibattio in Germania. *Giornale di diritto del laboro e di relazioni industriali*, Milão, Ano 22, n.º 86, 2000, págs. 329-350; WANK, Rolf. *Diversifying employment patterns – the scope of labour law and the notion of employees*, disponível em https://www.jil.go.jp/english/events/documents/clls04_wank2.pdf, ultima consulta em 26.05.2018). Por todos, PORTO, Lorena Vasconcelos. A necessidade de uma releitura universalizante do conceito de subordinação. *Revista de Direito do Trabalho*, São Paulo, Vol. 34, N.º 130, abr-jun/2008.

38. Por exemplo, NIN, Miguel Ferreira. Hipossuficiência e subordinação jurídica nas relações de trabalho contemporâneo. *Revista do Tribunal Regional do Trabalho da 15ª Região*, Campinas, N.º 40, 2012, págs. 118: "o trabalho parassubordinado não é, portanto, uma nova categoria de trabalho, e sim o mesmo trabalho subordinado de antes, realizado sob as novas condições do sistema econômico, determinadas pelo atual estágio da acumulação de capital. O trabalho heterodirigido clássico já não serve ao sistema econômico e, por isto, está sendo gradualmente descartado". Criticando severamente a extensão do conceito de hipossuficiência para a seara trabalhista, PALHUCA, João.

mico que a doutrina se retraía para aceitar naquela. O termo *hipossuficiência* passa a ser considerados por muitos como fundamento complementar do princípio da proteção; dizendo-se hipossuficiente a pessoa economicamente frágil ou que não é autossuficiente para satisfazer as suas necessidades materiais[39]. A relação de emprego passa a assentar noutra premissa básica: uma alegada *universalização padronizada* da ideia de *hipossuficiência,* extensível a todas as relações de emprego indistintamente do objeto negociado ou partes intervenientes. Todas estas relações basear-se-iam num objeto único – a prestação de trabalho – e num único nível de dependência, padronizado, generalizado: a econômica[40].

Ainda hoje o discurso jurídico laboral está fortemente impregnado com terminologias que ressaltam a situação de dependência do trabalhador. "Dependência", "hipossuficiência", "subordinação". Conjunto a que, recentemente, se começou a associar um novo, alegado sinónimo: "vulnerabilidade"[41]. Voltaremos a esta questão mais abaixo neste trabalho.

7.II.3.2. Noção e espécies

O conceito de *vulnerabilidade* tem sido compreendido como uma manifestação do princípio mais amplo da *igualdade.* Todavia, ao passo que este assume uma feição mais política, abstrata, de conformação do indiví-

---

Hipossuficiência, o passado que o país precisa eliminar. *Jornal Trabalhista Consulex*, Brasília, Ano XXX, n.º 1509, 2013, pág. 11.

39. Coutinho, Aldacy Rachid. Propostas para uma Ressignificação do Princípio da Proteção. *In* Ferrareze Filho, Paulo, Matzenbacher, Alexandre (coord.). *Proteção do Trabalhador: perspectivas pós-constitucionais.* Rio de Janeiro: Lumen Juris, 2016, pág. 12.

40. Esta "(...) relativa uniformidade da categoria dos trabalhadores subordinados, que permitiu identificar um 'trabalhador subordinado típico', para o qual foram concebidas as normas laborais (...)", é ao que se refere Ramalho, Maria do Rosário da Palma. *Direito do Trabalho.* Coimbra: Almedina, 2005, vol. I – Dogmática Geral, pág. 56.

41. "*A ideia de vulnerabilidade como fundamento do direito do trabalho tem por intuito aproximar a operacionalidade juslaboral das reais demandas protetivas que se apresentam em um novo mundo do trabalho,* reconciliando (ou impedindo o divórcio entre) a instrumentalidade deste ramo jurídico com as reais necessidades sociais, ainda inegavelmente calcadas na demanda protetiva justificada por um desequilíbrio em suas relações jurídicas de base" (cf. Dorneles, Leandro do Amaral D. de. Hipossuficiência e vulnerabilidade na teoria geral do direito do trabalho contemporânea. *Revista LTr*, São Paulo, Vol. 72, N.º 07, mar/2008, pág. 296).

duo diante da sociedade, aquele pretende emprestar ideias de flexibilidade, subjetividade e concretude à relação direta entre situações e sujeitos[42].

A doutrina tem subdividido a noção numa série de manifestações[43]. Assume particular destaque o posicionamento de LIMA MARQUES pela adesão que recebe da maior parte da doutrina e jurisprudência. A autora começa por fazer referência à vulnerabilidade como uma manifestação da igualdade, da qual é filha. Não obstante a sua não consolidação típica pelo ordenamento legal, a sua flexibilidade oferece traços de subjetividade, por não ficar na dependência de comparação entre indivíduos. Nestes termos, a autora conceitua-o como "(...) um estado da pessoa, um estado inerente de risco ou um sinal de confrontação excessiva de interesses identificado no mercado, e uma situação permanente ou provisória, individual ou coletiva, é a técnica para aplica-las bem, é a noção instrumental que guia e ilumina a aplicação destas normas protetivas e reequilibradas, à procura do fundamento da igualdade e da justiça equitativa"[44]. Segue apresentando uma série de concretizações deste conceito indeterminado, a saber: (i) *vulnerabilidade técnica*, i.e., o desconhecimento de conhecimentos ou técnicas específicas de determinada área[45], (ii) *vulnerabilidade fática*, como o desequilíbrio de facto, i.e., de posição, de forças económicas, entre os dois polos de uma relação jurídica, seja pela existência de monopólio, seja pelo grande poderio econômico ou especialidade do serviço de uma das partes, (iii) *vulnerabilidade jurídica ou científica*, i.e., ignorância e desconhecimento dos direitos e/ou deveres jurídicos que incidem sobre determinado sujeito, assim como

42. MARQUES, Cláudia Lima; BENJAMIN, Antônio H, MIRAGEM, Bruno. *Comentários ao código de defesa do consumidor*. 6ª ed. São Paulo: RT, 2019, págs. 267-268.

43. A nível europeu, a doutrina consumeirista tem apresentado divisões classificatórias menos numerosas. Assim, por exemplo, para REICH a vulnerabilidade pode ser apreciada em três diferentes grupos: (i) física, (ii) intelectual e (iii) económica (REICH, Norbert. Vulnerable Consumers in EU law. *The image of the Consumer in EU law*. Portland: Hart, 2016., *passim*); ao passo que para GRUNDMANN os consumidores podem ser enquadrados num de dois tipos: os instruídos e informados, por um lado, e os pouco instruídos e pouco informados, por outro (GRUNDMANN, Stefan. Targeted Consumer Protection. *In* LECZYKIEWICZ, Dorota, WEATHERILL, Stephen (coord.). *The image of the Consumer in EU law*. Portland: Hart, 2016, *passim*).

44. MARQUES, Cláudia Lima; BENJAMIN, Antônio H, MIRAGEM, Bruno. *Comentários ao código de defesa do consumidor*. 6ª ed. São Paulo: RT, 2019, págs. 267-268.

45. Como a autora acaba por abordar as noções à luz do direito do consumidor, assim também a vulnerabilidade técnica, em termos precisos, é tida como aquela que resulta do desconhecimento pelo consumidor das particularidades de certo produto ou serviço, sua utilidade exata, confeção, vícios ou defeitos etc.

falta de conhecimentos de contabilidade ou economia[46], (iv) *vulnerabilidade informativa*, i.e., dificuldade no acesso a informação[47].

Já no entendimento de Pai Moraes, a divisão tipológica é feita em seis diferentes espécies: (i) *vulnerabilidade técnica*, semelhante à defendida por Lima Marques, mas relativamente mais ampla, já que genericamente associada à ignorância do consumidor perante a boa-fé do fornecedor[48] e onde inclui, ainda, a ausência de informações[49]; (ii) *vulnerabilidade fática ou socioeconómica*, num sentido convergente ao de Lima Marques[50]; (iii) *vulnerabilidade político-legislativa*, que, em razão da baixa representatividade

---

46. Este tipo de vulnerabilidade, não obstante presumida para consumidores que sejam pessoas físicas e não profissionais, já não o é para consumidores que são pessoas jurídicas.
47. Marques, Cláudia Lima; Miragem, Bruno. *O novo direito privado e a proteção dos vulneráveis.* São Paulo: RT, 2012, pág. 15-21. Este tipo de vulnerabilidade já não é considerado com autonomia por Pai Morais, que a estuda como manifestação de vulnerabilidade técnica. A própria autora nem sempre a individualizou como modalidade autônoma das restantes. Estudos posteriores é que a conduziram a essa conceituação em razão do acentuado desequilíbrio que realmente existe nas relações de consumo e pelo facto de também poderem incluir situações não abrangidas no alcance técnico. Pense-se, por exemplo, no conhecimento ou desconhecimento a respeito do uso de trabalho escravo para a confeção de um produto; não obstante a informação nada ter que ver com as características técnicas deste, não deixa de ser um elemento relevante para motivar, ou não, o consumidor à aquisição do produto.
48. Pai Moraes, Paulo Valério Dal. *Código de Defesa do Consumidor: o princípio da vulnerabilidade no contrato, na publicidade e nas demais práticas comerciais.* 3ª ed. Porto Alegre: Livraria do Advogado, 2009, pág. 141: "a vulnerabilidade técnica, então, acontece quando o consumidor não detém conhecimentos sobre os meios utilizados para produzir produtos ou para conceber serviços, tampouco sobre seus 'efeitos colaterais', o que o torna presa fácil no mercado de consumo, pois, necessariamente, deve acreditar na boa-fé com que o fornecedor 'deve estar agindo'". O autor considera ainda como subespécie de vulnerabilidade técnica, a vulnerabilidade jurídica, também autonomizada por Lima Marques como um tipo próprio. Para o autor este tipo de vulnerabilidade é claramente eventual, manifestando-se apenas no "(...) momento em que surgiu algum problema decorrente da relação de consumo, originando a necessidade de adoção de medida por parte do consumidor, tendente a solucioná-lo, seja junto ao fornecedor, com o auxílio de advogados ou nos órgãos de defesa do consumidor. Assim, a vulnerabilidade jurídica acontece na fase extrajudicial, pré-processual, como na fase judicial" (pág. 146).
49. Que Lima Marques associa a tipo próprio de vulnerabilidade informacional.
50. Destacam-se apenas alguns apontamentos feitos pelo autor, relativos aos acidentes de consumo que podem afastar o consumidor do trabalho e podem agravar a sua situação económica na sociedade, ao contrário do fornecedor que não se sujeita sequer a esse risco; e ainda o auxílio estatal atribuído aos fornecedores sob a forma de subsídios

das entidades de defesa dos consumidores, acaba por ter menos influência na edição de diplomas legislativos à sua conveniência[51]; (iv) *vulnerabilidade neuro-psicológica*, que associa às técnicas de pressão para consumo instituídas por fortes políticas de *marketing* e *merchandising* – ou seja, o autor tem aqui o mérito de apontar as práticas manipuladoras da vontade motivacional e contratual dos consumidores como uma espécie de vulnerabilidade[52]; (v) *vulnerabilidade ambiental*, decorrente da degradação do ambiente provocada pelos meios de produção, em concreto, usados pelo produtor, e consequentes riscos[53]; (vi) *vulnerabilidade tributária*, em razão da imposição de alta carga tributária aos consumidores[54].

Merece também destaque a classificação de Kipnis entre (i) vulnerabilidade *cognitiva* – no sentido de que o consentimento não pode resultar de um problema de perceção e compreensão dos fatos[55], (ii) vulnerabilidade

---

em caso de problemas macroeconômicos que estes venham a enfrentar no mercado e que desconhece semelhante paralelo no polo do consumidor.

51. Está em causa o poder de influenciar a criação de leis e decretos que permitam determinadas práticas comerciais que se possam caracterizar como abusivas, gerando prejuízos para o consumidor. Este tipo de vulnerabilidade, variável em função do país estudado, deixará de existir, por clara neutralização da vulnerabilidade em países com forte presenta e representação sindical, do qual é exemplo os Estados Unidos da América.

52. Duas notas apenas para ressalvar que a particularidade desta vulnerabilidade sempre exigiria prova pericial concreta em tribunal, pois o magistrado não tem competência suficiente para atestar, por si próprio, o nível de estímulos neurológicos em determinada publicidade; e que dificilmente se pode conceber este tipo de manifestação em indivíduos que sejam profissionais técnicos de empresa e, nessa qualidade, sejam responsáveis pela aquisição de produtos.

53. Manifestação que vemos com dificuldade poder aplicar-se no caso concreto, sob pena de todas as condutas comerciais poderem revelar traços de vulnerabilidade ambiental, mesmo quando nos polos da relação consumeirista se encontrem duas grandes multinacionais, uma delas petrolífera; mas também porque a poluição e degradação ambiental são resultado da sociedade como um todo, na qual também se inclui o próprio cidadão individualmente considerado.

54. Com opinião interessante a respeito de critérios de vulnerabilidade usados, por exemplo, por Pai Moraes, e que são externos ao próprio consumidor, *vide* Barocelli, Sergio Sebastián. Towards the construction of 'hypervulnerable consumers' category. *Revista de Direito do Consumidor*, São Paulo, Ano 26, n.º 113, set-out/2017, pág. 75. Na sua opinião, fatores psicológicos e biológicos, i.e., internos, ligados à pessoa, não são relevantes, assim como determinados fatores externos, como o social ou o cultural; em ambos os casos, por se manifestarem em igualdade de circunstâncias com as demais pessoas, não poderão ser considerados.

55. "Where a critical choice must be made, an ethical attorney must ensure that the client fully understands what is at stake. The lawyer's objective is that, regardless of what

jurídica – no sentido de que o consentimento não pode ser resultado de um estado de subordinação[56], (iii) vulnerabilidade *diferencial* – que muitas vezes requer uma análise à pressão externa e social que o consentimento pode muitas vezes sofrer[57] (iv) vulnerabilidade *médica* – já que muitas vezes ter uma doença para a qual não há tratamento pode deixar uma pessoa propensa a aceitar todo e qualquer tipo de tratamento, independentemente das consequências[58], (v) vulnerabilidade de *recursos* – analisada em razão da falta de

---

happens, the client will continue to acknowledge ownership of the decision. Here they must become educators, intelligibly conveying a usable sense of the situation, explaining all the options, and—especially—setting out the risks and possible benefits attaching to each option. (…) The burden on the researcher is not merely to state the pertinent facts, but to ensure they have been appreciated. (…) Circumstances that suggest the presence of this type of vulnerability would include some degree of immaturity, dementia, certain types of mental illness, and mental retardation. But educational deficits and unfamiliarity with the language may also play a role" (Kipnis, Kenneth. Vulnerability in research subjects: A bioethical taxonomy. *Ethical and policy issues in research involving human research participants,* Bethesda, MD: National Bioethics Advisory Commission, 2001, págs. 4-5 disponível em http://www.aapcho.org/wp/wp-content/uploads/2012/02/Kipnis-VulnerabilityinResearchSubjects.pdf, última consulta em 06.07.2018).

56. "Juridic vulnerability calls attention to the formal authority relationships that often characterize social structures. The most striking examples are prisons and the military, where wardens and officers have legal authority over prisoners and enlistees. But the category also includes children under the authority of their parents, psychology students subordinated to their college professors, institutionalized persons (including institutionalized children and their parents) subject to the authority of custodians" (*Ibidem,* pág. 5).

57. "With respect to military officers, enlistees are generally both deferential and juridically subordinated. But when, in the presence of colleagues, friends, loved ones, and so on, one is exhorted to stand up on behalf of a popular charitable project, one may care deeply about the opinion of those significant others even though they do not (...). A researcher needs to understand these powerful social and cultural pressures and devise consent procedures that take them into account. There are peoples, for example, who commonly display a ready agreeableness on the surface that may mask an inner reticence. There are children who are uncomfortable taking issue with adults and third-world women who may find it hard to turn down requests from men, especially if they are respected doctors in white coats" (*Ibidem,* págs. 5-6).

58. "As defined here, a medically vulnerable C-S has a serious health-related condition for which there are no satisfactory remedies. Metastatic cancers can fall into this category, as can severe spinal cord injuries, Parkinson's disease, multiple sclerosis, Alzheimer's disease, end-stage AIDS, and so on. (…). What makes these patients vulnerable is their medically exigent state. Having run out of options, they will be willing—even eager—to undergo risks that would ordinarily be foolish. As Christiaan Barnard

certas condições ou atribuições que podem condicionar o consentimento, como dinheiro, habitação, plano de saúde etc.[59], (vi) vulnerabilidade *infraestrutural* – já que também a falta de estruturas podem afetar o julgamento subjacente à decisão[60-61].

Todavia, como atesta TARTUCE, apesar destes critérios tipológicos fazerem sentido no plano material, a análise processual demanda outro enfoque, que implica uma aferição pelo magistrado a partir de fatores *objectivos e concretos*. Tal como exemplifica FERNANDA TARTUCE[62], a existência de uma situação jurídica de vulnerabilidade pode resultar de insuficiência económica,

---

observed, it makes sense to leap into a crocodile-infested river to escape from a lion, but not if there is no lion. There is an unfortunate tendency to see these patients as coerced" (*Ibidem*, pág. 6).

59. "But those in a state of allocational disadvantage are seriously lacking in other socially distributed goods: money, housing, medical care, childcare, burial benefits, opportunities to benefit the community, and so on. (...) The researcher needs to ask whether the deprivation has lead to acceptance of an exploitative offer. For persons lacking access to health care, participation in a clinical trial may provide essential services they have gone without. Prisoners, having lost their liberty, reside in an environment that is carefully designed to shut off opportunities: They may have no other chance to be of service to their communities. Children, whose discretionary economic resources can be scant, may be eager to endure sacrifice for the sake of a toy store gift certificate" (*Ibidem*, pág. 8).

60. "When a consent form asks subjects to call a listed telephone number if they have a question or complaint, those phrases presuppose access to a telephone system. When a protocol requires the long-term use of frozen biological agents, that provision presupposes a reliable supply of electricity. When an investigational drug regimen has to be skillfully administered, the researchers may be assuming the availability of skilled health care professionals and a responsible independent local review mechanism. At the structural level, essential political, legal, regulative, institutional, and economic resources may be missing, leaving the subject open to heightened risk. The question for the researcher is, 'Does the political, organizational, economic, and social context of the research setting possess the integrity and resources needed to manage the study?'" (*Ibidem*, pág. 9).

61. O autor em estudo posterior depois vem a acrescentar um outro tipo de vulnerabilidade, dirigido especialmente às crianças, que designa como "vulnerabilidade social", *in verbis*: "Social vulnerability points to the ways in which entrenched prejudice and stereotypical thinking can compromise the care and consideration that would ordinarily be present" (KIPNIS, Kenneth. Seven vulnerabilities in the pediatric research subject. *Theoretical Medicine*, Vol. IV, 2003, pág. 114, disponível em http://www.cepih.org.br/Cd01/Comum/TextoPosGraduacao/pos-graduacao_texto_33_knips_eng.pdf, última consulta em 06.07.2018).

62. TARTUCE, Fernanda. *Igualdade e vulnerabilidade no Processo Civil*. Rio de Janeiro: Forense, 2012, págs. 189-216.

problemas geográficos, questões de saúde, diferentes níveis de informação e acesso a informação, dificuldades na técnica jurídica, desconhecimento sobre regras processuais, ausência de advogado, dificuldades na actuação probatória, ou ainda incapacidade organizacional. Por outro lado, importa ter sempre presente que a desigualdade é ínsita a todos os negócios jurídicos, pelo que é imprescindível a demonstração *de um efectivo desequilíbrio no acesso ao processo*[63], para que a convenção possa ser invalidada[64]. Voltaremos a este posicionamento específico quando analisarmos, em concreto, a vulnerabilidade processual (*infra* 7.II.5.2).

7.II.3.3. Classes de pessoas genericamente tidas como vulneráveis

A emergência de novos grupos nos relacionamentos sociais da pós-modernidade, resultado da crescente diversidade no número e tipo de relacionamentos sociais, tem apelado à criação de diplomas legislativos especiais e focados na tutela específica dos respetivos grupos de interesses. A noção de *vulnerabilidade* é resgatada para abarcar todos estes circunstancialismos e permitir a cobertura tutelar legal aos "*diferentes*". Vimos este fenômeno acontecer não apenas com a aprovação do Estatuto da Criança e do Ado-

---

63. Cumpre ressaltar, nesta matéria, a pertinente observação de Rafael Abreu (Abreu, Rafael Sirangelo de. A igualdade e os negócios processuais. *In* Cabral, Antonio do Passo; Nogueira, Pedro Henrique (coord.). *Negócios Processuais*. 3ª ed. Salvador: Juspodivm, 2017, pág. 298). No estudo que dedica à importância da igualdade na contratação processual, o autor aponta o facto de que uma convenção ser desfavorável para alguma das partes no processo judicial não pode implicar, por si só, a sua invalidade. No seu entender, as partes devem ser capazes de poder tomar más escolhas conscientes, cujas consequências podem traduzir-se na criação de uma verdadeira situação de desequilíbrio. Não se pode, só por isso, desconsiderar a manifestação autônoma e consciente da vontade da parte. A proteção da igualdade das partes visa o momento em que estas tomam conhecimento dos riscos e implicações do negócio, i.e., salvaguarda-se que a parte esteja em efetiva situação de igualdade em momento prévio à escolha, por forma a que esta seja efetivamente consciente. Estratégias processuais mal resolvidas e frustradas não podem ser mote para apelar a futura intervenção judicial. Assim, mesmo que depois de tomada a opção e celebrado o negócio jurídico processual, as partes passem a ficar em situações de desigualdade, não significa que a manifestação de vontade que precedeu a convenção possa ser invalidada.

64. Como bem aponta Rafael Abreu (*Ibidem*, pág. 297), é essencial para que haja alguma viabilidade na desvinculação da vontade das partes ao negócio, que se demonstre em concreto um efetivo desequilíbrio e que este desequilíbrio determine um verdadeiro *deficit* para alguma das partes relativamente à sua possibilidade de influência.

lescente, bem como do Estatuto do Idoso, Estatuto do Índio, do Código de Defesa do Consumidor etc.

A moderna doutrina tem, ainda, feito uso desta ideia para melhor acautelar também as garantias juslaborais do trabalhador. Pode-se até questionar se esta tendência de reconhecer a debilidade de certos indivíduos e grupos sociais não terá elevado a vulnerabilidade a postulado do princípio da igualdade - material - na concretização da diferença entre desiguais e permitido a construção de um microssistema coeso e instrumentalizado à proteção destes sujeitos.

7.II.3.3.1. Consumidor

Há forte tendência para caracterizar o consumidor a partir de uma ideia de vulnerabilidade, por ser intuitivo constituir, via de regra, parte mais frágil na relação de consumo[65].

A vulnerabilidade do consumidor[66], entendida como *pilar* do Estatuto Consumerista[67], costuma ser estudada pela doutrina em três patamares:

---

65. "No entanto, isso não significa que toda parte hipossuficiente dentro de uma relação jurídica, na qual exista fornecimento de bens ou serviços, seja um 'consumidor'. Durante grande período da aplicação do CDC pelos Tribunais, houve uma tendência natural, ainda que equivocada, de assumir que uma parte teoricamente estivesse em desvantagem em relação à outra dentro de uma relação, ainda que não fosse de consumo, deveria ser amparada pelas regras de proteção do consumidor. Esta tendência de aplicação da interpretação maximalista do CDC (...) vem perdendo fôlego, abrindo espaço para interpretações, a nosso ver, naturalmente mais amadurecidas e fruto exatamente do decurso do tempo no uso da lei e do equilíbrio das relações de consumo" (Marçal, Sergio Pinheiro. Definição jurídica de consumidor: evolução da jurisprudência do STJ. *Revista do Advogado*, São Paulo, Ano 26, N.º 89, dez/2006, págs. 109-110).
66. Não deixa de ser interessante analisar que, por exemplo em Portugal, o estudo do direito do consumidor não faz qualquer uso da ideia de "vulnerabilidade", por preferir a expressão "parte débil" do contrato de consumo. Assim, apesar desta fragilidade ser, em maior ou menor medida, ínsita ao contrato de consumo, a doutrina não explora o conceito como cerne da edificação dos direitos do consumidor; até porque inexiste qualquer presunção semelhante à do art. 4.º, inc. I do CDC brasileiro. Tanto assim que nem o contrato de consumo é visto como um *tercius genius* entre o civil e o comercial, nem o direito do consumo tão-pouco é elevado à categoria de direito autônomo (Duarte, Paulo. Conceito jurídico de consumidor, segundo o art. 2º/1 da lei de defesa do consumidor. *Boletim da Faculdade de Direito*, Coimbra, Vol. 75, 1999, págs. 696-700).
67. Zanellato, Marco António. Considerações sobre o conceito jurídico de consumidor. *Revista portuguesa de direito do consumo*, Coimbra, N.º 35, set/2003, pág. 46.

(i) na *publicidade*[68], (ii) *técnico-profissional*[69], (iii) *jurídica*[70]. É pela mão dos "*contratos de adesão*"[71] que os consumidores manifestam de forma

---

68. Vulnerabilidade esta resultante de técnicas de *marketing* particularmente intensas e modernas, muitas vezes enganosas, promovendo imagens ideais da realidade tendentes a conduzir o consumidor a acreditar apenas em determinadas características dos produtos/serviços, mecanismos de manipulação psicológica do consumidor.
69. Vulnerabilidade que se manifesta "(...) quando o consumidor não detém conhecimentos sobre os meios utilizados para produzir produtos ou para conceber serviços, o que o torna presa fácil no mercado de consumo, pois, necessariamente, deve acreditar na boa-fé com que o fornecedor deve estar agindo" (Pai Moraes, Paulo Valério Dal. *Código de Defesa do Consumidor: o princípio da vulnerabilidade no contrato, na publicidade e nas demais práticas comerciais.* 3ª ed. Porto Alegre: Livraria do Advogado, 2009, pág. 141).
70. Particularmente clara quando pensamos nas técnicas de contratação em massa dos contratos de adesão, frequentemente utilizados para dificultar a compreensão célere e completa da dimensão do contrato, o que acaba por se repercutir na ausência de uma clara e livre manifestação da vontade do consumidor.
71. Uma breve nota apenas para recordar que o surgimento deste tipo de contratos ocorreu com o advento do Estado liberal e todos os fenômenos que lhe estão associados: industrialização intensiva dos mercados de bens de consumo, filosofia económica liberalizada e capitalista, massificação da contratação e a consequente despersonalização do consumidor. Recentemente podemos dizer que ganharam renovado relevo sobretudo pela massificação contratual potencializada pelo ambiente digital e informático, i.e., pelo novo sistema globalizado em redes computacionais. Esta figura contratual assume tal impacto na seara consumeirista que recebeu previsão expressa no art. 54 do CDC ("Contrato de adesão é aquele cujas cláusulas tenham sido aprovadas pela autoridade competente ou estabelecidas unilateralmente pelo fornecedor de produtos ou serviços, sem que o consumidor possa discutir ou modificar substancialmente seu conteúdo") e ainda nos art. 423 ("Quando houver no contrato de adesão cláusulas ambíguas ou contraditórias, dever-se-á adotar a interpretação mais favorável ao aderente") e 424 ("Nos contratos de adesão, são nulas as cláusulas que estipulem a renúncia antecipada do aderente a direito resultante da natureza do negócio") do CC. Estes contratos apresentam-se, portanto, previamente definidos aquando a sua entrega ao trabalhador, com muitas das suas cláusulas redigidas de forma pouco clara e transparente, sendo normalmente desacompanhados de esclarecimentos e informações adicionais aos consumidores por parte de quem os entrega. Por outro lado, a sua aceitação é sempre feita em bloco, não existindo qualquer tipo de liberdade negocial entre consumidor e fornecedor relativamente ao ajuste de termos contratuais. Cf. Prata, Ana. *Contratos de adesão e cláusulas contratuais gerais: anotação ao decreto-lei n.º 446/85, de 25 de outubro.* Coimbra: Almedina, 2010, págs. 17 ss.; Marques, Cláudia Lima. *Contratos no Código de Defesa do Consumidor.* 78 ed. São Paulo: RT, 2016, págs. 78-79; Fiuza, César, Roberto, Giordano Bruno Soares. *Contratos de adesão.* Belo Horizonte: Mandamentos, 2002, pág. 68; Gomes, Orlando. *Contratos.* 26ª ed. Rio de Janeiro: Forense, 2007, pág. 128.

mais intensa a sua vulnerabilidade a vários níveis: (i) *jurídica/técnica*, por pouco ou nada conhecerem dos exatos termos da contratação e largamente ignorarem os seus direitos legais; (ii) *informacional*, por praticamente não recebem qualquer apoio informativo a respeito das cláusulas contratuais, na sua larga maioria confusas e pouco precisas[72]; (iii) *económica*, pelo claro desequilíbrio no poderio econômico para enfrentar os grandes grupos de mercado com quem contratam[73].

A acentuada vulnerabilidade deste grupo de cidadãos demanda do Estado-legislador um controlo mais presente na fiscalização de cláusulas contratuais abusivas e, bem assim, na formação dos próprios contratos de adesão[74], razão pela qual não apenas se prevê a interpretação das suas normas no sentido que for mais favorável ao consumidor (art. 47 do CDC), como também pela expressa presunção de vulnerabilidade que lhes atribui no art.

---

72. A propósito, sobre forma de encarar as exigências de transparência contratual nas relações consumeiristas em Pazos, Ricardo. Transparency in contracts with consumers - A new beginning? *Revista de Direito do Consumidor*, São Paulo, Vol. 26, N.º 112, jul-ago/2017, págs. 252 ss.

73. Ganha aqui particular destaque o posicionamento de Muñoz, Maria Paula Costa Bertran. Paralelismo entre assimetria de informações e vulnerabilidade dos consumidores: uma análise acerca de juros em contratos de concessão de crédito. *Revista de Direito do Consumidor*, São Paulo, Ano 22, N.º 86, mar-abr/2013, pág. 56 ss. Para a sua conceção de vulnerabilidade, a autora adapta fatores como a educação do consumidor, a associação e a sua posição social. A autora resgata estes conceitos para diferenciar, no caso concreto, aquando da aquisição de crédito, indivíduos de baixa instrução, renda e condição social de cidadãos com maior poder econômico, posição social e nível de educação; por forma a legitimar que, apenas no caso dos primeiros, a tutela jurisdicional impeça a execução de bens pessoais ou familiares para pagamento do crédito e, assim, fazer impender sobre as instituições financeiras o ônus de indagar as reais condições económicas dos candidatos e de lhos negar caso haja riscos de inadimplência. Aparentemente no mesmo sentido, apontando para o comportamento financeiro dos consumidores no mercado do crédito poder revelar vulnerabilidade típica, Oliveira, Amanda Flávio de; Carvalho, Diógenes Faria de. Vulnerabilidade comportamental do consumidor: porque é preciso proteger a pessoa superendividada. *Revista de Direito do Consumidor*, São Paulo, Vol. 25, N.º 104, Ano 25, mar-abr/2016, pág. 197-199.

74. A restrição à liberdade contratual é justificada com base em conceções de igualdade. Desta forma, a liberdade de contratação concretiza-se desde que e enquanto houver uma equação de utilidade para ambas as partes da relação jurídica, assegurada a justiça e o tratamento igualitário de ambos os polos contratuais (Marighetto, Andrea. O "funcionalismo" no sistema brasileiro de proteção e defesa do consumidor. *Revista de Direito do Consumidor*, São Paulo, Vol. 24, N.º 101, set-out/2015, pág. 63).

4.º, inc. I do CDC[75]. O Direito do Consumo, enquanto disciplina jurídica, reconhece expressamente que a técnica do *pacta sunt servanda* é insuficiente à efetivação da tutela do consumidor[76] e procura oferecer mecanismos jurídicos para colocá-lo no mesmo patamar relacional que o fornecedor de consumo[77]. Processualmente, beneficiam de um regime apropriado de tutela jurisdicional, com regras específicas de inversão do ônus da prova (art. 6º, inc. VIII do CDC) e de proteção de interesses transindividuais[78].

O direito do consumo tem, portanto, esta particularidade de consagrar expressamente em disposição legal a ideia jurídico-material de vulnerabilidade (*inbalances*). Esta disposição, por sua vez, assenta numa presunção: a de que *sempre* existirá um desequilíbrio nas posições jurídicas de consumidor e fornecedor. O legislador fez uma *opção expressa* por dispensar a investigação de circunstâncias especiais do sujeito como requisito para garantir a sua qualificação de vulnerável[79]; antes, basta-se com a característica genérica de

---

75. Faz sentido, assim, a afirmação de Tartuce e Amorim quando se referem à expressão "consumidor vulnerável" como uma expressão pleonástica (Tartuce, Flávio; Neves, Daniel Amorim Assumpção. *Manual de Direito do Consumidor. Direito Material e Processual.* 7ª ed. Rio de Janeiro: Gen, 2018, págs. 34-36).

76. Grinover, Ada Pellegrini. *O Código de Defesa do Consumidor no sistema socioeconômico brasileiro.* São Paulo: COAD, 1994, pág. 3.

77. "Sabe-se que uma das finalidades do Código de Defesa do Consumidor é assegurar o equilíbrio entre as partes, assim, possível do ponto de vista da eqüidade, a revisão do presente contrato adesivo, não havendo que prevalecer a tese *do pacta sunt servanda*. O Código de Defesa do Consumidor pretende, assim, estabelecer o equilíbrio contratual entre as partes, invocando o princípio da boa-fé e da eqüidade, ou seja, da função social do contrato. Ele prevê um regime protetivo onde a administração pública e a privada, através de mecanismos jurídicos próprios, equilibram as relações de consumo, em especial, com a proscrição de cláusulas abusivas em contratos de adesão. O consumidor fica, desta forma, protegido de qualquer abuso que queira o fornecedor praticar. A finalidade principal é harmonizar os interesses contrapostos em jogo, preservando as atividades produtivas e protegendo o consumidor de abusos. Verificamos, portanto, que dentro da proteção contratual estabelecida com a edição do Código de Defesa do Consumidor, as cláusulas abusivas merecem um tratamento metodológico como tentativa de conter tais procedimentos, diante da configuração contratual, sob a égide do direito pátrio" (Acórdão do TJ/MG de Apelação Cível Processo n.º 2.0000.00.359749-9/000, Relator Alvimar de Ávila, Data de julgamento 22.05.2002).

78. Reichelt, Luis Alberto. Tutela jurisdicional do consumidor, adequação do processo e acesso à Justiça. *Revista de Direito do Consumidor*, São Paulo, Ano 21, N.º 84, out-dez/2012, pág. 177-180.

79. A vulnerabilidade do consumidor é vista, então, como uma noção estática, i.e., como uma qualidade que é intrínseca, estrutural, imanente e particular à noção de consumidor, livre

"ser consumidor"[80-81]. O poder económico, estrutural, informacional e fático do fornecedor dar-lhe-iam uma condição/*status* de superioridade na relação jurídica de consumo que o consumidor não poderia igualar, legitimando, assim, a existência de uma presunção legal abstrata que simplesmente o toma como vulnerável.

Enquanto concretização do princípio da igualdade, a sua interpretação como mandado de otimização tem autorizado doutrina e jurisprudência a criarem uma nova categoria de vulnerabilidade, especialmente recorrente no direito do consumo, dirigida à proteção de consumidores com agravada debilidade: a *hipervulnerabilidade*[82]. Esta qualificação agravada teria lugar

---

e independente de condições sociais ou aspetos como a cultura, nível educacional, poder econômico. Carvalho, Diógenes Faria de; Oliveira, Thaynara de Souza. A categoria jurídica de 'consumidor-criança' e sua hipervulnerabilidade no mercado de consumo brasileiro. *Revista Luso-Brasileira de Direito do Consumidor*, Curitiba, Vol. 5, N.º 17, mar/2015, pág. 218. Nas palavras de Marques e Miragem, "(...) a vulnerabilidade é mais um estado da pessoa, um estado inerente de risco ou um sinal de confrontação excessiva de interesses identificado no mercado, é uma situação permanente ou provisória, individual ou coletiva, que fragiliza, enfraquece o sujeito de direitos, desequilibrando a relação. A vulnerabilidade não é, pois, o fundamento das regra de proteção do sujeito mais fraco, é apenas a 'explicação' destas regras ou da atuação do legislador, é a técnica para as aplicar bem, é a noção instrumental que guia e ilumina a aplicação das normas protetivas e reequilibradoras, à procura do fundamento da igualdade e da Justiça equitativa" (Marques, Cláudia Lima; Miragem, Bruno. *O novo direito privado e a proteção dos vulneráveis*. São Paulo: RT, 2012, pág. 117). Reis, Iuri Ribeiro Novais dos. O princípio da vulnerabilidade como núcleo central do Código de Defesa do Consumidor. *Revista dos tribunais*, São Paulo, Vol. 104, N.º 956, jun/2015, pág. 91; Nunes, Rizzatto. *Comentários ao Código de Defesa do Consumidor*. 8ª ed. São Paulo: Saraiva, 2015. Pág. 202; Miragem, Bruno. *Curso de Direito do Consumidor*. 6. Ed. São Paulo: RT, 2002, pág. 99.

80. Silva, Luís Renato Ferreira. Princípios do direito contratual no Código de Defesa do Consumidor. *In* Lopez, Teresa Ancona, Aguiar Júnior, Ruy Losado, Pasqualotto, Adalberto, et. al. (coord.) *Contratos empresariais. Contrato de consumo e atividade econômica*. São Paulo: Saraiva, 2009, págs. 3-30.

81. Não obstante esta consideração, importa ter ciência que a 3ª e 4ª turmas do STJ têm já admitido uma mitigação da teoria finalista de consumidor e vindo a afastar a aplicação do CDC sempre que estivermos diante de um expressivo porte financeiro ou econômico do consumidor ou de qualquer outra característica capaz de arredar a vulnerabilidade económica, jurídica ou técnica. Assim, por exemplo, o processo do STJ Recurso Especial n.º 476.428/SC, Relatora Ministro Nancy Andrighi, Data de julgamento 19.04.2005: Conceito de Consumidor. Critério subjetivo ou finalista. Mitigação. Pessoa Jurídica. Excepcionalidade. Vulnerabilidade.

82. "Ocorre que a vulnerabilidade, como presunção no microssistema protetivo, é positivada instrumentalmente por princípio (mandado de otimização) e não via regra, o

sempre que à condição de consumidor se acrescentasse uma outra, *v.g.* idade, deficiência, sujeição a limitações temporárias ou permanentes etc.

Por último, dizer que este grupo de indivíduos assume uma outra particularidade e que se prende já com o plano da negociação processual. Parte significativa da doutrina tem já admitido a possibilidade de consumidores poderem celebrar convenções processuais, não obstante a sua vulnerabilidade presumida[83]. Fazem-no, inclusivamente, no que respeita à contratação coletiva que, por ser reconhecida como materialmente análoga à individual e por implicar situação jurídica individual homogénea, autoriza o mesmo raciocínio, sujeitando apenas a sua validade à intervenção do Ministério Público, como *custus legis*, que deverá ser incentivada – sem necessidade de ampliar a competência que lhe resulta já do art. 178, inciso I do CPC.

7.II.3.3.2. Vulnerabilidade no direito europeu do consumo. Uma perspetiva comparada

O Tribunal de Justiça da União Europeia (TJUE), no desenvolvimento da noção de consumidor[84] e da sua perceção como ser vulnerável a práticas

---

que autoriza juízo de ponderação, densidade axiológica, flexibilidade, plasticidade e diferenciação de sujeitos para justiça distributiva, permitindo restrições (v.g. destinatário final e não profissional) e ampliações (que não sejam contraditórias ao sistema; v.g. finalismo aprofundado). Em outras palavras, presume-se por princípio ('modelo' argumentativo) e não regra ('modo' dedutivo)" (Martins, Fernando Rodrigues. A emancipação insuficiente da pessoa com deficiência e o risco patrimonial ao novo emancipado na sociedade de consumo. *Revista de Direito do Consumidor*, São Paulo, Vol. 25, N.º 104, mar-abr/2016, pág. 229).

83. Carvalho, Lucas Magalhães de Oliveira; Silva, Michael Cesar; Silva, Samuel Vinícius da. Negociação processual e as relações de consumo: uma análise do instituto à luz da vulnerabilidade presumida do consumidor. *Revista Jurídica Luso Brasileira*, Rio de Janeiro, Vol. 4, N.º 1, 2018, págs. 1110-1111: "como defensor da ordem jurídica e conhecedor do direito processual, cabe ao advogado suprir a ausência de conhecimento do consumidor e conferir validade à negociação processual atípica, o que permite ao último pactuar amplamente acerca do direito processual, moldando o processo ao seu próprio interesse, suprindo a vulnerabilidade presumida do consumidor".

84. O TJUE não aplica o critério do consumidor razoavelmente atento e informado a todos os tipos de circunstâncias. Não o faz, por exemplo, quando estão em causa questões que envolvem *perda existencial*, i.e., que envolvam direitos personalíssimos como a saúde, a integridade física, ou mesmo a situação patrimonial do consumidor desde que roce *traços de existencialidade* (ex. ruína financeira). Aqui, o Tribunal opta de forma compreensível por proteger indiscriminadamente todo o consumidor

de consumo enganosas, concede-lhe uma interpretação significativamente *mais restrita e otimista*[85]. Para o TJUE, o *consumidor médio*[86] é considerado como sendo *razoavelmente atento* e *advertido*, *conhecedor* dos seus direitos e *consciente* das transações económicas que celebra, excepto prova em contrário da sua vulnerabilidade. O ponto de partida é, portanto, diametralmente oposto àquele que vimos consagrado no CDC brasileiro. A inexistência de presunção semelhante à lei brasileira nas Diretivas europeias[87] e uma noção de consumidor que não pressupõe posições de vulnerabilidade[88], conduziu

---

independentemente da atenção ou informação de que disponha. Apenas quando estão a ser afetados prejuízos econômicos é que aquele critério é procurado. São exemplo desta bipartição, os casos C-220/98 – Estée Lauder (que opôs a empresa Lancaster, comercializante de creme restaurador de pele que denominava com recurso ao termo "Lifting", a Estée Lauder, que alegava ser o termo 'lifting' enganoso por dar a entender ao comprador que o produto tem efeitos idênticos a uma operação cirúrgica. O TJUE veio a considerar ser digno de proteção mesmo o consumidor médio, normalmente informado e razoavelmente atento e advertido por ser induzido em erro pela referência a 'lifting', considerando que ela atribui ao produto características que o mesmo não possui) e C-99/01 – Linhart vs Biffle (processo nos termos do qual se discutia a colocação no mercado de um produto cosmético com a indicação 'dermatologicamente testado' aposto na embalagem. O TJUE veio a entender que "(...) a menção 'dermatologicamente testado' não pode induzir em erro um consumidor médio, normalmente informado e razoavelmente atento e advertido, atribuindo aos produtos em causa características que não possuem e, de qualquer modo, um eventual erro quanto a essas características não seria suscetível de se repercutir na saúde pública").

85. Sobre as variações polissémicas dos conceitos que constroem os elementos fundamentais da relação de consumo, como por exemplo o de "consumidor" e o prejuízo advindo à segurança jurídica comunitária que daí decorre, Gaio Júnior, Antônio Pereira. A proteção ao consumidor como um elemento propulsor da efetividade integracionista: União Europeia e o seu modelo protetivo consumerista. *Revista de Direito do Consumidor*, São Paulo, Vol. 108, Ano 25, set-out/2016, págs. 169 ss.

86. Recordamos que o legislador europeu optou por não apresentar uma definição de *consumidor médio*, razão pela qual os tribunais nacionais acabam por estar livres para interpretar a noção diferentemente do TJUE (Howells, Micklitz y Wilhelmsson. *European Fair Trading Law: The Unfair Commercial Practices Directive*. Ashgate: Aldershot, 2006, págs. 131-132).

87. Por exemplo, na Diretiva n.º 2011/83/UE do Parlamento Europeu e Conselho, de 25 de Outubro sobre os direitos do consumidor; Diretiva n.º 93/13/CEE, Diretiva 1999/44/CE do Parlamento Europeu e Conselho.

88. Do ponto de vista do direito internacional, por exemplo, analisando quer as Diretrizes das Nações Unidas para a Proteção do Consumidor (cf. arts. 5.º, al. b), 11, al. a), 37 e 77); quer a Diretiva Europeia UE n.º 2005/29 sobre práticas comerciais desleais, percebemos facilmente que a sua noção de vulnerabilidade não se identifica com a adotada

o TJUE a distinguir entre consumidor médio invulnerável, e consumidor realmente vulnerável.

Basicamente parte-se de um postulado de que os consumidores gozam de uma proteção limitada a possibilitar-lhe uma tomada de decisão consciente, livre, autônoma e, sobretudo, informada. Intervenções paternalistas e de proteção agravada ficariam excluídas, excepto nos casos especiais que realmente o justificassem, i.e., nas *categorias objetivas* com reais necessidades de proteção em razão da sua *real fragilidade*[89]. O tipo protetor vigente no Direito dos Contratos de Consumo Europeu intervém, assim, a dois níveis: no primeiro procura diminuir a assimetria informativa, garantindo que o consumidor detém todas as condições para tomar decisões informadas e conscientes e, somente quando o regramento destinado a garantir esse esclarecimento não é suficiente, intervém no segundo, introduzindo normas materialmente vinculantes de salvaguarda[90].

---

no sistema brasileiro. Particularmente no que respeita à Diretiva europeia, verificamos que o legislador europeu optou por distinguir entre *consumidor médio*, normalmente atento e bem informado, dos *"particularmente vulneráveis"*, onde encaixa pessoas que, em razão da sua doença mental ou física, idade ou credulidade, podem encontrar-se particularmente frágeis no momento da contratação (art. 5.º, n.º 3). Da mesma forma, na Resolução do Parlamento Europeu, de 22 de maio de 2012, sobre uma estratégia de reforço dos direitos dos consumidores vulneráveis, admite-se uma noção particularmente ampla de vulnerabilidade, mas sem, contudo, a fazer destoar dos outros dois diplomas. Assim, lê-se nomeadamente no considerando "D" da Resolução, "Considerando que o conceito amplamente usado de consumidores vulneráveis se baseia na noção de vulnerabilidade como endógena e visa um grupo heterogéneo composto por pessoas consideradas permanentemente como tal devido à sua deficiência mental, física ou psicológica, pela sua idade, credulidade ou género; que o conceito de consumidor vulnerável deve também incluir consumidores numa situação de vulnerabilidade, ou seja, consumidores que estejam numa situação de impotência temporária resultante de um fosso entre os seus estado e características individuais, por um lado, e o seu ambiente externo, por outro, tendo em consideração critérios como educação, situação social e financeira, acesso à Internet, etc., que todos os consumidores, em alguma fase da sua vida, se podem tornar vulneráveis devido a fatores externos e interações com o mercado ou devido às dificuldades que sentem em aceder e entender informações relevantes e que, por conseguinte, requerem proteção especial". Já, por sua vez, o art. 39 do CDC brasileiro inclui sob a noção de vulneráveis pessoas que, pela sua fraqueza ou ignorância, tendo em vista sua idade, saúde, *conhecimento ou condição social*, se sujeitem mais facilmente a práticas abusivas.

89. Grundmann, Stefan. A proteção funcional do consumidor, Novos modelos de consumidor à luz de teorias recentes. *Revista de Direito do Consumidor*, São Paulo, Vol. 101, Ano 24, set-out/2015, pág. 20.

90. *Ibidem*, pág. 26.

Críticas já têm sido esgrimidas relativamente às expectativas, demasiado altas, que o TJUE tem colocado sob o chavão de "consumidor médio"[91]. Este conceito, que remota à regulação do Tratado de Funcionamento da União Europeia (TFUE), art. 34, tem sido desenvolvido pelo TJUE desde os anos 80 – muito antes, portanto, do surgimento da Diretiva relativa às Práticas Comerciais Desleais (2005/29/CE) –, tendo ganho significativo destaque no caso *Gut Springenheide* (C-210/96)[92].

---

91. Por exemplo, Tekman, Nezihe. Vulnerable consumer: a new yardstick for the European consumer law? *Revista de Direito do Consumidor*, São Paulo, Ano 26, N.º 113, set-out/2017, pág. 113 e 126: "(...) the classifications provided by the Directive is not enough to provide comprehensive and an adequate list of vulnerabilities and providing more information to vulnerable consumer does not necessarily resolve this problem". No mesmo sentido, Waddington: "Moreover, the analysis above strongly suggests that the "average" consumer is far less knowledgeable and informed than EU legislation and the case law seems to assume. Indeed, the "average" consumer can easily be rendered "vulnerable", depending on (changes in) their personal circumstance, such as unemployment or illness, and with regard to differing consumer products, with financial products being identified as some of the most complex. This may suggest that basing EU consumer protection legislation on the "fiction" of the "average" consumer, and providing very limited additional protection to the mysterious and vague "vulnerable" consumer, may not be the best way to organise EU consumer protection law" (Waddington, Lisa. Vulnerable and confused: the protection of 'vulnerable consumers under EU law. *European Law Review*, Vol. 38, N.º 6, 2013, págs. 757-782).
92. Neste processo, o litígio opõe a Gut Springenheide GmbH, e o seu gerente R. Tusky, ao Oberkreisdirektor des Kreises Steinfurt — Amt für Lebensmittelüberwachung (diretor da circunscrição administrativa de Steinfurt — Serviço de Controlo dos Géneros Alimentícios), a propósito duma indicação constante das embalagens de ovos comercializados pelo primeiro. Numa mensagem publicitária enunciada numa caixa de ovos comercializados pela Gut Springenheide, fazia-se contar a expressão "10 ovos frescos — 6 cereais", sendo que a referência aos cereais baseava-se na composição da alimentação das galinhas, numa percentagem de 60%. O tribunal considerou a menção enganosa e proibiu-a. Ao chegar ao TJUE sob a forma de questão prejudicial, o tribunal considerou que "(...) o órgão jurisdicional nacional deve ter como referência a presumível expectativa dum consumidor médio, normalmente informado e razoavelmente atento e advertido, relativamente a esta indicação. Todavia, o direito comunitário não obsta a que, se tiver especiais dificuldades para avaliar o carácter enganoso da indicação em questão, o referido órgão jurisdicional possa recorrer, nas condições previstas pelo seu direito nacional, a uma sondagem de opinião ou a um exame pericial destinados a esclarecer a sua apreciação". Ou seja, o TJUE considerou que a apreciação deverá ser feita, em regra, sem a necessidade de recorrer a relatórios ou exames periciais sobre estudos de opinião de mercado.

O posicionamento do tribunal revelou-se quase sempre curto e restrito na abrangência da noção[93]. Entre os casos mencionados naquele "processo", destacamos *Mars* (C-470/93)[94].

---

93. Por exemplo, o caso *Comissão/Espanha* (C-358/01), que opôs as Comunidades Europeias ao Reino de Espanha, em virtude deste último se ter negado a permitir acesso ao mercado espanhol de um produto de limpeza (detergente com lixívia) fabricado e comercializado noutros Estados-Membros, em razão do seu teor de cloro ativo ser inferior a 35g/l. e, nessa medida, não respeitava os critérios de concentração mínima de cloro ativo impostos para a lixívia pela legislação espanhola. Na sua apreciação, entendeu o Tribunal que "(...) a aposição de um rótulo com informações sobre a natureza e as características principais do produto, incluindo o seu teor de cloro ativo, afigura-se perfeitamente suficiente para informar os consumidores das qualidades e da composição de produtos como os que estão em causa no presente processo" e que, não obstante o Governo Espanhol ter replicado que "(...) em Espanha, os consumidores esperam que o teor de cloro ativo da lixivia não seja inferior a 35 g/l. Por conseguinte, seriam induzidos em erro se pudessem ser comercializados em Espanha produtos de limpeza que não correspondessem a essa expectativa", entendeu o tribunal que "(...) a circunstância de os consumidores de um Estado-Membro terem ideias bem precisas quanto à composição ou às características de determinado produto não é, em princípio, suscetível de justificar obstáculos à livre circulação de mercadorias". Além do mais, considerou ainda o TJUE que "(...) o Governo espanhol não conseguiu demonstrar que existem diferenças significativas entre a legibilidade e a inteligibilidade dos rótulos dos produtos alimentares ou cosméticos, por um lado, e dos produtos de limpeza, por outro, que levem a que as características desinfetantes destes últimos não possam ser corretamente apreciadas pelos consumidores no momento da leitura do rótulo". Para finalizar, asseverou ainda que o Reino de Espanha "(...) não demonstrou por que motivo um consumidor médio, normalmente informado e razoavelmente atento e advertido, corre o risco de cometer esse erro em relação à lixivia e não comete erros da mesma natureza, igualmente nefastos para a saúde, em resultado de uma leitura incorreta das informações que figuram nos rótulos de outros produtos".
94. Processo que opôs a Verein gegen Unwesen in Handel (associação que luta contra a concorrência desleal) à Gewerbe Köln/Mars (empresa que produz bens alimentares das marcas Mars, Snickers, Bounty e Milky Way). O caso tratava de uma mensagem publicitária aposta na embalagem de um determinado gelado importado de um Estado-membro por outro pela empresa Mars e que fazia menção a "+10%". Questionava-se se (i) o aumento da percentagem do produto em 10% era suscetível de enganar o consumidor por conduzi-lo a associar que o aumento da quantidade não viria acompanhado pelo correspondente aumento de preço, (ii) ou se a menção dos "+10%", por ocupar na embalagem espaço superior a 10% do produto, conduziria o consumidor ao erro de pressupor de que o produto tinha sido aumentado na proporção da nova parte colorida anunciada. Em resposta às questões colocadas, foi entendimento do TJUE, que não apenas (i) "(...) uma proibição como a que está em causa no processo principal, [i.e., relativa à manutenção do preço original sem que haja aumento do preço] que visa a colocação em circulação num Estado-Membro de produtos que contenham as mesmas menções publicitárias que as legalmente utilizadas noutros Estados-Membros,

O conceito de consumidor médio não é, portanto, estatístico, baseando-se, antes, num "*modelo de informação*"; num esquema que transporta para o consumidor grande parte da responsabilidade do ato de consumo, impondo-lhe um *nível mínimo de instrução*[95]. Quer a *atitude do consumidor*, quer os seus *conhecimentos*, serão assim determinantes à sua qualificação[96].

Esta conceção otimista de consumidor que vige na jurisprudência europeia é, sem dúvida, significativamente restrita, tal como o é a noção de *vulnerabilidade* que o legislador europeu apenas quis fazer associar a um número reduzido de sujeitos: aquele que em razão da sua "*doença mental ou física*"[97], "*idade*" ou "*credulidade*" podem facilmente ter o seu comporta-

---

é de natureza a entravar o comércio intracomunitário"; como ainda (ii) que se deve presumir que "(...) os consumidores normalmente informados sabem que não existe necessariamente uma relação entre a dimensão das menções publicitárias relativas ao aumento da quantidade do produto e a importância desse aumento". Ou seja, o TJUE não apenas aparenta fazer prevalecer uma maior preocupação com a livre circulação de produtos (não colocação de entraves à comercialização) do que com a tutela do consumidor; como ainda elevou significativamente o padrão de consumidor atento e bem informado.

95. É por ser assim que Rodrigues, por exemplo, entende que o consumidor "(...) está onerado com uma verdadeira obrigação de inteligência, ainda que, por agora, estabelecida 'apenas' a um nível mediano"; apesar de nada impedir o tribunal de elevar a fasquia e impor exigências superiores (Rodrigues, Hélio T. Rigor. O conceito consumidor médio no panorama comunitário: subsídios para a sua compreensão. *Revista portuguesa de direito do consumo*, Coimbra, N.º 58, 2009, págs. 26-27).

96. Esta é uma proposta de Vaqué. Para o autor, é a atitude do consumidor que, em primeira linha, dita ou não se ele é atento e perspicaz, pois ele tem uma obrigação de se informar e, em segundo lugar, o grau de conhecimento que ele detém sobre as informações do mercado, o que não se confunde com nível académico, formação escolar ou grau de cultura (Vaqué, Luis González. Lá noción de consumidor médio según la jurisprudencia del tribunal de justicia de las comunidades europeas. *Revista de Derecho Comunitario Europeo*, Ano 8, N.º 17, jan-abr/2004, págs. 63-69).

97. A condição de deficiente mental ou físico como elemento qualificador de uma pessoa como vulnerável acaba por contrastar com aquilo que as Nações Unidas quiseram reconhecer no art. 12, n.º 3 da Convenção Internacional sobre os Direitos das Pessoas com Deficiência ("Os Estados Partes tomarão medidas apropriadas para prover o acesso de pessoas com deficiência ao apoio que necessitarem no exercício de sua capacidade legal"). Com efeito, ao passo que a Diretiva aponta para a sua proteção como vulneráveis, não deixa de se estranhar o fato de a Convenção pretender que os Estados providenciem todas as condições às pessoas deficientes para que estas tomem decisões conscientes e de forma independente. O mesmo vimos acontecer, no plano interno, no ordenamento jurídico brasileiro, no conflito ideológico existente entre o EPD e o CDC.

mento econômico substancialmente distorcido por práticas comerciais do fornecedor. O *principal critério* diferenciador de *consumidores médios* e *consumidores vulneráveis* parece ser, para o direito europeu, então, a capacidade de, processada a informação disponibilizada pelo fornecedor e ponderadas as consequências advindas do contrato, o agente conseguir formular uma *decisão informada*, *motivar-se por ela* e *agir conscientemente*[98]: se o conseguir fazer, pertencerá à primeira categoria, se não, cairá no escopo da segunda.

Mas o fato de, para o legislador e tribunal europeu, o consumidor médio não ser associado a um *vulnerável* – porque associado a uma pessoa informado e razoavelmente atento –, não quer dizer que a noção deva ser interpretada como um sujeito que não carece de qualquer proteção jurídica. Também estes podem ser vítimas de falhas de mercado e práticas comerciais enganosas, para as quais merecem proteção. Só para aquele grupo de consumidores, porém, considerados verdadeiramente vulneráveis a práticas comerciais que, de outra forma, não prejudicariam o consumidor médio, é que se procura encontrar um mais adequado e intenso nível de proteção[99]. Quer isto dizer, que ao contrário do direito consumeirista brasileiro, aqui a formação académica, a

98. "An average consumer can process the information and decide whether s/he wishes to be bound by the terms previously drawn up by the seller or supplier where consumers must be given the information before the contract and the consequences of concluding such a contract is of crucial importance for the consumer to make an *informed choice*. It is when these are in place, an *average* consumer can make a decision and this shows that an average consumer is able to decide on their own should they be given enough information about a product" (Tekman, Nezihe. Vulnerable consumer: a new yardstick for the European consumer law? *Revista de Direito do Consumidor*, São Paulo, Ano 26, N.º 113, set-out/2017, pág. 122). Também neste sentido, se pode ler o art. 5.º, n.º 2 combinado com o art. 6.º da Diretiva relativa a práticas comerciais desleais (Diretiva n.º 29/2005/CE do Parlamento Europeu, de 11 de Maio), quando considera como prática abusiva aquela que "distorcer ou for suscetível de distorcer de maneira substancial o comportamento econômico, em relação a um produto, do consumidor médio a que se destina ou que afeta", que de outra forma não a efetuaria se estivesse bem informado.

99. E mesmo assim, há quem aponte que a harmonização do mercado interno tanto procurada pela Diretiva pode ser posta em causa se a proteção intensiva aos consumidores vulneráveis for prosseguida à custa de demasiados encargos colocados aos comerciantes e fornecedores. Assim, Waddington, Lisa. Vulnerable and confused: the protection of 'vulnerable consumers under EU law. *European Law Review*, Vol. 38, N.º 6, 2013, págs. 757-782: "This means that, to the extent that directives address a specific area and provide for an EU-wide response, individual Member States are not free to introduce national measures designed to protect "vulnerable" consumers. Such individual national measures would undermine the common EU approach and be regarded as constituting a barrier to the achievement of the internal market, as the

posição social ou económica do indivíduo, a sua formação e contexto culturais, a sujeição a vícios de qualquer tipo etc., não é presumida como capaz, só por si, de qualificar de vulnerável um sujeito, nem são listadas como fatores de vulnerabilidade para efeitos do art. 5.º, n.º 3 da Diretiva[100].

7.II.3.3.3. Menor, idoso e índio

A pessoa idosa - assim considerado o indivíduo acima dos 60 anos de idade - é alvo de alguma atenção por parte do ordenamento jurídico, quer a nível constitucional, quer a nível legal, tendo conhecido consagração legislativa em 2003 pelo Estatuto do Idoso (Lei n.º 10.741/2003, "EdI"). Da mesma forma, também as crianças e adolescentes, que recebem proteção especial pelo Estatuto da Criança e do Adolescente (Lei n.º 8.069, de 13 de Julho de 1990, "ECA"), em razão do seu particular estado de desenvolvimento humano físico e mental, são considerados como sujeitos genericamente *vulneráveis*[101] e, no contexto particular no mercado de consumo, como *hipervulneráveis* pela jurisprudência unânime do STJ e pela doutrina[102]. Desde 1973, também o índio goza de Estatuto próprio conferido por lei ordinária para concretização da ampla tutela constitucional que já se fazia no art. 231 *caput*[103] e 232[104] da CF. Todos três representam, portanto, casos de vulnerabilidade expressamente reconhecia constitucionalmente, pelo que a sua proteção reveste-se de particular capa de fundamentalidade sob a qual devem ser analisados.

---

measures would impose additional requirements, beyond those established by EU law, on sellers that wish to enter the particular national market".

100. Nesta sede, não se ignora que mesmo a nível europeu, bastante doutrina critica a restrita amplitude deste conceito.

101. Mesmo antes do surgimento do Estatuto do Idoso, já a CF impunha no seu art. 230 obrigações claras ao Estado, família e à sociedade, no sentido de proteção do idoso na sociedade.

102. É ainda fundamento para a previsão legal no CDC (art. 37, §2º) de proteção contra caráter abusivo da publicidade por se aproveitar de deficiente capacidade de julgamento de crianças (art. 39, inc. IV) e de proteção contra qualquer conduta por parte do fornecedor que se aproveite da inocência e ignorância nestas. Cf. Marques, Cláudia Lima. *Contratos no Código de Defesa do Consumidor*. 78 ed. São Paulo: RT, 2016, pág. 381 ss.

103. "Art. 231. São reconhecidos aos índios sua organização social, costumes, línguas, crenças e tradições, e os direitos originários sobre as terras que tradicionalmente ocupam, competindo à União demarcá-las, proteger e fazer respeitar todos os seus bens".

104. "Art. 232. Os índios, suas comunidades e organizações são partes legítimas para ingressar em juízo em defesa de seus direitos e interesses, intervindo o Ministério Público em todos os atos do processo".

Começando por estes últimos, dizer que não obstante a tutela constitucional estar sensivelmente virada à proteção de terras e preservação do território, crenças, costumes e tradições indígenas, nem por isso revela menor importância a proteção contra práticas discriminatórias perpetradas no seio da sociedade civil. Paralelamente à *Funai* (Fundação Nacional do Índio) – surgida em 1967 como legítimo sucessor do SPI (Serviço de Proteção aos Índios) – que se dirige à garantia de proteção dos direitos dos índios, o EdIn faz incumbir sobre União, Estado e Municípios um conjunto de deveres em prol do mesmo objetivo[105]. Em particular destaca-se a *tutela laboral* do índio, garantindo-se não apenas uma proteção contra a discriminação trabalhista na contratação e exercício da atividade laboral, como também uma preservação e respeito pelos usos e costumes da comunidade do índio-trabalhador mediante adequação a estes das condições de trabalho (art. 14, *caput* e parágrafo único do EdIn). Por último, anota-se ainda ponto sensível do EdIn, quando considera índios "não integrados" à comunhão como sujeitos *relativamente incapazes* sujeitos ao regime tutelar (art. 7º EdIn). Desta forma, padecerão de nulidade os atos praticados por estes sempre que praticados sem a assistência de órgão tutelar (art. 8º EdIn); regime que é, porém, ressalvado caso o índio *revele consciência e conhecimento do ato praticado* e desde que *não lhe seja prejudicial*. Não deixa de ser curiosa a proteção à autonomia do índio mesmo no seio de um regime de incapacidade que lhe é imposto.

No que respeito aos *idosos*, o reconhecimento da sua vulnerabilidade é embasado, em parte, nas preocupações com o risco da sua segregação e exclusão social. A tutela legal do Estatuto, procura ainda salvaguardar garantias de prioridade e de destinação de recursos públicos destinados à sua proteção[106].

---

105. Assim, por exemplo, estender aos índios os benefícios da legislação comum (art. 2º, inc. I), prestar-lhes assistência com vista à integração na comunhão nacional (art. 2º, inc. II), assegurar aos índios a possibilidade de livre escolha dos seus meios de vida e subsistência (art. 2º, inc. IV), executar, sempre que possível mediante a sua colaboração, os programas e projetos tendentes a beneficiar as comunidades indígenas (art. 2º, inc. VII), garantir aos índios o pleno exercício dos direitos civis e políticos que lhes couberem (art. 2º, inc. X).

106. Patente nos subprincípios eleitos pelo Estatuto, da proteção integral (art. 2º), da absoluta prioridade e do melhor interesse do idoso (art. 5.º, §2º da CF). O EdI depois de reforçar os direitos deste conjunto de cidadãos mediante enumeração de extenso rol de garantias fundamentais (como o direito à vida arts. 8º e 9º, direito à liberdade e respeito à dignidade art. 10, alimentos arts. 11 a 14, direito à saúde arts. 15 a 19, direito à educação, cultura, desporto e lazer arts. 20 a 25, à profissionalização e trabalho arts. 26 a 28, à previdência social arts. 29 a 32, à assistência social arts. 33 a 36, à habitação arts. 37 a 38 e ao transporte

Não são, porém, as únicas, já que CF[107], CPC[108] e DUDH[109] destinam-lhe inúmeros dispositivos. A sua vulnerabilidade é significativamente acentuada em contratos de consumo especificamente pensados em razão da sua condição (contratos de saúde-médicos, planos de seguro-saúde ou assistência etc.) e em razão da sua ignorância técnica e fática e dependência física diante a doença ou morte iminente[110]. Este binómio *desconhecimento*

---

arts. 39 a 42), prevê um conjunto de medidas de proteção destinadas a atuar em caso de omissão da sociedade, Estado, família, curador ou em razão da particular condição pessoal em que se encontre o idoso (art. 43). Por outro lado, procura também assegurar uma intensa política de fiscalização de infrações e irregularidades a respeito das normas de proteção do idoso e, em termos de acesso à justiça, além das alterações ao CPC em matéria de prioridade, atribui-se ao MP significativas competências para assegurar a defesa e interesses desta classe de cidadãos: instaurar inquéritos civis e ações civis públicas para proteção de direitos e interesses difusos, coletivos ou individuais homogéneos de idosos (art. 74, inc. I c/c arts. 78 ss), atuar como substituto processual (art. 74, inc. III), promover ou acompanhar ações de alimentos (art. 74, inc. II), instaurar procedimentos administrativos necessários (art. 74, inc. V), atuar como *custo legis* nos processos onde não for parte, entre outros. Cf. Godinho, Robson Renault. *A proteção dos direitos dos idosos. Ministério Público - Tutela de Direitos Individuais e Coletivos e Acesso à Justiça.* 2ª ed. Rio de Janeiro: Lumen Iuris, 2010.

107. Assim, por exemplo, arts. 229 e 230 estabelecem deveres de amparo e auxílio a quem partilha laços de sangue com idosos; assim como também imputa à sociedade e ao Estado deveres de cuidado e de auxílio, proporcionando ainda algumas garantias mínimas. *In verbis:* "art. 229. Os pais têm o dever de assistir, criar e educar os filhos menores, e os filhos maiores têm o dever de ajudar e amparar os pais na velhice, carência ou enfermidade"; "Art. 230. A família, a sociedade e o Estado têm o dever de amparar as pessoas idosas, assegurando sua participação na comunidade, defendendo sua dignidade e bem-estar e garantindo-lhes o direito à vida. §1° Os programas de amparo aos idosos serão executados preferencialmente em seus lares. §2° Aos maiores de sessenta e cinco anos é garantida a gratuidade dos transportes coletivos urbanos".

108. Em particular arts. 1211-A a C do CPC/73 *ex vi* 1048, I CPC/15, que basicamente implementam um sistema de prioridade na tramitação processual de lides que tenham como parte um idoso; prerrogativa esta que não cessa com o advento da sua morte, já que se transmite para seu cônjuge ou companheiro/a.

109. *Maxime* art. 25, inc. I da DUDH que dispõe no sentido de assegurar a todo o idoso um padrão de vida digno à sua condição e idade.

110. Referindo-se precisamente a este problema de vulnerabilidade potencializada no plano da saúde, Lima Marques reforça: "potencializada pela vulnerabilidade fática e técnica, pois é um leigo frente a um especialista organizado em cadeia de fornecimento de serviços, um leigo que necessita de forma premente dos serviços, frente à doença ou à morte iminente, um leigo que não entende a complexa técnica atual dos contratos cativos de longa duração denominados de 'planos' de serviços de assistência à saúde ou assistência funerária" (Marques, Cláudia Lima. Solidariedade na doença e na morte: sobre a necessidade de 'ações afirmativas' em contratos de planos de saúde e de

vs dependência[111] é o potencializador da hipervulnerabilidade desta categoria social, tornando-os reféns de planos abusivos, reajustes unilaterais de prestações ou mesmo rescisões ilegais[112].

No que respeita às *crianças e adolescentes*, a sua proteção também está constitucionalmente prevista no art. 227, *caput* CF[113]. O ECA, ao contrário do anterior e revogado Código de Menores (antigo Decreto n.º 17.943-A de 1927), estabelece diferente premissa para a extensão do regime tuitivo: ao passo que neste último à menoridade haveriam de se cumular certas circunstâncias particulares de risco (*maxime*, abandono ou delinquência – art. 1º), com o novo Estatuto a proteção é garantida em termos indiferenciados (arts. 1º e 2º ECA). Seguindo semelhante lógica ao EdI, o ECA depois de prever uma série de direitos fundamentais dos menores e de regular alguns institutos essenciais como a adoção e o regime tutelar, elenca uma série de medidas de proteção a este grupo de vulneráveis a serem reconhecidos sempre que forem violados pela sociedade, Estado, família ou em razão de sua conduta (art. 98 ss)[114].

---

planos funerários frente ao consumidor idoso. *In* Sarlet, Ingo (coord.). *Constituição, Direitos Fundamentais e Direito Privado*. Porto Alegre: Livraria do Advogado, 2003, pág. 194).

111. Neste sentido, pode ler-se em decisão do TJRS "(...) a) a diminuição ou perda de determinadas aptidões físicas ou intelectuais que o torna mais suscetível e débil em relação à atuação negocial dos fornecedores; b) a necessidade e catividade em relação a determinados produtos ou serviços no mercado de consumo, que o coloca em uma relação de dependência em relação aos seus fornecedores" (acórdão do TJRS, Apelação Cível, 9ª Câmara Cível, n.º 70025289943, apelante Aniballe Tiso, apelados TIM Celular S.A. e Global Celulares TIM).

112. Schmitt, Cristiano Heineck. A "hipervulnerabilidade" do consumidor idoso. *Revista de Direito do Consumidor*, São Paulo, Vol. 18, N.º 70, abr-jun/2009, pág. 152.

113. "É dever da família, da sociedade e do Estado assegurar à criança, ao adolescente e ao jovem, com absoluta prioridade, o direito à vida, à saúde, à alimentação, à educação, ao lazer, à profissionalização, à cultura, à dignidade, ao respeito, à liberdade e à convivência familiar e comunitária, além de coloca-los a salvo de toda forma de negligência, discriminação, exploração, violência, crueldade e opressão" (cit. art. 277, *caput* CF).

114. A sua vulnerabilidade é particularmente acentuada no contexto do consumo. O advento da era digital – onde a interposição de um computador não-raro oculta a identidade virtual do sujeito que surge na aquisição de um produto/serviço – potencializou a possibilidade de crianças e adolescentes aceitarem "termos e condições" contratuais e se vincularem a contratos online (Canto, Rodrigo Eidelvein do. Direito do consumidor e vulnerabilidade no meio digital. *Revista de Direito do Consumidor*, São Paulo, Ano 22, N.º 87, maio-jun/2013, págs. 179-204). Basta pensar na quantidade de vezes que instalamos um software ou aplicação no computador

A vulnerabilidade nestes grupos de indivíduos aparece associada, então, (i) quer a uma fragilidade física, psíquica e socialmente reconhecida, imputada exclusivamente a características físicas e biológicas que diminuem inevitavelmente a sua capacidade física, afetam a coerência do seu raciocínio e incrementam a sua debilidade cerebral, reduzem drasticamente a vitalidade dos seus órgãos e força muscular, diminuem de forma acentuada a sua acuidade visual etc.[115]; (ii) quer a uma ingenuidade ínsita a uma tenra idade e a uma formação educacional e intelectual incompleta, mas também ao desconhecimento e total ignorância de aspetos práticos subjacentes à contratação, como os riscos associados a um mau negócio, valores financeiros adequados, vantagens inerentes etc.[116]; (iii) quer ainda fatores culturais,

---

ou telemóvel, respetivamente; na criação de contas pessoais em redes sociais; no pagamento contra disponibilização de jogo eletrônico no telemóvel; ou mesmo adquirindo produtos online criando perfis com falsas informações. Esta situação é particularmente intensificada com as práticas agressivas de *cookies, spams* e outras mensagens publicitárias não solicitadas, já que podem levar à aquisição inconsciente e não propositada de bens indesejados ou não solicitados pelos pais da criança (ex. jogos informáticos instalados em telemóveis) (cf. Teixeira, Tarcisio; Sabo, Isabela Cristina. O uso da tecnologia da informação e a validade jurídica dos negócios realizados por crianças e adolescentes: uma análise de sua hipervulnerabilidade nas relações de consumo virtuais. *Revista de Direito do Consumidor*, São Paulo, Ano 25, N.º 104, mar-abr/2016, pág. 270). A legislação é clara no sentido de imputar a vontade virtual de quem não a tem – os filhos – aos respetivos pais (cuja vigilância e conhecimento se presume) e de fazer incidir sobre estes a consequente responsabilidade (art. 29 da Lei n.º 12.965/2014, que consagra o Marco Civil da Internet). Tendo precisamente em conta a potencialização da vulnerabilidade destes sujeitos, o CDC antecipou no art. 39, inc. IV, a vedação de práticas abusivas de quem se venha precisamente a prevalecer da ignorância e/ou fraqueza em razão da idade do consumidor, e no art. 37 §2º reage contra práticas publicitárias que se aproveitem da deficiência de julgamento e experiência de crianças. Por outro lado, merece destaque no ECA as preocupações do legislador com a prevenção em matéria de bebidas alcoólicas e produtos fumígenos (arts. 70 a 85) e ainda com a adequação de espetáculos à faixa etária do menor (v.g. arts. 74 e 75).

115. "Assume-se que a idade traz vulnerabilidade, perda de papéis sociais com a retirada de atividade econômica, aparecimento de novos papéis (ser avós), agravamento de doenças crônicas e degenerativas, perdas de parentes e amigos entre outras. (...) Pode-se dizer que as principais características do grupo são o crescimento, proporcional à idade, das suas vulnerabilidades físicas, mentais e a proximidade da morte" (Camarano, Ana Amélia; Pasinato, Maria Teresa. Introdução. *In* Camarano, Ana Amélia (coord.). *Os novos idosos brasileiros: muito além dos 60?* Rio de Janeiro: IPEA, 2004, págs. 2-3).

116. Nishiyama, Adolfo Mamoru; Densa, Roberta. A proteção dos consumidores hipervulneráveis: os portadores de deficiência, os idosos, as crianças e os adolescentes. *Revista de Direito do Consumidor*, São Paulo, Vol. 19, N.º 76, out-dez/2010, pág. 33.

intimamente ligados a um estilo de vida (língua, usos e costumes) segmentário e isolado da comunhão nacional, que afastam certos sujeitos de uma identidade nacional comum e dificultam a capacidade destes em se adaptar e relacionar às "regras" e "costumes" sociais, motivando-se por elas. São estes fatores de vulnerabilidade psíquica, física, social e cultural que fundamentam e repercutem, por sua vez, numa vulnerabilidade jurídica[117].

7.II.3.3.4. Pessoa com deficiência ou problema mental/físico transitório ou permanente

No que respeita às pessoas com deficiência ou com problemas mentais ou físicos transitórios ou permanentes, a afirmação da sua incapacidade, desde há muito pressuposta pelo legislador, foi "invertida" pelo próprio aquando a aprovação do Estatuto da Pessoa com Deficiência. Diferente da capacidade ou incapacidade deste grupo de sujeitos, é a questão da sua vulnerabilidade, com a qual não se confunde. Ao passo que a incapacidade é característica que afeta diretamente a validade de determinado ato, porque a pessoa que a detém não possui capacidade para o seu exercício (leia-se, aptidão para praticar atos pessoalmente[118]); a vulnerabilidade é apenas um "estado de risco" que enfraquece determinado sujeito de forma temporária, sem atacar ou interferir na sua capacidade de exercício, reconhecendo porém uma maior necessidade de tutela para que essa capacidade possa ser plenamente exercida sem interferências.

Não faltava quem, antes da edição do EPD – e mesmo estando em vigor com natureza de norma constitucional a Convenção de Nova Iorque sobre os Direitos das Pessoas com Deficiência –, considerasse esta categoria de indivíduos genericamente vulnerável perante a sociedade e, particularmente no direito do consumo, como uma categoria *hipervulnerável*. A vulnerabilidade acentuada dos consumidores com deficiência advinha, precisamente, da dificuldade que estes têm no acesso aos bens de consumo e das barreiras que se impõem no deslocamento aos locais de consumo sem necessitarem do apoio de terceiros.

---

117. Pinheiro, Rosalice Fidalgo; Detroz, Derlayne. A hipervulnerabilidade e os direitos fundamentais do consumidor idoso no Direito Brasileiro. *Revista Luso-Brasileira de Direito do Consumo*, Curitiba, Vol. II, N.º 4, 2012, pág. 137.

118. Gagliano, Pablo Stolze; Pamplona Filho, Rodolfo. *Novo curso de Direito Civil. Parte Geral.* 18ª ed. São Paulo: Saraiva, 2016, vol. I, vol. I. Pág. 143 ss.

A situação é ainda mais interessante quando percebemos que o legislador a respeito da pessoa com deficiência, além de ter passado a considerá-la, via de regra, como *juridicamente capaz*, também (aparentemente) só admitiu a possibilidade destes indivíduos serem vulneráveis em caso de situações de risco, emergência ou calamidade pública (cf. art. 10, *caput* do EPD). Por contraste, no CDC a vulnerabilidade é percebida na forma de presunção absoluta – *erga omnes* – aplicando-se indistintamente a qualquer pessoa física que se encontre numa posição de desequilíbrio no mercado. Após o EPD, passamos a ter, então, um sistema aparentemente contraditório e que gera uma perplexidade jurídica evidente no sistema civil como um todo, pois ao mesmo tempo que sustenta a *vulnerabilidade no mercado do consumo do cidadão capaz* – *ex vi* presunção *erga omnes* do CDC – exige da pessoa com *deficiência a prova de uma situação de risco, emergência ou calamidade para lhe conferir esse mesmo estatuto*[119]. A desarmonia jurídica é notória e exige outra leitura mais adequada de forma a que se interprete restritivamente aquele art. 10 do EPD. O estado de deficiência mental, por exemplo, não obstante não tornar uma pessoa incapaz, não deixa de conferir uma certa camada de vulnerabilidade ao sujeito que não pode ser ignorada, nomeadamente cognitiva, mas que pode ser suprida ou atenuada com o apoio de pessoas de sua confiança mediante a instituição de TDA ou curadoria especial.

7.II.3.3.5. Contraente débil

Também o Direito Civil reconhece situações de vulnerabilidade em certos contraentes, tidos como débeis. Como bem descreve Lôbo a "presunção" de vulnerabilidade em relação a determinados figurantes contratuais, levou ao surgimento de uma série de regimes jurídicos ao longo do tempo,

---

119. Martins, Fernando Rodrigues. A emancipação insuficiente da pessoa com deficiência e o risco patrimonial ao novo emancipado na sociedade de consumo. *Revista de Direito do Consumidor*, São Paulo, Vol. 25, N.º 104, mar-abr/2016, págs. 232-233. Em sentido aparentemente contrário, Albuquerque Jr., Roberto Paulino de; Vieira de Azevedo, Rafael. O Consumidor com deficiência: hipervulnerabilidade, decisão apoiada e deveres anexos nas relações de consumo *Revista de Direito do Consumidor*, São Paulo, Ano 27, N.º 116, mar-abr/2018, pág. 64; Requião, Maurício. *Estatuto da Pessoa com Deficiência, incapacidades e interdição.* Salvador: Juspodivm, 2016, pág. 124: "as causas de vulnerabilidade do portador de transtorno mental são múltiplas, o que agrava ainda mais aquela condição. É vulnerado, do ponto de vista da saúde, por conta do próprio transtorno mental; pela perspetiva social, por conta do estigma carregado por sua condição; e, até há pouco tempo, sob o enfoque da lei, por ser colocado como um cidadão de segunda classe, submetida sua vontade à de terceiro".

todos eles com grande heterogeneidade entre si, como é o caso do mutuário em relação a juros usuários (Decreto-lei n.º 22.626, de 1933), do promitente comprador em relação a imóveis loteados (Decreto-lei n.º 58, de 1937), do inquilino comercial (Decreto n.º 24.150 de 1934), do inquilino residencial (Lei n.º 4.494, de 1964 e Lei n.º 8.245 de 1991), do contratante rural (Estatuto da Terra, de 1964), os titulares de direitos de autor (Lei n.º 9.610 de 1998), do consumidor (CDC, de 1991), do aderente no contrato de adesão (CC, de 2002) etc.[120]

Em razão desta circunstância, várias são as previsões normativas que procuram combater desigualdades materiais que se perpetrem também numa seara tradicionalmente voltada para um discurso de liberdade: (i) seja o padrão geral de conduta imposto pelo art. 422 do CC a todos os contratantes no mundo jurídico, obrigando ao respeito pelos princípios da probidade e boa-fé em todas as fases da vida contratual (*in contrahendo*, na execução e pós-eficácia de obrigações contratuais); (ii) seja o normativo resultante dos arts. 423 e 424 do CC, particularmente quando determinam um sentido interpretativo do contrato mais favorável ao aderente ou quando culminam com pena de nulidade cláusulas de renúncia antecipada a direitos; (iii) seja ainda pelos instrumentos de tutela previstos nos arts. 157[121], 317[122], 421[123] e 478[124] do CC, respetivamente, lesão por desproporcionalidade da prestação em razão da necessidade ou inexperiência, correção

120. Lôbo, Paulo. Contratante vulnerável e autonomia privada. *In* Neves, Thiago Ferreira Cardoso (coord.). *Direito & justiça social: por uma sociedade mais justa, livre e solidária: estudos em homenagem ao professor Sylvio Capanema de Souza*. São Paulo: Atlas, 2013, pág. 160.

121. "Art. 157. Ocorre a lesão quando uma pessoa, sob premente necessidade, ou por inexperiência, se obriga a prestação manifestamente desproporcional ao valor da prestação oposta. §1º Aprecia-se a desproporção das prestações segundo os valores vigentes ao tempo em que foi celebrado o negócio jurídico. §2º Não se decretará a anulação do negócio, se for oferecido suplemento suficiente, ou se a parte favorecida concordar com a redução do proveito."

122. "Art. 317. Quando, por motivos imprevisíveis, sobrevier desproporção manifesta entre o valor da prestação devida e o do momento de sua execução, poderá o juiz corrigi-lo, a pedido da parte, de modo que assegure, quanto possível, o valor real da prestação."

123. "Art. 421. A liberdade de contratar será exercida em razão e nos limites da função social do contrato."

124. "Art. 478. Nos contratos de execução continuada ou diferida, se a prestação de uma das partes se tornar excessivamente onerosa, com extrema vantagem para a outra, em virtude de acontecimentos extraordinários e imprevisíveis, poderá o devedor pedir a resolução do contrato. Os efeitos da sentença que a decretar retroagirão à data da citação."

por sobrevinda desproporção da prestação, função social do contrato e resolução do contrato por excessiva oneração da prestação resultante de natureza continuada do contrato.

7.II.3.3.6. Mulheres

A proteção das mulheres faz-se sentir em termos particularmente sensíveis em três setores: *criminal*, *laboral* e *civil*. Deixamos este último para o ponto subsequente. No primeiro caso, a fragilidade da mulher revela-se sobretudo em termos *físicos* e traduz-se na incapacidade de reagir eficazmente contra agressões perpetradas por indivíduos normalmente do sexo masculino, particularmente no seio familiar. No segundo, a fragilidade é virada para um *preconceito social/profissional* em razão da apetência física da mulher à gestão e à maternidade, o que se traduz em práticas inadequadas de discriminação salarial e de acesso ao emprego em condições de igualdade.

Como resposta a estas "agressões" e "discriminações", o Estado não apenas aprovou estatuto específico à mulher vítima de violência doméstica[125], como atribuiu-lhe especiais garantias em matéria laboral. No que respeita ao primeiro, referimo-nos à Lei n.º 11.340 de 2006 ("Lei Maria da Penha"), que praticamente regulou a proteção constitucional da mulher vítima de violência doméstica prevista no art. 226, §8º CF[126], prevendo a criação de um juizado especial para o efeito (art. 14 LMP)[127]. A LMP, entre várias outras coisas, prevê uma série de medidas protetoras da ofendida relativamente ao

---

125. Além de outras previsões específicas pelo Código Penal brasileiro, especialmente dirigidas à condenação agravada por aproveitamento da condição do agredido ser do sexo feminino, como as que envolvem os crimes de *feminicídio* (art. 121, §2º, inc. VI e §2º-A).

126. "§8º O Estado assegurará a assistência à família na pessoa de cada um dos que a integram, criando mecanismos para coibir a violência no âmbito de suas relações".

127. 6 Meses após a promulgação da LMP o CNJ editou a Recomendação n. 9/2007 orientando os Tribunais de Justiça na criação e estruturação dos Juizados de Violência Doméstica e Familiar contra a Mulher. Para além desta Recomendação, também a Portaria CNJ n. 15 veio estabelece obrigações aos Tribunais de Justiça dos Estados e do Distrito Federal quanto ao enfrentamento à violência doméstica e familiar contra a mulher. Nos termos do Relatório do CNJ de 2017 sobre a litigiosidade em matéria de violência doméstica, reporta-se que foram registrados 290.423 inquéritos policiais novos sobre violência doméstica e familiar contra a mulher na Justiça Estadual do país, tendo sido expedidas 195.038 medidas a nível nacional. Mais se informa que em 2016 tramitaram na Justiça Estadual do país 1.199.116 processos referentes à violência doméstica contra a mulher, o que corresponde, em média, 11 processos a cada mil mulheres, ou 1 processo a cada 100 mulheres brasileiras. *Vide O poder judiciário na aplicação da Lei Maria da Penha*,

agressor, como o afastamento do lar, proibição de contacto com a ofendida ou frequência de certos locais, suspensão ou restrição de visitas a dependentes menores e a prestação de alimentos provisórios (art. 22, inc.os II, III, IV e V). Garante-se ainda assistência judiciária gratuita (art. 28), reforça-se a intervenção do MP (art. 25 e 26) e garante-se *jus postulandi* à ofendida para pleitear medidas de urgência (art. 27 c/c 19 LMP).

No que respeita à fragilidade das mulheres no mercado de trabalho e no exercício de cargos políticos, os índices estatísticos do IBGE são notórios: (i) a proporção de ocupados em contratos de tempo parcial (mais precários) é maior entre as mulheres que nos homens (14,1% homens para 24% mulheres); (ii) a nível de rendimento, as mulheres continuam a receber em média 34% menos que os homens para o exercício do mesmo cargo (i.e., ¾ de rendimento); (iii) quanto à representação em cargos políticos os números revelam um percentual de 16% de mulheres parlamentares ao lado de 10,5% de mulheres deputadas federais; (iv) a nível do exercício de cargos de gerência – quer no setor público, quer no privado – apenas 39,1% eram ocupados por mulheres[128]. Curiosamente, das 40,2 milhões de mulheres brasileiras que registaram atividade no mercado de trabalho em 2017, 24,3% tinham concluído o ensino superior, ao passo que esse patamar entre os homens era apenas de 14,6%; ainda assim, e em média, as mulheres que trabalharam recebem rendimentos 34% menores que os dos homens[129].

Em razão desta particular vulnerabilidade da mulher no mercado de trabalho, o legislador trabalhista introduziu um regime especial para salvaguardar uma discriminação isonómica sempre que necessária (art. 372 ss CLT); em particular as garantias que resultam do 373-A[130]. Em tempos, porém, foi vedado o trabalho noturno à mulher (excepto em determinadas

---

CNJ, 2017, disponível em http://www.cnj.jus.br/files/conteudo/arquivo/2017/10/ba9a-59b474f22bbdbf7cd4f7e3829aa6.pdf, última consulta em 24.08.2018.

128. "Estatísticas de Género – Indicadores sociais das mulheres no Brasil", dados do IBGE (Instituto Brasileiro de Geografia e Estatística) atualizados a 08.06.2018, disponível em https://biblioteca.ibge.gov.br/visualizacao/livros/liv101551_informativo.pdf, última consulta em 24.08.2018.

129. Dados dados relativos ao quarto trimestre de 2017 da Pesquisa Nacional por Amostra de Domicílios Contínua (PNADC).https://agenciadenoticias.ibge.gov.br/agencia-noticias/2012-agencia-de-noticias/noticias/20287-no-dia-da-mulher-estatisticas-sobre-trabalho-mostram-desigualdade, última consulta em 24.08.2018.

130. *In verbis:* vedação de anúncios de emprego onde haja referência a sexo como condição de acesso, de recusa de emprego, promoção ou dispensa em razão do sexo, considerar o sexo como variável determinante à fixação de remuneração, formação profissional

situações) como forma de proteção da sua vulnerabilidade, tendo o mesmo se verificado relativamente à atividade laboral da mulher em certos locais de trabalho considerados insalubres. O acesso ao emprego feminino não era efetivamente pleno porque, desde logo, limitado no tempo (noturno) e no espaço (atividades insalubres). Ainda que motivados por uma política de proteção à mulher, a filosofia que orientou os preceitos deu lugar a um diferente modo de pensar e de salvaguardar os reais direitos e interesses da mulher empregada. Hoje o art. 381 e os arts. 388 e 389 partem precisamente *do pressuposto contrário* de que o pleno acesso ao emprego em igualdade de género e condições exigem o acesso da mulher ao trabalho noturno e ao trabalho insalubre e não a sua exclusão. A preocupação do legislador deixa de estar voltada *à exclusão* das mulheres a trabalhos mais exigentes e fisicamente desgastantes como forma de as "proteger", para ser dirigida à *abertura* desses trabalhos com *garantias mínimas de condições de trabalho* ajustadas às suas necessidades (v.g., em matéria de higienização, ventilação, iluminação, tempos de descanso etc.)[131].

No regime especial de proteção da mulher empregada (Capítulo III do Título III da CLT) assume também particular destaque a proteção da maternidade (arts. 391 ss CLT). Esta proteção à maternidade revela-se, sobretudo, em dois pontos em particular: primeiro na garantia de uma licença de maternidade à mulher grávida de 120 dias (art. 392 da CLT), segundo na garantia contra o despedimento sem justa causa em razão de um especial regime de estabilidade provisória (art. 391-A da CLT c/c art. 10, inc. II, al. b) do ADCT).

7.II.3.3.7. Alimentando

A proteção do alimentando também é feita a vários níveis, tal é o seu estado de dependência económica. O fundamento para a obrigatoriedade

---

ou ascensão na carreira, exigir atestado de esterilidade ou gravidez para admissão ou permanência no emprego, de revistas íntimas a empregadas funcionárias.

131. Na medida em que o art. 387 foi revogado (que proibia o trabalho da mulher em subterrâneos, minerações ou subsolo, pedreiras e obras de construção, em atividades perigosas ou insalubres), o sexo deixou de ser causa de exclusão de acesso a determinados empregos. Desta forma, o peso e consequências da diferença de género deixam de ser indevidamente suportadas pela mulher, para passarem a constituir ônus da própria empresa, que deverá assegurar todas as condições necessárias ao conforto da mulher nestes locais de trabalho e assegurar que o trabalho destas se faça sem grande esgotamento físico (art. 389 CLT).

de prestar alimentos a terceiro baseia-se em postulados de solidariedade e de dignidade da pessoa humana. Esta obrigatoriedade impõe-se aos cidadãos que não têm condições de satisfazer as suas necessidades sozinhos, i.e., de manter um nível de subsistência digno e de satisfação mínima dos seus direitos fundamentais. A circunstância de uma pessoa ser incapaz de prover ao seu próprio sustento perfaz uma clara situação de vulnerabilidade, deixando-o dependente da assistência e auxílio de terceiros (familiares/Estado).

O legislador não ignora esta situação e procura tutelar o alimentando mediante garantias legais e constitucionais, quer do ponto de vista material quer do ponto de vista processual. Relativamente ao primeiro, destaca-se a proteção civil nos arts. 1695, 1696 e 1697[132] do CC, que genericamente qualificam as hipóteses em que a prestação alimentícia é devida e identificam os sujeitos que se encontram a ela obrigados. Para garantir o cumprimento desta garantia alimentar, a CF e a Lei de Alimentos, juntamente como CPC, previram um regime expedito e que oferece maiores garantias à sua satisfação. Desde logo, salvaguarda a privacidade do alimentando contra a publicidade dos atos processuais atenta a sensibilidade do problema; beneficia, assim, de um processo que corre em segredo de justiça (art. 189, inc. II do CPC). Ademais, o processo tramita de forma mais célere, já que os termos processar-se-ão mesmo no decurso de férias forenses (art. 215, II do CPC); o cumprimento provisório de sentença que reconhece obrigação de pagar dispensa caução se o crédito for alimentar (art. 521, I do CPC); criou-se trâmite específico para cumprimento de sentença que reconheça exigibilidade de obrigação de prestar alimentos (arts. 528 ss. CPC) que (i) permite que a execução tramite em juízo do domicílio do alimentante (art. 528, §9º CPC), (ii) permite o desconto em folha de rendimentos do executado de forma parcelada desde que o débito exequendo não ultrapasse 50% dos seus ganhos líquidos (art. 529, §3º), (iii) prevê a possibilidade de inscrição do devedor de alimentos em registros públicos de inadimplentes, como o

132. "Art. 1.695. São devidos os alimentos quando quem os pretende não tem bens suficientes, nem pode prover, pelo seu trabalho, à própria mantença, e aquele, de quem se reclamam, pode fornecê-los, sem desfalque do necessário ao seu sustento. Art. 1.696. O direito à prestação de alimentos é recíproco entre pais e filhos, e extensivo a todos os ascendentes, recaindo a obrigação nos mais próximos em grau, uns em falta de outros. Art. 1.697. Na falta dos ascendentes cabe a obrigação aos descendentes, guardada a ordem de sucessão e, faltando estes, aos irmãos, assim germanos como unilaterais".

SPC e SERASA, (iv) admite a prisão civil a partir da 3ª prestação alimentar não adimplida (art. 528, §7º do CPC c/c art. 5.º, inc. LXVII da CF[133]).

A proteção alimentar assume particular importância no âmbito trabalhista, uma vez que a CF reconhece natureza alimentar aos créditos trabalhistas (art. 100, §1º CF), sejam eles derivados de salários ou vencimentos, como também de indenizações civis por acidente de trabalho, por exemplo. Não obstante a natureza ressarcitória destes últimos, o seu regime processual é equiparado às restantes verbas alimentares, já que se sujeitam à mesma tramitação e prerrogativas acima previstas (art. 533 do CPC).

7.II.3.3.8. Empregado e Empregador

Não obstante (i) o fato de o direito do trabalho se valer já das ideias de *hipossuficiência, dependência* e *subordinação* para tentar compreender a desigualdade e assimetria que tendencialmente caracterizam o vínculo de emprego; e (ii) a tradicional falta de diálogo entre o direito laboral e as instituições jusprivatistas do direito civil; pensamos que a *teoria das vulnerabilidades*, típica deste direito privado, pode ser transportada, com adaptações, para a seara trabalhista[134]. E assim, porquanto (a) as transformações ocorridas no mundo laboral dos últimos anos demandam uma adaptação estrutural das noções tradicionais elencadas em (i); e porque (b) após a Reforma trabalhista, o relacionamento entre os dois ramos jurídicos tende necessariamente a estreitar-se[135].

Feitas estas considerações, podemos então dizer que no palco do direito do trabalho torna-se fácil encontrar várias camadas de vulnerabilidade, *maxime* no plano negocial, mas também no econômico, hierárquico, infor-

---

133. "LXVII – não haverá prisão civil por dívida, salvo a do responsável pelo inadimplemento voluntário e inescusável de obrigação alimentícia e a do depositário infiel". Uma pequena nota apenas para dar conta que apesar de o CPC prever um prazo de prisão civil de até três meses (528, §3º CPC), nem sempre foi assim, já que a Lei de Alimentos (Lei n.º 5478 de 1968) antigamente previa prazo de até dois meses; este último preceito foi revogado, portanto, com o advento do novo CPC em 2015.

134. Também neste sentido, Dorneles, Leandro do Amaral D. de. A reforma trabalhista: algumas repercussões na propedêutica juslaboral. *Revista Fórum Justiça do Trabalho*, Belo Horizonte, Ano n.º 35, n.º 415, jul/2018, pág. 20.

135. Contribui para este estreitamento não apenas a reformulação havida no art. 8 (com a eliminação propositada do filtro "princípios do direito do trabalho" à importação de normas do direito civil), mas também com a tónica que o legislador decidiu colocar sobre a autonomia privada, seja individual, seja coletiva.

mativo, técnico e social. Nem falta quem recorra à ideia de *consumidor* para a associar ao *trabalhador*[136]. Em todo o caso, (i) a contratação de um sujeito por outrem revela a presença de uma certa *fragilidade negocial* daquele que procura o emprego[137]; (ii) a condição de sujeição a ordens, instruções e plano econômico-empresarial do empregador, a que se submete esse trabalhador contratado, é indicativo de uma *vulnerabilidade hierárquica*; (iii) a dependência do trabalhador em relação ao seu soldo mensal, indiciam idêntica *vulnerabilidade económica*[138]; (iv) a inserção organizacional do trabalhador

---

136. Catharino, José Martins. O trabalhador como consumidor. *Revista Trabalho & Doutrina*, São Paulo, N.º 10, set/1996, pág. 126. Para o autor, "o trabalhador, ao defender-se como consumidor, está defendendo o seu salário. Quanto menor o salário mais necessário proteger o trabalhador consumidor".

137. É perfeitamente natural que o trabalhador, na grande maioria dos casos, não esteja numa situação de equilíbrio negocial aquando a celebração do contrato ou de instrumentos aditivos ao contrato e, portanto, não tenha verdadeira capacidade para discutir os termos contratuais.

138. Este tipo de vulnerabilidade verifica-se pelo simples fato de o trabalhador retirar do seu soldo uma importância patrimonial necessária para a sua sobrevivência e de seu agregado familiar. Não está aqui em causa uma abordagem individual feita a cada trabalhador e ao seu património, mas tão só a circunstância objetiva de afetar a sua remuneração mensal à satisfação das suas necessidades familiares. "Por melhor que seja a condição econômica do trabalhador, o fato é que, se ele trabalha com alteridade, cria um valor que será economicamente explorado por outra pessoa. Isso sempre vai revelar uma situação de dependência econômica: o trabalhador tem os frutos do seu trabalho explorados economicamente por outrem, de quem obviamente passa a depender. Portanto, a vulnerabilidade econômica, pode-se dizer, é tanto maior nos serviços prestados em caráter de exclusividade a um tomador" (cit. Dorneles, Leandro do Amaral D. de, "Hipossuficiência e vulnerabilidade na teoria geral do direito do trabalho contemporânea", *Revista LTr*, Vol. 72, N.º 07, São Paulo, LTr, 2008, pág. 297). Este critério de subordinação económica não deixou, porém, de receber fortes críticas por parte da doutrina, em particular, Plá Rodriguez. Como aponta o autor: "(...) o critério da subordinação econômica faz com que a qualificação do contrato dependa de um elemento estranho ao acordo, ou seja, da condição econômica de uma das partes. Por conseguinte, para se saber se determinada relação jurídica está informada pelo contrato de trabalho, deve fazer-se uma investigação não sobre a própria relação jurídica, mas sobre a vida e os rendimentos daquele que presta o serviço. Daqui se segue o que Orlando Gomes chama de absurdo inqualificável: o mesmo contrato é simultaneamente contrato de trabalho ou de outra espécie, conforme o trabalhador tenha ou não possibilidade ou necessidade de arranjar outros meios complementares de subsistência" (Plá Rodriguez, Américo, *Curso de direito do trabalho*, São Paulo, LTr, 1984, págs. 34-35). Independentemente desta categoria ser apenas percebida como mecanismo complementar de interpretação – e nunca substitutivo da subordinação jurídica –, a verdade é que a sua utilidade também acaba por ser esvaziada quando

na estrutura da empresa na vigência do vínculo empregatício, apontam também para uma *vulnerabilidade organizacional-técnica*[139]; (v) o *status* que

---

nos damos conta de que as situações que normalmente revelam laços de subordinação económica, acham-se igualmente abrangidos pela noção mais ampla e completa de subordinação jurídica. De qualquer forma, nos dias atuais o critério tem sido resgatado não como baliza única para identificar uma relação de emprego concreta, mas como suporte fático dela indiciária; i.e., como um tipo de vulnerabilidade, entre várias, que apontariam com mais ou menos intensidade, para caracterizar uma relação de emprego. Foi disso exemplo o Código de Trabalho português (Lei n.º 99/2003, de 27 de Agosto), que não apenas considerava a "dependência económica" como critério indiciário da existência de contrato de emprego (art. 12, al. c)), como ainda sujeitava os trabalhadores não empregados mas que se encontre nessa situação de dependência económica ao regime tuitivo em matéria de direitos de personalidade, igualdade e não discriminação, segurança e saúde no trabalho (art. 13). Atualmente, porém, o Código de Trabalho de 2009, que expressamente revogou o de 2003, mantendo a normativa equiparada do art. 13 aos trabalhadores não empregados (agora no art. 10), deixou, porém, de considerar como indício para a qualificação de contrato de emprego a existência de dependência económica.

139. "Chama-se subordinação técnica porque supõe a direção efetiva das tarefas por parte do empregador que não somente sabe desempenhá-las, mas indica como devem cumprir-se (...). Esta conceção parte do pressuposto de que o empregador está capacitado tecnicamente para executar as tarefas que confiou ao empregado e que vigia efetivamente o trabalho realizado. À medida que as modalidades de prestação de serviços se foram diversificando, porém, e o avanço tecnológico foi exigindo a aquisição de níveis de preparação cada vez mais elevados, verificou-se que não era necessário que a tarefa se executasse no local da empresa nem era possível que o empregador tivesse sempre competência técnica superior à do trabalhador" (Plá Rodriguez, Américo, Curso de direito do trabalho, São Paulo, LTr, 1984, pág. 30). A vulnerabilidade técnica pode, ainda, ser compreendida sob três pontos de vista: (i) como *menor nível de instrução do trabalhador*, que normalmente ocupam postos de trabalho não qualificados (pois ao contrário de empregados altamente qualificados que apresentam menor vulnerabilidade técnica, a generalidade dos trabalhadores ocupa postos fungíveis e, portanto, o seu nível de vulnerabilidade é significativo); (ii) como *limitação à execução do trabalho*, na medida em que as tarefas desempenhadas por cada trabalhador se inserem num contexto organizacional mais amplo e centralizado no projeto empresarial do empregador, que organiza e distribuiu a sua mão de obra em função daquele; i.e., a maior ou menor autonomia de cada trabalhador existe apenas na medida em que lhe for dada pelo empregador, em razão de pura técnica empresarial, e para melhor prossecução do objetivo deste; (iii) como *alienação do trabalhador*, uma vez que no atual sistema capitalista, o trabalhador acaba por ser contratado não para produzir um determinado produto, mas antes para desempenhar uma simples tarefa num sistema de produção em massa altamente fordista e segmentado; assim, quanto maios a complexidade do trabalho, maior se apresenta a vulnerabilidade técnica do trabalhador por ser menor o seu esforço e contributo para a obtenção final do produto. Neste sentido, Olea, Manuel Alonso, *Introdução ao direito do trabalho*, Porto Alegre, Sullina, 1969, págs.

o trabalhador assume no contexto social, pertencendo à minimizada classe da força de trabalho que produz bem alheio sem partilhar dos respetivos proventos, induz ainda o empregado a uma situação de *vulnerabilidade social*[140]; e, por último, (vi) a falta de perceção e consciência de todos os direitos de que são titulares relativamente à sua relação profissional, revela uma *vulnerabilidade informacional*[141].

Pode-se até dizer que o Direito do Trabalho e o Direito do Consumidor, enquanto direitos da pós-modernidade e por partilhares realidades com

---

143-144; Romita, Arion Sayão, "Conceito objetivo de subordinação", *Arquivos do Ministério da Justiça*, N.º 35, N.º 148, Rio de Janeiro, 1978, pág. 84.

140. Daí a compreensão do direito do trabalho como ramo chamado à prossecução de uma finalidade *político-social* para "(...) elevação e dignificação das classes trabalhadoras, permitindo-lhes melhores condições de vida, de conforto, de bem-estar, fazendo-as partícipes da civilização contemporânea e não meros escravos marginais, construtores de um bem alheio que lhes é estranho e de cujas benesses não são chamados a partilhar" (Moraes Filho, Evaristo de, *Introdução ao direito do trabalho*, Vol. 1, Rio de Janeiro, Forense, 1956, pág. 239). Também em La Cueve, podemos encontrar o reconhecimento desta vertente, quando o autor afirma que "(...) o direito do trabalho nasceu da necessidade de defender (...) a classe trabalhadora frente à classe patronal (...)" e que "(...) a razão desta defesa radica na distinta posição das classes sociais, pois uma delas, a classe trabalhadora, se vê obrigada a pôr sua força de trabalho à disposição de outra" (La Cueva, Mario de, *Derecho mexicano del trabajo*, Tomo I, 4ª ed, Máxico, Editorial Porrua, 1954, pág. 482).

141. "O maior poderio econômico e técnico que se apresenta aos empregadores lhes assegura ou possibilita, em geral, maior acesso à informação, ao conhecimento, ao exercício da sua cidadania consciente de seus direitos. Nenhuma grande empresa, por exemplo, instala-se em uma determinada localidade sem informações seguras sobre as condições de mercado, disponibilidade de mão de obra, padrão salarial estabelecido para a atividade desenvolvida etc. Em contrapartida, o número de trabalhadores conscientes de seus direitos, altamente instruídos e informados sobre as condições de 'mercado' de trabalho em sua área de atuação, o que lhes daria mais opções de escolha e de decisão, não se estabelece na mesma proporção" (Dorneles, Leandro do Amaral D. de, "Hipossuficiência e vulnerabilidade na teoria geral do direito do trabalho contemporânea", *Revista LTr*, Vol. 72, N.º 07, São Paulo, LTr, 2008, pág. 301). No mesmo sentido, Apostolides, Sara Costa, *Do dever pré-contratual de informação e da sua aplicabilidade na formação do contrato de trabalho*, Coimbra, Almedina, 2008, págs. 292-293. Como alerta a autora "a desigualdade das partes na formação do contrato de trabalho manifesta-se a dois níveis: trata-se de uma desigualdade ou desequilíbrio informacional e de uma desigualdade de poder negocial. A primeira diz respeito a uma situação de desigualdade nas capacidades de obtenção da informação relevante, a segunda, mais abrangente, diz respeito a uma situação em que um dos sujeitos da relação contratual se encontra numa situação de especial vulnerabilidade dos seus interesses, que tendem a ser preteridos em favor dos interesses da contraparte".

vulnerabilidades muito semelhantes, dirigem-se ambos ao corrigir ou nivelar a parte vulnerável da relação jurídica[142].

Em razão deste *tendencioso status* de vulnerabilidade generalizadamente atribuído a todos os trabalhadores, o Direito do Trabalho estruturou-se no sentido de construir uma sólida base protetora às garantias dos trabalhadores: facilita-lhes o acesso à justiça permitindo que postulem em causa própria sem necessidade de estarem acompanhados de procurador judicial ou concedendo-lhes o beneficio da gratuitidade de justiça em termos bem amplos; limita-lhes a autonomia da vontade no plano material da contratação, impondo que se integrem ao contrato um conjunto de regras mínimas imperativas por forma a estabelecer um número razoável de garantias jurídicas e para impedir que se levem a cabo renúncias a direitos básicos[143]; permite que mediante representação classista possam melhor negociar os seus interesses e direitos em condições de igualdade real com a classe patronal etc.

Mas se este é, apenas, um quadro indicativo que aponta para uma tendencial vulnerabilidade nas relações jurídicas laborais, não menos verdade é que esta noção é deveras maleável. A proporção de dependência, sujeição e vulnerabilidade de qualquer um dos fatores acima enumerados pode ocorrer, em maior ou menor medida, nos diferentes vínculos de emprego e justificar, consequentemente, diferentes níveis de proteção jurídica. A singularidade e individualidade de determinadas relações jurídicas, simultaneamente protegidas por estatutos especiais próprios e que se formam dentro da organização empresarial, podem revelar a existência de diferentes escalas de vulnerabilidade[144]. Esta ideia fica clara quando pensamos em al-

142. Assim, Castelo, Jorge Pinheiro. *O direito material e processual do trabalho e a pós-modernidade: a CLT, o CDC e as repercussões do novo Código civil.* São Paulo: LTr, 2003. Págs. 225-226.

143. Como assevera Sanseverino, naquilo que basicamente retrata a tradicional doutrina trabalhista: "(...) quanto mais extenso for o conteúdo heteronomamente predeterminado na relação-de-trabalho, tanto mais livre o será, na formação do contrato a ela relativo, o consentimento do trabalhador" (Sanseverino, Luisa Riva, *Curso de Direito do Trabalho*, Trad. Elson Gottschalk, São Paulo, LTr, 1976, pág. 116).

144. Como assevera Tupinambá, apoiando-se em Dorneles (Hipossuficiência e vulnerabilidade na teoria geral do direito do trabalho contemporânea. *Revista LTr*, São Paulo, Vol. 72, N.º 07, mar/2008), "(...) a teoria geral clássica do direito do trabalho, com primado na ideia de universalização da relação de emprego e de padronização da hipossuficiência, cede lugar a uma pluralidade de circunstâncias desiguais em planos diversos tais quais negocial, hierárquico, econômico, técnico, social e informativo" (Tupinambá, Carolina. Ao seu Dispor! A Lenda da indisponibilidade dos Direitos

guns dos sujeitos abrangidos pelos Estatutos acima estudados: trabalhador com deficiência, jovem trabalhador, trabalhador sénior, trabalhador índio, trabalhadora[145]. Ninguém duvidará que estes trabalhadores se apresentam ao mercado de trabalho com níveis de vulnerabilidade mais acentuados que os restantes que não se encaixem nestes grupos.

Por outro lado, apesar da ideia de *vulnerabilidade* poder caracterizar de forma abstrata, *a priori,* tendencial e genericamente a situação jurídica de um empregado, quando observada num contexto *relacional*, i.e., quando observada a *relação jurídica concreta* entre empregador e empregado, a manifestação exata dessa vulnerabilidade pode assumir diferentes graduações, ou inclusivamente nem existir. Está em causa aquilo que Dorneles chama de "*análise relacional da vulnerabilidade*"[146]. Análise esta que se coloca quer do ponto de vista do empregador – cuja presumida *não vulnerabilidade* pode ser afastada no caso concreto –, quer do ponto de vista do trabalhador – cuja presumida *vulnerabilidade* pode ser ínfima.

À primeira situação correspondem os casos dos empregadores-condomínios, das micro e pequenas empresas, ou mesmo do empregado doméstico.

---

dos Trabalhadores. *In* Tupinambá, Carolina (coord.). *Soluções de conflitos trabalhistas: novos caminhos*. São Paulo: LTr, 2018, pág. 47).

145. Por ser assim, ao padrão comum de proteção dado pela legislação laboral, se soma a proteção específica e sobreposta que cada um destes grupos de *hipervulneráveis* recebe. Assim, no caso das *mulheres*, a estabilidade gestante prevista pelo art. 10, inc. II, al. b) do ADCT, ou o afastamento temporário em caso de violência doméstica, previsto no art. 9.º, §2º, inc. II da Lei n.º 11.340/2008; no caso dos *menores*, a não fluência do prazo de prescrição dos créditos salariais, previsto no art. 440 da CLT; e no caso de *pessoas com deficiência*, o regime especial de reserva de vagas de trabalho, nos termos do art. 93 da Lei n.º 8.213/91.

146. Dorneles, Leandro do Amaral D. de; Oliveira, Cintia Machado. *Direito do trabalho*. Porto Alegre: Verbo Jurídico, 2016. Págs. 78-80 e Dorneles, Leandro do Amaral D. de. A reforma trabalhista: algumas repercussões na propedêutica juslaboral. *Revista Fórum Justiça do Trabalho*, Belo Horizonte, Ano n.º 35, n.º 415, jul/2018, pág. 23. O autor acaba por apresentar três tipos diferentes de proteção em função do género relacional; assim, diferencia entre a) análise relacional interna ou intraclasse vertical, focada nos grupos de empregados entre si (ex. a relação entre empregado adulto e empregado adolescente demandará diferentes tipos de proteção); b) análise relacional interna ou intraclasse horizontal (tendo como parâmetro diferentes grupos de trabalhadores, como por exemplo os que laboral a tempo integral por oposição aos avulsos ou a tempo parcial); e c) análise relacional externa ou entreclasses (que se centra na menor ou maior vulnerabilidade do tomador/empregador, por exemplo, empregadores domésticos por oposição aos empregadores típicos).

Neste último caso, por exemplo, a circunstância do patronato ser uma figura individual (art. 2 da Lei n.º 5.859/72), ter menos capacidade para atender a dificuldades técnicas e fazer face a certas despesas, tornam rarefeitos os níveis da sua *não vulnerabilidade*[147]. Da segunda situação, é exemplo o trabalhador cuja remuneração seja superior a duas vezes o limite máximo estabelecido para os benefícios da previdência e tenha diploma de ensino superior: a circunstância do legislador da Reforma Trabalhista ter permitido que este tipo de trabalhadores pudessem livremente convencionar os termos dos seus contratos de trabalhos, constitui indício inexistência de vulnerabilidade.

Ao contrário da tendência civilista que recorre à ideia de *vulnerabilidade* para estender a proteção legal a um maior número de sujeitos, descobrindo neles fragilidades próprias que legitimariam melhores níveis de tutela; o recurso à *vulnerabilidade* como conceito dogmático no direito do trabalho poderá servir a propósitos diametralmente opostos, i.e., de perceber quando, mesmo havendo subordinação jurídica, a vulnerabilidade se encontra de tal forma mitigada que se justifica arredar parte da proteção padronizada típica "presumida" pelo legislador na relação de emprego dos casos em que tal protetorismo realmente se justifica, seja porque o *empregador não é tão hiperssuficiente*, seja porque o *empregado não é tão hipossuficiente*. Assim, onde ali a noção se instrumentaliza à inclusão dos necessitados, aqui a ideia se impõe para exclusão dos que desnecessariamente se encontram sob sua tutela[148]. Só assim a ideia ganha utilidade no sistema laboral.

---

147. "Relação de trabalho doméstico. Não caracterização. Ausência da figura do empregador. HIpossuficiente não pode ser empregador de hipossuficiente. Apelo improvido (...). Na relação em tela e, ao que tudo indica corresponder a verdade dos fatos, tanto o pretenso empregador como a pretensa empregada são hipossuficientes. (...) Esta relação fática que aparentemente indicaria uma relação de trabalho doméstico, em verdade não a tipifica ante a evidência de que ambos são hipossuficientes" (acórdão do TRT, 19ª Região, Recurso Ordinário n.º 00804.2007.007.19.00-4, Relator Desembargador Nova Moreira, Data de julgamento 24.03.2008).

148. Aparentemente pretendendo o mesmo objetivo mas com recurso à noção da *hipossuficiência*, Mattos, Felipe Montenegro. A Neo-Hipossuficiência do Trabalhador e a (In) Disponibilidade de seus Direitos. *In* Mendes, Gilmar Ferreira, Martins Filho, Ives Gandra da Silva (coord.). *1º Caderno de Pesquisas Trabalhistas*. Porto Alegre: Magister, 2017, pág. 117 ss. O autor reformula a noção de hipossuficiência, descentralizando-a de eixos econômicos, sociais ou outros, para associar à dignidade humana. A hipossuficiência serve à proteção do trabalhador para garantir os direitos intrínsecos à sua dignidade deste cidadão e admite a flexibilização e valorização da vontade deste desde que compatível com aquela. "A hipossuficiência moderna pressupõe tratamento individualizado, de acordo com a realidade de cada trabalhador, e não presa em

7.II.3.4. Problemas críticos e politização da noção de vulnerabilidade

Se atentarmos para o critério eleito pelo legislador para caracterizar a relação de emprego, previsto no art. 2.º da CLT, a redação aprovada e da autoria de Maximiliano Figueiredo, faz uso da expressão "sob dependência" para se referir à posição do empregado. O critério não foi *subordinação*, não foi *vulnerabilidade*, mas sim *dependência*.

Ainda assim, na literatura jurídica laboral, *dependência* e *subordinação* sempre surgiam como noções sinónimas. Já o conceito de vulnerabilidade, recentemente importado pela doutrina e jurisprudência juslaboralista, é estranho à ciência do direito do trabalho, por ser específico do direito privado. A sua importação fez-se de forma generalizada e, ao contrário do direito do consumidor, sem qualquer embasamento legal. O uso indiscriminado desta expressão tem sido levado a cabo recentemente na ceara trabalhista como sinónimo linguístico, por comparação aos regimes especiais tuitivos que se foram desenvolvendo e expandindo nas últimas décadas no direito civil. Foi a bengala mais conveniente, porque mais ampla, vaga e indeterminada, para absorver na alçada e proteção deste ramo jurídico outras relações jurídicas não empregatícias. Mas vulnerabilidade não é, nem pode continuar a ser, sinónimo de subordinação ou hipossuficiência económica. Um trabalhador subordinado pode, perfeitamente, não ser um vulnerável; da mesma coisa que nem todo o vulnerável é um hipossuficiente econômico ou está adstrito a um vínculo de subordinação jurídica.

A dificuldade de definir *a prioristicamente* a noção de vulnerabilidade, torna-a noção algo "ingrata" para o uso pelo Direito como ciência jurídica[149]. Já se tem alertado, precisamente, para o facto de a ausência de uma

---

parâmetros rígidos, que possam causar superproteção aos que dela não necessitam (ou não a desejam, tais como os altos empregados), como possa causar ausência de proteção aos que mais necessitam". Mais à frente, o autor ainda acrescenta "A vontade das partes prevalece, desde que não atente a nenhum dos direitos inerentes à dignidade da pessoa humana, ou seja, desde que os direitos tratados não sejam irrenunciáveis" (*Ibidem*, pág. 119).

149. "A vulnerabilidade em direito aparece em uma relação de forças quando se faz necessário compensar desigualdades consideradas como 'naturais' e resultantes de um fato considerado objetivo (idade ou estado de saúde) ou como resultado de uma situação voluntária instituída entre pessoas privadas (em relação às obrigações). O direito fazendo uso de noções apriorísticas – as 'qualificações' jurídicas – recebe dificilmente esta noção, pois é muito difícil de definir a priori a vulnerabilidade. Falaremos mais confortavelmente de fatores de vulnerabilidade e de situações de vulnerabilidade, sem

clara delimitação dos seus contornos poder conduzir ao esvaziamento do seu conteúdo e banalização semântica[150]. De fato, ao contrário do modelo criminal onde a noção vem cirurgicamente delimitada, quando enquadrada num contexto de relações privadas onde vigora a autonomia da vontade e a liberdade contratual individual, a vulnerabilidade assume-se como uma *noção extremamente difusa e sem delimitação concisa*, servindo como guarda-chuva para abarcar diferentes realidades jurídicas. *Várias categorias de indivíduos* têm sido abarcadas nesta ampla noção como acima elencámos: crianças, pessoas idosas ou com problemas de saúde, consumidores, pessoas beneficiárias do instituto da gratuitidade de justiça, sujeitos superendividados, fiadores e devedores, pessoas enquadradas em alguma categoria de segurança social, indivíduos maiores de idade mas portadores de deficiências, mulheres, carentes de alimentos civis, empregados e demais trabalhadores em situação de dependência económica, trabalhadores precários que aufiram baixos valores remuneratórios, indivíduos que caíram no desemprego, estagiários etc.

Por outro lado, porque sempre presumida em termos generalizados, a noção acaba por *impedir discriminações em concreto* e a modulação dos seus efeitos em função de diferentes realidades[151]. A noção, que tem vindo a ser

---

que isso seja, entretanto, de alguma serventia para definir seu sentido. Isto resulta em uma dificuldade de qualificação geral, partindo-se da impossibilidade de definir uma categoria jurídica autônoma em torno de não mais que uma noção indeterminada, desprovida de utilidade". (Favier, Yann, Bertoncello, Káren Rick Danilevicz. A inalcançável definição de vulnerabilidade aplicada ao direito: abordagem francesa. *Revista de Direito do Consumidor*, São Paulo, Ano 22, N.º 85, jan-fev/2013, pág. 16).

150. Assim, por exemplo, Konder, (Konder, Carlos Nelson. Vulnerabilidade patrimonial e vulnerabilidade existencial: por um sistema diferenciador. *Revista de Direito do Consumidor*, São Paulo, Ano 24, N.º 99, maio-jun/2015, pág. 102), faz questão de alertar para o fato de que "(...) a proliferação das referências, em contextos e com significados diversos, gera o receio de uma superutilização da categoria, que lhe venha a esvaziar o conteúdo normativo. A falta de cuidado na definição dos seus contornos científicos arrisca banalizar sua invocação, transformando-a de importante instrumento jurídico de alteração da realidade em mera invocação retórica, sem força normativa efetiva (...)". Crítica que, aliás, já foi tecida relativamente à sobreutilizadas noções de "boa-fé" ou "dignidade humana" por Schreiber, Anderson. *A proibição do comportamento contraditório.* Rio de Janeiro: Renovar, 2005, págs. 114-120.

151. Como alerta Lôbo, "O legislador define *a priori* qual a posição contratual que deve ser merecedora de proteção ou do grau desta proteção, o que afasta a verificação judicial caso a caso. Não pode o juiz decidir se o trabalhador, o consumidor, o aderente, por exemplo, são mais ou menos vulneráveis, em razão de maior ou menor condição econômica, para modular a proteção legal, ou mesmo excluí-la. A lei leva em conta o

usada indistintamente para referenciar *realidades muito diferentes entre si e com alto nível de heterogeneidade*, mais do que uma técnica jurídica, passa a revelar uma conotação sobretudo *política*[152]. A contínua compreensão desta noção em termos tão amplos como os que têm sido usados[153], acabará por conduzir a uma errada tendência de nela incluir, indiscriminadamente, toda e qualquer realidade que comporte a exposição a determinado risco[154]. Essa

---

tipo médio de vulnerabilidade, com abstração da situação real em cada caso. E assim é para se evitar que as flutuações dos julgamentos, ante as variações individuais, ponham em risco o princípio da proteção" (Lôbo, Paulo. Contratante vulnerável e autonomia privada. *In* Neves, Thiago Ferreira Cardoso (coord.). *Direito & justiça social: por uma sociedade mais justa, livre e solidária: estudos em homenagem ao professor Sylvio Capanema de Souza*. São Paulo: Atlas, 2013, pág. 162).

152. Favier, Yann, Bertoncello, Káren Rick Danilevicz. A inalcançável definição de vulnerabilidade aplicada ao direito: abordagem francesa. *Revista de Direito do Consumidor*, São Paulo, Ano 22, N.º 85, jan-fev/2013, págs. 21-22, refere-se ao uso indiscriminado da noção "(...) seja para descrever um campo mais amplo relacionado ao dos incapazes maiores, e significar ainda o caráter relativo da sua incapacidade de direito (toda pessoa é mais ou menos vulnerável segundo as circunstâncias), seja para descrever o novo campo de investigações transversais originadas mais frequentemente de políticas públicas: políticas em favor dos portadores de necessidades especiais vulneráveis, das vítimas de violência familiar, dos consumidores etc.".

153. Com a agravante de que a doutrina costuma ainda usar a noção para abarcar dois planos totalmente distintos de vulnerabilidade: a *patrimonial*, para a qual está vocacionada na maioria das previsões legais, e a *existencial*, que exige da parte do Estado uma intervenção mais política que jurídica. Konder, em artigo a respeito, enuncia uma série exemplos de como esta vertente existencial da vulnerabilidade se pode proteger, nomeadamente, com a intensificação de políticas de *preferência* no atendimento em serviços, com garantia da *gratuitidade* no usufruto de determinados bens ou serviços, com a implementação de uma política de *vagas/quota* etc. (Konder, Carlos Nelson. Vulnerabilidade patrimonial e vulnerabilidade existencial: por um sistema diferenciador. *Revista de Direito do Consumidor*, São Paulo, Ano 24, N.º 99, maio-jun/2015, págs. 115 ss.).

154. Em estudo dedicado exclusivamente ao tema, ainda que de um ponto de vista da bioética na condução de experiências e testes médicos, Carole Levine, Ruth Faden, Christine Grady, Dale Hammerschmidt, Lisa Eckenwiler e Jeremy Sugarman, alertam precisamente para três principais problemas em torno deste conceito de vulnerabilidade, *in verbis:* "First, so many categories of people are now considered vulnerable that virtually all potential human subjects are included. (...). Second, if the concept of vulnerability is overbroad, it is also too narrow. An almost exclusive emphasis on group characteristics that ostensibly undermine or eliminate the capacity to give consent can divert attention from features of the research itself, the institutional environment, or the social and economic context that can put participants in harm's way. (...) Third, the concept of vulnerability stereotypes whole categories of individuals, without distinguishing between individuals in the group who indeed

tem sido a errada estratégia frequentemente utilizada pela doutrina e jurisprudência juslaboral. Por mais que se tente negar esta realidade, a verdade é que apesar do Direito do Trabalho só ter ganho a sua independência como ramo autônomo após sucessivas lutas operárias e movimentos sociais dos trabalhadores, hoje encontra-se absurdamente envolto sob o manto de uma política de esquerda de que tem de se emancipar e desvincular.

Cremos que o uso recorrente que a doutrina juslaboralista tem feito desta terminologia, em muito contribui para asseverar aquela conclusão – desgaste e diluição jurídica do valor terminológico da expressão "vulnerabilidade" –, ao associá-la (propositada e constantemente) a uma ideia de dependência ou de subordinação. E não-raro o fazem para, precisamente, alimentar a "*fundamental importância*" de um *princípio protetor* omnipresente e omnipotente em todo o sistema laboral (individual, coletivo e processual) que salve o (pobre e vulnerável) trabalhador[155]. Entendemos, porém, que talvez ainda não tenhamos chegado a essa fase. Pensamos, aliás, que o termo pode e deve ser colocado ao serviço do direito material e processual do trabalho não como uma categoria sinónima das já analisadas e ao serviço do princípio da proteção – dado o risco de se dissolver numa indeterminabilidade e variabilidade de conteúdo – mas como um instrumento que poderá recortar a presunção geral e abstrata do trabalhador como dependente (*latu sensu*) de que parte *a priori* o ordenamento laboral.

Sempre existirão desigualdades em qualquer tipo de relacionamento jurídico, baseiem-se elas em critérios pessoais, econômicos, sociais etc. O problema não é a sua existência, porque elas são inevitáveis. Não acreditamos que exista, alguma vez, uma igualdade absoluta entre partes. O problema

---

might have special characteristics that need to be taken into account and those who do not" (cf. Levine, Caroline *et al.*The Limitations of "Vulnerability" as a Protection for Human Research Participants. *American Journal of Bioethics*, Vol. IV, N.º 3, 2004, págs. 46-47, disponível em https://www.ncbi.nlm.nih.gov/pubmed/16192138, última consulta em 24.11.2018).

155. A título de exemplo, veja-se um excerto do texto de Cassar, "o valor do salário do empregado não exclui a relação de emprego e não diminui a subordinação do empregado ao patrão. O estado de vulnerabilidade permanece independentemente do valor auferido. O que muda é o nível social". Não podemos, e com a devida vénia, concordar com este entendimento que confunde graus de vulnerabilidade com subordinação jurídica. As noções não são equiparadas ou sinónimas, não podendo ser tratadas como tal (Cassar, Vólia Bomfim. Limites da liberdade individual na relação de trabalho e Reforma Trabalhista. *Revista do TST*, São Paulo, Vol. 83, N.º 2, abr-jun/2017, pág. 293).

é, então e apenas, quando algum desses desequilíbrios são usados sob a forma de poder e de manipulação, de exploração contra o outro. Só nestes, e apenas nestes casos, faz sentido estender um regime tutelar. E é aqui, *data venia,* que a maioria da doutrina trabalhista peca: por não reconhecer a diferenciação e querer forçar uma presunção indiscriminada, que não leva em consideração as características do trabalhador em concreto e do momento ou local da prática do ato.

7.II.3.5. Proposta: a plasticidade da vulnerabilidade ao serviço da identificação e compreensão das diferenças nas relações trabalhistas

Aquilo que propomos aqui, como princípio de reflexão, é o recurso à noção de vulnerabilidade como critério *não substitutivo* da subordinação jurídica, mas *complementar* a este. Fazemo-lo porque conscientes da elasticidade que este conceito possui para identificar e delimitar diferenças entre variadas situações jurídicas. A plasticidade com que a ideia tem vindo a ser trabalhada no sistema jurídico brasileiro e da qual os exemplos que aqui retratei não esgotam, nem de perto, essa variedade de circunstâncias, é pressuposto e premissa de que partimos para transportar o conceito ao palco do direito e processo do trabalho.

Este recorte é facilmente visualizado se recorrermos à noção de vulnerabilidade como uma ideia que é necessariamente dinâmica e não estática, que não se limita a enquadrar determinado sujeito em categorias para limitá-lo a esse confinamento. Admitir que a vulnerabilidade pode surgir em "*layers*" ou "camadas" é premissa básica desta tese. Ela não é um fato que absolutiza um estado de ser, mas antes que assume *natureza gradual.* A flexibilidade semântica da palavra estimula precisamente a uma constante necessidade de adequação casuística e à identificação de aspectos que podem conferir maior ou menor intensidade à vulnerabilidade de um sujeito. A vulnerabilidade não surge, então, como um conceito sólido, estático, abrangente, dirigido a envolver, sob tratamento unitário, um conjunto de indivíduos com características *aparentemente* semelhantes e a neste esgotar a sua atuação. Precisamente por não assumir estas feições, uma delimitação prévia e exaustiva dos traços que a identifiquem torna-se tarefa *ab inicio* descartável, pois a sua apreciação carecerá sempre de uma análise circunstancial e contextual dos fatos e sujeitos no caso concreto[156].

156. Esta é, de resto, a tentativa que alguns autores têm recorrido para superar as críticas dirigidas à imprestabilidade da ideia de vulnerabilidade para o Direito. Assim, por

Como vimos acima, a ideia de vulnerabilidade pode servir não apenas para descaracterizar a hipersuficiência da entidade empregadora, como também para perceber as necessidades especiais que certo tipo de trabalhadores

---

exemplo, LUNA em estudo dirigido ao efeito, propõe precisamente um conceito de vulnerabilidade "(...) dinámico y relacional y que esto determina tanto su alcance como las maneras de pensarlo o concebirlo. En efecto, la vulnerabilidad debería ser pensada mediante la idea de capas. La metáfora de las capas nos da la idea de algo más "flexible", algo que puede ser múltiple y diferente, y que puede ser removido de uno en uno (...)". Exemplifica com um exemplo de discriminação sexual: "(...) si consideramos la situación de las mujeres, puede decirse que ser una mujer no implica, per se que esa persona sea vulnerable. Las mujeres que viven en países industrializados generalmente son respetadas, pueden estudiar, trabajar y elegir su plan de vida. En cambio, las mujeres que viven en países intolerantes a los derechos reproductivos adquieren una primera capa de vulnerabilidad". Acrescenta ainda que "Este concepto de vulnerabilidad está estrechamente relacionado a las circunstancias, a la situación que se está analizando y al contexto. No se trata de una categoría, un rótulo o una etiqueta que podemos aplicar" (LUNA, Florencia, *Vulnerabilidas: la metáfora de las capas*, págs. 7-8, disponível em https://www.academia.edu/35472747/Vulnerabilidad_la_metafora_de_las_capas, última consulta em 22.10.2018); que mais não é do que a tradução para espanhol da resposta original aos críticos esgrimida em Elucidating the Concept of Vulnerability. Layers not Labels. *International Journal of Feminist Approaches of Bioethics*, Toronto, Vol 2, N 1, 2009, págs. 128-130; e que reforçou em "La declaración de la UNESCO y la vulnerabilidad, la importancia de la metáfora de las capas. *Sobre la Dignidad y los Principios. Análisis de la Declaración Universal de Bioética y Derechos Humanos de la UNESCO*. Navarra: Ed. Civitas, 2009, págs. 261-266; e LUNA, Florencia; VANDERPOEL, Sheryl. Not the usual suspects: addressing layers of vulnerability. *Bioethics*, Vol 27, N.º 6, 2013, págs. 327-328). Apesar da autora reconhecer que as críticas à politização do conceito serem pertinentes relativamente àquilo que designa por "esfera ético-conceptual" ("It analyzes the conceptual and normative problems of theconcept of vulnerability itself"), ela não assume relevância quanto à segunda esfera a que se refere como "esfera ético-pragmática" ("dealing with the need to protect particular individuals and maintaining the relevance and usefulness of the concept of vulnerability in the evaluation of protocols" (LUNA, Florencia. Identifying and evaluating layers of vulnerability – a way forward. *Developing World Bioethics*, doi: 10.1111/dewb, 2018, págs. 1-2). O posicionamento da autora (leia-se, vulnerabilidade como camadas flexíveis e não categorias estáticas) foi inclusivamente acolhido pela doutrina (assim, por exemplo, ROGERS, Wendy; MACKENZIE, Catriona; Dodds, SUSAN. Why bioethics needs a concept of vulnerability? *International Journal of Feminist Approaches to Bioethics*, Vol. 5, Nº. 2, Edição Especial sobre Vulnerabilidade, 2012, pág. 16; LANGE, Margaret Meek; ROGERS, Wendy; DODDS, Susan. Vulnerability In Research Ethics: A Way Forward. *Bioethics*, Vol. 27, N.º 6, 2013, pág. 335; MACKLIN, Ruth. A global ethics approach to vulnerability. *International Journal of Feminist Approaches to Bioethics*, Vol. 5, Nº. 2, Edição Especial sobre Vulnerabilidade, 2012, pág. 69) que, não obstante, entendia ser ainda necessário avançar na teoria das camadas para algo mais concreto, o que levou muitos deles a recorrer ao método tipológico que vimos por exemplo em KIPNIS.

pode vir a sentir, por também representarem uma classe de risco. Pensamos, porém, que a ideia jurídico-civilista de vulnerabilidade deverá começar a permeabilizar-se de forma cada vez mais intensa no palco jurídico laboral, *não mais como sinónimo linguístico* ou sob o discurso de alternativa conceitual para designar a ideia de hipossuficiência – como, de resto, tem sido hábito desta doutrina –, mas antes (propõe-se) para cumprir as exigências do princípio da igualdade, na sua *vertente negativa de garantia da isonomia.* Que o conceito de vulnerabilidade, com toda a plasticidade e elasticidade que lhe são ínsitos, permitia a preservação da faceta negativa (da diferença) desse princípio no quadro das relações jurídicas empregatícias.

Ao contrário da tendência civilista (*maxime*, consumeirista) que recorre à ideia de vulnerabilidade como forma de extensão da tutela legal, *i.e.*, como mecanismo de inclusão e proteção legal de um maior número de sujeitos com determinadas características, descobrindo neles fragilidades próprias que legitimariam melhores níveis de tutela; o recurso à vulnerabilidade que aqui se propõe na seara trabalhista requer do intérprete um outro esforço, por forma a prosseguir propósitos diametralmente opostos, a saber, *para arredar a proteção paternalista e padronizada típica e "presumida" que o legislador conferiu à relação de emprego, nos casos em que tal protecionismo não se justifique, seja porque o empregador não é tão hiperssuficiente (como vimos ser possível), seja porque o empregado não é tão hipossuficiente (como importa reconhecer).* Isto porque se parte de uma premissa fundamental: uma pessoa quando celebra um contrato de trabalho não deixa de ser um cidadão invulnerável para se converter noutro vulnerável por ocasião do contrato[157]. A circunstância de se celebrar um contrato de emprego não faz de ninguém um vulnerável de um momento para o outro; não há um momento a partir do qual se possa dizer que um cidadão normal passou a tornar-se um vulnerável, nem mesmo após a aposição de uma assinatura num contrato. O mesmo cidadão não deixa de ser o que é para passa a integrar uma categoria/grupo estereotipado de sujeitos de um dia para o outro. O que se pode dizer, isso sim, é que a partir de então, uma "camada" de vulnerabilidade passa a estar associada e a ser identificada nesse sujeito. A essa camada, outras lhe poderão ser acrescentadas, nomeadamente se o cidadão que celebrou o

157. Sem sentido contrário, pugnando por uma aproximação dos conceitos de subordinação e de vulnerabilidade, D'Aquino, Lúcia Souza. Uma aproximação dos conceitos de subordinação e vulnerabilidade. Análise comparativa entre o direito do trabalho e o direito do consumidor. *Revista Direitos Humanos e Democracia*, Ano 4, n.º 8, 2016, págs. 199-201.

contrato tinha apenas 16 anos de idade (idade), se é um trabalhador com uma doença mental (saúde), tem uma família para sustentar estando todos desempregados (econômico), se é analfabeto (educacional), desconhece os direitos que lhe advêm do contrato que assinou (técnica), encontra-se temporariamente sem casa (estrutural), reside a 3 horas de viagem do local onde passará a prestar serviços (geográfica) etc.[158] De qualquer forma, esta *camada não é permanente, mas variável*, podendo nem sequer existir em diferentes contextos ou ocasiões[159].

Sob esta ótica, a ideia de vulnerabilidade irá permitir detetar e recortar positiva e negativamente trabalhadores que, apesar de se encontrarem sob o manto da subordinação jurídica, são *falsos vulneráveis* ou *vulneráveis rarefeitos* e, nessa medida, exigir do sistema processual uma *resposta pertinente e diferenciada* para tutelar adequadamente os seus direitos, *maxime* respeitando a sua autonomia e liberdade. A vulnerabilidade pode, então, *preservar de forma mais adequada o direito à diferença*[160]. O tratamento deste conceito dogmático torna-se relevante, em suma, *não como mais uma alternativa para qualificar a montante a relação de emprego*, pois para isso já são suficientes as ideias de hipossuficiência económica e subordinação jurídica; *mas como noção que deverá operar a jusante*, após identificada e estabelecida aquela – ou mesmo independentemente dela existir (v.g. relação de trabalho autônomo) – de forma a se *recortar positiva e negativamente*

---

158. Como bem exemplifica Luna a respeito da condição de se ser mulher "Ella no se convierte en vulnerable, *simpliciter*. Ella adquiere una capa de vulnerabilidad, es decir, es vulnerable en un aspecto particular que es resultado de la interacción de sus circunstancias particulares y sus propias características. Si esto es así, la vulnerabilidad no debería ser entendida como una condición permanente y categórica, una etiqueta que es aplicada a alguien bajo ciertas circunstancias (como la falta de poder o incapacidad) y que persiste durante toda su existencia. No es un concepto de todo o nada: un rótulo que incluye o excluye a un grupo particular" (Luna, Florencia. *Vulnerabilidas: la metáfora de las capas*, pág. 9, disponível em https://www.academia.edu/35472747/Vulnerabilidad_la_metafora_de_las_capas, última consulta em 24.10.2018).

159. "Thus, as there are no longer any labels or rigid categories, there are no fixed subpopulations – people that traditionally could be classified as vulnerable may not be so in a particular situation and vice versa. Interestingly, this conceptual analysis enables us to move away from "usual" or "typical" stereotypes" (Luna, Florencia. Identifying and evaluating layers of vulnerability – a way forward. *Developing World Bioethics*, doi: 10.1111/dewb, 2018, pág. 3).

160. Dorneles, Leandro do Amaral D. de; Oliveira, Cintia Machado. *Direito do trabalho*. Porto Alegre: Verbo Jurídico, 2016. Págs. 78-80.

tipos de empregados que merecem ver a sua autonomia não ser abafada pelo paternalismo da legislação laboral.

7.II.4. DA AFERIÇÃO DA VULNERABILIDADE EM RAZÃO DOS SUJEITOS INTERVENIENTES NO PROCESSO DO TRABALHO

7.II.4.1. A ausência de vulnerabilidade do Ministério Público do Trabalho

O reforço do papel do MPT na Justiça do Trabalho tem sido muito incentivado pela doutrina[161], sobretudo como "instrumento" de salvaguarda da celeridade e de combate à prática de atos protelatórios[162]. Com competência distribuída entre o 127 e 129 da CF, arts. 177 e 178 do CPC e o art. 83 Lei Complementar n.º 75/1993 (LOMPU)[163], o MPT pode atuar seja como parte interessada, substituto processual[164], ou como *custo legis*.

---

161. Paixão, Cristiano; Fluery, Ronaldo Curado. O Ministério Público no contexto da reforma trabalhista: atuação em defesa da Constituição. *In* Melo, Raimundo Simão de, Rocha, Jannotti da (coord.). *Constitucionalismo, Trabalho, Seguridade Social e as Reformas Trabalhista e Previdenciária.*São Paulo: Ltr, 2017, pág. 110; Santos, Enoque Ribeiro dos. Epítome do Modelo de Construção Dialógica de Soluções judiciais no Processo Coletivo do Trabalho. *Revista Síntese Trabalhista e Previdenciária,* São Paulo, Vol. 25, N.º 305, nov/2014, pág. 103; Meireles, Monique. Análise da proteção do trabalhador e da tutela dos interesses sociais indisponíveis garantida por meio do Ministério Público com base no direito do trabalho. *Revista Síntese: trabalhista e previdenciária,* São Paulo, Vol. 29, N.º 353, nov/2018, pág. 9.
162. Fonseca, Bruno Gomes Borges da. Reflexos do novo código de processo civil na atuação do Ministério Público do Trabalho. *In* Miessa, Élisson (coord.). *O novo Código de Processo Civil e seus reflexos no processo do trabalho.* Salvador: Editora Juspodivm, 2016, pág. 455.
163. Que derrogou, por incompatibilidade, os artigos 736 a 754 da CLT. Nos termos deste dispositivo da LOMPU, o MPT tem competência para a promoção de ações que lhe sejam atribuídas por lei ou pela CF (I), para se manifestar em processos trabalhistas onde exista interesse público que justifique a sua intervenção (II), para promover ação civil pública na Justiça do Trabalho (III), para promover ação para declarar nulidade de cláusula de instrumento de regulamentação coletiva ou contrato individual (IV), para defender interesses de certas minorias em relações de trabalho (V), para recorrer de decisões da Justiça do Trabalho (VI), para promover ações em caso de greve que afete o interesse público (VIII), entre outros.
164. Quando atuar em nome próprio na defesa dos interesses de menores que não podendo ser representados pelos seus representantes legais, também não o foram pela Procuradoria ou pelo sindicato (art. 793 da CLT). *V.* Arouca, José Carlos. Justiça do Trabalho para o povo. *Revista de direito do trabalho,* São Paulo, Vol. 28, N.º 105, jan-mar/2002, pág. 147 ss.

Independentemente de qual o papel que este assuma no processo, a sua atuação está sujeita a limites decorrentes dos interesses indisponíveis que visa proteger, *v.g.* defesa da ordem jurídica, regime democrático e interesses sociais e individuais indisponíveis. Por não ser titular dos direitos a que lhe incumbe tutelar, compreende-se que a sua liberdade para transigir sobre certos direitos esteja limitada por lei, *v.g.* Lei de Improbidade Administrativa (Lei n.º 8.429/1992), art. 17, §1º[165].

Entre as perplexidades que a IN 39/2016 levanta ao recusar generalizadamente o art. 190 ao processo do trabalho, encontram-se duas dirigidas ao MPT: (i) ou considera implicitamente o MPT como parte vulnerável no processo do trabalho, o que claramente constitui um preposição insustentável, ou (ii) não o considera vulnerável, mas, em compensação, reputa o MPT *como o único setor* do MP (dentre todos os restantes previstos no 128 da CF) incapaz de celebrar convenções processuais, o que é conclusão igualmente inaceitável.

Comecemos pela *primeira situação*. No âmbito da Justiça do Trabalho, as principais atuações do MPT são como parte e na defesa de direitos ou interesses metaindividuais. Assim, destacam-se as ações típicas para anulação de cláusula de contrato individual ou instrumento de regulamentação coletivo de trabalho[166], ação civil pública[167], participação em dissídio coletivo

---

165. Este é, de resto, um dos problemas que a doutrina tem enfrentado para discutir a possibilidade do MP poder celebrar convenções, mesmo defendendo direitos coletivos *latu sensu* e direitos públicos indisponíveis.

166. *V.* acórdão do TST, Embargos em Recurso de Revista, SDI-I, Processo n.º 549522.1999.0, Relatora Ministra Maria Cristina Irigoyen Peduzzi, Data de Julgamento 18.06.2009.

167. Por exemplo, (i) para reagir contra condutas de empresas e empregadores que afetam a dignidade (ex. impõe revista íntima) ou os direitos de liberdade do trabalhador (ex. impede manifestação da liberdade de pensamento), ou (ii) para descaracterizar falsos contratos de trabalho, camuflados como de prestação de serviço, em violação ao art. 9.º da CLT (*v.* acórdão do TST, 8ª Turma, Processo de Recurso de Revista n.º 1819.2002.014.08.00.3, Relatora Ministra Dora Maria da Costa, data de julgamento 05.08.2009; acórdão do TST, 5ª Turma, Processo de Recurso de Revista n.º 374.2004.037.01.00.8, Relatora Ministra Kátia Magalhães Arruda, Data de Julgamento 15.044.2009); (iii) para defesa do meio ambiente de trabalho e impondo a adoção de medidas de controlo sempre que constatar a existência de doenças ocupacionais (*v.* acórdão do TRT, 3ª Região, 6ª Turma, Processo de Recurso Ordinário n.º 00575.2004.109.03.00.3, Relator Juiz João Bosco Pinto Lara, Data de Julgamento n.º 10.02.2004). *V.* Romita, Arion Sayão. Competência da Justiça do Trabalho para Julgar Ação Civil Pública *In* Romita, Arion Sayão. *Princípio da proteção em xeque e outros ensaios*. São Paulo: LTr, 2003, págs. 362-365.

em caso de greve que afete as atividades essenciais e o interesse público[168], ação rescisória; na grande maioria dos casos, portanto, instaurados contra sujeito passivo "empregador" ou "sindicato"[169]. Se já antes da Emenda Constitucional n.º 45/2004 o MPT vinha conhecendo maior amplitude na sua competência relativamente à defesa da liberdade sindical individual, após esta, habilitou-se à defesa dos demais princípios de liberdade proclamados pela Convenção 87 e 98 da OIT[170-171].

A intervenção do MPT situa-se, portanto, e sobretudo, no plano do direito coletivo ou tendo pela frente associações sindicais fortes, na defesa de direitos sociais e liberdades trabalhistas transindividuais[172]. Por outro

---

168. Nomeadamente quando houver abuso no exercício do direito de greve, por se verificar que uma das partes não satisfez as suas obrigações mínimas de assegurar as condições necessárias e inadiáveis a parte da população que deveria atender (art. 114, §3º da CF).

169. Sempre que não ajuizadas por ele, a intervenção do MPT como *custo legis* também é relevante e obrigatória, por meio de emissão de parecer em processos onde figurem trabalhador menor, incapaz ou índio, ações coletivas (Lei n.º 7.347/85, art. 5º, §1º), mandados de segurança (Lei n.º 12.016/2009, art. 12) e dissídios coletivos em caso de greve (LOMPU art. 83, IX).

170. A primeira em matéria de "liberdade sindical e proteção ao direito de sindicalização", a segunda relativa ao "direito de sindicalização e negociação coletiva".

171. Do ponto de vista jurídico-legal, as competências do MPT têm efetivamente vindo a ser aumentadas, sobretudo em matéria sindical. Antes mesmo da EC 45/2004 esta entidade já atuava na defesa da liberdade sindical individual, propondo ações anulatórias de cláusulas de instrumentos de regulamentação coletiva que impunham cobranças excessivas a trabalhadores não associados, intervindo contra irregularidades levadas a cabo pelas CCP's, contra a cobrança ilegal de taxas por homologações rescisórias, contra a prática de condutas discriminatórias por sindicatos diante trabalhadores ou em processos de eleição interna etc. E fazia-o com respaldo no art. 83, IV da Lei 75/93, ainda que este apenas lhe reservasse competência para ações anulatórias de cláusulas de convenções coletivas. SANTOS, Ronaldo Lima dos. Aspectos da atuação do Ministério Público do Trabalho em matéria sindical (EC N. 45/2004) à luz dos princípios do comitê de liberdade sindical da OIT. *Revista LTr*, São Paulo, Vol. 70, n.º 11, 2006, pág. 1340.

172. A sua atuação manifesta-se na defesa das mais variadas liberdades, senão vejamos: (i) na defesa de liberdades coletivas diante outros sindicatos (liberdade para constituição da associação sindical, para composição do quadro de dirigentes, para definição dos termos estatutários, liberdade de atuação); (ii) na defesa de liberdades coletivas diante do poder público estadual (liberdade de constituição sindical sem dependência de prévio consentimento público estatal, liberdade de administração dos seus próprios interesses coletivos, para construção de política sindical própria, liberdade interna para levar a cabo eleições democráticas dos seus dirigentes, atuação contra ingerências estatais e interferências na sua auto-governação, atuação contra a possibilidade de dissolução unilateral e administrativa dos entes sindicais); (iii)

lado, goza de inúmeras prerrogativas: (i) recebe intimação pessoal nos autos dos processos que participe (art. 18, al. h) da LC 75/1993); (ii) expede as notificações e intimações indispensáveis aos procedimentos que inicia (art. 8º, inc. VII da LC 75/1993); (iii) notifica as testemunhas e requer a sua condução coerciva sempre que necessário (inc. I); (iv) pode requisitar todas as informações e documentação pertinente a autoridades da administração pública (inc. II) ou de entidades privadas (inc. IV); (v) pode levar a cabo inspeções e diligências de investigação sempre que necessário (inc. V); (vi) além de ter livre acesso a qualquer local público ou privado. Sendo estas as frentes com que se debate judicialmente na grande parte das vezes, não temos como reconhecê-lo numa posição de vulnerabilidade processual; antes pelo contrário: ele assume-se como uma *super-entidade* capaz de proteger a ordem jurídica, os valores e liberdades sociais e os direitos transindividuais da comunidade de trabalhadores. Para a prossecução desses objetivos, é dotado de *independência funcional* e de *indivisibilidade* que fazem esfumar a relevância individual dos procuradores para solidificar uma imagem institucional da entidade como ser autônomo. E mesmo que em certo tipo de lides ainda se pondere vir a beneficiar da inversão do ônus probatório a seu favor[173], nem por isso a sua posição deixa de ser a de um invulnerável processual.

---

liberdades do grupo diante empregadores (defesa da livre atuação sindical contra a prática de condutas antissindicais e repressivas do patronato, proibição do patrocínio sindical por empresas); (iv) na defesa das liberdades do sujeito diante da coletividade (liberdade de adesão a sindicato, de não filiação, liberdade de desvinculação, proibição de práticas discriminatórias, democracia sindical). Cf. *Ibidem*, pág. 1341. A intervenção do MPT subordina-se à defesa de interesses sociais e individuais indisponíveis, à defesa de um regime democrático e à defesa do interesse público (Lima, Leonardo Barbosa. *Lições de Direito Processual do Trabalho. Teoria e Prática.* 4ª ed. São Paulo: LTr, 2017, pág. 71).

173. Pondera esta questão Boucinhas Filho, Jorge Cavalcanti. O princípio da aptidão para a prova e a inversão do ônus da prova a requerimento do Ministério Público do Trabalho. *Revista LTr*, São Paulo, Vol. 73, N.º 02, fev/2009, pág. 188-190. O autor ampara-se em precedentes norte-americanos, v.g. no caso *Internacional Brotherhood of Teamsters v. United States*, onde a *Supreme Court* aceitou comprovação de uma discriminação sistémica levada a cabo por entidade patronal, fazendo uso de prova estatística (atípica). No seu entendimento, "caso (...) o Ministério Público, com todos os seus recursos, poderes, prerrogativas, demonstre, já na peça vestibular, que a empresa acionada possui melhor meio para produzir a prova necessária ao deslinde da questão (hipossuficiência processual) a verossimilhança de suas alegações, certo é que o juiz poderá inverter o ônus da prova com base no princípio da aptidão para a prova e no art. 6º, VI do CDC. O que é preciso ter-se em mente é que esta deve ser sempre encarada como uma situação excepcional, porquanto os poderes e prerrogativas outorgados ao

No que respeita à *segunda incongruência*, dizer o seguinte: aquilo que o legislador expressamente vetou não foi a negociação processual em razão da indisponibilidade do objeto[174], mas da impossibilidade de celebrar convenções sobre de direitos que não admitam *autocomposição*[175]. E tanto não é de direitos indisponíveis que trata o dispositivo legal[176], que o próprio Conselho Nacional do Ministério Público (CNMP), em 2014, editou uma Resolução n.º 118, onde se permite a celebração pelo MP de convenções jurídico-processuais, mesmo em processos onde o Ministério Público atue obrigatoriamente, *i.e.*, em procedimentos que envolvam, em regra, direitos indisponíveis[177]. Ora, já que a Resolução n.º 118/2014 do CNMP[178] reconheceu capacidade ao MP

Parquet geram a presunção de que ele está mais apto para produzir prova do que as instituições por ele acionadas".

174. Idêntica opinião prevalece, também, no ordenamento jurídico alemão, já que "*procedural contracts can be concluded regardless of the nature of the rights in dispute*" (KERN, Christoph A. Procedural Contracts in Germany. *In* CABRAL, Antonio do Passo; NOGUEIRA, Pedro Henrique (coord.). *Negócios Processuais*. 3ª ed. Salvador: Juspodivm, 2017, pág. 201).

175. As controvérsias que admitem autocomposição são aquelas que permitem a *transação, submissão e renúncia*. Para o legislador, o conceito de disponibilidade continua a ser distinguível do de transacionável, à semelhança do que já acontecia com o art. 331 CPC-73. Assim, continua a ser postulado que mesmo os direitos indisponíveis admitem uma margem de autocomposição. Por esta razão, em ações de investigação de paternidade, onde se discutem bens claramente indisponíveis, podem as partes, desde que capazes, celebrar negócios processuais como o reconhecimento da paternidade. A possibilidade de celebrar convenções processuais não fica, assim, restringida a objectos de natureza patrimonial, mesmo quando em causa a lide envolve questões atinentes ao estado e capacidade das pessoas. Se estas forem efectivamente capazes, o negócio não tem por que não ser admitido.

176. Em sentido contrário, talvez por ser um estudo ainda prematuro que teve como base o Projecto do novo Código e, portanto, foi publicado antes da entrada em vigor do novo Código, MACHADO, Marcelo Pacheco. A privatização da técnica processual no projeto do novo código de processo civil. *In* DIDIER JR. Fredie (coord.). *Novas tendências do processo civil.* Salvador: Juspodivm, 2014, vol. III, pág. 356.

177. CABRAL, Antonio do Passo. A resolução n.º 118 do Conselho Nacional do Ministério Público e as convenções processuais. *In* CABRAL, Antonio do Passo; NOGUEIRA, Pedro Henrique (coord.). *Negócios Processuais*. 3ª ed. Salvador: Juspodivm, 2017, págs. 541-557; CASAROTTO, Moisés, MEDINA, José Miguel Garcia. Novo Código de Processo Civil e Negócios Jurídicos Processuais no Âmbito do Ministério Público. *Revista dos Tribunais,* São Paulo, Vol. 988, N.º 107, fev/2018, págs. 233 ss; PEREIRA, Ricardo José Macêdo de Britto. Princípios do direito processual do trabalho: reflexões em face do novo Código de processo civil. *Revista direito das relações sociais e trabalhistas*, Vol. 1, N.º 2, jul-dez/2015, pág. 90.

178. Destacamos aqui os artigos 15, 16 e 17: "As convenções processuais são recomendadas toda vez que o procedimento deva ser adaptado ou flexibilizado para permitir a

para celebrar negócios processuais, não há motivo jurídico-dogmático para o TST considerar que o sector específico do MPT não pode entabular o mesmo tipo de negociações com as partes no processo do trabalho, uma vez que inexiste qualquer critério legítimo de diferenciação entre os diferentes setores de atuação do MP que suporte essa conclusão. Posicionamento este também sufragado em Enunciado do FPPC, n.º 253[179].

Palco que certamente reveste particular relevância para a inclusão de convenções processuais pelo MPT serão os Termos de Ajustamento de Conduta (TAC) para o caso de eventual incumprimento das obrigações acordadas. Apesar dos direitos coletivos defendidos pelo MPT não serem, naturalmente, transacionáveis, não deixa de haver instrumentos legais que conferem certa margem para consensualidade, pelo menos no que respeita ao tempo e modo de cumprimento de certas obrigações[180]. Ademais, com a prolação do novo CPC em 2015 e o reforço das ideias conciliatórias, dir-se-ia que caberá ao MPT explorar todos os mecanismos ao seu dispor para direcionar o conflito para palcos de consenso, abrir e estimular o procedimento à procura de diálogos e cultivar um caminho dialógico e de consenso.

---

adequada e efetiva tutela jurisdicional aos interesses materiais subjacentes, bem assim para resguardar âmbito de proteção dos direitos fundamentais processuais" (art. 15); "Segundo a lei processual, poderá o membro do Ministério Público, em qualquer fase da investigação ou durante o processo, celebrar acordo visando constituir, modificar ou extinguir situações jurídicas processuais" (cit. art. 16); "As convenções processuais devem ser celebradas de maneira dialogal e colaborativa, com o objetivo de restaurar o convívio social e a efetiva pacificação dos relacionamentos por intermédio da harmonização entre os envolvidos, podendo ser documentadas como cláusulas de termo de ajustamento de conduta" (cit. art. 17).

179. "O Ministério Público pode celebrar negócio processual quanto atua como parte" (Enunciado n.º 253.º do FPPC).

180. Cabral, Antonio do Passo. A resolução n.º 118 do Conselho Nacional do Ministério Público e as convenções processuais. *In* Cabral, Antonio do Passo; Nogueira, Pedro Henrique (coord.). *Negócios Processuais*. 3ª ed. Salvador: Juspodivm, 2017, pág. 684. Da mesma forma, Pinho, Humberto Dalla Bernardina de; Vidal, Ludmilla Camacho Duarte. Primeiras reflexões sobre os impactos do novo CPC e da Lei de Mediação no compromisso de ajustamento de conduta. *Revista de Processo*, Vol. 41, N.º 256, jun/2016, págs. 371 ss.; Almeida, Diogo Assumpção Rezende de. *A contratualização do processo: das convenções processuais no processo civil*. São Paulo: LTr, 2015, pág. 186-187; Casarotto, Moisés, Medina, José Miguel Garcia. Novo Código de Processo Civil e Negócios Jurídicos Processuais no Âmbito do Ministério Público. *Revista dos Tribunais*, São Paulo, Vol. 988, N.º 107, fev/2018, pág. 248.

7.II.4.2. A ausência de vulnerabilidade dos sindicatos e outras organizações coletivas

Ao contrário do direito individual do trabalho, no plano do direito coletivo do trabalho, costuma dizer-se que vigora não o princípio da proteção, mas antes o da "*equivalência dos contratantes coletivos*"[181]. Quer os sindicatos representativos das classes, quer as entidades sindicais (art. 616 da CLT), se presume negociarem em condições de igualdade os instrumentos de negociação coletiva[182]. Afinal, ambos os sujeitos que se apresentam à negociação são *entes coletivos*[183].

Esta é uma *manifestação democrática* de um mecanismo de *autocomposição de conflitos laborais,* que prescinde de terceiros para dar validade a um acerto consensual de composição de interesses setoriais profissionais e econômicos. Os instrumentos de regulamentação coletiva de trabalho são

---

181. Delgado, Mauricio Godinho. Delgado, Mauricio Godinho. *Princípios Constitucionais do Trabalho e Princípios de Direito Individual e Coletivo do Trabalho.* 5ª ed. São Paulo: LTr, 2017. Pág. 202.

182. Como se aponta na decisão do RE n.º 590.415, "(...) no âmbito do direito coletivo, não se verifica (...) a mesma assimetria de poder presente nas relações individuais de trabalho. Por consequência, a autonomia coletiva da vontade não se encontra sujeita aos mesmos limites que a autonomia individual (...) [daí porque] não deve ser vista com bons olhos a sistemática invalidação dos acordos coletivos de trabalho com base em uma lógica de limitação da autonomia da vontade exclusivamente aplicável às relações individuais de trabalho". Também em Barroso, Luís Roberto; Mello, Patrícia Perrone Campos. O Direito coletivo do trabalho no Supremo Tribunal Federal: planos de demissão incentivada e autonomia da vontade, um estudo de caso. *Revista Jurídica Luso Brasileira*, Vol. 4, N.º 4, 2018, pág. 1139 ("O empregador (...) contrapõe-se à categoria dos empregados, ente também coletivo, representado pelo respetivo sindicato e munido de considerável poder de barganha, assegurado, exemplificativamente, pelas prerrogativas de atuação sindical, pelo direito de mobilização, pelo poder social de pressão e de greve"); Barroso, Luís Roberto. *Curso de Direito Constitucional Contemporâneo.* São Paulo: Saraiva, 2009, págs. 196-217; Delgado, Maurício Godinho, *Curso de Direito do Trabalho*, 10ª ed., São Paulo, LTr, 2011, págs. 1250-1251; Delgado, Maurício Godinho. *Curso de direito do trabalho.* 16ª ed. São Paulo: LTr, 2017, págs. 232 e 1596 (o princípio da irrenunciabilidade dos créditos trabalhistas é construção destinada a atuar na esfera do direito individual, mas não no direito coletivo do trabalho, daí a sua inaplicabilidade às relações coletivas, regidas que são pelo princípio da liberdade sindical e da autonomia coletiva dos particulares, e não pelas regras da estrita aplicação aos contratos individuais de trabalho).

183. O empregador já o é por si próprio, como pessoa jurídica; os trabalhadores são-no de forma institucionalizada por intermédio dos seus entes representativos sindicais.

verdadeiros mecanismos democráticos de assunção de compromissos[184], comportam maior discurso legitimador que a norma legal, conseguem melhor adaptar a lei à realidade social e económica da vida na empresa sendo, por isso, mais dúcteis e aptas a refletir as vissicitudes laborais[185]. A frequência com que são negociados, e a curta validade dos seus efeitos, por outro lado, contribuem para a permanente atualização e constantes ajustes normativos. A relação jurídica negocial traçada por estes intervenientes não é de renúncia ou submissão, mas de *pura transação*. Apesar de ser indiscutível direito fundamental (art. 7.º XXVI da CF), a sua natureza jurídica assume feições duvidosas[186].

Por outro lado, mesmo após a consolidação do entendimento do STF e da Reforma, continua um discurso de *censura a alegadas renúncias* de direitos trabalhistas em negociação coletiva, sob argumentos ligados (i) ao *princípio da proteção*, alegadamente violado pela mão dos sindicatos[187], (ii)

---

184. Além de serem menos racionais do que a norma emanada do legislador estatal, constantemente preocupada com inserções e conformidade sistemáticas, cf. Gragnoli, Enrico. *Profili dell'interpretazione del contratti collettivi*. Milano: Giuffrè, 2000, pág. 155.

185. Aguiar, Antonio Carlos. A negociação coletiva de trabalho (uma crítica à Súmula n. 277 do TST). *Revista LTr*, São Paulo, Vol. 77, N.º 09, 2013, pág. 1102.

186. Nesta matéria, *v.* posicionamento de Meireles. O autor considera que (i) atento o carácter geral, abstrato e obrigatório das normas resultantes da convenção, (ii) a sua aplicação ao universo de membros de determinada categoria profissional independentemente da sua filiação ou não (traço que distingue as convenções brasileiras da maior parte de regimes convencionais da Europa; previsto no art. 8.º, inc. II da CF), e (iii) o reconhecimento que recebem por parte da CF; é possível conferir a natureza jurídica de "lei" (em sentido material) a estes "acordos". Meireles, Edilton. A lei coletiva trabalhista (convenções e acordos coletivos). *Revista Jurídica Luso Brasileira*, Lisboa, Ano 3, N.º 5, 2017, págs. 597-628.

187. Assim, veja-se a passagem Cortário: "privilegiar a negociação coletiva em detrimento da lei, nos casos em que a norma coletiva possa modificar uma condição benéfica anteriormente adquirida e vincular a Justiça do Trabalho à aplicação da norma coletiva em detrimento de norma mais favorável, constitui grave violação ao Princípio da Proteção e ao fundamento dos valores sociais do trabalho, pois, ainda que o Direito Coletivo do Trabalho tenha sua principiologia específica, não se pode desconsiderar que suas regras pactuadas impactam nos direitos individuais dos trabalhadores enquanto direitos sociais" (Cortásio, Malu Medeiros; Santos, Renata da Silva; Oliveira, Thais Miranda de. A relativização do princípio da proteção ante a previsão legal da prevalência do negociado sobre o legislado. *Revista do TST*, São Paulo, Vol. 84, n.º 2, abr-jun/2018, pág. 134). Aparentemente neste sentido, Fernandes, Marília Costa Barbosa. Aspectos da prevalência do negociado sobre o legislado e sua afronta aos direitos fundamentais conforme a teoria de Robert Alexy. *Revista do TRT da 3ª Região*, Belo Horizonte, Vol. 64, N.º 97, jan-jun/2018, pág. 136-137.

ou descaracterizando *o poder negocial destes*[188]; o que representa, em nossa opinião, uma má compreensão da amplitude daquele princípio e da *racio* e funcionamento do sistema coletivo laboral.

O discurso de fragilização, precarização, vulnerabilidade, ausência de representatividade, pulverização sindical, ausência de poder econômico, incapacidade de negociação em pé de igualdade etc. não é novidade da Reforma, mas uma constante no discurso de grande maioria da doutrina juslaboralista[189]. A comparação é traçada com o modelo sindical europeu,

---

188. Assim, por exemplo, Assis, Rebeca Luise Bensabath Dantas de. A valorização do negociado sobre o legislador na reforma trabalhista. *Revista eletrônica do TRT da 5ª Região,* Salvador, Ano V, n.º 9, 2017, pág. 133 ("Deverão os sindicatos, pelos meios que tiverem ao seu alcance, demonstrar que, no momento atual, o argumento da autonomia privada coletiva, construído com base numa igualdade entre partes, é uma falácia, porque não existe (...)"); Viana, Márcio Túlio. Livrem-nos da livre negociação: aspectos usbjetivos da reforma trabalhista. *In* Melo, Raimundo Simão de, Rocha, Cláudio Jannotti da (coord.). *Constitucionalismo, trabalho, seguridade social e as reformas trabalhista e previdenciária.* São Paulo: LTr, 2017, pág. 298 ["(...) o contexto mudou. Por uma série de razões, repete-se, hoje, no plano coletivo, a desigualdade existente no plano individual. E mesmo assim, ou também por isso, o legislador quer que as partes negoceiem livremente – inclusive para baixo"]; Giglio, Wagner. A prevalência do ajustado sobre a legislação. *Revista LTr,* São Paulo, Vol. 66, n.º 4, abr/2002, pág. 404.

189. Já mesmo antes da Reforma, Dalazen, João Oreste. Reflexões sobre o poder normativo da Justiça do Trabalho e a EC n.º 45/2004. *In* Paixão, Cristiano, Rodrigues, Douglas Alencar, Caldas, Roberto Figueiredo (coord.) *Os novos horizontes do direito do trabalho: homenagem ao Ministro José Luciano de Castilho Pereira.* São Paulo: LTr, 2005, pág. 454; Santos, Carolina de Oliveira Lemes. Aspectos do Dissídio Coletivo de Comum Acordo e do Poder Normativo da Justiça do Trabalho Pós-Emenda Constitucional n. 45/2004. *In* Freitas Jr., Antonio Rodrigues, Santos, Enoque Ribeiro dos (coord.) *Direito Coletivo do Trabalho em Debate.* Rio de Janeiro: Lumen Iuris, 2009, pág. 169; Giglio, Wagner; Corrêa, Claudia Giglio Veltri. *Direito Processual do Trabalho.* 16ª ed. São Paulo: Saraiva, 2007, pág. 409; Leite, Carlos Henrique Bezerra. A quem interessa o Modelo Negociado sobre o Legislado no Brasil? *Revista Síntese Trabalhista e Previdenciária,* São Paulo, Vol. 28, N.º 329, nov/2016, pág. 12; Resende, Ricardo. *Direito do Trabalho.* 7ª ed. São Paulo: Método, 2017, pág. 1125; Peixoto, Aguimar Martins. Negociação Coletiva. *Revista Trabalho & Doutrina,* São Paulo, N.º 20, mar/1999, pág. 8; Chiarelli, Carlos Alberto Gomes; Maria, Filipe Diffini Santa. Negociações coletivas de trabalho – Resultados obtidos em exemplos pesquisados. *Revista LTr,* São Paulo, Vol. 73, n.º 11, nov/2009, págs. 1332-1333; Souza, Rodrigo Trindade de. *CLT Comentada pelos juízes do trabalho da 4ª Região.* 3ª ed. São Paulo: LTr, 2018, págs. 459-460; Lychowski, Rodrigo. Princípio da proteção revisitado. *Arquivos do Instituto Brasileiro de Direito Social Cesarino Júnior,* Vol. 33, 2009, pág. 81. Destacamos aqui a posição de Delgado, que tenta demonstrar como o princípio da equivalência não se

para reforçar a clivagem que separa ambos em termos de capacidade negocial. Mas esta não é uma representação real de ambas as realidades. As críticas que se levantam aqui, aliás, assumem as mesmas repercussões no palco europeu, onde a doutrina lamenta a falta de poder sindical para obter melhores condições de trabalho.

Alega-se ainda que as entidades representativas dos trabalhadores seriam *intrinsecamente vulneráveis*, por mais não representarem do que um conjunto de pessoas igualmente vulneráveis. Como o governo da entidade sindical era deixado a uma coletividade de vulneráveis, a vulnerabilidade destes não poderia desaparecer com a mera constituição do ente coletivo. Os sindicatos estariam necessariamente afetados por um *pecado original* derivado de uma generalizada *hipossuficiência*. Como se não bastasse o erro de princípio de que este raciocínio parte – o de uma presunção geral e abstrata de incapacidade de um ente coletivo regularmente constituído – ela não leva em conta as consequências deste entendimento – de que todas as negociações coletivas até então celebradas padeceriam de vício de consentimento sendo ineficazes, ou de que nenhuma negociação coletiva seria admissível *per se* até que se suprisse o problema. Para além disso, é falsa a afirmação que transporta a vulnerabilidade dos representados para o seu representante, já que o próprio legislador os constrói como forma de salvaguardar uma efetiva

---

tem manifestado de forma efetiva. O autor aponta como problemas o fato de (i) STF e TST terem elegido como critério de reunião de trabalhadores o critério da *especialidade* (entidade mais específica) em detrimento da *agregação* (entidade mais representativa) para melhor enquadrar a entidade sindical mais legítima; (ii) a garantia constitucional de estabilidade de representantes sindicais envolver um número significativamente restrito de trabalhadores, (iii) não se terem ainda criado fórmulas eficazes de representação obreira nas empresas, (iv) a resistência da cultura jurídica brasileira de não assunção real deste princípio da equivalência, demonstrada pela não adoção da plena ultra-atividade das cláusulas coletivas. Constituição da República, Estado Democrático de Direito e Negociação Coletiva Trabalhista. *Revista LTr*, São Paulo, Vol. 80, N.º 12, 2016, págs. 1417-1419. No mesmo sentido, Süssekind também destacava um alegado *paradoxo* relativamente à organização sindical no Brasil, da seguinte forma: "assim procedendo – *a Constituição da República* – (...) se colocou contra a realidade do movimento sindical brasileiro, que vem sendo comandado, em quase todos os setores profissionais, por centrais sindicais organizadas de conformidade com o pluralismo ideológico dos seus líderes e que, paradoxalmente, não são entidades sindicais, não tendo legitimidade para celebrar convenções coletivas, deliberar sobre greves ou suscitar dissídio coletivo" (Da ineficácia da eventual ratificação da Convenção OIT/87. *Revista da Academia Nacional de Direito do Trabalho – Sindicato*, São Paulo, N.º 4, N.º 4, 1996, pág. 60).

liberdade a quem encabeça e lidera as negociações, *maxime* estabilidade de emprego de representante sindical. Se tal fosse verdadeiro, não haveria razões para que os sindicatos patronais ou as próprias empresas cedessem direitos na negociação; razão por que não faz sentido partir de uma presunção de incapacidade e de vício de consentimento originário[190].

Qual à segunda categoria de argumentos, relativos ao problema do *deficit democrático* nos entes sindicais atuais, tecer uma série de considerações. Em *primeiro lugar*, assumir como ponto de partida que a existência de um sistema democrático que permite a existência destes entes coletivos como representantes da classe operária – independentemente do ideal mais ou menos representativo que possamos desejar para estes – é sempre melhor do que um que não o admita. A premissa inicial é sempre a do primado de valores como a democracia, a liberdade e autonomia, a oportunidade de cada entidade melhor governar e defender os seus interesses, participando em discussões e negociações livres. Em *segundo lugar*, o nível democrático de representatividade de entes coletivos poderia ser obtido com recurso a técnicas usadas em teorias políticas: (i) participação efetiva, no sentido de real oportunidade de intervenção, (ii) tratamento igualitário quanto ao voto; (iii) votação precedida de informação e esclarecimento; (iv) controlo de agenda, no sentido de assuntos a submeter a discussão[191]. Em *terceiro lugar*, não podemos esquecer que a democracia sindical também se realiza nas eleições para cargos sindicais (arts. 522 ss. CLT) e no exercício de atividade dos órgãos e estruturas sindicais, como a Assembleia Geral. A maior ou menor participação dos empregados nestes órgãos, não é um problema de falta de representação; é, antes, uma simples consequência da aceitação de um regime democrático e não totalitário. Por mais que o sistema ideal apele a uma participação ativa e intensa da classe junto destas instituições, é a sua natureza de direito – e não de obrigação – que lhe empresta legiti-

190. É materialmente inconcebível que toda uma quantidade de empregados esteja sob coação no momento em que se reúne na Assembleia e demais órgãos sindicais para votar. Uma intervenção judicial que inviabilizasse uma decisão coletiva tomada nestas instâncias só poderia ser levada a cabo se se constatasse realmente uma coação tal sobre a vontade dos empregados que invalidasse o exercício democrático maioritário. Mas esta é uma hipótese dificilmente imaginável. Guedes, Carlos Eduardo Paletta. Negociado *versus* legislado: o paternalismo e os limites da autonomia. *Revista LTr*, São Paulo, Vol. 81, n.º 10, out/2017, pág. 1237.

191. Dahl, Robert. *A democracia e seus críticos*. São Paulo: WMF Martins Fontes, 2012, págs. 112-117 *apud Ibidem*, pág. 1237.

midade[192]. No mais, más decisões tomadas em negociações coletivas por estes entes sindicais não são razão suficiente para legitimar a intervenção do magistrado e permitir que este saiba e conheça, com mais aprumo, as necessidades concretas sentidas pela categoria[193]. O conhecimento técnico do magistrado a respeito dos direitos do trabalhador não é argumento bastante para suplantar, esvaziar e desautorizar a autonomia coletiva democraticamente expressada em CCT.

E se haja quem, ainda assim, continue a entender que a negociação coletiva pode padecer de algum tipo de vulnerabilidade diante da empresa, sempre se dirá que as comissões internas e as centrais sindicais podem, segundo o modelo de representação brasileiro, ultrapassar as consequências prejudiciais que advêm da unicidade sindical (art. 8.º, inc. II, CF) e da estrutura rígida (art. 511 da CLT). Afinal, os trabalhadores podem salvaguardar o seu direito de escolha criando comissões de negociação ou eleição, por exemplo[194].

Por outro lado, lembrar que Delgado– e na sua pessoa estendendo a crítica a todos os que acompanham os seus argumentos[195] – apontava como

---

192. Como ainda acrescenta Guedes, "(...) se o problema é, de fato, com a legitimidade, o mesmo fenômeno ocorre com os sindicatos patronais, que sofrem também com a fragmentação e pouco interesse dos representados. (...) Daí se pode notar que o problema real, aos olhos de certos juízes, não está na falta de legitimidade, mas no resultado prejudicial ao trabalhador, de maneira que a roupagem de falha procedimental esconde uma desconfiança com o resultado do instrumento coletivo. E então se coloca um velho problema: resultados injustos são suficientes para jogar por terra um procedimento democrático?", *Ibidem*, pág. 1238.

193. "(...) Todavia, se a melhor ordem política é aquela na qual os membros ganham, individual e coletivamente, maturidade e responsabilidade ao enfrentar escolhas morais, isso significa que eles devem ter a oportunidade de agir com autonomia. Assim como a autonomia individual necessariamente inclui a oportunidade de errar, bem como a de agir corretamente, isso também se aplica a um povo. Na medida em que um povo é privado da oportunidade de agir com autonomia e é governado por guardiães, ele tem menos probabilidade de desenvolver um senso de responsabilidade por suas ações coletivas" (Dahl, Robert. *A democracia e seus críticos*. São Paulo: WMF Martins Fontes, 2012, págs. 112-117 *apud Ibidem*, pág. 1239).

194. Morais, Filipe Moralles. O que protege o princípio da proteção? Cinco teses sobre a finalidade do direito do trabalho. *Revista do Tribunal Regional do Trabalho da 12ª Região*, Florianópolis, Vol. 19, N.º 28, 2016, pág. 256.

195. *V.g.* Stürmer, Gilberto. Negociação coletiva de trabalho como fundamento da liberdade sindical x poder normativo da Justiça do Trabalho. *Revista LTr*, São Paulo, Vol. 71, N.º 11, nov/2007, pág. 1353 e, do mesmo autor, *A liberdade sindical na Constituição da República Federativa do Brasil de 1988 e sua relação com a Convenção n. 87 da*

fatores para a precarização do modelo sindical brasileiro e da falta de verdadeiro poder negocial destes, os seguintes: a *unidade sindical* (art. 8.º, inc. II da CF), a amplitude do *poder normativo* concorrente à negociação coletiva (art. 114, §2º da CF), a *contribuição sindical obrigatória* (art. 8.º, inc. IV da CF) e o *sistema de cooptação* de sindicalistas designado por *representação classista*[196]. Sucede, porém, que (i) no que respeita ao poder normativo, a Emenda Constitucional 45/2004 restringiu-o severamente; (ii) quanto à contribuição sindical obrigatória ela finalmente caiu com a Reforma Trabalhista, pondo fim ao recolhimento universal à classe independentemente de filiação; e (iii) a Emenda Constitucional n.º 24/1999 eliminou a representação classista da Justiça do Trabalho. Hoje, o único problema que ainda constitui um entrave ao modelo sindical democrático brasileiro ideal é, reconhecemos, o princípio da unicidade. Em todo o caso, não deixa de ser lastimável constatar-se que, mesmo tendo a legislação combatido e anulado drasticamente a larga maioria destes problemas com vista ao empoderamento sindical, o discurso da doutrina juslaboral permanece afeito às realidades vivida há 3 décadas atrás, como se nada tivesse, efetivamente, mudado em sentido contrário.

Ultrapassada esta questão, dizer ainda que *não é possível importar para o direito coletivo o princípio da proteção* como vimos acima (6.2.5), exclusivamente pensado para relações jurídicas individualizadas, sob alegada descaracterização do poderio negocial e capacidade representativa dos sindicatos de expressar os interesses dos seus trabalhadores[197]. Da mesma forma que a repetida asserção acerca da pretensa fragilidade atual dos sindicatos não é

Organização Internacional do Trabalho. Porto Alegre: Livraria do Advogado, 2007, págs. 57-65.

196. DELGADO, Maurício Godinho. *Curso de direito do trabalho.* 16ª ed. São Paulo: LTr, 2017, pág. 1518 e também em *Princípios Constitucionais do Trabalho e Princípios de Direito Individual e Coletivo do Trabalho.* 5ª ed. São Paulo: LTr, 2017, págs. 203-206.; MAGANO, Octavio Bueno. *Manual de Direito do Trabalho.* 2ª ed. São Paulo: LTr, 1990, vol. III, págs. 12-17.

197. O papel que o princípio da boa-fé contratual deverá desempenhar como elemento essencial para afastar a ilicitude da convenção coletiva, assim como o papel do Ministério Público do Trabalho deverá ter na vigilância daqueles, é destacado por MUNERATI, Ligia Ramia. A importância do acordo coletivo e da convenção coletiva no direito do trabalho e a prevalência destes sobre os textos legais no Brasil e na Europa. *Revista dos Tribunais,* São Paulo, Vol. 106, N.º 985, nov/2017, págs. 217-218. Também no seu voto ao Recurso Extraordinário n.º 590.415/SC, dita apropriadamente o Ministro Luís Roberto Barroso que "não se pode tratar como absolutamente incapaz e inimputável para a vida civil toda uma categoria profissional, em detrimento do explícito reconhecimento constitucional de sua autonomia coletiva (art. 7º, XXVI, da CF)".

inteiramente correta; até porque hoje em dia os trabalhadores encontram-se significativamente ligados ao correspondente sindicato, especialmente os representativos de grupos do interior[198].

Da nossa parte fica claro que os sindicatos *não podem ser tidos como entes vulneráveis* se (i) eles forem pessoas consideradas capazes para efeitos dos artigos 40 e 53 ss do CC, isto é, forem efetivamente representantes de determinada e concreta categoria profissional[199]; (ii) tiverem níveis de representatividade adequada, nos termos dos prescritos em lei (cf. art. 612 da CLT que prevê exigências de quórum mínimo[200]), e (iii) respeitarem as

198. "Não obstante a extensão territorial e diversificada da estrutura social do nosso País, que aponta a presença de diversidades laborais coexistentes numa mesma base geo-espacial, o tratamento que é dado aos sindicatos, em especial, por parte da doutrina e até por alguns órgãos judiciais, não corresponde àquilo que eles fazem, obtêm e reflete em vantagens para seus representados. Acordos em áreas remotas do Brasil trazem, por vezes, benefícios muito maiores do que os previstos nos grandes centros (...). A prática tem nos mostrado que os sindicatos dos trabalhadores (...) estão 'plugados' e preparados. Têm informações *on line* de como andam todas as negociações Brasil fora; utilizando-se com habilidade de todas as ferramentas digitais; fazem parte e sabem utilizar plena e eficazmente as redes sociais (aliás, em 2012 pudemos acompanhar todo o andamento de uma greve – a mais longa havida no Brasil – pelo *facebook*, com informações atualizadas em tempo real pelo sindicato e pelos próprios trabalhadores, com vídeos, fotos e comentários). Ignorar esse novo estágio que vivem os sindicatos – com plenos poderes para negociar (e negociar bem!) apresenta-se como uma espécie de visão elitista e até discriminatória daqueles que querem simplesmente tutelar esses sindicatos-negociadores (...)" (cit. Aguiar, Antonio Carlos. A negociação coletiva de trabalho (uma crítica à Súmula n. 277 do TST). *Revista LTr*, São Paulo, Vol. 77, N.º 09, 2013, pág. 1100).

199. Martinez, Luciano. *Curso de Direito do Trabalho*. 8ª ed. São Paulo: Saraiva, 2017, págs. 119. A não ser assim, caso o acordo envolva categoria não representada pelos signatários, aquele padecerá de nulidade relativamente a estes, tal como é exemplo a ementa do acórdão do TRT, 10ª Região, Recurso Ordinário proc. n.º 00824.2007.019.10.00.4, publicado em 09.05.2008: "Norma coletiva. Enquadramento sindical patronal. Atividade preponderante. O enquadramento sindical patronal se dá em função da atividade preponderantemente desenvolvida pela empresa. Comprovado que a atividade preponderante da reclamada situa-se na área da indústria da construção pesada, tem-se que a demandada encontra-se vinculada ao Sindicato Nacional da Indústria da Construção Pesada – SINICON, não estando obrigada ao cumprimento das normas coletivas entabuladas entre o sindicato profissional e o Sindicato da Indústria da Construção Civil e do Mobiliário do DF – SINDUSCON."

200. "Art. 612 – Os Sindicatos só poderão celebrar Convenções ou Acordos Coletivos de Trabalho, por deliberação de Assembleia Geral especialmente convocada para esse fim, consoante o disposto nos respectivos Estatutos, dependendo a validade da mesma do comparecimento e votação, em primeira convocação, de 2/3 (dois terços)

formalidades legais (art. 613 c/c Instrução Normativa n.º 16/2013). *É da génese do direito coletivo do trabalho o poder do sindicato; é da evolução do direito coletivo do trabalho o empoderamento às estruturas de representação da classe*; e é absolutamente inadequado tentar fazer vingar ideia contrária.

7.II.4.3. A ausência de vulnerabilidade do *trabalhador* autônomo, parassubordinado e informal

Em 2004 foi aprovada pelo Congresso Nacional a Ementa da Reforma do Judiciário, n.º 45 que, entre várias modificações, previu o alargamento da competência material da Justiça do Trabalho. Onde antes apenas se julgavam litígios decorrentes da relação de emprego e, excepcionalmente, das de trabalho, agora passou-se a admitir o conhecimento de litígios envolvendo e derivados da relação de trabalho em termos gerais[201]. Esta abertura da Justiça do Trabalho a outras demandas que não a exclusivamente empregatícia teve várias repercussões, seja porque implicou uma abertura do judiciário alegadamente especializado a demandas puramente civis, seja porque acarretou a degradação e diluição do princípio da proteção, que não encontrava fundamento para aplicação a relações onde não existisse subordinação jurídica.

Ora, uma das principais fontes de desequilíbrio na relação jurídica contratual é a que resulta da *vulnerabilidade organizacional e jurídica*, decorrente do vínculo de subordinação que se institui com o contrato. A possibilidade de o empregador exercer o poder de comando, desacompanhado de qualquer direito do trabalhador que lhe permita resistir àquele – com exceção do direito de resistência a comandos abusivos –, pode potenciar o surgimento do fenômeno de *coisificação* do trabalhador[202]. Dada a inseparabilidade da pessoa do

---

dos associados da entidade, se se tratar de Convenção, e dos interessados, no caso de Acordo, e, em segunda, de 1/3 (um terço) dos mesmos. Parágrafo único. O "*quorum*" de comparecimento e votação será de 1/8 (um oitavo) dos associados em segunda convocação, nas entidades sindicais que tenham mais de 5.000 (cinco mil) associados".

201. Critério, portanto, deixa de ser eminentemente pessoal, focado na pessoa do empregado e do empregador, para se centrar na relação jurídica, a trabalhista. A competência em razão da pessoa foi apenas mantida para o caso dos entes de direito público (externos, União, Estados, DF e Município), sindicatos, órgãos de fiscalização das organizações de trabalho e MPT.

202. "A especial singularidade do trabalho como objeto de uma relação jurídica consiste em que, não confundindo-se com a pessoa que o executa, é no entanto algo pessoal e íntimo, uma emanação, por assim dizer, da personalidade do trabalhador. O trabalho-objeto está indissoluvelmente ligado ao trabalhador-sujeito, de forma que, ao fazer-se daquele um objeto da relação jurídica, em certa medida se está objetivando o sujeito

trabalhador com a energia laboral necessária à concretização do objeto contratual, costuma-se compreender a subordinação jurídica como sendo também pessoal; o que não se confunde, naturalmente, com uma situação *sujeição pessoal*. Se na relação de emprego esta vulnerabilidade organizacional e jurídica até que se manifesta na maioria das vezes, o mesmo já não podemos dizer das relações de trabalho *parassubordinado*[203], das relações de *trabalho autônomo*[204]

---

da própria relação" (cit. Olea, Manuel Alonso. *Introdução ao direito do trabalho*. Porto Alegre: Sulina, 1969, pág. 142).

203. Entre os trabalhadores parassubordinados, podemos incluir o prestador de trabalho associativo (membros de cooperativa de trabalho, sócio de indústria, empresa familiar), representantes comerciais, propagandistas, agentes de teatro, agentes cinematográficos, agentes desportivos, corretores, concessionários, pequenos empresários dependentes de indústria, profissionais liberais etc. (Romita, Arion Sayão. A crise do critério da subordinação jurídica – Necessidade de proteção a trabalhadores autônomos e parassubordinados. *Revista de Direito do Trabalho*, São Paulo, Vol. 31, N.º 117, jan-mar/2005, pág. 51). Esta figura jurídica têm sido o resultado da reformulação do conceito tradicional de subordinação no âmbito do contrato de emprego. Esta realidade foi surgindo com o advento e expansão do fenômeno tecnológico, e destacado pela doutrina italiana a partir da década de 70 do século passado. O fenômeno da parassubordinação dirige-se a agrupar uma classe de trabalhadores que, sendo autônomos, não deixam igualmente de se assumir como economicamente dependentes de terceiros para quem prestam os seus serviços. Existe como que uma certa dependência substancial entre o prestador e o tomador do serviço, sendo que, apesar de existir independência daquele e inexistir direção deste, ainda assim podemos encontrar uma relação jurídica de *coordenação* dirigida pelo tomador de serviços. Algumas características costumam servir para identificar estes trabalhadores: (i) a existência de uma prestação de serviços de natureza *contínua*, vocacionada e dirigida à satisfação de necessidades organizacionais de determinada empresa, i.e., dirigida a um programa comum determinado previamente pelo tomador; (ii) os serviços assumem igualmente um carácter *pessoal*, apesar do recurso a terceiros poder tomar lugar sob a forma de apoio complementar à produção; (iii) uma ligação funcional entre o prestador e o tomador, assente numa lógica de *colaboração*. Silva, Otávio Pinto e. A construção da concepção tricotómica: autonomia, subordinação e parassubordinação. *In* Boucinhas Filho, Jorge Cavalcanti, Berardo, Carlos Francisco (coord.). *Novos Dilemas do Trabalho do Emprego e do Processo do Trabalho*, Homenagem ao Professor Ari Possidónio Beltran. São Paulo: LTr, 2012, págs. 104 ss; Frediani, Yone. A quem o direito do trabalho deve proteger e o novo conceito de subordinação. *In* Boucinhas Filho, Jorge Cavalcanti, Berardo, Carlos Francisco (coord.). *Novos Dilemas do Trabalho, do Emprego e do Processo do Trabalho, Homenagem ao Professor Ari Possidónio Beltran*. São Paulo: LTr, 2012, pág. 58 ss.

204. O trabalhador autônomo costuma ser apontado pela doutrina como apresentando uma série de características; características estas que acabam por traduzir-se nos critérios à identificação destes fenômenos. Assim, consoante a (i) *finalidade da prestação de serviços* seja, para o credor, a mera disposição de energia e esforço produtivo de terceiro ou a obtenção de uma obra ou produto acabado; se (ii) *o resultado* da prestação de

ou *informal*[205]. Com efeito, tal como nas primeiras o potencial de afetação dos direitos de personalidade do indivíduo é significativamente reduzido – o que legitima a atenuação dos instrumentos de controlo e de delimitação do exercício do poder diretivo do empregador –, também no segundo e terceiro tipos tão-pouco é percetível qualquer tipo de vulnerabilidade jurídica, pelo que não se justificarão as exigências de manutenção de um sistema protetor tal como desenhado pela Consolidação para os contratos de emprego[206].

---

serviços for imediato ou não, i.e., se o trabalhador fica ou não com aquilo que produz para depois o revender a terceiros; (iii) se *o trabalho é prestado por conta própria* ou se é feito de forma habitual sob remuneração de terceiro; (iv) se o sujeito que efetua a prestação de serviços *suporta ou não o risco* da atividade económica; (v) se o indivíduo é *detentor dos meios de produção*; (vi) ou ainda em razão do *modo como a atividade é desenvolvida*, i.e., se o sujeito detém ou não a direção sobre o fenômeno produtivo e a sua atividade profissional, autodisciplinando-a, organizando-a, recorrendo ou não ao auxílio de terceiros, gerindo o seu horário de trabalho e livre de qualquer tipo de fiscalização produtiva.

205. Pense-se naqueles trabalhadores que não têm atividade verdadeiramente fixa, sendo as suas funções e termos de prestação de serviços ajustada diretamente e com ajustes constantes entre as partes, sem empregadores fixos ou exclusivos.

206. Não desconhecemos, porém, a doutrina mais afeita à *thelos* do direito do trabalho e que tem lutado, por vários argumentos, para estender a mesma proteção jurídica dos empregados a estas realidades dos trabalhadores autônomos e parassubordinados. Já o relatámos aqui neste trabalho *supra*. Fazem-no com recurso à transmutação do postulado de subordinação jurídica, que consideram não ser mais, nos dias de hoje, uma noção adequada à descrição da realidade. Entendem que a perceção da subordinação estritamente vinculada a um conceito jurídico – no sentido de dirigismo e heterodecisão sobre horários de trabalho, jornada, execução trabalhista etc. – fazia sentido no contexto histórico da sociedade moderna industrial e pós industrial (onde se vivenciavam práticas de produção em massa e vivia-se um mercado claramente capitalista); mas na sociedade contemporânea da tecnologia, da proliferação dos contratos de trabalho autônomo, da importância do trabalho intelectual, do reforço da autonomia dos trabalhadores, a velha ideia de subordinação deve-se ajustar a critérios econômicos e sociais. No mesmo sentido, Nin, Miguel Ferreira. Hipossuficiência e subordinação jurídica nas relações de trabalho contemporâneo. *Revista do Tribunal Regional do Trabalho da 15ª Região,* Campinas, N.º 40, 2012, págs. 116-117, quando sustenta que o critério da subordinação jurídica "(...) se justificou no período fordista, em virtude da sua evidência manifesta. Mas representou apenas o modo como, naquele período historicamente determinado da acumulação de capital, se manifestava o trabalho prestado por conta alheia"; ou Alleva, quando escreve que hoje o modelo hierárquico e paramilitar de heterodireção não é o modelo adequado a descrever as relações trabalhistas, "(...) pois mudaram a economia e o modo de produzir, enquanto que, por outro lado, o que permaneceu inalterada foi a relação substancial de dependência socioeconômica entre os sujeitos. O equívoco legislativo e jurisprudencial foi cristalizar e tornar eterno o epifenômeno da heterodireção, tornando-o caracterizador

Por mais contraditório que possa parecer em razão do *nomen iuris* deste ramo do direito (Direito do "Trabalho"), estes trabalhadores não carecem de proteção jurídica trabalhista específica[207]. A função do Direito do 'Trabalho' é verdadeiramente regular apenas as relações de 'Emprego'[208]. Se estes trabalhadores quisessem ser abraçados pela interventiva legislação laboral, teriam de abdicar da liberdade ínsita que caracteriza o seu contrato. Mal se compreenderia, sequer, como é que o Direito do Trabalho se poderia ajustar a estes indivíduos. Afinal, médicos e advogados tiram que pedir a todos os seus clientes que assinassem a sua carteira de trabalho? Como funcionaria a extensão de um direito à greve para estes? Ou a fiscalização das horas e condições de trabalho de pintores profissionais[209]?

---

do trabalho subordinado, e, sobretudo, ligando a ele, e não à dependência socioeconômica, a introdução das normas de tutela e a sua garantia" (ALLEVA, Piergiovanni. O rubicão do trabalho subordinado. *Revista do Direito do Trabalho*, São Paulo, Vol. 34, N.º 132, out-dez/2008, págs. 283-287).

207. Numa posição mais veemente, ROMITA entende que estes trabalhadores não apenas não necessitam, como também não desejam. No seu entendimento, "a sociologia do trabalho e a psicologia coletiva ensinam que a condição de trabalhador subordinado é indesejável: como regra geral, o trabalhador subordinado almeja transformar-se em autônomo; ser seu próprio patrão; fixar sua própria jornada de trabalho; estabelecer o preço que entende justo pela prestação de seu serviço; gozar de férias no momento que lhe convier (...)", cf. ROMITA, Arion Sayão. A crise do critério da subordinação jurídica – Necessidade de proteção a trabalhadores autônomos e parassubordinados. *Revista de Direito do Trabalho*, São Paulo, Vol. 31, N.º 117, jan-mar/2005, pág. 37.

208. Já GOMES e GOTTSCHALK destacavam a falta de rigor da expressão usada para descrever este ramo jurídico, já que este não se destina a regular toda a disciplina de trabalho humano, mas apenas o subordinado (GOMES, Orlando, GOTTSCHALK, Elson. *Curso de direito do trabalho.* 19ª ed. Rio de Janeiro: Forense, 2012, pág. 21).

209. CUEVA, Mario de la, "se o direito do trabalho é um direito da classe trabalhadora, não se justifica sua aplicação a quem dela não faz parte e tampouco se vê que vantagem poderia trazer para a classe trabalhadora sua extensão a esses grupos. Por um lado, não se compreende como poderia ser estendido o direito coletivo de trabalho a trabalhadores autônomos. Impossível é conceber que advogados, médicos ou trabalhadores que exercem livremente sua profissão mediante sistema de clientela possam sindicalizar-se e exigir – cada advogado, cada médico ou cada fotógrafo que oferece seus serviços ao público para fotografias de casamento, passaporte ou batismo, ou o pintor que se oferece para pintar quadros para pessoas endinheiradas – de cada cliente, ou de alguém que já foi ou que talvez jamais será seu cliente, a assinatura de um contrato coletivo de trabalho ou imaginar contra quem devam fazer greve. Não se entende como poderiam ser aplicadas a tais pessoas, além de muitas outras, as instituições de direito individual de trabalho. Assim, por exemplo: a fixação de salários mínimos, a menos que se pense em preços mínimos de venda (seria possível essa fixação?), ou a proibição, menos ainda a fiscalização sobre um pintor para impedi-lo de permanecer

Se no passado trabalhadores autônomos recorriam com frequência à Justiça do Trabalho para pleitear a conversão do seu contrato contrato de trabalho em vínculo empregatício, hoje, em razão da eliminação da estabilidade decenal, o incentivo à propositura esfumou-se[210]. Além disso, o setor informal de trabalho tem crescido significativamente nos últimos anos; e, apesar de não sermos idealistas para acreditar que ele cresceu apenas graças a assalariados que preferiram tornar-se autônomos, não menos verdade é que este grupo constitui o seu maior número[211].

Não queremos, com isto, sustentar que os trabalhadores autônomos ou parassubordinados nunca poderão apresentar manifestações de vulnerabilidade. Até porque, e por mais que discordemos, há muita tendência por parte da doutrina laboral contemporâneo para estender *horizontalmente* o princípio da proteção a outras relações jurídicas trabalhistas que não de emprego onde também se manifestem alguns tipos de vulnerabilidade. Naturalmente que os sujeitos que prestam este tipo de serviços dificilmente apresentam sinais de *hipervulnerabilidade*; mas poderão *eventualmente* apresentar-se com algumas camadas de *vulnerabilidade* (v.g. geográfica). Em todo o caso, pensamos que para estes trabalhadores não é possível estabelecer uma ideia de *vulnerabilidade a priori,* como generalizadamente determinou o TST na IN 39/16. Antes pelo contrário: dados os traços de liberdade e manifesta autonomia que subjazem a este vínculo contratual, *será possível extrair um indício de que estes trabalhadores/prestadores de serviços se encontram tendencialmente em situações de invulnerabilidade.*

7.II.4.4. A ausência de vulnerabilidade de terceiros

Uma das outras principais repercussões que a EC 45/2004 também trouxe para o processo prende-se com a questão da intervenção de terceiros. Com efeito, uma vez que a competência da Justiça do Trabalho deixou de ser determinada em *razão da pessoa* (empregado) e passou a delimitar-se em *razão da matéria* (trabalho), abriram-se as portas para que em ações decorrentes da

---

dez horas, ou mais, em um estúdio" (La Cueva, Mario de. *Derecho mexicano del trabajo.* 4ª ed. México: Editorial Porrua, 1954, t. I, págs. 90-91).

210. Nos termos do Relatório Geral da Justiça do Trabalho de 2017, pág. 60, os pedidos de conversão do contrato de autônomo em contrato de emprego nem sequer entra no quadro dos 20 pedidos mais comuns pleiteados na Justiça do Trabalho.

211. Romita, Arion Sayão. A crise do critério da subordinação jurídica – Necessidade de proteção a trabalhadores autônomos e parassubordinados. *Revista de Direito do Trabalho*, São Paulo, Vol. 31, N.º 117, jan-mar/2005, pág. 38.

relação de trabalho, terceiros (trabalhadores e não trabalhadores) integrassem a lide na defesa dos seus próprios interesses e direitos, *maxime* direitos civis[212].

O problema tem recebido posicionamentos diferenciados um pouco por toda a doutrina e jurisprudência, em praticamente todas as modalidades de intervenção: *assistência* (súmula n.º 82 do TST[213])[214], *denunciação à lide*[215],

---

212. Como aponta PIMENTA, José Roberto Freire. A nova competência da Justiça do Trabalho para lides não decorrentes da relação de emprego: aspectos processuais e procedimentais. *In:* COUTINHO, Grijalbo Fernandes, FAVA Marcos Neves (coord.). *Justiça do Trabalho: competência ampliada.* São Paulo: LTr, 2005, pág. 272; MELHADO, Reginaldo. Da dicotomia ao conceito aberto; as novas competências da Justiça do Trabalho. *In:* COUTINHO, Grijalbo Fernandes, FAVA Marcos Neves (coord.). *Justiça do Trabalho: competência ampliada.* São Paulo: LTr, 2005, pág. 332.

213. "ASSISTÊNCIA (nova redação) - Res. 121/2003, DJ 19, 20 e 21.11.2003. A intervenção assistencial, simples ou adesiva, só é admissível se demonstrado o interesse jurídico e não o meramente econômico."

214. Parecendo *admitir esta* modalidade de intervenção de terceiro, apesar de se posicionar em momento prévio à EC de 2004, MENEZES, Cláudio Armando Couce de. Breves notas sobre a intervenção de terceiros no processo civil e no processo do trabalho. *Revista de Direito do Trabalho*, São Paulo, Vol. 90, abr-jun/1995, pág. 11; e *Direito Processual do trabalho.* São Paulo: LTr, 2002, v. 2, pág. 107. Admitindo esta modalidade de intervenção de terceiro, TEIXEIRA FILHO, Manoel Antônio. *Curso de direito processual do trabalho: processo de conhecimento.* São Paulo: LTr, 2009, Vol. 1, págs. 293-294; CAMPOS, Jorge Ribeiro de. A intervenção de terceiros e o processo do trabalho. *Revista de Direito do Trabalho*, São Paulo, Vol. 37, N.º 142, abr-jun/2011, pág. 203; CAIRO JR. José. *Curso de Direito Processual do Trabalho.* 12ª ed. Salvador: Juspodivm, 2018, pág. 285; LIMA, Leonardo Barbosa. *Lições de Direito Processual do Trabalho. Teoria e Prática.* 4ª ed. São Paulo: LTr, 2017, pág. 138; PAMPLONA FILHO, Rodolfo; SOUZA, Tercio. *Curso de direito processual do trabalho.* São Paulo: Marcial Pons, 2014, págs. 187-189; ALMEIDA, Cléber Lúcio. *Direito Processual do Trabalho.* 8ª ed. São Paulo: LTr, 2016, pág. 361.

215. Sobre denunciação à lide, sempre houve várias querelas. Sob a antiga OJ 277 da SDI-1 do TST, entendia-se pela incompatibilidade com o processo do trabalho. Entretanto, a OJ foi cancelada e instaurada a Reforma do Judiciário em 2004. Alguns exemplos podem ser apresentados para legitimar a utilidade da denunciação à lide no processo laboral: (i) no caso de sucessão de empresas (fazendo incidir sobre a empresa sucessora as obrigações que decorram do contrato de trabalho celebrado com a empresa sucedida, já que nos termos do art. 10 e 448 da CLT a titularidade da empresa não pode afetar os direitos adquiridos pelos trabalhadores); (ii) no caso de sub-empreitadas, permitindo que o sub-empreiteiro seja denunciado pelo empreiteiro principal em demanda contra si instaurada pelo trabalhador, já que o primeiro responde pelas obrigações decorrentes do contrato de trabalho nos termos do art. 455 da CLT; (iii) permitir que a empresa demandada denuncie à lide o trabalhador que efetivamente perpetrou da conduta geradora de danos morais de um outro trabalhador nas suas instalações; (iv) permitir que o INSS em ação acidentária movida contra si possa denunciar o empregador à lide, já que o ato negligente causador do acidente de trabalho foi causado por si; (v) permitir

que a empresa prestadora de mão-de-obra possa denunciar à lide o tomador desses serviços em ação movida contra si por um dos seus trabalhadores, já que o tomador responde subsidiariamente pelos créditos que a fornecedor tiver (Súmula 331 do TST); (vi) o empregador denunciar à lide a entidade pública (Município, Estado ou União) em ação movida contra si pelos seus trabalhadores que ficaram impedidos de trabalhador, por ter sido aquela entidade quem determinou a paralisação do trabalho; (vii) empresa denunciar à lide de empregado da empresa fraudulento que se aproveitou de receber um prêmio ou gratificação devido a outro empregado, em acção que lhe é movida pelo titular devido da referida gratificação; (viii) empregador denunciar à lide um dos seus empregados por este ter perpetrado nas suas instalações ofensas e injúrias em face de outro empregado, em ação que lhe for movida por este último contra si (Pamplona Filho, Rodolfo; Giacomo, Fernanda Salinas Di. A aplicabilidade da denunciação da lide no processo do trabalho. *Revista de Direito do Trabalho*, São Paulo, Vol. 33, N.º 126, 2007). Também a admitindo, Cairo Jr. José. *Curso de Direito Processual do Trabalho.* 12ª ed. Salvador: Juspodivm, 2018, pág. 287; Lima, Leonardo Barbosa. *Lições de Direito Processual do Trabalho. Teoria e Prática.* 4ª ed. São Paulo: LTr, 2017, pág. 139. Importa ainda ter em conta que a OJ 277 do TST (que determinava a incompatibilidade da denunciação à lide com o processo do trabalho) foi inclusivamente cancelada. Admitindo com reservas traçadas a algumas situações, Almeida, Cléber Lúcio. *Direito Processual do Trabalho.* 8ª ed. São Paulo: LTr, 2016, pág. 370.

A jurisprudência não tem sido muito favorável à admissão do instituto: "Ementa: Denunciação à Lide. Incabível nas ações trabalhistas o instituto da denunciação à lide, por falta de competência da Justiça do Trabalho para julgar possível conflito de interesses entre os litisconsortes, corresponsáveis pelas obrigações trabalhistas, via de regra, pessoas jurídicas. Não se desconhece que antiga OJ 227 da SDI-I do Colendo TST, que simplesmente bania do processo do trabalho quaisquer das modalidades de intervenção de terceiro, tenha caído em desuso e sido revogada com a ampliação de competência desta Justiça. Mas a denunciação à lide é ação incidental que tem por objeto pretensão de regresso da Demandada contra terceiro, caso venha a ser condenada na ação principal (art. 70 do CPC)" (acórdão do TRT, 3ª Região, Recurso Ordinário n.º 00306.2006.100.03.00.1, Relator Márcio Flávio Salem Vidigal, Data de Julgamento 18.7.2007 *apud* Fernandes, Nádia Soraggi. O que realmente mudou na competência da Justiça do Trabalho após a EC 45/2004. *In* Koury, Luiz Ronan Neves, Fernandes, Nadia Soraggi, Carvalho, Ricardo Wagner (Coord.). *Tendências do Processo do Trabalho.* São Paulo: LTr, 2010, pág. 116). No mais, admitindo esta modalidade, Lima, Francisco Meton Marques de. *Manual de processo do trabalho.* 2ª ed. São Paulo: LTr, 2008, pág. 70; Almeida, Cléber Lúcio. *Direito Processual do Trabalho.* 8ª ed. São Paulo: LTr, 2016, págs. 358 ss (exemplificando com o caso de empregado intentar ação contra empregador pleiteando devolução de valores descontados a título de contribuição federativa, admitindo a hipótese de empregador denunciar à lide o sindicato que beneficia desse desconto). Não admitindo esta possibilidade, Leite, Carlos Henrique Bezerra. *Curso de Direito Processual do Trabalho.* 14ª ed. São Paulo: Saraiva, 2016, pág. 564-565; Teixeira Filho, Manoel Antônio. *Curso de direito processual do trabalho: processo de conhecimento.* São Paulo: LTr, 2009, Vol. 1, págs. 344-345. No entendimento do autor, o principal obstáculo à admissibilidade da figura

oposição[216], *chamamento ao processo*[217-218]. Os dois principais problemas le-

é a impossibilidade de terceiro denunciante se valer de título judicial para promover, no mesmo órgão trabalhista e no mesmo processo, o denunciado a reembolsar quantias devidas. No exemplo da empreitada, assevera que "o problema é que a sentença condenatória do empreiteiro principal *teria* de valer como título executivo na própria Justiça do Trabalho, para que este pudesse receber do subempreiteiro o que pagou ao empregado. Nem por antonomásia se poderia reconhecer a existência de relação de trabalho (CF, art. 114, inc. I) entre o empreiteiro principal e o subempreiteiro".

216. Admitindo esta modalidade de intervenção de terceiros, Nascimento, Amauri Mascaro. *Curso de Direito do Trabalho.* 26ª ed. São Paulo: Saraiva, 1992, pág. 350 (exemplifica com o caso de empregado e empregador discutirem direitos sobre determinada propriedade intelectual criada pelo empregado no curso da relação de emprego, pelo que indaga da possibilidade de terceiro se juntar à lide para vir pleitear a titularidade da invenção em discussão); Giglio, Wagner; Corrêa, Claudia Giglio Veltri. *Direito Processual do Trabalho.* 16ª ed. São Paulo: Saraiva, 2007, pág. 145 (exemplificando com o caso de um empregado dar entrada de ação contra empregador pleiteando promoção de carreira, e admitindo a hipótese de um terceiro empregado vir à lide pleiteando ser seu aquele direito à promoção pleiteado pelo autor); Martins Filho. *Processo Coletivo do Trabalho.* 4ª ed. São Paulo: LTr, 2000, pág. 118 (exemplifica com o caso de dissídio ajuizado contra sindicato patronal por sindicato operário que se diz representante de categoria profissional, admitindo a hipótese de terceiro sindicato vir à lide por oposição pleitear ser ele o legítimo representante dessa categoria profissional); Teixeira Filho, Manoel Antônio. *Curso de direito processual do trabalho: processo de conhecimento.* São Paulo: LTr, 2009, Vol. 1, págs. 341-342. Admitindo mas apenas se, no caso concreto, se adequar aos preceitos que orientam a prestação jurisdicional trabalhista, Pamplona Filho, Rodolfo; Souza, Tercio. *Curso de direito processual do trabalho.* São Paulo: Marcial Pons, 2014, pág. 189; Almeida, Cléber Lúcio. *Direito Processual do Trabalho.* 8ª ed. São Paulo: LTr, 2016, pág. 365.

217. Admitindo esta modalidade, Cairo Jr. José. *Curso de Direito Processual do Trabalho.* 12ª ed. Salvador: Juspodivm, 2018, págs. 290-291; Lima, Francisco Meton Marques de. *Manual de processo do trabalho.* 2ª ed. São Paulo: LTr, 2008, pág. 70. "(...) Cooperativa. Vínculo De Emprego. Chamamento Ao Processo. Improcede o apelo quanto ao instituto do chamamento ao processo, pois as figuras de intervenção de terceiros dentre as quais o chamamento ao processo previsto nos artigos 77 a 80 do CPC são, em princípio, incompatíveis com o processo do trabalho, visto implicarem possível demanda entre empresas ou empregadores, matéria que foge à competência da Justiça do Trabalho, fixada pelo art. 114 da Constituição Federal de 1988" (acórdão do TST, Agravo de Instrumento em Recurso de Revista n.º 1733.2003.002.07.40.1, Relator Horácio Raymundo de Senna Pires, Data de Julgamento 26.03.2008); *apud* Fernandes, Nádia Soraggi. O que realmente mudou na competência da Justiça do Trabalho após a EC 45/2004. *In* Koury, Luiz Ronan Neves, Fernandes, Nadia Soraggi, Carvalho, Ricardo Wagner (Coord.). *Tendências do Processo do Trabalho.* São Paulo: LTr, 2010, pág. 116.

218. Sem admitir a intervenção de terceiros no processo do trabalho, Souto Maior, Jorge Luiz. Intervenção de terceiros no processo do trabalho. *Temas de processo do trabalho,* 3ª ed. São Paulo:, LTr, 2003, págs. 45-46.

vantados para negar à maior partes destas figuras aplicação ao processo do trabalho, são ambos argumentos que, *data venia*, considero *falsos* e não creio poderem hoje continuar a ser sustentados. Em primeiro lugar, quanto ao fato de trazerem prejuízos em termos de celeridade, o argumento é invertido, já que a intervenção mais não é do que um tributo à celeridade processual[219]. Em segundo lugar, quanto à questão de serem trazidas demandas estranhas à relação de emprego, dizer que nem sempre isso ocorre e que, após a EC de 2004, não podemos continuar a considerar este elemento para rechaçar a sua admissibilidade, uma vez que desde que empregador e empregado estejam no processo como partes e o direito ou coisa que esteja a ser discutido na lide esteja vinculado a um contrato de trabalho, não há motivo para negar a intervenção de terceiros.

Representando o chamamento, sobretudo, de *lides* cíveis para o processo de trabalho, i.e., de pessoas sem um vínculo de subordinação jurídica resultante de contrato de emprego, a medida da sua vulnerabilidade aplicar-se-á nos termos em que ela é apurada no processo civil, sem que especiais cuidados tuitivos lhes sejam reservados só pelo fato de se encontrarem a demandar na Justiça Trabalhista.

7.II.4.5. A ausência de um estado de vulnerabilidade generalizado dos *empregados*

7.II.4.5.1. A necessária discriminação entre empregados

A real capacidade negocial de cada trabalhador não pode ser presumida por lei de forma indistinta[220]*, na medida em que não traduz, de forma razoá-*

Pelo contrário, parecendo admitir todas as modalidades de intervenção, MARTINS FILHO. MARTINS FILHO, Ives Gandra da Silva. *Manual esquemático de direito de trabalho e processo do trabalho*. 26ª ed. São Paulo: Saraiva, 2018, pág. 293.

219. PINTO, José Augusto Rodrigues. Intervenção de terceiro no processo do trabalho. *Revista Trabalho e Processo*. São Paulo: LTr, 2009, vol. I, pág. 114.

220. Contra a mesma ideia também se revolta parte da doutrina consumeirista. TERESA NEGREIROS, por exemplo, também já alertava para a pertinência da identificação nos consumidores de diferentes tipos de desigualdades que não se manifestam todas da mesma maneira. Assim "é certo que as desigualdades entre os contratantes tendem a assumir uma dimensão coletiva, traduzindo-se em desigualdades entre categorias econômicas. No caso do consumidor, porém, essa categoria é por demais ampla numa sociedade caracterizada, precisamente, pela onipresença do consumo. Por outras palavras, não parece constitucionalmente consistente tratar todos os consumidores de forma igual. Afinal, isto representaria, sob o pretexto de uma maior justiça, um

vel, a diferente autonomia que cada empregado realmente tem no mercado de trabalho[221]. Ela *variará em função de uma série de fatores*, tais como o seu interesse na relação jurídica laboral[222], o poder econômico de cada cidadão, o tipo de funções e atividade que cada um exerce, o nível de maturidade intelectual, a experiência de vida por que cada um passou, o patamar da carreira profissional em que cada um se encontra, o tipo e nível de formação académica que cada um obteve, a faixa etária do trabalhador, o seu contexto familiar, as suas valências emocionais etc.[223]

---

verdadeiro retrocesso da teoria contratual, um retorno à mística das categorias abstratas e redutoras. Hoje, ao contrário, avulta a importância da criação de 'padrões de diferenciação'" (Negreiros, Teresa. *Teoria do Contrato. Novos paradigmas.* 2ª ed. Rio de Janeiro: Renovar, 2006, pág. 200). A diferenciação no plano consumeirista, no entanto, parece querer reduzir-se a uma mera distinção entre consumidores-pessoa física (vulnerabilidade presumida) e consumidores-pessoa jurídica (vulnerabilidade apreciada no caso concreto).

221. Já Ada Pellegrini também mencionava que no seguimento do alargamento da competência da Justiça do Trabalho e das mudanças do mercado de trabalho, se faz necessária uma adequada revisão do conceito de "hipossuficiente", que se torna uma presunção apenas relativa (Grinover, Ada Pellegrini. TST: a aplicação supletiva do CPC ao processo do trabalho. Algumas questões cruciais. In Alvim, Teresa Arruda, Cianci, Mirna, Delfino, Lucio, Grinover, Ada Pellegrini et. al. (coord.). *Novo CPC aplicado visto por processualistas.* São Paulo: RT, 2017, pág. 17).

222. Particularmente este último ponto tem sido significativamente desconsiderado pela doutrina juslaboral, apesar de receber alguma atenção no plano do direito societário, onde a discussão "(...) é dominada pela heterogeneidade dos acionistas – pequenos acionistas com *free float*, acionistas minoritários fortes e acionistas de controle – e [onde] as regras de proteção são concebidas primariamente sob o prisma de seus interesses diferenciados, [ao contrário das relações consumeiristas, onde] o ponto de vista dos interesses diferenciados no Direito do Consumidor tem sido praticamente ignorado. Contudo, este é um aspecto central." (Grundmann, Stefan. A proteção funcional do consumidor, Novos modelos de consumidor à luz de teorias recentes. *Revista de Direito do Consumidor*, São Paulo, Vol. 101, Ano 24, set-out/2015, pág. 20). Penso que, de alguma forma, a mesma lógica inerente ao direito societário e que Grundmann pretende extrair para o direito do consumidor, também se pode aplicar, com adaptações, ao direito laboral. Como se reserva Pires, "situações especiais podem fazer com que a tutela seja assegurada por organismos intermediários. É possível um abrandamento da rede protetiva em face de certos tipos contratuais. Lembre-se a necessidade de um estatuto do alto empregado ou de uma mitigação de encargos trabalhistas (não de direitos do trabalhador) para micro e pequenas empresas" (Pires, Horário de Sena. Direito do Trabalho: a atualidade do princípio da proteção. *Revista do TST*, São Paulo, Vol. 77, N.º 2, abr-jun/2011, pág. 130).

223. Já se posicionava Nascimento, que o princípio da indisponibilidade na seara trabalhista não poderia ser absoluto por, desde logo, depender do tipo de trabalhador que

A presunção estabelecida por lei é falha; mas porque também ela assenta numa premissa lógico-jurídica errónea: a *apresentação de uma categoria genérica, abstrata e generalizada de trabalhador*, com pretensão de abarcar um espectro de empregados que vão desde o operário de fábrica e empregada de limpeza, ao diretor de uma multinacional, a um chefe de restaurante ou maestro de orquestra, a um ilustre jurista e professor renomado entre seus pares na Academia, a um investigador científico, a um jogador profissional de futebol de alta categoria, a um artista de cinema ou apresentador de televisão conhecidos no grande público etc.[224] A *presunção legal estabelecida pela IN não tem em conta a existência de diferentes tipos de vulnerabilidade nas relações laborais* e, portanto, ao *adotar deliberadamente um regime uniforme* que submete todos os empregados às mesmas regras (*rectius*, proibições), frustrando-se ao trabalho de averiguar e examinar os detalhes que os diferenciem, incorre numa prática claramente injusta e atentatória ao postulado de isonomia[225]. Enquanto um alto empregado pode encontrar-se numa situação de vulnerabilidade hierárquica semelhante à de um operário, já não partilha com ele a mesma vulnerabilidade negocial. Da mesma forma, enquanto um empregado que labora em regime de exclusividade pode deter uma posição mais vulnerável do ponto de vista econômico que um trabalhador em tempo parcial, certamente partilharão do mesmo nível de vulnerabilidade hierárquica e social. É aqui que reside um dos principais problemas estruturais do Direito ao Trabalho e Processo do Trabalho: continuar a encarar o princípio da proteção do trabalhador *como um fim em si mesmo* que o sistema decidiu abraçar, indiscriminadamente, também no palco processual, e não como algo que se justifique apenas quando presentes *motivos imperativos*.

---

estivesse a dispor: "(...) não pode ser uma regra absoluta, porque se deve considerar o seguinte: primeiro, a hipossuficiência ou não do empregado. Um alto diretor, ou um estatutário, que se diz subordinado, com um vínculo de emprego declarado, e diz que não sabia o que estava fazendo, não é a mesma coisa que um operário de 'pé no chão'. São situações desiguais, de modo que, quanto ao operário, eu consideraria renúncia de um modo e, quanto ao 'colarinho branco', de outro modo diferente" (NASCIMENTO, Amauri Mascaro. Estudos sobre renúncia e transação. *In* FREDIANI, Yone (coord.) *Tendências do direito material e processual do trabalho*. São Paulo: LTr, 2000, pág. 231).

224. CORDEIRO, António Menezes. *Manual de Direito do Trabalho*. Coimbra: Coimbra, 1999, págs. 109-110.

225. O próprio NASCIMENTO reconhece que quando um acordo ou convenção coletiva são uniformes para todos e toda a categoria, esses trabalhadores são prejudicados (NASCIMENTO, Amauri Mascaro, *Direito Contemporâneo Do Trabalho*, São Paulo, Saraiva, 2011, pág. 196).

Qualquer uma das apontadas relações de emprego apresenta traços e características manifestamente diferentes umas das outras e apelam, por isso, pelo menos no plano processual, *a tratamentos jurídicos igualmente distintos*. Não se compadecem, portanto, com a extensão do tratamento absoluto reservado pelo legislador laboral no art. 3.º da CLT. O alcance que este preceito visa obter na regulamentação jurídica das relações de emprego é outro e aponta no sentido de evitar e impedir a perpetuação de discriminações arbitrárias entre empregados que assumam funções manuais ou intelectuais[226]. Inclusivamente, pode-se ainda sustentar que muitos destes trabalhadores poderão até *inverter a lógica de dependência* para com o seu empregador, tornando significativamente rarefeitos quaisquer traços de subordinação[227-228]. Em alguns dos exemplos apontados acima podemos encontrar situações onde se torna fácil ao trabalhador impor termos contratuais, antes e durante a vigência do contrato e que, a não serem correspondidos, cessarão a prestação dos seus serviços.

A necessidade de introduzir critérios de diferenciação no tratamento a dar a todos eles apela a uma ideia de "*capacidade negocial*", que deverá ser apurada casuisticamente em função das circunstâncias concretas, da capaci-

226. Mallet, Estêvão. A arbitragem em litígios trabalhistas individuais. *Revitsta do TST*, São Paulo, Vol. 84, N.º 2, abr-jun/2018, pág. 48.

227. Nas palavras de Guilherme Dray, "Não deixa de ser indesmentível e irrefutável que no plano extrajurídico o progresso técnico e a exigência de trabalhadores altamente qualificados podem inverter, por vezes, a situação habitual de dependência do trabalhador em relação à entidade empregadora. A concorrência entre entidades empregadoras para a obtenção de trabalho altamente especializado poderá colocar determinado tipo de trabalhadores numa situação de real e efetiva igualdade fáctica com os seus empregadores, ou mesmo, no limite, colocá-los numa posição de supremacia na determinação das condições de trabalho" (Dray, Guilherme. *O princípio da igualdade no direito do trabalho*. Coimbra: Almedina, 1999, pág. 188).

228. "(...) o autor era um alto executivo do banco réu, verdadeiro alter ego e detentor de *expertise* e *brain-power* financeiro, com vultosos ganhos mensais e vasto conhecimento na área, razão pela qual não se vislumbra qualquer hipossuficiência/vulnerabilidade por parte dele, mas sim sua paridade com a parte adversa. Aliás, é justamente no setor do conhecimento e da informação que a relação jurídica de dependência muitas vezes se inverte, ou seja, é o empregador que fica dependente ou refém do empregado dotado do expertise e neurônios privilegiados, que dá um diferencial ao seu negócio, proporcionando-lhe elevados ganhos financeiros, levando-o a celebrar pactos e aditivos para a manutenção de tais empregados laborando a seu favor" (TRT 1ª Região, 5ª Turma., Recurso Ordinário, Proc. n.º 0011289.92.2013.5.01.0042, Rel. Enoque Ribeiro dos Santos, Data de julgamento 11.04.2017).

dade económica, cultural, intelectual, da vontade etc. de cada contraente[229], *mas não aprioristicamente pelo legislador na forma de uma presunção acrítica* e facilmente refutável assente numa pretensa "debilidade social e económica dos trabalhadores dependentes"[230].

Num paralelo consumeirista, vários casos há em que o STJ já reconheceu que, não obstante num dos polos da relação jurídica contratual se encontrar um consumidor, não existe, *in concreto*, uma situação de vulnerabilidade e, por isso, inexiste fundamento jurídico para a proteção legal consumeirista[231].

Já COTRIM NETO, alertava em 1944 para a necessária distinção que, também no palco trabalhista, deveria ser efetuada entre *contratos de adesão* e *contratos de livre discussão*, admitindo a existência de diferentes graus de vulnerabilidade nesta sede[232]. Também LACERDA, ao discriminar os limites que considerava balizarem o princípio da irrenunciabilidade, ensinava que a irrenunciabilidade comporta *graus*, que dependiam de vários fatores; um

---

229. A título de exemplo, acórdão STJ português, "1. As actividades tradicionalmente exercidas por profissionais liberais, nomeadamente a advocacia, podem ser objecto de contrato de trabalho. 2. Quanto estejam em causa essas actividades, nem sempre é fácil determinar a natureza do contrato. 3. Para ultrapassar essa dificuldade há que recorrer aos chamados indícios da subordinação jurídica que é o elemento que verdadeiramente caracteriza o contrato de trabalho quando em confronto com o contrato de prestação o de serviços. 4. A denominação dada pelas partes ao contrato é um desses indícios e terá uma relevância muito especial quando o contrato foi celebrado entre um Banco e um advogado com 13 anos de profissão." (Processo N.º 04S3581, de 16.04.2005, Relator Sousa Peixoto).

230. RAMALHO, Maria do Rosário da Palma. *Da autonomia dogmática do direito do trabalho.* Coimbra: Almedina, 2000, p. 539.

231. STJ, 4ª Turma., Recurso Especial Processo N.º 1.189.050/SP, Rel. Min. Luis Felipe Salomão, Data de julgamento 14.03.2016: "(...) 5. Não há incompatibilidade entre os arts. 51, VII, do CDC e 4º, §2º, da Lei n. 9.307/96. Visando conciliar os normativos e garantir a maior proteção ao consumidor é que entende-se que a cláusula compromissória só virá a ter eficácia caso este aderente venha a tomar a iniciativa de instituir a arbitragem, ou concorde, expressamente, com a sua instituição, não havendo, por conseguinte, falar em compulsoriedade. Ademais, há situações em que, apesar de se tratar de consumidor, não há vulnerabilidade da parte a justificar sua proteção (...)".

232. "Aqueles, serão os contratos dos altos-empregados, em que intervêm, geralmente, técnicos indispensáveis ao mecanismo das empresas e que, por essa indispensabilidade, podem impor as condições de trabalho (...); estes, são a multidão dos contratos de emprego (...). Nestes (...) predomina exclusivamente uma só vontade, obrando como vontade unilateral, que dita a lei, não a um indivíduo, mas à coletividade indeterminada, que se compromete adiantadamente, unilateralmente" (cit. COTRIM NETO, A.B. *Contrato e relação de emprego.* São Paulo: Max Limonad, 1944, pág. 52).

deles era precisamente a *condição pessoal do prestador* do trabalho e ainda *as características particulares dos casos concretos*. No primeiro caso enquadrava os trabalhadores económica e socialmente mais bem colocados que os seus empregadores, que não admitiam a presunção de vício da vontade estabelecida pelo ordenamento, pelo que a sua renúncia aos seus direitos seria legítima; no segundo caso, fazia menção à importância de *medir proporcionalmente a colisão entre o princípio da proteção e o da razoabilidade aquando a apreciação in concreto da transação ou renúncia do trabalhador*[233-234].

---

233. Nas suas palavras: "uma regra apriorística é, por certo, essencial, mas moldável a todas as hipóteses, de acordo com a acuidade e finura dos aplicadores da lei. Cada documento, cada palavra, cada depoimento, enfim, são elementos preciosos que tem o julgador para se pronunciar sobre a desistência, isso sem falar, é claro, nas condições antecedentes do empregado e do empregador" (Lacerda, Dorval de. *A renúncia no direito do trabalho*. 2ª ed. São Paulo: Max Limonad, 1944, pág. 147). Criticando o autor, por não distinguir renúncia (apreciada *a priori*) de vício (apreciado *a posteriori*), Pacheco, Iara Alves Cordeiro. *Os direitos trabalhistas e a arbitragem*. São Paulo: LTr, 2003, pág. 97. Segundo a autora, primeiro é necessário perceber se o direito em causa é ou não renunciável e, em caso positivo, examinar então se houve ou não liberdade na manifestação dessa renúncia. Esta última ponderação, de resto, também acompanhada por Süssekind, Arnaldo; Maranhão, Délio, Vianna, José de Segadas, Teixeira Filho, João de Lima. *Instituições de Direito do Trabalho*. 22ª Ed. São Paulo: LTr, 2005, vol. I, pág. 214 ("a renunciabilidade de direitos, em relação ao trabalhador, deve ser admitida apenas excepcionalmente, em face das considerações especiais configuradas em cada caso concreto") e Nascimento, Amauri Mascaro. Estudos sobre renúncia e transação. *In* Frediani, Yone (coord.) *Tendências do direito material e processual do trabalho*. São Paulo: LTr, 2000, págs. 228-234.

234. Também já ressalvava Dray (Dray, Guilherme. *O princípio da proteção do trabalhador*. Coimbra: Almedina, 2015, pág. 542), "O quadro tradicional segundo o qual o empregador está, invariavelmente, numa situação de superioridade e o trabalhador, necessariamente, numa situação de especial vulnerabilidade e inferioridade, nem sempre corresponde à realidade. O 'princípio da proteção do trabalhador", sendo uma realidade que está na génese e que marca o Direito do Trabalho, pode – e deve – readaptar-se e moldar-se em função do devir social e econômico e dos influxos que dele emergem. Por outras palavras: na medida em que a liberdade de celebração, por vezes, é puramente formal, ainda que se afigure, do ponto de vista da formação do contrato, como 'elemento necessário e suficiente para o constituir', a aplicação do 'princípio da proteção do trabalhador' justifica-se plenamente como forma de compensar a manifesta desigualdade entre as partes. Mas a sua atuação deve orientar-se para o essencial: ele deve ter por finalidade a proteção dos 'direitos pessoais de cidadania' do trabalhador e da sua dignidade, enquanto cidadão, não devendo assumir como finalidade a obrigatoriedade de contratação do mesmo pelo empregador nem a imposição a este de soluções que afrontem contra a liberdade de gestão empresarial".

7.II.4.5.2. Alguns dados sobre a vulnerabilidade no mercado de trabalho

Parece-nos de igual importância aos propósitos deste trabalho uma análise aos números que melhor descrevem a população laboral brasileira. Algumas ideias podem apontar para uma maior ou menor vulnerabilidade do trabalhador.

Em 2012, 72,4 milhões de pessoas encontrava-se *empregadas no setor privado* (sem contar com os trabalhadores que prestavam serviços domésticos). Número que aumentou em 2015, passando para 75 milhões e voltou a cair em 2016 para 73.7 milhões. Destes números, cerca de metade (50,1%) trabalhava em micro e pequenas empresas (com certa de 1 a 5 trabalhadores), encontrando-se cerca de ¼ (26%) a trabalhar em grandes empresas com mais de 51 trabalhadores[235]. No polo oposto, de pessoas ocupadas como *empregadoras ou trabalhadores por conta própria*, as cifras situaram-se nos 24 milhões em 2012, tendo aumentado 11,3% em 2016 para um montante de 26.8 milhões de pessoas[236].

Em dados mais recentes (novembro 2018 a janeiro de 2019): (i) reduziu-se em 321 mil o número de empregados sem a CTPS assinada (11.3 milhões), (ii) aumentou-se em 719 mil o número de trabalhadores por *conta própria* em relação ao ano anterior (24 milhões), (iii) estabilizou-se nos 4,5 milhões o *número de empregadores*, assim como nos 6,2 milhões o número de trabalhadores domésticos relativamente ao ano passado, (iv) reduziu-se em 1,8% o número de funcionários do setor público (incluindo estatutários e militares), que agora se centra em 11,5 milhões de pessoas[237].

Quanto ao *analfabetismo* no país, em 2017 registrou-se uma cifra de 11,5 milhões de pessoas (7% da população) entre sujeitos com mais de 15 anos de idade; número de pessoas que se reduziu em cerca de 300 mil quando comparado com o ano anterior. A maioria dos analfabetos brasileiros encontra-se, porém, em *faixa etária mais elevada*, acima dos 60 anos de idade (cerca de 20%)[238].

---

235. Dados dados promovidos por Pesquisa Nacional por Amostra de Domicílios Contínua (PNADC) https://biblioteca.ibge.gov.br/visualizacao/livros/liv101222_informativo.pdf, última consulta em 20.12.2018.

236. Dados dados promovidos por Pesquisa Nacional por Amostra de Domicílios Contínua (PNADC) https://biblioteca.ibge.gov.br/visualizacao/livros/liv101222_informativo.pdf, última consulta em 20.12.2018.

237. https://biblioteca.ibge.gov.br/visualizacao/periodicos/3086/pnacm_2019_jan.pdf, última consulta em 20.12.2018.

238. https://biblioteca.ibge.gov.br/visualizacao/livros/liv101576_informativo.pdf, última consulta em 20.12.2018.

Ponto sensivelmente relevante é a circunstância de que, em 2017, 43.2% dos ocupados *não se encontravam com o ensino médio completo*, condição que assume repercussões no mercado de trabalho, particularmente no ramo de atividade económica. Assim, por exemplo, serviços de agropecuária (67,1%), serviços domésticos (52%) e construção (48,3%) assumiram-se como os setores de atividade onde mais se registaram trabalhadores com menor nível de instrução (sem instrução ou nível fundamental incompleto). Coincidentemente, estes são também os setores que mais concentram *trabalhadores informais* (serviços domésticos 70%, agropecuária 68,5%)[239]. No extremo oposto, em áreas como a educação, saúde, serviços sociais, administração pública, entre 41% e 52,6% dos trabalhadores possuíam *ensino superior completo ou mais*[240].

Não deixa de ser interessante apontar que as pessoas empregadas que perderam postos de trabalho foram sobretudo trabalhadores de nível de instrução mais baixo; de contrário, o número de ocupados com ensino superior completo aumentou quase 2.2 milhões e com ensino médio completo ou incompleto 1.5 milhões no período entre 2014 e 2017. Destes 2.2 milhões de trabalhadores com ensino superior completo que entraram no mercado entre 2014 e 2017, 132 mil conseguiram *enquadramento profissional como diretores e gerentes*, 678 mil como profissionais de *ciências ou atividades intelectuais*, permanecendo as 1.3 milhões restantes com atividades administrativas ou com exigências de *conhecimentos técnicos*. Assim, portanto, se em 2014 o número de *diretores e gerentes* se encontrava na faixa dos 1.96 milhões de pessoas, esse valor em 2017 passou para 2.09 milhões; se em 2014 o número de profissionais das ciências e profissionais intelectuais era de aproximadamente 7.66 milhões, esse número em 2017 passou a ser de 8.34 milhões; o número de forças armadas, policiais e bombeiros militares também quase que dobrou (de 198 mil passou para 290 mil); tendo também aumentado o número de trabalhadores com ensino superior a exercer profissões *não típicas* (4.96 milhões em 2014 para 6.22 milhões em 2017)[241].

---

239. https://biblioteca.ibge.gov.br/visualizacao/livros/liv101629.pdf, última consulta em 20.12.2018.

240. https://biblioteca.ibge.gov.br/visualizacao/livros/liv101629.pdf, última consulta em 20.12.2018.

241. https://www.dieese.org.br/boletimempregoempauta/2018/boletimEmpregoEmPauta9.html, última consulta em 20.12.2018. Encontram-se nessas profissões não típicas escriturários, vendedores a domicílio, secretários executivos e administrativos, comerciantes de lojas, balconistas de lojas, instrutores de atividades físicas, profissionais de ensino

Igualmente relevante é o percentual de trabalhadores *associados a algum sindicato*. Em 2016, das 139.1 milhões de pessoas que se encontravam ocupadas ou que anteriormente já tinham sido ocupadas, 12% (16,9 milhões) integravam algum sindicato[242].

7.II.4.5.3. Grupos de trabalhadores com vulnerabilidade inexistente ou mitigada

Com a Reforma, podemos dizer que a *teoria clássica das vulnerabilidades* – que vimos poder ser transportada para o direito do trabalho – sofreu significativas mitigações. Assistimos ao uso da *vulnerabilidade relacional não para ampliar os níveis de proteção já existentes, mas antes para reduzi-los dos trabalhadores que o legislador considera como dela não carentes*. Podemos então dizer serem instituídas duas novas classes de trabalhadores, situadas a meio caminho entre os altos empregados e o típico trabalhador hipossuficiente, que a doutrina tem vindo a chamar de *hipersuficientes* ou *hipovulnerávies* (por oposição ao termo *hipossuficientes* e *hipervulneráveis*). E dizemos que criou duas novas categorias de trabalhadores pois não consideramos que os *invulneráveis econômicos* (art. 507-A CLT) *e intelectuais* (art. 444 CLT) se possam subsumir à já existente classe dos *altos empregados*[243], constituindo, antes, empregados com níveis de vulnerabilidade distintos.

Estes grupos que abaixo elencamos, demonstram como a vulnerabilidade nas relações de trabalho (lato senso) não é uma realidade estanque, uniforme ou dada como adquirida. Inúmeros são os casos de *vulnerabilidade inexistente* ou *mitigada* que o TST parece não ter levado em consideração aquando da edição da IN. Propomos, por isso, o seguinte encadeamento lógico: (i) como teremos possibilidade de analisar mais adiante neste trabalho, *partimos de uma premissa fática e lógica de que a tendencial situação jurídica de vulnerabilidade material em que um empregado normal se encontra pode constituir indício de vulnerabilidade processual que o torna incapaz de celebrar convenções processuais*; (ii) todavia, acreditamos também que nem todos os

---

médio de enfermagem, condutores de automóveis, táxis e camionetas, profissionais de serviços legais, secretários gerais, trabalhadores escritórios, hotéis etc.

242. https://biblioteca.ibge.gov.br/visualizacao/livros/liv101222_informativo.pdf, última consulta em 20.12.2018.

243. Considerando também existir uma (mas já não duas) nova categoria de trabalhadores pós Reforma, Franco Filho, Georgenor de Sousa. A arbitragem no moderno direito brasileiro do trabalho. *In* Tupinambá, Carolina (coord.). *Soluções de conflitos trabalhistas: novos caminhos*. São Paulo: LTr, 2018, pág. 4.

empregados autorizam esse raciocínio indutivo dinâmico para dentro do processo do trabalho e, por isso, propomos aqui um *recorte negativo absolutamente necessário de empregados cuja situação jurídica material, à partida, não se pode dizer ser de vulnerabilidade e, por conseguinte, não permite indiciar a existência incapacidade processual negocial para efeitos do art. 190 do CPC.*

7.II.4.5.3.1. Altos empregados

Já Alice Monteiro de Barros, seguindo Russomano[244], reconhecia que a legislação do trabalho oferece diferentes e progressivos graus de confiança, classificados pela doutrina como (i) nível de confiança *genérica*, atribuída a qualquer trabalhador e existente em todos os contratos de trabalho, indiscriminadamente; (ii) confiança *específica*, que pode ser encontrada em certo tipo específico de empregados, como os do setor da banca (art. 224 da CLT); (iii) confiança *estrita*, presente apenas nos contratos de trabalho celebrados com cargos de diretores, gerentes e outros membros estatutários (art. 499 da CLT); e (iv) confiança *excepcional*, restrita aos contratos de gerência (art. 62, II da CLT)[245]. Com base nesta distinção, concluía que a assunção de cargo de confiança não descaracterizava a relação de emprego. Partindo desta assertiva, a doutrina tem distinguido dentre a genérica classe dos "altos empregados" quatro categorias distintas: (i) os trabalhadores com cargos de confiança; (ii) os trabalhadores com cargos de confiança no setor da banca, (iii) os diretores empregados[246]

---

244. Russomano, Mozart Vitor. *Comentários à CLT.* 13ª ed. Rio de Janeiro: Forense, 1990, vol. I, p. 105.

245. Barros, Alice Monteiro. Cargo de confiança – empregado ocupante do cargo: consequências práticas de sua qualificação jurídica. *Revista do TRT da 3ª Região*, Belo Horizonte, Ano 35, n.º 65, 2002, pág. 85.

246. Apesar de ser mais familiar à perceção quotidiana o cargo de *CEO* (*Chief Executive Officer*), i.e., diretor executivo, existem, na verdade, uma série de outros cargos de confiança dentro de grandes empresas, tais como: chefe do setor financeiro, chefe do setor tecnológico, diretor de contabilidade, diretor administrativo, diretor de qualidade, diretor de curso, diretor de comunicação, diretor de conformidade, diretor de dados, diretor de recursos humanos, diretor de informação, diretor de segurança e informação, diretor de conhecimento, diretor de aprendizagem, diretor jurídico, diretor de rede, diretor de operações, diretor de gerenciamento de risco, diretor de aquisições, diretor de ciências, diretor de segurança, diretor técnico, diretor visionário etc. (Boucinhas Filho, Jorge Cavalcanti. O alto executivo e a proteção do direito do trabalho. *Revista LTr*, São Paulo, Vol. 77, N.º 08, ago/2013, pág. 917: "fala-se, também, em *directores ordinários ou técnicos* para designar aqueles que ocupam postos elevados, recebem remuneração expressivas, tem sob seu comando inúmeros empregados e ostentam uma posição empresarial muito qualificada, embora em nível imediatamente inferior ao dos chamados *altos directivos*").

(iv) e os sócios trabalhadores[247]. Corroborando a assertiva da autora, partimos daqui para extrair o nosso argumento de que estes altos empregados se *presumem invulneráveis*.

Os altos empregados (ou altos executivos), representam uma categoria de trabalhadores que se distinguem pelas suas valências e habilidades técnicas de gestão no mundo laboral; são, portanto, uma mais-valia imprescindível para a empresa. A doutrina costuma identificá-los pela atenuação da intensidade da subordinação jurídica no seu vínculo empregatício, possuindo, portanto, acentuada autonomia e poder de iniciativa; bem como uma extensão de poderes por comparação com os normais empregados, em razão da confiança que neles é depositada[248]. Neles estaria depositado parte do próprio poder empregatício[249].

A noção é, hoje, significativamente mais ampla do que era antes da Lei n.º 8.966/94, que modificou o art. 62 da CLT e lhe retirou um dos requisitos[250].

---

247. Delgado, Maurício Godinho. *Curso de direito do trabalho.* 16ª ed. São Paulo: LTr, 2017, págs. 395 ss.. Particularmente no que respeita à figura do sócio trabalhador, entende que não há nada, à partida, que determine a incompatibilidade dos dois estatutos na mesma pessoa física, tudo dependendo da intensidade de participação e interferência do trabalhador na empresa.

248. Longa, Daniel. A possibilidade de se utilizar a arbitragem como meio de resolução de conflitos trabalhistas envolvendo funcionários de alto escalão. *Revista de Direito do Trabalhista*, São Paulo, Ano 20, n. 9, set/2014, pág. 24. Segundo Manglano, são três os requisitos que caracterizam estes trabalhadores: (i) o requisito funcional: os poderes que acompanham o cargo devem ser inerentes à titularidade jurídica da empresa, o que pressupõe, por exemplo, poderes de representação da entidade, seja em matéria processual e administrativa, para conclusão de atos ou negócios jurídicos; (ii) o requisito objetivo: o empoderamento do alto empregado deve ser dirigido aos objetivos gerais da empresa, não se sujeitando a aprovação ou de orçamentos de trabalho, (iii) requisito hierárquico: poderes que exerce com autonomia e plena responsabilidade, i.e., com liberdade e capacidade de atuação absoluta (Manglano, Carlos Molero. *Manual de Derecho del Trabajo.* 14ª ed. Valencia: Tirant lo blanch, 2015, págs. 774-775).

249. Como ensina Delgado, "o suposto legal é que tais trabalhadores, por estarem investidos de parcela significativa do próprio poder empregatício, não se submeteriam, logicamente, a estrito controle de horários, sob pena de isso até mesmo inviabilizar o exercício precípuo de sua função de poder perante os demais trabalhadores" (Delgado, Maurício Godinho. *Curso de direito do trabalho.* 16ª ed. São Paulo: LTr, 2017, pág. 1025).

250. Com efeito, antes do advento desta alteração legislativa, o art. 62 da CLT apresentava três requisitos para qualificar estes trabalhadores: (i) a outorga de poderes de gestão, (ii) a existência de poderes de representação, (iii) uma manifesta distinção a nível salarial/remuneratório. Naturalmente, atenta as exigências legais, acabariam por ficar excluídos aqueles altos funcionários de gerência ou diretoria que, não obstante preencherem o

Com efeito, nos termos da redação atual, exige-se apenas que o trabalhador exerça poderes de gestão e apresente um patamar remuneratório 40% superior do cargo efetivo. Quando, porém, esteja em causa um empregado de confiança do sector da banca (*com fidúcia específica*, na terminologia de Barros[251]), o regramento especial do art. 224, §2º da CLT[252] dita exigências próprias, já que (i) quanto à "gratificação" de função, o padrão deixa de ser os 40% para se centrar em 33% superior ao valor do salário do cargo efetivo, (ii) no que respeita aos poderes de gestão, a inclusão dos cargos de chefia e de funções de fiscalização faz pressupor a menor exigência deste[253]. O TST considerava enquadrarem-se neste regime os *chefes* (súmula 233 do TST), os *subchefes* (súmula 234), os *gerentes* (súmula 287), os *subgerentes* (súmula 238) e os *tesoureiros* (súmula 237); sucede, porém, que todos esses foram, entretanto, cacelados com exceção da referente à súmula 287. Dada a amplitude da norma do §2º do art. 224 da CLT, a única maior dificuldade será mesmo delimitar se certos casos de

---

primeiro e últimos critérios, não tinham poderes de mando e representação. Após a alteração trazida pela Lei n.º 8.966/94, não apenas se tornou objetiva a anterior "noção" de remuneração expressiva – estabelecendo-se um mínimo de 40% da remuneração correspondente ao cargo efetivo –, como ainda se abdicou da presença de poderes de representação. Não obstante a manifesta intenção de abarcar um maior número de casos e ajustar a CLT às realidades contemporâneas, continuam a existir magistrados a interpretar restritivamente o conceito, muito em razão das consequências ao nível da perda de garantias e da tutela de direitos que a inclusão na categoria implicaria. Assim, por exemplo: "A investidura no cargo de gerente e seu exercício, nos moldes do art. 62 da CLT, importa para o empregado restrições de seus direitos trabalhistas. Assim, o cargo de gestão exige para sua caracterização que o empregado esteja munido de 'mandato formal', não meramente tácito, pelo qual se comprovem as atribuições a ele conferidas, e o exato limite de seu poder de mando e gestão de maneira a ser excluído das regras atinentes à duração do trabalho. A regra do art. 62 da CLT, mesmo após a edição da L. 8.966/94, deve, por conseguinte, ser interpretada restritivamente, não havendo que falar em mandato tácito" (acórdão do TST, SDI, Recurso de Revista com processo n.º 222.653/95.2, Relator Ministro Rider de Brito, Data de Julgamento 04.08.1998).

251. Barros, Alice Monteiro. Cargo de confiança – empregado ocupante do cargo: consequências práticas de sua qualificação jurídica. *Revista do TRT da 3ª Região*, Belo Horizonte, Ano 35, n.º 65, 2002, pág. 91.

252. Pode ler-se no art. 224 §2.º da CLT: As disposições deste artigo [i.e., duração normal de trabalho em bancos] não se aplicam aos que exercem funções de direção, gerência, fiscalização, chefia e equivalentes ou que desempenhem outros cargos de confiança desde que o valor da gratificação não seja inferior a um terço do salário do cargo efetivo".

253. Nesta sede, assume particular relevância a Súmula 102.º, IV do TST, que dispõe certas restrições à jornada de trabalho, determinando que o trabalhador de confiança do setor bancário "cumpre jornada de trabalho de 8 (oito) horas, sendo extraordinárias as trabalhadas além da oitava".

fronteira caberão, ou não, dentro dos critérios "funções de direção, gerência, fiscalização, chefia e equivalentes". Para o efeito, tem ajudado a jurisprudência, que já excluiu da abrangência o funcionário de *caixa executivo*[254] e o *advogado bancário com poderes ad judicia*[255]. Outras, a nosso ver, carecerão de idêntica conclusão, como o *supervisor* e *auditor* bancário (exceto se tiverem funcionários sob o seu controlo e subordinação e auferirem remuneração não inferior a um terço do cargo efetivo), o *analista de sistema* (por, normalmente, não ter funcionários subordinados à sua chefia) e a *secretária executiva* de estabelecimento bancário (por não ter poder de fiscalização ou comando).

Por outro lado, e não obstante inexistir na CLT qualquer noção de alto empregado, o art. 16 da Lei do Fundo de Garantia de Tempo de Serviço (Lei n.º 8.036, de 11 de Maio de 1990) vem dar um contributo para a compreensão do cargo de diretor de empresa, dispondo que "(...), as empresas sujeitas ao regime da legislação trabalhista poderão equiparar seus *diretores não empregados* aos demais trabalhadores sujeitos ao regime do FGTS. Considera-se *diretor aquele que exerça cargo de administração* previsto em lei, estatuto ou contrato social, *independente da denominação do cargo*" – g.n. Não deixa de ser interessante o fato de o legislador ter usado a expressão "diretores não empregados", que necessariamente implica a existência de contraposto conceito de "diretores empregados"; apesar de não parecer coerente e gerar polémica a restrição do "cargo de administração previsto em lei, estatuto ou contrato" apenas aos primeiros e já não aos segundos, *a contrario sensu*[256].

---

254. "O caixa bancário, ainda que caixa executivo, não exerce cargo de confiança" (Súmula 102, VI do TST).

255. "O advogado empregado de banco, pelo simples exercício da advocacia, não exerce cargo de confiança, não se enquadrando, portanto, na hipótese do §2° do art. 224 da CLT" (Súmula 102, V do TST).

256. Esta é uma questão que há muito tem dividido a doutrina, que diferencia o diretor que foi contratado externamente para assumir o cargo, e aquele que já trabalhava na empresa e obteve o cargo por mérito. No que respeita aos *trabalhadores/diretores contratados externamente*, ora se diz que (i) não são empregados porque o vínculo de mandato que assumem com a sociedade impede-os de se subordinarem a si próprios; ou que (ii) não são empregados pelo facto de constituírem um órgão de representação da sociedade impede-os de se subordinarem a si próprios (posição defendida por Sussekind, Arnaldo. Empregado de S.A. eleito diretor. *Revista Forense*, Rio de Janeiro, Vol. 339,jul-set/1997, págs. 49-52; Süssekind, Arnaldo; Maranhão, Délio, Vianna, José de Segadas, Teixeira Filho, João de Lima. *Instituições de Direito do Trabalho*. 22ª Ed. São Paulo: LTr, 2005, vol. I, págs. 313 ss.); que (iii) são empregados com caráter especial, pois ainda se pode vislumbrar manifestações de subordinação jurídica deste sujeito ao Conselho de Administração, às Assembleias-Gerais, ao acionista controlador, cujas ordens são vinculativas

Esta categoria de profissionais nem sempre, porém, assumiu no discurso jurídico uma posição relevante[257]. Ainda hoje[258] a categoria é particularmente

sob pena de destituição (posição defendida por Magano, Octavio Bueno. *Manual de direito do trabalho – Parte Geral*. São Paulo: LTr, 1990; Figueiredo, Antonio Borgesx. Diretor de sociedade anônima pode ser empregado? *Revista Síntese Trabalhista*, São Paulo, Ano 9, n.º 106, abr/1998, pág. 29); ou ainda que (iv) deve ser analisado o caso concreto, para perceber se existe ou não uma relação de emprego, numa aplicação *analógica* da Súmula 269 do TST: "O empregado eleito para ocupar cargo de diretor tem o respectivo contrato de trabalho suspenso, não se computando o tempo de serviço desse período, salvo se permanecer a subordinação jurídica inerente à relação de emprego" (neste sentido, Porto, Lorena Vasconcelos. Os altos empregados no Brasil e no direito comparado, disponível em https://jus.com.br/artigos/12571/os-altos-empregados-no-brasil-e-no-direito-comparado, última consulta em 01.01.2019; Delgado, Maurício Godinho. *Curso de direito do trabalho*. 16ª ed. São Paulo: LTr, 2017, pág. 404).). Já no que respeita aos altos empregados que assumem posições de direção *através de progressão* na carreira e, assim, são eleitos internamente pelos órgãos adequados, há quem considere que (i) o seu contrato de emprego é extinto, pelo que deixa de ser empregado, (ii) o contrato se suspende durante o exercício do mandato, (iii) o contrato se interrompe durante o exercício do cargo de direção, (iv) que, pura e simplesmente, continua a ser empregado, apenas passando a desempenhar uma função de confiança, (v) ou ainda que a apreciação da permanência ou não de subordinação após a eleição do cargo deve ser feita casuisticamente (Súmula 269 do TST). Por todos, Barros, Alice Monteiro. Cargo de confiança – empregado ocupante do cargo: consequências práticas de sua qualificação jurídica. *Revista do TRT da 3ª Região*, Belo Horizonte, Ano 35, n.º 65, 2002, pág. 87.

257. A muito se deve o fato de, por altura da elaboração da CLT, a estrutura laboral brasileira e a realidade das estruturas corporativas empresariais ser muito distinta da atual, sendo a "(...) posição dos órgãos societários (...) [bastante] distorcida. Ao invés de subordinarem-se às assembleias de acionistas, geralmente investidores displicentes dos assuntos administrativos, a diretoria assumia a função de órgão dominador da sociedade e, com isso, se identificavam com a pessoa jurídica empregadora, razão pela qual dificilmente seriam considerados beneficiários da legislação trabalhista" (Boucinhas Filho, Jorge Cavalcanti. A proteção Trabalhista dos Altos Executivos. *In* Boucinhas Filho, Jorge Cavalcanti, Berardo, Carlos Francisco (coord.). *Novos dilemas do direito do trabalho, do emprego e do processo do trabalho*. Homenagem ao Prof. Ari Possidônio Beltran. São Paulo: LTr, 2012, pág. 64). A realidade, porém, mudou de forma significativa com o advento das grandes multinacionais que progressivamente se foram fundindo e incorporando antigas empresas de cunho familiar. Progressivamente fomos assistindo ao crescimento de centros de concentração de poder econômico empresarial (empresas de fármacos, grupos financeiros etc.) que, pela sua significante dimensão, só puderam sobreviver com recurso à contratação de indivíduos altamente especializados em técnicas de gestão empresarial e estratégias de mercado e que progressivamente foram recebendo cargos de supervisão, superintendência, direção e afins.

258. A nível jurisprudencial, porém, destaca-se a circunstância de o número de demandas promovida por estes empregados ter aumentado e, bem assim, o nível de tutela a este concedido. Assim, por exemplo, "Recurso De Revista. Indenização Por Dano

relevada pelo legislador para segundo plano e conhece muito poucos dispositivos que a adequam ao regramento comum, a saber: a permissão da *reversão*[259],

---

Moral. Imagem E Honra. Nova Classificação Jurídica Dos Fatos Ministrados Pelo Julgado A Quo, Sem Ofensa À Diretriz Da Súmula-Tst-126. A análise dos fatos relatados na decisão regional enseja entendimento diverso do endossado por aquela Corte, no que diz respeito à configuração do dano moral sofrido pelo reclamante, uma vez que ficou demonstrado o seu deslocamento ao exterior quando foi surpreendido pela rescisão contratual, confisco instantâneo de telefone celular funcional e cartão de crédito corporativo, o que dificultou seu retorno ao Brasil. Concomitantemente procedeu-se a varredura em seu computador de trabalho, interrogatório dos demais empregados e abertura de sua correspondência diante dos colegas, bem como a exibição nos autos de sua correspondência eletrônica. A tudo acresce que, apesar dessa operação policialesca, o reclamante foi despedido sem justa causa, como incontroverso nos autos. Recurso de revista parcialmente conhecido e provido", de onde se destaca do voto vencedor: "Assim, a análise dos fatos relatados na decisão regional enseja entendimento diverso do endossado por aquela Corte, no que diz respeito à configuração do dano moral sofrido pelo reclamante, pois certo que ficou demonstrado o seu deslocamento ao exterior para a sua despedida, o confisco instantâneo de telefone celular funcional e do cartão de crédito corporativo a dificultar-lhe o retorno ao Brasil. Concomitantemente deu-se "varredura" em seu computador de trabalho, "interrogatório" dos demais empregados e abertura de sua correspondência diante dos colegas, bem como a exibição nos autos de sua correspondência eletrônica. Cumpre destacar que as suspeitas patronais, quaisquer que sejam, não justificam expor o empregado a situação constrangedora. Esta prática foi abusiva e excedeu o poder diretivo do empregador, tanto mais que, como restou incontroverso, o reclamante foi despedido sem justa causa. Deixo claro, por fim, que aqui não se fez revisão de prova. Tão somente se procedeu a reenquadramento jurídico dos fatos ministrados pelo julgado a quo, sem qualquer ofensa à diretriz da Súmula-TST-126. Desse modo, a pecha instalada sobre a imagem e a honra do reclamante configura, pois, a violação do artigo 5º, X, da Carta Magna, razão pela qual conheço do recurso de revista, no tópico" (cf. acórdão do TST, 3ª turma, Proc. de Recurso de Revista n.º 1328-42.2010.5.09.0000, Relator Ministro Horário Raymundo de Senna Pires, data de publicação 23.09.2011).

259. Caso excepcional, portanto, onde o rebaixamento é considerado lícito, com o trabalhador empregado a deixar de auferir o adicional da função. O regime encontra-se previsto no art. 468, §1º da CLT, que determina "Não se considera alteração unilateral a determinação do empregador para que o respectivo empregado reverta ao cargo efetivo, anteriormente ocupado, deixando o exercício de função de confiança". Até à Reforma Trabalhista, a jurisprudência interpretava restritivamente esta perda e restringiu-a a um lapso temporal. Assim, pela Súmula 372, I, do TST, determinou-se que "se aquela ocorrer sem justo motivo e o empregado tiver ocupado o cargo de confiança por dez ou mais anos, o adicional incorporar-se-á ao seu salário". Sucede, porém, que com o advento da Reforma, esta Súmula acabou por ser cancelada pelo §2º do art. 468 da CLT, que foi expressamente acrescentado ao dispositivo e passa a testar que "A alteração de que trata o §1º deste artigo, com ou sem justo motivo, não assegura ao empregado

a inexistência de *limitação de jornada*[260] e a possibilidade de *transferência unilateral de local de trabalho*[261]. De qualquer forma, e como dissemos, os altos empregados e empregados altamente especializados não deixam de ser enquadrados como *empregados*[262]; a exata medida com que a legislação laboral deve, ou não, aplicar-se a estes trabalhadores é que representa análise carente de interpretação[263]. Nesta sede, a doutrina não tem formada uma posição consensual. Onde a maioria apela à diferenciação necessária que o princípio da isonomia impõe entre estes empregados e os mais humildes trabalhadores, outras opiniões há que divergem daquele posicionamento generalizado, sustentando que a maior fragilidade, desgaste emocional e instabilidade destes cargos não desmerecem idêntico nível de proteção[264].

---

o direito à manutenção do pagamento da gratificação correspondente, que não será incorporada, independentemente do tempo de exercício da respectiva função".

260. Assim, por exemplo, destaca-se o art. 62, II da CLT, que prevê, relativamente à limitação da jornada de trabalho a exclusão do "os gerentes, assim considerados os exercentes de cargos de gestão, aos quais se equiparam, para efeito do disposto neste artigo, os diretores e chefes de departamento ou filial". Apesar de estar constitucionalmente previsto no art. 7.º, inc. XIII e XVI da CF a limitação de jornada e o direito ao pagamento de horas extraordinárias, não se pode dizer existir inconstitucionalidade nesta matéria já que o direito não é suprido pela lei ordinária, mas apenas presumido que a maior autonomia do cargo de confiança implica a inexistência de controlo e fiscalização de jornada pelo empregador.

261. Assim, nos termos do art. 469, §1º da CLT, "não estão compreendidos na proibição deste artigo: os empregados que exerçam cargo de confiança e aqueles cujos contratos tenham como condição, implícita ou explícita, a transferência, quando esta decorra de real necessidade de serviço". Em todo o caso, a jurisprudência do TST tem considerado que, sob pena de abusiva, essa alteração unilateral terá sempre que ser imputada a uma necessidade real de serviço (Súmula n.º 43 do TST).

262. Tal como ensina Octavio Bueno Magano, "O que conta, pois, na investidura de alguém em cargo de diretor, são suas aptidões profissionais, é o trabalho que vai desempenhar. Como homens de trabalho, subordinado ao conselho de administração que os pode destituir a qualquer tempo, hão de ser necessariamente os diretores classificados como empregados, já que a coordenação é o traço característico do contrato de trabalho" (Magano, Octavio Bueno. *Manual de Direito do Trabalho.* 2ª ed. São Paulo: LTr, 1990, vol. III, págs. 115-116).

263. Por exemplo, sobre a eficácia das cláusulas "clawback" nos contratos de emprego de altos empregados, particularmente questionando a situação de hipersuficiência e da redutibilidade salarial, Braga, Julia de Castro Tavares; Teixeira, Pedro Freitas. A cláusula clawback e os contratos de trabalho de executivos de companhias abertas no Brasil. *Revista dos Tribunais*, Vol. 43, N.º 184, dez/2017, pág. 13-17.

264. Ganha destaque o posicionamento de Boucinhas Filho. No entendimento do autor, este tipo de funções exerce sobre os altos funcionários uma pressão emocional bas-

Comparativamente com a vasta maioria dos trabalhadores de qualificações fungíveis e níveis de instrução medianos, é muito difícil sustentar que estes sujeitos se encontram numa situação jurídica de vulnerabilidade. É inclusivamente característico destes empregados verem o seu contrato de trabalho com inúmeras aproximações ao Direito Civil[265], o que fica patente em cláusulas contratuais como a previsão de bônus de contratação, cláusulas de permanência, cláusulas de não concorrência, cláusulas com opções de

---

tante desgastante em razão da instabilidade profissional que implica, a possibilidade de caírem no desemprego ao menor erro de gestão, a carga excessiva de trabalho pela constante disponibilidade horária associada ao uso de tecnologias à distância, a pressão constante imposta no cumprimento de metas profissionais etc. Na opinião no autor, o fato de inexistirem muitas vagas para estes altos cargos de confiança, associado ao fato de a notícia do despedimento não-raro ser divulgada de forma célere no mundo corporativo; ao fato de o acesso a novo cargo de confiança após despedimento passar pelo apertado crivo dos *headhunters* (profissionais que investigam a carreira profissional de potenciais candidatos antes de submeter a sua apreciação a contratação) que fiscalizam a instauração de prévias demandas judiciais instauradas pelos candidatos contra ex-corporações que lideravam; e ao preconceito que alegadamente recebem dos magistrados sempre que apresentam demanda judicial – com tendencial exclusão da sua qualificação como vulnerável apenas em razão da sua posição hierárquica e do seu elevado patamar remuneratório; pelo fato de que também neste tipo de cargos se constatar a existência de um vínculo de subordinação jurídica; por tudo isto, entende o autor que a desqualificação desta categoria de semelhante nível protetor por parte da CLT é uma conclusão equivocada (Boucinhas Filho, Jorge Cavalcanti. A proteção Trabalhista dos Altos Executivos. *In* Boucinhas Filho, Jorge Cavalcanti, Berardo, Carlos Francisco (coord.). *Novos dilemas do direito do trabalho, do emprego e do processo do trabalho.* Homenagem ao Prof. Ari Possidônio Beltran. São Paulo: LTr, 2012, págs. 67-71).

265. Silva, Antônio Álvares da; Silva, George Augusto Mendes e. Arbitragem nos dissídios individuais de trabalho dos altos empregados. *Revista LTr,* São Paulo, Vol. 81, N.º 07, jul/2017, pág. 777; Andrade, Amanda Martins Rosa; Machado, Priscilla Martins Reis. Tutela trabalhista do empregado hipersuficiente: da necessária releitura do Direito do Trabalho. *In* Eça, Vitor Moura; Soares, Saulo Aguiar, Soares, Ivna Mello (coord.). *Ciência Trabalhista em Transformação.* Curitiba: CRV, 2018, pág. 194 ("a mesma lógica poderia ser aplicada aos altos empregados, pois permanecem trabalhando sob um vínculo de subordinação ao empregador, também com a presença de limitações à sua capacidade de se autodeterminar. E, embora se possa dizer que esses empregados possuam maior liberdade de atuação, deve-se recordar que, assim como ocorre com os hipersuficiente, exatamente por possuírem uma posição diferenciada na empresa, com maiores salários e/ou qualificação, recebem maiores cobranças, o que é um demonstrativo do caráter acentuado da subordinação a que estão submetidos (...) não havendo motivos para a redução de sua proteção normativa ou para permissão que, o próprio empregado, no exercício da sua 'liberdade' abra mão de seus direitos").

compra de ações etc. Para estes, a intervenção estatal no âmago da autonomia privada e liberdade individual não tem o alcance de prosperar[266].

Não obstante o veto presidencial à alteração proposta ao art. 4.º, §4º da Lei 9.307/96 (Lei da Arbitragem), que não admitiu a admissibilidade de cláusulas compromissórias pactuadas por empregados que ocupassem cargo ou função de administrador ou diretor estatutário[267], por razões perfeitamente descabidas, a verdade é que a própria CLT é favorável à discriminação de certos trabalhadores e à correspondente atribuição de diferentes prerrogativas a certo tipo de empregados, o que faz todo o sentido. Os empregados com graus de confiança dentro da empresa ou com cargos privilegiados, gozam naturalmente de maior poder de decisão, o que se traduz numa maior capacidade e liberdade para negociar seus termos e condições contratuais.

---

266. Já assim dizia Romita em parecer sobre contrato de alto empregado; *vide* Romita, Arion Sayão. Autonomia da vontade. Contrato celebrado entre alto empregado e empresa de grande porte: validade. Inaplicabilidade de Normas de Direito Administrativo. *In* Romita, Arion Sayão. *Princípio da proteção em xeque e outros ensaios*. São Paulo: LTr, 2003, pág. 243.

267. O que vai ao encontro daquilo que tinha sido prática na jurisprudência juslaboral, que também se apontava numa tendencial orientação para negar a validade de tais cláusulas. Destacamos, por exemplo, o acórdão da 5ª turma do TST, Proc. Recurso de Revista n.º 282000-61.2001.5.02.0033, Relatora Ministra Kátia Magalhães Arruda, Data de julgamento 30.09.2009, onde se pode ser a seguinte ementa: "Recurso de revista. Cláusula de arbitragem. Invalidade. Discute-se nos autos a validade de cláusula de arbitragem inserida em 'acordo de rescisão e quitação geral' do contrato do reclamante, segundo a qual eventual conflito decorrente do acordo deveria ser 'em todos os aspectos interpretado, executado e regido segundo as leis do Estado de Maryland' (EUA). Ocorre que a própria Lei n. 9.307/1996 veda a estipulação de arbitragem quando haja violação à ordem pública (art. 2º, §1º), sendo isso o que se verifica na hipótese dos autos, em que embora a prestação de serviços tenha ocorrido no Brasil, houve eleição de foro para decidir acerca de matéria de índole trabalhista em outro país, sem observância da legislação trabalhista brasileira. Com efeito, a cláusula foi elaborada sem a observância do disposto no art. 651 da CLT, que delimita a competência para o exame da lide trabalhista pelo local da prestação dos serviços, bem como da Súmula n. 207 do TST, na qual foi consagrado o entendimento de que 'a relação jurídica trabalhista é regida pelas leis vigentes no país da prestação de serviço e não por aquelas do local da contratação'. No caso concreto, não se está a discutir a hipossuficiência do reclamante, alto executivo internacional, e sim a aplicação da legislação brasileira e sua efetividade, sendo certo que o art. 17 da Lei de Introdução ao Código Civil dispõe que não terão eficácia no Brasil quaisquer declarações de vontade que ofenderem a soberania nacional, a ordem pública e os bons costumes. Recurso de revista de que se conhece e a que se dá provimento".

Embora a admissibilidade do recurso à arbitragem desta classe de trabalhadores tenha sido sempre discutida[268], após a Reforma Trabalhista torna-se absolutamente clara a real possibilidade destes trabalhadores poderem celebrar convenções processuais. A sua possibilidade de negociar sobre o processo deverá decorrer nos termos gerais de negociação processual, não devendo a sua relação jurídica material poder ser considerada indiciária de qualquer tipo de vulnerabilidade processual.

7.II.4.5.3.2. Trabalhadores de elevado valor econômico

Esta classe de trabalhadores não sofreu qualquer impacto após a Reforma, mas nem por isso deixa de poder ser autonomizada. Enquadram-se aqui aquele grupo restrito de empregados que possui algum *bem jurídico que reforça e incrementa o seu poder negocial e de barganha*. Estamos a pensar em atletas profissionais de alto desempenho, jornalistas prestigiados, artistas e celebridades com forte imagem e presença públicas, trabalhadores com um conhecimento técnico e *know how* altamente especializado (certos professores, engenheiros, químicos etc.). Ainda que aqui se possam encontrar traços de assimetria económica, este grupo de empregados possui um bem jurídico que compensa esse desnível inicial e colocam as partes em posições de igualdade para negociar livremente os termos do seu contrato. O seu conhecimento especializado, o valor econômico da sua imagem, o seu

---

268. Destaco a sentença dada pelo Juízo da 76ª Vara do Trabalho de São Paulo, Proc. n.º 00021863420105020076, Juíz Helcio Luiz Adorno Júnior, Data de Julgamento 01.02.2012 que, reconheceu que o trabalhador tinha "(...) notável formação acadêmica e exercia a função de alto executivo da reclamada, para a qual auferia expressivos vencimentos, como ficou incontroverso. Não pode ser entendido, diante deste quadro, que foi implicitamente coagido a aceitar os termos do contrato de gratificação (...) pois detinha todas as condições para negociar livremente sua contratação. Esse contrato previa o pagamento de bonificação ao reclamante para a hipótese de não se desligar voluntariamente do emprego, exigindo, ainda, a abstenção da prática de atos de concorrência comercial. O bônus em questão é, por evidência, prêmio que se destina a incentivar a permanência de profissionais altamente qualificados no emprego, fugindo do padrão dos títulos de natureza trabalhista". Sobre o acórdão em comento, *v.* MENDONÇA, Euclydes José Marchi. Validade da cláusula compromissória em contrato de trabalho de empregado que exerce função de alto executivo – comentário à sentença no processo 00021863420105020076, 76ª Vara do Trabalho de São Paulo. *Revista de Arbitragem e Mediação*, São Paulo, Vol. 9, N.º 35, out-dez/2012, págs. 385-388. Como destaca o autor, os vários empregados "(...) não podem ser tratados de forma igual, não se podendo manter indefinidamente uma interpretação restritiva às modernas formas de solução de litígio".

especial talento etc. acabam por se equiparar a meios de produção próprios e, assim, aproximar estes empregados a uma condição de *para-capitalista*[269].

Por ser assim, é insustentável considerar estes trabalhadores sob a categoria de *vulneráveis* ou *hipossuficientes* materiais, sendo legítimo o afastamento da generalizada presunção implícita do TST e ordenamento laboral e, por conseguinte, arredar igualmente a presunção de vício de consentimento sobre a estipulação de cláusulas negociais A sua possibilidade de negociar sobre o processo deverá decorrer nos termos gerais de negociação processual, não devendo a sua relação jurídica material poder ser considerada indiciária de qualquer tipo de vulnerabilidade processual.

7.II.4.5.3.3. Trabalhadores que auferem salário superior a duas vezes o teto da previdência e que detêm diploma de ensino superior

Com a Reforma Trabalhista, ao lado dos trabalhadores "de piso" e dos altos empregados[270] surgiram dois novos tipos de trabalhadores, ambos considerados *invulneráveis e hipersuficientes*[271]: os que auferem salário superior

---

269. Noronha Neto, Francisco Tavares. Configuração da relação de emprego – suportes fático e racional. *Revista LTr*, São Paulo, Vol. 75, n.º 12, dez/2011, pág. 1494.

270. Reconhecendo também que esta categoria não se confunde com os altos empregados, mas criticando severamente a criação desta terceira categoria de trabalhadores e o respetivo regime excessivamente amplo em liberdade conferido pelo legislador, Souza, Roberta de Oliveira. A justiça multiportas como um facilitador da pacificação social: a arbitragem o hipersuficiente, a negociação processual, a prevalência do negociado sobre o legislado e a (in)constitucionalidade da extinção da contribuição sindical compulsória. *In* Tupinambá, Carolina (coord.). *Soluções de conflitos trabalhistas: novos caminhos*. São Paulo: LTr, 20188, págs. 158-159. Segundo a autora "(...) sua autonomia é relativa, de modo que considerá-lo hipersuficiente para permitir alterações *in pejus*, inclusive em relação ao estabelecido por normas coletivas, resulta em flagrante tratamento aviltante da dignidade humana, do valor social do trabalho, da boa-fé dos contratos e da hipossuficiência presumida do trabalhador (...). [Razão pela qual] defendo a abusividade dessa permissão em face da vulnerabilidade do trabalhador que, apesar de ser mais instruído que os demais e perceber patamar remuneratório relativamente mais elevado, não é senhor de si e, como todo homem necessitado, não é livre para decidir os rumos do contrato de forma plena".

271. Andrade, Amanda Martins Rosa; Machado, Priscilla Martins Reis. Tutela trabalhista do empregado hipersuficiente: da necessária releitura do Direito do Trabalho. *In* Eça, Vitor Moura; Soares, Saulo Aguiar, Soares, Ivna Mello (coord.). *Ciência Trabalhista em Transformação*. Curitiba: CRV, 2018, pág. 200; Martinez, Luciano. Reforma Trabalhista. Entenda o que mudou. CLT Comparada e Comentada. 2ª Ed. São Paulo: Saraiva, 2018, pág. 117; Carradore, Enir Antonio. *Nova CLT comparada e anotada: o que muda na prática com a reforma trabalhista*. 2ª ed. São Paulo: JH Mizu-

a duas vezes o limite dos benefícios previdenciários (art. 507-A da CLT) e os que, além deste nível salarial, ainda detêm diploma de ensino superior (art. 444 da CLT)[272]. As mitigações ao princípio da irrenunciabilidade instituída pelo legislador a estes contratos de emprego é justificada com base num argumento de valorização da autonomia negocial[273].

Não obstante o assunto já ter sido abordado a propósito de outro capítulo, dizer, para já, que esta novidade legislativa, amparada num critério simultaneamente *econômico e académico* para diferenciar classes de trabalhadores, tem sido acusada de recorrer a critérios insuficientes e frágeis para instituir ruturas ao nível de proteção normativa[274]. O critério, porém,

---

no, 2018, pág. 90; MANNRICH, Nelson. Reflexões sobre a reforma trabalhista. *Revista Magister de Direito do Trabalho*, São Paulo, Vol. 14, N.º 83, mar-abr/2018., pág. 15.

272. FRANCO FILHO, Georgenor de Sousa. A arbitragem no moderno direito brasileiro do trabalho. *In* TUPINAMBÁ, Carolina (coord.). *Soluções de conflitos trabalhistas: novos caminhos*. São Paulo: LTr, 2018, pág. 4.

273. DORNELES, Leandro do Amaral D. de. A reforma trabalhista: algumas repercussões na propedêutica juslaboral. *Revista Fórum Justiça do Trabalho*, Belo Horizonte, Ano n.º 35, n.º 415, jul/2018, pág. 25.

274. Assim, por exemplo, os argumentos de ALMEIDA SANTOS e SOARES DE BARROS, "(...) a subordinação, e consequentemente a hipossuficiência, não está relacionada à falta de formação intelectual, porque à perceção a sujeição do trabalho ao capital não é reduzida por uma formação universitária, a hipossuficiência não está ligada à falta de formação intelectual, ela é resultado de vários fatores interligados, dentre eles o fator histórico. O fato de possuir diploma universitário não o torna agente diferenciado na negociação de condições contratuais. A segunda consideração consiste no fato do diploma de curso universitário do empregado não minimizar a sua vulnerabilidade e sua subordinação, ele continua subordinado ao empregador, que continua a ser o detentor do poder diretivo (...)"e, por outro lado, quanto ao critério econômico: "(...) O empregado que recebe salário mensal igual ou maior que duas vezes o teto previdenciário tem mais probabilidade de depender economicamente do seu empregador, isso porque esse empregado tem maior dificuldade de se recolocar no mercado de trabalho e a oferta de emprego melhor remunerado é escassa, o mercado de trabalho é infinitamente menor e restrito e fica mais vulnerável às condições impostas pelo empregador" (SANTOS, Dione Almeida; BARROS, Renato Cassio Soares de. O empregado hipersuficiente e o preço da liberdade contratual, após a vigência da Lei n.º 13.467/2017. *Revista LTr*, São Paulo, Vol. 82, N.º 10, out/2018, pág. 1226). Recusando relevância ao salário para aferir hipossuficiência ou "superficiência" do trabalhador, mas considerando que a escolaridade é já indicativo a ter em conta, MARTINS, Sérgio Pinto. *Comentários à CLT*. 21ª ed. São Paulo: Saraiva, 2018, pág. 657. Da mesma forma, OLIVEIRA, Lourival José; FIGUEIREDO, Mayra Freire. A reforma trabalhista e a liberdade contratual: o direito ao trabalho construído sob a perspectiva puramente económica. *Revista Trabalhista Direito e Processo*, Brasília, Vol 17, Vol. 59, jan-jun/2018. Págs. 204-207.

não é novo, pois já desde Catharino encontramos referências a estes dois elementos para delimitação do conceito de subordinação[275]. Além disso, o critério da escolaridade foi igualmente levado em consideração em decisões passadas como suficiente para aferir níveis de vulnerabilidade. Com efeito, em decisão do TJ/RS, considerou-se que o fato de o consumidor ter um baixo nível de instrução, associado à sua condição de consumidor, permitiam configurar uma situação de *dupla vulnerabilidade* passível de tutela[276]. A lógica serve, porém, nos dois sentidos: se é certo que o baixo grau de escolaridade pode servir como indício de vulnerabilidade, não menos certo é que um alto nível de escolaridade pode servir como indício (não excludente, naturalmente) de ausência de vulnerabilidade. Lógica semelhante adotou o próprio TRT em julgado onde se questionava a própria lógica protetiva do Direito do Trabalho perante uma relação jurídica que opunha dois sujeitos de "intelecto previligiado"[277].

O recurso a estes critérios e a diferenciação deste grupo de trabalhadores perante os demais à base deles não representa qualquer violação ao princípio da isonomia. A desigualdade entre trabalhadores é, inclusivamente, pressuposto de que parte a própria Constituição em diversos contextos para conferir garantias normativas diferenciadas. Nesse sentido, existe a previsão da redução de desigualdade social como sendo um objetivo da República (art.

275. O autor considerava que "(...) a dependência econômica serve de substrato à subordinação jurídica, pois o empregador é subordinante por ser economicamente mais forte (...) [e que] a especialização e a prevalência do trabalho intelectual também podem concorrer para a redução da subordinação (...)" (Catharino, José Martins. *Compêndio de direito do trabalho.* 3ª ed. São Paulo: Saraiva, 1982, vol. I, pág. 203). Mesmo antes da Reforma, também Ramos reconhecia a figura deste trabalhador hipersuficiente no âmbito desportivo, cf. Ramos, Rafael Teixeira. *Direito desportivo trabalhista:* a fluência do ordenamento do desporto na relação laboral desportiva e seus poderes disciplinares. São Paulo: Quartier Latin, 2010. Págs. 145-151.

276. Acórdão do Tribunal de Justiça RS, 3ª Turma, Recurso Cível com Processo n.º 71003934726, Relator Roberto José Ludwig, Data de julgamento 24.01.2013.

277. "Ônus da prova. Relação contratual entre médicos. Parceria ou vínculo de emprego. O caráter protecionista do Direito do Trabalho deve ser inversamente proporcional à capacidade intelectual, sociocultural e econômica do prestador de serviços, não cabendo invocá-lo quando nos dois lados da relação jurídica de direito material encontram-se pessoas de intelecto privilegiado, profissionais liberais no pleno exercício daquela atividade, mesmo porque a verdadeira isonomia consiste em dar tratamento desigual aos que juridicamente se desigualam e na mesma proporção dessa desigualdade" (TRT 24ª Região, Proc. 01249.2000.777.24.00.0, Relator Desembargador Juiz Amaury Rodrigues Pinto Júnior, Data de julgamento 26.10.00).

3º, III, CF); a garantia aos trabalhadores de baixa renda e seus dependentes de salário-família e auxílio-reclusão (arts. 7º, XII e 201, IV, CF); ou regras específicas para trabalhadores de baixa renda dentro do sistema previdenciário (art. 201, §12)[278].

Ademais, como vimos acima (7.II.3.5), vários estudos apontam que condições econômico-financeiras e académico-educacionais (*maxime* analfabetismo[279]) podem adicionar (*rectius,* agravar) camadas de vulnerabilidade de certos sujeitos; razão pela qual o raciocínio haverá de comportar lógica inversa[280]. *A existência de conforto econômico-financeiro e certos níveis elevados de educação-ensino haverão de afastar potenciais sujeitos de um estado de vulnerabilidade.*

Ao contrário da maioria da doutrina[281], acreditamos que a escolaridade e o salário são *indícios* que revelam (ou não) diferentes níveis de vulne-

---

278. Aad, Eduardo Gabriel. *Consolidação das Leis do Trabalho Comentada.* 50ª ed. São Paulo: LTr, 2018, pág. 662.

279. Como dá conta Marques, mesmo um profissional do comércio pode ser tido como vulnerável técnico e receber a tutela consumeirista em certas condições, como no caso de ser profissional analfabeta. É disso exemplo o acórdão do STJ, REsp 1.010.834/GO, Ministra Nancy Andrighi, data de julgamento 03.08.2010, no qual o tribunal declarou a nulidade de cláusula de eleição de foro celebrada entre uma profissional de costura analfabeta e uma empresa de software que fornecia equipamento de costura. Cf. Marques, Cláudia Lima. Estudo sobre a vulnerabilidade dos analfabetos na sociedade de consumo: o caso de crédito consignado a consumidores analfabetos. *Revista de Direito do Consumidor,* São Paulo, Vol. 95, Ano 23, set-out/2014, págs. 122-123.

280. De forma clara, também, Pasqualotto, Adalberto; Soares, Flaviana Rampazzo. Consumidor Hipervulnerável: análise crítica, substrato axiológico, contornos e abrangência. *Revista de Direito do Consumidor*, São Paulo, Ano 26, N.º 113, set-out/2017, pág. 86.

281. Como Andrade, Amanda Martins Rosa; Machado, Priscilla Martins Reis. Tutela trabalhista do empregado hipersuficiente: da necessária releitura do Direito do Trabalho. *In* Eça, Vitor Moura; Soares, Saulo Aguiar, Soares, Ivna Mello (coord.). *Ciência Trabalhista em Transformação.* Curitiba: CRV, 2018, pág. 194 ("a ideia da existência de um trabalhador hipersuficiente pela reforma brasileira é uma amostra disso [i.e., retorno à contratualização]. Ao partir da premissa de que, possuindo certo nível de escolaridade e determinada renda, o empregado pode negociar como se estivesse em pé de igualdade com o seu patrão, a lei trabalha com a conceção de que este não é merecedor de certas proteções legais essenciais. Ao fazê-lo, ignora a assimetria que é da natureza das relações de trabalho, onde há constante controle e pressão dos direitos do trabalhador pelo poder diretivo"). Também assim ficou plasmado no Enunciado n.º 49 da II Jornada de Direito Material e Processual do Trabalho, onde se pode ler "Trabalhador hipersuficiente. art. 444, parágrafo único da CLT. I – o parágrafo único

rabilidade do seu titular, e que necessariamente é mais atenuada quando aqueles são significativamente mais elevados[282]. Dizer que é necessário rever o princípio da proteção do Direito do Trabalho para estender o regime da imperatividade do normativo legal a trabalhadores hiperssuficientes parece tarefa descabida e desnecessária. Apesar de ser a subordinação jurídica que fundamenta o dirigismo contratual, não negamos que a inferioridade e dependência económica do trabalhador[283] e a menor formação académica e cognitiva do empregado têm papel importante no condicionamento à liberdade das suas declarações de vontade[284].

---

do art. 444 da CLT, acrescido pela lei 13.467/2017, contraria os princípios do direito do trabalho, afronta a constituição federal (arts. 5º, caput, e 7º, XXXII, além de outros) e o sistema internacional de proteção ao trabalho, especialmente a convenção 111 da OIT. II – a negociação individual somente pode prevalecer sobre o instrumento coletivo se mais favorável ao trabalhador e desde que não contravenha as disposições fundamentais de proteção ao trabalho, sob pena de nulidade e de afronta ao princípio da proteção (artigo 9º da CLT c/c o artigo 166, VI, do código civil)". Também, Gomide, Renata Rechden; Santos, Ailton Vieira dos. A Reforma Trabalhista, a figura do trabalhador híper...e a possível violação do princípio da igualdade. *Revista de Direito do Trabalho*, São Paulo, Vol. 44, N.º 190, jun/2018, págs. 55-56. Grande crítica a estes dois critérios é efetuada por Sales, Bruno Pontes. Subordinação no Pós-Reforma: a necessidade de retorno à dependência como pressuposto autêntico do liame de emprego. *In* Silva Filho, Carlos Fernando da, Campos, Rosa Maria, Rassy, Jorge Rosângela Silva (coord.). *Reforma Trabalhista Uma reflexão dos Auditores-Fiscais do Trabalho sobre os efeitos da Lei n. 13.467/2017 para os trabalhadores.* São Paulo: LTr, 2017. Págs. 70-74. Além de considera-los inconstitucionais e contrários à OIT (Convenção nº 111) por estabelecerem diferenciações entre trabalhadores não autorizadas, elencam uma série de inconsistências do novo regime.

282. Assim, por exemplo, não concordamos com a apreciação de Cassar quando afirma, em comentário à alteração ao art. 444 da CLT, "Os direitos trabalhistas previstos em lei são indisponíveis, isto é, são irrenunciáveis e intransacionáveis pela sua característica pública. O valor do salário recebido pelo empregado não deveria alterar a natureza jurídica do direito. Entender que os empregados que recebem igual ou mais que o valor máximo que duas vezes os benefícios previdenciários podem livremente dispor sobre os direitos trabalhistas relacionados no art. 611-A da CLT e/ou renunciar as benesses previstas nas normas coletivas é negar a vulnerabilidade do trabalhador, que depende do emprego para sobreviver e, com relativa facilidade, concordaria com qualquer ajuste para manutenção do emprego" (Cassar, Vólia Bomfim; Borges Leonardo Dias. *Comentários à Reforma Trabalhista.* São Paulo: Método, 2017, pág. 14).

283. Saad, Eduardo Gabriel. *Consolidação das Leis do Trabalho Comentada.* 50ª ed. São Paulo: LTr, 2018, pág. 662.

284. Muito tempo antes do surgimento da Reforma Trabalhista, aliás, já alguma doutrina fazia menção a estas características, entre outras, como capazes de mitigar a vulnerabi-

Isso não quer dizer, porém, que a *forma como o legislador cristalizou* estes critérios tenha sido a melhor opção. A escolha de *técnicas objetivas e fechadas*, em detrimento de uma cláusula geral aberta ou conceito jurídico indeterminado, peca por inadequação, deixando o magistrado à mercê de valores fixos e de falta de flexibilidade diante dos casos concretos[285].

Posto isto, entendemos que a sua possibilidade deste grupo de sujeitos poder negociar sobre o processo nos termos do direito que lhes é facultado pelo art. 190 do CPC deverá decorrer nos termos gerais de qualquer outra negociação processual, não devendo a sua relação jurídica material poder ser considerada indiciária de qualquer tipo de incapacidade processual negocial.

---

lidade do empregado e afastar a presunção de vício de consentimento do trabalhador, permitindo que este não só dispusesse como, inclusivamente, renunciasse a certos direitos. Tal era o caso, por exemplo, de Yoshida, Márcio. *Arbitragem Trabalhista* – Um novo horizonte para a solução dos conflitos laborais. São Paulo: LTr, 2006. Págs. 85-94. Nas palavras do autor, "A renúncia de direitos no curso do contrato de trabalho também não se admite como regra, mas apenas excepcionalmente. Não há falar-se que a inferioridade jurídica do empregado deixará de existir, mas devem ser sopesadas situações específicas de empregados com qualificação e especialização profissional diferenciadas, melhor discernimento intelectual, nível de escolaridade privilegiado e detentores de cargos estratégicos na hierarquia da empresa".

285. Partilhando da crítica, Ramos, Rafael Teixeira. Breves notas sobre o hipersuficiente e a arbitragem em dissídios individuais trabalhistas introduzidos na CLT pela Reforma Trabalhista. *In* Barreto, Daniel Arêa Leão, Ramos, Rafael Teixeira, Oliveira, Vanessa Batista (coord.). *Direito e Processo do Trabalho. Temas de acordo com a Reforma Trabalhista*. São Paulo: LTr, 2017. Pág. 108. O autor parte de uma premissa, todavia, com a qual não nos identificamos, já que associa as noções de hipossuficiência e vulnerabilidade, quando apenas optámos por usar a primeira para descrever fenômenos estritamente econômicos. Considera Ramos que a hipossuficiência deve ser avaliada segundo critérios econômicos, técnicos, sociais e coletivos do trabalhador, ao que ainda acrescenta o poderio do empregador. Sob esta premissa, considera que os critérios adotados pelo legislador celetista para o art. 507-A e 444 parágrafo único, por se restringirem a apenas 2 deles, pecariam por insuficiência. Entre os vários pontos críticos que se podem apontar ao novo regime da hiperssuficiência criado pela Reforma, destacamos um, com o qual concordamos, nas palavras do autor, *in verbis*: "Afora todo o esposado, a previsão legal no diploma celetista da condição de hipersuficiente pode gerar uma desarmonia sistêmica, uma incoerência, uma rutura da isonomia entre categorias de empregados. Basta relembrar que um empregado humorista pode não ser formado em curso de nível superior, mas pode ter um contrato de trabalho com uma remuneração bem maior do que um engenheiro empregado ou um médico empregado. Nesses casos, o médico e o engenheiro serão considerados hipersuficientes e o humorista não será?" (cit. pág. 111).

7.II.4.5.3.4. Trabalhadores com estabilidade

Algumas categorias de trabalhadores, em razão das suas particulares características ou do cargo que desempenham, recebem da parte do ordenamento jurídico certo tipo de "garantias de emprego". São exemplos dessa proteção o art. 429 que obriga à contratação de empregar menores aprendizes, e ainda o arts. 165 *caput* da CLT e 10, inc. II, al. b) do ADCT c/c 391-A da CLT, quando vedam o despedimento sem justa causa aos representantes dos empregados na CIPA.

Condição específica que nos interessa entre os tipos de garantias de emprego é a da *estabilidade no emprego*. A estabilidade mais não é do que um direito do empregado a *permanecer e conservar potestativamente o seu vínculo de emprego*, ainda que contra a vontade do empregador, por encontrar-se sob condicionantes que o legislador expressamente tipificou. São eles, os *dirigentes sindicais*[286-287], eleitos *diretores de cooperativas* por si criadas (art. 55, da Lei n.º 5.764/71), trabalhadores eleitos para *Conselho Nacional de Previdência Social* (art. 3.º, §7º da Lei n.º 8.213/91), titulares da *CIPA* (art. 10, inc. II, al. a) do ADCT c/c art. 165 da CLT), empregados que tenham sofrido *acidente de trabalho* (art. 118, da Lei n.º 8.213/91)[288] e *eleitos de CCPs* (art. 625-B, §1º da CLT).

Cabe perguntar se esta "salvaguarda" jurídica que o ordenamento coloca sobre este tipo de trabalhador pode, ou não, fazer deles sujeitos menos vulneráveis materialmente que os demais. É nosso entendimento que sim. A garantia dada aos trabalhadores com estabilidade de permanecerem nos seus postos de trabalho por um ano a partir do momento em que cessa o fato típico, é ponto que coloca esse trabalhador numa situação de conforto contratual ao lhe permitir usufruir de um ano de estabilidade

---

286. Em particular, (i) empregados que tenham sido eleitos para exercer funções em órgãos administrativos sindicais; manterão estabilidade desde o registro da candidatura até um ano após o termo do seu mandato (art. 8.º, VIII da CF e art. 543, §3.º da CLT); e (ii) trabalhadores eleitos para cargos de direção, que manterão estabilidade nos mesmos termos que o anterior (arts. 511 e 543, §3º da CLT).

287. Em Portugal o membro de estrutura representativa beneficia, entre outras, da presunção de despedimento sem justa causa se tiver sido candidato a funções ou as tiver desempenhado há menos de 3 anos (art. 410, n.º 3 do CT).

288. "O segurado que sofreu acidente do trabalho tem garantida, pelo prazo mínimo de doze meses, a manutenção do seu contrato de trabalho na empresa, após a cessação do auxílio-doença acidentário, independentemente de perceção de auxílio-acidente" (cit. art. 118).

económica e social. Esta garantia faz cessar qualquer *temor reverencial* pelo empregado, o que permite afastar qualquer presunção de vício presumido na manifestação da vontade deste dentro e fora do processo. Esta sua particular característica, apesar de não excluir a incidência de outras camadas de vulnerabilidade, é fator preponderante para *mitigar a vulnerabilidade destes empregados.*

Por conseguinte, *se no curso do período em que perdurar a estabilidade* o empregado decidir celebrar negócio jurídico processual com o seu empregado, *a sua situação jurídica material, à partida, não é passível de indiciar correspondente situação de incapacidade processual negocial por razões de vulnerabilidade.*

7.II.5. VULNERABILIDADE PROCESSUAL

7.II.5.1. A necessidade de discriminar dentro do processo e isonomia dinâmica. A vulnerabilidade ao serviço da isonomia processual.

Dispõe o art. 139, inc. I que o magistrado deve dirigir o processo assegurando às partes igualdade de tratamento. Este dispositivo autoriza o juiz a compensar desigualdades com discriminações positivas na relação processual, sob adequada motivação, sempre que constatar situações de desequilíbrio em razão da vulnerabilidade em que se encontre alguma delas. O tratamento desigual deve basear-se numa pertinência lógica e adequação racional e apenas depois de constatada uma relação desproporcional entre os poderes das partes. A vulnerabilidade constitui-se então, no processo, como *razão de ser* do tratamento diferenciado dado a cada sujeito, mas também como *técnica* para concretizar a aplicação de certas normas; à semelhança do direito material[289]. À sua efetiva operacionalidade, entrega-se ao magistrado o papel de apreciar casuisticamente e identificar caso a caso manifestações concretas de vulnerabilidade, bem como atuar para assegurar o restabelecimento da paridade processual de ambas as partes. Essas manifestações costumam classificar-se em categorias/camadas semelhantes às que vimos *supra* (7.II.3.2).

---

289. Nas palavras de Marques e Miragem, "a vulnerabilidade não é, pois, o fundamento das regras de proteção do sujeito mais fraco, é apenas 'explicação' destas regras ou da atuação do legislador, é a técnica para as aplicar bem, é a noção instrumental que guia e ilumina a aplicação destas normas protetivas e reequilibradoras" (Marques, Cláudia Lima; Miragem, Bruno. *O novo direito privado e a proteção dos vulneráveis.* São Paulo: RT, 2012, pág. 117).

Antecipando a existência de situações de *provável vulnerabilidade processual*, o próprio legislador introduziu já no próprio texto da lei algumas formas de discriminação positiva do vulnerável processual, o que (sem excluir outras) permite uma melhor compreensão das categorias.

7.II.5.2. Causas objetivas de vulnerabilidade processual[290]

7.II.5.2.1. Vulnerabilidade processual por questões económicas

Uma das vulnerabilidades que conta com maior relevo no plano processual é, sem dúvida, a económica. Naturalmente que a insuficiência de meios econômicos releva diretamente sobre os meios ao dispor da parte para defender os seus direitos no processo: suportar as despesas da lide, contratar um bom advogado, requerer certos tipos de prova[291], suportar o ônus do tempo do processo e da justiça tardia etc.

---

290. Consideramos aqui a classificação de Tartuce, Fernanda. *Igualdade e vulnerabilidade no Processo Civil.* Rio de Janeiro: Forense, 2012, págs. 189 ss. Para outras classificações de vulnerabilidade processual, *vide* Abreu, Rafael Sirangelo de. A igualdade e os negócios processuais. *In* Cabral, Antonio do Passo; Nogueira, Pedro Henrique (coord.). *Negócios Processuais.* 3ª ed. Salvador: Juspodivm, 2017, págs. 207ss; Alvim, J.E. Carreira. Comentários ao novo Código de Processo Civil: Lei 13.105/15. Curitiba: Juruá, 2015, vol. III (arts. 149 ao 259). Pág. 170; Barbosa, Rafael Vinheiro Monteiro; Maia, Maurilio Casas, Isonomia dinâmica e vulnerabilidade no Direito processual civil. *Revista de Processo*, São Paulo, Vol. 39, N.º 230, abr/2014, págs. 360 ss.

291. A respeito, *vide* por exemplo, recente acórdão do STJ onde o tribunal entendeu que, por estar em causa matéria não exclusivamente de direito, e sendo necessária a realização de perícia técnica que apenas não se levou a bom termo por insuficiência económica da parte autora (que tinha o ônus de fazer a respetiva prova), deveria o tribunal de ofício ordenar a realização da perícia. Assim, pode ler-se na respetiva ementa: "AGRAVO REGIMENTAL NO RECURSO ESPECIAL. ADMINISTRATIVO. PROCESSO CIVIL. PRODUÇÃO DE PROVA PERICIAL DETERMINADA EX OFFICIO PELO TRIBUNAL A QUO. INDISPENSABILIDADE PARA FORMAÇÃO DO CONVENCIMENTO DO JUIZ. CABIMENTO E EXIGIBILIDADE. AGRAVO REGIMENTAL A QUE SE NEGA PROVIMENTO. 1. Justifica-se a discricionariedade do Juiz para evitar que a parte vulnerável da relação processual seja tolhida no seu direito, por insuficiência financeira. Nesses casos, o Magistrado tem o dever de ser sensível às vicissitudes da vida humana, tendo a prerrogativa de agir de ofício quando preciso, protegendo determinada pessoa que se encontre em desproporção econômica, assim como se justifica a criação do direito das crianças, dos idosos e dos incapazes por qualquer enfermidade que ostentem. 2. Agravo Regimental a que se nega provimento" (acórdão do STJ, 1ª Turma, Agravo Regimental e Recurso Especial de Processo n.º 1295025/MT, Relator Ministro Napoleão Nunes Maia Filho, data de julgamento 01.10.2015).

Já que o Estado onera os particulares (partes da lide) com os custos econômicos do processo, e como os cidadãos podem nem sempre ter condições financeiras para os assumir, o legislador entendeu por bem que a falta de meios econômicos não poderão representar entrave à efetivação da garantia constitucional de acesso à justiça. Neste sentido, desde 1950 a *Lei n.º 1.060* regula os termos de concessão da assistência judiciária; *a CF de 88* elevou a norma fundamental o dever de o Estado prover com assistência judiciária gratuita a quem careça de recursos econômicos para os suportar (art. 5.º, inc. LXXIV da CF); *e o atual CPC* consagra regime específico em matéria de gratuitidade de justiça (art. 98 ss do CPC). A garantia ampla da gratuitidade de justiça não apenas abrange a dispensa do pagamento dos valores elencados no art. 98, §1º do CPC, como se manifesta ainda na "proteção" conferida ao hipossuficiente econômico vencido nos cinco anos subsequentes ao trânsito em julgado da decisão, ao condicionar suspensivamente a exigibilidade da sucumbência, se mantida a sua situação de miserabilidade nesse período (art. 98, §3º do CPC).

Enquanto concretização do princípio geral de igualdade processual, esta garantia fundamental além destas previsões legais específicas que recebe, *exige ainda do magistrado uma conduta especial na apreciação do problema*, sensível às peculiaridades do caso concreto. Entre outras coisas, espera-se do juiz que não pressuponha a má-fé da parte beneficiária; o que implica a vedação à exigência de comprovação prévia, em abstrato, senão em casos onde haja fundadas suspeitas da não condição de hipossuficiente.

No *processo do trabalho*, a concretização deste princípio é igualmente clara, mas manifesta-se noutros termos[292]. A vulnerabilidade económica tendencial do trabalhador é regulada pela Lei n.º 5.584, de 26 de junho de 1970, que disciplina a concessão e prestação de *assistência judiciária gratuita*[293] *na Justiça do Trabalho*, determinando a responsabilidade preliminar e *a priori* do sindicato da categoria em suportar a assessoria ao trabalhador hipossuficiente (art. 592, inc. I, al. a) da CLT e art. 14 da Lei n.º 5.584); e pelo *art. 790, §3º da CLT*, consagra os termos da *justiça gratuita*.

Até à Reforma Trabalhista, o art. 790, §3º determinava a aplicação da prerrogativa aos que percebessem salário igual ou inferior ao dobro do

---

292. TEIXEIRA FILHO, Manoel Antônio Teixeira. *Curso de direito processual do trabalho: processo de conhecimento.* São Paulo: LTr, 2009, Vol. I, pág. 95.

293. DIDIER, Fredie; OLIVEIRA, Rafael. *Benefício da Justiça Gratuita. Aspectos Processuais da Lei de Assistência Judiciária (Lei Federal nº 1060/50).* 2ª ed. Salvador: Juspodivm, 2005, pág. 6-7.

mínimo legal[294], ou declarassem não estar em condições de pagar as custas sem prejuízo do sustento próprio ou da sua família. Não era necessária a assistência sindical da parte para obtenção do benefício, sendo que este poderia até ser outorgado de ofício[295], colhendo ainda aplicação subsidiária e supletiva os dispositivos 99, §4º, 101, §1º e 98, 1º, inc. VIII do CPC[296].

Após a Reforma, o mesmo dispositivo *passou a condicionar esse benefício* a quem auferisse salário igual ou inferior a 40% do limite máximo dos benefícios do RGPS[297]. Assim, (i) caiu a suficiência da mera declaração prestada pelo potencial beneficiário e, (ii) não obstante o patamar legal de referência ter passado de 1.996,00R$ (998R$ x 2) para 2.335,78 (40% x 5.839,45), (iii) caiu também a *presunção de hipossuficiência* abaixo deste patamar, já que passou a ser necessária a *comprovação* da efetiva insuficiência de recursos. Paralelamente, alguns dispositivos mais polémicos receberam inúmeras críticas por parte da doutrina, sob alegações de inconstitucionalidade, como é o caso do art. 790-B[298] e 791-A[299] da CLT, por admitirem que mesmo beneficiário de justiça gratuita deva pagar honorários periciais[300] ou advocatícios[301], respetivamente, se se tornar parte sucumbente.

---

294. À data deste trabalho, situava-se nos R$ 998,00.

295. *Vide*, acórdão do TRT da 9ª Região, 1ª Turma, de Recurso Ordinário n.º 13625.2009.6.907, Relator Ubirajara Carlos Mendes, Data de publicação 21.01.2011.

296. Cf. acórdão do TST, 8ª Turma, Recurso de Revista com Proc. n.º 230-15.2015.5.06.0102, Relatora Ministra Dora Maria da Costa, Data de julgamento 07.06.2017.

297. À data deste trabalho, situava-se nos 5.839,45 R$.

298. "A responsabilidade pelo pagamento dos honorários periciais é da parte sucumbente na pretensão objeto da perícia, ainda que beneficiária da justiça gratuita" (cit. 790.º-B *caput* da CLT).

299. "Ao advogado, ainda que atue em causa própria, serão devidos honorários de sucumbência, fixados entre o mínimo de 5% (cinco por cento) e o máximo de 15% (quinze por cento) sobre o valor que resultar da liquidação da sentença, do proveito econômico obtido ou, não sendo possível mensurá-lo, sobre o valor atualizado da causa" c/c "Vencido o beneficiário da justiça gratuita, desde que não tenha obtido em juízo, ainda que em outro processo, créditos capazes de suportar a despesa, as obrigações decorrentes de sua sucumbência ficarão sob condição suspensiva de exigibilidade e somente poderão ser executadas se, nos dois anos subsequentes ao trânsito em julgado da decisão que as certificou, o credor demonstrar que deixou de existir a situação de insuficiência de recursos que justificou a concessão de gratuidade, extinguindo-se, passado esse prazo, tais obrigações do beneficiário" (respetivamente art. 791-A *caput* e §4º da CLT).

300. A inclusão deste artigo deu-se por razões ligadas ao abuso postulatório de pedidos de insalubridade, periculosidade e doenças ocupacionais, muitas vezes inconsequentes e infundados, banalizando o trabalho dos peritos especializados em saúde, higiene

Entretanto a PGR intentou ADIn n.º 5766 onde questionou, entre outros, a constitucionalidade de precisamente estes dois preceitos. À data deste trabalho a ADI tinha acabado de conhecer o voto do relator Ministro Roberto Barroso, que considerou *parcialmente procedente* a ação direta de inconstitucionalidade[302], e bem assim do Ministro Edson Fachin, que considerou integralmente procedente a ação.

Podemos dizer que o trabalhador é, *tendencialmente, e na sua maioria considerado*, um vulnerável econômico. Esta circunstância justifica a particular atenção com que o ordenamento juslaboralista encara a facilitação do acesso à Justiça pelo trabalhador. Mas, como vimos acima, essa é uma apreciação que não pode ser presumida e depende do caso concreto. Como iremos ver mais adiante, esta circunstância só por si, não indicia necessariamente uma situação de incapacidade processual negocial em razão da vulnerabilidade para efeitos do art. 190.

7.II.5.2.2. Vulnerabilidade processual por questões etárias e de saúde

Tal como já referimos *supra* nota 1145, também condicionantes etárias se manifestam no processo como causa de vulnerabilidade processual. O legislador, tomando em consideração a particular situação de vulnerabilidade e fragilidade de pessoas idosas, conferiu-lhes uma garantia especial de

---

e segurança do trabalho (Silva, Homero Batista Mateus da. *Comentários à Reforma Trabalhista.* São Paulo: RT, 2017, págs. 138-139).

301. O novo preceito cria, não obstante, dois regramentos próprios distintos do processo civil: o primeiro no plano da margem de percentual de sucumbência, fixada entre 5% e 15% e não entre 10% e 20%; o segundo relativo à base de calculo, que será o valor da liquidação da sentença (fase executiva) e não o valor da condenação ou proveito econômico fixado na sentença (fase de conhecimento).

302. Nos termos do seu voto, uma interpretação conforme a Constituição deverá consubstanciar as seguintes teses, *in verbis* "1. O direito à gratuidade de justiça pode ser regulado de forma a desincentivar a litigância abusiva, inclusive por meio da cobrança de custas e de honorários a seus beneficiários. 2. A cobrança de honorários sucumbenciais do hipossuficiente poderá incidir: (i) sobre verbas não alimentares, a exemplo de indenizações por danos morais, em sua integralidade; e (ii) sobre o percentual de até 30% do valor que exceder ao teto do Regime Geral de Previdência Social, mesmo quando pertinente a verbas remuneratórias. 3. É legítima a cobrança de custas judiciais, em razão da ausência do reclamante à audiência, mediante prévia intimação pessoal para que tenha a oportunidade de justificar o não comparecimento" (disponível em http://www.stf.jus.br/portal/peticaoInicial/verPeticaoInicial.asp?base=ADIN&s1=5766&processo=5766, última consulta em 02.04.2019).

prioridade tramitacional (art. 1048, inc. I do CPC). O dispositivo, representa não apenas norma processual que incide em qualquer grau de jurisdição, juízo ou tribunal, mas ainda como uma norma finalisticamente orientada a fins sociais, de combate à vulnerabilidade do idoso[303].

A vulnerabilidade etária conhece igualmente tratamento especial quando o vulnerável não é idoso mas, antes, uma criança ou adolescente. O instituto da curatela especial, que confere ao menor destituído de representante legal ou em conflito de interesses com este a possibilidade de ser devidamente representado no processo. Particularmente no que respeita ao regime de acesso à justiça, o ECA garante ainda aos menores assistência judiciária gratuita (art. 141, §1º) nas lides ajuizadas na Justiça especializada, assim como isenção de custas em determinados casos (art. 141, §2º), adequada representação e assistência para regularizar a sua capacidade processual (art. 142) e vara especializada para infância e juventude (art. 145). Esta é, sem sombra de dúvida, uma prerrogativa atribuída a estes sujeitos *ratione personae*, i.e., exclusivamente atribuída à condição de ser vulnerável etário (criança ou adolescente)[304].

Tartuce não trata especificamente este critério objetivo (idade). Em alternativa, considera a *vulnerabilidade processual por razões de saúde* e que justifica uma consideração processual especial para pessoas enfermas. Essa especial consideração é levada em conta a respeito do momento citatório, já que (i) se prevê que a citação não tenha lugar (exceto em caso de risco de perda do direito) se a parte estiver gravemente doente (art. 243, IV CPC), (ii) admite que testemunhas ou partes gravemente enfermas que não estejam em condições de depor ou testemunhar no dia marcado para a audiência vejam esse dia e hora ser reajustados pelo magistrado (art. 449, parágrafo único CPC), (iii) estipula, em igualdade de condições com as pessoas idosas, o acesso à prioridade tramitacional da lide, nos termos do art. 1048, inc. I CPC. Depois de ressaltar a clara insuficiência dos preceitos legais destinados a acautelar estas situações, alerta ainda para o fato de as condições de *dependente* e de *cuidado* muitas vezes apontarem para casos de idênticas vulnerabilidade processuais, já que nem todos os sujeitos integrados na

303. Barbosa, Rafael Vinheiro Monteiro; Maia, Maurilio Casas, Isonomia dinâmica e vulnerabilidade no Direito processual civil. *Revista de Processo*, São Paulo, Vol. 39, N.º 230, abr/2014, pág. 361.

304. Cf. precedente do STJ a respeito, 1ª Turma, acórdão de Recurso Especial n.º 983.250/RJ, Relator Ministro Luiz Fux, data de julgamento 19.03.2009.

sociedade são verdadeiramente independentes e autossuficientes, ficando muitas vezes carentes do amparo e auxílio de uma pessoa familiar ou mesmo terceira, sob contrato, para lhe prestar diversos cuidados[305].

7.II.5.2.3. Vulnerabilidade processual por questões geográficas

A amplitude geográfica do território nacional brasileiro pode gerar particulares vulnerabilidades em termos de deslocação para a prática de atos processuais. Tendo isso em consideração, o legislador procurou combater alguns desses problemas antecipando dispositivos que facilitam a prática desses atos independentemente da necessidade de deslocação pessoal. Assim, por exemplo, permite-se que a oitiva testemunhal e o depoimento de parte possam ser prestados por "*meio de videoconferência* ou outro recurso tecnológico de transmissão e receção de sons e imagens em tempo real" (art. 453, §1º e 385, §3º CPC, respetivamente), assim como se faculta ao advogado a mesma prerrogativa para efeitos da sustentação oral à distância (art. 937, §4º CPC).

Complementarmente, admite-se sob os auspícios do art. 222 que os *prazos processuais possam ser ampliados* com fundamento, precisamente, na dificuldade de locomoção ou acesso a determinadas comarcas; ou prevê-se, sob tutela constitucional após a EC 45/04, um sistema de *justiça itinerante*[306] que permita, com recurso a unidades móveis (normalmente autocarros) um maior acesso à justiça em localidades de difícil acesso, mais longínquos e necessitados[307].

---

305. Tartuce, Fernanda. *Igualdade e vulnerabilidade no Processo Civil.* Rio de Janeiro: Forense, 2012, págs. 196-197.

306. Que se assemelha a um pequeno fórum ambulante, onde juiz acompanhado de conciliadores e defensores levam a cabo conciliações judiciais; como fica excluída a possibilidade de transação ou de decisão judicial, conflitos que não se resolvam mediante consenso conciliatório terão de ser reencaminhados depois para a justiça comum.

307. Nos termos da Ementa, "Art. §2º: Os Tribunais Regionais Federais instalarão a justiça itinerante, com a realização de audiências e demais funções da atividade jurisdicional, nos limites territoriais da respectiva jurisdição, servindo-se de equipamentos públicos e comunitários"; "Art. 115, §1º: Os Tribunais Regionais do Trabalho instalarão a justiça itinerante, com a realização de audiências e demais funções de atividade jurisdicional, nos limites territoriais da respectiva jurisdição, servindo-se de equipamentos públicos e comunitários"; "Art. 125, §7º: O Tribunal de Justiça instalará a justiça itinerante, com a realização de audiências e demais funções da atividade jurisdicional, nos limites territoriais da respectiva jurisdição, servindo-se de equipamentos públicos e comunitários".

7.II.5.2.4. *Vulnerabilidade processual por questões informacionais*

A vulnerabilidade informacional é outro aspeto que atinge particularmente a sociedade brasileira, atento o elevado índice *analfabetismo e de baixa escolaridade*. Está aqui em causa o desconhecimento (muitas vezes em razão das dificuldades cognitivas sentidas) dos direitos de que um cidadão é titular, assim como da sua extensão e limites. Todavia, para tanto não contribui apenas a realidade fática da frágil situação educacional e cognitiva de grande margem da população nacional, como também a *tecnicidade da linguagem jurídica*, extremamente complexa, abstrata e muitas vezes até propositadamente prolixa, que em muito dificulta a compreensão do sentido. Apesar deste ser um problema que se verifica em quaisquer áreas específicas do saber-técnico (química, matemática, informática etc.) a distanciação que estas têm do quotidiano dos cidadãos torna o acesso ao seu conhecimento mais uma questão de vontade pessoal do que necessidade propriamente dita. O mesmo já não se pode dizer da ignorância em torno de situações jurídicas ativas e passivas, cuja relevância tem repercussões diárias e diretas no quotidiano das pessoas[308].

E se estas dificuldades em conhecer os seus próprios direitos são tanto assim no direito material, verifica-se mais *acentuadamente no plano processual*, tradicionalmente pautada por formalismos, ritos, prazos e uma série de noções abstratas embasadas em conceitos dogmáticos insuscetíveis de se materializarem em ideias do mundo dos fatos etc. O generalizado desconhecimento pelas partes processuais que litigam em *jus postulandi* da linguagem adequada e pertinente, do desenrolar do trâmite procedimental, da possibilidade ou impossibilidade de praticar atos processuais, do momento oportuno para os fazer etc. E às vezes até, nem chega a este ponto, já que problemas prévios de *temor reverencial* sentidos por leigos e mal preparados diante da imponência da máquina judiciária constituem, como aponta Dinamarco, fator que inibe muitas vezes os cidadãos de recorrer ao judiciário para defender os seus direitos[309].

308. Tartuce, Fernanda. *Igualdade e vulnerabilidade no Processo Civil*. Rio de Janeiro: Forense, 2012, págs. 197 ss.

309. Dinamarco, Cândido Rangel. *Instituições de direito processual civil*. 9ª ed. São Paulo: Malheiros, 2017. vol. I, págs. 222-223 ("Embora não privativa das camadas sociais mais carentes e menos informadas, é a elas que mais prejudicam a atitude de descrença e o temor reverencial. A implantação dos juizados especiais e a divulgação de seus bons resultados constituem força positiva, no sentido de educar para a litigiosidade racional civilizada; as ações civis públicas promovidas pelo Ministério Público, assim como os termos de ajustamento de conduta lavrados sob o comando deste, têm servido para conscientizar fornecedores de bens ou serviços, ou o público em geral, da necessidade de preservar os direitos do consumidor, a higidez ambiental, a moralidade administrativa etc.").

Apesar da desinformação jurídica não ser um problema exclusivo da *população analfabeta ou semianalfabeta*, é uma realidade que se transporta em termos significativamente agravados para este grupo, particularmente no que *respeita ao acesso à prova*[310]. Nestas situações de vulnerabilidade informacional cabe ao poder judiciário, ao abrigo e no âmbito do seu dever de cooperação, a *promoção dos esclarecimentos necessários* à efetiva compreensão das situações jurídicas em causa, prestando as informações e explicando os exatos termos dos direitos e deveres envolvidos.

Particularmente no *processo do trabalho,* apesar de haver uma maior propensão para que os trabalhadores, de um modo geral, tenham alguma noção (em maior ou menor medida) dos direitos que lhe competem – sabem, genérica e abstratamente, que lhes são devidas férias, que têm direito ao 13º salário, que têm direito a pausa para refeição, que têm direito a ter a carteira assinada se têm contrato de emprego etc. –, o problema da desinformação jurídica é ainda uma grande realidade.

7.II.5.2.5. Vulnerabilidade processual por questões organizacionais

Este tipo de vulnerabilidade processual respeita à capacidade da parte litigante poder *mobilizar recursos, estrutura, logísticas* para participar no acompanhamento processual. Segundo Tartuce, é vulnerável processual-

---

310. Amparada em Barbosa Moreira e Silva, Tartuce critica a desadequação do art. 3.º da LINDB (que consagra o velho brocardo de que "a ignorância da lei não aproveita a ninguém") para dar resposta adequada a este grupo de pessoas, sobretudo as mais pobres, tornando-o quase um preceito antidemocrático. Nas suas palavras, "(...) se muitos brasileiros egressos do ensino público têm problemas de compreensão e comunicação por dificuldades básicas em relação à língua portuguesa, como exigir que conheçam e alcancem o significado de todos os dispositivos legais? Em razão da proliferação e da complexidade do quadro normativo brasileiro, não há como considerar operante a norma citada para engendrar tal grau de exigência" (Tartuce, Fernanda. *Igualdade e vulnerabilidade no Processo Civil.* Rio de Janeiro: Forense, 2012, pág. 198). Tal como também apontava o ilustre autor, "o mal da desinformação jurídica atinge todas as classes e segmentos da sociedade brasileira. (...) Óbvio, por outro lado, que o deficit de informação afeta principalmente a população de baixa – ou nenhuma – renda. A número incalculável de brasileiros falta a noção de que o ordenamento lhes permite reclamar determinadas prestações, das autoridades públicas ou de outros particulares. Não se contam os operários que, pelo Brasil afora, se conformam em trabalhar sob condições inteiramente diversas das previstas na legislação pertinente; muitos, sem dúvida, pura e simplesmente ignoram que fazem jus a férias, ou a repouso semanal remunerado" (Moreira, José Carlos Barbosa. A desinformação jurídica. *Revista Forense*, Rio de Janeiro, Vol. 325, Ano 90, fev/1994, pág. 317).

-organizacional "quem não consegue mobilizar recursos e estruturas para sua própria organização pessoal e encontra logísticas para sua atuação"[311].

À semelhança da vulnerabilidade económica, envolve a disposição de recursos; mas ao contrário daquela não pressupõe que esses recursos sejam exclusivamente econômicos, daí ser categoria objetiva ligeiramente *mais ampla* que a primeira. Um trabalhador que tenha acabado de se divorciar da mulher e necessite procurar residência própria, ficando temporariamente numa solução improvisada, acaso der entrada de ação judicial contra a sua entidade patronal, pode não se encontrar numa posição de vulnerabilidade processual económica, mas certamente encontrar-se-á numa vulnerabilidade processual organizacional[312].

TARTUCE inclui neste tipo de vulnerabilidade três ordem de aspectos: (i) disparidade de *poder e organização* entre aquilo que é um litigante habitual e aquilo que apenas é um litigante meramente eventual; (ii) fragilidade de sujeitos que se encontram atualmente sem casa e desprovidos de *estrutura física mínima*; (iii) cidadãos com *limitações tecnológicas*, excluídos digitais e vulneráveis cibernéticos etc.

Amparada na doutrina de BARBOSA MOREIRA[313], ADA PELLEGRINI[314] e CAPPELLETTI/GARTH[315], TARTUCE referencia com ênfase a posição processual das partes isoladamente frágeis diante de entidades de ampla estrutura económica e organizacional, e evidenciam que uma série de sujeitos como consumidores, inquilinos, pobres têm tido sérias dificuldades em ver os seus direitos efetivados *diante de empresas litigantes habituais*. Esta experiência normalmente traduz-se em maior capacidade de *planeamento* sobre a lide, maior *conhecimento informal dos julgadores* envolvidos e maior conhecimento dos *riscos* envolvidos, implica um consequente ganho em *eficiência processual* e na mobilização de recursos. Fatores como a má remuneração, falta de recursos administrativos, indisponibilidade de acesso a biblioteca atualizada, menor disponibilidade de tempo, carência técnica advinda da falta de especialização

311. TARTUCE, Fernanda. *Igualdade e vulnerabilidade no Processo Civil.* Rio de Janeiro: Forense, 2012, pág. 208.

312. *Ibidem*, pág. 208.

313. MOREIRA, José Carlos Barbosa. La igualdad de las partes en el proceso civil. *Revista de Processo*, São Paulo, Vol. 11, N.º 44, out-dez/1986, págs. 182 ss.

314. GRINOVER, Ada Pellegrini. *O processo em evolução.* Rio de Janeiro: Forense Unviersitária, 1998, págs. 116 ss.

315. CAPPELLETTI, Mauro; GARTH, Bryant. *Acesso à Justiça.* Trad. Ellen Gracie Northfleet. Porto Alegre: S. A. Fabris, 1988, págs. 68 ss.

sobre determinado tipo de ação, menor acesso informal a auxiliares de justiça e magistrados[316] etc. normalmente afligem os litigantes eventuais por oposição aos habituais, que têm formas de ultrapassar toda esta vulnerabilidade organizacional. Por outro lado, dá ainda conta de que o tratamento de lides das pessoas organizacionalmente vulneráveis pela *Defensoria Pública não tem sido eficiente*, já que esta pauta-se por grande política de descentralização para entidades que possam acompanhar o processo, como núcleos jurídicos universitários, o que leva à perpetuação da vulnerabilidade organizacional, insuscetível de ser repelida com acompanhamento académico[317].

Também a *vulnerabilidade cibernética* é apontada como fator de desequilíbrio processual e quebra de isonomia. Com a instituição do processo eletrônico em 2006 pela Lei n.º 11.419/2006 (Lei de informatização do processo judicial), alguns problemas se instalaram não apenas relativamente às partes como também aos próprios advogados; problemas que não se prendiam apenas com a falta de recursos de alguns deles para adquirir os equipamentos necessários à postulação eletrônica, mas também que respeitavam à própria incapacidade cognitiva para lidar e manipular esses equipamentos informáticos. Afinal, as exigências não são poucas: (i) registro informático dos usuários, (ii) assinatura eletrônica emitida por entidade credenciada, (iii) digitalização de documentos, (iv) uma série de softwares que carecem de instalação prévia no computador para o peticionamento eletrônico poder funcionar. Não obstante os claros intentos de promover uma celeridade processual, vários problemas se levantaram, especialmente para as partes que postulam sozinhas sem representante judicial, que padecem de dificuldades acrescidas de acesso às informações da lide e de postulação[318].

---

316. Exemplos retirados de Marinoni, Luiz Guilherme, Beckers, Laércio A. Influência das relações pessoais sobre a advocacia e o processo civil brasileiros. *In* Becker, L.A. (Org.). *Qual é o jogo do processo?* Porto Alegre: S.A. Fabris, 2012, págs. 466 ss. No mesmo sentido Silva, Irapuã Santana do Nascimento da. Existe possibilidade de acordo no Código de Processo Civil? *In* Tupinambá, Carolina (coord.). *Soluções de conflitos trabalhistas: novos caminhos*. São Paulo: LTr, 2018, pág. 119.

317. Tartuce, Fernanda. *Igualdade e vulnerabilidade no Processo Civil*. Rio de Janeiro: Forense, 2012, págs. 209-213.

318. E assim porquanto mesmo que a Lei de informatização dos processos judiciais preveja no seu art. 10, §3º que "os órgãos do Poder Judiciário deverão manter equipamentos de digitalização e de acesso à rede mundial de computadores à disposição dos interessados para distribuição de peças processuais", a verdade é que a mera disponibilização do equipamento tecnológico está longe de suprir as necessidades do demandante ou demandado, que desconhece os termos em que deve manejar o software. A falta de acompanhamento

Particularmente no que respeita ao *processo trabalhista*, a vulnerabilidade organizacional deve ser seriamente levada em consideração. Em primeiro lugar, porque o processo do trabalho é um dos procedimentos que admite o *jus postulandi*[319], o que tem consequências desde logo do ponto de vista cibernético da gestão de acesso ao PJe[320]; segundo, porque o trabalhador litiga - não sempre, mas frequentemente - contra grandes empresas, ex-empregadoras dotadas de ampla infraestrutura e recursos administrativos, econômicos, informáticos e organizacionais, em claro contraste com aquele.

Em razão da vulnerabilidade organizacional tendencial do trabalhador, o próprio legislador trabalhista antecipou algumas prerrogativas. Assim, permite que o trabalhador se possa fazer *representar por sindicato* (art. 791,

---

pessoal competente localizado junto a estes aparelhos que tenham como função informar e esclarecer a parte de como pode aceder a informações via plataforma eletrônica é um dos maiores problemas que esta lei ainda não conseguiu resolver.

319. "Anteriormente, a parte sem advogado poderia entregar o seu pedido no setor respectivo na Justiça do Trabalho, onde seria cadastrada por servidor público, tendo sua petição recebida ou reduzida à termo para sorteio e distribuição em uma Vara competente, o que tornava mais viável o exercício do jus postulandi, pois era orientada por pessoa capacitada e ciente dos trâmites legais, apesar de que nas assentadas necessárias à instrução do feito, encontrar-se-ia sem a assistência de profissional. Com o advento do processo eletrônico, tal procedimento foi mantido, contudo, é de se observar que se tornou muito mais complexo, uma vez que exige um conhecimento paralelo, mínimo, de informática e acesso à internet, o que diante da parcela da população que procura tradicionalmente o Poder Judiciário sem advogado, se transforma em um grande entrave para a garantia do direito do acesso à Justiça" (cit. Cardel, Renato de Souza. O processo judicial eletrônico e o *jus postulandi* na Justiça do Trabalho. *Revista Eletrônica do Tribunal Regional do Trabalho*, Ano 6, N.º 8, jan/2017, pág. 344).

320. O surgimento do PJe ocorreu em 2010, por ocasião do acordo de cooperação técnica n.º 51/2010 celebrado entre o CNJ, o TST e o Conselho Superior da Justiça do Trabalho (CSJT). Entretanto, a sua efetiva implementação nos tribunais trabalhistas foi levada a cabo pela Resolução de n.º 94/2012 do CSJT, entretanto revogada pela Resolução n.º 136/2014, que verdadeiramente instituiu o PJe-JT. Entre as principais críticas esgrimidas ao sistema, pautou-se a falta de tempo necessário de adaptação e a mudança abrupta que implicou. Em razão desta vulnerabilidade informática, a FNPT na sua I Jornada editou Enunciado n.º 3, onde se lê "Art. 8º da DUDH, art. 5º, XXXV da CF, Art. 839 da CLT. Jus Postulandi. O jus postulandi é uma característica do Processo do Trabalho que atende ao art. 5º, XXXV da CF e ao art. 8º da DUDH, independente do meio utilizado para a tramitação da demanda. É a realização do princípio do acesso à Justiça. Onde houver dificuldade de acesso digital deverá haver um servidor com atribuição pra atermar a reclamação trabalhista em questão, podendo ser oficiado o sindicato profissional, ou a Defensoria Pública da União ou a OAB".

§1º[321] c/c 513, al. a) CLT), possibilidade esta que independe da condição de ser ou não sócio da associação sindical correspondente; e caso estejam em causa *reclamatórias plúrimas* e ações de cumprimento, admite igualmente que os trabalhadores possam ser representados pelo sindicato da categoria (art. 843 *caput*[322]). Da mesma forma, pode o sindicato atuar na qualidade de *assistente simples* (art. 121 do CPC e Súmula n.º 82 do TST). Ainda no caso das reclamações plúrimas, mesmo que as partes não se façam representar pelo sindicato da categoria, a praxe forense dita outra alternativa à supressão de uma vulnerabilidade organizacional e que contribui para a eficiência processual: a formação de uma *comissão de autores* para representar todo o polo ativo da demanda[323].

Por outro lado, além da assistência judiciária gratuita que compete aos sindicatos prestar a trabalhadores hipossuficientes (prevista nos arts. 592, inc. I, al. a) da CLT e 14 da Lei n.º 5.584, como vimos *supra*), aos sindicatos também compete importante função assistencial, que se manifesta em várias frentes[324]. Para além da importante *assistência judiciária* não só aos seus associados, mas também a qualquer trabalhador com salário inferior ao dobro do mínimo legal de que já se tratou acima, há ainda importantes manifestações assistenciais dos sindicatos na emissão e entrega da CTPS[325], assim como no momento da cessação do vínculo contratual[326-327].

---

321. "Nos dissídios individuais os empregados e empregadores poderão fazer-se representar por intermédio do sindicato, advogado, solicitador, ou provisionado, inscrito na Ordem dos Advogados do Brasil" (cit. art. 791, §1º CLT).

322. "Na audiência de julgamento deverão estar presentes o reclamante e o reclamado, independentemente do comparecimento de seus representantes salvo, nos casos de Reclamatórias Plúrimas ou Ações de Cumprimento, quando os empregados poderão fazer-se representar pelo Sindicato de sua categoria" (cit. art. 843 *caput* da CLT).

323. Cairo Jr. José. *Curso de Direito Processual do Trabalho.* 12ª ed. Salvador: Juspodivm, 2018, pág. 268.

324. Neste contexto, é ainda digna de ser apontada a norma do art. 514, al d) da CLT, *in verbis* "sempre que possível, e de acordo com as suas possibilidades, manter no seu quadro de pessoal, em convênio com entidades assistenciais ou por conta própria, um assistente social com as atribuições específicas de promover a cooperação operacional na empresa e a integração profissional na Classe".

325. Seja porque a Lei n. º5.686/71 incluiu no art. 14 da CLT um parágrafo único admitindo a competência supletiva dos sindicatos para a sua emissão, seja pela previsão do art. 26 da CLT, que permite aos sindicatos, mediante solicitação das diretorias, entregar as CTPS aos seus associados ou outros trabalhadores da categoria.

326. Nestes termos, vale o art. 500 da CLT, que basicamente sujeita a validade do pedido de demissão do trabalhador à assistência do Sindicato como forma de "controlar" a

Por outro lado, discute-se ainda a possibilidade do sindicato, em mecanismo alternativo à representação, participar do processo como *substituto processual de um único trabalhador* (e não da coletividade). Apesar da Súmula 310 do TST já ter disposto do contrário – i.e., a substituição processual dos sindicatos não era ampla e irrestrita, podendo apenas atuar em casos específicos previstos em lei[328] – ela veio posteriormente a ser revogada pela Resolução n.º 119/2003 do TST. Apesar de alguns entendimentos doutrinários (como os de Mauro Schiavi[329]) e jurisprudenciais[330] que se levantarem contra esta hipótese, há importante precedente do TST que atesta o contrário. Naturalmente que se compreende que o sindicato tenha um papel institucional dirigido à tutela de direitos difusos, coletivos e individuais homogéneos da "classe" de trabalhadores da categoria, o que aparentemente poderia conflituar com a defesa dos interesses de um único empregado. Mas não menos

---

manifestação de vontade livre e espontânea do trabalhador. Da mesma forma, o já aqui estudado art. 507-B, que faculta a empregado e empregador firmar quitação anual de obrigações trabalhistas, perante sindicato dos trabalhadores da categoria. Apesar de o §1º do art. 477 da CLT (que previa obrigatoriedade da rescisão ou quitação de contratos com mais de 1 ano serem necessariamente levados a cabo com a assistência do Sindicato ou MPT) ter sido revogado, a possibilidade permanece à disposição das partes.

327. Martinez, Luciano. *Curso de Direito do Trabalho*. 8ª ed. São Paulo: Saraiva, 2017, pág. 935.

328. Como por exemplo nas ações de cumprimento de sentenças normativas ou IRCT (art. 872, parágrafo único da CLT e Súmula 286 do TST), que envolvam insalubridade ou periculosidade (art. 195, §2º, da CLT e OJ 121 da SDI do TST), mandato de segurança coletivo (art. 5º, LXX da CF), ou reajustes de lei salarial (art. 3º Lei 8.073/1990), cf. Saraiva, Renato; Manfredini, Aryanna. *Curso de Direito Processual do Trabalho*. 12ª ed. Salvador: Juspodivm, 2015, pág.222.

329. Schiavi, Mauro. *Manual de Direito Processual do Trabalho*. 12ª ed. São Paulo: LTr, 2017, pág. 351.

330. "Ilegitimidade ativa ad causam. Sindicato. Substituição processual. Único substituído. Inviável pleitear hora extra como substituto processual de apenas um empregado. Embora necessária a expansão da substituição processual, a hipótese refoge do quanto previsto no art. 8º, inciso III, da Constituição Federal, que assegura ao ente sindical legitimidade para propor ação (inclusive de cumprimento) com a finalidade de resguardar direitos e interesses coletivos ou individuais homogêneos da categoria profissional, com a preeminência de questões comuns ou com a necessidade de tutela coletiva a reclamar um provimento genérico em benefício de uma coletividade. 'Para um único trabalhador, existe o instituto da representação processual, prevista no §1º do art. 701 da CLT, e também a prestação da assistência judiciária do sindicato' (...)" (acórdão do TRT, 9ª Região, 7ª Turma, Processo de Recurso Ordinário n.º 00075.2011.749.09.00.6.ACO.04666.2012, Relatora Maria Janete do Amarante, data de publicação 03.02.2012).

verdade é que essa mesma competência esgrimida no art. 8º, III da CF é, por natureza, *ampla*[331], devendo competir a este a opção de determinar em que ocasiões e termos vai ou não exercitá-la[332].

Em último lugar, também não podemos esquecer ser praxe forense que grandes empresas se façam *representar de forma sui generis por preposto*

---

331. Isto porque, antes da promulgação da Constituição de 1988, a competência para atuar como substituto processual do sindicato vinha regulada em termos limitados, nomeadamente no art. 195, §2º da CLT ("Reclamações trabalhistas promovidas pelo sindicato profissional postulando pagamento de adicional de insalubridade ou periculosidade em favor de grupos de associados"), art. 872, parágrafo único da CLT ("ações de cumprimento promovidas pelo sindicato profissional em favor dos associados objetivando o pagamento de salários fixados no bojo de sentença normativa") e Leis n.º 6.708/1979, art. 3º, §2º e n.º 7.238/1984, art. 3º, §2º ("acções trabalhistas promovidas pelo sindicato em favor de todos os integrantes da categoria, objetivando o pagamento das correções automáticas dos salários"). Posteriormente, outras leis pontuais também vieram estabelecer a legitimidade extraordinária dos sindicatos, como a Lei n.º 7.788/1989, Lei n. º 8.036/1990 e Lei n.º 8.073/1990. Cf. SARAIVA, Renato; MANFREDINI, Aryanna. *Curso de Direito Processual do Trabalho.* 12ª ed. Salvador: Juspodivm, 2015, pág. 221.

332. Tal como se pode ler em precedente do TST: "RECURSO DE REVISTA. LEGITIMIDADE ATIVA DO SINDICATO DA CATEGORIA PROFISSIONAL. SUBSTITUIÇÃO PROCESSUAL DE UM ÚNICO REPRESENTADO. DIREITOS INDIVIDUAIS. O reconhecimento da legitimidade ativa do sindicato da categoria profissional para pleitear direitos individuais homogêneos guarda sintonia com a jurisprudência desta Corte Superior e do Supremo Tribunal Federal. O art. 8º, inciso III, da Constituição Federal assegura aos sindicatos a possibilidade de substituição processual ampla e irrestrita para agir no interesse de toda a categoria. Ressalto que o fato de ser titular da pretensão de direito material apenas um empregado não impossibilita o sindicato de, no exercício de sua atribuição assegurada constitucionalmente, definir em que ocasiões vai exercita-la, diante do interesse subjacente. Se a Constituição não a limita, não pode o magistrado restringi-la, sob pena de contrariar o princípio da máxima efetividade que caracteriza a sua hermenêutica. Recurso de Revista de que se conhece e a que se dá provimento" (acórdão do TST, 7ª Turma, Processo de Recurso de Revista n.º 397.89.2010.5.03.0102, relator Ministro Cláudio Mascarenhas Brandão, data de julgamento 21.05.2014); reiterado na subsequente jurisprudência do TST, como se pode ver no acórdão do TST, 8ª Turma, Processo de AgIn em Recurso de Revista n.º 10195.52.2015.5.03.0085, Relator Ministro Márcio Eurico Vitral Amaro, data de julgamento 26.10.2016 ("II RECURSO DE REVISTA – SINDICATO. SUBSTITUIÇÃO PROCESSUAL. ÚNICO SUBSTITUÍDO. LEGITIMIDADE AMPLA. A jurisprudência do Tribunal Superior do Trabalho firmou-se no sentido de que o sindicato legitima-se ao ajuizamento de reclamação trabalhista, na qualidade de substituto processual, em favor de um único substituído. Corolário do pronunciamento do Supremo Tribunal Federal pela ampla legitimidade processual dos sindicatos para atuar na defesa de todos e quaisquer direitos subjetivos individuais e coletivos dos integrantes da categoria por ele representada. Interpretação restritiva em contrário não se coaduna com a amplitude do art. 8º, III, da Constituição da República. Recurso de revista conhecido e provido").

(843, §1º da CLT). Não raro, o preposto apresenta-se à audiência sem o mínimo de conhecimentos essenciais a respeito da lide concreta *sub judice*. Tem-se admitido que qualquer empregado da empresa pode, na verdade, "substituir-se" (*rectius*, representar-se) a esta em representação processual. Nestas ocasiões, é difícil ignorar que a entidade patronal, representada na lide por um ex-colega do trabalhador, se encontra numa situação jurídica *mais fragilizada* que, de outro modo – i.e., se fosse representada por preposto habituado à litigância jurídica, com funções contratadas próprias e específicas para o efeito, já familiarizado com os termos do litígio em concreto, ou com os procedimentos jurisdicionais em abstrato – não teria. Quando o ex-empregado enfrenta este tipo de propostos, bastante comuns em alguns Estados do Brasil, *não podemos propriamente dizer existir uma manifesta vulnerabilidade organizacional por parte do trabalhador*. Apesar da presença do advogado da empresa, em regra detentora de um significativo aporte de informações e documentos a que muito provavelmente o ex-empregado não teve acesso, a fragilidade da posição jurídica do preposto é propensa a alguns casos de confissão tácita resultantes do desconhecimento dos fatos jurídicos da causa ou à introdução de incongruências fáticas no discurso.

7.II.5.2.6. Vulnerabilidade processual por questões técnicas

As dificuldades técnicas, apesar de se relacionarem com a vulnerabilidade *informacional, vão além dela*. Dizem respeito, em concreto, é falta de *capacidades técnico-profissionais* e ao *desconhecimento dogmático-jurídico* para poder conduzir e participar no processo. Pelas exigências e conhecimentos específicos que a condução processual implica, a exata ciência do funcionamento dos prazos e preclusões, dos formalismos postulatórios, do procedimento instrutório etc. a própria Constituição faz da presença de advogado público ou privado elemento obrigatório na lide processual (art. 133 da CF). E esta presença é necessária não apenas do ponto de vista técnico-jurídico, já que ao contrário da parte, o advogado deterá as qualidades profissionais para a condução do processo no melhor interesse dela, mas também por razões psicológicas, já que o distanciamento do advogado perante o objeto litigioso e as partes, permite um afastamento emocional desejado à eficiente tramitação processual[333].

---

333. Abreu, Rafael Sirangelo de A igualdade e os negócios processuais. *In* Cabral, Antonio do Passo; Nogueira, Pedro Henrique (coord.). *Negócios Processuais*. 3ª ed. Salvador: Juspodivm, 2017, pág. 162; Dinamarco, Cândido Rangel. *Instituições de direito processual civil*. 7ª ed. São Paulo: Malheiros, 2017, vol. II, págs. 338-342.

Apenas ao advogado é, em regra, devida capacidade postulatória (art. 103 do CPC c/c 1.º da Lei nº 8.906, de 4 de julho de 1994 (EOAB). Realmente, a postulação própria nem sempre é aconselhada. Se já é extremamente difícil à parte acompanhar o desenrolar do processo mesmo quando acompanhada de representante judicial, a situação torna-se ainda mais agreste sem a presença deste. Mesmo nos casos excecionais previstos por lei, *verba gracia* juizados especiais cíveis e Justiça do Trabalho, é dever do magistrado orientar e aconselhar as partes à pertinência do recurso ao aconselhamento por advogado para o desenrolar da lide, por ser orientação destinada à promoção da *melhor defesa* da parte (art. 9.º, §2º da Lei nº 9.099, de 26 de setembro de 1995 c/c 7.º do CPC)[334]. Não está aqui em causa um dever de auxílio do magistrado a salvaguardar o contraditório da parte em *jus postulandi*, já que esse trabalho compete ao representante judicial da parte e não ao juiz; mas isso não quer dizer que, *a título pontual*, não sejam possíveis adequações jurisdicionais do processo como forma de zelar pelo *efetivo contraditório*[335]. À circunstância de postular sozinho deverá ainda o magistrado levar em consideração as particulares características da parte, nomeadamente se esta é analfabeta, idosa ou deficiente[336].

Mas a vulnerabilidade técnica *não se esgota na questão da capacidade postulatória*. Ela encontra-se também significativamente presente em *matéria probatória*, na distribuição do *ônus de prova* e na capacidade de *acesso e produção de prova*[337]. Há claramente certos grupos de indivíduos que tendencialmente apresentam uma vulnerabilidade técnica probatória acentuada, *verba gracia* consumidores, por normalmente litigarem contra empresas com forte estrutura organizacional, amplo poder econômico e detentoras da documentação relevante do vínculo contratual. Reconhecendo a particular posição que o consumidor tem dentro e fora do processo, o CDC previu expressamente uma série de institutos destinados à garantia de posicionamentos isonómicos dentro do processo[338]. Todavia, é na *in-*

---

334. Tartuce, Fernanda. *Igualdade e vulnerabilidade no Processo Civil.* Rio de Janeiro: Forense, 2012, pág. 204.

335. Didier Jr., Fredie. *Curso de Direito Processual Civil.* 17ª ed. Salvador: Juspodivm, 2015, vol. I, págs. 131-132.

336. Tartuce, Fernanda. *Igualdade e vulnerabilidade no Processo Civil.* Rio de Janeiro: Forense, 2012, pág. 204.

337. *Ibidem*, pág. 207.

338. Não consideramos aqui as manifestações de tutela no âmbito coletivo, mas apenas individual. Entre outros, prevê o ordenamento que a tutela jurisdicional consumeirista

versão do ônus probatório (arts. 6.º, inc. VIII[339], verificadas condições de hipossuficiência do consumidor[340] ou de alegações verosímeis; e 38.º CDC) e *na carga dinâmica* deste, que o ordenamento mais avança na adequação processual à condição específica das partes no processo. Estes dispositivos acautelam, portanto, aquilo que alguma doutrina designa por *vulnerabilidade probatória*[341], que mais não seria que uma ramificação da mais ampla vulnerabilidade técnica. Outra forma particular de, indiretamente, tutelar os interesses do consumidor no processo, é o conhecimento *ex officio* de determinadas cláusulas abusivas apostas nos contratos de consumo. Por este motivo, não deixa de ser bastante interessante a edição da súmula 381 do STJ que determina a vedação ao conhecimento de ofício pelo magistrado de cláusulas abusivas nos contratos bancários[342]; motivando o entendimento no princípio do dispositivo e no fato de versar sobre matéria patrimonial e não de ordem pública[343].

---

seja efetiva e adequada (art. 83), impossibilita certos tipos de intervenção de terceiros, como é o caso da denunciação à lide (art. 88), determina regras de competência territorial favoráveis ao consumidor (art. 101, inc. I), consagra uma forma específica de chamamento ao processo (art. 101, inc. II) e admite ainda a extensão subjetiva da coisa julgada para benefício de pretensões individuais (art. 103).

339. Não obstante esta relevante garantia processual, é importante ter em conta que o seu propósito não é o de liberar de forma indiscriminada o ônus da prova do consumidor, mas apenas permitir que as dificuldades acrescidas que este venha a sentir na produção de prova para sua defesa possam ser superadas com maior facilidade.

340. Hipossuficiência material esta que, sob precedente do STJ, pode ser técnica, jurídica ou económica (acórdão do STJ, 3ª Turma, Recurso Especial n.º 1021261, Relator Ministro Nancy Andrigui, Data de julgamento 20.04.2010).

341. Tartuce, Fernanda. *Igualdade e vulnerabilidade no Processo Civil*. Rio de Janeiro: Forense, 2012, pág. 207; Soares, Lara Rafaelle Pinho. *A vulnerabilidade na negociação processual atípica*. Dissertação de Mestrado. Faculdade de Direito da Universidade Federal da Bahia, Salvador, 2016, pág. 119.

342. Por todos, Oliveira Junior, José Alcebíades; Borba, Mauro. A proteção dos consumidores nas sociedades de mercado. *Revista de Direito do Consumidor*, São Paulo, Ano 21, N.º 84, out-dez/2012, págs. 141-144.

343. A título de exemplo: "Com relação à alegada ofensa ao art. 515 do CPC, o entendimento mais recente desta egrégia Corte é no sentido da impossibilidade do reconhecimento, de ofício, de nulidade de cláusulas contratuais consideradas abusivas, sendo, para tanto, necessário o pedido expresso da parte interessada (REsp 612.470/RS, Rel. Ministra Nancy Andrighi, DJ 30.06.2006). Assinala-se, ainda, que, nos termos do artigo 515 do CPC, excetuando-se as matérias de ordem pública, examináveis de ofício, o recurso de apelação devolve para o Órgão ad quem a matéria impugnada, que se restringe aos limites dessa impugnação. Afere-se, na espécie, ter o Órgão prolator da decisão recorrida proferido julgamento extra petita, porquanto enfrentou questões atinentes

No plano trabalhista a vulnerabilidade técnica é igualmente bastante acentuada, particularmente sempre que a parte mais frágil da relação jurídica (trabalhador) se apresente desacompanhado de representante judicial nos termos do art. 791 da CLT. Trataremos de ambas as vertentes abaixo.

7.II.5.2.6.1. Caso particular do jus postulandi na Justiça do Trabalho como indício de vulnerabilidade

O direito à postulação individual em juízo, na Justiça do Trabalho, além de previsão no art. 791 da CLT[344], cuja eficácia já foi posta em causa[345],

---

a direito patrimonial, que não constituíram objeto de insurgência." (AgRg no Recurso Especial n.º 1006105 RS, Relator Ministro Carlos Fernando Mathias, 4ª turma, Data de Julgamento 12.08.2008).

344. "Os empregados e os empregadores poderão reclamar pessoalmente perante a Justiça do Trabalho e acompanhar as suas reclamações até o final" (cit. art. 791 da CLT).

345. Nomeadamente, aquando da aprovação da Lei n.º 8.906, de 4 de Julho de 1994, que aprova o Estatuto da Advocacia e da Ordem dos Advogados do Brasil ("EOAB"). A complicação instaurou-se pelo fato de a Lei ter revogado expressamente o antigo Estatuto e outras leis (art. 87), mas nada ter disposto relativamente ao 791.º da CLT; além de que apenas antecipou como única exceção à participação obrigatória de advogado em tribunal, o caso da impetração de *habeas corpus*, sem considerar o caso da Justiça do Trabalho. Ponderava-se, então, se o *jus postulandi* teria ou não cessado na Justiça do Trabalho, uma vez que aquela lei era cronologicamente posterior à CLT. Em todo o caso, o STF suspendeu em medida liminar de ação direta de inconstitucionalidade, o art. 1.º, inc. I do EOAB, quer para o âmbito da Justiça Trabalhista, quer para o âmbito dos juizados de pequenas causas (ADIn 1.127-8), considerando ainda a não inconstitucionalidade do art. 9º da Lei n.º 9.099/1995 (Juizados Especiais de Pequenas Causas) na parte em que dispensa o acompanhamento obrigatório por advogado (ADIn 1.539). Entretanto, em 2001, surgia uma Lei n.º 10.288, de 20 de setembro, que previa nova redação para o art. 791 da CLT, impondo a presença de advogado após a audiência de conciliação caso não houvesse acordo antes da contestação. Como a alteração compatibilizava-se mal com a natureza una da audiência trabalhista, entre outros motivos, pelo que foi vetada pelo presidente. Sem prejuízo da decisão do STF, sustentava que o *jus postulandi* na Justiça do Trabalho não mais subsistia, Martins, Sérgio Pinto. *Direito Processual do Trabalho*. 40ª ed. São Paulo: Atlas, 2018, pág. 279. No entendimento do autor, "o §1º do art. 1º da Lei nº 8.906 aponta expressamente a única exceção à regra da participação do advogado, que inexistia na lei anterior, que é a impetração do *habeas corpus*. Não há outras exceções. Logo, já que é privativo do advogado a postulação em qualquer órgão do Poder Judiciário, sendo a Justiça do Trabalho um desses órgãos, e a única exceção vem a ser a interposição do *habeas corpus*, a conclusão é que o *ius postulandi*, previsto no art. 791 da CLT, não mais persiste, tendo sido revogado o referido preceito da CLT por ser incompatível com as normas citadas. Segundo a regra do §1º do art. 2º do Decreto-lei n 4.657/42, a lei posterior revoga a anterior quando for com ela incompatível. É o que ocorre entre o art. 1º da Lei nº 8.906 e o art. 791 da CLT".

conhece igualmente manifestação na Súmula 425 do TST[346]. O direito, que surge verdadeiramente como uma faculdade, só é atribuído à qualidade de quem é *empregado ou empregador*[347-348]. A sua razão de ser prende-se com a

346. A polémica em torno da correta interpretação a dar aos arts. 791, na parte que dispõe "até o final", e 839 da CLT, levou a que o TST editasse esta Súmula 425, que assevera: "O *jus postulandi* das partes, estabelecido no art. 791 da CLT, limita-se às Varas do Trabalho e aos Tribunais Regionais do Trabalho, não alcançando a ação rescisória, a ação cautelar, o mandado de segurança e os recursos de competência do Tribunal Superior do Trabalho" (Súmula n.º 425 do TST, editada em razão da Resolução n.º 165/2010 - DEJT 30.04.2010 e 03 e 04.05.2010). Todos os recursos que supostamente assumissem um nível técnico mais elevado que não estivesse ao alcance de qualquer leigo jurídico, ficariam inacessíveis ao empregado e empregador, que assim se viriam forçados a recorrer ao patrocínio judiciário para ações rescisórias, cautelares e mandado de segurança, todas da competência do TST. O critério acaba por padecer de alguma falta de clareza, já que também o agravo de petição demanda conhecimentos técnicos e, no entanto, por ser de competência do TRT, poderá ser interposto sem acompanhamento jurídico de advogado. Por outro lado, a interpretação sistemática que aqueles dois artigos da CLT e esta Súmula deveriam ter relativamente ao art. 899 da CLT ("Os recursos serão *interpostos por simples petição* e terão efeito meramente devolutivo, salvo as exceções previstas neste Título, permitida a execução provisória até a penhora", g.n.), parecem apontar para alguma incoerência: se para a interposição de qualquer recurso - a lei não discrimina - o legislador se basta com a simples petição, i.e., sem fundamentação, então dir-se-ia que o único critério elegido pelo TST para a edição da Súmula - complexidade técnica - perde qualquer razão de ser. Martins, Sérgio Pinto. Alcance do Ius Postulandi na Justiça do Trabalho. *Revista Síntese Trabalhista e Previdenciária*, São Paulo, Vol 22, N.º 257, nov/2010, págs. 63-65). Atualmente, com a Reforma Trabalhista, à lista de demandas que não admitem o *jus postulandi* acrescentou-se o *processo de jurisdição voluntária para homologação de acordo extrajudicial*, que expressamente impõe a presença de advogado (art. 855-B da CLT).

347. O que exclui, naturalmente, e *a contrario*, os dependentes do empregado falecido ou o autor de uma ação de embargos de terceiro, por exemplo. Inclui-se ainda no 791 o caso das pequenas empreitadas (art. 65, III da CLT), embora já não se possam incluir, atenta a circunstância de o texto do art. 791 referir expressamente "empregado" e "empregador", os trabalhadores não empregados. Neste sentido, Schiavi, Mauro. *Manual de Direito Processual do Trabalho.* 12ª ed. São Paulo: LTr, 2017, pág. 338. Não partilha deste entendimento a I Jornada de Direito Material e Processual do Trabalho (2007), cujo Enunciado 37 dispõe, *in verbis* "67. JUS POSTULANDI. ART. 791 DA CLT. RELAÇÃO DE TRABALHO. POSSIBILIDADE. A faculdade de as partes reclamarem, pessoalmente, seus direitos perante a Justiça do Trabalho e de acompanharem suas reclamações até o final, contida no artigo 791 da CLT, deve ser aplicada às lides decorrentes da relação de trabalho"; assim como Almeida, Cléber Lúcio. *Direito Processual do Trabalho.* 8ª ed. São Paulo: LTr, 2016, pág. 313, para quem uma interpretação do art. 791 da CLT de acordo com a EC obriga a que também os trabalhadores não empregados possam exercer o *jus postulandi*.

348. Admitindo precisamente que o próprio empregador, por se apresentar a postular sem a presença de advogado, possa ser considerado vulnerável processual para efeitos do

facilitação do *acesso à justiça* pela parte que não tenha meios para custear os serviços jurídicos de um advogado[349]. O argumento é bastante questionável atenta a complexidade inerente ao direito material e processual do trabalho e à grande dificuldade que as partes que postulam sozinhas por vezes sentem; o que leva alguma doutrina a advogar pela sua *desadequação à realidade* contemporânea, sobretudo após a EC 45/04[350].

---

art. 190 e, consequentemente, não poder celebrar negócios jurídicos processuais, Bernardes, Filipe. *Manual de Processo do Trabalho.* Salvador: Juspodivm, 2018, pág. 66.

349. Até se pode dizer que o instituto assumia enorme pertinência no século passado, à época da República da era Vargas, quando surgiu aquando a criação das Juntas de Conciliação e Julgamento e Comissões Mistas de Conciliação. Nos termos do art. 6.º do à época Decreto n.º 22.132/32 podia ler-se "as reclamações determinantes dos litígios de que trata o art. 1º, serão dirigidas pelos interessados ou seus representantes legais, no Distrito Federal, aos procuradores do Departamento Nacional do Trabalho e, nos Estados ou Território do Acre, às Inspetorias Regionais, aos delegados ou funcionários federais indicados pelo ministro do Trabalho, Industria e Comércio, por escrito ou verbalmente, sendo neste último caso reduzidas a termo, assinado pelo reclamante ou alguém a seu rogo". Após o surgimento da CLT em 43, também se pode dizer que o instituto tinha acuidade, atenta a menor complexidade das lides demandadas neste ramo judicial.

350. Assim, por exemplo, Schiavi, *in verbis* "No nosso sentir, com a EC n. 45/04 e a vinda de outras ações para a Justiça do Trabalho que não são oriundas da relação de emprego, não mais se justifica a existência do *jus postulandi*, até mesmo pelo fato da complexidade das relações jurídicas que decorrem da relação de emprego. (...) Em que pese o respeito que merece o entendimento acima, pensamos que o empregado assistido por advogado tem maiores possibilidades de êxito no processo, assegurando o cumprimento do princípio constitucional do acesso real à Justiça do Trabalho, e também a uma ordem jurídica justa. Não se pode interpretar a lei pelas exceções. Hoje, a parte não estar assistida por advogado na Justiça do Trabalho é exceção. De outro lado, diante da complexidade das matérias que envolvem o cotidiano do Direito do Trabalho e da Justiça do Trabalho, a não assistência por advogado, ao invés de facilitar, acaba dificultando o acesso, tanto do trabalhador como do tomador de serviços, à Justiça. Nossa experiência prática com o *jus postulandi* na Justiça do Trabalho não nos anima a defendê-lo, pois, quando as duas partes estão sem advogado, dificilmente a audiência não se transforma numa discussão entre reclamante e reclamado por desentendimentos pessoais alheios ao processo e dificilmente se consegue conter os ânimos das partes" (Schiavi, Mauro. *Manual de Direito Processual do Trabalho.* 12ª ed. São Paulo: LTr, 2016, págs. 337-338). No mesmo sentido, considerando que a "capacidade postulatória das partes na Justiça do Trabalho é ranço pernicioso originário da fase administrativa e que ainda hoje persiste em total discrepância com a realidade atual", ou ainda que "o direito do Trabalho constitui hoje, seguramente, um dos mais, senão o mais dinâmico ramo do direito e a presença do advogado especializado já se faz necessária. Exigir-se de leigos que penetrem nos meandros do processo, que peticionem, que narrem fatos

Reconhecemos que a situação em que a parte postula sozinha em juízo (*jus postulandi*) pode implicar um indício de vulnerabilidade (*vulnerabilidade técnica*)[351]. A previsão desta possibilidade pelo legislador teve em vista assegurar um amplo acesso ao judiciário ao trabalhador, e não propriamente empoderá-lo de alguma forma dentro do processo ao lhe reconhecer competências técnico-jurídicas que na grande maioria das vezes não terá. Realmente seria preferível que a Defensoria Pública assumisse maior papel nesta seara jurisdicional, uma vez que pertence ao seu leque de atribuições (art. 14 da Lei Complementar n.º 80/94), não ficando exclusivamente a cargo dos sindicatos a disponibilização de assistência técnica (art. 14 da Lei n. 5.584/70).

De todo o modo, continuamos a entender que ela mais não é do que isso, um indício de vulnerabilidade, pelo que poderá ser afastada em *concreto*. De facto, se no passado poderia não ser assim, hoje há uma tendência para que os trabalhadores que postulam sem acompanhamento de advogado, o façam porque têm conhecimentos jurídico-técnicos suficientes (por serem, por exemplo, juristas, professores de Direito, advogados).

A litigância em situação de *jus postulandi* só por si, pode não ser suficiente para arredar a faculdade dessa parte para celebrar negócios jurídicos processuais. Não assim no processo do trabalho; não assim nos

---

sem transformar a lide em desabafo pessoal, que cumpram prazos, que recorram corretamente, onde o próprio especialista, por vezes, tem dúvidas quanto à medida cabível em determinados momentos. E é a esse mesmo leigo formular perguntas em audiência, fazer sustentação oral de seus recursos perante tribunais", OLIVEIRA, Francisco Antonio de. *Comentários à Consolidação das Leis do Trabalho*. 4ª ed. São Paulo: RT, 2013, pág. 621; CARVALHO, Nordson Gonçalves de. Jus Postulandi: um limitador ao acesso à Justiça. *Revista de Direito do Trabalho*, São Paulo, Vol. 34, N.º 132, out-dez/2012, págs. 355 ss. Em sentido contrário, pugnando pela defesa do instituto no direito do trabalho, PIMENTA, José Roberto Freire. A nova competência da Justiça do Trabalho para lides não decorrentes da relação de emprego: aspectos processuais e procedimentais. *In:* COUTINHO, Grijalbo Fernandes, FAVA Marcos Neves (coord.). *Justiça do Trabalho: competência ampliada*. São Paulo: LTr, 2005, págs. 270-271. Pugnando pela falta de recursos e estrutura para criar um sistema de *jus postulandi* nos juizados e, por conseguinte, pela inadequação do instituto, TARTUCE, Fernanda. *Igualdade e vulnerabilidade no Processo Civil*. Rio de Janeiro: Forense, 2012, pág. 204. Segundo a autora, não há estrutura suficiente para atender à simplicidade e informalismo dos pedidos das partes que postulam sozinhas, assim como também não a há quando o Estado deixou de instituir Defensorias Públicas permanentes nos foros dos juizados.

351. TARTUCE, Fernanda. *Igualdade e vulnerabilidade no Processo Civil*. Rio de Janeiro: Forense, 2012, pág. 264.

juizados especiais de consumo etc. Enfrentando este mesmo problema da admissibilidade de convenções processuais nos juizados especiais, há uma *tendência para negar* a possibilidade da parte não acompanhada por procurador para os celebrar[352]. Partindo-se de uma distinção entre convenções que versem sobre *o processo* e convenções que versem sobre *o objeto do direito controvertido*[353], já se admitiu que a parte não assistida em processo que corre termos em juizado especial apesar de não poder firmar negócios processuais quanto às primeiras, por envolverem questões técnicas e conhecimentos cuja amplitude e consequências a parte desconhece, poderá fazê-lo quanto às segundas[354].

7.II.5.2.6.2. A inversão e dinamização do ônus probatório como forma de tutela do vulnerável técnico no processo do trabalho

Como bem assevera a doutrina, as dificuldades sentidas pelo trabalhador a este nível são várias: (i) seja no acesso à *prova documental* – em regra, a sua maioria na posse da empresa empregadora – dada a conformidade que muitas vezes existe da parte dos trabalhadores em não requerer acesso por receio de perda de emprego; (ii) seja no acesso a *prova testemunhal*, já que a maior parte das testemunhas que possam reportar de forma direta fatos presenciados no local de trabalho encontrar-se-ão ainda empregadas, podendo temer despedimento ao relatar fatos que venham diretamente a prejudicar a entidade patronal[355]. Para ultrapassar este *deficit* probatório do

---

352. ROCHA, Felippe Borring. *Manual dos Juizados Especiais Cíveis Estaduais: teoria e prática.* 8ª ed. São Paulo: Atlas, 2016, pág. 131.

353. Estabelecendo esta distinção, TUCCI, José Rogério Cruz e. Natureza e objeto das convenções processuais. *In* CABRAL, Antonio do Passo; NOGUEIRA, Pedro Henrique (coord.). *Negócios Processuais.* 3ª ed. Salvador: Juspodivm, 2015, pág. 28 ["(...) as convenções processuais, amplamente admitidas pelo art. 190 do novo Código de Processo Civil, que ostentam natureza e conteúdo estritamente processual, não têm qualquer identidade dogmática com os negócios jurídicos processuais, de cunho substancial e que têm por objeto o direito controvertido"].

354. SOUZA, Marcia Cristina Xavier de, Breves considerações acerca das convenções processuais nos juizados especiais cíveis. *In* MARCATO, Ana, et. al. (coord.). NEGÓCIOS PROCESSUAIS. Salvador: Juspodivm, 2017, Vol. I, pág. 376.

355. TEIXEIRA FILHO, Manoel Antônio Teixeira. *Curso de direito processual do trabalho: processo de conhecimento.* São Paulo: LTr, 2009, Vol. I, pág. 96. Não raro, como alerta o autor, a documentação que constitui prova no processo trabalhista tem que ser "arrancada" do estabelecimento empresarial com recurso a expedientes processuais próprios como a busca e apreensão.

reclamante, o ordenamento tem facultado presunções de prova em seu favor e a inversão do ônus para o empregador.

Ora, a CLT acabou por não consagrar uma disposição semelhante ao art. 6.º, inc. VIII do CDC. A regra continua a ser a estática previsão do 818 da CLT que repete a regra civilista de que a quem alega compete provar. Todavia, este preceito não se limita a regular a produção de prova, interferindo também no direito à apresentação de prova; este, por sua vez, necessariamente condicionado por questões fáticas e circunstanciais que podem impedir uma parte, em concreto, de as produzir. Desconsiderar cegamente esta situação importaria a perpetuação de uma violação impetuosa ao acesso à justiça em efetivas condições de igualdade. Por essa razão, e considerando a particular dificuldade técnica em que o típico trabalhador se encontra para produzir prova, o Direito do Trabalho tem sido palco fértil para a *dinamização do ônus probandi*, fundamentada não propriamente em razões de *acesso à justiça* ou *função pública* do processo, mas sobretudo em motivos de *igualdade material e paridade de armas*[356]: as especiais dificuldades de alguns litigantes para provar as suas alegações são levadas em consideração para distribuir o ônus à parte que se encontra em melhores condições o fazer. O art. 769 da CLT tem sido usado, nesta sede, como porta aberta de proteção do trabalhador, ao permitir o recurso constante às técnicas de *dinamização probarória*[357].

Neste contexto: (i) nos termos da Súmula 6, item VIII do TST[358], o tribunal faz incumbir o empregador do ônus de provar a *equiparação salarial*; (ii) nos termos da Súmula n.º 12 do TST, as *anotações na CTPS apostas pelo empregador* não geram presunção *iure et de iure*, pelo que asseguram ao empregado o direito à contraprova; (iii) nos termos da Súmula 212 do TST, em razão do princípio da continuidade da relação de emprego, *presume-se o despedimento do empregado*, outorgando ao empregador o ônus de provar o contrário (i.e., demissão do trabalhador)[359]; (iv) nos termos da OJ da SDI-I do

---

356. Sobre estes problemas de fundamentação da dinamização do ônus probatório, Rodrigues, Roberto de Aragão Ribeiro. A dinamização do ônus da prova. *Revista de Processo*, São Paulo, Vol. 40, N.º 240, fev/2015. Págs. 41-59.

357. Jakutis, Paulo Sérgio. A influência do novo CPC no ônus da prova trabalhista. *In* Miessa, Élisson (coord.). *O novo Código de Processo Civil e seus reflexos no processo do trabalho*. Salvador: Editora Juspodivm, 2016, pág. 687.

358. "VIII – É do empregador o ônus da prova do fato impeditivo, modificativo ou extintivo da equiparação salarial. (ex-Súmula nº 68 – RA 9/1977, DJ 11.02.1977)".

359. Assim, *vide* Súmula n.º 212.º do TST – "Despedimento. ônus da prova. O ônus de provar o término do contrato de trabalho, quando negados a prestação de serviço e

TST n.º 233, comprovadas as sobrejornadas em certos períodos, o magistrado poderá *presumir essa mesma sobrejornada noutros períodos não abrangidos pela prova nos autos*, o que basicamente significa que passa a ser do empregador o ônus de provar que os excessos não são devidos; (v) nos termos da Súmula 338 do TST[360], faz impender sobre a empresa a *prova dos horários de trabalho* do trabalhador, sob pena de serem considerados verdadeiros os horários alegados por este na petição inicial; (vi) nos termos da Súmula n.º 443 do TST, na falta de razões objetivas do despedimento, *presume-se que a despedida de empregador portador do vírus HIV é discriminatória*; (vii) nos termos da Súmula n.º. 460 do TST[361], faz-se impender sobre o empregador o ônus de provar que o trabalhador não pretende ou preenche os requisitos para *concessão do vale de transporte*; (viii) nos termos da Súmula n.º 461 do

---

o despedimento, é do empregador, pois o princípio da continuidade da relação de emprego constitui presunção favorável ao empregado." Nos mesmos termos, acórdão do TRT 16ª Região, Processo de Recurso Ordinário n.º 158.2009.008.16.00.0, Relator James Magno Araújo Farias, data de julgamento 15.06.2010 ("Demissão por justa causa por abandono de emprego. Dispensa imotivada reconhecida em juízo. Aplicação da Súmula 212 do TST. Princípio da continuidade da relação de emprego. O ônus de provar o término da relação de emprego, quando ocorre o prolongamento do contrato, é do empregador, considerando-se o princípio da continuidade da relação de emprego. Não configura justa causa por abandono ao emprego a hipótese em que o empregador não toma as providências imediatas para regularizar a rescisão contratual após o pedido formal de demissão do empregado, ingressando com ação de consignação em pagamento. No caso em análise, a conversão da dispensa por justa causa em dispensa imotivada, com a condenação da reclamada no pagamento das parcelas rescisórias constitui reparação justa a que faz jus o reclamante").

360. "Jornada de trabalho. registro. ônus da prova (incorporadas as Orientações Jurisprudenciais nºs 234 e 306 da SBDI-1) I – É ônus do empregador que conta com mais de 10 (dez) empregados o registro da jornada de trabalho na forma do art. 74, §2º, da CLT. A não-apresentação injustificada dos controles de frequência gera presunção relativa de veracidade da jornada de trabalho, a qual pode ser elidida por prova em contrário. (ex-Súmula nº 338 – alterada pela Res. 121/2003, DJ 21.11.2003) II – A presunção de veracidade da jornada de trabalho, ainda que prevista em instrumento normativo, pode ser elidida por prova em contrário. (ex-OJ nº 234 da SBDI-1 – inserida em 20.06.2001) III – Os cartões de ponto que demonstram horários de entrada e saída uniformes são inválidos como meio de prova, invertendo-se o ônus da prova, relativo às horas extras, que passa a ser do empregador, prevalecendo a jornada da inicial se dele não se desincumbir. (ex-OJ nº 306 da SBDI-1- DJ 11.08.2003)".

361. "Vale-Transporte. Ônus Da Prova – Res. 209/2016. É do empregador o ônus de comprovar que o empregado não satisfaz os requisitos indispensáveis para a concessão do vale-transporte ou não pretenda fazer uso do benefício."

TST[362], onera-se o empregador com o ônus de *prova dos depósitos do FGTS*, (ix) nos termos de vários *precedentes* judiciais, sempre que o trabalhador demonstrou ter prestado serviços para o empregador, confere ao último o ônus de *provar a inexistência de subordinação jurídica* (autonomia do vínculo contratual)[363]; (x) ou muitas vezes se ampara em *regras da experiência* para promover a dinamização do ônus probatório[364].

Para além destas formas de dinamização pontual do ônus probatório na Justiça do Trabalho, discute-se ainda da *aplicação subsidiária do art. 6.º, inc. VIII do CDC*, permitindo, na falta de dispositivo expresso na CLT, a inversão do ônus sempre que o trabalhador for hipossuficiente; prática que tem sido tradicionalmente usada em casos de assédio moral[365], ou acidente

---

362. "Fgts. Diferenças. Recolhimento. Ônus Da Prova – Res. 209/2016. É do empregador o ônus da prova em relação à regularidade dos depósitos do FGTS, pois o pagamento é fato extintivo do direito do autor (art. 373, II, do CPC de 2015)."

363. Acórdão do TRT da 18ª Região, 1ª Turma, Recurso Ordinário com Processo n.º 0199300.81.2009.5.18.0007, Relator Kathia Maria Bomtempo de Albuquerque, Data de julgamento 23.06.2010 ("Vinculo de emprego x autonomia. admissão da prestação dos serviços. ônus da prova. Quando a parte admite a prestação dos serviços sob natureza diversa à de vínculo empregatício, atrai para si o ônus dessa alegação. E dele se desincumbindo, não há se falar em relação de emprego. Recurso a que se nega provimento"); acórdão do TRT da 10ª Região, 2ª Turma, Processo de Recurso Ordinário n.º 1016.2007.01.01.0007, Relator Desembargador Alexandre Nery de Oliveira, Data de julgamento 27.02.2008 ("Vínculo de emprego x autonomia: Ônus da prova. Negado o vínculo empregatício, mas afirmada relação laboral sob modalidade de prestação de serviços, é do Reclamado o ônus da prova. Comprovada a ausência de subordinação, não se reconhece o contrato de emprego. Recurso obreiro conhecido e desprovido").

364. Como é o caso do acórdão do TRT da 15ª Região, 2ª Turma, Recurso Ordinário de Processo n.º 26630/97, Relator Desembargador Manoel Carlos Toledo Filho, data de julgamento 15.09.1997 ("Empregado vigilante. Intervalo para refeição e descanso. Ônus da prova. O cotidiano dos pretórios trabalhistas tem demonstrado que o empregado vigilante dificilmente usufrui de intervalos regulares para refeição e descanso. E isto se dá porque, via de regra, não há outro laborista apto a substituí-lo em tais interregnos, fazendo com que a alimentação se proceda assim no próprio posto de trabalho, dada a impossibilidade de interrupção do serviço. É o que ordinariamente acontece. Consequentemente, pertence ao empregador o ônus de demonstrar a efetiva fruição do intervalo, visto que o ordinário se presume, e o extraordinário se prova. Exegese dos artigos 335 do CPC e 818 da CLT. Recurso patronal desprovido"), *apud* Mallet, Estêvão. Discriminação e processo do trabalho. *Revista do TST*, Rio Grande do Sul, Vol. 65, n.º 1, out-dez/1999, pág. 155, nota 30.

365. Lora, Ilse Marcelina Bernardi. A dificuldade probatória do assédio moral no trabalho. *Revista Síntese Trabalhista e Previdenciária*, São Paulo, Vol. 23, N.º 276, jun/2012,

de trabalho[366]. Os posicionamentos mais uma vez não são uniformes, apesar da maioria colocar-se *a favor da migração deste instituto consumeirista*[367].

---

págs. 19-20; Feliciano, Guilherme Guimarães. Assédio e inversão do ônus da prova: breves considerações. *Revista LTr*, São Paulo, Vol. 81, N.º 01, 2017, págs. 46-51. O autor, em outro estudo, analisa ainda os casos de inversão em situações paralelas, como (i) ações que denunciem discriminação, (ii) ações que denunciem atentados ao meio ambiente ecologicamente equilibrado, (iii) ações de violação à privacidade (cf. "Distribuição dinâmica do ônus da prova no processo do trabalho – critérios e casuística. *Revista LTr:* São Paulo, Vol. 72, N.º 08, 2008). Desenvolvendo as categorias do autor, Ambrosio, Graziella. *A distribuição dinâmica do ônus da prova no processo do trabalho.* São Paulo: LTr, 2013, págs. 116-135. Também tem sido usado a respeito da prova de sobrejornada de empregado doméstico, tal como demonstrado em Leite, Carlos Henrique Bezerra. A emenda constitucional n. 72 e o ônus da prova da jornada do trabalhador doméstico. *Revista LTr*, São Paulo, Vol. 78, N.º 06, jun/2014, pág. 662.

366. Entre vários, Pessoa, Roberto. Aplicação da teoria das 'cargas probatórias dinâmicas' nas lides de acidente de trabalho – uma perspectiva epistemológica. *Revista LTr*, São Paulo, Vol. 75, n.º 11, nov/2011, págs. 1360-1366.

367. Moura, por exemplo entende que "não obstante o processo do trabalho também trate de tentar diminuir as desigualdades processuais entre os litigantes, não vejo lugar para aplicação da regra especial que cuida das relações de consumo, como a do artigo 6, VII, do CDC. A solução mais consentânea com a realidade trabalhista foi proposta, ao nosso ver, por Cleber Lúcio de Almeida (...). O autor defende que o Juiz do Trabalho deve estabelecer presunções favoráveis ao empregado, fundadas nos princípios do direito do trabalho, na exigência de pré-constituição da prova e em regras de experiência; além disso, deve o juiz conceder especial valor à prova favorável ao trabalhador, que se sustenta no princípio que basta a prova do inicio do fato que gera o seu direito para que o juiz entenda superando o encargo probatório" (Moura, Marcelo. *Consolidação das leis do trabalho: para concursos.* Salvador: Juspodivm, 2013, pág. 967). Em sentido contrário, admitindo a importação do instituto, e correspondendo à maioria da doutrina, valem como exemplo os entendimentos de Pamplona Filho, Rodolfo; Souza, Tercio. *Curso de direito processual do trabalho.* São Paulo: Marcial Pons, 2014, pág. 289; Leite, Carlos Henrique Bezerra. *Curso de Direito Processual do Trabalho.* 14ª ed. São Paulo: Saraiva, 2016, pág. 767 ("ora, é exatamente o requisito da hipossuficiência (geralmente econômica) do empregado perante seu empregador que autoriza o juiz do trabalho a adotar a inversão do *onus probandi* (...). Atualmente parece-nos não haver mais dúvida sobre o cabimento da inversão do ônus da prova nos domínios do direito processual do trabalho, não apenas pela aplicação analógica do art. 6º, VIII do CDC, mas também pela autorização contida no art. 852-D da CLT (...). Cremos, portanto, ser analogicamente viável a aplicação da regra do art. 852-D da CLT a qualquer procedimento do processo trabalhista, com apenas uma advertência: o princípio em tela só tem lugar quando não existirem outras provas, nos autos, suficientes à formação do convencimento do juiz acerca dos fatos alegados pelas partes."); Schiavi, Mauro. *Manual de Direito Processual do Trabalho.* 12ª ed. São Paulo: LTr, 2017, págs. 704-705 ("não obstante, no processo do trabalho tem grande pertinência a regra da inversão do ônus da prova, pois, muitas vezes, o estado de hipossuficiência do empregado

Importante é ter consciência, porém, que nesse art. 6º inc. VIII do CDC a hipossuficiência não seja critério lido do ponto de vista econômico[368] *mas técnico*[369].

---

reclamante o impede de produzir comprovação de suas alegações em juízo, ou essa prova se torna excessivamente onerosa, podendo inviabilizar a efetividade do próprio postulado. Desse modo, aplica-se perfeitamente ao processo do Trabalho a regra da inversão do ônus da prova constante do Código de Defesa do Consumidor, em razão da omissão da CLT e da compatibilidade com os princípios que regem o Processo do Trabalho (art. 769 da CLT), maxime o princípio do acesso do trabalhador à justiça"); SARAIVA, Renato; MANFREDINI, Aryanna. *Curso de Direito Processual do Trabalho.* 12ª ed. Salvador: Juspodivm, 2015, pág. 358; PAULA, Carlos Alberto Reis de. *A especificidade do ônus da prova no processo do trabalho.* 2ª ed. São Paulo: LTr, 2010, págs. 129-130; AMBROSIO, Graziella. *A distribuição dinâmica do ônus da prova no processo do trabalho.* São Paulo: LTr, 2013, págs. 44 ss. Também já existem alguns acórdãos dispondo neste sentido, dos quais é mero exemplo o do TRT, 3ª Região, Processo de Recurso Ordinário n.º 00782.2012.060.03.00.6, Relator Desembargador Márcio Ribeiro do Valle, Data de publicação 22.04.2013, onde se pode ler na fundamentação do acórdão: "Não há, a priori, qualquer conflito para a aplicação do mencionado instituto na Justiça do Trabalho, principalmente porque essa mesma Justiça já açambarcou em sua competência institutos que outrora integravam somente a esfera cível, como no caso das indenizações morais e materiais, desconsideração da personalidade jurídica, entre outros, não tendo qualquer conflito na sua aplicabilidade. Ademais, o artigo 769 da CLT orienta que o processo comum é fonte subsidiária da processualística trabalhista, e não especificamente o processo civil; portanto, plenamente cabíveis na matéria a ser analisada no presente processo os princípios e direitos norteadores da legislação consumerista, uma vez que se mostra razoável que o juiz, como condutor absoluto do processo, conforme se depreende do artigo 765 da CLT, determine a inversão do ônus da prova". Também na I Jornada de Direito Material e Processual do Trabalho realizada pelo TST, foi aprovado o Enunciado n.º 41 que dispõe, *in verbis* "RESPONSABILIDADE CIVIL. ACIDENTE DO TRABALHO. ÔNUS DA PROVA. Cabe a inversão do ônus da prova em favor das vítimas nas ações indenizatórias por acidente de trabalho".

368. Assim, LEITE, Carlos Henrique Bezerra. A emenda constitucional n. 72 e o ônus da prova da jornada do trabalhador doméstico. *Revista LTr,* São Paulo, Vol. 78, N.º 06, jun/2014, pág. 660.

369. TARTUCE, Fernanda. *Igualdade e vulnerabilidade no Processo Civil.* Rio de Janeiro: Forense, 2012, pág. 183; RODRIGUES, Marco Antonio dos Santos. A efetividade do processo e a distribuição do ônus da prova. *Revista eletrônica de direito processual,* Rio de Janeiro, Vol. 12, N.º 12, 2013, pág. 549. Tal como aponta AUFIERO, seria um contrassenso que assim não fosse já que a produção de determinada prova beneficia, em princípio, aquele que a solicitou, pelo que impor sobre a parte adversária prejudicada o dever de custeá-la simplesmente porque tem melhores condições financeiras de o fazer, é insustentável. Havendo interesse em que seja o empregador, com melhores condições financeiras, a custear determinada prova (*maxime,* pericial), uma eventual inversão da prova a favor do empregado deverá ser obtida à custa de negociação processual (art. 373, §§3º e 4 c/c

7.II.6. A TUTELA ADEQUADA DO TRABALHADOR VULNERÁVEL PELA SALVAGUARDADA DO ART. 190 PARÁGRAFO ÚNICO DO CPC

7.II.6.1. A técnica legislativa do 190.º do CPC e o uso de conceitos jurídicos indeterminados

O CPC propositadamente construiu os limites do art. 190 no seu parágrafo único à base de *conceitos jurídicos indeterminados* ("abusiva", "manifesta", "vulnerabilidade"). A técnica não pode ser censurada, já que visa proporcionar um *maior alcance à norma* e torná-la mais *flexível* para encontrar respostas para os casos concretos. A técnica permite que a norma extraída do preceito possa manter-se constantemente *atualizada*, adequando-se à permanente evolução da sociedade[370]. Encarna basicamente o reconhecimento de que a lei não pode antever todas as necessidades do direito material e fazer corresponder as técnicas processuais a cada uma das suas particularidades[371].

Ao contrário de cláusulas gerais, o magistrado diante de conceitos jurídicos indeterminados *não tem como influenciar os efeitos jurídicos* previstos na norma, mas apenas escolher (substancialmente) se determinada circunstância preenche ou não o conceito legislativo[372]. Os conceitos jurídicos

---

190 do CPC) e não pela mão do magistrado com fundamento em "hipossuficiência" (cf. Aufiero, Mario Vitor M. Dinamização do ônus da prova e o dever de custeá-la. *Revista de Processo*, Vol. 42, N.º 273, São Paulo, nov/2017, págs. 156-157.

370. Braga, Paula Sarno. *Norma de processo e norma de procedimento: o problema da repartição de competência legislativa no Direito Constitucional brasileiro.* Salvador: Juspodivm, 2015, pág. 43. Na definição da Autora, corresponde à "(...) expressão textualizada, integrante de enunciado normativo, semanticamente aberta, mas composta por um centro de sentido essencial (mínimo), que pode ser estudado e definido teórica e abstratamente, e margens de sentido vago a ser determinado e concretizado pelo interprete e aplicador da norma, a cada caso concreto, atribuindo-lhe, sempre, significado consoante aquele socialmente reconhecido, naquele tempo e lugar (o "consenso social"), e definido à luz de todo o quadro normativo existente e dos fins inerentes à norma" (cit. pág. 43).

371. Marinoni, Luiz Guilherme; Arenhart, Sérgio Cruz; Mitidiero, Daniel. *Curso de Processo Civil.* 2ª ed. São Paulo: RT, 2015, vol. I pág. 133.

372. Ávila, Humberto Bergmman. Subsunção e concreção na aplicação do direito. *Faculdade de Direito da PUCRS: o ensino jurídico no limiar do novo século.* Porto Alegre: EDIPUCRS, 1997, pág. 436; Canaris, Claus-Wilheim. *Pensamento Sistemático e conceito de sistema na ciência do direito.* 4ª ed. Trad: António Menezes Cordeiro. Lisboa: Fundação Calouste Gulbenkian, 2008, pág. 142.

indeterminados fornecem uma *moldura semanticamente vaga* ao magistrado para concretizar os seus termos e incorporar-lhes condutas que são estrangeiras ao seu *corpus* codificado[373]. Essa técnica visa trazer funcionalidade e longevidade ao sistema jurídico, *tornando-o maleável* ao amplo conjunto de situações, seja as que já existem mas que uma adequada técnica legislativa impede a sua reprodução extensiva, seja as que o legislador tão-pouco pode prever por respeitarem a situações futuras.

Ao mesmo tempo, porém, *obriga ao magistrado a demonstrar, mediante adequada fundamentação, a idoneidade do seu uso* para enquadrar a realidade da vida. O processo de subsunção da realidade material ao conceito indeterminado implica a identificação das necessidades que o direito material impõe e que se encontrem particularizadas no caso concreto. Até que essa operação seja efetuada, estas técnicas jurídicas e normas processuais abertas são neutras e não substantivadas.

Em todo o caso, nem por isso os conceitos jurídicos indeterminados pecam por ausência de reduto mínimo de significado. Por mais indeterminados que sejam, possuem sempre um *sentido mínimo e pré-compreendido acessível ao intérprete*, sob pena de perderem unidade conceptual. A sua natureza de sentido é preservada por um reduto semântico que lhe solidifica a estrutura básica e lhe dá consistência.

Em suma, entre o centro semântico de que partem todas as interpretações e a moldura que balizará a amplitude do conceito jurídico indeterminado, encontra-se toda um vasto espectro de realidades que podem, com maior ou menor intensidade, preencher a indeterminabilidade do conceito, cabendo ao magistrado essa engenhosa tarefa.

Os conceitos jurídicos indeterminados, como informa Engish podem ser *normativos* ou *descritivos*, conforme a realidade que retratem seja exclusivamente concebível e apreensível no mundo jurídico ou careçam de juízo de valor adequado ("complexidade do ato" art. 218, §1º) ou também pela realidade ("utilidades domésticas", art. 833, inc. II), respetivamente[374]. Toda-

---

373. Martins-Costa, Judith. O Direito Privado como um "sistema em construção": as cláusulas gerais no projeto do código civil brasileiro. *Revista de Informação Legislativa*, Brasília, Ano 35, n.º 139, jul-set/1998, disponível em: http://jus.com.br/revista/texto/513/o-direito-privado-como- um-sistema-em-construcao, última consulta em 13.02.1018.

374. Engisch, Karl. *Introdução ao Pensamento Jurídico* (Trad: Batista Machado). 10ª ed. Lisboa: Fundação Calouste Gulbenkian, 2008, págs. 210-214. "Muitos conceitos

via, como anota MENEZES CORDEIRO, a distinção nem sempre é pertinente, já que muitas vezes realidades descritivas do mundo real são importadas para conceitos normativos e, nem por isso, transformam a natureza destes. Independentemente, então, de saber se retrata ou não fenômeno do mundo jurídico ou real, determinante parece ser que o conceito *integre o enunciado* normativo[375].

7.II.6.2. A capacidade exigida pela cláusula do art. 190 do CPC: *a capacidade processual negocial*

Para além da necessária *legitimidade ad actum*[376], o art. 190 exige como condição de validade de negócio processual que as partes sejam "*plenamente capazes*". Pergunta-se, porém, que capacidade é esta? O legislador basta-se com uma capacidade processual genérica, exige capacidade postulatória, ou é algo diferente? Isto porque do ponto de vista literal parece que estaríamos perante uma simples *capacidade negocial*, i.e., capacidade de manifestar vontade na celebração de negócio jurídico. Mas exigir que

---

indeterminados são, num sentido que já vamos precisar, *conceitos 'normativos'*. Contrapõem-se estes conceitos aos conceitos 'descritivos', quer dizer, àqueles conceitos que designam 'descritivamente' objetos reais ou objetos que de certa forma participam da realidade, isto é, objectos, que são fundamentalmente percetíveis pelos sentidos ou de qualquer outra forma percecionáveis: 'homem', 'morte', 'cópula', 'escuridão', 'vermelho', 'velocidade', 'intenção'"; já quando aos conceitos normativos, entende que há dois critérios para os definir: "primeiramente (...) visam dados que não são simplesmente percetíveis pelos sentidos ou percecionáveis, mas que só em conexão com o mundo das normas se tornam representáveis e compreensíveis. (...) [Em segundo lugar] O significado próprio do termo 'normativo', que é simultaneamente o segundo significado normativo em sentido estrito e aquele que merece a nossa preferência, apenas poderia ser encontrado no facto de que é sempre precisa uma *valoração* para aplicar, no caso concreto, um conceito normativo".

375. CORDEIRO, António Menezes, *Da boa fé no direito civil.* Coimbra: Almedina, 2007, pág. 1179.

376. Isto é, que o sujeito que é parte no negócio só possa dispor de direitos que ele mesmo titulariza. Por falta de *legitimidade ad actum*, não pode a parte condicionar a presença de entes públicos no processo (a presença destes é da competência do legislador definir), impor o segredo de justiça em seu processo (pelo fato de a publicidade ser bem jurídico que interessa a toda a comunidade), dispor sobre poderes que competem exclusivamente ao magistrado (pois a situação jurídica é de terceiro), dispor sobre o processo de tal forma que inviabilize a própria tramitação deste (p.ex a renúncia prévia a patrocínio de advogado). Cf. CABRAL, Antonio do Passo. *Convenções Processuais.* Salvador: Juspodivm, 2016, págs. 269-272.

as partes sejam *plenamente*[377] *capazes* para contrair pelo 190 é também, e

---

377. Também se tem questionado a relevância da expressão "plenamente" colocada de forma imediatamente antecedente a "capazes". Poder-se-ia perguntar se essa opção do legislador fora propositada, no sentido de com ela excluir capacidade aos absoluta ou relativamente incapazes para celebração destes negócios, ou se lhes é permitida a negociação se devidamente suprida a incapacidade por representação ou assistência. Yarshell, por exemplo, entende que o fato de o 190 exigir a "plena capacidade" é sinónimo de exclusão da capacidade negocial sobre o processo das pessoas incapazes, ainda que estejam devidamente acompanhados pelo seu representante ou assistente, embora admita que essa incapacidade uma vez sanada permita a ratificação dos atos pelo ex-incapaz (Yarshell, Flávio Luiz. Convenção das partes em matéria processual: rumo a uma nova era?. *In* Cabral, Antonio do Passo; Nogueira, Pedro Henrique (coord.). *Negócios Processuais*. 3ª ed. Salvador: Juspodivm, 2016, págs. 73 ss). Neste sentido de Yarshell, vale o Enunciado n.º 38 da ENFAM: "Somente partes absolutamente capazes podem celebrar convenção pré-processual atípica (arts. 190 e 191 do CPC/2015)". Também no mesmo sentido, Bueno, Cassio Scarpinella. *Manual de Direito Processual Civil*. 2ª ed. São Paulo: Saraiva, 2016, pág. 215; Medina, José Miguel Garcia. *Novo Código de Processo Civil Comentado*. 4ª ed. São Paulo: RT, 2016, págs. 338-339; Avelino, Murilo Teixeira. A posição do magistrado em face dos negócios jurídicos processuais. *Revista de Processo*, São Paulo, Vol. 40, N.º 246, ago/2015, pág. 231; Müller, Julio Guilherme. *Negócios processuais e desjudicialização da produção da prova*. São Paulo: RT, 2017, pág. 164; Gajardoni, Fernando da Fonseca; Dellore, Luiz; Roque, Andre Vasconcelos; Oliveira Jr., Zulmar Duarte de. *Teoria Geral do Processo: Comentários ao CPC de 2015*. 2ª ed. Rio de Janeiro: Forense, 2018, vol. I, págs. 687-688 ("qualquer intenção de admitir que incapazes possam celebrar, por assistentes ou representantes, negócios jurídicos processuais (ainda que vantajosos a eles), implica condenável prática de ver a lei como ela deveria ser, e não como ela é. A adoção da expressão 'plenamente capazes' no artigo 190 do CPC/2015 deve ter algum significado e, como não há palavras inúteis na lei, a única leitura possível da disposição que encontramos é a no sentido de não ser admitida convenção processual por quem não tenha plena capacidade de disposição de seus direitos"); Pinho, Humberto Dalla Bernardina de; Lobo, Julia Araripe Leite. Os negócios jurídicos processuais e alegação de existência de convenção de arbitragem. *Revista jurídica luso brasileira*, Vol. 4, N.º 1, 2018. Pág. 685. Pronunciando-se no sentido de que mesmo os sujeitos incapazes podem celebrar negócios processuais desde que estejam devidamente representados, ou assistidos, Abreu, Rafael Sirangelo de A igualdade e os negócios processuais. *In* Cabral, Antonio do Passo; Nogueira, Pedro Henrique (coord.). *Negócios Processuais*. 3ª ed. Salvador: Juspodivm, 2017, pág. 209; Didier Jr., Fredie. *Curso de Direito Processual Civil*. 17ª ed. Salvador: Juspodivm, 2015, vol. I, pág. 385; Cabral, Antonio do Passo. *Convenções Processuais*. Salvador: Juspodivm, 2016, pág. 277; Nogueira, Pedro Henrique. Comentários aos artigos 190 e 191. *In* Wambier, Teresa Arruda Alvim, Didier Jr., Fredie, Talamini, Eduardo, Dantas, Bruno (coord.). *Breves Comentários ao Novo Código de Processo Civil*. 3ª ed. São Paulo: RT, 2016, pág. 662; Talamini, Eduardo. *Um processo pra chamar de seu: nota sobre os negócios jurídicos processuais*, 2015, pág. 4, disponível em https://www.academia.edu/17136701/Um_pro-

desde logo, exigir que elas tenham *capacidade de ser parte*[378] e *capacidade de estar em juízo*[379].

Repare-se que para a celebração deste tipo de convenções, a lei não impõe a presença de advogado como condição para a sua validade. Em causa não está a *capacidade postulatória* (i.e., a capacidade de pleitear em juízo), que, salvo algumas excepções em que se admita o *jus postulandi*[380],

---

cesso_pra_chamar_de_seu_nota_sobre_os_negócios_jur%C3%ADdicos_processuais_2015_, última consulta 20.04.2018; ALMEIDA, Diogo Assumpção Rezende de. *Das convenções processuais no processo civil.* Tese de Doutoramento (UERJ). Rio de Janeiro, 2014, pág. 125; TARTUCE, Flávio. *O novo CPC e o direito civil: impactos diálogos e interações.* Rio de Janeiro: Forense, 2015, pág. 99; CAIS, Fernando Fontoura da Silva; MACHADO, Marcelo Pacheco. Comentários ao art. 190 do CPC. *In* TUCCI, José Cruz e; FERREIRA FILHO, Manoel, APRIGLIANO, Ricardo Carvalho, DOTTI, Rogéria, MARTINS, Sandro (coord.). *Código de Processo Civil Anotado.* 3ª ed. Rio de Janeiro: GZ, 2018, pág. 301; CARNEIRO, Paulo Cezar Pinheiro; PINHO, Humberto Dalla Bernardina de. *Novo Código de Processo Civil. Lei 13.105, de 16.03.2015, de acordo com a Lei 13.256, de 04.02.2016, Anotado e Comparado.* 2ª ed. Rio de Janeiro: Forense, 2017, pág. 116; PINTO, Antônio José Carvalho da Silva. Comentários ao art. 190 e 191. in BOCHENEK, Antonio César, CAMBI, Eduardo (coord.). *Código de Processo Civil Comentado.* São Paulo: RT, 2016, pág. 404; QUEIROZ, Pedro Gomes. Convenções disciplinadoras do processo judicial. *Revista Eletrônica de Direito Processual*, Rio de Janeiro, Ano 8, Vol. 13, N.º 13, Jan-Jun/2014, pág. 706. BARREIROS, Lorena Miranda Santos. *Convenções Processuais e o Poder Público.* Salvador: Juspodivm, 2017, pág. 231-233. BARREIROS alerta ainda para o fato de que a presença de partes incapazes no processo conduzirá inevitavelmente à participação do Ministério Público, no seu papel de fiscal da ordem pública (art. 178, inc. II do CPC), pelo que, também dessa forma, acaba por se contribuir para salvaguardar a autonomia negocial do incapaz sem com isso acarretar a sua total desproteção, temperada com a participação do MP.

378. Leia-se, pessoas naturais, jurídicas e os entes despersonalizados tido como capazes pelo legislador.

379. Leia-se, a possibilidade de estar em juízo a exercer autonomamente as situações jurídicas que a lei processual lhe outorga (art. 70 CPC *ex vi* 769.º da CLT). Assim, no que respeita aos incapazes civis (menores, entes despersonalizados), a presença dos seus representantes será necessária; ao passo que se a parte for pessoa deficiente, impor-se-á a realização da tomada de decisão apoiada; no caso das pessoas casadas, a capacidade estará limitada pela necessidade de participação do cônjuge sempre qual tal previsto por lei.

380. *V.g.*, alimentante, para dar início ao processo de alimentos (Lei n.º 5478/1968); a mulher vítima de violência doméstica (Lei n.º 11349/2006); qualquer pessoa numa acção de *habeas corpus* (art. 5.º, XVIII da C.F.); postulando na Justiça do trabalho (art. 791 da CLT); juizados especiais cíveis (9.º da Lei nº 9.099 de 1995); quando a parte litigante é advogada; legitimados universais em ações de controlo abstrato; promoção de retificações no Registro Civil (art. 110 da Lei n.º 6.015/73); declaração judicial da

é exclusiva do advogado e defensores públicos (*lato sensu*). Apesar de as partes estarem a dispor consensualmente sobre as regras do procedimento ou suas situações jurídico-processuais, tal não basta para que se imponha (apesar de recomendada) a presença de procurador judicial[381]. A questão é sensível, particularmente quando pensamos nos negócios processuais *celebrados antes de despoletado* o litígio judicial, dividindo-se a doutrina entre os que entendem ser bastante a mera capacidade jurídica *de contratar* e de ser parte para os negócios pré-processuais[382], e os que entendem que

---

nacionalidade brasileira (art. 6º, §1º da Lei n.º 818/49); pedido de revisão criminar (art. 623 CPP).

381. De qualquer forma, consideramos que as partes não poderão afastar a capacidade postulatória obrigatória do mandatário judicial. Essa situação encabeça um problema de limites ao objeto do negócio processual e não, propriamente, como um limite imposto à capacidade de o celebrar. Tal como explica CABRAL, o negócio processual em si mesmo considerado não é postulatório, pelo que não faria sentido exigir essa capacidade para a eficácia deste; por outro lado, como entende não fazer sentido exigir essa capacidade para momento em que o processo tão-pouco se constituiu sempre que o negócio for pré-processual. Exceciona apenas as circunstâncias em que a lei exija a presença de advogado para a celebração do próprio negócio jurídico material (v.g., inventário, partilha e divórcio – cf. Lei n.º 11.441/2007) e as que se façam incidentalmente em processo judicial já instaurado; Cf. CABRAL, Antonio do Passo. *Convenções Processuais*. Salvador: Juspodivm, 2016, págs. 278-279. Em sentido contrário, entendendo que a presença de advogado é requisito de validade para negócios jurídicos pós-processuais (apesar de não o ser relativamente aos pré-processuais), CAIS, Fernando Fontoura da Silva; MACHADO, Marcelo Pacheco. Comentários ao art. 190 do CPC. *In* TUCCI, José Cruz e; FERREIRA FILHO, Manoel, APRIGLIANO, Ricardo Carvalho, DOTTI, Rogéria, MARTINS, Sandro (coord.). *Código de Processo Civil Anotado.* 3ª ed. Rio de Janeiro: GZ, 2018, pág. 301.

382. NOGUEIRA, Pedro Henrique. *Negócios jurídicos processuais*. Salvador: Juspodivm, 2016, pág. 234-235, nota 937; ALMEIDA, Diogo Assumpção Rezende de. *Das convenções processuais no processo civil.* Tese de Doutoramento (UERJ). Rio de Janeiro, 2014, págs. 125-126 ["A capacidade é regida pelo direito material quando a convenção é pré-processual (estabelecida em cláusula de diferendo, por exemplo). Trata-se da capacidade de gozo ou de exercício, que se assemelha, nas convenções celebradas durante a relação jurídica processual, à capacidade processual ou de estar em juízo. Às pessoas físicas capazes e às pessoas jurídicas, presentadas na forma de seus atos de constituição, é permitida a celebração de convenções atinentes ao processo. Não basta, portanto, a capacidade de ser parte (pressuposto processual de existência), exigindo-se capacidade processual (pressuposto processual de validade), que permite ao jurisdicionado a prática de atos processuais independentemente de assistência ou representação"]. No mesmo sentido, ALMEIDA, Wânia Guimarães Rabêllo de. Convenções processuais: disciplina no Código de Processo Civil de 2015 e aplicabilidade no processo do trabalho. *In* MIESSA, Élisson (coord.). *O novo Código de Processo Civil*

a capacidade relevante é a *processual*[383]. Independentemente da capacidade exigida para celebrar negócios extraprocessualmente, a compreensão da capacidade para os celebrar *dentro do processo também enfrenta querelas*, entre os que sustentam ser necessária capacidade de ser parte, de estar em juízo e capacidade *postulatória*[384] e os que se bastam com a mera capacidade de *estar em juízo*[385].

---

e seus reflexos no processo do trabalho. Salvador: Editora Juspodivm, 2015, pág. 496; Moreira, José Carlos Barbosa. Convenções das partes sobre matéria processual. *Revista do Processo*, São Paulo, Vol. 9, n.º 33, jan-mar/1984. Pág. 186; Cabral, Trícia Navarro Xavier. Convenções em matéria processual. *Revista de Processo*, São Paulo, Vol. 40, N.º 241, mar/2015, págs. 505-506. Com posicionamento próximo, Greco, Leonardo. *Instituições de processo civil*. 5ª ed. Rio de Janeiro: Forense, 2015, vol. I, pág. 282. Segundo o autor, "quanto à capacidade e à forma, deverão observar o respetivo direito material, mas quanto ao conteúdo reger-se-ão tanto pelo direito material quanto pelo direito processual, podendo ocorrer que sejam considerados lícitos e eficazes para um, e não para outro".

383. Falce, Lúcio Roberto. O negócio processual: o processo do trabalho e a Reforma trabalhista. *Revista de Direito do Trabalho*, São Paulo, Vol. 44, N.º 194, out/2018, pág. 102; Comentários ao Código de Processo Civil: artigos 188 a 293. *In* Marinoni, Luiz Guilherme, Arenhart, Sérgio Cruz, Mitidiero, Daniel (coord.). *Coleção Comentários ao Código de Processo Civil*. São Paulo: RT, 2016, vol. III, pág. 56; Tavares, João Paulo Lordelo Guimarães. Da admissibilidade dos negócios jurídicos processuais no novo código de processo civil: aspectos teóricos e práticos. *Revista de Processo*, São Paulo, Vol. 41, N.º 254, abr/2016, pág. 103.

384. Cabral, Trícia Navarro Xavier. Convenções em matéria processual. *Revista de Processo*, São Paulo, Vol. 40, N.º 241, mar/2015, págs. 505-506. Segundo a autora, apesar de convenções processuais celebradas antes de despoletado o litígio poderem ser celebradas sem a presença de advogado, uma vez instaurada a lide processual a presença daquele torna-se obrigatória. "Assim, ainda que o objeto da convenção verse acerca de algum direito processual ou sobre o procedimento, ela pode ser firmada por pessoas que não possuem o devido conhecimento técnico para tanto, só se exigindo a presença de advogado quando do ingresso do ato em sede processual" (cit. pág. 497). Também neste sentido, Cabral, Antonio do Passo. *Convenções Processuais*. Salvador: Juspodivm, 2016, págs. 272-279.

385. Moreira, José Carlos Barbosa. Convenções das partes sobre matéria processual. *Revista do Processo*, São Paulo, Vol. 9, n.º 33, jan-mar/1984, pág. 186; Machado, Marcelo Pacheco. A privatização da técnica processual no projeto do novo código de processo civil. *In* Didier Jr. Fredie (coord.). *Novas tendências do processo civil*. Salvador: Juspodivm, 2014, vol. III, pág. 346; Cunha, Leonardo Carneiro da. Comentários ao artigo 190º e 191. *in* Cabral, Antonio do Passo, Cramer, Ronaldo (coord.). *Comentários ao Novo Código de Processo Civil*. 2ª ed. São Paulo: Forense, 2016, págs. 320-321; Mouzalas, Rinaldo; Ataíde Júnior, Jaldemiro Rodrigues de. Distribuição do ônus da prova por convençaõ processual. *Revista de Processo*, São Paulo, Vol. 40, N.º 240, fev/2015, pág. 408; Talamini, Eduardo, *Um processo pra chamar*

Parece-nos, porém, que a melhor leitura a fazer do art. 190 é uma que articula não apenas a capacidade de ser parte no processo e de estar em juízo com o fator "vulnerabilidade". O art. prevê, sim, um caso *sui generis* de capacidade necessária à celebração de negócios processuais: a *capacidade processual negocial*[386]. Nesta óptica, para se ser capaz de celebrar negócios processuais não basta ao sujeito ter capacidade processual genérica; torna-se necessário, cumulativamente, que ele não se encontre numa situação processual de vulnerabilidade. Esta capacidade processual negocial é, portanto, um *plus* relativamente à capacidade processual genérica prevista como condição para a possibilidade de ser parte no processo. Desta forma, mesmo que um cidadão seja capaz processualmente para estar em juízo - como o é um consumidor -, poderá não ser capaz para celebrar convenções processuais, por se se puder encontrar numa posição de manifesta vulnerabilidade.

7.II.6.3. A "manifesta vulnerabilidade" como filtro adequado para a tutela do empregado vulnerável na celebração de negócios processuais

7.II.6.3.1. O resguardo dos poderes de gestão do juiz no controlo da igualdade processual

O papel da autonomia da vontade no processo tem necessariamente que encontrar limites não apenas na disponibilidade do direito material e no respeito pelas normas processuais fundamentais, mas, e sobretudo, no respeito ao *equilíbrio das partes* e sua paridade de armas no processo[387]. Essa

---

de seu: nota sobre os negócios jurídicos processuais, 2015, disponível em https://www.academia.edu/17136701/Um_processo_pra_chamar_de_seu_nota_sobre_os_negócios_jur%C3%ADdicos_processuais_2015_, última consulta 20.04.2018.

386. DIDIER JR., Fredie. *Curso de Direito Processual Civil.* 17ª ed. Salvador: Juspodivm, 2015, vol. I, pág. 386; DIDIER JR., Fredie; LIPIANI, Júlia; ARAGÃO, Leandro Santos. Negócios jurídicos processuais em contratos empresariais. *Revista de Processo*, São Paulo, Vol. 43, N.º 279, maio/2018, pág. 44; BARREIROS, Lorena Miranda Santos. *Convenções Processuais e o Poder Público.* Salvador: Juspodivm, 2017, págs. 226-228.

387. Há quem entenda, inclusivamente, que existe ainda limite implícito no 190 semelhante àquele usado no art. 139, inc. IV do CPC: de que o negócio deve ser construído levando em conta a *efetividade do processo.* O limite em causa visa impedir que o processo jurisdicional se conversa numa espécie de arbitragem pública, elaborada às custas do contribuinte onde as partes convencionem os negócios processuais que mais lhe sejam convenientes. Assim, BONIZZI, Marcelo José Magalhães. Estudo sobre os limites da contratualização do litígio e do processo. *Revista de Processo*, São Paulo, Vol. 42, N.º 269, jul/2017, pág. 144. No mesmo sentido, GAIO JÚNIOR, Antônio Pereira; GOMES, Júlio César dos Santos; FAIRBANKS, Alexandre de Serpa Pinto. Negócios jurídicos

é uma das preocupações que o legislador nacional teve em conta quando passou a incluir como requisito à *capacidade processual negocial* a inexistência de uma posição de *vulnerabilidade* em alguma delas[388]. Quis-se salvaguardar, portanto, que qualquer escolha processual negociada fosse efetuada por um sujeito que, não se encontrando tecnicamente impelido a tomá-la, fez uma opção de forma consciente, por se encontrar livre na sua esfera jurídica e paritário na sua relação com a contraparte processual.

Existem, sem dúvida, uma *série de dispositivos processuais dirigidos ao magistrado* que se destinam a facilitar a atuação processual de vulneráveis processuais e a *superar* os seus desequilíbrios. Já tecemos alguns exemplos nos pontos elencados acima mas, sem prejuízo, reforçamos algumas em perspectiva. São disso exemplo (i) a *dilação de prazos* (art. 139, inc. VI do CPC), talvez insignificante para litigantes com grandes estruturas organizacionais e maiores facilidades de obtenção de informação, mas que colhem enorme importante para trabalhadores que tenham dificuldades económicas para suportar todas as despesas, obter certos documentos, manifestar-se sobre determinadas provas[389], deslocar-se para a prática de certo ato processual etc. Regime que, além disso, ainda manteve a previsão da "justa causa" como justificação para prorrogação de prazos processuais (art. 223 do CPC). (ii) Também as normas que constroem o atual processo como um *modelo cooperativo* em que o magistrado é chamado a esclarecer com maior acuidade certas questões processuais (arts. 8.º e 139, inc. VIII do CPC), *maxime* perante manifestas situações de vulnerabilidade informacional, como aliás, ocorre frequentemente na Justiça do Trabalho: o magistrado, sabendo das dificuldades na obtenção de certas informações pelo trabalhador, muitas vezes conduz o depoimento e a oitiva testemunhal de forma a que aquele *deficit* fique mitigado. (iii) O legislador do CPC/15 dirigiu ainda ao magistrado a incumbência de *suprir e sanear vícios processuais* (art. 139, inc. IX do CPC), prática que também assume particular relevância perante vulneráveis técnicos, *maxime* em *jus postulandi*, e, nomeadamente, aquando a emenda à petição inicial. Nestes momentos, advertir e indicar ao litigante não representado das condutas desejáveis à supressão dos vícios que afetem o seu ato

---

processuais e as bases para a sua consolidação no CPC/2015. *Revista de Processo*, São Paulo, Vol. 42, N.º 267, maio/2017, pág. 54.

388. GRECO, Leonardo. Os atos de disposição processual – primeiras reflexões. *Revista Eletrônica de direito processual*, Rio de Janeiro, Vol. I, N.º 1, out-dez/2007, págs. 11.

389. Cf. Enunciado n.º 107 do FPPC: "o juiz pode, de ofício, dilatar o prazo para a parte se manifestar sobre a prova documental produzida".

processual e possam comprometer a sua continuação na lide, é incumbência aplaudida (ainda que por vezes insuficiente). (iv) Problemas geográficos que dificultem a prática de atos processuais foram igualmente consideradas mediante previsões quanto à prorrogação de prazos (art. 222 *caput* e §2° do CPC), bem como quanto à facilitação do *local* para a sua realização (art. 217 do CPC). (v) Não apenas para atenuar dificuldades geográficas como também outras relevantes, o legislador também antecipou uma série de dispositivos de distribuição de competência que as levassem em conta. Assim, o art. 50 do CPC (domicílio do réu incapaz), 53, inc. I, al. a) (domicílio do filho incapaz em ações de separação e divórcio), 53, inc. II (domicílio do alimentando), art. 53, III, al. e) (domicílio do idoso). Paralelamente, protegeu-o contra abusividades na pactuação da eleição de foro, ordenando a remessa dos autos ao foro do domicílio do réu (art. 63, §3° do CPC). (vi) Para fazer face a problemas e dificuldades relacionadas com a informatização do processo, o CPC no art. 198 também previu algumas garantias aos vulneráveis organizacionais, disponibilizando de forma gratuita equipamentos eletrônicos para a prática e consulta de atos processuais e admitindo a sua realização em suporte físico sempre que aqueles não tiverem sido disponibilizados[390].

Apesar destas manifestações de correção de vulnerabilidade, *o art. 190* como cláusula geral de negociação processual que também protege a autonomia da vontade de partes vulneráveis no processo, representa *mais um dos mecanismos legais dirigidos ao mesmo fim.*

A tutela do vulnerável na negociação processual foi atribuída simultaneamente ao legislador, que lhe antecipou limites, *e ao julgador*, a quem incumbiu a tarefa de casuisticamente os apreciar[391].

A norma deve ser encarada não como instrumento de exclusão do direito à negociação ao trabalhador, mas como mecanismo que, de forma adequada, *reserva e ressalva a sua autonomia negocial, protegendo-a sempre que afetada*. Diante dos termos em que se encontra regida esta cláusula geral de negociação, não se pode chegar ao extremo de sustentar uma incom-

---

390. Por todos, TARTUCE, Fernanda. Vulnerabilidade processual no Novo CPC. *In* SOUSA, José Augusto Garcia de; DIDIER JR., Fredie (coord.). *Defensoria Pública*. Salvador: Juspodivm, 2015, Vol. 5, págs. 284-309.

391. Com fortes críticas ao ideal de paridade de armas assegurado pelo juiz e não pelo legislador, PEREIRA, Mateus Costa. A paridade de armas sob a óptica do garantismo processual. *Revista Brasileira de Direito Processual*, Belo Horizonte, Ano 25, N.° 98, abr-jun/2017, pág. 261.

patibilidade absoluta da negociação processual com o sistema processual trabalhista. *Fosse assim, o legislador tê-lo-ia proibido* de forma expressa e peremptória no próprio dispositivo. Ao invés, *procurou salvaguardar a posição destes* mediante a consignação de limites relativamente a convenções abusivas e de restrições para o caso de vulneráveis manifestos; ambas devendo, contudo, ser apreciados casuisticamente[392].

Apesar da *maior amplitude* desta cláusula relativamente às demais normas dirigidas pelo legislador à negociação processual típica, e não obstante a *enorme aptidão* deste art. 190 à proteção de partes vulneráveis em negociações processuais, *não podemos dizer ter sido com ela criada cláusula geral explícita de tutela à vulnerabilidade processual*. Do art. 190 não se extrai nem uma cláusula geral de proteção expressa dirigida a estes sujeitos processuais, nem um princípio especial do ordenamento autônomo ao genérico princípio da igualdade ou da isonomia processuais[393]. O fundamento continua a ser, como veremos abaixo, a paridade de tratamento e de armas relativamente às situações jurídicas processuais[394]. Quanto à proteção da vulnerabilidade, ela

---

392. SPIRITO, Marco Paulo Denucci. Controle de formação e controle de conteúdo do negócio jurídico processual – Parte III. *Revista de Processo*, São Paulo, Vol. 40, Vol. 249, nov/2015, pág. 150.

393. Assim, TARTUCE, Fernanda. Vulnerabilidade processual no Novo CPC. *In* SOUSA, José Augusto Garcia de; DIDIER JR., Fredie (coord.). *Defensoria Pública*. Salvador: Juspodivm, 2015, Vol. 5, págs. 286-288. Sem prejuízo, a Autora entende que "a consideração da isonomia em bases concretas, portanto, enseja o reconhecimento da existência de uma cláusula geral de vulnerabilidade como orientadora da condução do juiz no processo, a despeito da falta de previsão explícita na legislação". Em sintonia com este último posicionamento da autora, mas sem restringir a tese a uma perspectiva processual, VASCONCELOS, Fernando A.; MAIA, Maurilio Casas. A tutela do melhor interesse do vulnerável: uma visão a partir dos julgados relatados pelo Min. Herman Benjamin (STJ). *Revista de Direito do Consumidor*, São Paulo, Vol. 25, N.º 103, jan-fev/2016, págs. 245-246. Os autores consideram existir um princípio constitucional implícito de tutela do melhor interesse do vulnerável. Nas suas palavras, "(...) falar-se em tutela do melhor interesse do vulnerável é juridicamente partir do paradigma protetivo de interpretação e de *favor debilis* que é (...) um princípio de tutela, de proteção especial, de proteção 'diferente', logo, é ele mesmo uma 'diferença' dos outros considerados 'iguais' e que não necessitam de proteção".

394. Sem prejuízo de, como conta TARTUCE, na versão original do Projeto de Lei do Senado n.º 166/2010, o art. 7º que atualmente continua a ser o princípio da igualdade processual, previa uma manifestação concreta de vulnerabilidade processual, a vulnerabilidade técnica; *in verbis*: "assegurada às partes paridade de tratamento em relação ao exercício de direitos e faculdades processuais, aos meios de defesa, aos ônus, aos deveres e à aplicação de sanções processuais, competindo ao juiz zelar pelo efetivo contraditório,

queda-se restrita ao regime da negociação processual, até por ser requisito de capacidade desta, mas sem pretensões de ser mais do que isso.

7.II.6.3.2. O fundamento normativo da tutela do vulnerável na negociação processual

Não há grandes dúvidas a respeito do fundamento jurídico que subjaz a esta proteção dos manifestamente vulneráveis na negociação processual. A preocupação do legislador em reservar poderes de controlo ao magistrado para interferir na possibilidade de pessoas significativamente fragilizadas processualmente poderem negociar sobre o processo remete à prossecução de garantias de boa-fé (art. 5 CPC) e isonomia (art. 7 do CPC)[395].

Como alerta Didier Jr., o art. 190 ao conferir ao magistrado poderes de controlo da convencionalidade baseados em critérios de vulnerabilidade, *mais não representa do que uma concretização do art. 7 e 139, inc. I do CPC*[396]. As partes para poderem negociar devem encontrar-se em condições de paridade em termos informáticos, técnicos, organizacionais e econômicos; de outra forma a possibilidade de uma das partes manipular a outra, obtendo direitos e livrando-se de deveres, é consideravelmente elevada[397].

Ao magistrado cabe identificar as discriminações necessárias para assegurar que a participação das partes se processa *em condições de igualdade,*

---

em termos de *hipossuficiência técnica*" (g.n.) (Tartuce, Fernanda. Vulnerabilidade processual no Novo CPC. *In* Sousa, José Augusto Garcia de; Didier Jr., Fredie (coord.). *Defensoria Pública*. Salvador: Juspodivm, 2015, Vol. 5, pág. 288). Não obstante a supressão do excerto relativo à vulnerabilidade técnica, é decisivo que o magistrado a leve em consideração durante todo o processo como imperativo do princípio da igualdade.

395. Assim, Marinoni, Arenhart e Mitidiero, "quando o art. 190, parágrafo único, CPC, fala em 'nulidade', 'inserção abusiva em contrato de adesão' ou 'manifesta situação de vulnerabilidade', ele está manifestamente preocupado em tutelar a boa-fé (art. 5º, do CPC) e a necessidade de paridade de tratamento no processo civil (art. 7º do CPC)", Marinoni, Luiz Guilherme; Arenhart, Sérgio Cruz; Mitidiero, Daniel. *Novo Código de Processo Civil comentado*. 3ª ed. São Paulo: RT, 2015, pág. 245. Também assim, Bueno, Cássio Scarpinella. *Novo Código de Processo Civil anotado*. São Paulo: Saraiva, 2017, pág. 163.

396. Didier Jr., Fredie. Negócios jurídicos processuais atípicos no CPC-2015. *In* Marcato, Ana, et. al. (coord.). Negócios Processuais. Salvador: Juspodivm, 2017, Vol. I, pág. 174.

397. Tartuce, Fernanda. Vulnerabilidade processual no Novo CPC. *In* Sousa, José Augusto Garcia de; Didier Jr., Fredie (coord.). *Defensoria Pública*. Salvador: Juspodivm, 2015, Vol. 5, pág. 286.

o que pode passar por perquirir não apenas os embaraços técnicos, como também outros óbices de natureza material. Como, aliás, assertivamente assevera SPIRITO, são três os fundamentos para o "*controlo de conteúdo*"[398] dos negócios processuais: "(i) a conformação unilateral do pacto por uma das partes; (ii) a falta de real autodeterminação da contraparte e a (iii) disparidade do poder negocial entre os contratantes"[399].

O escopo visado pelo legislador foi sobretudo o de evitar que *desequilíbrios efetivos* no acesso ao processo se repercutissem em prejuízos significativos em termos de *contraditório efetivo* das partes[400]. Não está em causa a necessidade de proteção da parte mais fraca, mas sim a de salvaguardar a igualdade no processo. Afinal, a democratização do processo não poderia ser alcançada se estes negócios funcionassem como instrumentos de opressão em casos de desigualdade entre as partes[401]. Apesar de acabarem por ter maior incidência no polo mais frágil e fraco da relação processual, a vulnerabilidade não se dirige exclusivamente a elas, constituindo técnica escolhida para regularizar e equilibrar relações jurídicas desiguais. A igualdade impõe-se como pressuposto, portanto, de toda a negociação processual.

De qualquer forma, à doutrina trabalhista que constantemente se apresenta a recusar a admissibilidade de negociação processual no palco

398. Expressão que o autor usa para descrever o controlo judicial sobre o desequilíbrio contratual. Segundo SPIRITO, o controlo de conteúdo não abarca todo o universo do plano de validade do negócio (ex. simulação, impossibilidade de objeto etc.), embora todos eles se refiram ao plano da validade e estejam abrangidos pelo art. 190. Para o autor, "o controle de conteúdo está diretamente vinculado ao plano da validade do negócio jurídico, em perfeito casamento com o controle de formação" (SPIRITO, Marco Paulo Denucci. Controle de formação e controle de conteúdo do negócio jurídico processual - Parte II. *Revista de Processo*, São Paulo, Vol. 40, Vol. 248, out/2015. Pág. 98).

399. *Ibidem*, pág. 98.

400. Nas palavras de ABREU, exige-se "(...) que haja demonstração de um efetivo desequilíbrio no acesso ao processo a determinar um verdadeiro deficit para uma das partes em termos de possibilidade de influência (equilibradas oportunidades de influenciar os desígnios do processo por meio do exercício do contraditório). Não interessa, assim, a "igualdade pela igualdade, mas se a sua ausência é capaz de afetar o exercício de alguma outra garantia cara ao ordenamento", no caso específico, o direito ao contraditório" (ABREU, Rafael Sirangelo de A igualdade e os negócios processuais. *In* CABRAL, Antonio do Passo; NOGUEIRA, Pedro Henrique (coord.). *Negócios Processuais*. 3ª ed. Salvador: Juspodivm, 2017, pág. 209).

401. NERY JÚNIOR, Nélson; NERY, Rosa Maria Andrade. *Código de Processo Civil Comentado*. 16ª ed. São Paulo: RT, 2016, pág. 760.

trabalhista por alegada incompatibilidade com a (alegada) vulnerabilidade manifesta do trabalhador, que o legislador terá alegadamente desconsiderado ao pensar numa negociação dirigida a partes colocadas em polos normalmente equilibrados da relação jurídica processual, sempre se dirá, *ab inicio*, que essa mesma vulnerabilidade foi, na verdade, equacionada pelo legislador que, inclusivamente, *a protegeu sob a forma de conceito jurídico indeterminado*. Mesmo antes da edição deste 190, já a doutrina especializada em negociação processual sustentava como requisito necessário à sua validade o respeito pelo princípio da paridade de armas[402]. *Antecipando precisamente a aplicação da norma a outros ramos onde existisse um tradicional e tendencial desequilíbrio nos polos da relação e levando essa hipótese seriamente em consideração, salvaguardou-a em requisito próprio no parágrafo único do art. 190 do CPC*. Fê-lo outorgando ao magistrado poderes para recusar a eficácia de negócio jurídico processual sempre que uma das partes se encontrasse em manifesta posição de vulnerabilidade. Fê-lo, ademais, com recurso a um conceito jurídico indeterminado que lhe confere maiores poderes para apreciar, casuisticamente, a existência de camadas de vulnerabilidade material e processual que possam interferir e prejudicar uma adequada capacidade processual negocial. Dir-se-ia, então, que a eventual vulnerabilidade do trabalhador não poderia estar melhor salvaguardada.

7.II.6.3.3. Qual a "vulnerabilidade" relevante para efeitos do parágrafo único do art. 190 do CPC?

Vimos acima um conjunto de vulnerabilidades *materiais* apontadas pela doutrina como sendo tradicionais em certos grupos de sujeitos (consumidores, idosos, menores, mulheres, contraentes débeis, alimentandos etc.). Vimos também como o procedimento conhece as suas próprias manifestações de vulnerabilidade *processual*, que com aquelas não se confundem. Resta

---

402. Assim, Os atos de disposição processual – primeiras reflexões. *Revista Eletrônica de direito processual*, Rio de Janeiro, Vol. I, N.º 1, out-dez/2007, pág. 11. Nas suas palavras, "O equilíbrio contratual e a paridade de armas também limitam a liberdade de disposição das partes (...). Como já acentuei em outro estudo, a igualdade das partes deve ser concreta, e não apenas formal, o que exige um juiz vigilante para suprir, em caráter assistencial, as deficiências defensivas do mais fraco em relação ao mais forte. A posição de dependência de uma parte em relação à outra, a inferioridade econômica em decorrência da pobreza ou da proeminência do Estado, são circunstâncias que criam uma desigualdade concreta a exigir permanente intervenção equalizadora do juiz e a limitar o seu poder de disposição".

saber, analisando o parágrafo único do art. 190 do CPC, qual ou quais são as vulnerabilidades relevantes para avaliar a condição do sujeito na celebração de negócios jurídicos processuais.

Podemos dizer que na doutrina há algumas formas de interpretar este conceito jurídico indeterminado. Um restritivo, um amplo e outro amplíssimo. Nos termos do primeiro, a vulnerabilidade processual que o magistrado pode controlar deve limitar-se à vulnerabilidade técnica[403], ou técnico-financeira[404]. Para outro segmento da doutrina, a vulnerabilidade do art. 190 do

---

403. ALVIM, Teresa Arruda; CONCEIÇÃO, Maria Lúcia; RIBEIRO, Leonardo Ferres da Silva; MELLO, Rogério Torres de,. *Primeiros comentários ao novo Código de Processo Civil, Artigo por artigo.* São Paulo: RT, 2015, pág. 356 ["será inaplicável o negócio jurídico processual que tenha sido celebrado em cenário de antecedente hipossuficiência de uma parte relativamente à outra (vulnerabilidade prévia ao negócio jurídico processual) ou que torne uma das partes vulnerável relativamente a outra em virtude do negócio jurídico processual (vulnerabilidade derivada do negócio jurídico processual)"]; NOGUEIRA, Pedro Henrique. *Negócios jurídicos processuais.* Salvador: Juspodivm, 2016, págs. 235-236; SOARES, Lara Rafaelle Pinho. *A vulnerabilidade na negociação processual atípica.* Dissertação de Mestrado (UFBA). Salvador, 2016, pág. 159 e A vulnerabilidade na negociação processual atípica. *In* MARCATO, Ana, et. al. (coord.). NEGÓCIOS PROCESSUAIS. Salvador: Juspodivm, 2017, Vol. I, pág. 288 ("A vulnerabilidade processual da negociação, por sua vez, pode ser identificada quando falta conhecimento técnico à parte. Logo, é a vulnerabilidade técnico-jurídica a que possui relevância para o negócio jurídico processual. As outras, mesmo as processuais, embora relevantes para o processo, não são importantes para a convenção, pois não representam risco para a parte celebrante que a possui"); PINTO, Antônio José Carvalho da Silva. Comentários ao art. 190 e 191. in BOCHENEK, Antonio César, CAMBI, Eduardo (coord.). *Código de Processo Civil Comentado.* São Paulo: RT, 2016, pág. 406. Também parece ser esse o posicionamento de THEODORO JR. quando, ao exemplificar um caso de invalidade por manifesta situação de vulnerabilidade, ou inserção abusiva em contrato de adesão, aponta a "(...) negociação realizada previamente ao processo, quando uma das partes não esteja assessorada por advogado" (THEODORO JUNIOR, Humberto. *Curso de direito processual civil: teoria geral do direito processual civil e processo de conhecimento.* 57ªed. Rio de Janeiro: Forense, 2016. Vol. I, pág. 484). Não considerando a vulnerabilidade técnica relevante para aferição da validade de negócio processual, sempre que este for celebrado a fora do processo, CABRAL, Trícia Navarro Xavier. Reflexos das convenções em matéria processual nos atos judiciais. *In* CABRAL, Antonio do Passo; NOGUEIRA, Pedro Henrique (coord.). *Negócios Processuais.* 3ª ed. Salvador: Juspodivm, 2016, pág. 315 ("Assim, ainda que o objeto da convenção verse acerca de algum direito processual ou sobre o procedimento, ela pode ser firmada por pessoas que não possuem o devido conhecimento técnico para tanto, só se exigindo a presença de advogado quando do ingresso do ato em sede processual").

404. Neste sentido, MONTENEGRO FILHO, Misael. *Novo Código de Processo Civil Comentado.* 3ª ed. São Paulo: Atlas, 2016, pág. 191.

CPC é na verdade, uma *vulnerabilidade processual*, que deverá ser aferida nos termos dos indicadores objetivos de vulnerabilidade acima estudados (7.II.5)[405]. Encontramos ainda posicionamentos sustentando que *qualquer elemento ou condição* que ponha em causa a paridade de armas dentro do processo é passível de infirmar de vulnerável um sujeito para efeitos do art. 190 do CPC[406]. Paralelamente, ainda é possível falar em vulnerabilidade *re-*

---

405. Neves, Daniel Amorim Assumpção. *Manual de direito processual civil.* Salvador: Juspodivm, 2017. Volume único, pág. 398; Barreiros, Lorena Miranda Santos. *Convenções Processuais e o Poder Público.* Salvador: Juspodivm, 2017, pág. 235 (para a autora, quer as situações jurídicas de direito material, quer a vulnerabilidade técnica resultante da ausência de assessoramento técnico, têm o mesmo peso indiciário para aferição desta vulnerabilidade processual negocial); Cabral, Antonio do Passo. *Convenções Processuais.* Salvador: Juspodivm, 2016, pág. 320; Pinho, Humberto Dalla Bernardina de; Lobo, Julia Araripe Leite. Os negócios jurídicos processuais e alegação de existência de convenção de arbitragem. *Revista jurídica luso brasileira*, Vol. 4, N.º 1, 2018, pág. 687. Parece ser essa, também, a opinião de Müller, Julio Guilherme, *Negócios processuais e desjudicialização da produção da prova*, São Paulo, RT, 2017, pág. 165. Também Alvim partilha este entendimento, embora reconheça que no processo a vulnerabilidade que mais possa afetar a negociação atípica seja a econômica (Alvim, J.E. Carreira. Comentários ao novo Código de Processo Civil: Lei 13.105/15. Curitiba: Juruá, 2015, vol. III (arts. 149 ao 259), pág. 170).

406. Neste sentido, por exemplo, Assim, Abreu, Rafael Sirangelo de A igualdade e os negócios processuais. *In* Cabral, Antonio do Passo; Nogueira, Pedro Henrique (coord.). *Negócios Processuais.* 3ª ed. Salvador: Juspodivm, 2017, pág. 207; Sivolella, Roberta Ferme. As convenções processuais e a vulnerabilidade no processo do trabalho: uma questão de princípio e de diálogo de fontes. *In* Colnago, Lorena de Mello Rezende, Claus, Bem-Hur Silveira (coord.). *A teoria do diálogo das fontes no processo de trabalho.* São Paulo: LTr, 2017, págs. 120-121. A autora considera que "A vulnerabilidade processual em sentido amplo remete a qualquer condição que crie, incremente ou amplie a ausência de paridade de armas entre os litigantes, dificultando ou impedindo o uso de remédios processuais cabíveis na busca do direito perseguido em Juízo. A hipossuficiência, por muitas vezes utilizada como sinônimo da vulnerabilidade, corresponde, em verdade, à vulnerabilidade em sentido estrito, sob o viés econômico. (...) Contudo, o que vai definir de maneira inequívoca a existência ou não de vulnerabilidade no caso concreto é o efetivo prejuízo ao contraditório e ampla defesa, o que acabará por afetar, finalmente, a garantia do devido processo legal ante a ausência da igualdade material, também como corolário do *devido processo constitucional.* (...) A vulnerabilidade processual, assim entendida como aquela decorrente de aspectos econômicos, culturais, sociais e estruturais (a tal ponto que dificultem ou até mesmo inviabilize o pleno exercício do direito de ação e o uso dos instrumentos processuais previstos em lei), acaba por representar, também, um 'não acesso' à justiça, considerado o aspecto mais amplo da última no Estado Democrático de Direito, com a redefinição dos conceitos de Jurisdição e processo justo". Também assim, Spirito, Marco Paulo Denucci. Controle de formação e controle de conteúdo do negócio jurídico processual – Parte

sultante da própria convenção, em razão da superveniência de uma situação não antecipada pela parte[407].

Já fomos tentados a acolher o primeiro posicionamento. Por ser o mais restrito e desconsiderar, por exemplo, fatores econômicos, é o que mais amplitude daria ao trabalhador para pactuar no processo – conclusão que nos seduz, confessamos. Realmente é significativamente importante para admitir, ou não, determinada convenção processual celebrada por trabalhador saber se as partes, estando em condições de negociar com igualdade, tinham conhecimento e informações suficientes sobre o ato jurídico que estava no palco das negociações, bem como das suas consequências (i.e., que a sua celebração importaria arredar as garantias processuais mínimas colocadas à sua disposição pelo legislador). Pertinente à aferição da existência de um estado de vulnerabilidade relevante para celebrar negócios processuais não seria a *qualidade* de ser empregado, não seria a *característica* de se ser deficiente, nem a *circunstância* de se ser consumidor; relevantes seriam – nesta opinião – os *conhecimentos técnico-jurídicos* sobre normas processuais e as

---

III. *Revista de Processo*, São Paulo, Vol. 40, Vol. 249, nov/2015, pág. 151 ("para fins de aplicação do art. 190, parágrafo único, do CPC/2015 devem ser consideradas todas as vertentes da vulnerabilidade construídas pela doutrina e encampadas pela jurisprudência, a abranger a vulnerabilidade fática, a vulnerabilidade económica, a vulnerabilidade informacional, a vulnerabilidade técnica, a vulnerabilidade científica, a vulnerabilidade jurídica, a vulnerabilidade do paciente, a vulnerabilidade de género, a vulnerabilidade da gestante, a vulnerabilidade do dependente químico. Isso sem contar, obviamente, com as manifestações de hipervulnerabilidade"); Ferradeira, Mariana. A prova emprestada como objeto de negócio jurídico processual. *In* Marcato, Ana, et. al. (coord.). Negócios Processuais. Salvador: Juspodivm, 2017, Vol. I, pág. 394; Cunha, Leonardo Carneiro da. Comentários ao artigo 190º e 191. *in* Cabral, Antonio do Passo, Cramer, Ronaldo (coord.). *Comentários ao Novo Código de Processo Civil.* 2ª ed. São Paulo: Forense, 2016, pág. 326. Parece ser esse também o posicionamento de Expósito, Gabriela. Natureza negocial dos provimentos judiciais. *In* Marcato, Ana, et. al. (coord.). Negócios Processuais. Salvador: Juspodivm, 2017, Vol. I, pág. 199.

407. Wambier, Teresa Arruda Alvim, Conceição, Maria Lúcia Lins; Ribeiro, Leonardo Ferres da Silva; Mello, Rogério Licastro Torres de. *Primeiros comentários ao novo Código de processo civil: Artigo por artigo. De acordo com a Lei 13.256/2016.* São Paulo: RT, 2015, pág. 356; Abreu, Rafael Sirangelo de A igualdade e os negócios processuais. *In* Cabral, Antonio do Passo; Nogueira, Pedro Henrique (coord.). *Negócios Processuais.* 3ª ed. Salvador: Juspodivm, 2017, pág.; Falce, Lúcio Roberto. O negócio processual: o processo do trabalho e a Reforma trabalhista. *Revista de Direito do Trabalho*, São Paulo, Vol. 44, N.º 194, out/2018, pág. 103; Hatoum, Nida Saleh; Bellinetti, Luiz Fernando. Aspectos relevantes dos negócios jurídicos processuais previstos no art. 190 do CPC/2015. *Revista de Processo*, São Paulo, Vol. 41, N.º 246, out/2015, pág. 60.

situações jurídicas processuais que elas reservam à parte[408]. Da mesma forma, reconhecemos que há algumas causas objetivas de vulnerabilidade processual (*supra* 7.II.3.2), que não aparentam ter uma relação direta determinante na afetação da negociação processual em condições de igualdade, *verba gracia* a vulnerabilidade geográfica. Se nos perguntarmos como é que o distanciamento geográfico de um trabalhador relativamente ao tribunal onde corre termos o processo pode razoavelmente afetar a sua capacidade de celebrar negócio processual, somos tentados a dizer que, na sua larga maioria das vezes, dificilmente afetará. Talvez seja só mais propenso a condicioná-lo em caso de convenções de foro ou de prática de atos processuais específicos[409]. De resto, uma vulnerabilidade geográfica, em certas ocasiões, pode até estimular as partes a celebrá-los. É uma informação que, *sem ser despicienda para o processo como um todo*, pois pode ser relevante para efeitos de marcação de diligências probatórias ou determinação do tribunal competente, *o seria para efeitos do 190 do CPC.*

Além disso, *dizer que a vulnerabilidade técnica é relevante* para analisar a capacidade negocial da parte no processo *não é afirmação contraditória* de um posicionamento que entenda *não ser necessária capacidade postulatória*

---

408. Nas palavras de Nogueira, relevante é perceber "(...) se as partes contratantes dispõem do domínio das informações, se estão tecnicamente assistidas quando a natureza do negócio assim o recomendar, ou se as possibilidades de barganha estão razoavelmente equilibradas" (Nogueira, Pedro Henrique. *Negócios jurídicos processuais*. Salvador: Juspodivm, 2016, pág. 236).

409. Assim, nos exemplos de Abreu, "é possível cogitar de problemas de acessibilidade geográfica derivados de determinados negócios pré-processuais. Apesar de se tratarem de hipóteses de potencial menor incidência, eventuais cláusulas que (a) limitem ou determinem competência, impondo a instauração de futuros processos em comarcas que, em face da distância temporal entre a lavratura do negócio e sua aplicação, tenham se tornado de difícil acesso para um dos contratantes, em razão de mudanças na sua residência ou na própria sede da empresa ou (b) que limitem a prática de determinados atos processuais a certa localidade, em situação análoga a anterior. Nesses casos, pode ser necessária a intervenção judicial para afastar a aplicabilidade desses negócios em razão da mudança das bases contratuais que levaram à fixação daquela competência relativa (pense-se em um sujeito que fixou foro de eleição na localidade de sua residência, mas veio a mudar-se para outra localidade, onde a contraparte, de outro lado, não teria dificuldade em litigar) ou daquela previsão a respeito dos atos processuais (pense-se, por exemplo, na determinação de que prova fosse produzida em determinada localidade cujo acesso vem a se tornar excessivamente difícil para uma das partes)" (Abreu, Rafael Sirangelo de A igualdade e os negócios processuais. *In* Cabral, Antonio do Passo; Nogueira, Pedro Henrique (coord.). *Negócios Processuais*. 3ª ed. Salvador: Juspodivm, 2017, pág. 208).

para a celebração de negócios processuais. É que o negócio processual não é, de fato, ato postulatório, razão pela qual impor a exigência dessa capacidade à sua celebração revelar-se-ia condição exagerada e contraditória à sua natureza de negócio jurídico. Ela só se impõe, de resto, para a prática de verdadeiros atos postulatórios[410]. Veja-se que a parte pode, a qualquer tempo, celebrar transação judicial com a contraparte sem a necessidade de estar acompanhada por advogado, extinguindo o processo por mérito e dispondo sobre o objeto litigioso[411]. Até porque seria bastante irrazoável exigir que as tivessem que estar acompanhadas por advogados em momentos pré-processuais de celebração de negócios jurídicos com cláusulas de "diferendo"[412] para que estes fossem eficazes. *Assim, embora não seja necessária a presença de advogado para a eficácia do ato negocial sobre o processo, tal não implica que não haja indício de vulnerabilidade se a parte estiver desacompanhada por um.*

Corroborando este entendimento em parte, aliás, o FPPC editou o Enunciado n.º 18 onde atesta existir *indício* (e não presunção) de vulnerabilidade sempre que a parte celebra acordo de procedimento sem assistência *técnico-jurídica* de advogado[413]. Se assim é, fica por esclarecer como articular

---

410. Cabral, Antonio do Passo. *Convenções Processuais*. Salvador: Juspodivm, 2016, págs. 278-279. O autor é um dos que entende, porém, que para a celebração de negócios processuais incidentalmente a um processo já instaurado é necessária capacidade postulatória. Exceciona os procedimentos onde a própria lei dispense advogado para postulação, como nos juizados especiais cíveis.

411. Cf. art. 24, §4º da Lei n.º 8.906/94; *apud* Barreiros, Lorena Miranda Santos. *Convenções Processuais e o Poder Público*. Salvador: Juspodivm, 2017, pág. 227.

412. A expressão é de Almeida, Diogo Assumpção Rezende de. *Das convenções processuais no processo civil*. Tese de Doutoramento (UERJ). Rio de Janeiro, 2014. Usa-a para descrever cláusulas dirigidas a regular situações jurídicas processuais de um futuro litígio. Como alerta Cabral, "Nestes casos, seria desrrazoado imaginar que os indivíduos, capazes para contratar a respeito do direito material sem a necessária presença de advogado, tivessem que ser assistidos por um profissional apenas para que pudessem dispor de situações jurídicas de natureza processual. Devemos rememorar que as convenções processuais por vezes são celebradas justamente para evitar o processo, e assim pode ser que nem mesmo venha a ser instaurada qualquer relação processual futura" (Cabral, Antonio do Passo. *Convenções Processuais*. Salvador: Juspodivm, 2016, pág. 279).

413. Realmente, a importância da consultoria jurídica, até mesmo na resolução amigável de conflitos (*lato sensu*), sempre foi política recomendável pela doutrina. Em particular, Cavalcante, Elizabeth Nantes; Garcia, Rebeca Alves de Souza. Mediação e Composição Amigável: mudança de paradigma na administração da justiça e a atuação do advogado. *Revista Síntese Direito Civil e Processual Civil*, São Paulo, Vol. 18, N.º 108, jul-ago/2017, pág. 24-27.

as exigências de vulnerabilidade técnica com a celebração de negócios jurídicos pré-processuais ou extra-processuais (convencionados fora do processo), por ser intrincada a opção de subordinar a validade de todos os pactuados nessas condições à presença/acompanhamento técnico por advogado[414]. Sob pena de inviabilizar a potencialidade da negociação atípica, entendemos que a situação de vulnerabilidade técnica eventualmente verificada em momento pré-contratual pode ser ultrapassada com a intervenção *a posteriori* de profissional da área jurídica, dentro ou fora do processo. De resto, parece claro que a presença de advogado junto do trabalhador no momento da celebração do negócio processual, ou a celebração deste perante sindicato da categoria, afastam indiscutivelmente qualquer presunção de vulnerabilidade (técnica) negocial.

Mas se a vulnerabilidade técnica é, realmente, sobremaneira importante para os presentes propósitos[415], ela não pode, porém, ser elegida a concretização única daquele objeto. Pretender encontrar nas camadas de vulnerabilidade técnica critério único para ler e compreender o requisito de "manifesta vulnerabilidade" impeditiva da celebração de negócios processuais é, a nosso ver, redutor. Uma tal compreensão deste requisito específico *obstaria à consideração de elementos da relação jurídica material*

---

414. Como reconhece Trícia Cabral – que, aliás, admite a validade de negócios pré-processuais celebrados sem a presença de advogado – "não se ignora o receio que a falta de capacidade postulatória possa comprometer de forma fulminante a produção dos efeitos desejados pelas partes. No entanto, se o sujeito pode dispor sobre o próprio direito material sem advogado, não seria razoável exigir a presença do referido profissional para a disposição sobre atos de natureza processual, de caráter instrumental ao próprio bem da vida em questão, embora assuma, sem dúvida, o risco e a responsabilidade pela produção de efeitos dentro do processo" (Cabral, Trícia Navarro Xavier. Convenções em matéria processual. *Revista de Processo*, São Paulo, Vol. 40, N.º 241, mar/2015, pág. 497).

415. A título de exemplo, o comentário de Abreu a respeito, no sentido de que "Como se sabe, não são raros os contratos em que não há assistência de advogado para uma ou ambas as partes contraentes. Uma cláusula que estabeleça modificação em questões técnicas do processo pode, muito bem, passar despercebida por um leigo e mesmo por empresários versados em negócios empresariais (mas não no processo e, mais ainda, nos detalhes procedimentais). Nesses casos, a não-participação de advogado quando da lavratura do negócio pode significar a incapacidade do contraente de prever as consequências da sua manifestação de vontade. A vulnerabilidade técnica, nesse caso, especificamente quanto ao processo e suas previsões, pode significar a necessidade de não-aplicação do negócio, no ponto" (Abreu, Rafael Sirangelo de A igualdade e os negócios processuais. *In* Cabral, Antonio do Passo; Nogueira, Pedro Henrique (coord.). *Negócios Processuais*. 3ª ed. Salvador: Juspodivm, 2017, pág. 208).

como potencialmente perturbadores da capacidade negocial processual, além de desconsiderar outras vulnerabilidades processuais que possam relevar interferências na capacidade negocial.

No nosso entendimento a melhor forma de interpretar o requisito de vulnerabilidade passa por associá-la à capacidade que definimos *supra* como condicionante da celebração destes negócios (*capacidade processual negocial*) e da qual faz parte. A vulnerabilidade que o legislador terá querido equacional seria, portanto, uma *vulnerabilidade processual negocial,* sem restringi-la a qualquer manifestação ou camada específica de vulnerabilidade. *Qualquer situação que pudesse afetar a igualdade negocial das partes* no processo ao ponto de se considerar rompido qualquer equilíbrio, *deixaria a parte vulnerável* à negociação e, portanto, incapaz de a levar a cabo. Sob esta leitura, o *conceito indeterminado cumpre os seus propósitos* de abertura dogmática a que originariamente o legislador o predispôs, sem o desligar do cenário onde os acordos se destinam a produzir efeitos.

Parece-me que o fato de o legislador ter recorrido a um conceito jurídico indeterminado para condicionar esta específica capacidade negocial não foi em vão; i.e., *não poderá ter sido com o intuito de a restringir a situações de vulnerabilidade informacional ou técnica* tal como tem advogado alguma doutrina. Um posicionamento como este seria simplesmente incompatível com a escolha da técnica semântica de que fez uso o legislador. Já para não falar que não levaria em consideração o próprio fundamento dogmático subjacente à tutela da vulnerabilidade. A abertura do termo escolhido permite sustentar que a *vulnerabilidade é conceito que deve permanecer aberto a circunstancialismos fáticos materiais ou processuais* que possam influir, de maneira mais ou menos determinante, para a capacidade processual negocial, afetando-a. Naturalmente que há causas objetivas de vulnerabilidade processual com maior propensão a qualificar uma vulnerabilidade processual negocial, *maxime* a vulnerabilidade técnica; mas isso não exclui que, em concreto, outras manifestações processuais de vulnerabilidade, como a informacional ou organizacional, possam ser igualmente indiciárias dessa vulnerabilidade processual negocial[416]. Por outro lado, e como veremos em tópico abaixo, entendemos que *camadas de vulnerabilidade material* têm, também, repercussões indiretas na capacidade processual negocial, pelo que devem ser levadas em consideração. Uma conceção que apenas se restrinja

416. Também neste sentido, Neves, Daniel Amorim Assumpção. *Novo Código de Processo Civil Comentado artigo por artigo.* 2ª ed. Salvador: Juspodivm, 2017, pág. 332.

à consideração de vulnerabilidades *processuais* e, dentro destas, *técnicas ou informacionais*, afeta consideravelmente aquela relação.

7.II.6.3.4. *Vulnerabilidade da relação jurídica material como indício e nunca como presunção de vulnerabilidade processual*

Um *indício* autoriza a construção de um raciocínio lógico sobre a existência de determinados fatos incertos a partir de dados certos; razão pela qual, sozinho, o indício não tem qualquer valor senão quando por sua causa ou efeito permita a chegada a um outro fato[417]. Nas palavras de MIRANDA, "é o fato ou parte de certo fato certo, que se liga a outro fato que se tem de provar, ou a fato que, provado, dá ao indício valor e relevância na convicção do juiz, como homem"[418]. As *presunções*, de forma diferente, concluem e tomam como pressuposto um fato a partir de outro, independentemente da demonstração daquele, cuja prova é dispensada. Tudo se passa na mente do juiz, onde a afirmação do fato b) a partir do fato a) surge apenas no seu intelecto, que passa a surgir como conhecimento adquirido. Ao contrário dos indícios, que são meios de prova (*prova indiciária*), e do lapso técnico cometido pelo art. 212 do CC, as presunções não são meio nem fonte de prova[419].

A qualificação da vulnerabilidade jurídico-material como um *indício* ou como uma *presunção* é aspeto importante para a tese da admissibilidade das convenções no processo laboral. E assim é porquanto ambas apresentam soluções de interpretação diversas e opostas ao magistrado. Entender que a *vulnerabilidade material* é uma *presunção* de *vulnerabilidade processual*, é premissa que conduz necessariamente o magistrado a negar a eficácia ao negócio processual. Do contrário, entender que a vulnerabilidade material representa apenas um *indício* de vulnerabilidade processual, é premissa que autoriza o magistrado a uma análise casuística do caso *sub iudice* e que lhe dá margem significativa de ponderação de outros fatores para o exame da paridade de armas processuais dos intervenientes no negócio.

---

417. DIDIER JR., Fredie; BRAGA, Paula Sarno; OLIVEIRA, Rafael Alexandria. *Curso de Direito Processual Civil.* 10ª ed. Salvador: Juspodivm, 2015, vol. II, pág. 68.

418. MIRANDA, Francisco Cavalcanti Pontes de. *Comentários ao Código de Processo Civil.* 3ª ed. Rio de Janeiro: Forense, 1997, T. V, pág. 324.

419. MOREIRA, José Carlos Barbosa. Presunções e a prova. *In* MOREIRA, José Barbosa. *Temas de Direito Processual Civil.* São Paulo: Saraiva, 1977, págs. 57 e 59 e Provas atípicas. *Revista de Processo*, Vol. 19, N.º 76, out-dez/1994, págs. 144-126; posição seguida por DIDIER JR., Fredie; BRAGA, Paula Sarno; OLIVEIRA, Rafael Alexandria. *Curso de Direito Processual Civil.* 10ª ed. Salvador: Juspodivm, 2015, vol. II, pág. 69.

Sem prejuízo de servir de alerta ao magistrado para uma potencial vulnerabilidade processual, a vulnerabilidade material tida como *indício* é a que melhor se configura nos postulados da igualdade processual[420]. *Não existe, nem pode existir, vulnerabilidade por presunção*[421]. Diferente conclusão importaria a recusa de negócios processuais mais favoráveis à parte vulnerável, o que mal se compreende atento o claro intuito legislativo de *reforçar* a autonomia das partes no processo e estimular consensos. *O voto do legislador é favorável à negociação, não contrário a esta.*

A vulnerabilidade do art. 190 é, e só poderá ser, imperiosamente *processual*. A sua análise vai *depender do posicionamento da parte em relação ao objeto litigioso e em relação à outra parte da lide*[422]. Naturalmente que perceber esse exato posicionamento *pode e deve* levar em conta *elementos materiais*. Aliás, nem o art. 190 do CPC seria o primeiro dispositivo processual a levar em consideração a situação jurídica material para regular certas prorrogativas processuais. É disso exemplo a inversão consensual do ônus da prova que pode operar plenamente no direito do consumidor desde que não seja prejudicial a este (art. 51, inc. VI do CDC); dispositivo que leva em devida consideração a tendencial fragilidade económica, informacional e técnica deste na relação de consumo.

Isto não quer dizer, porém, que nos possamos agarrar a determinada circunstância material para dela *presumir*, imediatamente, a vulnerabilidade

---

420. Nogueira, Pedro Henrique. *Negócios jurídicos processuais.* Salvador: Juspodivm, 2016, pág. 235; Barreiros, Lorena Miranda Santos. *Convenções Processuais e o Poder Público.* Salvador: Juspodivm, 2017, pág. 235 ("As presunções de vulnerabilidade lançadas em diplomas materiais servirão como indício de vulnerabilidade processual, mesmo indício que subjaz na celebração de negócio processual sem assessoramento técnico-jurídico. Não são, porém, automaticamente transplantáveis ao regime processual, para conduzir à inexorável conclusão da existência da vulnerabilidade processual negocial").

421. Nogueira, Pedro Henrique. Negociação processual trabalhista. *In* Dallegrave Neto, José Afonso, Goulart, Rodrigo Fortunato (coord.). *Novo CPC e o Processo do Trabalho.* 2ª ed. São Paulo: LTr, 2016, pág. 621; Cunha, Leonardo Carneiro da. Comentários ao Código de Processo Civil: artigos 188 a 293. *In* Marinoni, Luiz Guilherme, Arenhart, Sérgio Cruz, Mitidiero, Daniel (coord.). *Coleção Comentários ao Código de Processo Civil.* São Paulo: RT, 2016, vol. III, pág. 58; Tavares, João Paulo Lordelo Guimarães. Da admissibilidade dos negócios jurídicos processuais no novo código de processo civil: aspectos teóricos e práticos. *Revista de Processo*, São Paulo, Vol. 41, N.º 254, abr/2016, pág. 101.

422. "(...) o sujeito será ou não considerado em situação de vulnerabilidade a partir da relação estabelecida entre o próprio sujeito ou o direito litigioso e a outra parte" (Nogueira, Pedro Henrique. *Negócios jurídicos processuais.* Salvador: Juspodivm, 2016, pág. 235).

processual a que o art. 190 do CPC faz referência[423]. Apesar de poder haver inúmeras circunstâncias em que um vulnerável material também o seja no polo processual, já vimos aqui que essa relação nem sempre se estabelece de forma coincidente. Basta pensar no réu revel preso ou do réu revel citado editalmente, vulneráveis tipicamente processuais mas já não materiais; ou no alto empregado que, não sendo um vulnerável material, *poderá*, no entanto, vir a sê-lo a nível processual se, por exemplo, nada entender do mundo jurídico e apresentar-se à Justiça desacompanhado de advogado. Da mesma forma, também existe uma série de indivíduos que, *não obstante serem tendencialmente vulneráveis materiais, podem não o ser em termos processuais, como é o caso dos credores de alimentos e* – pensamos também ser esse o caso – *os trabalhadores*.

O que não é possível, é fazer-se depender a admissibilidade da negociação processual exclusivamente da vulnerabilidade existente na situação jurídica material[424].Daí porque a vulnerabilidade material não pode funcionar como presunção de vulnerabilidade processual; ela não autoriza um conhecimento adquirido de um fato, por não haver sempre correspondência necessária válida entre o fato conhecido (vulnerabilidade material) e o fato presumido (vulnerabilidade processual). A vulnerabilidade material pode funcionar como uma indicação genérica que, não autorizando a imediata extração

---

423. Soares, Lara Rafaelle Pinho. *A vulnerabilidade na negociação processual atípica*. Dissertação de Mestrado (UFBA). Salvador, 2016, págs. 158-159. Para a autora, numa "(...) relação de consumo, por exemplo, na qual há vulnerabilidade material presumida pelo Código de Defesa do Consumidor (...) não necessariamente haverá reconhecimento da vulnerabilidade processual para negociar, o que, se houver, não será entendida como uma presunção, mas como um indício de vulnerabilidade. Isso porque, enquanto na relação de Direito material, o fato de ser consumidor é suficiente para a presunção de vulnerabilidade, isso não basta para presumi-la no Direito processual e especificamente no âmbito do negócio jurídico. Ora, o fato de ser consumidor não torna, necessariamente, alguém vulnerável para negociar processualmente, porque não implica ausência de informação sobre o ato a ser praticado no processo. Pode, evidentemente, ser fator indicativo da vulnerabilidade, mas, em nenhuma hipótese, fator exclusivo".

424. No mesmo sentido, Soares, Lara Rafaelle Pinho. A vulnerabilidade na negociação processual atípica. *In* Marcato, Ana, et. al. (coord.). Negócios Processuais. Salvador: Juspodivm, 2017, Vol. I, pág. 288 ("Desse modo, em uma relação de consumo, por exemplo, na qual há vulnerabilidade material presumida pelo CDC, não necessariamente haverá o reconhecimento da vulnerabilidade processual para negocial, o que, se houver, não será entendida como uma presunção, mas como um indício de vulnerabilidade").

de conclusões, norteie e direcione o intérprete numa possível equivalência processual a partir dela. Afinal, a única coisa que a vulnerabilidade material tem pretensão a conseguir dentro do processo é apontar uma mera *possibilidade* dessa mesma pessoa poder ser também um vulnerável processual. Não pode a lei estabelecer *a priori* essa conclusão, tão-pouco o magistrado.

A vulnerabilidade, não podendo ser presumida, carece sempre de apreciação *casuística* no caso concreto[425], precisamente por representar um conceito jurídico indeterminado. É sempre necessário, no caso concreto, levar em consideração a *real autonomia do trabalhador* no momento em que este dispõe da situação jurídica processual por meio de negócio, *mesmo quando* estiver em causa uma relação jurídica *completamente desnivelada*[426]. E assim é porquanto, antes de tudo, o argumento literal do próprio art. 190 do CPC assim o aponta, quando o legislador propositadamente inseriu o

---

425. Cunha, Leonardo Carneiro da. Comentários ao artigo 190º e 191. *in* Cabral, Antonio do Passo, Cramer, Ronaldo (coord.). *Comentários ao Novo Código de Processo Civil.* 2ª ed. São Paulo: Forense, 2016, pág. 322; Didier Jr., Fredie. Negócios jurídicos processuais atípicos no CPC-2015. *In* Marcato, Ana, et. al. (coord.). Negócios Processuais. Salvador: Juspodivm, 2017, Vol. I, pág. 173; Barreiros, Lorena Miranda Santos. *Convenções Processuais e o Poder Público.* Salvador: Juspodivm, 2017, pág. 235; Pinto, Antônio José Carvalho da Silva. Comentários ao art. 190 e 191. in Bochenek, Antonio César, Cambi, Eduardo (coord.). *Código de Processo Civil Comentado.* São Paulo: RT, 2016, pág. 406.

426. Como ensina Sarmento, "(...) parece-nos que, fora os casos de direitos fundamentais especificamente endereçados contra particulares, será sempre necessário levar em consideração, na resolução do caso concreto, a autonomia do ato privado, mesmo quando a hipótese envolver uma relação jurídica manifestamente assimétrica. Concordamos, no particular, com *Ingo Sarlet*, quando, apesar de reconhecer a relevância do problema da desigualdade fática na aplicação dos direitos humanos nas relações privadas, registra que os particulares detentores de poderes sociais são também titulares de direitos fundamentais, e a sua autonomia privada não deixa de ser protegida constitucionalmente. Assim, segundo ele, nem mesmo nas relações e que esses poderes sociais sejam parte '(...) se poderá deixar de reconhecer a existência de um conflito de direitos fundamentais, tornando-se indispensável uma compatibilização (harmonização) à luz do caso concreto, impedindo um tratamento idêntico ao das relações particulares – poder público" (Sarmento, Daniel. A vinculação dos particulares aos direitos fundamentais no Direito Comparado e no Brasil. *In* Barroso, Luís Roberto, Barcellos, Ana Paulo (coord.). *A Nova Interpretação Constitucional. Ponderação, direitos fundamentais e relações privadas.* Rio de Janeiro: Renovar, 2006, págs. 277). Também, Menezes, Valquíria Maria Novaes. Do negócio jurídico processual e o consumidor: interpretação da vulnerabilidade como limite nos negócios processuais. *In* Marcato, Ana, et. al. (coord.). Negócios Processuais. Salvador: Juspodivm, 2017, vol. I, pág. 592.

adjetivo de "manifesta"[427] no parágrafo único do dispositivo. Podemos dizer mais: não só é necessária a demonstração, em concreto, da existência de *manifesta vulnerabilidade*, como é igualmente necessário atestar que foi essa vulnerabilidade que *influenciou diretamente* a negociação[428].

7.II.6.3.5. Momento de aferição da vulnerabilidade

É, sem dúvida, no *momento da elaboração* do negócio jurídico processual que a vulnerabilidade deve ser aferida. A regra do conhecimento da vulnerabilidade processual da parte não difere da regra que determina o conhecimento dos restantes requisitos objetivos à validade da negociação processual. A aferição da vulnerabilidade é, portanto, coincidente com a celebração do negócio processual, ainda que este se celebre em momento prévio ao processo[429].

Como a particular natureza dos negócios processual permite que estes sejam contraídos sem dependência de um processo específico em curso - embora sempre por referência a um processo, ainda que futuro - os seus efeitos acabam por ser processualizados, i.e., assumir natureza processual, pelo que assume total sentido que a este sejam aplicadas as regras de invalidação de atos jurídicos processuais e respetivos princípios. Sem prejuízo do comentário que teceremos *infra* a respeito da inexistência de *prejuízo*, dizer apenas que uma das consequências mais marcantes desta teoria processual de invalidades é a permeabilidade à convalidação e aproveitamento

427. Parafraseando Lordelo, "Regra geral, a vulnerabilidade é fato a ser considerado de forma concreta, daí porque o parágrafo único do art. 190 alude à 'manifesta situação de vulnerabilidade'. Assim, o fato de alguém ser trabalhador ou consumidor não presume, por si só a vulnerabilidade. Rememore-se que, pelo art. 4º, I, do CDC, o 'reconhecimento da vulnerabilidade do consumidor no mercado de consumo' consiste em um princípio, e não uma regra, a depender, portanto, das circunstâncias fáticas e jurídicas do caso concreto. Tal situação pode ser aferida de ofício pelo juiz" (Tavares, João Paulo Lordelo Guimarães. Da admissibilidade dos negócios jurídicos processuais no novo código de processo civil: aspectos teóricos e práticos. *Revista de Processo*, São Paulo, Vol. 41, N.º 254, abr/2016, pág. 106).

428. Faria, Marcela Kohlbach de. Licitude do objeto das convenções processuais. *In* Marcato, Ana, et. al. (coord.). Negócios Processuais. Salvador: Juspodivm, 2017, Vol. I, pág. 361; Ferradeira, Mariana. A prova emprestada como objeto de negócio jurídico processual. *In* Marcato, Ana, et. al. (coord.). Negócios Processuais. Salvador: Juspodivm, 2017, Vol. I, pág. 395.

429. No mesmo sentido, Didier Jr., Fredie; Nogueira, Pedro Henrique. *Teoria dos fatos jurídicos processuais*. Salvador: Juspodivm, 2011, págs. 71-72.

de atos, ainda que inválidos *ab initio*. Suprido o respetivo vício, sanada a vontade originariamente manifestada de forma deficiente, recorrendo-se à forma devidamente prescrita em lei ou obtida idêntica finalidade à projetada pelo legislador, o negócio processual poderá ser aproveitado, ainda que no momento da sua celebração algum vício lhe pudesse infirmar sanção de invalidade. Esta particularidade deverá ser sempre tida em conta quando se apreciar a vulnerabilidade da parte no momento em que dispõe de situação jurídica processual ou convenciona sobre aspetos do procedimento futuro.

Assim, por exemplo, vemos com dificuldade a declaração de nulidade de negócio jurídico processual celebrado previamente ao processo por trabalhador vulnerável se, uma vez instaurado o processo, o trabalhador não oferecer resistência e reiterar o seu consentimento de forma expressa na presença do juiz e do seu *causídico*. Da mesma forma, ainda que um trabalhador tenha celebrado um contrato de trabalho contendo cláusulas processuais que aceitou de forma adesiva, uma vez instaurada a lide, esse mesmo trabalhador aderente não é mais forçado a aceitar a vontade da contraparte. Deixa de existir aderência e, por conseguinte, abusividade. Como veremos *infra*, o magistrado é forçado a garantir contraditório antes de proferir decisão de anulação de negócio processual; se nessa altura em que ouvir a parte vulnerável e/ou aderente existir da parte desta uma reiteração do interesse e vontade na manutenção do negócio neste momento obstará à anulação do pacto[430].

Este entendimento tem vindo a ser sufragado por alguma doutrina[431] e ampara-se na previsão paralela do art. 4º, §2º da Lei de Arbitragem n.º 9.307/1996, que só reconhece expressamente eficácia à cláusula processual se, no processo, o aderente concordar expressamente com ela ou tenha sido ele, precisamente, a dela fazer uso. Parece-me correto extrapolar analogicamente o mesmo raciocínio para a generalidade das convenções processuais – e não apenas na arbitral – por forma a aferir se a capacidade processual negocial *atual* se mantém nos mesmos termos em que foi celebrada a convenção processual.

Por outro lado, é ainda importante considerar que, não obstante a vulnerabilidade dever ser aferida no momento da celebração do negócio,

---

430. Neste sentido, NEVES, Daniel Amorim Assumpção. *Manual de direito processual civil*. Salvador: Juspodivm, 2017. Volume único, págs. 397-398.

431. GAJARDONI, Fernando da Fonseca; DELLORE, Luiz; ROQUE, Andre Vasconcelos; OLIVEIRA JR., Zulmar Duarte de. *Teoria Geral do Processo: Comentários ao CPC de 2015*. 2ª ed. Rio de Janeiro: Forense, 2018, vol. I, pág. 700.

nem por isso ela deixa de ter influência em momento posterior a este. Caso a vulnerabilidade não se verifique originariamente mas apenas *a posteriori* à existência do negócio, com consequências diretas em termos de desequilíbrio processual da parte afetada e afetação do contraditório efetivo desta, ela pode ensejar fundamento legítimo para *revisão* do pactuado e, na impossibilidade ou inviabilidade deste, na resolução do negócio jurídico[432]. A oneração excessiva decorrente de uma vulnerabilidade processual superveniente é causa

---

432. Neste sentido, Abreu, Rafael Sirangelo de A igualdade e os negócios processuais. *In* Cabral, Antonio do Passo; Nogueira, Pedro Henrique (coord.). *Negócios Processuais*. 3ª ed. Salvador: Juspodivm, 2017, pág. 208. O autor dá um exemplo de vulnerabilidade processual negocial resultante de fragilização económica superveniente, *in verbis*: "(...) negócios que imponham custos desproporcionais do processo pela sua distribuição diferenciada a cada um dos sujeitos processuais a ponto de criar óbices de acessibilidade econômica de tamanha monta que impeçam ou dificultem em demasiado o acesso equilibrado ao processo. Não se trata simplesmente de desconsiderar eventual manifestação de vontade (*a priori* válida), mas de considerar (a) que as situações econômicas de cada um dos litigantes podem ter variado bastante no transcurso do tempo entre a lavratura do negócio e a sua aplicação e (b) que a previsão em abstrato de um redimensionamento dos ônus econômicos de eventual, futuro e então desconhecido processo judicial pode não ter permitido um correto conhecimento das consequências do negócio para a parte a quem se imputou um aumento nessa responsabilidade pelos custos. Nesses casos, pode ser necessária a invalidação (parcial ou total) do negócio jurídico eventualmente até em face de onerosidade excessiva (desequilíbrio superveniente)". Em posicionamento mais recente (segunda edição da mesma obra coletiva), porém, deixa de admitir a invalidade do negócio para mencionar apenas o desfazimento parcial ou total deste. Também no mesmo sentido, Didier Jr., Fredie. Negócios jurídicos processuais atípicos no CPC-2015. *In* Marcato, Ana, et. al. (coord.). Negócios Processuais. Salvador: Juspodivm, 2017, vol. I, págs. 179-180; Barreiros, Lorena Miranda Santos. *Convenções Processuais e o Poder Público*. Salvador: Juspodivm, 2017, págs. 239-240. Admitindo que negócios pré-processuais se possam sujeitar à *teoria da imprevisão* ou *alteração das circunstâncias*, Almeida, Diogo Assumpção Rezende de. *Das convenções processuais no processo civil*. Tese de Doutoramento (UERJ). Rio de Janeiro, 2014, págs. 186-188. O Autor admite a resolução judicial do contrato estritamente quando haja muito pouca previsibilidade a respeito do futuro litígio. Por essa razão, exclui a hipótese para convenções processuais celebradas no decurso do processo, dado que a previsibilidade aí é absoluta. Em suma, para Almeida, "(...) tanto quanto aumenta o tempo entre a formação do pacto e o momento em que é aplicado, maior espaço para a ocorrência de eventos imprevisíveis e extraordinários, capazes de provocar a invocação da cláusula *rebus sic standibus*. Assim, quanto menor for o grau de informação dos litigantes, maior a possibilidade de utilização da imprevisão como fundamento da revogação da convenção e essa gradação passa pelas avenças pactuadas na relação jurídica processual (de eficácia imediata e diferida no tempo), até chegar aos acordos prévios (firmados após o nascimento do conflito ou constituídos por meio de cláusulas de diferendo)".

ilegítima de desigualdade e desequilíbrio processual que merece remédio jurídico adequado.

7.II.6.3.6. Vulnerabilidade como requisito autônomo?

Para Didier Jr., a vulnerabilidade é um caso específico de *incapacidade processual negociada*; "incapacidade pela situação de vulnerabilidade"[433]. "Há vulnerabilidade quando houver desequilíbrio entre os sujeitos na relação jurídica, fazendo com que a negociação não se aperfeiçoe em igualdade de condições"[434]. Também assim parece ser o tratamento dispensado pela maioria da doutrina e – colocámo-nos acima – também o nosso.

Com posicionamento autônomo, Yarshell parece associar o fenômeno da vulnerabilidade a um problema de *consentimento na manifestação de vontade*. Embora não se posicione de forma expressamente clara, ao entender que a igualdade substancial entre os sujeitos no momento da negociação é requisito essencial para "assegurar que exista livre manifestação dos sujeitos envolvidos", implicitamente reconhece-a como um problema de livre manifestação da vontade[435]. No mesmo sentido parece apontar ainda a argumentação de Spirito[436], Ataíde Jr.[437] e Tavares[438]. Segundo aquele

---

433. Didier Jr., Fredie. *Curso de Direito Processual Civil*. 17ª ed. Salvador: Juspodivm, 2015, vol. I, pág. 386.

434. *Ibidem*, pág. 386.

435. Yarshell, Flávio Luiz. Convenção das partes em matéria processual: rumo a uma nova era?. *In* Cabral, Antonio do Passo; Nogueira, Pedro Henrique (coord.). *Negócios Processuais*. 3ª ed. Salvador: Juspodivm, 2017, pág. 68.

436. Spirito, Marco Paulo Denucci. Controle de formação e controle de conteúdo do negócio jurídico processual – Parte II. *Revista de Processo*, São Paulo, Vol. 40, Vol. 248, out/2015.

437. Ataíde Júnior, Jaldemiro Rodrigues de. Negócios jurídicos materiais e processuais – existência, validade e eficácia – campo-invariável e campos-dependentes: sobre os limites dos negócios jurídicos processuais. *Revista de Processo*, Vol. 40, N.º 244, São Paulo, jun/2015, pág. 401. Segundo o autor, quer a manifesta situação de vulnerabilidade, quer a inserção abusiva em contrato de adesão são requisitos que se relacionam com a "perfeição da manifestação da vontade, estando, pois, ao lado dos vícios clássicos da vontade (erro, dolo, coação, estado de perigo, lesão)".

438. Tavares, João Paulo Lordelo Guimarães. Da admissibilidade dos negócios jurídicos processuais no novo código de processo civil: aspectos teóricos e práticos. *Revista de Processo*, São Paulo, Vol. 41, N.º 254, abr/2016, pág. 99-101. Nas palavras do autor, "A questão da vulnerabilidade é tema tratado, por alguns autores, como causa de incapacidade processual negocial. A capacidade 'negocial', construção doutrinária, consiste em categoria distinta da capacidade em sentido comum. Assim, é possível falar em

autor, a vontade não se considera livre em duas circunstâncias: (i) *erro-vício* que a afete, altura em que se aplicarão as regras que regem a invalidação de negócios jurídicos em geral prevista no CC/02, (ii) *manifesta vulnerabilidade de uma das partes*. Segundo Tavares, a vulnerabilidade prevista no art. 190 não põe em causa a capacidade do agente, mas constitui um vício que afeta diretamente o seu consentimento.

Soares, porém, reserva à vulnerabilidade do art. 190 um tratamento especial, considerando que a norma consagra um verdadeiro requisito *autônomo* de validade do negócio jurídico processual. No entender da Autora, ao passo que a capacidade processual é necessária para o negócio processual, é também mera formalidade que se manifesta na prática de qualquer outro ato processual, por ser a mera aptidão da parte para estar em juízo; já a vulnerabilidade, porém, seria fato que, podendo interferir no ato invalidando-o, poderia, sem prejuízo, ser superada[439].

7.II.6.3.7. Vulnerabilidade como requisito insuficiente à nulidade do negócio processual. Negócio celebrado por parte vulnerável, instrumentalidade das formas e transcendência. A inexistência de prejuízo.

Assim como qualquer ato jurídico processual, os negócios jurídicos devem sujeitar-se ao regime geral das *invalidades processuais*, dos quais assumem particular relevo o princípio da instrumentalidade das formas e o da exigência

---

capacidade material negocial e capacidade processual negocial. A rigor, ao tratar dos negócios jurídicos, o art. 104, I, do CC/02 (...) parece contentar-se apenas, no âmbito subjetivo, com o 'agente incapaz'. E, realmente, o fato de alguém ser vulnerável não lhe retira a sua capacidade (seja material ou processual). Pensar de forma diferente seria conceber o consumidor legalmente considerado vulnerável no mercado de consumo (art. 4º, I, do CDC (...)) como uma pessoa materialmente incapaz para acordos extraprocessuais e processualmente incapaz, para acordos processuais. A capacidade, material ou perocessual, não é uma cláusula geral, estando muito bem definidas suas causas na legislação (...). Justamente por isso, a doutrina costuma atrelar a vulnerabilidade à capacidade 'negocial', que, para além da capacidade legal, demanda o consentimento livre e de boa-fé das partes. Verdadeiramente, a vulnerabilidade é categoria relativa à manifestação de vontade (ao consentimento), que impõe a nulidade de determinados negócios, ainda que as partes sejam legalmente capazes, por presumir uma abusividade do negócio que afeta (ou pode afetar) a isonomia e, portanto, o consentimento livre e de boa-fé".

439. Soares, Lara Rafaelle Pinho. A vulnerabilidade na negociação processual atípica. *In* Marcato, Ana, et. al. (coord.). Negócios Processuais. Salvador: Juspodivm, 2017, Vol. I, págs. 292-293.

de prejuízo[440]. Estes são outros dois aspetos que fortalecem o argumento da admissibilidade da pactuação processual no processo do trabalho. Ainda são algumas as regras da teoria das invalidades processuais: (i) o ato haverá de ser aproveitado se atingiu a sua finalidade essencial, ainda que noutra forma (art. 277 do CPC); (ii) a nulidade de parte de ato processual não implica necessariamente a nulidade de todo ele, quando as restantes partes lhe sejam independentes (art. 281 CPC e arts. 797 e 798 da CTL); (iii) o ato poderá ser aproveitado (não será repetido se erroneamente praticado, nem a sua falta será colmatada se erroneamente omissa) se dele não resultou qualquer prejuízo à parte (art. 282, §1° do CPC e art. 794 da CLT), (iv) em caso de erro na forma do processo, só se repetiram os atos que não puderem ser aproveitados e deles não resulte prejuízo à defesa das partes (art. 283 do CPC).

Destas, que basicamente consagram uma ideia geral de que não pode haver invalidação sem prejuízo destacamos, em primeiro lugar, o *princípio da instrumentalidade das formas* norteador da validade dos atos processuais em geral, que é um dos mais importantes princípios da teoria das nulidades dos atos processuais[441]. Afinal, no âmbito processual, ao contrário do direito material, a decretação da invalidade é vista como algo pernicioso ao processo, última solução a encontrar. O sistema procurar aproveitar todos os seus atos, estruturando-se para que não hajam invalidades[442]. A lógica deve ser a de aproveitamento do negócio processual sempre que isso for possível. Acompanhamos aqui Diogo Rezende de Almeida, no sentido de considerar que mesmo estando diante negócio jurídico processual inválido, *maxime* por manifesta vulnerabilidade de empregado em negócio celebrado previamente ao litígio, deve ainda assim o magistrado trabalhista procurar saná-lo e conservá-lo, tal como mandamento que resulta do princípio da instrumentalidade das formas (art. 188 do CPC)[443].

---

440. Cabral, Antonio do Passo. *Convenções Processuais*. Salvador: Juspodivm, 2016, pág. 255; Ataíde Júnior, Jaldemiro Rodrigues de. Negócios jurídicos materiais e processuais – existência, validade e eficácia – campo-invariável e campos-dependentes: sobre os limites dos negócios jurídicos processuais. *Revista de Processo*, Vol. 40, N.° 244, São Paulo, jun/2015, pág. 415.

441. Cabral, Antonio do Passo. *Nulidades no Processo Moderno: contraditório, proteção da confiança e validade prima facie dos atos processuais*. 2ª ed. Rio de Janeiro: Forense, 2010, pág. 64.

442. Didier Jr., Fredie. *Curso de Direito Processual Civil*. 17ª ed. Salvador: Juspodivm, 2015, vol. I, pág. 401.

443. Almeida, Diogo Assumpção Rezende de. *Das convenções processuais no processo civil*. Tese de Doutoramento (UERJ). Rio de Janeiro, 2014, págs. 138-139.

Em processo do trabalho, para além do princípio da instrumentalidade das formas, *a lógica de prejuízo do ato*[444] também conhece designação própria e constitui princípio autônomo da teoria das nulidades de atos processuais, a saber, *princípio da transcendência*[445]. Conhece, ainda, preceito próprio na CLT, no art. 794, *in verbis* "Nos processos sujeitos à apreciação da Justiça do Trabalho só haverá nulidade quando resultar dos atos inquinados manifesto prejuízo às partes litigantes". Nesta ótica, a inexistência de prejuízo de ato inválido surge como fator impediente da alegação e conhecimento dessa mesma invalidade, autorizando a produção dos respetivos efeitos. O seu fundamento reside, praticamente, na desnecessidade de declarar a nulidade do ato[446]. Por prejuízo, naturalmente, se entende *o dano processual e não material*, econômico ou qualquer outro que se possa configurar. Quanto ao uso da expressão "manifesto", pode-se dizer que o termo é desnecessário à aplicação do princípio – afinal, ele ou existe ou não existe – pelo que a expressão se reserva a sinónimo de "prejuízo claro", sem haver lugar a dúvida, inegável, evidente[447]. Sendo o negócio processual, um ato processual, não há razão para não aplicar o mesmo raciocínio a acordos pactuados por trabalhadores, ainda que sendo tidos, em concreto, como vulneráveis para efeitos do 190, parágrafo único do CPC. Já o FPPC no seu enunciado n.º 16 dispunha que "o controle dos requisitos objetivos e subjetivos de validade

---

444. Como asseveram Marinoni, Luiz Guilherme; Arenhart, Sérgio Cruz; Mitidiero, Daniel, *Novo curso de processo civil*, Vol. 1, São Paulo, RT, 2015, pág. 529, "Note-se que, ao contrário do que supostamente sugere a lei brasileira, pouco importa se o beneficiário desse acordo é incapaz ou não. Se ele é favorecido pelo acordo, não haveria razão para negar-se ao pacto validade. O que não poderia ocorrer é a permissão para o incapaz 'dispor' de suas faculdades processuais – isso porque nessa hipótese o prejudicado poderia ser o incapaz, surgindo aí razão para se negar validade ao acordo"; Saad, Eduardo Gabriel. *Consolidação das Leis do Trabalho Comentada.* 50ª ed. São Paulo: LTr, 2018, pág. 1268.

445. Schiavi, Mauro. *Manual de Direito Processual do Trabalho.* 12ª ed. São Paulo: LTr, 2017, pág. 492; Saraiva, Renato; Manfredini, Aryanna. *Curso de Direito Processual do Trabalho.* 12ª ed. Salvador: Juspodivm, 2015, pág. 184; Teixeira Filho, Manoel Antônio. *Curso de direito processual do trabalho: processo de conhecimento.* São Paulo: LTr, 2009, Vol. I, pág. 574.

446. Coutinho, Aldacy Rachid. *Invalidade processual: um estudo para o processo do trabalho.* Rio de Janeiro: Renovar, 2000, pág. 285. Segundo o Autor, "prejuízo servirá, então, de parâmetro para a constatação do interesse da parte em alegar a invalidade, bem como na verificação da consecução da finalidade pelo ato".

447. Martins, Sérgio Pinto. *Direito Processual do Trabalho.* 40ª ed. São Paulo: Atlas, 2018, pág. 262 e *Comentários à CLT.* 21ª ed. São Paulo: Saraiva, 2018, pág. 922.

da convenção de procedimento deve ser conjugado com a regra segundo a qual não há invalidade do ato sem prejuízo".

Fica claro, então, que a manifesta vulnerabilidade, só por si, é requisito insuficiente à decretação da nulidade do negócio jurídico processual. Ainda que improvável, *o negócio pode beneficiar a parte vulnerável ou, mesmo, não lhe trazer qualquer prejuízo*.

Embora seja absolutamente necessário atender ao procedimento da negociação processual e verificar se todos os requisitos que o art. 190 c/c os do CC estão pressupostos (*process-based*), não deixa de ser interessante para aferir a sua validade ter em mente aqui, ainda, a filosofia norte-americana baseada *no resultado* (*outcome-based*) que nos traz Cabral. Pode dizer-se que a lógica não é tanto a de aferir a inexistência de prejuízo para a parte, mas a de verificar se, mesmo estando a parte numa situação de desequilíbrio e tendo ela abdicado de certas situações jurídicas vantajosas, ainda assim das disposições do acordo resultaram resultados mais benéficos para esta. O equilíbrio na negociação processual (ou falta dele), seria aferido sempre em função *da justiça do resultado consensual*[448].

7.II.6.3.8. Especial cuidado do magistrado trabalhista no controlo da vontade do trabalhador no plano da existência e de perquirir o consentimento expresso no plano da vontade

Antes mesmo da perquirição pelo magistrado da violação da condição negativa da vulnerabilidade (*plano da validade*), que deverá sujeitar-se e basear-se à inquirição da parte e à compreensão sobre a existência de consentimento expresso, deverá o juiz apreciar a própria existência de vontade enquanto requisito prévio àquele, atinente à existência do próprio negócio jurídico processual (*plano da existência*). Se a presença de vontade respeita ao plano da existência do negócio, a liberdade da vontade ou da higidez do seu consentimento é matéria que respeita ao plano da validade[449].

---

448. Cabral, Antonio do Passo. *Convenções Processuais*. Salvador: Juspodivm, 2016, pág. 327.

449. Spirito, Marco Paulo Denucci. Controle de formação e controle de conteúdo do negócio jurídico processual – Parte I. *Revista de Processo*, São Paulo, Vol. 40, N.º 247, set/2015, pág. 148; Ataíde Júnior, Jaldemiro Rodrigues de. Negócios jurídicos materiais e processuais – existência, validade e eficácia – campo-invariável e campos-dependentes: sobre os limites dos negócios jurídicos processuais. *Revista de Processo*, Vol. 40, N.º 244, São Paulo, jun/2015, pág. 399.

Esta questão respeita à indagação sobre o *conhecimento* que a parte tinha acerca do contrato, i.e., se o contratante foi efetivamente informado a respeito dos termos e condições do negócio processual. Afinal, o que não é a informação senão um dos maiores pressupostos da liberdade contratual? O conhecimento das suas opções é requisito necessário ao exercício da liberdade pelo sujeito.

Apesar de nada no art. 190 do CPC mencionar a questão do controlo na formação de negócios jurídicos (existência), mas tão-só do seu conteúdo (validade), a verdade é que o dispositivo não consagra todos os limites que se impõe à negociação processual. Nele apenas estão indigitados alguns condicionantes gerais [v.g., (i) capacidade, (ii) legalidade (que a lei considere nulas), (iii) inserção abusiva em contrato de adesão (relacionado ao art. 424 do CC)]. Outros limites gerais há resultam de diferentes dispositivos [v.g., (i) organização judiciária, (ii) devido processo legal, (iii) direito fundamental à tutela jurisdicional adequada e efetiva, (iv) acesso à justiça, (v) dignidade da pessoa humana, etc.], ou mesmo de limitações implícitas [v.g., (i) forma, (ii) reserva de lei, (iii) pressupostos no plano da existência][450]. Por outro lado, a necessária sujeição ao controlo sobre a formação contratual é consequência que decorre (i) da teoria do fato jurídico, (ii) da incongruência que seria sujeitar o negócio ao controlo da validade pelo 190, sem antes sujeitá-lo ao controlo no plano da existência.

A existência de vontade pressupõe, portanto, *conhecimento, informação*. Esse é o seu substrato. Como assevera Spirito, "não há que se falar na existência de contrato sobre informação omitida, ocultada ou desconhecida". Este é um cuidado que respeita, diretamente, à *formação* do contrato. O trabalhador deve, por isso, estar em condições de compreender sem dificuldade o teor das cláusulas contratuais sobre o procedimento que lhe são apresentadas e discutidas, assim como de ter uma ideia sobre o seu alcance normativo ou repercussões processuais. Só então está em reais condições de poder ponderar de forma consciente o seu interesse prático nestas e de por elas decidir orientar, ou não, a sua atuação[451].

Para assegurar este *patamar mínimo de liberdade*, devem censurar-se cláusulas escondidas, que prevejam efeitos surpresa, que tenham teor engana-

---

450. Spirito, Marco Paulo Denucci. Controle de formação e controle de conteúdo do negócio jurídico processual – Parte I. *Revista de Processo*, São Paulo, Vol. 40, N.º 247, set/2015, pág. 142.

451. *Ibidem*, pág. 153.

dor ou dissimulado, que sejam prolixas ou pouco claras e transparentes. Em sentido contrário, i.e., sob recorte positivo, estes negócios jurídicos processuais deverão ser redigidos de forma perfeitamente legível, agrupando e articulando as cláusulas em função de grupos e critérios claros e lógicos, sistematicamente bem enquadrados e não dispersos, em local e sob epígrafe apropriados e condizentes, evitando-se o recurso a siglas, abreviaturas, remissões ou fórmulas desconhecidas[452]. Em razão da novidade da matéria, sempre que inserido, por exemplo, em contrato mais amplo (*maxime,* contrato de emprego) deverão ainda colher destaque sistemático e textual relativamente às demais cláusulas contratuais de conteúdo material[453]. Resgata-se aqui os aspetos mencionados pela Lei n.º 9.307/96 (Lei da Arbitragem), cujo art. 4.º, §2º impõe certos cuidados na recolha do consentimento da parte de submeter o litígio à arbitragem em contratos de adesão, a saber: (i) ou resulta da *iniciativa da parte* aderente a escolha desta via de resolução de litígios; (ii) ou ela *concorda expressamente* com a cláusula compromissória, aferindo-se esse carácter expresso por certos indicadores, tais como a) seja por *escrito*, b) em documento *anexo* ao contrato, c) ou destacada a *negrito*, d) com *assinatura individualizada* para esses efeitos[454]. Parece-nos que esta mesma lógica deverá ser aplicada não apenas em contratos de adesão, mas para informar igualmente os contratos de trabalho e respetivos aditivos contratuais, em razão da tendencial vulnerabilidade que caracteriza o trabalhador. Tal como se discrimina contratualmente o conteúdo normativo por ordem de assuntos de direito material (férias, retribuição, horário de trabalho etc.), o mesmo deverá suceder com disposições processuais, que devem merecer local destacado no contrato para consentimento expresso e específico do trabalhador.

---

452. Ribeiro, Joaquim de Sousa. O problema do contrato – as cláusulas contratuais gerais e o princípio da liberdade contratual. Coimbra: Almedina, 2003, pág. 381.

453. Spirito, Marco Paulo Denucci. Controle de formação e controle de conteúdo do negócio jurídico processual – Parte I. *Revista de Processo*, São Paulo, Vol. 40, N.º 247, set/2015, pág. 152. O autor sugere que é "recomendável, ainda, que todo instrumento em que for inserido o negócio jurídico processual seja apresentado por substancial considerando, com a explicação do programa contratual e, quando for o caso, das concessões recíprocas realizadas para o estabelecimento do pacto de procedimento. Essa postura representa alinhamento aos deveres de informação e transparência, além de ser importante para a hermenêutica contratual e, principalmente, para prevenir os males do ativismo judicial".

454. *Ibidem*, pág. 326; Gajardoni, Fernando da Fonseca; Dellore, Luiz; Roque, Andre Vasconcelos; Oliveira Jr., Zulmar Duarte de. *Teoria Geral do Processo: Comentários ao CPC de 2015*. 2ª ed. Rio de Janeiro: Forense, 2018, vol. I, pág. 700.

Como a situação se agrava nos casos que envolvam vulneráveis ou hipervulneráveis, por necessariamente envolverem mais riscos, deverá ser exigida, também, mais informação[455]. Esses deveres acrescidos de informação e transparência atuarão como *exigência de compensação da inferioridade cognitiva do trabalhador*[456].

Por outro lado, aquando a análise do requisito subjetivo da vulnerabilidade, o magistrado deverá levar em consideração certos elementos que possam demonstrar o grau de cuidado, zelo e atenção da parte contraente sobre o teor contratual e indiciar a *existência de compromisso expresso* por parte deste sobre as referidas cláusulas.

No curso do processo, as cautelas do magistrado impõem-se noutra frente. A necessidade de perquirir a existência de um consentimento livre e informado demandarão da parte deste verificar a existência de três elementos: (i) *capacidade*, nomeadamente a capacidade processual negocial, o que inclui também um especial cuidado relativamente ao problema da vulnerabilidade, (ii) a *voluntariedade*, i.e., a inexistência de qualquer forma de coação ou pressão de terceiros sobre o agente que; (iii) *informação*, que incluirá aspectos de ordem técnica (processual), a aferir em razão da participação e intervenção do advogado nas negociações, mas também de ordem fática, que demandará de todos os intervenientes processuais uma especial postura cooperativa nos moldes do art. 6º do CPC[457].

O problema do consentimento expresso assume particular importância quando o processo lida com vulneráveis[458]. Isto porque tem-se admitido que

---

455. Nas palavras de Lorenzetti, "quanto mais graves os riscos, mais informação" (cf. Lorenzetti, Ricardo Luis. *Fundamentos do direito privado*. São Paulo: RT, 1998, pág. 519).

456. Spirito, Marco Paulo Denucci. Controle de formação e controle de conteúdo do negócio jurídico processual - Parte II. *Revista de Processo*, São Paulo, Vol. 40, Vol. 248, out/2015, pág 96. Segundo o autor, "em analogia com o Código de Defesa do Consumidor, que se pauta pela tutela da parte vulnerável, devem ser observados os deveres postos no art. 54, §§3º e 4º, do CDC (...). O destaque referido no art. 54, §4º, como visto, é regra para todos os negócios jurídicos processuais, mesmo que não seja o caso de incidência do CDC (...)."

457. Por todos, Godinho, Robson Renault. *Negócios processuais sobre o ônus da prova no novo Código de Processo Civil*. São Paulo: RT, 2015, pág. 255.

458. Nas palavras de Barreiros, Lorena Miranda Santos. *Convenções Processuais e o Poder Público*. Salvador: Juspodivm, 2017, pág. 238, "nem toda a desigualdade material confere lastro para a mitigação da autonomia privada no plano do Direito Processual. Há de ser examinada a autenticidade da vontade externada, perquirindo-se em que

a parte pode celebrar negócios processuais mesmo que lhe sejam prejudiciais. Não é requisito da negociação, muito menos processual, que do negócio se extraiam mais-valias para todos os contraentes. Tanto mais assim, que a renúncia e a desistência são negócios unilaterais perfeitamente admissíveis no processo do trabalho. Não sendo requisitos de validade, a existência de prejuízo não é suficiente à sua invalidação, desde que não estejam presentes vícios na vontade e a parte tenha conscientemente ponderados todos os riscos associados à escolha[459]. Outro entendimento que não este, seria seriamente acusado de excesso de paternalismo.

O mesmo raciocínio não deve deixar de ser aplicado apenas pelo fato de o palco passar a ser o trabalhista. Sendo assim, se o trabalhador for considerado capaz processual negocial, então à partida somos forçados a admitir que possa contrair negócios processuais que lhe sejam eventualmente desfavoráveis em alguma medida, se do seu consentimento resultar uma vontade explícita, manifesta, clara, livre e plenamente esclarecida.

---

medida representa ela uma vontade real ou se se trata de vontade apenas aparente. Entender que toda assimetria representaria uma posição de vulnerabilidade do sujeito pactuante seria descurar da necessária ponderação entre os direitos fundamentais envolvidos (igualdade e liberdade), comprometendo-se, indevidamente, o exercício do poder de autorregramento do indivíduo."

459. "A igualdade que se pretende tutelar é aquela no momento do conhecimento dos riscos inerentes ao negócio jurídico e da sua lavratura (mas não a igualdade após o insucesso da estratégia traçada). Isso significa que o controle dos negócios processuais deve levar em conta a plena capacidade das partes em exercitar o contraditório, mantendo-se como hígidas as manifestações de vontade que derivem de estratégias processuais (ainda que mal-sucedidas) nas quais se permitiu a compreensão dos riscos. O tão só fato de que tenha resultado em desequilíbrio entre sujeitos processuais em termos de desempenho futuro de suas posições processuais não significa que a manifestação de vontade seja inválida. Se as partes, por meio de omissões, não desempenharem certas posições processuais durante o processo, igualmente podem abdicar dessas posições por meio de negócios processuais, sem que isso signifique qualquer afronta aos direitos fundamentais processuais. Omissões conscientes não devem ser tuteladas pelo judiciário apenas porque significam más escolhas estratégicas" (Abreu, Rafael Sirangelo de A igualdade e os negócios processuais. *In* Cabral, Antonio do Passo; Nogueira, Pedro Henrique (coord.). *Negócios Processuais.* 3ª ed. Salvador: Juspodivm, 2017, pág. 210; ou em *Igualdade e processo: posições processuais equilibradas e unidade de direito.* São Paulo: RT, 2015, pág. 212). Também assim, Barreiros, Lorena Miranda Santos. *Convenções Processuais e o Poder Público.* Salvador: Juspodivm, 2017, pág. 238, Abreu, Rafael Sirangelo de. "Customização processual compartilhada": o sistema de adaptabilidade do novo CPC. *Revista de Processo*, São Paulo, Vol. 41, N.º 257, jul/2016, pág. 61.

Havendo mitigações aos seus direitos processuais resultantes do negócio processual prejudicial, o magistrado deverá apreciar a validade da renúncia do trabalhador mediante perquirição de consentimento informado e seu desejo de realmente conformar aquela equação contratual nos termos em que foi proposta e aceite[460].

7.II.6.3.9. Vulnerabilidade e necessidade de sujeição a contraditório prévio

Outra nota digna de registro relativamente à tutela da parte vulnerável pelo art. 190 é a circunstância de que nenhuma decisão pelo magistrado pode ser tomada sem que esta tenha, antes, possibilidade de se defender a respeito. A exigência de contraditório prévio antes de que alguma decisão seja proferida é algo que resulta de princípio geral que enforma todo o sistema processual e não apenas este instituto em concreto (art. 10 do CPC), mas que tem *particular relevância nesta sede, dada a subjetividade que está por detrás do conceito indeterminado* eleito pelo legislador ("manifesta vulnerabilidade").

Neste sentido, o FPPC também já editou Enunciado n.º 259 no sentido de considerar precisamente esta ideia: "A decisão proferida no parágrafo único do art. 190 depende de contraditório prévio". Sempre que o magistrado determinar que o convencionado não poderá ter aplicação em razão da abusividade da sua pactuação ou da vulnerabilidade manifesta de uma das partes, deverá observar o contraditório, nomeadamente *para aferir o grau de liberdade do consentimento prestado* e a existência de vícios na declaração de vontade negocial[461].

Infelizmente, parte substancial da doutrina justrabalhista tem-se oposto à aplicação ao processo do trabalho do regime de *contraditório especial* que impõe a proibição da decisão surpresa (arts. 9º e 10 CPC)[462]; o mesmo se processando com o FNPT que aprovou Enunciado 17 sustentando, *in verbis*:

---

460. No mesmo sentido, ainda que aplicado ao direito do consumo, Spirito, Marco Paulo Denucci. Controle de formação e controle de conteúdo do negócio jurídico processual – Parte III. *Revista de Processo*, São Paulo, Vol. 40, Vol. 249, nov/2015, pág. 150.

461. Medrado, Wank Remy de Sena. Notas aos artigos 188 a 235. in Mendes, Aluisio Castro, Silva, Larissa Pochman da, Almeida, Marcelo Pereira (coord.). *Novo Código de Processo Civil Comparado e Anotado*. 4ª ed., Rio de Janeiro: GZ, 2017, pág. 142; Gajardoni, Fernando da Fonseca; Dellore, Luiz; Roque, Andre Vasconcelos; Oliveira Jr., Zulmar Duarte de. *Teoria Geral do Processo: Comentários ao CPC de 2015*. 2ª ed. Rio de Janeiro: Forense, 2018, vol. I, pág. 700.

462. Assim, por exemplo, bastante reticente à aplicação do instituto, Feliciano, Guilherme Guimarães. Quais as principais mudanças trazidas pelo novo CPC em relação

"NCPC, art. 10. Art. 769 da CLT. Proibição de fundamento "surpresa", em decisão sem prévio contraditório. Inaplicabilidade no processo do trabalho. Prevalência da simplicidade, celeridade e informalismo. Não se aplica ao processo do trabalho o art. 10 do NCPC, que veda motivação diversa da utilizada pelas partes, ainda que se trate de matéria sobre a qual deva decidir de ofício. Prevalência dos princípios da simplicidade, da celeridade, da informalidade e do *jus postulandi*, norteadores do processo do trabalho".

Uma alegada incompatibilidade com os princípios especiais da celeridade, simplicidade e informalidade que informam o processo do trabalho assim o impediam[463]. Não foi esse, em todo o caso, o posicionamento (feliz) do TST na IN 39/2016 quando orientou no sentido da aplicação deste contraditório, definindo a decisão surpresa como "a que, no julgamento final do mérito da causa, em qualquer grau de jurisdição, aplicar fundamento jurídico ou embasar-se em fato não submetido à audiência prévia de uma ou de ambas as partes" (art. 4.°, §1° IN), nem do FPPC, que no seu Enunciado n.º 108 adotou posicionamento favorável à sua aplicação[464-465]. Progressivamente também começamos a ver alguns pronunciamentos doutrinários igualmente favoráveis à migração da norma[466]. Não nos parece poder ser outra a leitura

---

ao princípio do contraditório? Aproximações críticas (inclusive à luz da IN TST N. 39/2016). *Revista LTr*, São Paulo, Vol. 81, N.º 03, 2017, pág. 294-298.

463. Neste sentido, por exemplo, Enunciado n.º 17 da I Jornada do FNPT, *in verbis* "NCPC, art. 10, art. 769 da CLT. Proibição de fundamento 'surpresa', em decisão sem prévio contraditório. Inaplicabilidade no Processo do Trabalho. Prevalência da simplicidade, celeridade e informalismo. Não se aplica ao Processo do Trabalho o art. 10 do NCPC, que veda motivação diversa da utilizada pelas partes, ainda que se trate de matéria sobre a qual deva decidir de ofício. Prevalência dos princípios da simplicidade, da celeridade, da informalidade e do *jus postulandi*, norteadores do Processo do Trabalho".

464. "(Art. 9º; art. 15) No Processo do Trabalho, não se proferirá decisão contra uma das partes, sem que esta seja previamente ouvida e oportunizada a produção de prova, bem como não se pode decidir com base em causa de pedir ou fundamento de fato ou de direito a respeito do qual não se tenha oportunizado manifestação das partes e a produção de prova, ainda que se trate de matéria apreciável de oficio" (cit. Enunciado n.º 108 do FPPC).

465. Também alguma doutrina entende ser aplicável este regime de contraditório qualificado, nomeadamente Carvalho, William Epitácio Teodoro de. *CLT interpretada e anotada*. 1ª ed. Campo Grande: Contemplar, 2016. Pág. 743.

466. Assim, Lima, Leonardo Barbosa. *Lições de Direito Processual do Trabalho. Teoria e Prática*. 4ª ed. São Paulo: LTr, 2017, pág. 55; Carmo, Júlio Bernardo do. A decisão surpresa no novo código de processo civil e a sua aplicação subsidiária ao processo trabalhista. *Revista do TST*, Brasília, Vol. 82, N.º 3, jul-set/2016, págs. 271-276; Higa, Flávio da Costa. Comentários sobre a parte geral do novo CPC. *In* Brandão, Cláudio,

hermenêutica a fazer da relação entre estes dois sistemas. O art. 10 é *norma fundamental* cuja amplitude não se restringe ao processo civil, antes conformando toda a seara processual. É norma que cristaliza um aspecto do *devido processo legal*, reforça o princípio do *contraditório* como premissa essencial de um processo justo e, nessa medida, impõe-se também no processo do trabalho. Os ganhos em celeridade, simplicidade e informalidade não justificam os prejuízos que a preterição de um contraditório especial implica, sobretudo nesta nova temática da negociação processual atípica cuja dimensão e amplitude, podendo ser irrelevantes num determinado caso concreto, podem também assumir proporções muito significativas num outro. Por outro lado, o fato da eficácia do negócio ficar condicionada a um requisito de capacidade cujo substrato reside num conceito jurídico indeterminado, que pode ou não abarcar diferentes realidades fáticas a depender da fundamentação apresentada pelo magistrado, impõem que as partes possam ser ouvidas e pronunciar-se a respeito do motivo pelo qual o este considerou, ou não, a situação processual concreta subsumível à previsão normativa.

7.II.6.3.10. A vulnerabilidade como um conceito individual mas também relacional

A vulnerabilidade não pode ser apreciada sob uma perspetiva *exclusivamente* relacional[467], i.e., uma parte não é considerada vulnerável processual apenas porque se encontra a litigar contra outra que claramente não o é. Da mesma forma, a vulnerabilidade não é conceito que se baseie exclusivamente

---

Mallet, Estêvão (coord.). *Processo do trabalho*. Salvador: Juspodivm, 2015, págs. 141-146.

467. Neste sentido, Pinto, Henrique Alves. A vulnerabilidade do consumidor e a ótica subjetiva do intérprete. *Revista de Direito do Consumidor*, São Paulo, Ano 26, N.º 110, mar-abr/2017, pág. 49. Segundo o autor "(...) a vulnerabilidade denota a situação daquele que foi ferido por alguém amplamente mais forte e mais poderoso. Não há de se falar em vulnerabilidade de alguém em relação a si mesmo, pois a vulnerabilidade é um conceito que implica necessariamente uma relação". Também neste sentido, Miragem, quando escreve que "(...) a noção de vulnerabilidade no direito associa-se à identificação de fraqueza ou debilidade de um dos sujeitos da relação jurídica em razão de determinadas condições ou qualidades que lhe são inerentes ou, ainda, de uma posição de força que pode ser identificada no outro sujeito da relação jurídica. Neste sentido, há possibilidade de sua identificação ou determinação *a priori, in abstracto*, ou ao contrário, sua verificação *a posteriori, in concreto*, dependendo, neste último caso, da demonstração da vulnerabilidade" (Miragem, Bruno. *Curso de Direito do Consumidor.* 6. Ed. São Paulo: RT, 2016, pág. 128).

nas características individuais do sujeito. O ponto é importante e deve ser mencionado, sobretudo no campo trabalhista, onde os argumentos são recorrentes de um lado e do outro: ora se levantam problemas com o *desequilíbrio da relação jurídica* (os recursos ilimitados da empresa, a habitualidade e experiência em litigância do empregador, a elevada organização e estrutura empresarial da reclamada *vs.* o pobre trabalhador, sem quaisquer recursos informacionais, financeiros, técnicos ou estruturais), ora se recorrem às deficiências do próprio trabalhador (analfabeto, desempregado etc.).

A vulnerabilidade é, a nosso ver, um conceito simultaneamente (i) *contextual*, na medida em que o contexto sistemático em que é celebrado o negócio autoriza a que a mesma pessoa possa ser considerada vulnerável num, mas já não no outro (assim, a mesma pessoa pode ser considerada vulnerável no quadro de uma relação de consumo e já não o seu num processo cível que corra termos ao mesmo tempo daquela); (ii) *relacional*, na medida em que a vulnerabilidade deve ser analisada em função de uma relação jurídica concreta que se estabeleceu entre dois ou mais sujeitos (assim, o trabalhador não pode ser considerado vulnerável ou invulnerável *em abstrato* e *ab inicio*, mas *por referência* a um outro sujeito/entidade com a qual litiga)[468]; (iii) *pessoal*, já que também as características pessoais do agente objetivamente consideradas podem contribuir para atenuar ou agravar essa ideia de vulnerabilidade – da mesma forma, aliás, que relatámos num ponto acima quanto à noção de hipervulnerabilidade, enquanto camada que se sobrepõe básica vulnerabilidade e que leva em conta a combinação de uma situação relacional de vulnerabilidade com outra estritamente pessoal (o fato de ser mulher, o fato de ser idoso, o fato de ser deficiente etc.).

A vulnerabilidade é, assim, conceito jurídico indeterminado *amplo*, cujo sentido deve ser apurado e percecionado atendendo não apenas à figura concreta do cidadão individualmente considerado em todas as suas qualidades e capacidades, mas também à posição que ocupa na relação

---

468. Assim, por exemplo, Didier Jr., Fredie; Lipiani, Júlia; Aragão, Leandro Santos. Negócios jurídicos processuais em contratos empresariais. *Revista de Processo*, São Paulo, Vol. 43, N.º 279, maio/2018, pág. 49 ("a vulnerabilidade de uma das partes deve ser verificada sempre em relação à outra parte no caso concreto (...). Tudo aponta, porém, que somente seria viável a configuração de vulnerabilidade, a depender da desproporção econômica entre os contratantes, ou da ausência de assistência por advogado para uma das partes. Evidentemente, se a contratação se der entre um microempresário individual ou empresa de pequeno porte, de um lado, e uma empresa de grande porte, de outro, as chances de a vulnerabilidade aparecer serão maiores").

jurídica processual e ao contexto social onde essa relação se enquadrada. Para melhor a compreender no caso concreto, o magistrado deverá partir da sequência lógica que aqui apresentámos. Em primeiro lugar enquadrar a negociação processual num contexto específico (consumeirista, trabalhista, cível, comercial etc.), já que certos contextos são mais propensos a encontrar situações de vulnerabilidade material e, por conseguinte, também processual. Em segundo lugar enquadrar a parte na relação processual concreta, i.e., percebê-la como parte que demanda num dos polos da lide e enquadrá-la diante da contraparte com a qual litiga; isto porque mesmo em contextos tendencialmente mais vulneráveis (*maxime* trabalhista), podemos encontrar relações entre *entes jurídicos equiparados ou equiparáveis* do ponto de vista de equilíbrio material e processual (v.g. relação jurídica entre empregado e empregador doméstico)[469]. Por último, atender às características objetivas pessoais do agente, tais como a medida dos seus vencimentos, a sua capacidade intelectiva, nível educacional, conhecimentos jurídicos ou acompanhamento técnico adequado, estrutura social, etc., pois mesmo numa situação onde as duas situações anteriores se verifiquem cumulativamente – i.e., estejamos num contexto propenso a encontrar inúmeras situações de vulnerabilidade (v.g. trabalhista) e onde encontremos uma relação jurídica tendencialmente vulnerável (v.g. professor que litiga diante de universidade multinacional) – é possível que essas características afastem, em concreto, qualquer dos dois indícios de vulnerabilidade. Veja-se que o próprio STJ já tem proferido julgados onde sustenta que a superioridade do porte de uma das partes relativamente à outra não gera, por si só, uma situação jurídica de hipossuficiência[470].

---

469. Para Dorneles e Oliveira, "o empregado isolado é presumidamente vulnerável, mas o desdobramento jurídico desta presunção pode ter maior ou menor repercussão quando se analisa o *empregado em relação ao seu empregador*. Assim como um trabalhador pode, em uma determinada circunstância real, apresentar um maior ou menor nível de vulnerabilidade, o mesmo pode ocorrer em relação à presumida *não-vulnerabilidade* patronal. Um exemplo a ser citado (...) pode ser encontrado em relação ao disposto no §3º do art. 58 da CLT: ao permitir uma flexibilidade ao tempo médio, forma e natureza de pagamento da jornada *in itinere* em relação aos empregados de micro e pequenas empresas, o legislador brasileiro, talvez inconsistentemente, acabou por reconhecer a tese da *menor não-vulnerabilidade* de determinadas classes patronais" (cit. Dorneles, Leandro do Amaral D. de; Oliveira, Cintia Machado. *Direito do trabalho*. Porto Alegre: Verbo Jurídico, 2016, pág. 81).

470. Assim, por exemplo, STJ, 3ª Turma, REsp 1.299.422/MA, Relator Ministro Nancy Andrighi, Data de julgamento 06.08.2013; STJ, 4ª Turma, AgRg no AREsp 201.904/MS, Relatora Ministra Maria Isabel Gallotti, Data de julgamento 20.05.2014, *in verbis*

Desta forma, os cenários possíveis são inúmeros. Pode ser tão *vulnerável* o trabalhador individual não-habitual que litiga na condição de desempregado e em *jus postulandi* contra uma multinacional estrangeira, quanto o é o mesmo trabalhador que litigue contra outro trabalhador da mesma empresa que se encontre nas mesmas circunstâncias que ele, chamado à lide ao abrigo da intervenção de terceiros para ser condenado a prestar indenização patrimonial em razão de ofensas verbais em local de trabalho. Da mesma forma, é tão *invulnerável* um alto empregado, acompanhado de patrocínio judicial, que litigue contra grande empresa, quanto o é um trabalhador ordinário, também acompanhado de representante judicial, que litigue contra micro ou pequena empresa[471].

O trabalhador não é vulnerável *in abstrato* nem *a priori*. O trabalhador pode ser considerado vulnerável em função de contextos diferenciados e das relações jurídicas distintas que entabular mas, e sem descartar, também pode deixar de o ser em razão das suas especiais características.

7.II.6.4. Tutela do trabalhador vulnerável pela cláusula geral de "inserção abusiva em contrato de adesão"

Não negamos que, habitualmente, o *empregado manifesta o seu consentimento mediante adesão a um contrato* que já se encontra previamente

---

"(...) a mera desigualdade de porte econômico entre as partes não caracteriza hipossuficiência econômica ensejadora do afastamento do dispositivo contratual de eleição de foro").

471. Como vimos acima (supra 7.II.4.6.2) em 2012, 72,4 milhões de pessoas encontrava-se empregadas no setor privado (sem contar com os trabalhadores que prestavam serviços domésticos). Número que aumentou em 2015, passando para 75 milhões e voltou a cair em 2016 para 73.7 milhões. Destes números, cerca de metade (50,1%) trabalhava em micro e pequenas empresas (com certa de 1 a 5 trabalhadores), encontrando-se cerca de ¼ (26%) a trabalhar em grandes empresas com mais de 51 trabalhadores. O número de trabalhadores a prestar os seus serviços para estas empresas pode-se dizer ser considerável. Esta realidade traz uma constatação: a de que nestes contextos é muito frequente ver uma intensa aproximação e trabalho mútuo e partilhado entre empregados e empregadores. Como anota Gomes, "(...) será que a crença de que o trabalhador é sempre um pobre coitado, sempre uma pessoa pronta a ser usada, mastigada e cuspida fora sem dó nem piedade, influencia a qualidade da nossa jurisprudência? E, na mão contrária, será que estas decisões também partem da premissa do empresário velhaco, maquiavélico e com sangue nos olhos, insensível ao semelhante e disposto a tudo para lucrar a qualquer preço?" (Gomes, Fábio Rodrigues. O novo direito do trabalho. *Revista do TST*, São Paulo, Vol. 84, N.º 3, jul-set/2018, pág. 134).

delimitado e é padrão para todos os trabalhadores da empresa[472]. A ideia do contrato de trabalho como sendo uma modalidade de contrato de adesão remota a ORLANDO GOMES[473]. Apesar de, no plano teórico, o trabalhador ter sempre a opção de não o aceitar, a necessidade em obter rapidamente uma posição no mercado de trabalho que lhe permita fazer face às suas despesas e necessidades básicas, impelem-no a aceitar. Por outro lado, a prática dita que o trabalhador não pode, verdadeiramente, propor alterações à minuta que lhe é apresentada[474], tanto é que já houve no passado quem sustentasse a

---

472. Também em Portugal, o contrato de trabalho pode celebrar-se por adesão do trabalhador às cláusulas contratuais gerais pré-elaboradas pelo empregador (art. 105 CT/pt) ou pela adesão ao regulamento interno da empresa (art. 104 do CT/pt). No primeiro caso, haverá de se verificar se se reúnem os requisitos para aplicar a LCCG (e não a LDC), no segundo caso há particularidades. Mas o regulamento interno da empresa também integra o contrato mediante adesão. *Vide*, LEITÃO, Luís Menezes. *Direito do Trabalho*. 4ª ed. Coimbra: Almedina, 2014, pág. 235; FERNANDES, António Monteiro. *Direito do Trabalho*. 18ª ed. Coimbra: Coimbra, 2017, págs. 227-230.

473. "A realidade social desmascarou o individualismo jurídico. (...) A desigualdade real entre os homens, resultante da diversidade de situações econômica, era sancionada pelo Direito, que permitia, assim, a opressão do fraco pelo forte. Foi no mercado de trabalho que se manifestou primeiramente, e com maior vigor, o divórcio entre os fatos e a lei. (...) o Estado foi forçado a intervir nas relações entre patrões e trabalhadores a fim de organizá-las em moldes mais justos, coibindo os abusos que se praticavam à sombra da liberdade de contratar. Para alcançar esse objetivo, restringiu-a, debilitando o poder dos patrões. O contrato de trabalho converte-se a um *ato de adesão* do trabalhador a condições impostas discricionariamente pela outra parte. Para impedir que as massas sofressem os efeitos dessa escravização, a lei conferiu aos trabalhadores certos direitos, prerrogativas e vantagens, as quais figuram, nos quadros do civilismo, como restrições à liberdade de estipulação do conteúdo da relação de trabalho. Essas restrições proliferam tanto que essa relação passou a ser disciplinada por um complexo de normas jurídicas animadas de espírito diferente, constituindo o ramo novo da árvore jurídica que se chama Direito do Trabalho" (GOMES, Orlando. *Introdução ao Direito do Trabalho*. Rio de Janeiro: Forense, 1944, págs. 57-58). *Vide* também, SANSEVERINO, Luisa Riva. *Curso de Direito do Trabalho* (Trad. Elson Gottschalk). São Paulo: LTr, 1976, pág. 115.

474. Como complementa, MUÇOUÇA, "Quando admite um empregado, graças ao formato dos contratos de adesão, o empresário já poderá calcular antecipadamente qual a despesa que este ato lhe causará num determinado período, bem como poderá prever quanto o empregado deverá produzir para que aquele possa destinar ao empregador um valor acima da despesa prevista. O empregado, tratado como qualquer outra mercadoria, significa ao empregador uma *despesa*, que deverá ser reembolsada com lucros para que contrato possa continuar a existir (...). O estabelecimento dos contratos de trabalho por adesão só logram toda esta organização (...) por meio de um custo muito mais grave: privar um dos contratantes da negociação das cláusulas, por haver a imposição unilateral de vontade da outra parte." (MUÇOUÇA, Renato de Almeida

falta de contratualidade da relação de emprego, tal era o dirigismo contratual e a inexistência de real autonomia individual do aceitante[475].

É precisamente por se equiparar o contrato de emprego a um contrato de adesão que costuma ser frequente o recurso ao CDC para permitir a inversão do ônus probatório a favor do empregado. E nem por outro motivo, aliás, o novo art. 507-A repete o disposto no art. 4º, §2º da LArb, nos termos do qual o pacto arbitral apenas tem validade se for o aderente quem instituir a arbitragem ou der o seu consentimento expresso por escrito, em documento apartado ou destacado a negrito, com a respetiva assinatura aposta[476]. Acreditamos que este limite do art. 190 (inserção abusiva) deve, na verdade, ser interpretado conjuntamente com este art. 4º, §2º da LArb, que também disciplina regramento a respeito de negócio processual inserido em contrato de adesão (convenção arbitral). O art. 4º, §2º mais não é do que uma norma *especialmente protetiva* ou, nas palavras de Rodovalho, uma norma dirigida à "*hiperprotecção do hipossuficiente*"[477], cuja relevância importa ser considerada na leitura do 190 e autoriza a ineficácia das suas cláusulas perante o aderente[478]. Assim, entendemos que *qualquer negócio jurídico processual aposto em contrato de adesão, mesmo não sendo convenção arbitral, deverá respeitar os termos do art. 4º, §2º da LArb*[479].

Oliveira. A nova principiologia protetiva no contrato de emprego: a visão promocional dos direitos humanos fundamentais. *Arquivos do Instituto Brasileiro de Direito Social Cesarino Júnior*, Vol. 33, 2009, pág. 122).

475. Ainda assim, e como aponta Sanseverino, "(...) Para o conceito de contrato, o elemento essencial reside na liberdade do consenso para a constituição da relação, e não na liberdade do consenso para a determinação do conteúdo da relação. Ademais, o conteúdo de toda relação contratual é, sempre, mais ou menos, limitado por disposições imperativas ou de qualquer fontes externas (...). Assim, em matéria de trabalho, a diminuição da esfera de liberdade das partes na determinação do conteúdo do contrato respetivo, significa maior equilíbrio entre o peso das duas vontades contraentes" (Sanseverino, Luisa Riva. *Curso de Direito do Trabalho* (Trad. Elson Gottschalk). São Paulo: LTr, 1976, págs. 115-116).

476. Tartuce, Fernanda. Vulnerabilidade processual no Novo CPC. *In* Sousa, José Augusto Garcia de; Didier Jr., Fredie (coord.). *Defensoria Pública*. Salvador: Juspodivm, 2015, Vol. 5, pág. 76.

477. Rodovalho, Thiago. *Cláusula arbitral nos contratos de adesão*. São Paulo: Almedina, 2016, pág. 121.

478. Dinamarco, Cândido Rangel. *A arbitragem na Teoria Geral do Processo*. São Paulo: Malheiros, 2013, pág. 81.

479. Quando digo que deverá respeitar os termos do art. 4º, §2º da LArb, refiro-me aos requisitos formais de eficácia da convenção arbitral e não aos requisitos de arbitrabilidade objetiva, como sustenta Ramos, Rafael Teixeira. Breves notas sobre o hipersuficiente e a arbitragem em dissídios individuais trabalhistas introduzidos na CLT pela Reforma

É verdade que convenção arbitral é apenas espécie do género negócio jurídico processual; ainda assim, em razão da peculiar renúncia à atividade jurisdicional que representa a primeira (e logo, também à aplicação do CPC) e ao sistema cuidadoso de controlo de formação dos negócios processuais eleito pelo legislador, faz sentido construir um diálogo de fontes nesta sede, entre o art. 190 do CPC, art. 424 do CC e 4º, §2º da LArb[480]. Até por questões de cautela (prova do respeito aos deveres de boa-fé na formação do contrato, i.e., de informação e transparência) tal diálogo é aconselhável. E se assim deve ser, como regra, para toda a negociação processual civil, também o deverá ser, por maioria de razão, para negociação processual que envolva matéria de consumo ou trabalhista.

Feito este ponto inicial, acrescentar o seguinte. Entendemos que tenderá a existir uma certa confusão na interpretação dada pela doutrina laboral ao art. 190 do CPC a este respeito. Grande parte dela não promove uma clara *distinção entre as duas condições* que o 190 impõe à negociação processual: a "manifesta vulnerabilidade" e a "inserção abusiva em contrato de adesão". A compreensão do que cabe a cada um destes limites balizar tem sido algo ignorada, conduzindo a doutrina a um apego desmesurado pelo primeiro conceito indeterminado e a um consequente esquecimento da importância do segundo. O discurso frequentemente usado para negar a migração do art. 190 ao processo do trabalho centra-se quase exclusivamente na ideia de *vulnerabilidade*, alegadamente ínsita a todos os trabalhadores. O manto de vulnerabilidade tem, então, sido usado como escudo para abarcar situações de vulnerabilidade técnica e, sobretudo, hipossuficiência económica, assim como tem sido empregue para abarcar casos de trabalhadores que não têm autonomia para negociar os termos do seu contrato. Basta pensar na resistência generalizada à negociação processual mesmo por gerentes – também considerados vulneráveis por esta doutrina – ou trabalhadores que auferissem acima de 11 mil reais ou tivessem diploma de ensino superior. Sucede, porém, que este grupo de sujeitos não pode ser considerado como tal. A sua proteção não deve ser questionada à luz do crivo da "manifesta vulnerabilidade", porque

---

Trabalhista. *In* Barreto, Daniel Arêa Leão, Ramos, Rafael Teixeira, Oliveira, Vanessa Batista (coord.). *Direito e Processo do Trabalho. Temas de acordo com a Reforma Trabalhista*. São Paulo: LTr, 2017, pág. 115. Para o autor, mesmo no caso do art. 507-A da CLT, só consente o legislador na submissão à arbitragem de direitos de natureza patrimonial disponível.

480. Também neste sentido, Spirito, Marco Paulo Denucci. Controle de formação e controle de conteúdo do negócio jurídico processual – Parte II. *Revista de Processo*, São Paulo, Vol. 40, Vol. 248, out/2015, pág. 95.

nela não cabem nem se adequam. Chega até a ser preocupante a sustentação categórica desta afirmação, que implica colocar num pé de igualde gerentes, com diploma de ensino superior e rendimento de 11 mil reais, ao lado de um operário de fábrica, com ensino secundário incompleto e que aufira 2 ou 3 salários mínimos por mês. A discrepância entre os dois é enorme e insustentável a qualificação de ambos sob o mesmo atributo de "vulnerável". O seu problema não é, tanto de vulnerabilidade, mas de falta de real *barganha negocial*.

Ora, identificámos acima um grupo de trabalhadores onde consideramos que a sua situação jurídica material não pode ser considerada, *ab inicio*, como indício de vulnerabilidade para efeitos de celebração de convenções processuais. Tal não impede, porém, que o negócio processual por estes celebrado não venha a ser considerado nulo se abusivamente inserido no respetivo contrato de trabalho de adesão. Ou seja, ainda que materialmente não sejam considerados vulneráveis, nada obsta a que o negócio processual venha a ser declarado nulo se inserido de forma abusiva em contratos deste gênero porquanto restrinja significativamente o acesso à justiça da parte lesada ou prejudique o seu direito à ampla defesa.

Partindo de uma premissa aceitável de que grande parte dos contratos de emprego configurarão contratos de adesão, mesmo em setores de gerência, então poderíamos sustentar que a cláusula geral de negociação processual atípica do art. 190 do CPC consagra ainda *um outro mecanismo de proteção ao trabalhador* sempre que nos enquadrássemos numa situação de negociação processual trabalhista entabulada num contrato de trabalho deste tipo: *a tutela pela adesão*. Sempre que o trabalhador tiver pactuado cláusulas cujo teor disponha sobre situações jurídicas processuais de um futuro litígio aquando celebra o seu contrato de trabalho, o magistrado deverá controlar não apenas a sua posição de vulnerável (ou não) aquando a sua celebração, mas também se as respetivas cláusulas não foram *abusivamente apostas* ao contrato (de adesão) de trabalho (art. 190, parágrafo *in fine* e 1ª parte, respetivamente).

Ponto importante parece ser, porém, e mais uma vez, a questão na inadmissibilidade de presunções estabelecidas *a priori contra* o princípio do autorregramento. *A mera aposição de negócio processual em contrato de adesão não presume a nulidade do seu teor*, já que ele tem que ser aposto em condições de ser tido como *abusivo*[481]. Do negócio processual aposto no

481. Faria, Marcela Kohlbach de. Licitude do objeto das convenções processuais. *In* Marcato, Ana, et. al. (coord.). Negócios Processuais. Salvador: Juspodivm, 2017, Vol. I, pág. 361.

contrato de adesão tem que resultar a *excessiva oneração* de uma das partes em detrimento da outra ou um *desequilíbrio significativo*[482], demonstrada e comprovada *em concreto*[483].

Por último, destacamos, e não sem lamento, que esta proteção da abusividade adstrita à natureza "adesiva" do contrato *vai na contramão da evolução do tratamento jurídico de algumas previsões processuais, nomeadamente do art. 63 do CPC*, do qual claramente retirou inspiração. Com efeito, também no CPC/73, o negócio processual de eleição de foro podia ver a sua nulidade conhecida se tivesse sido inserido abusivamente em contrato de adesão. Essa sua particularidade foi, depois de criticada pela doutrina juscivilista e fortemente ampliada pela jurisprudência do STJ[484], finalmente reformulada no CPC/15, *que suprimiu a referência à adesão contratual para*

---

482. Em trabalho que dedica ao tema, Rodovalho entende que a análise do magistrado às cláusulas inseridas em contratos de adesão celebrados deverá atender a duas circunstâncias: (i) *barganing power*, que diz ser critério para aferir a hipossuficiência do aderente se não se tratar de relação consumeirista; (ii) se a cláusula tida como abusiva conduz, no caso concreto e dentro de um contexto global dos fatos e das condições em que foi celebrado, a uma vantagem excessiva ou a um desequilíbrio significativo (cf. Rodovalho, Thiago. *Cláusula arbitral nos contratos de adesão.* São Paulo: Almedina, 2016, pág. 103).

483. Cunha, Leonardo Carneiro da. Comentários ao artigo 190º e 191. *in* Cabral, Antonio do Passo, Cramer, Ronaldo (coord.). *Comentários ao Novo Código de Processo Civil.* 2ª ed. São Paulo: Forense, 2016, pág. 322. Conforme informa Neves, o STJ tem vindo a entender que a abusividade da inserção de foro de eleição em contrato de adesão normalmente ocorre sempre que ficar comprovada a dificuldade de acesso à justiça da parte aderente ou seja reconhecida a hipossuficiência de uma das partes. No entendimento do autor, "um bom indício de que o negócio jurídico é válido é a previsão de regras isonômicas, que tratem o aderente e o responsável pela elaboração do contrato da mesma forma. Qual exatamente seria a nulidade de uma cláusula que estabeleça que os prazos processuais de ambas as partes serão contados em dobro? Ou ainda que afastem o ônus de impugnação específica dos fatos alegados pelo autor sem se saber de antemão quem será o autor e quem será o réu de um futuro e eventual processo? Ainda mais evidente, mesmo que pouco provável, a validade de acordo procedimental que beneficia o aderente" (cf. Neves, Daniel Amorim Assumpção. *Manual de direito processual civil.* Salvador: Juspodivm, 2017. Volume único, pág. 397).

484. A jurisprudência do STJ veio progressivamente a declarar a nulidade da cláusula de eleição de foro, independentemente de estar em causa contrato de adesão, por motivos significativos: (i) dificultar o acesso à justiça; (ii) ou hipossuficiência comprovada da parte prejudicada. Assim, *vide* acórdão do STJ, 4ª Turma, Embargos Declaratórios no Agravo Regimental ao REsp 878.757/BA, Relatora Ministra Maria Isabel Gallotti, data de julgamento 22.09.2015.

ampliar o instituto a qualquer negócio que inclua cláusula desse género[485]. O vício assumiu abrangência maior e deixou de se restringir àquele tipo de contratos, passando a englobar e aproveitar a *qualquer vulnerável que tivesse visto comprometido o seu direito de acesso à justiça de forma abusiva*[486]. Até porque o simples fato de uma cláusula de eleição de foro estar aposta num contrato de adesão, só por si, não era concludente de abusividade[487].

7.II.6.5. Interpretação de cláusulas de negócios processuais de parte vulnerável ou aderente: *interpretatio favor laboratoris e interpretatio contra stipulatorem*

Os negócios processuais carecem de interpretação adequada. Os seus termos processam-se nos termos gerais de interpretação de qualquer negócio jurídico, contando apenas com algumas especificidades em razão do ambiente ser o processual. Mas não só. Também ela, como veremos aqui, representa traço protetor da parte aparentemente mais *débil* da relação jurídica.

Ora, representam vetores importantíssimos de interpretação de qualquer negócio processual, especialmente no processo do trabalho (i) a interpretação conforme a boa-fé (arts. 113 e 422 do CC) (ii) a conservação do negócio jurídico, (iii) a interpretação do negócio em favor do aderente, em caso de estar aposta em contrato de adesão, ou do trabalhador, em caso de aposta em contrato de trabalho.

A *boa fé objetiva* como parâmetro norteador da interpretação de negócios jurídicos processuais, impõe que a conduta das partes no acerto do clausulado e respetivo cumprimento seja pautada por postulados éticos, de

---

485. Waldeck, Felipe Scipes. Comentário aos art. 54 a 69 do CPC. *In* Tucci, José Cruz e; Ferreira Filho, Manoel, Aprigliano, Ricardo Carvalho, Dotti, Rogéria, Martins, Sandro (coord.). *Código de Processo Civil Anotado.* 3ª ed. Rio de Janeiro: GZ, 2018, pág. 98.

486. Tartuce, Fernanda. Vulnerabilidade processual no Novo CPC. *In* Sousa, José Augusto Garcia de; Didier Jr., Fredie (coord.). *Defensoria Pública.* Salvador: Juspodivm, 2015, Vol. 5, págs. 303-304.

487. *Vide* acórdão do STJ, 3ª Turma, Recurso Especial n.º 1.073.962-PR, Relatora Ministra Nancy Andrighi, Data de Julgamento 13.06.2012, onde se pode ler na respetiva ementa: "4. Não se acolhe a alegação de abusividade da cláusula de eleição de foro ao só argumento de tratar-se de contrato de adesão. 5. A cláusula que estipula eleição de foro em contrato de adesão é, em princípio, válida, desde que sejam verificadas a necessária liberdade para contratar (ausência de hipossuficiência) e a não inviabilização de acesso ao Poder Judiciário".

retidão, coerência, de não contradição do acertado com o realizado, por forma a que as expectativas legítimas da contraparte não sejam goradas. Para além de uma função interpretativa relativamente aos atos processuais em geral e dos negócios jurídicos em particular, o princípio da boa-fé objetiva visa igualmente regular o exercício de direitos subjetivos e impor certos deveres jurídicos de conduta. Ora, no que respeita ao processo hermenêutico de compreender o sentido da declaração negocial das partes, a boa-fé impõe ao intérprete que *presuma a boa-fé das partes* no momento da celebração, i.e., presuma um comportamento honesto e correto da parte declarante, deixando à outra parte a prova da má-fé e da atuação desleal. Desta forma, desprestigiam-se declarações maliciosas e outros sentidos que não aquele correspondente à declaração presumida reta[488]. Mas a boa-fé neste processo hermenêutico também impõe um outro dever ao intérprete e que é a *vedação a interpretações dolosas que distorçam a declaração do agente*, que, por exemplo, não a considere ou desenquadre de todo o contexto em que foi dada e da amplitude com que foi expressa[489].

Também a ideia de *conservação do negócio jurídico processual* assume aqui importância. Na eminência de erros ou vícios volitivos e na declaração, o intérprete procurará preservar o negócio, tal como o impõe um efetivo respeito à autonomia dos agentes e autorregramento da vontade das partes. Procura-se *preservar o resultado útil manifestado pela autonomia das partes*, seja mediante a conversão do negócio em outro que correspondia verdadeiramente à intenção não manifestada pelos agentes, seja mediante a redução parcial do negócio, sempre que a invalidação de parte do contrato não prejudique a restante e dela for separável. A amplitude com que foi erigido o princípio do autorregramento da vontade das partes no processo assim o autoriza, tal como os termos em que o princípio da livre iniciativa e da função social do contrato (art. 421 do CC) o corroboram[490]. Esta lógica conservativa autoriza o intérprete a extrair resultados interpretativos em conformidade: entre dois sentidos possíveis sobre determinada cláusula, que prefira a que traga *maiores efeitos e utilidade* à previsão normativa; quer *preferindo a interpretação que torne o negócio válido* e não nulo.

488. Cunha, Leonardo Carneiro da; Terceiro Neto, João Otávio. A interpretação da cláusula compromissória na arbitragem trabalhista. *In* Tupinambá, Carolina (coord.). *Soluções de conflitos trabalhistas: novos caminhos*. São Paulo: LTr, 2018.

489. *Ibidem*, pág. 412.

490. *Ibidem*, pág. 413.

Por outro lado, importa não desconsiderar que sempre que a negociação processual *implicar um ato dispositivo*, ele será necessariamente *interpretado restritivamente*[491].

No que respeita à *interpretação em favor do aderente ou do trabalhador* (que já vimos também poder ser um verdadeiro aderente), dispõe o art. 423 do CC que sempre que cláusulas contratuais apostas em contratos de adesão forem ambíguas ou contraditórias devem ser interpretadas de forma mais favorável ao aderente sendo, por conseguinte, restritivamente interpretadas as cláusulas que beneficiem o predisponente. O propósito é claro: a parte que redigiu o clausulado de forma unilateral e às suas conveniências tem pelo menos o ônus de redigir de forma clara e reta os seus termos, ficando vedada a obtenção de benefícios à custa de redações imperfeitas e dúbias[492].

Por último, este posicionamento interpretativo deve sair ainda reforçado pela recente *Lei da Liberdade Econômica* acima estudada (Lei n.º 13.874/2019, de 20 de setembro de 2019) que veio alterar o art. 113, §1 do Código Civil, do qual ressaltamos o respetivo inc. IV. Como acima ficou dito, houve clara preocupação do legislador em proteger o contraente débil aderente contratual, mesmo no campo interpretativo. Prevendo-se expressamente agora uma interpretação mais favorável ao contratante que vê o teor do clausulado contratual lhe ser negocialmente imposto, consagra-se um modelo interpretativo *contra quem redigiu* a cláusula abusiva e alarga-se, desta forma, a amplitude do já previsto art. 423 do Código Civil que reservava essa tutela do contraente débil apenas para os casos de cláusulas ambíguas ou contraditórias. A forma como uma alteração como esta se repercute no processo do trabalho e na leitura de negócios processuais laborais é óbvia: do ponto de vista regimental, acaba por funcionar como mais uma salvaguarda e garantia da tutela do trabalhador débil que se encontre numa posição de desvantagem na contratação neste ramo de direito, como do ponto de vista sistemático representa mais um argumento lógico favorável à admissibilidade deste tipo de pacto processuais na esfera trabalhista, demonstrando a razoabilidade da aplicação de regras gerais mesmo neste ramo especial porquanto haja sempre a preocupação de salvaguardar os interesses da parte mais vulnerável da relação.

491. NERY JÚNIOR, Nélson; NERY, Rosa Maria Andrade. *Código de Processo Civil Comentado.* 16ª ed. São Paulo: RT, 2016, pág. 2172.

492. CUNHA, Leonardo Carneiro da; TERCEIRO NETO, João Otávio. A interpretação da cláusula compromissória na arbitragem trabalhista. *In* TUPINAMBÁ, Carolina (coord.). *Soluções de conflitos trabalhistas: novos caminhos.* São Paulo: LTr, 2018, pág. 415.

Apesar de considerarmos que o subprincípio *in dubio pro misero* não regular as relações *processuais* trabalhistas, nem por isso o desmerecemos na interpretação de normas resultantes de negócios processuais, já que é unânime na doutrina que os contratos processuais se interpretam segundo as normas materiais e, no direito material do trabalho, aquele subprincípio é norma imperativa de interpretação em casos de dúvidas fundadas. Nestes termos, aquilo que acima se disse para os contratos de adesão, vale nos mesmos termos para os contratos de trabalho, ainda que estes, em concreto, possam não ser de adesão. Na interpretação de uma norma e no conflito entre diferentes e consistentes interpretações alternativas, deverá o intérprete escolher a que for mais favorável ao trabalhador e melhor concretize a *thelos* essencial do Direito do Trabalho[493]. Até porque, apesar de não ter nenhuma consagração expressa – tal como se verifica no direito do consumo (art. 47 do CDC) – o fato de ser resgatado no direito trabalhista por norma de direito civil (art. 423 CC), a analogia fática entre as duas situações obriga a que nenhum outro entendimento seja sustentável. Também por aqui mal se compreende, mais uma vez, a relutância dos que, mesmo sustentando a aplicação do subprincípio ao processo laboral, continuam reticentes à aplicação do art. 190 ao processo do trabalho. Se realmente o subprincípio do *in dubio pro operario* rege a interpretação de negócios processuais, fica clara que, a par da camada protetora do trabalhador (i) pelo crivo da "vulnerabilidade", (ii) pelo limite da "abusividade", se de adesão, (iii) pelas exigências de contraditório, (iv) pela proteção contra negócios prejudiciais, se junta agora uma outra, (v) hermenêutica, que impele à interpretação do negócio processual feito pelo trabalhador segundo a boa-fé, a conservação do seu sentido útil e o protege contra normas pouco claras ou contraditórias, beneficiando de interpretação a seu favor[494].

493. Delgado, Mauricio Godinho. *Princípios Constitucionais do Trabalho e Princípios de Direito Individual e Coletivo do Trabalho.* 5ª ed. São Paulo: LTr, 2017, pág. 120.

494. Entendemos, porém, que a interpretação *in dubio pro misero* não pode ser absoluta e independente da existência de clareza e não contradição de cláusulas. Este posicionamento surge no seguimento de idêntica questão colocada no palco consumeirista, onde há doutrina sustentando que a regra do benefício ao consumidor deve estender-se mesmo perante clausulados claros e não contraditórios (Marques, Cláudia Lima. *Contratos no Código de Defesa do Consumidor.* 78 ed. São Paulo: RT, 2016, pág. 1014). Salvo a devida vénia, e fazendo minhas as palavras de Cunha e terceiro Neto, "partir do art. 47 para concluir que toda interpretação contratual deve ser feita, cláusula por cláusula, no intuito de beneficiar o consumidor, significaria subverter o sistema protetivo. Em vez de equilibrar a relação consumeirista, promovendo a isonomia, a norma

Entendemos, assim, que sujeitos *vulneráveis* (aderentes, consumidores, trabalhadores) beneficiam de um *regime jurídico* próprio de interpretação de normas contratuais, que deve ser levado em consideração não apenas na interpretação do *pacto de arbitragem*[495], como também para a interpretação de *qualquer* negócio processual celebrado por parte vulnerável.

7.II.6.6. Migração das condições e limites do art. 190 do CPC para a negociação processual *típica* como forma adequada de proteção do trabalhador vulnerável?

Encontram-se vários posicionamentos entre processualistas civis pugnando pela migração destes limites e parâmetros de controlo a convenções processuais também para negociações típicas[496]. Especificamente, quanto ao

---

apenas inverteria a situação de desigualdade. Por isso, afigura-se inconstitucional a interpretação do art. 47 do CDC que amplia de tal maneira a sua aplicabilidade, por contrariar o princípio da igualdade (art. 5º, *caput*, da Constituição). A concepção de que tal dispositivo tem aplicabilidade geral poderia conduzir a situações absurdas, em que se poderia ver criada obrigação para o fornecedor não prevista inicialmente, mediante interpretação ampliativa do negócio, em favor do consumidor, ou seja, a interpretação poderia, em diversos casos, ter, como resultado, uma vontade que não foi manifestada por nenhuma das partes – o que, além do mais, violaria o princípio da boa-fé, quebrando a legítima confiança do fornecedor" (Cunha, Leonardo Carneiro da; Terceiro Neto, João Otávio. A interpretação da cláusula compromissória na arbitragem trabalhista. *In* Tupinambá, Carolina (coord.). *Soluções de conflitos trabalhistas: novos caminhos.* São Paulo: LTr, 2018, pág. 416).

495. Parece ser esse o posicionamento de Cunha, Leonardo Carneiro da; Terceiro Neto, João Otávio. A interpretação da cláusula compromissória na arbitragem trabalhista. *In* Tupinambá, Carolina (coord.). *Soluções de conflitos trabalhistas: novos caminhos.* São Paulo: LTr, 2018, pág. 417.

496. É disso exemplo Neves, Daniel Amorim Assumpção. *Manual de direito processual civil.* Salvador: Juspodivm, 2017. Volume único, págs. 388-389. Segundo o autor, "a ausência de situação de vulnerabilidade de um dos contratantes, por exemplo, não está prevista no art. 63 do Novo CPC, mas sendo requisito formal para os negócios jurídicos atípicos, como deixar de aplica-la à cláusula de eleição de foro? Não vejo como isso seja possível". Da mesma forma, Ataíde Júnior, Jaldemiro Rodrigues de. Negócios jurídicos materiais e processuais – existência, validade e eficácia – campo-invariável e campos-dependentes: sobre os limites dos negócios jurídicos processuais. *Revista de Processo*, Vol. 40, N.º 244, São Paulo, jun/2015, pág. 401. Para Ataíde Júnior, "um negócio processual típico para existir, ser válido e eficaz, terá que observar (i) os padrões do campo invariável; (ii) os critérios do campo-dependente e os padrões adicionais do campo-dependente (regramento dos negócios processuais atípicos); assim como (ii) os novos padrões específicos inseridos pelo campo-dependente', que é definido pelo regramento próprio de cada um dos negócios processuais típicos (...)".

foro de eleição[497], à escolha do mediador e conciliador[498], à convenção sobre o ônus da prova[499], ao próprio calendário processual[500], suspensão consensual do processo[501], ou mesmo saneamento consensual da lide[502]. Com efeito,

---

Também assim, Didier Jr., Fredie; Lipiani, Júlia; Aragão, Leandro Santos. Negócios jurídicos processuais em contratos empresariais. *Revista de Processo*, São Paulo, Vol. 43, N.º 279, maio/2018, pág. 43 ("do art. 190 do CPC, decorrem as regras gerais para a negociação processual, tanto atípica como típica. Os limites previstos no art. 190 são aplicáveis genericamente a todos os negócios jurídicos processuais, servindo de parâmetro interpretativo inclusive no caso dos negócios processuais típicos, aos quais serão somadas as exigências formais previstas pelo legislador especificamente para cada negócio tipificado").

497. Marinoni, Luiz Guilherme; Arenhart, Sérgio Cruz; Mitidiero, Daniel. *Curso de Processo Civil.* 5ª ed. São Paulo: RT, 2018, vol. II, pág. 70. Segundo os autores, "a ineficácia da cláusula de eleição de foro pode ser examinada pelo juiz, de ofício, sempre que for abusiva (inserta ou não em contrato de adesão) ou quando uma das partes for manifestamente vulnerável".

498. Montenegro Filho, Misael. *Novo Código de Processo Civil Comentado.* 3ª ed. São Paulo: Atlas, 2016, pág. 174; Bodart, Bruno Vinícios da Rós. Comentários ao art. 471. *In* Streck, Lenio Luiz, Nunes, Dierle, Cunha, Leonardo Carneiro da (Org.). *Comentários ao Código de Processo Civil.* São Paulo: Saraiva, 2017, pág. 686.

499. Marinoni, Luiz Guilherme; Arenhart, Sérgio Cruz; Mitidiero, Daniel. *Novo Código de Processo Civil comentado.* 3ª ed. São Paulo: RT, 2017, pág. 486.

500. Neste sentido, Gajardoni, Fernando da Fonseca; Dellore, Luiz; Roque, Andre Vasconcelos; Oliveira Jr., Zulmar Duarte de. *Teoria Geral do Processo: Comentários ao CPC de 2015.* 2ª ed. Rio de Janeiro: Forense, 2018, vol. I, pág. 708; Almeida, Cléber Lúcio. *Direito Processual do Trabalho.* 8ª ed. São Paulo: LTr, 2016, pág. 86; Bueno, Cássio Scarpinella. *Novo Código de Processo Civil anotado.* São Paulo: Saraiva, 2017, págs. 239-240. O autor justifica a sua interpretação no processo histórico de redação do artigo e de como, inicialmente no Projeto da Câmara, o 191º não era artigo independente do 190º, estando sujeito aos mesmos requisitos de validade e forma de controlo. No seu entendimento, sob pena de inconstitucionalidade formal, esse controlo previsto no art. 190 deve também aplicar-se ao calendário processual, que acabou por ocular lugar próprio no CPC. E ainda acrescenta "não há por que duvidar que interpretação literal do dispositivo pode dar a entender que a preocupação aqui externada é inócua porque o calendário é elaborado 'de comum acordo' pelo juiz (...) e pelas partes. É certo que sim. No entanto, cabe ao magistrado, antes de alcançar aquele estado de comum acordo, controlar, ainda que de ofício, a validade da estipulação". Em sentido contrário, mas com foco estrito sobre o requisito da "autocomposição", Enunciado n.º 494 do FPPC: "A admissibilidade de autocomposição não é requisito para o calendário processual".

501. Neves, Daniel Amorim Assumpção. *Novo Código de Processo Civil Comentado artigo por artigo.* 2ª ed. Salvador: Juspodivm, 2017, pág. 544.

502. Montenegro Filho, Misael. *Novo Código de Processo Civil Comentado.* 3ª ed. São Paulo: Atlas, 2016, pág. 346; Ribeiro, Darci Guimarães. O saneamento e a organi-

estes negócios típicos previstos pelo legislador mais não são do que uma especificação da cláusula geral de negociação processual. Nessa ordem de ideias, faria todo o sentido que a elas se aplicassem as exigências formais e substanciais previstas no art. 190 do CPC.

Acreditamos que a resposta a ser dada à pergunta em epígrafe só pode ser positiva. É preciso, porém, diferenciar três ordens de condições aplicáveis à celebração de negócios jurídicos: (i) condições *gerais* de validade, tais como a capacidade do agente, a licitude do objeto negociado, o respeito à forma prevista em lei ou a salvaguarda da real autonomia da vontade dos agentes; (ii) as condições *específicas* de validade da negociação jurídica processual, tais como o fato de o processo versar sobre direitos que admitam autocomposição ou a capacidade processual negocial; (iii) *limites específicos* à negociação processual, tais como o abuso na inserção de convenções processuais em contratos de adesão.

Ao contrário dos primeiros, que por pertencerem à teoria geral dos atos processuais impõem a sua observância a qualquer ato ou negócio jurídico processual indiscriminadamente e independentemente da sua previsão típica ou não, pode-se dizer que um forte argumento sistemático indicará que os segundos (condições específicas) e os terceiros (limites específicos) não poderiam conformar negociações típicas[503]. O legislador, quando quis levar em consideração as particularidades destas condições específicas e limites, antecipando situações de desequilíbrio processual em negociação típica, tê-lo-ia feito de forma expressa, como é exemplo a norma do art. 373, §4º, inc. I e II do CPC, quando restringe a negociação processual a direitos *disponíveis da parte* e desde que a outra parte não fique em posição excessivamente difícil de se livrar do respetivo ônus probatório; a do art. 63, quando considera nulo negócio processual de distribuição de competência territorial que seja *abusivamente* incluído no contrato; ou a do art. 471, que

---

zação do processo no novo CPC como direito fundamental a razoável duração do processo. *In* Lucon, Paulo Henrique, Aprigliano, Ricardo, Silva, João Hecker da, Orthmann, Ronaldo Vasconcelos André (coord.). *Processo em Jornadas*. Salvador: Juspodivm, 2016, pág. 201. Em sentido contrário, Gajardoni, Fernando da Fonseca; Dellore, Luiz; Roque, Andre Vasconcelos; Oliveira Jr., Zulmar Duarte de. *Processo de Conhecimento e Cumprimento de Sentença. Comentários ao CPC ed 2015*. 2ª ed. Rio de Janeiro: Forense, 2018, vol. II, pág. 196.

503. No mesmo sentido, Gajardoni, Fernando da Fonseca; Dellore, Luiz; Roque, Andre Vasconcelos; Oliveira Jr., Zulmar Duarte de. *Teoria Geral do Processo: Comentários ao CPC de 2015*. 2ª ed. Rio de Janeiro: Forense, 2018, vol. I, pág. 689.

restringe o negócio sobre a escolha de perito à *capacidade plena* das partes e a causas que *admitam autocomposição*. Isto pode levar à conclusão, *a contrario*, de que quando essas condições e limites não estejam expressamente consignados na letra da lei no negócio típico, então não devem ser relevados.

Por outro lado, a dinâmica do processo do trabalho brasileiro apresenta-nos inúmeras contradições no tratamento que dá à negociação processual: (i) de um lado a IN preocupa-se em recusar apenas expressamente a migração de 2 tipos de negociações típicas, ao tempo em que desconsidera (leia-se, não se posiciona quanto a) todas as demais; (ii) do outro, a Reforma Trabalhista vem consagrar expressamente mais hipóteses de negociação processual típica, em plena contradição com o posicionamento reservado do TST; (iii) e, perante tudo isto, a maioria da doutrina justrabalhista, como veremos (8.1.3.1), nega-se, com veemência e inquietação, a admitir a aplicação *de uma norma* (art. 190 do CPC) que, muito provavelmente - por comparação a todos os outros exemplos de negociação típica –, é a que mais preocupações reserva em termos de resguardo e preservação da autonomia real da parte para negociar sobre o processo. Por esta lógica de ideias, a existir algum problema com a admissibilidade de convenções processuais, ele deveria de ser mais problemático relativamente a negócios processuais típicos, despidos das camadas de proteção oferecidas no art. 190, e menos na negociação atípica. Não tem sido essa, porém, a preocupação da doutrina e jurisprudência trabalhistas, que reconhece como plenamente compatíveis a maior parte dos negócios processuais típicos previstos no CPC, sem sequer levantarem dúvidas quanto a uma potencial afetação da vulnerabilidade do empregado. A doutrina processual trabalhista não se tem preocupado com questões de vulnerabilidade do trabalhador sempre que este, juntamente com o reclamado, promove a suspensão do processo, abdica de meios probatórios ou renuncia ao seu direito ao recurso etc. São negócios processuais típicos comuns no processo do trabalho e que não têm representado uma preocupação doutrinária e jurisprudencial acentuada a respeito de eventual problema de desigualdade processual, senão apenas no controlo da existência de eventuais vícios da vontade.

Da nossa parte, filiamo-nos à corrente que interpreta o art. 190 como uma cláusula que, juntamente com o art. 200 do CPC, prevê um regime geral para a celebração de negócios processuais, peças fundamentais no *microssistema do autorregramento da vontade das partes no processo*. Daqui brotam as regras gerais que regulam toda a negociação típica e atípica, v.g. em termos de poderes do magistrado no controlo da validade dos pactos.

Não há qualquer fundamento lógico que imponha um regime de validade para a negociação processual atípica e outro completamente diferente para a negociação típica. O raciocínio deverá ser o inverso daquele que descrevemos acima: não o de que a preocupação pontual do legislador com limites específicos em certas negociações típicas autorize concluir pela inexistência de um regime geral de negociação, em razão da existência de regimes diferenciados que não se submeteriam às condições genéricas do art. 190; mas o de que nesses casos específicos, a existência de um fundamento acrescido de tutela legitimou a adição de limites diferenciados além dos previstos na cláusula geral do art. 190. Até porque os limites gerais de negociação previstos no CC também não foram repetidos na previsão do art. 190 – e não precisavam de o ser – e nem por isso eles não são considerados na análise de qualquer negócio jurídico processual. Por outro lado, tendo em conta que o substrato teleológico que embasa as condições e limites do art. 190 se prende com o princípio da *igualdade processual*, não se concebe como seria possível não o impor como parâmetro normativo de toda a negociação típica; dizer o contrário seria admitir que negócios típicos pudessem ser válidos ainda que as partes os celebrassem em manifesta situação de desequilíbrio processual, o que é inadmissível.

A ser assim, existe mais um argumento favorável à abertura do processo do trabalho para a negociação processual. A importação desta condicionante como requisito geral de qualquer negociação processual, implica que o trabalhador vê-se reforçado no número de garantias ao seu dispor contra situações de desequilíbrio processual negocial. Em outras palavras, não é mais possível sustentar que o legislador não terá atentado na condição de vulnerabilidade do empregado. Fê-lo expressamente na previsão do art. 190 do CPC para a negociação processual atípica, assim como o deixou implícito para toda a negociação processual típica.

§ 8

O ESTADO DA ARTE ACERCA DA ADMISSIBILIDADE DOS NEGÓCIOS PROCESSUAIS NO PROCESSO DO TRABALHO

8.1. O "ESTADO DA ARTE"

8.1.1. A *auctoritatem communitatis*

Assumem desde logo grande importância, como argumento de autoridade, os vários Enunciados que têm sido já apresentados pela comunidade de processualistas brasileiros, seja processualistas civis (FPPC), seja trabalhistas (FPPT).

Assim, por exemplo, o FPPT nos vários encontros que organizou desde a entrada em vigor do CPC, já editou uma série de enunciados favoráveis à consensualidade no processo do trabalho. Logo no I Encontro do FPPT que teve lugar em julho de 2015, entendeu-se que "A celebração de negócio jurídico processual no curso do processo já é prática na esfera trabalhista, cabendo ao juiz verificar a sua validade, e, se for o caso, justificar a decisão de não reconhecer o acordo feito em uma das hipóteses estabelecidas no parágrafo único do art. 190 do CPC, observado o contraditório" (*Enunciado 7*) e que "Aplica-se ao processo do trabalho o art. 191 do CPC, ressaltando que o juiz é partícipe da negociação processual voltada para a fixação do calendário da prática dos atos processuais" (*Enunciado 8*). Já no III Encontro do FPPT, que teve lugar em fevereiro de 2016, reiterou-se em parte que "Aplica-se ao processo do trabalho o disposto no art. 191, no que se refere à flexibilidade do procedimento por proposta das partes, inclusive quanto aos prazos" (*Enunciado 30*), que "A previsão da atipicidade das convenções processuais é aplicável ao processo do trabalho" (*Enunciado 31*), "No processo do trabalho, as partes capazes podem eleger perito mediante convenção processual" (Enunciado 32); "A exigência de inscrição em cadastro de Tribunal não é aplicável ao perito eleito em convenção processual probatória" (*Enunciado 33*); "É compatível com o processo do trabalho a regra do art. 916 do CPC, até o decurso do prazo para a oposição dos embargos à execução" (*Enunciado 79*).

Por outro lado, também o FPPC já reconheceu que "Aplica-se ao processo do trabalho o disposto no art. 190 do CPC/2015, no que se refere à flexibilidade do procedimento por proposta das partes, inclusive quanto aos prazos" (*Enunciado 131*).

A legitimidade democrática que usufruem, pelo amplo espaço de debate técnico-jurídico rigoroso e aprofundado que promovem, aberto a toda a comunidade de especialistas sobre processo, dá-lhes uma autoridade que deve ser aqui levada em consideração.

Sem sentido contrário, porém, contam-se o Enunciado n.º 6 do FNPT, ao dispor "CLT, arts. 769, 849, 852-C e NCPC, art. 190 NCPC. Negócio jurídico processual. Inexistência de lacuna ontológica ou axiológica. Previsão na CLT e na Lei n. 5.584/70. Celeridade dos ritos trabalhistas, ordinário, sumaríssimo ou alçada. Duração razoável do processo. A previsão contida no art. 190, do NCPC, não se aplica aos processos que envolvam dissídios individuais de relação de trabalho, tendo em vista que a CLT tem rito próprio (ordinário, sumaríssimo ou alçada), conforme arts. 849, 852-C e art. 2º, §§3º e 4º, da Lei n. 5.584/70. Aplicação dos arts. 769, 849, 852-C da CLT e NCPC, art. 190". Como se vê aqui, ao contrário do discurso em torno da vulnerabilidade do trabalhador que domina a doutrina laboral, a preocupação do FNPT centra-se antes num problema de procedimento.

8.1.2. Jurisprudência trabalhista

No seio da jurisprudência trabalhista, já são muitas as referências breves que se fazem à temática da negociação processual fora dos casos de negociação típica. É disso exemplo a ementa do TST, em Recurso de Revista com Processo n.º 147300-49.2012.5.13.0004[1], onde se reconheceu que as partes terão celebra-

1. "Recurso de Revista Interposto na Vigência da Lei nº 13.015/2014. Nulidade por Negativa de Prestação Jurisdicional. Configura-se a negativa de prestação jurisdicional se a parte não consegue, não obstante provocação mediante embargos de declaração, obter do órgão jurisdicional pronunciamento sobre aspecto essencial ao deslinde da controvérsia que não constitua inovação recursal ou matéria preclusa, como forma de homenagear o princípio da motivação, elevado ao nível constitucional, constante do art. 93, IX. No caso em análise, da decisão a quo entende-se, perfeitamente, que o pleito de horas extras foi deferido conforme a prevalência da prova do autor sobre a da reclamada, conforme o princípio da convicção motivada, restando registrado que

do negócio jurídico processual em matéria probatória sobre (i) a *dispensa da oitiva de testemunhas* e (ii) a *admissibilidade de prova emprestada* no processo do trabalho. Cumpre apreciar que nos autos do acórdão mencionado, as partes que se digladiavam apresentavam posições material de manifesta desigualdade, já que o *reclamante era empregado do reclamado* e exercia as funções de motorista de autocarro. Em artigo publicado sobre a questão, Chaves e Paulo levaram inclusivamente a cabo estudo de investigação a respeito dos julgados do TRT da 21ª Região sobre a admissibilidade de prova emprestada no processo laboral, sob um enfoque negocial. Nas suas conclusões asseveram que (i) apesar de ser mantido um *padrão de decisão sobre a questão* (admissão da prova emprestada por acordo) como forma de robustecer a decisão judicial, (ii) é *difícil extrair um posicionamento unívoco* do Tribunal quanto à necessidade de se obter o consentimento das partes para a migração da prova em razão da sua parca motivação que, regra geral, apenas se limita a fazer menção ao deferimento ou não da prova; (iii) entendem *desnecessária a autorização das partes*, relegando a sua participação a um momento de contraditório para que não haja prejuízos ao respetivo direito de defesa. Concluem, portanto, pela *prevalência dos poderes instrutórios* do magistrado[2].

É também disso exemplo o processo n.º 0001129-93.2015.5.08.0122, que correu termos no TRT da 8ª Região oriundo da 2ª Vara do Trabalho de Santarém (PA), cuja relatoria pertenceu ao Juiz Ney Maranhão (data de publicação 26.04.2016). Neste processo, em razão da idade avançada do reclamante (62 anos de idade) e da sua intenção em obter uma rápida solução para a demanda, *negociou com as reclamadas desistir do pedido de indenização por acidente de trabalho em contrapartida da renúncia antecipada ao recurso*[3].

---

não havia a figura do "repouseiro". Ademais, improcede a alegação de prática de falso testemunho a inquinar de nula a prova uma vez que houve negócio processual, pois as partes dispensaram a oitiva de testemunhas e "concordaram com a juntada da ata do dia 09.04.2013, extraída dos autos do processo nº 1221/2012-3, a ser utilizada como prova emprestada". Assim, não poderia a parte inquinar de nula a decisão, por suposta alegação de falso testemunho, se ela mesma fez negócio processual no sentido de que a Ata do processo em epígrafe fosse utilizada no presente processo como prova emprestada. Incólume o art. 93, IX, da CR/88. Recurso de revista não conhecido".

2. Chaves, Luciano Athayde; paulo, Raquel Tavares. O novo regramento da prova emprestada no CPC/2015 e a necessidade de negociação processual para a sua utilização: como decide o Tribunal Regional do Trabalho da 21ª Região? *Revista de Direito do Trabalho*, São Paulo, Vol. 44, N.º 191, jul/2018, págs. 189 e 191.

3. "Pela ordem, as advogadas do autor noticiam que seu cliente é idoso, possuindo 62 anos, sendo conhecedoras que a temática é polêmica e a empresa certamente possui condi-

De resto, verificamos que há uma frequência muito grade de negociação processual no processo do trabalho envolvendo (i) saneamento processual a respeito de determinados fatos, nomeadamente acerto de que o percurso *in itinere* é de determinados minutos/horas[4], ou de que o intervalo intrajornada é determinado período[5]; (ii) acolhimento de prova emprestada[6], (iii) acertos genéricos quanto a matéria probatória[7], (iv) juntada

---

ções de prosseguir a demanda interpondo recursos. Por isso, questiona se as empresas reclamadas aceitariam que a sentença a ser prolatada fosse admitida pelas partes como irrecorrível, salvo embargos de declaração, em uma espécie de juízo arbitral, independentemente de seu conteúdo. Para tanto, desistiria da ação quanto ao pleito de indenização por acidente de trabalho, prosseguindo no demais, assumindo o compromisso de não ajuizar ação discutindo o tema que ora expressa a intenção de desistir. Depois de algum diálogo, o advogado das reclamadas, após consulta a seus clientes, afirmou que não se opõe a esse procedimento, também se comprometendo em acatar a decisão que será prolatada independentemente de seu conteúdo, desde que o reclamante também o faça. As advogadas do autor e o próprio reclamante reafirmam que concordam com esse procedimento. Este magistrado fez explicação clara e detida a respeito dessa questão, colhendo, ao fim, sua plena concordância. Recebo a vontade das partes como uma genuína *convenção processual* (NCPC, art. 190), que reputo inteiramente válida, razoável e constitucional, diante das peculiaridades do caso concreto, especialmente por envolver pessoa idosa e doente. Ficam atendidos, assim, *in casu*, o vetor da dignidade humana, bem como os princípios da proporcionalidade, razoabilidade e eficiência (NCPC, art. 8º)".

4. Os exemplos são muitos. Deixaremos aqui apenas alguns: acórdão do *TRT da 3ª Região, Processo de Recurso Ordinário n.º 0010897-11.2017.5.03.0058, Relator Rodrigo Ribeiro Bueno, Data de julgamento 25.06.2018* ("Ademais, da ata de audiência verifica-se que o reclamante e reclamada chegaram a um acordo processual, constando que o tempo médio despendido de ida e volta para o local de trabalho, no trecho sem disponibilidade de transporte público, era de 10 minutos cada"); *TRT da 3ª Região, Processo de Recurso Ordinário n.º 0011429-22.2016.5.03.0057, Relator Sebastião Geraldo De Oliveira, Data de julgamento 20.02.2018* ("A sentença recorrida dispunha Estabelecida a base jurídica para apreciação da demanda, verifico que o objeto de subsunção fático foi objeto de acordo processual das partes, que estabeleceram que o autor gastava 90 minutos para ir ao trabalho e outros 90 minutos para voltar do trabalho, em condução fornecida pela reclamada").

5. *TRT 3ª Região, Processo de Recurso Ordinário Nº 0010628-61.2016.5.03.0169, Relator José Eduardo De Resende Chaves Júnior, 29.05.2017* ("as partes celebraram acordo processual no sentido de que até 30/06/2012 o intervalo era reduzido, tendo sido regularizado a partir de 01/07/2012"); *TRT da 9ª Região, Processo de Recurso Ordinário nº 0003277-20.2017.5.09.0562, Relator Adilson Luiz Funez, Data de julgamento 27.03.2019* ("As partes convencionam, no que se refere ao intervalo, a anotação diária como a correta e na ausência de marcação ou de horários fixos e invariáveis, a concessão de intervalo de 20 minutos, independentemente da pré-assinalação" (destaquei). Ao revés da tese recursal patronal, o negócio processual das partes não excepciona que no período das safras ocorreu o gozo de 1h de intervalo intrajornada, nada dispõe acerca da validade das pré-anotações dos registros de jornada para determinado

---

período e, ao contrário, menciona expressamente que a avença independe da pré-assinalação. Ademais, destaco que as partes declararam o desinteresse na produção de outras provas (fl. 525) e a instrução processual foi encerrada"); *TRT da 9ª Região, Processo de Recurso Ordinário Nº 0001568-45.2016.5.09.0671, Relatora Neide Alves Dos Santos, Data de julgamento 13.11.2018* ("A interpretação sustentada pela recorrente, no sentido de que, no negócio processual de fls. 992/993, em que as partes convencionaram acerca de matérias de fato objeto da lide, as questões relacionadas à fruição do intervalo intrajornada restringir-se-iam aos períodos de labor em turnos ininterruptos de revezamento, não merece prosperar. No item 04 do aludido negócio, as partes reconheceram os seguintes fatos: "a existência de refeitório, o qual ficava aberto das 11h35 às 13h, de segunda a sexta-feira, sendo que o reclamante apenas o utilizava (por 20min) quando seu turno de trabalho permitia almoçar nesse horário. Nessas oportunidades o reclamante comparecia ao refeitório com o rádio comunicador e o telefone móvel. Nos demais dias dos turnos, apenas comparecia na cantina para aquecer sua refeição e retornava para o local de trabalho (em média, 7min)").

6. Assim, por exemplo, os seguintes acórdãos. *TRT da 3ª Região, Processo de RO nº 0010540-34.2015.5.03.0112 (RO), Relator Manoel Barbosa Da Silva. Belo Horizonte, Data de julgamento 09.04.2019* (neste acórdão, o tribunal corrobora decisão da primeira instância que dispunha: "Prova emprestada. Pedido de designação de nova audiência de instrução A reclamada alegou na petição de (...) que na audiência de instrução realizada em 07/02/2018 este Juízo determinou a juntada de prova emprestada sobre as matérias objeto da lide, o que teria sido objeto de protestos. Ao argumento de que a prova emprestada somente pode ser utilizada com a concordância das partes e em caso de inviabilidade ou impossibilidade de produção de prova, requereu a designação de nova audiência de instrução para oitiva de testemunhas e depoimento pessoal do reclamante, sob pena de cerceamento do direito de defesa. Sem razão. De fato, as partes protestaram após a determinação deste Juízo de produção de prova emprestada. Entretanto, após o registro dos protestos foi realizado um acordo processual em que autor, réu e magistrado fixaram que os depoimentos das testemunhas que serviriam como prova nos autos seriam aqueles apontados e colacionados pelas partes no prazo de 02 dias. Dessa forma, em que pese a reclamada ter registrado protestos inicialmente, posteriormente anuiu com a utilização da prova emprestada, tanto é que foi firmado o aludido acordo processual. Por fim, uma vez que o art. 372 do CPC de 2015, aplicado subsidiariamente ao processo do trabalho, expressamente admite a utilização da prova emprestada, indefiro o pedido de designação de nova audiência de instrução"); *TRT da 3ª Região, Embargos de Declaração, Processo n.º 0010947-43.2017.5.03.0153, Relator Eduardo Aurélio Pereira Ferri, Data de julgamento 24.07.2018* ("Neste momento, as partes formularam acordo processual no sentido de se utilizar como prova emprestada as atas de audiências dos autos 10399/2016/0153 e 10741/2017/0153, oriunda desta Vara, que deverá ser anexada a esses autos pelo reclamante no prazo de 24 horas, ficando ressalvado, por óbvio, as peculiaridades de cada ação, bem como da prova produzida na mencionada audiência"); *TRT 3ª Região, Processo de Recurso Ordinário nº 0010234-53.2017.5.03.0061, Relator Eduardo Aurélio Pereira Ferri, Data de julgamento 21.05.2018* ("Em audiência, por acordo processual, as partes elegeram

como prova emprestada o laudo pericial extraído dos autos do processo 0010443-56.2016.5.03.0061. Horas in itinere demonstradas por laudo pericial"); *TRT da 17ª Região, Processo de Recurso ordinário em procedimento sumaríssimo (11886), Proc. nº 0000810-19.2018.5.17.0010, Relatora Wanda Lúcia Costa Leite França Decuzzi, Data de julgamento 30.04.2019* ("Além disso, extrai-se que os autos seguiram o rito sumaríssimo, com audiência única, ocasião em que foi formalizado o acordo processual para utilizar os depoimentos colhidos em outros autos como prova emprestada"); TRT 23 Região, Processo de Recurso Ordinário M.º 0000587-54.2016.5.10.0811, Relator Rubens De Azevedo Marques Corbo, Data de julgamento 06.12.2016 ("É verdade que as partes fizeram acordo processual relativo à prova oral, admitindo-se, nesta quadra, até mesmo os depoimentos pessoais prestados no processo 0000535-58.2016.5.10.0811").

7. *TRT 3ª Região, Processo de Recurso Ordinário nº 18. 0003397-15.2013.5.03.0063 RO, Relator Cesar Machado, Data de julgamento 23.02.2015* ("Porém, no caso concreto, houve prévio acordo processual para a utilização unicamente das provas citadas na ata de fl. 472, não podendo, posteriormente, o reclamante pretender alterá-lo, sem o consentimento da parte contrário"); *TRT 3ª Região, Processo de Recurso Ordinário nº 15. 0002143-78.2013.5.03.0104 RO, Relator Manoel Barbosa Da Silva, Data de julgamento 04.04.2016* ("A prova em relação a esta matéria limitou-se aos depoimentos que constam nas atas de fls. 131 e 208, tendo em vista o acordo processual ajustado pelas partes em audiência"); *TRT 18 Região, Processo de Recurso Ordinário N.º 0010574-28.2015.5.18.0003, Relatora Rosa Nair Da Silva Nogueira Reis, Data de julgamento 22.11.2017* ("A respeito da insalubridade: As partes concordam com que seja dispensada a realização de perícia a respeito, sendo que o reclamante (a) não terá direito a adicional de insalubridade caso a Sentença futura não reconheça que ele atuava na aplicação de injetáveis ou (b) terá direito a adicional de insalubridade em grau médio (20%) caso a Sentença futura reconheça que ele atuava na aplicação de injetáveis. Concedida a possibilidade, as partes reafirmam a concordância.' Vê-se, pois, que as partes ajustaram um negócio processual relativamente à prova do direito ao adicional de insalubridade, o que é permitido pelo artigo 190 do novo CPC, vigente ao tempo da realização da audiência de instrução. O ajuste feito pelas partes também encontra amparo no artigo 373, §3º, do novo CPC que trata da distribuição diversa do ônus da prova por convenção das partes. Com efeito, não pode a recorrente opor-se à dispensa de realização de prova pericial ajustada com a parte contrária simplesmente porque a decisão do juízo a quo lhe foi desfavorável. Sobejamente demonstrado nos autos que o reclamante aplicava injetáveis e tendo as partes acordado que esse fato lhe daria direito ao adicional de insalubridade em grau médio, não há como reformar a decisão vergastada. Nego provimento"); TRT 18 Região, Processo de Recurso Ordinário N.º 0012109-26.2014.5.18.0003, Relatora Silene Aparecida Coelho Decisão, Data de julgamento 19.10.2016 ("Na ata de audiência de Id af3b253 (...), o juízo "a quo" determinou que: '03. Considerando que se encontra designada audiência de instrução nos autos do processo 12206-14.2014.5.18.0007, em que a reclamante da referida ação afirma ter trabalhado em condições similares à da reclamante desta ação, sendo comuns as causas de pedir e os pedidos em ambas as ações, bem como que a reclamante Adriana já foi ouvida como testemunha nos autos 10043-18.2015.5.18.0010, assim como o preposto da reclamada adotar-se-á o seguinte procedimento, com a concordância das partes: a. serão

extemporânea de prova[8], (v) reabertura do processo para cobrança de sanção penal em razão da inadimplência no cumprimento da sentença homologatória[9].

---

trazidos para estes autos, na qualidade de depoimentos pessoais, aqueles colhidos na RT 10043-18.2015.5.18.0010, a saber o depoimento da reclamante Adriana como testemunha e o depoimento do preposto; b. a prova a ser produzida na RT 12206-14.2014.5.18.0007 será trazida por empréstimo para estes autos, uma vez que as partes declaram que os fatos relativos à reclamante Fabrícia Raika Lacerda aplicam-se igualmente à reclamante Adriana; diante do acordo processual acima firmado, torna-se desnecessária a produção de outras provas em audiência neste Juízo'"); TRT da 19ª Região, Processo de Recurso Ordinário n.º 0000868-63.2016.5.19.0001, Relatora Anne Helena Fischer Inojosa, Data de julgamento 2017.08.10 ("Preliminarmente, cabe afastar a postulação no sentido da nulidade do laudo pericial acostado pela reclamada como prova emprestada, uma vez que em audiência de instrução (...), as partes expressamente consignaram que ""celebram o acordo processual no sentido de que O Juiz deve considerar para aferição do pleito de adicional de insalubridade o exame de provas periciais juntada aos autos, de acordo com seu livre convencimento desse fundamento por uma ou por outra, evitando-se assim o demorar do pleito pela realização de nova perícia. O Juiz registra que as partes concordam expressamente com o acolhimento das provas emprestadas juntadas aos autos em substituição a perícia que seria realizada nesse processo").

8. 4ª Vara do Trabalho de Natal, Reclamação Trabalhista Nº 0000097-22.2016.5.21.0004, Juiz Manoel Medeiros Soares De Sousa ("Impertinente a alegação da defesa quanto à juntada extemporânea da documentação. Isto porque nenhuma insurgência foi registrada na ata de audiência (...). Ademais, priorizando a pacificação social qualificada pela decisão justa, sempre entendi que toda e qualquer prova, dadas as características do processo do trabalho, especialmente o da concentração, podem ser apresentadas enquanto não encerrada a instrução, preservado sempre o contraditório e a ampla defesa. No caso, se for para aplicar o NCPC, então prevalece o acordo processual entre as partes, procedimento adotado pelo novo CPC, no sentido de se autorizar a juntada da documentação, com prazo para manifestação da parte contrária, conforme informa a ata de audiência. Não que entenda se aplicar ao processo do trabalho. Mas na audiência, a reclamada concordou com a juntada").

9. Assim, por exemplo, o acórdão do TRT da 3ª Região, Processo de Recurso Ordinário nº 0010576-44.2014.5.03.0134, Relator Cleber Lúcio De Almeida, Data de julgamento 29.06.2017 (em cuja sentença constava a seguinte menção "As partes signatárias do ajuste estabeleceram que: 'Em caso de descumprimento do acordo será reaberta a instrução processual para discutir exclusivamente eventual responsabilidade da 2a reclamada'. Após homologar a convenção processual, o julgador deu ciência às partes da decisão"); TRT 13ª Região, Processo N.º 0131229-49.2015.5.13.0009, Relator Paulo Maia Filho ("Há notícia nos autos, de acordo firmado pelas partes em juízo (Id. 342dc30), com o propósito – por óbvio – de encerrar a lide e dar quitação às obrigações havidas entre elas em consequência do liame laboral havido e que não fora cumprido pela executada, ora agravante", razão pela qual na ementa do acórdão se faz constar que "O acordo firmado pelas partes é negócio processual que deve ser interpretado sob o prisma do princípio da boa -fé contratual, o qual estabelece o dever das partes de agir com probidade e correição antes, durante e depois da celebração do contrato (art. 422 do Código Civil)").

Entretanto, também encontrámos casos com referências à integração à lide por negócio processual[10].

Por particularmente interessante, destacamos ainda acórdão do TRT da 9ª Região, Relator Ubirajara Carlos Mendes. Neste processo o magistrado sentiu particular necessidade de justificar a mudança de procedimento efetuada com o acordo das partes, por existirem alegações da reclamante a respeito de um alegado cerceamento de defesa. Em causa estava o registro de umas fichas de controlo de horário que o empregado dizia não ter assinado mas que se encontravam preenchidas. Porque o problema não respeitava a desencontro de fatos descritos no teor das planilhas mas à própria veracidade da assinatura, ficou acordado em audiência que a informação a respeito da jornada anotada deveria ser objeto exclusivo de prova pericial, dispensando-se as demais. Por este motivo, o magistrado acabou diversas vezes por indeferir requerimento de prova testemunhal apresentados pelo reclamante, que se sentiu lesado no seu direito ao contraditório. Afinal, (i) o problema não só seria resolvido por perícia como (ii) nisto tinha acordado a "procuradora do autor com a expressão 'tá'. Logo, a questão foi resolvida em audiência, concordando as partes em não produzir outras provas relativas a jornada"[11].

---

10. TRT 5ª Região, Processo de Recurso Ordinário n.º 0001152-86.2015.5.05.0101, Relatora Cristiana Maria Valadares Fenelon ("O ordenamento jurídico brasileiro não prevê a figura da "integração à lide". Compete ao reclamante indicar na petição exordial a parte que entende para figurar no polo passivo, não se lhe permitindo, após estabilizada a relação processual, a inclusão de novo reclamado, salvo negócio processual entre as partes, que no caso vertente não houve").
11. Destacamos ainda a interessante fundamentação do magistrado de primeira instância e corroborado integralmente pelo relator do TRT da 9ª Região: "Enfim, por todos os ângulos, o ônus da prova não era do reclamante, o objeto da prova era a validade dos cartões-ponto sob a ótica da assinatura e a prova pericial funcionou como contraprova. Portanto, a oitiva da testemunha do reclamante segundo estes critérios é desnecessária. As partes ouviram e concordaram com esse encaminhamento da instrução processual, tratando-se de negócio processual nos termos do art. 190 do CPC: Versando o processo sobre direitos que admitam auto composição, é lícito às partes plenamente capazes estipular mudanças no procedimento para ajustá-lo às especificidades da causa e convencionar sobre os seus ônus, poderes, faculdades e deveres processuais, antes ou durante o processo. Além disso, a distribuição do ônus da prova restou perfeitamente esclarecida pelo juízo em relação às partes, que com ela concordaram sem objeção ou resistência, nos termos do art. 357, § 2º do CPC: As partes podem apresentar ao juiz, para homologação, delimitação consensual das questões de fato e de direito a que se referem os incisos II e IV, a qual, se homologada, vincula as partes e o juiz. Dadas a informalidade e oralidade do processo do trabalho, tanto a distribuição consensual do ônus da prova, quanto o negócio processual relativo à prova técnica, ocorreram

Mas as referências não são, porém, exclusivas ao período pós 2015. A título de exemplo, encontrámos um julgado, que data de 1995 e foi pronunciado pelo TRT da 15º Região, Seção Especializada, em Ação Rescisória, n.º 361/95, da relatoria do Juiz Carlos Alberto Moreira Xavier (data de julgamento 15.03.1995), que relata a ocorrência de negócio jurídico processual onde uma das partes (ré) além de desistir unilateralmente das suas razões contestatórias, acorda com a outra na desistência recíproca a provas e, considerando ser a matéria apenas de direito, requerem conjuntamente o julgamento antecipado da lide. De forma ainda mais curiosa, acordam na desconstituição da coisa julgada que incidia sobre duas decisões: uma material (acordo homologado judicialmente) e outra formal (extinção do feito sem pronúncia de mérito)[12]. Não deixa de ser interessante assinalar

---

na dinâmica da audiência de instrução processual, com registro audiovisual, observados o processo substancial e dialógico, bem assim o contraditório e a ampla defesa, manifestando-se os advogados constituídos cada um a seu modo e dentro de suas prerrogativas. Logo, não é aceitável, tampouco jurídico, que diante do resultado da prova técnica, quaisquer das partes sentindo-se prejudicada na sua tese jurídica, alegue cerceamento de defesa por erro de procedimento" (ac. TRT da 9ª Região, Processo de Recurso Ordinário Nº 0001919-65.2014.5.09.0872, Relator Ubirajara Carlos Mendes).

12. "As partes, após a fase postulatória, e no decorrer da instrução, quando determinada a oitiva de testemunhas, praticaram um insólito negócio jurídico-processual, no qual estão amalgamadas desistências recíprocas das provas; desistência unilateral, por parte da ré, das razões expostas na peça contestatória (sic); requerimento de ambas as partes no sentido de que ocorra julgamento antecipado da lide (v. petição de fls.). Ainda no apontado negócio jurídico-processual, acordam no sentido de prosseguimento normal do feito de n. 1300/92, e a ré, unilateralmente, declara sem nenhum efeito o acordo manifestado no feito de n. 1157/92. A aludida peça formuladora do indicado negócio jurídico-processual é teratológica em vários aspectos. Iniciando-se pela estranha manifestação da é 'abrindo mão das razões expostas na peça contestatória'. Tais razões ficariam, assim, no limpo das abstrações? Prosseguindo, elas próprias, as partes, afirmam, perentoriamente, que a matéria tornou-se unicamente de direito e, portanto, deverá ocorrer julgamento antecipado da lide. Por último, 'por acordo', desconstituem a coisa julgada, formada no proc. 1157/92 (homologação de acordo) e, ainda, desconstituem, também, a coisa julgada formal estabelecida no proc. 1300/92, consubstanciada em decisão extinguindo o feito, sem julgamento de mérito, fato apontado pelo autor a fls. É evidente que os 'acordos' acima mencionados carecem de eficácia jurídica, tendo em vista a incolumidade da coisa julgada, ato jurisdicional não passível de questionamentos embasados na mera vontade individual das partes. Estas podem transacionar, tão somente, os efeitos jurídicos-patrimoniais das sentenças, jamais anulando-as ou tornando-as sem efeito. Ocorre que, não obstante a ineficácia dos 'acordos' realizados pelos litigantes, é óbvio que a peça de fls., traz manifestações de vontade e afirmativas que não podem ser relegadas ao desprezo. Com efeito, observa-se na aludida petição, que a ré, praticamente, reconhece, em sua plenitude, a procedência

que, ainda que à época não existisse uma teoria geral do negócio processual, o tribunal não deixou de apreciar o ato do ponto de vista da existência de contraprestações e da ocorrência de fraudes processuais.

8.1.3. Aparato doutrinário quanto à admissibilidade em tese

Ao contrário do que se possa perceber no *direito comparado*[13], no Brasil as fortes mudanças legislativas oriundas no recente CPC e as repercussões

---

da ação. Na medida em que declara sem efeito o acordo realizado no feito 1157/92 e, ainda, postulando o prosseguimento normal do outro feito, 1300/92, está submetendo o seu interesse ao interesse do autor, sem nada obter a título de contraprestação. Destarte, não há como deixar-se de admitir que aquela, com a petição de fls., reconheceu a veracidade dos fatos embasadores da peça vestibular, no que lhe dizem respeito, levando-se à inexorável conclusão de que, na realidade, a avença foi tramada com total alheamento da vontade do autor. O atendimento integral do que este postula, qual seja, a desconstituição do ajuste realizado, por via de 'acordo', demonstra um só fato: a ré, a fim de evitar prováveis consequências advindas com a instrução do feito, o que poderia, inclusive, comprovar prática de fraude em outros casos, resolveu, repita-se, por 'acordo', tornar sem efeito a avença judicialmente homologada. Tudo isto, aliado a outros indícios, como aqueles apontados pela d. Procuradoria, v.g., a plena, rasa e geral quitação, declarando-se que nada mais o autor teria a receber, seja a que título ou época fosse, quitação dada, não perante o juízo, de viva voz, mas por assinatura do advogado, em petição (fls. dos autos em apenso); o fato de que a fls., dos autos inerentes à reclamatória 1157/92, contra manifestação expressa do autor, alegando que nem mesmo conhecia o advogado subscritor da petição inicial, e ali, de maneira peremptória, pedia o não prosseguimento da ação, levam ao acolhimento da pretensão rescisória, com fulcro no CPC/1973 485 VIII [v. COC 966 III]. Considerando-se que a desconstituição da sentença decorre, fundamentalmente, do fato de não ter o autor ciência da própria reclamatória trabalhista, esta não terá prosseguimento, devendo ser arquivada. Isto posto, julgo procedente a ação para desconstituir a sentença homologatória do acordo realizado no proc. 1.157/92. Da 1ª JCJ, de São José do Rio Preto, arquivando-se a aludida reclamatória. A ré paga custas e honorários advocatícios, estes à razão de 15%, sobre R$ 5.000" (*apud* NERY JÚNIOR, Nélson; NERY, Rosa Maria Andrade. *Código de Processo Civil Comentado.* 16ª ed. São Paulo: RT, 2016, pág. 765)

13. Dando conta do posicionamento maioritário em Espanha, mas sem tomar posição, AROCA, Juan Montero; CABRERO, Manuel Iglesias, CORREA, José Maria Marín, CORRAL, Mariano Sampedro. *Comentarios a la Ley de Procedimiento Laboral.* Madrid: Civitas, 1993, vol. I, pág. 280: "Aunque algunos tratadistas (CHIOVENDA, DE LA PLAZA) han admitido la existencia del negocio jurídico procesal, sea con ciertas especialidades como la regulación legal de sus requisitos y efectos y la falta de autonomía de voluntad de las partes, sea con la singularidad de que el negocio procesal no repercute directamente en el proceso sino mediante la resolución judicial, la mayor parte de la doctrina rechaza tal posibilidad, en cuanto ni los actos de la parte producen efectos directos en el proceso sino a través de los actos del órgano jurisdiccional, ni puede darse a la voluntad

que este tem no processo do trabalho têm levado já a alguma doutrina a questionar o problema. Naturalmente que há ainda que ignore o problema[14], ou simplesmente se tenha mostrado com *leituras vagas e genéricas* sobre a questão, como – e *data venia* – as de Moura[15], Costa[16], Chaves/Paulo[17] ou Cavalcante e Jorge Neto[18].

A grande maioria apresenta-se, porém, de forma significativamente dividida não apenas quanto à admissibilidade de convenções atípicas no

---

privada un influjo decisivo en cuanto al contenido de aquéllos, por lo que carece de utilidad desvirtuar el concepto privatístico para dar entrada al negocio jurídico en el campo del proceso en el que la voluntad sirve sólo para poner en marcha el acto al que el derecho objetivo anuda un determinado efecto". Considerando não existirem negócios processuais no processo do trabalho, Aroca, Juan Montero. *El Proceso laboral.* Barcelona, 1982, vol. I, pág. 139; Aroca, Juan Montero, Colomer, Juan Luis Gómez; Redondo, Alberto Montón; Vilar, Silvia Barona. *Derecho Jurisdiccional.* 13ª ed. Valencia: Tirant Lo Blanch, 2004, vol. I, pág. 397.

14. A exemplo de Pereira, Leone. *Manual de processo do trabalho.* 5ª ed. São Paulo: Saraiva, 2018. Pág. 427 ss.
15. Pronunciando-se sobre a querela da negociação processual no processo do trabalho, mas sem se posicionar sobre a sua migração em concreto, Moura, Marcelo. Atos, termos e prazos processuais no CPC/2015 e no processo do trabalho. *In* Miessa, Élisson (coord.). *O novo Código de Processo Civil e seus reflexos no processo do trabalho.* Salvador: Editora Juspodivm, 2015, pág. 468.
16. Com leitura muito genérica acerca do problema, parecendo admitir este tipo de ato processual seja porque pode vir a beneficiar o empregado, mas também porque estes não são os únicos intervenientes no processo trabalhista, Costa, Rafaella Souza Oliveira. Negócios processuais – aplicação ao processo do trabalho – análise principiológica. *Revista Eletrônica do Tribunal Regional do Trabalho da Bahia*, Ano 6, N.º 8, jan/2017, págs. 328-329.
17. Em termos significativamente genéricos, pugnando por uma admissibilidade, à partida, do instituto por (i) a indisponibilidade não afastar de forma automática a negociação, (ii) a tendencial vulnerabilidade do trabalhador não implica uma presunção de essa condição sempre existirá em qualquer demanda trabalhista, (iii) não ser coerente afastar as hipóteses de negociações benéficas por considerar que a generalidade das situações conduzirá a resultados prejudiciais ao trabalhador, pronunciam-se Chaves, Luciano Athayde; paulo, Raquel Tavares. O novo regramento da prova emprestada no CPC/2015 e a necessidade de negociação processual para a sua utilização: como decide o Tribunal Regional do Trabalho da 21ª Região? *Revista de Direito do Trabalho*, São Paulo, Vol. 44, N.º 191, jul/2018, págs. 178-179.
18. Cavalcante, Jouberto de Quadros P.; Jorge Neto, Francisco Ferreira. Direito Processual do Trabalho. 8ª ed. São Paulo: Atlas, 2018, pág. 460. Os autores parecem admitir a negociação processual no processo do trabalho, embora restrinjam os seus exemplos ao calendário processual.

processo do trabalho, mas, e também, quanto aos termos e amplitude com que essa migração pode ser alcançada.

8.1.3.1. Posicionamentos que negam a admissibilidade de convenções atípicas

Até àquilo a que pudemos apurar, já se pronunciaram neste sentido doutrinadores como Oliveira[19], Lora[20], Teixeira Filho[21], Carneiro Júnior e Bentes[22], Rodrigues Pinto[23], Araújo[24], Martins Filho[25], Cesário[26] e Toledo Filho[27].

---

19. Oliveira, Francisco Antonio de. Comentários sobre a Instrução Normativa N. 39 (Resolução do TST N. 203 de 15.03.2016) que dispõe sobre as normas do novo código de processo civil, instituído pela Lei n.13.105, de 15 de março de 2015. *Revista LTr,* São Paulo, Vol. 80, N.º 07, jul/2016, pág. 799.
20. Lora, Ilse Marcelina Bernardi. Impactos do Novo Código de Processo Civil no Processo do Trabalho. *Revista Síntese Trabalhista e Previdenciária,* São Paulo, Vol. 27, N.º 324, jun/2016, págs. 14-15.
21. Teixeira Filho, Manoel Antonio. *Comentários ao Novo Código de Processo Civil: sob a perspectiva do processo do trabalho.* 2ª ed. São Paulo: LTr, 2016, págs. 226-227: "Talvez a doutrina do processo civil venha a lançar generosos elogios a essa inovação. Os doutrinadores do processo do trabalho, entretanto, devem olhá-la com extrema reserva. Pela nossa parte, vamos além: entendemos que a inovação é inconciliável com o processo do trabalho. Não podemos esquecer que ainda está em vigor o art. 791, *caput,* da CLT, que atribuiu às partes capacidade postulatória, vale dizer, a faculdade de ingressarem em juízo, seja na qualidade de autora, seja na de ré, sem necessidade de advogado. Mesmo que, de *lege ferenda,* se venha a tornar obrigatória a presença do advogado no processo do trabalho, seguiremos com nossa opinião quanto à incompatibilidade do art. 190, do CPC, com aquele processo. Note-se que o sobredito perceptivo legal não apenas permite às partes alterar o procedimento, para amoldá-lo às especificidades do caso concreto, mas, também, convencionar sobre os seus ônus, poderes, faculdades e deveres processuais, antes ou durante o processo. Essa faculdade legal, na prática, pode representar um grave risco para o trabalhador, sobre o qual poderá recair a maioria dos ônus e deveres processuais".
22. Carneiro Jr., Paulo Sérgio Cordeiro; Bentes, Dorinethe dos Santos. Negócios Jurídicos Processuais e a Justiça do Trabalho: os acordos coletivos de trabalho como instrumento de equilíbrio processual. *In* Bentes, Dorinethe, Seixas, Bernardo, Gomes, Sebastião (coord.). *Temas Contemporâneos de Direito – Uma contribuição à pesquisa da Universidade Federal do Amazonas.* Rio de Janeiro: Lumen Iuris, 2017, vol. I, pág. 93.
23. O autor considera que "(...) o negócio jurídico processual, com toda a *extensão* pensada para o processo civil, é *manifestamente incompatível* com as normas do processo laboral, no qual se aplica o princípio inquisitivo, em busca da soluçaõ mais justa e mais rápida possível, nos moldes dos arts. 765, 852-D e 878 da CLT. Não podemos admitir que o processo do trabalho, um *processo pós-moderno* (...) retroceda ao séc. XIX, no qual imperava uma visão privatista do processo, em que o processo era tido com um quase-contrato. O procedimento do processo do trabalho é todo envolto de

Para fundamentar a não aplicação do instituto ao processo do trabalho, estes autores apoiam-se numa ideia de *vulnerabilidade do trabalhador*,

---

normas de ordem pública, dado o direito material cuja análise e efetivação se propõe, não havendo espaços para amplos negócios jurídicos processuais em seu meio" (cit. Pinto, José Augusto Rodrigues. Temas polêmicos do novo CPC e sua aplicação no processo do trabalho. *Revista LTr*, São Paulo, Vol. 79, N.º 07, jul/2015, pág. 821).

24. Araújo, Francisco Rossal de. *O novo CPC e o processo de trabalho: a Instrução normativa n. 39/2016 – TST: referências legais, jurisprudenciais e comentários*. São Paulo: LTr, 2017, págs. 29-30. Apesar de não compreendermos ao certo o porquê de o Autor ter reconduzido a análise do 190.º à negociação de prazos (já que o preceito é muito mais amplo do que isso), percebemos que o Autor não admite a negociação genérica atípica por considerar as normas processuais de ordem pública. Também não é claro o seu posicionamento quanto ao calendário processual, já que apesar de dizer que "(...) os prazos processuais na fase de conhecimento são de ordem pública, não permitindo negociação entre as partes", depois complementa com "Isso não quer dizer que, diante da informalidade da audiência trabalhista, as partes não possam dialogar com o juiz que a preside, no sentido de adaptar algum aspecto do calendário processual, como, por exemplo, a marcação das perícias, a data da próxima audiência (...) e algum prazo adaptado a uma peculiaridade do processo". Também quanto à possibilidade de convencionar sobre o procedimento, entende que "(...) os processos cujo valor da causa é inferior a 40 salários mínimos, são necessariamente processados pelo procedimento sumaríssimo, uma vez que a redação do *caput* do art. 852-A, da CLT, não estabelece uma faculdade, mas uma obrigatoriedade".

25. Martins Filho, Ives Gandra da Silva. *Manual esquemático de direito de trabalho e processo do trabalho*. 26ª ed. São Paulo: Saraiva, 2018, pág. 261, onde o autor, depois de elevar o "interesse público a princípio processual", assevera que "as normas processuais, sendo de ordem pública, não são passíveis de flexibilização por negociação coletiva ou disposição pela vontade das partes litigantes (CF, art. 22, I). Nesse sentido, a Instrução Normativa nº 39 do TST indica que a figura do negócio processual (NCPC, art. 190) não se aplica ao processo do trabalho (art. 2º, II, da IN 39/TST)".

26. Segundo o autor, o art. 190 do CPC "(...) terá pouquíssimo ou nenhum espaço de incidência no Processo do Trabalho. Ocorre que tal preceito aproxima-se nitidamente do modelo processual adversarial ao prever a chamada convenção de procedimento entre os litigantes, malferindo de morte a inquisitividade característica do Processo do Trabalho (...) Somente isso, ou seja, a aproximação do aludido dispositivo ao modelo processual adversarial, já é suficiente para demonstrar o potencial corrosivo do mencionado dispositivo sobre a essência do Direito Processual do Trabalho, calcada, entre outras premissas, na inquisitividade" (cit. Cesário, João Humberto. O processo do trabalho e o novo código de processo civil: critérios para uma leitura dialogada dos artigos 769 da CLT e 15 do NCPC. *Revista LTr*, São Paulo, Vol. 79, N.º 04, 2015, pág. 411).

27. Toledo Filho, Manoel Carlos. Comentário ao art. 190 e 191. *In* Silva, José Antônio Ribeiro de Oliveira (coord.). *Comentários ao novo CPC e sua aplicação ao processo do trabalho: atualizado conforme a Lei nº 13.256/2016*. São Paulo: LTr, 2016., pág. 232.

presente também no processo do trabalho, mas também numa lógica de *ponderação de riscos*, pois consideram que o risco de uma generalizada admissão do instituto no processo trabalhista seria excessivamente alto para pôr em causa a proteção do trabalhador.

Também negando esta possibilidade, não apenas por contrariar os princípios do processo do trabalho, como também por questões de *eficiência processual*, Murilo Oliveira entende que permitir a contratualização do processo trabalhista, desconfiguraria e quebraria a celeridade, as rotinas e os padrões de trabalho do processo laboral, tornando-o mais ineficiente[28].

Com posicionamento bastante severo relativamente ao art. 190, também Renato Almeida entende que a negociação processual atípica não apenas é inaplicável ao processo individual do trabalho como, também, ao processo coletivo do trabalho. Em artigo que dedica exclusivamente à última hipótese, entende que diante das hipóteses típicas de negociação processual consagradas constitucionalmente (pacto arbitral e negócio processual para instituição de dissídio coletivo de natureza económica) inexiste omissão legislativa no que respeita ao confronto coletivo[29].

8.1.3.2. Posicionamentos que admitem a negociação atípica, mas subordinam-na à condição de não causar prejuízo ao trabalhador

Entre estes defensores encontramos Schiavi. O autor manifesta-se no sentido de que o art. 190 do CPC deve ser aplicado "com reservas" ao pro-

---

28. Oliveira, Murilo Carvalho Sampaio. Dilemas do direito processual do trabalho com o advento do NCPC. *In* Dallegrave Neto, José Afonso, Goulart, Rodrigo Fortunato (coord.). *Novo CPC e o Processo do Trabalho*. 2ª ed. São Paulo: LTr, 2016, pág. 66: "A negociação processual (arts. 190 e191) com seu princípio de princípio do autoregramento processual se contrapõe à essencial do modelo processual trabalhista: o perfil inquisitivo. Em verdade, a Justiça do Trabalho faz diversas negociações processuais (calendário processual, fixação de provas, escolha de perito, etc.), mas todas sob controle do juiz. Ainda que o parágrafo único do art. 190 do NCPC permita, com certas condições, o controle do juiz sobre a negociação processual, tal instituto não cabe no processo laboral, pois permitiria às partes 'quebrar' o típico procedimento trabalhista aumentando os prazos ou testemunhas, em violação a um procedimento já definido em lei. Além desta estranha 'contratualização' do processo algo conflituante com os princípios materiais e processuais trabalhistas, haveria evidente perda de eficiência na gestão de processos com particularidades 'contratadas' diante das rotinas e padrões de trabalho das varas trabalhistas".

29. Almeida, Renato Rua de. O art. 190 do novo CPC tem aplicabilidade para o dissídio coletivo? *Revista LTr*, São Paulo, Vol. 80, n.º 07, jul/2016, págs. 824-827.

cesso do trabalho, devendo o juiz analisar se a concordância do reclamante foi, de fato, espontânea, se haverá prejuízo para o trabalhador e se assegurar a duração razoável do processo[30].

No mesmo sentido, parece ser também a conclusão de Sivolella. Entre as várias conclusões a que chega a respeito, começa por sustentar que a presumida vulnerabilidade do trabalhador não pode ser generalizada dentro do processo, carecendo de aferição casuística pelo magistrado. Mais adiante, porém, acaba por sustentar que o juiz deverá recusar a aplicação de convenções onde se verifique prejuízo à parte detentora da vulnerabilidade[31].

Com a devida vénia para o caso da nossa interpretação acerca do posicionamento da autora estar incorreta, parece-nos ser essa também a leitura de Almeida[32]. A autora entende que as convenções processuais devem ser

---

30. O Autor considera: "No processo trabalhista, diante do caráter publicista do processo mais acentuado e da desigualdade existente entre as partes (reclamante e reclamado), pode-se sustentar que os referidos dispositivos do CPC não são aplicáveis. Da nossa parte, os arts. 190 e 191 do CPC se aplicam, com reservas ao Processo Trabalhista, devendo o Juiz do Trabalho avaliar, no caso concreto, se não há prejuízos ao litigante mais fraco (o autor), bem como se a concordância do reclamante com a negociação foi espontânea. Além disso, deve o Juiz sopesar o resultado prático da negociação, bem como a duração razoável do procedimento" (cf. Schiavi, Mauro. *Manual de Direito Processual do Trabalho.* 12ª ed. São Paulo: LTr, 2017, pág. 449).

31. Em suma, a autora entende que (i) o juiz pode deixar de homologar convenção nos casos em que se verificar vulnerabilidade, (ii) sem prejuízo, essa vulnerabilidade deve ser aferida no caso concreto, não podendo ser presumida, (iii) o controlo de validade do juiz deve ocorrer sempre ("o controlo da validade pelo juiz sempre deverá ocorrer ainda que somente nas hipóteses citadas seja possível a recusa à aplicação d convenção processual, sob pena de eivar de letra morta o parágrafo único do art. 190 do Código de Processo Civil. Ora, não será possível se aferir a efetiva vulnerabilidade no caso concreto, de a possibilidade de controle em análise casuística do juiz for restrita. Vale dizer, no processo do trabalho, o Magistrado avaliará todos os *casos de convenção processual, nada obstante somente nos casos de efetiva vulnerabilidade no caso concreto lhe seja possível recusar a aplicação do negócio jurídico processual celebrado*"), (iv) a recusa da aplicação de convenções pelo magistrado só ocorrerá se verificado prejuízo ao vulnerável; cf. Sivolella, Roberta Ferme. As convenções processuais e a vulnerabilidade no processo do trabalho: uma questão de princípio e de diálogo de fontes. *In* Colnago, Lorena de Mello Rezende, Claus, Bem-Hur Silveira (coord.). *A teoria do diálogo das fontes no processo de trabalho.* São Paulo: LTr, 2017, págs. 125-126. Fizemos incluir a autora neste posicionamento (e não no seguinte 8.1.3.3) porque, a nosso ver, e apesar de nos parecer que sim, não é claro que ela sustente a participação juiz como parte de todos os negócios processuais possíveis e consequente homologador dos seus efeitos.

32. Almeida, Wânia Guimarães Rabêllo de. Convenções processuais: disciplina no Código de Processo Civil de 2015 e aplicabilidade no processo do trabalho. *In* Miessa,

admitidas, mas logo lhes estabelece uma série de reservas que, direta ou indiretamente, acabam por tentar impedir a criação de uma situação prejudicial para o trabalhador. Assim, (i) devem dialogar com a "relevância social da efetividade do Direito do Trabalho", sendo apenas admitidas "quando voltadas à realização concreta dos direitos trabalhistas"; (ii) não podem desconsiderar "a necessidade de combater o reiterado descumprimento das normas trabalhistas"; (iii) "a vulnerabilidade técnica e socioeconómica não pode ser desconsiderada", colocando ênfase na "dependência" do empregado do seu contrato de emprego e da importância deste para a satisfação das necessidades familiares; (iv) que no momento de analisar o negócio processual, o intérprete não se pode esquecer de que o sistema trabalhista adota como presunção a ausência de livre manifestação da vontade sempre que o empregado dispõe de direitos. Admite amplamente, porém, o recurso à convencionalidade processual no âmbito de conflitos coletivos.

Estendendo as mesmas reservas à leitura que fazemos do posicionamento de Caldas e Meireles, também nos parece, no fundo, ser esta a sua opinião[33]. Em artigo dedicado ao tema, e depois de admitirem, em princípio, a negociação processual no processo do trabalho, estabelecem-lhe uma série de constrições: (i) o empregado deve estar devidamente representado por advogado ou sindicato como forma de supressão de vulnerabilidades técnicas, (ii) "a convenção processual pode versar sobre direito indisponível, *desde que seja para dar tratamento procedimental mais benéfico*, em razão do princípio da proteção e da condição mais benéfica" (g.n.), (iii) não admitem a negociação se realizada com vício de vontade ou demais nulidade, (iv) como as partes no processo se encontram em situação desigualitária, apesar de terem autonomia para celebrar acordos, será necessário reforçar os poderes do magistrado trabalhista no controlo da validade e salvaguarda do equilíbrio processual[34].

Hesitamos na leitura que fazemos acerca deste posicionamento. *Em primeiro lugar*, porque a forma como a segunda reserva foi colocada lança

---

Élisson (coord.). *O novo Código de Processo Civil e seus reflexos no processo do trabalho*. Salvador: Editora Juspodivm, 2016, pág. 516-519.

33. Caldas, Kaique Martine; Meireles, Edilton. Possibilidade de aplicação das convenções processuais ao processo do trabalho. *RJLB*, Ano 4, N.º 5, 2018, págs. 1026-1027.

34. Nas suas palavras, "(...) o ponto crucial reside em perceber que o juiz tem a faculdade de garantir eficácia ao acordo, após um exame de validade que inclui uma análise quanto as nulidades e, na seara trabalhista, um exame quanto a existência de cláusulas abusivas – ou seja, há um juízo de elementos de formação e um juízo de mérito" (*ibidem*, pág. 1026).

inúmeras dúvidas de interpretação – razão pela qual, aliás, optámos por citá-la e não parafraseá-la: querem os autores referir-se aos negócios processuais sobre direitos indisponíveis processuais ou, mero lapso de escrita, referir-se apenas a negócios celebrados sobre normas processuais (disponíveis) mas numa lide cujo objeto envolva direitos materiais indisponíveis (v.g. certas verbas rescisórias)? A diferença só é subtil no plano da linguagem, já que a segunda hipótese admitirá a celebração de um maior número de negócios processuais do que a primeira: afinal há um espetro muito significativo de alternativas à negociação processual sem que normas processuais cogentes saiam afetadas – elas são, inclusive, limite objetivo à negociação processual; em contrapartida, se a leitura for a segunda, que corresponde, de resto, à larga maioria das demandas atualmente pleiteadas na Justiça do Trabalho, então pouca utilidade restará ao instituto da negociação processual, restrito a resultados exclusivamente úteis e benéficos para o trabalhador.

Em segundo lugar, porque não fica igualmente claro o seu posicionamento relativamente à figura e papel do magistrado. Esse papel conferido pelos autores ao magistrado trabalhista é formulado em termos amplos, enquanto garante da validade da generalidade dos acordos entre as partes no processo do trabalho; papel este fundamentado não apenas no art. 190 do CPC, como na Súmula n.º 418 do TST[35] e no art. 652, al. f) da CLT. Pergunta-se, então, se ele assim é construído para garantir um maior poder de intervenção do juiz trabalhista no *mérito/conveniência dos acordos* à semelhança dos posicionamentos analisados no ponto imediatamente subsequente, ou, antes, equipara-se a um controlo geral devido por todos os magistrados à apreciação da validade de qualquer negócio processual, independentemente do sistema processual que esteja em causa, como obriga já o art. 190 e 190 parágrafo único do CPC?

8.1.3.3. Posicionamentos que admitem a negociação atípica, mas subordinam a conveniência do pacto ao controlo do magistrado

Já na doutrina civilista encontrávamos, à época do CPC-73, posicionamentos doutrinários que procuravam resguardar a natureza indisponível de certos direitos condicionando a validade de negócios processuais à in-

35. "Súmula 418/TST - 22/08/2005. Mandado de segurança. Transação. Homologação de acordo. Faculdade do Juiz. CPC/1973, art. 798. Lei 1.533/1951, art. 1º. A homologação de acordo constitui faculdade do juiz, inexistindo direito líquido e certo tutelável pela via do mandado de segurança."

tervenção e homologação judicial, como é o caso de ARAGÃO. Sempre que estivessem em causa direitos indisponíveis, imprescindível se faria o controlo pelo magistrado, não sendo passíveis de disposição por simples ato unilateral ou bilateral das partes[36].

RENATO SARAIVA e ARYANNA MANFREDINI, no seu curso, pronunciam-se a favor das partes poderem celebrar convenções processuais atípicas, desde que o façam em conjunto com o juiz do trabalho[37]. Aparentemente no mesmo sentido, também se colocou SILVA[38], ao condicionar o papel do juiz a um controlo rigoroso e sua prévia autorização, admitindo, porém, uma mitigação do papel do magistrado nos processos coletivos.

Também FERNANDA JUNQUEIRA e NEY MARANHÃO, por exemplo, entendem ser genericamente admissível a celebração de convenções processuais no decurso do processo trabalhista, dado o monitoramento existente da parte do juiz e a presença auxiliar dos advogados. Até aqui, nada a dizer. Só que os autores não se ficam por aqui, adiantando-se no sentido de considerar que a regra geral que vigora para o processo civil e que determina que os negócios processuais produzem os seus efeitos de forma imediata sem necessidade de homologação do magistrado (art. 200 CPC) deverá ser invertida no processo do trabalho. Nesta linha, entendem que o juiz – atenta a sensibilidade do litígio em confronto e a pretensa vulnerabilidade de uma das partes – interviria sobre todas as convenções celebradas entre trabalhador e empregador, por forma a salvaguardar a existência de uma *efectiva* igualdade entre os

---

36. ARAGÃO, Egas Dirceu Moniz de. *Comentários ao Código de Processo Civil.* 10ª ed. Rio de Janeiro: Forense, 2004, vol. V, pág. 28.
37. "Será possível que as partes estimulem mudanças no procedimento ou convencionem sobre seu ônus, poderes, faculdades ou deveres antes ou durante o processo. Possibilita-se a elas, *em conjunto com o juiz,* estabelecer decidir, por exemplo, que os prazos serão reduzidos à metade, visando ao andamento mais rápido da causa ou, em razão de sua complexidade, que serão dobrados", (SARAIVA, Renato; MANFREDINI, Aryanna. *Curso de Direito Processual do Trabalho.* 12ª ed. Salvador: Juspodivm, 2015, pág. 158).
38. "No processo do trabalho, a cláusula de convenções processuais somente poderá ser aplicada com rigoroso acompanhamento e autorização do magistrado trabalhista, diante da rotineira hipossuficiência do empregado em relação ao empregador, o que pode ser mitigado nos dissídios coletivos diante da presença dos sindicatos. Assim, não se aplica a segunda parte do §4º, pois não será a requerimento da parte, mas sempre de ofício que o magistrado controlará a validade das convenções realizadas pelas partes" (SILVA, Bruno Freire e. *O novo CPC e o processo do trabalho – Parte Geral.* 2ª ed. São Paulo: LTr, 2016, pág. 157 e A Instrução Normativa n. 39 do TST: a interpretação dada pela corte trabalhista à aplicação do Código de Processo Civil no processo do trabalho – 2ª Parte. *Revista de Direito do Trabalho*, Vol. 42, N.º 182, São Paulo, jul-ago/2017, pág. 30).

seus contraentes e o respeito pelos direitos fundamentais (substantivos e processuais) do trabalhador[39].

Parece ser essa, também, a posição de GONÇALVES. No entendimento do autor, e de forma congruente com a sua tese de não admissão de negócios processuais prévios ao processo, (i) admitir a produção de efeitos de negócios mesmo antes da pronúncia do magistrado pode colocar o trabalhador numa situação de vulnerabilidade insustentável; (ii) se o ordenamento demanda para a eficácia de negócios jurídicos envolvendo direito material a prévia homologação judicial, o regime não pode ser diferente quando o acordo for processual[40]. Partindo destas duas considerações e argumentos, entende como necessária a homologação judicial; regramento do qual exclui, apenas, as causas que envolvam o Ministério Público como parte e negociação coletiva. Relativamente a estes dois, aliás, sustenta fortemente a sua possibilidade negocial.

8.1.3.4. Posicionamentos que admitem a negociação atípica, mas que o condicionam em função do tipo de interveniente em causa

Neste sentido, por exemplo, CAIRO JÚNIOR, que admite não apenas a negociação após os direitos se "converterem" em disponíveis com a cessação

39. Sustentam, *in verbis*, que "o magistrado trabalhista deva promover intensa análise técnica e ética sobre o *objecto* da convenção processual que lhe for apresentada em uma demanda trabalhista, necessariamente emitindo ou recusando a chancela judicante. – Assim, à dissemelhança do que se sucede no processo civil, onde a regra é a desnecessidade de homologação judicial, aqui, no processo laboral, a regra deve ser inversa: a necessidade de homologação judicial da negociação processual apresentada em demanda trabalhista como verdadeiro requisito de validade da pactuação", JUNQUEIRA, Fernanda Antunes Marques; MARANHÃO, Ney. Negócio processual no processo do trabalho: apontamentos gerais", *in* COLNAGO, Lorena Rezende, NAHAS, Thereza Christina (coord.). *Processo do Trabalho Atual, Aplicação dos enunciados dos Fórum nacional e da instrução normativa do TST*. São Paulo: RT, 2016, pág. 150.

40. Nas palavras do autor, "Contudo, permitir que a convenção processual produza efeitos antes de qualquer pronunciamento do Juiz poderia colocar o trabalhador numa situação de vulnerabilidade, o que não pode ser aceito – pelos mesmos motivos que não se admite, a priori, a celebração de negócios jurídicos pré-processuais na Justiça do Trabalho, pois nessa situação, não há qualquer garantia que o trabalhador foi devidamente orientado e assessorado. Outrossim, se a homologação é exigida para a celebração de negócios jurídicos que envolvam direito material,48 não poderia ser diferente com as convenções de direito processual, até porque, não raro, não é muito clara essa distinção, podendo ser realizados acordos que envolvam a disposição de ambos" (GONÇALVES, Igor Sousa. O instituto da negociação processual na Justiça do Trabalho: compatibilidade, limites e desafio. *Revista do Direito do Trabalho*, São Paulo, Vol. 43, N.º 183, nov/2017, pág. 220).

do vínculo de emprego, como também quando celebrada por trabalhadores hipersuficientes[41].

No mesmo sentido, apresenta-se Ada Pellegrini Grinover. Sem prejuízo de considerar ter existido um "excesso de prudência" do TST ao interpretar esta cláusula geral de negociação processual, a autora entende como pertinente a aplicação do instituto sempre que em causa estivesse não estivesse uma relação jurídica entre empregador e empregado, ou, mesmo sendo esse o caso, este último não fosse hipossuficiente[42].

Salvo errónea classificação, parece-nos ser esse, também, o entendimento de Carolina Zedes. Com efeito Zedes, apesar de concordar com o TST a respeito da manifesta situação de vulnerabilidade da maior parte dos trabalhadores, vem depois opor exceção dos trabalhadores intelectuais e altos executivos, dos trabalhadores que não se achem numa relação de emprego e de outros sujeitos processuais como o MPT[43].

---

41. Também aceitando com limitações a negociação processual em processo do trabalho, Cairo Jr. (Cairo Jr., José. *Curso de Direito Processual do Trabalho.* 12ª ed. Salvador: Juspodivm, 2018, págs. 65-66): "uma vez extinto o contrato de emprego, os direitos trabalhistas passam a fazer parte da categoria dos direitos disponíveis, não havendo qualquer impedimento para a aplicação subsidiária do referido preceito contido no CPC.(...) Contudo, essa vedação não alcança as demandas nas quais sejam parte o empregado hipersuficiente, diante da maior autonomia da vontade conferida a essa categoria pela Lei n.º 13.467/17".
42. "O art. 2º, II, da IN 39/16, veda o negócio processual (art. 190 do CPC) no processo do trabalho. A hipossuficiência presumida do trabalhador teria recomendado a proibição, que a meu ver foi excessiva. Seria absolutamente adequado imaginar sua viabilidade pró-trabalhador em convenções coletivas de trabalho, por exemplo, bem como quando não se tratasse de relação jurídica empregador-empregado ou quando este, a toda evidência, não fosse hipossuficiente" (Grinover, Ada Pellegrini. TST: a aplicação supletiva do CPC ao processo do trabalho. Algumas questões cruciais. In Alvim, Teresa Arruda, Cianci, Mirna, Delfino, Lucio, Grinover, Ada Pellegrini et. al. (coord.). *Novo CPC aplicado visto por processualistas.* São Paulo: RT, 2017, págs. 19-20).
43. Nas palavras da autora: "Dessarte, nas demandas tipicamente trabalhistas, na maioria das vezes, salvo exceções de trabalho intelectual ou altos executivos, o empregado estará em situação de manifesta vulnerabilidade, não sendo admissível a alteração do rito em seu prejuízo. Entretanto, o TST olvidou que a aplicação do preceito poderá ser interessante nas lides que envolvam controvérsias diversas da relação de emprego e naquelas outras, que mesmo discutindo direitos tipicamente trabalhistas, não sejam marcadas pela vulnerabilidade. Veja-se, por exemplo, as ações movidas pelo Ministério Público do Trabalho, órgão que não representa vulnerabilidade em relação à empresa demandada, sendo de se admitir a convenção processual nessa hipótese". Admite ainda que "Nesses casos, de ausência de vulnerabilidade, desde que a convenção não seja abusiva ou nula, como, por exemplo, quando estenda demasiadamente o período de

GAJARDONI, recentemente, posiciona-se também favoravelmente à celebração de negócios processuais atípicos no processo do trabalho mas com *nuances* já que recomenda o uso pelo magistrado e doutrina dos parâmetros – ainda que vetados pela presidência da República – do art. 4º, §4º da Lei n.º 9.307/1996 na redação que lhe foi dada pela Lei n.º 13.129/2015: (i) fosse o empregado a reclamar a aplicação da convenção ou aceitasse a provocação da convenção feita pelo empregador; (ii) o empregado exerça cargo ou funções administrativas do tipo de direção ou gerência[44].

8.1.3.5. *Posicionamentos que admitem a negociação atípica de forma* generalizada

Destaca-se particularmente aqui o posicionamento de ESTÊVÃO MALLET, para quem a exclusão do art. 190 pela IN 39/2016 deverá ser relativizada. O autor inclusivamente entende que o art. 190 do CPC tão-pouco chega a ser efetivamente novo, uma vez que na praxe judiciária trabalhista já se levavam a cabo negociações pontuais, sobretudo na pendência da lide. Admite, no mais, que as partes possam convencionar sobre a redução de prazos perentórios, ou ainda que levem a cabo negócios transprocessuais[45].

---

tramitação do processo em total descompasso com o direito material e a dificuldade probatória, deverá ser admitida pelo juiz". Mostra-se, porém, bastante cética quanto à aplicação do instituto, por considerar que ele será propício a uma série de alegações de nulidade, gerando acúmulo desnecessário de trabalho nos processos em tramitação. No seu entendimento "(...) a faculdade de modulação do procedimento, para que realmente surta os efeitos de melhor adequação do procedimento à tutela do direito material, deve ser utilizada com parcimônia e bom-senso, quando o direito material realmente demandar uma tramitação diferenciada" (ZEDA, Carolina Marzola Hirata. *Processo do Trabalho comentado*. São Paulo: LTr, 2017 pág. 190).

44. GAJARDONI, Fernando da Fonseca; DELLORE, Luiz; ROQUE, Andre Vasconcelos; OLIVEIRA JR., Zulmar Duarte de. *Teoria Geral do Processo: Comentários ao CPC de 2015*. 2ª ed. Rio de Janeiro: Forense, 2018, vol. I, pág. 686.

45. "É o que se dá com o art. 190, sobre negociação processual. Certamente a amplitude da negociação no processo do trabalho não será a mesma do processo civil. Não se imagina, por exemplo, cláusula inserida em contrato de trabalho visando reduzir o número de testemunhas que as partes poderão ouvir em eventual processo e excluir a possibilidade de interposição de recurso ordinário ou dispensar depósito recursal para oferecimento de recurso. Alguma negociação processual, contudo, pode ter lugar também no processo do trabalho, especialmente durante a pendência da lide. A regra do art. 190 nem mesmo traz completa novidade, convém dizê-lo, já que antes dela se fazia negociação processual, sem previsão legal genérica ou fora das hipóteses tópicas admitidas, inclusive no processo do trabalho. Nada impede, por exemplo, que as partes, de comum acordo e com aprovação judicial, pactuem, em litígio trabalhista, prazo sucessivo de 10 minutos para oferecimento de razões finais, deixando de lado o

No mesmo sentido, Didier Jr., segundo o qual nada há a obstar, *em tese*, à admissibilidade geral da negociação processual atípica ao processo do trabalho, carecendo apenas o magistrado de apurar no *caso concreto* a existência de uma real situação de vulnerabilidade da parte, i.e., de verificar se existem efetivamente condições de igualdade negocial, tal como, de resto, já se encontra mandamentado para fazer ao abrigo dos arts. 7º e 139, inc. I do CPC[46]. Também Pinto faz uso deste mesmo argumento (e apenas deste) para chegar à mesma conclusão[47], assim como Molina[48]. Ao contrário daqueles, porém, Didier Jr. admite ainda a possibilidade de se pactuarem negócios processuais coletivos trabalhistas, celebrados por sindicatos em IRCT. *Futuros litígios coletivos* poderão antecipadamente ser disciplinados por um regramento geral processual negociado por aqueles entes representativos dos trabalhadores[49]. Entendimento, aliás, consagrado até em Enunciado do FPPC n.º 255[50]. Este entendimento parece ser, de resto, partilhado integralmente por Eduardo Cunha[51].

---

disposto no art. 850, *caput*, da CLT. Tampouco se afigura ilegal a redução, para cinco minutos, do tempo para sustentação oral, por acordo dos advogados, ou a negociação para o adiamento do julgamento (O que está previsto, inclusive, no art. 143 do Regimento Interno do Tribunal Superior do Trabalho: 'Os pedidos de adiamento de julgamento, se dirigidos à Presidência no início da sessão, somente serrão admitidos se devidamente justificados, com a concordância do Relator e da parte contrária, se presente'). Pode-se pensar até mesmo em negociação transprocessual, ou seja, além do processo, para envolver outro processo (...). Mediante ajuste entre advogados presentes para realização de sustentação, é concebível alterar-se a ordem de julgamento dos processos – sob aprovação do presidente do órgão julgador, naturalmente –, para favorecer advogado de fora da cidade ou que deva, por alguma razão, ausentar-se logo do Tribunal. No fundo, é uma negociação compreensiva de diferentes processos", cit. Mallet, Estêvão. Novo CPC e Processo do Trabalho à luz da IN Nº 39. *Revista do TST*, São Paulo, Ano 82, N.º 3, jul-set/2016, págs. 148-149.

46. Didier Jr., Fredie. Negócios jurídicos processuais atípicos no CPC-2015. *In* Marcato, Ana, et. al. (coord.). Negócios Processuais. Salvador: Juspodivm, 2017, Vol. I, pág. 386.

47. Pinto, Antônio José Carvalho da Silva. Comentários ao art. 190 e 191. in Bochenek, Antonio César, Cambi, Eduardo (coord.). *Código de Processo Civil Comentado.* São Paulo: RT, 2016, pág. 406.

48. Molina, André Araújo. Atos processuais. *In* Brandão, Cláudio, Mallet, Estêvão (coord.). *Processo do trabalho.* Salvador: Juspodivm, 2015. Págs. 230-231.

49. Didier Jr., Fredie. *Curso de Direito Processual Civil.* 17ª ed. Salvador: Juspodivm, 2015, vol. I, pág. 393.

50. "É admissível a celebração de convenção processual coletiva" (Enunciado n.º 255 do FPPC).

51. Comentários ao artigo 190º e 191. *in* Cabral, Antonio do Passo, Cramer, Ronaldo (coord.). *Comentários ao Novo Código de Processo Civil.* 2ª ed. São Paulo: Forense, 2016,

Também Juliane Facó entende generalizadamente pela possibilidade não apenas dos sindicatos celebrarem convenções processuais (seja como parte, seja previamente em IRCT[52]), como também do MPT (quer como parte em processo pendente, quer mediante cláusula inserida em TAC), da União, ou do trabalhador individual. Particularmente quanto a esta última hipótese, admite genericamente que trabalhadores não empregados possam negociar sobre o processo. Mesmo quanto a trabalhadores empregados, reconhece que a vulnerabilidade deve (i) ser sempre apreciada em concreto, (ii) ser manifesta, (iii) ser reservada a maior cautela diante de trabalhadores em *juspostulandi* e menos diante de trabalhadores maior capacidade de negociação[53]. No mesmo sentido da autora, parecem também acompanhar Pinho Soares[54], embora

---

págs. 324-325. Nas palavras do autor, "é possível a celebração de negócios processuais coletivos, por exemplo, os firmados entre o INSS e órgãos do Poder Judiciário para que, em causas repetitivas, o modelo da contestação já fique registrado em cartório, devendo ser sempre utilizada, somente havendo alteração quando existir alguma peculiaridade na demanda proposta pela parte autora. Também é possível convenção coletiva processual para regular o modo como determinado litigante habitual deve ser citado. Ainda é possível pensar num negócio processual coletivo entre a OAB e órgãos do Poder Judiciário para estabelecer suspensão de prazos durante algum período de greve, de dificuldade ou de mutirão de conciliação. É preciso, porém, que haja legitimação negocial coletiva por parte do ente que celebre o negócio processual coletivo, aplicando-se as normas relativas às convenções coletivas de trabalho e às convenções coletivas de consumo (CDC, art. 107).

52. Assim, admite por exemplo, "(...) a dispensa da prova testemunhal para resolver determinado conflito, elegendo a prova documental e até o tipo de documento hábil para provar a alegação das partes; dispensar assistente técnico se houver necessidade de perícia; celebrar acordo para limitar a recorribilidade ao Tribunal Regional do Trabalho, vedando o reexame da causa pelo Tribunal Superior do Trabalho, em nome da celeridade processual ou para evitar expedientes indevidos ou procrastinatórios (quando se tenta resolver fatos e provas); reduzir ou ampliar o número de testemunhas; fixar termos e condições para descumprimento de obrigação (de fazer, não fazer, pagar ou entrega de coisa) estipulada entre as partes" (Facó, Juliane Dias. A aplicação do art. 190 do CPC/2015 ao processo do trabalho: compatibilidade dos negócios processuais atípicos com o ordenamento trabalhista. *In* Marcato, Ana, et. al. (coord.). Negócios Processuais. Salvador: Juspodivm, 2017, Vol. I, pág. 266).

53. Facó, Juliane Dias. A aplicação do art. 190 do CPC/2015 ao processo do trabalho: compatibilidade dos negócios processuais atípicos com o ordenamento trabalhista. *In* Marcato, Ana, et. al. (coord.). Negócios Processuais. Salvador: Juspodivm, 2017, Vol. I, págs. 265-272.

54. Soares, Lara Rafaelle Pinho. A vulnerabilidade na negociação processual atípica. *In* Marcato, Ana, et. al. (coord.). *Negócios Processuais*. Salvador: Juspodivm, 2017, Vol. I, pág. 288.

com com algumas *nuances*, já que parece não admitir negócios pré-processuais, e Filipe Bernardes[55].

Pedro Henrique Nogueira, sem tecer posicionamento a respeito da possibilidade de sindicatos, MPT ou trabalhadores não empregados celebrarem negócios jurídicos processuais, admite, porém, que no caso dos trabalhadores empregados eventual vulnerabilidade não possa ser presumida, carecendo de uma apreciação em concreto. Mais reconhece que um posicionamento acerca da sua admissibilidade no processo do trabalho não pode ignorar que existam negócios processuais que favoreçam o trabalhador[56]. No mais, entende como negócios jurídicos processuais atípicos na Justiça do Trabalho: (i) acordo para duplicar valor do depósito recursal; (ii) acordo de uniformização de prazos recursais para todas as partes, fixado em 5 dias; (iii) limitação do número de páginas por peça processual das partes, sob cobrança de multa em caso de incumprimento; e (iv) acordo de distribuição do ônus financeiro da prova pericial[57].

---

55. Sem se pronunciar muito a respeito, o Autor limita-se a dizer que o posicionamento traçado pelo TST na Instrução Normativa carece de maior amadurecimento, pois "(...) a figura do negócio jurídico processual democratiza o processo judicial, permitindo que os cidadãos participem mais ativamente da atividade que culminará com a decisão, o que se harmoniza com os princípios da cooperação (CPC, art. 6º) e do devido processo legal, rompendo-se com o dogma de supremacia estatal absoluta na condução do processo. Ademais, conforme já analisado, em caso de abuso de direito pelos litigantes, o Judiciário pode e deve controlar a validade da negociação" (Bernardes, Filipe. *Manual de Processo do Trabalho.* Salvador: Juspodivm, 2018, pág. 66). Mais adiante, ainda acrescenta "O argumento da hipossuficiência não convence, pois a validade do negócio jurídico processual sempre poderá e deverá ser verificada pelo magistrado. (...) A possibilidade de controle judicial coíbe abusos de toda a sorte" (pág. 351). Em todo o caso o Autor parece apenas admitir que as convenções se celebrem no palco judicial já que afirma "(...) realmente, não se deve, em princípio, admitir a celebração de negócios jurídicos processuais extrajudicialmente, quer vigente, quer extinto o contrato de emprego, em função da hipossuficiência e subordinação jurídica do empregado. No entanto, havendo manifestação de vontade no processo, feita espontaneamente pelo trabalhador, devidamente assistido por advogado, não há razão lógico-jurídica para não admitir a negociação processual. Deveras, se o trabalhador pode transigir em Juízo com relação ao direito material, com muito mais razão deve podê-lo quanto a aspectos meramente processuais" (pág. 352).
56. Nogueira, Pedro Henrique. Negociação processual trabalhista. *In* Dallegrave Neto, José Afonso, Goulart, Rodrigo Fortunato (coord.). *Novo CPC e o Processo do Trabalho.* 2ª ed. São Paulo: LTr, 2016, pág. 621.
57. Em concreto, "acordo para estipular o ônus financeiro da prova pericial a cargo do reclamado, relativamente a fato que deveria ser provado pelo reclamante, com pacto

Também já ANTONIO DO PASSO CABRAL na sua tese de livre docência sustentava que a vulnerabilidade do trabalhador embora pudesse existir na maioria dos casos, não poderia ser presumida, carecendo sempre de uma apreciação em concreto. No seu entendimento, não pode o intérprete pressupor que todo o trabalhador (i) não aderiu voluntariamente aos termos do acordo ou (ii) não tem habilitação ou discernimento suficiente para compreendê-los. Considera que altos funcionários de grandes empresas e de multinacionais não poderiam enquadrar-se naqueles dois pressupostos; da mesma forma que o considera quando estejam em causa trabalhadores instruídos, com cursos universitários, aderentes a contrato de trabalho-tipo redigido com termos claros e precisos no que respeita a direitos e obrigações das partes[58].

Não obstante as reservas, também ALMEIDA pugna por uma admissibilidade, de princípio, do art. 190 do CPC no processo do trabalho. No seu entendimento, o preceito deve ser lido em sintonia com os arts. 139 (dever do juiz de zelar pela duração razoável do processo), 142 (dever de controlo de práticas simuladas ou fraudulentas no processo) e 373, §2º (inviabilizando convenção que torne impossível ou excessivamente difícil o cumprimento do ônus ou exercício do direito), todos do CPC. Reconhecendo a possibilidade de autocomposição dos direitos trabalhistas, encontra no requisito da manifesta vulnerabilidade o principal entrave à negociação processual, já que a considera existir na grande maioria das ocasiões. Admite-as, ainda, e mesmo que celebradas por vulneráveis, desde que não lhes causem prejuízo[59].

Enquadrando a questão da admissibilidade sobretudo sob o ponto de vista da indisponibilidade dos créditos salariais, que considera ser o principal

---

de compensação de 50% do respectivo encargo financeiro em caso de procedência da reclamatória" (cf. *Ibidem*, pág. 622).

58. CABRAL, Antonio do Passo. *Convenções Processuais*. Salvador: Juspodivm, 2016, pág. 322-326. Mais recentemente reitera o seu posicionamento em Convenções Processuais no Processo do Trabalho. *In* TUPINAMBÁ, Carolina (coord.). *Soluções de conflitos trabalhistas: novos caminhos*. São Paulo: LTr, 2018, págs. 31-42. Neste último trabalho, admite como negócios processuais típicos e atípicos aplicáveis ao processo do trabalho os seguintes: acordos sobre competência (art. 63 do CPC), sobre prazos, inclusive peremptórios (art. 222, §1º do CPC *a contrario sensu*), sobre representação processual (art. 75, §4º do CPC), sobre o adiamento da audiência (art. 362., inc. I do CPC), sobre exclusão de certas questões do debate (art. 357, §1º do CPC), sobre a prova (v.g. sobre distribuição art. 373, §3º do CPC), entre outros, sobretudo na execução.

59. ALMEIDA, Cléber Lúcio. *Direito Processual do Trabalho.* 8ª ed. São Paulo: LTr, 2016, pág. 86.

óbice à migração do instituto, Calheiros desmistifica-a, diferenciando o alegado princípio das exigências de autocomposição previstas no art. 190 do CPC, para depois concluir pela admissibilidade genérica do art. 190 do CPC ao processo do trabalho. Aventa-se com os seguintes exemplos de negociação processual no procedimento laboral: (i) modificação de rito (de ordinário para sumaríssimo) quando frustrada a notificação da reclamada e depois de expedida e frutífera notificação via edital; (ii) modificação de rito (de ordinário em sumaríssimo) quando, apesar da reclamada ter fixado valor da causa superior a 40 salários mínimos, as circunstâncias do caso assim recomendarem e após a liquidação dos pedidos pela parte[60]; (iii) certas modificações de prazos, como a dilação de 5 para 10 dias para manifestação sobre o laudo pericial (art. 852-H, §6º CLT), (iv) renúncia a pedido do reclamante em contrapartida da reclamada reconhecer a procedência de outro, ou (v) renúncia antecipada ao direito de recorrer. Entende, não obstante, que qualquer negociação processual só pode ser celebrada no curso do processo, uma vez que a admissão desta possibilidade em momento pré-processual equivaleria à equiparação desta situação à de arbitragem, inadmissível em razão da vulnerabilidade do trabalhador causada pela subordinação jurídica. Mais acrescenta que a negociação processual (i) deverá ser livremente admitida aos sujeitos que pleiteiem na Justiça do Trabalho num vínculo que não o de emprego; (ii) não deverá ser admitida sempre que o empregado postular sem acompanhamento de advogado; (iii) deverá ser plenamente admitida em ações coletivas que envolvam Ministério Público e sindicatos[61]. Quanto a estes últimos admite, no entanto, que a negociação sindical sobre normas processuais não possa colocar a classe dos trabalhadores, em concreto, numa situação de vulnerabilidade; caso tal ocorra, deve o magistrado conhecer a nulidade do negócio de forma incidental, nos termos dos arts. 190 do CPC e 444 da CLT.

Num estudo significativamente confuso, Falce coloca-se também num sentido genericamente favorável, o qual justifica sobretudo com as mudanças advindas da Reforma Trabalhista, *maxime* com a inclusão do art. 855º-B (acordo extrajudicial sujeito a homologação em jurisdição voluntária). No

---

60. Segundo o autor, a conversão do rito estaria interdita se modificada por "mera conveniência das partes" ou sempre que gerasse "prejuízo à marcha processual". Calheiros, Bruno Antonio Acioly. A negociação processual e sua compatibilidade com o processo do trabalho. *Revista LTr*, São Paulo, Vol. 81, N.º 7, jul/2017, pág. 832.

61. Calheiros, Bruno Antonio Acioly. A negociação processual e sua compatibilidade com o processo do trabalho. *Revista LTr*, São Paulo, Vol. 81, N.º 7, jul/2017, pág. 834.

entendimento do autor, se a Reforma permitiu expressamente que um conflito a respeito de direitos materiais possa ser resolvido extrajudicialmente por acordo, desde que as partes estejam devidamente acompanhadas por advogados, deixa de haver motivos para que a negociação processual permaneça inadmitida; realidade que apenas excetua caso o contrato seja de adesão[62]. Entende, ainda, que antes da Reforma os negócios processuais na Justiça do Trabalho também haveriam de se ter por admissíveis, mas exclusivamente numa única ocasião: sempre que elaborados no curso do processo e com a assistência de advogado. Relativamente aos dissídios coletivos, entende ser palco propício ao autorregramento das partes em razão do princípio da igualdade que rege as suas relações[63].

8.1.3.6. Posicionamentos que admitem a negociação atípica, mas condicionando-a a intermédio sindical - *ACT/CCT*

Paulo Carneiro Júnior e Dorinethe Bentes, entendem que a presença do sindicato permitiria ultrapassar qualquer resquício de vulnerabilidade existente na classe operária individualizada. Também nos mesmos termos parece colocar-se Pereira[64]. A assistência e força organizacional deste ente representativo da categoria, com estrutura semelhante à da empresa, supriria qualquer tipo de vulnerabilidade organizacional. Por outro lado, a insuficiência económica dos trabalhadores poderia igualmente ser ultrapassada com auxílio financeiro sindical, que assumiria as despesas com os atos processuais atuando em substituição processual daqueles. Também a nível técnico-jurídico, a presença de uma estrutura organizada de advogados internos à entidade sindical permite suprir deficits informativos a nível do conhecimento de direitos ou obrigações resultantes das negociações coletivas, informações estas que aqueles agentes têm obrigação de instruir aos seus representados[65].

---

62. Falce, Lúcio Roberto. O negócio processual: o processo do trabalho e a Reforma trabalhista. *Revista de Direito do Trabalho*, São Paulo, Vol. 44, N.º 194, out/2018, pág. 106.
63. *Ibidem*, pág. 107.
64. Pereira, Ricardo José Macêdo de Britto. Princípios do direito processual do trabalho: reflexões em face do novo Código de processo civil. *Revista direito das relações sociais e trabalhistas*, Vol. 1, N.º 2, jul-dez/2015, pág. 90.
65. Carneiro Jr., Paulo Sérgio Cordeiro; Bentes, Dorinethe dos Santos. Negócios Jurídicos Processuais e a Justiça do Trabalho: os acordos coletivos de trabalho como instrumento de equilíbrio processual. *In* Bentes, Dorinethe, Seixas, Bernardo,

De forma idêntiva Jobim admite que a Instrução Normativa deve ser repensada quanto à inadmissibilidade de negócios processuais. Apesar de não se posicionar claramente sobre a questão, não sendo possível perceber se se posiciona a favor de uma admissibilidade genérica do instituto, defende pelo menos de forma expressa a compatibilidade de negócio processual firmado em acordo coletivo, com a anuência do Ministério Público do Trabalho[66].

Uma coisa, porém, é convencionar por intermédio dos sindicatos como alternativa para suprir eventual vulnerabilidade no caso concreto; outra, diferente, é sustentar – como o fazem Delgado e Dutra – que a negociação processual em sede trabalhista só poderá ocorrer no plano coletivo[67]. Esta visão é significativamente limitadora da vontade do processo e parte do pressuposto que as garantias processuais não podem estar ao dispor das partes.

Gomes, Sebastião (coord.). *Temas Contemporâneos de Direito – Uma contribuição à pesquisa da Universidade Federal do Amazonas*. Rio de Janeiro: Lumen Iuris, 2017, vol. I, pág. 96.

66. No exemplo dado pelo autor: "acordo coletivo, com anuência do Ministério Público do Trabalho, de que no processo trabalhista de determinada categoria, quando envolvido determinado cargo e ambiente de trabalho, não se necessita de exame pericial no curso do processo, tendo em vista que foi acordado que a insalubridade no local era médica para todos os fins. Claro que alguém poderia alegar: mas e se não foi cumprida a exigência do empregador e o ambiente se tornou insalubre em grau máximo? É para isso que temos as cláusulas nas convenções, para prever que, caso o empregador torne o ambiente mais insalubre daquele que foi constatado para fins do negócio processual, o empregado poderá se valer da perícia no curso do processo para comprovação de seu direito. E é tão forte ainda a convenção que poderia ter sido ainda prevista na mesma cláusula que, se o empregador deixar de cumprir com o pactuado, tornando o ambiente mais insalubre, incidirá uma multa de X ou Y, revertida para algum fundo do trabalhador. Assim, muito pouco se pensou sobre o negócio processual para já retirá-lo do âmbito de aplicação do Poder Judiciário trabalhista" (Azevedo, André Jobim de. A aplicação da Lei n.º 13.105/2015 no Direito Processual do Trabalho. *Revista Magister de Direito do Trabalho*, São Paulo, Ano XII, N.º 72, 2016, pág. 33).

67. Delgado, Gabriela Neves; Dutra, Renata Queiroz. Aplicação das convenções processuais no novo CPC ao processo do trabalho na perspectiva dos direitos fundamentais. *In* Miessa, Élisson (coord.). *O novo Código de Processo Civil e seus reflexos no processo do trabalho*. Salvador: Editora Juspodivm, 2015, pág. 199. Não podemos, *data venia*, concordar com as autoras, sobretudo quando mencionam que "(...) as garantias processuais não foram indicadas na Constituição de 1988 como direitos passíveis de flexibilização. Dessa forma, eventuais convenções para dispor sobre essas garantias processuais devem necessariamente ser prospectivas, ou seja, ampliativas de direitos em relação ao que já consta da legislação e, ainda assim, devem ser feitas pela via da negociação coletiva".

8.1.3.7. Posicionamentos que admitem a negociação atípica, mas condicionando-a à mera regulação de normas procedimentais

Enquadramos aqui o posicionamento *sui generis* de Muniz Corrêa, por incapacidade de o subsumir a quaisquer das opções restantes. No entendimento do autor a negociação processual restringir-se-á à mera *regulação* de normas procedimentais. Sob esta premissa, admite perfeitamente que as partes possam celebrar foro de eleição desde que não inviabilize o acesso do trabalhador à justiça, que escolham um perito e sua forma de remuneração ou percentuais que caberão a cada parte, que acerta a desistência da ação mesmo depois do protoloco da defesa e sem que se imponha o consentimento da contraparte. Em sede executiva, admite frutífero o instrumento: convenção sobre a aplicação do procedimento do art. 523 do CPC (*maxime* prazo de 15 dias para impugnação ou pagamento), admissão de parcelamento de débito até 6 vezes, dispensa de intimação para bloqueio *online*[68].

Em termos de restrições, além das mesmas preocupações levantadas pela doutrina juscivilista (reserva de lei, normas de ordem pública processual, licitude etc.), reforça os deveres das partes no processo (*maxime* boa-fé objetiva, lealdade processual, cooperação) e o respeito pela celeridade no processo trabalhista. Introduz ainda um outro, que apesar de não lhe dedicar muitas linhas de fundamentação, tem um peso significativo. No seu entender, "(...) o ajuste *não poderá criar ou extinguir direito* material ou *processual*, porque estar-se-ia desvirtuando a sua finalidade" (g.n.). Uma posição como esta implica que as partes não possam acordar no recurso a novos meios de prova, renunciar a prazos ou atos processuais, desistir de recurso, pedido ou medida executiva etc. Com a devida vênia, além de não concordarmos com esta tese, por restringir em demasia a amplitude do instituto sem qualquer tipo de fundamento razoável, ainda parece contraditória com o próprio texto do autor, que linhas antes reconhece a existência de inúmeros negócios jurídicos processuais orais praticados na Justiça do Trabalho dos quais exemplifica com a "dispensa de oitiva de testemunhas e de prova pericial em alguns casos (...), dispensa de produção de razões finais, dilação da audiência, suspensão do processo etc.".

---

68. Corrêa, Antonio de Pádua Muniz. *Novo Processo do trabalho e sua força dominante Versus Novo CPC como força auxiliar. Comentários pontuais às compatibilidades e incompatibilidades, inclusive à IN n. 39 do TST.* 2ª Ed. São Paulo: LTr, 2018, págs. 170-171.

8.1.4. Posição adotada

8.1.4.1. Quanto à favorabilidade do negócio

Não conseguimos concordar com a posição que sujeita a admissibilidade de convenções processuais no processo do trabalho à condição de ser mais favorável ao trabalhador. Se pode haver motivos para a concessão gratuita de direitos no palco material da relação laboral (ex. incremento de produtividade), a subordinação desse requisito no plano processual é, simplesmente, ficcional e irrealista: não existe qualquer motivo para o empregador (*maxime,* empresa) ceda direitos processuais gratuitamente a um ex-trabalhador. Impor uma condição como a presente mais não é senão encobrir sob um manto de admissibilidade um verdadeiro posicionamento contrário às potencialidades de negócios processuais. Por outras palavras, é um posicionamento demasiado político que se diz aceitar a ideia, para depois logo lhe impor requisitos e dessa forma a subordinar ao fracasso.

Parece-nos que a utilidade da favorabilidade do negócio apenas pode ser reservada para uma única situação, altura em que se passa a confundir com o regime da teoria das nulidades dos atos processuais. A favorabilidade do negócio apenas pode assumir alguma relevância para efeitos da negociação processual no palco trabalhista quando o trabalhador em causa se encontre *numa manifesta situação de vulnerabilidade.* De outra forma, sendo o trabalhador capaz, a existência de alguma camada de vulnerabilidade que não ponha em causa a capacidade processual negocial não pode condicionar o destino do negócio a um só sentido pró trabalhador.

8.1.4.2. Quanto à necessidade de homologação judicial

Também não podemos concordar com o posicionamento que advoga pela participação obrigatória do magistrado trabalhista nas negociações processuais como requisito de admissibilidade destas. A homologação é necessária sempre que resulte expressamente da lei essa exigência (v.g. desistência da demanda, art. 200, parágrafo único do CPC; saneamento consensual art. 357, §2º do CPC)[69]. Caso contrário, a regra prevalecente é a da eficácia *imediata* do negócio independentemente de chancela judicial (art. 190 e 200 do CPC *a contrario*)[70].

---

69. Neste sentido, Enunciado n.º 133 do FPPC "Salvo nos casos expressamente previstos em lei, os negócios processuais do *caput* do art. 190 não dependem de homologação judicial".

70. À época do Código de 73, porém, Calmon de Passos defendia a homologação pelo magistrado como técnica necessária à concessão de efeitos processuais aos negócios,

---

i.e, o procedimento judicial era integrativo do negócio jurídico, seja ele qual fosse (cf. Calmon de Passos, José Joaquim. *Esboço de uma teoria das nulidades aplicada às nulidades processuais*. Rio de Janeiro: Forense, 2002, págs. 69). Atualmente, porém, em matéria de controlo de convenções processuais, vale a regra da *desnecessidade de homologação* judicial da convenção, já que a manifestação da vontade das partes é bastante para a produção de efeitos jurídicos de forma imediata (art. 200 do CPC: "Os atos das partes consistentes em declarações unilaterais ou bilaterais de vontade produzem imediatamente a constituição, modificação ou extinção de direitos processuais"). Não obstante a previsão pelo legislador de casos específicos de negócios jurídicos que dependem de homologação, v.g. saneamento consensual (art. 357, §2º do CPC), desistência (art. 200), autocomposição para interrupção de litispendência (art. 515, inc. II do CPC) escolha do depositário-administrador (art. 862, §2º do CPC), esta não é a regra. A necessidade de privilegiar a vontade no processo foi tal que o legislador entendeu por bem considerar, em consonância com a regra geral conformadora da teoria geral do contracto (*pacta sunt sevanda*), que a eficácia de convenções processuais não carece de intervenção (leia-se, homologação) judicial para que possam valer em juízo, pelo que se bastam com a concordância entre as partes. Neste sentido a maior parte da doutrina. Cabral, por exemplo, apresenta quatro ordens de argumentos para sustentar a sua posição: (i) a eficácia de negócios processuais decorre diretamente da vontade e autonomia das partes que se encontra justificada pela premissa geral de autorregramento; (ii) seria infundado exigir a presença/controlo do magistrado em todos os negócios processuais, inclusivamente os pré-processuais; (iii) decorre do próprio art. 200 que os acordos processuais são eficazes desde o momento em que se praticam; (iv) compreender de outra forma seria cercear a autonomia que fundamenta qualquer negociação e castrar as potencialidades da influência do cidadão na sua relação com o Estado-juiz (Cabral, Antonio do Passo. *Convenções Processuais*. Salvador: Juspodivm, 2016, págs. 231-232). No mesmo sentido, Moreira, José Carlos Barbosa. Convenções das partes sobre matéria processual. *Revista de Processo*, São Paulo, Vol. 9, n.º 33, jan-mar/1984, pág. 89; Almeida, Diogo Rezende. *Das convenções processuais no processo civil*. Tese de Doutoramento (UERJ). Rio de Janeiro, 2014, pág. 133; Greco, Leonardo. Os atos de disposição processual - primeiras reflexões. *Revista Eletrônica de direito processual*, Rio de Janeiro, Vol. I, N.º 1, out-dez/2007, pág. 12; Compõem ainda este largo posicionamento, Theodoro Junior, Humberto. *Curso de direito processual civil: teoria geral do direito processual civil e processo de conhecimento*. 57ªed. Rio de Janeiro: Forense, 2016. Vol. I, pág. 484; Oliveira Junior, Zulmar Duarte de. Comentários ao art. 200 do CPC. *In* Streck, Lenio Luiz, Nunes, Dierle, Cunha, Leonardo Carneiro da (Org.). *Comentários ao Código de Processo Civil*. São Paulo: Saraiva, 2017, pág. 333; Comentários ao artigo 190º e 191. *in* Cabral, Antonio do Passo, Cramer, Ronaldo (coord.). *Comentários ao Novo Código de Processo Civil*. 2ª ed. São Paulo: Forense, 2016, pág. 328; Barreiros, Lorena Miranda Santos. *Convenções Processuais e o Poder Público*. Salvador: Juspodivm, 2017, págs. 276-277; Cabral, Trícia Navarro Xavier. Convenções em matéria processual. *Revista de Processo*, São Paulo, Vol. 40, N.º 241, mar/2015, pág. 499; Ataíde Júnior, Jaldemiro Rodrigues de. Negócios jurídicos materiais e processuais – existência, validade e

Caso assim não suceda e o magistrado não acolher ou executar os termos do negócio, condicionando-o ao seu consentimento, podem as partes impugnar tal interlocutória mediante agravo de instrumento, por aplicação analógica do art. 1015, inc. III do CPC[71].

É certo que a intervenção do judiciário na negociação trabalhista não é estranha ao processo do trabalho. No plano coletivo, o legislador constituinte admitiu no art. 114, §2° da CF a possibilidade de o *magistrado trabalhista interferir no dissídio*, resolvendo-o, mediante apresentação de sentença normativa sempre que o dissídio coletivo seja de natureza económica[72]. Até a

---

eficácia – campo-invariável e campos-dependentes: sobre os limites dos negócios jurídicos processuais. *Revista de Processo*, Vol. 40, N.º 244, São Paulo, jun/2015, pág. 412; Nogueira, Pedro Henrique. *Negócios jurídicos processuais*. Salvador: Juspodivm, 2016, pág. 229; Didier Jr., Fredie. *Curso de Direito Processual Civil*. 17ª ed. Salvador: Juspodivm, 2015, vol. I, pág. 390; Didier Jr., Fredie; Nogueira, Pedro Henrique. *Teoria dos fatos jurídicos processuais*. Salvador: Juspodivm, 2011, págs. 145 ss. *Em sentido contrário*, Nery Jr., Nelson, Nery, Rosa Maria de Andrade. *Comentários ao Código de Processo Civil*. São Paulo: RT, 2015, pág. 761; Gouveia, Lúcio Grassi de; Gadelha, Marina Motta Benevides. Negócios jurídicos processuais: '*Libertas quae sera tamen*'. *In* Marcato, Ana, et. al. (coord.). *Negócios Processuais*. Salvador: Juspodivm, 2017, Vol. I, pág. 338. Particularmente interessante nesta sede é a posição de Marinoni, Luiz Guilherme; Arenhart, Sérgio Cruz; Mitidiero, Daniel. *Curso de Processo Civil*. 1ª ed. São Paulo: RT, 2015 vol. I, págs. 531-532. Para os autores, apesar dos acordos que apenas disciplinam interesses das partes vincularem diretamente o magistrado, sempre que estiver em causa acordos de procedimento que limitam os poderes jurisdicionais implicitamente para a condução do processo, apesar de entre as partes o negócio vinculá-las diretamente, não será oponível ao magistrado. *Na doutrina justrabalhista*, também entende que a homologação é condição de validade da negociação atípica, Almeida, Cléber Lúcio. *Direito Processual do Trabalho*. 8ª ed. São Paulo: LTr, 2016, pág. 85.

71. Neste sentido, Didier Jr., Fredie. *Curso de Direito Processual Civil*. 17ª ed. Salvador: Juspodivm, 2015, vol. I, págs. 390-391. No entendimento do autor, "parece ser possível, por isso, extrair, a partir desse caso, por analogia, a recorribilidade por agravo de instrumento da decisão interlocutória que não homologue ou recuse a eficácia a um negócio processual. O rol das hipóteses de agravo de instrumento, embora taxativo, pode ser interpretado por analogia. Imagine o absurdo da interpretação em sentido contrário: o juiz não homologa a desistência e o ato não pode ser recorrido imediatamente; o processo prosseguiria contra a vontade do autor".

72. Nas palavras de Nascimento, "a competência constitucional dos tribunais do trabalho para proferir decisões nos processos de dissídios econômicos, criando condições de trabalho com força obrigatória" (*Curso de Direito do Trabalho*. 21ª ed. São Paulo: Saraiva, 2002, págs 633-634). Martins Filho, Ives Gandra da Silva. *Processo Coletivo do Trabalho*. 2ª ed. São Paulo: LTr, 1996, pág. 13; Pinto, José Augusto Rodrigues. *Direito Sindical e Coletivo do Trabalho*. 1ª ed. São Paulo: LTr, 1998, pág. 351.

doutrina sempre se dividiu quanto às benesses ou prejuízos de um sistema como este que autorizava a "interferência" do magistrado na liberdade sindical. Os partidaristas – normalmente também aqueles que asseveravam a heterogeneidade e fragilidade sindical no Brasil – da intervenção judicial, alegavam o papel reequilibrador do magistrado nas negociações sindicais e protegendo garantias mínimas, como forma de contrabalançar as forças do conflito, especialmente quando num dos polos configurava uma categoria profissional com menor representatividade. O exercício do poder normativo pela Justiça do Trabalho assumia uma função política e social que não pretendiam ver minimizada em razão da tensão, desigualdade, heterogeneidade e complexidade do modelo sindical brasileiro[73].

Já os *críticos ao papel normativo* do magistrado, faziam menção à banalização e desinteresse que dissídios coletivos acabariam por sofrer. Além do excesso de confiança depositado na solução do Estado-juiz, da interferência indesejada do Estado-juiz na liberdade sindical e no correspondente enfraquecimento da atividade sindical[74].

Como ficou registado *supra*, porém, parece existir uma tendência para restringir esta interferência da Justiça do Trabalho e do seu poder normativo sobre a autonomia coletiva; movimento que se aplaude. Paralelamente à restrição do poder normativo nos dissídios coletivos, também a *Reforma Trabalhista veio reforçar* este ideal de plena autonomia sindical ao ditar que o juiz só poderá intervir no controlo da *validade* do instrumento de regulamentação coletiva de trabalho, e não no seu mérito (art. 611-A §1° da CLT c/c art. 8°, §3° da CLT), balizando a atuação deste pelo princípio da intervenção mínima na autonomia da vontade coletiva. No plano individual, a intervenção do magistrado trabalhista reserva-se também a algumas cir-

---

73. Neste sentido, Dalazen, João Oreste. Reflexões sobre o poder normativo da Justiça do Trabalho e a EC n.° 45/2004. *In* Paixão, Cristiano, Rodrigues, Douglas Alencar, Caldas, Roberto Figueiredo (coord.) *Os novos horizontes do direito do trabalho: homenagem ao Ministro José Luciano de Castilho Pereira.* São Paulo: LTr, 2005, pág. 456.
74. Neste sentido, Romita, Arion Sayão. O Poder Normativo da Justiça do Trabalho: Antinomias Constitucionais. *Revista LTr,* São Paulo, Vol. 65, N.° 03, mar/2001, pág 263. Martins Filho (Martins Filho, Ives Gandra da Silva. *Processo Coletivo do Trabalho.* 2ª ed. São Paulo: LTr, 1996, págs. 35-39) desta os principais argumentos, como o excesso de tempo para obtenção da decisão judicial, o desconhecimento das condições laborais do setor de atividade pelo judiciário, a edição de condições de trabalho generalizadas que podem não se compatibilizar com algumas realidades, discrepância entre esta invasão e a ideia de democracia representativa, maior probabilidade de desrespeito da norma por ausência de representatividade.

cunstâncias, como na homologação de acordo extrajudicial (arts. 652, al f) e 855-B ss da CLT).

Por outro lado, *do ponto de vista individual*, compreende-se a preocupação de reforçar os poderes de intervenção do magistrado na negociação processual, em medida semelhante à que existe para a prossecução de conciliações. Realmente, aqui, o magistrado não tem um papel meramente passivo, incumbindo-lhe os deveres de controlar o respeito pelas normas de ordem pública e de interesse geral da comunidade, apreciar a disponibilidade e renúncia dos direitos em negociação, analisar questões tributárias ou previdenciárias envolvidas, além de assegurar a livre manifestação da vontade de ambas as partes[75]. A esta luz, compreende-se a preocupação de parte da doutrina em transportar os mesmos poderes de controlo e intervenção do magistrado para as negociações processuais, que mais não são do que uma forma de conciliação de interesses sobre o rito do processo.

Não nos parece, porém, que este posicionamento possa ser aditimo pela seguinte ordem de motivos. Em primeiro lugar, exigir como condição de validade a intermediação da vontade do juiz na *homologação de todas as negociações* processuais no processo do trabalho, contraria a teoria geral dos negócios jurídicos, da qual decorre o princípio geral de que as convenções produzem os seus efeitos *diretamente* da autonomia e consenso das partes. Além de ser um requisito que não consta do art. 190 do CPC nem resulta da articulação deste com o art. 200 do CPC, como tão reiteradamente tem-se posicionado a doutrina processualista civil que vimos *supra*.

Em segundo lugar, tal exigência seria também *incompatível com as circunstâncias práticas*, pois seria inconcebível, por exemplo, impor a presença do magistrado em todas as convenções celebradas antes da existência de qualquer litígio. A inconveniência vigora no plano trabalhista exatamente nos termos que tem sido apontada no plano civil. Poderíamos, alternativamente, e para ultrapassar o problema da compatibilidade prática deste controlo pré-processual, imaginar todos os contratos de trabalho a passar pelo crivo de aprovação *sindical* prévia, mas esta também é uma restrição à autonomia da vontade que, não só não se pode nunca equiparar à apreciação judicial de invalidades, como também não parece justificar-se do ponto de vista jurídico-dogmático.

---

75. Azevedo, André Jobim de. Os métodos adequados de solução de conflitos. Nova regência processual: observações. Nova regência trabalhista. *In* Tupinambá, Carolina (coord.). *Soluções de conflitos trabalhistas: novos caminhos*. São Paulo: LTr, 2018, pág. 23.

Em terceiro lugar, uma exigência como esta, mesmo no seio do processo do trabalho, importaria *cercear toda a autonomia que está subjacente à negociação*, o que redunda numa visão limitadora e castradora das potencialidades do trabalhador, e intensificam uma visão dependente deste sobre o Estado-juiz. Por outro lado, o trabalhador deve contar com a colaboração do Estado-juiz no controlo de requisitos objetivos e subjetivos de validade do negócio a que se vincula, mas não pode nem deve contar com ele para conseguir o "melhor negócio". O juiz não deve remeter-se ao papel que a ordem jurídica reserva aos representantes judiciais para acompanhamento técnico da estratégia de defesa da parte; nem ao que reserva aos agentes de representação coletiva sindical, na defesa dos melhores interesses da classe e dos trabalhadores da categoria.

Por outro lado, este posicionamento levantaria doutrinariamente um obstáculo interpretativo que a lei processual não pretendeu colocar (nem poderia, sob pena de instituir uma desarmonia dogmática). O estímulo à negociação processual que transparece da nova sistemática processual e se cristalizada no princípio do autorregramento atípico da vontade das partes no processo, não foi pensado para ser travado por uma apreciação judicial do mérito de todo e qualquer negócio que seja celebrado. A regra vale para o plano civil, nos mesmos termos que vale para o plano trabalhista. Além de que tal afirmação comportaria um subjetivismo extremo exclusivamente dependente da figura de um único sujeito, tendencialmente redundante em insegurança jurídica. Esta situação deixaria as partes na constante incerteza de saber qual seria o tratamento dado por determinado juiz a respeito da conveniência de certo negócio processual. Paralelamente à insegurança, instalar-se-ia também uma confusão dogmática entre os que seriam verdadeiramente requisitos essenciais para a validade de negócio jurídico[76].

Ainda se diga o seguinte. Não há verdadeiramente um interesse público subjacente à inversão no processo do trabalho da regra geral que resulta do art. 200 do CPC. Fundamentar uma participação omnipresente do magistrado trabalhista em todo e qualquer negócio processual celebrado pelas partes sob argumento de *tutela da parte vulnerável*, não parece ser motivação suficiente para a quebra no regime. Tal conceção acarretaria a maior confusão quanto aos requisitos de validade específicos do art. 190 do CPC. Sendo a vulnera-

---

76. Em parte, acompanhando, Gouveia, Lúcio Grassi de; Gadelha, Marina Motta Benevides. Negócios jurídicos processuais: '*Libertas quae sera tamen*'. *In* Marcato, Ana, et. al. (coord.). Negócios Processuais. Salvador: Juspodivm, 2017, Vol. I, pág. 340.

bilidade um requisito próprio do instituto, ele não pode ser confundido com as exigências homologatórias. A exigência de um não independe do outro nem com ele está minimamente relacionada: a identificação de uma manifesta vulnerabilidade numa das partes implica um juízo de invalidade sobre o negócio que nada tem que ver com o problema da homologação judicial.

Por último, o fato de estarem em causa direitos indisponíveis não torna a presença do magistrado condição de eficácia do negócio nem legitima o seu controlo em maior grau. Com efeito, se houver violação a um direito indisponível, a sua invalidação será posterior ao negócio, constituído de forma eficaz, e nunca *a priori*; além de que o princípio geral de disponibilidade sobre os direitos (processuais) seria invertido para se tornar regra excecional, o que não é admissível perante a nova conjuntura sistemática processual.

Isto não quer dizer, porém, que sejamos contrários à homologação pelo magistrado em qualquer circunstância. Admitimos, por exemplo, que uma forma de conciliar a tutela da vulnerabilidade tendencial em que o empregado se encontra com o direito ao autorregramento da sua vontade no processo é a possibilidade das partes, em disposição expressa no próprio negócio processual, sujeitarem a validade deste à homologação do magistrado, ou seja, introduzirem a homologação como *condição de eficácia* do negócio autoimposta[77]. Mas a iniciativa de se sujeitar a essa condição deve partir da própria vontade das partes; não *a priori* pelo intérprete. O mesmo se diga relativamente à previsão em ACT ou CCT do mesmo tipo de condições; opção que nos parece ainda mais recomendável.

8.1.4.3. Quanto à intervenção sindical

Relativamente à possibilidade de negociação processual por intermédio sindical, não temos nada a obstar, desde que esta não seja a única possibilidade admitida no processo do trabalho, mas *apenas uma alternativa*. Tendo as normas de direito processual natureza instrumental diante das normas de direito material do trabalho e podendo os sindicados transigir e negociar sobre as últimas de forma tão ampla quanto a permitida pelo ordenamento laboral,

---

77. Assim, por exemplo, já Cabral, Antonio do Passo. *Convenções Processuais*. Salvador: Juspodivm, 2016, págs. 235-237: "Dentre as condições possíveis, as partes podem estabelecer que a eficácia do negócio jurídico fique subordinada à homologação judicial. Embora inconveniente em muitos casos, pode haver hipóteses, no tráfego das relações jurídicas, nas quais se afigure importante a homologação judicial, a fim de que as partes obtenham maior segurança na pactuação".

não se configuram argumentos de *maioria de razão* para permitir que estes possam dispor sobre direitos materiais mas não sobre direitos processuais.

Não sendo possível qualificá-los como vulneráveis, reconhecemos que poderão celebrar convenções processuais, *v.g.* quando forem legitimados autônomos na defesa de interesses difusos[78] e coletivos[79], ou agirem como substituto processual[80] e nas ações coletivas para defesa de direitos individuais homogéneos[81-82]. Esta intervenção, mais não é do que uma *manifestação do*

---

78. Neste sentido, GARCIA, Gustavo Filipe Barbosa. Sindicato e processo: aplicação do código de defesa do consumidor às ações coletivas no processo do trabalho. SANTOS, Enoque, SILVA, Otávio (coord.). *Temas controversos do direito coletivo do trabalho no cenário nacional e internacional.* São Paulo: LTr, 2006, pág. 240, posicionamento que reitera em Direitos Coletivos e Legitimidade Concorrente Preferencial: Sindicatos e Ministério Público. *Revista Síntese Trabalhista e Previdenciária*, São Paulo, Vol. 25, N.º 301, jul/2014, pág. 23; DINAMARCO, Pedro da Silva. *Ação civil pública.* São Paulo: Saraiva, 2001, pág. 255. Em sentido contrário, considerando ser apenas o MPT legitimado *ad causam* para propor ações coletivas para defesa de direitos difusos, MARTINS, Sérgio Pinto. *Direito Processual do Trabalho.* 40ª ed. São Paulo: Atlas, 2018, 2004, pág. 561. MELO alerta ainda para a possibilidade de um trabalhador poder atuar como substituto processual da categoria profissional em processo coletivo quando este diga respeito à defesa do meio ambiente de trabalho (MELO, Raimundo Simão. *Direito ambiental do trabalho e a saúde do trabalhador.* 3ª ed. São Paulo: LTr, 2008, pág. 135).

79. LEITE, Carlos Henrique Bezerra. *Ação civil pública: nova jurisdição trabalhista metaindividual: legitimação do Ministério Público.* São Paulo: LTr, 2001, pág. 156-158.

80. Há vários preceitos no sistema laboral que antecipam casos de substituição processual. Assim, por exemplo, (i) o art. 872, parágrafo único da CLT, sempre que trabalhadores seus associados deixarem de auferir salários; (ii) o art. 195, §2º da CLT, onde o sindicato discute em juízo problemas de insalubridade ou periculosidade dos trabalhadores não da categoria mas seus associados; (iii) a Lei do FGTS (Lei n.º 8.036/90, que no seu art. 25 admite que o sindicato substitua os trabalhadores da empresa, ainda que não associados, de compelir a empresa ao pagamento de FGTS; (iv) a Lei n.º 8.112/90 (regime jurídico dos funcionários públicos) que prevê no art. 240, al. a) um caso também de substituição processual; (v) o art. 3º da Lei nº 8.073/90 admite ainda substituição processual não apenas em matéria salarial mas também para qualquer situação trabalhista que independa de provas orais ou depoimento pessoal do substituído (cf. MARTINS, Sérgio Pinto. *Direito Processual do Trabalho.* 40ª ed. São Paulo: Atlas, 2018, págs. 305-307).

81. Importa não desconsiderar aqui também a evolução que este instituto veio sofrendo no sentido da sua ampliação. Ultrapassando a interpretação estritamente reducionista da letra da CF levada a cabo pelo TST com o cancelamento da Súmula 310 em 2003, a substituição processual pelo sindicato passou a ser concebida em termos amplos, devolvendo-lhe a dignidade e autonomia constitucional merecida. NERY JR., Nelson. O processo do trabalho e os direitos individuais homogêneos – um estudo sobre a ação civil pública trabalhista. *Revista LTr*, São Paulo, Ano 64, N.º 02, fev/2000, pág. 159 ("Ainda que se tenha por princípio que a CF 8º, III, não encerra caso de substituição

princípio da autodeterminação coletiva que não pode ser desconsiderada sem argumentos plausíveis. Nesta matéria, alguma doutrina admite uma genérica admissibilidade da negociação processual por estes entes representativos. De facto, o legislador constituinte foi o primeiro a admitir (i) *negócio processual de arbitragem* como forma alternativa de compor litígios coletivos, nos termos do próprio art. 114, §1º da Constituição; (ii) *negócios processuais para instaurar dissídios* coletivos de natureza económica, nos termos do próprio art. 114, §2º da Constituição. Seria por demais incongruente que não os admitisse no curso de um processo coletivo. Em todas estas situações, porque ambas as partes serão sindicatos (leia-se, pessoas jurídicas protegidas com personalidade jurídica própria distinta dos seus associados), a autonomia da vontade destas deverá prevalecer, uma vez que ambas se encontram em igualdade de armas e em efetiva igualdade material. Também assim é o posicionamento do Enunciado n.º 255 do FPPC (*vide* supra nota 1590).

Mas é preciso *distinguir esta modalidade de convenção* processual pelo sindicato de uma outra via pela qual a pactuação processual pode ter significativa utilidade. A primeira, prévia a qualquer litígio, situada *a montante*,

---

processual pelo sindicato, a LACP 5º e o CDC 82 têm precisamente essa finalidade: legitimar as associações e os sindicatos à defesa, em juízo de direitos difusos, coletivos e individuais homogêneos."); Garcia, Gustavo Filipe Barbosa. Sindicato e processo: aplicação do código de defesa do consumidor às ações coletivas no processo do trabalho. Santos, Enoque, Silva, Otávio (coord.). *Temas controversos do direito coletivo do trabalho no cenário nacional e internacional*. São Paulo: LTr, 2006, pág. 232; Leite, Carlos Henrique Bezerra. Ações coletivas e tutela antecipada no direito processual do trabalho. *Revista dos Tribunais*, São Paulo, Vol. 984, 2017, págs. 409-410; Melo, Raimundo Simão de. *Ação civil pública na Justiça do Trabalho*. 2ª ed. São Paulo: LTr, 2004. pág. 119-124; Dubugras, Regina Maria Vasconcelos. *Substituição processual no processo do trabalho*. São Paulo: LTr, 1998, págs. 68-70; Garcia, Pedro Carlos Sampaio. *O sindicato e o processo: a coletivização do processo do trabalho*. São Paulo: Saraiva, 2002, pág. 148.

82. Até porque já se tem falado na própria possibilidade do sindicato, enquanto substituto, poder (não renunciar) mas *transigir* sobre matérias se tal se mostrar mais favorável à efetivação dos direitos metaindividuais dos trabalhadores. Neste sentido, Pimenta, Adriana Campos de Souza Freire. Os direitos individuais homogêneos e a conciliação no judiciário trabalhista – Possibilidade – Hipótese. *In* Pimenta, Adriana Campos de Souza, Lockmann, Ana Paula Pellegrina (coord.). *Conciliação judicial individual e coletiva e formas extrajudiciais de solução dos conflitos trabalhistas*. São Paulo: LTr, 2014, pág. 256; Bastos, Guilherme Augusto Caputo; Silva, Jurema Costa de Oliveira Silva. Limites Constitucionais impostos ao Sindicato para transacionar direitos individuais homogêneos em ação coletiva e a extensão subjetiva da coisa julgada. *Revista LTr*, São Paulo, Vol. 82, N.º 11, nov/2018, pág. 1291.

i.e. *aquando a negociação da própria convenção coletiva*, poderá deixar de ser usada exclusivamente como mecanismo de composição de direitos materiais laborais, mas passar, nos mesmos termos, a regular direitos processuais laborais (*v.g.* eleição de foro alternativo para o trabalhador, inversão do ônus de prova)[83]. A segunda, enquanto *parte em litígios coletivos ou como substituto processual em dissídios individuais.*

A diferença não é apenas quanto ao momento em que a convenção é celebrada. Assumem ainda repercussões em termos de amplitude de regime: ao contrário da segunda, necessariamente vocacionada a dirigir uma lide individual e concreta (ainda que coletiva), com efeitos circunscritos ao processo onde for celebrada; a primeira terá pretensão geral e abstrata, destinando-se a integrar as garantias e direitos contratualizados dos trabalhadores que pertençam àquela categoria e podendo ser previamente objeto de fiscalização pelo MPT[84]. Apesar de não ser frequente encontrarmos IRCT's

83. Também neste sentido, GONÇALVES, Igor Sousa. O instituto da negociação processual na Justiça do Trabalho: compatibilidade, limites e desafio. *Revista do Direito do Trabalho*, São Paulo, Vol. 43, N.º 183, nov/2017, pág. 223. Em Portugal, por exemplo, é frequente aos IRCT convencionarem sobre uma série de questões procedimentais. Assim, por exemplo o Cláusula 51.ª, n.º 2, sobre a prova do prejuízo da transferência de local de trabalho, do Contrato coletivo entre a Associação do Comércio, Indústria, Serviços e Turismo do Distrito de Setúbal e outra e o CESP – Sindicato dos Trabalhadores do Comércio, Escritórios e Serviços de Portugal e outro, publicado no Boletim do Trabalho e Emprego, n.º 4, de 2012 (disponível em http://bte.gep.msess.gov.pt/completos/2015/bte36_2015.pdf?fbclid=IwAR2NqkkDZvWuCX5wncllIMkzStT5c-_kIb7wtAihC-OLYxdMHO9RQvN8ezk); ou mesmo disciplinando todo um procedimento disciplinar, como no Acordo de Empresa entre a Europa&c Embalagem S.A. e a Federação Intersindical das Indústrias Metalúrgicas, Químicas, Elétricas, Farmacêuticas, Celulose, Papel, Gráfica, Imprensa, Energia e Minas – FIEQUIMETAL, publicado no Boletim do Trabalho e Emprego, n.º 8, de 2019, cuja a cláusula 74.ª, n.º 15 determina, por exemplo, "No prazo de 10 dias úteis, a contar da receção da nota de culpa, poderá o arguido consultar o processo, deduzir a sua defesa por escrito, requerer as diligências probatórias que repute necessárias à descoberta da verdade e indicar rol de testemunhas, que não devem exceder o total de 10, nem mais de 3 por cada facto" ou n.º 16 que determina "Quando se torne necessário a um adequado exercício do direito de defesa, poderá ser prorrogado o prazo para apresentação dos meios de prova e aumentado o número de testemunhas, a solicitação fundamentada do arguido" (disponível em http://bte.gep.msess.gov.pt/completos/2019/bte8_2019.pdf).

84. Isto porque, como é sabido, as cópias das CCT e ACT são depositadas nas Superintendências Regionais do Trabalho e enviadas ao MPT, para fiscalização, dada a sua competência e legitimidade para instaurar ação anulatória de cláusula convencional na Justiça trabalhista.

prevendo e regulando situações jurídicas processuais[85] mas apenas materiais, não há razão para não admitir esta possibilidade como forma de antecipar garantias para futuros processos individuais trabalhistas.

---

85. Na verdade, pouca coisa se encontra nesta matéria. As poucas regras processuais que costumam ser antecipadas contratualmente pelos sindicatos prendem-se com o próprio acordo coletivo e não com futuros litígios individuais. Assim, por exemplo, em Convenção Coletiva de Trabalho da FEM / CUT com a SINEM de 2018/2019, prevê-se na cláusula 46, inc. II sob epígrafe "juízo competente", regramento onde as partes se obrigam a resolver os litígios decorrentes deste IRCT por via da negociação coletiva e, só em caso de frustração desta via, optar como último recurso recorrer à Justiça do Trabalho (disponível em http://fem.org.br/files/pdf/CCTCUTSINIEM20182019.pdf). Da mesma forma, a CCT celebrada entre o Sindicato dos Empregados no Comércio de Santo André e Região (SEC ABC) com a Federação do Comércio de bens, serviços e turismo do Estado de São Paulo (FECOMERCIO SP), onde também se dispõe na cláusula 79 que "será única e exclusivamente competente a Justiça do Trabalho para dirimir quaisquer divergências surgidas na aplicação do presente Instrumento, nos termos da Emenda Constitucional 45/04"". No mesmo IRCT se regula ainda o novo procedimento de homologação dos termos de quitação anual de obrigações trabalhistas (art. 507-B e 855-B da CLT) na cláusula 67ª, prevendo que quer o termo de quitação do 507.º-B, quer o acordo extrajudicial entre empregado e empregador de que trata o art. 855-B da CLT deverão ser submetidos ao Sindicato SEC ABC, perante a qual serão formalizadas as petições conjuntas de homologação judicial desses acordos (disponível em http://www.fecomercio.com.br/upload/pdf/2018/12/13/conven_o_coletiva_comerci_rios_abc.pdf). Interessante a convenção coletiva de trabalho registada no Ministério do Trabalho e Emprego sob o n.º SP013703/2018, entre o SESVESP – Sindicato Das Empresas De Segurança Privada, Segurança Eletrônica E Cursos De Formação Do Estado De São Paulo e a Federação Trabalho, Segurança Vigilância Privada e outros, cuja cláusula 68ª prevê expressamente a criação de uma comissão de conciliação prévia, mediação e arbitragem, cujo objetivo é a solução de conflitos individuais decorrentes de relações de trabalho por acordo entre as partes, mas que também funcionará como Câmara de Arbitragem para os empregados enquadrados no art. 507-B da CLT. Estabelece ainda nessa mesma cláusula, parágrafo oitavo que "constitui condição para o ingresso de reclamação trabalhista individual a utilização prévia dos mecanismos dispostos na presente Cláusula" (disponível em http://seevissp.org.br/wp-content/uploads/2018/12/CCT-2019-2020-Segurança-Privada_MTE.pdf). Em IRCT registado no Ministério do Trabalho e Emprego sob o n.º PR002292/2018, celebrado entre o SINDICATO EMP SERV CONT ASSES PERICIAS INF PESQ EST PR e o Sindicado dos Contabilistas de Curutiba, também se prevê cláusula de eleição de foro elegendo a Justiça do Trabalho de Curitiba como competente para dirimir qualquer dúvida acerca da convenção – cláusula 47ª (disponível em http://www.sicontiba.com.br/wp-content/uploads/2018/08/CCT-SICONTIBA-SESCAP-2018-2019-Registrada-no-MTE.pdf). Em convenção coletiva de trabalho celebrada entre o Sindicato dos Professores de São Paulo (SINPRO SP), a Federação de Professores do Estado de SP (FEPESP) e o Sindicato das Entidades Mentenedoras de Estabelecimentos de Ensino

Por outro lado, apesar de sermos favoráveis à ideia de presunção de validade de negociação processual coletiva, sempre se dirá que isto não implica o reconhecimento automático da validade de qualquer cláusula do seu conteúdo. Ainda para mais, haver-se-á de perguntar se o dispositivo presente *no art. 611-A §2º da CLT deve ser aplicado nos mesmos termos para situações jurídicas processuais*, i.e., se também deverão existir *contrapartidas recíprocas* quando se estiverem a negociar aquelas. Qualquer conclusão dependerá de posicionamento prévio que se adote quanto ao real sentido a dar ao dispositivo, dada a querela doutrinária que ele criou.

Por último, não nos parece que seja defensável impossibilitar a previsão de negócio processuais em IRCT apenas porque a lei apenas disciplina estes instrumentos regulatórios quanto a matérias de direito substancial[86]. O raciocínio é idêntico àquele que abordámos para a arbitragem: não é porque a Constituição prevê expressamente a negociação processual para dissídios coletivos que se pode concluir ser essa a única forma admissível de convenções arbitrais no processo do trabalho.

8.1.4.4. Quanto ao necessário acompanhamento técnico

Já nos pronunciámos acima quanto aos tipos de vulnerabilidade que consideramos protegidos pelo art. 190 do CPC. Não nos parece, à partida, que a mera ausência de patrono constituído nos autos ou de acompanhamento de advogado no momento da celebração do acordo possam ser requisitos impostos para condicionar a negociação processual no processo do trabalho. Como referenciámos acima (*supra* 7.II.6.3.3) a falta de assistência técnica pode representar indício de incapacidade processual negocial, mas também

---

Superior do Estado de SP (SEMESP), também se regula na cláusula 54ª mecanismo de solução de conflitos coletivos em foro conciliatório, disciplinando-se as regras para o efeito: (i) indicar representantes no prazo de 30 dias, (ii) membros da composição do foro, (iii) prazo de 15 dias para realização do foro conciliatório e consequência para a falta de alguma das partes; (iv) exclusão da competência da Justiça do Trabalho enquanto perdurarem as negociações coletivas; (v) regra para apreciação casuística da incapacidade econômico-financeira por alguma das partes para submeter a dissenso ao foro conciliatório contratual (disponível em http://www.sinprosaocarlos.org.br/wp-content/uploads/2017/06/CCT-2017.2018-São-Carlos-Professor.pdf).

86. Como Delgado, Gabriela Neves; Dutra, Renata Queiroz. Aplicação das convenções processuais no novo CPC ao processo do trabalho na perspectiva dos direitos fundamentais. *In* Miessa, Élisson (coord.). *O novo Código de Processo Civil e seus reflexos no processo do trabalho*. Salvador: Editora Juspodivm, 2015, pág. 198.

este fato teria de ser apurado no caso concreto mediante contraditório prévio. Mais uma vez, pessoas no exercício do *jus postulandi* que advoguem, sejam professores e académicos da área do direito, sejam juristas ou tenham simplesmente conhecimentos jurídicos em geral haverão-de poder celebrar negócios jurídicos processuais.

Por outro lado, o único dispositivo consensual previsto na CLT que exige a inexistência de vulnerabilidade técnica pela participação obrigatória do advogado está previsto no art. 855-B da CLT e respeita ao acordo necessário para instauração de processo de jurisdição voluntária homologação do acerto. Retirar desta norma jurídica princípio geral aplicável a qualquer negociação processual celebrada por trabalhador não parece ser postulado admissível. Uma leitura adequada do preceito enquadrá-la-á sob mesma lógica com que a doutrina juscivilista articula o art. 190 ao art. 200 do CPC. Assim, pode-se sustentar que para os casos onde haja necessidade de obter homologação judicial – como é o caso do negócio previsto no art. 855-B da CLT – a participação do procurador judicial da parte seja necessária. *A contrario sensu* dir-se-á que para as demais convenções processuais essa participação não é condição de eficácia do negócio, embora seja desejável.

8.1.4.5. Quanto à restrição à negociação pré-processual

Uma vez concluído que, de todos os sujeitos intervenientes no processo do trabalho, apenas o empregado – e, mesmo dentro desta categoria, nem mesmo todas as suas espécies – pode apresentar-se em posição de vulnerabilidade no processo do trabalho, resta ainda aqui analisar se, mesmo nestes casos, esse estado de vulnerabilidade é uma constante ao longo da vida da relação jurídica empregatícia.

Porque a heterogeneidade com que os traços de vulnerabilidade podem manifestar-se na relação de emprego é de tal maneira ampla e diversificada, a melhor forma de a compreender passa, na nossa opinião, por reparti-la em camadas, distribuídas em função de *momentos temporais distintos na vida da relação empregatícia*[87]. Não é, porém, possível identificar um padrão unifor-

87. "Vulnerability should not be understood as a permanent and categorical condition, a label that is applied to someone under certain circumstances (such a lack of power or disability) and persists throughout their existence. It is not a concept of all or nothing: a label that includes or excludes a particular group. Rather than considering it a label or an essential characteristic, it should be analyzed in this more subtle way. The vulnerability does not fulfill a purpose of compassion or construction of stereotypes

me que possa ser esquematizado de forma gradual, de sentido crescente ou decrescente. As hipóteses ora elencadas variarão consoante *duas variáveis: a primeira, a vigência ou cessação de vigência do contrato de emprego*[88]; *a segunda, a pendência ou não de ação judicial.*

A convenção processual celebrada antes de instaurado o litígio tem sido uma das situações mais apontadas pela doutrina para negar a possibilidade de pactuação de negócios processuais por aquele; seja em razão da intensa dependência económica sentida pelo trabalhado, seja pela circunstância de a inexistência de litispendência poder *estimular renúncias antecipadas de direitos*[89].

---

or labels but it is built as an evaluative and operative tool" (cit. Barocelli, Sergio Sebastián. Towards the construction of 'hypervulnerable consumers' category. *Revista de Direito do Consumidor*, São Paulo, Ano 26, n.º 113, set-out/2017, pág. 75)

88. De ressalvar que este critério começou a ser levantado pela própria jurisprudência do TST, aquando da análise da arbitrabilidade dos dissídios individuais trabalhistas. Assume destaque na discussão, por exemplo, o acórdão do TST, 4ª Turma, Processo de Recurso de Revista com o n.º 144300.80.2005.5.02.0040, Relator Ministro Barros Levenhagen, Data de Julgamento 04.02.2011. Neste processo, mais um onde se discutia a viabilidade do recurso à arbitragem para acertamento de verbas rescisórias, o tribunal parte do critério subjetivo de arbitrabilidade e de como se manifestam suas vulnerabilidades em dois momentos distintos da relação empregatícia; para afirmar a arbitrabilidade objetiva dos dissídios individuais do ponto de vista do direito material em jogo. Interessante os comentários ao presente acórdão tecidos por Peretti, Luís Alberto Salton. Arbitralidade dos dissídios individuais decorrentes do contrato de trabalho. *Revista de Arbitragem e Mediação*, São Paulo, Vol. 8, N.º 30, jul-set/2011, págs. 293-296.

89. O mesmo debate não deixar de sei discutido, também, entre a processualística civil, onde também se questiona se as partes deveriam ou não ser protegidas contra a assunção em convenções de responsabilidades cujas consequências não poderiam prever. Pensa-se em Moreira, José Carlos Barbosa. *Comentários ao Código de Processo Civil.* 14º ed. Rio de Janeiro: Forense, 2008, vol. V, págs. 340 ss. Em particular, o autor recusava a admissibilidade de as partes poderem renunciar previamente ao recurso. A possibilidade de se celebrar convenções processuais antes da ocorrência de qualquer litígio seria irrefletida e precipitada e, portanto, deveria ser reprimida. Pensamos que para efeitos do processo civil, uma posição como esta não pode ser senão acusada de excesso de paternalismo, que até poderia ser justificado numa situação de desigualdade manifesta entre as partes na formação do contrato, ou até de evidente hipossuficiência cultural ou informativa de alguma delas, mas que não pode ser generalizada (cf. Cabral, Antonio do Passo. *Convenções Processuais*. Salvador: Juspodivm, 2016, pág. 77). Afinal, a autonomia das partes não pode existir apenas dentro do processo. Inobstante a querela poder dizer-se superada diante o próprio art. 190, que expressamente prevê a sua admissibilidade antes do surgimento de conflitos,

Sobre esta temática, há indícios legais que fornecem contributos hermenêuticos ao adequados. O art. 507-A da CLT prevê negociação processual típica pré-processual, circunscrevendo-a, porém, ao caso de trabalhadores invulnerável que aufiram determinada remuneração. Não negamos que uma permissão generalizada à inserção destas cláusulas arbitrais nos contratos de emprego pode revelar-se preocupante e que a escolha pela via arbitral pode não resultar de manifestação de vontade inteiramente livre do candidato a emprego. A opção do legislador com a Reforma Trabalhista é, de resto, clara, ao pressupor a sua admissibilidade a trabalhadores presumidos invulneráveis (art. 507-A da CLT) e fazendo-o em termos amplos (de forma expressa quanto à cláusula compromissória; de forma tácita e *a fortiori*, quanto a compromissos arbitrais). Quanto às restantes categorias, não teceu qualquer consideração.

Mas como acima já deixámos claro, o preceito não visa impedir a negociação arbitral da generalidade dos restantes grupos de trabalhadores, apenas deles restringir a cláusula compromissória. Compreende-se que o faça. *Não está aqui em causa um problema de maior ou menor vulnerabilidade negocial do empregado. O critério é exclusivamente econômico* e *prende-se exclusivamente com os custos que o procedimento arbitral implica*. Faz sentido que, nestas circunstâncias, não se admitam a trabalhadores com menores remunerações, *ainda que invulneráveis*, a celebração de cláusulas compromissóes – mas já não compromissos arbitrais.

Daqui *não se pode extrair um argumento a favor da generalizada inadmissibilidade de convenções processuais*. Isto porque a *ratio* da restrição legal prende-se exclusivamente com a particular circunstância do procedimento arbitral envolver custos acrescidos para o trabalhador e não com a vulnerabilidade técnica ou negocial deste. Sob este ponto de vista a interpretação terá que operar de forma restritiva.

Dos argumentos usados para negar a celebração de negócios pré-processuais no processo laboral, dá-se ênfase (i) à situação de *vulnerabilidade económica* do trabalhador: este estaria inserido numa situação pré-contratual de carência económica extrema que não lhe salvaguardaria uma efectiva margem de liberdade para formular escolhas conscientes[90]; (ii) ao

---

parte da doutrina juslaboralista ainda considera que aquela mesma conclusão deverá colher transposição para o processo do trabalho.

90. Silva, Luiz Augusto da. Arbitragem trabalhista e o problema da liberdade: reflexões à luz do ideal de não dominação, efetividade, e a Reforma da Lei da Arbitragem (Lei

fato estarmos num momento em que, por regra, o trabalhador enco*ntra-se desacompanhado de advogado*[91].

Parece-nos que antes de formar qualquer conclusão a este respeito, haverá que se identificar as camadas de vulnerabilidade que poderão aqui interferir no ideal de liberdade como não-dominação sobre o trabalhador. É razoável presumir que três tipos de vulnerabilidade estarão presentes neste momento temporal: económica, informacional e técnica. A ausência de vínculo empregatício (apenas potencial neste momento temporal), porém, determina a inexistência de uma "sujeição jurídica" do candidato. Porém, como não fica excluída, em todo o caso, a possibilidade de alguma delas serem afastadas no caso concreto[92], acreditamos que a premissa deverá continuar a ser a da presunção de capacidade negocial processual do candidato a emprego.

Apenas o caso concreto poderá determinar a validade de negociação. Circunstâncias como a capacidade intelectual do agente, suficiência económica, a presença de advogado, entre outros, poderá demonstrar que o trabalhador não se encontra, verdadeiramente, numa posição de fragilidade que imponha a desconsideração total da sua vontade pelo ordenamento[93]. Apesar do voto de confiança dado pelo ordenamento aos trabalhadores qualificados no art. 507-A da CLT, é preciso ter cuidado com os argumentos erróneos que possam levar a considerar a "vontade do rico" juridicamente mais relevante e confiável do que a "vontade do pobre". Já nos pronunciámos acima quanto à melhor forma de ler este preceito, tendo então entendido que dele não se pode extrair uma consequente impossibilidade aos "normais" trabalhadores para celebrar convenções arbitrais. A falta de poderio econômico e de nível

---

da Arbitragem (Lei 13.129/2015). *Revista de Arbitragem e Mediação*, São Paulo, Vol. 56, Ano 15, jan-mar/2018, pág.195.

91. Junqueira, Fernanda Antunes Marques; Maranhão, Ney. Negócio processual no processo do trabalho: apontamentos gerais", *in* Colnago, Lorena Rezende, Nahas, Thereza Christina (coord.). *Processo do Trabalho Atual, Aplicação dos enunciados dos Fórum nacional e da instrução normativa do TST*. São Paulo: RT, 2016, pág. 150. As autoras entendem que a invalidade decorrerá não do facto de a CLT prever rito próprio, tal como disposto no Enunciado n.º 6 do Fórum, mas pelo facto de como o trabalhador está num verdadeiro elo de emprego, não terá a independência e autonomia para tomar decisões livres, dado o quadro de alegada vulnerabilidade.

92. Peretti, Luís Alberto Salton. Arbitralidade dos dissídios individuais decorrentes do contrato de trabalho. *Revista de Arbitragem e Mediação*, São Paulo, Vol. 8, N.º 30, jul--set/2011, pág. 296.

93. Sen, Amartya. Desenvolvimento como liberdade (Trad. Laura Teixeira Motta). São Paulo: Companhia das Letras, 2010, pág. 375.

intelectual dos trabalhadores não tornam as suas decisões menos dignas de consideração e respeito. Uma coisa é dizer que a alta escolaridade ou altos vencimentos possam indiciar a ausência de vulnerabilidade do empregado; outra, diferente, é dizer que a baixa escolaridade e os baixos rendimentos possam indiciar a existência de vulnerabilidade. Apenas a primeira é passível de ser extraída, já que a mera hipossuficiência ou baixa escolaridade não são suficientes, por si só, para incapacitar um empregado à cognição de uma disposição legal.

Em suma, não nos parece que negociações pré-processuais possam ser excluídas à partida da Justiça do Trabalho. O seu controlo pode e deve ser mais cuidadoso da parte do magistrado trabalhista, nomeadamente quanto a potenciais situações de renúncia antecipada a direitos processuais. Mas a situação de vulnerabilidade material do empregado mesmo antes de despoletado o litígio não pode presumir a sua incapacidade para celebrar convenções.

§ 9

CONVENÇÕES PROCESSUAIS *EM ESPÉCIE* NO PROCESSO DO TRABALHO

9.1. CONVENÇÕES PROCESSUAIS TÍPICAS PREVISTAS *NA LEGISLAÇÃO TRABALHISTA*

Como esta matéria já foi analisada ao longo de dois capítulos diferentes, não temos aqui pretensão de a repetir. Aproveitamos este tópico apenas para lhes remeter indicação e acrescentar outros exemplos previstos na legislação em vigor.

Vimos acima (*supra 3.2.2.*), que o legislador constitucional impôs como condição de resolução de *dissídios coletivos* que os sindicatos envolvidos acertassem um "comum acordo" na instauração da lide (art. 114, §2º da CF). Este comum acordo nada mais é do que um negócio jurídico processual, que alguns designam como uma espécie de *compromisso arbitral judicial informal*[1-2]. Ele tanto pode ser expresso, como tácito, escrito ou oral, atenta

1. Expressão repetida pela doutrina DALAZEN, João Oreste. Reflexões sobre o poder normativo da Justiça do Trabalho e a EC n.º 45/2004. *In* PAIXÃO, Cristiano, RODRIGUES, Douglas Alencar, CALDAS, Roberto Figueiredo (coord.) *Os novos horizontes do direito do trabalho: homenagem ao Ministro José Luciano de Castilho Pereira*. São Paulo: LTr, 2005, pág. 462. No mesmo sentido, RIPPER, Walter William. *O poder normativo da Justiça do Trabalho após a Emenda Constitucional n. 45/2004*. São Paulo: LTr, 2007, págs. 275; GARCIA, Gustavo Filipe Barbosa. Novidades sobre o dissídio coletivo após a Reforma do poder judiciário. *Revista IOB trabalhista e previdenciária*, São Paulo, N.º 7, abr/2005, pág. 203. Neste mesmo sentido, o julgado do TRT, 3ª Região, Processo n.º 00580.2005.000.03.00.1, Relator Juiz José Miguel de Campos, onde se pode ler: "Poder normativo. Ementa Constitucional n. 45/04. Natureza jurídica. Arbitragem judicial voluntária. Sentença arbitral. Insusceptibilidade de recurso. A partir da publicação da Ementa Constitucional n.º 45/04, de aplicação imediata, o poder normativo da Justiça do Trabalho não possui natureza jurídica de função atípica normatizante, mas de arbitragem judicial voluntária. (...)".

a informalidade patente do processo trabalhista e que também disciplina os negócios processuais. É verdade que não estamos perante um pacto arbitral judicial, pois os limites que sujeitam a arbitragem são distintos dos que vinculam a sentença normativa, mas existe claramente a importação de um elemento encontrado na arbitragem para a jurisdição coletiva[3]. O negócio é claramente processual. O acordo não respeita ao mérito da disputa, apenas que ambas acordam submeter o litígio a um processo formal de dissídio coletivo de natureza económica a ser julgado por decisão jurisdicional mediante sentença normativa.

Da mesma forma, analisámos acima (*surpa* 4.6), que a mesma Constituição, no art. 114, §1° prevê convenção arbitral coletiva, onde admite que lides coletivas possam (*rectius,* devam) ser resolvidas por arbitragem antes mesmo de se procurar uma solução jurisdicional.

Do ponto de vista individual, a ideia de consenso e de negociação processual também *não é de todo estranha ao processo do trabalho*, tal como não era de todo estranha ao CPC/73. Tal como no CPC-73 se admitiam já

GARCIA, Pedro Carlos Sampaio. O fim do poder normativo. *In* COUTINHO, Grijalbo Fernandes, FAVA, Marcos Neves (coord.). *Justiça do Trabalho: Competência ampliada.* São Paulo: LTr, 2005, pág. 391.

2. Em sentido contrário, ROMITA, "É, isso sim, método jurisdicional de solução dos conflitos coletivos de interesses. Não se trata, no caso, de arbitragem. São inconfundíveis os dois métodos: arbitragem compulsória e poder normativo. O fato de Plá Rodriguez chamar a laranjeira de jaqueira não será suficiente para que ela passe a dar jacas. Chamar o poder normativo de arbitragem compulsória, no Brasil, equivale a afastar do debate o próprio texto da Constituição da República que, no art. 114, §2°, declara: 'Recusando-se qualquer das partes à negociação ou à arbitragem, é facultado aos respectivos sindicatos ajuizar dissídio coletivo'" (ROMITA, Arion Sayão. Justiça do Trabalho: Necessárias Distinções *In* ROMITA, Arion Sayão. *Princípio da proteção em xeque e outros ensaios.* São Paulo: LTr, 2003, pág. 359). No mesmo sentido, (MARTINS, Sérgio Pinto. *Direito Processual do Trabalho.* 40ª ed. São Paulo: Atlas, 2018, pág. 958). O autor entende que "O dissídio coletivo não é uma arbitragem pública. Não está escrito expressamente no §2° do art. 114 da Constituição que foi instituída a arbitragem jurisdicional voluntária. Não se trata de arbitragem, mas do exercício do poder normativo da Justiça do Trabalho".

3. Há quem, inclusivamente, sustente estarmos aqui perante uma verdadeira arbitragem judicial pública. Neste sentido, LOPES, Otavio Brito. A Emenda Constitucional n. 45 e o Ministério Público do Trabalho. *In* COUTINHO, Brijalbo Fernandes, FAVA, Marcos Neves (coord.). *Justiça do Trabalho: competência ampliada.* São Paulo: LTr, 2005, pág. 373 e ALMEIDA, Renato Rua de. O art. 190 do novo CPC tem aplicabilidade para o dissídio coletivo? *Revista LTr,* São Paulo, Vol. 80, n.° 07, jul/2016, pág. 826.

negócios processuais com respeito à dispensa de audiência, suspensão do processo, distribuição do ônus da prova, critérios para entrega de memoriais, adiamento de julgamento de segundo grau e, ainda que de forma tímida, a admissibilidade de negociação atípica na bengala do art. 158[4]; também o processo do trabalho conhece e tutela *algumas tímidas manifestações típicas do autorregramento das partes.*

Já analisámos extensivamente a convenção arbitral prevista no art. 507-A da CLT, assim como o acordo necessário à instauração da jurisdição voluntária do art. 855-B da CLT (*vide supra* 3.3.1.1.8). Cabe agora trazer à colação os exemplos dos arts. (i) 789, §3º da CLT quando admite forma convencional de distribuição e responsabilidade *pelas custas* em caso de transação; (ii) 847 da CLT que admite a imediata apresentação da defesa do reclamado no início da audiência em caso de *dispensa por acordo das partes da leitura da reclamação* trabalhista; (iii) ou o 887, *caput* da CLT ao admitir que as partes possam livre e consensualmente escolher o *responsável pela avaliação dos bens* penhorados[5].

Pode-se ainda reconhecer, tal como o faz Pedro Henrique Nogueira, negócios jurídicos processuais implícitos subjacentes aos dispositivos 845 da CLT (dispensa de testemunhas) e 850 da CLT (dispensa de razões finais)[6].

Dada a previsão constitucional e infraconstitucional específica em matéria laboral de casos típicos de negociação processual, como falar em incompatibilidade do autorregramento da vontade das partes com este processo?

---

4. Não parece correto sustentar, por isso, que o art. 190 seja uma derivação dos artigos 181 e 182 do CPC/73 tal como faz Peixoto, Ulisses Vieira Moreira. *Novo Código de Processo Civil Comentado Artigo por Artigo e Aplicado na Prática*. São Paulo: Cronus, 2016, pág. 249.
5. "A avaliação dos bens penhorados em virtude da execução de decisão condenatória, será feita por avaliador escolhido de comum acordo pelas partes, que perceberá as custas arbitradas pelo juiz, ou presidente do tribunal trabalhista, de conformidade com a tabela a ser expedida pelo Tribunal Superior do Trabalho. §1º Não acordando as partes quanto à designação de avaliador, dentro de cinco dias após o despacho que o determinou a avaliação, será o avaliador designado livremente pelo juiz ou presidente do tribunal" (cit. art. 887 da CLT).
6. Nogueira, Pedro Henrique. Negociação processual trabalhista. *In* Dallegrave Neto, José Afonso, Goulart, Rodrigo Fortunato (coord.). *Novo CPC e o Processo do Trabalho*. 2ª ed. São Paulo: LTr, 2016, pág. 621.

9.2. CONVENÇÕES PROCESSUAIS TÍPICAS *PREVISTAS NO CPC* APLICÁVEIS AO PROCESSO DO TRABALHO

9.2.1. Foro de eleição e prorrogação consensual da competência – arts. 63 e 65 do CPC *ex vi* art. 15 do CPC

As normas de distribuição de competência, mesmo territorial, em processo do trabalho, costumam ser estabelecidas de forma bastantes restrita, seja nacional, seja internacionalmente[7].

A previsão que admite a modificação consensual da competência territorial justifica-se por ser do exclusivo *interesse das partes,* não justificando a intervenção processual do Estado. Pela mesma razão, acaso um dos contraentes entender afastar a aplicação da cláusula de eleição de foro, não deverá o magistrado intervir de ofício e reconhecer a sua incompetência.

---

7. Em Espanha, por exemplo, não se admite *pacto de competência*. A recusa da disposição sobre estas regras obedece a fundamentos da indisponibilidade das normas, como também da celeridade do procedimento (Lefebvre, Francis. *Procedimiento laboral 2015-2016*. Madrid: Ediciones Francis Lefebvre, 2016, pág. 163). Já desde a Lei dos Tribunais Industriais de 1912 que se determinava a sujeição de qualquer contrato entre empresários e companhias de seguros aos foros legalmente competentes; sendo que 1958, nova lei dá um passo definitivo em matéria laboral para considerar como nulas as cláusulas de eleição consensual de competência presentes em todos os contratos de trabalho. A jurisprudência espanhola, nesta época, formulava entendimento maioritário no sentido de que: (i) pactos de desaforamento expressos seriam nulos, pois o trabalhador poderia não conhecer os seus direitos nesta matéria; (ii) quanto ao desaforamento tácito no decurso do processo, por não alegação da incompetência territorial, seria admissível, já que a *ratio* da proteção das primeiras (falsa autonomia da vontade) não se manifestavam nas segundas; (iii) o tribunal não controlava de ofício a sua competência territorial. Todavia, com a chegada da LBPL de 1989, um sistema diametralmente oposto é instituído: (i) a competência dos tribunais, incluindo a territorial, torna-se improrrogável; (ii) os tribunais passam a apreciar de ofício a sua competência. Nenhuma destas disposições transitou para a LPL de 1990, o que deixava a doutrina entre duas hipóteses: ou aplicar o regramento civil que permitia o pacto sobre foro, ou entender que tinha havido um erro legislativo competindo ao intérprete concertar, para que o art. 3.5 do ET, que proíbe os pactos de renúncia expressa aos direitos trabalhistas, não fosse esvaziado. Este último acabou por ser o posicionamento maioritário na doutrina laboral. Atualmente, com a LRJS, apesar de manter-se a ausência de uma norma específica para determinar a natureza pública de regras de competência territorial, prevê o art. 5º que o tribunal mantém competência para apreciar a sua competência, permanecendo ainda a cargo da doutrina o recorte dessa competência (cf. Aroca, Juan Montero; Cabrero, Manuel Iglesias, Correa, José Maria Marín, Corral, Mariano Sampedro. *Comentarios a la Ley de Procedimiento Laboral*. Madrid: Civitas, 1993, vol. I, págs. 91-92).

Estamos perante um dos mais conhecidos negócios jurídicos processuais[8]. Em termos conexos, admite o art. 65 do CPC negócio processual tácito de tramitação da causa em juízo relativamente incompetente[9]. Nenhum dos

---

8. Sobre a natureza negocial da cláusula de eleição de foro, MARINONI, Luiz Guilherme; ARENHART, Sérgio Cruz; MITIDIERO, Daniel. CURSO DE PROCESSO CIVIL. 2ª ed. São Paulo: RT, 2016 vol. I, págs. 67-68; MONTENEGRO FILHO, Misael. *Curso de Direito Processual Civil.* 12ª ed. São Paulo: Atlas, 2016, pág. 90; BUENO, Cassio Scarpinella. *Manual de Direito Processual Civil.* 2ª ed. São Paulo: Saraiva, 2016, págs. 130-132; GALDINO, Flávio. Comentários ao artigo 63. *in* CABRAL, Antonio do Passo, CRAMER, Ronaldo (coord.). *Comentários ao Novo Código de Processo Civil.* 2ª ed. São Paulo: Forense, 2016, págs. 111-112. O autor ressalta a lógica da semelhança que existe entre o art. 63 e o art. 200, mediante o qual se prevê que eventual intervenção do juiz no negócio enferma de ineficácia e não de invalidade a eleição do foro convencionado, razão pela qual nada impedirá que, uma vez reconhecida a ineficácia da cláusula em determinado processo, ela venha a ser considerada eficaz noutro. MEDINA anota ainda particulares considerações a respeito a cláusula de eleição de foro em contrato de adesão e que, em certa medida, poderá igualmente relevar em contratos de trabalho. Baseando-se em jurisprudência do STJ, alerta para o fato de não ser a mera aposição de cláusula de eleição de foro em contrato de adesão que importa a sua imediata invalidade mas, e apenas, nos casos em que se verifique um *concreta e efetiva* vulnerabilidade de uma das partes (consumidor) e isso venha a *dificultar a sua defesa* em juízo (MEDINA, José Miguel Garcia. *Novo Código de Processo Civil Comentado.* 4ª ed. São Paulo: RT, 2016, pág. 147). Por Resp 379949/PR, 4ª T., Relator Ministro Sálvio de Figueiredo Teixeira, fixou-se este entendimento, determinando como sendo em princípio válida a cláusula de eleição de foro exceto se se verificar as seguintes situações: a) se a parte, à data da celebração, não dispusesse de intelecto suficiente para compreender o sentido e consequências da cláusula, b) se da inclusão da cláusula resultar inviabilidade ou grande dificuldade para a parte aceder ao judiciário, c) se o contrato foi de adesão obrigatória, i.e., se o objeto do produto ou serviço é prestado em regime de exclusividade por certa empresa. Não há razão para a mesma lógica ser recusada em sede de Processo do Trabalho, quando em causa esteja o trabalhador. Com particular enfoque na escolha de foro em contratos internacionais, DONIZETTI, Elpídio. *Curso didático de direito processual civil.* 19ª ed. São Paulo: Atlas, 2016, págs. 196 e 227.
9. Paralelamente ao art. 63, também o art. 65 vem estabelecer uma norma que admite a prorrogação da competência pelas partes. Aqui se prevê que, na ausência de impugnação do réu relativamente a juízos que admitiam a invocação da incompetência relativa, se imponha a prorrogação da competência estabelecida, pela anuência e concordância tácita do réu. Ressaltando a inadequação da intervenção do Ministério Público para arguir a incompetência relativa, por não lhe dever competir a decisão sobre o que é, ou não, mais conveniente para as partes, GALDINO, Flávio. Comentários ao artigo 63. *in* CABRAL, Antonio do Passo, CRAMER, Ronaldo (coord.). *Comentários ao Novo Código de Processo Civil.* 2ª ed. São Paulo: Forense, 2016, págs. 114-115. Neste sentido, e dado o carácter dispositivo das regras que fixam a competência relativa, dever-se-á interpretar aquela legitimidade do Ministério Público apenas nas situações específicas em que o MP está autorizado a atuar como fiscal da ordem jurídica, nos termos dos

preceitos restringe o negócio processual em razão da disponibilidade do direito discutido na lide, embora não falte quem invoque essa limitação[10].

Por outro lado, e ao contrário da anterior disposição do CPC/73 que circunscrevia a nulidade da cláusula à sua inserção abusiva em contrato de adesão, o reformulado art. 63 do CPC desvencilhou-se dessa limitação para culminar de nulidade qualquer inserção abusiva de cláusula de eleição de foro,

---

arts. 176-179 (Schenk, Leonardo Faria. Comentários ao artigo 65. *In* Wambier, Teresa Arruda Alvim, Didier Jr., Fredie, Talamini, Eduardo, Dantas, Bruno (coord.). *Breves Comentários ao Novo Código de Processo Civil.* 3ª ed. São Paulo: RT, 2016, pág. 268).

10. Assim, Neves, Daniel Amorim Assumpção. *Novo Código de Processo Civil Comentado artigo por artigo.* 2ª ed. Salvador: Juspodivm, 2017, pág. 106. O autor entende que porque a norma se limita a ações oriundas de direitos e obrigações, i.e., fundadas em direitos obrigacionais, ficam excluídas demandas que versem sobre direitos indisponíveis. Também, Oliveira (Oliveira, Bruno Silveira. Comentários ao artigo 63. *In* Wambier, Teresa Arruda Alvim, Didier Jr., Fredie, Talamini, Eduardo, Dantas, Bruno (coord.). *Breves Comentários ao Novo Código de Processo Civil.* 3ª ed. São Paulo: RT, 2016, págs. 263-264.) entende que a cláusula de eleição de foro apenas será válida em demandas relativas a negócios jurídicos já concreta e previamente celebrados (e, portanto, já determinados, sob pena de, a não ser assim, a parte poder correr numa *renúncia em branco* do seu direito), desde que em causa estejam direitos ou situações jurídicas *disponíveis*. Tendemos a discordar deste entendimento que restringe o pacto a causas que versem sobre situações jurídicas disponíveis. O paralelo deve ser feito com o art. 190, que se basta com a exigência de que a causa admita autocomposição (e não que o seu objeto seja disponível), dever-se-á entender que, mesmo quando a causa verse sobre direitos *indisponíveis*, as partes permanecerão livres para convencionar sobre o foro. Se estiverem em causa direitos indisponíveis, aquilo que se pode (e deve) admitir, sim, é que haja uma maior cautela e controlo sobre o carácter abusivo da cláusula; a disponibilidade das partes nestes casos, apesar de dever ser reconhecida pelo imperativo de liberdade, não poderá deixar de ser balizada. Assim, por exemplo, dada a natureza alimentar de créditos salariais, tenderá a ser abusiva a cláusula de eleição de foro que onere significativamente trabalhadores comuns com deslocações que estes não possam suportar. De qualquer forma, e porque uma cláusula de eleição de foro mesmo em processo trabalhista poderá ser acordada para benefício do trabalhador, não se compreende como é que, nestas hipóteses, não se poderá admitir a sua validade, mesmo estando em causa direitos indisponíveis. A exemplo de Daniel Amorim Assumpção Neves, o autor alerta ainda para a circunstância de no concurso de normas modificadoras de competência deverá prevalecer o critério legal: assim, por exemplo, no caso em que autor e réu, depois de celebrarem convenção pela qual elegem o foro de Salvador para dirimir o conflito, e uma das partes, posteriormente, intenta a acção não em Salvador, como convencionado, mas no Rio de Janeiro; não se opondo a outra parte, a competência foi para lá deslocada tacitamente; todavia, acaso demanda conexa tramite obrigatoriamente em Campinas, o processo e eventual competência terão que ser deslocados para esta última, por razões de ordem pública subjacentes ao dever de reunião.

independentemente do tipo de contrato onde estiver aposta. Veja-se, ainda, que o dispositivo não exige, sequer, que a parte lesada seja *hipossuficiente*, i.e., independe da qualidade do réu. A interpretação a reservar ao dispositivo haverá, assim, de ser ampla, abrangendo foros que prejudiquem o exercício da ampla defesa do demandado, seja ele quem for[11]. Conhecida a abusividade da eleição de foro, o magistrado tornará os respetivos efeitos *ineficazes*[12].

A distribuição territorial de competência é ponto fundamental concretizador do princípio do *acesso à justiça*. Esta mesma preocupação legislativa de tutela da parte vulnerável quanto à distribuição da lide encontra-se presente na Justiça consumeirista, com uma particular diferença: ao passo que no processo do trabalho a terminologia empregue no art. 651 da CLT é feita no sentido categórico-afirmativo (a competência das juntas é determinada pelo local onde o trabalhador presta serviços[13]), no direito do consumo surge como uma faculdade do consumidor no art. 101, inc. I CDC ("a ação *pode* ser proposta no domicílio do autor"). Em ambos os casos, porém, a norma procura facilitar o acesso à justiça das partes tendencialmente mais débeis, oferecendo-lhes prerrogativas para facilitar a defesa dos seus direitos. A norma que possibilita ao trabalhador propor ações judiciais no local onde presta os seus serviços foi pensada e construída em seu favor. Pretende-se conferir ao trabalhador maiores condições para a produção de prova, que tradicionalmente poderá ser melhor encontrada no local de prestação de serviços.

Podemos, portanto, questionar se o trabalhador tem a *obrigação* de demandar nesse foro, ou se *pode* fazê-lo no domicílio do empregador. Apesar de uma leitura literal dos dois preceitos poder sugerir soluções diferenciadas – i.e., o consumidor poderia, no uso da sua faculdade, optar por diferente foro, ao passo que o trabalhador, sujeito a determinação legal categórica, teria sempre que se sujeitar ao foro legal –; entendemos não ser

---

11. Neves, Daniel Amorim Assumpção. *Novo Código de Processo Civil Comentado artigo por artigo*. 2ª ed. Salvador: Juspodivm, 2017, pág. 106.
12. O regime não é de validade, mas sim de eficácia. Assim, Cramer, Ronaldo. Comentários aos arts. 42 a 66. *In* Streck, Lenio Luiz, Nunes, Dierle, Cunha, Leonardo Carneiro da (Org.). *Comentários ao Código de Processo Civil*. São Paulo: Saraiva, 2017, pág. 125.
13. Regra esta que esteve durante muito tempo consagrada em Súmula do TST (*vide* Súmula n.º 207, "Conflitos de leis trabalhistas no espaço. Princípio da *lex loci executionis*. A relação jurídica trabalhista é regida pelas leis vigentes no país da prestação de serviço e não por aquelas do local da contratação"), posteriormente cancelada pela Resolução n.º 181/2012 do TST.

essa a melhor interpretação. A renúncia a um direito processual não carece de previsão legal expressa. É perfeitamente possível ao trabalhador demandar no domicílio da empresa se para tanto se motivar, renunciando tacitamente à prerrogativa de foro legal que lhe foi outorgada por lei[14]. Afinal, está em causa uma norma de *competência relativa*, que inclusivamente só pode ser conhecida por *exceção* (e não de ofício[15]). Uma interpretação conforme os princípios processuais constitucionais (v.g. inafastabilidade do acesso à justiça, contraditório e ampla defesa, duração razoável do processo) levam o intérprete a ultrapassar resultados injustos que, no caso concreto, uma interpretação literal da norma possa conduzir, e agarrar-se a elementos sistemáticos e teleológicos para admitir o afastamento do preceito pelo trabalhador sempre que a sua observância possa ser prejudicial a este[16]. A norma extraída da regra do 651, *caput* da CLT tem sido temperada de forma a permitir demandas instauradas no foro do domicílio do réu, mesmo quando este não coincida com o local de prestação de serviços[17].

---

14. No mesmo sentido, Schiavi "(...) as normas que consagram a competência territorial da Justiça do Trabalho são fixadas em benefício do trabalhador (art. 651 da CLT), cabendo tão somente a este, eventualmente, renunciar ao benefício legal" (Schiavi, Mauro. *Manual de Direito Processual do Trabalho.* 12ª ed. São Paulo: LTr, 2017, pág. 316). Também, Leite, Carlos Henrique Bezerra. *Curso de Direito Processual do Trabalho.* 14ª ed. São Paulo: Saraiva, 2016, pág. 345-349; Saraiva, Renato; Manfredini, Aryanna. *Curso de Direito Processual do Trabalho.* 12ª ed. Salvador: Juspodivm, 2015, pág. 111.
15. Cf. Súmula 33 do STJ ("A incompetência relativa não pode ser declarada de ofício"), assim como a OJ do TST/SBDI-II, n.º 149 (Orientação Jurisprudencial 149/TST-SDI-II – 03/12/2008. Competência. Conflito. Incompetência territorial. Hipótese do art. 651, §3º, da CLT. Impossibilidade de declaração de ofício de incompetência relativa. "Não cabe declaração de ofício de incompetência territorial no caso do uso, pelo trabalhador, da faculdade prevista no art. 651, §3º, da CLT. Nessa hipótese, resolve-se o conflito pelo reconhecimento da competência do juízo do local onde a ação foi proposta").
16. Não podemos deixar de reparar que a argumentação tradicional usada pela doutrina para arredar o art. 651 *caput* e permitir a demanda no foro do domicílio do trabalhador é elaborada sobretudo com recurso ao princípio da inafastabilidade da jurisdição e não propriamente no princípio da proteção do trabalhador no processo do trabalho, o que não deixa de ser curioso; até porque assim o é mesmo para aqueles que advogam a sua existência no processo do trabalho, como Bezerra Leite.
17. Cf. Acórdão do TRT, 17ª Região, 3ª Turma, Recurso Ordinário n.º 0081500-31.2010.5.17.0005, Relator Desembargador Carlos Henrique Bezerra Leite, Data de Julgamento 21.06.2011; Acórdão do TST, 2ª Turma, Recurso de Revista de Processo n.º 25600-90.2008.5.22.2013, Relator Ministro José Roberto Freire Pimenta, Data de Julgamento 06.09.2012.

Pode-se sustentar que larga maioria da doutrina tem-se recusado a admitir a possibilidade do trabalhador convencionar sobre a eleição de foro no processo do trabalho[18]. Também a própria jurisprudência é relutante a aceitar

18. OLIVEIRA, Francisco Antonio de. Comentários sobre a Instrução Normativa N. 39 (Resolução do TST N. 203 de 15.03.2016) que dispõe sobre as normas do novo código de processo civil, instituído pela Lei n.13.105, de 15 de março de 2015. *Revista LTr*, São Paulo, Vol. 80, N.º 07, jul/2016, pág. 799. Não admite em razão da proteção que tem de se fazer ao trabalhador, não obstante reconhecer que o Direito do Trabalho é hoje um direito eclético com o advento da Emenda Constitucional n. 45/2009, que ampliou a sua competência. Considerando que o pacto não se aplica ao processo do trabalho por existir norma de competência territorial específica no 651.º da CLT, considerado como tendo natureza de ordem pública, BERNARDI LORA, Ilse Marcelina. Impactos do Novo Código de Processo Civil no Processo do Trabalho. *Revista Síntese Trabalhista e Previdenciária*, São Paulo, Vol. 27, N.º 324, jun/2016., págs. 13-14. Também PINTO, José Augusto Rodrigues. *Processo trabalhista de conhecimento.* São Paulo: LTr, 2005, pág. 186: "(...) é terminantemente vedada na Justiça do Trabalho, por incompatível com as normas trabalhistas de determinação da competência. De fato, sendo o foro de eleição produto de um *ajuste de vontades entre contratantes*, ficaria muito clara, tornando-se, por isso, presumidamente coacta, a vontade aderente do empregado à escolha do empregador, com virtual derrogação de todo o regramento do art. 651 e seus parágrafos da Consolidação, inspirado no *fundamento* da proteção do hipossuficiente econômico", pensamento que estende aos "(...) trabalhadores em geral, agora jurisdicionados da Justiça do Trabalho (...), entendemos que a similitude de seu perfil com o do trabalhador subordinado deve conduzir à conclusão da impropriedade de acolhimento supletivo do CPC, a propósito do foro de eleição, não consagrado na legislação processual do trabalho". Também TEIXEIRA FILHO, quando entende que "(...) a norma em exame seja inaplicável à Justiça do Trabalho, na qual a competência *ratione loci* é fixada pelo art. 651, da CLT. A não se entender assim, a norma poderia ser utilizada em prejuízo do trabalhador, fazendo, por exemplo, com que tivesse de ajuizar a ação em localidade muito distante daquela em que prestou serviços ou em que foi contratado"; ressalva, porém, a hipótese de a convenção prever competência territorial mais vantajosa ao trabalhador, nomeadamente, quando pactue ser a causa aforada em lugar onde este resida (TEIXEIRA FILHO, Manoel Antonio. *Comentários ao Novo Código de Processo Civil: sob a perspectiva do processo do trabalho.* 2ª ed. São Paulo: LTr, 2016, pág. 77). Também assim, SILVA, "(...) a legislação trabalhista é omissa no que tange a esta questão, o que poderia induzir o mais desatento à aplicação subsidiária do dispositivo acima. Ocorre que para aplicação subsidiária do processo comum não basta a omissão da CLT, mas o instituto também deve ser compatível com o processo do trabalho. E (...) a simples omissão não possibilita a aplicação subsidiária de tal regra, uma vez que o foro de eleição é incompatível com os preceitos trabalhistas" (SILVA, Bruno Freire e. *O novo CPC e o processo do trabalho – Parte Geral.* 2ª ed. São Paulo: LTr, 2016. Pág. 74 e em A Instrução Normativa n. 39 do TST: a interpretação dada pela corte trabalhista à aplicação do Código de Processo Civil no processo do trabalho – 2ª Parte. *Revista de Direito do Trabalho*, Vol. 42, N.º 182, São Paulo, jul--ago/2017, págs. 28-29); ou SARAIVA e MANFREDINI, que expressamente atesta que

esta situação, negando-a sucessivas vezes em razão da *hipossuficiência* do trabalhador[19] e apenas a admitindo se prever *foro benéfico* àquele[20]. Poucos

---

o 62 e 63º do CPC "(...) se revelam incompatíveis com as normas de competência do processo do trabalho, visto que estas são de ordem pública e, por consequência, não suscetíveis de modificação pelas partes" (SARAIVA, Renato; MANFREDINI, Aryanna. *Curso de Direito Processual do Trabalho.* 12ª ed. Salvador: Juspodivm, 2015, pág. 113); MARTINS, que considera o art. 651 da CLT norma de ordem pública e o direito nela embasada de natureza irrenunciável, alegando que não existindo lacuna na CLT não cabe a aplicação do CPC em matéria de pacto de competência (MARTINS, Sérgio Pinto. *Direito Processual do Trabalho.* 40ª ed. São Paulo: Atlas, 2018, pág. 211); SILVA, José Antônio Ribeiro de Oliveira. Comentário ao art. 63. *In In* SILVA, José Antônio Ribeiro de Oliveira (coord.). *Comentários ao novo CPC e sua aplicação ao processo do trabalho: atualizado conforme a Lei nº 13.256/2016*, São Paulo: LTr, 2016, vol. I, pág. 103; CHAVES, Luciano Athayde. *Curso de Processo do Trabalho.* 2ª ed. São Paulo: LTr, 2012, págs. 307-309. Segundo o Autor, "(...) a regra geral fixada na CLT, no tocante à competência territorial, é inegavelmente permeada pelo princípio protetivo, na medida em que, às escâncaras, almeja facilitar o acesso do trabalhador a uma ordem jurídica justa. Além disso, se detivermos inteira consciência de que esse critério, no fundo, presta-se a garantir o atingimento dos objetivos jurídicos, sociais, pedagógicos e políticos do processo, então precisamos convir que, ao eleger o local da prestação dos serviços como critério fixador da competência territorial da Justiça do Trabalho, no tocante às demandas de matiz individual, o art. 651 da CLT também incorpora uma elevadíssima carga de imperatividade e cogência, do que deflui a impossibilidade de sua alteração pela simples vontade das partes". Neste sentido, admite foro de eleição na Justiça do Trabalho apenas quando este for benéfico ao empregado, padrão que aplica nos mesmos termos a trabalhadores não empregados. Também ALMEIDA, Cléber Lúcio. *Direito Processual do Trabalho.* 8ª ed. São Paulo: LTr, 2016, págs. 177-178, que apenas admite convenção que beneficie o empregado; GONÇALVES, Igor Sousa. O instituto da negociação processual na Justiça do Trabalho: compatibilidade, limites e desafio. *Revista do Direito do Trabalho*, São Paulo, Vol. 43, N.º 183, nov/2017, pág. 205.

19. "Foro de eleição. Justiça do Trabalho. Incompatibilidade. Conquanto não haja vedação expressa no texto celetizado, a eleição de foro revela-se incompatível com o processo trabalhista, na medida em que a orientação é facilitar o acesso do trabalhador ao órgão jurisdicional, considerando a sua hipossuficiência econômica – inteligência do art. 651 da CLT e seus parágrafos. Preliminar que ora se rejeita" (acórdão do TRT 15ª Região, Recurso Ordinário Proc. n.º 15744/99 (37713/2000), Relator Juiz Levi Ceregato, Data de Publicação 03.10.2000).

20. Assim, por exemplo, *vide* o acórdão do TRT, 1ª Região, 3ª Turma, Proc. de Recurso Ordinário n.º 0100436-52.2016.5.01.0066, Relator Desembargador Rildo Albuquerque Mousinho de Brito, Data de Julgamento, 09.03.2017, onde se pode ler que "a competência territorial na seara trabalhista é determinada pelo local onde o reclamante presta serviços, nos termos do art. 651 da CLT (LGL\1943\5). Mas, se existe cláusula de eleição de foro no contrato, estipulando uma condição mais favorável ao empregado, ela deve prevalecer".

têm sido aqueles que a aceitam mas sem, contudo, estabelecer condições reais à validade do pacto de competência territorial, como CABRAL[21]; havendo outros que a admitem mas apenas para os casos em que o trabalhador *não seja hipossuficiente*, como CAIRO JR., recusando-as nas restantes situações em razão do princípio da *irrenunciabilidade*[22]; e ainda quem a admitem a pactuação de negócios sobre a distribuição territorial da competência no processual do trabalho com alguns cuidados[23].

Modificando o seu entendimento relativamente a edições anteriores dos seus cursos, BEZERRA LEITE passou a considerar que o art. 63 do CPC c/c o art. 769 ds CLT deve ser interpretado à luz do princípio constitucional do acesso à justiça (art. 5º, XXXV da CF). No seu novo entendimento, a *racio* das normas que estão previstas no art. 651 da CLT têm exclusivamente em mente facilitar o acesso à justiça de empregados que se encontrem numa situação de hipossuficiência e presumida vulnerabilidade. Uma resposta a respeito da inadmissibilidade do pacto de competência não pode ser excluída *a priori*, senão apreciada no caso concreto. Entende, assim, não haver razões para considerar que negócio processual que fixe competência *mais favorável ao trabalhador* possa ser desconsiderado; antes pelo contrário. Mais. Caso assim o empregador concorde, dever-se-á entender que não poderá a vir, posteriormente, apresentar excepção de incompetência *ex ratione loci* sob

---

21. CABRAL, Antonio do Passo. Convenções Processuais no Processo do Trabalho. *In* TUPINAMBÁ, Carolina (coord.). *Soluções de conflitos trabalhistas: novos caminhos*. São Paulo: LTr, 2018, pág. 42.

22. CAIRO JR., José. *Curso de Direito Processual do Trabalho*. 12ª ed. Salvador: Juspodivm, 2018, pág. 191.

23. É o caso de BERNARDES, para quem a lição tradicional da hipossuficiência do empregado deve ser interpretada com reservas quando se fala da questão do foro. "É certo que o estado de hipossuficiência do empregado faz com que seja inadmissível estipular-se foro de eleição antes do início e durante a vigência do contrato de trabalho, suprimindo a possibilidade do trabalhador litigar no foro da prestação de serviços (...) sob pena de dificultar-se sobremaneira o acesso ao Judiciário. Contudo, nada impede que empregador e empregado ajustem no contrato de trabalho outro critério para ser aplicado em acréscimo aos previstos legalmente de acordo com a conveniência exclusiva do trabalhador. Isso facilitaria o acesso à justiça, harmonizando-se com o princípio da isonomia (proteção). Além disso, ajuizada reclamação trabalhista pelo empregado ou pelo empregador, o não oferecimento de exceção de incompetência faz com que se prorrogue a competência do juízo originariamente incompetente. Trata-se de espécie de negócio jurídico processual acerca da competência territorial, que pode resultar da superação do art. 651 da CLT" (BERNARDES, Filipe. *Manual de Processo do Trabalho*. Salvador: Juspodivm, 2018, pág. 178).

pena de se sujeitar a multa por litigância de má-fé (art. 80, inc.os IV e VI do CPC). Ressalva ainda que para os trabalhadores que não se encontrem ligados a vínculo de emprego, a regra é a da liberdade contratual, razão pela qual admite aí a aplicação do art. 63 do CPC em toda a sua amplitude. Por último, e baseando-se em jurisprudência do TST[24], entende que em processos de execução individual resultantes de sentenças genéricas proferidas em ações coletivas, deverá ser permitido ao exequente individual definir foro de eleição para propor a correspondente ação liquidatária[25].

Uma situação particular onde se coloca o problema do foro de eleição e que parece não ter sido antecipada pelo legislador, prende-se com a competência para homologação do acordo extrajudicial, ao abrigo do art. 855-B da CLT. Apesar de ter-se criado competência específica da Vara no art. 652, al. f) para o efeito, o dispositivo apenas serve à *qualificação funcional* do tribunal e não territorial. Tendo em conta que a petição é conjunta por estar em causa um acordo extrajudicialmente obtido que apenas carece de homologação judicial, poder-se-ia entender que as partes terão, conjuntamente, determinado o *foro competente em cláusula de eleição de foro*; até porque não caberá lugar a exceção de incompetência diante de uma petição conjunta[26].

---

24. São elas: TST Conflito de Competência em Processo n.º 395.83.2017.5.10.0004, Relator Ministro Delaíde Miranda Arantes, Data de Julgamento 26.06.2018, SBDI-II: onde se pode ler "Conflito negativo de competência. Execução individual de sentença coletiva. Trabalhadores de ferrovia Centro Atlântica S.A. Foro do domicílio de cada um dos credores/exequentes x foro em que processada e julgada a ação civil coletiva. Incidência das normas do sistema processual coletivo. 1- Discussão acerca do juízo competente para processar e julgar a ação de execução individual de sentença referente à ação civil coletiva transitada em julgado, se o foro do domicílio de cada um dos credores/exequentes ou o foro em que processada e julgada a ação civil coletiva. 2- Inicialmente, deve-se pontuar que os arts. 651 e 877 da CLT não se aplicam diretamente quando a hipótese debatida é de jurisdição coletiva, que atrai a incidência, além da Constituição Federal, do Código de Defesa do Consumidor e da Lei de Ação Civil Pública. 3- Extrai-se dos arts. 98, §2º, I e II, e 101, I, da Lei 8.078/90 e 21 da Lei 7.347/85, que a competência para o cumprimento da sentença coletiva transitada em julgado, no caso de execução individual, é a do foro de eleição do exequente, o qual, na espécie, foi o juízo da liquidação da sentença ou da ação condenatória. 4- Precedentes. Conflito de competência admitido para declarar a competência do Juízo da 3ª Vara do Trabalho de Sete Lagoas/MG"; e TST, Conflito de Competência, Processo n.º 145686.15.2016.5.01.0000, Relator Ministra Maria Helena Mallmann, Data de Julgamento 06.03.2018, SBDI-II.
25. Leite, Carlos Henrique Bezerra. *Curso de Direito Processual do Trabalho*. 14ª ed. São Paulo: Saraiva, 2016, pág. 359-360.
26. Apesar de ser pouco clara, parecendo corroborar este sentido, Gentile, Isabela Reimão. A efetividade do acordo extrajudicial trabalhista: instrumentos de segurança jurídica

Apesar de não ser este o entendimento do Enunciado n.º 125 da II Jornada de Direito Material e Processual do Trabalho[27], pensamos não fazer sentido desconsiderar a vontade das partes na eleição do melhor território para homologação da lide neste caso, inclusivamente porque a lide é puramente de direito, razão pela qual, inclusivamente, a própria realização de audiência assume traços meramente facultativos.

Por outro lado, apesar de ambos serem formas de modificar a competência por vontade das partes – logo, serem negócios jurídicos processuais – a doutrina tem traçado distinção clara entre o foro de eleição (inadmissível) e a prorrogação de competência (admissível), considerando a segunda como admissível no processo do trabalho ao contrário da primeira não[28].

---

aos aacordantes. *In* Tupinambá, Carolina (coord.). *Soluções de conflitos trabalhistas: novos caminhos.* São Paulo: LTr, 2018, pág. 252. Em sentido contrário, entendendo que o magistrado deve aplicar analogicamente o art. 63, §3º do CPC e o magistrado deverá conhecer e decretar de ofício a incompetência da vara que corresponda a foro diverso do art. 651 da CLT, Miessa, Élisson. Processo de Jurisdição Voluntária para homologação de acordo extrajudicial. *In* Tupinambá, Carolina (coord.). *Soluções de conflitos trabalhistas: novos caminhos.* São Paulo: LTr, 2018, pág. 234.

27. "Processo de jurisdição voluntária. Homologação de acordo extrajudicial. Competência territorial. I – A competência territorial do processo de jurisdição voluntária para homologação de acordo extrajudicial segue a sistemática do art. 651 da CLT. II – Aplica-se analogicamente o art. 63, §3º, do CPC, permitindo que o juiz repute ineficaz de ofício a eleição de foro diferente do estabelecido no art. 651 da CLT, remetendo os autos para o juízo natural e territorialmente competente."

28. Assim, Batalha assevera que "não se veja contradição em nosso ponto de vista a respeito em confronto com o que dissemos relativamente ao foro de eleição. Se o empregado não pode transigir para o futuro (p. ex. ajustar com o empregador que se lhe não aplicarão os dispositivos da legislação do trabalho), é óbvio que não pode transigir em matéria de estipulação de foro em que sejam ajuizadas eventuais demandas. Entretanto, como nada obsta às transações, livremente consentidas, finda a relação contratual, tendo por objeto direitos já adquiridos (p. ex., o empregado estável despedido contra os dispositivos da lei pode transacionar o seu direito de estabilidade mediante certo pagamento), nada também poderia obstar a que empregado, como autor ou réu, preferisse demandar ou ser demandado em foro diverso do previsto em lei, desde que competente *ratione materiae* e *ratione personae*" (cit. Batalha, Wilson de Sousa Campos. *Tratado de Direito Processual do Trabalho.* 3ª ed. São Paulo: LTr, 1995, pág. 473). Martins Filho, Ives Gandra da Silva. *Manual esquemático de direito de trabalho e processo do trabalho.* 26ª ed. São Paulo: Saraiva, 2018, pág. 269; Martins, Sérgio Pinto. *Direito Processual do Trabalho.* 40ª ed. São Paulo: Atlas, 2018,, pág. 210 ("o que deve ser entendido, quanto ao §1º do art. 795 da CLT, é que a incompetência ali mencionada é a absoluta, em razão da matéria, e não relativa, em razão do lugar. Prorroga-se a competência, se o réu não opuser exceção declinatória do foro e de juízo,

Da nossa parte, no seguimento da tese que deixámos clara no capítulo anterior, não nos restam dúvidas para afirmar que: (i) se o negócio consagrar competência territorial mais *vantajosa para o empregado ou neutra* para ambas as partes, deve ser sempre considerado admissível; (ii) se o negócio tiver sido celebrado por parte processual que não possa ser tida como vulneráveis do ponto de vista da negociação processual (leia-se, as quatro categorias de empregados não vulneráveis, trabalhadores não empregados, sindicatos, poder público), deve ser considerado admissível independentemente de ser ou não mais vantajoso para este; (iii) se tiver sido celebrado por algum dos restantes empregados – ordinários-tipo, cuja situação material indicia vulnerabilidade processual – o negócio deverá ser considerado *ab inicio* e *à partida* admissível, desde que não seja inserido de forma abusiva no contrato de emprego aquando a contratação, a sua vulnerabilidade não tiver sido explorada pelo empregador e não afete de forma substancial o seu acesso à Justiça.

9.2.2. Escolha do mediador e de perito – arts. 168 e 471 do CPC *ex vi* art. 15 do CPC

Nos termos do art. 168 as partes podem *escolher o conciliador, mediador* ou câmara privada para promover a conciliação ou mediação, mesmo que corresponda a nome sem registro no tribunal[29]. O mediador ou concilia-

---

no caso e prazo legais. Assim, se o empregado propõe ação em São Paulo, embora prestasse serviços em Guarujá, e o empregador não argui a incompetência da Vara de São Paulo, esta que era incompetente em razão do lugar passa a ser competente, prorrogando sua competência, sendo a ação conhecida e decidida pelo juízo de São Paulo"); Silva, José Antônio Ribeiro de Oliveira. Comentário ao art. 63. *In In* Silva, José Antônio Ribeiro de Oliveira (coord.). *Comentários ao novo CPC e sua aplicação ao processo do trabalho: atualizado conforme a Lei nº 13.256/2016*, São Paulo: LTr, 2016, vol. I, pág. 107. Da mesma forma, no plano jurisprudencial, *Vide* setença do juízo da 43ª Vara Do Trabalho De São Paulo, Processo n.º 1002070-35.2016.5.02.0000, Juiz Rilma Aparecida Hemeterio, Data de julgamento 28.06.2017; sentença do juízo da 5ª Vara do Trabalho de São Bernardo do Campo, Processo n.º 1002482-26.2016.5.02.0465, Juiz Rodrigo Acuio, Data de julgamento 16.02.2017.

29. Aplaudindo a valorização do consenso das partes no processo também em matéria de escolha de mediador ou conciliador, pela redignificação do diálogo e da confiança que a tomada de decisões conjuntas agrega e obtém, Tartuce, Fernanda. Comentários ao artigo 168. *In* Wambier, Teresa Arruda Alvim, Didier Jr., Fredie, Talamini, Eduardo, Dantas, Bruno (coord.). *Breves Comentários ao Novo Código de Processo Civil.* 3ª ed. São Paulo: RT, 2016, pág. 593. Em sentido aparentemente contraditório com o art. 25 da Lei 13 140/2015, que preceitua que "na mediação judicial, os mediadores não estarão

dor podem nem ter curso de capacitação anterior; o que os qualifica aptos à tarefa é a confiança das partes[30].

Da mesma forma, nos termos do art. 471 do CPC as partes podem de comum acordo *escolher perito*[31]. A disposição é nova, não tendo qualquer

sujeitos à prévia aceitação das partes", este dispositivo vem determinar que estas poderão escolher, de comum acordo, mediador, conciliador ou câmara para conciliação. Dada a necessidade de harmonizar os preceitos, deverá entender-se que em designação da data da primeira sessão de mediação ou conciliação deverá ter lugar uma distribuição automática e aleatória do profissional para o cargo registado no sistema do tribunal; todavia, e atento o princípio do autorregramento da vontade das partes no processo, acaso estas entendam eleger outro mediador (mesmo que mediador não registado no sistema), dever-se-á dar prevalência a essa convenção (Pantoja, Fernanda Medina. Comentários ao artigo 168. *in* Cabral, Antonio do Passo, Cramer, Ronaldo (coord.). *Comentários ao Novo Código de Processo Civil.* 2ª ed. São Paulo: Forense, 2016, pág. 293).

30. Marinoni, Luiz Guilherme; Arenhart, Sérgio Cruz; Mitidiero, Daniel. *Novo Código de Processo Civil comentado.* 3ª ed. São Paulo: RT, 2017, pág. 306.

31. Numa análise da evolução legislativa histórica do assunto, Cunha, Leonardo Carneiro da. Negócios Jurídico Processuais no Processo Civil Brasileiro. *In* Cabral, Antonio do Passo; Nogueira, Pedro Henrique (coord.). *Negócios Processuais.* 2ª ed. Salvador: Juspodivm, 2016, págs. 66-67. Entre as características que melhor distinguem a perícia judicial da perícia consensual, destaca-se o facto de as partes poderem intervir na escolha consensual do perito ainda que este não esteja no registro de peritos do tribunal (art. 156), e que a partir do momento em que o perito é escolhido pelas partes de forma consensual, deixa de ser possível a invocação, por estas, de argumentos de suspeição ou impedimento, ficando desde logo superado qualquer fundamento que as partes deveriam ter conhecimento por ocasião a escolha. Nas lições de Luiz Rodrigues Wambier e Eduardo Talamini, alerta-se também para a errónea terminologia legal escolhida pelo legislador e que menciona "perícia consensual" ao invés de, como seria mais aconselhável, "perito consensual". É que, de facto, o que as partes podem dispor não é da realização ou não da perícia, cuja decisão pertence ao âmbito dos poderes instrutórios do magistrado (ainda que mediante decisão sobre requerimento de prova pericial promovido pelas partes), não sendo, por isso, consensual; aquilo que as partes podem dispor é, sim, sobre que pessoa irá desempenhar o papel de perito no processo. Mais esclarecem os autores que porque o negócio típico aqui previsto visa única e exclusivamente a escolha do perito, não haverá vinculação das partes a se submeterem obrigatoriamente ao resultado da perícia; e assim é porquanto o perito se mantém nessa qualidade, como auxiliar judicial que apenas fornece informações técnicas a serem livremente apreciadas pelo magistrado (ele não se pode converter num outro agente processual próximo da figura do árbitro, de um dirimente pericial ou de consultor técnico, cujo testemunho é escolhido pelas partes para definirem questões de facto a elas vinculantes). Também sobre a possibilidade de destituição do perito, questionam os autores se à semelhança dos poderes dados ao juiz para destituição de perito nomeado judicialmente, poderá o juiz envergar semelhantes poderes quando aquele é escolhido pelas partes. Os autores acabam por considerar que situações limite poderão justifi-

correspondente com o CPC/73. Em todo o caso, e ao contrário do artigo anterior, o legislador impõe como condição à escolha consensual do perito que as partes sejam *capazes* e a causa possa ser resolvida por *autocomposição*[32].

---

car aquela destituição pelo juiz, ressalvados os factos de que esse poder não poderá ser exercido com desvio de finalidade, à decisão tem que preceder discussão com as partes e que estas permanecerão com o poder de, também elas, definir consensualmente novo perito (Wambier, Luiz Rodrigues; Talamini, Eduardo. *Curso Avançado de Processo Civil – Cognição jurisdicional (processo comum de conhecimento e tutela provisória)*, Vol. II, 16ª ed., São Paulo, RT, 2016, págs. 346-347). Em sentido contrário a este entendimento quanto à extensão do negócio processual aqui em análise, Medina, José Miguel Garcia. *Novo Código de Processo Civil Comentado.* 4ª ed. São Paulo: RT, 2016, pág. 747. Da leitura dos comentários de Medina ao artigo, parece resultar que este admite às partes a possibilidade de acordarem não apenas quanto à escolha do perito, como também sobre a realização da própria perícia em si, assim como sobre os quesitos ou o calendário a ser observado pelo perito. Posicionamento que reitera em *Direito Processual Civil Moderno*. São Paulo: RT, 2015, pág. 664. Considerando que para as partes poderem acordar sobre a escolha do perito será necessário que estas sejam capazes nos termos do art. 104 do Código Civil e, bem assim, que estas apenas podem fazê-lo quando em causas que incidam sobre *direitos patrimoniais disponíveis*, Nasser, Paulo Magalhães. Comentários ao artigo 471. *in* Cabral, Antonio do Passo, Cramer, Ronaldo (coord.). *Comentários ao Novo Código de Processo Civil.* 2ª ed. São Paulo: Forense, 2016, pág. 661. No mesmo sentido, Gajardoni, Fernando da Fonseca; Dellore, Luiz; Roque, Andre Vasconcelos; Oliveira Jr., Zulmar Duarte de. *Processo de Conhecimento e Cumprimento de Sentença. Comentários ao CPC ed 2015.* 2ª ed. Rio de Janeiro: Forense, 2018, vol. II, pág. 485. Da nossa parte, não podemos concordar nem com uma argumentação, nem com a outra. Em primeiro lugar, partilhamos o entendimento de que à semelhança da negociação processual atípica prevista no art. 190, também para qualquer negociação processual típica as partes têm que ter *capacidade processual negocial* e não, apenas, genérica capacidade de negociação. Os critérios previstos no art. 190 que balizam a capacidade deverão, em nossa opinião, ser igualmente estendidos como requisitos de capacidade genéricos de qualquer negociação jurídico processual. Também não podemos concordar com o segundo argumento por idênticas razões. Assim, mesmo quando existirem causas que versem sobre direitos indisponíveis, deverão poder as partes negociar a respeito, se tiverem capacidade processual negocial, e assim é porquanto aquilo que o art. 190 veda são, apenas, disposições convencionais sobre direitos que não admitam *autocomposição* e (no mesmo sentido, Didier Jr., Fredie. Comentários ao artigo 471. *In* Wambier, Teresa Arruda Alvim, Didier Jr., Fredie, Talamini, Eduardo, Dantas, Bruno (coord.). *Breves Comentários ao Novo Código de Processo Civil.* 3ª ed. São Paulo: RT, 2016, pág. 1323; e Medina, José Miguel Garcia. *Novo Código de Processo Civil Comentado.* 4ª ed. São Paulo: RT, 2016, pág. 747).

32. Considerando que o legislador quer, antes, verdadeiramente referir-se à disponibilidade do direito, Alvim, J.E. Carreira. *Comentários ao novo Código de Processo Civil: Lei 13.105/15*. Curitiba: Juruá, 2017, vol. VII (arts. 464 ao 527). Pág. 66.

Salvo casos excecionais e devidamente motivados, o magistrado *não pode recusar* o nome escolhido pelas partes, substituindo-se este a qualquer outro, entretanto por si nomeado[33]. A velha tradição que encara o perito como técnico "da confiança" do magistrado sai mitigada, razão pela qual não concordamos com a doutrina que contorna o dispositivo legal ao permitir que o magistrado que se sinta desconfortável com o perito escolhido possa nomear "perito-consultor"[34]. Eventualmente poderá nomear segunda perícia

---

33. Neste sentido, Porto, Guilherme Athayde; Reichelt, Luis Alberto. Efetividade da tutela jurisdicional e o direito fundamental à prova no novo CPC. *Revista Eletrônica de Direito Processual*, Rio de Janeiro, Vol. 18, N.º 1, 2017, pág. 318. *Vide*, Ferreira, William Santos. Comentários aos arts. 464 a 480 do CPC. *In* Tucci, José Cruz e; Ferreira Filho, Manoel, Aprigliano, Ricardo Carvalho, Dotti, Rogéria, Martins, Sandro (coord.). *Código de Processo Civil Anotado.* 3ª ed. Rio de Janeiro: GZ, 2018, págs. 688-689, em que para o outor, "(...) a definição do perito não significa que as partes ou o juiz fiquem vinculados às conclusões do perito, tanto que o §3º do art. 471 descreve que esta modalidade 'para todos os efeitos substitui a realizada por perito nomeado pelo juiz', razão pela qual o regime jurídico é o mesmo. Em uma das versões do projeto na Câmara constava que as conclusões técnicas desta 'perícia consensual' seriam vinculativas para as partes e para o juiz, no entanto nos trabalhos legislativos isto foi suprimido". No mesmo sentido, Castro, João Marcos Adede y. *Novo Código de Processo Civil Comentado para concursos.* Curitiba: Juruá, 2016, vol. I, pág. 189. Nery Júnior, Nélson; Nery, Rosa Maria Andrade. *Código de Processo Civil Comentado.* 16ª ed. São Paulo: RT, 2016, pág. 1188, entendem que sempre que houver evidência de manipulação do acordo pelas partes, destinada a favorecer uma das partes, o magistrado deve desconsiderar o consenso e reprimi-la prontamente (art. 139, inc. III CPC). Alvim, J.E. Carreira. *Comentários ao novo Código de Processo Civil: Lei 13.105/15.* Curitiba: Juruá, 2017, vol. VII (arts. 464 ao 527). Pág. 67. Em sentido contrário, considerando que (i) o magistrado sempre tem o dever de controlar a validade da convenção (art. 190 do CPC), (ii) não fica inibido do seu poder instrutório de atuar de ofício e, assim, determinar a produção de mais provas, inclusive a pericial,, (iii) pode sempre determinar a realização de uma segunda perícia (art. 480 do CPC), (iv) o magistrado é o último destinatário da prova, razão pela qual não faz sentido que se lhe imponha um perito que não seja da sua confiança, Marinoni, Luiz Guilherme; Arenhart, Sérgio Cruz; Mitidiero, Daniel. *Novo Código de Processo Civil comentado.* 3ª ed. São Paulo: RT, 2017, pág. 570; e Marinoni, Luiz Guilherme; Arenhart, Sérgio Cruz. Comentários ao Código de Processo Civil: artigos 381 a 484. *In* Marinoni, Luiz Guilherme, Arenhart, Sérgio Cruz, Mitidiero, Daniel (coord.). *Coleção Comentários ao Código de Processo Civil.* São Paulo: RT, 2016, vol. VII, pág.506.
34. Sustentando o sentido aqui criticado, Ferreira, William Santos. Comentários aos arts. 464 a 480 do CPC. *In* Tucci, José Cruz e; Ferreira Filho, Manoel, Aprigliano, Ricardo Carvalho, Dotti, Rogéria, Martins, Sandro (coord.). *Código de Processo Civil Anotado.* 3ª ed. Rio de Janeiro: GZ, 2018, pág. 689. Por outro lado, também consideramos que o juiz não pode, sob argumento de falta de qualificação necessária, "indeferir" a perícia consensual e nomear, em seguida, perito da confiança do tribunal.

(art. 480 CPC), mas por decisão devidamente fundamentada, indicando os aspectos negativos do laudo que lhe impedem de estender a confiança no seu resultado. Também não discordamos da existência de controlo de validade pelo juiz – seja porque os negócios processuais são controlados por este (art. 190 CPC), seja porque o §2° do 471 determina a entrega do laudo pericial em data fixada pelo juiz, o que revela o envolvimento deste[35]. Mas o reduto dos poderes do magistrado deverá *circunscrever-se ao controlo dos requisitos do negócio*, de que são exemplo a capacidade das partes e a possibilidade da causa ser resolvida por autocomposição (art. 471, inc.os I e II do CPC)[36].

Estes negócios processuais contribuem para a duração razoável do processo, já que, sob pena de comportamento contraditório contrário à boa-fé, eliminam a possibilidade de impugnação da designação[37].

Ora, na Justiça do Trabalho, algumas normas regulam a nomeação de perito. Nos termos do art. 195, *caput*, da CLT, a caracterização e classificação da *insalubridade e periculosidade* do local de trabalho devem ser levadas a cabo por médico ou engenheiro, respetivamente; apesar de na OJ n.º 165 da SDI-I do TST se ler que "Prova pericial. Perícia. Engenheiro ou médico. Adicional de insalubridade e periculosidade. Válido. CLT, art. 189 e CLT, art. 195. 'O art. 195 da CLT não faz qualquer distinção entre o médico e o

---

Esta é uma possibilidade que facilmente permitia ao magistrado contornar a novidade legal e a finalidade do preceito (neste sentido, Carneiro, Paulo Cezar Pinheiro; Pinho, Humberto Dalla Bernardina de. *Novo Código de Processo Civil. Lei 13.105, de 16.03.2015, de acordo com a Lei 13.256, de 04.02.2016, Anotado e Comparado.* 2ª ed. Rio de Janeiro: Forense, 2017, pág. 274). Eventualmente poder-se-á, sob contraditório prévio, desconsiderar o nome proposto e solicitar às partes a apresentação de um outro. Mas a escolha competirá às partes e, só na falta de consenso, poderá o magistrado recorrer à lista oficial de sua confiança.

35. Gajardoni, Fernando da Fonseca; Dellore, Luiz; Roque, Andre Vasconcelos; Oliveira Jr., Zulmar Duarte de. *Processo de Conhecimento e Cumprimento de Sentença. Comentários ao CPC ed 2015.* 2ª ed. Rio de Janeiro: Forense, 2018, vol. II, pág. 486.

36. Bueno, Cássio Scarpinella. *Novo Código de Processo Civil anotado.* São Paulo: Saraiva, 2017, pág. 442. Não obstante, há quem entenda que alguns requisitos do 190° também se deverão aplicar ao negócio processual de escolha de mediador ou conciliador, nomeadamente aquele que não admite o negócio se inserido de forma abusiva em contrato tipicamente de adesão, firmado antes de despoletado o litígio. Neste sentido, Montenegro Filho, Misael. *Novo Código de Processo Civil Comentado.* 3ª ed. São Paulo: Atlas, 2016, pág. 174.

37. Carneiro, Paulo Cezar Pinheiro; Pinho, Humberto Dalla Bernardina de. *Novo Código de Processo Civil. Lei 13.105, de 16.03.2015, de acordo com a Lei 13.256, de 04.02.2016, Anotado e Comparado.* 2ª ed. Rio de Janeiro: Forense, 2017, pág. 274.

engenheiro para efeito de caracterização e classificação da insalubridade e periculosidade, bastando para a elaboração do laudo seja o profissional devidamente qualificado"". O dispositivo é claro, porém, ao determinar que compete ao juiz "designar perito habilitado". Também em sede de *procedimento sumaríssimo*, disposição expressa encarrega o magistrado da nomeação de perito (art. 852-H, §4º da CLT[38]). Por último, e provavelmente a mais importante disposição nesta matéria, o art. 3º da Lei n.º 5.584/1970 determina que as perícias são realizadas por *um único perito determinado pelo magistrado*, ficando ao dispor das partes a possibilidade de nomear assistente técnico. Desde a entrada em vigor deste dispositivo se tem sustentado que ele terá implicado a revogação tácita do art. 826 da CLT, que previa expressamente a faculdade de as partes também poderem nomear peritos.

A nomeação deste técnico é, de resto, normalmente efetuada em audiência, na presença das partes, com imediata apresentação de prazo para formulação e quesitos e indicação de assistente.

A *Instrução Normativa 39/2016 do TST não tece qualquer posição* relativamente a este negócio jurídico processual típico. Do art. 2º da IN *não se pode retirar uma generalizada recusa* à aplicação de qualquer convenção processual ao processo do trabalho[39]. Uma leitura mais adequada e fundamentada carece de ser apresentada. Como ponto de partida, a simplicidade com que vimos este tema ser tratado pela CLT, com pouquíssimos artigos regulando o instituto, sem qualquer detalhe acerca de seus termos ou procedimentos, problema que vai muito além da mera ausência de previsão sobre a nomeação consensual do perito.

Perante esta incompletude, alguns já se têm posicionado no sentido de admitir este negócio processual na Justiça do Trabalho, com[40] ou sem[41]

---

38. "§4º Somente quando a prova do fato o exigir, ou for legalmente imposta, será deferida prova técnica, incumbindo ao juiz, desde logo, fixar o prazo, o objeto da perícia e nomear perito" (cit. art. 852-H, §4º da CLT).

39. Como, por exemplo, parece apontar Cairo Jr., José. *Curso de Direito Processual do Trabalho.* 12ª ed. Salvador: Juspodivm, 2018, pág. 579.

40. *Ibidem*, pág. 579. O Autor considera que este negócio jurídico processual pode ser praticado por trabalhadores hipersuficientes, por interpretação sistemática e histórica com a nova Lei n.º 13.467/2017 que reforçou a maior autonomia da vontade destes trabalhadores.

41. Teixeira Filho, Manoel Antonio. *Comentários ao Novo Código de Processo Civil: sob a perspectiva do processo do trabalho.* 2ª ed. São Paulo: LTr, 2016, pág. 621. Fá-lo, porém, sem tecer qualquer argumentação do ponto de vista de compatibilidade com o art. 769

reservas. Outros, porém, mostram-se mais reservados, pugnando pela sua incompatibilidade seja por retirar do magistrado laboral o poder de designar perito, seja por inexistir omissão celetista[42].

É nosso entendimento não apenas que este é um negócio que resulta já da prática forense trabalhista, como ainda se pode tornar expediente pertinente de combate a alguns problemas que o instituto colhe na Justiça do Trabalho. Com efeito, a escolha de peritos qualificados é um grande problema que assola o judiciário trabalhista, uma vez que poucos são os credenciados e à disposição para intervirem como auxiliares e muitas são as dificuldades para combater a morosidade processual na obtenção de honorários. Tanto assim é que, para combater o desinteresse na função tem-se inclusivamente impondo o pagamento adiantado dos honorários destes profissionais[43], já

---

da CLT. Também Almeida considera que a escolha do perito é já realidade que ocorre na prática forense, pelo que a sua passagem a admissível, agora de forma expressa, nenhuma dificuldade levanta. Ressalva, todavia, a faculdade de o magistrado ordenar segunda perícia por perito da sua confiança caso não haja concordância das partes quanto ao laudo apresentado (art. 480 CPC). Assim, Almeida, Cléber Lúcio. *Direito Processual do Trabalho.* 8ª ed. São Paulo: LTr, 2016, pág. 87. Parece ser essa, também, a posição de Wagner, Jorge da Silva. Provas periciais, inspeção judicial, honorários periciais e assistentes técnicos. *Revista Síntese Trabalhista e Previdenciária*, São Paulo, Vol. 29, N.º 338, ago/2017, pág. 136. Parece também ser essa a posição de Bebber, já que considera aplicável ao processo do trabalho o regime da escolha do perito previsto no CPC, sem reservar a não aplicação da escolha consensual (cf. Bebber, Júlio César. Provas no novo CPC e o processo do trabalho. *In* Brandão, Cláudio, Mallet, Estêvão (coord.). *Processo do trabalho.* Salvador: Juspodivm, 2015, págs. 322-323).

42. Toledo Filho, Manoel Carlos. Comentário ao art. 471. *In* Silva, José Antônio Ribeiro de Oliveira (coord.). *Comentários ao novo CPC e sua aplicação ao processo do trabalho: atualizado conforme a Lei nº 13.256/2016.* São Paulo: LTr, 2016, Vol. II, pág. 217; Martins, Sérgio Pinto. Perícia no Novo CPC e o Processo do Trabalho. *Revista Síntese Trabalhista e Previdenciária*, São Paulo, N.º 15, ago/2015, pág. 32. Parece ser esse também o posicionamento de Cesário, já que em artigo publicado após a publicação do novo CPC, apenas reconhece a faculdade do magistrado de nomear perito (cf. Cesário, João Humberto. O Novo CPC e a Prova Pericial no Processo do Trabalho. *In:* Miessa, Elisson (coord.). *O Novo Código de Processo Civil e seus Reflexos no Processo do Trabalho.* 2ª ed. Salvador: Juspodivm, 2016, págs. 723-730) e de Dellagrave Neto, (Dallegrave Neto, José Affonso. Prova pericial e o novo CPC. *In* Dallegrave Neto, José Affonso, Goulart, Rodrigo fortunato (coord.). *Novo CPC e o processo do trabalho.* 2ª ed., São Paulo: LTr, 2016, pág. 142).

43. A título de exemplo, *vide* acórdão do TRT, 17ª Região, Proc.n.º 00110.2008.000.17.00.4, Relator Desembargador Carlos Henrique Bezerra Leite, Data de publicação 15.04.2009, onde se lê: "A Justiça do Trabalho não conta com peritos próprios, socorrendo-se de profissionais particulares, que não podem trabalhar sem receber a devida contrapres-

que o mero valor do depósito prévio muitas vezes nem basta para suprir as despesas[44]. Além de que a admissão da perícia consensual na Justiça do Trabalho não choca, à partida, com qualquer norma fundamental trabalhista. Não só a nomeação consensual do perito como a substituição convencional deste devem ser plenamente admitidas no processo trabalhista[45].

Relativamente à escolha de mediador ou conciliador, a IN 39/2016 também nada dispõe. Apesar do princípio conciliatório ser paralelo à Justiça comum (art. 3º, §§1º, 2º e 3º do CPC) e do trabalho (já resultava do art. 764 da CLT), o posicionamento maioritário dita que a conciliação é ato privativo do magistrado trabalhista (arts. 764, §1º, 846 e 850 da CLT)[46]. A polémica centra-se muito no fato de a conciliação judicial exclusiva do magistrado ter sido – até à Reforma – a única forma alternativa de resolução de conflitos individuais trabalhistas colocada à disposição das partes, já que existia uma

---

tação. O depósito de prévia, e não total, importância corresponde a adiantamento de honorários devidos ao final. Isso é feito como garantia para o perito. Essa providência não pode ser tida como ato ilegal do juiz, nem como afronta a direito líquido e certo da parte").

44. Dallegrave Neto, José Affonso. Prova pericial e o novo CPC. *In* Dallegrave Neto, José Affonso, Goulart, Rodrigo fortunato (coord.). *Novo CPC e o processo do trabalho.* 2ª ed., São Paulo: LTr, 2016, pág. 142.

45. Neste sentido, Nogueira, Pedro Henrique. Negociação processual trabalhista. *In* Dallegrave Neto, José Afonso, Goulart, Rodrigo Fortunato (coord.). *Novo CPC e o Processo do Trabalho.* 2ª ed. São Paulo: LTr, 2016, pág. 622.

46. Lima, Leonardo Barbosa. *Lições de Direito Processual do Trabalho. Teoria e Prática.* 4ª ed. São Paulo: LTr, 2017, pág. 51; Almeida, Cléber Lúcio. *Direito Processual do Trabalho.* 8ª ed. São Paulo: LTr, 2016, pág. Souto Maior, Jorge Luiz, Severo, Valdete Souto. *Processo do Trabalho como Instrumento do Direito do Trabalho e as Ideias Fora de Lugar do Novo CPC.* São Paulo: LTr, 2015, págs. 91-92 ("As formas como a mediação e a conciliação estão previstas no novo CPC são, porém, incompatíveis com o processo do trabalho, seja porque permitem afastar o conflito do filtro do Poder judiciário, seja porque pressupõem igualdade e livre vontade, circunstâncias que estão ausentes, de modo objetivo, na relação social entre capital e trabalho. (...) A conciliação ali disciplinada pressupõe 'livre autonomia dos interessados, inclusive no que diz respeito à definição das regras procedimentais' (§ 4º, art. 166). Mas a existência mesma do Direito do Trabalho e, pois, da Justiça do Trabalho, encontra-se no reconhecimento histórico da ausência dessa autonomia (...). Do mesmo modo, é completamente incompatível com a realidade trabalhista, a previsão de que as partes escolham, 'de comum acordo, o conciliador, o mediador ou a câmara privada de conciliação e de mediação' (art. 168)"). Esta circunstância faz com que a maior parte da doutrina não aplique os arts. 334 ss do CPC ao processo do trabalho (e.g., Morato, João Marcos Castilho. Solução de conflitos, o novo CPC e as relações de trabalho. *In* Miessa, Élisson (coord.). *O novo Código de Processo Civil e seus reflexos no processo do trabalho.* Salvador: Editora Juspodivm, 2016, pág. 428).

recusa maioritária da admissibilidade da arbitragem individual e da mediação no processo do trabalho (art. 2º, inc.os IV e 14 da IN 39/2016)[47]. Além disso, ao contrário do processo civil, no processo do trabalho não existe qualquer fase autônoma e própria, exclusiva para propósitos conciliatórios. A conciliação é apenas ato processual que ocorre no decurso da audiência de instrução, em regra una. Não existe, assim, no processo do trabalho, e para efeitos da Consolidação, uma "audiência de conciliação" dirigida tendencialmente por um terceiro leigo perito em técnicas de mediação e conciliação[48].

Neste contexto, a não é possível vislumbrar qualquer sentido útil à migração do art. 168 do CPC ao processo trabalhista, atenta a incompatibilidade de rito que separa ambos os procedimentos. Isto não significa, porém, que não possam existir negócios processuais atípicos em matéria de mediação e conciliação, como teremos oportunidade de analisar *infra*.

9.2.3. Calendário processual - art. 191 do CPC *ex vi* art. 15 do CPC

Enquanto uma das principais novidades do CPC/15[49], com respaldo na legislação estrangeira[50], o calendário processual[51] é noção que não se confunde

---

47. No mesmo sentido, inclusivamente, *vide* Enunciado 6 da II Jornada do FNPT, *in verbis*, "CLT arts. 846 e 850. CPC, arts. 165 e seguintes. Conciliação e Mediaçção. Arts. 165 e seguintes do CPC. Incompatibilidade com o Processo do Trabalho. Inexistência de Lacuna Normativa. Arts. 846 e 850 da CLT. Embora vocacionado à solução negociada dos conflitos, a teor do disposto no art. 764 da CLT, no âmbito do Processo do Trabalho, não se mostra compatível o regramento inserto nos arts. 165 e seguintes do CPC, porque a conciliação deve ser realizada única e exclusivamente pelo Juiz, inexistindo lacuna normativa a justificar a heterointegração. Inteligência dos arts. 846 e 650 da CLT".

48. Inclusivamente, houve uma preocupação no novo código em atribuir maior responsabilização e profissionalisto a este auxiliar de justiça: 149 fá-lo sujeitar-se aos mesmos impedimentos e suspeições que os restantes auxiliares, 169 prevê a sua remuneração, 167, §1 exige a sua capacitação e cadastro. Cf. Takahashi, Bruno. Entre a liberdade e a autoridade: os meios consensuais no novo Código de Processo Civil. *Revista de Processo*, São Paulo, Vol. 42, N.º 264, fev/2017. Pág. 507.

49. Apesar de Scarpinela Bueno entender que o 191 é uma sucessão do antigo art. 181 do CPC/73, que basicamente atestava a possibilidade de as partes poderem prorrogar ou reduzir prazos dilatórios ("Podem as partes, de comum acordo, reduzir ou prorrogar o prazo dilatório; a convenção, porém, só tem eficácia se, requerida antes do vencimento do prazo, se fundar em motivo legítimo. §1º O juiz fixará o dia do vencimento do prazo da prorrogação. §2º As custas acrescidas ficarão a cargo da parte em favor de quem foi concedida a prorrogação"); cf. Bueno, Cássio Scarpinella. *Novo Código de Processo Civil anotado.* São Paulo: Saraiva, 2015, pág. 165. Não são, porém, a mesma coisa nem se confundem, já que o calendário é modalidade típica de negócio jurídico processual que vai muito além da mera prorrogação ou redução de prazos,

permitindo uma modulação do procedimento criado pelas partes, enquanto espécie de gestão temporal de atos processuais.

50. Assim, por exemplo em Itália, já desde 2009 que a lei prevê a possibilidade expressa do juiz estipular um calendário processual (art. 81 *bis* do Código de Processo Civil italiano, *in verbis: Il giudice, quando provvede sulle richieste istruttorie, sentite le parti e tenuto conto della natura, dell'urgenza e della complessità della causa, fissa, nel rispetto del principio di ragionevole durata del processo, il calendario delle udienze successive, indicando gli incombenti che verranno in ciascuna di esse espletati, compresi quelli di cui all'articolo 189, primo comma. I termini fissati nel calendario possono essere prorogati, anche d'ufficio, quando sussistono gravi motivi sopravvenuti. La proroga deve essere richiesta dalle parti prima della scadenza dei termini*). A verdade é que, após a redação que foi dada ao preceito pela Lei 148/2011, o legislador introduziu a imposição de sanções para o caso de incumprimento dos prazos acordados. Naturalmente que apesar de importante medida para conferir eficácia real ao pactuado, a verdade é que não deixou de trazer outro tipo de repercussões, já que os magistrados acabaram por agendar para períodos significativamente longínquos os prazos para prolação da sentença. O Tribunal Constitucional italiano, não obstante, considerou que a regra não violava a Constituição, antes contribuindo para evitar atrasos no processo e, dessa forma, salvaguardar o princípio da duração razoável do processo: "Il legislatore, rendendo esplicito e disciplinando con maggior dettaglio il potere-dovere del giudice di formare il calendario del processo (quando provvede sulle richieste istruttorie e, quindi, non in relazione ad ogni causa e ad ogni momento di essa), ha inteso perseguire l'esigenza di rendere conoscibili alle parti (sia pure in modo non rigido) i tempi del processo stesso, la necessità di evitare (per quanto possibili) inutili rinvii e ancora la possibilità di realizzare il principio di ragionevole durata del processo, richiamato in modo espresso nel testo normativo. In sostanza, comò è stato autorevolmente osservato, si tratta di uno strumento che consente un'organizzazione programmata del processo, attraverso un 'governo dei tempi' delle fasi di necessaria articolazione della procedura, che ne riduca la durata, introducendo elementi di prevedibilità concreta del momento nel quale la causa arriverà a decisione" (cit. Sentenza 216/2013, julgada 03.07.2013, disponível em https://www.cortecostituzionale.it/actionSchedaPronuncia.do?anno=2013&numero=216, última consulta em 15.05.2019). Também no direito processual civil francês se inseriu desde 2005 a possibilidade das partes e o magistrado acordarem por consenso calendário processual (art. 764, §3º do *Code de Procédure Civile*) o qual admite, inclusive, fixação de data de prolação de sentença (§4º). A diferença entre ambos é patente desde logo no fato de, ao contrário do direito italiano onde o calendário surge apenas como *protocolo*, decisão unilateral do magistrado como instrumento de gestão do processo, no direito francês a figura assume natureza verdadeiramente contratual. Para uma análise mais pormenorizada sobre ambos, Barrozo, Thaís Aranda. O Calendário Processual no Direito Francês e no Italiano: Reflexos do Novo Código de Processo Civil. *In* Zefelato, Camilo et. al (coord). *I Colóquio Brasil-Itália de Direito Processual Civil*. Salvador: Juspodivm, 2015, págs. 481-502.

51. Na circunstância de o juiz aceitar a calendarização proposta pelas partes, os prazos que seriam considerados geralmente impróprios, passarão a ser havidos como *próprios*; e assim é porquanto o legislador determina que os mesmos passarão a vincular não apenas as partes mas, também, o juiz. Senão a propósito, poder-se-ia questionar da

existência ou não de uma penalidade para o juiz em caso de incumprimento do prazo processual convencionado. Tendo em conta que a lei não remete expressamente para nenhuma, a questão permanece em aberto, pelo que apenas para as partes, em princípio, o não cumprimento do negócio acarretará preclusão processual (Donizetti, Elpídio. *Curso didático de direito processual civil.* 19ª ed. São Paulo: Atlas, 2016, págs. 419-420). Scarpinella Bueno alerta ainda para a possibilidade de, no seu entendimento, o juiz poder controlar e, consequentemente, rejeitar o calendário processual acordado pelas partes. Não obstante a convencionalidade privatística do negócio, ainda estaríamos no âmbito do direito público e, por isso, aquilo que o art. 191 visa salvaguardar é a previsão de meios alternativos de resolução de conflitos mediante a convenção de alteração de normas procedimentais ou situações jurídicas processuais. Ora, porque o magistrado atua em nome do Estado-juiz e a eficácia do calendário carece de concordância do magistrado, este poderá não concordar com os seus termos e negar-lhe aplicação. Para suportar o seu entendimento, o autor baseia-se no histórico do processo legislativo que envolveu a aprovação do art. 190 e 191, de onde pode retirar uma tentativa de não submeter este último aos requisitos de validade exigidos para aquele primeiro. É que, de facto, no projeto inicial na Câmara, previa-se apenas um único dispositivo (art. 189), no qual se incluía a previsão geral para negociação atípica, calendário processual e, num último parágrafo, a sujeição de todo o artigo aos limites ali impostos e que se encontram, hoje, no seio do art. 190. No entendimento do autor, portanto, ainda que essa possa ter sido a tentativa do legislador, a mesma não poderá ser acolhida e, assim, os poderes do magistrado de intervir sobre o calendário processual poderão legitimar, ao abrigo do art. 190, a sua recusa, verificados os limites ali previstos (Bueno, Cássio Scarpinella. *Manual de Direito Processual Civil.* 2ª ed. São Paulo: Saraiva, 2016, págs. 219-220). Considerando o calendário processual como um negócio jurídico plurilateral típico celebrado entre juiz, autor, réu e, acaso existirem, outros intervenientes, Cunha, Leonardo Carneiro da. Comentários ao artigo 190º e 191. *in* Cabral, Antonio do Passo, Cramer, Ronaldo (coord.). *Comentários ao Novo Código de Processo Civil.* 2ª ed. São Paulo: Forense, 2016, pág. 325. O autor também discorre sobre a importância de perceber que não poderá existir calendário processual imposto pelo juiz, pelo que ainda que haja uma significativa preocupação com o problema da duração razoável do processo, tal não poderá autorizar que o juiz possa impor determinado calendário às partes; o calendário terá que ser aprovado com a manifestação de, pelo menos, três vontades: autor, réu e juiz. No mesmo sentido de considerar o art. 191 como um negócio jurídico plurilateral, Nogueira, Pedro Henrique. Comentários aos artigos 190 e 191. *In* Wambier, Teresa Arruda Alvim, Didier Jr., Fredie, Talamini, Eduardo, Dantas, Bruno (coord.). *Breves Comentários ao Novo Código de Processo Civil.* 3ª ed. São Paulo: RT, 2016, pág. 664. O autor adverte ainda para duas circunstâncias interessantes de mencionar: (i) nada obsta em que as parte fixem calendário apenas para certas fases do processo, por exemplo apenas para a fase instrutória (fixando datas para produção de prova, períodos para entrega de laudos, depósito de honorários periciais, etc.), (ii) uma vez celebrado o calendário, o seu teor vincula todas os sujeitos envolvidos, pelo que não poderá o juiz aproveitar-se e invocar situações excecionais para incumprir unilateralmente o cronograma acordado e propor a fixação de diferente calendário. Em caso de verdadeira ocorrência excecional que inviabilize o cumprimento da programação acordada, terá que

com acordo de procedimento, já que esta *não tem eficácia vinculante* ao contrário do calendário[52]. Partilha com o saneamento compartilhado o

ser promovida novo debate entre todos os sujeitos para que haja novo acerto consensual. Apresentando alguma jurisprudência italiana que acompanhou a evolução legislativa do país em matéria de aceitação de calendário processual, MEDINA (MEDINA, José Miguel Garcia. *Novo Código de Processo Civil Comentado.* 4ª ed. São Paulo: RT, 2016, pág. 341) aponta um argumento interessante levantado pelo Tribunal de Varese de 2012, onde se considera que o calendário processual poderia causar alguns inconvenientes, como por exemplo, a fixação de prazos excessivamente longos para que as partes e juiz evitassem a incidência de sanções disciplinares pelo seu incumprimento, assim como o facto de o gerenciamento dos vários calendários em diferentes processos poder implicar um aumento da carga de trabalho dos juízes. O autor ainda se coloca relativamente às sanções que deverão ser aplicáveis em caso de incumprimento do calendário: as partes teriam os seus direitos perclusos e, por isso, não poderiam ser invocados, ao passo que para o juiz, o prazo ainda que convencionado, seria impróprio. CUNHA (CUNHA, Leonardo Carneiro da. Negócios Jurídico Processuais no Processo Civil Brasileiro. *In* CABRAL, Antonio do Passo; NOGUEIRA, Pedro Henrique (coord.). *Negócios Processuais.* 2ª ed. Salvador: Juspodivm, 2016, pág. 64) exemplifica ainda a admissibilidade de se estipularem calendários processuais para a prática de atos postulatórios, como razões finais, ou ainda de atos decisórios e executivos. O autor chama à atenção para a necessidade de não confundir o calendário processual em comento (art. 191) com o calendário do art. 357, §8º, previsto e fixado pelo juiz para a prova pericial. COSTA (COSTA, Eduardo José da Fonseca. Calendarização processual. *In* CABRAL, Antonio do Passo; NOGUEIRA, Pedro Henrique (coord.). *Negócios Processuais.* 2ª ed. Salvador: Juspodivm, 2016, pág. 484) exemplifica ainda que poderão haver dois tipos de calendários: calendarização *com* e *sem flexibilização procedimental*, consoante as partes venham criar um procedimento ou aproveitar o procedimento já previsto em lei mas apenas alterar-lhe os prazos. Ainda sobre este negócio típico, CUEVA, Ricardo Villas Bôas. Flexibilização do Procedimento e calendário processual no Novo CPC. *In* CABRAL, Antonio do Passo; NOGUEIRA, Pedro Henrique (coord.). *Negócios Processuais.* 2ª ed. Salvador: Juspodivm, 2016, págs. 505-506.

52. Nas palavras de COSTA, "No acordo de procedimento, as partes definem quais atos praticarão, bem como a forma e a sequência desses atos, mas não vinculam necessariamente cada um deles a uma data-limite. Trata-se de algo similar a um compromisso para-arbitral em juízo, em que as partes chegam a um acordo acerca do procedimento que será adotado no processo. Por meio desse acordo, portanto, as partes celebram um negócio jurídico constitutivo de um formato procedimental (...). Já o acordo de calendarização tem autonomia ontológica. Muitas vezes, ele pode funcionar como pacto adjeto a um acordo de procedimento. Com outras palavras: após as partes inventarem um procedimento, podem elas submete-lo a um cronograma e vincular a realização de cada ato a uma data limite preestabelecida. Aqui a natureza acessória do acordo de calendarização é indisfarçável, pois ele reflexamente se desconstituirá caso se desconstitua o acordo de procedimento" (cf. COSTA, Eduardo José da Fonseca. Calendarização processual. *In* CABRAL, Antonio do Passo; NOGUEIRA, Pedro Henrique (coord.). *Negócios Processuais.* 1ª ed. Salvador: Juspodivm, 2015, pág. 360).

título de manifestações mais democráticas do processo, dando visibilidade ao princípio da cooperação[53].

Uma das primeiras notas a deixar sobre este negócio jurídico é o Enunciado n.º 494 do FPPC, que atesta o fato do art. 191 do CPC *não estar sujeito ao requisito objetivo* previsto no 190 ("direitos que admitam autocomposição")[54]. Em todo o caso, não há quem entenda que o dever estabelecido no art. 190 para que o magistrado controle a validade do negócio deva ser igualmente transportado para o art. 191[55].

O calendário processual é um negócio jurídico *plurilateral*[56], na qual intervêm, regra geral, as partes e o *magistrado*[57], que se destina à fixação

53. Considerando inconstitucional o dispositivo, à semelhança do art. 190, HARTMANN, Rodolfo. *Novo Código de Processo Civil Comparado e Anotado*. 2ª ed. Niterói: Impetus, 2016, pág. 197.

54. "A admissibilidade de autocomposição não é requisito para o calendário processual" (Enunciado n.º 494 do FPPC). Também neste sentido, GAJARDONI, Fernando da Fonseca; DELLORE, Luiz; ROQUE, Andre Vasconcelos; OLIVEIRA JR., Zulmar Duarte de. *Teoria Geral do Processo: Comentários ao CPC de 2015*. 2ª ed. Rio de Janeiro: Forense, 2018, vol. I, pág. 708.

55. Neste sentido, BUENO, Cássio Scarpinella. *Novo Código de Processo Civil anotado*. São Paulo: Saraiva, 2017, págs. 239-240; ALMEIDA, Cléber Lúcio. *Direito Processual do Trabalho*. 8ª ed. São Paulo: LTr, 2016, pág. 86.

56. Considerando que o magistrado não é parte do calendário por não ter autonomia e liberdade negociais, CABRAL, Antonio do Passo. *Convenções Processuais*. Salvador: Juspodivm, 2016, págs. 222-229. Para o autor, "(...) a capacidade negocial não é própria da função jurisdicional. Somente os sujeitos que falam em nome de algum interesse possuem capacidade negocial para estipular regras do procedimento ou criar, modificar e extinguir situações jurídicas processuais. Acordos processuais são celebrados por sujeitos que tomam parte a favor de interesses, e não pelo Estado-juiz" (pág. 223), que complementa com a afirmativa de que "(...) ainda que concebamos que o juiz age *voluntariamente*, e que esta vontade produza efeitos, de qualquer maneira a vontade externada pelo Estado-juiz não decorre de uma escolha livre; é uma *vontade autoritativa* (...)" (pág. 224). Ainda, QUEIROZ, Pedro Gomes. Convenções disciplinadoras do processo judicial. *Revista Eletrônica de Direito Processual*, Rio de Janeiro, Ano 8, Vol. 13, N.º 13, Jan-Jun/2014, pág. 701. Considerando que relativamente a acordos de procedimento onde o juiz veja limitadas os seus poderes de condução do processo, tal como ocorre com o art. 191, mas também com a escolha consensual do perito (art. 471 do CPC), por exemplo, consideram que apesar de serem vinculativos entre partes, não o são relativamente ao magistrado "(...) sob pena de usurpação de regra de competência constitucional e legalmente conferida", MARINONI, Luiz Guilherme; ARENHART, Sérgio Cruz; MITIDIERO, Daniel. CURSO DE PROCESSO CIVIL. 2ª ed. São Paulo: RT, 2015, vol. I, pág. 532. Considerando que o único papel do magistrado será o de homologar o calendário processual e não o

prévia de momentos para a prática de atos processuais (*maxime* instrutórios, mas também podendo incidir sobre postulatórios, decisórios ou executórios). Apesar de poder ser perpetrado em qualquer momento da lide, pode o magistrado *designar audiência específica* para o efeito[58], sendo provavelmente *a audiência preliminar* considerada a melhor ocasião para fixar o cronograma processual[59].

---

de interferir com o seu conteúdo, COSTA, Eduardo José da Fonseca. Calendarização processual. *In* CABRAL, Antonio do Passo; NOGUEIRA, Pedro Henrique (coord.). *Negócios Processuais.* 1ª ed. Salvador: Juspodivm, 2015, pág. 361; GOUVEIA, Lúcio Grassi de; GADELHA, Marina Motta Benevides. Negócios jurídicos processuais: '*Libertas quae sera tamen*'. *In* MARCATO, Ana, et. al. (coord.). NEGÓCIOS PROCESSUAIS. Salvador: Juspodivm, 2017, Vol. I, pág. 339. A maioria da doutrina não segue, porém, este posicionamento, entendendo que o magistrado pode, sim, emitir decisões de conteúdo negocial, das quais o calendário é um exemplo. Neste último sentido, ALMEIDA, Diogo Assumpção Rezende de. *Das convenções processuais no processo civil.* Tese de Doutoramento (UERJ). Rio de Janeiro, 2014, pág. 133 ("Em outros casos, porém, o magistrado é igualmente contratante e, portanto, sua aquiescência é indispensável para a eficácia do pacto. É a hipótese do estabelecimento de calendário procedimental por convenção processual. Nesse caso, as partes fixam datas para a prática de atos processuais, inclusive para atos que dependem da presença e participação do juiz, como a presidência de audiências. Logo, as manifestações de vontade não estão finalizadas sem que o juiz também concorde com o que restou pactuado inicialmente pelas partes"); NOGUEIRA, Pedro Henrique. *Negócios jurídicos processuais.* Salvador: Juspodivm, 2016, pág. 244; DIDIER JR., Fredie. *Curso de Direito Processual Civil.* 17ª ed. Salvador: Juspodivm, 2015, vol. I, pág. 150; EXPÓSITO, Gabriela. Natureza negocial dos provimentos judiciais. *In* MARCATO, Ana, et. al. (coord.). NEGÓCIOS PROCESSUAIS. Salvador: Juspodivm, 2017, Vol. I, págs. 195-198; SCHNEUDER, Caroline. O novo procedimento comum e a cláusula geral de negociação processual no novo Código de Processo Civil. *Revista Dialética de Direito Processual,* São Paulo, n.º 153, dez/2015, pág. 31; NEVES, Daniel Amorim Assumpção. *Novo Código de Processo Civil Comentado artigo por artigo.* 2ª ed. Salvador: Juspodivm, 2017, pág. 340; AVELINO, Murilo Teixeira. A posição do magistrado em face dos negócios jurídicos processuais. *Revista de Processo,* Vol. 40, N.º 246, São Paulo, ago/2015, pág. 227.

57. Embora se sugira na doutrina que o termo "juiz" deva ser substituído por *juízo*, já que quem se vincula ao negócio processual é a instituição da magistratura e não o sujeito individualmente considerado "juiz". Assim, Enunciado n.º 414 do FPPC: "O disposto no §1º do artigo 191 refere-se ao juízo".

58. "O juiz pode designar audiência também (ou só) com objetivo de ajustar com as partes a fixação de calendário para fase de instrução e decisão. (Grupo: Petição inicial, resposta do réu e saneamento" (Enunciado 299 do FPPC)

59. CABRAL, Trícia Navarro Xavier. Reflexos das convenções em matéria processual nos atos judiciais. *In* CABRAL, Antonio do Passo; NOGUEIRA, Pedro Henrique (coord.). *Negócios Processuais.* 2ª ed. Salvador: Juspodivm, 2016, págs. 234-235.

O que o magistrado não pode é (i) *impor calendário* processual às partes sem o consentimento e participação destas, já que a figura é unicamente admitida no ordenamento brasileiro com natureza negocial[60]; e (ii) *calendarizar* o *momento de prolação de sentença*, tendo em conta a natureza pública e fundamental do art. 12 do CPC e o fato de se poderem vir a lesar o interesse de terceiros[61].

---

60. Almeida, Diogo Assumpção Rezende de. As convenções processuais na experiência francesa e no Novo CPC. *In* Cabral, Antonio do Passo; Nogueira, Pedro Henrique (coord.). *Negócios Processuais.* 1ª ed. Salvador: Juspodivm, 2015, pág. 265; Didier Jr., Fredie. Comentários ao art. 190.º do CPC. *In* Streck, Lenio Luiz, Nunes, Dierle, Cunha, Leonardo Carneiro da (Org.). *Comentários ao Código de Processo Civil.* São Paulo: Saraiva, 2017, pág. 318; Cunha, Leonardo Carneiro da. Calendário processual: negócio típico previsto no art. 191 do CPC. *In* Marcato, Ana, et. al. (coord.). Negócios Processuais. Salvador: Juspodivm, 2017, Vol. I, pág. 307; Gordilho, Paula Deda Catarino; Barbosa, Amanda Souza. Análise sobre as implicações do calendário processual. *In* Marcato, Ana, et. al. (coord.). Negócios Processuais. Salvador: Juspodivm, 2017, Vol. I, pág. 424. Cais embora no mesmo sentido ressalva, porém, a hipótese de recusa abusiva e injustificada de uma das partes em aceitar o calendário, para os quais entende que "(...) não parece uma solução simples tolher o poder do juiz de aplicar uma técnica que possa trazer bens resultados ao processo (...)" autorizando, nessas situações, a fixação pelo juiz sem o consentimento da parte (Cais, Fernando Fontoura da Silva. Comentários ao arts. 191 e 192 do CPC. *In* Tucci, José Cruz e; Ferreira Filho, Manoel, Aprigliano, Ricardo Carvalho, Dotti, Rogéria, Martins, Sandro (coord.). *Código de Processo Civil Anotado.* 3ª ed. Rio de Janeiro: GZ, 2018, pág. 308). Em sentido contrário, Costa, Eduardo José da Fonseca. Calendarização processual. *In* Cabral, Antonio do Passo; Nogueira, Pedro Henrique (coord.). *Negócios Processuais.* 1ª ed. Salvador: Juspodivm, 2015, págs. 362-364, que considera que a imposição de calendário pelo magistrado serve aos interesses da celeridade processual; Pinto, Antônio José Carvalho da Silva. Comentários ao art. 190 e 191. in Bochenek, Antonio César, Cambi, Eduardo (coord.). *Código de Processo Civil Comentado.* São Paulo: RT, 2016, pág. 406. Este último Autor considera que a prática é habitual e o próprio legislador o admite no art. 357, §8º do CPC em sede de prova pericial.

61. Didier Jr., Fredie. *Curso de Direito Processual Civil.* 17ª ed. Salvador: Juspodivm, 2015, vol. I, pág. 150. Também no mesmo sentido, Cueva, Ricardo Villas Bôas. Flexibilização do Procedimento e calendário processual no Novo CPC. *In* Cabral, Antonio do Passo; Nogueira, Pedro Henrique (coord.). *Negócios Processuais.* 1ª ed. Salvador: Juspodivm, 2015, pág. 506; Montenegro Filho, Misael. *Novo Código de Processo Civil Comentado.* 3ª ed. São Paulo: Atlas, 2016, pág. 192. Em sentido contrário, Fábio Corrêa entende que é possível a calendarização deste ato processual em concreto; inclusivamente afirma que "Acontece que a calibração procedimental por meio do aludido calendário terá caráter vinculante (art. 191, §1º) para permitir a fixação prévia da data para prolação de sentença, o que não encontra parâmetros na lei revogada (...)" (cf. Corrêa, Fábio. O julgamento em ordem cronológica e a aplicação do calendário

Das principais consequências e efeitos advindos da técnica de calendarização, destacam-se (i) a vinculação do magistrado aos prazos ali previstos; (ii) a desnecessidade de expedir intimações e comunicações por parte da secretaria - o que permite "saltar" momentos ociosos, numa clara manifestação de economia processual -, (iii) organização e previsibilidade do processo, com consequente mitigação do dever de impulso oficial pelo juiz[62]. Além disso destacam-se dois efeitos paralelos: (i) *responsabilização das partes* e advogados pela marcha processual, pois são eles que a passam a planear o rito procedimental; (ii) *reforço da celeridade* processual, com a consequente transferência para as partes da definição dos tempos de duração

processual no novo CPC: aspectos de direito processual intertemporal. *In* YARSHELL, Flávio Luiz, PESSOA, Fabio Guidi (coord.). *Direito Intertemporal.* Salvador: Juspodivm, 2016, pág. 265); MARINONI, Luiz Guilherme; ARENHART, Sérgio Cruz; MITIDIERO, Daniel. *Novo Código de Processo Civil comentado.* 3ª ed. São Paulo: RT, 2017, pág. 321; SALES, Fernando Augusto de Vita Borges de. *Novo CPC comentado artigo por artigo.* São Paulo: Rideel, 2016, pág. 158; PINTO, Antônio José Carvalho da Silva. Comentários ao art. 190 e 191. in BOCHENEK, Antonio César, CAMBI, Eduardo (coord.). *Código de Processo Civil Comentado.* São Paulo: RT, 2016, pág. 407; GONÇALVES, Gláucio Maciel. A calendarização do processo e a ampliação do prazo de defesa no CPC de 2015. *Revista do TRF da 1ª Região*, Brasília, Vol. 28, n.º 11/12, nov-dez/2016, pág. 104; PEREIRA FILHO, Benedito Cerezzo. Comentários aos arts. 190 e 191. *In* ALVIM, Angélica Arruda, ASSIS, Araken de, ALVIM, Eduardo Arruda, LEITE, George Salomão (coord.). *Comentários ao Código de Processo Civil* - de acordo com a Lei n. 13.256/2016. São Paulo: Saraiva, 2016. Pág. 274.

62. COSTA, Eduardo José da Fonseca. Calendarização processual. *In* CABRAL, Antonio do Passo; NOGUEIRA, Pedro Henrique (coord.). *Negócios Processuais.* 1ª ed. Salvador: Juspodivm, 2015, pág. 356; CUNHA, Leonardo Carneiro da. Calendário processual: negócio típico previsto no art. 191 do CPC. *In* MARCATO, Ana, et. al. (coord.). NEGÓCIOS PROCESSUAIS. Salvador: Juspodivm, 2017, Vol. I, pág. 303; BARROZO, Thaís Aranda. O Calendário Processual no Direito Francês e no Italiano: Reflexos do Novo Código de Processo Civil. *In* ZEFELATO, Camilo et. al (coord). *I Colóquio Brasil-Itália de Direito Processual Civil.* Salvador: Juspodivm, 2015, págs. 494-495; GORDILHO, Paula Deda Catarino; BARBOSA, Amanda Souza. Análise sobre as implicações do calendário processual. *In* MARCATO, Ana, et. al. (coord.). NEGÓCIOS PROCESSUAIS. Salvador: Juspodivm, 2017, Vol. I, pág. 411; CAIS, Fernando Fontoura da Silva. Comentários ao arts. 191 e 192 do CPC. *In* TUCCI, José Cruz e; FERREIRA FILHO, Manoel, APRIGLIANO, Ricardo Carvalho, DOTTI, Rogéria, MARTINS, Sandro (coord.). *Código de Processo Civil Anotado.* 3ª ed. Rio de Janeiro: GZ, 2018, pág. 308; NERY JÚNIOR, Nélson; NERY, Rosa Maria Andrade. *Código de Processo Civil Comentado.* 16ª ed. São Paulo: RT, 201, pág. 768; MENDES, Aluisio Gonçalves de Castro. SILVA, Larissa Clare Pochmann. Os impactos do novo CPC na razoável duração do processo. *Revista de Processo*, São Paulo, Vol. 40, N.º 241, mar/2015, pág. 24.

da lide; (iii) *segurança jurídica* das relações extraprocessuais, podendo as partes melhor organizar e gerir os seus próprios atos processuais[63].

A violação do prazo estipulado no calendário acordado acarretará *perda do direito processual* e a consequente perda de vantagem que poderia advir desse exercício. Naturalmente que as partes não deixam de estar vinculadas aos deveres previamente estipulados, mas a correspondente violação pode não os livrar de litigância de má-fé em razão da frustração da confiança[64]. Já no que respeita ao juiz, atenta a natureza imprópria dos prazos acordados, a sua violação terá implicações exclusivas no plano administrativo (na sua carreira, por exemplo).

Poder-se-ia dizer, de imediato, que a *IN 39/2016 não tomou posição* a respeito da admissibilidade deste negócio processual em concreto. Nem para o admitir no processo do trabalho, nem para o rejeitar. É, desde logo, um argumento favorável. Dada a proximidade (sistemática e teleológica) do artigo 191 ao 190 e o fato de o TST não ter expressamente inadmitido a sua migração para o processo do trabalho, não pode ser senão interpretada como uma abertura, em abstrato, favorável à sua aplicação, cuja aplicação prática e o decorrer do tempo dirão se foi ou não a melhor opção.

A doutrina processual trabalhista tem-se também dividido a respeito da admissibilidade de "migração" da norma do 191 para o processo trabalhista. Em paralelo com outro sistema onde é comum a existência de parte vulnerável, já se tem entendido que o dispositivo possa ser celebrado nos juizados especiais, desde que rodeado de certas garantias como a sujeição ao controlo judicial na forma do art. 190 do CPC e o respeito aos princípios que o orientam[65].

Considerando o calendário como técnica processual *incompatível* com o processo do trabalho destaca-se, por exemplo, Teixeira Filho que recorre aos mesmos argumentos usados para negar o art. 190 – particularmente a

63. Carneiro, Paulo Cezar Pinheiro; Pinho, Humberto Dalla Bernardina de. *Novo Código de Processo Civil. Lei 13.105, de 16.03.2015, de acordo com a Lei 13.256, de 04.02.2016, Anotado e Comparado.* 2ª ed. Rio de Janeiro: Forense, 2017, pág. 117.

64. Marinoni, Luiz Guilherme; Arenhart, Sérgio Cruz; Mitidiero, Daniel. *Novo Código de Processo Civil comentado.* 3ª ed. São Paulo: RT, 2017, pág. 321.

65. Enunciado n.º 413 do FPPC: "O negócio jurídico processual pode ser celebrado no sistema dos juizados especiais, desde que observado o conjunto dos princípios que o orienta, ficando sujeito a controle judicial na forma do parágrafo único do art. 190 do CPC".

incompatibilidade com o art. 769 da CLT – e para quem a presença do magistrado no negócio é irrelevante para a aferição da sua admissibilidade[66]. Da mesma forma, partilha dos seus argumentos TOLEDO FILHO[67].

Parece-nos uma posição significativamente exagerada e, *data venia*, não conseguimos partilhá-la[68]. O calendário processual é uma técnica que visa exclusivamente à satisfação de três importantes propósitos: duração razoável do processo (art. 5º, LXXVIII da CF), segurança jurídica e *eficiência processual* (art. 8º CPC)[69]; todos, por sua vez, relacionados à *gestão do processo* e *adequação processual*[70]. O negócio *deve poder ser admitido*, também no processo do trabalho, até porque o próprio magistrado dele faz parte[71]. O fato de o processo de trabalho envolver um rito processual mais expedito e concentrado por natureza em nada impede a migração do instituto se usado com parcimónia e anuência do magistrado[72]. Antes pelo

---

66. TEIXEIRA FILHO, Manoel Antonio. *Comentários ao Novo Código de Processo Civil: sob a perspectiva do processo do trabalho.* 2ª ed. São Paulo: LTr, 2016, pág. 228.
67. TOLEDO FILHO, Manoel Carlos. Comentário ao art. 190 e 191. *In* SILVA, José Antônio Ribeiro de Oliveira (coord.). *Comentários ao novo CPC e sua aplicação ao processo do trabalho: atualizado conforme a Lei nº 13.256/2016.* São Paulo: LTr, 2016., pág. 233.
68. No mesmo sentido, BERNARDES, Filipe. *Manual de Processo do Trabalho.* Salvador: Juspodivm, 2018, págs. 66-67; GONÇALVES, Igor Sousa. O instituto da negociação processual na Justiça do Trabalho: compatibilidade, limites e desafio. *Revista do Direito do Trabalho*, São Paulo, Vol. 43, N.º 183, nov/2017, pág. 207.
69. TUCCI, José Rogério Cruz e. Garantia da prestação jurisdicional sem dilações indevidas como corolário do devido processo legal. *Revista de Processo*, São Paulo, Vol. 17, N.º 66, abr-jun/1992, pág. 76
70. Considerando, porém, que a duração razoável do processo é princípio que carece de interpretação com razoabilidade sob pena de que o não amadurecimento do posicionamento judicial e a pressa com que se julgue determinada causa mais complexidade poder pôr em causa o princípio da eficiência, CABRAL, Antonio do Passo. Duração razoável do processo e a gestão do tempo no projeto do novo Código de Processo Civil. *In* GAIO JÚNIOR, Antônio Pereira, CÂMARA, Alexandre Freitas (coord.). *Novo CPC: reflexões e perspectivas.* Belo Horizonte: Del Rey, 2014, págs. 25-52.
71. Neste sentido, ALMEIDA, Cléber Lúcio. *Direito Processual do Trabalho.* 8ª ed. São Paulo: LTr, 2016, pág. 86; CAVALCANTE, Jouberto de Quadros P.; JORGE NETO, Francisco Ferreira. DIREITO PROCESSUAL DO TRABALHO. 8ª ed. São Paulo: Atlas, 2018, pág. 460.
72. Considerando o processo do trabalho como procedimento especial mas, nem por isso, deixando de lhe aplicar o instituto do calendário processual, no ordenamento jurídico italiano, PICOZZA, Elisa. Il calendario del processo. *Rivista di Diritto Processuale.* Vol. 64, N.º 6. Padova: CEDAM, 2009, pág. 1657; FONSECA, Elena Zucconi Galli. Il calendario del processo. *Rivista Trimestrale di Diritto e Procedura Civile*, Giuffrè, Ano 66, N.º 4, dic/2012, pág. 1403 ("Anche per il rito del lavoro può porsi analoga questione. Si è detto

contrário, o calendário processual tenderá, precisamente, a tornar ainda mais expedito e organizado o processo laboral. Numa Justiça onde um grande número de sujeitos solicita o benefício da gratuitidade da justiça, a possibilidade de saber, de antemão, quando é que os atos processuais se irão realizar, cumulada com a possibilidade de se estabelecerem sanções penais para o caso de falta ou ausência ao compromisso marcado, é faculdade que serve ainda aos que mais necessitam e que são os mais penalizados por datas e atos que depois nem se vêm a realizar. Por outro lado, ignorar a intervenção do magistrado nestes negócios plurilaterais para concluir pela inadmissibilidade do negócio é incorrer num posicionamento *paternalista* que não leva em consideração todas as variáveis que distinguem este de outros negócios processuais.

Por último, não deixar de referir que mesmo que, em momento posterior, o empregado(r) se torne vulnerável relativamente ao calendário acordado, consciente de que não irá poder cumprir com algum prazo por motivo que não lhe é próprio, o preceito prevê a possibilidade das datas estipuladas serem revistas de comum acordo ou individualmente com o magistrado mediante demonstração de "justa causa" (impossibilidade ou dificuldade tal que acabem por inviabilizar o seu direito de defesa)[73].

9.2.4. Redução e renúncia a prazo – arts. 222, §1º e 225 do CPC, respectivamente *ex vi* art. 15 do CPC

Nos termos do art. 222 §1º do CPC, o *juiz não pode reduzir* prazos perentórios sem anuência das partes. *A contrario sensu* se dirá que, então, qualquer redução de prazos processuais não dilatórios deve ser realizada pelas partes. O próprio preceito o estimula. De forma aparentemente contraditória, porém, o art. 139, inc. VI do CPC prevê que cabe ao magistrado a prerrogativa de modificar prazos e de os adequar às necessidades do conflito. A articulação deve ser efetuada, mas, creio, num sentido restritivo de forma

---

che, almeno nella previsione del legislatore, detto processo avrebbe dovuto svolgersi nella massima concentrazione, togliendo senso alla programmazione del calendario; peraltro, la possibilità di trattazione in una sola udienza si è rivelata, nella prassi, una ipotesi assolutamente residuale, e, dunque, il calendario ritrova una peculiare utilità").

73. Cais, Fernando Fontoura da Silva; Machado, Marcelo Pacheco. Comentários ao art. 190 do CPC. *In* Tucci, José Cruz e; Ferreira Filho, Manoel, Aprigliano, Ricardo Carvalho, Dotti, Rogéria, Martins, Sandro (coord.). *Código de Processo Civil Anotado.* 3ª ed. Rio de Janeiro: GZ, 2018, pág. 309.

a não incluir os prazos previstos no art. 222, §1º do CPC[74]. Por outro lado, não deixa de ser interessante constatar a impropriedade com que o art. faz referência a "prazos perentórios" (i.e., que não podem ser afastados pelo juiz ou pelas partes), quando no novo ordenamento processual esta categoria de prazos simplesmente deixou de existir diante dos arts. 139, VI, do 190 e do 191 do CPC[75].

Paralelamente, partes podem *renunciar a prazo* processual estabelecido exclusivamente a seu favor (art. 225 do CPC[76]), desde que o façam de forma expressa. Tal como os prazos processuais podem ser ajustados e calendarizados por acordo, assim também podem ser abdicados por negócio jurídico processual unilateral. Este negócio, à semelhança dos demais não previstos no art. 200 do CPC, prescinde de homologação judicial[77]. Uma vez renun-

---

74. Pugnando por uma interpretação restritiva, Hartmann, Rodolfo. *Novo Código de Processo Civil Comparado e Anotado*. 2ª ed. Niterói: Impetus, 2016, pág. 214. No entendimento do autor deveria ser vedada a alteração de todos os prazos processuais com exceção dos dilatórios. No nosso entendimento, *data venia*, a interpretação anula todo o sentido útil que o legislador quis dar ao art. 222, §1º, pelo que não pode ser adotada.
75. Como ensina Neves, "No Novo Código de Processo Civil todos os prazos passaram a ser dilatórios, e diante disso fica demonstrada a impropriedade do art. 222 §1º, do Novo CPC, ao fazer menção à espécie de prazo inexistente no sistema" (Neves, Daniel Amorim Assumpção. *Novo Código de Processo Civil Comentado artigo por artigo*. 2ª ed. Salvador: Juspodivm, 2017, pág. 376). No mesmo sentido, Gajardoni, Fernando da Fonseca; Dellore, Luiz; Roque, Andre Vasconcelos; Oliveira Jr., Zulmar Duarte de. *Teoria Geral do Processo: Comentários ao CPC de 2015*. 2ª ed. Rio de Janeiro: Forense, 2018, vol. I, págs. 778-779.
76. Este negócio jurídico é recorrente em matéria de prazos recursais: para que as partes possam ter margem negocial para autocomporem o litígio mediante transacção judicial, admite-se que renunciem, por exemplo, ao direito ao recurso. Veja-se que apesar de ser um *desdobramento* do direito à acção e, por isso, um direito processual fundamental, não se poderá dizer que alguma das partes seja forçada a exercer esse seu direito; da mesma forma, as partes não podem ser obrigadas a continuar a prosseguir com um recurso já interposto, pelo que a mesma ideia prevalece para os casos de desistência de recurso (Oliveira, Guilherme Peres de. Comentários ao artigo 225. *in* Cabral, Antonio do Passo, Cramer, Ronaldo (coord.). *Comentários ao Novo Código de Processo Civil*. 2ª ed. São Paulo: Forense, 2016, pág. 369). Abordando o regime mas sem discutir ou mencionar a natureza negocial da renúncia, Wagner Junior, Luiz Guilherme da Costa. Comentários ao artigo 225. *In* Wambier, Teresa Arruda Alvim, Didier Jr., Fredie, Talamini, Eduardo, Dantas, Bruno (coord.). *Breves Comentários ao Novo Código de Processo Civil*. 3ª ed. São Paulo: RT, 2016, pág. 739.
77. Afinal, o ato não envolve propriamente direito material, restringindo-se ao âmbito processual. Neste sentido, Montenegro Filho, Misael. *Novo Código de Processo Civil*

ciado ao prazo, a parte não pode, posteriormente, dele se vir a arrepender e anular a renúncia expressamente declarada[78].

Têm-se admitido estes negócios jurídicos processuais no processo do trabalho, desde que aplicados com cautelas sempre que estiver em causa uma lide com partes a pleitear em *jus postulandi*[79-80]. Nem outro entendimento seria de esperar. Já mesmo antes da entrada em vigor da Reforma ou do surgimento da nova filosofia de autorregramento trazida pelo CPC/15 a doutrina juslaboralista já recorrentemente aceitava estes negócios processuais sem particularizar problemas de *vulnerabilidade acentuada* do trabalhador ou invocar *indisponibilidade do crédito*[81] para o impedir[82]. O prazo é um

---

Comentado. 3ª ed. São Paulo: Atlas, 2016, pág. 217; Nery Júnior, Nélson; Nery, Rosa Maria Andrade. *Código de Processo Civil Comentado.* 16ª ed. São Paulo: RT, 201, pág. 817.

78. Nogueira, Pedro Henrique. Comentários aos arts. 218 e 235 do CPC. *In* Tucci, José Cruz e; Ferreira Filho, Manoel, Aprigliano, Ricardo Carvalho, Dotti, Rogéria, Martins, Sandro (coord.). *Código de Processo Civil Anotado.* 3ª ed. Rio de Janeiro: GZ, 2018, pág. 352.

79. Teixeira Filho, Manoel Antonio. *Comentários ao Novo Código de Processo Civil: sob a perspectiva do processo do trabalho.* 2ª ed. São Paulo: LTr, 2016, pág. 258; Cairo Jr. José. *Curso de Direito Processual do Trabalho.* 12ª ed. Salvador: Juspodivm, 2018, pág. 342; Saraiva, Renato; Manfredini, Aryanna. *Curso de Direito Processual do Trabalho.* 12ª ed. Salvador: Juspodivm, 2015, pág. 174; Saad, Eduardo Gabriel. *Curso de Direito processual do trabalho.* 7ª ed. rev. atual. e ampl. por Saad, José Eduardo, Branco, Ana Maria Saad Castello. São Paulo: LTr, 2014, pág. 145. Do ponto de vista jurisprudencial, *vide* acórdão do Setença dada pelo juízo da 1ª Vara do Trabalho de Praia Grande, Processo n.º 1000242-62.2016.5.02.0401, Juiza Erika Bulhoes Cavalli De Oliveira, Data de julgamento 16.08.2017, onde se renunciou a prazo recursal por acordo das partes; ou sentença do Juízo da Vara do Trabalho de Embu das Artes, Processo n.º 1002399-44.2015.5.02.0271, onde se antecipa data de audiência por acordo das partes.

80. No direito comparado, a possibilidade de as partes flexibilizarem prazos no processo do trabalho é significativamente restrita. Em Espanha, por exemplo, a regra é a da improrrogabilidade dos atos processuais trabalhistas, em razão do forte pendor da celeridade que enforma este processo. As excepções são poucas e prendem-se com atos de força maior, expressa previsão em lei, ou os prazos impróprios para publicação de decisões judiciais (art. 134 da LRJS); cf. Lefebvre, Francis. *Procedimiento laboral 2015-2016.* Madrid: Ediciones Francis Lefebvre, 2016, pág. 393.

81. Aliás, como bem ensinava Teixeira em lição de 2009, "não se tem exigido, para a validade dessa renúncia, que o direito material discutido em juízo seja disponível, porquanto a renúncia terá como objeto não o mencionado direito, e sim uma faculdade processual" (Teixeira Filho, Manoel Antônio. *Curso de direito processual do trabalho: processo de conhecimento.* São Paulo: LTr, 2009, Vol. I, pág. 87).

82. Apesar de parecer entender que as partes não podem reduzir prazos perentórios, Jorge Neto e Cavalcante apresentam a possibilidade de as partes, por acordo do

direito da parte cujo exercício pode perfeitamente ser renunciado total ou parcialmente.

9.2.5. Suspensão do processo e da execução – arts. 313, II e 921, inc. I e 922 do CPC *ex vi* art. 15 do CPC

Em qualquer momento da lide as partes podem suspender o processo de forma consensual (art. 313, II do CPC)[83], ou mesmo a execução (art. 921, inc. I e 922 do CPC) desde que o executado a cumpra voluntariamente.

---

190 do CPC, poderem criar prazos não dilatórios convencionais que, nos termos gerais da teoria dos atos processuais, costumem ter a natureza dilatória. Cf. Jorge Neto, Francisco Ferreira; Cavalcante, Jouberto de Quadros Pessoa. Direito Processual do Trabalho. 8ª ed. São Paulo: Atlas, 2019, pág. 479. Nas suas palavras, "dilatório é o prazo fixado por disposição legal, admitindo ampliação pelo juiz ou que, por ajuste das partes, pode ser reduzido ou ampliado. É cabível a fixação pelas partes de prazo não dilatórios, por meio da denominada negociação processual, desde que acatada pelo magistrado (art. 190, CPC)".

83. Entendendo que a suspensão do processo por deliberação das partes não é capaz de travar o curso de prazos perentórios já fixados (ex. prazo para interpor recurso) assim como é inoperante perante ato processual que esteja a ser praticado, exceto se as partes acordarem em sentido contrário, Marinoni, Luiz Guilherme; Arenhart, Sérgio Cruz; Mitidiero, Daniel. Curso de Processo Civil. 2ª ed. São Paulo: RT, 2016 vol. I, pág. 137. Veja-se que as situações que tendencialmente levarão à suspensão convencional do processo ocorrerão nas seguintes hipóteses: (i) para fechar os detalhes de acordo de transação, ou (ii) sempre que acordo já formalizado nos auto dependa da verificação de determinada condição suspensiva, pelo que se justificará também a suspensão do processo até a verificação da suspensão. Acrescente-se ainda que, na opinião de parte da doutrina, a suspensão não poderá exceder o prazo de seis meses, sob pena de as partes acabarem por dispor *ad perpetum* sobre a marcha processual e, por conseguinte, desvirtuarem o sentido da jurisdição e a necessidade de todo o processo culminar obrigatoriamente numa sentença que ponha um fim ao conflito litigioso. Assim, Montenegro Filho, Misael. *Novo Código de Processo Civil Comentado.* 3ª ed. São Paulo: Atlas, 2016, págs. 196-197; Bedaque, José Roberto dos Santos. Comentários ao artigo 313. *in* Cabral, Antonio do Passo, Cramer, Ronaldo (coord.). *Comentários ao Novo Código de Processo Civil.* 2ª ed. São Paulo: Forense, 2016, pág. 492. Em sentido contrário, entendendo que é possível às partes convencionarem um período de suspensão superior ao prazo previsto no art. 313, §4º, Bueno, Cassio Scarpinella. *Manual de Direito Processual Civil.* 2ª ed. São Paulo: Saraiva, 2016, pág. 282. Para o autor, o fundamento desta admissibilidade baseia-se não no *caput* do art. 190, mas antes na Lei n.º 13.140/2015 (Lei da Mediação), que admite a suspensão "por prazo suficiente para a solução consensual do conflito" (art. 16, *caput*). Dizer ainda que a suspensão não fica dependente da aquiescência do juiz (Donizetti, Elpídio. *Curso didático de direito processual civil.* 19ª ed. São Paulo: Atlas, 2016, pág. 514). Gomes Junior, Luiz Manoel. Comentários ao artigo 313. *In* Wambier, Teresa Arruda Alvim,

Esta suspensão dos termos da lide é permitida pelo legislador no Brasil e no direito comparado de forma típica, embora os seus contornos nem sempre se assemelhem[84]. Tem subjacente a ideia de permitir às partes o entabulamento de negociações extraprocessuais que lhes permitam *chegar a um acordo ou mesmo cumpri-lo*. Por este motivo, entende o legislador não existirem razões para impedir a suspensão do processo, já que saem prestigiados princípios como a cooperação, autorregramento da vontade das partes ou, particularmente no processo do trabalho, da conciliação. Havendo negócio processual para suspender o processo, a atuação do *magistrado é vinculada* à vontade dos litigantes[85].

Naturalmente que quando este negócio processual surge no momento em que se pratica outro ato processual complexo (*maxime* audiência de instrução e julgamento ou de julgamento de recurso), algumas restrições têm

---

Didier Jr., Fredie, Talamini, Eduardo, Dantas, Bruno (coord.). *Breves Comentários ao Novo Código de Processo Civil.* 3ª ed. São Paulo: RT, 2016, pág. 890, entende também que, quando estamos diante prazos peremtórios (como de prazo para resposta ou para recurso), não poderá ocorrer suspensão, pelo que apenas o juiz poderá fazê-lo (*vide*, a exemplo, o disposto no art. 222 CPC). O autor pronuncia-se ainda por uma interpretação restrita dos limites do §4º, por não entender impossível que as partes promovam mais do que um pedido de suspensão, desde que justificado. Parte da doutrina (Medina, José Miguel Garcia. *Novo Código de Processo Civil Comentado.* 4ª ed. São Paulo: RT, 2016, pág. 538) também admite que, havendo convenção processual sobre suspensão do processo, não poderá ser admitida a extinção por abandono, num raciocínio lógico, extraído de decisão do STJ, AgRg no Resp 1.052.960/MG, 4ª T., J. 23.06.2009, rel. Min. Aldir Passarinho Júnior, onde se pode ler a seguinte passagem: "[p]resente, na execução, acordo entre as partes para pagamento parcelado da dívida, bem como para suspensão do processo, nos termos do art. 791, II combinado com o art. 265, II do CPC [todos, de CPC-73], com atos jurisdicionais que corroboram tal transação, inadmissível a extinção do feito por abandono de causa anos após, ainda que existente pedido da parte contrária".

84. Assim, por exemplo, no direito espanhol, a tendência é para apreciar este negócio jurídico processual como um requerimento conjunto sujeito ao poder do magistrado de aceitar ou não. Como nos informa, Lefebvre que "Las partes pueden solicitar la suspensión del proceso, que debe ser acordada por el secretario judicial, mediante decreto, siempre que no perjudique al interés general o a tercero y que el plazo de la suspensión no supere los sesenta días. (...) La potestad para acordar la suspensión corresponde al secretario judicial" (Lefebvre, Francis. *Procedimiento laboral 2015-2016.* Madrid: Ediciones Francis Lefebvre, 2016, pág. 298).

85. Teixeira Filho, Manoel Antônio. *Curso de direito processual do trabalho: processo de conhecimento.* São Paulo: LTr, 2009, Vol. I, pág. 215; Neves, Daniel Amorim Assumpção. *Novo Código de Processo Civil Comentado artigo por artigo.* 2ª ed. Salvador: Juspodivm, 2017, pág. 545.

sido colocadas pela doutrina em razão de potenciais ofensas ao princípio da duração razoável do processo. Da nossa parte, não vemos obstáculo à sua prática mesmo aí, e nem a lei discrimina situações em que a convenção seja ou não passível de ser celebrada. Até porque pode resultar precisamente da audiência a necessidade de suspender o procedimento[86]. O próprio legislador antecipou um *limite temporal* à suspensão do processo (já não da execução), restringindo-a a seis meses. Dada a natureza consensual do instituto, tem-se dito que as próprias partes podem afastar esta baliza legal e *convencionar a prorrogação do prazo*[87]. Pouco sentido faria admitir que o adiamento consensual da audiência possa ser feito sem limite legal, ininterruptas vezes, para depois considerar que o processo não pode ser suspenso por prazos maiores que 6 meses, quando ambas as normas orientam o mesmo objetivo legal. Naturalmente que a faculdade deverá ser usada com parcimónia e nos limites da boa-fé e abuso de direito, sob pena de se minarem outros princípios estruturantes do processo trabalhista. Mas essa é uma questão que se prenderá com os limites e o controlo da convenção e não com a sua admissibilidade além do período legal previsto.

---

86. Neste sentido, Neves, Daniel Amorim Assumpção. *Novo Código de Processo Civil Comentado artigo por artigo.* 2ª ed. Salvador: Juspodivm, 2017, pág. 545; Greco, Leonardo. *Instituições de processo civil.* 5ª ed. Rio de Janeiro: Forense, 2015, vol. II, pág. 381. Para o autor não há óbice em suspender a audiência depois de concluída mas antes de prolatada a sentença, ou a suspensão num prazo curto para elaboração de laudo pericial ou para a prática de qualquer ato de serventuário de justiça.

87. Assim, Fabricio, Adroaldo Furtado. Comentários aos arts. 312 a 317 do CPC. *In* Tucci, José Cruz e; Ferreira Filho, Manoel, Apriglaino, Ricardo Carvalho, Dotti, Rogéria, Martins, Sandro (coord.). *Código de Processo Civil Anotado.* 3ª ed. Rio de Janeiro: GZ, 2018, pág. 483. Em sentido contrário, Marinoni, Luiz Guilherme; Arenhart, Sérgio Cruz; Mitidiero, Daniel. *Novo Código de Processo Civil comentado.* 3ª ed. São Paulo: RT, 2017, pág. 411; Castro, João Marcos Adede y. *Novo Código de Processo Civil Comentado para concursos.* Curitiba: Juruá, 2016, vol. I, pág. 428; Gaio Júnior, Antônio Pereira. *Instituições de Direito Processual civil.* 3ª ed. Salvador: Juspodivm, 2016, pág 330; Greco, Leonardo. *Instituições de processo civil.* 5ª ed. Rio de Janeiro: Forense, 2015, vol. II, pág. 381. Eduardo Talamini, noutra opinião, considera possível outras suspensões convencionais do processo desde que submetidas a especial justificação à luz do novo cenário (Comentários ao art. 313, *in* Alvim, Angélica Arruda, Assis, Araken de, Alvim, Eduardo Arruda, Leite, George Salomão (coord.). *Comentários ao Código de Processo Civil.* São Paulo: Saraiva, 2016, pág. 410); posicionamento este que também é acompanhado por Gajardoni, Fernando da Fonseca; Dellore, Luiz; Roque, Andre Vasconcelos; Oliveira Jr., Zulmar Duarte de. *Teoria Geral do Processo: Comentários ao CPC de 2015.* 2ª ed. Rio de Janeiro: Forense, 2018, vol. I, pág. 1045.

Na Justiça do Trabalho, porém, é bastante comum a suspensão do processo para promover tentativas de conciliação extrajudiciais. A doutrina inclusivamente tem-lhe estendido favorável aval em termos de eficácia no processo do trabalho[88]. Os seus termos, porém, estão balizados por um período temporal de 6 meses, findo o qual o juiz de ofício impulsionará o processo. Aqui, a suspensão nem costuma depender de assentimento do magistrado[89]. Também em sede executiva, a suspensão da execução por acordo é prática admitida pela doutrina laboral[90] e jurisprudência.

Em todo o caso, pode questionar-se a *necessidade ou não de homologação da suspensão* por convenção das partes. Nesta sede, poder-se-ia sustentar que, não obstante a regra geral em matéria de negociação processual ser a da eficácia imediata do pacto, uma vez que a suspensão do processo vai afetar diretamente a regra do impulso processual de ofício pelo magistrado (art. 2º do CPC), cujo andamento não depende da vontade das partes, a regra geral de desnecessidade de homologação poderia ser invertida. Também se poderia indagar, por outro lado, se a falta de comunicação prévia ao juízo não poderia implicar alguns embaraços ao prosseguimento do feito ou até mesmo fraudes (por exemplo, mediante aposição de data retroativa ao pacto para evitar efeitos de coisa julgada a outros atos processuais subsequentemente praticados). Todavia, parece-nos que nenhum dos argumentos deve prosperar e que a imposição da homologação como condição de eficácia do acordo acabaria por trazer prejuízos significativos para as partes. A melhor alternativa deverá encontrar-se na que sustenta a eficácia do pacto assim que este é comunicado ao magistrado; mas os seus efeitos não careceram

---

88. Toledo Filho, Manoel Carlos. Comentário ao art. 190 e 191. *In* Silva, José Antônio Ribeiro de Oliveira (coord.). *Comentários ao novo CPC e sua aplicação ao processo do trabalho: atualizado conforme a Lei nº 13.256/2016*. São Paulo: LTr, 2016, pág. 322; Teixeira Filho, Manoel Antônio. *Curso de direito processual do trabalho: processo de conhecimento*. São Paulo: LTr, 2009, Vol. I, pág. 2031; Bernardes, Filipe. *Manual de Processo do Trabalho*. Salvador: Juspodivm, 2018, pág. 403; Leite, Carlos Henrique Bezerra. *Curso de Direito Processual do Trabalho*. 14ª ed. São Paulo: Saraiva, 2016, pág. 810; Jorge Neto, Francisco Ferreira; Cavalcante, Jouberto de Quadros Pessoa. Direito Processual do Trabalho. 8ª ed. São Paulo: Atlas, 2019. Pág. 358.

89. Martins, Sérgio Pinto. *Direito Processual do Trabalho*. 40ª ed. São Paulo: Atlas, 2018, pág. 438.

90. Cairo Jr., José. *Curso de Direito Processual do Trabalho*. 12ª ed. Salvador: Juspodivm, 2018, pág. 970; Jorge Neto, Francisco Ferreira; Cavalcante, Jouberto de Quadros Pessoa. Direito Processual do Trabalho. 8ª ed. São Paulo: Atlas, 2019, pág. 963; Garcia, Gustavo Filipe Barbosa. *Curso de Direito Processual do Trabalho*. 6ª ed. Rio de Janeiro, 2017, pág. 957.

da homologação desta serem despoletados[91]. Tal entendimento contraria a teoria geral dos negócios jurídicos e abriria um precedente não justificado relativamente aos restantes negócios jurídicos processuais, cuja eficácia está calcada sob a articulação do art. 190 com o 200 do CPC.

Pode-se questionar também sobre a convenção a respeito *do limite do prazo de suspensão* de seis meses. Tendo em conta (i) a celeridade do processo, estruturalmente construída em prol da obtenção da satisfatividade do crédito alimentar; (ii) o interesse público subjacente à duração razoável do processo, poder-se-ia questionar se esse limite estaria, ou não, na disponibilidade das partes. Embora entendamos que na maior parte das circunstâncias esse conflito de interesses não cairá a favor das partes, mas contra elas, existirão circunstâncias onde se admite que o extrapolamento dos limites deva ser admitido, para se garantir maior efetividade de jurisdição[92]. Também aqui é importante diferenciar a admissibilidade em *abstrato* da possibilidade de um negócio com estas características, com o problema do controlo sobre os *limites* à negociação. Parece-nos que do ponto de vista do primeiro – à semelhança do que entendemos no plano cível – nada obstará a que se admita, em abstrato, e à partida, a possibilidade de também o trabalhador celebrar negócio sobre os limites temporais da suspensão do processo. As

---

91. Neste sentido BERNARDES, Filipe. *Manual de Processo do Trabalho.* Salvador: Juspodivm, 2018, pág. 404. O Autor entende que o melhor entendimento deverá ser o que condiciona a eficácia da suspensão ao momento em que a convenção é levada ao conhecimento do juízo. "Antes da comunicação ao juízo, não há ato processual (=ato inexistente), não podendo haver qualquer efeito jurídico no processo".

92. Acompanhamos aqui BERNARDES, Filipe. *Manual de Processo do Trabalho.* Salvador: Juspodivm, 2018, pág. 404. Replicamos também o exemplo apresentado pelo Autor: "(...) hipótese em que o reclamante entabule acordo com a 1ª reclamada (sua empregadora, empresa prestadora de serviços terceirizados), mas a 2ª reclamada (tomadora de serviços, responsável subsidiária) não concorde com a conciliação. Se o reclamante não puder desistir da ação em face da 2ª reclamada, é possível dar-se a suspensão convencional do processo, por até seis meses (CPC, art. 313, II, e §4º), até o cumprimento integral do acordo pela 1ª reclamada, após o que o processo será extinto com resolução de mérito. Se o acordo for descumprido, basta reincluir o feito em pauta para prosseguimento, sem prejuízo da execução da multa em face da 1ª reclamada pelo inadimplemento. Caso o acordo parcial tenha sido celebrado após o final da instrução, sequer haverá necessidade de a reabrir, e os autos deverão ir conclusos para sentença. Já se viu ser insusbsistente qualquer questionamento da responsável subsidiária (2ª reclamada), já que não há prejuízo algum do ponto de vista processual, pois o contraditório fica totalmente preservado, por força da previsão da reinclusão do feito em pauta, no caso de descumprimento do acordo. Todas as faculdades, direitos e prerrogativas processuais da 2ª reclamada serão mantidas na hipótese de inadimplemento."

mesmas questões de vulnerabilidade ou abusividade que se colocam à primeira suspensão, colocar-se nos mesmos termos na segunda. Nada muda neste aspecto. O problema ater-se-ia, sobretudo, a um potencial *conflito de interesses* entre, por um lado, a duração razoável do processo e celeridade enquanto postulados fundamentais do processo do trabalho e, por outro, a amplitude do autorregramento da vontade das partes; assunto que, pela sua dimensão, infelizmente não temos como incluir neste trabalho.

9.2.6. Saneamento consensual e compartilhado – art. 357, §2º e §3º do CPC *ex vi* art. 15 do CPC

Inspirado no art. 12 do CPC francês, que autoriza às partes a delimitação da matéria a levar a julgamento[93], o saneamento compartilhado é mais um caso de negócio jurídico processual plurilateral, que envolve (a participação) e vincula o magistrado. Nos termos do art. 357, §2º do CPC, as partes podem apresentar conjuntamente ao magistrado delimitação das questões de fato e de direito para homologação por este[94], naquilo que, tal como o art. 191

---

93. *In verbis*, "Le juge tranche le litige conformément aux règles de droit qui lui sont applicables. Il doit donner ou restituer leur exacte qualification aux faits et actes litigieux sans s'arrêter à la dénomination que les parties en auraient proposée. *Toutefois, il ne peut changer la dénomination ou le fondement juridique lorsque les parties, en vertu d'un accord exprès et pour les droits dont elles ont la libre disposition, l'ont lié par les qualifications et points de droit auxquels elles entendent limiter le débat*. Le litige né, les parties peuvent aussi, dans les mêmes matières et sous la même condition, conférer au juge mission de statuer comme amiable compositeur, sous réserve d'appel si elles n'y ont pas spécialement renoncé" (g.n.).

94. Genericamente sobre o assunto, MARINONI, Luiz Guilherme; ARENHART, Sérgio Cruz; MITIDIERO, Daniel. CURSO DE PROCESSO CIVIL. 2ª ed. São Paulo: RT, 2016 vol. I, pág. 240, admitindo sem grandes desenvolvimentos a natureza negocial do saneamento consensual, "na linha da *contratualização do processo*". Acrescentam ainda que este saneamento será ineficaz em caso de nele se prever o afastamento da possibilidade do juiz determinar prova diversa da acordada, por alegadamente constituir uma disposição sobre os poderes instrutórios do juiz. Também DONIZETTI entende que esta inovação, que parte da ideia da contratualização do processo, permite que os ajustes convencionados entre as partes e juiz sobre a forma de condução do processo possam vingar; o autor aplaude a inovação legislativa, que aproxima o ordenamento jurídico processual brasileiro daquilo que já se começa a presenciar na Europa, *maxime* em França, com o tendencial abandono da condução vertical e impositivo do processo pelo juiz e uma progressiva recepção de esquemas horizontais e consensuais entre todos os sujeitos do processo; reforça-se ainda que tanto mais deverão as partes ser chamadas a intervir, ao abrigo do princípio da cooperação, quanto maior for a complexidade da causa (DONIZETTI, Elpídio. *Curso didático de direito processual civil*. 19ª ed. São

do CPC, representa outro mecanismo de intervenção e responsabilização mútua das partes e juiz[95]. Ela representa, ainda, uma manifestação clara do princípio da cooperação entre as partes entre si, e entre as partes e o magis-

---

Paulo: Atlas, 2016, pág. 559). No mesmo entendimento de que o novo art. 357, §2° prestigia a orientação do art. 6° e do dever de cooperação, na medida em que permite que o processo possa compor-se de forma mais rápida, célere e eficiente, WAMBIER, Luiz Rodrigues; TALAMINI, Eduardo. *Curso Avançado de Processo Civil – Cognição jurisdicional (processo comum de conhecimento e tutela provisória)*, Vol. II, 16ª ed., São Paulo, RT, 2016, págs. 211-212. Consideram ainda os autores que a hipótese em causa não corresponderá a um verdadeiro negócio jurídico processual, não obstante as partes poderem, no momento do saneamento, apresentar ao magistrado negócios processuais sobre a redistribuição do ônus da prova, calendário processual, perito consensual, etc. Considerando que não há nada que impeça o magistrado de não homologar a delimitação consensual das questões de facto e de direito convencionadas pelas partes, BUENO, Cassio Scarpinella. Comentários ao artigo 357. *in* CABRAL, Antonio do Passo, CRAMER, Ronaldo (coord.). *Comentários ao Novo Código de Processo Civil*. 2ª ed. São Paulo: Forense, 2016, pág. 563. Também nesta linha de raciocínio, considerando meramente sugestivas as propostas apresentadas pelas partes, MENDES, Anderson Cortez; CAPIOTTO, Gabriele Mutti. Saneamento do processo no novo código de processo civil. *Revista de Processo*, São Paulo, Vol. 42, N.° 266, abr/2017, pág. 85. No nosso entendimento, porém, os poderes do juiz para homologar ou não a convenção não pode, sob pena de se subverter a lógica principiológica que o novo código quis privilegiar em torno da revitalização da vontade das partes no processo, (não pode, dizíamos) ser tão ampla ao ponto de justificar a afirmação sustentada pelo autor de que "nada há que impeça...". Antes pelo contrário. Entendemos precisamente que o magistrado só *não deverá homologar* caso verifique completa disparidade entre as questões acordadas ou contrariedade às disposições legais imperativas. O princípio deverá ser o da liberdade das partes para delimitarem o objeto litigioso (seja, *ab inicio*, na petição inicial e contestação, seja, *a posteriori* em momento de saneamento consensual do processo). Não obstante, haverá que articular esta permissão com os poderes instrutórios de um juiz que não pode ser *inerte* no processo. Como ao juiz cabe determinar *ex oficio* produção de prova não requerida pelas partes, o juiz não poderá homologar o acordo a que as partes chegaram se a delimitação das questões acordadas, quer de fato, quer de direito, são insuficientes para que este forme o seu convencimento (*vide*, no mesmo sentido, FERNANDES, Luís Eduardo Simari. Comentários ao artigo 357. *In* WAMBIER, Teresa Arruda Alvim, DIDIER JR., Fredie, TALAMINI, Eduardo, DANTAS, Bruno (coord.). *Breves Comentários ao Novo Código de Processo Civil*. 3ª ed. São Paulo: RT, 2016, pág. 1095). Considerando que este negócio jurídico processual se compõe, na verdade, por dois negócios processuais sucessivos: um, entre as partes e pela iniciativa destas, o outro correspondente à adesão do juiz, MEDINA, José Miguel Garcia. *Novo Código de Processo Civil Comentado*. 4ª ed. São Paulo: RT, 2016, pág. 633.

95. NUNES, Dierle; SILVA, Natanael Lud Santos da. Comentários ao art. 357 *In* STRECK, Lenio Luiz, NUNES, Dierle, CUNHA, Leonardo Carneiro da (Org.). *Comentários ao Código de Processo Civil*. São Paulo: Saraiva, 2017, pág. 547.

trado (art. 6º do CPC), tendo extrema utilidade para o processo[96], desde logo, por proporcionar uma maior celeridade e economia processual, mas também por zelar pela obtenção de uma decisão final de mérito justa. Em razão da oralidade e cooperação que permeiam este momento processual, haverá tendência para que eventuais sucumbências a final sejam compreendidas e aceites de forma mais clara pelas partes[97].

Se, como veremos adiante, as partes podem convencionar sobre o seu ônus *probandi*, mal seria se também não pudessem fixar as questões da atividade instrutória sobre os quais ele recairá, provas a serem produzidas, técnicos designados para intervir como peritos etc.[98] O artigo parece admitir, então, um verdadeiro negócio processual de transação parcial que visa otimizar a fase instrutória da lide[99]. De qualquer forma, e tal como a restrição que se impõe ao acerto convencional sobre o ônus da prova, também aqui

---

96. Assim, tal como enumera Didier Jr., numa controvérsia cujo objeto foi plenamente discutido e debatido, o processo tende a evitar a produção de provas inúteis de forma mais eficaz, as probabilidades das partes chegarem a uma solução consensual da lide são maiores e as possibilidades de recorrerem a recurso da decisão são muito menores Didier Jr., Fredie. Curso de direito processual civil. 18. ed. Salvador: Juspodivm, 2016, v.1, pág. 705.
Em sentido contrário Hartmann, Rodolfo. *Novo Código de Processo Civil Comparado e Anotado.* 2ª ed. Niterói: Impetus, 2016, pág. 321. Para o autor, "(...) a norma é inócua, pois quem irá proferir julgamento é o magistrado regularmente investido para prestar a jurisdição. Afinal, se as próprias partes fixam os pontos controvertidos e determinam as provas a serem produzidas, essa circunstância não poderá vincular o juiz e nem mesmo subtrair a sua iniciativa probatória (art. 370), caso o mesmo ainda tenha alguma dúvida que seja necessária esclarecer antes de ser proferida sentença. Portanto, ainda que seja apresentado o negócio processual quanto ao saneamento (e sendo ele considerado como juridicamente possível), o magistrado poderá agir de maneira supletiva, fixando outros pontos, bem como determinando os meios de provas que entender adequados".
97. Pedron, Flávio Quinaud; Costa, Jéssica Nayara Duarte. O saneamento no processo civil como instrumento de efetividade da atividade jurisdicional. *Revista de Processo*, Vol. 42, N.º 274, São Paulo, dez/ 2017, pág. 183. Os autores dão ainda nota de serem os processos cíveis e trabalhistas aqueles com maior percentual de recursos interpostos o que não deixa de contrastar com a forte política conciliatória que vigora nesta Justiça.
98. Lucon, Paulo Henrique Santos. Comentários aos arts. 354 a 357 do CPC. *In* Tucci, José Cruz e; Ferreira Filho, Manoel, Aprigliano, Ricardo Carvalho, Dotti, Rogéria, Martins, Sandro (coord.). *Código de Processo Civil Anotado.* 3ª ed. Rio de Janeiro: GZ, 2018, pág. 544.
99. Nery Júnior, Nélson; Nery, Rosa Maria Andrade. *Código de Processo Civil Comentado.* 16ª ed. São Paulo: RT, 201, pág. 1058.

a convenção de saneamento deverá ter como limite a *disponibilidade do direito* objeto do litígio[100].

Apesar do art. 357, §2º do CPC apenas mencionar a negociação processual relativamente aos incisos II (questões de fato e meios de prova) e IV (questões de direito), nada obsta a que outros negócios típicos (v.g. convenção sobre ônus da prova 373, §§3º e 4º do CPC) ou atípicos (art. 190 do CPC)[101] também nele venham previstos. Dispõe ainda o art. 357, §3º do CPC que se a lide for *complexa* do ponto de vista fático e jurídico, o juiz deverá designar audiência para saneamento, processando-se o saneamento em cooperação com as partes – num dos maiores exemplos de democratização do processo[102]. O artigo representa outro exemplo de negócio jurídico processual típico e deve ser interpretado, porém, de forma ampla e mais efetiva, nos termos do Enunciado nº 298 do FPPC[103] e n.º 29 do TJMG[104], i.e., *independentemente*

---

100. Pomké, Caroline. A mitigação da incidência do adágio *iura novit curia* em virtude das convenções processuais: breve análise do art. 357, §2º, do Novo Código de Processo Civil. *In* Marcato, Ana, et. al. (coord.). Negócios Processuais. Salvador: Juspodivm, 2017, vol. I. pág. 78; Lima, Thadeu Augimeri de Goes. Iura novit curia no processo civil brasileiro: dos primórdios ao novo CPC. *Revista de Processo*, São Paulo, vol. 251, jan/2016, pág. 140. Tal como elucida Lima, "não seria cogitável, por conseguinte, a sua incidência sobre casos que versem sobre direitos materiais marcados pela indisponibilidade. Aceita, no âmbito ora indicado, a possibilidade da supracitada delimitação consensual, e uma vez homologada, com a vinculação das partes e do juiz, cremos que este, tal qual ocorre nas formas autocompositivas de resolução do litígio, queda verdadeiramente *privado do poder de investigar e declarar a(s) norma(s) jurídica(s) incidente(s) sobre a situação controvertida fora daquela(s) invocada(s) pelos litigantes.*".

101. Brito, Thiago Carlos de Souza. Saneamento compartilhado, nulidades e prescrição. in *Processo Civil Brasileiro: Novos rumos a partir do CPC/2015*, Coord: Humberto Theodoro Júnior; Org.: Fernando Jayme, Gláucio Gonçalves, Juliana Faria, Marcelo Franco, Mayara Araújo, Suzana Cremasco, Belo Horizonte, Del Rey, 2015, pág. 124.

102. Santos, Raphael de Souza Almeida; Almeida, Marcelo Pereira. Notas aos artigos 318 a 357. *in* Mendes, Aluisio Castro, Silva, Larissa Pochmann da, Almeida, Marcelo Pereira de (coord.). *Novo Código de Processo Civil Comparado e Anotado.* 4ª ed. Rio de Janeiro: GZ, 2017, pág. 252; Carneiro, Paulo Cezar Pinheiro; Pinho, Humberto Dalla Bernardina de. *Novo Código de Processo Civil. Lei 13.105, de 16.03.2015, de acordo com a Lei 13.256, de 04.02.2016, Anotado e Comparado.* 2ª ed. Rio de Janeiro: Forense, 2017, pág. 221.

103. Enunciado n.º 298: "A audiência de saneamento e organização do processo em cooperação com as partes poderá ocorrer independentemente de a causa ser complexa". Também pertinentes para demonstrar uma interpretação ampla deste instituto, valem os Enunciados do FPPC n.º 299 ("O juiz pode designar audiência também (ou só) com objetivo de ajustar com as partes a fixação de calendário para fase de instrução

de a causa ser ou não complexa. Esta segunda faculdade saneadora cabe, porém, e ao contrário da primeira, à discricionariedade judicial[105].

É curioso aqui o posicionamento de TALAMINI, para quem é necessário averiguar se as partes estão a promover uma delimitação consensual dos fatos e do direito como ato de *verdade*, ou antes como ato de *vontade*. Ao passo que na primeira situação as partes chegam a um consenso sobre os fatos *probandos* porque se convenceram de que apenas esses são controvertidos, na segunda as partes chegam a acordo quanto a certos fatos probandos ou questões por esclarecer não porque se convenceram da sua necessidade probatória, mas porque não querem abordar as demais, pelo que as deixam de lado assumindo as respetivas consequências; logo, enquanto que no primeiro caso não há qualquer ato de disposição, no segundo já não seria assim[106].

Num paralelo com a homologação de acordos extrajudiciais, a proposta de saneamento não precisa de incidir apenas sobre fatos já trazidos para o processo, podendo incluir ainda fatos extra-autos ainda não aduzidos à lide, tal como bem anota o Enunciado n.º 427 do FPPC[107].

Alguma doutrina já se tem pronunciado a respeito da *não aplicação* deste instituto ao processo do trabalho. É o caso de SILVA, que o faz em razão

---

e decisão") e n.º 300 ("O juiz poderá ampliar ou restringir o número de testemunhas a depender da complexidade da causa e dos fatos individualmente considerados").

104. Enunciado n.º 29: "A audiência de saneamento e organização do processo em cooperação com as partes poderá ocorrer em qualquer tipo de demanda, independentemente de a causa ser complexa, a critério do juiz, visando à autocomposição das partes".

105. GAJARDONI, Fernando da Fonseca; DELLORE, Luiz; ROQUE, Andre Vasconcelos; OLIVEIRA JR., Zulmar Duarte de. *Processo de Conhecimento e Cumprimento de Sentença. Comentários ao CPC ed 2015*. 2ª ed. Rio de Janeiro: Forense, 2018, vol. II, pág. 198; IMHOF, Cristiano; REZENDE, Bertha Steckert. *Novo Código de Processo Civil comentado*. Rio de Janeiro: Lumen Juris, 2015, pág. 360. Em sentido contrário ao do texto, entendendo que mesmo diante causas complexas o magistrado tem discricionariedade para designar audiência de saneamento compartilhado, uma vez que dos autos podem resultar já todos os esclarecimentos necessários ao juiz, AMARAL, Paulo Osternack. Comentários ao art. 357, *in* CUNHA, José Sebastião Fagundes (coord.); BOCHENEK, Antonio César, CAMBI, Eduardo (coord. geral). *Código de Processo Civil Comentado*. São Paulo: RT, 2016, pág. 629.

106. TALAMINI, Eduardo. *Um processo pra chamar de seu: nota sobre os negócios jurídicos processuais*. 2015, págs. 13-17, disponível em https://www.academia.edu/17136701/Um_processo_pra_chamar_de_seu_nota_sobre_os_negócios_jur%C3%ADdicos_processuais_2015_

107. "A proposta de saneamento consensual feita pelas partes pode agregar questões de fato até então não deduzidas" (Enunciado n.º 427 do FPPC).

dos seguintes argumentos: (i) no processo do trabalho *não existe propriamente uma fase destinada ao saneamento* processual, pois o saneamento está fragmentado em diversos momentos ao longo do processo – imediatamente após recebida a defesa o magistrado fixa de logo os pontos controvertidos e delimita a matéria fática da lide a ser objeto de prova em instrução –; (ii) o magistrado trabalhista também não costuma exigir das partes a *especificação dos meios de prova* que pretende usar para a prova dos factos alegados, bastando que a inicial se limite a requerer genericamente a apresentação e produção de todos os meios de prova admissíveis em direito e permitindo que a parte se faça acompanhar pessoalmente com as suas testemunhas na data da audiência, com dispensa de intimação (arts. 825 e 852-H, §§2º e 3º da CLT); (iii) no processo do trabalho vigora *o princípio do inquisitivo*, pelo que não apenas não lhe é necessário especificar em decisão saneadora os meios de produção probatória ou a distribuição do ônus de prova, que inclusive pode ser dinamizado no curso da própria audiência[108]; (iv) sempre que o processo envolver *direitos indisponíveis* o saneamento consensual não seria admissível[109].

Teixeira Filho, por exemplo, entende que somente a título excepcional será possível às partes convencionar sobre o saneamento com o magistrado previsto no §2º do art. 357 do CPC. Isto porque o 765 da CLT conferirá ao magistrado amplos poderes de condução e direção do processo que lhe permitem não homologar o referido negócio. Relativamente ao §3º, entende que tal possibilidade é incompatível com o processo do trabalho já que o procedimento da Justiça Trabalhista dificilmente comportará um momento processual de audiência específico para realizar saneamento conjunto[110].

Não partilhamos destes entendimentos restritivos relativamente aos preceitos em comento. Nenhum dos argumentos é decisivo para excluir a possibilidade de o magistrado e as partes fazerem uso destas faculdades do art. 357 do CPC, especialmente em lides mais complexas – altura em que tal conduta é, inclusivamente, recomendável.

---

108. Silva, José Antônio Ribeiro de Oliveira. Comentário ao art. 357. *In Comentários ao novo CPC e sua aplicação ao processo do trabalho: atualizado conforme a Lei nº 13.256/2016*, Vol. II – Parte Especial, Coord: José Antônio Ribeiro de Oliveira Silva, São Paulo: LTr, 2016, págs. 100-101.

109. Em sentido contrário, Souza, Artur César de. *Código de Processo Civil Anotado, Comentado e Interpretado*. São Paulo: Almedina, 2015, Vol. II, pág. 255.

110. Teixeira Filho, Manoel Antonio. *Comentários ao Novo Código de Processo Civil: sob a perspectiva do processo do trabalho.* 2ª ed. São Paulo: LTr, 2016, pág. 450.

Em primeiro lugar, apesar da CLT prever uma audiência una, a *prática demonstra que nem todos* os órgãos do judiciário trabalhista a fazem; antes cindem-na em várias, reservando a primeira à conciliação e ao primeiro ato saneador sobre a inicial do reclamante. Uma vez que a contestação apenas será junta aos autos após a tentativa de conciliação (se em audiência una), ou (se tal não for o caso) na audiência de prosseguimento de forma oral ou escrita (esta desde que entregue até ao início da audiência[111]), duas hipóteses se podem configurar: (i) ou a audiência é cindida e, nesse caso, nada obsta a que as partes acordem em sanear o processo oralmente no termo da audiência inaugural, o que pressuporá necessariamente (um negócio jurídico processual unilateral de) renúncia do reclamado ao direito de juntar a sua defesa na audiência de seguimento, (ii) ou a audiência é una, altura em que fará todo o sentido admitir a possibilidade de saneamento consensual da lide imediato, feito de forma oral, já que o magistrado só neste momento entra em contato com os atos postulatórios e pela primeira vez toma conhecimento dos fatos e pedidos elencados na reclamação e na contestação.

Como a cisão da audiência não viola o texto legal, a sua ocorrência inclusivamente acaba por não apenas estimular o *princípio da conciliação*, como ainda salvaguardar o *contraditório* do reclamante que passa a dispor de mais tempo útil para preparar a sua defesa diante da contestação do reclamado[112]. Por outro lado, sendo prática forense a realização de saneamento oral, nada parece obstar a que o mesmo saneamento se possa processar de forma consensual.

Em segundo lugar, mesmo que no processo laboral não haja necessidade de especificar nos atos postulatórios os *meios de prova*, nada obsta a que partes e magistrado, numa ótica de simplificação e eficiência processual, regulem de forma consensual como é que esta se irá desenrolar, ou determinar limites aos meios de prova ou ao objeto probatório.

Não é apenas no processo civil que os *benefícios do saneamento consensual* se fazem sentir. O compartilhamento do ato saneador do magistrado

---

111. Nos termos da Resolução n.º 185/CSJT, de 24 de março de 2017, art. 22, §1º, em caso de juntada por escrito da defesa, recomenda-se que esta seja disponibilizada com pelo menos 48h de antecedência da audiência. Recorde-se que, no processo do trabalho, a contestação é um ato complexo, já que deve ser apresentada eletronicamente no sistema antes da audiência, mas apenas é recebida formalmente pelo magistrado e pela parte após rejeitada definitivamente a proposta de acordo. Até esse momento, a defesa encontra-se sob sigilo.

112. Cavalcante, Jouberto de Quadros P.; Jorge Neto, Francisco Ferreira. Direito Processual do Trabalho. 8ª ed. São Paulo: Atlas, 2018. Pág. 579.

com as partes, abrindo-o à participação destes, contribui não apenas para uma melhor organização do processo trabalhista, optimiza a fase instrutória e lanças as bases para uma melhor aceitação e compreensão da decisão final, mais justa e adequada à realidade por todos debatida. Além de que estimula uma política de diálogo entre as partes mais intensa, aproxima-as do magistrado trabalhista assim como das principais questões debatidas na lide[113]. Sobretudo em demandas que careçam de produção probatória forte em matéria de perícia e revelar, portanto, e pelo menos, naturais complexidades fáticas – basta pensar, por exemplo, em litígios relativos a acidentes de trabalho, ou que envolvam questões de insalubridade ou segurança e higiene no trabalho – este instituto poderá assumir particular importância.

9.2.7. Adiamento consensual da audiência – art. 362, inc. I do CPC *ex vi* art. 15 do CPC *ex vi* art. 15 do CPC

Nos termos do art. 362, inc. I do CPC, as partes podem adiar a realização da audiência de instrução e julgamento de forma consensual[114]. A razão de ser do dispositivo visa permitir que as partes iniciem (ou continuem as)

113. Medeiros Neto, Elias Marques de; Furlam, Simone. A audiência de sameamento compartilhado do art. 357, §3º, do CPC/2015 e os princípios da cooperação e efetividade. *Revista Eletrônica de Direito Processual*, Rio de Janeiro, Ano 11, Vol. 18, N.º 3, set-dez/2017, pág. 357; Beraldo, Leonardo Faria. Eficiência e organização do processo. *in Inovações e Modificações do Código de Processo Civil. Avanços, desafios e perspectivas*, Org: Fernando Gonzaga Jayme, Renata Vieira Maia, Ester Norato Rezende, Helena Lanna. Belo Horizonte: Del Rey, 2017, págs. 251-252.

114. Admitindo genericamente que as partes possam interromper a audiência *já em curso* mediante convenção do art. 190, Marinoni, Luiz Guilherme; Arenhart, Sérgio Cruz; Mitidiero, Daniel. Curso de Processo Civil. 2ª ed. São Paulo: RT, 2016 vol. I, pág. 247. Aponta-se como limitação ao poder das partes, a impossibilidade de a audiência ser adiada mais do que uma vez (Freire, Alexandre. Comentários ao artigo 357. *in* Cabral, Antonio do Passo, Cramer, Ronaldo (coord.). *Comentários ao Novo Código de Processo Civil.* 2ª ed. São Paulo: Forense, 2016, pág. 568). Anote-se, porém, que os comentários de Alexandre Freire foram tecidos com base numa limitação que se encontrava prevista quer no CPC-73, quer no projeto original do CPC-15 e que limitava o adiamento consensual a apenas uma hipótese. Esta limitação foi, porém, removida na versão final do código. Não se quer com isso dizer que as partes serão plenamente livres para adiar a audiência quantas vezes entenderem. A eliminação da parte final do inciso não pode ter sido despicienda. Parte da doutrina alega, aqui, a necessidade de invocar *justa causa* para o adiamento, dado a interesse público e não exclusivamente privado que subjaz à condução do processo. O mecanismo não poderá, assim, ser usado como expediente protelatório para adiar indevida e sucessivamente a conclusão do processo (Spadoni, Joaquim Felipe. Comentários ao artigo 362. *In* Wambier, Teresa Arruda Alvim, Didier

conversações com vista a obterem solução negociada sobre os termos da lide[115]. Na falta de disposição expressa limitando o número de adiamentos por acordo, tal como existia no CPC/73, as partes podem adiá-la tantas vezes quantas entenderem necessárias[116]. O que não quer dizer, porém, que sempre que usada sem parcimónia e prejudique de forma abusiva a duração razoável do processo, tal prerrogativa não possa ser controlada[117].

A aplicação deste artigo ao processo do trabalho, todavia, e não-raro, é acompanhada de algumas reservas pela doutrina, que entende ser dever do magistrado *inquirir o motivo* pelo qual as partes pretendem suspender a dita audiência antes de aceitar ou não o "requerimento". Mesmo entre doutrinadores civilistas há quem sustente este posicionamento para o processo civil[118], pelo que não são de estranhar as reservas quanto ao processo do trabalho.

Jr., Fredie, Talamini, Eduardo, Dantas, Bruno (coord.). *Breves Comentários ao Novo Código de Processo Civil.* 3ª ed. São Paulo: RT, 2016, pág. 1104).

115. Castro, Daniel Penteado de. Comentários aos arts. 358 a 368 do CPC. *In* Tucci, José Cruz e; Ferreira Filho, Manoel, Aprigliano, Ricardo Carvalho, Dotti, Rogéria, Martins, Sandro (coord.). *Código de Processo Civil Anotado.* 3ª ed. Rio de Janeiro: GZ, 2018, pág. 349. É que certas circunstâncias (como sejam, as tentativas de conciliação entre as partes estarem a obter sucesso, as partes pretendem aprimorar prova ou ponderar melhor as suas pretensões e estratégia de defesa) devem fazer prevalecer o princípio do dispositivo sobre o formalismo processual e, por isso, ser autorizado o manejo do ato processual por mera conveniência das partes e permitido o adiamento da audiência por sua convenção (Wambier, Luiz Rodrigues; Talamini, Eduardo. *Curso Avançado de Processo Civil – Cognição jurisdicional (processo comum de conhecimento e tutela provisória).*16ª ed. São Paulo: RT, 2016, Vol. II, pág. 409).

116. Neves, Daniel Amorim Assumpção. *Novo Código de Processo Civil Comentado artigo por artigo.* 2ª ed. Salvador: Juspodivm, 2017, págs. 661-662; Marinoni, Luiz Guilherme; Arenhart, Sérgio Cruz; Mitidiero, Daniel. *Novo Código de Processo Civil comentado.* 3ª ed. São Paulo: RT, 2017, pág. 473.

117. Não obstante muito improvável, já que será do interesse das partes providenciar para uma forma mais célere de desfecho do processo. Em todo o caso, "será preciso avaliar em cada caso se a providência estaria a acarretar 'excessiva demora', para tomar de empréstimo a expressão usada em contexto diverso – mas quiçá de forma proveitosa, por analogia (art. 382, §3, parte final); o que, de resto, poderia equivaler à inércia de que trata o inc. do art. 485" (cf. Yarshell, Flávio Luiz; Pereira, Guilherme Setoguti J.; Rodrigues, Viviane Siqueira. Comentários ao Código de Processo Civil: artigos 334 a 368. *In* Marinoni, Luiz Guilherme, Arenhart, Sérgio Cruz, Mitidiero, Daniel (coord.). *Coleção Comentários ao Código de Processo Civil.* São Paulo: RT, 2016, vol. V, pág. 371).

118. Assim, por exemplo, Castro, João Marcos Adede y. *Novo Código de Processo Civil Comentado para concursos.* Curitiba: Juruá, 2016, vol. I, pág. 73. No entendimento do Autor, "podem as partes acordar pelo adiamento da audiência, mas quem irá examinar se os motivos são justos é o juiz, um avez que o processo, mesmo que se destine a

Pressuposto errado de que parte deste raciocínio, porém, é a circunstância de conceituarem o adiamento da audiência consensual com a natureza jurídica de *requerimento conjunto* e não *negócio jurídico processual*. É, no entanto, esta torta premissa que permite salvar a aplicação errada do preceito no processo trabalhista que, de outro modo, não teria utilidade. Diz-se, portanto, que a interpretar-se o art. 362, inc. I do CPC como uma norma que prevê negócio jurídico processual típico, então ela teria de ser *considerada inaplicável* ao processo laboral por tal contrariar o *caracter inquisitivo típico* deste procedimento e por poder ter *consequências nefastas para terceiros* processos ou pautas dos juízos[119].

Não concordamos com este entendimento. O art. 362, inc. I do CPC não é incompatível com o processo do trabalho[120], apesar da doutrina que

---

solucionar conflitos de interesse privado é instrumento público, organizado e mantido com recursos público. Assim, o adiamento da audiência não é ato de império das partes, que devem justificar a necessidade dele, sob crivo criterioso e cuidadoso do juiz". Da mesma forma, TUCCI, José Rogério Cruz e. *In* GOUVÊA, José Roberto F., BONDIOLI, Luis Guilherme A., FONSECA, João Francisco N. da (coord.). *Comentários ao Código de processo civil. Volume VII (arts. 318 a 368).* São Paulo: Saraiva Jur, 2016, pág. 333.

119. Assim, por exemplo, TEIXEIRA FILHO, que transcrevemos aqui: "entendemos que essa norma - se levada à risca a sua expressão literal - é inaplicável ao processo do trabalho. Justifiquemo-nos. O texto legal em exame se refere à *convenção* das partes. Isto significa dizer que o adiamento será produto exclusivo da vontade convergente dos litigantes, que apenas comunicarão ao juiz essa deliberação. No processo do trabalho, fortemente assinalado por um caráter inquisitivo, não basta a manifestação volitiva das partes; para que ocorra o adiamento da audiência (seja ela qual for) é necessário que se requeira ao juiz, vale dizer, que essa intenção dos litigantes seja submetida à apreciação judicial. Havendo indeferimento, a vontade do juiz prevalecerá em relação à das partes. Não podemos, também, ignorar o fato de o adiamento da audiência poder, algumas vezes, acarretar certos transtornos nas pautas pelo juízo, principalmente, quando a audiência for de longa duração. Por isso, no processo do trabalho o adiamento não depende, apenas, da conveniência das partes, senão que, por igual, da conveniência do juízo. O que se pode admitir nesse processo, portanto, é que as partes, em conjunto, *requeiram* o adiamento da audiência, cabendo ao juiz deferir ou indeferir esse requerimento, conforme sejam as razões que o fundamental." (TEIXEIRA FILHO, Manoel Antonio. *Comentários ao Novo Código de Processo Civil: sob a perspectiva do processo do trabalho.* 2ª ed. São Paulo: LTr, 2016, pág. 465).

120. No mesmo sentido, CABRAL, Antonio do Passo. Convenções Processuais no Processo do Trabalho. *In* TUPINAMBÁ, Carolina (coord.). *Soluções de conflitos trabalhistas: novos caminhos.* São Paulo: LTr, 2018, pág. 42; JORGE NETO, Francisco Ferreira; CAVALCANTE, Jouberto de Quadros Pessoa. DIREITO PROCESSUAL DO TRABALHO. 8ª ed. São Paulo: Atlas, 2019, pág. 571; GARCIA, Gustavo Filipe Barbosa. *Curso de Direito Processual do Trabalho.* 6ª ed. Rio de Janeiro, 2017, pág. 447.

entenda o contrário[121]. Não negamos a importância do princípio do inquisitivo no processo do trabalho. Não nos parece, porém, que este seja argumento determinante para excluir esta faculdade às partes no processo trabalhista, já que a *racio* que subjaz ao dispositivo está estreitamente ligada a finalidades conciliatórias, cuja importância principiológica sobrepesa à inquisitorial. Aquilo que poderá eventualmente levantar dúvidas é (i) a desnecessidade de fundamentar a convenção, ou (ii) a possibilidade de combinar o art. 361, inc. I do CPC com o 190 desse mesmo diploma, e prever adiamentos consensuais sucessivos; ambas, vimos acima, perfeitamente admissíveis no processo civil.

Nesta seara, apesar de desconhecermos posicionamentos sobre a hipótese alvitrada em (ii), sabemos que quanto ao ponto (i): (a) a doutrina acima referenciada como sustentando a aplicação deste negócio típico ao processo do trabalho fá-lo sem tecer exigências de fundamentação às partes (*vide* nota 1753); (b) o FPPT já editou Enunciado n.º 80 onde entende que "a audiência pode ser adiada por convenção das partes, desde que motivada"; (c) existem precedentes do TRT que não a exigem[122]. Da nossa parte, não parece haver motivos para impor exigências de fundamentação, senão acaso se sustente a hipótese (ii), para monitorar o uso excessivo e abusivo da faculdade de adiamento consensual da audiência por mais de 6 meses.

9.2.8. Distribuição consensual do ônus da prova - art. 373, §3º do CPC *ex vi* art. 15 do CPC

As partes no processo civil podem, de forma consensual, inverter a distribuição do ônus probatório nos termos do art. 373, §3º do CPC[123]. No

---

121. Neste sentido, SILVA, José Antônio Ribeiro de Oliveira. Comentário ao art. 362. *In* SILVA, José Antônio Ribeiro de Oliveira (coord.). *Comentários ao novo CPC e sua aplicação ao processo do trabalho: atualizado conforme a Lei nº 13.256/2016*. São Paulo: LTr, 2016, vol. II, pág. 106; NOGUEIRA, Pedro Henrique. Negociação processual trabalhista. *In* DALLEGRAVE NETO, José Afonso, GOULART, Rodrigo Fortunato (coord.). *Novo CPC e o Processo do Trabalho*. 2ª ed. São Paulo: LTr, 2016, pág. 622.

122. Assim, por exemplo, o acórdão do TRT, 12ª Região, RO n.º 0002845.21.2012.512.0003, Relator Jorge Luiz Volpato, Data de julgamento 29.10.2013, onde se pode ler "ADIAMENTO DA AUDIÊNCIA POR CONVENÇÃO DAS PARTES. INCIDÊNCIA DO ART. 453, I, DO CPC. CERCEAMENTO DE DEFESA CARACTERIZADO. É cediço que o art. 453, I, do Código de Processo Civil, com aplicação subsidiária ao Processo do Trabalho, não estabelece qualquer condição temporal para que seja protocolizado o pedido de adiamento de audiência. Tampouco, há que se perquirir os motivos ensejadores do pedido de adiamento, porquanto, a motivação somente é necessária quando tratar-se de pedido de adiamento feito por apenas uma das partes, sob pena de caracterizar cerceamento de defesa".

123. Sobre este negócio típico, MARINONI, Luiz Guilherme; ARENHART, Sérgio Cruz; MITIDIERO, Daniel. CURSO DE PROCESSO CIVIL. 2ª ed. São Paulo: RT, 2016 vol. I, págs.

processo trabalhista, porém, o entendimento largamente maioritário tem *vedado* esta possibilidade. A começar na IN 39/2016, cujo art. 2º, inc. VII declarou expressamente inaplicáveis ao processo do trabalho o art. 373, §§3º e 4º do CPC, em postura claramente congruente com a mesma inadmissão do art. 190 (art. 2º, inc. II) e 63 (art. 2º, inc. I); terminando na jurisprudência[124]

280-282 discriminam que, respeitadas as limitações resultantes do art. 190 parágrafo único, ressalvadas as hipóteses previstas no §3º e, bem assim, quando a inversão verse sobre relações de consumo e esta cause prejuízo ao consumidor (art. 51, VI, CDC), ou ainda nos casos em que o ônus da prova resulta de normas ditadas de interesse público que são, por isso, de natureza imperativa e cogente, em princípio, todas as causas admitirão inversão do ônus da prova. Também sobre o assunto, WAMBIER, Luiz Rodrigues; TALAMINI, Eduardo. *Curso Avançado de Processo Civil - Cognição jurisdicional (processo comum de conhecimento e tutela provisória)*.16ª ed. São Paulo: RT, 2016, Vol. II, pág. 239; GODINHO, Robson Renault. *Negócios processuais sobre o ônus da prova no novo Código de Processo Civil*. São Paulo: RT, 2015; MACÊDO, Lucas Buril; PEIXOTO, Ravi de Medeiros. Negócio processual acerca da distribuição do ônus da prova. *Revista de Processo*, São Paulo, Vol. 40, N.º 241, mar/2015; LUCON, Paulo Henrique dos Santos. Comentários ao artigo 374. *in* CABRAL, Antonio do Passo, CRAMER, Ronaldo (coord.). *Comentários ao Novo Código de Processo Civil*. 2ª ed. São Paulo: Forense, 2016, pág. 579; FERREIRA, William Santos. Comentários ao artigo 373. *In* WAMBIER, Teresa Arruda Alvim, DIDIER JR., Fredie, TALAMINI, Eduardo, DANTAS, Bruno (coord.). *Breves Comentários ao Novo Código de Processo Civil*. 3ª ed. São Paulo: RT, 2016, pág. 1129; MOUZALAS, Rinaldo; ATAÍDE JÚNIOR, Jaldemiro Rodrigues de. "Distribuição do ônus da prova por convenção processual. Revista de Processo, São Paulo, Vol. 40, N.º 240, fev/2015. Págs. 399-423. Criticando o preceito, por considerar inconstitucional, HARTMANN, Rodolfo. *Novo Código de Processo Civil Comparado e Anotado*. 2ª ed. Niterói: Impetus, 2016, pág. 332. O autor considera que o ônus da prova sendo matéria de direito processual civil é disciplina afeta à disciplina criada por lei pelo Congresso Nacional (art. 22, inc. I da CF), pelo que não o poderá ser por vontade das partes. Criticando o preceito, por considerar que coloca o advogado numa potencial situação de violação aos seus deveres estatutários (v.g. de não prejudicar o interesse confiado ao seu patrocínio), ZAINAGHI, Maria Cristina. A inversão do ônus da prova como garantia da efetividade da Justiça. *Revista Jurídica Luso Brasileira*, Lisboa, Vol. 4, N.º 3, 2018, pág. 1050 e em O ônus probante no Novo Código de Processo Civil. *Revista Magister de Direito Civil e Processual Civil*, São Paulo, N.º 74, set-out/2016, pág. 56.

124. Remetemos aqui para as Súmulas já elencadas neste trabalho, aquando a vulnerabilidade técnica do trabalhador no processo. Acrescentamos aqui apenas o Enunciado n.º 41 da I Jornada de Direito Material e Processual do Trabalho do TST ("Responsabilidade Civil. Acidente do Trabalho. Ônus da Prova. Cabe a inversão do ônus da prova em favor da vítima nas ações indenizatórias por acidente do trabalho") e, da mesma Jornada, o Enunciado n.º 60 ("Interdição de Estabelecimento e Afins. Ação Direta na Justiça do Trabalho. Repartição Dinâmica do Ônus da Prova. I – A interdição de estabelecimento, setor de serviço, máquina ou equipamento, assim como o embargo de obra (artigo 161 da CLT), podem ser requeridos na Justiça do Trabalho (artigo 114, I e VII, da CRFB), em sede principal ou cautelar, pelo Ministério Público do Traba-

e doutrina[125]. Reconhecendo as implicações que uma norma como esta pode

---

lho, pelo sindicato profissional (artigo 8o, III, da CRFB) ou por qualquer legitimado específico para a tutela judicial coletiva em matéria labor-ambiental (artigos 1º, I, 5º, e 21 da Lei nº 7.347/1985), independentemente da instância administrativa. II – Em tais hipóteses, a medida poderá ser deferida [a] "inaudita altera parte", em havendo laudo técnico preliminar ou prova prévia igualmente convincente; [b] após audiência de justificação prévia (artigo 12, *caput*, da Lei nº 7.347/1985), caso não haja laudo técnico preliminar, mas seja verossímil a alegação, invertendo-se o ônus da prova, à luz da teoria da repartição dinâmica, para incumbir à empresa a demonstração das boas condições de segurança e do controle de riscos").

125. Oliveira, Francisco Antonio de. Comentários sobre a Instrução Normativa N. 39 (Resolução do TST N. 203 de 15.03.2016) que dispõe sobre as normas do novo código de processo civil, instituído pela Lei n.13.105, de 15 de março de 2015. *Revista LTr*, São Paulo, Vol. 80, N.º 07, jul/2016, pág. 800: "na área civil, a matéria probatória deveria permanecer sob a fiscalização do juiz do processo, não devendo ser objeto de convenção das partes. Temos para nós que o artigo está fadado ao esquecimento, pois dificilmente uma parte concordará em assumir o ônus de fazer a prova para a parte contrária. Com maior razão, a busca subsidiária da norma para a aplicação em sede trabalhista não seria oportuna"; Teixeira Filho, Manoel Antonio. *Curso de direito processual do trabalho: processo de conhecimento.* São Paulo: LTr, 2009, Vol. II págs. 978-981 e *Cadernos de Processo do Trabalho* – n.º 13: Prova parte geral I. São Paulo, LTr, 2018, pág. 91; Lora, Ilse Marcelina Bernardi. Impactos do Novo Código de Processo Civil no Processo do Trabalho. *Revista Síntese Trabalhista e Previdenciária,* São Paulo, Vol. 27, N.º 324, jun/2016, pág. 16; Scalercio, Marcos; Pereira, Leone; Pavan, Verônica. *Ônus da prova no processo do trabalho conforme o novo CPC.* São Paulo: LTr, 2017, pág. 51; Giordani, Francisco Alberto da Motta Peixoto. Lockmann, Ana Paula Pellegrina. A prova no processo do trabalho. *In* Lockmann, Ana Paula Pellegrina, Giordani, Francisco Alberto (coord). *Repercussões no Processo do Trabalho do CPC de 2015* – Homenagem ao Desembargador Lorival Ferreira dos Santos. São Paulo: LTr, 2017, pág. 62 (embora os autores pareçam excecionar, com ponderação e proporcionalidade, o caso da inversão convencional do ônus celebrada por altos empregados); Dallegrave Neto, José Affonso. Ônus da prova à luz do Novo CPC. *In* Lockmann, Ana Paula Pellegrina, Giordani, Francisco Alberto (coord). *Repercussões no Processo do Trabalho do CPC de 2015* – Homenagem ao Desembargador Lorival Ferreira dos Santos. São Paulo: LTr, 2017, pág. 94; Araújo, Francisco Rossal de. *O novo CPC e o processo de trabalho: a Instrução normativa n. 39/2016 – TST: referências legais, jurisprudenciais e comentários.* São Paulo: LTr, 2017, pág. 33, onde se pode ler a fundamentação do Autor, *in verbis*, "Direitos indisponíveis não pode ser objeto de transação (art. 841, do CC). Não podem ser objeto de convenção sobre ônus de prova (art. 373, §3º, I, CPC), não sofrem os efeitos da revelia (art. 345, II, CPC) e não podem ser confessados (art. 392, CPC). O ônus da prova pode ser estático, dinâmico ou negociado. Desses, aplicam-se ao Processo do Trabalho os dois primeiros (estático e dinâmico) e não se aplica o terceiro (negociado), por incompatibilidade com as normas de ordem pública que informam o Processo do Trabalho". Também Lima, Leonardo Barbosa. *Lições de Direito Processual do Trabalho. Teoria e Prática.* 4ª ed. São Paulo: LTr, 2017, pág. 235 entende não ser aplicável exceto se beneficiar a parte hipossu-

causar na relação processual sob um ponto de vista de igualdade, o legislador restringe a negociação, em pleno processo civil, à *disponibilidade do direito da parte*[126] e à condição de que a inversão consensual não torne *excessivamente*

ficiente; Feliciano, Guilherme Guimarães; Pasqualeto, Olivia de Quintana Figueiredo. O ônus da prova no processo do trabalho e a 'reforma trabalhista' (Lei n. 13.467/2017). *In* Melo, Raimundo Simão de, Rocha, Jannotti da (coord.). *Constitucionalismo, Trabalho, Seguridade Social e as Reformas Trabalhista e Previdenciária.*São Paulo: Ltr, 2017, pág. 471; Cavalcante, Jouberto de Quadros Pessoa; Jorge Neto, Francisco Ferreira. As provas e ônus dinâmico no NCPC e seus desdobramentos para o processo do trabalho. *in* Dallegrave Neto, José, Goulart, Rodrigo Fortunato. *Novo CPC e o Processo do Trabalho.* 2ª ed. São Paulo, LTr, 2016, pág. 130 e em *Processual do Trabalho.* 8ª ed. São Paulo: Atlas, 2018, pág. 595; Silva, Antônio Álvares da; Azevedo NEto, Platon Teixeira de. Os poderes instrutórios do juiz do trabalho e o ônus probatório na vigência do novo CPC. *Revista LTr,* São Paulo, Vol. 80, N.º 05, maio/2016, pág. 533; Garcia, Gustavo Filipe Barbosa. *Curso de Direito Processual do Trabalho.* 6ª ed. Rio de Janeiro, 2017, pág. 488. Considerando, generalizadamente, a admissibilidade da convenção de distribuição do ônus probatório no processo do trabalho, Nogueira, Pedro Henrique. Negociação processual trabalhista. *In* Dallegrave Neto, José Afonso, Goulart, Rodrigo Fortunato (coord.). *Novo CPC e o Processo do Trabalho.* 2ª ed. São Paulo: LTr, 2016, pág. 622.

126. Considerando a possibilidade de celebração de convenções sobre o ônus da prova, mesmo que envolvam direitos indisponíveis, Alvim, J.E. Carreira. *Comentários ao novo Código de Processo Civil: Lei 13.105/15.* Curitiba: Juruá, 2017, vol. V (arts. 330 ao 388), pág. 314. O Autor entende que "em princípio, os direitos 'indisponíveis' se revestem de *relevantíssimo* interesse social, pois apesar de pertencer aos seus titulares, se refletem sobre determinados segmentos sociais, resultando desse reflexo a cautela legal de não permitir convenções que possam afetá-lo; mas, não, quando apesar da indisponibilidade do direito, puderem as partes *direcionar* os seus interesses, mediante convenção, num sentido mais favorável". No mesmo sentido, Macêdo, Lucas Buril; Peixoto, Ravi de Medeiros. Negócio processual acerca da distribuição do ônus da prova. *Revista de Processo*, São Paulo, Vol. 40, N.º 241, mar/2015. pág. 471. Como ensinam os autores, afinal, "(...) nada justifica uma interpretação literal e empobrecedora, que acabaria por limitar demasiadamente o autorregramento da vontade". Importante ainda destacar que o preceito, agarrando-se à tradição normativa manteve uma redação significativamente desarmonizada com o art. 190 do CPC – *vide*, Godinho, Robson Renault. *Negócios processuais sobre o ônus da prova no novo Código de Processo Civil.* São Paulo: RT, 2015, pág. 239. Também Goés parece apontar para uma necessária reinterpretação desta indisponibilidade perante a novel moldura do art. 190 do CPC, *in verbis* "se o processo é terreno de diálogo, de aproximação dos sujeitos processuais, acordando direitos e procedimentos, como regra, será indisponível o que gera prejuízo aos atores dessa relação jurídica processual ou que se choque com direitos da coletividade ou trabalhados como direitos fundamentais que se esboçam como posturas subjetivas de exercício de liberdade" (Góes, Gisele Fernandes. Distribuição convencional do ônus de prova. *In* Marcato, Ana, et. al. (coord.). *Negócios Processuais.* Salvador: Juspodivm, 2017, vol. I. pág. 215).

difícil o exercício do direito[127] à parte que passa a ficar onerada com o ônus probatório. O *equilíbrio probatório* que se pretende como limite e baliza desta negociação tem em conta, sobretudo, uma *vulnerabilidade técnica*[128], embora também possa envolver as demais formas.

Por sua vez no *direito do consumo*, a inversão do ônus é admitida não sob um fundamento de impossibilidade de cumprir com o encargo processual diante da especificidade da causa, mas por pura situação de *hipossuficiência* técnica (art. 6º, inc. VIII do CDC). Como bem apresenta Greco, o negócio processual sobre a inversão do ônus protege a disposição processual sob uma série de garantias: (i) o respeito ao *direito material* discutido na lide, (ii) o respeito ao *equilíbrio processual* das partes e paridade de armas, (iii) o respeito dos princípios e *garantias fundamentais* do processo[129]. Para além disso, quanto a negócio processual de inversão em lide que envolva direitos indisponíveis, costuma sustentar-se que a sua interpretação deve ainda ser feita de forma restritiva: a) fica proibida a interpretação extensiva para outros pontos ou provas além dos discriminados no pacto, b) convenção sobre apenas um ponto ou somente quanto a uma prova, apenas estes poderá atingir[130].

A verdade, porém, é que no processo do trabalho o art. 818 da CLT sempre foi acusado de ser muito incompleto na regulamentação do ônus probatório. A regra, aliás, vale como norma semelhante à que vigora no processo civil: a prova das alegações cabe à parte que as fizer. Esta sua insuficiência para atender às exigências reguladoras do ônus da prova no processo laboral levou a maioria da jurisprudência e doutrina a pugnar pelo recurso necessário ao art. 373 CPC (ex-art. 333 do CPC/73). Ainda assim, porém, nem o recurso àquela disposição tinha a pretensão de esgotar a matéria, já que a regra sofria, na prática jurisprudencial, inúmeras adaptações sob a técnica da inversão dinâmica (7.II.5.2.6.2). Aliás, talvez se possa mesmo sustentar que o processo do trabalho terá sido a vertente processual com maior histórico

127. Sem esquecer das dúvidas que se colocam a respeito da vagueza deste critério, i.e., se relativo à limitação excessiva do exercício de um direito processual (de ação ou de defesa), ou antes do direito material que serve de fundamento à pretensão processual.

128. Montenegro Filho, Misael. *Novo Código de Processo Civil Comentado.* 3ª ed. São Paulo: Atlas, 2016, pág. 365.

129. Os atos de disposição processual – primeiras reflexões. *Revista Eletrônica de direito processual,* Rio de Janeiro, Vol. I, N.º 1, out-dez/2007. Pág. 23-24.

130. No mesmo sentido, Mouzalas, Rinaldo; Ataíde Júnior, Jaldemiro Rodrigues de. Distribuição do ônus da prova por convençaõ processual. *Revista de Processo,* São Paulo, Vol. 40, N.º 240, fev/2015, págs. 408.

de relativização da distribuição do ônus probatório, por forma a garantir a preservação da isonomia e equilíbrio processual das partes.

A construção e dinamização constante que esta teoria da inversão veio a sofrer assentou numa série de fatos, tais como a dificuldade probatória dos fatos pelo trabalhador – *princípio da aptidão para a prova*[131] –, uma manifesta *hipossuficiência informativa* de alguma das partes, a verificação de certos indícios pelo magistrado e a criação de presunções legais pelo legislador[132]. Em processo do trabalho, por isso, tem sido líquida a possibilidade de dinamização do ônus pelo magistrado[133], mas já não pelas partes.

---

131. Schwarz, Rodrigo Garcia. Breves considerações sobre as regras de distribuição do ônus da prova no processo do trabalho. *Revista IOB Trabalhista e Previdenciária*, Porto Alegre, vol. 70, N.º 202, mar/2006, págs. 22-23.

132. Santos, Ronaldo Lima dos. O Ministério Público do Trabalho e o novo Código de Processo Civil. *Revista LTr*, São Paulo, Vol. 82, n.º 3, mar/2018, pág. 294. No mesmo sentido, dita o Enunciado n.º 7 do CEAPRO que "A hipossuficiência justificadora da atribuição do ônus da prova é a informativa e não a econômica"

133. FPPC, Enunciado 302: Aplica-se o art. 373, §§1.º e 2.º, ao processo do trabalho, autorizando a distribuição dinâmica do ônus da prova diante de peculiaridades da causa relacionadas à impossibilidade ou à excessiva dificuldade da parte de cumprir o seu encargo probatório, ou, ainda, à maior facilidade de obtenção da prova do fato contrário. O juiz poderá, assim, atribuir o ônus da prova de modo diverso, desde que de forma fundamentada, preferencialmente antes da instrução e necessariamente antes da sentença, permitindo à parte se desincumbir do ônus que lhe foi atribuído. Da mesma forma, *vide* a seguinte ementa: "FGTS. Recolhimento. Ônus da prova. Princípio da aptidão da prova. De acordo com o princípio da aptidão da prova em relação à matéria e com os artigos 818 da CLT (LGL\1943\5) e 333, II, do CPC (LGL\2015\1656), é do empregador o ônus de provar o correto recolhimento dos depósitos de FGTS no transcurso do vínculo empregatício, uma vez que detém os documentos aptos a tal comprovação. Se não o faz, deve ser deferida a parcela, garantida a dedução dos valores eventualmente constantes na conta vinculada. Recurso de revista de que não se conhece. (TST, 7ª Turma, Recurso de Revista Processo n.º 809.24.2010.5.04.0221, Relator Ministro Cláudio Mascarenhas Brandão, data de julgamento 29.10.2014), ou ainda "Participação nos lucros e resultados – Instrumento normativo – Ônus da prova – Pelo princípio da aptidão da prova, esta deve ser produzida por aquela parte que detém ou que tem acesso a ela sendo inacessível ou de difícil acesso à parte contrária, porquanto é aquela que se apresenta como apta a produzi-la judicialmente. Dessa forma, revelou-se imprescindível que o Banco apresentasse os documentos que evidenciassem prejuízo no período, quer por balanço de pagamento ou outro qualquer. Tais documentos são produzidos pelo empregador e era imperioso que viessem aos autos, ônus que lhe incumbia. Nesse contexto, não há que se falar em violação dos artigos 333 do CPC" (TST, 3ªTurma, Recurso de Revista Processo n.º 6915800-53.2002.5.04.0900, rel. Min. Carlos Alberto Reis de Paula, j. 11.12.2007, DJ 22.02.2008).

A chegada da *Reforma Trabalhista* trouxe a consagração de um reformado art. 818 na CLT, que também não passou despercebido ao Congresso Nacional. Com entendimento em sentido aparentemente oposto ao da Instrução Normativa, a Reforma *adotou expressamente a teoria da carga dinâmica* do ônus probatório, transcrevendo-a em parte do CPC para a CLT[134]. A ocasião perdeu-se, porém, para se avançar num esclarecimento definitivo quanto à admissibilidade da flexibilização negocial. E, como é sabido, a repartição convencional do ônus probatório *nada mais é do que*, também ela, *uma forma dinâmica de o distribuir*[135]. Em todo o caso, a carga dinâmica foi consagrada de forma cuidadosa, com respeito ao devido processo legal, contraditório e vedação de decisão surpresa, impondo adequada fundamentação e concessão à parte afetada de oportunidade para se desincumbir do respetivo ônus[136].

O *principal fundamento para negar* a ferramenta processual tem sido, mais uma vez, a alegada *vulnerabilidade* material e processual do trabalhador que ficará potencialmente sujeito a suportar ônus processuais que não tem como cumprir, assim como a tendencial *indisponibilidade* dos créditos salariais. Esta vulnerabilidade que seria ainda agravada se se admitisse que estas convenções pudessem inclusivamente ter lugar em momento pré-contratual durante a plena vigência do contrato de emprego, em pleno estado de subordinação. Argumenta-se ainda que uma convenção como a presente, afetaria significativa e intoleravelmente o poder inquisitivo típico do processo trabalhista, além de afetar diretamente a natureza cogente da norma resultante do art. 818 da CLT[137]. Por outro lado, o fato de no processo do trabalho

134. Calcini, Ricardo Souza. A teoria dinâmica do ônus da prova. *Revista do TST*, São Paulo, Vol. 84, n.º 3, jul-set/2018, pág. 269; Silva, Bruno Freire e; Bem, Camila de Castro Barbosa Bissoli do. A distribuição dinâmica do ônus da prova no processo do trabalho. *Revista de Processo*, N.º 287, São Paulo, jan/2019, pág. 102.

135. Carpes, Artur Thompsen. *Ônus da prova no novo CPC: do estático ao dinâmico. In* Marinoni, Luiz Guilherme, Arenhart, Sergio Cruz, Mitidiero, Daniel (coord.). Coleção: O novo Processo Civil. Paulo: RT, 2017, pág. 156.

136. Silva, Bruno Freire e. A Instrução Normativa n. 39 do TST: a interpretação dada pela corte trabalhista à aplicação do Código de Processo Civil no processo do trabalho – 2ª Parte. *Revista de Direito do Trabalho*, Vol. 42, N.º 182, São Paulo, jul-ago/2017, pág. 112.

137. Assim, por exemplo, Teixeira Filho, que ainda acrescenta: "entendemos, ademais, que o ônus da prova se relaciona, diretamente, com a atividade do juiz, motivo por que não se deve consentir que manifestação de vontade das partes possa influir sobre essa atividade, máxime quando se trata de juiz do trabalho, em face da disposição contida no art. 765 da CLT" (Teixeira Filho, Manoel Antonio. *Comentários ao Novo Código de Processo Civil: sob a perspectiva do processo do trabalho.* 2ª ed. São Paulo:

grande parte dos meios probatórios convenientes à lide (documentação afeita ao contrato de trabalho, testemunhas que partilhavam o ambiente de trabalho do reclamante e que se encontram ainda sob vínculo empregatício) *concentrar-se nas mãos do empregador*, tornando o empregado um sujeito processual com grande *vulnerabilidade informacional*. A admissão de uma convenção sobre a inversão do ônus probatório que coloque o trabalhador numa posição processual onde se torna impossível livrar-se do ônus probatório convencionado, tenderia a ser insustentável[138]. Por último, aponta-se ainda o fato de a Reforma Trabalhista, quando adotou um sistema dinâmico de ônus da prova nos termos do 373 do CPC, ao excluir da sua previsão o regramento da inversão convencional, tom*ou uma posição política e jurídica* sobre o assunto, no sentido de não o admitir[139].

Esta situação é tratada diferentemente no direito do consumo e no processo civil. Verificamos que ao passo que o CDC admite a inversão consensual, desde que não seja prejudicial ao consumidor (art. 51, inc. VI do CDC)[140], o CPC também a admite genericamente, *desde que* o objeto litigioso não envolva direitos indisponíveis (art. 373, §3º, inc. I[141]). Parece-nos que, de um ponto de vista sistemático, não há motivos para não extrair, desde logo, um argumento de *igualdade de razão*. Dir-se-á, então, que não há motivos para não admitir este tipo de negócio no processo do trabalho se *beneficiar, ou dele não resultar prejuízo* à parte vulnerável[142] à semelhança do que fez o

LTr, 2016, pág. 505). Com os mesmos argumentos, Cavalcante, Jouberto de Quadros Pessoa; Jorge Neto, Francisco Ferreira. As provas e ônus dinâmico no NCPC e seus desdobramentos para o processo do trabalho. *in* Dallegrave Neto, José, Goulart, Rodrigo Fortunato. *Novo CPC e o Processo do Trabalho*. 2ª ed. São Paulo, LTr, 2016, pág. 130.

138. Calheiros, Bruno Antonio Acioly. A negociação processual e sua compatibilidade com o processo do trabalho. *Revista LTr*, São Paulo, Vol. 81, N.º 7, jul/2017, pág. 833.

139. Neste sentido, Moura, Marcelo. Ônus da prova no processo do trabalho à luz da Lei n.º 13.467/2017. *In* Barreto, Daniel Arêa Leão, Ramos, Rafael Teixeira, Oliveira, Vanessa Batista (coord.). *Direito e Processo do Trabalho. Temas de acordo com a Reforma Trabalhista*. São Paulo: LTr, 2017, pág. 221.

140. Flumignan, Silvano José Gomes. O panorama da distribuição do ônus da prova com o novo CPC. *Revista dos Tribunais*, São Paulo, Vol. 981, Ano n.º 106, 2017.

141. A limitação não é nova. Já ao abrigo do Código de 73 se previa idêntica norma no art. 333, parágrafo único.

142. Também neste sentido, Sivolella, Roberta Ferme. As convenções processuais e a vulnerabilidade no processo do trabalho: uma questão de princípio e de diálogo de fontes. *In* Colnago, Lorena de Mello Rezende, Claus, Bem-Hur Silveira (coord.). *A teoria do diálogo das fontes no processo de trabalho*. São Paulo: LTr, 2017, pág. 126. A autora con-

legislador consumeirista. Afinal, o legislador civil, não ignorando a situação de presumida vulnerabilidade do consumidor, levou-a inclusivamente em consideração para regular os termos em que eventual negociação processual sobre a inversão do ônus poderia ser possível. O mesmo raciocínio deve valer, pelo menos com os mesmos, para o processo laboral.

Por outro lado, e *data venia,* também não nos parece possível sustentar, como faz Teixeira Filho, uma não admissão geral desta convenção, mesmo que em benefício ou sem prejuízo para o trabalhador, só porque poderão, ainda assim, levantar-se outras inconveniências para o processo trabalhista e seus princípios substanciais[143]. Uma delimitação consensual sobre o ônus da

---

sidera que "(...) não há qualquer óbice para as convenções processuais acerca do ônus da prova, desde que não represente prejuízo à parte hipossuficiente. Tal disposição se coaduna com os dispositivos celetistas, bem como com os princípios do processo do trabalho, e faz surgir uma quinta conclusão: é possível haver conenções processuais acerca do ônus da prova no processo do trabalho, desde que não represente prejuízo à parte provida de vulnerabilidade. Tal prejuízo, assim como a própria existência da vulnerabilidade, não poderá ser presumido ou aferido *in abstracto*, ao revés, deverá ser analisado casuisticamente. (...) O §3º do art. 373 (...) por sua vez, permite a convenção processual acerca da distribuição do ônus da aprova, exceto quando recair sobre direito indisponível (inciso I), ou quando tornar excessivamente difícil a uma parte o exercício do direito (inciso II), o que, em última análise, corresponde ao prejuízo a que alude o art. 794 da CLT e art. 51 do CDC. Mesmo a questão da indisponibilidade do direito, a qual se pode dizer que remete ao princípio da irrenunciabilidade de direitos trabalhistas, também acaba encontrando seus limites, no caso da convenção processual, no prejuízo causado ao trabalhador, corporificado pela violação de seus direitos fundamentais". No mesmo sentido que Sivolella, i.e., admitindo a convenção sobre o ônus da prova mas condicionado a que a inversão não seja em prejuízo do trabalhador hipossuficiente, Calheiros, Bruno Antonio Acioly. A negociação processual e sua compatibilidade com o processo do trabalho. *Revista LTr*, São Paulo, Vol. 81, N.º 7, jul/2017, pág. 833. Também admitindo convenções processuais sobre prova, *verba gratia* sobre *dinamização* do ônus probatório, Cabral, Antonio do Passo. Convenções Processuais no Processo do Trabalho. *In* Tupinambá, Carolina (coord.). *Soluções de conflitos trabalhistas: novos caminhos.* São Paulo: LTr, 2018, pág. 42; Cairo Jr., José. *Curso de Direito Processual do Trabalho.* 12ª ed. Salvador: Juspodivm, 2018, pág. 595. É posicionamento deste último Autor que o trabalhador hiperssuficiente poderá celebrar convenção de inversão do ônus probatório em qualquer momento pré ou pós processual, em razão de uma interpretação sistemática e histórica com o advento da Reforma Trabalhista, ao passo que o trabalhador hipossuficiente apesar de não o poder fazer em momento prévio à instauração da lide, nada parece obstar a que o possa no decorrer do processo, se finda a relação contratual e tal não acarrete dificuldade excessiva na prestação probatória.

143. Assim, Teixeira Filho, quando escreve "ainda sob a ótica do processo do trabalho, acreditamos que nem mesmo o condicionar-se a validade e eficácia dessa convenção à inexistência de prejuízo ao trabalhador, ou a ocorrência de benefício a ele, como de *lege*

prova causa tantos ou menos "distúrbios" ao processo quanto uma inversão dinâmica judicial promovida pelo magistrado em plena audiência, já que ao contrário da primeira, na segunda as partes só vêm a dela ter conhecimento no momento em que o juiz a determina. Também não se poderia sustentar a incompatibilidade desta convenção com os *poderes instrutórios do magistrado* (*maxime,* inversão oficiosa do ônus da prova) já que, em caso de conflito entre ambos, será a inversão judicial (e não a convencional) a atuar subsidiariamente; resultado de uma conclusão lógica do sistema[144].

Mas não podemos ficar por aqui. Acompanhamos o posicionamento de Bezerra Leite na parte em que (não obstante recusar a celebração destes acordos por empregados regulares) as admite para trabalhadores que pleiteiem verbas oriundas de relações diversas da de emprego[145] – ou (acrescentamos) para *todas as partes* processuais que não possam ser tidas como vulneráveis do ponto de vista da negociação processual (as 4 categorias de empregados não vulneráveis, trabalhadores não empregados, sindicatos, MPT etc.). E haverão de poder celebrá-lo não só *no curso do processo*, como também em momento *pré-processual.*

É preciso ir mais longe, sobretudo relativamente à questão dos *empregados* em concreto. Parece-nos que, e tal como sustenta Cairo Jr., relativamente aos trabalhadores empregados também estes haverão de poder celebrar este negócio processual típico, desde que o façam uma vez *cessado o vínculo de emprego* e, acrescentamos, uma vez *instaurada a lide*, desde que não tornem excessivamente *difícil a prova* ao empregado[146]; já será mais complicada a sua admissão em momento pré-processual.

Por outro lado, podemo-nos ainda questionar sobre a possibilidade de inverter consensualmente *ônus que já foi previamente invertido em enun-*

---

ferenda já se cogitou, eliminará a sua inconveniência para o processo especializado e para os princípios substanciais que o animam, porquanto a essa mera adaptação formal subsistirá o ranço civilista da medida" (Teixeira Filho, Manoel Antonio. *Comentários ao Novo Código de Processo Civil: sob a perspectiva do processo do trabalho.* 2ª ed. São Paulo: LTr, 2016, pág. 505)

144. Concordamos aqui com Buchmann, Adriana. A inversão do ônus da prova oficiosa no novo CPC e a imposição de limites pela existência de convenção provatória. *Revista de Processo*, São Paulo, Vol. 42, N.º 266, abr/2017, pág. 65.

145. Leite, Carlos Henrique Bezerra. *Curso de Direito Processual do Trabalho.* 14ª ed. São Paulo: Saraiva, 2016, pág. 774.

146. Cairo Jr., José. *Curso de Direito Processual do Trabalho.* 12ª ed. Salvador: Juspodivm, 2018, pág. 594.

ciados de Súmula do TST. Isto porque acreditamos, como Tupinambá, que muitas vezes o TST editou enunciados de Súmulas de forma algo arbitrária, não amparadas numa *justificação coerente* ou mesmo *completa*[147]. Veja-se a titulo de exemplo o que se passa com o *enunciado da Súmula 212* (prova do despedimento): (i) não só coloca no empregador a prova do despedimento mesmo que, numa interpretação literal, este até nem conheça o sujeito ou nunca o tenha despedido, o que configura encargo processual insuportável; como (ii) toma por mais fácil a prova do abandono do que a da continuidade, o que não deixa de ser uma falsa premissa. Da mesma forma, o *enunciado da Súmula n.º 338* (registro de jornada de trabalho) é igualmente injusto, já que se na reclamação trabalhista o empregado alegar cumprimento de jornada britânica e a empresa contestar juntando prova documental britânica, o Tribunal faz presumir mais verdadeira a provável mentira do empregado sobre a provável mentira do empregador; além de que se centra num critério aleatório de 10 empregados como técnica de inversão do ônus que muitas vezes desvia o palco probatório do objeto da lide para o apuramento da quantidade de empregados da reclamada[148]. Parece-nos, por isso, pouco questionável a possibilidade de se admitirem pactos de inversão consensual do ônus probatório para inverter ônus previamente invertido em Súmula do TST. Uma vez que a força normativa desta em nada supera a força de um dispositivo legal, e podendo as partes arredar a segunda por negócio processual, por identidade de razão haverão de poder modificar a primeira.

De qualquer forma, é importante não ignorar que incidem aqui os requisitos e limites oriundos do art. 190, cuja eficácia é extensível a todos os restantes negócios típicos previstos pelo legislador[149] e no qual se inclui a convenção sobre ônus da prova. A sujeição aos limites da "manifesta vulnerabilidade" e "inserção abusiva" podem e devem, portanto, temperar

---

147. Tupinambá, Carolina. *Garantias do processo do trabalho*. São Paulo: Ltr, 2014, págs. 300-301.

148. *Ibidem*, págs. 300-301. Como alega a autora, "em suma, critérios fechados de apriorística distribuição de ônus probatório e, o que é pior, distribuição invertida do critério tradicional, contrariam o direito de participação processual em condições de igualdade, o direito de acesso à verdade, além de comprometerem negativamente a imparcialidade judicial".

149. Neste sentido, especificamente quanto à convenção sobre o ônus probatório, Marinoni, Luiz Guilherme; Arenhart, Sérgio Cruz; Mitidiero, Daniel. *Novo Código de Processo Civil comentado*. 3ª ed. São Paulo: RT, 2017, pág. 486.

os receios da doutrina juslaboralista manifestados quanto à aplicação do instituto no processo do trabalho.

Admitindo-se então que no processo do trabalho as partes possam celebrar convenção sobre a inversão do ônus da prova, deverão comunicá-lo à vara e dar a conhecer ao magistrado até à abertura da instrução probatória (art. 818, §2º da CLT, analogicamente)[150]. Afinal, o magistrado é também parte na relação jurídica processual e carece de controlar a validade do negócio e manifestar a sua vontade.

9.2.9. Renúncia e desistência do recurso e aceitação da decisão - arts. 998, 999 e 1000 *ex vi* art. 15 do CPC

A renúncia, tal como a desistência e a aceitação da decisão são, em regra, negócios processuais unilaterais; atos próprios. Todas elas, porém, devem ser interpretadas restritivamente enquanto atos de disposição que são.

O ponto mais problemático destes direitos processuais prende-se com a possível combinação do art. 999 com o 190 do CPC para permitir que os poderes da renúncia se estendam a momento prévio à publicação da decisão, i.e., que a parte promova ato *de renúncia prévia* antes mesmo desta ser prolatada[151]. Esta admissibilidade de renúncia prévia formulada, por exemplo, aquando a transação, já foi questionada pela própria doutrina processualista civil, em razão de uma afronta às garantias dadas pelo devido processo legal[152]. De qualquer forma, como o seu exercício não é de ordem pública, as partes podem dela dispor mesmo que em momento prévio ao seu exercício

---

150. Cury, Augusto Jorge. Decisão sobre ônus da prova: o momento adequado à sua inversão judicial. *Revista de Processo*, Vol. 43, N.º 277, São Paulo, mar/2018, pág. 94; Macêdo, Lucas Buril. *Ônus da prova e sua dinamização*. 2ª ed. Salvador: Juspodivm, 2016, pág. 125; Cambi, Eduardo. Teoria das cargas probatórias dinâmicas (distribuição dinâmica do ônus da prova) - exegese do art. 373, §§1º e 2º do NCPC. *Revista de Processo*, Vol. 40, N.º 246, São Paulo, ago/2015, pág. 92.

151. "Aqui, a renúncia apresenta-se como um *fato impeditivo do poder de recorrer*, que, assim, sequer chega a ganhar concretude, em razão da prévia convenção das partes", Bondioli, Luis Guilherme Aidar. Comentários ao CPC. *In* Gouvêa, José Roberto F., Bondioli, Luis Guilherme A., Fonseca, João Francisco N. da (coord.). *Comentários ao Código de processo civil*. São Paulo: Saraiva Jur, 2017, vol. XX, pág. 55.

152. Assim, por exemplo, Aprigliano que, não obstante, mudou recentemente o seu posicionamento em razão das novas bases sistemáticas do novo CPC (Aprigliano, Ricardo de Carvalho. Comentários ao arts. 994 a 1008 do CPC. *In* Tucci, José Cruz e; Ferreira Filho, Manoel, Aprigliano, Ricardo Carvalho, Dotti, Rogéria, Martins, Sandro (coord.). *Código de Processo Civil Anotado*. 3ª ed. Rio de Janeiro: GZ, 2018, pág.

Estas modalidades de negócio jurídico processual unilateral típico têm sido, de resto, *plenamente admitidas no processo do trabalho*, sem que se teçam grandes questionamentos a respeito de pretensas vulnerabilidades ou indisponibilidades creditícias do trabalhador[153-154]. Afinal, se o ordenamento

---

1429. Também Nery Júnior, Nélson; Nery, Rosa Maria Andrade. *Código de Processo Civil Comentado.* 16ª ed. São Paulo: RT, 201, pág. 2175 admitem-na expressamente. No seu entendimento "Renúncia prévia à sentença. Pode ser manifestada *antes* ou *depois* da prolação da decisão judicial a que se pretende renunciar. O direito de recorrer não é de ordem pública e, se as partes podem renunciar previamente ao próprio direito material discutido em juízo, que é o mais, por que não poderiam renunciar ao direito de recorrer, que é um *minus* relativamente àquele? É válida e eficaz, mesmo em causa que trate de direito indisponível, pois a renúncia ao recurso é ato de disposição de direito processual, nada interferindo no direito material posto em juízo".

153. Teixeira Filho, Manoel Antonio. *Comentários ao Novo Código de Processo Civil: sob a perspectiva do processo do trabalho.* 2ª ed. São Paulo: LTr, 2016, pág.1262-1266. Fá-lo, porém, sem tecer qualquer argumentação a respeito da compatibilidade com o art. 769 da CLT; Cairo Jr., José. *Curso de Direito Processual do Trabalho.* 12ª ed. Salvador: Juspodivm, 2018pág. 778; Almeida, Cléber Lúcio. *Direito Processual do Trabalho.* 8ª ed. São Paulo: LTr, 2016, págs. 647-648. Do ponto de vista jurisprudencial, *vide* acórdão do TRT, 2ª Região, Embargos de Declaração de Processo n.º 1001792-33.2014.5.02.0605, Relatora Maria José Bighetti Ordoño Rebello, onde, dando-se provimento aos embargos, anula-se o acórdão proferido, em razão da desistência prévia do recurso ordinário da reclamada com consequência de não conhecimento do recurso adesivo; acórdão do TRT, 2ª Região, Embargos de Declaração de Processo n.º 10002830420135020314, Relatora Cândida Alves Leão, onde se homologa pedido de desistência de recursos de ambas as partes.

154. Em Espanha, por exemplo, levantam-se algumas restrições. "Las partes están facultadas para disponer del objeto del proceso por medio de distintos mecanismos como la renuncia, el desistimiento, el allanamiento, la sumisión a mediación o a arbitraje y la transacción, excepto en los casos previstos en la ley (...). En el proceso laboral de instancia, la renuncia, aunque infrecuente, no es imposible siempre que se respete el límite de la indisponibilidad. Con el mismo condicionante y los que se señalan en la LRJS art 85.7 resulta admisible el allanamiento así como la sumisión a mediación o arbitraje. Es desistimiento, expreso o tácito, es unilateral hasta que se inicia el acto de juicio, sin precisar la conformidad del demandado, como se deduce de la LRJS art 83.2 (...). La LRJS no sólo admite la transacción sino que ordena su intento, pero faculta al secretario judicial para rechazar la conciliación si considera su contenido constitutivo de lesión grave para alguna de las partes o para terceros, fraude de ley o abuso de derecho o contrario al interés público (LRJS art. 84.2) aunque se trata de una facultad raramente utilizada" (Lefebvre, Francis. *Procedimiento laboral 2015-2016.* Madrid: Ediciones Francis Lefebvre, 2016, pág. 27).

Por outro lado, dado o objetivo de garantir o cumprimento efetivo das obrigações previstas nos títulos executivos, proíbe-se a renúncia a direitos reconhecidos em sentenças favoráveis ao trabalhador (art. 246 da LRJS). "Dicho precepto es consecuencia de la

admite a desistência ou renúncia do direito de recorrer sem o condicionar

---

imposibilidad para los trabajadores de disponer válidamente de los derechos que tengan reconocidos por normas legales de derecho necesario, o de los derechos reconocidos como indisponibles por convenio colectivo (...). Sin embargo, al ejecutante le asiste una inicial facultad dispositiva en el ámbito laboral, por cuanto la ejecución se inicia a su instancia (LRJS ar. 239.1), de modo que si no se insta esta durante el correspondiente término de prescripción, decae su derecho, lo que podría hacer válidamente si hubiera obtenido satisfacción extrajudicial (...) La doctrina jurisprudencial intenta incorporar una dosis de flexibilidad en la aplicación de la norma (Ríos Salmerón, Salinas Molina), distinguiendo entre renuncias conmutativas y abdicativas (...), de forma que se hallan prohibidos los actos unilaterales de renuncia frente a los actos bilaterales de disposición conmutativa en virtud de los que se cede un derecho o parte de él a cambio de algo. Resulta posible, incluso, que el ejecutante perciba parte de su crédito extrajudicialmente y sólo continué la ejecución por el resto" (Lefebvre, Francis. *Procedimiento laboral 2015-2016*. Madrid: Ediciones Francis Lefebvre, 2016, pág. 1157). Também Arouca, Teruel e Cruz aludem à compatibilização desta renúncia com o principio da irrenunciabilidade do 3.5. do Estatuto dos Trabalhadores (ET), nos seguintes termos: "La irrenunciabilidad de esta norma se refiere a derechos concretos que ya han nascido y que no son discutidos o a derechos futuros que no han nacido todavía, y su efecto principal es que una cláusula contractual de ese tipo se tendría por no puesta. Ahora bien, esa irrenunciabilidad no supone que el trabajador esté obligado a ejercitar judicialmente esos derechos, pues sigue dependiendo de su voluntad la interposición o no de la pretensión; si el trabajador puede reclamar o no esos derechos cuando ya han nacido, nada impide que, después de pedida una tutela judicial determinada, renuncie a ella, sobre todo si se tiene en cuenta que los derechos son discutidos" (Aroca, Juan Montero; Teruel, José Luis Carratalá; Curz, Maria Luisa Mediavilla. *Proceso Laboral Práctico*. Navarra: Aranzadi, 2003, pág. 419). Apesar de alguma doutrina espanhola aplicar analogicamente este regime às transações judiciais, Aroca, cabero, correa e Corral, entendem que tal não é possível pois a transação judicial homologada não produz coisa julgada, pelo que seria possível a renúncia executiva aos créditos transigidos judicialmente (Aroca, Juan Montero; Cabrero, Manuel Iglesias, Correa, José Maria Marín, Corral, Mariano Sampedro. *Comentarios a la Ley de Procedimiento Laboral*. Madrid: Civitas, 1993, vol. II, pág. 1397). Relativamente à desistência do processo, a LRJS só regula a desistência tácita, permitindo que ela ocorra em três momentos: no ato de conciliação sempre que o autor não compareça sem alegar justa causa de ausência, na audiência, em idênticas circunstâncias, e no incidente de readmissão. O Tribunal Constitucional espanhol é claro ao exigir que o ato voluntário de desistência do autor seja expresso e que a sua ausência só permitirá uma presunção de desistência tácita se não houver justa causa alegada (TCo 218/1993, BOE núm. 183, de 02 de agosto de 1993; TCo 195/1999, BOE núm. 286, de 30 de noviembre de 1999, ambos disponíveis em http://hj.tribunalconstitucional.es/es/Busqueda/Index). Condiciona a desistência a alguns processos, onde não poderá ser admitida, como é o caso dos processos que seguem ex officio, ou que se prestam ao apuramento de responsabilidade da empresa por incumprimento das prestações devidas ao trabalhador por desemprego (art. 147 LRJS).

à aceitação e vontade da outra parte, não há qualquer obstáculo à admissão destes efeitos por acordo entre os interessados[155].

9.2.10. Parcelamento do crédito exequendo – art. 916 do CPC *ex vi* art. 15 do CPC

Existem uma série de negócios processuais típicos na execução previstos no CPC: (i) a começar pelo art. 916 do CPC que prevê um pagamento parcelado do crédito exequendo, subordinando-o a uma série de requisitos; (ii) o art. 659 que admite a partilha amigável por acordo; (iii) o art. 775 que prevê a desistência de medidas executivas ou da própria execução; (iv) art. 781, inc. I que prevê a escolha do foro de execução; (v) o art. 779, IV quando admite a renúncia do benefício de excussão prévia do devedor; (vi) o art. 800 que prevê a possibilidade de, por contrato, se determinar prazo (que não o de 10 dias) para realizar a prestação executiva em caso de obrigações alternativas; (vii) o art. 778, §1º que admite a cessão ou sub-rogação do crédito exequendo que consta do título executivo; (viii) o art. 833, inc. I que permite o pacto de impenhorabilidade; (ix) o art. 835, §3º que permite aos contratos com garantia real produzam efeitos processuais; (x) o art. 840, §2º que prevê a nomeação do executado como depositário de bem penhorado; (xi) o art. 851, inc. III que admite a desistência da penhora pelo exequente; (xii) o art. 862, §2º que permite a escolha de depositário e a forma da administração do bem penhorado em caso de penhora de estabelecimentos; (xiii) o art. 871, inc. I que permite dispensar a avaliação dos bens em caso de aceitação por uma parte da estimativa de valor apresentada por outra[156];

155. Calheiros, Bruno Antonio Acioly. A negociação processual e sua compatibilidade com o processo do trabalho. *Revista LTr*, São Paulo, Vol. 81, N.º 7, jul/2017, pág. 833.

156. Para além desta hipótese legal, a jurisprudência tem aceite outras variações da mesma ideia, como por exemplo a hipótese de a avaliação já ter sido efetuada nos autos de outro processo com que acordou o executado (acórdão TJSP, 12ª Câmara de Direito Privado, agravo de instrumento n.º 0089895.55.2012.8.26.0000, Relator Desembargador Castro Figliolia, Data de julgamento 24.10.2012, *apud* Baumöhl, Debora Ines Kram. Comentários ao arts. 870 a 878 do CPC. *In* Tucci, José Cruz e; Ferreira Filho, Manoel, Aprigliano, Ricardo Carvalho, Dotti, Rogéria, Martins, Sandro (coord.). *Código de Processo Civil Anotado.* 3ª ed. Rio de Janeiro: GZ, 2018, pág. 1241). Não obstante o negócio processual que o inciso consagra, a sua articulação com o parágrafo único desse mesmo artigo é necessária, já que não obstante as convenções processuais produzam efeitos independentemente de homologação judicial, o legislador reserva ao magistrado a possibilidade de ordenar a avaliação em caso de fundada dúvida quanto ao valor do bem. Importa destacar que o juiz não terá forçosamente que aceitar o valor

(xiv) o art. 849 c/c 853 quando admite que a substituição dos bens indicados à penhora possa ser feita consensualmente; (xv) o art. 862, §2º, que admite a locação de um bem penhorado desde que haja acordo do executado. Por falta de oportunidade e páginas, restringiremos aqui a nossa análise *apenas ao primeiro caso.*

Ora, o parcelamento do débito do exequente é um negócio jurídico unilateral, sob condição resolutiva, i.e., cuja eficácia fica na dependência da sua aceitação por decisão judicial. É negócio jurídico processual na medida em que a sua eficácia importa o reconhecimento do crédito exequente. Uma vez apresentado pedido de parcelamento do crédito, o executado reconhece implicitamente o crédito e deixa de poder apresentar embargos à execução, contestando-o. Saber, em concreto, se este dispositivo se tem por compatível com a execução trabalhista é temática igualmente intrincada, não obstante o escasso acervo de articulados previstos na Consolidação. Numa tentativa de harmonizar a integração de lacunas, o FPPC editou dois enunciados importantes a respeito, a saber: n.º 330 ("Na Justiça do trabalho, o juiz pode deferir a aquisição parcelada do bem penhorado em sede de execução, na forma do art. 895 e seus parágrafos, do CPC/2015") e n.º 331 ("O pagamento da dívida objeto de execução trabalhista fundada em título extrajudicial pode ser requerido pelo executado nos moldes do art. 916 do CPC/2015").

Paralelamente, o FPPT também editou a respeito do art. 916 os enunciados n.º 79 ("É compatível com o processo do trabalho a regra do art. 916 do CPC, até o decurso do prazo para a oposição dos embargos à execução"), n.º 118 ("O procedimento monitório é compatível com o Processo do Trabalho, tendo o devedor o direito potestativo de se valer do parcelamento previsto no CPC para a execução fundada em título extrajudicial") e n.º 267 ("O parcelamento previsto art. 916 do CPC não se aplica à execução de título judicial aos processos trabalhistas, ante a expressa vedação do §7º do art. 916, CPC."). Também o FNPT já tem admitido a sua aplicação eventual, desde que aplicado apenas em execuções de "difícil solução"[157].

---

proposto pelas partes, já que estas podem antecipar valor significativamente baixo ou elevado para, em regime de colusão, prejudicar ou beneficiar terceiros. Assim, sempre que tiver fundadas dúvidas sobre o seu valor, uma avaliação judicial do bem poderá ser determinada pelo magistrado. Assim, GAJARDONI, Fernando da Fonseca; DELLORE, Luiz; ROQUE, Andre Vasconcelos; OLIVEIRA JR., Zulmar Duarte de. *Execução e Recursos. Comentários ao CPC de 2015.* 2ª ed. Rio de Janeiro: Forense, 2018, vol. III, pág. 350.

157. *Vide* Enunciado n.º 69 do FNPT: "CLT, art. 899; NCPC, arts. 139, IV, e 916, §7º. Execução. Parcelamento do débito. Possibilidade eventual. A vedação expressa de

Na prática jurisprudencial trabalhista a aplicação ao processo do trabalho do negócio jurídico processual de parcelamento do débito (art. 916 do CPC) não tem sido líquida[158]. Sobretudo em razão do disposto no art. 880 da CLT, que determina o *pagamento integral da quantia devida* ou a *prestação de garantia* no prazo de 48h.

Em 2016, na polémica IN do TST que temos aqui abordado, o Tribunal entendeu que o preceito seria perfeitamente aplicável ao procedimento laboral (art. 3º, inc. XXI da IN). Não poderia ser outra a melhor opção do tribunal, com a qual estamos integralmente de acordo. Para a migração do instituto têm contribuído os seguintes argumentos: (i) o art. 916 dirige-se a possibilitar uma maior *efetividade da tutela* jurisdicional, por considerar a execução numa forma menos onerosa ao executado; (ii) o fato de o fazer não de forma indiscriminada perante qualquer situação, mas mediante o

---

parcelamento do débito nas execuções fundadas em título judicial (NCPC, art. 916, §7º) retira do executado o direito subjetivo líquido e certo a esse modo de facilitação de pagamento. Contudo, dentro da amplitude de poderes conferidos ao juiz do trabalho na execução (NCPC, art. 139, IV), poderá o magistrado, mediante decisão devidamente fundamentada, autorizar o pagamento parcelado do débito, com juros e correção monetária, com ou sem o consentimento do exequente, nas execuções de difícil solução".

158. *Vide* acerca da favorabilidade da aplicação, Garcia, Gustavo Filipe Barbosa. Execução trabalhista e o novo Código de Processo Civil: efetividade da tutela jurisdicional e parcelamento do débito. *In* Martins, Sérgio Pinto (coord.). *O Novo CPC e o Processo do Trabalho, Estudos em Homenagem ao Ministro Walmin Oliveira da Costa.* São Paulo: Atlas, 2016, pág. 382; Bissoli do Bem, Camila de Castro Barbosa. Aplicação subsidiária e supletiva dos dispositivos atinentes à execução do novo código de processo civil ao processo do trabalho. *In* Carneiro, Paulo Cezar Pinheiro, Greco, Leonardo, Pinho, Humberto Dalla Bernardina de (coord.). *Direito intertemporal e o novo Código de Processo Civil.* Rio de Janeiro: GZ, 2017, pág. 295; Silva, Wallace Dias. Parcelamento do crédito trabalhista pelo executado – diálogo entre a efetiva tutela jurisdicional e a execução de forma menos gravosa. *Revista de Direito do Trabalho*, São Paulo, Vol. 43, N.º 176, abr/2017, pág. 43 ss. O autor faz referência a um acórdão que terá considerado aplicável o art. 916 sem, porém, identificar qual foi. Em sentido contrário – à importação do art. 916 – e a título de exemplo, *vide* acórdão do TRT, 3ª Região, 8ª Turma, Proc. n.º 00123.2012.039.03.00.5, Relator Juiz Paulo Maurício Ribeiro Pires, Data de julgamento 13.06.2014 ("Parcelamento do débito trabalhista. Art. 745-A do CPC. O art. 745-A do CPC é inaplicável ao processo do trabalho, especialmente quando não há expressa anuência do credor, diante da existência de regramento específico acerca da matéria na CLT (art. 880), bem como em face da necessidade imediata do exequente de satisfação de seu crédito, de natureza alimentar. Ainda que se admitisse a aplicação do referido artigo ao Processo Trabalhista, caberia à executada comprovar a real necessidade da medida nele prevista").

preenchimento de certos requisitos; (iii) a circunstância de o §1° do preceito ter sido cautelosamente redigido por forma a *não tornar o parcelamento um direito potestativo* do executado, que se impusesse mesmo contra o direito do exequente trabalhista a uma execução efetiva e célere, mas a um acerto de vontades em contraditório; (iv) apesar do art. 880 ser claro nas únicas alternativas que se colocam ao executado no início do procedimento executivo, a verdade é que *uma vez garantida a execução* o réu-executado dispõe ainda do prazo de 5 dias para opor embargos à execução (art. 884 da CLT), altura em que pode pleitear o parcelamento do débito[159]; (v) uma vez quitadas parte das parcelas ao abrigo do art. 916, o valor do pedido do parcelamento não poderá mais ser restituído (art. 128 do CC), circunstância que só prestigia a posição do credor-exequente (empregado); (vi) o preceito oferece vantagens não apenas do ponto de vista da efetividade, como ainda permite reduzir a litigiosidade na lide trabalhista[160].

9.3. CONVENÇÕES PROCESSUAIS *ATÍPICAS* APLICÁVEIS AO PROCESSO DO TRABALHO PELO ART. 190 DO CPC

9.3.1. Modelo processualista civil

O art. 190 menciona claramente a possibilidade de a negociação processual incidir sobre dois diferentes objetos: normas de "procedimento"[161],

---

159. Garcia, Gustavo Filipe Barbosa. Execução trabalhista e o novo Código de Processo Civil: efetividade da tutela jurisdicional e parcelamento do débito. *In* Martins, Sérgio Pinto (coord.). *O Novo CPC e o Processo do Trabalho, Estudos em Homenagem ao Ministro Walmin Oliveira da Costa*. São Paulo: Atlas, 2016, pág. 382

160. Barioni, Rodrigo. O parcelamento do crédito do exequente no novo CPC. *Revista de Processo*, Vol. 40, N.° 244, São Paulo, jun/2015, pág. 164.

161. Em considerações sobre esta possibilidade, Marinoni, Luiz Guilherme; Arenhart, Sérgio Cruz; Mitidiero, Daniel. Curso de Processo Civil. 2ª ed. São Paulo: RT, 2016 vol. I, págs. 58-59), entendem que são possibilidades como esta que agora como que permitem às partes *construir* um procedimento que melhor se adeqúe ao caso concreto; que é com estas novas possibilidades que se abrem às partes que se permite romper com a estrutura rígida dos procedimentos especiais assim como o pretenso e omnipresente procedimento comum único liberal; que se parte agora do entendimento de que o direito de acção não pode mais ficar dependente de técnicas processuais uniformes e generalizadas a todos os casos, pelo que se chega num estádio processual onde vigoram as "*normas abertas* e a *disponibilização do procedimento*". Também Gajardoni, Fernando da Fonseca; Dellore, Luiz; Roque, Andre Vasconcelos; Oliveira Jr., Zulmar Duarte de. *Teoria Geral do Processo: Comentários ao CPC de 2015*. 2ª ed. Rio de Janeiro: Forense, 2018, vol. I, págs. 694) enumera algumas situações em que as partes tenderão a convencionar sobre o procedimento: (i) ampliação e redução de

por um lado, e normas que prevejam "ônus, poderes, faculdades e deveres", por outro. Particularmente não nos parece relevante o fato de o legislador ter optado pelo termo "procedimento" e não (ou também) "processo" para regular o objeto da negociação processual. Dela não se pode inferir, de resto, uma leitura restrita da expressão "procedimento", já que adotamos aqui a tese de SARNO a respeito da indissociabilidade das duas expressões[162].

Este subprincípio tem claramente subjacente dois propósitos: proporcionar *adequação* e emprestar *tempestividade* ao processo. Indo ao encontro deste propósito, o legislador proporcionou uma amplitude dogmática significativa à cláusula da negociação processual atípica, o que implica que qualquer tentativa de esgotar a matéria seja, à partida, infrutífera. Por esse motivo, também nós faremos nas últimas páginas que aqui nos restam menção a apenas alguns exemplos. Na tentativa de oferecer exemplos e alguns parâmetros de negociação atípica, o Fórum Permanente de Processualistas Civis já teve oportunidade de editar uma série de Enunciados, dos quais destacamos os n.os 19 e 21. Assim, por exemplo, pacto de impenhorabilidade, acordo de alteração de prazos, acordo de rateio de despesas processuais, dispensa consensual de assistente técnico, acordo para retirar o efeito suspensivo da apelação, ou ainda acordo para não promover execução provisória (Enunciado n.º 19); assim como acordos para a realização ou ampliação do tempo de sustentação oral, para julgamento antecipado da lide, pactos sobre prova (Enunciado n.º 21), acordo de instância única, de superação de preclusão,

---

prazos de resposta e de recurso, (ii) diferentes formas de comunicação entre os sujeitos processuais, nomeadamente por mecanismos electrónicos de mensagens ou e-mails, (iii) substituição de debate oral por memoriais escritos, ou ainda (iv) convenção para comparecimento de testemunhas em audiência sem necessária e prévia comunicação por carta precatória ou rogatória.

162. BRAGA, Paula Sarno. *Norma de processo e norma de procedimento: o problema da repartição de competência legislativa no Direito Constitucional brasileiro.* Salvador: Juspodivm, 2015, pág. 455 ("Dessa forma, normas de processo e normas de procedimento têm o mesmo objeto e papel, sendo, portanto, coincidentes entre si. Disciplinam o exercício procedimental da jurisdição em contraditório, abrangendo todos os seus atos e fatos, em sua existência, validade e eficácia"). Sob esta premissa, "(...) a disciplina do negócio processual é tema de processo e, também, de procedimento. Não há nada em torno dele que seja procedimental sem ser processual e vice-versa (...). Não há como regrar o poder de negociação sem interferir na disciplina do próprio ato negocial; nem há como tratar dos efeitos e de situações jurídicas que dele (negócio) decorrem sem se estar a cuidar do próprio ato que lhe serve de nascedouro" – cf. BRAGA, Paula Sarno. Competência legislativa dos Estados-Membros em torno dos negócios processuais. *In* MARCATO, Ana, et. al. (coord.). NEGÓCIOS PROCESSUAIS. Salvador: Juspodivm, 2017, Vol. I, pág. 446.

substituição de bem penhorado, dispensa de caução em execução provisória, para limitação de número de testemunhas, para autorização da intervenção de terceiro fora as hipóteses previstas em lei, sobre pressupostos processuais etc.

No mais, outros exemplos podem ser apresentados como a limitação do processo a grau de jurisdição único, a vedação à intervenção de terceiros por provocação das partes; a instituição de litisconsórcio necessário convencional; pacto de substituição processual convencional etc.[163] Entre os casos mais polémicos, por dividirem a doutrina e levantarem algumas dúvidas dogmáticas, destacamos o caso da possibilidade de se negociar a desconsideração de súmulas, ou julgados de assunção de competência ou IRDR, das teses firmadas em RE e REsp repetitivos[164] ou ainda a questão da desconstituição da coisa julgada por negócio processual[165].

9.3.2. Convenções em matéria de mediação e conciliação

No cenário civilista a hipótese de se celebrarem convenções processuais sobre esta temática é, sem dúvida, mais atrativa do que no processo do trabalho. Assim é porquanto apesar do momento processual da conciliação judicial parecer ser *tendencialmente* obrigatório (art. 334 CPC), a verdade é

---

163. Talamini, Eduardo. *Um processo pra chamar de seu: nota sobre os negócios jurídicos processuais*. 2015, págs. 12, disponível em https://www.academia.edu/17136701/Um_processo_pra_chamar_de_seu_nota_sobre_os_negócios_jur%C3%ADdicos_processuais_2015_.

164. Nery Júnior, Nélson; Nery, Rosa Maria Andrade. *Código de Processo Civil Comentado*. 16ª ed. São Paulo: RT, 201, pág. 763-764. Os autores partem de uma comparação com o sistema arbitral, onde as partes podem escolher o direito que regerá a decisão. E se assim é, poderão então também escolher o regime jurídico que melhor atenda aos seus interesses. "Nenhum desses expedientes tem magnitude constitucional, vale dizer, a Constituição não autoriza que seu resultado tenha caráter vinculante, abstrato e geral, próprio da lei provinda do Poder Legislativo. Ainda que se os tenha por vinculantes, o que se admite apenas para argumentar, ainda assim as partes podem escolher excluí-los da incidência em sua demanda judicial, pois podem escolher o *direito* aplicável à espécie".

165. Em sentido contrário, Tavares, João Paulo Lordelo Guimarães. Da admissibilidade dos negócios jurídicos processuais no novo código de processo civil: aspectos teóricos e práticos. *Revista de Processo*, São Paulo, Vol. 41, N.º 254, abr/2016, pág. 98. Para Tavares, tal negociação não se pode ter por admissível uma vez que "(a) a faculdade de desconsiderar a coisa julgada é uma opção política que, a um só tempo, estimula injustificadamente a litigância, compromete a segurança jurídica e tem o poder de afetar severamente a economia da Justiça; (b) inexiste previsão legal permissiva, sendo certo que, ao aludir a negociações atípicas sobre 'procedimento', o art. 190 do NCPC não abrange a coisa julgada".

que a leitura do art. 166, §4º CPC permite extrair outra conclusão, já que o estrutura com normas sobretudo dirigidas às partes e, logo, dispositivas[166]. Nestes termos, pactos que submetam a mediação e conciliação extrajudiciais como fase prévia e obrigatória à instauração do litígio, ou pactos que visem eliminar a fase da audiência prévia de conciliação e mediação serão, em princípio, válidos. Da mesma forma se solicitarem renovadas sessões de trabalho conciliatório (Enunciado 577 do FPPC[167]).

Ora, mesmos direitos indisponíveis que admitam transação são passíveis de se submeter técnicas de conciliação e de mediação. Por essa razão, mas também pela importância que as CCP's tiveram no passado e pelas aberturas pontuais que se têm feito em matéria de conciliação e mediação[168], questionamos aqui a hipótese de negociação processual trabalhista incidir sobre esta temática, mesmo diante da recusa explícita do TST (art. 2º, inc. IV da IN 39/2016). Além disso, a *Reforma Trabalhista* veio, mais uma vez, causar impacto nesta sede: seja por passar a admitir expressamente a arbitragem para certos conflitos individuais, seja por criar procedimento especial de

---

166. Cabral, Trícia Navarro Xavier. O poder de autorregramento da vontade no contexto da mediação e da conciliação. *In* Marcato, Ana, et. al. (coord.). Negócios Processuais. Salvador: Juspodivm, 2017, Vol. I, pág. 582-583.

167. "A realização de sessões adicionais de conciliação ou mediação depende da concordância de ambas as partes".

168. Importa ter presente nesta matéria a Resolução nº 174/2016 editada pelo CSJT onde finalmente se reconheceu que a conciliação e a mediação (judiciais) são instrumentos de pacificação que podem também regular litígios individuais trabalhistas. Souza, Aline Aparecida de; Costa, Nilton César Antunes da. O uso da mediação para a solução de conflitos individuais do trabalho: principais vantagens em comparação à conciliação. *Revista dos tribunais*, São Paulo, Vol. 106, N.º 985, nov/2017, págs. 29-30. Dão conta de alguns avanços nesta sede Pancotti e Pancotti Júnior: quer o TRT da 23ª Região (MG) quer em Fórum Trabalhista da 15ª Região (SP), têm-se levado a cabo experiências com núcleos de conciliação executados por servidores e coordenados por um juiz do trabalho, são exemplos frutíferos desta abertura. Também os atos do CNJ que decorreram da Resolução n.º 125 de 2010 e culminaram na criação de Centros Judiciários de Solução de Conflitos e Cidadania. Cf. Pancotti, José Antonio; Pancotti Junyor, José Antonio. O novo Código de Processo Civil e as repercussões no processo do trabalho. *In* Lockmann, Ana Paula Pellegrina, Giordani, Francisco Alberto (coord). *Repercussões no Processo do Trabalho do CPC de 2015* – Homenagem ao Desembargador Lorival Ferreira dos Santos. São Paulo: LTr, 2017, pág. 108. Outro exemplo são as chamadas "reuniões de mediação" realizadas no TRT da 4ª Região e que rendeu ao tribunal o V prêmio "Conciliar é legal" concedido pelo CNJ (Calsing, Maria de Assis; Viveiros, Carolina C. Salomão Leal de. Mediação e conciliação: o novo CPC e os conflitos trabalhistas. *Revista do TST*, São Paulo, Ano 82, N.º 2, abr-jun/2016, pág. 255).

jurisdição voluntária dirigido exclusivamente à homologação de acordos extrajudiciais. Neste cenário, fica claramente em aberto a possibilidade de se recorrer a *outras formas alternativas de composição* de litígios[169], como vimos (*supra, multiportas*). Esta nova forma de pensar a composição de litígios laborais, mais aberta a alternativas, é ponto de partida para a celebração de mais negócios processuais em matéria de conciliação e mediação. Inclusivamente, num grande número de varas trabalhistas é praxe forense a divisão de trabalhos da audiência com a marcação de uma primeira data, por vezes apenas, para tentar conciliar as partes e sanear oralmente o processo.

Pergunto, por exemplo, se as partes no contrato de trabalho poderão convencionar que o conflito será primeira e obrigatoriamente submetido à conciliação ou mediação de CCP's, na mesma medida que anteriormente o estabelecera a lei, ou mesmo noutro centro extrajudicial de mediação ou conciliação[170]. Tal como tem vindo a ser, aliás, prática nas relações jurídicas laborais – estas convenções processuais são designadas frequentemente por "*obrigações de paz*"/"*cláusulas de paz*". Mediante estes pactos, as partes acordam em submeter o seu litígio a um foro específico para entabulamento de negociações extraprocessuais previamente à instauração de processo judicial; foro esse normalmente composto por representantes da classe operária e patronal[171].

---

169. Admitindo essa possibilidade relativamente à técnica de mediação, LIMA, Leonardo Barbosa. *Lições de Direito Processual do Trabalho. Teoria e Prática.* 4ª ed. São Paulo: LTr, 2017, pág. 52.

170. LIPIANI, Júlia; SIQUEIRA, Marília. Negócios jurídicos processuais sobre mediação e conciliação. *In* MARCATO, Ana, et. al. (coord.). NEGÓCIOS PROCESSUAIS. Salvador: Juspodivm, 2017, vol. I. pág. 235-236. Após ponderar as vantagens e desvantagens da migração das regras sobre mediação e conciliação do novo CPC para o processo do trabalho, chega em posição tímida e incerta – por entender que há que procurar um compromisso das partes de que os acordos não visem apenas extinguir processos, mas possam ser eficazes – DORETTO, Jordana Santos Araujo; SOUZA, Larissa Oliveira Palagi. Audiência de conciliação no processo do trabalho: aspectos positivos e negativos frente ao novo código de processo civil. *Revista de Direito do Trabalho*, São Paulo Vol. 43, N.º 179, jul/2017, pág. 79.

171. Já dava disto conta nas relações laborais, Os atos de disposição processual – primeiras reflexões. *Revista Eletrônica de direito processual,* Rio de Janeiro, Vol. I, N.º 1, out--dez/2007, pág. 15. Como ensinava o autor, "essas convenções (...) [são] válidas, desde que revestidas das exigências mínimas de renúncia à jurisdição (...), a saber, pactuadas de forma absolutamente livre e consciente, e não como meios de obter algum benefício imediato ou de livrar-se de algum mal iminente. Na verdade, as obrigações de paz não são propriamente pactos de renúncia à tutela jurisdicional, mas de postergação do ingresso em juízo enquanto se desenrolam as negociações dentro dos órgãos representativos da comunidade". No mesmo sentido, GAJARDONI, Fernando da Fonseca; DELLORE, Luiz;

Já estipulação contratual que disponha do seu contrário, i.e., dispensando a realização da audiência inicial, caso lhes tenha sido distribuída Vara que, sabem, tem prática de cindir a audiência, levanta mais algumas dúvidas[172]. Idênticas dúvidas levanta a hipótese de as partes acordarem oralmente na não promoção pelo magistrado das duas tentativas obrigatórias de conciliação previstas na CLT. Este ponto é mais nevrálgico não apenas porque todo o processo do trabalho se estrutura sob bases conciliatórias, mas também por ser dever do magistrado promover tentativa de conciliação sob pena de nulidade de todo o processo (art. 764 c/c 846 da CLT). Alguns argumentos militaram em sentido favorável a esta possibilidade: (i) este dever do magistrado é-lhe imposto como forma de proteção dos próprios interesses das partes, (ii) é a própria autonomia destas que, em última análise, fundamenta a própria ideia de autocomposição, ou (iii) a presença à obrigatória das partes à conciliação não garante, por si só, o acordo. Se assim é, seria de esperar, por conseguinte, que a sua vontade fosse suficiente para a não realização deste ato processual se de antemão soubessem não satisfazer os seus interesses. Sucede, todavia, que no âmbito do processo do trabalho a conciliação é protegida como garantia fundamental. Ela não surge como apenas mais um princípio que deve ser colocado numa balança de ponderação com outros princípios em caso de conflito de interesses. Neste específico ramo processual, ela é verdadeiro pilar estruturante da sua existência e uma das bases sob as quais se legitimou a criação e especialização deste procedimento. Admitir que as partes possam pôr isso em causa, derrogando normas que a visam garantir, não é só abdicar de uma faculdade processual que estaria alegadamente ao seu dispor; é mais do que isso. É pôr em causa o procedimento laboral como um todo e questionar a sua própria identidade. A importância destes momentos processuais no rito procedimental, a estreita ligação que eles têm com o princípio da conciliação e o fato deste ser um dos princípios que compõem a estrutura dorsal do processo

---

ROQUE, Andre Vasconcelos; OLIVEIRA JR., Zulmar Duarte de. *Teoria Geral do Processo: Comentários ao CPC de 2015*. 2ª ed. Rio de Janeiro: Forense, 2018, vol. I, pág. 699.

172. Assim, por exemplo, MOLINA, André Araújo. Atos processuais. *In* BRANDÃO, Cláudio, MALLET, Estêvão (coord.). *Processo do trabalho*. Salvador: Juspodivm, 2015, pág. 231. Tal como esclarece o autor, "haverá benefício com a celeridade processual, na medida em que os litigantes não precisarão aguardar a realização da audiência de tentativa de conciliação para apresentar defesa e ato contínuo réplica, audiência que, a depender do movimento processual da Vara de Trabalho, ocorrerá muitos meses depois de distribuída a ação (...)". Da mesma forma, mas no processo civil, LIPIANI, Júlia; SIQUEIRA, Marília. Negócios jurídicos processuais sobre mediação e conciliação. *In* MARCATO, Ana, et. al. (coord.). NEGÓCIOS PROCESSUAIS. Salvador: Juspodivm, 2017, vol. I. pág. 239-243.

do trabalho, permitem concluir que qualquer tentativa de mitigação do seu papel através de negociação processual deverá ser inadmitida.

Já nos parece admissível, por outro lado, que as partes estipulem que: (i) em caso de interrupção da audiência (una), renovadas tentativas de conciliação poderão ser levadas a cabo, tanto no termo da primeira parte da audiência antes de ter sido cindida, quanto no início da audiência de prosseguimento, imediatamente após decorrido o lapso temporal da cisão; (ii) em caso de audiência cindida, na audiência inaugural conciliatória as partes deverão apresentar-se com toda a documentação relevante ao processo, revelando todos os elementos probatórios que recolheram e que irão apresentar para produção em audiência de seguimento, por forma a que, mediante *disclosure* probatória, haja maior conscientização das hipóteses de sucesso na demanda e, logo, maior plausibilidade de acordo conciliatório inicial; (iii) incidam sanções penais ou mecanismos coercitivos, destinados a penalizar ou incentivar, respetivamente, a ausência ou presença às audiências conciliatórias[173].

9.3.3. Convenções em matéria de atos e prazos

No processo civil, o art. 219 do CPC discrimina que na contagem de prazo estabelecido por lei ou pelo magistrado devem contabilizar-se apenas os dias úteis. Todavia, como assevera Nogueira, nada impede as partes de convencionarem afastar este dispositivo, já que o art. deixa claro que a contagem em dias úteis se aplica aos prazos fixados em lei e pelo juiz e o art. 190 autoriza-as a disporem sobre ônus e faculdades[174]. Da mesma forma, e em articulação com o art. 222 §1° do CPC, admite-se que as partes possam abdicar em parte do prazo legal que lhes é dado[175].

Esta será, muito provavelmente, uma das hipóteses em que a doutrina trabalhista mais facilmente admitirá a negociação processual no processo laboral. Isto porque a história em torno da aplicabilidade do art. 219 do CPC

173. Lipiani, Júlia; Siqueira, Marília. Negócios jurídicos processuais sobre mediação e conciliação. *In* Marcato, Ana, et. al. (coord.). Negócios Processuais. Salvador: Juspodivm, 2017, vol. I. págs. 234-242; Pantoja, Fernanda Medina. Convenções pré-processuais para a concepção de procedimentos preliminares extrajudiciais. *In* Marcato, Ana, et. al. (coord.). Negócios Processuais. Salvador: Juspodivm, 2017, vol. I. 154.

174. Nogueira, Pedro Henrique. Comentários aos arts. 218 e 235 do CPC. *In* Tucci, José Cruz e; Ferreira Filho, Manoel, Aprigliano, Ricardo Carvalho, Dotti, Rogéria, Martins, Sandro (coord.). *Código de Processo Civil Anotado.* 3ª ed. Rio de Janeiro: GZ, 2018, pág. 347.

175. *Ibidem*, pág. 350.

ao processo trabalhista é significativamente conturbada. A Consolidação, antes da Reforma Trabalhista, dispunha no seu art. 775 que os prazos "contam-se com exclusão do dia do começo e inclusão do dia do vencimento, e são contínuos e irreleváveis (...)". A doutrina maioritária à época pugnava pela não aplicação do art. 219 do CPC, já que a expressão "contínuo" do art. 775 da CLT deveria ser lida no sentido de "continuada"[176]. Este entendimento foi corroborado pela Instrução Normativa 39/2016, onde o TST pugnou *pela inaplicabilidade* do 219 do CPC ao processo do trabalho. A Reforma Trabalhista, porém, veio reverter o entendimento generalizado adotado até então, reformulando o art. 775 em conformidade, que passou a dispor, expressamente e sanando quaisquer dúvidas, "os prazos estabelecidos neste Título serão contados em dias úteis, com exclusão do dia do começo e inclusão do dia do vencimento". Neste contexto de dissensos em torno da contagem de prazos no processo do trabalho, acreditamos que se deverá admitir que as partes possam, por convenção processual, afastar o atual teor do 775 da CLT (contagem em dias úteis) e aplicar a leitura que dele se fazia antes da Reforma de 2017 (contagem de forma continuada).

Mas na doutrina processual civilista também se discute a possibilidade de as partes *aumentarem prazos processuais*. A tendência tem sido de recusar-lhes essa faculdade, por ela representar um *poder-dever* do juiz (art. 139, VI do CPC)[177-178]. Também Enunciado do ENFAM (n.º 41) dá exemplo de negócio de ampliação de prazos que considera inadmissível, *in verbis:* "por compor a

---

176. Neste sentido, CORRÊA, Antonio de Pádua Muniz. As incompatibilidades do novo CPC com o processo do trabalho. *Revista LTr,* São Paulo Vol. 79, N.º 09, set/2015, pág. 1099; LORA, Ilse Marcelina Bernardi. Impactos do Novo Código de Processo Civil no Processo do Trabalho. *Revista Síntese Trabalhista e Previdenciária,* São Paulo, Vol. 27, N.º 324, jun/2016, pág. 15. Em sentido contrário, VEIGA, Mauricio de F. Corrêa Da. A aplicação subsidiária e supletiva das novas regras do CPC no processo do trabalho. *Revista LTr,* São Paulo, Vol. 80, N.º 01, jan/2016, pág. 43.

177. Neste sentido, BUENO, Cássio Scarpinella. *Novo Código de Processo Civil anotado.* São Paulo: Saraiva, 2017, pág. 234; CASTRO, João Marcos Adede y. *Novo Código de Processo Civil Comentado para concursos.* Curitiba: Juruá, 2016, vol. I, pág. 334. Parece ser esse também o posicionamento de MEDINA, José Miguel Garcia. *Direito Processual Civil Moderno.* São Paulo: RT, 2015, pág. 363.

178. Em sentido contrário, NEVES, Daniel Amorim Assumpção. *Novo Código de Processo Civil Comentado artigo por artigo.* 2ª ed. Salvador: Juspodivm, 2017, pág. 331. Para o autor, "(...) apesar [desse entendimento] de partir de correta premissa, desconsidera que não se está alterando a forma de julgamento, apenas se dilatando o prazo para a prática de ato processual pela parte. Chega a ser curiosa a admissão tranquila dessa dilação para atos escritos e sua vedação a ato oral."

estrutura do julgamento, a ampliação do prazo de sustentação oral não pode ser objeto de negócio jurídico entre as partes". Naturalmente que não concordamos com este entendimento, que atenta contra a amplitude principiológica do autorregramento da vontade das partes e nem se justifica diante de preceitos como o art. 139, inc. VI, 222 §1º do CPC ou 190 do CPC. É manifestamente sabido pela comunidade jurídica que há prazos claramente insuficientes diante da complexidade da matéria fática discutida na lide. O problema não será reconhecer a admissibilidade deste tipo de negócio de dilação de prazos, mas delimitar os contornos em que se deverá processar. O magistrado, amparado em critérios de proporcionalidade e razoabilidade (art. 8º CPC), deverá apreciar o negócio de dilação em razão das particularidades do caso concreto[179].

No processo do trabalho, porém, a temática é mais sensível: (i) desde logo porque estará quase sempre em causa no objeto da lide a cobrança de créditos alimentares, (ii) porque todo o processo adota a celeridade e concentração como dois dos seus principais pilares, (iii) seja ainda porque a celeridade é tão valorizada que impeliu o legislador a criar três tipos diferentes de ritos construídos precisamente com base nela. Alguma doutrina já se tem pronunciado a respeito, seja admitindo a negociação processual sobre prazos dilatórios[180], seja sobre peremptórios[181].

Pense-se, noutro exemplo, em convenção processual celebrada entre as partes e MPT no processo trabalhista em matéria de prazos. Enquanto *custo legis*, o MPT dispõe apenas de um prazo de 8 dias para emitir parecer contados após data em que lhe for distribuído o processo (cf. art. 5º da Lei n.º 5.584/70). O prazo, claramente enxuto, contrasta com os 30 dias previs-

179. *Ibidem*, pág. 331. Como acrescenta o autor, "na realidade, esse dever de o juiz evitar o abuso no exercício do direito de autorregramento da vontade das parte se aplica também para a dilação dos prazos para a prática de ato escrito. É razoável que as partes acordem que o prazo de apelação e de contrarrazões seja de 6 meses? Obviamente não, tal acordo representa violação clara ao princípio da boa-fé objetiva previsto no art. 5º do Novo CPC, e, assim sendo, deve ser anulado, como em qualquer outro caso em que se constate o abuso no direito de celebração do negócio jurídico processual".

180. Martins, Sérgio Pinto. *Teoria Geral do Processo*. 3ª ed. São Paulo: Saraiva, 2018, pág. 203. O autor não reconhece, porém, faculdade às partes para alterarem prazos perentórios, que considera improrrogáveis.

181. Cabral, Antonio do Passo. Convenções Processuais no Processo do Trabalho. *In* Tupinambá, Carolina (coord.). *Soluções de conflitos trabalhistas: novos caminhos*. São Paulo: LTr, 2018, pág. 42.

tos para o âmbito civilista (art. 178 CPC)[182]. Sabemos ainda que este é um prazo tipicamente *impróprio*, que não afeta o procedimento acaso a juntada do parecer ocorra em momento que extrapole o limite temporal dado pelo legislador, podendo o magistrado admitir a intervenção do *parquet* a qualquer momento da lide. Será que não se poderia admitir convenção processual entre as partes e MPT sobre o aumento deste prazo legal? Da mesma forma, e ainda no que respeita ao MPT, à renúncia ao prazo em dobro (art. 180 CPC), ou sobre os prazos que a lei disponha expressamente (art. 180, §2º)[183].

No que respeita mesma hipótese num caso típico que oponha empregado a empregador, acreditamos, mais uma vez, que o ponto de partida deverá ser o da admissibilidade genérica, abstrata e *a priori* destes negócios. Apesar de convenção que aumente prazo processual ser negócio que afete diretamente o princípio da celeridade, acreditamos que: (i) as mesmas objeções de vulnerabilidade e abuso de direito que se colocam para a redução de prazos levantam-se, na mesma medida, para uma convenção sobre o seu alargamento; não levantando estas problemas para admitir as primeiras, não há razão para se levantarem a rejeitar as segundas; (ii) o fato do art. 139, inc. VI do CPC atribuir a faculdade de dilação de prazo ao magistrado – nomeadamente mediante requerimento unilateral da parte e adequada fundamentação desta – não exclui que outras disposições (v.g., art. 190 do CPC) também estendam a mesma faculdade às partes, acaso estejam de acordo quanto à dilação temporal; (iii) uma recusa estabelecida à priori sobre desta faculdade não se justifica perante casos de aumentos insignificantes de prazos, como os que apenas acrescentem 7 dias, por exemplo, ao prazo legal para a prática de determinado ato processual, razão pela qual a regra deverá ser a da sua admissibilidade à priori e em abstrato; (iv) o problema não respeitará tanto à sua admissibilidade em tese, mas apenas à conformação de *limites* a essa

---

182. Esta foi, inclusivamente, uma temática objeto de algumas discussões na doutrina processual trabalhista com o advento do novo CPC. O desentendimento quanto à prevalência do 178 ou daquele art. 5º da Lei n.º 5.584/70, dividiu a doutrina em três posicionamentos: os que advogavam pela prevalência do prazo de 8 dias, em razão da inexistência de omissão no ordenamento processual laboral; os que professavam a aplicação do prazo de 8 dias para o parecer quando o MPT atuasse como *custo legis* e de 15 para a prática dos demais atos; uma terceira que entendia pela diferenciação entre prazo de intervenção – que seria de 15 dias – e prazo para emissão de parecer – 8 dias.

183. Assim, por exemplo, o prazo de 30 dias para intervir como *custo legis* (art. 178 CPC), o prazo de 5 dias para emitir o parecer a que se refere o art. 5º da Lei n.º 5.584/70, ou ainda o prazo de 10 dias para se manifestar em mandado de segurança (art. 12 da Lei n.º 12.016/2009).

mesma faculdade, normalmente assentes em critérios de *proporcionalidade* e *razoabilidade* perante da violação do princípio da celeridade.

Relativamente à prática de atos processuais (postulatórios, produção de prova etc.), podem-se também conjeturar, desde logo, negócios que respeitem a *certas formalidades*, v.g. acordo sobre a limitação do número de laudas para as peças dos atos postulatórios[184]; ou quanto à *forma de comunicação* dos atos processuais (v.g. acordando que as intimações só se farão por correio eletrônico ou aplicativo de mensagens de texto[185]).

Perguntamo-nos ainda da possibilidade de certos efeitos típicos da *ausência à audiência trabalhista* (previstos no art. 844 da CLT) poderem ser afastados por negócio jurídico processual, particularmente em dois casos: quando o reclamante (arquivamento) ou o reclamado (revelia) não pode comparecer presencialmente à audiência, aparecendo apenas o seu representante legal, ou quando ambas dispensam o comparecimento da outra, por ser desnecessária a produção oral dos seus depoimentos de parte. Parece-nos que em qualquer dos casos deverá ser perfeitamente possível a celebração do negócio processual que dispense as consequências da ausência da parte à audiência e determine o prosseguimento normal do feito[186].

9.3.4. Convenções em matéria de prova

As convenções em matéria probatória[187] colhem posicionamentos bastantes díspares na doutrina, entre os que se *recusam a admiti-las*[188], as

---

184. NOGUEIRA, Pedro Henrique. Negociação processual trabalhista. *In* DALLEGRAVE NETO, José Afonso, GOULART, Rodrigo Fortunato (coord.). *Novo CPC e o Processo do Trabalho*. 2ª ed. São Paulo: LTr, 2016, pág. 622.

185. DIDIER JR., Fredie; CABRAL, Antonio do Passo. Negócios jurídicos processuais atípicos e execução. *Revista de Processo*, São Paulo, Vol. 43, N.º 275, jan/2018. Pág. 207.

186. Pronunciando-se também a favor desta hipótese, BERNARDES, Filipe. *Manual de Processo do Trabalho*. Salvador: Juspodivm, 2018pág. 385. O autor, porém, faz depender de homologação pelo juiz do trabalho a eficácia destas duas hipóteses, o que não nos parece ser de louvar.

187. Ou sobre matérias afins, como por exemplo a possibilidade de convencionar que prova é considerada suficiente para a concessão de tutela da evidência (*vide*. DOTTI, Rogéria. Tutela provisória e evidência negociada: temos nosso próprio tempo? *In* MARCATO, Ana, et. al. (coord.). NEGÓCIOS PROCESSUAIS. Salvador: Juspodivm, 2017, Vol. I, págs. 523-524). No entendimento da autora, apesar de relacionados os temas não se confundem, já que o que se negoceia em sede de tutela provisória continua a ser a divisão do ônus do tempo. Mas outros exemplos poderão ser considerados: utilização de meio atípico de prova, vedação de produção de prova por iniciativa do juiz, determinação de recurso a

apenas um meio de prova para provar determinado facto, proibição da livre valoração de todos os meios de prova quando a lei determina expressamente que apenas um deles admite comprovação do facto, determinar hierarquia entre meios de prova, alteração da regra de admissibilidade previstas por lei, dispensa de prova pela fixação na convenção da versão do facto que deve ser observada em juízo. Por todos, Almeida, Diogo Assumpção Rezende de. As convenções processuais na experiência francesa e no Novo CPC. *In* Cabral, Antonio do Passo; Nogueira, Pedro Henrique (coord.). *Negócios Processuais*. 2ª ed. Salvador: Juspodivm, 2016, págs. 350-351. Considerando também que as partes podem usar da sua liberdade no processo para estabelecer como determinado facto poderá ser fixado no processo judicial, Silva, Beclaute Oliveira. Verdade como objeto do negócio jurídico processual. *In* Cabral, Antonio do Passo; Nogueira, Pedro Henrique (coord.). *Negócios Processuais*. 2ª ed. Salvador: Juspodivm, 2016, pág. 539. Em sentido contrário, porém, considerando que entre as várias hipóteses de negociação atípica, o direito probatório configura maior complexidade e, por envolver normas tradicionalmente cogentes, encontra maiores dificuldades, Freitas, Rui Manuel. *O ônus da prova no processo civil*. 2ª ed. Coimbra: Almedina, 2002, págs. 183-184 e Godinho, Robson Renault. A possibilidade de negócios jurídicos processuais atípicos em matéria probatória. *In* Cabral, Antonio do Passo; Nogueira, Pedro Henrique (coord.). *Negócios Processuais*. 2ª ed. Salvador: Juspodivm, 2016, pág. 548. Robson Godinho apresenta, ainda, como várias hipóteses de negociação atípica sobre matéria probatória os seguintes exemplos: exclusão de meios de prova, permissão ou proibição de provas atípicas, modificação de prazos, ordem de depoimentos ou outros aspectos procedimentais de produção, ampliação ou limitação da admissibilidade, ou inadmissibilidade, de meios de prova, convencionar único meio de prova, permuta de documentos, exclusão de presunções, hierarquização de provas (*op cit*, pág. 553). Também pronunciando-se sobre uma ampla margem de disposição das partes em matéria probatória, Didier Jr., Fredie; Braga, Paula Sarno; Oliveira, Rafael Alexandria. *Curso de Direito Processual Civil*. 10ª ed. Salvador: Juspodivm, 2015, vol. II, págs. 90-91. Entendem os autores que, por exemplo, "(...) a) se as partes acordarem no sentido de não ser produzida prova pericial, o juiz não pode determinar a produção desse meio de prova; b) se a parte renunciar a certo testemunho, o juiz não pode determinar a sua produção; c) se houver convenção sobre o ônus da prova, o juiz não pode decidir contra o que foi convencionado. O poder instrutório do juiz tem essa limitação, enfim."

188. Não admitindo, por isso, limitação da cognição do magistrado por convenção processual, particularmente em matéria probatória, Taruffo, Michele. Verdade negociada? (Trad. Pedro Gomes de Queiroz). *Revista Eletrônica de Direito Processual*, Rio de Janeiro Ano 8, Vol. 13, 2014, *passim*, em particular págs. 653-657, disponível em https://www.e-publicacoes.uerj.br/ojs/index.php/redp/article/view/11928 ("(...) a verdade dos enunciados relativos aos fatos da causa existe ou não existe em função de como são desenvolvidos os relativos acontecimentos no mundo real, e não é objeto de negociação ou de acordo entre as partes. Como já se disse, a não contestação não torna verdadeiro aquilo que é falso, e nem torna verdadeiro aquilo que já é verdadeiro de per si", *cit* pág. 653). No mesmo sentido, mas com menor amplitude, Nery Júnior, Nélson; Nery, Rosa Maria Andrade. *Código de Processo Civil Comentado*. 16ª ed. São Paulo: RT, 201, pág. 764. No entendimento dos autores, "a previsão do CPC 190 não poderá

que reservam enormes cautelas sempre o objeto litigioso seja *indisponível*, dadas as potenciais repercussões que a disposição destas garantias pode ter relativamente àquele[189], os que embora admitindo-as, entendem não vincular o magistrado[190], e os claros *entusiastas*[191].

---

redundar na exclusão de provas relevantes por acordo das partes. Afinal, a redação do CPC370, interpretada adequadamente, não deixa dúvidas: o juiz determinará as provas relevantes, não cogitando, pois, de hipótese em que as provas relevantes não estejam em juízo".

189. Assim, Talamini, (Talamini, Eduardo. *Um processo pra chamar de seu: nota sobre os negócios jurídicos processuais.* 2015, pág. 18, disponível em https://www.academia.edu/17136701/Um_processo_pra_chamar_de_seu_nota_sobre_os_negócios_jur%C3%ADdicos_processuais_2015_); Almeida, Diogo Assumpção Rezende de. As convenções processuais na experiência francesa e no Novo CPC. *In* Cabral, Antonio do Passo; Nogueira, Pedro Henrique (coord.). *Negócios Processuais.* 1ª ed. Salvador: Juspodivm, 2015, pág. 261; Ferradeira, Mariana. A prova emprestada como objeto de negócio jurídico processual. *In* Marcato, Ana, et. al. (coord.). *Negócios Processuais.* Salvador: Juspodivm, 2017, Vol. I, pág. 403.

190. Neste sentido, considerando que a validade das convenções processuais nesta sede não são suficientes para abalar os poderes instrutórios do juiz Lucon, Paulo Henrique dos Santos. *Comentários ao novo Código de Processo Civil.* Rio de Janeiro: Forense, 2015, pág. 575; Gajardoni, Fernando da Fonseca; Dellore, Luiz; Roque, Andre Vasconcelos; Oliveira Jr., Zulmar Duarte de. *Processo de Conhecimento e Cumprimento de Sentença. Comentários ao CPC ed 2015.* 2ª ed. Rio de Janeiro: Forense, 2018, vol. II, pág. 197; Porto, Guilherme Athayde; Reichelt, Luis Alberto. Efetividade da tutela jurisdicional e o direito fundamental à prova no novo CPC. *Revista Eletrônica de Direito Processual,* Rio de Janeiro, Vol. 18, N.º 1, 2017, pág. 317; Ramos, Vitor de Paula. *Ônus da prova no processo civil: do ônus ao dever de provar.* 2ª ed. São Paulo: RT, 2018, págs. 79 ss, Neves, Daniel Amorim Assumpção. *Manual de direito processual civil.* Salvador: Juspodivm, 2017. Volume único, págs. 392-393.

191. Do qual é exemplo Paulo Osternack, que admite que convenções possam dispor, *in verbis* "(i) somente será admissível a produção de prova documental; (ii) caberá todos os meios de prova, exceto a prova pericial; (iii) não caberá audiência, de modo que os depoimentos deverão ser documentados extrajudicialmente e então ser trazidos aos autos (...)" (Amaral, Paulo Osternack. *Provas: atipicidade, liberdade e instrumentalidade.* São Paulo: RT, 2015, pág. 143). No mesmo espírito, Didier Jr., Fredie; Braga, Paula Sarno; Oliveira, Rafael Alexandria. *Curso de Direito Processual Civil.* 10ª ed. Salvador: Juspodivm, 2015, vol. II, pág. 90-91 ("A parte pode expressamente dispor de seu direito de produzir determinada prova, seja unilateralmente, seja mediante acordo firmado com a parte adversária (pode ser que as partes resolvam firmar acordo de, por exemplo, não realização de perícia; elas podem imaginar que não vale a pena aguardar pela produção dessa modalidade de prova para que o litígio alcance um desfecho). Pode ser, ainda, que uma das partes, sozinha, resolva expressamente abrir mão da perícia, ou de qualquer outro meio de prova. Não há inércia, mas vontade manifestada: não se quer a produção de determinado meio de prova. Nesses casos, poderia o juiz, com

Entre os principais argumentos contrários à admissibilidade de acordos sobre prova, conta-se o principal fato de implicar uma suposta *limitação da atividade jurisdicional do magistrado*. A renúncia à prova, ou a convenção que torna ilícito o recurso a determinado meio probatório, assumem particular interesse. Apesar da CLT não reservar qualquer referência à sua admissibilidade, em Espanha, por exemplo, encontramos disposição que, não obstante admitirem a renúncia pela parte, este negócio não vincula o magistrado trabalhista, já que este pode decidir (sem possibilidade de recurso) que a prova ainda assim seja produzida[192]. No Brasil a situação é deveras polémica, já que desafia a possibilidade do magistrado, ao abrigo dos seus poderes instrutórios, ordenar a produção da prova já previamente renunciada pelas partes.

A circunstância do negócio probatório tolher os poderes de instrução do magistrado, impedindo-o de produzir prova abdicada pelas partes, autoriza o debate quanto aos limites da disponibilidade destas sobre essa possibilidade. De qualquer forma sempre se dirá, em sentido contrário, que (i) *qualquer negócio jurídico processual afetará*, inevitavelmente, em maior ou menor medida, o poder de direção, gestão e inquisitório do magistrado; (ii) o CPC/15 deliberadamente consagrou uma série de dispositivos que vão no sentido de aumentar a possibilidade das *partes influenciarem a condução do processo*, retirando essa prerrogativa da exclusiva mão do juiz (v.g., arts. 190, 357, §2, 362, inc. I, 373, §§3º e 4º, 471 do CPC); (iii) os poderes instrutórios do magistrado são *apenas subsidiários* aos das partes, sendo exercidos apenas em caso de lacunas probatórias determinantes ao convencimento judicial necessário para prolação de decisão; (iv) este tipo de contratualização *não*

---

base no art. 370 do CPC, determinar, ainda assim a produção da prova? Parece-nos que não. Tem- se aí típico exemplo de negócio jurídico processual – unilateral quando a manifestação de vontade vem de apenas uma das partes; bilateral, quando de ambos os polos. Se válido, o juiz não pode ignorar esse ato de vontade. Se o fizesse, isso seria o mesmo que negar às partes o protagonismo da cena processual, assumindo- o somente para si"); Jobim, Marco Félix; Medeiros, Bruna Bessa de. O impacto das convenções processuais sobre a limitação de meios de prova. *Revista Eletrônica de Direito Processual*, Rio de Janeiro, Ano 11, Vol. 18, N.º 1, Jan-Abr/2017, pág. 336-339; Godinho, Robson Renault. A possibilidade de negócios jurídicos processuais atípicos em matéria probatória. *In* Cabral, Antonio do Passo; Nogueira, Pedro Henrique (coord.). *Negócios Processuais*. 3ª ed. Salvador: Juspodivm, 2017, págs. 585-586.

192. Assim, cf. art. 87.2§2º da LRJS pode ler-se "Una vez comenzada la práctica de una prueba admitida, si renunciase a ella la parte que la propuso, podrá el órgano judicial, sin ulterior recurso, acordar que continúe".

torna a "verdade negociada", já que outros meios de prova permanecem ao dispor das partes e magistrado[193].

No nosso entendimento, as partes poderão celebrar este tipo de convenções atípicas sobre restrições e aberturas probatórias. Todavia, da*do o teor fortemente inquisitório do processo laboral*, significativamente mais intenso que o previsto no processo civil – e assim justificado por dirigir processos normalmente afeitos à discussão de parcelas salariais indisponíveis – acreditamos que a melhor forma de garantir uma *harmonização principiológica* deste com o princípio do autorregramento da vontade das partes no processo implicará que o magistrado possa continuar a poder produzir prova, de *forma subsidiária*, mesmo que dispensada consensualmente pelas partes, se assim entender necessário à formação do seu convencimento e à tutela dos direitos indisponíveis do empregado. A autonomia da vontade das partes, nesta sede, deverá ser preservada, permitindo-se que estas restrinjam os meios probatórios ao seu dispor *entre si; mas apenas entre si*. Todavia, da mesma forma em que preserva o princípio do autorregramento, a harmonização principiológica exige aqui – e ao contrário do que entendemos para o processo civil – que os poderes instrutórios do magistrado da vara possam determinar, de forma subsidiária, qualquer produção probatória que entenda necessária ao seu convencimento e desde que a falta de prova possa afetar *os direitos indisponíveis* do empregado[194].

Quanto à questão das testemunhas, dizer o seguinte. O *número de testemunhas* no processo do trabalho está previsto e regulado pelos arts. 821 e 852-H, §2º da CLT, razão pela qual não colhe aplicação subsidiária do art. 357, §6º do CPC. Pergunta-se, ainda assim, se as partes não poderão reduzir ou aumentar o número de testemunhas legalmente admissíveis por negócio processual. Admite-se que o magistrado, em clara manifestação de flexibilidade e adequação processual, reduza e limite este número no processo civil (art. 357, §7º do CPC), cujo regramento colhe aplicação também no processo do trabalho por inexistência de incompatibilidade (arts. 769 da CLT e 15 do CPC). Discute-se também se o magistrado poderá aumentar esse limite; considerando alguma doutrina que isso é possível se, e desde que, esse au-

---

193. Como ensina Beclaute, "não é um negócio que fixa a verdade, mas um negócio que estabelece como o fato poderá ser provado", Silva, Beclaute Oliveira. Verdade como objeto do negócio jurídico processual. *In* Cabral, Antonio do Passo; Nogueira, Pedro Henrique (coord.). *Negócios Processuais*. 2ª ed. Salvador: Juspodivm, 2016, pág. 539.

194. Moreira, Victória Hoffmann; Peixoto, Juliene de Souza. Negócios jurídicos processuais e os poderes instrutórios do juiz. *In* Marcato, Ana, et. al. (coord.). Negócios Processuais. Salvador: Juspodivm, 2017, vol. I. págs. 625-626.

mento do limite tenha sido estabelecido em *benefício de ambas* as partes, já que a norma que prevê um teto máximo ao número de testemunhos não é de ordem pública[195]. Havendo esta ampla possibilidade de adequação processual pelo juiz, não se justifica inexistência de igual possibilidade conferida às partes[196]. Ainda a respeito da prova testemunhal, pode-se perguntar se a parte pode *renunciar à contradita de testemunhas*[197], se as partes podem acordar no arrolamento prévio das testemunhas ou inversão da ordem da oitiva das testemunhas[198] etc. Parece-me, que à semelhança dos exemplos traçados acima, qualquer uma das hipóteses será admissível.

Podemos questionar também sobre a possibilidade de convencionar a respeito do *meio* de prova a *prova emprestada* (art. 372 do CPC), que já tem sido levantada no processo civil pela doutrina[199] (v.g. admitindo-a por acordo); ou do negócio sobre a *desjudicialização da prova oral*, v.g. recolha do testemunho oral fora das instalações do judiciário, posteriormente reduzida a escrito e junta nesse formado aos autos[200]. Também aqui não se parecem

---

195. Assim, por exemplo, Teixeira Filho, Manoel Antonio. *Comentários ao Novo Código de Processo Civil: sob a perspectiva do processo do trabalho.* 2ª ed. São Paulo: LTr, 2016, pág. 451.

196. Admitindo a limitação do número de testemunhas por convenção das partes no processo do trabalho, Nogueira, Pedro Henrique. Negociação processual trabalhista. *In* Dallegrave Neto, José Afonso, Goulart, Rodrigo Fortunato (coord.). *Novo CPC e o Processo do Trabalho.* 2ª ed. São Paulo: LTr, 2016, pág. 622.

197. Gajardoni, Fernando da Fonseca; Dellore, Luiz; Roque, Andre Vasconcelos; Oliveira Jr., Zulmar Duarte de. *Teoria Geral do Processo: Comentários ao CPC de 2015.* 2ª ed. Rio de Janeiro: Forense, 2018, vol. I, pág. 699.

198. Nogueira, Pedro Henrique. Negociação processual trabalhista. *In* Dallegrave Neto, José Afonso, Goulart, Rodrigo Fortunato (coord.). *Novo CPC e o Processo do Trabalho.* 2ª ed. São Paulo: LTr, 2016, pág. 622.

199. Ferradeira, Mariana. A prova emprestada como objeto de negócio jurídico processual. *In* Marcato, Ana, et. al. (coord.). Negócios Processuais. Salvador: Juspodivm, 2017, Vol. I, págs. 404-405. A autora considera que, nestes casos, o magistrado deve analisar os requisitos do empréstimo, nomeadamente o respeito ao contraditório e às garantias fundamentais do processo. Não parece ser esse o entendimento do Schiavi, já que não obstante admitir a prova emprestada no processo do trabalho por aplicação do regramento próprio de processo civil, entende que esta, quando efetuada em conjunto pelas partes, é-o sob a forma de requerimento e não de negócio (cf. Schiavi, Mauro. Teoria geral da prova no processo do trabalho à luz do Novo CPC. *Revista do Tribunal Superior do Trabalho*, São Paulo, Vol. 82, N.º 2, abr-jun/2016, pág. 267).

200. Müller, Julio Guilherme. *Negócios processuais e desjudicialização da produção da prova.* São Paulo: RT, 2017, págs. 219 ss.; Câmara, Alexandre Freitas. *O novo processo civil brasileiro.* 3ª ed. São Paulo: Atlas, 2017, págs. 241-242 ("Fenômeno diferente – mas

levantar objeções à sua admissibilidade do ponto de vista procedimental. Nenhuma das hipóteses implica uma preterição dos princípios estruturantes do processo laboral, senão no segundo com mera mitigação do princípio do inquisitório. Não sendo condição necessária à capacidade postulatória da parte a presença de advogado para demandar no processo nos termos gerais, parece-nos que que a mesma exigência não poderá ser colocada para condicionar a eficácia deste negócio jurídico processual.

Também relativamente à *inversão consensual da ordem de produção de prova*, geralmente admitida no processo civil[201], colhe no processo do trabalho alguns desentendimentos. A este respeito, já há posicionamentos expressos que não admitem a relevância do consentimento das partes no processo do trabalho para a respetiva alteração, não apresentando, porém, qualquer fundamento[202]. Não é esse o nosso entendimento. Com a devida vénia, não há razão jurídico-dogmática que permita ver o art. 848, §§1º e 2º da CLT senão com natureza claramente dispositiva. Senão vejamos: (i) é verdade que ao contrário do art. 361 do CPC, o art. 848 da CLT não consagra uma ordem *preferencial* de produção de prova oral, o que não é, só por si, fator que exclua a natureza dispositiva deste último; (ii) o art. 775, §2º da CLT já consagra norma de flexibilização procedimental em matéria de ordenação probatória, atribuindo ao magistrado poderes para alterar a

---

também admissível – é o da forma atípica de produção de um meio típico de prova. Veja-se, por exemplo, o caso da prova testemunhal. Segundo a legislação processual brasileira, a prova testemunhal é colhida através do depoimento oral da testemunha em juízo (art. 453). Pois nada impede que em algum processo as partes tragam aos autos declarações escritas formadas por testemunhas, em que estas expõem o que sabem sobre os fatos da causa (...)"); AMARAL, Paulo Osternack. *Provas: atipicidade, liberdade e instrumentalidade*. São Paulo: RT, 2015, pág. 143; DIDIER JR., Fredie; BRAGA, Paula Sarno; OLIVEIRA, Rafael Alexandria. *Curso de Direito Processual Civil*. 10ª ed. Salvador: Juspodivm, 2015, vol. II, págs. 94-95; GODINHO, Robson Renault. Comentários aos arts. 442-449. *In* WAMBIER, Teresa Arruda Alvim, DIDIER JR., Fredie, TALAMINI, Eduardo, DANTAS, Bruno (coord.). *Breves Comentários ao Novo Código de Processo Civil*. 3ª ed. São Paulo: RT, 2016, pág. 1141.

201. GAJARDONI, Fernando da Fonseca; DELLORE, Luiz; ROQUE, Andre Vasconcelos; OLIVEIRA JR., Zulmar Duarte de. *Teoria Geral do Processo: Comentários ao CPC de 2015*. 2ª ed. Rio de Janeiro: Forense, 2018, vol. I, pág. 699.

202. Assim, *vide* Enunciado n.º 31 do FNPT, ao dispor que "CLT, art. 765 e NCPC, arts. 139, VI, e 456, parágrafo único. Inversão do ônus da prova. No processo do trabalho a concordância das partes é desnecessária para a inversão da ordem da produção de provas, inclusive depoimentos pessoais, interrogatório e inquirição de testemunhas. Inteligência dos art. 765 da CLT e art. 139, VI, e art. 456, parágrafo único, ambos do NCPC."

produção dos meios de prova; mas este dispositivo não exclui, todavia, que a mesma faculdade não seja atribuída à partes; até porque também o CPC consagrou norma idêntica no art. 139, inc. VI e nem por isso impede que as partes possam invertê-la ao abrigo do art. 190; (iii) apesar de subjacente ao preceito estarem razões ligada ao princípio da economia dos atos processuais e celeridade do procedimento, admitir a inversão da respetiva ordem, no final do dia, poucos danos práticos irão realmente trazer ao processo. Em suma, não há motivo para arredar a negociação atípica que incida, também, sobre o a ordem de produção de prova.

9.3.5. Negócios em matéria recursal

É consensual que as partes não podem criar novas modalidades recursais, por a tal se opor o princípio da taxatividade (art. 994 CPC) de que é competência exclusiva regular o poder legislativo. As possibilidades que se levantam costumam dizer respeito, antes, a aspetos procedimentais e requisitos de admissibilidade. No que respeita à pactuação sobre *cabimento* do recurso, já se considerou não ser admissível a sua flexibilização uma vez que está em causa ditame de segurança jurídica[203]. Da mesma forma quanto ao *interesse recursal*, por atentar contra a boa-fé[204]. Quanto à *legitimidade* (art. 966), porém, tem havido mais consenso em torno da sua admissibilidade[205] e, ainda, quanto aos *limites da instância*, mediante admissão de pacto de não recorrer, ou acordo bilateral para regular renúncia e desistências recursais[206].

---

203. Dourado, Sabrina. Negócios processuais na esfera recursal. *In* Marcato, Ana, et. al. (coord.). Negócios Processuais. Salvador: Juspodivm, 2017, Vol. I, pág. 546.

204. *Ibidem*, pág. 546.

205. *Ibidem*, pág. 546.

206. Oliveira, Pedro Miranda de. A flexibilização do procedimento e a viabilidade do recurso extraordinário per saltum no CPC projetado. *In* Freire, Alexandre et. al (coord.). *Novas tendências do processo civil: estudos sobre o projeto do novo código de processo civil.* Salvador: Juspodivm, 2014, vol. III, pág. 506; Dourado, Sabrina. Negócios processuais na esfera recursal. *In* Marcato, Ana, et. al. (coord.). Negócios Processuais. Salvador: Juspodivm, 2017, Vol. I, pág. 547; Gajardoni, Fernando da Fonseca; Dellore, Luiz; Roque, Andre Vasconcelos; Oliveira Jr., Zulmar Duarte de. *Teoria Geral do Processo: Comentários ao CPC de 2015.* 2ª ed. Rio de Janeiro: Forense, 2018, vol. I, pág. 699; Negócios jurídicos processuais sobre a fase recursal. *In* Cabral, Antonio do Passo; Nogueira, Pedro Henrique (coord.). *Negócios Processuais.* 3ª ed. Salvador: Juspodivm, 2017, pág. 635-641. Como dizem as autoras, se a faculdade de recorrer é direito potestativo, unilateral e não obrigatório, que se encontra na esfera de disponibilidade das partes, não há razão para impedir que por acordo renunciem

Tem-se também alvitrado pelo pacto que exclui a possibilidade de *sustentação oral* em âmbito recursal (art. 937 do CPC), por razões de eficiência processual[207], ou acordo para uniformização de prazo recursal em, por exemplo, 5 dias para todas as partes ou para duplicar o depósito recursal em caso de procedência total ou parcial da sentença[208].

Veja-se que a matéria recursal no processo do trabalho, à falta de dispositivos legais, colhe também aqui muito amparo normativo do processo civil. As suas especificidades centram-se, sem dúvida, (i) na *irrecorribilidade imediata das interlocutórias* (art. 493, §1 da CLT), num regime muito mais severo do que aquele deixado pelo legislador no art. 1015 do CPC, já que as interlocutórias são apenas protestadas oralmente nos autos e reiteradas no recurso ordinário; (ii) a *inexigibilidade da fundamentação da peça recursal*, em evidente valorização à simplicidade dos atos processuais (art. 899 da CLT), bastando-se a mera petição; (iii) o *reduzido e uniforme prazo de 8 dias* para recorrer de qualquer recurso (cf. art. 6 da Lei nº 5.584, de 26 de junho de 1970) – apesar de ficarem excecionados os embargos de declaração (5 dias), o recurso extraordinário (15 dias) e o agravo regimental (que pode variar entre 8 a 5 dias a depender do tribunal); (iv) *o efeito devolutivo* do recurso (art. 899 da CLT), por oposição ao efeito suspensivo previsto na ceara civilista (art. 1012 do CPC). Mais uma vez aqui, são também razões de *celeridade* [no caso de (i), (iii) e (iv)] e *simplicidade* [no caso de (ii)] que fundamentam a especialidade do sistema recursal laboral. À partida parece-nos que não haverá óbices a reconhecer como igualmente aplicáveis as hipóteses atípicas que elencámos acima para o processo civil.

9.3.6. Negócios em matéria de execução

Em sede executiva, seja por estar em causa a satisfatividade de crédito já fixado em sentença ou título extrajudicial, seja por nos movermos em

---

previamente a este direito. No mesmo sentido, admitindo o pacto de não recorrer, NOGUEIRA, Pedro Henrique. A cláusula geral do acordo de procedimento no projeto do novo CPC (PL 8.046/2010). *In* FREIRE, Alexandre et. al. (coord.). *Novas tendências do processo civil: estudos sobre o projeto do novo código de processo civil.* Salvador: Juspodivm, 2013, vol. I. pág. 25.

207. BUENO, Cássio Scarpinella. *Novo Código de Processo Civil anotado.* São Paulo: Saraiva, 2017, pág. 234.

208. NOGUEIRA, Pedro Henrique. Negociação processual trabalhista. *In* DALLEGRAVE NETO, José Afonso, GOULART, Rodrigo Fortunato (coord.). *Novo CPC e o Processo do Trabalho.* 2ª ed. São Paulo: LTr, 2016, pág. 62.

processo altamente embebido pelo princípio da disponibilidade, estamos em terreno fértil à negociação processual[209]. Alguns enunciados, de resto, já foram editados sobre a matéria por Fóruns de Processualistas, dos quais são exemplo o n.º 19[210] e 490[211] do FPPC, assim como o n.º 178 do FPPT[212].

Também a doutrina se tem debruçado sobre o tema para identificar exemplos de negociação atípica na execução, tais como: (i) determinação por acordo dos bens do executado que poderão ser *objeto de penhora*; (ii) a aplicabilidade (ou não) das *medidas de coerção* previstas no art. 139, inc. IV; (iii) a renúncia, ampliação[213] ou condicionamento do regime da *impenhorabilidade* (arts. 832-833 CPC, 100 CF e Lei n.º 8009/90 – até porque o CPC/15 não repetiu a expressão "absolutamente impenhoráveis" que existia no art. 649 do anterior código[214]); (iv) renúncia pelo sócio ao *benefício de ordem* relativamente à sociedade; (v) criação de novas hipóteses convencionais de *fraude à execução*; (vi) alteração do *procedimento de arresto* previsto no art. 830; (vii) alteração dos *prazos na execução*, por exemplo em sede de 191; (viii) regula-

---

209. Em sentido contrário, considerando que em sede executiva a negociação processual ficará muito refém da "boa vontade" do magistrado, por não ser costume este abdicar da direção do processo executivo, Assis, Araken. *Manual de Execução*. 18ª ed. São Paulo: RT, 2016, pág. 78.

210. "São admissíveis os seguintes negócios processuais, dentre outros: pacto de impenhorabilidade, (...) acordo para não promover a execução provisória, (...) escolha consensual de depositário-administrador no caso do art. 866 (...)" (Cit. Enunciado n.º 19 do FPPC).

211. "São admissíveis os seguintes negócios processuais, entre outros: pacto de inexecução parcial ou total de multa coercitiva; pacto de alteração de ordem de penhora; pré-indicação de bem penhorável preferencial (art. 848, II); pré-fixação de indenização por dano processual prevista nos arts. 81, §3º, 520, inc. I, 297, parágrafo único (cláusula penal processual); negócio de anuência prévia para aditamento ou alteração do pedido ou da causa de pedir até o saneamento (art. 329, inc. II)" (cit. Enunciado n.º 490 do FPPC).

212. "Boa-fé processual. Nemo potest venire contra factum proprium. A indicação à penhora de bem impenhorável significa a renúncia tácita à impenhorabilidade, desde que (1) não haja prova de vício de consentimento do executado, (2) seja intimado o terceiro juridicamente interessado e (3) este não tenha expressamente se manifestado contrariamente nos autos" (Cit. Enunciado n.º 178 do FPPT).

213. Recorde-se que o pacto de impenhorabilidade é já negócio jurídico típico (art. 833, I do CPC).

214. À época do CPC/73, inclusivamente, Greco já sustentava a possibilidade da impenhorabilidade de rendimentos e de imóvel poder ser alterada (Greco, Leonardo. A execução e a efetividade do processo. *Revista dos Tribunais*, São Paulo, Vol. 24, N.º 94, abr-jun/1999, págs. 34-66).

ção da *preferência no procedimento de concurso* entre credores na execução; (ix) *relativização da proibição da penhora excessiva* (art. 831); (x) alteração da *ordem de penhora* prevista no art. 835[215]; (xi) alteração de certos *procedimentos específicos* como os previstos via *Bacenjud* (bloquear apenas parte das contas e não a totalidade ou fixar limites para o bloqueio das contas, por exemplo); (xii) modificação das regras de *substituição da penhora* renunciando, por exemplo, ao art. 847 CPC; (xiii) convenções quanto à *avaliação dos bens* da penhora (dispensa, levada a cabo por outro individuo que não oficial de justiça, apurada em razão da média de valores apresentados pelas partes, renúncia à impugnação do laudo); (xiv) ainda convenções sobre a *adjudicação e alienação* (eleição de forma prioritária de expropriação, prazo para alienação, forma de publicidade, preço mínimo, termos de pagamento, modificação dos critérios para apurar quando há preço vil)[216]; (xv) negócios sobre o *procedimento de execução*, tornando-o mais eficiente (v.g. suprimindo etapas, escolhendo previamente bem penhorado ou o depositário, avaliando previamente os bens, dispensando intimação do exequente para avaliação, escolha antecipada do meio expropriatório etc.); (xvi) o pacto de *non exequendo*[217]; (xvii) criação de *títulos executivos* (pactos executivos), embora continue a dividir a doutrina,

---

215. Aurelli, Arlete Inês. Análise e limites da celebração de negócios jurídicos processuais na execução por título extrajudicial e/ou cumprimento de sentença. *In* Marcato, Ana, et. al. (coord.). Negócios Processuais. Salvador: Juspodivm, 2017, Vol. I, págs. 57-62; Nogueira, Pedro Henrique. Gestão da execução por meio de negócios jurídicos processuais no processo civil brasileiro. *Revista de Processo*, São Paulo, Vol. 43, N.º 286, dez/2018, págs. 325 ss; Didier Jr., Fredie; Cabral, Antonio do Passo. Negócios jurídicos processuais atípicos e execução. *Revista de Processo*, São Paulo, Vol. 43, N.º 275, jan/2018.

216. Temer, Sofia; Andrade, Juliana Melazzi. Convenções processuais na execução: modificação consensual das regras relativas à penhora, avaliação e expropriação de bens. *In* Marcato, Ana, et. al. (coord.). Negócios Processuais. Salvador: Juspodivm, 2017, Vol. I, pág. 558-564.

217. Enquanto negócio específico que impede a parte de acionar o judiciário para executar o seu crédito. Admitido, por exemplo, por Didier Jr., Fredie; Cabral, Antonio do Passo. Negócios jurídicos processuais atípicos e execução. *Revista de Processo*, São Paulo, Vol. 43, N.º 275, jan/2018, pág. 199. No seu entender, "(...) a convenção que não executar pode subsistir sem que signifique uma renúncia no plano do direito material: a parte pode abrir mão da via executiva resguardando-se outras modalidades menos invasivas de cobrança do crédito, como a ação monitória, e, ainda, a possibilidade de usar o crédito como um contradireito, como no caso de compensação. Pode-se ainda protestar a sentença (art. 517 do CPC) ou fazer inserir o nome do devedor em cadastros de proteção ao crédito, pressionando-o ao adimplemento (art. 782, §3º, do CPC)".

entre os que entendem ser a matéria sujeita à reserva legal (art. 784, XII do CPC)[218] e os que admitem a alternativa[219].

Não temos pretensão de analisar todas estas hipóteses, razão pela qual optámos apenas por duas delas. A primeira, respeita à possibilidade de as partes no processo do trabalho poderem convencionar a respeito de *medidas típicas e atípicas de execução*. Não está em causa a afetação dos poderes do magistrado no sancionamento das condutas das partes por descumprimento de decisões judiciais ou criar embaraços à lide executiva, mas apenas a possibilidade destas acordarem que não querem executar/ser executadas de certa forma. Assim, por exemplo, convencionar-se (i) que não haverá execução da multa coercitiva, (ii) que ficam excluídas certas medidas executivas, (iii) que se aceite o recurso, a título principal, às medidas atípicas, (iv) a transformação de medidas atípicas em típicas (i.e., criação de medidas típicas de origem negocial)[220], (v) de que não haverá lugar a protesto da decisão judicial, (vi) não inclusão do executado no cadastro de inadimplentes[221] etc. Elas são hipóteses que não são difíceis de admitir também no processo do trabalho. Para isso basta recordar aqui o que acima falámos a respeito da disponibilidade sobre toda e sobre parte da execução previsto no art. 775 do

---

218. Assim, Gajardoni, Fernando da Fonseca; Dellore, Luiz; Roque, Andre Vasconcelos; Oliveira Jr., Zulmar Duarte de. *Teoria Geral do Processo: Comentários ao CPC de 2015*. 2ª ed. Rio de Janeiro: Forense, 2018, vol. I, pág. 699.

219. Didier Jr., Fredie; Cabral, Antonio do Passo. Negócios jurídicos processuais atípicos e execução. *Revista de Processo*, São Paulo, Vol. 43, N.º 275, jan/2018, pág. 200. No entendimento dos autores, é possível não apenas negócio processual para retirar força executiva a algum documento constante da lista do art. 784 do CPC (porque os efeitos do título estão na disponibilidade das partes e até porque o art. 785 do CPC permite ao sujeito que possua título não o executar mas antes propor ação de conhecimento), como ainda convenção que dê exequibilidade a um documento que não conste do art. 784 do CPC (entre outros argumentos, seja porque "o rol de títulos executivos extrajudiciais do Direito brasileiro é basicamente formado por atos jurídicos, todos eles produtos do exercício do poder de autorregramento da vontade", seja porque há inclusivamente "casos de título executivo extrajudicial sem expressa manifestação de vontade do executado – duplicata sem aceite, certidão de dívida ativa e certidão expedida por serventia notarial ou de registro").

220. Didier Jr., Fredie; Cunha, Leonardo Carneiro da; Braga, Paula Sarno; Oliveira, Rafael Alexandria. Diretrizes para a concretização das cláusulas gerais executivas dos arts. 139, IV, 297 e 536, §1º, CPC. *Revista de Processo*, Vol. 42, N.º 267, São Paulo, maio/2017, págs. 247-248.

221. Nogueira, Pedro Henrique. Gestão da execução por meio de negócios jurídicos processuais no processo civil brasileiro. *Revista de Processo*, São Paulo, Vol. 43, N.º 286, dez/2018, págs. 333 e 338.

CPC, cuja aplicação tem sido ensejada no processo trabalhista. Havendo a possibilidade de dispor unilateralmente destas, mal seria se não pudesse o trabalhador fazê-lo por consenso com a contraparte.

Em segundo lugar, escolhemos os negócios sobre *penhora*, em razão da sua relevância: (i) *pactos de impenhorabilidade* (negócio típico no art. 833, inc. I do CPC), (ii) *pactos de penhorabilidade* (típico, art. 835, §3º do CPC; ou atípicos, art. 190 do CPC), ou ainda (iii) a *ordem dos bens a penhorar* (art. 835 do CPC c/c 190 do CPC)[222]. Como anotam Didier Jr. e Cabral, com exceção do art. 833, inc. I, 1ª parte do CPC, todos os demais incisos elencam exemplos de *bens disponíveis*, que podem ser alienados pelo executado fora do processo judicial; razão pela qual surge como incongruente a sua impossibilidade de nomeação à penhora voluntária pelo executado ou por consenso dentro do processo. Enquanto direito pertencente ao executado e não norma ao serviço do interesse público, a norma que impõe a impenhorabilidade não lhe retira o direito à renúncia ou sua disposição[223]. No que respeita à negociação em torno da *ordem de bens a penhorar*, importa ter em consideração que esta seria apenas mais uma hipótese/alternativa de modificação da ordem preferencial indicada pelo legislador, ao lado das já hipóteses típicas de alteração: (i) escolha pelo credor de outro bem (art. 805 do CPC); (ii) oferta de fiança bancária ou seguro-garantia em valor de 30% do crédito exequendo (art. 835, §2º do CPC); (iii) direito de retenção exercido pelo credor (art. 793 do CPC). Neste contexto de escolhas unilaterais de parte a parte, a abertura do sistema a uma escolha consensual não parece levantar objeções. Ainda quanto à ordem de bens a penhorar, parece também ser possível a celebração de *pacto de prelação*, sempre que, sendo vários os credores-exequentes de um mesmo executado, ambos celebram entre si um compromisso de execução preferencial de terceiro executado, para só depois "voltarem a sua atividade executiva para aquele devedor comum"[224].

Vimos nos capítulos iniciais que é a LEF que regulará, a título principal, a aplicação supletiva e subsidiária de normas ao processo executivo trabalhista. Todavia, podemos desde logo dizer que há vários preceitos da LEF

222. Motta, Cristiana Reindolf da; Moller, Gabriela Samrsla. A abertura hermenêutica das convenções processuais à execução: pela busca da satisfatividade da tutela do direito material. *In* Marcato, Ana, et. al. (coord.). Negócios Processuais. Salvador: Juspodivm, 2017, vol. I. págs. 105-108.

223. Didier Jr., Fredie; Cabral, Antonio do Passo. Negócios jurídicos processuais atípicos e execução. *Revista de Processo*, São Paulo, Vol. 43, N.º 275, jan/2018, pág. 203.

224. *Ibidem*, pág. 206.

que revelam franca incompatibilidade com a sistemática e normatividade da CLT, não obstante ela representar fonte subsidiária primária na integração normativa da CLT. A título de exemplo, compare-se a disciplina dos títulos executivos extrajudiciais regulada pela LEF com o rol de títulos judiciais patente na CLT; ou o credor de ambas as ações, que no processo do trabalho geralmente costuma ser o trabalhador carente da verba alimentar e vulnerável economicamente, ao passo que na execução fiscal é o empoderado Estado a demandar por verbas que nem têm natureza são alimentar[225]. Dir-se-á, inclusivamente, que o regime jurídico de execução previsto na legislação civil é bem mais próximo à execução trabalhista que o fiscal – assim o demonstra, por exemplo, a opção do art. 882 da CLT ao eleger o ordenamento processual civil como prioritário no regramento sobre ordem de penhora. Inclusivamente, é no âmbito processual que as garantias de efetividade e celeridade se fazem mais ouvir em ordem a obter a satisfatividade plena do crédito do trabalhador; razão pela qual é precisamente nesta fase executória – e não da declaratória como elege o art. 769 – que o CPC deveria assumir maior revelo – primário, portanto – no seu papel de integração de lacunas[226].

Por outro lado, também se poderia argumentar que a execução trabalhista assume algumas diferenças relativamente à execução civil; desde logo no que respeita à *instauração de ofício da execução*. Mas a verdade é que, mesmo se admitindo a iniciativa do magistrado na deflagração do procedimento executivo sempre que o trabalhador esteja em situação de *jus postulandi*, não menos verdade é que eventual desistência do trabalhador posterior ao início da execução é negócio processual unilateral que vincula a vara, a qual nada poderá fazer para obstar ao desinteresse do trabalhador no prosseguimento da lide executiva.

9.3.7. Outras

Um aspecto que poderá ser palco atrativo à negociação processual no processo do trabalho brasileiro pós Reforma Trabalhista prende-se com a matéria dos *custos da litigância*. E isto porque a Reforma veio introduzir algumas reformas em matéria de custos que se revelaram prejudiciais essen-

---

225. Ainda se poderá fazer menção à citação do devedor por correio (art. 8.º da LEF), claramente incompatível com o processo do trabalho diante do art. 880, §2º da CLT, que determina a citação por meio de oficial de justiça.

226. Schiavi, Mauro. Aplicação do Código de Processo Civil ao Processo do Trabalho após um ano de vigência do Novo CPC. *Revista LTr*, São Paulo, Vol. 81, N.º 04, abr/2017, págs. 398-399.

cialmente em relação ao empregado: (i) as regras para *concessão do benefício de gratuitidade* foram alteradas – se na redação anterior bastava à concessão do benefício que o trabalhador auferisse rendimentos abaixo de dois salários mínimos ou alegar ausência de condições económicas para suportar os custos do processo, na nova redação a simples declaração de hipossuficiência deixou de ser uma alternativa, cingindo-se o critério unicamente à perceção de salário inferior a 40% do limite máximo dos benefícios previdenciários (art. 790, §3º da CLT), o qual deverá ser comprovado (art. 790, §4º da CLT); (ii) partes titulares do benefício de gratuitidade de justiça passam a ter que suportar *honorários periciais* (art. 790-B CLT); (iii) e *honorários sucumbenciais*, que poderão ser executados até ao prazo de dois anos a partir da data do trânsito em julgado a sentença, se o credor provar que a condição de beneficiário da justiça gratuita do reclamado cessou (art. 791-A, §4º da CLT). Esta situação já tem sido acusada de desincentivar a instauração de novas demandas por empregados mais carentes, receosos das consequências que terão de suportar em caso de sucumbência.

Mas este novo cenário legal torna também propício ao trabalhador a procura de *alternativas jurídicas* que lhe auxiliem no custeio das despesas de um litígio que, até há pouco tempo, podia-se dizer praticamente gratuito e sem riscos. Entre essas potenciais alternativas, aponta-se, precisamente, o instituto da negociação processual. Não só negócios jurídicos processuais que disciplinem custos do litígio laboral poderão oferecer garantias de previsibilidade sobre o resultado da lide e duração do processo, como criam oportunidades à demanda que, de outra forma, talvez afastassem empregados hipossuficientes da lide judiciária. Constituindo verdadeiros *deveres jurídicos* o custeio de custas, despesas e honorários advocatícios, essas situações jurídicas processuais estão abertas à negociação processual pela mão do art. 190 do CPC[227].

Se já mesmo antes da Reforma Trabalhista entrar em vigor se questionava a possibilidade de se *convencionar a incidência* da condenação em verbas de sucumbência no processo do trabalho[228], pode-se agora, depois desta, *questionar o seu contrário*, i.e. o acordo de isenção de honorários de sucumbência arbitrados judicialmente, ou, paralelamente, a fixação de multa

227. REDONDO, Bruno Garcia; MÜLLER, Júlio Guilherme. Negócios processuais relativos a honorários advocatícios. *In* CAMARGO, Luiz Henrique Volpe; COELHO, Marcus Vinícius Furtado (coord.). *Honorários advocatícios*. 2ª ed. Salvador: Juspodivm, 2016, pág. 121.

228. Assim, GAJARDONI, Fernando da Fonseca; DELLORE, Luiz; ROQUE, Andre Vasconcelos; OLIVEIRA JR., Zulmar Duarte de. *Teoria Geral do Processo: Comentários ao CPC de 2015*. 2ª ed. Rio de Janeiro: Forense, 2018, vol. I, pág. 699.

pela sucumbência na demanda. Também se podem conjeturar acordos sobre a distribuição do ônus financeiro de certos meios de prova como o pericial[229], de distribuição de forma diversa dos critérios de fixação dos honorários[230] previstos no art. 791-A §2º da CLT, ou dos limites do 791-A, *caput* da CLT, ou mesmo que o pagamento não se deva processar em percentagem mas em montante fixo. Além de negócios processuais sobre matérias disciplinadas na Consolidação, podem ainda conjeturar-se pactos de *transferência de custos a terceiros* (v.g. sindicatos e outras associações, ou mesmo para o próprio advogado, mediante celebração do pacto de *quota litis* – prática que é, aliás, significativamente recorrente na Justiça do Trabalho em razão da dificuldade económica do reclamante em suportar honorários advocatícios[231]), contratos de *seguro processual* (prática levada em consideração não apenas pelo legislador civil no art. 848, parágrafo único do CPC, mas, inclusivamente, pelo próprio legislador trabalhista no art. 882 da CLT – artigo alterado com a Reforma e que passou a prever, precisamente, a apresentação pelo executado de seguro como garantia da execução[232-233]).

Naturalmente que sendo o palco trabalhista maioritariamente reduzido a situações de *disparidade económica entre litigantes*, especiais preocupações se poderão levantar, nomeadamente com *os limites e ao equilíbrio* dessas distribuições. Não é, porém, um entrave absoluto à negociação[234]. Apenas uma

---

229. Nogueira, Pedro Henrique. Negociação processual trabalhista. *In* Dallegrave Neto, José Afonso, Goulart, Rodrigo Fortunato (coord.). *Novo CPC e o Processo do Trabalho*. 2ª ed. São Paulo: LTr, 2016, pág. 622.

230. Cabral, Antonio do Passo. Convenções sobre os custos da litigância (I): Introdução ao seguro e ao financiamento processuais. *Revista de Processo*, São Paulo, Vol. 43, N.º 276, fev/2018, pág. 68.

231. Cabral, Antonio do Passo. Convenções sobre os custos da litigância (II): Introdução ao seguro e ao financiamento processuais. *Revista de Processo*, São Paulo Vol. 43, N.º 277, mar/2018, pág. 50.

232. "O executado que não pagar a importância reclamada poderá garantir a execução mediante depósito da quantia correspondente, atualizada e acrescida das despesas processuais, apresentação de seguro-garantia judicial ou nomeação de bens à penhora, observada a ordem preferencial estabelecida no art. 835 da Lei nº 13.105, de 16 de março de 2015 – Código de Processo Civil" (cit. art. 882 da CLT).

233. Cabral, Antonio do Passo. Convenções sobre os custos da litigância (II): Introdução ao seguro e ao financiamento processuais. *Revista de Processo*, São Paulo Vol. 43, N.º 277, mar/2018, pág. 51.

234. Tal como alerta Cabral, "(...) se a igualdade não informa a regra legal de distribuição de custos, tampouco no plano das soluções negociadas deveria ser imposta sua repartição de maneira equânime. Existe mais um princípio de liberdade nessa fixação do que de

transferência absoluta de custos, "tão intensa que reduza a zero as prerrogativas processuais do litigante, impedindo-o de vincar seus direitos em juízo", não deverão ser aceites[235]. Incluir-se-ão nesta situação negócios que afastem a aplicação do instituto da gratuitidade da justiça do art. art. 790, §3º da CLT, que excluam do regime de gratuitidade atos específicos abrangidos por tal regime pela lei, aumentem o prazo de dois anos previsto no art. 791-A, §4º da CLT para cobrança do crédito de devedor em recuperação económica etc.

Em matéria de convenções sobre *legitimidade extraordinária negocial*, alguns posicionamentos como o de Gajardoni têm pugnado por entendimento restrito, não admitindo a figura no processo civil[236]; paralelamente, doutrina há que considera a figura perfeitamente cabível. Admitindo expressamente esta possibilidade no processo do trabalho (art. 75, §4º do CPC)[237].

Uma vez admitido por grande parte da doutrina a aplicação do *instituto da intervenção de terceiros* no processo do trabalho, não custa imaginar, também nesta sede, hipóteses de negociação processual de adaptação do seu regime. Tem-se aventurado a doutrina civilista nesta matéria a apresentar hipóteses de disposição sobre situações típicas: (i) aceitação da manifestação do assistente quanto a atos que se tenham *praticado antes da sua intervenção*, (ii) da sua admissão mesmo que tenha interesses *exclusivamente econômicos*, (iii) extensão dos poderes do *amicus curiae* etc[238]. A segunda hipótese

---

igualdade. Assim, é errado pensar que deveriam ser vedadas quaisquer repartições não igualitárias de custos" (Cabral, Antonio do Passo. Convenções sobre os custos da litigância (I): Introdução ao seguro e ao financiamento processuais. *Revista de Processo*, São Paulo, Vol. 43, N.º 276, fev/2018, pág.70).

235. Cabral, Antonio do Passo. Convenções sobre os custos da litigância (I): Introdução ao seguro e ao financiamento processuais. *Revista de Processo*, São Paulo, Vol. 43, N.º 276, fev/2018, pág. 71.

236. Gajardoni, Fernando da Fonseca; Dellore, Luiz; Roque, Andre Vasconcelos; Oliveira Jr., Zulmar Duarte de. *Teoria Geral do Processo: Comentários ao CPC de 2015*. 2ª ed. Rio de Janeiro: Forense, 2018, vol. I, pág. 696. No entendimento do autor, "a situação jurídica que se pretende convencionar não está na alçada delas, mas sim na do Estado-juiz, que tem o dever de controlar a legitimidade das partes à luz do direito material em debate. Argumentos de que a participação de terceiros, estranhos à relação material, potencializa o contraditório e amplifica o debate cedem diante da necessidade de tutela tempestiva (valor preponderante no caso)".

237. Cabral, Antonio do Passo. Convenções Processuais no Processo do Trabalho. *In* Tupinambá, Carolina (coord.). *Soluções de conflitos trabalhistas: novos caminhos*. São Paulo: LTr, 2018, pág. 42.

238. Os exemplos são de Santos, Marina França. Intervenção de terceiros negociada: possibilidade aberta pelo novo Código de Processo Civil. *Revista de Processo*, São

poderá levantar particulares dificuldades, já que contraria diretamente Súmula do TST n.º 82 que expressamente veda a assistência por interesses econômicos. No que respeita à *denunciação à lide*, a situação mais frequente de intervenção no processo laboral prende-se com o a hipótese do art. 125, inc. II do CPC (obrigação de indenizar a parte vencida), que não parece levantar problemas em caso de constituir objeto de negociação processual. Da mesma forma o *chamamento ao processo*, ou a *desconsideração da personalidade jurídica.* Entendemos, porém, que relativamente à assistência, chamamento ao processo e desconsideração da personalidade, não deverão ser tidos como válidos negócios processuais *que limitem as hipóteses ou condicionem a aplicação* dos institutos[239]. Recordamos que a intervenção de terceiros sempre esbarrou com dois principais problemas no processo do trabalho: (i) atrapalharia a celeridade processual, (ii) esbarraria com problemas de competência da Justiça do Trabalho. Ultrapassado o (ii) após a EC de 2004, o (i) só tem conseguido ser superado em razão da eficiência que a intervenção de terceiros acaba por trazer ao processo. Desta forma, permitir que por negócio processual também este ponto (i) possa ser afetado, importaria um desvirtuamento insustentavelmente da construção dogmática que amparou a própria migração do instituto da intervenção de terceiros para este procedimento.

Paulo, Vol. 40, N.º 241, mar/2015, págs. 103-106. Segundo a autora, "a intervenção de terceiros apresenta-se, pois, amplamente negociável, pelas partes, às quais se oferece a possibilidade de adaptar o procedimento às peculiaridades da demanda desde que não se reduzam direitos e garantias dos terceiros intervenientes no processo".

239. Também neste sentido, mas relativamente ao palco do direito do consumo, Spirito, Marco Paulo Denucci. Controle de formação e controle de conteúdo do negócio jurídico processual – Parte III. *Revista de Processo*, São Paulo, Vol. 40, Vol. 249, nov/2015, pág. 148.

§ 10

A TESE: PELA ADMISSIBILIDADE

§1. Acreditamos que o direito processual do trabalho ainda não conseguiu obter a autonomia jurídica que pretende perante o direito processual civil. A existência de uma CLT lacunosa quanto a inúmeros institutos jurídicos implica que ela tenha constantemente que fazer uso do amparo normativo previsto no CPC. A negociação processual representa uma dessas lacunas que mesmo após a Reforma Trabalhista continua sem receber regramento próprio na Consolidação.

§2. Nesse diálogo de constante integração normativa, o número de dispositivos cuja a aplicação tem sido questionada no processo do trabalho é substancial e pouco uniforme. Não só verificamos pouca constância na forma como a doutrina, jurisprudência e legislador interpretam o requisito da *compatibilidade* com o ordenamento trabalhista, como muitas vezes essas oscilações resultam apenas do mero decurso do tempo.

§3. É necessária uma maior abertura sistemática (e intelectual) do ordenamento trabalhista a evoluções advindas do processo comum. O diálogo que nos dias atuais se espera estabelecer entre os dois ordenamentos processuais precisa dirigir-se no sentido de uma heterointegração normativa. A heterointegração é expediente ao serviço do progresso do sistema e dos avanços na ciência do direito processual. A heterointegração de princípios como o autorregramento da vontade das partes e de institutos como a negociação processual atípica representa um desafio que é preciso ser encarado e debatido no discurso acadêmico e jurídico moderno.

§4. A admissibilidade da negociação processual no processo do trabalho não está refém do posicionamento da Instrução Normativa 39/2016 do TST. Sob pena de ter a sua constitucionalidade questionada, esta Instrução encontra-se despida de qualquer carácter vinculativo. Mesmo para efeitos informativos, a sua credibilidade peca pela arbitrariedade das suas opções e pela ausência de fundamentos críticos que as embasem. Neste sentido, a negativa dada pelo TST à compatibilidade de convenções processuais com o processo do trabalho pouco oferece ao debate académico.

§5. Ao consagrar uma disciplina interditiva abstrata e genérica, definida *a priori*, que se recusa a discriminar entre os diferentes sujeitos que atuam no processo do trabalho, a IN 39/2016 consagra postulado paternalista injustificado que cerceia despropositadamente a autonomia do trabalhador.

§6. Não admitir a negociação processual no ordenamento jurídico trabalhista contraria a evolução constitucional e infraconstitucional que a vontade coletiva e individual tem recebido ao longos dos anos. Contraria, em particular, a mudança de paradigma trazida com a Reforma Trabalhista, que transformou o papel da autonomia do trabalhador no sistema laboral. A abertura normativa trazida pela Reforma ao empoderamento do trabalhador na relação jurídica de emprego é incompatível com a rejeição da sua autonomia para se autodeterminar no processo.

§7. Não admitir a negociação processual no ordenamento jurídico trabalhista contraria diretamente a abertura processada após a Reforma Trabalhista na CLT a respeito de mecanismos extrajudiciais de composição de litígios, em particular a expressa aceitação da arbitragem individual para regular litígios trabalhistas.

§8. Não admitir a negociação processual no ordenamento jurídico trabalhista introduz no sistema jurídico brasileiro uma perplexidade lógica insustentável no plano da teoria das capacidades. Ao tempo em que a publicação do Estatuto da Pessoa com Deficiência empodera o cidadão deficiente na sociedade, equiparando-o aos demais para a prática de atos civis e desconsiderando a sua deficiência como fator de exclusão social e incapacidade civil, o ordenamento laboral que continue sem admitir a negociação processual caminhará no sentido oposto, do rebaixamento do trabalhador à condição de incapaz, de desvalorização das suas margens de liberdade e do cerceamento da sua autonomia.

§9. O princípio do autorregramento da vontade das partes não é incompatível com os princípios especiais do processo do trabalho. Apesar da importância do princípio da proteção para o direito material do trabalho, no plano do direito processual a norma não ganha aplicação. Por conseguinte, o diálogo principiológico estabelecer-se-á sobretudo com as ideias de celeridade, simplicidade, cooperação, concentração dos atos processuais mas, e sobretudo, com o princípio da conciliação. No confronto com estes, o princípio do autorregramento da vontade das partes no processo demonstra-se perfeitamente compatível, já que facilmente poderá ser instrumentalizado ao serviço e efetivação de todos.

§10. Se o arreigado mito da indisponibilidade dos créditos salariais do trabalhador já enfrentava várias incongruências lógico-sistemáticas no cenário prévio à Reforma Trabalhista, a chegada desta pôs termo às dúvidas que restavam quanto à validade do postulado. Os créditos laborais dos trabalhadores devem passar a ser interpretados sob uma lógica de disponibilidade mitigada, limitada pelas normas constitucionais e celetistas de natureza cogente. Da mesma forma, não é possível autonomizar qualquer conteúdo útil a um princípio específico da indisponibilidade processual trabalhista.

§11. Não obstante a importância da defesa do crédito celetista, é preciso reconhecer que a admissibilidade da negociação processual não implica necessariamente a afetação deste.

§12. A admissibilidade da negociação processual atípica no processo do trabalho passa ainda por reconhecer que este procedimento não lida apenas com demandas que envolvam créditos salariais indisponíveis. O art. 114 da CF prevê um rol extenso de matérias propensos à negociação processual sem risco de saírem prejudicados direitos invioláveis.

§13. Não admitir a negociação processual no ordenamento jurídico trabalhista contraria frontalmente o princípio de disponibilidade do direito de ação que também vigora neste procedimento, assim como é incongruente com os constantes estímulos promovidos pelo sistema à conciliação de parcelas, mesmo que tendencialmente tidas como indisponíveis.

§14. A ideia de vulnerabilidade é noção que só recentemente tem permeabilizado o discurso laboral. No direito civil, o fato dela ser usada para descrever um conjunto substancialmente alargado de realidades muito diferentes entre si levanta dúvidas no momento de concretizar o seu verdadeiro conteúdo semântico. A sua maleabilidade pode, porém, ser colocada ao serviço do Direito do Trabalho. Ela permite perceber que, mesmo numa relação jurídica marcada pela dependência e subordinação, é possível identificar diferentes níveis de autonomia do empregado.

§15. Apesar de ser tendencialmente vulnerável, o trabalhador nem por isso deixa de poder candidatar-se à celebração de negócios jurídicos processuais. Acreditamos que a sua tendencial situação de vulnerabilidade material possa indiciar uma correspondente incapacidade processual negocial para celebrar convenções processuais. Isto porque apesar da noção de vulnerabilidade do art. 190 do CPC ser necessariamente processual, nem por isso aquela deixará de poder representar indício à afirmação desta. Em todo o caso, essa terá que ser assertiva a confirmar no caso concreto.

§16. Altos empregados, trabalhadores de elevado valor econômico, empregados que aufiram salário superior a duas vezes o limite do teto da previdência e detenham diploma de ensino superior e empregados que beneficiem de estabilidade provisória, são sujeitos cuja vulnerabilidade material está claramente mitigada, podendo em alguns casos ser até inexistente.

§17. Da mesma forma há outros sujeitos que atuam no processo laboral e que não se encontram numa situação de vulnerabilidade. É o caso dos entes sindicais, do poder público e de todos os trabalhadores que têm vínculo contratual que não de emprego. Também quanto a estes a admissibilidade da negociação processual não é problemática.

§18. O verdadeiro problema à admissibilidade da negociação processual no ordenamento jurídico processual trabalhista prende-se com a generalidade de sujeitos que não se enquadra nos dois tópicos acima. Mas para estes o legislador processual consagrou no art. 190 do CPC mecanismos adequados à tutela dos vulneráveis, seja protegendo-os em caso de vulnerabilidade manifesta, seja protegendo-os em caso de negócio inserido abusivamente em contrato de adesão. Ambos os expedientes podem ser colocados ao serviço do trabalhador.

REFERÊNCIAS BIBLIOGRÁFICAS

ABREU, Célia Barbosa. *Primeiras linhas sobre a interdição após o novo Código de Processo Civil.* Curitiba: CRV, 2015.

ABREU, Rafael Sirangelo de. "Customização processual compartilhada": o sistema de adaptabilidade do novo CPC. *Revista de Processo*, São Paulo, Vol. 41, N.º 257, jul/2016.

______. A igualdade e os negócios processuais. *In* CABRAL, Antonio do Passo; NOGUEIRA, Pedro Henrique (coord.). *Negócios Processuais.* 2ª ed. Salvador: Juspodivm, 2016.

______. *Igualdade e processo: posições processuais equilibradas e unidade de direito.* São Paulo: RT, 2015

ADORNO JÚNIOR, Helcio Luiz. A competência da Justiça do Trabalho para dirimir, conflitos decorrentes das relações de trabalho. *Revista de Direito do Trabalho*, São Paulo, Vol. 38, N.º 145, jan-mar/2012.

______. Apontamentos sobre a história do direito do trabalho e da Justiça do Trabalho. *Revista de Direito do Trabalho*, São Paulo, Vol. 36, N.º 140, out-dez/2010.

AGUIAR, Antonio Carlos. A negociação coletiva de trabalho (uma crítica à Súmula n. 277 do TST). *Revista LTr*, São Paulo, Vol. 77, N.º 09, 2013.

ALBUQUERQUE JR., Roberto Paulino de; VIEIRA DE AZEVEDO, Rafael. O Consumidor com deficiência: hipervulnerabilidade, decisão apoiada e deveres anexos nas relações de consumo *Revista de Direito do Consumidor*, São Paulo, Ano 27, N.º 116, mar-abr/2018.

ALEMÃO, Ivan. A Reforma Trabalhista de 2017 e o TST. *Revista LTr*, São Paulo, Vol. 81, N.º 09, set/2017.

______. Competência ampliada. A justiça do trabalho e a reforma do poder judiciário. Comentários à Ementa Constitucional n.º 45 de 31.12.2004. *Decisório Trabalhista*, Panamá, Vol. IV, N.º 129, abr/2005

______. Execução de ofício: limites e vantagens. *Revista Síntese Trabalhista*, São Paulo, Ano 11, N.º 128, fev/2000

______. A arbitragem e a figura do trabalhador hipersuficiente. *Revista Fórum Justiça do Trabalho*, Belo Horizonte, Ano 35, N.º 409, jan/2018

ALLEVA, Piergiovanni. O rubicão do trabalho subordinado. *Revista do Direito do Trabalho*, São Paulo, Vol. 34, N.º 132, out-dez/2008.

ALMEIDA, Cléber Lúcio. Incidente de desconsideração da personalidade jurídica. In Miessa, Élisson (coord.). O novo Código de Processo Civil e seus reflexos no processo do trabalho. Salvador: Editora Juspodivm, 2016

_____. *Direito Processual do Trabalho.* 8ª ed. São Paulo: LTr, 2016.

_____. Princípios de direito processual do trabalho. *Revista LTr*, São Paulo, Vol. 73, N.º 02, fev/2009.

_____. Princípios do direito processual do trabalho e o exame dos reflexos das recentes alterações do código de processo civil no direito processual do trabalho. *In* Chaves, Luciano Athayde (coord.). *Direito Processual do Trabalho: Reforma e Efetividade.* São Paulo: LTr, 2007

Almeida, Diogo Assumpção Rezende de. Novamente o princípio da adequação e os métodos de solução de conflitos. *In* Tupinambá, Carolina (coord.). *Soluções de conflitos trabalhistas: novos caminhos.* São Paulo: LTr, 2018.

_____. As convenções processuais na experiência francesa e no Novo CPC. *In* Cabral, Antonio do Passo; Nogueira, Pedro Henrique (coord.). *Negócios Processuais.* 1ª ed. Salvador: Juspodivm, 2015.

_____. *A contratualização do processo: das convenções processuais no processo civil.* São Paulo: LTr, 2015.

_____. *Das convenções processuais no processo civil.* Tese de Doutoramento (UERJ). Rio de Janeiro, 2014

Almeida, Wânia Guimarães Rabêllo de. Convenções processuais: disciplina no Código de Processo Civil de 2015 e aplicabilidade no processo do trabalho. *In* Miessa, Élisson (coord.). *O novo Código de Processo Civil e seus reflexos no processo do trabalho.* Salvador: Editora Juspodivm, 2016.

_____. A teoria dinâmica do ônus da prova. *In* Miessa, Élisson (coord.). *O novo Código de Processo Civil e seus reflexos no processo do trabalho.* Salvador: Editora Juspodivm, 2016

Almeida, Ísis de. *Manual de direito processual do trabalho.* 9ª Ed. São Paulo: LTr, 1998, vol. I.

Almeida, Larissa Costa de. O princípio protetor como limite à flexibilização mediante negociação coletiva trabalhista. *Revista da ESMAT 13*, Paraíba, Ano 3, N.º 3, 2010.

Almeida, Luna Provázio Lara de. Reforma trabalhista e o incidente de desconsideração da personalidade jurídica. *Revista Trabalhista Direito e Processo*, Brasília, Vol. 16, N.º 57, jan-jun/2017.

Almeida, Renato Rua de. As implicações da Lei da Reforma Trabalhista nos sindicatos. *Revista LTr*, São Paulo, Vol. 81, N.º 06, abr/2017.

_____. O art. 190 do novo CPC tem aplicabilidade para o dissídio coletivo? *Revista LTr*, São Paulo, Vol. 80, n.º 07, jul/2016

_____. Das cláusulas normativas das convenções coletivas de trabalho: conceito, eficácia e incorporação nos contratos individuais de trabalho. *Revista LTr*, São Paulo, Vol. 60, N.º 12, 1996.

Alves, Amauri Cesar. *Novo contrato de emprego: parassubordinação trabalhista.* São Paulo: LTr, 2004.

Alves, Amauri Cesar; Alves, Roberto das Graças. Reforma Trabalhista e o Novo "Direito do Capital". *Revista Síntese Trabalhista e Previdenciária*, Vol. 29, N.º 338, São Paulo, ago/2017.

ALVIM, J.E. Carreira. *Comentários ao novo Código de Processo Civil: Lei 13.105/15*. Curitiba: Juruá, 2017, vol. V (arts. 330 ao 388).

_____. *Comentários ao novo Código de Processo Civil: Lei 13.105/15*. Curitiba: Juruá, 2015, vol. III (arts. 149 ao 259).

_____. *Comentários ao novo Código de Processo Civil: Lei 13.105/15*. Curitiba: Juruá, 2015, vol. VII (arts. 464 ao 527).

_____. *Comentários ao novo Código de Processo Civil: Lei 13.105/15*. Curitiba: Juruá, 2017, vol. XV (arts. 994 ao 1071).

_____. *Comentários à lei de arbitragem (Lei nº 9.307/1996, de 23.09.1996)*. Rio de Janeiro: Lumen Iuris, 2004

ALVIM, Teresa Arruda; CONCEIÇÃO, Maria Lúcia; RIBEIRO, Leonardo Ferres da Silva; MELLO, Rogério Torres de,. *Primeiros comentários ao novo Código de Processo Civil, Artigo por artigo*. São Paulo: RT, 2015

AMARAL, Guilherme Rizzo. Arbitragem nos conflitos trabalhistas individuais. *Consultor jurídico*, 2018, disponível em https://www.conjur.com.br/2018-jan-23/guilherme-amaral-arbitragem-conflitos-trabalhistas-individuais.

AMARAL, Jane Dias Do. A arbitragem dos direitos individuais trabalhistas sob o enfoque de Platão. *Revista LTr*, São Paulo, Vol. 72, N.º 03, mar/2008.

AMADO, João Leal. Negociado x Legislado – A experiência portuguesa e a Reforma Trabalhista brasileira: algumas notas. *Revista do Tribunal Superior do Trabalho*, São Paulo, Vol. 83, N.º 3, 2017.

_____. *Contrato de Trabalho*. 4ªed. Coimbra: Coimbra Editora, 2014

AMARAL, Júlio Ricardo de Paula. Os direitos fundamentais e constitucionalização do direito do trabalho. *Revista do TRT da 9ª Região*, Curitiba, N.º 35, N.º 65, 2010.

AMARAL, Paulo Osternack. Comentários ao art. 357, *in* CUNHA, José Sebastião Fagundes (coord.); BOCHENEK, Antonio César, CAMBI, Eduardo (coord. geral). *Código de Processo Civil Comentado*. São Paulo: RT, 2016.

_____. *Provas: atipicidade, liberdade e instrumentalidade*. São Paulo: RT, 2015.

AMBROSIO, Graziella. *A distribuição dinâmica do ônus da prova no processo do trabalho*. São Paulo: LTr, 2013.

ANDRADE, Amanda Martins Rosa; MACHADO, Priscilla Martins Reis. Tutela trabalhista do empregado hipersuficiente: da necessária releitura do Direito do Trabalho. *In* EÇA, Vitor Moura; SOARES, Saulo Aguiar, SOARES, Ivna Mello (coord.). *Ciência Trabalhista em Transformação*. Curitiba: CRV, 2018.

ANDRADE, Flávio Carvalho Monteiro de; SOUZA, Gustavo Matheus Dias de. Direitos Constitucionais e a Reforma Trabalhista – A Escolha Constitucional pelo Modelo Legislado das Relações de Trabalho. *Revista Síntese Trabalhista e Previdenciária*, São Paulo, Vol. 29, N.º 340, out/2017.

ANTUNES, Paulo de Bessa. Direito ambiental, indisponibilidade de direitos, solução alternativa de conflitos e arbitragem. *Revista de Arbitragem e Mediação*, São Paulo, Vol. 8, N.º 30, jul-set/2011.

APOSTOLIDES, Sara Costa. *Do dever pré-contratual de informação e da sua aplicabilidade na formação do contrato de trabalho*. Coimbra: Almedina, 2008.

APRIGLIANO, Ricardo de Carvalho. Comentários ao arts. 994 a 1008 do CPC. *In* TUCCI, José Cruz e; FERREIRA FILHO, Manoel, APRIGLIANO, Ricardo Carvalho, DOTTI, Rogéria, MARTINS, Sandro (coord.). *Código de Processo Civil Anotado.* 3ª ed. Rio de Janeiro: GZ, 2018.

_____. *Ordem pública e processo: o tratamento das questões de ordem pública no direito processual civil.* São Paulo: Atlas, 2011

ARAGÃO, Egas Dirceu Moniz de. *Comentários ao Código de Processo Civil.* 10ª ed. Rio de Janeiro: Forense, 2004, vol. V.

ARAÚJO, Francisco Rossal de. *O novo CPC e o processo de trabalho: a Instrução normativa n. 39/2016 – TST: referências legais, jurisprudenciais e comentários.* São Paulo: LTr, 2017.

ARAÚJO, Eneida Melo Correia de. *As relações de trabalho. Uma perspectiva democrática.* São Paulo: LTr, 2003.

ARAÚJO, Luiz Alberto David; COSTA FILHO, Waldir Macieira. O Estatuto da Pessoa com Deficiência – EPCD (Lei 13.146, de 06.07.2015): algumas novidades. *Revista dos Tribunais*, São Paulo, Vol. 104, N.º 962, dez/2015.

ARENHART, Sérgio. *Breves considerações sobre o procedimento arbitral*, disponível em https://www.academia.edu/214088/breves_observações_sobre_o_procedimento_arbitral

AROCA, Juan Montero. *El Proceso laboral.* Barcelona, 1982, vol. I

_____. *Introducción al proceso laboral.* 4ªed. Barcelona: Bosch, 1997

AROCA, Juan Montero; CABRERO, Manuel Iglesias, CORREA, José Maria Marín, CORRAL, Mariano Sampedro. *Comentarios a la Ley de Procedimiento Laboral.* Madrid: Civitas, 1993, vol. I.

_____. *Comentarios a la Ley de Procedimiento Laboral.* Madrid: Civitas, 1993, vol. II

AROCA, Juan Montero, COLOMER, Juan Luis Gómez; REDONDO, Alberto Montón; VILAR, Silvia Barona. *Derecho Jurisdiccional.* 13ª ed. Valencia: Tirant Lo Blanch, 2004, vol. I

AROCA, Juan Montero; TERUEL, José Luis Carratalá; CURZ, Maria Luisa Mediavilla. *Proceso Laboral Práctico.* Navarra: Aranzadi, 2003.

AROUCA, José Carlos. Democracia e autonomia sindical frente ao Ministério do Trabalho, Ministério Público e a Justiça do Trabalho. *Revista LTr,* São Paulo, Vol. 78, N.º 11, nov/2014.

______. O novo processo civil e o velho processo trabalhista. *Revista LTr,* São Paulo, Vol. 71, N.º 05, 2007

______. Justiça do Trabalho para o povo. *Revista de direito do trabalho*, São Paulo, Vol. 28, N.º 105, jan-mar/2002.

ASSIS, Araken. *Manual de Execução.* 18ª ed. São Paulo: RT, 2016.

_____. *Processo Civil brasileiro.* São Paulo: RT, 2015, vol. I (Parte Geral: fundamentos e distribuição de conflitos).

______. Processo civil brasileiro. São Paulo: RT, 2015, vol. II, t. I (Parte Geral: Institutos Fundamentais).

Assis, Rebeca Luise Bensabath Dantas de. A valorização do negociado sobre o legislador na reforma trabalhista. *Revista eletrônica do TRT da 5ª Região,* Salvador, Ano V, n.º 9, 2017.

Ataíde Júnior, Jaldemiro Rodrigues de. Negócios jurídicos materiais e processuais – existência, validade e eficácia – campo-invariável e campos-dependentes: sobre os limites dos negócios jurídicos processuais. *Revista de Processo,* Vol. 40, N.º 244, São Paulo, jun/2015.

Aufiero, Mario Vitor M. Dinamização do ônus da prova e o dever de custeá-la. *Revista de Processo,* São Paulo, Vol. 42, N.º 273, nov/2017.

Aurelli, Arlete Inês. Análise e limites da celebração de negócios jurídicos processuais na execução por título extrajudicial e/ou cumprimento de sentença. *In* Marcato, Ana, et. al. (coord.). *Negócios Processuais.* Salvador: Juspodivm, 2017, Vol. I.

Avelino, Murilo Teixeira. A posição do magistrado em face dos negócios jurídicos processuais. *Revista de Processo,* São Paulo, Vol. 40, N.º 246, ago/2015.

Azevedo, André Jobim de. Os métodos adequados de solução de conflitos. Nova regência processual: observações. Nova regência trabalhista. *In* Tupinambá, Carolina (coord.). *Soluções de conflitos trabalhistas: novos caminhos.* São Paulo: LTr, 2018.

______. A aplicação da Lei n.º 13.105/2015 no Direito Processual do Trabalho. *Revista Magister de Direito do Trabalho,* São Paulo, Ano XII, N.º 72, 2016

Balera, Felipe Penteado. A Reforma Trabalhista e o fim do Estado Social. *Revista LTr,* São Paulo, Vol. 81, N.º 09, set/2017.

Ballestrero, Maria Vittoria; Simone, Gisella de. *Diritto del Lavoro.* 13ª ed. Torino: G. Giappichelli Editore, 2017.

Barba Filho, Roberto Dala. *Reforma Trabalhista & Direito material do trabalho. Atualizada de acordo com a MP 808 de 14.11.2017.* Curitiba: Juruá Editora, 2018.

______. *Reforma Trabalhista & Direito Processual do Trabalho.* Curitiba: Juruá Editora, 2018.

Barbosa, Rafael Vinheiro Monteiro; Maia, Maurilio Casas, Isonomia dinâmica e vulnerabilidade no Direito processual civil. *Revista de Processo,* São Paulo, Vol. 39, N.º 230, abr/2014.

Barbosa, Rui. *A questão social e política no Brasil.* Rio de Janeiro: Centro Edelstein de Pesquisas Sociais, 2010.

Barbugiani, Luiz Henrique Sormani; Barbugiani, Catia Helena Yamaguti. A Justiça do Trabalho e a Instrução Normativa nº 39 de 2016 do TST: uma nova concepção para o princípio da segurança jurídica. *Justiça do Trabalho,* Porto Alegre, Ano 33, N.º 391, 2016.

Barioni, Rodrigo. O parcelamento do crédito do exequente no novo CPC. *Revista de Processo,* São Paulo Vol. 40, N.º 244,, jun/2015.

Barocelli, Sergio Sebastián. Towards the construction of 'hypervulnerable consumers' category. *Revista de Direito do Consumidor,* São Paulo, Ano 26, n.º 113, set-out/2017.

BARREIROS, Lorena Miranda Santos. *Convenções Processuais e o Poder Público*. Salvador: Juspodivm, 2017.

_____. (I)Negociabilidade de prerrogativas processuais da Fazenda Pública: tentativa de sistematização. *In* MARCATO, Ana, et. al. (coord.). *Negócios Processuais*. Salvador: Juspodivm, 2017, Vol. I

BARROS, Cassio Mesquita. Repercussões no novo CPC na justiça do trabalho. *Revista LTr,* São Paulo,, jun/2016.

BARROSO, Fábio Túlio. Potencialização da autonomia da vontade individual na Reforma trabalhista: restrições estruturais e constitucionais. *In* MELO, Raimundo Simão de, Rocha, Jannotti da (coord.). *Constitucionalismo, Trabalho, Seguridade Social e as Reformas Trabalhista e Previdenciária.*São Paulo: Ltr, 2017.

BARROSO, Luís Roberto. *Curso de Direito Constitucional Contemporâneo*. São Paulo: Saraiva, 2009.

BARROSO, Luís Roberto; MELLO, Patrícia Perrone Campos. O Direito coletivo do trabalho no Supremo Tribunal Federal: planos de demissão incentivada e autonomia da vontade, um estudo de caso. *Revista Jurídica Luso Brasileira,* Vol. 4, N.º 4, 2018.

BARROS, Alice Monteiro. *Curso de Direito do Trabalho.* 11ª ed. São Paulo: LTr, 2017.

_____. Cargo de confiança – empregado ocupante do cargo: consequências práticas de sua qualificação jurídica. *Revista do TRT da 3ª Região*, Belo Horizonte, Ano 35, n.º 65, 2002.

BARROS, André Borges de Carvalho. Os efeitos do Estatuto da Pessoa com Deficiência no sistema brasileiro de incapacidade civil. *Revista dos tribunais*, São Paulo, Vol. 988, Ano 107, fev/2018.

BARROZO, Thaís Aranda. O Calendário Processual no Direito Francês e no Italiano: Reflexos do Novo Código de Processo Civil. *In* ZEFELATO, Camilo et. al (coord). *I Colóquio Brasil-Itália de Direito Processual Civil.* Salvador: Juspodivm, 2015.

BASILE, César Reinaldo Offa. *Processo do Trabalho.* 6ª ed. São Paulo: Saraiva, 2018, v. 31.

BASTOS, Guilherme Augusto Caputo. Renúncia e transação no direito do trabalho. *Manual de Direito do Trabalho*, Estudos em Homenagem ao Prof. Cássio Mesquita Barros. São Paulo: LTr, 1998.

BASTOS, Guilherme Augusto Caputo; SILVA, Jurema Costa de Oliveira Silva. Limites Constitucionais impostos ao Sindicato para transacionar direitos individuais homogêneos em ação coletiva e a extensão subjetiva da coisa julgada. *Revista LTr*, São Paulo, Vol. 82, N.º 11, nov/2018.

BATALHA, Wilson de Sousa Campos. *Tratado de Direito Processual do Trabalho.* 3ª ed. São Paulo: LTr, 1995.

BAUMÖHL, Debora Ines Kram. Comentários ao arts. 870 a 878 do CPC. *In* TUCCI, José Cruz e; FERREIRA FILHO, Manoel, APRIGLIANO, Ricardo Carvalho, DOTTI, Rogéria, MARTINS, Sandro (coord.). *Código de Processo Civil Anotado.* 3ª ed. Rio de Janeiro: GZ, 2018.

BEBBER, Júlio César. Provas no novo CPC e o processo do trabalho. *In* BRANDÃO, Cláudio, MALLET, Estêvão (coord.). *Processo do trabalho*. Salvador: Juspodivm, 2015.

______. A competência da Justiça do Trabalho e a nova ordem constitucional. *In:* COUTINHO, Grijalbo Fernandes, FAVA Marcos Neves (coord.). *Justiça do Trabalho: competência ampliada.* São Paulo: LTr, 2005

______. Reforma trabalhista: homologação de acordo extrajudicial. *In* DALLEGRAVE NETO, José Affonso, KAJOTA, Ernani (coord.). *Reforma Trabalhista, ponto a ponto.* São Paulo: LTr, 2018

______. *Mandado de segurança. Habeas corpus. Habeas data na Justiça do Trabalho.* São Paulo: LTr, 2006

BEDAQUE, José Roberto dos Santos. Comentários ao artigo 313. *in* CABRAL, Antonio do Passo, CRAMER, Ronaldo (coord.). *Comentários ao Novo Código de Processo Civil.* 2ª ed. São Paulo: Forense, 2016.

______. Reflexões sobre os desafios do judiciário trabalhista frente à nova legislação e a realidade brasileira. *Revista LTr,* São Paulo, Vol. 82, N.º 10, out/2018.

______. O incidente de desconsideração da personalidade jurídica no processo do trabalho à luz do CPC de 2015 e da Lei n.º 13.467/2017. *In* TUPINAMBÁ, Carolina, GOMES, Fábio Rodrigues (coord.). *A reforma trabalhista: o impacto nas relações de trabalho.* Belo Horizonte: Fórum, 2018

BENEDUZI, Renato Resente. Legitimidade extraordinária convencional. *Revista Brasileira de Direito Processual,* Belo Horizonte, Ano 22, N.º 86, abr-jun/2014

BENEVIDES, Sara Costa. Impactos da Reforma Trabalhista no modelo de custeio das organizações sindicais. *Revista do Tribunal Regional do Trabalho da 3ª Região,* Belo Horizonte, Vol. 64, N.º 97, 2018.

BENJAMIN, Antonio Herman; MARQUES, Claudia Lima; BESSA, Leonardo Roscoe. *Manual de Direito do Consumidor.* São Paulo: RT, 2017.

BENTO, Flávio. O princípio da proteção e as súmulas do Tribunal Superior do Trabalho. *Revista LTr,* São Paulo, Vol. 75, n.º 05, maio/2011.

BERNARDES, Filipe. *Manual de Processo do Trabalho.* Salvador: Juspodivm, 2018.

BERNARDES, Hugo Gueiros. *Direito do Trabalho.* São Paulo: LTr, 1989, vol. I.

BERNARDES, Simone Soares. *Processo do Trabalho.* 2ª ed. Salvador: Juspodivm, 2018.

BERALDO, Leonardo Faria. Eficiência e organização do processo. *in Inovações e Modificações do Código de Processo Civil. Avanços, desafios e perspectivas,* Org: Fernando Gonzaga Jayme, Renata Vieira Maia, Ester Norato Rezende, Helena Lanna. Belo Horizonte: Del Rey, 2017.

______. *Curso de arbitragem.* São Paulo: Atlas, 2014.

BETTI, Emilio. *Teoria Geral do negócio jurídico.* Fernando de Miranda (Trad.). Coimbra: Coimbra, 1969.

BIAGI, Marco. *Instituzione di Diritto del Davoro.* 2ª ed. Milão: Giuffrè, 2003.

BIAVASCHI, Magda Barros. A reforma trabalhista no Brasil em tempos de acirramento das desigualdades sociais à ação de um capitalismo "sem peias". *In* MELO, Raimundo Simão de, Rocha, Jannotti da (coord.). *Constitucionalismo, Trabalho, Seguridade Social e as Reformas Trabalhista e Previdenciária.*São Paulo: Ltr, 2017.

Bissoli do Bem, Camila de Castro Barbosa. Aplicação subsidiária e supletiva dos dispositivos atinentes à execução do novo código de processo civil ao processo do trabalho. *In* Carneiro, Paulo Cezar Pinheiro, Greco, Leonardo, Pinho, Humberto Dalla Bernardina de (coord.). *Direito intertemporal e o novo Código de Processo Civil.* Rio de Janeiro: GZ, 2017.

Bobbio, Norberto. *Teoria do Ordenamento Jurídico.* 6ª ed. Maria Celeste Santos (Trad). Brasília: BBNbB, 1995.

Bodart, Bruno Vinícios da Rós. Comentários ao art. 471. *In* Streck, Lenio Luiz, Nunes, Dierle, Cunha, Leonardo Carneiro da (Org.). *Comentários ao Código de Processo Civil.* São Paulo: Saraiva, 2017.

Bomfim, Benedito Calheiros. A legislação trabalhista e a flexibilização. *Revista de direito do trabalho*, São Paulo, Vol. 28, N.º 108, out-dez/2002.

Bomfim, Daniela Santos. A legitimidade extraordinária de origem negocial. *In* Marcato, Ana, et. al. (coord.). *Negócios Processuais.* Salvador: Juspodivm, 2017, Vol. I

Bondioli, Luis Guilherme Aidar. Comentários ao CPC. *In* Gouvêa, José Roberto F., Bondioli, Luis Guilherme A., Fonseca, João Francisco N. da (coord.). *Comentários ao Código de processo civil.* São Paulo: Saraiva Jur, 2017, vol. XX.

Bonizzi, Marcelo José Magalhães. Estudo sobre os limites da contratualização do litígio e do processo. *Revista de Processo*, São Paulo, Vol. 42, N.º 269, jul/2017.

Bonzini, Guiseppe. Generalizzare i diritti o la subordinazione? Appunti per il rilancio del diritoo del lavoro in Italia. *Democrazia e diritto: revista crítica di diritto e giurisprudenza*, Milão, Ano 3, n.º 2, 2005.

Borba, Camila Sailer Rafanhim de; Koloszwa, Marina Brisola. A reforma processual trabalhista de 2017: um retorno ao estado liberal clássico. *Revista Trabalhista Direito e Processo*, Brasília, Vol. 16, N.º 57, jan-jun/2017.

Borges, Ronaldo Souza. A inversão do ônus da prova nas ações consumeiristas à luz da garantia do devido processo legal. *Revista de Direito do Consumidor,* São Paulo, Vol. 101, Ano 24, 2015.

Borges, Roxana Cardoso. *Direitos de Personalidade e autonomia privada.* 2ªed. São Paulo: Saraiva, 2007. STJ

Bortolli, Fabrizio de. Uma nova política pública para o Ministério Público do Trabalho. *In* Miessa, Élisson (coord.). *O novo Código de Processo Civil e seus reflexos no processo do trabalho.* Salvador: Editora Juspodivm, 2016.

Boucinhas Filho, Jorge Cavalcanti. A alegada inconstitucionalidade da Instrução Normativa n.º 39 do TST e o modelo brasileiro de processo do trabalho. *Revista Fórum Trabalhista*, Belo Horizonte, Ano 5, N.º 21, abr-jun/2016.

_____. O princípio da irrenunciabilidade e a jurisprudência do Tribunal Superior do Trabalho, 2016, disponível em www.revistas.unifacs.br/index.php/redu/article/download/4593/3011+&cd=1&hl=pt-PT&ct=clnk&gl=lu.

______. O alto executivo e a proteção do direito do trabalho. *Revista LTr*, São Paulo, Vol. 77, N.º 08, ago/2013.

______. A proteção Trabalhista dos Altos Executivos. *In* Boucinhas Filho, Jorge Cavalcanti, Berardo, Carlos Francisco (coord.). *Novos dilemas do direito do trabalho, do emprego e do processo do trabalho.* Homenagem ao Prof. Ari Possidônio Beltran. São Paulo: LTr, 2012.

______. O princípio da aptidão para a prova e a inversão do ônus da prova a requerimento do Ministério Público do Trabalho. *Revista LTr*, São Paulo, Vol. 73, N.º 02, fev/2009.

Boucinhas Flho, Jorge Cavalcanti; Santos, Sophia Mansour; Andrade, Taliane Alves. Arbitragem para solucionar disputas entre empregadores e executivos. *In* Tupinambá, Carolina (coord.). *Soluções de conflitos trabalhistas: novos caminhos.* São Paulo: LTr, 2018.

Braga, Julia de Castro Tavares; Teixeira, Pedro Freitas. A cláusula clawback e os contratos de trabalho de executivos de companhias abertas no Brasil. *Revista dos Tribunais*, Vol. 43, N.º 184, dez/2017.

Braga, Paula Sarno. Competência legislativa dos Estados-Membros em torno dos negócios processuais. *In* Marcato, Ana, et. al. (coord.). *Negócios Processuais.* Salvador: Juspodivm, 2017, Vol. I.

______. *Norma de processo e norma de procedimento: o problema da repartição de competência legislativa no Direito Constitucional brasileiro.* Salvador: Juspodivm, 2015.

______. Primeiras reflexões sobre uma teoria do fato jurídico processual: plano da existência. *Revista de Processo*, São Paulo, Vol. 32, N.º 148, jun/2007.

Braga Neto, Felipe Peixoto. *Manual de direito do consumidor à luz da jurisprudência do STJ.* 7ª ed. Salvador: JusPodovm, 2017.

Bramante, Ivani Contini. Comentários à CLT. In Zainaghi, Domingos Sávio (coord.). *CLT interpretada artigo por artigo, parágrafo por parágrafo.* 9ª ed. São Paulo: Manole, 2018.

Branco, Ana Paula Tauceda. Os acordos extrajudiciais na Justiça do Trabalho e a Lei n.º 13.467/2017: jurisdição voluntária? Validade formal ou material? Competência? *Revista LTr*, São Paulo, Vol. 82, N.º 03, mar/2018.

Branco, André Nóbrega. Norteamento do princípio da proteção em face da flexibilização do trabalho. *Revista da ESMAT 13 / Escola Superior da Magistratura Trabalhista da Paraíba*, Paraíba, Vol. 6, N.º 6, 2013.

Brandão, Mônica de Amorim Torres. Métodos adequados de solução de conflitos trabalhistas e o novo Direito do Trabalho. *In* Tupinambá, Carolina (coord.). *Soluções de conflitos trabalhistas: novos caminhos.* São Paulo: LTr, 2018.

Brito, Cristina Maciel de Alencastro. O judiciário e as novas resoluções nos conflitos trabalhistas. *In* Tupinambá, Carolina (coord.). *Soluções de conflitos trabalhistas: novos caminhos.* São Paulo: LTr, 2018.

Brito, Rildo Albuquerque Mousinho de. Arbitragem de Conflitos Trabalhistas pelo Ministério Público do Trabalho. *Revista IOB trabalhista e Previdenciária,* São Paulo, Vol. 17, N.º 204, jun/2006.

BRITO, Thiago Carlos de Souza. Saneamento compartilhado, nulidades e prescrição. in *Processo Civil Brasileiro: Novos rumos a partir do CPC/2015*, Coord: Humberto Theodoro Júnior; Org.: Fernando Jayme, Gláucio Gonçalves, Juliana Faria, Marcelo Franco, Mayara Araújo, Suzana Cremasco, Belo Horizonte, Del Rey, 2015.

BRUGINSKI, Márcia Kazenoh; GOMES, Miriam Cipriani. Arguição de incompetência territorial segundo o Novo Código de Processo Civil – Conflito ou compatibilidade com o processo do trabalho? *In* DALLEGRAVE NETO, José Afonso, GOULART, Rodrigo Fortunato (coord.). *Novo CPC e o Processo do Trabalho.* 2ª ed. São Paulo: LTr, 2015.

BUCHMANN, Adriana. A inversão do ônus da prova oficiosa no novo CPC e a imposição de limites pela existência de convenção provatória. *Revista de Processo*, São Paulo, Vol. 42, N.º 266, abr/2017.

BUENO, Cássio Scarpinella. *Novo Código de Processo Civil anotado.* São Paulo: Saraiva, 2017.

_____. *Novo Código de Processo Civil anotado.* São Paulo: Saraiva, 2015.

_____. *Manual de Direito Processual Civil.* 2ª ed. São Paulo: Saraiva, 2016.

_____. Comentários ao artigo 357. *in* CABRAL, Antonio do Passo, CRAMER, Ronaldo (coord.). *Comentários ao Novo Código de Processo Civil.* 2ª ed. São Paulo: Forense, 2016.

_____. A limitabilidade do princípio da condição mais benéfica frente a jurisdição trabalhista. *Revista Justiça do Trabalho*, Rio Grande do Sul, Vol. 26, n.º 311, nov/2009.

BUENO, Gustavo Melo. A limitabilidade do princípio da condição mais benéfica frente a jurisdição trabalhista. *Revista Justiça do Trabalho*, Grande do Sul, Vol. 26, n.º 311, 2009.

BULOS, Uadi Lammêgo. Arbitragem: constitucionalidade e aplicação nos dissídios trabalhistas. *Revista Trabalho & Doutrina*, São Paulo, N.º 14, 1997.

BURGOS, Leonardo. Do processo de jurisdição voluntária para homologação de acordo extrajudicial. Uma análise crítica. *Revista Fórum Justiça do Trabalho*, Belo Horizonte, Ano 35, N.º 412, abr/2018.

CABRAL, Ana Clara. O Estatuto da pessoa com deficiência e seu impacto no Código Civil. *Revista Síntese Direito Civil e Processual Civil*, São Paulo, Vol. 17, N.º 99, jan-fev/2016.

CABRAL, Antonio do Passo. Convenções sobre os custos da litigância (I): Introdução ao seguro e ao financiamento processuais. *Revista de Processo*, São Paulo, Vol. 43, N.º 276, fev/2018.

_____. Convenções sobre os custos da litigância (II): Introdução ao seguro e ao financiamento processuais. *Revista de Processo*, São Paulo Vol. 43, N.º 277, mar/2018.

_____. Convenções Processuais no Processo do Trabalho. *In* TUPINAMBÁ, Carolina (coord.). *Soluções de conflitos trabalhistas: novos caminhos.* São Paulo: LTr, 2018.

_____. *Convenções Processuais.* Salvador: Juspodivm, 2016.

_____. A resolução n.º 118 do Conselho Nacional do Ministério Público e as convenções processuais. *In* CABRAL, Antonio do Passo; NOGUEIRA, Pedro Henrique (coord.). *Negócios Processuais.* 2ª ed. Salvador: Juspodivm, 2016.

_____. Duração razoável do processo e a gestão do tempo no projeto do novo Código de Processo Civil. *In* Gaio Júnior, Antônio Pereira, Câmara, Alexandre Freitas (coord.). *Novo CPC: reflexões e perspectivas*. Belo Horizonte: Del Rey, 2014.

_____. *Nulidades no Processo Moderno: contraditório, proteção da confiança e validade prima facie dos atos processuais*. 2ª ed. Rio de Janeiro: Forense, 2010.

Cabral, Trícia Navarro Xavier. O modelo de justiça multiportas no Brasil. *In* Tupinambá, Carolina (coord.). *Soluções de conflitos trabalhistas: novos caminhos*. São Paulo: LTr, 2018.

_____. O poder de autorregramento da vontade no contexto da mediação e da conciliação. *In* Marcato, Ana, et. al. (coord.). *Negócios Processuais*. Salvador: Juspodivm, 2017, Vol. I.

_____. Convenções em matéria processual. *Revista de Processo*, São Paulo, Vol. 40, N.º 241, mar/2015.

_____. Reflexos das convenções em matéria processual nos atos judiciais. *In* Cabral, Antonio do Passo; Nogueira, Pedro Henrique (coord.). *Negócios Processuais*. 2ª ed. Salvador: Juspodivm, 2016.

_____. Flexibilização procedimental. *Revista eletrônica de direito processual*, Rio de Janeiro, Vol. 6, N.º 6, jul-dez/2010.

Cadiet, Loïc. La qualification juridique des accords processuels. *In* Cabral, Antonio do Passo; Nogueira, Pedro Henrique (coord.). *Negócios Processuais*. 2ª ed. Salvador: Juspodivm, 2016.

_____. Les conventions relatives au procès en droit français sur la contractualisation du règlement des litiges. *Revista de processo*, São Paulo, Vol. 33, N.º 160, jun/2008.

Cahali, Francisco José. *Curso de arbitragem*. 6ª ed. São Paulo: RT, 2017.

Cairo Jr., José. *Curso de Direito Processual do Trabalho*. 12ª ed. Salvador: Juspodivm, 2018.

Cais, Fernando Fontoura da Silva. Comentários ao arts. 191 e 192 do CPC. *In* Tucci, José Cruz e; Ferreira Filho, Manoel, Aprigliano, Ricardo Carvalho, Dotti, Rogéria, Martins, Sandro (coord.). *Código de Processo Civil Anotado*. 3ª ed. Rio de Janeiro: GZ, 2018.

Cais, Fernando Fontoura da Silva; Machado, Marcelo Pacheco. Comentários ao art. 190 do CPC. *In* Tucci, José Cruz e; Ferreira Filho, Manoel, Aprigliano, Ricardo Carvalho, Dotti, Rogéria, Martins, Sandro (coord.). *Código de Processo Civil Anotado*. 3ª ed. Rio de Janeiro: GZ, 2018.

Calcini, Ricardo Souza. A teoria dinâmica do ônus da prova. *Revista do TST*, São Paulo, Vol. 84, n.º 3, jul-set/2018.

_____. A contribuição sindical e o seu recolhimento facultativo. *Revista Síntese Trabalhista e Previdenciária*, São Paulo, Vol. 29, N.º 347, maio/2018.

_____. O novo processo do Trabalho à Luz do NCPC/2015: a controvérsia em torno das novas regras processuais trazidas pela IN 39/2016. *Revista Síntese Trabalhista e Previdenciária*, São Paulo, Vol. 27, N.º 324, jun/2016.

Caldas, Kaique Martine; Meireles, Edilton. Possibilidade de aplicação das convenções processuais ao processo do trabalho. *RJLB*, Ano 4, N.º 5, 2018.

CALHEIROS, Bruno Antonio Acioly. A negociação processual e sua compatibilidade com o processo do trabalho. *Revista LTr*, São Paulo, Vol. 81, N.º 7, jul/2017.

CALMON, Eliana. A arbitragem e o poder público. *Revista de Arbitragem e Mediação*, São Paulo, Vol. 24, jan-mar/2010.

CALMON DE PASSOS, José Joaquim. *Esboço de uma teoria das nulidades aplicada às nulidades processuais*. Rio de Janeiro: Forense, 2002.

CALSING, Maria de Assis; VIVEIROS, Carolina C. Salomão Leal de. Mediação e conciliação: o novo CPC e os conflitos trabalhistas. *Revista do TST*, São Paulo, Ano 82, N.º 2, abr-jun/2016.

CÂMARA, Alexandre Freitas. *O novo processo civil brasileiro*. 3ª ed. São Paulo: Atlas, 2017.

_____. *Lições de direito processual civil*. 21ª ed. São Paulo: Atlas, 2011, vol. I.

_____. A eficácia da execução e a eficiência dos meios executivos: em defesa dos meios executivos atípicos e da penhora de bens impenhoráveis. *Revista Brasileira de Direito Processual*, Belo Horizonte, Ano 17, n.º 68, out-nov/2009.

CAMARANO, Ana Amélia; PASINATO, Maria Teresa. Introdução. *In* CAMARANO, Ana Amélia (coord.). *Os novos idosos brasileiros: muito além dos 60?* Rio de Janeiro: IPEA, 2004.

CAMBI, Eduardo. Comentários ao art. 357. *in* CUNHA, José Sebastião Fagundes (coord. geral), BOCHENEK, Antonio César, CAMBI, Eduardo (coord.). *Código de Processo Civil Comentado*. São Paulo: RT, 2016.

_____. Teoria das cargas probatórias dinâmicas (distribuição dinâmica do ônus da prova) – exegese do art. 373, §§1º e 2º do NCPC. *Revista de Processo*, São Paulo, Vol. 40, N.º 246, ago/2015.

CAMPOS, Humberto Augusto Alves; SOUZA, Leonardo Rodrigues de. A autonomia negocial e a flexibilização dos direitos trabalhistas: a subversão do *effet cliquet* (princípio da vedação do retrocesso). *Revista dos Tribunais*, São Paulo, Vol. 106, N.º 985, nov/2017.

CAMPOS, Jorge Ribeiro de. A intervenção de terceiros e o processo do trabalho. *Revista de Direito do Trabalho*, São Paulo, Vol. 37, N.º 142, abr-jun/2011.

CANARIS, Claus-Wilheim. *Pensamento Sistemático e conceito de sistema na ciência do direito*. 4ª ed. Trad: António Menezes Cordeiro. Lisboa: Fundação Calouste Gulbenkian, 2008.

CANOTILHO; J.J. Gomes; MOREIRA, Vital. *Constituição Portuguesa Anotada*. 4ª ed. Coimbra: Coimbra, 2007, vol. I.

_____. *Direito Constitucional e Teoria da Constituição*, 7ª ed. Lisboa: Almedina, 2003.

CANTO, Rodrigo Eidelvein do. Direito do consumidor e vulnerabilidade no meio digital. *Revista de Direito do Consumidor*, São Paulo, Ano 22, N.º 87, maio-jun/2013.

CAPPELLETTI, Mauro. Problemas de Reforma do Processo Civil nas Sociedades Contemporâneas. *Revista de Processo*, São Paulo, Ano.º 17, n.º 65, jan-mar/1992.

CAPPELLETTI, Mauro; GARTH, Bryant. *Acesso à Justiça*. Trad. Ellen Gracie Northfleet. Porto Alegre: S. A. Fabris, 1988.

CAPONI, Remo. Autonomia privata e processo civile: gli accordi processual. *Revista de Processo Comparado*, São Paulo, Vol. 2, N.º 4, jul-dez/2016.

CARACUEL, Manuel Ramon Alarcon. Um processo de conflicto colectivos sin sentencia normativa. *In* CARACUEL, Manuel Ramon Alarcon (coord.). *Estudios sobre la Ley de Procedimiento Laboral de 1990*. Madrid: Marcial Pons, 1991.

CARDEL, Renato de Souza. O processo judicial eletrônico e o *jus postulandi* na Justiça do Trabalho. *Revista Eletrônica do Tribunal Regional do Trabalho*, Ano 6, N.º 8, jan/2017.

CARELI, Rodrigo de Lacerda. O princípio da proteção em xeque. *Revista do Tribunal Superior do Trabalho*, Brasília, Vol. 83, N.º 4, 2017.

CARMO, Júlio Bernardo do. A decisão surpresa no novo código de processo civil e a sua aplicação subsidiária ao processo trabalhista. *Revista do TST*, Brasília, Vol. 82, N.º 3, jul-set/2016.

_____. Da ampliação da competência da Justiça do Trabalho e da adequação de ritos procedimentais. Exegese tópica e simplista da Emenda Constitucional nº 45/2004, que cuida da reforma do Poder Judiciário. *Jus Navigandi*, Teresina, Ano 9, N.º 552, jan/2005.

_____. Do mútuo consenso como condição de procedibilidade do dissídio coletivo de natureza econômica. *Jus Navegandi*, Teresinha, Ano 9, n.º 681, 2005, disponível em https://jus.com.br/artigos/6734/do-mutuo-consenso-como-condicao-de-procedibilidade-do-dissidio-coletivo-de-natureza-economica.

CARMONA, Carlos Alberto. *Arbitragem e processo – um comentário à Lei 9.307/1996*. 3ª ed. São Paulo: Atlas, 2009.

CARNEIRO, Paulo Cezar Pinheiro. O artigo do novo Código de Processo Civil e os limites da autonomia do processo do trabalho. *In* BRANDÃO, Cláudio, MALLET, Estêvão (coord.). *Processo do trabalho*. Salvador: Juspodivm, 2015.

CARNEIRO, Paulo Cezar Pinheiro; PINHO, Humberto Dalla Bernardina de. *Novo Código de Processo Civil. Lei 13.105, de 16.03.2015, de acordo com a Lei 13.256, de 04.02.2016, Anotado e Comparado*. 2ª ed. Rio de Janeiro: Forense, 2017.

CARNEIRO JR., Paulo Sérgio Cordeiro; BENTES, Dorinethe dos Santos. Negócios Jurídicos Processuais e a Justiça do Trabalho: os acordos coletivos de trabalho como instrumento de equilíbrio processual. *In* BENTES, Dorinethe, SEIXAS, Bernardo, GOMES, Sebastião (coord.). *Temas Contemporâneos de Direito – Uma contribuição à pesquisa da Universidade Federal do Amazonas*. Rio de Janeiro: Lumen Iuris, 2017, vol. I.

CARPES, Artur Thompsen. *Ônus da prova no novo CPC: do estático ao dinâmico*. *In* MARINONI, Luiz Guilherme, ARENHART, Sergio Cruz, MITIDIERO, Daniel (coord.). Coleção: O novo Processo Civil. Paulo: RT, 2017.

CARRION, Valentin. *Comentários à Consolidação das Leis do Trabalho*. 40ª ed. São Paulo: Saraiva, 2015.

_____. *Comentários à Consolidação das Leis do Trabalho*. 40ª ed. São Paulo: Saraiva, 2008.

_____. A CLT processual e a celeridade. *Revista de Direito do Trabalho*, São Paulo, Vol. 85, mar/1994.

CARVALHO, Augusto César Leite de. O princípio da igualdade na Reforma Trabalhista: tema tormentoso e atormentador. *In* ARRUDA, Kátia Magalhães, ARANTES, Delaíde Alves (coord.). *A centralidade do Trabalho e os Rumos da Legislação Trabalhista. Homenagem ao Ministro João Oreste Dalazen*. São Paulo: LTr, 2018.

_____. *Direito do Trabalho - Curso e discurso*. São Paulo: LTr, 2016.

Carvalho, Augusto César Leite de; Arruda, Kátia Magalhães; Delgado, Maurício Godinho. A súmula n.º 277 e a defesa da Constitucional. *Revista do TST*, São Paulo, Vol. 78, N.º 4, out-dez/2012.

Carvalho, Lucas Magalhães de Oliveira; Silva, Michael Cesar; Silva, Samuel Vinícius da. Negociação processual e as relações de consumo: uma análise do instituto à luz da vulnerabilidade presumida do consumidor. *Revista Jurídica Luso Brasileira*, Rio de Janeiro, Vol. 4, N.º 1, 2018.

Carvalho, Nordson Gonçalves de. Jus Postulandi: um limitador ao acesso à Justiça. *Revista de Direito do Trabalho*, São Paulo, Vol. 34, N.º 132, out-dez/2012.

Carvalho, William Epitácio Teodoro de. *CLT interpretada e anotada*. 1ª ed. Campo Grande: Contemplar, 2016.

Casarotto, Moisés, Medina, José Miguel Garcia. Novo Código de Processo Civil e Negócios Jurídicos Processuais no Âmbito do Ministério Público. *Revista dos Tribunais*, São Paulo, Vol. 988, N.º 107, fev/2018.

Cassar, Vólia Bomfim. A prevalência do negociado coletivamente sobre o legislador. in Tupinambá, Carolina, Gomes, Fábio Rodrigues (coord.). *Reforma Trabalhista, o Impacto nas Relações de Trabalho*. Belo Horizonte: Fórum, 2018.

_____. Métodos de solução de conflitos individuais e coletivos extrajudiciais. *In* Tupinambá, Carolina (coord.). *Soluções de conflitos trabalhistas: novos caminhos*. São Paulo: LTr, 2018.

_____. *Direito do Trabalho de acordo com a Reforma Trabalhista*. 16ª ed. São Paulo: Gen, 2018.

_____. Limites da liberdade individual na relação de trabalho e Reforma Trabalhista. *Revista do TST*, São Paulo, Vol. 83, N.º 2, abr-jun/2017.

_____. O novo código de processo civil e o processo do trabalho: uma visão panorâmica e superficial de alguns dos artigos aplicáveis e inaplicáveis. *In* Martins, Sérgio Pinto (coord.). *O Novo CPC e o Processo do Trabalho, Estudos em Homenagem ao Ministro Walmin Oliveira da Costa*. São Paulo: Atlas, 2016.

Cassar, Vólia Bomfim; Borges Leonardo Dias. *Comentários à Reforma Trabalhista*. São Paulo: Método, 2017.

Castelo, Jorge Pinheiro. Panorama geral da Reforma Trabalhista - Aspectos de direito processual/material. *Revista LTr*, São Paulo, Vol. 81, N.º 12, dez/2017.

_____. Da aplicação subsidiária e supletiva do novo CPC ao processo do trabalho (art. 15.º) - exemplos de institutos, estruturas, conceitos, esquemas lógicos, técnicas e procedimentos sobre o processo do trabalho decorrentes da aplicação subsidiária e supletiva de procedimentos do novo CPC. *Revista LTr*, São Paulo, Vol. 79, N.º 08, ago/2015.

_____. *O direito material e processual do trabalho e a pós-modernidade: a CLT, o CDC e as repercussões do novo Código civil*. São Paulo: LTr, 2003.

Castilho, Paulo Cesar Baria de. Contribuição sindical continua obrigatória na Reforma trabalhista. *Revista LTr*, São Paulo, LTr, Vol. 82, N.º 04, abr/2018.

Castro, Daniel Penteado de. Comentários aos arts. 358 a 368 do CPC. *In* Tucci, José Cruz e; Ferreira Filho, Manoel, Aprigliano, Ricardo Carvalho, Dotti, Rogéria, Martins, Sandro (coord.). *Código de Processo Civil Anotado.* 3ª ed. Rio de Janeiro: GZ, 2018.

Castro, Ítalo Menezes. A duvidosa constitucionalidade do 'fim' da execução de ofício do crédito trabalhista. *Revista LTr*, São Paulo, Vol. 82, N.º 04, abr/2018.

Castro, João Marcos Adede y. *Novo Código de Processo Civil Comentado para concursos.* Curitiba: Juruá, 2016, vol. I.

Catharino, José Martins. *Neoliberalismo e sequela.* São Paulo: LTr, 1997.

_____. O trabalhador como consumidor. *Revista Trabalho & Doutrina*, São Paulo, N.º 10, set/1996.

_____. *Compêndio de direito do trabalho.* 3ª ed. São Paulo: Saraiva, 1982, vol. I.

Cavalcante, Elizabeth Nantes; Garcia, Rebeca Alves de Souza. Mediação e Composição Amigável: mudança de paradigma na administração da justiça e a atuação do advogado. *Revista Síntese Direito Civil e Processual Civil*, São Paulo, Vol. 18, N.º 108, jul-ago/2017.

Cavalcante, Ricardo Tenório. *Jurisdição, direitos sociais e proteção do trabalhador.* Porto Alegre: Livraria do Advogado, 2008.

Cavalcante, Rodrigo Arantes. *Reforma Trabalhista comentada artigo por artigo de acordo com princípios, Constituição Federal, Tratados Internacionais e a MP n.º 808/2017.* São Paulo: LTr, 2018.

Cavalcanti, Francisco. *A Reforma Trabalhista e a Constituição de 1988. A Lei n.º 13.467, de 13.07.2017, e suas principais consequências para o direito do trabalho.* Belo Horizonte: Fórum, 2018.

Carradore, Enir Antonio. *Nova CLT comparada e anotada: o que muda na prática com a reforma trabalhista.* 2ª ed. São Paulo: JH Mizuno, 2018.

Carvalho, Diógenes Faria de; Oliveira, Thaynara de Souza. A categoria jurídica de 'consumidor-criança' e sua hipervulnerabilidade no mercado de consumo brasileiro. *Revista Luso-Brasileira de Direito do Consumidor*, Curitiba, Vol. 5, N.º 17, mar/2015.

Cerqueira, Rosemeire Cássia de Souza. A arbitragem nos Conflitos Individuais de Trabalho e o Papel do Ministério Público do Trabalho como Árbitro. *In* Freitas Jr., Antonio Rodrigues, Santos, Enoque Ribeiro dos (coord.) *Direito Coletivo do Trabalho em Debate.* Rio de Janeiro: Lumen Iuris, 2009.

Cesarino Júnior, Antônio Ferreira. *Direito Social.* São Paulo: LTr, 1980.

Cesário, João Humberto. O Novo CPC e a Prova Pericial no Processo do Trabalho. *In:* Miessa, Elisson (coord.). *O Novo Código de Processo Civil e seus Reflexos no Processo do Trabalho.* 2ª ed. Salvador: Juspodivm, 2016.

_____. O processo do trabalho e o novo código de processo civil: critérios para uma leitura dialogada dos artigos 769 da CLT e 15 do NCPC. *Revista LTr*, São Paulo, Vol. 79, N.º 04, 2015.

CHAPPER, Alexei Almeida. Direito fundamental à proteção do trabalhador e o STF: o caso da declaração de constitucionalidade do §1º do artigo 71 da Lei 8.666/1993 na ADC 16-DF. *Revista Brasileira de Direitos Fundamentais e Justiça*, Rio Grande do Sul, Ano 5, N.º 16, jul-set/2011.

_____. Fundamentos de processo do trabalho após a reforma trabalhista: principais alterações da Lei n.º 13.467/2017 no processo do trabalho. *Revista Fórum Justiça do Trabalho*, Belo Horizonte, Ano 35, N.º 414, 2018.

CHAVES, Luciano Athayde. O novo código de processo civil e o processo do trabalho: uma análise sob a ótica do cumprimento da sentença e da execução forçada. *Revista do TST*, São Paulo, Vol. 84, N.º 4, out-dez/2015.

_____. *Curso de Processo do Trabalho.* 2ª ed. São Paulo: LTr, 2012.

_____. *Estudos de Direito Processual do Trabalho.* São Paulo: LTr, 2009.

_____. As reformas processuais e o processo do trabalho. *Revista do TST*, Porto Alegre, Vol. 73, N.º 1, jan-mar/2007.

_____. As lacunas no direito processual do trabalho. *In* CHAVES, Luciano Athayde (coord.). *Direito Processual do Trabalho: Reforma e Efetividade.* São Paulo: LTr, 2007.

_____. *A recente reforma no processo comum: reflexos no direito judiciário do trabalho.* 3ª ed. São Paulo: LTr, 2007.

CHAVES, Luciano Athayde; PAULO, Raquel Tavares. O novo regramento da prova emprestada no CPC/2015 e a necessidade de negociação processual para a sua utilização: como decide o Tribunal Regional do Trabalho da 21ª Região? *Revista de Direito do Trabalho*, São Paulo, Vol. 44, N.º 191, jul/2018.

CHIARELLI, Carlos Alberto Gomes; MARIA, Filipe Diffini Santa. Negociações coletivas de trabalho – Resultados obtidos em exemplos pesquisados. *Revista LTr*, São Paulo, Vol. 73, n.º 11, nov/2009.

CIANCI, Mirna, MEGNA, Bruno Lopes. Fazenda Pública e negócios jurídicos processuais no novo CPC: pontos de partida para o estudo. *In* CABRAL, Antonio do Passo; NOGUEIRA, Pedro Henrique (coord.). *Negócios Processuais.* 2ª ed. Salvador: Juspodivm, 2016.

CLAUS, Bem-Hur Silveira. A prescrição intercorrente na Reforma Trabalhista introduzida pela Lei 13.467/2017. *Revista de Direito do Trabalho*, São Paulo, Vol. 190, Ano 44, 2018.

_____. O CPC 2015 e o Direito Processual do Trabalho: Reflexões acerca da Aplicação do NCPC ao Processo do Trabalho. *Repertório IOB de jurisprudência: trabalhista e previdenciário*, São Paulo, N.º 23, dez/2016.

COLNAGO, Lorena de Mello Rezende. A autonomia do direito processual do trabalho. *In* COLNAGO, Lorena Rezende, NAHAS, Thereza Christina (coord.). *Processo do Trabalho Atual. Aplicação dos enunciados do Fórum Nacional e da Instrução Normativa do TST.* São Paulo: RT, 2016.

CORDEIRO, António Menezes. *Tratado de Direito Civil.* 4ª ed. Almedina: Coimbra, 2012, vol. I.

_____. *Da boa fé no direito civil.* Coimbra: Almedina, 2007.

______. *Manual de Direito do Trabalho.* Coimbra: Coimbra, 1991.

CORDEIRO, Wolney de Macedo. Multa do art. 523 do novo CPC (antigo 475-j). *In* MIESSA, Élisson (coord.). *O novo Código de Processo Civil e seus reflexos no processo do trabalho.* Salvador: Editora Juspodivm, 2016.

______. *Execução no processo do trabalho.* Salvador: Juspodivm, 2015.

______. Reflexos do novo código de processo civil na execução trabalhista: uma introdução à técnica de supletividade em matéria executória trabalhista. *Revista do TST*, São Paulo, Vol. 81, N.º 4, out-dez/2015.

______. Critérios acessórios de aplicação subsidiária da norma de Direito Processual comum ao processo do trabalho. *Revista do Advogado*, São Paulo, Ano 33, N.º 121, nov/2013.

______. Da releitura do método de aplicação subsidiária das normas de direito processual comum ao processo do trabalho. *In* CHAVES, Luciano Athayde (coord.). *Direito Processual do Trabalho: Reforma e Efetividade.* São Paulo: LTr, 2007.

CORNÉLIO, Raphael Lima Lemes; BASSO, Bruno Bartelle. O acordo extrajudicial de natureza individual na Justiça do Trabalho como método alternativo de resolução de conflitos. *Revista dos Tribunais*, São Paulo, Vol. 998, dez/2018.

CORRÊA, Antonio de Pádua Muniz. Reforma Trabalhista: primeiras impressões. *Revista LTr,* São Paulo, Vol. 82, N.º 04, abr/2018.

______. *Novo Processo do trabalho e sua força dominante Versus Novo CPC como força auxiliar. Comentários pontuais às compatibilidades e incompatibilidades, inclusive à IN n. 39 do TST.* 2ª Ed. São Paulo: LTr, 2018.

______. As incompatibilidades do novo CPC com o processo do trabalho. *Revista LTr,* São Paulo Vol. 79, N.º 09, set/2015.

CORRÊA, Fábio. O julgamento em ordem cronológica e a aplicação do calendário processual no novo CPC: aspectos de direito processual intertemporal. *In* YARSHELL, Flávio Luiz, PESSOA, Fabio Guidi (coord.). *Direito Intertemporal.* Salvador: Juspodivm, 2016.

CORREIA, Atalá. Estatuto da pessoa com deficiência traz inovações e dúvidas. *Revista Síntese Direito Civil e Processual Civil*, São Paulo, Vol. 17, N.º 99, jan-fev/2016.

CORTÁSIO, Malu Medeiros; SANTOS, Renata da Silva; OLIVEIRA, Thais Miranda de. A relativização do princípio da proteção ante a previsão legal da prevalência do negociado sobre o legislado. *Revista do TST*, São Paulo, Vol. 84, n.º 2, abr-jun/2018.

COSTA, Eduardo José da Fonseca. Calendarização processual. *In* CABRAL, Antonio do Passo; NOGUEIRA, Pedro Henrique (coord.). *Negócios Processuais.* 2ª ed. Salvador: Juspodivm, 2016.

______. A execução negociada de políticas públicas em juízo. *Revista de Processo*, São Paulo, Vol. 37, N.º 212, out/2012.

COSTA, Orlando Teixeira da. Sobrevivência das normas coletivas após a expiração do prazo convencional. *Revista LTr*, São Paulo, Vol. 54, N.º 2, fev/1990.

COSTA, Rafaella Souza Oliveira. Negócios processuais – aplicação ao processo do trabalho – análise principiológica. *Revista Eletrônica do Tribunal Regional do Trabalho da Bahia*, Ano 6, N.º 8, jan/2017.

COTRIM JÚNIOR, Dorival Fagundes. O primado da afetividade e a reforma trabalhista neoliberal. *Revista dos Tribunais*, São Paulo, Vol. 985, 2017.

COUTINHO, Grijalbo Fernandes. Ampliação da Competência da Justiça do Trabalho: Mudança que Contraria o Perfil Conservador da Reforma do Judiciário. *In* COUTINHO, Brijalbo Fernandes, FAVA, Marcos Neves (coord.). *Justiça do Trabalho: competência ampliada.* São Paulo: LTr, 2005.

COUTINHO, Aldacy Rachid. Desconstruindo a falácia da reforma trabalhista de 2017: análise crítica dos argumentos retóricos do jurídico, do social e do econômico. *In* MELO, Raimundo Simão de, Rocha, Jannotti da (coord.). *Constitucionalismo, Trabalho, Seguridade Social e as Reformas Trabalhista e Previdenciária.*São Paulo: Ltr, 2017.

_____. Retrocesso social em tempos de crise ou haverá esperança para o direito do trabalho? Uma análise da jurisprudência do Supremo Tribunal Federal. *Revista do TST*, São Paulo, Vol. 83, N.º 3, jul-set/2017.

_____. Propostas para uma Ressignificação do Princípio da Proteção. *In* FERRAREZE FILHO, Paulo, MATZENBACHER, Alexandre (coord.). *Proteção do Trabalhador: perspectivas pós-constitucionais.* Rio de Janeiro: Lumen Juris, 2016.

_____. A autonomia privada: em busca da defesa dos direitos fundamentais dos trabalhadores. *In* SARLET, Ingo (coord.). *Constituição, Direitos Fundamentais e Direito Privado.* Porto Alegre: Livraria do Advogado, 2003.

_____. A indisponibilidade de direitos trabalhistas. *Revista da Faculdade de Direito da UFPR*, Pernambuco, Vol. 32, N.º 33, 2000.

_____. *Invalidade processual: um estudo para o processo do trabalho.* Rio de Janeiro: Renovar, 2000.

COTRIM NETO, A.B. *Contrato e relação de emprego.* São Paulo: Max Limonad, 1944.

CRAMER, Ronaldo. Comentários aos arts. 42 a 66. *In* STRECK, Lenio Luiz, NUNES, Dierle, CUNHA, Leonardo Carneiro da (Org.). *Comentários ao Código de Processo Civil.* São Paulo: Saraiva, 2017.

CREPALDI, Joaquim Donizeti. *O princípio de proteção e a flexibilização das normas do Direito do Trabalho (De acordo com a "Reforma Trabalhista" Lei 13467, de 13/07/17 e MP 808, de 14/11/17).* Curitiba: CRV, 2018.

CUEVA, Ricardo Villas Bôas. Flexibilização do Procedimento e calendário processual no Novo CPC. *In* CABRAL, Antonio do Passo; NOGUEIRA, Pedro Henrique (coord.). *Negócios Processuais.* 1ª ed. Salvador: Juspodivm, 2015.

CUNHA, Mariana Moreno de Gusmão. O princípio protetor na sociedade contemporânea. *Revista da ESMAT 13 / Escola Superior da Magistratura Trabalhista da Paraíba*, Paraíba, Vol. 6, N.º 6, 2013.

CUNHA, Leonardo Carneiro da. Calendário processual: negócio típico previsto no art. 191 do CPC. *In* MARCATO, Ana, et. al. (coord.). *Negócios Processuais.* Salvador: Juspodivm, 2017, Vol. I.

_____. Negócios Jurídico Processuais no Processo Civil Brasileiro. *In* CABRAL, Antonio do Passo; NOGUEIRA, Pedro Henrique (coord.). *Negócios Processuais.* 2ª ed. Salvador: Juspodivm, 2016.

_____. Comentários ao Código de Processo Civil: artigos 188 a 293. *In* MARINONI, Luiz Guilherme, ARENHART, Sérgio Cruz, MITIDIERO, Daniel (coord.). *Coleção Comentários ao Código de Processo Civil.* São Paulo: RT, 2016, vol. III.

_____. Comentários ao artigo 190º e 191. *in* CABRAL, Antonio do Passo, CRAMER, Ronaldo (coord.). *Comentários ao Novo Código de Processo Civil.* 2ª ed. São Paulo: Forense, 2016.

_____. A previsão do princípio da eficiência no projeto do novo Código de Processo Civil brasileiro. *Revista de Processo*, São Paulo, Vol. 233, N.º 39, jul/2014.

CUNHA, Leonardo Carneiro da; TERCEIRO NETO, João Otávio. A interpretação da cláusula compromissória na arbitragem trabalhista. *In* TUPINAMBÁ, Carolina (coord.). *Soluções de conflitos trabalhistas: novos caminhos.* São Paulo: LTr, 2018.

CUNHA, Leonardo Stocker Pereira da. Cogestão empresarial e mediação de conflitos: um panorama sobre o conceito alemão de cogestão. *In* TUPINAMBÁ, Carolina (coord.). *Soluções de conflitos trabalhistas: novos caminhos.* São Paulo: LTr, 2018.

CUNHA NETO, Adhemar Prisco da. Aspectos da aplicação do processo comum ao processo do trabalho. *Revista LTr,* São Paulo, Vol. 71, N.º 11, nov/2007.

CURY, Augusto Jorge. Decisão sobre ônus da prova: o momento adequado à sua inversão judicial. *Revista de Processo*, Vol. 43, N.º 277, São Paulo, mar/2018.

D'AQUINO, Lúcia Souza. Uma aproximação dos conceitos de subordinação e vulnerabilidade. Análise comparativa entre o direito do trabalho e o direito do consumidor. *Revista Direitos Humanos e Democracia*, Ano 4, n.º 8, 2016.

DALAZEN, João Oreste. Reflexões sobre o poder normativo da Justiça do Trabalho e a EC n.º 45/2004. *In* PAIXÃO, Cristiano, RODRIGUES, Douglas Alencar, CALDAS, Roberto Figueiredo (coord.) *Os novos horizontes do direito do trabalho: homenagem ao Ministro José Luciano de Castilho Pereira.* São Paulo: LTr, 2005.

DALLEGRAVE NETO, José Affonso. Ônus da prova à luz do Novo CPC. *In* LOCKMANN, Ana Paula Pellegrina, GIORDANI, Francisco Alberto (coord). *Repercussões no Processo do Trabalho do CPC de 2015* – Homenagem ao Desembargador Lorival Ferreira dos Santos. São Paulo: LTr, 2017.

_____. Prova pericial e o novo CPC. *In* DALLEGRAVE NETO, José Affonso, GOULART, Rodrigo fortunato (coord.). *Novo CPC e o processo do trabalho.* 2ª ed., São Paulo: LTr, 2016.

_____. A nova competência trabalhista para julgar ações oriundas da relação de trabalho. *Revista do TST*, Porto Alegre, Vol. 71, N.º 1, jan-abr/2005.

DALLEGRAVE NETO, José Affonso; GARCIA, Phelippe Henrique Cordeiro. Arbitragem em dissídios individuais de trabalho. *Revista Fórum Trabalhista*, Belo Horizonte, Ano 7, N.º 29, abr-jun/2018.

DALLEGRAVE NETO, José Affonso; VIANNA, Cláudia Salles Vilela. *Rescisão do contrato de trabalho: doutrina e prática.* São Paulo: LTr, 2001.

DANTAS, Adriano Mesquita. O dissídio coletivo após a Emenda Constitucional n.º 45: a inconstitucionalidade da expressão "comum acordo". *Jus Navigandi*, Teresinha, Ano 11, N.º 1253, 2006, disponível em https://jus.com.br/artigos/9260/o-dissidio-coletivo-apos-a-emenda-constitucional-n-45.

Dantas, Francisco San Thiago. *Problemas de direito positivo, estudos e pareceres.* 2ª ed. Rio de Janeiro: Forense, 2004.

Delgado, Gabriela Neves. *Direito fundamental ao trabalho digno.* São Paulo: LTr, 2015.

_____. *Direito fundamental ao trabalho digno.* São Paulo: LTr, 2006.

Delgado, Gabriela Neves; Dutra, Renata Queiroz. Aplicação das convenções processuais no novo CPC ao processo do trabalho na perspectiva dos direitos fundamentais. *In* Miessa, Élisson (coord.). *O novo Código de Processo Civil e seus reflexos no processo do trabalho.* Salvador: Editora Juspodivm, 2015.

Delgado, Gabriela Neves; Pereira, Ricardo José Macedo de Britto. Acordos coletivos de trabalho: possibilidades e limites firmados pela Constituição Federal de 1988. *Revista LTr*, São Paulo, Vol. 77, N.º 12, dez/2013.

Delgado, Maurício Godinho. *Curso de direito do trabalho.* 16ª ed. São Paulo: LTr, 2017.

_____. *Princípios Constitucionais do Trabalho e Princípios de Direito Individual e Coletivo do Trabalho.* 5ª ed. São Paulo: LTr, 2017.

_____. Constituição da República, Estado Democrático de Direito e Negociação Coletiva Trabalhista. *Revista LTr,* São Paulo, Vol. 80, N.º 12, 2016.

_____. *Princípios do direito individual e coletivo do trabalho.* São Paulo: LTr, 2013.

_____. A prescrição na justiça do trabalho: novos desafios. *Revista do TST*, Porto Alegre, Vol. 74, N.º 1, jan-mar/2008.

_____. Direito do trabalho e processo do trabalho – critérios para a importação de regras legais civis e processuais civis. *Revista LTr,* São Paulo, Vol. 71, N.º 05, maio/2007.

_____. Direitos fundamentais na relação de trabalho. *Revista LTr,* São Paulo, Ano 70, n.º 6, jul-set/2006.

_____. As duas faces da nova competência da Justiça do Trabalho. *Revista do TST.* Rio de Janeiro, Vol 71, N.º 1, jan-abr/2005.

_____. Princípios constitucionais do trabalho. *Revista de Direito do Trabalho*, São Paulo, Vol. 31, N.º 117, jan-mar/2005.

_____. Arbitragem, mediação e comissão de conciliação prévia no direito do trabalho brasileiro. *In* Renault, Luiz Otávio Linhares, Viana, Márcio Túlio (coord.). *Comissões de conciliação prévia: quando o direito enfrenta a realidade. Análises críticas em memória de Alaor Satuf Rezende.* São Paulo: LTr, 2003.

Delgado, Maurício Godinho, Delgado, Gabriela Neves. A lei da Reforma Trabalhista de 2017 e seus impactos no Direito Processual do Trabalho Brasileiro (Parte II). *Revista Magister de Direito do Trabalho*, São Paulo, Ano 14, n.º 84, maio-jun/2018.

_____. *A Reforma Trabalhista no Brasil com os comentários à Lei n. 13.467/2017.* São Paulo: LTr, 2017.

Dellagrave Neto, José Affonso; Vianna, Cláudia Salles Vilela. *Rescisão do contrato de trabalho: doutrina e prática.* São Paulo: LTr, 2001.

Densa, Roberta. *Direito do Consumidor.* 2ª Ed. São Paulo: Atlas, 2006.

DIAS, Carlos Eduardo Oliveira. O novo CPC e a preservação ontológica do processo do trabalho. *Revista Síntese Trabalhista e Previdenciária*, São Paulo, Vol. 27, N.º 316, out/2015.

DIDIER JR., Fredie. Negócios jurídicos processuais atípicos no CPC-2015. *In* MARCATO, Ana, et. al. (coord.). *Negócios Processuais*. Salvador: Juspodivm, 2017, Vol. I.

______. Comentários ao art. 190.º do CPC. *In* STRECK, Lenio Luiz, NUNES, Dierle, CUNHA, Leonardo Carneiro da (Org.). *Comentários ao Código de Processo Civil.* São Paulo: Saraiva, 2017.

______. *Sobre a Teoria Geral do Processo, essa desconhecida.* 3ª ed. Salvador: Juspodivm, 2016.

______. Comentários ao artigo 471. *In* WAMBIER, Teresa Arruda Alvim, DIDIER JR., Fredie, TALAMINI, Eduardo, DANTAS, Bruno (coord.). *Breves Comentários ao Novo Código de Processo Civil.* 3ª ed. São Paulo: RT, 2016.

______. *Curso de Direito Processual Civil.* 17ª ed. Salvador: Juspodivm, 2015, vol. I.

______. Princípio do respeito ao autorregramento da vontade no Processo Civil, *In* CABRAL, Antonio do Passo; NOGUEIRA, Pedro Henrique (coord.). *Negócios Processuais.* 3ª ed. Salvador: Juspodivm, 2017.

______. Editorial 187 – Estatuto da Pessoa com Deficiência, Código de Processo Civil de 2015 e Código Civil: uma primeira reflexão, 2015, disponível em http://www.frediedidier.com.br/editorial/editorial-187/?fbclid=IwAR1yC2sSv7RilqP-dTak7RDCYErZK14n-75wWTSkmA19zsrY46hjsSPkF8po.

______. Fonte normativa da legitimidade extraordinária no novo Código de Processo Civil: a legitimação extraordinária de origem negocial. *Revista de Processo*, São Paulo, Vol. 39, N.º 323, jun/2014.

______. Um CPC democrático. *Revista Magister de Direito Civil e Processual Civil*, São Paulo, Vol. 9, N.º 53, mar-abr/2013.

______. *Fundamentos do Princípio da Cooperação no Direito Processual Civil Português.* Coimbra: Coimbra, 2010.

______. *Curso de Direito Processual Civil.* 12ª ed. Salvador: Juspodivm, 2010, vol. I.

______. *Pressupostos Processuais e condições da ação: o juízo de admissibilidade do processo.* São Paulo: Saraiva, 2005.

DIDIER JR., Fredie; BRAGA, Paula Sarno. Cartas psicografadas como fonte de prova no processo civil. *Revista de Processo*, São Paulo, Vol. 39, N.º 234, ago/2014.

DIDIER JR., Fredie; BRAGA, Paula Sarno; OLIVEIRA, Rafael Alexandria. *Curso de Direito Processual Civil.* 10ª ed. Salvador: Juspodivm, 2015, vol. II.

DIDIER JR., Fredie; CABRAL, Antonio do Passo. Negócios jurídicos processuais atípicos e execução. *Revista de Processo*, São Paulo, Vol. 43, N.º 275, jan/2018.

DIDIER JR., Fredie; CUNHA, Leonardo Carneiro da; BRAGA, Paula Sarno; OLIVEIRA, Rafael Alexandria. Diretrizes para a concretização das cláusulas gerais executivas dos arts. 139, IV, 297 e 536, §1º, CPC. *Revista de Processo*, Vol. 42, N.º 267, São Paulo, maio/2017.

DIDIER JR., Fredie; LIPIANI, Júlia; ARAGÃO, Leandro Santos. Negócios jurídicos processuais em contratos empresariais. *Revista de Processo*, São Paulo, Vol. 43, N.º 279, maio/2018.

DIDIER JR., Fredie; NOGUEIRA, Pedro Henrique. *Teoria dos fatos jurídicos processuais*. Salvador: Juspodivm, 2011.

DIDIER, Fredie; OLIVEIRA, Rafael. *Benefício da Justiça Gratuita. Aspectos Processuais da Lei de Assistência Judiciária (Lei Federal nº 1060/50)*. 2ª ed. Salvador: Juspodivm, 2005.

DIDIER JR., Fredie; ZANETTI, Hermes. *Curso de Direito Processual Civil*. Salvador: Juspodivm, 2017, vol. IV (Execução).

DINAMARCO, Cândido Rangel. *Instituições de direito processual civil*. 7ª ed. São Paulo: Malheiros, 2017, vol. III.

_____. *Instituições de direito processual civil*. 7ª ed. São Paulo: Malheiros, 2017, vol. II.

_____. *Instituições de direito processual civil*. 9ª ed. São Paulo: Malheiros, 2017. vol. I.

_____. *A arbitragem na Teoria Geral do Processo*. São Paulo: Malheiros, 2013.

_____. *A instrumentalidade do processo*. 15ª ed. São Paulo: Malheiros, 2013.

_____. *Fundamentos do processo civil moderno*. 2ª ed. São Paulo: RT, 1987.

DINAMARCO, Pedro da Silva. *Ação civil pública*. São Paulo: Saraiva, 2001.

DISSENHA, Leila Andressa. Arbitragem e conflitos trabalhistas: receios e expectativas pós reforma. *Revista do Tribunal Regional do Trabalho da 9ª Região*, Curitiva, Vol. 6, N.º 61, 2017.

DONATO, Messias Pereira. *Curso de Direito Individual do Trabalho*. 6ª ed. São Paulo: LTr, 2008.

DONIZETTI, Elpídio. *Curso didático de direito processual civil*. 19ª ed. São Paulo: Atlas, 2016.

DORETTO, Jordana Santos Araujo; SOUZA, Larissa Oliveira Palagi. Audiência de conciliação no processo do trabalho: aspectos positivos e negativos frente ao novo código de processo civil. Revista de Direito do Trabalho, São Paulo Vol. 43, N.º 179, jul/2017.

DORNELES, Leandro do Amaral D. de. A reforma trabalhista: algumas repercussões na propedêutica juslaboral. *Revista Fórum Justiça do Trabalho*, Belo Horizonte, Ano n.º 35, n.º 415, jul/2018.

_____. Hipossuficiência e vulnerabilidade na teoria geral do direito do trabalho contemporânea. *Revista LTr*, São Paulo, Vol. 72, N.º 07, mar/2008.

DORNELES, Leandro do Amaral D. de; OLIVEIRA, Cintia Machado. *Direito do trabalho*. Porto Alegre: Verbo Jurídico, 2016.

DOTTI, Rogéria. Tutela provisória e evidência negociada: temos nosso próprio tempo? *In* MARCATO, Ana, et. al. (coord.). *Negócios Processuais*. Salvador: Juspodivm, 2017, Vol. I.

DOURADO, Sabrina. Negócios processuais na esfera recursal. *In* MARCATO, Ana, et. al. (coord.). *Negócios Processuais*. Salvador: Juspodivm, 2017, Vol. I.

DRAY, Guilherme. Direitos fundamentais e retrocesso social: o sentido do direito do trabalho, a experiência portuguesa e o caso brasileiro. *Revista do TST*, São Paulo, Vol. 83, N.º 3, jul-set/2017.

______. *O princípio da proteção do trabalhador*. Coimbra: Almedina, 2015.

______. *O princípio da igualdade no direito do trabalho*. Coimbra: Almedina, 1999.

DUARTE, Bento Herculano. Aplicação do Novo CPC ao Processo do Trabalho: subsidiariedade e supletividade. *Revista Magister de Direito de Trabalho*, São Paulo, Ano 13, N.º 77, mar-abr/2017.

DUARTE, Paulo. Conceito jurídico de consumidor, segundo o art. 2º/1 da lei de defesa do consumidor. *Boletim da Faculdade de Direito*, Coimbra, Vol. 75, 1999.

DUBUGRAS, Regina Maria Vasconcelos. *Substituição processual no processo do trabalho*. São Paulo: LTr, 1998.

DWORKIN, Gerald. *Paternalism*, 1971, disponível em http://www.sjsu.edu/people/paul.bashaw/courses/phil186fall2012/s1/Paternalism.pdf.

ENGISCH, Karl. *Introdução ao Pensamento Jurídico* (Trad: Batista Machado). 10ª ed. Lisboa: Fundação Calouste Gulbenkian, 2008.

______. *Introdução ao Pensamento Jurídico* (Trad: Batista Machado). 10ª ed. Lisboa: Fundação Calouste Gulbenkian, 2001.

ESCARTIN, Ignacio Garcia-Perrote. *La prueba em el processo de trabajo*. Madrid: Civitas, 1994.

ESPADA, Cinthia Maria da Fonseca. *O princípio protetor do empregado e a efetividade da dignidade da pessoa humana*. São Paulo: LTr, 2008.

ESTEVES, Diogo; CRUZ, Elisa Costa; SILVA, Franklyn Reger Alve. As consequências materiais e processuais da lei brasileira de inclusão da pessoa com deficiência e o papel da Defensoria Pública na assistência jurídica das pessoas com deficiência. Revista de Processo, São Paulo, Vol. 258, Ano 41, 2016.

ESTRADA, Manuel Martín Pino. O Projeto de lei nº 4.330/04 sobre terceirização e a infinitização da prestação de serviços: indo contra os princípios da proteção ao trabalhador e da proibição do retrocesso social. *Revista Fórum justiça do trabalho*, Vol. 33, N.º 392, 2016.

EXPÓSITO, Gabriela. *A capacidade processual para demandar em juízo da pessoa com deficiência por impedimentos mentais ou intelectuais*. Dissertação de Mestrado (UFBA). Salvador, 2018.

______. Natureza negocial dos provimentos judiciais. *In* MARCATO, Ana, et. al. (coord.). *Negócios Processuais*. Salvador: Juspodivm, 2017, Vol. I.

FABRICIO, Adroaldo Furtado. Comentários aos arts. 312 a 317 do CPC. *In* TUCCI, José Cruz e; FERREIRA FILHO, Manoel, APRIGLIANO, Ricardo Carvalho, DOTTI, Rogéria, MARTINS, Sandro (coord.). *Código de Processo Civil Anotado*. 3ª ed. Rio de Janeiro: GZ, 2018.

FACÓ, Juliane Dias. A aplicação do art. 190 do CPC/2015 ao processo do trabalho: compatibilidade dos negócios processuais atípicos com o ordenamento trabalhista. *In* MARCATO, Ana, et. al. (coord.). *Negócios Processuais*. Salvador: Juspodivm, 2017, Vol. I.

FALCÃO, Nayara Maria Melero. Análise democrática do instituto da arbitragem individual trabalhista. *In* TUPINAMBÁ, Carolina (coord.). *Soluções de conflitos trabalhistas: novos caminhos*. São Paulo: LTr, 2018.

FALCE, Lúcio Roberto. O negócio processual: o processo do trabalho e a Reforma trabalhista. *Revista de Direito do Trabalho*, São Paulo, Vol. 44, N.º 194, out/2018.

FARAH, Gustavo Pereira. *As súmulas inconstitucionais do TST*. São Paulo: LTr, 2007.

FARIA, Marcela Kohlbach de. Licitude do objeto das convenções processuais. *In* MARCATO, Ana, et. al. (coord.). *Negócios Processuais*. Salvador: Juspodivm, 2017, Vol. I.

_____. Negócios jurídicos processuais unilaterais e o requerimento de parcelamento de débito pelo executado. *In* CABRAL, Antonio do Passo; NOGUEIRA, Pedro Henrique (coord.). *Negócios Processuais*. 3ª ed. Salvador: Juspodivm, 2017.

FAVA, Marcos Neves. Alguns aspectos do Novo CPC e sua incidência sobre o processo do trabalho. *In* REIS, Sérgio Cabral dos (coord.). *O novo CPC e sua repercussão no processo do trabalho – Encontros e desencontros*. São Paulo: LTr, 2016.

_____. Competência da Justiça do Trabalho: para exorcizar o binômio fantasma empregado-empregador. *Revista de Direito do Trabalho*, São Paulo, Vol. 37, N.º 142, abr-jun/2011.

_____. Três aspectos da prescrição trabalhista. *Revista Trabalhista Direito e Processo*, São Paulo, Ano 8, N.º 30, 2009.

_____. Liquidação *ex officio* de sentença no processo do trabalho. *Revista Brasileira de Direito Processual*, Belo Horizonte, Ano 16, N.º 61, jan-mar/2008.

_____. A arbitragem como meio de solução dos conflitos trabalhistas. *Revista de Direito do Trabalho*, São Paulo, Vol. 32, N.º 123, jul.set/2006.

_____. As ações relativas às penalidades administrativas impostas aos empregadores pelos órgãos de fiscalização das relações de trabalho – primeira leitura do art. 114, VII, da Constituição da República. *In* COUTINHO, Brijalbo Fernandes, FAVA, Marcos Neves (coord.). *Justiça do Trabalho: competência ampliada*. São Paulo: LTr, 2005.

FAVIER, Yann, BERTONCELLO, Káren Rick Danilevicz. A inalcançável definição de vulnerabilidade aplicada ao direito: abordagem francesa. *Revista de Direito do Consumidor*, São Paulo, Ano 22, N.º 85, jan-fev/2013.

FELICIANO, Guilherme Guimarães. Assédio e inversão do ônus da prova: breves considerações. *Revista LTr*, São Paulo, Vol. 81, N.º 01, 2017.

_____. Dos princípios do Direito do Trabalho no mundo contemporâneo. *In* SIQUEIRA, Germano et. al (coord.). *Direito do trabalho: releituras, resistência*. São Paulo: LTr, 2017.

_____. Quais as principais mudanças trazidas pelo novo CPC em relação ao princípio do contraditório? Aproximações críticas (inclusive à luz da IN TST N. 39/2016). *Revista LTr*, São Paulo, Vol. 81, N.º 03, 2017.

_____. O princípio do contraditório no novo Código de Processo Civil. Aproximações críticas. *In* MIESSA, Élisson (coord.). *O novo Código de Processo Civil e seus reflexos no processo do trabalho*. Salvador: Editora Juspodivm, 2015.

_____. *Curso crítico de direito do trabalho: teoria geral do direito do trabalho*. São Paulo: Saraiva, 2013.

_____. Distribuição dinâmica do ônus da prova no processo do trabalho – critérios e casuística. *Revista LTr*: São Paulo, Vol. 72, N.º 08, 2008.

______. O 'novíssimo' processo civil e o processo do trabalho – uma outra visão. *Revista LTr*, São Paulo, Vol. 71, N.º 03, 2007.

FELICIANO, Guilherme Guimarães; PASQUALETO, Olivia de Quintana Figueiredo. O ônus da prova no processo do trabalho e a 'reforma trabalhista' (Lei n. 13.467/2017). *In* MELO, Raimundo Simão de, ROCHA, Jannotti da (coord.). *Constitucionalismo, Trabalho, Seguridade Social e as Reformas Trabalhista e Previdenciária.* São Paulo: Ltr, 2017.

FERNANDES, António Monteiro. *Direito do Trabalho.* 18ª ed. Coimbra: Coimbra, 2017.

FERNANDES, José Simpliciano. Da exigência da reciprocidade na negociação coletiva: sobre um diálogo falso não se constrói um resultado negociado. *In* ARRUDA, Kátia Magalhães, ARANTES, Delaíde Alves Miranda (Org.). *A centralidade do Trabalho e os Rumos da Legislação Trabalhista – Homenagem ao Ministro João Oreste Dalazen.* São Paulo: LTr, 2018.

FERNANDES, Luís Eduardo Simari. Comentários ao artigo 357. *In* WAMBIER, Teresa Arruda Alvim, DIDIER JR., Fredie, TALAMINI, Eduardo, DANTAS, Bruno (coord.). *Breves Comentários ao Novo Código de Processo Civil.* 3ª ed. São Paulo: RT, 2016.

FERNANDES, Marília Costa Barbosa. Aspectos da prevalência do negociado sobre o legislado e sua afronta aos direitos fundamentais conforme a teoria de Robert Alexy. *Revista do TRT da 3ª Região*, Belo Horizonte, Vol. 64, N.º 97, jan-jun/2018.

FERNANDES, Nádia Soraggi. O que realmente mudou na competência da Justiça do Trabalho após a EC 45/2004. *In* KOURY, Luiz Ronan Neves, FERNANDES, Nadia Soraggi, CARVALHO, Ricardo Wagner (Coord.). *Tendências do Processo do Trabalho.* São Paulo: LTr, 2010.

FERRADEIRA, Mariana. A prova emprestada como objeto de negócio jurídico processual. *In* MARCATO, Ana, et. al. (coord.). *Negócios Processuais.* Salvador: Juspodivm, 2017, Vol. I.

FERREIRA, António Manuel Carvalho de Casimiro. *Trabalho procura justiça: os Tribunais de Trabalho na sociedade portuguesa.* Coimbra: Almedina, 2005.

FERREIRA, Henrique; FREITAS, Leanara Giron de, O princípio da proteção: atuais desdobramentos e aspectos da reforma trabalhista – Lei 13.467/2017. *Revista de direito do trabalho*, São Paulo, Vol. 44, N.º 193, set/2018.

FERREIRA, William Santos. Comentários aos arts. 464 a 480 do CPC. *In* TUCCI, José Cruz e; FERREIRA FILHO, Manoel, APRIGLIANO, Ricardo Carvalho, DOTTI, Rogéria, MARTINS, Sandro (coord.). *Código de Processo Civil Anotado.* 3ª ed. Rio de Janeiro: GZ, 2018.

______. Comentários ao artigo 373. *In* WAMBIER, Teresa Arruda Alvim, DIDIER JR., Fredie, TALAMINI, Eduardo, DANTAS, Bruno (coord.). *Breves Comentários ao Novo Código de Processo Civil.* 3ª ed. São Paulo: RT, 2016.

FERRI, Luigi. *La autonomia privada.* Madrid: Revista de Derecho Privado, 1969.

FICHTNER, Priscila Mathias de Morais; FICHTNER, José Antonio. Arbitragem no Direito do Trabalho. *In* TUPINAMBÁ, Carolina (coord.). *Soluções de conflitos trabalhistas: novos caminhos.* São Paulo: LTr, 2018.

FIGUEIREDO, Antonio Borgesx. Diretor de sociedade anônima pode ser empregado? *Revista Síntese Trabalhista,* São Paulo, Ano 9, n.º 106, abr/1998.

FIUZA, César, ROBERTO, Giordano Bruno Soares. *Contratos de adesão*. Belo Horizonte: Mandamentos, 2002.

FLUMIGNAN, Silvano José Gomes. Os negócios jurídicos processuais e a Fazenda Pública. *Revista de Processo*, São Paulo, Vol. 43, N.º 280, jun/2018.

_____. O panorama da distribuição do ônus da prova com o novo CPC. *Revista dos Tribunais*, São Paulo, Vol. 981, Ano n.º 106, 2017.

FONSECA, Bruno Gomes Borges da. Reflexos do novo código de processo civil na atuação do Ministério Público do Trabalho. *In* MIESSA, Élisson (coord.). *O novo Código de Processo Civil e seus reflexos no processo do trabalho*. Salvador: Editora Juspodivm, 2015.

FONSECA, Elena Zucconi Galli. Il calendario del processo. *Rivista Trimestrale di Diritto e Procedura Civile*, Giuffrè, Ano 66, N.º 4, dic/2012.

FONSECA, Ricardo Tadeu Marques da. A ONU e o seu conceito revolucionário de pessoa com deficiência. *Revista LTr*, São Paulo, Vol. 72, N.º 3, mar/2008.

FONSECA, Vicente José Malheiros da. Justiça do Trabalho – nova competência. *In:* COUTINHO, Grijalbo Fernandes, FAVA Marcos Neves (coord.). *Justiça do Trabalho: competência ampliada*. São Paulo: LTr, 2005.

FRANÇA, Rubens Limongi. *Instituições de direito civil*. 5ª ed. São Paulo: Saraiva, 1999.

FRANCO, Guilherme Alves de Mello. O novo dissídio coletivo após a emenda constitucional n.º 45/2004. *Revista IOB Trabalhista e Previdenciária*, Porto Alegre, Vol. 17, N.º 204, jun/2006.

FRANCO FILHO, Georgenor de Sousa. A arbitragem no moderno direito brasileiro do trabalho. *In* TUPINAMBÁ, Carolina (coord.). *Soluções de conflitos trabalhistas: novos caminhos*. São Paulo: LTr, 2018.

_____. Reforma trabalhista: o futuro do trabalho, do direito do trabalho e da justiça do trabalho. *Revista dos Tribunais*, São Paulo, Vol. 984, Ano 106, out/2017.

_____. Reforma do Judiciário: a EC 45/2004. *Revista de Direito do Trabalho*, São Paulo, Vol. 121, 2006.

_____. Princípios do direito do trabalho em uma sociedade em mudança. *Revista Trabalho & Doutrina*, São Paulo, N.º 18, jul/1998.

FRANZONI, Diego; DAVIDOFF, Fernanda. Interpretação do critério da disponibilidade com vistas à arbitragem envolvendo o poder público. *Revista de Arbitragem e Mediação*, São Paulo, Vol. 11, N.º 41, abr-jun/2014.

FREDIANI, Yone. A quem o direito do trabalho deve proteger e o novo conceito de subordinação. *In* BOUCINHAS FILHO, Jorge Cavalcanti, BERARDO, Carlos Francisco (coord.). *Novos Dilemas do Trabalho, do Emprego e do Processo do Trabalho, Homenagem ao Professor Ari Possidónio Beltran*. São Paulo: LTr, 2012.

FREIRE, Alexandre. Comentários ao artigo 357. *in* CABRAL, Antonio do Passo, CRAMER, Ronaldo (coord.). *Comentários ao Novo Código de Processo Civil*. 2ª ed. São Paulo: Forense, 2016.

FREITAS, Rui Manuel. *O ónus da prova no processo civil*. 2ª ed. Coimbra: Almedina, 2002.

FURTADO, Emmanuel Teófilo; BRUXEL, Charles da Costa. O art. 15 do novo código de processo civil e os critérios de aplicação do direito processual comum ao processo do trabalho. *Revista LTr*, São Paulo, Vol. 81, N.º 03, mar/2017.

FUX, Luiz. *Curso de direito processual civil*. 2ª ed. Rio de Janeiro: Forense, 2001.

GAGLIANO, Pablo Stolze; PAMPLONA FILHO, Rodolfo. *Novo curso de Direito Civil. Parte Geral*. 18ª ed. São Paulo: Saraiva, 2016, vol. I.

GAIO JÚNIOR, Antônio Pereira; GOMES, Júlio César dos Santos; FAIRBANKS, Alexandre de Serpa Pinto. Negócios jurídicos processuais e as bases para a sua consolidação no CPC/2015. *Revista de Processo*, São Paulo, Vol. 42, N.º 267, maio/2017.

_____. A proteção ao consumidor como um elemento propulsor da efetividade integracionista: União Europeia e o seu modelo protetivo consumerista. *Revista de Direito do Consumidor*, São Paulo, Vol. 108, Ano 25, set-out/2016.

_____. *Instituições de Direito Processual civil*. 3ª ed. Salvador: Juspodivm, 2016.

GAJARDONI, Fernando da Fonseca. Procedimentos, deficit procedimental e flexibilização procedimental no novo CPC. *Revista de informação legislativa*, Vol. 48, N.º 190, abr-jun/2011.

_____. *Flexibilização procedimental: um novo enfoque para o estudo do procedimento em matéria processual, de acordo com as recentes reformas do CPC*. São Paulo: Atlas, 2008.

GAJARDONI, Fernando da Fonseca; DELLORE, Luiz; ROQUE, Andre Vasconcelos; OLIVEIRA JR., Zulmar Duarte de. *Teoria Geral do Processo: Comentários ao CPC de 2015*. 2ª ed. Rio de Janeiro: Forense, 2018, vol. I.

_____. *Processo de Conhecimento e Cumprimento de Sentença. Comentários ao CPC ed 2015*. 2ª ed. Rio de Janeiro: Forense, 2018, vol. II.

_____. *Execução e Recursos. Comentários ao CPC de 2015*. 2ª ed. Rio de Janeiro: Forense, 2018, vol. III.

GALANTINO, Luisa. *Diritto del lavoro*. 14ª ed. Turin: G. Giappichelli, 2000.

GALDINO, Flávio. Comentários ao artigo 63. *in* CABRAL, Antonio do Passo, CRAMER, Ronaldo (coord.). *Comentários ao Novo Código de Processo Civil*. 2ª ed. São Paulo: Forense, 2016.

GALINDO, Djalma Alexandre. *Novo Código de Processo Civil Anotado*. 2ª ed. Rio de Janeiro: Lumen Juris, 2016.

GALVÃO, Gustavo Oliveira. Cláusula compromissória de arbitragem nas relações individuais do trabalho prevista no novel art. 507.º-A, da CLT. *Revista LTr*, São Paulo, Vol. 82, N.º 05, maio/2018.

GAMBA, Juliane Caravieri Martins; MONTAL, Zélia Maria Cardoso. Princípios constitucionais do direito do trabalho: relevância e aplicabilidade, rediscutindo paradigmas. *Revista Trabalhista Direito e Processo*, Brasília, Vol. 11, N.º 41, mar/2012.

GARCIA, Gustavo Filipe Barbosa. *CLT comentada*. 4ª ed. Rio de Janeiro: Forense, 2018.

_____. Arbitragem nas relações de trabalho: inovações decorrentes da Lei 13.467/2017. *Revista de Processo*, São Paulo, Vol. 43, N.º 284, out/2018.

_____. Modificação legislativa da jornada de trabalho do professor e proibição do retrocesso social. *Revista dos Tribunais*, São Paulo, Vol. 107, N.º 990, abr/2018.

_____. *Curso de Direito Processual do Trabalho*. 6ª ed. Rio de Janeiro, 2017.

_____. Convenção Coletiva e Contrato de Trabalho: Súmula e Poder de Legislar. *Revista Síntese Trabalhista e Previdenciária*, São Paulo, Vol 27, N.º 321, mar/2016.

_____. Reforma na Lei de Arbitragem e Contrato Individual de Trabalho. *Revista Síntese Trabalhista e Previdenciária*, São Paulo, N.º 317, 2015.

_____. Execução trabalhista e o novo Código de Processo Civil: efetividade da tutela jurisdicional e parcelamento do débito. *In* Martins, Sérgio Pinto (coord.). *O Novo CPC e o Processo do Trabalho, Estudos em Homenagem ao Ministro Walmin Oliveira da Costa*. São Paulo: Atlas, 2016.

_____. Considerações sobre a autonomia do processo do trabalho. *ADV advocacia dinâmica: Informativo Semanal*, N.º 5, jan/2014.

_____. Direitos Coletivos e Legitimidade Concorrente Preferencial: Sindicatos e Ministério Público. *Revista Síntese Trabalhista e Previdenciária*, São Paulo, Vol. 25, N.º 301, jul/2014.

_____. Novo Código de Processo Civil: Conciliação e Mediação no Processo do Trabalho. *Revista Síntese Trabalhista e Previdenciária*, São Paulo, Vol. 25, N.º 305, nov/2014.

_____. Constitucionalização do direito processual do trabalho e teoria geral do processo. *Revista dos Tribunais*, São Paulo, Vol. 101, 915, jan/2012.

_____. Evolução da prescrição de ofício no âmbito trabalhista. *Revista do TST*, Porto Alegre, Vol. 74, n.º 1, jan-mar/2008.

_____. Sindicato e processo: aplicação do código de defesa do consumidor às ações coletivas no processo do trabalho. Santos, Enoque, Silva, Otávio (coord.). *Temas controversos do direito coletivo do trabalho no cenário nacional e internacional*. São Paulo: LTr, 2006.

_____. Arbitragem no direito individual do trabalho. *Revista IOB trabalhista e Previdenciária*, São Paulo, Ano 17, N.º 201, mar/2006.

_____. Reforma do poder judiciário: o dissídio coletivo na justiça do trabalho após a EC 45/200. *Revista de direito do Trabalho*, Curitiba, Vol. 31, N.º 118, 2005.

_____. Novidades sobre o dissídio coletivo após a Reforma do poder judiciário. *Revista IOB trabalhista e previdenciária*, São Paulo, N.º 7, abr/2005.

Garcia, Leonardo de Medeiros. *Código de defesa do consumidor comentado artigo por artigo*. 12ª ed. Salvador: Juspodivm, 2016.

_____. *Direito do Consumidor: código comentado e jurisprudência*. 2ª ed. Niterói: Impetus, 2006.

García, Manuel Alonso. *La autonomia de la voluntad em el contrato de trabajo*. Bosch: Barcelona, 1958.

García, Marcaro Alemany. *El concepto y la justificación del paternalismo*. Tese de Doutoramento, Universidade de Alicante, 2005.

Garcia, Pedro Carlos Sampaio. O fim do poder normativo. *In* Coutinho, Grijalbo Fernandes, Fava, Marcos Neves (coord.). *Justiça do Trabalho: Competência ampliada*. São Paulo: LTr, 2005.

______. *O sindicato e o processo: a coletivização do processo do trabalho*. São Paulo: Saraiva, 2002.

GASPAR, Danilo Gonçalves. Noções conceituais sobre tutela provisória no novo CPC e suas implicações no processo do trabalho. *In* MIESSA, Élisson (coord.). *O novo Código de Processo Civil e seus reflexos no processo do trabalho*. Salvador: Editora Juspodivm, 2015.

GAUDÊNCIO, Maria Glauce Carvalho do Nascimento. Prevalência do negociado sobre o legislado: a não aplicabilidade em face do contrato individual do trabalho. *In* SILVA FILHO, Carlos Fernando da, CAMPOS, Rosa Maria, RASSY, Jorge Rosângela Silva (coord.). *Reforma Trabalhista Uma reflexão dos Auditores-Fiscais do Trabalho sobre os efeitos da Lei n. 13.467/2017 para os trabalhadores*. São Paulo: LTr, 2017.

GEMIGNANI, Daniel. Os desafios contemporâneos e a necessária releitura dos princípios do direito do trabalho – princípios da irrenunciabilidade, da primazia da realidade e da continuidade. *Revista* LTr, São Paulo, Vol. 77, N.º 4, abr/2013.

GEMIGNANI, Daniel; GEMIGNANI, Tereza Aparecida Asta. A arbitragem no direito trabalhista: um desafio a ser enfrentado. *Revista CEJ*, Brasília, Ano 22, N.º 75, maio-ago/2018.

GENEHR, Fabiana Pacheco. A aplicação da multa do art. 475-J do CPC e seus reflexos no processo do trabalho – uma análise principiológica. *Revista LTr*, São Paulo, Vol. 72, N.º 04, abr/2008.

GENTILE, Isabela Reimão. A efetividade do acordo extrajudicial trabalhista: instrumentos de segurança jurídica aos aacordantes. *In* TUPINAMBÁ, Carolina (coord.). *Soluções de conflitos trabalhistas: novos caminhos*. São Paulo: LTr, 2018.

GIANNAKOS, Demétrio Beck da Silva. Análise econômica dos negócios jurídicos processuais. *Revista de Processo*, São Paulo, Vol. 43, N.º 278, abr/2018.

GIL, Luis Enrique de la Villa; BECEDAS, Gabriel Garcia; ESCARTIN, Ignacio Garcia-Perrote. *Instituciones de derecho del trabajo*. 2ª ed. Madrid: Ceula, 1991.

GIUGNI, Gino. *Direito Sindical*. São Paulo: LTr, 1991.

GIGLIO, Wagner. A prevalência do ajustado sobre a legislação. *Revista LTr*, São Paulo, Vol. 66, n.º 4, abr/2002.

GIGLIO, Wagner; CORRÊA, Claudia Giglio Veltri. *Direito Processual do Trabalho*. 16ª ed. São Paulo: Saraiva, 2007.

GIORDANI, Francisco Alberto da Motta Peixoto. O princípio protetor no direito do trabalho – Ainda necessário, nos dias que correm, como fora outrora? *Revista LTr*, São Paulo, Vol. 74, N.º 6, jun/2010.

GIORDANI, Francisco Alberto da Motta Peixoto. LOCKMANN, Ana Paula Pellegrina. A prova no processo do trabalho. *In* LOCKMANN, Ana Paula Pellegrina, GIORDANI, Francisco Alberto (coord). *Repercussões no Processo do Trabalho do CPC de 2015* – Homenagem ao Desembargador Lorival Ferreira dos Santos. São Paulo: LTr, 2017.

GODINHO, Robson Renault. Comentários aos arts. 442-449. *In* WAMBIER, Teresa Arruda Alvim, DIDIER JR., Fredie, TALAMINI, Eduardo, DANTAS, Bruno (coord.). *Breves Comentários ao Novo Código de Processo Civil*. 3ª ed. São Paulo: RT, 2016.

_____. *Negócios processuais sobre o ônus da prova no novo Código de Processo Civil.* São Paulo: RT, 2015.

_____. A possibilidade de negócios jurídicos processuais atípicos em matéria probatória. *In* Cabral, Antonio do Passo; Nogueira, Pedro Henrique (coord.). *Negócios Processuais.* 2ª ed. Salvador: Juspodivm, 2016.

_____. Reflexões sobre os poderes instrutórios do juiz: o processo não cabe do "Leito de Procusto". *Revista de Processo*, São Paulo, Vol. 39, N.º 235, ser/2014.

_____. *A proteção dos direitos dos idosos. Ministério Público – Tutela de Direitos Individuais e Coletivos e Acesso à Justiça.* 2ª ed. Rio de Janeiro: Lumen Iuris, 2010.

Góes, Gisele Fernandes. Distribuição convencional do ônus de prova. *In* Marcato, Ana, et. al. (coord.). *Negócios Processuais.* Salvador: Juspodivm, 2017, vol. I.

Góes, Maurício de Carvalho. A interpretação do princípio da subsidiariedade: da sua 'crise de identidade' a uma abertura hermenêutica para a realização de uma efetiva tutela jurisdicional trabalhista. *In* Martins, Sérgio Pinto (coord.). *O Novo CPC e o Processo do Trabalho, Estudos em Homenagem ao Ministro Walmin Oliveira da Costa.* São Paulo: Atlas, 2015.

Gomes, Fábio Rodrigues. O novo direito do trabalho. *Revista do TST*, São Paulo, Vol. 84, N.º 3, jul-set/2018.

_____. Arbitragem e o processo do trabalho: dois lados de uma mesma moeda. *In* Mendes, Aluisio Gonçalves de Castro et. al. (coord.). *O novo processo civil brasileiro: temas relevantes. Estudos em homenagem ao professor, jurista e ministro Luiz Fux.* Rio de Janeiro: GZ, 2018.

_____. *Direitos fundamentais dos trabalhadores: critérios de identificação e aplicação prática.* São Paulo: LTr, 2013.

Gomes, Orlando. *Contratos.* 26ª ed. Rio de Janeiro: Forense, 2007.

_____. *Introdução ao Direito do Trabalho.* Rio de Janeiro: Forense, 1944.

Gomes, Orlando, Gottschalk, Elson. *Curso de direito do trabalho.* 19ª ed. Rio de Janeiro: Forense, 2012.

Gomes Junior, Luiz Manoel. Comentários ao artigo 313. *In* Wambier, Teresa Arruda Alvim, Didier Jr., Fredie, Talamini, Eduardo, Dantas, Bruno (coord.). *Breves Comentários ao Novo Código de Processo Civil.* 3ª ed. São Paulo: RT, 2016.

Gomes Neto, Indalécio. Convenção coletiva de trabalho e a súmula n. 277 do Tribunal Superior do Trabalho. *Revista* LTr, São Paulo, Vol. 80, N.º 7, jul/2016.

Gomide, Renata Rechden; Santos, Ailton Vieira dos. A Reforma Trabalhista, a figura do trabalhador híper...e a possível violação do princípio da igualdade. *Revista de Direito do Trabalho*, São Paulo, Vol. 44, N.º 190, jun/2018.

Gonçalves, Gláucio Maciel. A calendarização do processo e a ampliação do prazo de defesa no CPC de 2015. *Revista do TRF da 1ª Região*, Brasília, Vol. 28, n.º 11/12, nov-dez/2016.

Gonçalves, Igor Sousa. O instituto da negociação processual na Justiça do Trabalho: compatibilidade, limites e desafio. *Revista do Direito do Trabalho*, São Paulo, Vol. 43, N.º 183, nov/2017.

GONÇALVES JÚNIOR, Mário. Ação anulatória de cláusulas convencionais. *Revista Trabalho & Doutrina*, São Paulo, Vol. 13, jun/1997.

GONTIJO, Anna Carolina. A Reforma Trabalhista e o fim da execução de ofício pelo juiz como regra geral - efeitos. *Revista do TRT da 3ª Região,* Belo Horizonte, nov/2017.

GORDILHO, Paula Deda Catarino; BARBOSA, Amanda Souza. Análise sobre as implicações do calendário processual. *In* MARCATO, Ana, et. al. (coord.). *Negócios Processuais.* Salvador: Juspodivm, 2017, Vol. I.

GOTTSCHALK, Egon Felix. *Norma pública e privada no direito do trabalho.* São Paulo: Saraiva, 1995.

GOUVEIA, Lúcio Grassi de; GADELHA, Marina Motta Benevides. Negócios jurídicos processuais: '*Libertas quae sera tamen*'. *In* MARCATO, Ana, et. al. (coord.). *Negócios Processuais.* Salvador: Juspodivm, 2017, Vol. I.

GRAGNOLI, Enrico. *Profili dell'interpretazione del contratti collettivi.* Milano: Giuffrè, 2000.

GRAVATÁ, Isabelli. A aplicação da conciliação e da mediação do novo Código de Processo Civil no processo do trabalho, à luz do acesso à justiça. *In* MIESSA, Élisson (coord.). *O novo Código de Processo Civil e seus reflexos no processo do trabalho.* Salvador: Editora Juspodivm, 2016.

GRECO, Leonardo. Controle jurisdicional da arbitragem. *In* TUPINAMBÁ, Carolina (coord.). *Soluções de conflitos trabalhistas: novos caminhos.* São Paulo: LTr, 2018.

_____. *Instituições de processo civil.* 5ª ed. Rio de Janeiro: Forense, 2015, vol. I.

_____. *Instituições de processo civil.* 5ª ed. Rio de Janeiro: Forense, 2015, vol. II.

_____. Contraditório efetivo, *Revista Eletrônica de direito processual,* Vol. 15, 2015, disponível em https://www.e-publicacoes.uerj.br/index.php/redp/article/viewFile/16874/12520.

_____. Publicismo e privatismo no processo civil. *Revista de Processo,* São Paulo, Ano 33, N.º 164, RT, out/2008.

_____. Os atos de disposição processual - primeiras reflexões. *Revista Eletrônica de direito processual,* Rio de Janeiro, Vol. I, N.º 1, out-dez/2007.

_____. A execução e a efetividade do processo. *Revista dos Tribunais,* São Paulo, Vol. 24, N.º 94, abr-jun/1999.

GRECO, Paolo. *Il contrato di lavoro. Tratado di diritto civile italiano.* Torino: Torinese, 1939, vol. III, t. III.

GRECO FILHO, Vicente. *Direito processual civil brasileiro.* 18ª ed. São Paulo: Saraiva, 2007, vol. II.

GRINOVER, Ada Pellegrini. TST: a aplicação supletiva do CPC ao processo do trabalho. Algumas questões cruciais. In ALVIM, Teresa Arruda, CIANCI, Mirna, DELFINO, Lucio, GRINOVER, Ada Pellegrini et. al. (coord.). *Novo CPC aplicado visto por processualistas.* São Paulo: RT, 2017.

_____. Processo trabalhista e processo comum. *Revista da Procuradoria Geral do Estado de São Paulo,* São Paulo, N.º 13/15, 1978.

_____. *O processo em evolução.* Rio de Janeiro: Forense Unviersitária, 1998.

_____. *O Código de Defesa do Consumidor no sistema socioeconômico brasileiro.* São Paulo: COAD, 1994.

Grinover, Ada Pellegrini et al. *Código Brasileiro de Defesa do Consumidor: comentado pelos autores do anteprojeto.* 10ª ed. Rio de Janeiro: Forense Universitária, 2011.

Grundmann, Stefan. Targeted Consumer Protection. *In* Leczykiewicz, Dorota, Weatherill, Stephen (coord.). *The image of the Consumer in EU law.* Portland: Hart, 2016.

_____. A proteção funcional do consumidor, Novos modelos de consumidor à luz de teorias recentes. *Revista de Direito do Consumidor*, São Paulo, Vol. 101, Ano 24, set-out/2015.

Guedes, Carlos Eduardo Paletta. Negociado *versus* legislado: o paternalismo e os limites da autonomia. *Revista LTr*, São Paulo, Vol. 81, n.º 10, out/2017.

Guerra, Marcelo Lima. O CPC/2015 e o processo do trabalho na perspectiva do modelo constitucional de processo. *In* Reis, Sérgio Cabral dos (coord.). *O novo CPC e sua repercussão no processo do trabalho - Encontros e desencontros.* São Paulo: LTr, 2016.

Guimarães, Ricardo Pereira de Freitas. *CLT Comentada.* 2ª ed. São Paulo: RT, 2018.

Gunther, Luiz Eduardo. Aspectos principiológicos da execução de incidentes no processo do trabalho. *In* Santos, José Aparecido dos (coord.). *Execução trabalhista. Homenagem aos 30 anos da AMATRA*, São Paulo, LTr, 2008.

Hart, H.L.A. *Law, Liberty and Morality.* Stanford: Stanford University Press, 1963.

Hartmann, Rodolfo. *Novo Código de Processo Civil Comparado e Anotado.* 2ª ed. Niterói: Impetus, 2016.

_____. *Curso completo de processo civil.* Niterói: Impetus, 2014.

Hatoum, Nida Saleh; Bellinetti, Luiz Fernando. Aspectos relevantes dos negócios jurídicos processuais previstos no art. 190 do CPC/2015. *Revista de Processo*, São Paulo, Vol. 41, N.º 246, out/2015.

Herkenhoff filho, Helio Estellita. *A Reforma Trabalhista e as inovações no processo do trabalho.* Curitiba: CRV, 2018.

Higa, Flávio da Costa. Comentários sobre a parte geral do novo CPC. *In* Brandão, Cláudio, Mallet, Estêvão (coord.). *Processo do trabalho.* Salvador: Juspodivm, 2015.

Hinz, Henrique Macedo. *O poder normativo da justiça do trabalho.* São Paulo: LTr, 2000.

Hirata, Carolina Marzola. A Reforma Trabalhista e o Processo do Trabalho: comentários à parte processual do PL N. 6.787/2017 (Câmara dos Deputados) - PL N. 38/2017 (Senado Federal). *Revista LTr*, São Paulo, Vol. 81, N.º 06, jun/2017.

Hoffman, Paulo. *Saneamento compartilhado.* São Paulo: Quartier Latin, 2011.

Honório, Cláudia. Derrogação de proteção jurídico-trabalhista aos empregados com maior remuneração e diploma de nível superior. *In* Costa, Ângelo Fabiano Farias da, Monteiro, Ana Cláudia Rodrigues Bandeira, Beltramelli Neto, Silvio (coord.). *Reforma Trabalhista na Visão de Procuradores do Trabalho.* Salvador: Juspodivm, 2018.

HORCAIO, Ivan Lage. *Direito e Processo do Trabalho*. São Paulo: Cronus, 2015.

HOWELLS, Micklitz y Wilhelmsson. *European Fair Trading Law: The Unfair Commercial Practices Directive*. Ashgate: Aldershot, 2006.

HUSEK, Carlos Roberto. Ideias para uma interpretação do artigo 114 da Constituição Federal. *In* COUTINHO, Brijalbo Fernandes, FAVA, Marcos Neves (coord.). *Justiça do Trabalho: competência ampliada*. São Paulo: LTr, 2005.

IMHOF, Cristiano; REZENDE, Bertha Steckert. *Novo Código de Processo Civil comentado*. Rio de Janeiro: Lumen Juris, 2015.

JAKUTIS, Paulo Sérgio. A influência do novo CPC no ônus da prova trabalhista. *In* MIESSA, Élisson (coord.). *O novo Código de Processo Civil e seus reflexos no processo do trabalho*. Salvador: Editora Juspodivm, 2016.

JOBIM, Marco Félix; MEDEIROS, Bruna Bessa de. O impacto das convenções processuais sobre a limitação de meios de prova. *Revista Eletrônica de Direito Processual*, Rio de Janeiro, Ano 11, Vol. 18, N.º 1, Jan-Abr/2017.

JORGE, Flávio Cheim. Comentários ao artigo 998. *In* WAMBIER, Teresa Arruda Alvim, DIDIER JR., Fredie, TALAMINI, Eduardo, DANTAS, Bruno (coord.). *Breves Comentários ao Novo Código de Processo Civil.*. 3ª ed. São Paulo: RT, 2016.

JORGE NETO, Francisco Ferreira; CAVALCANTE, Jouberto de Quadros Pessoa. *Direito do Trabalho*. 4ª ed. Rio de Janeiro: Lumen Juris, 2008, t. II.

______. *Direito Processual do Trabalho*. 8ª ed. São Paulo: Atlas, 2019.

______. As provas e ônus dinâmico no NCPC e seus desdobramentos para o processo do trabalho. *in* DALLEGRAVE NETO, José, GOULART, Rodrigo Fortunato. *Novo CPC e o Processo do Trabalho*. 2ª ed. São Paulo, LTr, 2016.

JOSÉ FILHO, Wagson Lindolfo. A eficácia do direito fundamental da proteção em face da automação previsto no inciso XXVII, do art. 7º, da Constituição federal de 1988. *Revista do TRT da 18ª Região*, Goiânia, Vol. 15, 2012.

JUNQUEIRA, Fernanda Antunes Marques; MARANHÃO, Ney. Negócio processual no processo do trabalho: apontamentos gerais", *in* COLNAGO, Lorena Rezende, NAHAS, Thereza Christina (coord.). *Processo do Trabalho Atual, Aplicação dos enunciados dos Fórum nacional e da instrução normativa do TST*. São Paulo: RT, 2016.

KELSEN, Hans. *Teoria Pura do Direito*. 6 ed. São Paulo: Martins Fontes, 1999.

KERN, Christoph A. Procedural Contracts in Germany. *In* CABRAL, Antonio do Passo; NOGUEIRA, Pedro Henrique (coord.). *Negócios Processuais*. 2ª ed. Salvador: Juspodivm, 2016.

KIPNIS, Kenneth. Vulnerability in research subjects: A bioethical taxonomy. *Ethical and policy issues in research involving human research participants*, Bethesda, MD: National Bioethics Advisory Commission, 2001, págs. 4-5 disponível em http://www.aapcho.org/wp/wp-content/uploads/2012/02/Kipnis-VulnerabilityinResearchSubjects.pdf.

______. Seven vulnerabilities in the pediatric research subject. *Theoretical Medicine*, Vol. IV, 2003, disponível em http://www.cepih.org.br/Cd01/Comum/TextoPosGraduacao/pos-graduacao_texto_33_knips_eng.pdf.

KLEIN, Aline Lícia. Arbitragem nas concessões de serviço público. *In* PEREIRA, Cesar Augusto Guimarães, TALAMINI Eduardo et. al. (coord.). *Arbitragem e poder público*. São Paulo: Saraiva, 2010.

KONDER, Carlos Nelson. Vulnerabilidade patrimonial e vulnerabilidade existencial: por um sistema diferenciador. *Revista de Direito do Consumidor*, São Paulo, Ano 24, N.º 99, maio-jun/2015.

KOURY, Suzy Elizabeth Cavalcante. As repercussões do novo Código de Processo Civil no direito do trabalho: avanço ou retrocesso? *Revista do TST*, São Paulo, Vol. 78, N.º 3, jul-set/2012.

KROTOSCHIN, Ernesto. *Instituciones de derecho del trabajo.* Buenos Aires: Depalma, 1947, vol. I.

LAINA, Roberto G. La. A cláusula compromissória e autonomia negocial. *Revista de Arbitragem e Mediação*, São Paulo, Vol. 11, N.º 43, out-dez/2014.

LA CUEVA, Mario de. *Derecho mexicano del trabajo*. 4ª ed. México: Editorial Porrua, 1954, t. I.

LACERDA, Dorval de. *A renúncia no direito do trabalho*. 2ª ed. São Paulo: Max Limonad, 1944.

_____. Crítica às alterações na jornada de trabalho decorrentes da Reforma Trabalhista à luz do princípio da proibição do retrocesso social. *Revista dos Tribunais*, São Paulo, Vol. 106, N.º 984, out/2017.

LAMBELHO, Ana; GONÇALVES, Luísa Andias. *Manual de Direito do Trabalho. Da teoria à prática*. Coimbra: Coimbra Editora, 2014.

LANGE, Margaret Meek; ROGERS, Wendy; DODDS, Susan. Vulnerability In Research Ethics: A Way Forward. *Bioethics*, Vol. 27, N.º 6, 2013.

LARENZ, Karl. *Metodologia da ciência do direito*. 3ª ed. Lisboa: Fundação Calouste Gulbenkian, 1997.

LAURINO, Salvador Franco de Lima. O art. 15 do novo código de processo civil e os limites da autonomia do processo do trabalho. *Revista LTr*, São Paulo, Vol. 79, N.º 08, ago/2015.

LAVOR, Francisco Osani de. Formas alternativas de solução dos conflitos individuais e coletivos de trabalho. *Revista Trabalho & Doutrina*, São Paulo, N.º 20, 1999.

LEDUR, José Felipe. A reforma trabalhista (Lei nº 13.467/2017) e a desconstitucionalização do acesso à Justiça do Trabalho. *Revista do Advogado*, São Paulo, Vol. 38, N.º 137, 2018.

_____. Barreiras constitucionais à erosão dos direitos dos trabalhadores e a reforma trabalhista. *Revista LTr*, São Paulo, Vol. 81, N.º 10, out/2017.

_____. Princípios jurídicos fundamentais do Novo Código de Processo Civil e seus reflexos no Processo do Trabalho. *Revista Síntese Trabalhista e Previdenciária*, São Paulo, Vol. 25, N.º 305, nov/2014.

LEFEBVRE, Francis. *Procedimiento laboral 2015-2016*. Madrid: Ediciones Francis Lefebvre, 2016.

LEITÃO, Luís Menezes. *Direito do Trabalho*. 4ª ed. Coimbra: Almedina, 2014.

LEITE, Carlos Henrique Bezerra. A jurisdição voluntária para homologação de autocomposição extrajudicial na Justiça do Trabalho. *In* DALLEGRAVE NETO, José, KAJOTA, Ernani (coord.). *Reforma Trabalhista ponto a ponto. Estudos em Homenagem ao Professor Luiz Eduardo Gunther*. São Paulo: LTr, 2018.

_____. A Reforma Trabalhista (Lei n.º 13.467/2017) e a desconstitucionalização do acesso à Justiça do Trabalho: breves comentários sobre alguns institutos de direito processual do trabalho. *In* TUPINAMBÁ, Carolina, GOMES, Fábio Rodrigues (coord.). *A reforma trabalhista: o impacto nas relações de trabalho*. Belo Horizonte: Fórum, 2018.

_____. Ações coletivas e tutela antecipada no direito processual do trabalho. *Revista dos Tribunais*, São Paulo, Vol. 984, 2017.

_____. *Curso de Direito Processual do Trabalho*. 14ª ed. São Paulo: Saraiva, 2016.

_____. Princípios jurídicos fundamentais do novo Código de Processo Civil e seus reflexos no processo do trabalho. *In* MIESSA, Élisson (coord.). *O novo Código de Processo Civil e seus reflexos no processo do trabalho*. Salvador: Editora Juspodivm, 2016.

_____. A quem interessa o Modelo Negociado sobre o Legislado no Brasil? *Revista Síntese Trabalhista e Previdenciária*, São Paulo, Vol. 28, N.º 329, nov/2016.

_____. O incidente de desconsideração da personalidade jurídica no novo CPC e a sua (in) aplicabilidade no processo do trabalho. *In* MARTINS, Sérgio Pinto (coord.). *O Novo CPC e o Processo do Trabalho, Estudos em Homenagem ao Ministro Walmin Oliveira da Costa*. São Paulo: Atlas, 2016.

_____. A emenda constitucional n. 72 e o ônus da prova da jornada do trabalhador doméstico. *Revista LTr*, São Paulo, Vol. 78, N.º 06, jun/2014.

_____. As recentes reformas do CPC e as lacunas ontológicas e axiológicas do processo do trabalho: necessidade de heterointegração do sistema processual não-penal brasileiro. *Revista do TST*, Porto Alegre, Vol. 73, N.º 1, jan-mar/2007.

_____. *Ação civil pública: nova jurisdição trabalhista metaindividual: legitimação do Ministério Público*. São Paulo: LTr, 2001.

LEITE, Carlos Henrique Bezerra; FREITAS, Gabriel Sangali Hespanha. A negociação coletiva de trabalho e os princípios da proteção e da vedação do retrocesso social: sob o enfoque da reforma trabalhista. *Revista Magister de direito do trabalho*, São Paulo, Vol. 15, n. 85, jul-ago/2018.

LEVINE, Caroline; FADEN, Ruth; GRADY, Christine; HAMMERSCHMIDT, Dale; ECKENWILER, Lisa; SUGARMAN, Jeremy. The Limitations of "Vulnerability" as a Protection for Human Research Participants. *American Journal of Bioethics*, Vol. IV, N.º 3, 2004, disponível em https://www.ncbi.nlm.nih.gov/pubmed/16192138.

LIMA, Bernardo Silva de. Sobre o negócio jurídico processual. *In* DIDIER JR., Fredie, EHRHARDT JR., Marcos (coord.). *Revisitando a teoria do fato jurídico: homenagem a Marcos Bernardes de Mello*. São Paulo: Saraiva, 2010.

LIMA, Francisco Gérson Marques de. *Fundamentos do Direito Processual do Trabalho*. São Paulo: Malheiros, 2010.

_____. *Processo do Trabalho Anotado: CLT e legislação complementar*. São Paulo: RT, 2001.

LIMA, Francisco Meton Marques de. *Manual de processo do trabalho.* 2ª ed. São Paulo: LTr, 2008.

LIMA, Francisco Meton Marques de; LIMA, Francisco Péricles R. Marques de. Discrepâncias ontológicas, axiológicas e epistemológicas entre o sistema trabalhista e o sistema do direito comum. *Revista LTr*, São Paulo, Vol. 79, N.º 08, ago/2015.

LIMA, Leonardo Barbosa. *Lições de Direito Processual do Trabalho. Teoria e Prática.* 4ª ed. São Paulo: LTr, 2017.

_____. Execução de ofício: do fim ao recomeço. *In* MELO, Raimundo Simão de, Rocha, Jannotti da (coord.). *Constitucionalismo, Trabalho, Seguridade Social e as Reformas Trabalhista e Previdenciária.*São Paulo: Ltr, 2017.

LIMA, Manoel Hermes. A prescrição intercorrente no novo processo trabalhista. *Revista LTr*, São Paulo, Vol. 81, N.º 12, dez/2017.

LIMA, Taisa Maria Macena de. O Estatuto da Pessoa com Deficiência e suas repercussões na capacidade civil. *Revista do TRT da 3ª Região*, Belo Horizonte, Vol. 60, N.º 91, jan-jun/2015.

LIMA, Thadeu Augimeri de Goes. Iura novit curia no processo civil brasileiro: dos primórdios ao novo CPC. *Revista de Processo*, São Paulo, vol. 251, jan/2016.

LIMA FILHO, Cláudio Dias. Mediação nas Modalidades 'Própria' e 'Imprópria' no âmbito do Ministério Público do Trabalho. *In* SANTOS, Élisson Miessa dos, CORREIA, Henrique (coord.). *Estudos Aprofundados – Ministério Público do Trabalho*. Salvador: Juspodivm, 2015, vol. II.

LIMA FILHO, Francisco das C. O princípio da proteção e sua importância na interpretação das normas materiais e instrumentais laborais. *Revista do TRT da 24ª Região,* Campo Grande, N.º 15, 2010.

LINS, Litiane Cipriano Barbosa. As lacunas como parâmetro na aplicação subsidiária da norma processual comum no Direito Processual do Trabalho. Revista eletrônica *do TRT da 4ª Região:* acórdãos, sentenças, ementas, artigos e informações, Porto Alegre, Vol. 8, N. 144, ago/2012.

LIPIANI, Júlia; SIQUEIRA, Marília. Negócios jurídicos processuais sobre mediação e conciliação. *In* MARCATO, Ana, et. al. (coord.). *Negócios Processuais*. Salvador: Juspodivm, 2017, vol. I.

_____. Negócios jurídicos processuais sobre a fase recursal. *In* CABRAL, Antonio do Passo; NOGUEIRA, Pedro Henrique (coord.). *Negócios Processuais*. 3ª ed. Salvador: Juspodivm, 2017.

LISBÔA, Daniel. A aplicabilidade (?) do art. 489 do novo CPC ao processo do trabalho e alguma técnica de decisão jurídical. *Revista do TRT da 12ª Região*, Florianópolis, Vol. 19, N.º 28, 2016.

LÔBO, Paulo. Contratante vulnerável e autonomia privada. *In* NEVES, Thiago Ferreira Cardoso (coord.). *Direito & justiça social: por uma sociedade mais justa, livre e solidária: estudos em homenagem ao professor Sylvio Capanema de Souza*. São Paulo: Atlas, 2013.

LONGA, Daniel. A possibilidade de se utilizar a arbitragem como meio de resolução de conflitos trabalhistas envolvendo funcionários de alto escalão. *Revista de Direito do Trabalhista*, São Paulo, Ano 20, n. 9, set/2014.

LOPES, Otavio Brito. A Emenda Constitucional n. 45 e o Ministério Público do Trabalho. *In* COUTINHO, Brijalbo Fernandes, FAVA, Marcos Neves (coord.). *Justiça do Trabalho: competência ampliada.* São Paulo: LTr, 2005.

LORA, Ilse Marcelina Bernardi. A prevalência do negociado sobre o legislado na Reforma Trabalhista. *Revista Síntese Trabalhista e Previdenciária,* São Paulo, Vol. 28, N.º 329, nov/2016.

_____. Impactos do Novo Código de Processo Civil no Processo do Trabalho. *Revista Síntese Trabalhista e Previdenciária,* São Paulo, Vol. 27, N.º 324, jun/2016.

_____. A dificuldade probatória do assédio moral no trabalho. *Revista Síntese Trabalhista e Previdenciária,* São Paulo, Vol. 23, N.º 276, jun/2012.

LORENZETTI, Ricardo Luis. *Fundamentos do direito privado.* São Paulo: RT, 1998.

LUCON, Paulo Henrique Santos. Comentários aos arts. 354 a 357 do CPC. *In* TUCCI, José Cruz e; FERREIRA FILHO, Manoel, APRIGLIANO, Ricardo Carvalho, DOTTI, Rogéria, MARTINS, Sandro (coord.). *Código de Processo Civil Anotado.* 3ª ed. Rio de Janeiro: GZ, 2018.

_____. Comentários ao artigo 374. *in* CABRAL, Antonio do Passo, CRAMER, Ronaldo (coord.). *Comentários ao Novo Código de Processo Civil.* 2ª ed. São Paulo: Forense, 2016.

_____. *Comentários ao novo Código de Processo Civil.* Rio de Janeiro: Forense, 2015.

LUDWIG, Guilherme Guimarãoes. O princípio da eficiência como vetor de interpretação da norma processual trabalhista e a aplicação subsidiária e supletiva do novo código de processo civil. *In* MIESSA, Élisson (coord.). *O novo Código de Processo Civil e seus reflexos no processo do trabalho*. Salvador: Editora Juspodivm, 2016.

LUNA, Florencia. Identifying and evaluating layers of vulnerability – a way forward. *Developing World Bioethics*, doi: 10.1111/dewb, 2018.

_____. Elucidating the Concept of Vulnerability. Layers not Labels. *International Journal of Feminist Approaches of Bioethics*, Toronto, Vol 2, N 1, 2009.

_____. La declaración de la UNESCO y la vulnerabilidad, la importancia de la metáfora de las capas. *Sobre la Dignidad y los Principios. Análisis de la Declaración Universal de Bioética y Derechos Humanos de la UNESCO*. Navarra: Ed. Civitas, 2009.

_____. *Vulnerabilidads: la metáfora de las capas*, 2008, disponível em https://www.academia.edu/35472747/Vulnerabilidad_la_metafora_de_las_capas.

LUNA, Florencia; VANDERPOEL, Sheryl. Not the usual suspects: addressing layers of vulnerability. *Bioethics*, Vol 27, N.º 6, 2013.

LYCHOWSKI, Rodrigo. Princípio da proteção revisitado. *Arquivos do Instituto Brasileiro de Direito Social Cesarino Júnior*, Vol. 33, 2009.

MACEDO, Elaine Harzheim; RODRIGUES, Ricardo Schneider. Negócios jurídicos processuais e políticas públicas: tentativa de superação das críticas ao controle judicial. *Revista de Processo*, São Paulo, Vol. 273, nov/2017.

MACEDO, José Acurcio Cavaleiro de. A Emenda Constitucional N. 45/2004 e a judiciarização da justiça do trabalho. *Revista LTr*, São Paulo, Vol. 69, N.º 1, jan/2005.

MACÊDO, Lucas Buril. *Ônus da prova e sua dinamização*. 2ª ed. Salvador: Juspodivm, 2016.

MACÊDO, Lucas Buril; PEIXOTO, Ravi de Medeiros. Negócio processual acerca da distribuição do ônus da prova. *Revista de Processo*, São Paulo, Vol. 40, N.º 241, mar/2015.

MACHADO, Marcelo Pacheco. A privatização da técnica processual no projeto do novo código de processo civil. *In* DIDIER JR. Fredie (coord.). *Novas tendências do processo civil*. Salvador: Juspodivm, 2014, vol. III.

MACIEL, José Alberto Couto. Arbitragem na relação de emprego e na relação de trabalho. *Revista LTr*, São Paulo, Vol. 80, N.º 09, set/2016.

MACIEL JÚNIOR, Vicente de Paula. Os princípios do direito e do processo do trabalho e suas influências no direito processual civil reformado. *In* CHAVES, Luciano Athayde (coord.). *Direito Processual do Trabalho: Reforma e Efetividade*. São Paulo: LTr, 2007.

MACKLIN, Ruth. A global ethics approach to vulnerability. *International Journal of Feminist Approaches to Bioethics*, Vol. 5, Nº. 2, Edição Especial sobre Vulnerabilidade, 2012.

MAGANO, Octavio Bueno. O direito do trabalho e a Reforma do Judiciário. *Revista de Direito do Trabalho*, São Paulo, Vol. 31, N.º 117, jan-mar/2005.

_____. Limitações à autonomia da vontade coletiva. *Revista Trabalho & Doutrina*, São Paulo, N.º 20, mar/1999.

_____. Contribuições Sindicais. *Revista Trabalho e Doutrina*, São Paulo, N.º 12, mar/1997.

_____. Conciliação. *Revista de Direito do Trabalho*, São Paulo, Vol. 90, jun/1995.

_____. *Manual de Direito do Trabalho*. 2ª ed. São Paulo: LTr, 1990, vol. III.

_____. *Manual de direito do trabalho – Parte Geral*. São Paulo: LTr, 1990.

MALLET, Estêvão. A arbitragem em litígios trabalhistas individuais. *Revitsta do TST*, São Paulo, Vol. 84, N.º 2, abr-jun/2018.

_____. Novo CPC e Processo do Trabalho à luz da IN Nº 39. *Revista do TST*, São Paulo, Ano 82, N.º 3, jul-set/2016.

_____. *Direito, Trabalho e processo em transformação*. São Paulo: LTr, 2005.

_____. Apontamentos sobre a Competência da Justiça do Trabalho após a Ementa Constitucional n. 45. *In* COUTINHO, Brijalbo Fernandes, FAVA, Marcos Neves (coord.). *Justiça do Trabalho: competência ampliada*. São Paulo: LTr, 2005.

_____. Arbitragem trabalhista. *Revista de Airbitragem e Mediação*, Vol. 7, n.º 25, abr-jun/2010.

_____. Discriminação e processo do trabalho. *Revista do TST*, Rio Grande do Sul, Vol. 65, n.º 1, out-dez/1999.

_____. *Apontamentos do direito processual do trabalho*. São Paulo: LTr, 1997.

_____. Algumas linhas sobre o tema das súmulas vinculantes. *Biblioteca Jurídica Consulex*, Brasília, Vol. 1, N.º 11, nov/1997.

MALTA, Christóvão Piragibe Tostes. *Prática do processo trabalhista*. São Paulo: LTr, 2008.

MANGLANO, Carlos Molero. *Manual de Derecho del Trabajo.* 14ª ed. Valencia: Tirant lo blanch, 2015.

MANNRICH, Nelson. Reflexões sobre a reforma trabalhista. *Revista Magister de Direito do Trabalho*, São Paulo, Vol. 14, N.º 83, mar-abr/2018.

_____. Inderrogabilidade da norma trabalhista e indisponibilidade de direitos: algumas reflexões. *Revista da Academia Nacional de Direito do Trabalho*, São Paulo, Ano 17, N.º 17, 2009.

_____. Emenda Constitucional 45 e as novas competências: da extinção ao fortalecimento da Justiça do Trabalho. *Revista do Direito do Trabalho*, São Paulo, Vol. 31, N.º 118, abr-jun/2005.

MANNRICH, Nelson; VASCONCELOS, Breno Ferreira Martins. Contribuição Sindical Compulsória: Constitucionalidade de sua extinção. *Revista Síntese Trabalhista e Previdenciária*, São Paulo, Vol. 29, N.º 349, jul/2018.

MANSUR, Juliano Martins. Os novos instrumentos de composição de conflitos trabalhistas e a valorização da Justiça do Trabalho. *In* TUPINAMBÁ, Carolina (coord.). *Soluções de conflitos trabalhistas: novos caminhos.* São Paulo: LTr, 2018.

MANUS, Pedro Paulo Teixeira. A competência da Justiça do Trabalho e a Emenda constitucional n. 45/04: aspecto processuais da reforma. *In* MANUS, Pedro Paulo Teixeira, ROMAR, Carla Teresa Martins, GITELMAN, Suely Ester (coord.). *Competência da Justiça do Trabalho e EC n. 45/2004.* São Paulo: Atlas, 2006.

MARANHÃO, Délio. *Direito do trabalho*: Rio de Janeiro, FGV, 1987.

_____. Multa do art. 475-J do CPC e sua aplicação no processo do trabalho. *Revista LTr*, São Paulo, Vol. 71, N.º 10, out/2007.

MARÇAL, Sergio Pinheiro. Definição jurídica de consumidor: evolução da jurisprudência do STJ. *Revista do Advogado*, São Paulo, Ano 26, N.º 89, dez/2006.

MARECO, Gabriella Dinelly Rabelo. O ônus da prova no direito do trabalho: distribuição dinâmica e inversão. *Revista do Direito do Trabalho*, São Paulo, Vol. 36, N.º 140, out-dez/2010.

MARIGHETTO, Andrea. O "funcionalismo" no sistema brasileiro de proteção e defesa do consumidor. *Revista de Direito do Consumidor*, São Paulo, Vol. 24, N.º 101, set-out/2015.

MARINONI, Luiz Guilherme; ARENHART, Sérgio Cruz. Comentários ao Código de Processo Civil: artigos 381 a 484. *In* MARINONI, Luiz Guilherme, ARENHART, Sérgio Cruz, MITIDIERO, Daniel (coord.). *Coleção Comentários ao Código de Processo Civil.* São Paulo: RT, 2016, vol. VII.

_____. *Prova.* São Paulo: RT, 2009.

MARINONI, Luiz Guilherme; ARENHART, Sérgio Cruz; MITIDIERO, Daniel. *Curso de Processo Civil.* 5ª ed. São Paulo: RT, 2018, vol. II.

_____. *Novo Código de Processo Civil comentado.* 3ª ed. São Paulo: RT, 2017.

_____. *Curso de Processo Civil.* 2ª ed. São Paulo: RT, 2016 vol. I

Marinoni, Luiz Guilherme, Beckers, Laércio A. Influência das relações pessoais sobre a advocacia e o processo civil brasileiros. *In* Becker, L.A. (Org.). *Qual é o jogo do processo?* Porto Alegre: S.A. Fabris, 2012.

Marques, Cláudia Lima. Estudo sobre a vulnerabilidade dos analfabetos na sociedade de consumo: o caso de crédito consignado a consumidores analfabetos. *Revista de Direito do Consumidor*, São Paulo, Vol. 95, Ano 23, set-out/2014.

_____. *Contratos no Código de Defesa do Consumidor*. 78 ed. São Paulo: RT, 2016.

_____. Solidariedade na doença e na morte: sobre a necessidade de 'ações afirmativas' em contratos de planos de saúde e de planos funerários frente ao consumidor idoso. *In* Sarlet, Ingo (coord.). *Constituição, Direitos Fundamentais e Direito Privado*. Porto Alegre: Livraria do Advogado, 2003.

_____. Contratos bancários em tempos pós-modernos – primeiras reflexões. *Revista de Direito do Consumidor*, São Paulo, Vol. 25, jan-mar/1998.

Marques, Cláudia Lima; Miragem, Bruno. *O novo direito privado e a proteção dos vulneráveis*. São Paulo: RT, 2012.

Marques, Cláudia Lima; Benjamin, Antônio H, Miragem, Bruno. *Comentários ao código de defesa do consumidor*. 6ª ed. São Paulo: RT, 2019.

Marques Filho, Lourival Barão; Campos, Maria Carolina. (In)constitucionalidade do novo modelo de contribuição sindical: uma análise processual. *Revista LTr*, São Paulo, Vol. 82, N.º 04, abr/2018.

Martinez, Luciano. *Reforma Trabalhista. Entenda o que mudou. CLT Comparada e Comentada*. 2ª Ed. São Paulo: Saraiva, 2018.

_____. *Curso de Direito do Trabalho*. 8ª ed. São Paulo: Saraiva, 2017.

_____. A contribuição sindical obrigatória como conduta violadora da liberdade sindical individual negativa. *Revista Síntese Trabalhista e Previdenciária*, São Paulo, Vol. 25, N.º 301, jul/2014.

Martinez, Pedro Romano. *Direito do Trabalho*. 7ª ed. Coimbra: Almedina, 2015.

Martins, André Chateaubriand. A arbitragem nas relações de trabalho: proposta de tratamento legislativo. *In* Rocha, Caio Cesar Vieira, Salomão, Luis Felipe (coord.). *Arbitragem e mediação: a reforma da legislação brasileira*. São Paulo: Atlas, 2015.

Martins, Fernando Rodrigues. A emancipação insuficiente da pessoa com deficiência e o risco patrimonial ao novo emancipado na sociedade de consumo. *Revista de Direito do Consumidor*, São Paulo, Vol. 25, N.º 104, mar-abr/2016.

Martins, Maria José Marques Benigno. Princípio protetor e flexibilização de direitos. *Revista do TRT da 22ª Região*, Teresinha, Vol. 6, N.º 1, jan-dez/2009.

Martins, Pedro Batista. *Apontamentos sobre a Lei de Arbitragem*. Rio de Janeiro: Forense, 2008.

Martins, Sérgio Pinto. *Reforma Trabalhista. Comentários às alterações das Leis n. 13.467/2017, 13.545/2017 e da Medida Provisória n. 808/2017*. São Paulo: Saraiva, 2018.

______. *Comentários à CLT*. 21ª ed. São Paulo: Saraiva, 2018.

______. *Direito Processual do Trabalho*. 40ª ed. São Paulo: Atlas, 2018.

______. *Teoria Geral do Processo*. 3ª ed. São Paulo: Saraiva, 2018.

______. A Reforma Trabalhista e a Contribuição Sindical. *Revista Síntese Trabalhista e Previdenciária*, São Paulo, Vol. 29, N.º 349, jul/2018.

______. *Direito do Trabalho*. 33ª ed. São Paulo: Saraiva, 2017.

______. Contribuição Sindical e a Reforma Trabalhista. *Revista IOB Trabalhista e Previdenciária*, São Paulo, N.º 15, ago/2017.

______. Perícia no Novo CPC e o Processo do Trabalho. *Revista Síntese Trabalhista e Previdenciária*, São Paulo, N.º 15, ago/2015.

______. Incorporação das cláusulas da norma coletiva ao contrato de trabalho. *Revista IOB Trabalhista e Previdenciária*, São Paulo, N.º 252, 2010.

______. Alcance do Ius Postulandi na Justiça do Trabalho. *Revista Síntese Trabalhista e Previdenciária*, São Paulo, Vol 22, N.º 257, nov/2010.

______. Competência da Justiça do Trabalho para analisar mandados de segurança, *habeas corpus* e *habeas data*. *Revista LTr*, São Paulo, Ano.º 69, Vol. 7, jul/2005.

______. *Comissões de conciliação prévia e procedimento sumaríssimo*. 2ª ed. São Paulo: Atlas, 2000.

Martins, Silvia Portes Rocha. O Estatuto da Pessoa com Deficiência e as alterações jurídicas relevantes no âmbito da capacidade civil. *Revista dos Tribunais*, São Paulo, Vol. 974, Ano 105, dez/2016.

Martins-Costa, Judith. O Direito Privado como um "sistema em construção": as cláusulas gerais no projeto do código civil brasileiro. *Revista de Informação Legislativa*, Brasília, Ano 35, n.º 139, jul-set/1998.

______. A 'Guerra' do vestibular e a distinção entre publicidade enganosa e clandestina. *Revista de Direito do Consumidor*, São Paulo, N.º 6, abr-jun/1993.

Martins Filho, Ives Gandra da Silva. *Manual esquemático de direito de trabalho e processo do trabalho*. 26ª ed. São Paulo: Saraiva, 2018.

______. Estímulo à conciliação e à negociação coletiva. *Revista LTr*, São Paulo, Vol. 80, N.º 3, 2016.

______. Métodos alternativos de solução de conflitos laborais: viabilizar a jurisdição pelo prestígio à negociação coletiva. *Revista LTr,* São Paulo, Vol. 79, N.º 07, jul/2015.

______. Breve História da Justiça do Trabalho. In Ferrari, Irany; Nascimento, Amauri Mascaro; Martins Filho, Ives Gandra (coord.). *História do trabalho, do direito do trabalho e da justiça do trabalho*. São Paulo: LTr, 2011.

______. *Processo Coletivo do Trabalho*. 2ª ed. São Paulo: LTr, 1996.

______. A Reforma do Poder e seus desdobramentos na Justiça do Trabalho. *Revista LTr*, vol. 69, N.º 1, jan/2005

MATTOS, Felipe Montenegro. A Neo-Hipossuficiência do Trabalhador e a (In)Disponibilidade de seus Direitos. *In* MENDES, Gilmar Ferreira, MARTINS FILHO, Ives Gandra da Silva (coord.). *1º Caderno de Pesquisas Trabalhistas*. Porto Alegre: Magister, 2017.

MAZZEI, Rodrigo Reis; CARLOS, Helio Antunes. Breve estudo acerca das principais alterações da Reforma Trabalhista: uma análise a partir da teoria dos jogos. *In* TUPINAMBÁ, Carolina (coord.). *Soluções de conflitos trabalhistas: novos caminhos*. São Paulo: LTr, 2018.

MAZZEI, Rodrigo; CHAGAS, Bárbara Seccato Ruis. Breve ensaio sobre a postura dos atores processuais em relação aos métodos adequados de resolução de conflitos. *In* MARCATO, Ana, et. al. (coord.). *Negócios Processuais*. Salvador: Juspodivm, 2017, Vol. I.

_____. Os negócios jurídicos processuais e a arbitragem. *In* CABRAL, Antonio do Passo; NOGUEIRA, Pedro Henrique (coord.). *Negócios Processuais*. 3ª ed. Salvador: Juspodivm, 2017.

_____. Breve diálogo entre os negócios jurídicos processuais e a arbitragem *Revista de Processo*, São Paulo, Vol. 237, N.º 39, nov/2014.

MEDEIROS NETO, Elias Marques de; FURLAM, Simone. A audiência de sameamento compartilhado do art. 357, §3º, do CPC/2015 e os princípios da cooperação e efetividade. *Revista Eletrônica de Direito Processual*, Rio de Janeiro, Ano 11, Vol. 18, N.º 3, set-dez/2017.

MEDINA, José Miguel Garcia. *Novo Código de Processo Civil Comentado*. 4ª ed. São Paulo: RT, 2016.

_____. *Direito Processual Civil Moderno*. São Paulo: RT, 2015.

MEDRADO, Wank Remy de Sena. Notas aos artigos 188 a 235. in MENDES, Aluisio Castro, SILVA, Larissa Pochman da, ALMEIDA, Marcelo Pereira (coord.). *Novo Código de Processo Civil Comparado e Anotado*. 4ª ed., Rio de Janeiro: GZ, 2017.

MEIRELES, Edilton. *Temas da Reforma Trabalhista*. São Paulo: LTr, 2018.

_____. Arbitragem Trabalhista nos EUA: visão da Suprema Corte. *In* TUPINAMBÁ, Carolina (coord.). *Soluções de conflitos trabalhistas: novos caminhos*. São Paulo: LTr, 2018.

_____. A lei coletiva trabalhista (convenções e acordos coletivos). *Revista Jurídica Luso Brasileira*, Lisboa, Ano 3, N.º 5, 2017.

_____. O novo CPC e sua aplicação supletiva e subsidiária no processo do trabalho. *In* MIESSA, Élisson (coord.). *O novo Código de Processo Civil e seus reflexos no processo do trabalho*. Salvador: Editora Juspodivm, 2015.

_____. A amplitude do poder normativo da Justiça do Trabalho. *Revista LTr*, São Paulo, Vol. 78, n.º 10, out/2014.

_____. O novo CPC e as regras supletiva e subsidiária ao processo do trabalho. *Revista dos Tribunais*, São Paulo, Vol. 157, 2014.

_____. *Competência e procedimento na Justiça do Trabalho: primeiras linhas da reforma do judiciário*. São Paulo: LTr, 2005.

MEIRELES, Edilton; BORGES, Leonardo Dias. A nova execução cível e seus impactos no processo do trabalho. *Revista LTr*, São Paulo, Vol. 70, N.º 3, mar/2006.

MEIRELES, Monique. Análise da proteção do trabalhador e da tutela dos interesses sociais indisponíveis garantida por meio do Ministério Público com base no direito do trabalho. *Revista Síntese: trabalhista e previdenciária*, São Paulo, Vol. 29, N.º 353, nov/2018.

MEIRELLES, Davi Furtado. Poder Normativo: Momento de Transição. *Revista LTr*, São Paulo, Vol. 69, N.º 6, jun/2005.

MEIRELES, Ana Cristina Costa e; MEIRELES, Edilton. *A intangibilidade dos direitos trabalhistas*. São Paulo: LTr, 2009.

MELEK, Marlos Augusto. *Trabalhista! O que mudou! Reforma Trabalhista 2017*. Curitiba: Estudo Imediato, 2017.

MELGAR, Alfredo Montoya. *Derecho del Trabajo*. Madrid: Tecnos, 2016.

MELGAR, Alfredo Montoya; NAVARRO, Antonio Sempere, MORENO, Jesús Galiana; SALMERÓN, Bartolome Ríos. *El nuevo procedimiento laboral*. Madrid: Tecnos, 1990.

MELHADO, Reginaldo. Trabalhador pseudossuficiente: o conto de vigário da autonomia da vontade na 'Reforma' Trabalhista". In FELICIANO, Guilherme Guimarães, TREVISO, Marco Aurélio, FONTES, Saulo Tarcísio (coord.). Reforma Trabalhista – visão, compreensão e crítica. São Paulo: LTr, 2017.

_____. *Metamorfoses do capital e do trabalho*. São Paulo: LTr, 2006.

_____. Da dicotomia ao conceito aberto; as novas competências da Justiça do Trabalho. *In:* COUTINHO, Grijalbo Fernandes, FAVA Marcos Neves (coord.). *Justiça do Trabalho: competência ampliada*. São Paulo: LTr, 2005.

MELO, Diogo Leonardo Machado de. Princípios do direito contratual: autonomia privada, relatividade, força obrigatória, consensualismo. *Teoria Geral dos Contratos*. São Paulo: Atlas, 2011.

MELO, Gabriela Fonseca de. A dinamização do ônus da prova: uma via certa à obtenção da tutela jurisdicional trabalhista plena. *Revista de Direito do Trabalho*, São Paulo, Vol. 43, N.º 181, set/2017.

MELO, Raimundo Simão. *Direito ambiental do trabalho e a saúde do trabalhador*. 3ª ed. São Paulo: LTr, 2008.

_____. Ajuizamento de Dissídio Coletivo de Comum Acordo. *Revista do TST*, Porto Alegre, Vol. 72, N.º 2, maio-ago/2006.

_____. *Ação civil pública na Justiça do Trabalho*. 2ª ed. São Paulo: LTr, 2004.

_____. *Dissídio coletivo de trabalho*. São Paulo: LTr, 2002.

_____. A arbitragem como mais uma alternativa à solução dos conflitos trabalhistas. *Revista Trabalho & Doutrina*, São Paulo, N.º 19, 1998.

MELO FILHO, Hugo Cavalcanti. Nova Competência da Justiça do Trabalho: Contra a Interpretação Reacionária da Ementa n. 45/2004. *In* COUTINHO, Brijalbo Fernandes, FAVA, Marcos Neves (coord.). *Justiça do Trabalho: competência ampliada*. São Paulo: LTr, 2005.

MELLO, Celso Antonio Bandeira de. *O conceito jurídico do princípio da igualdade*. 3 ed. São Paulo: Malheiros, 2000.

MELLO, Marcos Bernardes de. *Teoria do fato jurídico*. São Paulo: Saraiva, 2014.

MELLO FILHO, Luiz Philippe Vieira de. A teoria do diálogo das fontes e o direito processual do trabalho. *Revista LTr*, São Paulo, Vol. 81, N.º 11, nov/2017.

MENDES, Aluisio Gonçalves de Castro. SILVA, Larissa Clare Pochmann. Os impactos do novo CPC na razoável duração do processo. *Revista de Processo*, São Paulo, Vol. 40, N.º 241, mar/2015.

MENDES, Aluisio Gonçalves de Castro, SEGUNDO, Elpídio, ALMEIDA, Marcelo. Notas aos artigos 1 a 41. in MENDES, Aluisio Castro, SILVA, Larissa Pochmann da, ALMEIDA, Marcelo Pereira de (coord.). *Novo Código de Processo Civil Comparado e Anotado*. 4ª ed. Rio de Janeiro: GZ, 2017.

MENDES, Anderson Cortez; CAPIOTTO, Gabriele Mutti. Saneamento do processo no novo código de processo civil. *Revista de Processo*, São Paulo, Vol. 42, N.º 266, abr/2017.

MENDONÇA, Euclydes José Marchi. Validade da cláusula compromissória em contrato de trabalho de empregado que exerce função de alto executivo – comentário à sentença no processo 00021863420105020076, 76ª Vara do Trabalho de São Paulo. *Revista de Arbitragem e Mediação*, São Paulo, Vol. 9, N.º 35, out-dez/2012.

MENDONÇA NETO, Delosmar Domingos de; GUIMARÃES, Luciano Cezar Vernalha. Negócio jurídico processual, direitos que admitem a autocomposição e *pactum de non petendo*. *Revista de Processo*, São Paulo, Vol. 42, N.º 272, out/2017.

MENEZES, Cláudio Armando Couce de. A Emenda Constitucional 45 e algumas questões acerca da competência e do procedimento na Justiça do Trabalho. *Revista de Direito do Trabalho*, São Paulo, Vol. 118, 2005.

_____. *Direito Processual do trabalho*. São Paulo: LTr, 2002, v. 2.

_____. Arbitragem: solução viável para o descongestionamento da Justiça do Trabalho? Dependeria o seu funcionamento de alteração em nosso ordenamento jurídico? *Jornal Trabalhista*, Vol. 14, N.º 683, 1997.

_____. Breves notas sobre a intervenção de terceiros no processo civil e no processo do trabalho. *Revista de Direito do Trabalho*, São Paulo, Vol. 90, abr-jun/1995.

_____. Interpretação e aplicação das normas de direito do trabalho princípios de direito do trabalho; renúncia e transação. *Revista LTr*, São Paulo, Vol. 55, n.º 06, jun/1991.

MENEZES, Cláudio Armando Couce de; BORGES, Leonardo Dias. Juízo arbitral no processo do trabalho. *Revista Trabalho & Doutrina*, São Paulo, N.º 14, 1997.

MENEZES, Iure Pedroza. Arbitragem no direito do trabalho e a Constituição Federal de 1988. *Jornal Trabalhista Consulex*, Vol. 19, N.º 928, 2002.

MENEZES, Valquíria Maria Novaes. Do negócio jurídico processual e o consumidor: interpretação da vulnerabilidade como limite nos negócios processuais. *In* MARCATO, Ana, et. al. (coord.). *Negócios Processuais*. Salvador: Juspodivm, 2017, Vol. I.

MEUCCI, Mario. *Considerazioni in tema di prescrizione, rinunzie e transazioni nel rapporto di lavoro*, disponível em http://dirittolavoro.altervista.org/prescrizionerinunzietransazioni.html.

MIESSA, Élisson. Processo de Jurisdição Voluntária para homologação de acordo extrajudicial. *In* TUPINAMBÁ, Carolina (coord.). *Soluções de conflitos trabalhistas: novos caminhos.* São Paulo: LTr, 2018.

______. *O novo Código de Processo Civil e seus reflexos no processo do trabalho.* Salvador: Juspodivm, 2015.

MILIONI, Pedro de Souza Gomes. Breves reflexões sobre a arbitragem individual trabalhista. *In* TUPINAMBÁ, Carolina (coord.). *Soluções de conflitos trabalhistas: novos caminhos.* São Paulo: LTr, 2018.

MIRAGEM, Bruno. *Curso de Direito do Consumidor.* 6. Ed. São Paulo: RT, 2016.

MIRANDA, Fernando Hugo R. A descentralização da negociação coletiva – compreendendo o fenômeno por meio de uma análise comparada da experiência brasileira, francesa e alemã. *Revista LTr*, São Paulo, Vol. 76, N.º 12, dez/2012.

MIRANDA, Francisco Cavalcante Pontes de. *Tratado de Direito Privado.* São Paulo: RT, 2012, T. III.

______. *Comentários ao Código de Processo Civil.* 3ª ed. Rio de Janeiro: Forense, 1997, T. V.

MIRANDA, Jorge; MEDEIROS, Rui. *Constituição Portuguesa Anotada.* 2ª ed. Coimbra: Coimbra, 2010, vol. I.

MITIDIERO, Daniel. *Colaboração no processo civil: pressupostos sociais, lógicos e éticos.* 3ª ed. São Paulo: RT, 2015.

______. A colaboração como modelo e como princípio no processo civil. *Revista de Processo Comparado*, São Paulo, Vol. 2, jul-dez/2015.

______. *Comentários ao Código de Processo Civil.* São Paulo: Memória Jurídica, 2005, T. II.

MOLINA, André Araújo. Atos processuais. *In* BRANDÃO, Cláudio, MALLET, Estêvão (coord.). *Processo do trabalho.* Salvador: Juspodivm, 2015.

MOLINA, André Araújo; GUERRA FILHO, Willis Santiago. Renúncia e transação no direito do trabalho – uma nova visão constitucional à luz da teoria dos princípios. *Revista LTr*, São Paulo, Vol. 74, N.º 02, fev/2010.

MONNAZZI, Ricardo Nogueira. A arbitragem na Reforma Trabalhista e o empregado hipersuficiente. *In* TUPINAMBÁ, Carolina (coord.). *Soluções de conflitos trabalhistas: novos caminhos.* São Paulo: LTr, 2018.

MONTEIRO, Alexandra Luiz Moraes do Rêgo. Administração Pública consensual e arbitragem. *Revista de Arbitragem e Mediação*, São Paulo, Vol. 9, N.º 35, out-dez/2012.

MONTENEGRO FILHO, Misael. *Novo Código de Processo Civil Comentado.* 3ª ed. São Paulo: Atlas, 2016.

______. *Curso de Direito Processual Civil.* 12ª ed. São Paulo: Atlas, 2016.

MORAES, Alexandre. *Direito Constitucional.* 33ª ed. São Paulo: Atlas, 2016.

MORAES, Theisa Cristina Scarel de. Aplicabilidade do art. 219, §5º, do CPC no processo do trabalho. *Revista LTr,* São Paulo, Vol. 75, N.º 06, jun/2011.

MORAES FILHO, Evaristo de. *Introdução ao direito do trabalho.* São Paulo: LTr, 1991.

MORAIS, Filipe Moralles. O que protege o princípio da proteção? Cinco teses sobre a finalidade do direito do trabalho. *Revista do Tribunal Regional do Trabalho da 12ª Região,* Florianópolis, Vol. 19, N.º 28, 2016.

MORATO, João Marcos Castilho. Solução de conflitos, o novo CPC e as relações de trabalho. *In* MIESSA, Élisson (coord.). *O novo Código de Processo Civil e seus reflexos no processo do trabalho.* Salvador: Editora Juspodivm, 2016.

MOREIRA, Adriano Jannuzzi. Mediação e arbitragem no cenário trabalhista atual: mudança de paradigma na pacificação dos conflitos. *Revista Síntese Trabalhista e Previdenciária,* São Paulo, Vol. 29, N.º 352, out/2018.

_____. A mediação e a arbitragem como meios extrajudiciais de resolução de conflitos trabalhistas na vigência da Lei n.º 13.467/2017 – Reforma Trabalhista. *Revista LTr,* São Paulo, Vol. 81, N.º 09, set/2017.

MOREIRA, José Carlos Barbosa. *Comentários ao Código de Processo Civil.* 14º ed. Rio de Janeiro: Forense, 2008, vol. V.

_____. Provas atípicas. *Revista de Processo,* Vol. 19, N.º 76, out-dez/1994.

_____. A desinformação jurídica. *Revista Forense,* Rio de Janeiro, Vol. 325, Ano 90, fev/1994.

_____. La igualdad de las partes en el proceso civil. *Revista de Processo,* São Paulo, Vol. 11, N.º 44, out-dez/1986.

_____. Convenções das partes sobre matéria processual. *Revista de Processo,* São Paulo, Vol. 9, n.º 33, jan-mar/1984.

_____. Presunções e a prova. *In* MOREIRA, José Barbosa. *Temas de Direito Processual Civil.* São Paulo: Saraiva, 1977.

MOREIRA, Nelson Camatta; OLIVEIRA, Marina Silva Rebelo de. Desmonte ao estado social e o fim do estado democrático de direito: algumas bases teóricas para uma crítica à avalanche neoliberal e às reformas sociais no Brasil. *In* MELO, Raimundo Simão de, Rocha, Jannotti da (coord.). *Constitucionalismo, Trabalho, Seguridade Social e as Reformas Trabalhista e Previdenciária.*São Paulo: Ltr, 2017.

MOREIRA, Victória Hoffmann; PEIXOTO, Juliene de Souza. Negócios jurídicos processuais e os poderes instrutórios do juiz. *In* MARCATO, Ana, et. al. (coord.). *Negócios Processuais.* Salvador: Juspodivm, 2017, vol. I.

MOREIRA JÚNIOR, Landial. O sistema núcleo intersindical de conciliação trabalhista (NINTER) e a participação dos sindicatos. *In* TUPINAMBÁ, Carolina (coord.). *Soluções de conflitos trabalhistas: novos caminhos.* São Paulo: LTr, 2018.

MORGADO, Isabele Jacob. *A arbitragem nos conflitos de trabalho.* São Paulo: LTr, 1998.

MOTA, Konrad Saraiva. Jurisdição voluntária trabalhista: aspectos controvertidos. *In* BARRETO, Daniel Arêa Leão, RAMOS, Rafael Teixeira, OLIVEIRA, Vanessa Batista (coord.). *Direito e Processo do Trabalho. Temas de acordo com a Reforma Trabalhista.* São Paulo: LTr, 2017.

MOTTA, Cristiana Reindolf da; MOLLER, Gabriela Samrsla. A abertura hermenêutica das convenções processuais à execução: pela busca da satisfatividade da tutela do direito material. *In* MARCATO, Ana, et. al. (coord.). *Negócios Processuais*. Salvador: Juspodivm, 2017, vol. I.

MOURA, Marcelo. Ônus da prova no processo do trabalho à luz da Lei n.º 13.467/2017. *In* BARRETO, Daniel Arêa Leão, RAMOS, Rafael Teixeira, OLIVEIRA, Vanessa Batista (coord.). *Direito e Processo do Trabalho. Temas de acordo com a Reforma Trabalhista*. São Paulo: LTr, 2017.

______. Atos, termos e prazos processuais no CPC/2015 e no processo do trabalho. *In* MIESSA, Élisson (coord.). *O novo Código de Processo Civil e seus reflexos no processo do trabalho*. Salvador: Editora Juspodivm, 2015.

______. *Consolidação das leis do trabalho: para concursos*. Salvador: Juspodivm, 2013.

MOUSINHO, Ileana Neiva. A saúde e segurança do trabalho e os limites constitucionais e convencionais à negociação colectiva. *In* PIRES, Rosemary de Oliveira, LORENTZ, Lutiana Nacur, BARBOSA, Arnaldo Afonso (coord.). *Reforma Trabalhista na Visão de Procuradores do Trabalho*. Salvador: Juspodivm, 2018.

MOUZALAS, Rinaldo; ATAÍDE JÚNIOR, Jaldemiro Rodrigues de. Distribuição do ônus da prova por convençaõ processual. *Revista de Processo*, São Paulo, Vol. 40, N.º 240, fev/2015.

MUÇOUÇA, Renato de Almeida Oliveira. A nova principiologia protetiva no contrato de emprego: a visão promocional dos direitos humanos fundamentais. *Arquivos do Instituto Brasileiro de Direito Social Cesarino Júnior*, Vol. 33, 2009.

MÜCKENBERGER, Ulrich, WANK, Rolf; BUNCHNER, Herbert. Ridefinire la nozione di subordinazione? Il dibattio in Germania. *Giornale di diritto del laboro e di relazioni industriali*, Milão, Ano 22, n.º 86, 2000.

MÜLLER, Julio Guilherme. *Negócios processuais e desjudicialização da produção da prova*. São Paulo: RT, 2017.

MUNERATI, Ligia Ramia. A importância do acordo coletivo e da convenção coletiva no direito do trabalho e a prevalência destes sobre os textos legais no Brasil e na Europa. *Revista dos Tribunais*, São Paulo, Vol. 106, N.º 985, nov/2017.

MUNIZ, Joaquim de Paiva. Arbitragem no direito do trabalho. *Revista de Arbitragem e Mediação*, São Paulo, Vol. 15, N.º 56, jan-mar/2018.

MUÑOZ, Maria Paula Costa Bertran. Paralelismo entre assimetria de informações e vulnerabilidade dos consumidores: uma análise acerca de juros em contratos de concessão de crédito. *Revista de Direito do Consumidor*, São Paulo, Ano 22, N.º 86, mar-abr/2013.

MURADAS, Daniela. Notas sobre a (in)disponibilidade contratual do hipervulnerável e impossibilidade de via arbitral. *In* SOUTO MAIOR, Jorge, SEVERO, Valdete Souto (coord.). *Resistência: aportes teóricos contra o retrocesso trabalhista*. São Paulo: Expressão Popular, 2017.

NAHAS, Thereza Christina. A reforma trabalhista brasileira no marco da economia globalizada, *Revista Jurídica Luso Brasileira*, Vol. III, N.º 4, 2017.

NASCIMENTO, Amauri Mascaro. *Compêndio de Direito Sindical.* 7ª ed. São Paulo: LTr, 2012.

_____. *Curso de Direito do Trabalho.* 26ª ed. São Paulo: Saraiva, 2011.

_____. A questão do dissídio coletivo "de comum acordo". *Revista LTr,* São Paulo, Vol. 70, N.º 6, jun/2006.

_____. Estudos sobre renúncia e transação. *In* FREDIANI, Yone (coord.) *Tendências do direito material e processual do trabalho.* São Paulo: LTr, 2000.

_____. A subsidiariedade do direito processual comum no processo trabalhista. *Revista de Processo,* São Paulo, Vol. 1, N.º 2, abr-jun/1976.

NASCIMENTO, Amauri Mascaro; NASCIMENTO, Sônia Mascaro. *Curso de Direito Processual do Trabalho.* 29ª ed. São Paulo: Saraiva, 2015.

NASCIMENTO, Sonia Mascaro. Alguns impactos do novo Código de Processo Civil no processo do trabalho. *In* CIANCI, Mirma et. al. (coord.). *Novo Código de Processo Civil. Impactos na Legislação Extravagante e Interdisciplinar.* São Paulo: Saraiva, 2016, vol. II.

NASCIMENTO, Diandra Rodrigues Abordagem sobre a reforma trabalhista: aspectos jurídicos da flexibilização e desregulamentação da legislação laboral no Brasil. Revista do Tribunal Regional do Trabalho da 3ª Região, Belo Horizonte, V. 64, N.º 97, jan-jun/2018.

NASSER, Paulo Magalhães. Comentários ao artigo 471. *in* CABRAL, Antonio do Passo, CRAMER, Ronaldo (coord.). *Comentários ao Novo Código de Processo Civil.* 2ª ed. São Paulo: Forense, 2016.

NEGREIROS, Teresa. *Teoria do Contrato. Novos paradigmas.* 2ª ed. Rio de Janeiro: Renovar, 2006.

NERY, Rosa Maria de Andrade. *Introdução ao pensamento jurídico e à teoria geral do direito privado.* São Paulo: RT, 2008.

NERY JÚNIOR, Nelson. Aspectos do processo civil no Código de Defesa do Consumidor. *Revista de Direito do Consumo,* São Paulo, N.º 1, 2002.

_____. O processo do trabalho e os direitos individuais homogêneos – um estudo sobre a ação civil pública trabalhista. *Revista LTr,* São Paulo, Ano 64, N.º 02, fev/2000.

NERY JÚNIOR, Nélson; NERY, Rosa Maria Andrade. *Código de Processo Civil Comentado.* 16ª ed. São Paulo: RT, 2016.

_____. *Leis civis e processuais comentadas.* 4ª ed. São Paulo: RT, 2015.

_____. *Comentários ao Código de Processo Civil.* São Paulo: RT, 2015.

NEVES, Daniel Amorim Assumpção. *Manual de direito processual civil.* Salvador: Juspodivm, 2017. Volume único.

_____. *Novo Código de Processo Civil Comentado artigo por artigo.* 2ª ed. Salvador: Juspodivm, 2017.

NEVES, Murilo Sechieri Costa. Anotações aos artigos 188 a 317, *in* FIGUEIREDO, Simone Diogo Carvalho (coord.). *Novo CPC anotado e comparado para concursos.* São Paulo: Saraiva, 2015.

NEVES, Rodrigo Santos. Audiências de conciliação e a Fazenda Pública: o dogma da indisponibilidade do interesse público em juízo. *Revista dos tribunais*, São Paulo, Vol. 990, Ano 107, abr/2018.

NIN, Miguel Ferreira. Hipossuficiência e subordinação jurídica nas relações de trabalho contemporâneo. *Revista do Tribunal Regional do Trabalho da 15ª Região*, Campinas, N.º 40, 2012.

NISHIYAMA, Adolfo Mamoru. Os direitos das pessoas com deficiência e sua transformação histórica. *Revista dos tribunais*, São Paulo, Vol. 986, Ano 106, dez/2017.

NISHIYAMA, Adolfo Mamoru; DENSA, Roberta. A proteção dos consumidores hipervulneráveis: os portadores de deficiência, os idosos, as crianças e os adolescentes. *Revista de Direito do Consumidor*, São Paulo, Vol. 19, N.º 76, out-dez/2010.

NISHIYAMA, Adolfo Mamoru; TOLEDO, Roberta Cristina Paganini. O Estatuto da Pessoa com Deficiência: reflexões sobre a capacidade civil. *Revista dos tribunais*, São Paulo, Vol. 974, Ano 105, dez/2016.

NOGUEIRA, Pedro Henrique. Gestão da execução por meio de negócios jurídicos processuais no processo civil brasileiro. *Revista de Processo*, São Paulo, Vol. 43, N.º 286, dez/2018.

_____. Comentários aos arts. 218 e 235 do CPC. *In* TUCCI, José Cruz e; FERREIRA FILHO, Manoel, APRIGLIANO, Ricardo Carvalho, DOTTI, Rogéria, MARTINS, Sandro (coord.). *Código de Processo Civil Anotado.* 3ª ed. Rio de Janeiro: GZ, 2018.

_____. *Negócios jurídicos processuais*. Salvador: Juspodivm, 2016.

_____. Comentários aos artigos 190 e 191. *In* WAMBIER, Teresa Arruda Alvim, DIDIER JR., Fredie, TALAMINI, Eduardo, DANTAS, Bruno (coord.). *Breves Comentários ao Novo Código de Processo Civil.* 3ª ed. São Paulo: RT, 2016.

_____. Negociação processual trabalhista. *In* DALLEGRAVE NETO, José Afonso, GOULART, Rodrigo Fortunato (coord.). *Novo CPC e o Processo do Trabalho*. 2ª ed. São Paulo: LTr, 2016.

_____. Sobre os acordos de procedimento no Processo Civil Brasileiro. *In* CABRAL, Antonio do Passo; NOGUEIRA, Pedro Henrique (coord.). *Negócios Processuais*. 2ª ed. Salvador: Juspodivm, 2016.

_____. *Negócios Jurídicos Processuais: Análise dos Provimentos Judiciais como Atos Negociais.* Tese de Doutoramento (UFBA). Salvador: 2011.

_____. A cláusula geral do acodo de procedimento no projeto do novo CPC (PL 8.046/2010). *In* FREIRE, Alexandre et. al. (coord.). *Novas tendências do processo civil: estudos sobre o projeto do novo código de processo civil.* Salvador: Juspodivm, 2013, vol. I.

NORONHA NETO, Francisco Tavares. Configuração da relação de emprego – suportes fático e racional. *Revista LTr,* São Paulo, Vol. 75, n.º 12, dez/2011.

NUNES, Dierle; CARVALHO, Mayara de. Comentário ao arts. 13º a 20º do CPC. *In* TUCCI, José Cruz e; FERREIRA FILHO, Manoel, APRIGLIANO, Ricardo Carvalho, DOTTI, Rogéria, MARTINS, Sandro (coord.). *Código de Processo Civil Anotado.* 3ª ed. Rio de Janeiro: GZ, 2018.

NUNES, Dierle; SILVA, Natanael Lud Santos da. Comentários ao art. 357 *In* STRECK, Lenio Luiz, NUNES, Dierle, CUNHA, Leonardo Carneiro da (Org.). *Comentários ao Código de Processo Civil.* São Paulo: Saraiva, 2017.

NUNES, Rizzatto. *Comentários ao Código de Defesa do Consumidor.* 8ª ed. São Paulo: Saraiva, 2015.

OLEA, Manuel Alonso. *Introdução ao direito do trabalho.* Porto Alegre: Sulina, 1969.

OLEA, Manuel Alonso; BAAMONDE, Maria Emilia Casas. *Derecho del trabajo.* 26ª ed. Madrid: Civitas, 2009.

OLIVEIRA, Amanda Flávio de; CARVALHO, Diógenes Faria de. Vulnerabilidade comportamental do consumidor: porque é preciso proteger a pessoa superendividada. *Revista de Direito do Consumidor,* São Paulo, Vol. 25, N.º 104, Ano 25, mar-abr/2016.

OLIVEIRA, Bruno Silveira. Comentários ao artigo 63. *In* WAMBIER, Teresa Arruda Alvim, DIDIER JR., Fredie, TALAMINI, Eduardo, DANTAS, Bruno (coord.). *Breves Comentários ao Novo Código de Processo Civil.* 3ª ed. São Paulo: RT, 2016.

OLIVEIRA, Bruno Vianna Zappelli de. Métodos autocompositivos de resolução de conflitos: uma alternativa à Fazenda Pública na Justiça do Trabalho. *In* TUPINAMBÁ, Carolina (coord.). *Soluções de conflitos trabalhistas: novos caminhos.* São Paulo: LTr, 2018.

OLIVEIRA, Lourival José; FIGUEIREDO, Mayra Freire. A reforma trabalhista e a liberdade contratual: o direito ao trabalho construído sob a perspectiva puramente económica. *Revista Trabalhista Direito e Processo,* Brasília, Vol 17, Vol. 59, jan-jun/2018.

OLIVEIRA, Francisco Antonio de. Comentários sobre a Instrução Normativa N. 39 (Resolução do TST N. 203 de 15.03.2016) que dispõe sobre as normas do novo código de processo civil, instituído pela Lei n.13.105, de 15 de março de 2015. *Revista LTr,* São Paulo, Vol. 80, N.º 07, jul/2016.

_____. *Comentários à Consolidação das Leis do Trabalho.* 4ª ed. São Paulo: RT, 2013.

OLIVEIRA, Guilherme Peres de. Comentários ao artigo 225. *in* CABRAL, Antonio do Passo, CRAMER, Ronaldo (coord.). *Comentários ao Novo Código de Processo Civil.* 2ª ed. São Paulo: Forense, 2016.

OLIVEIRA, Murilo Carvalho Sampaio. Impactos do CPC/2015 no Direito Processual do Trabalho. *Revista Magister de Direito do Trabalho,* São Paulo, Ano 13, N.º 77, mar-abr/2017.

_____. Dilemas do direito processual do trabalho com o advento do NCPC. *In* DALLEGRAVE NETO, José Afonso, GOULART, Rodrigo Fortunato (coord.). *Novo CPC e o Processo do Trabalho.* 2ª ed. São Paulo: LTr, 2016.

_____. *A (re)significação do critério da dependência econômica: uma compreensão interdisciplinar do assalariamento em crítica à dogmática trabalhista.* Tese de Doutoramento (UFP). Curitiba, 2011.

_____. A crise do princípio da proteção no direito do trabalho. *Revista do TRT da 9ª Região,* Curitiba, Ano 34, N.º 62, 2009.

_____. Subordinação jurídica: um conceito desbotado. *Revista de Direito do Trabalho,* São Paulo, Vol. 33, N.º 126, abr-jun/2007.

OLIVEIRA, Paulo Mendes de. Negócios processuais e o duplo grau de jurisdição. *In* CABRAL, Antonio do Passo; NOGUEIRA, Pedro Henrique (coord.). *Negócios Processuais*. 2ª ed. Salvador: Juspodivm, 2016.

OLIVEIRA, Pedro Miranda de. A flexibilização do procedimento e a viabilidade do recurso extraordinário per saltum no CPC projetado. *In* FREIRE, Alexandre et. al (coord.). *Novas tendências do processo civil: estudos sobre o projeto do novo código de processo civil*. Salvador: Juspodivm, 2014, vol. III.

OLIVEIRA JUNIOR, José Alcebíades; BORBA, Mauro. A proteção dos consumidores nas sociedades de mercado. *Revista de Direito do Consumidor*, São Paulo, Ano 21, N.º 84, out-dez/2012.

OLIVEIRA JUNIOR, Zulmar Duarte de. Comentários ao art. 200 do CPC. *In* STRECK, Lenio Luiz, NUNES, Dierle, CUNHA, Leonardo Carneiro da (Org.). *Comentários ao Código de Processo Civil*. São Paulo: Saraiva, 2017.

ONO, Taynara Tiemi. A flexibilização procedimental: uma comparação entre os sistemas jurídicos brasileiro, inglês e português. *Revista de Processo*, São Paulo, Vol. 41, N.º 254, abr/2016.

OVIEDO, Carlos G. *Tratado elemental de derecho social*. Madrid: Suárez, 1934.

PACHECO, Iara Alves Cordeiro. *Os direitos trabalhistas e a arbitragem*. São Paulo: LTr, 2003.

PADILHA, Norma Sueli. A leitura principiológica do direito do trabalho na nova hermenêutica constitucional: uma análise de colisão de valores frente à Súmula n.º 331 do TST. *Revista do TST*, São Paulo, Vol. 78, N.º 2, abr-jun/2012.

PAES, Arnaldo Boson. Homologação de acordo extrajudicial – especificidades da jurisdição voluntária. *Revista LTr*, São Paulo, Vol. 82, N.º 02, fev/2018.

PAI MORAES, Paulo Valério Dal. Novo Código de Processo Civil – O Ministério Público e os Métodos Autocompositivos de Conflito – negociação, mediação e conciliação. *In* TUPINAMBÁ, Carolina (coord.). *Soluções de conflitos trabalhistas: novos caminhos*. São Paulo: LTr, 2018.

______. *Código de Defesa do Consumidor: o princípio da vulnerabilidade no contrato, na publicidade e nas demais práticas comerciais*. 3ª ed. Porto Alegre: Livraria do Advogado, 2009.

PAIXÃO, Cristiano; FLUERY, Ronaldo Curado. O Ministério Público no contexto da reforma trabalhista: atuação em defesa da Constituição. *In* MELO, Raimundo Simão de, Rocha, Jannotti da (coord.). *Constitucionalismo, Trabalho, Seguridade Social e as Reformas Trabalhista e Previdenciária*.São Paulo: Ltr, 2017.

PAIXÃO JÚNIOR, Manoel Galdino da. O direito Processual Comum como fonte do Direito Processual do Trabalho. *In* SENA, Adriana, RENAULT, Luiz Otávio, VIANA, Márcio Túlio, CANTELLI, Paula (coord.). *Processo do trabalho atual e temas conexos*. Belo Horizonte: Mandamentos, 2004.

PALHUCA, João. Hipossuficiência, o passado que o país precisa eliminar. *Jornal Trabalhista Consulex*, Brasília, Ano XXX, n.º 1509, 2013.

PAMPLONA FILHO, Rodolfo. A nova competência da Justiça do Trabalho – uma contribuição para a compreensão dos limites do novo art. 114 da Constituição Federal de 1988. *Revista de Direito do Trabalho*, São Paulo, Vol. 31. N.º 121, jan-mar/2006.

_____. Atualizando uma visão didática da arbitragem na área trabalhista. *Jus*, 2005, disponível em https://jus.com.br/artigos/6831/atualizando-uma-visao-didatica-da-arbitragem-na-area-trabalhista.

_____. Arbitragem trabalhista: visão didática. *Revista Trabalho & Doutrina*, São Paulo, N.º 22, set/1999.

_____. Alterações do código de processo civil: semelhanças com o processo do trabalho. *Decisório Trabalhista*, Curitiba, N.º 2, fev/1996.

Pamplona Filho, Rodolfo; Giacomo, Fernanda Salinas Di. A aplicabilidade da denunciação da lide no processo do trabalho. *Revista de Direito do Trabalho*, São Paulo, Vol. 33, N.º 126, 2007.

Pamplona Filho, Rodolfo; Souza, Tercio. *Curso de direito processual do trabalho.* São Paulo: Marcial Pons, 2014.

Pancotti, José Antonio; Pancotti Junyor, José Antonio. O novo Código de Processo Civil e as repercussões no processo do trabalho. *In* Lockmann, Ana Paula Pellegrina, Giordani, Francisco Alberto (coord). *Repercussões no Processo do Trabalho do CPC de 2015* – Homenagem ao Desembargador Lorival Ferreira dos Santos. São Paulo: LTr, 2017.

Pantoja, Fernanda Medina. Convenções pré-processuais para a concepção de procedimentos preliminares extrajudiciais. *In* Marcato, Ana, et. al. (coord.). *Negócios Processuais.* Salvador: Juspodivm, 2017, vol. I.

_____. Comentários ao artigo 168. *in* Cabral, Antonio do Passo, Cramer, Ronaldo (coord.). *Comentários ao Novo Código de Processo Civil.* 2ª ed. São Paulo: Forense, 2016.

Paula, Carlos Alberto Reis de. *A especificidade do ônus da prova no processo do trabalho.* 2ª ed. São Paulo: LTr, 2010.

Paula, Gáudio Ribeiro de. Arbitrabilidade dos litígios individuais laborais à luz do ordenamento luso-brasileiro. *Revista de Direito do Trabalho*, São Paulo, Vol. 44, N.º 191, jul/2018.

Pasqualotto, Adalberto; Soares, Flaviana Rampazzo. Consumidor Hipervulnerável: análise crítica, substrato axiológico, contornos e abrangência. *Revista de Direito do Consumidor*, São Paulo, Ano 26, N.º 113, set-out/2017.

Pazos, Ricardo. Transparency in contracts with consumers – A new beginning? *Revista de Direito do Consumidor*, São Paulo, Vol. 26, N.º 112, jul-ago/2017.

Pedreira, Luiz de Pinho Pedreira da. *Principiologia de direito do trabalho.* São Paulo: LTr, 1999.

_____. A Justiça do Trabalho e sua autonomia. *Revista do Direito do Trabalho*, São Paulo, Vol. 85, mar/1994.

_____. Revisitação ao princípio da condição mais benéfica. *Revista de Direito do Trabalho*, São Paulo, Vol. 83, set/1993.

Pedron, Flávio Quinaud; Costa, Jéssica Nayara Duarte. O saneamento no processo civil como instrumento de efetividade da atividade jurisdicional. *Revista de Processo*, Vol. 42, N.º 274, São Paulo, dez/ 2017.

PEDRON, Flávio Quinaud; FERREIRA, Isadora Costa. O ônus da prova dinâmico no Código de Processo Civil de 2015. *Revista de Processo*, São Paulo, Vol. 43, N.º 285, nov/2018.

PEDRON, Flávio Quinaud; SILVA, Diogo Bacha; BAHIA, Alexandre Gustavo Melo Franco de Moraes. Uma (re)construção jurídico-política do direito processual civil brasileiro: o Código de Processo Civil de 2015 como superação de certa tradição autoritária do processo. *Revista de Processo*, São Paulo, Vol. 42, N.º 271, set/2017.

PEIXOTO, Aguimar Martins. Negociação Coletiva. *Revista Trabalho & Doutrina*, São Paulo, N.º 20, mar/1999.

PEIXOTO, Renata Cortez Vieira. Negócios jurídicos processuais penais atípicos: uma análise da aplicabilidade do art. 190 Código de Processo Civil de 2015 aos processos criminais. *In* MARCATO, Ana, et. al. (coord.). *Negócios Processuais*. Salvador: Juspodivm, 2017, Vol. I.

PEIXOTO, Ulisses Vieira Moreira. *Novo Código de Processo Civil Comentado Artigo por Artigo e Aplicado na Prática*. São Paulo: Cronus, 2016.

PELEGRINI, Edison dos Santos. A nova Execução Trabalhista. *Revista do Tribunal Regional do Trabalho da 15ª Região*, Campinas, N.º 52, jan-jun/2018.

PENASA, Luca. Gli Accordi Processuali in Italia. *In* CABRAL, Antonio do Passo; NOGUEIRA, Pedro Henrique (coord.). *Negócios Processuais*. 2ª ed. Salvador: Juspodivm, 2016.

PEREIRA, Alexandre Pimenta Batista. Solução extrajudicial do conflito trabalhista - um destaque para o problema da comissão de conciliação prévia. *Revista IOB trabalhista e Previdenciária*, São Paulo, Vol. 21, N.º 250, abr/2010.

PEREIRA, Ana Lúcia. Não aplicabilidade da cláusula compromissória em contrato individual do trabalho - Comentários ao RR 51085-9.2005.5.10.0014. *Revista de Arbitragem e Mediação*, São Paulo, Vol. 7, N.º 26, jul-set/2010.

______. Considerações sobre a utilização da arbitragem nos contratos individuais do trabalho. *Revista de Arbitragem e Mediação*, São Paulo, Vol. 23, Ano 6, out-dez/2009.

PEREIRA, Deborah Macedo Duprat de Britto. Rescisão de contrato de trabalho por arbitragem. Liberação de valores de FGTS. Precedentes jurisprudenciais. Reconhecimento dos efeitos da sentença arbitral. *Revista de Arbitragem e Mediação*, São Paulo, Vol. 2, N.º 5, 2005.

PEREIRA, Isabella Cristina Ribeiro. Vulnerabilidade e hipossuficiência do consumidor. Distinções significativas. *Revista Jurídica Consulex*, São Paulo, Ano XVII, N.º 399, 2013.

PEREIRA, José Luciano Castilho. A reforma do Poder Judiciário - O Dissídio Coletivo de Greve. *In* COUTINHO, Brijalbo Fernandes, FAVA, Marcos Neves (coord.). *Justiça do Trabalho: competência ampliada*. São Paulo: LTr, 2005.

PEREIRA, Leone. *Manual de processo do trabalho*. 5ª ed. São Paulo: Saraiva, 2018.

______. Flexibilização dos direitos trabalhistas. *Revista dos tribunais*, Vol. 975, São Paulo, jan/2017.

PEREIRA, Mateus Costa. A paridade de armas sob a óptica do garantismo processual. *Revista Brasileira de Direito Processual*, Belo Horizonte, Ano 25, N.º 98, abr-jun/2017.

_____. Princípios do direito processual do trabalho: reflexões em face do novo Código de processo civil. *Revista direito das relações sociais e trabalhistas*, Vol. 1, N.º 2, jul-dez/2015.

_____. A nova Súmula n. 277 do Tribunal Superior do Trabalho – Reflexos na negociação coletiva e no poder normativo da Justiça do Trabalho. *Revista LTr*, São Paulo, Vol. 77, n.º 2, abr/2013.

Pereira Júnior, Antonio Jorge; Serra, Miguel Arcanjo. A (im)possibilidade da arbitragem nos dissídios individuais do Direito do Trabalho. *Revista dos tribunais*, São Paulo, Vol. 106, N.º 986, dez/2017.

Pereira Filho, Benedito Cerezzo. Comentários aos arts. 190 e 191. *In* Alvim, Angélica Arruda, Assis, Araken de, Alvim, Eduardo Arruda, Leite, George Salomão (coord.). *Comentários ao Código de Processo Civil* – de acordo com a Lei n. 13.256/2016. São Paulo: Saraiva, 2016.

Peretti, Luís Alberto Salton. Arbitralidade dos dissídios individuais decorrentes do contrato de trabalho. *Revista de Arbitragem e Mediação*, São Paulo, Vol. 8, N.º 30, jul-set/2011.

Pessoa, Roberto. Aplicação da teoria das 'cargas probatórias dinâmicas' nas lides de acidente de trabalho – uma perspectiva epistemológica. *Revista LTr*, São Paulo, Vol. 75, n.º 11, nov/2011.

Pessoa, Roberto; Pamplona Filho, Rodolfo. A nova velha questão da ultra-atividade das normas coletivas e a Súmula n. 277 do Tribunal Superior do Trabalho. *Revista LTr*, São Paulo, Vol. 77, n.º 2, 2013.

Pettit, Philip. *Teoria da liberdade* (Trad. Renato Sérgio Pubo Maciel). Belo Horizonte: Del Rey, 2007.

Picardi, Nicola. *Manuale del Processo Civile.* 2ª ed. Milano: Giuffrè, 2010.

Picozza, Elisa. Il calendario del processo. *Rivista di Diritto Processuale.* Vol. 64, N.º 6. Padova: CEDAM, 2009.

Pimenta, Adriana Campos de Souza Freire. Os direitos individuais homogêneos e a conciliação no judiciário trabalhista – Possibilidade – Hipótese. *In* Pimenta, Adriana Campos de Souza, Lockmann, Ana Paula Pellegrina (coord.). *Conciliação judicial individual e coletiva e formas extrajudiciais de solução dos conflitos trabalhistas.* São Paulo: LTr, 2014.

Pimenta, José Roberto Freire. A nova competência da Justiça do Trabalho para lides não decorrentes da relação de emprego: aspectos processuais e procedimentais. *In:* Coutinho, Grijalbo Fernandes, Fava Marcos Neves (coord.). *Justiça do Trabalho: competência ampliada.* São Paulo: LTr, 2005.

Pinheiro, Rosalice Fidalgo; Detroz, Derlayne. A hipervulnerabilidade e os direitos fundamentais do consumidor idoso no Direito Brasileiro. *Revista Luso-Brasileira de Direito do Consumo*, Curitiba, Vol. II, N.º 4, 2012.

Pinho, Humberto Dalla Bernardina de. Limites e possibilidade do acordo em direitos indisponíveis: exame do artigo 3º, §2º, da Lei n. 13.140/2015. *In* Tupinambá, Carolina (coord.). *Soluções de conflitos trabalhistas: novos caminhos.* São Paulo: LTr, 2018.

_____. A relevância da negociação com princípios na discussão das cláusulas de convenção processual: aplicação concreta dos postulados da advocacia colaborativa. *Revista de Processo*, São Paulo, Vol. 41, N.º 258, 2016.

PINHO, Humberto Dalla Bernardina de; LOBO, Julia Araripe Leite. Os negócios jurídicos processuais e alegação de existência de convenção de arbitragem. *Revista jurídica luso brasileira*, Vol. 4, N.º 1, 2018.

PINHO, Humberto Dalla Bernardina de; VIDAL, Ludmilla Camacho Duarte. Primeiras reflexões sobre os impactos do novo CPC e da Lei de Mediação no compromisso de ajustamento de conduta. *Revista de Processo*, Vol. 41, N.º 256, jun/2016.

PINTO, Antônio José Carvalho da Silva. Comentários ao art. 190 e 191. in BOCHENEK, Antonio César, CAMBI, Eduardo (coord.). *Código de Processo Civil Comentado*. São Paulo: RT, 2016.

PINTO, Henrique Alves. A vulnerabilidade do consumidor e a ótiva subjetiva do intérprete. *Revista de Direito do Consumidor*, São Paulo, Ano 26, N.º 110, mar-abr/2017.

PINTO, José Augusto Rodrigues. Temas polêmicos do novo CPC e sua aplicação no processo do trabalho. *Revista LTr*, São Paulo, Vol. 79, N.º 07, jul/2015.

_____. Intervenção de terceiro no processo do trabalho. *Revista Trabalho e Processo*. São Paulo: LTr, 2009, vol. I.

_____. *Processo trabalhista de conhecimento*. São Paulo: LTr, 2005.

_____. A Emenda Constitucional nº 45/2004 e a Justiça do Trabalho: Reflexos, Inovações e Impactos. *Revista LTr*, Vol. 69, N.º 5, maio/2005.

_____. Reconhecimento ex offício da prescrição e processo do trabalho. *Revista LTr*, São Paulo, Ano 70, N.º 4, abr/2006.

_____. *Direito Sindical e Coletivo do Trabalho*. 1ª ed. São Paulo: LTr, 1998.

PIRES, Horário de Sena. Direito do Trabalho: a atualidade do princípio da proteção. *Revista do TST*, São Paulo, Vol. 77, N.º 2, abr-jun/2011.

PISCO, Cláudia de Abreu Lima. O acesso à justiça e a tentativa de conciliação prévia de conflitos trabalhistas. *Revista LTr*, São Paulo, Vol. 72, N.º 01, jan/2008.

PITAS, José. História da Justiça do Trabalho: competência. *Revista do Direito do Trabalho*, São Paulo, Vol. 31, N.º 120, 2005.

PLÁ RODRIGUEZ, Américo. *Princípios do direito do trabalho*. São Paulo: LTr, 2015.

_____. *Curso de direito do trabalho*. São Paulo: LTr, 1982.

POMKÉ, Caroline. A mitigação da incidência do adágio *iura novit curia* em virtude das convenções processuais: breve análise do art. 357, §2º, do Novo Código de Processo Civil. *In* MARCATO, Ana, et. al. (coord.). *Negócios Processuais*. Salvador: Juspodivm, 2017, vol. I.

PORTO, Guilherme Athayde; REICHELT, Luis Alberto. Efetividade da tutela jurisdicional e o direito fundamental à prova no novo CPC. *Revista Eletrônica de Direito Processual*, Rio de Janeiro, Vol. 18, N.º 1, 2017.

PORTO, Lorena Vasconcelos. Os altos empregados no Brasil e no direito comparado, 2009, disponível em https://jus.com.br/artigos/12571/os-altos-empregados-no-brasil-e-no-direito-comparado.

_____. A necessidade de uma releitura universalizante do conceito de subordinação. *Revista de Direito do Trabalho*, São Paulo, Vol. 34, N.º 130, abr-jun/2008.

PRATA, Ana. *Contratos de adesão e cláusulas contratuais gerais: anotação ao decreto-lei n.º 446/85, de 25 de outubro.* Coimbra: Almedina, 2010.

PRATA, Marcel Rodrigues. A multa do art. 475-J do Código de Processo Civil e a sua aplicabilidade no processo trabalhista. *Revista LTr*, São Paulo, Vol. 72, N.º 07, jul/2008.

PRETTI, Gleibe. *Arbitragem no contrato de trabalho em face da reforma trabalhista.* São Paulo: LTr, 2018.

PRÍNCIPE, Carlos Eduardo. *A sobrevigência das cláusulas normativas aos contratos individuais de trabalho.* São Paulo: LTr, 2004.

PROSCURCIN, Pedro. O fim da subordinação clássica no direito do trabalho. *Revista LTr*, São Paulo, Vol. 65, N.º 3, mar/2001.

PUGLISI, Maria Lucia Ciampa Benhame. Acordos coletivos de trabalho: ferramenta de amadurecimento das relações de trabalho – A segurança jurídica na Reforma Trabalhista. *Revista de Direito do Trabalho*, São Paulo, Vol. 44, N.º 189, maio/2018.

QUEIROZ, Pedro Gomes. Convenções disciplinadoras do processo judicial. *Revista Eletrônica de Direito Processual*, Rio de Janeiro, Ano 8, Vol. 13, N.º 13, Jan-Jun/2014.

RABELO, César Leandro de Almeida; VIEGAS, Cláudia Mara de Almeida Rabelo. O princípio da proteção como fundamento para a aplicação subsidiária do art. 475.º-J ao processo do trabalho. *Revista Síntese Trabalhista e Previdenciária*, São Paulo, Vol. 23, N.º 273, 2010.

RAMALHO, Maria do Rosário da Palma. *Direito do Trabalho.* Coimbra: Almedina, 2005, vol. I – Dogmática Geral.

_____. *Tratado de Direito do Trabalho.* 2ª ed. Coimbra: Almedina, 2015, vol. III – Situações Laborais Coletivas.

_____. Processo do trabalho: autonomia ou especialidade em relação ao processo civil. *Estudos do Instituto de Direito do Trabalho*. Lisboa: Almedina, 2012, vol. VI.

_____. *Da autonomia dogmática do direito do trabalho.* Coimbra: Almedina, 2000.

RAMOS, Augusto Cesar. Mediação e arbitragem na Justiça do Trabalho. *jus Navigandi.* Teresina, ano 6, n. 54, 2002. Disponível em https://jus.com.br/artigos/2620/mediacao-e-arbitragem-na-justica-do-trabalho.

RAMOS, Rafael Teixeira. Breves notas sobre o hipersuficiente e a arbitragem em dissídios individuais trabalhistas introduzidos na CLT pela Reforma Trabalhista. *In* BARRETO, Daniel Arêa Leão, RAMOS, Rafael Teixeira, OLIVEIRA, Vanessa Batista (coord.). *Direito e Processo do Trabalho. Temas de acordo com a Reforma Trabalhista*. São Paulo: LTr, 2017.

_____. *Direito desportivo trabalhista:* a fluência do ordenamento do desporto na relação laboral desportiva e seus poderes disciplinares. São Paulo: Quartier Latin, 2010.

RAMOS, Vitor de Paula. *Ônus da prova no processo civil: do ônus ao dever de provar.* 2ª ed. São Paulo: RT, 2018.

RAWLS, John. *Teoría de la Justicia.* México: Fondo de Cultura Económica, 1997.

REALE, Miguel. *Lições preliminares de direito.* 17ª ed. São Paulo: Saraiva, 1990.

REDONDO, Bruno Garcia. Negócios processuais: necessidade de rompimento radical com o sistema do CPC/1973 para adequada compreensão da inovação do CPC/2015. *In* CABRAL, Antonio do Passo; NOGUEIRA, Pedro Henrique (coord.). *Negócios Processuais.* 2ª ed. Salvador: Juspodivm, 2016.

REDONDO, Bruno Garcia; MÜLLER, Júlio Guilherme. Negócios processuais relativos a honorários advocatícios. *In* CAMARGO, Luiz Henrique Volpe; COELHO, Marcus Vinícius Furtado (coord.). *Honorários advocatícios.* 2ª ed. Salvador: Juspodivm, 2016.

REDONDO, Koldo Mikel Santiago. El ciudadano Trabajador. *Revista de Direito do Trabalho,* São Paulo, Vol 97, jan-mar/2000.

REIS, Daniela Muradas; RODRIGUES, Adriana L. S. Lamounier. A Reforma Trabalhista e o agravamento da crise do direito sindical brasileiro. *Revista dos Tribunais,* São Paulo, Vol. 106, N.º 985, 2017.

REIS, Iuri Ribeiro Novais dos. O princípio da vulnerabilidade como núcleo central do Código de Defesa do Consumidor. *Revista dos tribunais,* São Paulo, Vol. 104, N.º 956, jun/2015.

REICH, Norbert. Vulnerable Consumers in EU law. *The image of the Consumer in EU law.* Portland: Hart, 2016.

REICHELT, Luis Alberto. Tutela jurisdicional do consumidor, adequação do processo e acesso à Justiça. *Revista de Direito do Consumidor,* São Paulo, Ano 21, N.º 84, out-dez/2012.

REMÉDIO JR., José Ângelo. Da eficácia das decisões do dissídio coletivo jurídico e da ação anulatória de negociação coletiva. *Revista LTr,* São Paulo, Vol. 74, N.º 11, nov/2010.

RENAULT, Luiz Otávio Linhares; PAGANI, Marcella. Para uma proteção além do trabalho. *Revista LTr,* São Paulo, Vol. 76, n.º 2, fev/2012.

REQUIÃO, Maurício. *Estatuto da Pessoa com Deficiência, incapacidades e interdição.* Salvador: Juspodivm, 2016.

RESENDE, Ricardo. *Direito do Trabalho.* 7ª ed. São Paulo: Método, 2017.

REZENDE, Renato Horta. O novo código de processo civil voltado para a resolução de conflitos: mudança de paradigma? *Revista dos Tribunais,* São Paulo, Vol. 965, N.º 105, mar/2016.

RIBEIRO, Darci Guimarães. O saneamento e a organização do processo no novo CPC como direito fundamental a razoável duração do processo. *In* LUCON, Paulo Henrique, APRIGLIANO, Ricardo, SILVA, João Hecker da, ORTHMANN, Ronaldo Vasconcelos André (coord.). *Processo em Jornadas.* Salvador: Juspodivm, 2016.

RIBEIRO, Moacyr Petrocelli de Ávila. Estatuto da Pessoa com Deficiência: a Revisão da Teoria das Incapacidades e os Reflexos Jurídicos na Ótica do Notário e do Registrador. *Revista Síntese Direito Civil e Processual Civil,* São Paulo, Vol. 17, N.º 99, jan-fev/2016.

RIBEIRO, Viviane Lícia. Direitos das empresas em crise x direitos dos empregados – supremacia do negociado sobre o legislado. *Revista LTr,* São Paulo, Vol. 81, N.º 9, set/2017.

RIBEIRO, Joaquim de Sousa. O problema do contrato – as cláusulas contratuais gerais e o princípio da liberdade contratual. Coimbra: Almedina, 2003.

RICCI, Edoardo F. Desnecessária conexão entre disponibilidade do objeto da lide e admissibilidade de arbitragem: reflexões evolutivas. *In* LEMES, Selma Ferreira, CARMONA, Carlos Alberto, MARTINS, Pedro Batista (coord.). *Arbitragem: estudos em homenagem ao Prof. Guido Fernando Silva Soares, in memoriam*. São Paulo: Atlas, 2007.

RIPPER, Walter William. *O poder normativo da Justiça do Trabalho após a Emenda Constitucional n. 45/2004*. São Paulo: LTr, 2007.

_____. Poder normativo da justiça do trabalho. Análise do antes, do agora e do possível depois. *Revista do Direito do Trabalho,* São Paulo, Vol. 31, N.º 120, out-dez/ 2005.

RIVAS, Ana Gabriela. Proceso laboral autónomo como aplicación del principio protector. *Revista eletrônica do TRT 4ª Região*, Vol. 7, N.º 121, jul/2011.

RIVERO, Gloria Pilar Rojas. *El Derecho del trabajador al ejercicio individual de las acciones derivadas del contrato de trabajo.* Madrid: Civitas, 1994.

ROBORTELLA, Luiz Carlos Amorim. A reforma do direito coletivo. Prevalência do negociado sobre o legislado. *Revista Eletrônica do TRT da 9ª Região,* Curitiba, Vol. 6, n.º 58, mar-abr/2017.

_____. Mediação e arbitragem. Solução extrajudicial dos conflitos do trabalho. *Revista Trabalho & Doutrina*, São Paulo, N.º 14, set/1997.

ROCHA, Cláudio Jannotti da; COSTA, Flávia Maria da Silva da. Uma breve análise sobre a Súmula nº 453, do Colendo Tribunal Superior do Trabalho, como forma de efetivar o princípio da proteção. *Revista Síntese Trabalhista e Previdenciária,* São Paulo, Vol. 27, N.º 317, nov/2015.

ROCHA, Cláudio Jannotti da; MELO, Carlos Ioney Carneiro. O direito fundamental ao acesso à Justiça e os princípios da subsidiariedade e supletividade do CPC/2015 no processo do trabalho: em busca da implementação do processo constitucional do trabalho. *Revista de Direito do Trabalho*, São Paulo, Ano 44, Vol. 195, 2018.

ROCHA, Cláudio Jannoti da; RIBEIRO, Ailana. A desnaturação do direito do trabalho sob o véu da "Reforma Trabalhista". *Revista Síntese Trabalhista e Previdenciária*, São Paulo, Vol. 29, N.º 338, ago/2017.

ROCHA, Felippe Borring. *Manual dos Juizados Especiais Cíveis Estaduais: teoria e prática.* 8ª ed. São Paulo: Atlas, 2016.

RODOVALHO, Thiago. *Cláusula arbitral nos contratos de adesão.* São Paulo: Almedina, 2016.

RODRIGUES, Douglas Alencar; PINHEIRO, Rogério Neiva. Acesso à justiça e pacificação social: repensando a cláusula constitucional da inafastabilidade da jurisdição nos domínios dos direitos sociais trabalhistas. *In* TUPINAMBÁ, Carolina (coord.). *Soluções de conflitos trabalhistas: novos caminhos.* São Paulo: LTr, 2018.

RODRIGUES, Hélio T. Rigor. O conceito consumidor médio no panorama comunitário: subsídios para a sua compreensão. *Revista portuguesa de direito do consumo*, Coimbra, N.º 58, 2009.

RODRIGUES, Marco Antonio dos Santos. Princípio da eficiência processual e o direito à boa jurisdição. *Revista de Processo*, São Paulo, Vol. 43, N.º 275, jan/2018.

_____. A efetividade do processo e a distribuição do ônus da prova. *Revista eletrônica de direito processual*, Rio de Janeiro, Vol. 12, N.º 12, 2013.

RODRIGUES, Roberto de Aragão Ribeiro. A dinamização do ônus da prova. *Revista de Processo*, São Paulo, Vol. 40, N.º 240, fev/2015.

ROGERS, Wendy; MACKENZIE, Catriona; Dodds, SUSAN. Why bioethics needs a concept of vulnerability? *International Journal of Feminist Approaches to Bioethics*, Vol. 5, Nº. 2, Edição Especial sobre Vulnerabilidade, 2012.

ROMANO, Sylvia. Coação e flexibilização? *Revista de Direito do Trabalho*, São Paulo, Vol. 88, 1994.

ROMITA, Arion Sayão. Inderrogabilidade da norma e indisponibilidade de direitos em face da negociação coletiva: limites impostos pelos direitos fundamentais. *Revista do TST*, São Paulo, Vol. 83, N.º 2, abr/jun2017.

_____. A matriz ideológica da CLT. *Revista LTr*, São Paulo, Vol. 77, N.º 11, nov/2013.

_____. Os princípios do direito do trabalho ante a realidade. *Revista LTr*, São Paulo, Vol. 74, N.º 09, set/2010.

_____. Meios alternativos de resolução dos dissídios individuais do trabalho. *Revista LTr*, São Paulo, Vol. 73, N.º 08, ago/2009.

_____. Revisitando a prescrição de ofício. *Revista Trabalhista Direito e Processo*, Brasília, Vol. 7, N.º 26, abr-jun/2008.

_____. ROMITA, Arion Sayão. Pronúncia de ofício de prescrição trabalhista. Revista Forense, Rio de Janeiro, Vol. 387, N.º 102, set-out/2006.

_____. O processo do trabalho após a Emenda Constitucional 45/2004 Aspectos procedimentais. *Revista de Direito do Trabalho*, São Paulo, Vol. 119, set/2005.

_____. A crise do critério da subordinação jurídica – Necessidade de proteção a trabalhadores autônomos e parassubordinados. *Revista de Direito do Trabalho*, São Paulo, Vol. 31, N.º 117, jan-mar/2005.

_____. Autonomia da vontade. Contrato celebrado entre alto empregado e empresa de grande porte: validade. Inaplicabilidade de Normas de Direito Administrativo. *In* ROMITA, Arion Sayão. *Princípio da proteção em xeque e outros ensaios*. São Paulo: LTr, 2003.

_____. A Reforma (?) Trabalhista. *In* ROMITA, Arion Sayão. *Princípio da proteção em xeque e outros ensaios*. São Paulo: LTr, 2003.

_____. *Princípio da proteção em xeque e outros ensaios*. São Paulo: LTr, 2003.

_____. Competência da Justiça do Trabalho para Julgar Ação Civil Pública *In* ROMITA, Arion Sayão. *Princípio da proteção em xeque e outros ensaios*. São Paulo: LTr, 2003.

_____. Justiça do Trabalho: Necessárias Distinções *In* ROMITA, Arion Sayão. *Princípio da proteção em xeque e outros ensaios*. São Paulo: LTr, 2003.

_____. O Poder Normativo da Justiça do Trabalho: Antinomias Constitucionais. *Revista LTr*, São Paulo, Vol. 65, N.º 03, mar/2001.

______. Efeitos da cessação de vigência da convenção coletiva de trabalho. *Revista Trabalho & Doutrina*, São Paulo, N.º 23, dez/1999.

______. *Sindicalismo, Economia, Estado Democrático. Estudos*. São Paulo: LTr, 1993.

______. *A subordinação no contrato de trabalho*. São Paulo: LTr, 1979.

______. Conceito objetivo de subordinação. *Arquivos do Ministério da Justiça*, Rio de Janeiro, N.º 35, N.º 148, 1978.

ROQUE, André Vasconcelos. A arbitragem de dissídios individuais após a Reforma Trabalhista: limites e possibilidades. *In* TUPINAMBÁ, Carolina (coord.). *Soluções de conflitos trabalhistas: novos caminhos*. São Paulo: LTr, 2018.

______. A evolução da arbitrabilidade objetiva no Brasil: tendências e perspectivas. *Revista de Arbitragem e Mediação*, São Paulo, Vol. 9, N.º 33, abr/2012.

______. A arbitragem de dissídios individuais no Direito do Trabalho: uma proposta de sistematização. *Revista Fórum Trabalhista*, Vol. I, N.º 2, set-out/2012.

ROSENVALD, Nelson. Tudo que você precisa para conhecer o Estatuto da Pessoa com Deficiência. *Gen Jurídico*, 2015, disponível em http://genjuridico.com.br/2015/10/05/em-11-perguntas-e-respostas-tudo-que-voce-precisa-para-conhecer-o-estatuto-da-pessoa-com-deficiencia/.

RUEDIGER, Josias Bruno; MADEIRA, Janaína Silveira Soares. O princípio trabalhista da intervenção mínima na autonomia da vontade coletiva em face do princípio constitucional da inafastabilidade da jurisdição. *Revista do Tribunal Regional do Trabalho da 12ª Região*, Florianópolis, Vol. 21, N.º 30, 2018.

RUSSOMANO, Mozart Victor. *Curso de Direito do Trabalho*. 5ª ed. Curitiba: Juruá, 1995.

______. *Comentários à CLT*. 13ª ed. Rio de Janeiro: Forense, 1990, vol. I.

SAAD, Eduardo Gabriel. *Consolidação das Leis do Trabalho Comentada*. 50ª ed. São Paulo: LTr, 2018.

______. *Curso de Direito processual do trabalho*. 6ª ed. São Paulo: LTr, 2008.

______. *Curso de Direito processual do trabalho*. 7ª ed. rev. Atual. e ampl. Por SAAD, José Eduardo, BRANCO, Ana Maria Saad Castello. São Paulo: LTr, 2014.

SAAD, Eduardo Gabriel, SAAD, José Eduardo Duarte, BRANCO, Ana Maria Saad C. *Código de Defesa do Consumidor Comentado*. 6. ed. São Paulo: LTr, 2006.

SALES, Bruno Pontes. Subordinação no Pós-Reforma: a necessidade de retorno à dependência como pressuposto autêntico do liame de emprego. *In* SILVA FILHO, Carlos Fernando da, CAMPOS, Rosa Maria, RASSY, Jorge Rosângela Silva (coord.). *Reforma Trabalhista Uma reflexão dos Auditores-Fiscais do Trabalho sobre os efeitos da Lei n. 13.467/2017 para os trabalhadores*. São Paulo: LTr, 2017.

SALES, Fernando Augusto de Vita Borges de. *Novo CPC comentado artigo por artigo*. São Paulo: Rideel, 2016.

SALIBA, Graciane Rafisa. Criação ou extinção de direito com o termo de quitação anual de débitos trabalhistas: um olhar com dignidade a partir dos princípios do acesso à justiça e da proteção. *In* MELO, Raimundo Simão de, Rocha, Jannotti da (coord.). *Constitucionalismo, Trabalho, Seguridade Social e as Reformas Trabalhista e Previdenciária.* São Paulo: Ltr, 2017.

SALGADO, Alinne Bessoni Boudoux. Princípio da Autonomia Privada e Direito Individual do Trabalho: um diálogo possível. *In* MENDES, Gilmar Ferreira, MARTINS FILHO, Ives Gandra da Silva (coord.). *1º Caderno de Pesquisas Trabalhistas.* Porto Alegre: Magister, 2017.

SALOMÃO, Karina Novah. Renúncia e transação no direito italiano. *Revista de Direito do Trabalho*, São Paulo, Vol. 24, N.º 131, jul-set/2008.

SANSEVERINO, Luisa Riva. *Curso de Direito do Trabalho* (Trad. Elson Gottschalk). São Paulo: LTr, 1976.

SANTOS, Boaventura Souza. Reiventar a democracia: entre o pré-contratualismo e o pós-contratualismo. *In* HELLER, Agnes (coord.) *A crise de paradigmas em ciências sociais e os desafios para o século XXI.* Rio de Janeiro: Contraponto, 1999.

SANTOS, Carolina de Oliveira Lemes. Aspectos do Dissídio Coletivo de Comum Acordo e do Poder Normativo da Justiça do Trabalho Pós-Emenda Constitucional n. 45/2004. *In* FREITAS JR., Antonio Rodrigues, SANTOS, Enoque Ribeiro dos (coord.) *Direito Coletivo do Trabalho em Debate.* Rio de Janeiro: Lumen Iuris, 2009.

SANTOS, Dione Almeida; BARROS, Renato Cassio Soares de. O empregado hipersuficiente e o preço da liberdade contratual, após a vigência da Lei n.º 13.467/2017. *Revista LTr*, São Paulo, Vol. 82, N.º 10, out/2018.

SANTOS, Enoque Ribeiro dos. A supremacia do negociado em face do legislado. A natureza bifronte ou as duas faces da CLT. *Revista Síntese Trabalhista e Previdenciária*, São Paulo, Vol. 29, N.º 348, jun/2018.

______. Aplicabilidade da Arbitragem nas Lides Individuais de Trabalho. *Revista Síntese Trabalhista e Previdenciária*, São Paulo, Vol. 27, N.º 317, nov/2015.

______. Epítome do Modelo de Construção Dialógica de Soluções judiciais no Processo Coletivo do Trabalho. *Revista Síntese Trabalhista e Previdenciária*, São Paulo, Vol. 25, N.º 305, nov/2014.

______. Dissídio coletivo e emenda constitucional n.º 45/2004: considerações sobre as teses jurídicas da exigência do "comum acordo". *Justiça do Trabalho*, Porto Alegre, Vol. 22, N.º 264, 2005.

______. *Direitos humanos na negociação coletiva: teoria e prática jurisprudencial.* São Paulo: LTr, 2004.

SANTOS, Enoque Ribeiro dos; HAJEL FILHO, Ricardo Antonio Bitter. *Curso de Direito Processual do Trabalho.* 3ª ed. São Paulo: Atlas, 2018.

SANTOS, Enoque Ribeiro dos; PINTO, Melina Silva. Aplicabilidade da Multa do Artigo 523, §1º, do NCPC (artigo 475-J do CPC/1973) ao processo do trabalho. *Revista Síntese Trabalhista e Previdenciária*, São Paulo, Vol. 28, N.º 328, out/2016.

SANTOS, Ernane Fidélis dos. *Manual de direito processual civil. Processo de conhecimento.* 13ª ed. São Paulo: Saraiva, 2009, vol. I.

Santos, Ivana Assis Cruz dos. O Estatuto da Pessoa com Deficiência e as Alterações no Código Civil de 2002. *Revista Síntese Direito Civil e Processual Civil*, São Paulo, Vol. 17, N.º 99, jan-fev/2016.

Santos, Lorival Ferreira dos. A justiça do trabalho e a sua vocação conciliatória. *Revista LTr*, São Paulo, Vol. 76, N.º 05, maio/2012.

Santos, Marina França. Intervenção de terceiros negociada: possibilidade aberta pelo novo Código de Processo Civil. *Revista de Processo*, São Paulo, Vol. 40, N.º 241, mar/2015.

Santos Moarcyr Amaral. *Primeiras linhas de direito processual civil: processo de conhecimento*. 25ª ed. São Paulo: Saraiva, 2008.

Santos, Raphael de Souza Almeida; Almeida, Marcelo Pereira. Notas aos artigos 318 a 357. *in* Mendes, Aluisio Castro, Silva, Larissa Pochmann da, Almeida, Marcelo Pereira de (coord.). *Novo Código de Processo Civil Comparado e Anotado*. 4ª ed. Rio de Janeiro: GZ, 2017.

Santos, Ronaldo Lima dos. O Ministério Público do Trabalho e o novo Código de Processo Civil. *Revista LTr*, São Paulo, Vol. 82, n.º 3, mar/2018.

______. Aspectos da atuação do Ministério Público do Trabalho em matéria sindical (EC N. 45/2004) à luz dos princípios do comitê de liberdade sindical da OIT. *Revista LTr*, São Paulo, Vol. 70, n.º 11, 2006.

Santos, Tatiana Simões dos. Negócios processuais envolvendo a Fazenda Pública. *In* Cabral, Antonio do Passo; Nogueira, Pedro Henrique (coord.). *Negócios Processuais*. 2ª ed. Salvador: Juspodivm, 2016.

Santos, Tainá Angeiras Gomes dos. Da força legal das instruções normativas do Tribunal Superior do Trabalho: uma análise acerca da (in)constitucionalidade da IN 39/2016 – Entre erros e acertos. *Âmbito Jurídico*, Rio Grande, Ano XIX, n.º 151, 2016. Disponível em http://ambito-juridico.com.br/site/?n_link=revista_artigos_leitura&artigo_id=17657.

Saraiva, Renato; Manfredini, Aryanna. *Curso de Direito Processual do Trabalho*. 12ª ed. Salvador: Juspodivm, 2015.

Sarlet, Ingo Wolfgang. Os direitos dos trabalhadores como direitos fundamentais e a sua proteção na Constituição Federal Brasileira de 1988. *In* Melo, Raimundo Simão de, Rocha, Jannotti da (coord.). *Constitucionalismo, Trabalho, Seguridade Social e as Reformas Trabalhista e Previdenciária*.São Paulo: Ltr, 2017.

______. *Dignidade da pessoa humana e direitos fundamentais*. 4ª ed. Porto Alegre: Livraria do Advogado, 2006.

Sarmento, Daniel. A vinculação dos particulares aos direitos fundamentais no Direito Comparado e no Brasil. *In* Barroso, Luís Roberto, Barcellos, Ana Paulo (coord.). *A Nova Interpretação Constitucional. Ponderação, direitos fundamentais e relações privadas*. Rio de Janeiro: Renovar, 2006.

______. *Direitos fundamentais e relações privadas*. Rio de Janeiro: Lumen Iuris, 2004.

Sassen, Rodrigo Barreto. A aplicação do código de processo civil na execução trabalhista. *Revista LTr*, São Paulo, Vol. 72, n.º 12, dez/2008.

SCALERCIO, Marcos. Aspectos práticos e polêmicos do Novo Procedimento de Jurisdição Voluntária. *In* TUPINAMBÁ, Carolina (coord.). *Soluções de conflitos trabalhistas: novos caminhos*. São Paulo: LTr, 2018.

SCALERCIO, Marcos; PEREIRA, Leone; PAVAN, Verônica. *Ônus da prova no processo do trabalho conforme o novo CPC*. São Paulo: LTr, 2017.

SCHIAVI, Mauro. *A reforma trabalhista e o processo do trabalho*. 2ª ed. São Paulo: LTr, 2018.

______. *Manual de Direito Processual do Trabalho*. 12ª ed. São Paulo: LTr, 2017.

______. Aplicação do Código de Processo Civil ao Processo do Trabalho após um ano de vigência do Novo CPC. *Revista LTr*, São Paulo, Vol. 81, N.º 04, abr/2017.

______. Prescrição diante da Reforma Trabalhista. *In* MELO, Raimundo Simão de, Rocha, Jannotti da (coord.). *Constitucionalismo, Trabalho, Seguridade Social e as Reformas Trabalhista e Previdenciária*.São Paulo: Ltr, 2017.

______. A aplicação supletiva e subsidiária do Código de Processo Civil ao Processo do Trabalho. *In* MIESSA, Élisson (coord.). *O novo Código de Processo Civil e seus reflexos no processo do trabalho*. Salvador: Editora Juspodivm, 2016.

______. Teoria geral da prova no processo do trabalho à luz do Novo CPC. *Revista do Tribunal Superior do Trabalho*, São Paulo, Vol. 82, N.º 2, abr-jun/2016.

______. Visão do poder judiciário e a aplicação do CPC ao processo do trabalho. *Revista LTr*, São Paulo, Vol. 77, N.º 08, ago/2013.

______. O acesso à justiça e o princípio da subsidiariedade no processo do trabalho. *Revista LTr*, São Paulo, Vol. 76, N.º 07, jul/2012.

______. Aspectos polêmicos e atuais da teoria geral do processo do trabalho - civilização do direito processual do trabalho ou melhoria da prestação jurisdicional trabalhista? *Revista LTr*, São Paulo, Vol. 74, N.º 09, set/2010.

______. Novas reflexões sobre a renúncia, transação e conciliação no Direito e no Processo do Trabalho à luz do Novo CPC e da jurisprudência do TST. *Revista LTr*, São Paulo, Vol. 73, N.º 06, jun/2009.

______. Novas reflexões sobre a aplicação subsidiária do CPC ao processo do trabalho à luz dos princípios da duração razoável do processo e da função social do processo do trabalho. *Revista LTr*, São Paulo, Vol. 72 N.º 12, dez/2008.

SCHMITT, Cristiano Heineck. A "hipervulnerabilidade" do consumidor idoso. *Revista de Direito do Consumidor*, São Paulo, Vol. 18, N.º 70, abr-jun/2009.

SCHNEUDER, Caroline. O novo procedimento comum e a cláusula geral de negociação processual no novo Código de Processo Civil. *Revista Dialética de Direito Processual*, São Paulo, n.º 153, dez/2015.

SCHENK, Leonardo Faria. Comentários ao artigo 65. *In* WAMBIER, Teresa Arruda Alvim, DIDIER JR., Fredie, TALAMINI, Eduardo, DANTAS, Bruno (coord.). *Breves Comentários ao Novo Código de Processo Civil*. 3ª ed. São Paulo: RT, 2016.

SCHREIBER, Anderson. *A proibição do comportamento contraditório*. Rio de Janeiro: Renovar, 2005.

SCHWARZ, Rodrigo Garcia. Breves considerações sobre as regras de distribuição do ônus da prova no processo do trabalho. *Revista IOB Trabalhista e Previdenciária*, Porto Alegre, vol. 70, N.º 202, mar/2006.

SEN, Amartya. *Desenvolvimento como liberdade* (Trad. Laura Teixeira Motta). São Paulo: Companhia das Letras, 2010.

SERAU JUNIOR, Marco Aurélio. Instruções Normativas nºs 39 e 40 do TST: Aplicação do Novo CPC no Processo do Trabalho. *Revista Síntese Trabalhista e Previdenciária*, São Paulo, N.º 328, out/2016.

SERRANO, Paulo Marcelo de Miranda. A impenhorabilidade dos salários e dos demais valores destinados ao sustento do devedor e da sua família, à luz do CPC de 2015, no processo do trabalho: da impenhorabilidade absoluta à impenhorabilidade relativa. *Revista do Tribunal Superior do Trabalho*, São Paulo, Ano 82, n.º 3, 2016.

SEVERO, Valdete Souto. A decisão no novo código de processo civil e sua aplicabilidade no processo do trabalho. *Revista LTr*, São Paulo, Vol. 80, N.º 08, maio/2016.

SILVA, Antônio Álvares da; AZEVEDO NETO, Platon Teixeira de. Os poderes instrutórios do juiz do trabalho e o ônus probatório na vigência do novo CPC. *Revista LTr*, São Paulo, Vol. 80, N.º 05, maio/2016.

SILVA, Antônio Álvares da; SILVA, George Augusto Mendes e. Arbitragem nos dissídios individuais de trabalho dos altos empregados. *Revista LTr*, São Paulo, Vol. 81, N.º 07, jul/2017.

SILVA, Beclaute Oliveira. Verdade como objeto do negócio jurídico processual. *In* CABRAL, Antonio do Passo; NOGUEIRA, Pedro Henrique (coord.). *Negócios Processuais*. 2ª ed. Salvador: Juspodivm, 2016.

SILVA, Bruno Freire e. A arbitragem como meio de solução de conflitos trabalhistas. *In* TUPINAMBÁ, Carolina (coord.). *Soluções de conflitos trabalhistas: novos caminhos*. São Paulo: LTr, 2018.

______. A Instrução Normativa n. 39 do TST: a interpretação dada pela corte trabalhista à aplicação do Código de Processo Civil no processo do trabalho – 2ª Parte. *Revista de Direito do Trabalho*, Vol. 42, N.º 182, São Paulo, jul-ago/2017.

______. A nova aplicação do processo civil ao processo do trabalho: os principais institutos, eficácia, início de vigência e respeito às situações jurídicas consolidadas. *In* YARSHELL, Flávio Luiz, PESSOA, Fabio Guidi (coord.). *Direito Intertemporal*. Salvador: Juspodivm, 2016.

______. *O novo CPC e o processo do trabalho – Parte Geral*. 2ª ed. São Paulo: LTr, 2016.

______. A reforma trabalhista: uma aproximação entre o processo do trabalho e o processo civil. *Revista do Advogado*, Vol. 38, N.º 137, AASP, mar/2018.

______. A reforma processual trabalhista e o acesso à justiça. *Revista de Processo*, São Paulo, Vol. 43, N.º 278, abr/2018.

SILVA, Bruno Freire e; BEM, Camila de Castro Barbosa Bissoli do. A distribuição dinâmica do ônus da prova no processo do trabalho. *Revista de Processo*, N.º 287, São Paulo, jan/2019.

SILVA, Cristiane Ribeiro da. O Direito ao trabalho da pessoa portadora de deficiência e os efeitos da interdição. *Revista LTr,* São Paulo, Ano 71, N.º 10, out/2007.

SILVA, Edson Braz da Silva. Aspectos processuais e materiais do dissídio coletivo frente à Ementa Constitucional n. 45/2004. *Revista LTr*, São Paulo, Vol. 60, n.º 9, set/2005.

SILVA, Eduardo Silva da. *Arbitragem e direito da empresa: dogmática e implementação da cláusula compromissória.* São Paulo: RT, 2003.

SILVA, Eduardo de Azevedo. Autonomia coletiva. Limites desnecessários e outros nem tanto. *Revista Trabalho & Doutrina,* São Paulo, N.º 20, mar/1999.

SILVA, Franklyn Roger Alves; ESTEVES, Diogo. A atuação extrajudicial da defensória pública e a possibilidade de emprego dos métodos adequados de solução de controvérsias trabalhistas. *In* TUPINAMBÁ, Carolina (coord.). *Soluções de conflitos trabalhistas: novos caminhos.* São Paulo: LTr, 2018.

SILVA, Homero Batista Mateus da. *Comentários à Reforma Trabalhista.* São Paulo: RT, 2017.

______. *Curso de direito do trabalho aplicado. Processo do Trabalho.* 2ª Ed. São Paulo, RT, 2015, vol. 9.

SILVA, Irapuã Santana do Nascimento da. Existe possibilidade de acordo no Código de Processo Civil? *In* TUPINAMBÁ, Carolina (coord.). *Soluções de conflitos trabalhistas: novos caminhos.* São Paulo: LTr, 2018.

SILVA, José Antônio Ribeiro de Oliveira. Comentário ao art. 357. *In Comentários ao novo CPC e sua aplicação ao processo do trabalho: atualizado conforme a Lei nº 13.256/2016*, Vol. II – Parte Especial, Coord: José Antônio Ribeiro de Oliveira Silva, São Paulo: LTr, 2016.

______. Comentário ao art. 362. *In* SILVA, José Antônio Ribeiro de Oliveira (coord.). *Comentários ao novo CPC e sua aplicação ao processo do trabalho: atualizado conforme a Lei nº 13.256/2016.* São Paulo: LTr, 2016, vol. II.

______. Comentário ao art. 63. *In In* SILVA, José Antônio Ribeiro de Oliveira (coord.). *Comentários ao novo CPC e sua aplicação ao processo do trabalho: atualizado conforme a Lei nº 13.256/2016*, São Paulo: LTr, 2016, vol. I.

______. Temas polêmicos do novo CPC e sua aplicação no processo do trabalho. *Revista LTr,* São Paulo, Vol. 79, N.º 07, jul/2015.

SILVA, Luís Renato Ferreira. Princípios do direito contratual no Código de Defesa do Consumidor. *In* LOPEZ, Teresa Ancona, AGUIAR JÚNIOR, Ruy Losado, PASQUALOTTO, Adalberto, et. al. (coord.) *Contratos empresariais. Contrato de consumo e atividade econômica.* São Paulo: Saraiva, 2009.

SILVA, Luiz Augusto da. Arbitragem trabalhista e o problema da liberdade: reflexões à luz do ideal de não dominação, efetividade, e a Reforma da Lei da Arbitragem (Lei da Arbitragem (Lei 13.129/2015). *Revista de Arbitragem e Mediação*, São Paulo, Vol. 56, Ano 15, jan-mar/2018.

SILVA, Otávio Pinto e. A construção da concepção tricotómica: autonomia, subordinação e parassubordinação. *In* BOUCINHAS FILHO, Jorge Cavalcanti, BERARDO, Carlos Francisco (coord.). *Novos Dilemas do Trabalho do Emprego e do Processo do Trabalho,* Homenagem ao Professor Ari Possidónio Beltran. São Paulo: LTr, 2012.

SILVA, Paula Costa e. O acesso ao sistema judicial e os meios alternativos de resolução de controvérsias: alternatividade efetiva e complementaridade. *In* ZANETI JR., Hermes, CABRAL, Trícia Navarro Xavier (coord.). *Justiça multiportas, mediação, conciliação, arbitragem e outros meios de solução adequada de conflitos*. Salvador: Juspodivm, 2016.

_____. Pactum de *non petendo*: Exclusão convencional do direito de acção e exclusão convencional da pretensão material. *In* CABRAL, Antonio do Passo; NOGUEIRA, Pedro Henrique (coord.). *Negócios Processuais*. 2ª ed. Salvador: Juspodivm, 2016.

_____. *Acto e Processo – o dogma da irrelevância da vontade na interpretação e nos vícios do acto postulativo*. Coimbra: Coimbra, 2003.

SILVA, Sayonara Grillo Coutinho Leonardo da, HORN, Carlos Henrique. O princípio da proteção e a regulação não-mercantil do mercado e das relações de trabalho. *Revista de Direito do Trabalho*, São Paulo, Vol. 34, N.º 132, out-dez/2008.

SILVA, Ricardo Menezes. Arbitragem trabalhista. Uma alternativa dramática. *Revista Trabalho & Doutrina*, São Paulo, N.º 14, jul/1997.

SILVA, Virgílio Afonso da. *A constitucionalização do direito: os direitos fundamentais nas relações entre particulares*. Tese de Livre Docência. São Paulo: USP, 2004.

SILVA, Wallace Dias. Parcelamento do crédito trabalhista pelo executado – diálogo entre a efetiva tutela jurisdicional e a execução de forma menos gravosa. *Revista de Direito do Trabalho*, São Paulo, Vol. 43, N.º 176, abr/2017.

SILVA, Wanise Cabral. A ideologia da reforma trabalhista no Brasil: uma ponte para o século XIX. *In* MELO, Raimundo Simão de, ROCHA, Cláudio Jannotti da (coord.). *Constitucionalismo, Trabalho, Seguridade Social e as Reformas Trabalhista e Previdenciária*. São Paulo: LTr, 2017.

SILVA JUNIOR, Leone Pereira da; AMARAL, Mariana Dias da Costa do. A arbitragem e seus reflexos na Justiça do Trabalho. *In* TUPINAMBÁ, Carolina (coord.). *Soluções de conflitos trabalhistas: novos caminhos*. São Paulo: LTr, 2018.

SILVA NETO, Manoel Jorge. *Direito Constitucional*. 7ª ed. Rio de Janeiro: Lumen Juris, 2011.

SIMÃO, José Fernando. *Estatuto da pessoa com deficiência causa perplexidade: parte I*, disponível em https://www.conjur.com.br/2015-ago-06/jose-simao-estatuto-pessoa-deficiencia-causa-perplexidade.

SIQUEIRA NETO, José Francisco. A solução extrajudicial dos conflitos individuais do trabalho. *Revista Trabalho & Doutrina*, São Paulo, N.º 14, set/1997.

SIVOLELLA, Roberta Ferme. As convenções processuais e a vulnerabilidade no processo do trabalho: uma questão de princípio e de diálogo de fontes. *In* COLNAGO, Lorena de Mello Rezende, CLAUS, Bem-Hur Silveira (coord.). *A teoria do diálogo das fontes no processo de trabalho*. São Paulo: LTr, 2017.

_____. Aplicação supletiva e subsidiária no Novo CPC – Distinções: Por uma visão dialógica da subsidiariedade e supletividade do Novo CPC frente à CLT: Processualismo e Argumentação. *In* BELMONTE, Alexandre de Souza Agra, DUARTE NETO, Bento Herculano; SILVA, Breuno Freire (coord.). *O novo CPC aplicado ao Processo do Trabalho*. São Paulo: LTr, 2016.

SOARES, Lara Rafaelle Pinho. A vulnerabilidade na negociação processual atípica. *In* MARCATO, Ana, et. al. (coord.). *Negócios Processuais*. Salvador: Juspodivm, 2017, Vol. I.

_____. *A vulnerabilidade na negociação processual atípica*. Dissertação de Mestrado (UFBA). Salvador, 2016.

SOARES FILHO, José. Jurisdição privada – formas extrajudiciais de solução de litígios, *Revista LTr*, São Paulo, Vol. 76, N.º 11, nov/2012.

SOUSA, Miguel Teixeira de. *Estudos sobre o Novo Processo Civil*. Lisboa: Lex, 1997.

SOUTO MAIOR, Jorge Luiz. Ministro do Trabalho: Amador ou mal-intencionado? *Revista Síntese Trabalhista e Previdenciária*, São Paulo, Vol. 28, N.º 329, nov/2016.

_____. Prática Processual Trabalhista: Possíveis efeitos da Lei n.º 13.467/2017. *Revista Síntese Trabalhista e Previdenciária*, São Paulo, Vol. 29, N.º 343, jan/2018.

_____. Sem uma seção especial da justiça para a "Reforma" Trabalhista. *Revista Síntese Trabalhista e Previdenciária*, São Paulo, Vol. 29, N.º 338, ago/2017.

_____. Impactos do Golpe Trabalhista (a Lei nº 13.467/2017). *Revista Síntese Trabalhista e Previdenciária*, São Paulo, Vol. 29, N.º 340, out/2017.

_____. Relação entre o processo civil e o processo do trabalho. *In* MIESSA, Élisson (coord.). *O novo Código de Processo Civil e seus reflexos no processo do trabalho*. Salvador: Editora Juspodivm, 2015.

_____. A radicalidade do Artigo 769 da CLT como salvaguarda da Justiça do Trabalho. *Revista Síntese Trabalhista e Previdenciária*, São Paulo, Vol. 27, N.º 317, nov/2015.

_____. O conflito entre o novo CPC e o processo do trabalho. *Revista LTr*, São Paulo, Vol. 79, N.º 08, ago/2015.

_____. *Relação de emprego e direito do trabalho*. São Paulo: LTr, 2007.

_____. Reflexos das alterações do Código de Processo Civil no Processo do Trabalho. *Revista LTr*, São Paulo, Vol. 70, N.º 08, ago/2006.

_____. Intervenção de terceiros no processo do trabalho. *Temas de processo do trabalho*, 3ª ed. São Paulo:, LTr, 2003.

_____. *Direito processual do trabalho: efetividade, acesso à justiça e procedimento oral*. São Paulo: LTr, 1998.

SOUTO MAIOR, Jorge Luiz, SEVERO, Valdete Souto. O Acesso à Justiça sob a Mira da Reforma Trabalhista – Ou Como Garantir o Acesso à Justiça diante da Reforma Trabalhista. *Revista Síntese Trabalhista e Previdenciária*, São Paulo, Vol. 29, N.º 339, set/2017.

_____. *Processo do Trabalho como Instrumento do Direito do Trabalho e as Ideias Fora de Lugar do Novo CPC*. São Paulo: LTr, 2015.

SOUZA, Aline Aparecida de; COSTA, Nilton César Antunes da. O uso da mediação para a solução de conflitos individuais do trabalho: principais vantagens em comparação à conciliação. *Revista dos tribunais*, São Paulo, Vol. 106, N.º 985, nov/2017.

SOUZA, Artur César de. *Código de Processo Civil Anotado, Comentado e Interpretado*. São Paulo: Almedina, 2015, Vol. I.

_____. *Código de Processo Civil Anotado, Comentado e Interpretado*. São Paulo: Almedina, 2015, Vol. II.

SOUZA, Leonardo Barros. Constituição, flexibilização e outras questões pertinentes ao debate. *Revista de direito de trabalho*, São Paulo, Vol. 29, N.º 112, out-dez/2003.

SOUZA, Magali Rodrigues de; GARCIA, Gustavo Filipe Barbosa. Arbitragem nas relações de trabalho: inovações decorrentes da Lei 13.467/2017. *Revista de Processo*, São Paulo, Vol. 43, N.º 284, out/2018.

SOUZA, Marcia Cristina Xavier de, Breves considerações acerca das convenções processuais nos juizados especiais cíveis. *In* MARCATO, Ana, et. al. (coord.). *Negócios Processuais*. Salvador: Juspodivm, 2017, Vol. I.

SOUZA, Otávio Augusto Reis de. *Nova teoria geral do direito do trabalho*. São Paulo: LTr, 2002.

SOUZA, Roberta de Oliveira. A justiça multiportas como um facilitador da pacificação social: a arbitragem o hipersuficiente, a negociação processual, a prevalência do negociado sobre o legislado e a (in)constitucionalidade da extinção da contribuição sindical compulsória. *In* TUPINAMBÁ, Carolina (coord.). *Soluções de conflitos trabalhistas: novos caminhos*. São Paulo: LTr, 2018.

_____. Análise do negociado versus o legislado: perspectivas doutrinária, jurisprudencial e orçamentária da reforma trabalhista considerando os argumentos favoráveis e contrários à constitucionalidade da lei 13.467, de 2017. *Revista dos Tribunais*, São Paulo, Vol. 106, N.º 985, nov/2017.

SOUZA, Rodrigo Trindade de. *CLT Comentada pelos juízes do trabalho da 4ª Região*. 3ª ed. São Paulo: LTr, 2018.

SPADONI, Joaquim Felipe. Comentários ao artigo 362. *In* WAMBIER, Teresa Arruda Alvim, DIDIER JR., Fredie, TALAMINI, Eduardo, DANTAS, Bruno (coord.). *Breves Comentários ao Novo Código de Processo Civil*. 3ª ed. São Paulo: RT, 2016.

SPINELLI, Marília Leal Montenegro. Interpretação do art. 651 da CLT à luz do princípio da proteção do empregado e do amplo acesso à justiça. *Revista do direito trabalhista*, Brasília, Vol. 19, N.º 2, fev/2013.

SPIRITO, Marco Paulo Denucci. Controle de formação e controle de conteúdo do negócio jurídico processual - Parte I. *Revista de Processo*, São Paulo, Vol. 40, N.º 247, set/2015.

_____. Controle de formação e controle de conteúdo do negócio jurídico processual - Parte II. *Revista de Processo*, São Paulo, Vol. 40, Vol. 248, out/2015.

_____. Controle de formação e controle de conteúdo do negócio jurídico processual - Parte III. *Revista de Processo*, São Paulo, Vol. 40, Vol. 249, nov/2015.

STUDART, Ana Paula Didier. O negociado sobre o legislado: uma análise dos aspectos positivos e negativos dessa mudança. *Revista de Direito do Trabalho*, São Paulo, Vol. 45, N.º 197, Jan/2019.

STÜRMER, Gilberto. Negociação coletiva de trabalho como fundamento da liberdade sindical x poder normativo da Justiça do Trabalho. *Revista LTr*, São Paulo, Vol. 71, N.º 11, nov/2007.

_____. *A liberdade sindical na Constituição da República Federativa do Brasil de 1988 e sua relação com a Convenção n. 87 da Organização Internacional do Trabalho*. Porto Alegre: Livraria do Advogado, 2007.

SUPIONI, Adriana Jardim Alexandre. A distribuição dinâmica do ônus da prova no processo do trabalho. *Revista do Direito do Trabalho*, São Paulo, Vol. 155, N.º 155, jan-fev/2014.

SUPIOT, Allan. *Crítica do direito do trabalho*. Trad. António Monteiro Fernandes. Lisboa: Fundação Calouste Gulbenkian, 2016.

_____. *Il futuro del lavoro: transformazioni della occupazione e prospettive della regolazione del lavoro in Europa*. Roma: Carocci, 2003.

SÜSSEKIND, Arnaldo. *Direito Constitucional do Trabalho*. 4ª Ed. Rio de Janeiro: Renovar, 2010.

_____. Do ajuizamento dos dissídios coletivos. *Revista LTr*, São Paulo, Vol. 69, N.º 9, set/2005.

_____. Contribuições sindicais. *Revista Trabalho e Doutrina*, São Paulo, N.º 12, 1997.

_____. Empregado de S.A. eleito diretor. *Revista Forense*, Rio de Janeiro, Vol. 339,jul-set/1997.

_____. Da ineficácia da eventual ratificação da Convenção OIT/87. *Revista da Academia Nacional de Direito do Trabalho – Sindicato*, São Paulo, N.º 4, N.º 4, 1996.

SÜSSEKIND, Arnaldo; MARANHÃO, Délio, VIANNA, José de Segadas, TEIXEIRA FILHO, João de Lima. *Instituições de Direito do Trabalho*. 22ª Ed. São Paulo: LTr, 2005, vol. I.

_____. Instituições de direito do trabalho. Rio de Janeiro: Freitas Bastos, 1981.

TALAMINI, Eduardo. A (in)disponibilidade do interesse público: consequências processuais (composições em juízo, prerrogativas processuais, arbitragem, negócios processuais e ação monitória) – versão atualizada para o CPC/2015. *Revista de processo*, São Paulo, Vol. 42, N.º 264, fev/2017.

_____. Comentários ao art. 313, *in* ALVIM, Angélica Arruda, ASSIS, Araken de, ALVIM, Eduardo Arruda, LEITE, George Salomão (coord.). *Comentários ao Código de Processo Civil*. São Paulo: Saraiva, 2016.

_____. *Um processo pra chamar de seu: nota sobre os negócios jurídicos processuais*, 2015, disponível em https://www.academia.edu/17136701/Um_processo_pra_chamar_de_seu_nota_sobre_os_negócios_jur%C3%ADdicos_processuais_2015_.

_____. Arbitragem e parceria público-privada (PPP). *In* TALAMINI, Eduardo, JUSTEN, Monica Spezia, WAGNER, Alexandre (coord.). *Parcerias público-privadas: um enfoque multidisciplinar*. São Paulo: RT, 2005.

TAKAHASHI, Bruno. Entre a liberdade e a autoridade: os meios consensuais no novo Código de Processo Civil. *Revista de Processo*, São Paulo, Vol. 42, N.º 264, fev/2017.

TARTUCE, Fernanda. Comentários ao artigo 168. *In* WAMBIER, Teresa Arruda Alvim, DIDIER JR., Fredie, TALAMINI, Eduardo, DANTAS, Bruno (coord.). *Breves Comentários ao Novo Código de Processo Civil*. 3ª ed. São Paulo: RT, 2016.

_____. Vulnerabilidade processual no Novo CPC. *In* SOUSA, José Augusto Garcia de; DIDIER JR., Fredie (coord.). *Defensoria Pública*. Salvador: Juspodivm, 2015, Vol. 5.

_____. *Igualdade e vulnerabilidade no Processo Civil*. Rio de Janeiro: Forense, 2012.

TARTUCE, Flávio. Estatuto da Pessoa com Deficiência, o Código Civil e o Código de Processo Civil. Projeto de Lei do Senado Federal nº 757/2015. Parecer. *Revista Magister de Direito Civil e Processual Civil*, São Paulo, Vol. 13, N.º 77, mar-abr/2017.

_____. *Direito Civil: lei de introdução e parte geral.* 13ª ed. Rio de Janeiro: Gen, 2017, Vol. I.

_____. *O novo CPC e o direito civil: impactos diálogos e interações.* Rio de Janeiro: Forense, 2015.

_____. *Impactos do novo CPC no Direito Civil.* Rio de Janeiro: Forense, 2015.

TARTUCE, Flávio; NEVES, Daniel Amorim Assumpção. *Manual de Direito do Consumidor. Direito Material e Processual.* 7ª ed. Rio de Janeiro: Gen, 2018.

TARUFFO, Michele. Verdade negociada? (Trad. Pedro Gomes de Queiroz). *Revista Eletrônica de Direito Processual*, Rio de Janeiro Ano 8, Vol. 13, 2014.

TAVARES, João Paulo Lordelo Guimarães. Da admissibilidade dos negócios jurídicos processuais no novo código de processo civil: aspectos teóricos e práticos. *Revista de Processo*, São Paulo, Vol. 41, N.º 254, abr/2016.

TEIXEIRA, Sérgio Torres. Mitos, caminhos e acesso multidimensional à Justiça: a arbitragem e a mediação como fórmulas parceiras do judiciário do trabalho no Brasil. *In* TUPINAMBÁ, Carolina (coord.). *Soluções de conflitos trabalhistas: novos caminhos.* São Paulo: LTr, 2018.

TEIXEIRA, Sério Torres; BARROSO, Fábio Túlio. Os princípios do direito do trabalho diante da flexibilidade laboral. *Revista do TST*, Porto Alegre, Vol. 75, N.º 3, jul-set/2009.

TEIXEIRA, Tarcisio; SABO, Isabela Cristina. O uso da tecnologia da informação e a validade jurídica dos negócios realizados por crianças e adolescentes: uma análise de sua hipervulnerabilidade nas relações de consumo virtuais. *Revista de Direito do Consumidor*, São Paulo, Ano 25, N.º 104, mar-abr/2016.

TEIXEIRA FILHO, João de Lima. Considerações sobre a ultra-eficácia de condições coletivas de trabalho e a alteração da Súmula n. 277 do TST. *Revista LTr*, São Paulo, Vol. 77, n.º 12, dez/2013.

TEIXEIRA FILHO, Manoel Antônio. *Cadernos de Processo do Trabalho* – n.º 13: Prova parte geral I. São Paulo, LTr, 2018.

_____. *O Processo do trabalho e a Reforma Trabalhista, As alterações introduzidas no processo do trabalho pela Lei n.º 13.467/2017.* São Paulo: LTr, 2017.

_____. *Comentários ao Novo Código de Processo Civil: sob a perspectiva do processo do trabalho.* 2ª ed. São Paulo: LTr, 2016.

_____. Instrução Normativa n.º 39/2016, do TST – A agonia?. *Revista eletrônica do Tribunal Regional do Trabalho da 9ª Região*, Vol. 6, N.º 55, out-nov/2016.

_____. *Curso de direito processual do trabalho: processo de conhecimento.* São Paulo: LTr, 2009, Vol. I.

_____. *Curso de direito processual do trabalho: processo de conhecimento.* São Paulo: LTr, 2009, Vol. II.

______. *Curso de direito processual do trabalho: processo de conhecimento.* São Paulo: LTr, 2009, Vol. III.

______. As novas leis alterantes do Processo Civil e sua repercussão no Processo do Trabalho. *Revista LTr*, São Paulo, Vol. 70, N.º 03, mar/2006.

______. Processo do trabalho – embargos à execução ou impugnação à sentença? – A propósito do art. 475-J, do CPC. *Revista LTr*, São Paulo, Vol. 70, N.º 10, out/2006.

______. *Breves Comentários à Reforma do Poder Judiciário.* São Paulo: LTr, 2005.

Tekman, Nezihe. Vulnerable consumer: a new yardstick for the European consumer law? *Revista de Direito do Consumidor*, São Paulo, Ano 26, N.º 113, set-out/2017.

Temer, Sofia; Andrade, Juliana Melazzi. Convenções processuais na execução: modificação consensual das regras relativas à penhora, avaliação e expropriação de bens. *In* Marcato, Ana, et. al. (coord.). *Negócios Processuais.* Salvador: Juspodivm, 2017, Vol. I.

Teruel, José Luis Carratalá; Rodriguez, Nieves Rabassó. La jurisdicción de trabajo I. *In* Palacio, Arántzazu Vicente (coord.). *Derecho del Trabajo.* 9ªed. Navarra: Thompson, 2016.

Theodoro Junior, Humberto. *Curso de direito processual civil: teoria geral do direito processual civil e processo de conhecimento.* 57ªed. Rio de Janeiro: Forense, 2016. Vol. I.

Theodoro Júnior, Humberto; Nunes, Dirlei; Bahia, Alexandre Melo F, Pedron, Flávio Quinaud. *Novo CPC: fundamentos e sistematização.* 2ª ed. Rio de Janeiro: Forense, 2015.

Toledo Filho, Manoel Carlos. Comentário ao art. 471. *In* Silva, José Antônio Ribeiro de Oliveira (coord.). *Comentários ao novo CPC e sua aplicação ao processo do trabalho: atualizado conforme a Lei nº 13.256/2016.* São Paulo: LTr, 2016, Vol. II.

______. Comentário ao art. 190 e 191. *In* Silva, José Antônio Ribeiro de Oliveira (coord.). *Comentários ao novo CPC e sua aplicação ao processo do trabalho: atualizado conforme a Lei nº 13.256/2016.* São Paulo: LTr, 2016.

______. Comentário ao art. 15. *In* Silva, José Antônio Ribeiro de Oliveira (coord.). *Comentários ao novo CPC e sua aplicação ao processo do trabalho: atualizado conforme a Lei nº 13.256/2016.* São Paulo: LTr, 2016.

______. Os poderes do juiz do trabalho face ao novo Código de Processo Civil", *In* Miessa, Élisson (coord.). *O novo Código de Processo Civil e seus reflexos no processo do trabalho.* Salvador: Editora Juspodivm, 2015.

Tomazette, Marlon; Cavalcanti Araújo, Rogério Andrade. Estatuto da pessoa com deficiência: Crítica à incapacidade de fato. *Revista Jus Navigandi*, Teresina, Ano 20, N.º 4449, disponível em https://jus.com.br/artigos/42271/critica-a-nova-sistematica--da-incapacidade-de-fato-segundo-a-lei-13-146-15.

Torres, Ana Paula Leite; Almeida, Saulo Nunes de Carvalho. O novo artigo 611-A da CLT e a sua necessária interpretação à luz dos princípios estruturantes do direito do trabalho. *Repertório IOB de jurisprudência: trabalhista e previdenciário*, N.º 19, out/2018.

Trindade, Washington Luiz da. *O superdireito nas relações de trabalho.* Salvador: Distribuidora de livros Salvador, 1982.

TUCCI, José Rogério Cruz e. *In* GOUVÊA, José Roberto F., BONDIOLI, Luis Guilherme A., FONSECA, João Francisco N. da (coord.). *Comentários ao Código de processo civil. Volume VII (arts. 318 a 368)*. São Paulo: Saraiva Jur, 2016.

_____. Natureza e objeto das convenções processuais. *In* CABRAL, Antonio do Passo; NOGUEIRA, Pedro Henrique (coord.). *Negócios Processuais*. 2ª ed. Salvador: Juspodivm, 2016.

_____. Tutela jurisdicional das pessoas portadoras de deficiência. *Revista Magister de Direito Civil e Processual Civil*, Porto Alegre, Vol. 4, N.º 22, 2008jan-fev/2008.

_____. Garantia da prestação jurisdicional sem dilações indevidas como corolário do devido processo legal. *Revista de Processo*, São Paulo, Vol. 17, N.º 66, abr-jun/1992.

TUPINAMBÁ, Carolina. Ao seu Dispor! A Lenda da indisponibilidade dos Direitos dos Trabalhadores. *In* TUPINAMBÁ, Carolina (coord.). *Soluções de conflitos trabalhistas: novos caminhos*. São Paulo: LTr, 2018.

_____. *Garantias do processo do trabalho*. São Paulo: Ltr, 2014.

URBINA, Trueba. *Nuevo Derecho procesal del trabajo*. México: Porruá, 1975.

VEJA, Germán Hiralde; CAUSSE, Federico. La celeridad procesal a cargo de las partes (invitación del proprio juez de la causa). *In* CABRAL, Antonio do Passo; NOGUEIRA, Pedro Henrique (coord.). *Negócios Processuais*. 2ª ed. Salvador: Juspodivm, 2016.

VALVERDE, Antonio Martín; GUTIÉRREZ, Fermín Rodríguez-Sañudo; MARCIA, Joaquín García. *Derecho del Trabajo*. 26ª ed. Madrid: Tecnos, 2017.

VAQUÉ, Luis González. Lá noción de consumidor médio según la jurisprudencia del tribunal de justicia de las comunidades europeas. *Revista de Derecho Comunitario Europeo*, Ano 8, N.º 17, jan-abr/2004.

VARELA, Graça. Novo CPC e sua repercussão no Processo do Trabalho: a aplicação subsidiária e supletiva do novo CPC ao processo do trabalho e outras considerações preliminares em face dos princípios constitucionais. *Revista eletrônica do Tribunal Regional do Trabalho da Bahia*, Vol. 5, N.º 7, mar/2016.

VASCONCELOS, Antônio Gomes de. Os núcleos intersindicais de conciliação trabalhista na Lei 9.958 de 2000. *Revista LTr*, São Paulo, Vol. 64, N.º 2, fev/2000.

_____. Sindicatos na administração da justiça: mediação e arbitragem voluntárias nos dissídios individuais do trabalho. *Revista Trabalho & Doutrina*, São Paulo, N.º 14, set/1997.

VASCONCELOS, Fernando A.; MAIA, Maurilio Casas. A tutela do melhor interesse do vulnerável: uma visão a partir dos julgados relatados pelo Min. Herman Benjamin (STJ). *Revista de Direito do Consumidor*, São Paulo, Vol. 25, N.º 103, jan-fev/2016.

VECCHI Ipojucan Demétrius. *Noções de Direito do Trabalho: Um Enfoque Constitucional*. Passo Fundo: UPF, 2004.

VEGA, Germán Hiralde; CAUSSE, Frederico. La celeridade procesal a cargo de las partes (invitación del proprio juez de la causa). *In* CABRAL, Antonio do Passo; NOGUEIRA, Pedro Henrique (coord.). *Negócios Processuais*. 3ª ed. Salvador: Juspodivm, 2017.

VEIGA, Mauricio de F. Corrêa da. *Reforma trabalhista e os seus impactos (com as alterações promovidas pela Medida Provisória n. 808/2017)*. São Paulo: LTr, 2018.

______. A aplicação subsidiária e supletiva das novas regras do CPC no processo do trabalho. *Revista LTr,* São Paulo, Vol. 80, N.º 01, jan/2016.

Veja, Germán Hiralde; Causse, Federico. La celeridad procesal a cargo de las partes (invitación del proprio juez de la causa). *In* Cabral, Antonio do Passo; Nogueira, Pedro Henrique (coord.). *Negócios Processuais.* 2ª ed. Salvador: Juspodivm, 2016.

Venosa, Sílvio de Salvo. *Direito Civil: Parte Geral.* 16ª ed. São Paulo: Atlas, 2016.

Venturi, Elton. Transação de direitos indisponíveis? *Revista de Processo*, São Paulo, Vol. 41, N.º 251, jan/2016.

Viana, Márcio Túlio. Livrem-nos da livre negociação: aspectos usbjetivos da reforma trabalhista. *In* Melo, Raimundo Simão de, Rocha, Cláudio Jannotti da (coord.). *Constitucionalismo, trabalho, seguridade social e as reformas trabalhista e previdenciária.* São Paulo: LTr, 2017.

______. Os paradoxos da conciliação: quando a ilusão da igualdade formal esconde mais uma vez a desigualdade real. *In* Tupinambá, Carolina (coord.). *Soluções de conflitos trabalhistas: novos caminhos.* São Paulo: LTr, 2018.

Vicente, Dário Moura. Arbitragem de Conflitos Individuais de Trabalho. *Estudos do Instituto do Direito do Trabalho*, Coimbra, Vol. VI, 2012.

Vidigal, Márcio Flávio Salem. Primeiras e brevíssimas reflexões sobre a nova redação do art. 114, §2º, da Constituição da República (Emenda nº 45/2004). *Revista do Tribunal Regional do Trabalho da 3ª Região,* Belo Horizonte, Vol. 40, N.º 70, jul-dez/2004. Edição Especial.

Vilhena, Paulo Emídio Ribeiro de. Conflitos individuais: solução extrajudicial? *Revista Trabalho e Doutrina*, São Paulo, N.º 14, set/1997.

Villalón, Jesús Cruz. *Compendio de Derecho del Trabajo.* Madrid: Tecnos, 2016.

Viegas, Cláudia Mara de Almeida Rabelo. Reforma trabalhista: uma análise dos efeitos jurídicos das principais modificações impostas pela Lei 13.467/2017. *Revista dos Tribunais*, São Paulo, Vol. 106, N.º 985, nov/2017.

______. As alterações da teoria das incapacidades, à luz do Estatuto da Pessoa com Deficiência. *Revista Síntese Direito Civil e Processual Civil*, São Paulo, Vol. 17, N.º 99, jan-fev/2016.

Viegas, Cláudia Mara de Almeida Rabelo; Cruz, João Paulo Carvalho. A análise da capacidade civil à luz do Estatuto do Deficiente: inclusão, proteção ou desproteção da dignidade da pessoa humana? *Revista dos Tribunais,* São Paulo, Vol. 107, N.º 989, mar/2018.

Villatore, Marco Antônio; Rau, Lucas Moraes. Reforma trabalhista e a falácia das garantias. *In* Melo, Raimundo Simão de, Rocha, Cláudio Jannotti da (coord.). *Constitucionalismo, Trabalho, Seguridade Social e as Reformas Trabalhista e Previdenciária.* São Paulo: Ltr, 2017.

Viveiros, Luciano. *CLT Comentada pela Reforma Trabalhista.* 9ª ed. Belo Horizonte: Fórum, 2018.

Waddington, Lisa. Vulnerable and confused: the protection of 'vulnerable consumers under EU law. *European Law Review*, Vol. 38, N.º 6, 2013.

WAGNER, Jorge da Silva. Provas periciais, inspeção judicial, honorários periciais e assistentes técnicos. *Revista Síntese Trabalhista e Previdenciária*, São Paulo, Vol. 29, N.º 338, ago/2017.

WAGNER JUNIOR, Luiz Guilherme da Costa. Comentários ao artigo 225. *In* WAMBIER, Teresa Arruda Alvim, DIDIER JR., Fredie, TALAMINI, Eduardo, DANTAS, Bruno (coord.). *Breves Comentários ao Novo Código de Processo Civil.* 3ª ed. São Paulo: RT, 2016.

WALDRAFF, Célio Horst. A aplicação supletiva e subsidiária do NCPC ao processo do trabalho. *Revista eletrônica Tribunal Regional do Trabalho da 9ª Região*, Curitiba, Vol. 4, N.º 39, abr/2015. Edição Especial.

WALDECK, Felipe Scipes. Comentário aos art. 54 a 69 do CPC. *In* TUCCI, José Cruz e; FERREIRA FILHO, Manoel, APRIGLIANO, Ricardo Carvalho, DOTTI, Rogéria, MARTINS, Sandro (coord.). *Código de Processo Civil Anotado.* 3ª ed. Rio de Janeiro: GZ, 2018.

WAMBIER, Luiz Rodrigues. O modelo processual cooperativo e a flexibilização procedimental. *Revista eletrônica de direito processual*, Rio de Janeiro, Vol. 18, n.º 3, set-dez/2017.

WAMBIER, Luiz Rodrigues; TALAMINI, Eduardo. *Curso Avançado de Processo Civil – Cognição jurisdicional (processo comum de conhecimento e tutela provisória).*16ª ed. São Paulo: RT, 2016, Vol. II.

WAMBIER, Teresa Arruda Alvim. Comentários ao artigo 998. *In* CABRAL, Antonio do Passo; CRAMER, Ronaldo (coord.). *Comentários ao Novo Código de Processo Civil.* 2ª ed. São Paulo: Forense, 2016.

WAMBIER, Teresa Arruda Alvim, CONCEIÇÃO, Maria Lúcia Lins; RIBEIRO, Leonardo Ferres da Silva; MELLO, Rogério Licastro Torres de. *Primeiros comentários ao novo Código de processo civil: Artigo por artigo. De acordo com a Lei 13.256/2016.* São Paulo: RT, 2015.

WANK, Rolf. *Diversifying employment patterns – the scope of labour law and the notion of employees*, disponível em https://www.jil.go.jp/english/events/documents/clls04_wank2.pdf.

WATANABE, Kazuo. *Código Brasileiro de Defesa do Consumidor: comentado pelos autores do anteprojeto.* 9. ed. Rio de Janeiro: Forense Universitária, 2007.

WEBER, Rosa. 25 anos da Constituição da República de 1988: a constitucionalização do direito do trabalho e a democratização do direito. *Constituição de 1988 na visão dos ministros do Supremo Tribunal Federal*: STF, 2013.

XAVIER, Bernardo da Gama Lobo. *Curso de Direito do Trabalho.* 3ª ed. Lisboa: Verbo, 2004, Vol. I.

YARSHELL, Flávio Luiz. Breves notas sobre a aplicação subsidiária do novo CPC à execução trabalhista e o incidente de desconsideração da personalidade jurídica. *Revista do Tribunal Superior do Trabalho*, São Paulo, Vol. 82, N.º 1, jan-mar/2016.

_____. Convenção das partes em matéria processual: rumo a uma nova era?. *In* CABRAL, Antonio do Passo; NOGUEIRA, Pedro Henrique (coord.). *Negócios Processuais.* 2ª ed. Salvador: Juspodivm, 2016.

YARSHELL, Flávio Luiz; PEREIRA, Guilherme Setoguti J.; RODRIGUES, Viviane Siqueira. Comentários ao Código de Processo Civil: artigos 334 a 368. *In* MARINONI, Luiz

Guilherme, Arenhart, Sérgio Cruz, Mitidiero, Daniel (coord.). *Coleção Comentários ao Código de Processo Civil.* São Paulo: RT, 2016, vol. V.

Yoshida, Márcio. A arbitragem e a Reforma Trabalhista. *Revista de Arbitragem e Mediação*, São Paulo, Ano 14, Vol. 55, out-dez/2017.

______. *Arbitragem Trabalhista* - Um novo horizonte para a soluão dos conflitos laborais. São Paulo: LTr, 2006.

______. A arbitrabilidade dos direitos trabalhistas. *Revista de Arbitragem e Mediação*, São Paulo, RT, Vol. 00, N.º 181, 2003.

______. A arbitragem no âmbito do Direito do Trabalho. *LTr Suplemento Trabalhista*, Vol. 33, N.º 48, 1997.

Zaban, Breno; Bessa, Leonardo Roscoe. Vulnerabilidade do consumidor. Estudo empírico sobre a capacidade de tomada de decisões financeiras por interessados na compra de imóveis. *Revista de Direito do Consumidor*, São Paulo, Ano 24, N.º 101, set-out/2015.

Zainaghi, Maria Cristina. A inversão do ônus da prova como garantia da efetividade da Justiça. *Revista Jurídica Luso Brasileira*, Lisboa, Vol. 4, N.º 3, 2018.

______. O ônus probante no Novo Código de Processo Civil. *Revista Magister de Direito Civil e Processual Civil*, São Paulo, N.º 74, set-out/2016.

Zanellato, Marco Antônio. Considerações sobre o conceito jurídico de consumidor. *Revista portuguesa de direito do consumo*, Coimbra, N.º 35, set/2003.

Zaneti Jr., Hermes. *O Ministério Público e o Novo Processo Civil.* Salvador: Juspodivm, 2018.

Zangrando, Carlos Henrique da Silva. A conciliação extrajudicial no Direito Brasileiro e no Direito Comparado. *In* Carolina Tupinambá (coord.). *Soluções de conflitos trabalhistas: novos caminhos.* São Paulo: LTr, 2018.

______. As inovações do processo civil e suas repercussões no processo do trabalho. *Revista LTr*, São Paulo, Vol. 70, N.º 11, Nov/2006.

Zeda, Carolina Marzola Hirata. *Processo do Trabalho comentado.* São Paulo: LTr, 2017.

EDITORA
JusPODIVM
www.editorajuspodivm.com.br